표현 · 통신의 자유

국립중앙도서관 출판시도서목록(CIP)

표현·통신의 자유: 이론과 실제
Freedom of speech and communications:
theories and practices/

지은이: 박경신.
-- 서울: 논형, 2013
    p.; cm

ISBN 978-89-6357-146-1 94360: ₩48000

표현의 자유[表現--自由]
통신의 자유[通信--自由]

362.1122-KDC5
342.0853-DDC21 CIP2013012719

표현·통신의 자유

이론과 실제

박경신 지음

표현·통신의 자유

이론과 실제

초판 1쇄 인쇄 2013년 7월 20일
초판 1쇄 발행 2013년 7월 30일

지은이 박경신
펴낸이 소재두
펴낸곳 논형

등록번호 제2003-000019호
등록일자 2003년 3월 5일
주 소 서울시 관악구 성현동 7-77 한림토이프라자 6층
전 화 02-887-3561
팩 스 02-887-6690

ISBN 978-89-6357-146-1 94360
값 48,000원

들어가는 글

　표현의 자유는 대한민국 국민 모두가 동의하고 있는 사회조직원리이다. 또 '표현의 자유는 중요하지만 표현의 자유에는 책임이 따른다'는 총론에도 의심의 여지가 없다. 그러나 '자유와 책임 사이의 균형점을 어느 지점에서 잡아야 하는가?'에 대해서 우리 사회는 커다란 차이를 보이며, 그 논쟁은 평행선을 달려 왔다. 논쟁의 대상은 2008년 이전에는 국가보안법 사건 및 소위 '시국사건'들이었으나, 2008년부터는 〈PD수첩〉 광우병 보도, 조중동 광고주 불매운동, "미네르바"를 둘러싼 행정처분 및 형사소송 등 민주화나 대북관계와 관련이 없는 표현들로 논쟁의 대상이 확산되어 왔다. 학술적으로 표현의 자유의 각론을 밝혀내는 것이 중요한 때가 되었다.

　지금 우리가 논의할 것은 '표현의 자유에 책임이 따르는가?'가 아니라 '표현의 자유에는 항상 책임이 따를 터인데, 그렇다면 균형점은 어디인가?'이다. 이 사회적 논쟁은 주로 '법이 어떠해야 하는가?'라는 법적 논쟁이며, 이와 같은 구속력 있는 논쟁을 규정하는 가장 궁극적인 규범은 대한민국 헌법이 될 것이다. 그러나 대한민국 헌법 조문이나 기존 판례만으로는 구체적인 균형점이 나타나지 않는 경우가 많다.

　이 책에서는 UN인권위원회, 유럽인권재판소, UN인권이사회 등의 국제인권 기구들과 다른 나라의 표현의 자유 원리 확산에 영향력을 행사하고 있는 미연방대법원 등 주요 국가기구들이 천명한 표현의 자유의 보편적인 원리들을 밝히고, 이 원리가 주요 국가들에서 어떤 구체적인 관행으로 자리 잡았는지를 확인하여 이러한 원리와 관행에 비추어 우리 사회 내부의 논쟁들에 대한

---

*이 글의 일부는 "국제인권법상 표현의 자유 및 대한민국 법제의 평가", 『홍익법학』 제13권 제3호 (2008. 10)에 게재된 바 있다.

"제도적인" 차원에서의 해답을 제시해보고자 한다.

***

우선 여기서는 국내의 법적 논쟁에 있어서 표현의 자유에 대한 국제인권법과 주요국의 인권관행이 국내법에는 어떤 의미를 갖는지 그리고 어떤 문헌들이 국제인권법을 구성하는지 살펴보기로 한다.

국제인권법의 국내적 효력

우리나라는 UN이 주도한 국제인권조약인 시민정치적권리에관한협약(International Covenant on Civil and Political Rights, ICCPR)의 회원국이다. 표현의 자유를 담고 있는 국제인권조약은 우리나라에서 국내법적 위상을 가진다.

우리나라에서는 조약이 법률과 동등한 지위를 갖는데, 그 조약이 국내의 법원에서 직접 분쟁해결의 준거로 이용될 수 있는가는 별개의 문제이며, 이를 조약의 "국내직접적용성"의 문제라고 정의할 수 있다. 대법원은 WTO협정에 대해서는 국내직접적용성을 인정하는 판결을 내린 바 있다.[1]

다른 조약에 대해서도 똑같은 태도를 취할지는 알 수 없으나, 위 사건 이전에도 여러 사건에서 국제협약 특히 ICCPR의 국내소송에서의 직접적용을 시도한 소송들에 대해 국내직접적용성 여부를 판시하지 않고, 곧바로 본안심사를 함으로써 원칙적으로 국내직접적용성이 있음을 암시하는 태도를 취하였다.[2] 이 판결들에서 대법원은 ICCPR이 추상적이기 때문에 적용하기 어렵다고 하였을 뿐 ICCPR의 국내법적 효력을 부인하지는 않았다.

국제인권조약 및 그 적용례들

제2차 세계대전이 인간성 파괴의 궁극을 보여준 이후 국제사회는 UN인권선

---

1) 대법원 2005. 9. 9. 선고 2004추10호(학교급식조례 WTO위반사건).
2) 대법원 1999. 3. 26. 선고 96다55877 판결 【손해배상(기)】 (노동쟁의행위가); 대법원 1999. 1. 26.선고 98두16620 판결 【보안관찰처분취소】 대법원 2004. 7. 15. 선고 2004도2965 전원합의체 판결 【병역법위반】 (병역법이 ICCPR에 위배되는지). 대법원 1993.12.24. 선고 93도1711 판결 【국가보안법위반】

언문을 1948년에 채택하게 되며(Universal Declaration of Human Rights, UDHR) UN인권선언문은 위에서 소개한 인간 본연의 소중함에 근거한 자연권 이론을 바탕으로 작성되었고,[3] 이후 UN이 주도한 인권협약 즉 시민정치적권리에관한협약(International Covenant on Civil and Political Rights)과 경제사회문화적권리에관한협약(International Covenant on Economic Social and Cultural Rights)으로 계승된다. 이외에도 UN은 여러 개의 인권협약의 체결을 주도하는데 표현의 자유는 주로 ICCPR의 제19조를 중심으로 논의된다.

그런데 ICCPR 제19조의 내용은 너무 추상적이라서 그 조문 자체로 어떤 규범적 의미를 갖는다고 보기 어렵다.[4] 하지만 ICCPR을 집행하는 UN인권위원회(Human Rights Committee)와 ICCPR과 비슷한 내용을 가진 다른 국제협약을 집행하는 다른 지역인권기구들(유럽인권재판소, 아프리카인권재판소, 미주인권법원)의 판례들이 그 내용을 구체화함에 있어서 중요한 역할을 하게 된다. 대표적으로 UN인권위원회는 개인들의 인권고발(individual communication)에 대해서 결정을 내리므로, 이 결정이 판례역할을 하고 또 5년마다 여러 국가들의 ICCPR 준수상황을 검토하는 국가별보고서(State Report)를 채택하는데, 이 결정문 역시 일반적인 인권보호의 가이드라인으로 기능할 수 있다.

또 하나 중요한 문헌은 UN인권이사회(UN Human Rights Council)가 임명하고 UN인권총회에 보고하는 표현의자유특별보고관의 보고서(Report of Special Rapporteur on Freedom of Expression)이다. UN인권이사회는 ICCPR과는

---

3) S. Joseph, J. Schultz, and M. Castan, *the International Covenant on Civil and Political Rights - Cases, Materials, and Commentary*, Oxford University Press, 2005, pp.6-7.

4) **Article 19** 1. Everyone shall have the right to hold opinions without interference.
2. Everyone shall have the right to freedom of expression; this right shall include freedom to seek, receive and impart information and ideas of all kinds, regardless of frontiers, either orally, in writing or in print, in the form of art, or through any other media of his choice.
3. The exercise of the rights provided for in paragraph 2 of this article carries with it special duties and responsibilities. It may therefore be subject to certain restrictions, but these shall only be such as are provided by law and are necessary:
(a) For respect of the rights or reputations of others;
(b) For the protection of national security or of public order (ordre public), or of public health or morals.

직접적인 관련이 없으나, 전반적인 인권보장상황을 감시하는 공식국가간 기구로서 ICCPR이 계수했다고 말할 수 있는 UDHR을 만든 UN인권위원회(Commission for Human Rights)가 그 전신이다. 그러므로 표현의자유특별보고관 보고서 역시 명시적으로는 아니겠으나, 암묵적으로 그리고 결과적으로 ICCPR의 표현의 자유 규범을 그 평가의 준거로 삼는다고 할 수 있다.

국가들의 '선진적'인 인권관행의 국제법적 의미

국제인권조약들의 내용은 매우 추상적이고 이를 해석 · 적용한 사례들은 많지 않으나, 위에서 말한 국제인권기구들의 결정문, 권고문 등외에도 개별국가들의 인권관행도 중요한 문헌이 된다.5)

보통 세계법원(World Court)이라고 불리는 국제사법재판소(International Court of Justice)가 만들어지면서 제정된 1946년국제사법재판소법(1946 Statute of the International Court of Justice)은 제38조 제1항(b)에서6) 국제관습법을 국제법의 법원(法源)으로 인정하였다. 그런데 국제관습법의 내용을 정함에 있어서 국가관행(state practice)이 매우 중요한 역할을 하게 되는데, 여기서 원래 관행이라 함은 보통 당사국의 국내관행을 의미하는 것은 아니고, 국제관행 즉 국가간 관행을 의미하며 국제회의 등에서 나타나는, 많은 국가들이 공통되고 일관되게 동의(common, consistent and concordant)하는 입장을 말한다. 결국 국제적인 지위가 높고 국제사회와의 소통이 많은 국가들의

---

5) 예를 들어 M. Janis, R. Kay, & A. Bradley, *European Human Rights Law - Text and Materials*, Oxford University Press, 2008, p.243.

6) **Article 38** 1. The Court, whose function is to decide in accordance with international law such disputes as are submitted to it, shall apply:

a. international conventions, whether general or particular, establishing rules expressly recognized by the contesting states;

b. **international custom**, as evidence of a general practice accepted as law;

c. **the general principles of law recognized by civilized nations;**

d. subject to the provisions of Article 59, **judicial decisions** and the teachings of the most highly qualified publicists of the various nations, as subsidiary means for the determination of rules of law.

관행이 중요하며, 이들 국가들을 중심으로 대다수의 국가들이 보편적으로 따르는 관행이 국제관습법의 내용이 된다.[7] 특히 ICCPR 당사국들의 경우 각 국가들이 ICCPR을 국제관계에서 어떻게 해석하는가?에 있어서 관습이 확립된다면 더욱 기속력을 가지게 될 것이다.

그런데 국제인권법의 경우 국가간 관행 즉 국제관행 뿐만 아니라 국내관행도 중요한 의미를 가질 수 있다.[8] 특히 필자는 국제인권법 특히 ICCPR은 형식적으로는 국가간의 관계에 관한 법의 형태를 띠지만, 내용상으로는 국가가 개인에 대해 부담하는 의무를 규정하고 있어 국내법 주로 헌법과 비슷한 논리적 구조를 갖게 된다는 점에 천착한다.[9] 특히 위에서 말했듯이 우리나라처럼 일원주의를 채택하고 있는 국가에서는 국제인권법은 곧바로 국내법적인 효력을 갖는다. 그렇기 때문에 한 국가가 내부적으로 국민을 위해 도입한 인권관행을 다른 주요 국가들이 역시 자국의 국내관행으로 공통되고 일관되게 따르고 있다면, 이것은 나머지 ICCPR당사국들에게 규범력을 갖는 국제관습법의 내용이 될 수 있다는 것이다.[10]

특히 국가관행이 국제관습법의 내용이 되기 위해서는 국가의 법적 확신 (opinio juris)이 있어야 한다. 법적 확신이란 어떤 관행이 임의로 유지되는 것이 아니라 국제법상의 법적 의무감에서 이루어진 것이라는 국가의 주관적 정신상태를 말한다. 국가의 법적 확신의 필요성에 대해서는 국제법 학자들

---

7) A. D'Amato., *The Concept of Custom in International Law*, Cornell University Press, 1971, p.88; H. Thirlway, *International Customary Law and its Codification*, A. W. Sijithoff, 1972, p.58.
8) 법적 확신은 반드시 국가간 관행을 말하는 것이 아니라는 입장에 대해서는 Richard L. Lillich, "The Growing Importance of Customary International Human Rights Law", 25 Georgia Journal of International and Comparative Law 1, 14 (1996) 참조.
9) Joseph, p.6.
10) Louis Henkin, "Human Rights and State Sovereignty", 25 Georgia Journal of International and Comparative Law 31, 37 (1995-96). 전게서의 Lllich도 이 주장에 적극 동의한다. 전게서, p.19 및 각주 95 (개별국가의 헌법이 국제관습법의 원천이 될 수 있다는 주장). 이 주장에 대한 비판도 있다. Anthony D'Amato, "Human Rights as Part of Customary International Law: A Plea for Change of Paradigms", 25 Georgia Journal of International and Comparative Law 47, 97-98 (1995-96).

사이에 많은 논란이 있으나,[11] 국가들이 대부분 자신의 인권관행의 긍정적인 부분을 선전하고 부정적인 부분을 은폐하고자 하는 상황에서 후진적 인권관행에 대해서는 법적 확신이 부재할 가능성이 높고, 선진적인 인권관행에 있어서 이러한 법적 확신을 쉽게 발견할 수 있을 것이다.[12] 그리고 선진적인 인권관행에 대하여 법적 확신을 보여주는 문헌에서는 추상적으로나마 국제법상의 의무와의 관련성을 인정하는 것이 보통이다. 같은 이유로 소위 '인권후진국'들의 인권관행도 모두 국가관행의 일부가 되기 어렵다.

특히 최근에는 국제인권법을 국내재판의 법원(法源)으로 언급하는 법원들이 여러 나라에서 늘어나고 있고, 이 법원들의 판결문들은 국제법을 해석 적용한 문헌이 되므로 국제사법재판소법 제38조 제1항(d)을 통해 국제법의 법원(法源)이 될 수 있을 것이다.[13]

마지막으로 가장 기본적으로는 국제사법재판소법은 제38조 제1항의 (c)는 "문명화된 국가들에 의해 인정된 일반적인 법원칙(the general principles of law recognized by civilized nations)" 역시 국제법의 법원으로 인정하고 있는데 여기서의 법은 국내법을 말하고 있기 때문에, 주요 국가들의 국내법이 공통으로 인정하는 법원리들은 그 스스로 국제법이 될 수 있다.[14]

***

위에서 살펴보았듯이 국제인권법은 우리나라 법원 판결에 의해 국내법적 효력을 갖게 된다. 외국의 인권관행은 직접적으로는 비교법적인 의미 이상을 넘는 것은 아니나 국제인권법은 다른 국제법들과 달리 각 국가들에게 대내적 의무를 구성하는 것이 주 내용이 되기 때문에, 대다수 국가들의 국내인권관행은

---

11) Anthea E. Roberts, "Traditional and Modern Approaches to Customary International Law: A Reconciliation", 95 Am. J. Int'l L. 757, 758 (2001).

12) Bruno Simma & Philip Alston, "The Sources of Human Rights Law: Custom, Jus Cogens, and General Principles," 12 Austl. Y.B. Int'l L. 82, 83 (1992).

13) 예를 들면, Filartiga v. Pena-Irala, 630 F.2d 876 (2d Cir. 1980).

14) (c)의 'general principles'는 (b)의 'international custom'에 비해 권위가 훨씬 떨어진다는 견해에 대해서는 Lillich, p.18 참조. General principles의 국제법원성에 대해서는 전게서 Simma & Alston, p.102.

그 자체로 국제인권법을 구성하는 요소가 될 수 있다. 또는 그렇지 않다 하더라도 우리나라의 표현의 자유 법제도를 평가하는 비교법적 준거는 될 수 있다.

**

그럼 이제 표현의 자유가 왜 중요한지 그리고 표현의 자유가 어떤 더 높은 가치에 봉사하는지를 살펴보고자 한다. 표현의 자유의 각론을 채우기 위해서는 표현의 자유가 소중한 이유를 밝혀야 한다. 표현의 자유를 명시한 헌법 또는 국제인권조약들은 '표현의 자유'를 더 자세하게 규정하고 있지 않고 있다. 표현의 자유가 소중한 이유를 정확히 알아야 표현의 자유가 어떠한 공권력의 행사나 법제를 금지하고 허용하는지를 판단할 수 있는 것이다.

표현의 자유의 내재적 가치[15]

표현의 자유가 왜 중요한 것인가?는 이 글 아니 어떤 법학자의 연구나 어떤 단과학문의 범위도 초월하는 주제이다. 표현이 소중한 것은 표현은 사상과 감정을 담고 있기 때문일 것이다. 표현이란 항상 '무엇'의 표현인 것이지 '무엇'의 표현이 아닌 표현은 없으며 바로 그 '무엇'이 인간의 사상과 감정이다. 표현의 자유는 논리적으로 사상과 감정을 표현할 자유와 등가(等價)인데, 표현되지 않는 사상과 감정은 그 사상과 감정에 내재된 가치의 발현이 무산됨을 의미할 것이다.[16] UN시민정치적권리협약 제19조도 견해의 자유와 표현의 자유를 한 조항에서 묶어 견해(사상)를 갖는 것과 그 견해를 표현하는 것의 관계를 염두에 두고 있음을 보여준다.

---

15) 표현의 자유의 정당화이론을 내재적인 것과 도구적인 것의 이원론으로 분류한 판결들로는 Luth Judgment 7 BVerfGe 198, 208 (1958) (영문번역은 D. Currie, The Constitution of the Federal Republic of Germany 175 (1999)); Irwin Toy Ltd. v. Attorney-General (Quebec) [1989] 1 S.C. R. 927, 976 등이 있다.

16) CCPR/C/GC/34, UN Human Rights Committee, July 21, 2011 (이하, "General Comment 34), para. 2 "Freedom of opinion and freedom of expression are indispensable conditions for the full development of the person… The two freedoms are closely related, with freedom of expression providing the vehicle for the exchange and development of opinions."

또 실제로도 인간의 사상과 감정은 자신이 무엇을 보고 듣는가?에 의해 규정되므로 인간들 사이의 소통을 규제한다는 것은 그들의 사상과 감정을 지배한다는 것이 된다. 표현의 자유를 보호해야만 사상과 감정의 자유가 실질적으로 보호된다. 그리고 어차피 인간두뇌 속에서 벌어지는 정신작용을 통제하는 것은 불가능하므로 우리는 사상과 감정의 자유를 침해하는 것은 어차피 불가능하다. 사상의 자유를 보호하는 거의 전적인 방법이 표현의 자유를 보호하는 것이 된다. 결국 표현의 자유는 사상과 감정의 자유를 위해 필요하다.

하지만 인간의 사상과 감정은 왜 소중한 것일까? 이 질문 자체도 숭고한 질문이지만 인간이 다른 동물들과 구별되는 선이 바로 사상과 감정을 갖는 능력임을 생각한다면, 이 질문은 '인간은 왜 소중한가?'라는 질문과 다를 바가 없어진다. 이 질문에 확신을 가지고 답할 수 있는 사람은 아마도 신앙생활을 하는 사람뿐일 것이며, 학문의 범위 내에서 해소될 수 있는 문제가 아니다.

실제로 표현의 자유에 대한 근대적 옹호론은 존 밀튼(John Milton, 1608-1674)과 존 로크(John Locke, 1632-1704)에 의해 제기되었는데, 두 사람 각각 종교적 진실을 밝혀내야 할 개신교도적인 임무와 개인이 자유를 통해서 자신의 영혼을 구원받을 권리로부터 표현의 자유를 도출하였다고 한다.[17] 로크는 극도로 종교중립적인 미국독립선언문의 서문에도 등장하는 "생명, 자유, 재산, 그리고 행복추구에 대한 권리(right to life, liberty, property and pursuit of happiness)"라는 문구를 회자시킨 것으로 유명하지만 사실 그의 권리론과 표현의 자유론의 원천은 기독교라는 특수한 세계관 하에서의 인간의 소중함이었던 것이다.

표현의 자유는 인간의 소중함과 직결된 사상에 있어서의 자유이다. 결국

---

17) K. Sanders, *Ethics & Journalism*. Sage. 2003, p.66; Jonathan Israel, *Radical Enlightenment*, Oxford University Press, 2002, pp.265-266. 『실락원』의 저자이기도 했던 밀튼은 국가에 의한 출판허가제에 반대하며 표현의 자유를 강변하며 다음과 같이 표현의 자유론의 종교적 색채를 드러내는 명연설을 남긴다. "Who kills a man kills a reasonable creature, God's image; but he who destroys a good book kills reason itself. (사람을 죽이는 자는 하나님의 형상으로 만든 이성적인 피조물을 죽이는 것이지만, 책을 파괴하는 자는 이성 자체를 파괴하는 것이다)."

인간의 소중함과 가장 직접적으로 연결된 자유라고 말할 수 있다.[18]

물론 이 내재적 가치는 밀튼이나 로크의 종교관에 반드시 기댈 필요는 없다. 표현은 항상 어떤 사상과 감정의 표현이며 사상과 감정의 능력이 인간성의 고유한 내용이라고 할 때, 표현은 인간성의 발현으로서 내재적 가치를 가진다 할 것이다. 그러나 바로 근대적 표현의 자유 보호이론이 기독교적 인간관에서 시작되었다는 것은 표현의 자유의 내재적 가치를 다시 확인해준다고 하겠다.

표현의 자유의 도구적 가치

표현의 자유는 위에서 말했듯이 그 자체가 인간의 소중함과 직결되어 있지만 다른 인권의 침해를 막는 중요한 역할을 한다. 인권침해는 항상 권력을 가진 자들에 의해 가장 대규모로 가장 조직적으로 저질러진다. 인권을 보호하는 최선의 길은 인권을 침해할 힘을 가진 자들을 감시하고 비판할 수 있는 표현의 자유의 보장이다.[19] 감시하는 눈과 비판하는 입이 없는 사회는 썩어갈 수밖에 없다는 단순한 진리는 표현의 자유 보호지수와 부패지수와의 상관관계에 대한 국제기구들의 연례 조사에 의해 확인되고 있다.[20]

표현의 자유도 규범 중의 하나일 뿐인데(예를 들어 '약속을 지켜야 한다'와 같이) 표현의 자유가 예를 들어 성경, 불경과 같은 규범문헌들에는 나오지는 않고, 여러 나라들의 헌법에서만 출몰하는 이유는 헌법은 국가권력을 창출하는 문서이고 국가권력은 언제라도 대규모의 조직적인 인권침해를 자행할 수 있다는 우려에 대한 반작용으로 표현의 자유가 등장하기 때문이다. 1978년 당시

---

18) T. Scanlon, "A Theory of Freedom of Expression", 1 Phil. & Pub. Aff. 204 (1972); M. Redish, "The Value of Free Speech", 130 U. Pa. L. Rev. 591 (1982).

19) CCPR/C/GC/34, UN Human Rights Committee, July 21, 2011, para.3. "Freedom of expression is a necessary condition for the realisation of the principles of transparency and accountability that are, in turn, essential for the promotion and protection of human rights."

20) Transparency International, *Transparency International Corruption Perceptions Index* 2007 〈www.transparency.org/policy_research/surveys_indices/cpi/2007〉, Freedom House, "Global Press Freedom 2007," 〈www.freedomhouse.org/uploads/fop/2007/pfscharts.pdf〉

142개국 중에서 124개국의 헌법이 표현의 자유 조항을 두고 있는 반면 66개국만이 고문 또는 잔혹행위 금지 조항을 두고 있었다.[21] 표현의 자유가 처음 법으로서 등장한 것도 바로 절대왕정의 권한을 제한하기 위해 만들어졌던 영국의 권리장전(1689)이다.[22] 밀튼과 로크의 표현의 자유론의 원천은 종교였지만 밀튼이 이렇게 표현의 자유론을 펼쳤던 이유는 국가에 의한 출판허가제에[23] 대해 반대하기 위함이었고 그리고 로크의 사상도 권리장전에 심대한 영향을 미친다. 표현의 자유는 미국헌법(1776)과 프랑스대혁명 인권선언(1789)에 이어, 그 이후부터 국가에 의한 절대악이 발생할 수 있는 위험을 완화할 수 있는 제어기제로서 모든 나라의 헌법에 포함되게 된 것이다.

국가권력에 대한 국민의 통제는 반드시 사악한 인권침해를 막기 위해서만 필요한 것이 아니다. 국가권력에 대한 국민의 통제 자체에도 우리는 큰 가치를 부여하고 있고, 우리는 이를 민주주의라고 부른다. 미국의 철학교수이며 교육행정가였던 알렉산더 메이클존(Alexander Meiklejohn, 1872-1960)은 표현의 자유와 민주주의와의 관계를[24] '권력자가 정보를 은폐하고 비판을 억압하여 유권자들을 조종(manipulate)할 수 있다면, 그것이 공익적인 목적으로 이루어진다고 하더라도 이미 민주주의의 이상에 어긋난다'고 정리하였다. 그렇다면, 국민이 국가의 주인인데 국가가 국민의 의사를 조작하고 있다면 이미 국민은 국가의 주인이 아닌 것이다.

마지막으로 표현의 자유의 도구적 가치는 표현의 자유가 문명의 진보에 기여한다는 것이다. 인류가 지식의 축적을 통한 문명의 발전을 경험하기 시작한 즈음에 존 스튜어트 밀(John Stuart Mill, 1806-1873)은 자유론(On Liberty,

---

21) H. van Maarseveen & Ger van der Tang, *Written Constitutions: A Computerized Comparative Study*, Oceana Publications, 1978, pp. 105-110.
22) An Act declareing the Rights and Liberties of the Subject and Setleing the Succession of the Crowne, 1 Will & Mary Sess 2 c 2.
23) 정확히 말하면 인쇄허가제였음. 1543년 교회는 교회의 허가없이는 어떤 책도 인쇄되거나 판매될 수 없다고 공포하였다.
24) Alexander Meiklejohn, *Free Speech and its Relation to Self-government*, the Lawbook Exchange, 2001.

1859)에서 추후에 홈스(Holmes) 미국 연방대법관의 사상의 자유시장론으로 법제화될 이론을 펼친다. 즉, 한때 허위로 여겨졌던 것이 시간이 흐르면서 진실로 밝혀지는 경우가 허다하며, 진실은 결국 시간이 흐르면서 진화하며 허위를 몰아낼 것이기 때문에 지금 허위로 보여지는 것들을 처벌해서는 아니 된다는 것이다.

홈스는 1919년 에이브럼스 판결에서 국가의 전쟁행위를 방해하는 행위를 금지하는 간첩법(Espionage Act)이 미국의 대 러시아개입에 항의하는 총파업을 선동하는 전단에 적용될 수 있는가에 관해 다수의견에 반대되는 의견을 내면서 다음과 같이 판시하였다.

> 의견의 표명을 처벌하려 하는 것은 논리적으로 당연하다. 당신이 당신의 기반과 권력에 대해 의심이 없고, 어떤 결과를 진심으로 원한다면 당신의 욕구를 법에 반영시켜 모든 반대를 쓸어버리고자 하는 것은 자연스럽다… 그러나 사람들이 상호 투쟁하던 많은 신념들도 시간이 흐르면서 폐기되었음을 인식할 때 그들은 자신의 행동의 준거가 되는 신념들보다 더욱 강하게, **궁극의 선은 사상의 자유로운 교환으로 더욱 용이하게 달성될 것임을 믿게 될 것이다. 즉 신실의 최선의 시험은 그 주장이 시장경쟁에서 받아들여지는 힘이며 진실이 그들의 욕구를 안전하게 실현할 수 있는 유일한 근거라는 것을, 그리고 또 그것이 우리 헌법의 논리라는 것을. 물론 이 논리도 실험일 뿐이지만 인생은 모두 실험이다. 매년 또는 매일 우리는 불완전한 지식에 근거한 어떤 예언에 우리의 구원을 위탁한다.**[25]

---

25) Abrams v. United States, 250 U.S. 616, 630 (1919). "Persecution for the expression of opinions seems to me perfectly logical. If you have no doubt of your premises or your power and want a certain result with all your heart you naturally express your wishes in law and sweep away all opposition…But when men have realized that time has upset many fighting faiths, they may come to believe even more than they believe the very foundations of their own conduct that the ultimate good desired is better reached by free trade in ideas - that the best test of truth is the power of the thought to get itself accepted in the competition of the market, and that truth is the only ground upon which their wishes safely can be carried out. That at any rate is the theory of our Constitution. It is an experiment as all life is an experiment. Every year if not every day we have to wager our salvation upon some prophesy based upon imperfect knowledge."

가치론의 한계

표현의 자유가 다른 인권의 보호, 문명의 진보, 민주주의에 기여한다는 것은 표현의 자유 각론을 세우는 데 중요한 이정표 역할을 할 것이다. 그러나 표현의 자유의 도구적 가치론은 각자의 인권관, 문명관, 민주주의관에 따라 이정표의 방향이 달라진다는 한계가 있다. 예를 들어 민주주의나 현대문명을 공격하고 저주하는 표현을 어떻게 다룰 것인가라는 질문에 대해 각자 확신에 찬 답변을 내릴 수는 있겠지만, 그것은 각자의 민주주의관이나 문명관에 따라 달라질 것이다. 표현의 자유의 중요성을 강조하는 논거는 되겠지만 표현의 자유와 책임 사이의 균형점을 어디에 설정해야 하는가?에 있어서 세밀한 논거들을 제시해주기 어려울 수도 있다.

또 표현의 자유는 밀튼이나 로크의 이론에서 나타났듯이 도구적 가치와 별도로 인간성의 보장이라는 내재적 가치를 가지고 있다. 그러나 표현이 아닌 다른 인간의 행위들도 인간성의 발현일 수 있으며, 그러한 면에서 내재적 가치를 지니고 있다. 예를 들어 집을 짓는다거나 요리를 한다거나 운전을 한다거나 모두 인간성의 한 면인 지성의 발현일 수 있다.

위의 두 이론들은 표현의 자유가 보호되어야 하는 일반적인 이유를 제공할 수는 있으나 표현이 왜 인간들의 다른 행위와 달리 더욱 보호되어야 하는지를 설명하지 못한다. 실제 표현의 자유의 보편적 원리들은 위의 내재적 가치와 도구적 가치를 아래에 설명할 '비강제성'이 보완하면서 발전하게 된다.

표현의 비강제성(non-coerciveness)[26]과 '명백하고 임박한 위험의 원리'

표현 즉 언사가 다른 인간의 행위와 다른 점은 그 자체로는 특별한 정황의 매개 없이는 해악으로 나타나지 않는다는 것이다. 물리적 행위들은 곧바로 타인에게 해악으로 나타난다. 집을 지으면 이웃의 조망권을 침해할 수도 있고 집을 짓는 과정의 분진이 공기를 오염시킬 수도 있다. 요리에 이물질이 들어

---

26) T. Emerson, *The System of Freedom of Expression*, 17-18 (1970).

있으면 사람이 다칠 수도 있다. 운전에 대해서는 자세한 설명이 필요하지 않다.

이에 반해 표현의 효과는 예외적인 상황을 제외하고는 일방적으로 나타나지 않으며 항상 화자와 청자 사이의 상호적인 정신작용을 통해 나타난다. 예를 들어 '차를 빨리 몰아'고 말하는 것을 듣는 운전자가 수긍했을 때만 과속이라는 해악으로 나타난다. 청자에게 공격적인 언사도 그 말이 공격으로 이해되기까지는 청자의 해석작용이 개입한다. 그렇기 때문에 표현 자체에는 규제를 정당화할 해악이 반드시 동반되지 않는다. 즉 표현은 인간의 다른 행위와는 달리 인간성의 발현이라는 가치가 내재되어 있을 뿐 그 자체로 해악을 동반하지는 않는다. 결국 언사는 물리적 행위와 똑같은 인간성의 발현이지만 언사가 타인에 대한 해악을 끼칠 때는 그 언사만이 원인이 되는 것이 아니라 그 언사를 들은 청자와의 상호작용이 원인이 된다. 그러므로 언사를 규제하는 것은 결과의 책임을 부당하게 언사(言辭)와 화자(話者)에게 모두 부과하는 것이 되기 때문에 금기시되어야 한다는 것이다. 명예훼손도 청자(聽者)의 해석작용에 따라 나타날 수도 있고 그렇지 않을 수도 있으므로 전자의 경우에만 규제를 해야 한다.

존 스튜어트 밀은 이러한 인간의 행위에 보편적으로 배어있는 내재적 가치를 보호하기 위한 자유론으로서 해악론(harm principle)을 제시한 바 있다. 해악론의 내용은 개인의 자유는 타인에게 해를 끼치는 지점에서 끝이 난다는 경구로 대표된다.

홈스 미연방대법관은 이 해악론을 직접 판결문에서 인용하지는 않으나 해악론에 입각한 것으로 보이는 법원리를 개발한다. 그는 표현의 효과는 그 자체로 나타나는 것이 아니라 화자-청자 쌍방효과를 통해서 나타난다는 특성에 천착하여 바로 명백하고 임박한 위험 (clear and present danger) 원리를[27]

---

27) 우리나라 법률용어 중 대표적인 오역이 바로 "명백하고 현존한 위험"(a clear and present danger)이다. 원래 present라는 것은 '현재'를 말하는 것이 아니라 '곧바로'라는 의미이다. She will arrive presently는 '그녀의 도착이 임박했다'는 뜻이다. 즉 올바른 번역은 명백하고 임박한 위험이다. 위험이 현존할 때만 표현의 자유를 제한한다는 것이 위험이 임박할 때만 제한한다는 것보다 더 표현의 자유에 유리해 보이지만 사실 '현존한' 위험은 시간적 긴급성을 느끼기 어렵고

제안하였다. 즉 자유론(On Liberty)에서 존 스튜어트 밀은 권력은 한 개인이 다른 개인에게 해악을 가할 때에만 개입해야 한다고 주장하였다. 그런데 표현이 야말로 한 개인이 다른 개인에게 해악을 끼칠 수 없는 행위이다. '저 집 창문에 돌을 던져라'라고 누군가 말을 하더라도 그 말을 들은 사람이 들은 대로 행동하지 않는 한 집주인에게 아무런 해악도 가지 않는다. 누군가 나를 '바보'라고 한다고 할지라도 그러한 표현의 정황이 무엇이고(연인들간에 '바보'라고 말하며 사랑의 눈물을 흘리는 장면도 있다) 내가 어떻게 반응하는가에 따라 나는 정신적 피해를 당할 수도 있고 당하지 않을 수도 있다. 표현 자체가 악인 경우는 없다. 그렇다면 어떤 해악에 대한 법적 규제를 표현에 대한 규제로써 하는 것은 논리에 맞지 않다. 바로 이러한 이유로 대부분 나라의 헌법은 표현의 자유가 일반적으로 명시하고 있지만 일반적인 '행동의 자유'는 명시되어 있지 않다.

결국 표현과 물리적 행위를 구분하고 표현은 물리적 행위와 달리 '해악을 일으킬 명백하고 임박한 위험'이 있는 경우, 즉 표현이 물리적 행위처럼 작동할 경우에만 규제할 수 있다는 이론이 확립되며 이를 소위 '명백하고 임박한 위험'의 원리라고 한다. 홈스 미연방대법관은 1917년 솅크 판결[28]에서 징집을 방해하는 행위를 금지한 간첩법이 징집반대 전단에도 적용될 수 있는가를 다루면서, 표현이 성격상 그리고 정황상 실체적인 해악(substantive evils)을 발생시킬 명백하고 임박한 위험이 있을 때만 표현을 처벌할 수 있다고 하였다. 특히 명백하고 임박한 위험이 있는 상황의 예시로서 홈스 판사는 "사람들이 가득 찬 극장에서 '불이야'라고 소리지르는 행위"를 언급하였다. 결국 홈스는 표현이 물리적 힘(force)의 효과를 낼 때는 그 억제가 정당화된다고 하였고 이는 표현의 자유를 보호하는 대원칙으로 기능한다.

표현과 물리적 행위를 구분하고[29] 표현에 대해서는 피해발생 가능성이

'어제도 위험했고 오늘도 위험했고 그런 상황이면 규제가능한거지?'라는 논리가 상상 저편에서 들려온다.

28) Schenck v. United States, 249 U.S. 47 (1919)

29) 표현의 자유에 대한 보호의 이유가 이렇게 비강제적인 성격 때문이라면 표현이 물리적 행위를

명백할 때만 규제한다는 이론은 미국 뿐만 아니라 전 세계적으로 확립되어 있어 특히 솅크 판결처럼 국가정책에 반대하는 표현에 대한 규제가 UN시민정치적권리에관한협약의 표현의 자유 보호 조항을[30] 위반하는지를 판단한 UN인권위원회의 결정문들에도 나타나 있다.[31]

유엔인권위원회의 일반의견은 일반적으로 국가의 공익과 인권의 보호에 있어서는 비례성이 요구되는데 국가가 목표로 하는 공익을 달성하기 위해 필요한 만큼만 개인의 인권을 제한할 수 있다는 것이다. 그런데 제한되는 인권이 표현의 자유인 경우에는 공익에 대한 요구는 더욱 엄격하다.[32] 여기서의 엄격함은 바로 표현이 제기하는 해악의 위협(threat)이 직접적이고 즉각적일 것을 요구하는 것인데[33] 명백하고 임박한 위험의 원리의 내용과 대동소

동반하더라도 그 물리적 요소가 비강제적이라면 똑같이 보호되어야 할 것이다. 실제로 깃발을 드는 행위도 표현의 정의에 포함되어야 한다는 UN인권위원회의 판시가 있었다. Kivenmaa v. Finland (412/90)

30) **Article 19** 1. Everyone shall have the right to hold opinions without interference.
2. Everyone shall have the right to freedom of expression; this right shall include freedom to seek, receive and impart information and ideas of all kinds, regardless of frontiers, either orally, in writing or in print, in the form of art, or through any other media of his choice.
3. The exercise of the rights provided for in paragraph 2 of this article carries with it special duties and responsibilities. It may therefore be subject to certain restrictions, but these shall only be such as are provided by law and are necessary:
 (a) For respect of the rights or reputations of others;
 (b) For the protection of national security or of public order (ordre public), or of public health or morals.
31) Kim v Republic of Korea (574/94) 북한의 주장과 유사한 역사관을 담은 문건을 배포한 저자에 대하여 국가보안법 처벌을 한 것에 대하여 UN인권위원회는 "국가가 저자의 표현에 의해 제기되는 위협의 정확한 성격을 특정하지 못하였다"며 협약 제19조를 위반하였다고 선언하였다. Sohn v Republic of Korea (518/92)에서 UN인권위원회는 노조를 지지하는 문건을 배포한 저자에 대하여 노동관계조정법 상의 처벌을 한 것에 대하여 위원회는 똑같은 이유로 역시 협약위반을 선언하였다.
32) General Comment 34. Para 22. "Paragraph 3 lays down specific conditions and it is only subject to these conditions that restrictions may be imposed: the restrictions must be "provided by law"; **they may only be imposed for one of the grounds set out in subparagraphs (a) and (b) of paragraph 3; and they must conform to the strict tests of necessity and proportionality. Restrictions are not allowed on grounds not specified in paragraph 3, even if such grounds would justify restrictions to other rights protected in the Covenant.** Restrictions must be applied only for those purposes for which they were prescribed and must be directly related to the specific need on which they are predicated."

이하다.[34]

미국에서도 일반적인 기본권 보호에 있어서 침해되는 기본권의 성격에 따라서 비례성원칙의 심사강도를 달리하며 '심사강도를 달리한다'는 것은 침해되는 기본권이 더욱 본질적일수록(fundamental right) 국가가 목표로 하는 공익이 더욱 클 것을 요구하고 침해의 최소성을 더욱 엄격하게 요구한다는 것을 말한다.[35] 이렇게 볼 때 표현의 자유에 대한 규제는 중대한 피해가 즉각적으로 발생할 것이 명백한 경우에만 유효하다는 명백하고 임박한 위험의 원리는 비례성원칙의 특수한 형태 즉 엄격심사(strict scrutiny)로 이해될 수 있다. 이렇게 미국에서 유래한 명백하고 임박한 위험 원리는 UN 및 지역인권기구들의 표현의 자유 심사기준과 일치하고 있다.

UN시민정치적권리협약의 제20조는 전쟁의 홍보 및 차별, 적대 및 폭력을 선동하는 국가, 인종 또는 종교적 혐오의 주창을 금지할 것을 가입국들에게 요구하고 있고 인종차별철폐협약 역시 제4조가 인종적 우위나 인종적 혐오에 근거한 사상, 인종적 혐오의 선동, 인종 또는 민족에 대한 폭력, 그러한 폭력의 선동 등을 처벌할 것을 요구하고 있다. 즉 그러한 언사들에 대한 규제는 시민정치적권리협약 제19조의 위반이 아닌 것으로 인정되어야 할 것이다. 결국 명백하고 임박한 위험의 원리에 대한 예외로 볼 수도 있지만, 역사적으로 국가, 인종, 종교적 혐오발언이 실제 차별이나 폭력으로 이어진 사례들이

---

33) General Comment 34, Para. 35. "When a State party invokes a legitimate ground for restriction of freedom of expression, it must demonstrate in specific and individualised fashion the precise nature of the threat, and the necessity and proportionality of the specific action taken, in particular by establishing a direct and immediate connection between the expression and the threat."

34) UN인권위원회는 Hertzbeg et al v. Finland (61/79)에서 동성애 및 동성애고무 금지법에 따라 동성애관련 프로그램을 라디오와 방송에서 송출금지한 결정에 대해서 표현의 자유에 대한 제한을 정당화하는 공중도덕(public morals)을 정의함에 있어서 국가가 '재량의 여지'(margin of discretion, 유럽인권재판소가 유럽인권협약 해석에 있어서 국가의 재량을 인정해줄 때 '평가의 여지(margin of appreciation)'와 비슷한 개념)를 가지고 있음을 선언한 바 있으나 이는 Lansman v. Finland (511/92)에서 번복되었다.

35) 박경신, "이익형량에 대한 환원주의적인 접근의 사례: 미국의 단계심사와 한국의 과잉금지 원칙", 『법철학연구』 11권 1호(2008년 4월)

많았다는 점에 비추어볼 때 명백하고 임박한 위험의 원리에 따른 심사에 있어서 표현과 물리적 해악의 인과관계가 더욱 용이하게 인정된다는 의미로 해석할 수 있을 것이다.[36)]

허위사실유포죄의 금지

표현이 일으킬 해악이 명백하고 임박할 경우에만 규제한다는 원리 하에서는 기본적으로 표현의 '내용'에 대한 모든 규제는 무효의 추정을 가진다. 예를 들어, 가장 보호의 필요성이 약하다고 여겨지는 허위의 주장이라고 할지라도 그것이 어떤 피해를 즉각적으로 일으킬 것이 명백하지 않다면 규제되어서는 아니된다. 명예훼손, 사기를 처벌하는 법도 표현을 규제하는 법이지만 타당성이 인정되는 이유는 말만으로 제3자들이 명예훼손피해자에 대해 취하는 물리적 행동을 변화시키거나 말만으로 사기피해자의 재산권을 변화시키기 때문이다.

이에 따라 허위의 주장을 규제하는 소위 '허위사실유포죄'는 전 세계적으로 위헌판정을 받고 있음은 물론[37)] UN인권위원회 등에서 수차례 폐지권고를 낸 바 있다.[38)] 가장 직접적인 이유는 권위주의 정부들은 우리나라의 긴급조치

---

36) 실제로 Ross v. Canada (736/97)에서 반유태인적 편견을 사적으로 드러낸 교사의 직위를 행정직으로 바꾼 것이 그 교사의 표현의 자유를 침해하는 것인가에 대해서 UN인권위원회는 "교사는 신뢰를 위탁받는 지위이며 학생들에게 상당한 영향을 미칠 수 있으며 유태인 학생들은 실제로 공포, 자긍심의 훼손… 등을 겪었다" 그리고 "저자의 표현과 유태계 학생들이 겪는 '오염된 교육환경' 사이의 인과관계를 예측할 수 있다"며 인권침해가 아니라고 판정하였다.

37) Zundel 판결. [1992] 2 SCR 731(캐나다). The Prosecution of Dr. Moncef Marzouki, Public Statement from Article 19, The Global Campaign for Free Expression, London, 12 December 2000 (짐바브웨) Hector v. Attorney-General of Antigua and Barbuda 사건. 이 사건에서 위헌판정을 받은 법조문은 Public Order Act 1972, No. 9 of 1972, Section 33B임 (안티구아-바부다)

38) UN Human Rights Committee. Mukong v. Cameroon, views adopted 21 July 1994, No. 458/1991, para. 9.7. (반정부 기자가 "국내외 여론의 교란(intoxication of national and international public opinion)" 죄목으로 처벌되었던 것에 대해 UN시민정치적권리에관한규약 제19조의 위반을 선언함. 정부측에서는 위와 같은 처벌이 프랑스어계와 영어계 및 그리고 수많은 부족들간의 화합 및 단결을 위해 필요하였다고 주장하였는데 그와 같은 국가적 단합은 표현의 자유의 제한을 정당화하는 합법적 목표가 될 수 없다고 선언함.); Annual General Assembly Report of the Human Rights Committee, UN Doc. A/50/40, 3 October 1995, para. 89; Annual General Assembly Report of the Human Rights Committee, UN Doc. A/51/40, 16 September

1호처럼 제목만 허위사실유포죄일뿐 독재의 진실을 폭로하는 언론인들 및 운동가를 처벌하는 데에 허위사실유포죄를 이용해왔기 때문이다. 원리적으로도, 특정인에 대해 특정할 수 있는 피해를 주지 않는 언사는 명백하고 임박한 위험을 동반하지 않는 언사이므로 그 언사의 내용이 '허위'라는 이유만으로 처벌될 수 없다.

사상의 자유시장 이론을 따르더라도 허위는 보호되어야 한다. 진실과 허위의 구분은 우선 잠정적이다. 잠정적인 허위주장을 통해서 진실은 더욱 단단해진다. 지금 당장 어떤 주장이 허위처럼 보인다고 하여 처벌하기 시작하면 해당 사안에 대한 진실은 영영 밝힐 수 없게 될 것이다.

실제로 명예훼손적 주장이나 사기성 언사와 같이 특정한 피해를 발생시킬 정황이 없는 허위 언사들을 처벌하는 법은 좀처럼 찾아보기 어렵다. 인권관행과 국제인권법 모두 허위사실유포죄 자체의 존재를 금기시하고 있다.

진실적시 명예훼손

UN인권위원회는 모든 형사상 명예훼손에 대해서는 진실의 항변이 있어야 한다고 선언하였다.[39] 많은 나라들이 소위 '진실적시명예훼손' 조항을 법전에 유지하고 있지만 형사상으로는 거의 이용되지 않고 있고, 이용되더라도 프라이버시와 같은 별도의 법익을 침해할 경우에만 이용된다. 사상의 자유시장 이론에 비추어보자면 진실로 확인된 표현을 제재하면 시장의 존재의 이유인 진실의 추구는 한층 멀어지게 된다.

1996, para. 154; Concluding Observations of the Human Rights Committee: Armenia, UN Doc. CCPR/C/79/Add.100, 19 November 1998, para. 20; Concluding Observations of the Human Rights Committee: Uruguay, UN Doc. CCPR/C/79/Add.90, 4 August 1998, para. 10.

39) General Comment 34, para. 47, "All···penal defamation laws··· should include such defences as the defence of truth."

의견과 감정 표현에 대한 규제 철폐

UN인권위원회는 사실적 주장이 아닌 단순한 견해표명에 대해 법적 책임을 지울 수 없다고 선언하였다.[40] 명백하고 임박한 위험의 원리에 따르면 의견과 감정의 표명은 그러한 위험을 수반하는가? 의견과 감정과 대비되는 것이 '사실적 주장'인데 의견과 감정은 사실적 주장이 가진 파괴력이 없다. 예를 들어, 부동산중개인이 '여기에 지하철역이 들어올 계획이 이미 서 있다'라고 사실적 주장을 하면 사람들이 쉽게 현혹되지만 부동산중개인이 '여기는 지하철역이 들어설만한 자리이다'라고 의견을 표명하면 사람들은 그리 쉽게 현혹되지 않는다. 그렇기 때문에 대부분의 나라들의 법제에서 의견과 감정의 표명에 대해서는 법적 책임을 묻지 않는다. 예를 들어, 사기죄는 사실에 관해 상대를 기망할 때에만 적용되며 명예훼손은 사실적 주장에만 적용이 되지 의견과 감정의 표명에는 적용되지 않는다.

위축효과법리

표현의 도구적 가치와 표현의 비강제성은 위축효과(chilling effect)이론으로 발전한다. 위축효과법리는 표현의 자유에 대해 위축효과를 발생시키는 법은 위헌이라는 법리이다. 여기서 위축효과란 합법적인 행위임에도 불구하고 그 합법성을 입증하는 수고가 장애사유가 되어 내심 원하지 않으면서도 그 행위를 회피하거나 자제하게 되는 효과를 말한다.

예를 들어 음주단속기준인 혈중알코올 농도가 0.8%이지만 많은 사람들이 그 정도의 농도가 나오지 않을 것을 알면서도 술을 단 한 잔도 입에 대지 않는 경우가 많다. 합법적으로 마실 수 있는 양을 혹시 경찰의 자의적 판단 등 때문에 단속에 걸리지 않을까하는 두려움에 마시지 않는 것인데 이에 대해서 누구도 사회적 또는 헌법적 해악이라고 생각하지 않는다.

---

40) General Comment 34, para. 47, "[P]enal defamation laws⋯ should not be applied with regard to those forms of expressions that are not, of their nature, subject to verification." 견해와 감정은 진위검증(verification)이 불가능한 종류의 표현이다.

그러나 표현의 자유 영역에서는 합법적인 언사를 이러한 단속가능성 때문에 자제하게 되는 것은 자기검열(self-censorship)이라 하여 헌법적으로 금기시되어 왔고 그러한 위축효과를 발생시키는 법률들을 위헌판정하는 기준이 되어 왔다. 예들 들어, '저속함(indecency)'이라는 인터넷콘텐츠 규제기준은 그로 인해 전적으로 보호되어야 할 표현들이 위축되도록 만들기 때문에 사회적 해악이라고 여겨진다.[41] 즉 표현의 자유가 다른 행동의 자유와는 달리 가진 도구적 가치를 감안한다면 표현이 자제되는 것보다는 표현이 발화되는 것이 사회적으로는 더욱 바람직하다는 원리가 반영되어 있는 것이다. 표현이 그 자체로 타인의 평화를 침해한다면 이와 같은 추정을 유지하기 어렵겠지만 표현은 위에서 말한대로 비강제적이기 때문에 위와 같은 추정이 가능한 것이다.

예를 들어, 미연방대법원은, 1965년 Lamont v. Postmaster General 판결에서, 공산당선전물 자체는 불법이라고 지정된 적이 없음에도 공산당선전물을 우편으로 수신하고자 하는 우체국에 수신요청서를 반드시 제출하도록 한 법에 대해 위헌판정을 하였다. 합법적인 문헌임에도 자신의 수신의사를 국가기관에게 밝히는 것을 주저하여 수신을 포기하는 것은 위헌적인 상황으로 보는 것이다.[42] 이와 반대로 관세신고서를 제출하는 것 역시 객관적으로 무관세입국을 할 수 있는 사람도 자신의 소지품을 공개하도록 하여 소지 자체를 위축시킬 수 있음에도 위헌으로 인정되지 않을 것인데, 물건들을 국경 너머로 옮기는 것은 국가경제에 직접적으로 영향을 주는 물리적 행위이기 때문이다.

왜 표현에 대해서만 위축효과가 부당한 것일까? 위축효과는 합법적인 표현이 발화되지 않는 것을 의미함을 상기하자. 표현은 위에서 말했듯이 문명의 발전, 진실의 발견의 핵심적인 수단인데 표현이 발화되지 않으면 그 표현 자체의 옳고 그름을 떠나서 사상의 자유시장에 기여할 수 없게 되기 때문이다.

위축효과원리가 직접적으로 법적 판단의 준거로 작용하기 보다는 아래에서 설명할 명확성의 원칙과 사전제한금지의 법리를 통해서 간접적인 준거로 작용

---

41) ACLU v. Reno, 521 U.S. 844 (1997).
42) Lamont v. Postmaster General, 381 U.S. 301 (1965).

하기 때문에[43] 그 자체가 어떤 원리로서 언급된 문헌은 많지 않으나 여러 국제인권기구의 문헌들이 위축효과를 피해야 할 의무를 언급하고 있다.[44]

'막연하므로 무효'의 법리

위축효과법리는 미국에서는 표현의 자유 영역에서만 고유하게 적용되는 '막연하기 때문에 위헌(void-for-vagueness)'법리로 파생발전되었다. 미국에서는 일반적으로는 막연한 법조문은 원칙적으로 해석이 가능하다고 보는 반면, 다만 표현의 자유 규제의 경우 위축효과가 발생하기 때문에 더욱 엄격한 명확성을 요구한다. 불법과 합법의 기준이 막연하여 위헌이라는 것은 우리나라의 명확성의 원칙과 유사한 이론으로서 이러한 막연함은 사람들이 전적으로 합법적인 행위마저도 포기하게 만들기 때문에, 즉 위축효과를 발생시키기 때문에 금기시되어야 한다는 것이다.

우리나라에서는 명확성의 원칙이 모든 규제분야에서 당연한 것처럼 요구되지만, 우리 헌법재판소도 "표현의 자유를 규제하는 법률은 그 규제로 인해 보호되는 다른 표현에 대하여 위축적 효과가 미치지 않도록 규제되는 표현의 개념을 세밀하고 명확하게 규정할 것이 헌법적으로 요구된다"고[45] 판시하여 표현의 자유규제에 대해서는 더욱 엄밀한 명확성이 요구됨은 물론 그 이유가 바로 위축효과에 대한 우려에 있음을 표명한 바 있다.

표현의 자유 보호에 있어서 이와 같은 명확성의 원칙의 중요성은 UN인권위원회에 의해서도 거듭 천명되고 있다.[46]

---

43) 사실 위의 Lamont 판결은 사전제한금지법리의 작용이고 ACLU v. Reno 판결은 막연하므로 무효의 법리의 작용이다.
44) 예를 들어, A/HRC/17/27/Add.2 (이하 "라 뤼 한국 보고서"), para. 20, 28(명예훼손 형사처벌에 관하여), 42(인터넷임시조치제도에 게시자의 복원권이 보장되어 있지 않은 것에 대하여), 91(방송통신심의위원회의 심의기준이 불명확한 것에 대하여).
45) 헌법재판소 1998. 04. 30, 95헌가16, 판례집 제10권 1집, 327, 342-342 참조
46) General Comment 34, para. 25, "For purposes of paragraph 3, a norm, to be characterised as a "law", must be formulated with sufficient precision to enable an individual to regulate his or her conduct accordingly and it must be made accessible to the public. A law may not confer unfettered discretion for the restriction of freedom of expression on those charged

사전제한금지 법리

위축효과 법리와 표현의 자유의 도구적 가치론은 표현의 자유를 다른 기본권과 다르게 보호하는 또 다른 법리를 낳게 되는데 그것이 바로 **사전제한**(prior restraint)금지법리이다. '사전제한'이란 표현이 발화되기 전에 적용되는 제재를 말한다. 미주인권협약과[47] 미국연방대법원 판례[48] 하에서는 당연 위헌(per se unconstitutional)으로 간주되며 유럽인권재판소는 "당연 위헌은 아니나 가장 엄격하게 심사되어야 한다"고 하였고[49] UN인권이사회 소속 표현의 자유 특별보고관 역시 "검열은 매우 무거운 위헌성의 추정을 달고 다닌다"고 하였으며[50] 아프리카인권위원회 역시 위헌성의 추정을 부과한다.[51]

사전제한에는 표현물이 발화되기 전에 법원이 그 특정 표현물의 발화를 금지시키는 경우와[52] 표현물 일반에 작동하면서 행정권의 허가가 있는 경우에만 발화를 허용하는 허가제를 포함하며 보통 후자를 사전검열(prior censorship)이라고 부른다.

표현에 대한 사전제한은 표현물이 영영 공표되지 못하게 만들 수 있다고 하여 가혹한 것으로 여겨지지만 물리적 행위의 경우 우선 불법이라고 정의되면 그것이 영영 금지된다고 해서 해악이라고 여겨지지 않는다. 왜 표현에 대해서는

---

with its execution. Laws must provide sufficient guidance to those charged with their execution to enable them to ascertain what sorts of expression are properly restricted and what sorts are not."

47) Organization of American States, American Convention on Human Rights, Nov. 22, 1969, O.A.S.T.S. No. 36, 1144 U.N.T.S. 123. "prior censorship"을 금지한다.

48) Lovell v. City of Griffin, 303 U.S. 444, 450 (1938). "prior restraint"을 금지한다.

49) Observer & Guardian v. United Kingdom, 26 Nov. 1991, 14 E.H.R.R. 153

50) Special Rapporteur on the promotion and protection of the right to freedom of opinion and expression, *Question of the Human Rights of All Persons Subjected to Any Form of Detention or Imprisonment*, U.N. Doc. E/CN.4/1996/39/Add.1, at para. 40 (Nov. 21, 1995)

51) Media Rights Agenda v. Nigeria, African Commission on Human and Peoples' Rights, Comm. No. 224/98 (2000).

52) Decision by the Grand Bench of the Supreme Court on June 11, 1986, Case No. (o) 609 of 1981; 40 Minshu 872. 일본도 censorship과 달리 prior restraint이라는 개념을 별도로 만들어 행정권이 아닌 사법권에 의한 사전제한제도에 대해서도 헌법적 경계를 하고 있다.

사전제한이 금기시될까?

표현의 도구적 가치이론에 따르면 내용이 불법인 표현물이라고 할지라도 그 표현물이 단 한번도 세상에 공개되지 않는다는 것은 사상의 자유시장의 기능을 저해한다고[53] 여겨진다. 왜냐하면 사상의 자유시장에는 모든 표현이 기여를 하기 때문이다. 상스러운 표현은 스스로 비난받으면서 고상한 표현을 호명하고 불법적인 표현은 합법적인 표현을 불러낸다. 사상의 자유시장 이론에 따르면 불법적인 표현도 우선 사상의 자유시장에의 도달은 허용하고 그에 대해 사후적으로 법적 책임을 지우는 것이 타당하다. 위에서 살펴본 바와 같이 그 표현에 의해 발생하는 해악도 있겠지만, 표현은 청자 - 화자의 상호작용에 의해서만 해악이 발생하므로 표현의 공표자에게 모든 책임을 지우는 것은 타당하지 않으며, 사전적으로 표현 자체를 차단하는 것은 더욱 금기시된다.

물론 어차피 완벽한 차단이란 있을 수 없다. 표현은 대부분 타인의 도움을 필요로 하지 않는 사적 행위이다. 어떤 불법적인 표현이든 사전제한적 법제에 의해 공표가 금지되어 있거나 허가받지 않은 상황에서도 공표를 강행함으로써 사상의 자유시장에 도달할 수는 있다. 특히 자신의 표현물의 내용이 객관적으로 합법적임을 확신하는 자는 무허가 상황이나 금지명령에 관계없이 우선 배포를 하면 된다. 물론 불법표현물을 배포했다는 것에 대한 제재와 별도로, 허가되어 있지 않은 또는 법원에서 금지한 표현물을 배포한 것에 대해 추가적인 제재가 이루어진다면 용기가 더 필요하겠지만[54] 해당 표현물이 실체적으로 합법적인 것이라면 그러한 추가제재에 대해서도 별도의 헌법적 소송을 통해 다투어 볼 수 있을 것이고 실제로 승소가능성도 높을 것이다.

---

53) Thomas I. Emerson, "The Doctrine of Prior Restraints", 20 Law & Contemp. Probs. 648, 657 (1955) "The underlying rationale behind the presumption of unconstitutionality of a prior restraint is that [u]nder a system of subsequent punishment, a communication has already been made before the government takes action; it thus takes its place, for whatever it may be worth, in the market place of ideas. Under a system of prior restraint, the communication, if banned, never reaches the marketplace at all.

54) 우회항변금지(collateral bar)원리가 바로 표현의 불법성에 대한 책임 외에 무허가 내지 반허가 공표에 대해서는 별도의 법적 책임이 부가되어야 한다는 원리이다. Walker v. City of Birmingham, 388 U.S. 307 (1967).

그러나 그러한 소송을 거치고서야 제재없이 사상의 자유시장에 다다를 수 있다면 합법적인 표현물 배포자는 그러한 접근시도로부터 위축될 것이며, 불법적인 표현물 배포자는 더욱 말할 것도 없을 것이다. 표현에 대한 사전제한은 궁극의 위축효과를 낳는다.

또 사전제한 중에서 허가제의 경우 국가기관에 사전적으로 자신의 표현물의 합법성 여부를 판단받도록 하면, 합법적인 표현물을 발화하고자 하는 자도 사전에 자신의 사상을 국가기관에게 드러내야 한다는 심정적 부담 때문에 스스로를 위축시킬 수 있다는 것도 또 하나의 이유이다.[55]

명예훼손의 비형사화

UN인권위원회는 모든 당사국들이 명예훼손의 비형사화를 고려해야 한다고 권유하며 그 중에서도 자유형(징역형 등)은 절대로 이용되어서는 아니된다고 하였다.[56]

물론 허위의 사실적시에 의한 명예훼손의 경우 입법자가 민사적 제재를 넘어서서 형사적 제재를 허용하는 것 자체는 헌법적인 문제는 없다. 그러나, 명예훼손 형사처벌제도는 검사의 기소의 위협만으로도 합법적인 언사를 위축시킬 수 있다는 점이 심각한 문제로 지적된다. 법원이 통제하는 재판이라는 결과를 거쳐야 하긴 하지만 재판을 거치는 두려움만으로도 위축효과가 발생한다는 것이다. 검사는 행정권력의 영향력 하에 있고 그 결과가 인신구속의 위험을 포함하고 있기 때문이다. 그리고 바로 이러한 위축효과에 의존하여 명예훼손 형사처벌은 권력자가 검찰을 동원해 자신의 비판자들을 제압하는

---

55) Michael I. Myerson, "Rewriting Near v. Minnesota: Creating A Complete Definition of Prior Restraint", Mercer Law Review, Spring 2001, p. 1139. "[P]rior restraints identify the individual speaker prior to the speech. The personalization inherent in. .. prior restraint gives the government the ability to [discriminate]"; City of Lakewood v. Plain Dealer Pub. Co., 486 U.S. 750, 757 (1988)

56) General Comment 34, para. 47, "States parties should consider the decriminalisation of defamation and, in any case, the application of the criminal law should only be countenanced in the most serious of cases and imprisonment is never an appropriate penalty."

데에 너무나 자주 남용되어 왔기 때문이다.

이에 따라 유럽인권재판소는 명예훼손에 대해 자유형을 선고한 거의 모든 사건에서 모두 과도한 형벌이라고 하였으되[57] 단지 인종혐오와 관련된 사건에서는 자유형을 허용해야 한다고 결정한 바 있다.[58]

행정심의의 금지

위축효과법리는 행정기관에 의한 표현물규제 전반에 영향을 미친다. 행정기관의 개입은 사후적으로 이루어지더라도 합법적인 언사를 위축시킨다. 왜냐하면 표현물이 객관적으로 합법적인데도 행정기관이 착오로 불법적이라고 판단하였을 때 이를 구제받기 위해 소비될 자원과 시간의 부담은 표현을 발화할 동기를 저해할 수 있기 때문이다. 이에 따라 미국에서는 사후적인 제재라고 할지라도 행정기관에 의해 행해지면 모두 우선 사전제한(prior restraint)으로 보고 위축효과를 완화할 수 있는 충분한 장치(예를 들어 48시간 내의 즉각적인 후속사법심사)가 있는가에 따라 위헌여부를 결정한다.[59] 물론 행정기관의 판단은 즉각적인 후속사법심사가 아니더라도 정상적인 사법절차를 통해 수정할 수는 있겠지만 그때까지의 부담은 계속해서 위축효과를 발생시킬 것이다. 그리고 행정기관의 경우 친권력적 편향을 가질 수도 있어 권력비판적 내용의 표현물은 더욱 위축될 것이다.

단, 행정권에 의한 사후제재를 사전제한의 범위에 명시적으로 포함한 국제인권문헌은 아직까지 없다. 그러나, 위에서 살펴보았듯이 주요 국가들의 관행들(state practice)은 중요한 의미를 가지는데 행정권에 의한 표현물의 사후제재를 시행하는 국가는 거의 전무하다. 이와 관련하여 최근 프랑스 헌법위원회는

---

57) Eur. Ct. H.R., Case of Colombani and Others v. France, Judgment of June 25, 2002, Application No. 00051279/99 등등.
58) Eur. Ct. H.R., Case of Cumpana and Mazare v. Romania, Judgment on Dec. 17, 2004, Application No. 0033348/96.
59) Bantam Books v. Sullivan, 372 U.S. 58 (1965); Freedman v. Maryland, 380 U.S. 51 (1965); Kingsley Books v. Brown, 354 U.S. 436 (1957).

'저작권 3진아웃제도'에 대한 헌법심사를 하면서, 저작권위원회(HADOPI)라는 행정기관이 법원이 아니면서도 모든 사람들의 인터넷접속 여부를 결정할 수 있는 제재 부과 여부를 판단하도록 하는 것은 표현의 자유에 대한 과도한 침해라고 판시하였다.[60]

공공자원의 선별적 운용을 통한 표현의 자유 침해 - 견해차에 따른 차별의 금지

UN인권위원회는 표현의 자유에 대한 보호는 다른 기본권에 대한 보호보다 강력하여 침익적인 규제가 아니라 '시혜의 철회 또는 제공거부'에 의해서도 침해될 수 있다고 판시한 바 있다.[61] '시혜의 철회나 제공거부'는 국가가

---

60) 이하 영문번역문. Decision n° 2009-580 of June 10th 2009

14. Neither the principle of the separation of powers, nor any other principle or rule of constitutional status, precludes an administrative authority, acting within its powers as a public body, from exercising its power to impose penalties needed to enable it to carry out its tasks once the exercising of this power is accompanied by statutory measures designed to ensure the protection of constitutionally guaranteed rights and freedoms. In particular due respect must be shown for the principle of the legality of offences and punishments and the rights of the defence, principles which apply to all penalties intended to serve as a punishment, even though Parliament has left it to a non-judicial authority to impose such penalties…

16. The powers to impose penalties created by the challenged provisions vest the Committee for the protection of copyright, which is not a court of law, with the power to restrict or deny access to the internet by access holders and those persons whom the latter allow to access the internet. The powers vested in this administrative authority are not limited to a specific category of persons but extend to the entire population. The powers of this Committee may thus lead to restricting the right of any person to exercise his right to express himself and communicate freely, in particular from his own home. In these conditions, in view of the freedom guaranteed by Article 11 of the Declaration of 1789, Parliament was not at liberty, irrespective of the guarantees accompanying the imposition of penalties, to vest an administrative authority with such powers for the purpose of protecting holders of copyright and related rights

61) "(1999) UN doc. CCPR/C/79/Add. 106, Para. 22. "The Committee is gravely concerned about reports… that newspapers which adopt a negative attitude against the government are refused advertisement by the State and parastatal companies, and that journalists working for the State who are seen at opposition demonstrations are required to submit their resignation. The Committee urges the State party to… desist from taking any action which would violate freedom of the press. "

(2001) UN doc. CCPR/CO/73/UKR, Para. 22 "(c) The State party should ensure that clear criteria are established for payment and withdrawal of government subsidies to the press, so as to avoid the disbursement of such subsidies for the purpose of stifling criticism of the Government."

통제하는 공간의 사용권을 국민들에게 분배하면서 나타날 수 있다. 표현이든 물리적인 행위이든 타인의 공간이나 공적 공간에서는 그 자유가 제약될 수밖에 없다. 내가 내 스스로 출판사와 계약하여 마련한 내 책의 지면에 프린트한 표현에 대해서는 위에서 말한 모든 표현의 자유 보호원리들이 적용되지만, 아무리 그러한 표현의 자유가 있다고 한들 신문사가 지면과 잉크를 할애하여 내 이야기를 프린트해줄 것을 강제할 수는 없는 것이다. 신문사의 지면처럼 타인이 배타적으로 소유한 공간이 아니라 공적으로 통제된 공간에서도 일견 이야기는 크게 다르지 않아 보인다. 일반적으로 모든 공적 재산은 민주적으로 선출된 정부의 재량 하에서 통제된다. 예술의 전당, 국립극장, 상암구장을 어떻게 사용할지 그리고 국민의 세금을 어떻게 이용할지 이러한 결정을 우리는 국회와 행정부에게 맡기기 위해 선거를 치르는 것은 공지의 사실이다. 배타적으로 소유된 공간에서는 소유자에 의한 가장 강력한 검열도 모두 헌법적으로 허용된다고 본다.

하지만 국가가 국가소유의 공간 또는 재산을 통제함에 있어서도 한계가 있으며 그 한계는 평등권에서 도출된다. 일반적으로 평등권은 소위 자의금지원칙에 따라 국가의 모든 행위가 자의적이지 않고 일정한 합법적인 목표를 가지고 있고 그 목표에 완전히 반하지 않기를 요구한다. 단, 우리 헌법재판소가 제대군인가산점 결정에서도 밝혔듯이[62] 기본권을 중대하게 제한하거나 특별히 금기시되는 차별은 헌법적으로 더욱 엄격하게 검증되어야 한다. 그렇다면 국가가 국유재산을 운용할 때는 그 이용의 목표가 있는데 그러한 이용이 표현의 자유라는 기본권을 중대하게 제한하는 방식으로 이용될 때는 헌법적으로 엄격하게 검증되어야 할 것이다.

그런데 표현의 자유의 내재적 가치는 표현이 인간성의 최고점인 사상과 감정을 담고 있기 때문에 나타나는 것인데, 국가소유의 공간이나 재산이 어떤 내용의 표현물을 담고 있는가는 국민이 보고 듣는 표현물의 범위에 영향을 미치게 되며, 이에 따라 국민의 표현의 자유에 중대한 영향을 끼칠 것이다. 그렇다면 공공재의 운용에 있어서 특정 내용의 표현물을 배제한다거나 특정

---

62) 헌법재판소 1999. 12. 23, 98헌마363, 판례집 제11권 2집, p.770.

사상을 가진 사람들을 배제하는 방식의 차별은 헌법적으로 엄격하게 검증되어야 하며, 이에 따라 해당 공공재의 운영목표와 완전히 관계없는 표현의 내용에 대한 차별은 견해차에 따른 차별(viewpoint discrimination)로서 금지된다. 예를 들어 국가에 의한 교재의 선택 소위 '검인정제도'는 교육을 목표로 이루어져야 하는데 자신의 정치적 성향에 부합하는 내용의 교재만을 학생들이 사용하도록 하는 것은 학생들의 사상발달에 지대한 영향을 끼쳐 표현의 자유라는 기본권에 영향을 미치는 것이므로 이러한 검인정행위는 엄격하게 검증을 거쳐야 할 필요가 있다. 이때 실제로 교육목표와 상관없이 '건국공신이 노예소유주였다'라는 비위사실을 담고 있다고 하여 특정 교재를 배제하는 등 교과서를 교육이라는 목표와 관계없는 국가홍보의 도구로 삼는 것은 위헌이 된다.(63)

견해차에 따른 차별의 금지원리는 위와 같이 표현의 발화자가 아닌 타인이나 국가에 의해 소유되고 운영되는 공간 또는 그렇게 운용되는 자원에 관해 주로 의미를 가지게 된다. 책, 영화 등과 같이 발화자 스스로 마련한 공간에서의 표현에 대해서는 이미 명백하고 임박한 위험의 원리가 표현의 내용 규제에 대한 제한으로 작용하므로 견해차에 따른 규제가 어차피 배제되기 때문이다.

**

우리는 표현의 자유의 내재적 가치, 도구적 가치 및 표현의 비강제성(표현-물리적행위 이분법)으로부터 명백하고 임박한 위험의 법리, 위축효과 법리, '막연하므로 무효'의 법리(명확성의 원칙), 사전제한금지법리, 견해차에 따른 차별금지 법리를 도출할 수 있다.

위의 원리들은 이미 위에서 확인했듯이 미국연방대법원 판례와 UN인권위원회의 일반논평 및 국가별 권고들을 통해 국제인권법적 지위를 확인받고 있다. 또 위의 원리들은 대부분 국가들의 국내인권관행에서도 확인되고 있다.

그리고 위 가치들과 보편적 원리들은 역시 국내인권관행과 국제법 문헌에서 확인되는, 허위사실유포죄 금지, 의견 및 감정표현에 대한 법적 제재 금지,

---

63) Island Trees Union Free School District v. Pico, 457 U.S. 853 (1982)

진실적시 금지, 명예훼손의 비형사화, 행정심의의 금지, 공공자원의 사상선별적 운영 금지 등의 구체적인 국제인권기준으로 발현되고 있다.

***

아래에서는 위 국제인권기준에 따라 우리나라 법제들을 평가해보면서 이 책의 본문의 내용들을 소개하고자 한다. 이 책의 본문 1장에서 9장 그리고 12장 총합 10개의 장들은 국내의 법제들을 헌법적으로 평가해보려는 필자의 시도들을 집대성한 것으로서[64] 각 법제에 적용되는 국제인권기준 또는 다른 나라들의 국가관행도 언급하고 있다. 나머지 10개의 장들은 국제인권기준과 명시적인 연계는 없지만 표현의 자유와 관련된 법제들에 대한 헌법적인 평가를 시도하고 있다.[65]

자신이 원하는 사람들과 내밀하게 사상과 감정을 교환할 자유인 통신의 자유는 어찌 보면 표현의 자유 원리가 보호하려는 인간의 사상과 감정과 더욱 밀접하게 관련되어 있을 수 있다. 통신은 그 은밀한 의도에 비추어볼

---

64) "진실적시에 의한 명예훼손 처벌제도의 위헌성", 『세계헌법연구』 제16권 제4호(2010. 12), pp.1-29; "허위사실유포죄의 위헌성에 대한 비교법적 분석", 『법학연구(인하대학교)』 제12권 제1호(2009), pp.1-44; 공저 김가연, "모욕죄의 보호법익 및 법원의 현행 적용방식에 대한 헌법적 평가", 『언론과 법』 제10권 제2호(2011. 12), pp.441-467; "모욕죄의 위헌성과 친고죄 조항의 폐지에 대한 정책적 고찰", 『고려법학』 제52호(2009. 04), pp.263-299; "소비자 2차불매운동의 합헌성", 『2008-2009 한국과 표현의 자유』(경인문화사, 2009); 공저 손익찬, "위력에 의한 업무방해죄의 위헌성 – 노동쟁의행위와 소비자보호운동을 중심으로", 『공익과 인권』 제9호 (2012.1); "명예의 보호와 형사처벌제도의 폐지론과 유지론", 『서강법학』(2009.06) 제11권 제1호, pp.357-380; "미국의 사전제재법리와 2002년 불온통신규제 결정의 재발견", 『헌법실무연구』 제9권(2008), pp.503-533; "방송통신심의위원회의 인터넷내용심의의 위헌성", 『법학논총(한양대학교)』 제27권 제2호(2010.06), pp.65-100; "교과서검인정제도의 본질과 정치적 중립성 – 학생의 교육권에 관한 미국판례들을 중심으로", 『법학논총(한양대학교)』 제26권 제4호(2009.12), pp.87-116.

65) "인터넷임시조치제도의 위헌성", 『중앙법학』 제11권 제3호(2009.10), pp.7-51; "인터넷실명제의 위헌성", 『헌법학연구』 제15권 제3호(2009.09), pp.75-112; "방송공정성 심의의 헌법적 한계", 『민주법학』 제48호(2012.03), pp.239-275; "전략적 봉쇄소송 억제법리의 미국민사소송제도 상의 환경에 대한 이해와 우리나라에의 적용가능성", 『법학연구(인하대학교)』 제14권 제3호(2011.12), pp.77-106; "공정이용의 새로운 정의", 『계간 저작권』 제23권 제4호(2010.12), pp.42-60; "순수한 인격권으로서의 초상권은 가치인가 규범인가", 『창작과 권리』 제51권(2008.06), pp.2-34; "사생활의 비밀의 절차적 보호규범으로서의 개인정보보호법리", 『공법연구』 제40권 제1호(2011.10), pp.129-162.

때 통신의 내용을 규제하지 않더라도 공권력이 통신의 내용을 포착하려는 것만으로도 통신의 자유가 심하게 훼손되며 사생활의 비밀의 침해의 틀에서 18장과 19장에서 논의된다.[66]

20장은 표현의 자유와 사생활의 비밀이라는 두 가지 인권이 중첩적으로 또는 상호보완적으로 고려되어야 하는 뉴미디어 즉 소셜네트워킹서비스를 다룬다.

국내법제에 대한 평가와 본문 소개 및 최근 동향

진실적시에 의한 명예훼손죄

우리나라는 진실이라도 타인의 평판을 저하하면 법적 책임을 부과하는 형법 제307조 제1항을 가지고 있다. 국민의 생명과 재산에 영향을 끼칠 수 있는 많은 보도들이 당사자들을 밝히지 않고 이루어지고 있어 국민들에 의한 직접적인 평가가 이루어지기 어렵다. 프라이버시 보호와 관련 없이 진실에 대해 법적 책임을 부과하는 이와 같은 제도는 전 세계에서 일본 외에 유일한 것으로 보인다. 위에서 밝힌 국제인권기준에 따르면 해당 조항은 국제인권기준을 위반하는 것이 된다. UN인권이사회(UNHRC)가 임명하고 UN총회에 보고하는 표현의 자유 특별보고관 역시 명예훼손은 허위를 요건으로 해야 한다며 대한민국의 법제도 개선을 요청한 바 있다.[67]

이 책의 1장은 해당 조항을 헌법적으로 평가하며 형법 제310조의 공익성 항변 및 프라이버시 침해의 보호 필요성에 근거한 반론 등을 다룬다. 특히,

---

66) "이메일 압수수색의 제문제와 관련 법률개정안들에 대한 평가", 『법학연구(인하대학교)』 제13권 제2호(2010.08), pp.265-314; "미국의 통신비밀보호법 및 범죄수사통신지원법과 우리나라의 통신비밀보호법 및 18대 국회개정안의 비교검토", 『안암법학』 제29호(2009.05), pp.119-160.
67) 라 뤼 한국보고서, "27. The Special Rapporteur reiterates that for a statement to be considered defamatory, it must be false, must injure another person's reputation, and made with malicious intent to cause injury to another individual's reputation. (A/HRC/4/27, para. 47, A/HRC/14/23 (paras. 82-83), A/HRC/14/23/Add.2, A/HRC/7/14 (paras. 39-43), E/CN.4/2006/55 (paras. 44-55), E/CN.4/2001/64 (paras. 43-48), E/CN.4/2000/63 (paras .45-52) and E/CN.4/1999/64 (paras. 24-28), 이상 UN인권이사회 또는 그 전신인 UN경제사회이사회 부설 인권위원회 표현의자유 특별보고관 보고서들을 인용하며)".

진실적시명예훼손이 허위적시 명예훼손의 입증책임을 희석 및 왜곡하여 허위가 입증되지 않았음에도 의혹을 제기한 사람에게 허위에 대한 법적 책임을 지우도록 한다는 논리도 소개한다. 특히 이 논리는 2012년 1월 정봉주 전 의원의 공직선거법상 허위사실공표죄 유죄 대법원 판결에 대한 후속 담론에도 영향을 미쳐, 박영선 의원은 제18대와 제19대 국회 두 차례에 걸쳐 형법 제307조 제1항을 폐지하는 소위 '정봉주법안'을 발의하였다.

허위사실유포죄

우리나라에서는 전기통신기본법 제47조 1항이 "공익을 훼손할 목적으로" 이루어지는 허위사실유포를 처벌하고 있었다. 이는 전 세계적으로 민주화된 국가에서는 유례가 없고 위에서 밝힌 국제인권기준에 어긋나는 것이었으며, 소위 "미네르바(박대성 씨)"가 제기한 헌법소원에 따라 2010년 12월 28일 헌법재판소에 의해 위헌결정이 내려졌다.[68] 이 책의 2장은 헌법재판소에 참고인 의견서의 형태로 제출된 바 있다.

모욕죄

우리나라에서는 형법 제311조가 자신의 의견과 감정만을 밝혀도 상대방에게 모멸감을 준다면 법적 책임을 지운다. 이와 같은 종교나 인종적으로 한정되지 않은 일반적인 모욕죄는 전 세계에서 독일, 일본, 우리나라 밖에 존재하지 않으며 검찰이 기소하는 중범죄의 형태로 가지고 있는 나라는 우리나라 밖에 없다. 이는 의견과 감정 표명 그 자체에 법적 책임을 지워서는 안 된다는 국제인권기준에 어긋나는 것이며 UN표현의 자유 특별보고관도 이를 지적한 바 있다.[69] 미국 연방대법원도 Cohen 판결에서[70] 그러한 감정표명이 욕설로

---

68) 2008헌바157, 2009헌바88(병합) 전기통신기본법 제47조 제1항.
69) 라 뤼 한국보고서, para 27. "With regard to opinions, it should be clear that only patently unreasonable views may qualify as defamatory".
70) Cohen v. California, 403 U.S. 15 (1971).

이루어진다고 할지라도 그 욕설이 특정한 감정을 전달하기 위해 필요하다면 법적 책임을 물을 수 없다고 하였다.

이 책의 3장과 4장은 일반적인 모욕죄의 시초인 독일 모욕죄의 법제사에서 모욕죄의 입법목적이 평판의 보호가 아니라 명예감정의 보호임을 밝히고 그러한 법익의 보호를 위해 타인의 표현의 자유를 제한하는 법제를 헌법적으로 평가한다.

위력에 의한 업무방해죄

우리나라는 형법 제314조에 따라 '위력'에 의한 업무방해죄를 활발하게 집행하고 있는 유일한 국가이다. 위력은 타인의 업무상 의사의 자유를 제압 또는 교란할 수 있는 모든 세력이라고 되어 있다. 이에 따라 노동자들 몇 명만 파업을 해도 고용주의 의사의 결정을 '제압'할 정도로 '위력'적이라면 범죄시하고 있고 급기야는 2008년에 세계 최초로 언론소비자주권연합(소위 '언소주')의 소비자불매운동이 판매자들의 의사결정에 압박을 가하고 교란시킨 다면서 업무방해죄 유죄판결을 내렸다.[71]

여기서 유죄판결을 받은 언사는 허위도 아니고 욕설도 아니며 싸움을 거는 언사도 아니었다. 따라서 위 판결은 최근 들어 나타난 가장 심한 표현의 자유 침해가 아닌가 생각되며, 명백하고 임박한 위험이 없는 한 언사를 처벌할 수 없다는 국제인권기준에 어긋난다. 이 조항은 단지 여러 사람들이 모여서 무엇을 하거나 하지 않아서 타인에게 심정적 압박을 한다고 하여 범죄시하고 있다. 외국에서는 상대방을 정신적으로 압박한다고 하여서 그 압박의 방법이 폭력적이거나 폭력의 위협을 하고 있지 않다면 범죄시되지 않는다. 타인을 강하게 설득하기 위한 언사들은 표현의 비강제성과 명백하고 임박한 위험의 원리 하에서는 법적 제재를 부과할 수 없다.

업무방해죄에 대해서 UN시민정치적권리협약이 적용되고 있지 않은 이유는 노동자들의 파업을 표현이라기 보다는 물리적 행위로 보는 시각 때문인 것으로

---

71) 서울중앙지방법원 2009. 2. 19. 선고 2008 고단 5024 (논문게재일 현재 대법원 상고 계류 중).

보인다. 그러나 위에서 밝혔듯이 표현의 자유를 보호하는 이유를 비강제성에 맞추자면 물리적 행위라고 할지라도 깃발을 든다거나 하는 표현적 행위(expressive act)나 부작위(nonfeasance)에 대해서는 명백하고 임박한 위험의 원리가 똑같이 적용되어야 할 것이다. 국가인권관행을 보더라도 업무방해죄처럼 노동자들의 노무제공거부를 포괄적으로 범죄시하고 있는 나라는 일본뿐이며 일본에서도 단순한 노무제공거부에 적용시키고 있지는 않다.

물론 부작위에 대해서도 법적 책임을 지울 필요가 있을 때도 있다. 업자들이 담합해 특정업체와의 거래를 집단으로 거절하는 것은 공정거래법 위반이 될 수 있다. 실제로 위의 2008년 사건에서 그런 논리에 따라 검찰은 소비자불매운동을 '2차보이콧'으로 규정하여 기소하였다. 그러나 소비자들의 효용 극대화를 시장의 목표로 보는 근대경제학 이론에 터잡아 발전한 공정거래법이 소비자들의 담합을 법적으로 규제하는 데 동원되는 것은 보편화된 국가관행에 어긋난다.

이 책의 5장과 6장은 위력에 의한 업무방해죄를 헌법적으로 평가하며, 소비자불매운동이 공정거래법 위반으로 입론될 수 있는가를 살핀다. 만약 소비자불매운동이 공정거래법 위반이라면 소비자의 압력도 업무방해죄 상의 위력이 될 수 있을 것이기 때문이다.

5장과 6장의 내용은 소비자불매운동 형사재판에 참고인진술의 형태로 제출되었다. 결국 검찰은 재판 중에 '2차보이콧' 주장을 포기하였고 위 1심 재판부도 '2차보이콧'이 법률적으로 허용된다는 판시를 하였다. 또 최근의 대법원판결이 노동자들의 집단노무제공거부에 대해서 특별한 상황에서만 '위력'의 성립이 인정된다고 축소해석하였고[72] 이에 따라 해당 소비자불매운동은 상고심에서 무죄판결이 기대된다.

명예훼손 형사처벌제도

대한민국은 명예훼손을 활발하게 형사처벌하는 거의 유일한 나라이다. 특정

---

72) 대법원 2011. 3. 17. 선고 2007도482 전원합의체 판결.

기간에는 전 세계 명예훼손 징역 건수의 3분의 1에 달할 정도로 많은 수의 명예훼손 징역형이 선고된 바가 있다.[73] 이 역시 위에서 밝힌 국제인권기준에 어긋나는 것이다. 7장은 명예훼손 형사처벌제도의 유지론과 폐지론을 평가한다.

표현의 자유 사전제한 법리와 인터넷행정심의

우리나라는 세계에서 거의 유일하게 인터넷 게시물을 행정기관이 법적 판단 없이 차단하고 삭제하는 나라이다. 사법부가 아닌 국가기관에 의한 심의는 정치적 영향에서 자유로울 수 없으며 이에 대해 국가인권위원회가 폐지를 권고한 바 있으며, 라 뤼 특별보고관 역시 이를 지적한 바 있다.[74] 그런데 우리나라에서는 헌법상의 검열을 '사전검열'로 축소 해석하여 행정권에 의한 허가제도만을 금지하고 있다.[75] 위에서 살펴본 국제인권기준에 따르면 행정기관의 표현물 규제는 위축효과를 일으켜 사전제한금지의 원리에 위반된다.

또 우리나라는 청소년보호위원회, 간행물윤리심의위원회, 영상물등급위원회, 방송통신심의위원회, 게임물등급심의위원회 등의 다양한 행정기관이 표현물의 위법성과 유해성을 광범위하게 판단하여 법적판단 없이 표현물들을 삭제하거나 청소년 접근을 차단하는 유일한 나라이다. 외국에서는 지상파방송과 같은 희소가치가 있는 매체에 대해서만, 또는 아동포르노나 음란물 퇴치와 같은 한정된

---

73) 2009년 10월 16일 이춘석 국회의원 보도자료 및 〈http://www.article19.org/advocacy/defamationmap/overview.html〉 2009년 5월 31일 방문.

74) 라 뤼 한국보고서. "48. The Special Rapporteur welcomes the NHRCK opinion (인터넷 행정심의 폐지를 권고한 국가인권위원회 2010년 9월 30일 권고) and underscores that any law that restricts the right to freedom of expression to serve a legitimate aim as set out in article 19, paragraph 3, of the Covenant must be clear and accessible to everyone, and applied by a body which is **independent of any political, commercial, or other unwarranted influence in a manner that is neither arbitrary nor discriminatory, and with adequate safeguards against abuse.** (12 See for example Siracusa Principles on the Limitation and Derogation Provisions in the International Covenant on Civil and Political Rights (E/CN.4/1985/4), principle 17.)

75) 사실 우리 헌법재판소가 금지되는 검열을 허가제로 해석하는 것은 헌법 제21조가 집회결사의 자유에 대해서는 허가만을 금지하는 반면 언론출판의 자유에 대해서는 틀림없이 '검열'과 '허가'를 각각 금지하고 있어 허가제가 아닌 검열의 존재를 상정하고 있는 것과 배치된다.

목표로만 행정심의를 하고 있는 것과는 다르다. 특히 이 중에서 영상물등급위원회와 게임물등급심의위원회는 사전검열의 형식을 취하고 있음에도 불구하고 배포를 완전히 금지하지 않고 등급만을 부여한다고 하여 헌법적으로 용인되고 있다. 그러나 사전제한금지법리의 이유가 위축효과임을 고려한다면 타당하지 않다고 보인다.

8장과 9장은 표현의 자유 사전제한금지 원리의 헌법적 연원을 명확히 밝히고, 이에 따라 우리나라의 방송통신심의위원회의 인터넷심의제도를 평가한다.

표현 전체						절차적 규제	
사실적 주장				의견의 표명		명예훼손형사처벌	행정심의
허위 주장		진실주장	행위의 권유	의견의 단순표명			
피해특정가능	피해특정불가						
우리나라의 경우							
형법307조2항로 처벌!	전기통신기본법 47조1항으로 처벌! (2010.12.28. 위헌판정)	형법307조 1항으로 처벌!	형법 314조로 처벌!	형법311 조로 처벌!		전 세계에서 가장 활발함	방송통신심의위원회를 비롯하여 다수
국제인권기준							
민사책임	처벌없음	처벌없음	처벌없음	처벌없음		점차적 폐지	방송 외에 거의 없음

인터넷임시조치제도

우리나라는 세계에서 유일하게 인터넷임시조치제도를 두어 누구나 자신이 싫어하는 글들을 인터넷에서 내릴 수 있는 나라이다. 이에 따라 연예인, 정치인, 기업 등 자원을 동원할 수 있는 자들이 자신에 대해 합법적으로 비판한 글들을 내리는 것에 몰두하고 있다. 라 뤼 보고관도 지적했지만 이러한 시스템은 이것이 포털사의 의무가 아니라 선택이 되어야 하며 게시자의 복원권 보장이 동반되어야 허용된다.[76) 제10장은 합법적인 글도 차단되도록 하는 이 제도를 헌법적으로 평가한다.

인터넷실명제

대한민국은 인터넷에 글을 게시하려면 본인확인정보를 등록해야 하는 유일한 나라였다가 2012년 8월23일 헌법재판소 결정으로 오명을 벗었다.[77) 자동차에 번호판을 다는 것은 그 이동성과 파괴력 때문이고 금융·부동산 실명제는 탈세와 사기의 위험 때문이다. 경찰이 행인에게 본인확인을 요구하는 것도 범죄의 개연성이 있을 때만 허용된다. 인터넷의 글 게시행위가 그렇게 위험한 일이거나 게시자들이 "잠재적인 범죄자"란 말인가?[78) 글의 불법개연성에 관계

---

76) 라 뤼 한국보고서 "41. The Special Rapporteur is concerned that the Network Act relegates the responsibility for controlling information on the Internet to intermediaries or private companies, rather than to an independent body that is capable of assessing whether a particular post or information violates existing laws on privacy and defamation, and other relevant laws. Moreover, the excessive authority given to intermediaries to regulate online content is a matter of concern, particularly due to the fact that the scope of their liability as prescribed in article 44-2(6) is vague. Hence, although article 44-2(5) of the Network Act stipulates that "Every provider of information and communications services shall clearly state the details, procedure, and other matters concerning necessary measures in its standardized agreement in advance", there is a concern that intermediaries will be more inclined to err on the side of safety by deleting or blocking access to information to avoid liability.

"42. Furthermore, even if the original publisher contests the decision taken by online service providers to delete or block access to the information that he or she has disseminated online, the Network Act does not set out any requirements for the service providers to take any follow-up action. Instead, it is left to the discretion of intermediaries to establish their own procedures in their service terms and conditions. Hence, there are no guarantees in place to ensure that the right to freedom of expression is protected from arbitrary and excessive limitation, including the possibility of abuse by political figures to censor criticism. While individuals may seek recourse through the judiciary after a decision has been taken by online service providers, it can be lengthy and financially burdensome, and creates a chilling effect on the right to freedom of expression."

77) 2010헌마47, 252(병합) 정보통신망이용촉진및정보보호등에관한법률 제44조의5 제1항 제2호 등 위헌확인.

78) 전게서.

없이 모든 글에 대해 저자를 밝히라는 것은 과잉금지원칙에 위반됨은 물론 합법적인 글들을 위축시킨다. 제11장의 내용은 위 결정이 나온 헌법소원에 참고인 의견서의 형태로 제출된 것이다.

공공자원의 '친정부적' 운영- 교과서 수정, 민간단체 지원

우리나라에서는 국가가 공공재를 자신의 정치적 입지를 강화하기 위한 목적으로 사용하는 경우가 있어왔다. 예를 들면 교육과학기술부가 일방적으로 역사교과서를 더욱 '중립적'으로 만들겠다면서 내용을 더욱 보수적으로 바꾸는 수정명령을 내린 바 있다. 기획재정부는 역시 민간단체지원금의 집행이 진보적인 단체들에 대하여 이루어지지 않도록 기형적으로 "불법집회 참여단체"의 수혜를 금지하는 지침을 내렸다. 12장은 견해차에 따른 차별금지 원리의 헌법적 연원을 밝히고, 이에 따라 교육과학기술부의 교과서 수정 명령을 헌법적으로 평가한다.

방송 공정성 심의

우리나라는 프랑스와 함께 유일하게 국가기관이 방송에 대한 '양적 공정성' 심의를 하고 있다. '양적 공정성'은 '균형성'이라고도 불리는데 논쟁이 되는 사안의 양쪽 측면을 균형 있는 분량으로 보도할 것을 요구한다.[79] 공정성의 의무는 권력자에 대한 비판의 칼날을 무디게 만든다. 미국에서는 방송전파의 희소성 등을 이유로 1930년대에 공정성 심의를 시작하였다가 대체미디어가 등장하고 기술발전을 통해 방송국들의 숫자가 늘어나면서 이미 폐지하였다. 그러나 우리나라는 공정성 심의의 칼날이 국가가 추진하는 정책에 대해 비판적인 시각을 담은 방송콘텐츠등을 향해 휘둘려졌는데 13장은 견해차의 차별금지원리 하에서 공정성심의제도를 검토한다.

---

79) 방송통신심의위원회 방송심의규정 제9조 제2항.

전략적 봉쇄소송(SLAPP) 억제법리

우리나라의 민사소송법에는 남소를 조기에 각하시킬 수 있는 제도가 마련되어 있지 않다. 따라서 타인의 발언을 입막음하기 위한 전략적 봉쇄소송이 남발되고 있고 결국 사적 검열 수단으로 기능하고 있다는 우려가 있다. 14장에서는 전략적 봉쇄소송을 억제하기 위해 미국에서 개발된 SLAPP억제법이 국내에서 도입될 수 있는지 그 가능성을 살펴본다.

표현의 자유와 저작권, 초상권, 개인정보보호법

15장, 16장, 그리고 17장에서는 각각 저작권법 및 판례, 초상권 판례 등의 우리나라 개인정보보호법을 살펴보며 표현의 자유가 이들 법리의 전개에 가하는 한계를 살펴본다. 2011년부터 시행되기 시작한 개인정보보호법은 특히 본문의 글들이 쓰여진 이후, 이미 캐나다 법원에서 위헌판정이 내려지고 있어 자세히 살펴볼 필요가 있다.[80]

특히 17장에서는 사생활의 비밀의 기본원리들을 자세히 살피게 되는데 이 논의는 아래 18장과 19장의 기본원리들을 구성할 것이다.

통신비밀보호법

통신비밀보호법은 소위 '통신제한조치'로 불리는 감청, 그리고 통신의 내용을 포함하지 않고 통신사실 및 시점만을 확인하는 '통신사실 확인자료'의 취득을 규율하고 있어 국민의 사생활의 비밀과 관련하여 매우 중요한 법제이다. 18장에서는 이 법이 형법상 영장주의에 부합하는지를 살펴보며 개선점을 제시한다.

이메일 압수수색

현재 이메일 등 제3자가 보관하고 있는 정보들에 대한 압수수색이 이루어질

---

80) http://www.barrysookman.com/2012/05/07/privacy-law-pipa-unconstitutional-says-alberta-ca-in-ufcw-v-alberta/ (2012년 5월 8일 최종방문).

때, 정작 그 이메일의 비밀성의 주체라고 할 수 있는 이메일 이용자에게는 통지가 이루어지지 않고 있다. 이는 국민의 기본권을 국가가 제한할 때는 최소한 제한사실과 이유를 통지하고, 이에 대한 반박기회를 제공하며, 제한이유와 반박사유에 대해서는 중립적인 제3자(보통 사법부)가 판단할 수 있어야 한다는 적법절차 원리를 위반하는 것이다.

또 이메일 등 정보에 대한 압수수색의 경우 정보의 외관만으로는 정보의 내용을 유형화할 수가 없어 필연적으로 해당 계정이나 정보보관 장소에 있는 모든 파일들을 열어봐야 한다는 이유로 소위 "포괄적 압수수색"으로 전화되는 경우가 있어왔다. 이는 적법절차 원리가 수사절차에 적용될 때 발현되는 영장주의를 위반하는 것으로 여기서는 수사의 어려움을 감안한 합헌적 대안들을 찾아본다.

SNS규제

SNS와 카카오톡의 차이는 무엇일까? SNS는 사생활의 영역으로 간주하는 대중의 마음과 SNS도 열린 공간이니 규제해야 한다는 정부 입장의 간극을 외국의 최신 논의에 비추어 다루어 본다.

차례

1장
진실적시에 의한 명예훼손죄의 위헌성

"모든 형사상 명예훼손 법리에는 진실의 항변이 포함되어 있어야 한다"
    UN인권위원회 표현의 자유에 대한 일반논평 34호 47문.

    오염된 과자, 비위생적 급식을 하는 학교, 환자를 학대하는 병원, 의뢰인을 등쳐먹는 변호사, 뇌물을 주고받은 지자체 정치인들 등에 대한 익명보도가 나올 때마다 국민들은 그 업체, 기관, 사람의 실명을 몰라 두려움에 떨고, 같은 업종에 종사하는 선량한 업체나 기관들은 억울하게 피해를 보거나 의심을 받아야 한다. 이 공익적인 보도들이 모두 익명으로 이루어지는 이유는 우리나라는 형법 제307조 제1항[1]에 의해 일본과[2] 함께 드물게 진실이 타인의 명예를 훼손한다는 이유로 법적 책임을 부과하는 나라이기 때문이다.

    진실이 누군가에게 불리하다고 해서 그 사실의 공개를 금지하는 법이 보호하

---

* 이 글은 『세계헌법연구』 제16권 제4호(2010. 12)에 게재된 글을 수정 · 보완한 것이다. 또한 2009년 4월 14일 '국민의 알권리인가? 명예훼손인가?—장자연 사건에서 바라본 국민의 알권리와 명예훼손' 토론회 발제문, "진실적시에 의한 명예훼손 폐지 및 '허위' 입증 책임소재 확립—노회찬 '떡값검사' 판결, PD수첩 수사, 장자연 리스트 사태에 대하여"로 발표된 바 있다.
1) 제307조(명예훼손) ① 공연히 사실을 적시해 사람의 명예를 훼손한 자는 2년 이하의 징역이나 금고 또는 500만 원 이하의 벌금에 처한다. 〈개정 1995.12.29〉
② 공연히 허위의 사실을 적시해 사람의 명예를 훼손한 자는 5년 이하의 징역, 10년 이하의 자격정지 또는 1천만 원 이하의 벌금에 처한다. 〈개정 1995.12.29〉
제309조(출판물 등에 의한 명예훼손) ① 사람을 비방할 목적으로 신문, 잡지 또는 라디오 기타 출판물에 의해 제307조 제1항의 죄를 범한 자는 3년 이하의 징역이나 금고 또는 700만 원 이하의 벌금에 처한다. 〈개정 1995.12.29〉
② 제1항의 방법으로 제307조 제2항의 죄를 범한 자는 7년 이하의 징역, 10년 이하의 자격정지 또는 1천500만 원 이하의 벌금에 처한다. 〈개정 1995.12.29〉
제310조(위법성의 조각) 제307조 제1항의 행위가 진실한 사실로서 오로지 공공의 리익에 관한 때에는 처벌하지 아니한다. (일부개정 2001.12.29 법률 제6543호)
2) 일본 형법 제230조, http://www.cas.go.jp/jp/seisaku/hourei/data/PC.pdf.

는 가치는 도대체 '명예'인가 '위선'인가? 타인이 자신에 대해 좋은 사실만을 알고 있도록 타인의 입을 막아서 얻어낸 '좋은 평판'을 과연 '명예'라고 할 수 있을까. 필자와 비슷한 생각을 가진 다른 전직 판사는 이 '위선'을 '허명'이라고 부른다.

형법 제307조 제1항에서는 적시된 사실이 진실한 경우에도 사람의 명예를 훼손하는 경우에는 처벌받도록 한다. 소위 허명(虛名)의 경우다. 허명도 보호될 가치가 있다고 해, 진실의 사실적시의 경우에 책임을 묻는다. 그러나 언론출판의 자유가 갖는 우리 사회에서의 기능에 비추어 생각한다면, 이러한 허명의 보호는 그 헌법적 근거를 찾을 수 없다. 허명을 보호하기 위해 형사적인 제재를 가해 언론출판의 자유를 제약한다는 것이 헌법상 정당화될 수 없음은 재론할 여지가 없다고 본다.[3]

필자는 진실적시명예훼손을 처벌하는 제도(이하 그 처벌제도를 '진실적시명예훼손'이라 칭함)의 존재는 헌법상 표현의 자유를 과도하게 제약해 위헌이라고 본다. 이 글의 1절에서는 우선 진실적시명예훼손의 문제가 현실의 논의에서는 어떻게 발현되는지 살펴보고자 한다. 이렇게 함으로써 진실적시명예훼손의 헌법적 차원을 음미할 수 있게 된다. 이 글의 2절에서는 진실적시명예훼손이 가진 헌법적인 문제를 본격적으로 다루며, 특히 과잉금지원칙의 위배 여부를 밝힌다. 이 글의 3절에서는 진실적시명예훼손의 정당화 논리로 제시되는 '오로지 공익을 위해' 항변의 실효성을 평가해본다. 이 글의 4절에서는 진실적시명예훼손의 정당화 논리로 제시되는 초상권과 프라이버시가 간접적으로 표현의 자유를 위축시키는 다른 기전들을 살펴본다. 5절에서는 미국, 독일 등 외국의 입법례들을 살펴본다.

1. 문제의 정의 – 실명 및 얼굴 공개와의 관계

진실적시명예훼손에 대한 논의는 실명 공개나 얼굴 공개의 문제와 관련되어

---

3) 신평, 『명예훼손법』(청림출판, 2004), p.313.

또는 그것으로 포장되어 촉발된다. 예를 들면 박경신에 대해 언급하고자 하면서 "○○○는 성상납을 받은 바 있다"라는 익명표현을 사용한다면, 그 표현은 박경신이라는 실제 인물을 지시한 것이 아니며, 박경신에 대해서 진실을 적시한 것이 아니다. 여기서 문제가 되는 진실적시는 그 진실의 주체를 공개하는 진실적시를 말하므로 실명 및 얼굴 등 그 주체를 식별할 수 있는 표지의 '공개'를 동반하는 진실적시를 말한다. 결국 진실적시는 '실명 공개' 또는 '얼굴 공개'를 동반한다.

그럼에도 불구하고 "진실적시는 가능하지만 실명 공개나 얼굴 공개는 허용해서는 아니 된다"는 입장이 존재한다. 진실적시를 실명 공개나 얼굴 공개와는 분리해 사고하는 입장이다.

실제로 하나의 문제를 실명 및 얼굴 공개 문제의 프레임으로 제시하는가? 아니면 진실표현 문제의 프레임으로 제시하는가?에 따라 상당수의 사람들이 그 문제를 대하는 태도가 달라진다. 즉, 대부분의 사람들이 "홍길동의 잘못된 과거에 대한 진실을 타인에게 말해도 되는가?"라는 질문에 대해서는 "그렇다"라고 답하더라도 "홍길동의 어두운 과거에 대해서 타인에게 말하면서 그 사람의 실명을 공개해도 되는가?"라는 질문에 대해서는 "그렇지 않다"라고 답하는 경우들이 발생하게 된다. '실명 공개'는 '진실 공개'와 불가분의 관계인데도 이를 대면하는 우리들의 감성은 그것이 다르다고 착각을 한다.

이와 같이 문제의 표현방식이 문제의 인식에 영향을 끼치는 현상은 특히 얼굴 공개에서 더욱 크게 나타난다. 사람들은 "홍길동의 어두운 과거에 대해서 이야기해도 되는가?"라는 질문에 대해서는 긍정하면서 "홍길동의 어두운 과거에 대해 이야기하면서 그 사람의 얼굴을 공개해도 되는가?"라는 질문에 대해서는 실명공개보다 더 강하게 부정적으로 답변한다. 이름은 동명이인이 많아 사람을 완전히 특정하지 못하지만 얼굴은 사람을 더욱 세밀하게 특정할 수 있기 때문에 거부감을 가질 수 있다.

그러나 실명이나 얼굴이 사람의 기표로서 역할을 하는 한, 그 사람에 대해 진실적시는 허용하면서 실명 및 얼굴 공개는 허용하지 않는다는 것은 불가능하다. 한 개인에 대한 진실적시 명예훼손의 문제는 그 사람이 타인이 자신을 지칭하도록 공중에 공개한 표지를 이용하여 그에 관하여 타인들이 소통할 자유를 갖는가의 문제이다. 소통의 내용이 그에게 불리할 때도 그런 자유가 허용되는가의 문제이다. 그를 지칭하는 표지를 이용하지 않고 그에 대해 진실을 말 할 수 없다.

즉, 타인들이 홍길동에 대해서 무슨 말을 할 때는 홍길동의 표지를 이용해 홍길동을 특정해야 하는데, 예를 들어 "홍길동은 좋은 회사의 CEO다"라고 말할 때는 홍길동이 친절하고 자발적으로 그들에게 알려준 실명이나 얼굴을 홍길동의 표지로 이용할 수 있고, 반대로 "홍길동은 성상납을 받았다"라고 말할 때는 그 표지를 이용할 수 없다는 원리가 헌법적으로 타당한가의 문제다. 결국은 얼굴 공개와 실명 공개의 문제는 타인에게 불리한 진실의 적시 문제로 환원된다.

물론 아래에서 다루겠지만 프라이버시의 보호범위에 포함되는 진실에 대해서는 별도의 프라이버시 규제가 필요한 것은 사실이다. 그렇다면 실명이나 얼굴도 프라이버시의 일부라는 주장이 있을 수 있고, 이를 지렛대로 해서 진실적시는 허용되지만, 실명 공개나 얼굴 공개는 아니 된다는 주장도 있을 수 있다. 또 얼굴 공개의 경우, 초상권이라는 별도의 법익이 결부되어 있을 수 있고, 실명은 사람을 특정하는 것에 그치지만 얼굴은 특정하는 수준을 넘어서서 얼굴의 생김새라는 그 사람의 프라이버시를 제공한다는 주장이 있을 수 있다. 이와 같은 주장들에 대해서는 아래에서 자세히 다룰 것이다.

정리하자면, 흔히 인구에 회자되는 얼굴 공개 및 실명 공개의 문제 속에 진실적시명예훼손의 문제가 숨어 있다. 물론 이렇게 프레임이 된 이상 진실적시명예훼손 문제를 풀기 위해서는 얼굴 공개 및 실명 공개의 문제도 해결해야 하며, 이에 따라 발생하는 프라이버시나 초상권 문제에 대해서도 별도로 다루게 될 것이다.

2. 진실억제의 직접적 폐해

위에서 진실도 타인의 평판을 저하한다는 이유로 법적으로 규제하는 것이 당연히 위헌이라는 판사의 주장을 소개했다. 그러나 표현의 자유를 어디까지 보장할 것인가 하는 문제 역시 헌법정책적으로 볼 필요가 있다. 국민들이 서로의 평판을 저하시키는 명제를 자유롭게 전달하도록 허용하면 모든 국민들은 스스로의 단점과 항상 대면하며 살아가야 한다. 구체적으로 국민들이 "우리는 서로에게 나쁜 이야기는 하지 않고 살아가겠다"라고 결단을 내린다면 과연 그 결단은 헌법적으로 반드시 잘못된 것인가에 대해서는 헌법정책적으로 심사숙고할 필요가 있다.

우리나라 헌법은 제21조에서 언론출판의 자유를 보장하면서도 제37조 제2항은 "국민의 모든 자유와 권리는 국가안전보장 · 질서유지 또는 공공복리를 위해 필요한 경우에 한해 법률로써 제한할 수 있다"고 한다. 또 제21조 제4항에서 "언론출판은 타인의 명예나 권리…를 침해하여서는 아니 된다"라고 했다.

이를 종합적으로 해석해보면, 명예의 보호를 위해 국가가 언론출판의 자유를 제한할 수 있다는 것이다. 예를 들어 형법 제307조 제2항의 허위에 의한 명예훼손을 처벌하는 제도가 바로 그러한 제도라고 볼 수 있다.

그렇다면 형법 제307조 제1항의 진실적시명예훼손제도 역시 헌법 제37조 제2항에 의해 정당화될 수 있을까? 목적의 정당성은 이미 헌법 제21조 제4항에서 도출되며, 방법의 적정성 역시 형법 제307조 제1항처럼 타인의 평판을 저하하는 명제의 발화 자체를 모두 억압하면 당연히 그 '타인'의 평판은 유지가 되므로 충족되는 것으로 보인다. 그렇다면 법익의 비례성과 침해의 최소성에 대해 살펴볼 필요가 있는데, 이를 위해서는 우선 진실적시명예훼손 처벌제도가 초래하는 기본권제한의 효과와 그 폐해들을 살펴보고 그 제도를 통해 달성되는 공익을 비교 · 평가해본다.

가. 국민의 알 권리 및 자기보호권행사 제약

언론출판의 자유는 단순히 어떤 표현을 발화할 권리만을 보호하는 것이 아니라 그 표현을 수신할 자유(알 권리)도 포함한다. 이렇게 진실의 적시에도 명예훼손 책임을 지우게 되면 국민들이 자신을 보호할 수 있는 조치를 취할 수 없게 된다. 최근 탈크(talc) 의약품 사태, 멜라민(melamine) 분유 사태에서 볼 수 있듯이 국민들이 실명을 알지 못할 경우, 자신을 보호할 수 있는 조치를 취할 수 없게 된다.

더욱 급박한 경우도 있다. 예를 들어 재범성이 매우 높은 성범죄자들의 경우, 실명과 사진이 공개되지 않음으로 인해 같은 동네에 사는 사람들도 그들의 존재를 모르고 살게 되며 위험에 노출된다.

나. 익명보도로 인한 유사인물들의 피해

최근 MBC PD수첩은 '솔로몬의 선택'이라는 프로그램 출연에 힘입어 의뢰인들을 모으고 의뢰인에게 돈만 받고 전혀 일을 처리하지 않고 연락을 끊은 여성 변호사를 익명 및 얼굴 모자이크 처리하여 보도했다.[4] 그러나 소비자들은 이 변호사뿐만 아니라 같은 프로그램에 출연한 다른 여성 변호사에 대한 의혹을 가지게 되었고, 다른 변호사가 PD수첩 측에 실명 보도 및 얼굴 공개를 해줄 것을 요청하는 지경에 이르게 되었다.

이와 같은 사례는 쉽게 생각할 수 있다. 예를 들어 만두 파동이 발생했던 2004년에도 언론들이 비위생적인 만두를 생산하는 업체들에 대해 실명 보도를 하지 않아 안전한 만두를 생산하던 업체들은 큰 피해를 보게 되었다.[5]

다. 모범을 보일 동기의 훼손

위와 같이 비슷한 업종에 종사하는 사람들은 업계 내의 문제점에 대한 보도가 실명으로 이루어지지 않으면 똑같이 피해를 입기 때문에 모범을 보일 동기가 없어지게 된다. 아무리 비용과 노력을 들여 더 성의껏 서비스를 제공하거나 더욱 안전한 제품을 제공해도 그보다 더 무성의하고 위험한 서비스나 재화를 제공하는 다른

---

4) http://www.dcinside.com/webdc/dcnews/news/news_list.php?code=tv&id=319611& curPage=&s_title=&s_body=&s_name=&s_que=&page=32 2010년 11월 29일 최종 방문.
5) http://www.ohmynews.com/NWS_Web/view/at_pg.aspx?CNTN_CD=A0000190764 2010년 11월 29일 최종 방문.

경쟁업체들이 나오면 똑같이 피해를 입게 되기 때문이다.

라. 보호되는 공익 – 위선인가 명예인가?

국민들이 진실된 정보를 공유할 자유를 희생함으로써 보호되는 공익은 무엇일까? 정보의 대상이 된 자의 평판일 것이다. 그러나 타인들이 자신에게 불리한 말을 하지 못하도록 법적으로 규제함으로써 보호되는 것이 과연 '명예'라고 할 수 있을까. 신평 판사는 그럴 수 없다면서 이를 '허명'이라고 명명했다. 필자는 이를 '위선'이라고 생각하며, 위선을 보호하고자 하는 욕구는 허영일 뿐이다.

마. 소결

위에서 살펴보았듯이 진실적시명예훼손은 국민의 허명과 위선만을 보호하는 반면, 국민이 진실된 정보를 교환할 수 있는 기회를 막아 자기를 보호하지 못하도록 함은 물론, 타인들에게 정당하게 평가받을 기회를 막아 '평가'를 터잡아 발전하는 자유시장경제의 발전을 저해하는 폐해를 수반한다. 진실적시명예훼손은 범죄나 비리를 저지른 사람들의 실명 및 얼굴과 같은 식별표지들의 유통을 차단함으로써 국민들이 이들로부터 자신을 보호하기 위한 조치를 취하지 못하도록 만들며, 해당 인물들과 유사한 직업 또는 특질을 가진 사람들에게도 피해를 입힘으로써 이들이 법을 지키거나 기타 다른 방법으로 모범을 보일 동기를 훼손시키며, 이와 함께 국민들의 표현의 자유와 알 권리를 훼손한다.

3. 공익성의 항변으로 충분한가?

많은 이들은 형법 제310조에 따라 '오로지 공익을 위해' 진실을 적시할 경우, 형사상 면책이 되므로, 진실을 공개할 자유는 충분히 보호된다고 믿는다.[6] 특히

---

6) 헌법재판소 1999.06.24. 선고 97헌마265 결정.

현재 헌법재판소는 '공익성'이 법원에 의해 쉽게 인정될 것을 요구하고 있다는 것도 이와 같은 주장을 뒷받침한다.

> 언론자유의 위축이나 질식은 바로 다수결 원리의 형해화(形骸化)로 이어지고 민주주의 또한 이름뿐인 존재로 전락하게 만든다. 그러므로 명예훼손적 표현에 대한 형사법을 해석함에 있어서는 이를 방지하기 위한 헌법적 요청을 고려해야 한다… 둘째 '오로지 공공의 이익에 관한 때'는 가급적 그 범위를 넓게 잡아야 한다. 알 권리의 보장이라는 측면에서 객관적으로 국민이 알아야 할 필요가 있는 사실에 공공성이 인정되는 것은 물론, 사인이 관계하는 일의 경우에도 그것이 사회적 성격을 갖고 있으면 공공의 이익이 쉽게 인정되어야 한다.[7]

이에 따라 실제로 불과 몇 년 전만 해도 비위생적인 식품 또는 흉악범죄 등에 대한 보도는 모두 첫 보도 후 오랜 시간이 흘러도 끝까지 익명으로 처리했으나, 최근부터 국민들이 계속 관심을 보이면 며칠 후부터는 실명을 밝히고 있다. 이와 같은 관행은 국민의 관심도가 높아지면 '오로지 공익을 위해'라는 항변을 입증하기가 수월해짐에 따라 형성된다.[8]

그러나 '공익성'을 이렇게 폭넓게 정의한다고 해서 표현의 자유가 충분히 보장될까? 신평 판사는 다음과 같이 논평했다. "우리 헌법재판소[는] …형법 제310조의 적용범위를 확장함으로써 형법 제307조 제1항의 적용범위를 가급적 제한하려는 중간적인 입장을 취한다. 형법 제307조 제1항의 위헌성 여부에 관해 정면으로 판단을 내렸으면 하는 아쉬움을 남기는 결정이다." 즉, 제307조 제1항의 진실적시 명예훼손이 위헌이라고 판시했어야 한다는 것이다.

---

7) 헌법재판소 1999.06.24. 선고 97헌마265 결정.
8) 헌법재판소는 '공익성'의 항변을 허위적시에 대해서도 적용할 수 있도록 그 활용의 범위를 확장했다. 즉, 헌법재판소는 공익적 사안의 경우 표현이 진실한 사실이라는 입증이 없어도 행위자가 진실한 것으로 오인(誤認)하고 행위를 한 경우 그 오인에 정당한 이유가 있는 때에는 명예훼손죄는 성립되지 않는 것으로 해석해야 한다고 설시했고(헌법재판소 1999.06.24. 97헌마265 결정) 대법원이 이를 전면적으로 수용했다(대법원 2002.01.22. 선고 2000다37524, 37531 손해배상(기) 사건). 즉, 공익적 사안의 경우 진실이 아니라고 할지라도 진실로 간주하겠다는 것이다. 이와 같은 간주의 효과는 상당히 강력한 것인데 공익적 사안이 이미 전제되는 상황에서 진실로 간주가 되면 제310조의 면책이 곧바로 작용하게 되기 때문이다.

우선 '공익성'의 의미를 살펴보자. 형법 제310조의 '오로지 공공의 이익에 관한 때'라 함은 "적시된 사실이 객관적으로 볼 때 공공의 이익에 관한 것이고 행위자도 공공의 이익을 위해 그 사실을 적시한 것이어야 하는 것인데, 여기의 공공의 이익에 관한 것에는 널리 국가 · 사회 기타 일반 다수인의 이익에 관한 것뿐만 아니라 특정한 사회집단이나 그 구성원 전체의 관심과 이익에 관한 것도 포함하는 것이고, 적시된 사실이 공공의 이익에 관한 것인지 여부는 당해 적시 사실의 내용과 성질, 당해 사실의 공표가 이루어진 상대방의 범위, 그 표현의 방법 등 그 표현 자체에 관한 제반 사정을 감안함과 동시에 그 표현에 의해 훼손되거나 훼손될 수 있는 명예의 침해 정도 등을 비교 · 고려해 결정해야 하며, 행위자의 주요한 동기 내지 목적이 공공의 이익을 위한 것이라면 부수적으로 다른 사익적 목적이나 동기가 내포되어 있더라도 형법 제310조의 적용을 배제할 수 없다"고 한다.[9]

위와 같이 해석된 '공공의 이익' 항변에는 다음과 같은 문제가 존재한다.

가. 표현의 방법, 표현의 결과와 공공의 이익의 관계

첫째, 헌법재판소가 '공공의 이익'을 폭넓게 인정해야 한다고 하면서 '공공의 이익' 여부를 정할 때 "(1) 당해 적시 사실의 내용과 성질, 당해 사실의 **공표가 이루어진 상대방의 범위, 그 표현의 방법** 등 그 표현 자체에 관한 제반 사정을 감안함과 동시에 (2) 그 표현에 의해 훼손되거나 훼손될 수 있는 **명예의 침해 정도** 등을 비교 · 고려해 결정"하라고 한 것이 도리어 '공공의 이익'의 인정 폭이 좁혀질 빌미를 제공하고 있다. 즉, 어떤 사안이 객관적으로는 공공의 이익에 관한 것이라서 많은 사람들에게 공표되었는데 정작 법원에서는 '공공의 이익'이 인정되지 않는 상황들이 나오고 있다.

대법원은 2004년 H사 노조 수석현장위원이었던 자가 "사용자가 임금을 체불하고 있다"는 내용의 현수막과 피켓을 들고 거리행진을 주도한 것에 대해서 대법원은 "위법성조각사유인 공공의 이익 여부는 적시된 사실의 내용과 성질, 표현의 방법, 명예의 침해 정도 등을 비교 고려해서 결정해야 한다. 피고인이 다른 직원들과 현수막을 들고 확성기를 사용, 행인을 상대로 소리치면서 거리행진을 한 것은 공공의 이익을 위한 행위로 볼 수 없다"고 했다.[10] 즉, 거리행진, 확성기 사용 등의 표현의 방법이나 공표대상의 숫자

---

9) 대법원 1998.10.09. 선고 97도158 판결 [출판물에의한명예훼손].

등이 공공의 이익을 부인할 근거로 작용한 것이다.

2004년 특정 제약회사의 대리점이 계약을 해지당하면서 그 제약회사를 비방하는 취지가 주 내용인 글을 작성해 국회의원이나 언론사, 다른 제약회사 등 11곳의 홈페이지에 게재한 혐의에 명예훼손 판결을 받았다.[11] 이에 대해 법원은 "피고인이 작성해 게재한 글의 내용이 진실한 사실로서 공소외 주식회사의 시정되어야 할 부분이 일부 포함되어 있기는 하나, (1) 공소외 주식회사를 비방하는 취지가 그 내용의 주조를 이루고 있는 점, (2) 위 사건과 관련되어 있는 자들뿐만 아니라 불특정 다수인들이 볼 수 있는 정치인이나 언론사 또는 위 공소외 주식회사와 경쟁관계에 있는 다른 제약회사의 홈페이지에 게재한 점 등에 비추어볼 때, 피고인이 위와 같은 내용의 글을 게재한 것이 형법 제310조 소정의 오로지 공공의 이익에 관한 때에 해당한다고 할 수는 없다고 판단한다"고 했다.

위의 두 개의 판례에서 너무 많은 사람들이 부정적 평판을 가지게 된다고 해서 '공공의 이익'이 부인된다는 것은 납득이 가지 않는다. 공익성의 항변은 사안이 중요하니 여러 사람에게 알려야 한다는 취지에서 존재하는 것인데 "너무 많은 사람들에게 알려져서 공익성이 부인된다"는 것은 공익성 항변의 존재이유에도 어긋나고 표현의 자유 보호 취지인 '사상의 자유시장' 이론에 정면으로 대립한다.

그리고 아직 그러한 판례가 발견되지는 않았지만 헌법재판소가 고려 요소로 삼은 '명예의 침해 정도'에 따라 공공의 이익 여부가 판가름난다는 것도 우려스럽다. '명예의 침해 정도'가 높을수록 공익성은 더욱 높을 수 있다. 예를 들어 1백만 원을 사기 친 사람에 대한 사안보다 1백억 원을 사기 친 사람에 대해서 사람들은 더 알아야 할 필요가 있다. 후자가 자신들에게 위해를 가할 가능성이 더 높기 때문일 것이다. 그런데 대법원 판례를 따르자면 도리어 후자가 자신의 평판을 보호하기 쉬운 것이다.

결국 위의 법리들이 남용되면 "비판도 너무 잘하면 안 된다"는 것밖에 되지 않는다. '공공의 이익' 항변의 기본취지는 많은 사람들이 알아야 할, 때로는 그 내용이 "심해서" 많은 사람들이 알아야 할 중요한 사안은 사익의 침해를 감수하더

---

10) 대법원 2004.10.15. 선고 2004도3912 판결 [명예훼손·집회및시위에관한법률위반] [공2004. 11.15.[214], 1896], http://www.lawmaul.kr/datacenter/case_bbs/?m_num=2143.
11) 대법원 2004.05.28. 선고 2004도1497 판결.

라도 알려져야 한다는 것일 텐데 "너무 많은 사람들에게 알려진다"거나 "너무 심한 내용"이라고 해서 억제된다면 그 항변의 존재이유가 탈각되는 것이다.

나. '비방할 목적'과 공공의 이익의 관계

둘째, 위의 '공익성' 항변은 제307조 제1항의 경우에만 적용되고 제309조의 '비방할 목적을 위한 출판물에 의한 명예훼손'의 경우에는 적용되지 않는데, 이 때문에 법원이 출판물의 경우 '비방할 목적'을 이유로 공공의 이익을 부인하게 되는 경우가 있다. 제309조 조문상 출판물에 의한 명예훼손에 대해서만 '비방'이 공익성의 부인의 근거로 기능해야 하지만, 실무적으로는 출판물이 아닌 다른 표현물에 대한 명예훼손 법리 전반에 적용되고 있다. 문제는 '비방할 목적'과 '공공의 이익'이 과연 같은 층위에서 하나가 다른 하나를 부인할 수 있는 관계인가 하는 점이다.

위의 제약회사 판결에서[12] 법원은 "피고인이 작성해 게재한 글의 내용이 진실한 사실로서 공소외 주식회사의 시정되어야 할 부분이 일부 포함되어 있기는 하나, (1) 공소외 주식회사를 비방하는 취지가 그 내용의 주조를 이루고 있는 점, (2) 위 사건과 관련되어 있는 자들뿐만 아니라 불특정 다수인들이 볼 수 있는 정치인이나 언론사 또는 위 공소외 주식회사와 경쟁관계에 있는 다른 제약회사의 홈페이지에 게재한 점 등에 비추어볼 때, 피고인이 위와 같은 내용의 글을 게재한 것이 형법 제310조 소정의 오로지 공공의 이익에 관한 때에 해당한다고 할 수는 없다고 판단한다"고 했다.

위의 (2)에 대해서는 이미 언급한 바와 같고 (1)도 우려스럽다. '비방'은 무엇인가? 필자가 아는 한 '비방'과 '비판'을 구분하기는 어렵다. 그렇다면 "비판의 목적"은 공공의 이익을 부인하는 것으로 읽히는데 의도적인 공익적 비판은 불가능하다고 볼 수밖에 없지 않을까.

물론 최근에 동아일보가 은행대출을 받아 주식투자를 통해 막대한 평가이익을 올린 것에 대해 MBC가 보도한 것에 대한 법원판결은 적어도 '타인에게 타격을

---

12) 대법원 2004.05.28. 선고 2004도1497 판결.

줄 목적'이 존재한다고 해도 공익성이 인정될 수 있다고 한 사례가 있다.13) 이 판결은 '비방할 목적'이 공익성을 부인하는 것은 아니라는 판시로 읽힌다. 법원은 여기서 "'그 목적이 오로지 공공의 이익을 위한 것일 때'라 함은 적시된 사실이 객관적으로 볼 때 공공의 이익에 관한 것으로서 행위자도 공공의 이익을 위해서 그 사실을 적시한 것을 의미하는데, 행위자의 주요한 목적이나 동기가 공공의 이익을 위한 것이라면 부수적으로 다른 사익적 목적이나 동기가 내포되어 있더라도 무방(대법원 1996.10.25. 95도1473 판결 등 참조)하다면 이 사건을 방송보도함에 있어 공익적 목적 이외에 부수적으로 원고를 비난하고자 하는 의도가 다소 내포되어 있음이 엿보이기는 하나, 피고의 이 사건 방송보도의 주요한 목적이나 동기가 공공의 이익을 위한 것이므로 부수적으로 다른 사익적 동기가 내포되어 있었다고 하더라도 공공의 이익을 위한 것으로 보아야 한다"고 판시했다.

이와 비슷하게 대학교수의 연구실 내 제자 성추행 사실을 그대로 공표한 것에 대해 법원은 다음과 같이 전제한다.

특히 공인의 공적 활동과 밀접한 관련이 있는 사안에 관해 진실을 공표한 경우에는 원칙적으로 '공공의 이익'에 관한 것이라는 증명이 있는 것으로 보아야 할 것이며, 행위자의 주요한 동기 내지 목적이 공공의 이익을 위한 것인 이상 부수적으로 다른 개인적인 목적이나 동기가 내포되어 있더라도 형법 제310조의 적용을 배제할 수 없는 것이다.(대법원 1998.10.09. 선고 97도158 판결, 2003.11.13. 선고 2003도3606 판결, 헌법재판소 1999.06.24. 선고 97헌마265 전원재판부 결정 등 참조)14)

그리고 나서 "학내에서 발생한 성폭력 문제는 국민이 알아야 할 공공성·사회성을 갖춘 공적 관심 사안으로서 사회의 여론형성에 기여하는 측면이 강하고 순수한 사적인 영역에 속하는 것이라 할 수 없다"고 판시했다.

위의 동아일보 판결과 대학교수 성추행 판결은 사안 자체의 공익성만을 순수하게 심의한 좋은 사례라고 하겠다.

---

13) 대법원 2006.03.23. 선고 2003다52142 판결. 참고로 이렇게 공익성이 확보된 후에 법원은 동아일보의 주식 숫자가 실제와 차이가 있는 것에 대해서도 용인을 하여 '허위적시'에 대한 항변으로도 공익성을 인정했다.
14) 대법원 2005.04.29. 선고 2003도2137 판결[명예훼손; 출판물에의한명예훼손] [공2005.6.1.(227), 882].

첨언하자면, '비방할 목적'과 '공공의 이익'을 대립개념 쌍으로 이해하면 법원은 '공공의 이익'을 더욱 좁게 해석하게 될 가능성이 있다. 왜냐하면 '비방할 목적' 여부를 판단할 때 법원은 "피고가 사실확인을 충분히 했는가?"를 고려하게 되는 경향이 있기 때문이다.

하지만 예를 들어, 법원은 MBC의 '뉴스데스크' 프로그램에서 '못 믿을 변호사'란 제목으로 특정 변호사의 불성실한 소송수행으로 의뢰인에게 불이익한 판결이 선고되었다는 취지의 보도를 한 것에 대해 명예가 훼손되었다고 했다.[15] 특히 소송의 내역과 결과가 너무 복잡해 일반인들은 이해할 수 없는 내용이었음에도 불구하고 책임소재에 대해 주변의 법조인들에게 자문도 얻지 않았고, 결국 변호사가 불성실하지 않았고 의뢰인에게 불이익도 없었다는 여러 정황이 취재에서 누락되었다는 점을 들었다. 결국 법원은 이와 같이 성실한 조사를 하지 않은 것으로부터 '비방할 목적'을 유추해석 했다. 그렇게 되면 진실인 보도도 사실 확인이 충분치 않다고 하여 처벌되는 사례가 나타날 수 있다. 즉, 어느 정도의 근거를 가지고 진실인 보도를 했는데 "사실 확인을 충분히 하지 않았으므로 비방할 목적이 있었던 것이고, 고로 공공의 이익을 위한 것이라고 볼 수 없으며, 그러므로 진실적시명예훼손에 해당된다"는 논리로 발전할 수 있는 것이다.

물론 변호사 사건에서는 허위적시 명예훼손이 적용되었다. 그러나 위 프로그램에서 진실이 아닌 내용은 없었다. 단지 변호사의 성실한 면을 보여줄 내용들이 방송에서 누락된 것뿐이었다. 원고가 바라는 방송내용과 다른 점이 있다면 그 차이는 견해의 영역으로서 법이 규제할 수 없는 것이었다. 그럼에도 불구하고 허위적시 명예훼손이 적용된 것은 필자의 판단으로는 다음과 같은 추론과정을 거친 것으로 보인다.

(1) '사실확인을 성실하게 하지 않았다' → '비방할 목적'
(2) '사실확인을 성실하게 하지 않았다' → '진실이라고 믿을 만한 상당한 이유가 없었다'

---

15) 서울고등법원 2001.11.29. 선고 2001나11989 판결.

위의 (2)에서 상당성의 항변이 부인되니 작은 차이라도 모두 의미 있는 허위로 간주되므로 허위적시 명예훼손이 적용된 것이다.

그런데 필자가 중요하게 보는 것은 위 사건에서 진실적시명예훼손으로 기소가 되었다고 할지라도 결과는 같았을 것이라는 점이다. 왜냐하면 위의 (1)'불성실한 사실 확인'에서 이미 '비방할 목적'이 도출되었고, 이에 따라 '공익성'은 부인되었을 것이다. 그렇다면 성실한 사실 확인 없이 유추만으로 내용이 진실이 되었다고 할지라도 형법 제310조상 공익성 항변이 적용되지 않았을 것이다.

다. 위축효과

공익성이 '표현의 도달 범위' 및 '명예 침해의 정도'와는 관련 없이 순수하게 사안별로 판단된다고 할지라도 공공의 이익 범위 안에 드는 표현물마저도 위축되기 쉽다. 형법 제307조 제1항이 가진 위축효과(chilling effect)를 제310조의 공익성 항변이 충분히 해소시키지 못한다. '공익'의 항변은 법원에서 입증했을 경우에만 효력을 볼 수 있기 때문이다.

위축효과란 합법적인 게시물임에도 불구하고 탄압이나 편견을 피하기 위해 그 게시물의 발화를 자제하게 되는 현상을 말한다. 많은 언론사들이 대부분의 법학자들은 공익성이 충분히 인정될 것으로 보는 보도를 실명으로 하지 못하고 있다.

예를 들어 강호순 얼굴 사진을 공개할 때 경향신문과 한겨레신문은 공익적 사안인 경우에는 얼굴을 공개하겠지만, 강호순의 경우에는 공인이라고 할 수 없어 공개하지 않겠다는 취지의 반론을 내부적으로 가지고 있었던 것으로 알고 있다. 하지만 두 신문은 명백히 공익적인 사안인 장자연 리스트에 대해서 계속 익명으로 보도했다. "연예인들의 성공에 지대한 영향을 줄 수 있는 언론사 사장이 '촌지성' 성상납을 받았는가?"의 문제는 명백히 공익적인 사안이라고 할 수 있으며, 언론사들도 법원에서도 공익적인 사안으로 판정할 것으로 기대한다. 그럼에도 불구하고 언론사들이 실명 보도를 기피하는 것은 공익성 판단에 있어 조금이라도 불리한 판시가 내려질 가능성을 피하기 위한 것이다.

그리고 판례의 일관성의 부재16)는 예측가능성을 훼손해 위축효과를 더욱 심화시킨다. "언론인, 연예인 등을 공인으로 심리하면서도, 대통령 차남과 같은 힘 있는 인물이나 검사, 경찰서장 등 공직자에 대해서는 공인 개념의 심리를 외면한[다]"는 비판을 귀담아 들을 필요가 있다.17) 1998년에 법원은 당시 대통령 후보였던 이회창 씨의 아들 이정연 씨의 고의체중 감량에 의한 병역기피 사실을 폭로한 사람에 대해 대통령선거와 직접적으로 관련이 없는, 즉 이회창 후보의 공직수행능력과는 무관한 것이라고 하면서 공익성에 의한 면책을 허용하지 않았다.18) 이 사람은 기자회견에서 말로 한 것이므로 출판물도 아니었는데 말이다.

라. 소결

자신의 평판이 저하당한 사람에게 국가가 반론권을 확보해주는 방식이 있을 수 있음에도 불구하고 이런 방식을 취함으로써 위축효과를 더욱 심화시킨다.19) 또 현행법은 진실을 밝힌 사람들에게 명예훼손 형사책임을 지우는 가장 극악한 방식으로 이루어지고 있다.

공익성의 항변은 진실적시 표현의 자유를 보호하기에 충분하지 않다. 첫째, 현재 법원의 공익성 판단에 고려되는 요소에 '명예의 침해 정도'나 '표현의 방법 및 도달 범위' 등이 포함되고 있는데 이것은 공익성이 큰 내용일수록 도달 범위가 넓을 필요가 있다는 원리나 명예의 침해가 큰 내용일수록 공익성이 클 수 있다는 원리와 충돌한다. 둘째, '비방할 목적'이 포착될 경우 공익성을 부인하는 현재 법원

---

16) 이재진, 이성훈 "명예훼손소송의 위법성조각사유로서의 공익성에 대한 연구", 『언론정보학보』 2003년 봄, pp.146-182.

17) 차용범, "공인의 명예훼손에 대한 사법적 논의의 한계", 『한국언론학보』 제45-2호(2001년 봄), pp.387-421. 저자는 다음 판례들을 예로 들고 있다. 서울서부지원 1996.02.21. 선고 96타기537 판결; 서울중앙지법 1999.06.23. 선고 99가합14391 판결; 서울지법 2000.02.02. 선고 99가합77460 판결; 서울중앙지법 2000.06.07. 선고 99가합88873 판결.

18) 서울고등법원 1998.11.03. 선고 98노2000 공직선거및선거부정방지법위반 사건.

19) 현재 언론중재법의 반론권 신청제도는 이런 의미에서 시사하는 바가 크다. 언론중재법의 반론권은 내용이 허위 또는 진실 여부를 따지지 않고 평판이 저하된 모든 사람이 청구인이 될 수 있다.

의 판시행태는 '비방'과 '비판'을 구분하기 어려운 상황에서 공익성의 입지를 더욱 좁히고 있다. 또 '비방할 목적' 자체를 판단할 때 '사실조사를 충분히 했는지'를 판단하게 되면 보도내용이 진실임에도 불구하고 사실조사가 불충분했다는 이유로 명예훼손 책임을 지게 되는 사태가 발생하게 된다. 셋째, 공익성 항변의 구성요건이 올바르게 해석된다고 할지라도 이 항변에 대해 입증 책임을 가지고 있는 화자의 입장에서는 위축효과에 시달릴 수밖에 없다.

4. 프라이버시 보호

"진실이면 다 말할 수 있어야 한다"는 주장에 대해 혹자는 "진실이라고 할지라도 프라이버시는 보호되어야 하지 않는가?"라고 반론을 제기한다. 예를 들어 타인이 동성애자임을 허락 없이 밝히는 경우 발생하는 문제점을 지적하며 그 문제점을 해결하기 위해 진실적시에 대해서도 명예훼손 책임을 부과해야 한다고 주장한다. 필자는 그 주장에 동의한다. 그러나 여기서 필자가 대응하고자 하는 주장은 "프라이버시를 침해하지 않더라도 진실이 명예를 훼손한다는 이유로 법적 책임이 부과되어야 한다"는 주장이다.

프라이버시의 보호법익은 명예훼손의 보호법익인 평판과는 큰 차이가 있다. 그렇기 때문에 진실적시명예훼손이 프라이버시라는 공익을 달성한다면, 이것은 우연일 뿐이다.

가. 프라이버시의 정의

1960년대의 미국에서 프로서(William L. Prosser)는 프라이버시 침해유형을 다음의 네 가지의 불법행위(torts)로 분류하고 있다.[20]

(1) 사적 사실의 공표(public disclosure of private facts): 비밀로 붙여두고 싶어

---

20) Prosser, "Privacy", 48 Cal. L. Rev. 383(1960).

하는 개인에 관한 난처한 사적 사항이 언론매체에 그대로 공개되는 경우.

(2) 왜곡된 묘사(false light in the public eye): 허구와 허위의 사실을 공표하거나 사실을 과장 또는 왜곡해 공표함으로써 세인들로 하여금 특정인을 사실과 다르게 알도록 하는 행위.

(3) 성명 및 초상의 영리적 사용(appropriation of name or likeness): 개인의 성명, 초상, 경력 등 본인의 고유한 속성, 즉 인격적 징표를 본인의 동의 없이 사용해 상업적 부당 이득을 추구하는 행위. 주의할 것은 사람의 징표를 그 사람의 선호도에 편승해 상업적 이득을 얻기 위해서만 침해가 발생하고 그 사람에 대한 평가나 음미를 위한 사용은 침해가 아님.

(4) 사생활에의 침입(intrusion upon solitude or seclusion): 개인의 평온한 사생활이 적극적으로 침입 및 간섭받거나 소극적으로 감시도청 또는 촬영되는 행위 등에 의해 불안과 불쾌감을 유발시키는 행위.

위의 네 가지 유형에서 현대사회에서 일반적으로 통용되는 프라이버시 침해에 해당하는 행위는 (1)과 (4)에 한정됨을 알 수 있다. 또, 침해유형 (3)은 영미계에서 인정되는 퍼블리시티권을 말하고, 침해유형 (2)는 명예훼손의 약한 형태에[21] 해당되는 개념임을 알 수 있다. 즉, 프로서(William L. Prosser)의 프라이버시는 명예, 비밀 및 정체성[22] 등을 모두 포함하는 인격 전체를 포괄하는 것으로 현대의 프라이버시 개념과는 차이가 있다.

프로서가 이와 같이 다양한 형태의 불법행위들을 모두 프라이버시 침해에 포함시킬 정도로 프라이버시를 넓게 정의한 이유는 프라이버시권을 처음 정립한 것으

---

21) 혹자는 false light(왜곡)와 defamation(명예훼손)이 질적으로 다르다고 주장하기는 하나 false light에 대한 판례들이 거의 없어 확인이 되고 있지 않으며, 미국에서는 진실이 명예훼손에 대한 완전한 항변이 되기 때문에 진실을 적시하되 왜곡되게 묘사하는 행위를 규제하기 위해 false light이 필요한 것으로 이해할 수 있다.

22) 학계에서는 identity가 동일성으로 번역되기도 하나 정체성으로 번역하는 것이 올바르다고 본다. Identity는 identify와 어원을 같이 하므로 동일성으로도 번역되지만 일반인들에게는 '정체성'이라는 번역이 더욱 쉽게 이해된다. 이미 외국에서 자신의 민족적 정체성에 대해 혼란을 겪는 이민자의 자녀들을 가리켜 'identity crisis에 빠져 있다'라고 하는 용례도 있다.

로 알려진 새뮤얼 워렌(Samuel Warren) 판사와 루이스 브렌다이스(Louis Brandeis) 판사의 1890년 논문의 영향으로 보인다.[23]

이 논문이 나오기 전까지 판례는 법적으로 인정되는 민사불법행위(torts)의 유형들을 신체나 재산에 대한 훼손을 동반하는 것으로 한정하고 있었고, 그렇지 않다면 최소한 명예훼손, 저작권침해 또는 계약위반 등이 동반되어야 했다. 워렌과 브렌다이스는 이 논문에서 신체 및 재산적 손해, 명예훼손, 저작권침해, 계약위반 등을 동반하지 않는 새로운 불법행위들이 판례에서 인정되어왔다고 주장했다. 그리고 실제로 그와 같은 불법행위가 인정된 여러 판례들을 소개하는 것이 논문의 주 내용이며 이를 통해 '프라이버시 침해'라는 새로운 불법행위 유형을 인정할 것을 주창했다.

그런데, 이 논문은 초장에는 명예훼손 외의 다양한 인격권침해 판례들을 소개하고 있으나, 실제로 논문이 불법행위의 하나로 정립시킨 프라이버시 침해는 프로서가 정의한 폭넓은 프라이버시의 그것과는 차이가 있다.

프로서(William L. Prosser)의 프라이버시	워렌과 브렌다이스의 프라이버시의 범위	현대적 개념들
(1) public disclosure of private facts (사적인 정보의 무단공표)	O	프라이버시
(2) false light in the public eye (왜곡적 묘사)	X	약한 형태의 명예훼손
(3) appropriation of name or likeness (개인의 정체성의 남용)	X	퍼블리시티권, 초상영리권, 초상사용권, 초상재산권
(4) intrusion upon solitude or seclusion (사적인 정보의 무단취득)	O	프라이버시

여기서 프라이버시는 현대적 개념에 맞추어, 그리고 워렌과 브렌다이스의 정의에 맞추어 '사적인 정보의 무단 취득 및 공표'로 좁혀서 정의해 다루고자 한다.

또 미국연방대법원은 Griswold 판결[24] 및 Roe v. Wade 판결[25] 등에서 프라이

---

23) Warren, Brandeis, "The Right to Privacy", 4 Harvard Law Review 193(1890) 혼란스럽겠지만 더욱 오래된 Warren-Brandeis 개념이 Prosser의 그것보다 더 현대적 개념에 가깝다.

버시에 대해 자기결정권을 포함하는 개념으로 이해했다. 즉, 자신의 신체를 그리고 자신의 삶을 자신의 마음대로 통제할 수 있는 권리로 이해한 것이다. 자신의 삶이 남에 의해 통제되는 것은 일반적 행동의 자유나 신체적 자유 등으로 별도로 논의되는 것이 일반적이다. 그러나 현대에서 프라이버시라고 말할 때는 자신의 삶을 마음대로 통제하지 않더라도 자신의 삶이 어떻게 통제되는지 다른 사람들이 알지 못하도록 할 권리를 지칭하게 된다.

결론적으로, 현대적인 의미의 프라이버시는 자신에 대해서 타인이 알지 않도록 할 권리를 중심으로 논의를 진행해야 할 필요가 있다.

나. 명예훼손 법제와 프라이버시의 관계

이렇게 보호법익이 다르기 때문에 필자는 프라이버시에 대한 보호는 프라이버시를 보호하는 별도의 법으로 이루어져야 한다고 생각한다. 물론 프라이버시 침해를 일종의 명예훼손으로 구성함으로써 명예훼손 법리를 통해서 프라이버시를 보호하는 가능성도 고려해볼 수 있을 것이다. 그러나 그렇게 한다면 그와 같이 새로운 명예훼손 법 규정은 프라이버시 침해가 있는 경우에만 한정되어 적용되어야 할 것이다. 프라이버시로 보호될 수 없는 사실의 공개마저도 명예훼손으로 규제한다면 표현의 자유에 대한 부당한 침해가 발생한다.

예를 들어 임금체불을 한 업주가 노동자들이 임금체불 사실을 언론에 알리는 경우를 생각해보자. 임금체불 사실이 프라이버시로 보호된다고 생각하는 사람은 없을 것이다. 임금체불 사실이 프라이버시로 보호된다면 모든 범죄는 타인의 눈을 피해서 이루어지고 자발적으로 공개되지 않으므로 모두 프라이버시로 보호받아야 할 것이다. 하지만 임금체불 사실을 알리는 것도 우리나라에서는 진실적시에 의한 명예훼손으로 처벌을 받게 된다.[26] 물론 임금체불 사실을 알리면서, 예를 들어 업주의 주소, 가족관계 등의 별도의 개인정보를 공개하는 경우에 프라이버시

---

24) Griwsold v. Connecticut, 381 U.S. 479(1965).
25) Roe v. Wade, 410 U.S. 113(1973).
26) 대법원 2004.10.15. 선고 2004도3912 판결.

침해에 따른 별도의 제재가 필요할 것이다. 그러나 진실적시명예훼손의 존재는 임금체불 자체는 프라이버시의 보호범위 바깥에 있음에도 불구하고 임금체불 사실 자체를 밝히지 못하도록 표현의 자유를 억압하고 있다.

물론 우리나라에는 아직도 프라이버시를 보호하는 별도의 명시적인 민법 또는 형법 규정이 존재하지 아니하므로 형법 제307조 제1항을 그러한 용도로 이용할 수도 있다.[27] 예를 들어 선거법 사범이 자신을 선관위에 고발한 제보자의 신원을 파악해 자신의 동료 당원들에게 공표한 경우에 형법 제307조 제1항을 적용해 처벌한 경우가 있다.[28] 이 경우 프라이버시 침해를 처벌하는 별도의 민 형법 규정이 없는 상황에서 비밀로 보호되어야 할 제보자 신원의 보호를 위해 위 형법조항을 적용하는 것은 타당하다고 본다. 그러나 위의 임금체불 폭로 사례와 같이 형법 제307조 제1항을 프라이버시 침해가 아닌 명예의 훼손에 적용하는 것은 헌법적 문제를 야기한다. 그러므로 프라이버시 보호를 목표로 형법 제307조 제1항(진실적시명예훼손)을 유지하고자 한다면, 그와 같이 조문의 적용범위를 입법적으로 좁히거나 대법원의 명확한 해석으로 좁힐 필요가 있다.

다. 소결

진실적시명예훼손은 프라이버시 보호와 본질적인 관련이 없으며 보호를 위해서는 프라이버시 보호를 위한 별도의 법제가 필요하다.

---

27) 대법원 2008.03.14. 선고 2006도6049 판결 [교원의노동조합설립및운영등에관한법률위반·업무방해·명예훼손·집회및시위에관한법률위반] [미간행] "피고인들이 적시한 사실이 피해자들이 ㅇㅇ아파트 주민들과 관련이 있다고 볼 수 없고, 달리 피고인들이 피해자들의 주소까지 명시해야 할 사정이 보이지 아니하는 점 등에 비추어, 피고인들이 피해자들이 ㅇㅇ아파트 앞에서 피해자들의 주소까지 명시해 피해자들의 명예를 훼손한 것을 두고 오로지 공공의 이익에 관한 것이라고 보기는 어렵다고 할 것이다."

28) 대법원 2006.05.25. 선고 2005도2049 판결 [공직선거및선거부정방지법위반·명예훼손] [공2006.7.1.(253), 1205] "피고인 1이 자신과 관련된 선거범죄 사건의 제보자를 전파가능성이 있는 같은 당 당원들에게 알리는 행위는 공소외 1의 제보로 인해 수사를 받거나 처벌을 받게 될 피고인들 및 그들과 이해를 같이하는 자들의 개인적인 이해관계에 부합하는 행위일 뿐 선거범죄의 처벌을 통해 공명정대한 선거문화를 정착하려는 공공의 이익에 반하는 행위라고 판단했는바, 앞서 본 법리와 기록에 비추어 살펴보면, 이러한 원심의 판단도 옳고, 거기에 명예훼손죄에 있어서의 공공의 이익에 관한 법리를 오해한 위법이 있다고 할 수 없다."

5. 얼굴 및 실명 공개 문제의 해결

여기서 잠시 헌법적 논의를 멈추고, 논문의 서두에서 언급했듯이 진실적시명예훼손의 문제가 얼굴 공개 및 실명 공개와 관련되어 제기되는 프라이버시나 초상권 문제와 어떻게 조응하는지를 살펴보고자 한다.

위에서의 논의를 되짚어보자면, 명예훼손은 항상 명예훼손 피해를 주장하는 사람에 대한 명제에 의해 이루어지는데, 어떤 명제가 그 사람에 '대한' 것이 되기 위해서는 그 사람을 적시해야 하고, 한 사람을 적시하기 위해서는 그 사람의 표지가 되는 무언가를 사용할 수밖에 없는데 그 표지들이 보통 이름과 얼굴인 것이다.

그런데 이름과 얼굴에 대해서는 '프라이버시'나 '초상권'을 주장하는 것을 자주 보게 된다. 실제로 이름과 얼굴이 '프라이버시'나 '초상권'의 보호범위에 포함된다면, 위에서 논증했듯이 명예훼손과 프라이버시가 아무리 관련이 없고 초상권과도 관련이 없다 할지라도, 프라이버시나 초상권의 문제 때문에 이름과 얼굴의 공개는 억제되어야 하며, 결국 현실적으로 진실의 적시는 이루어질 수 없게 된다. 진실적시와 실명·얼굴 공개의 관계를 명확히 해두는 것이 중요하다. 진실적시는 할 수 있으면서 실명 및 얼굴 공개를 할 수 없게 된다면 그 변화의 의미는 허무한 것이 되기 때문이다. 그렇다면 얼굴과 이름은 초상권 또는 프라이버시의 보호범위에 포함되는가?[29]

가. 얼굴 및 실명 공개와 프라이버시

얼굴 및 실명 자체가 사적인 것은 아니다. 얼굴은 자신을 사회에 공개하고 자신

---

[29] 공공기관에의한개인정보보호법 및 정보통신망이용촉진및정보보호에관한법은 '개인정보'를 '개인을 식별할 수 있는 정보'로 폭넓게 정의하고 있어 얼굴과 실명도 '개인정보'에 포함되는 것으로 되어 있다. 그러나 이렇게 폭넓은 정의는 정보의 대량보관 및 처리에서 발생하는 리스크관리 차원에서 미국에서 시작된 Fair Information Practice의 일환으로 채택된 것으로서 개별적인 얼굴과 실명 자체가 프라이버시의 보호대상이 되는 것은 아니다.

을 사회와 관계 지으며 자신의 개별성을 보여주는 공적인 기표(public symbol)로서 도리어 상표(trademark)와 비슷한 역할을 하고 있다.

'박경신'이라는 이름 석 자는 남들이 나를 '나'로 인식해주길 바라는 마음에서 '나'의 기표로서 정해놓은 것으로, 개인적인 것도 정보도 아니며 공적인 기표다. 얼굴도 마찬가지다. 아침마다 신체의 모든 부분은 가리면서도 자외선에 의한 피부암의 위험까지 감수하며 얼굴만은 내놓고 다니는 이유는 바로 남들이 나를 '나'로 식별해주길 바라는 마음에서다.

	개인에 대한 정보(personal information)	
보호대상	개인적인 정보 (private information)	공적인 기표(public symbol)
보호대상의 예[30]	혈액형, 주소, 주민등록번호, 성적 취향, 가족관계 등등 자신이 의도적으로 공개하지 않는 정보	얼굴, 이름 등 자신이 특정인임을 인식하도록 외부에 공개하는 표지

그런데 개인의 공적 기표는 공적으로 사용되기 위해 만들어진 것이기 때문에 타인이 자신의 공적 기표를 사용하는 것을 금지한다면 공적 기표를 정한 의미가 없어질 것이다. 각 개인이 이름을 가질 필요도 없을 것이고, 얼굴만 내놓고 다닐 이유도 없을 것이다.

사적인 정보가 이미 밝혀져 있고, 그 정보의 주체가 누구인지가 알려져 있지 않은 상황을 생각해볼 수 있다. 예를 들어, "○○○은 동성연애자이다"라는 보도가 있다고 하자. 또는 얼굴이 모자이크 처리된 사람이 사진 속에서 동성애를 하고 있다고 하자. 여기서 얼굴이나 실명의 공개는 틀림없이 프라이버시를 침해한다. 하지만 여기서의 프라이버시 침해는 얼굴이나 실명 자체가 사적이어서 그런 것이 아니라, 이것이 공개됨으로써 완성되는 명제가 전달하는 사실이 사적이기 때문인

---

30) 여기서는 단순히 일상생활에서 각 범주가 어떻게 사용되는지를 근거로 구분한 것이다. 주민등록번호와 같이 개인의 식별용도로 만들어졌고 불심검문이 허용되던 시대에 일반인들의 통행 통제를 위해 만들어졌지만 현재에는 인터넷 등을 통해 대면거래(face-to-face transaction)가 이루어지지 않으면서, 이를 주민번호가 대체하게 되면서 주민번호의 남용가능성이 높아져 개인적인 정보(private information)가 되어버린 경우도 있다.

것이다.

결국은 위에서 추론했듯이 프라이버시와 명예는 별개의 보호법익이고, 이에 따라 별도의 규제가 필요하며, 사적인 정보의 보호를 위해 진실적시를 규제할 필요는 있으되, 사적인 정보에 해당하지 않는 얼굴과 실명의 보호를 위해 진실적시를 규제할 필요는 없다.

나. 얼굴 공개와 초상권

초상권은 우리나라에서는 "자신의 얼굴, 기타 사회통념상 특정인임을 식별할 수 있는 신체적 특징에 관해 함부로 촬영 또는 그림 묘사되거나 공표되지 아니하며 영리적으로 이용당하지 않을 권리"로[31] 정의된다. 이 정의에서 보다시피 초상권은 개인을 식별할 수 있는 표지에 대한 통제권한이지 명예라는 보호법익과는 관련이 없다.

그렇다면 초상권도 프라이버시의 경우와 마찬가지로 형법 제307조 제1항을 초상의 공개가 동반되는 경우에만 한정되어 적용할 수 있다면, 초상권을 이유로 진실적시명예훼손을 유지해 진실의 적시를 규제할 필요는 없을 것이다.

하지만 위와 같이 폭넓게 정의된 초상권은 모든 초상의 사용을 통제한다. 진실의 적시가 효과적으로 이루어지기 위해서는 실명의 공개와 더불어 얼굴의 공개가 필요한 경우들이 있다. 예를 들어 동명이인이 많은 상황에서 대상을 특정할 때나 현장의 분위기 전달을 위해 사진을 사용할 때다. 여기서 얼굴의 공개는 위와 같이 폭넓게 정의된 초상권과 충돌하게 된다.

실제로 대법원의 정의를 살펴보자면 모든 초상의 사용에 대해 초상의 주체는 광범위한 통제권을 갖게 된다. 그러나 과연 나의 초상이 과연 나의 것일까? 과연 나의 초상이 사용되는 것에 대해 내가 통제권을 갖는다는 것이 과연 가능할까?

---

31) 대법원 2006.10.13. 선고 2004다16280 판결.

위에서 살펴보았듯이 얼굴은 다른 사람들이 자신을 식별할 수 있도록 공중에 던져놓은 기표와 같은 역할을 한다. 이 기표는 나에 대한 모든 명제에서 필수불가결한 주어, 주제어나 목적어로서 사용된다. 그렇다면 좋은 말이든 나쁜 말이든 타인들이 나에 대해 말하도록 허용하고자 한다면 공적 기표의 무단사용은 어느 정도 허용되어야 한다. 예를 들어, "박경신은 ○○이다"라는 문장을 보면 필자는 '박경신'이라는 타인의 성명을 무단사용한 것이 된다. 그런데 이것 자체를 나의 권리의 침해라고 여겨서는 안 된다. 애초에 '박경신'이라는 이름을 만든 것은 타인이 나를 지칭할 수 있도록 하기 위함이었는데, 그 이름의 사용에 대해 박경신이 계속 통제권을 행사한다는 것은, 타인이 나를 자유롭게 지칭하지 못한다는 의미가 된다. 이름을 만든 의미가 없어져버린다.

또 만약 "박경신의 회의장소에서의 태도와 회의장소의 분위기" 등을 글로 표현할 수 없는 미세한 수준까지 생생하게 전달하고 싶다면, 박경신의 얼굴이 포함된 사진을 공표할 수밖에 없을 것이다. 이를 초상권 침해라고 해서 내가 금지할 수 있다면 위와 같이 태도와 분위기를 시각적으로 전달하는 것이 불가능해진다. 내 얼굴을 애초에 내놓고 회의에 참석한 이유가 사라져버린다. 또 동명이인이 많은 상황에서 '박경신'의 얼굴을 보여주지 못한다면 타인들이 사진을 통해 내가 회의에 참석했음을 알리지 못할 수도 있다. 결국 박경신의 얼굴이 가진 공적 기표로서의 기능을 조금이라도 보장하려 한다면 초상권은 타인이 자신의 초상을 허락 없이 사용할 수 없도록 할 광범위한 권리로 오해되어서는 아니 된다.

사실 위에서 소개한 프로서의 폭넓은 프라이버시의 정의는 프로서가 명예훼손 외에도 인정되는 폭넓은 인격권의 개념으로 개발한 것인데 초상권에 대해서는 상업적 이용만을 금지하는 것에 그치고 있다.

영미계에서 이와 같이 자신의 초상을 타인이 상업적으로 이용하지 못하도록 하는 권리를 퍼블리시티(publicity)권이라고 한다. 이와 같은 권리를 퍼블리시티권이라고 부르는 이유는 우연이 아니다. 프라이버시권은 사적인 정보(private information)를 보호하지만 퍼블리시티권은 공적인 기표(public symbol)를 보호한다. 프라이버시권이 한 사람이 사적인 존재로서 남아 있을 수 있는 권리를 보호하기 위한 것이라면, 퍼블리시티권은 한 사람이 타인에 대해 상당한 지명도를 가지고 있는 공적인 존재로서 남아 있을 수 있는 권리를 보호하는 것이 퍼블리시티 권이 된다. 이렇게 퍼블리시티권을 보편화시켜서 바라볼 때 더욱 초상권은 한정적으로 해석되어야 함을 알 수 있다.

물론 다수의 사람들의 정보를 자동화해 처리하는 사업자들이나 공공기관들에 대해서는 소위 Fair Information Practice 법리가[32] 적용된다. 이 법리에 따르면 '개인정보'는 '개인을 식별할 수 있는 모든 정보'를 포함하며 이렇게 정의된 개인정보는 이름과 얼굴을 포함한다. Fair Information Practice 법리에 따르면 정보의 주체는 자신에 관한 정보(그것이 사적인 것이든 아니든)에 대해서 통제권을 가지며(소위 자기정보통제권), 그 내용은 우리나라 대법원의 초상권 정의와 일맥상통하는 면이 있다. 그러나 위 법리는 한정된 사업자들이나 공공기관이 정보를 수집하고 보관하는 단계에만 적용되며,[33] 이러한 정보를 취득하게 된 개인들이 이를 이용해 특정 표현을 발화할 수 있는가를 규제하지는 않는다.

실제로 우리나라 판례들에서 초상권 침해가 인정된 대부분의 사례들은 명예훼손, 상업적 남용 또는 프라이버시 침해가 같이 인정된 경우이고, 명예훼손이 없고 상업적 남용이 없고 프라이버시 침해가 없는 상황에서 초상의 단순한 무단사용 자체가 문제로 된 경우는 거의 없다.[34]

결론적으로 진실적시가 얼굴의 공개를 동반한다고 해서 얼굴 공개를 제약하는 방식으로 진실의 표명을 위축시키거나 제한할 필요는 없다. 위에서 살펴보았듯이

---

32) G.B.F. Niblett(ed.), *Digital Information and the Privacy Problem*(Paris: OECD Informatic Studies No. 2, 1971); Great Britain, Home Office, *Report of the Committee on Privacy*(London, 1972); Canada, Department of Communications and Department of Justice, *Privacy and Computers: A Report of the Task Force*(Ottawa, 1972); Sweden, Committee on Automated Personal Systems, *Data and Privacy*(Stockholm, 1972); United States, Department of Health, *Education and Welfare, Secretary's Advisory Committee on Automated Personal Data Systems, Records, Computers, and the Rights of Citizens*(Washington, D.C., 1973).

33) 우리나라에서는 「정보통신망이용촉진및정보보호에관한법률」 및 「공공기관의개인정보보호에관한법률」이 각각 이렇게 폭넓게 정의된 개인정보를 보호할 의무를 정보통신서비스제공자와 공공기관에 부과하고 있다.

34) 박경신, "순수한 초상권은 가치인가 규범인가?", 『창작과권리』 제51호, 2008년 6월.

초상권은 얼굴이 가진 공적 기표로서의 기능을 고려할 때 그 실체가 매우 제한적이기 때문이다.

다. 소결

이 절의 목적은 사적인 정보를 공개할 때 발생하는 프라이버시 침해 또는 실명이나 얼굴의 공개를 동반하는 표현이 발생시키는 프라이버시 침해나 초상권 침해를 정면으로 다루려는 것이 아니라 그와 같은 사안에 명예훼손 책임을 부과할 필요가 없다는 것을 분명히 해두고자 한 것이다. 이 절의 고찰의 결과를 다음과 같이 정리해볼 수 있다.

첫째, 사적인 정보의 공개에 대해서는 프라이버시 법리에 따른 규제가 필요한 것이지 명예훼손 법리를 적용해서는 아니 된다.

둘째, 진실의 적시는 항상 얼굴 및 실명의 공개를 동반할 수밖에 없으며, 만약 얼굴이나 실명의 공개를 통해 적시되는 진실이 사적인 것이라면, 이에 따른 별도의 보호 또는 한정적인 보호가 필요한 것이지 명예훼손 법리에 따른 규제가 필요하지는 않다.

셋째, 나아가서 프라이버시 법리의 내부를 들여다봤을 때, 얼굴이나 실명은 사람의 공적 기표로서 기능하기 때문에 얼굴이나 실명 자체를 프라이버시 규제로 보호할 수는 없다.

넷째, 진실적시에 동반되는 얼굴이나 실명의 공개가 초상권을 침해하는 것이라면, 이 역시 이를 보호하기 위한 별도의 또는 한정된 규제가 필요한 것이지 명예훼손 법리에 따른 규제가 필요하지는 않을 것이다.

다섯째, 나아가서 초상권 법리의 내부를 들여다봤을 때, 얼굴이 가진 공적 기표로서의 역할에 비추어봤을 때, 진실적시에 동반되는 얼굴의 공개는 상당 부분 허용되어야 할 것으로 보인다.

6. 허위에 의한 명예훼손제도에 대한 왜곡효과

가. 허위적시 명예훼손의 입증 책임의 왜곡

더 큰 문제는 진실적시명예훼손죄의 존재는 허위적시 명예훼손 법리의 입증 책임의 왜곡을 초래한다는 것이다.

모든 형사사건에서 모든 범죄의 구성요건에 대해 검찰이 입증 책임을 가져야 함은 기본이다. 허위사실 적시에 의한 명예훼손죄가 성립하기 위해서는 검사가 적시된 사실이 허위라는 점을 적극적으로 증명해야 하고, 적시된 사실이 진실이라는 증명이 없다는 것만으로는 위 죄가 성립할 수 없다.[35]

그런데 진실적시명예훼손죄의 존재는 마치 해당 표현물의 내용의 진위 여부가 범죄의 구성요건이 아니라는 착각을 갖도록 한다. 왜냐하면 표현물이 허위이면 제307조 제2항으로 진실이면 제307조 제1항으로 처벌할 수 있기 때문이다. 결국 검찰이나 원고가 허위적시 명예훼손 소송에서 허위를 입증할 책임이 없다는 신화가 성립된다.

위와 같은 현상은 우리나라와 거의 비슷한 법제를 가지고 있는 일본에서도 나타나고 있다. 즉, 일본의 한 법원은 명예훼손에서는 내용의 진위 여부를 판단할 필요가 없다고까지 판시했다.[36]

물론 이것은 신화에 불과하다. 허위인지 진실인지에 따라서 공익성이 있는 경우 유무죄가 갈리므로 검찰은 기소단계에서부터 허위적시에 의한 명예훼손인지 진실적시에 의한 명예훼손인지를 결정해야 하고, 법원도 물론 이를 결정해야 한다. 그런 연후에 진실적시에 의한 명예훼손인 경우 공익성 판단에 따라 유무죄가 나뉘게 된다. 그렇다면 검찰이나 법원이 허위적시에 의한 명예훼손이 죄목임을 정한 이후에는 검찰이나 원고가 허위에 대한 입증 책임을 갖는 것이 당연하다.

---

35) 대법원 1997.02.14. 선고 96도2234 판결, 대법원 2005.07.22. 선고 2005도2627 판결.
36) 裁判年月日: 昭和54年12月12日/ 裁判所名: 東京高裁/ 裁判区分: 判決/ 事件番号: 昭53(う)1836 号/ 事件名: 名誉毀損被告事件.

그럼에도 불구하고 검찰이나 법원이 허위가 무엇인지 적시하지 않은 채, 허위적시 명예훼손으로 기소하거나 유죄판결 하는 사례들이 나타나는데, 그 매개는 바로 허위적시 명예훼손에 적용되는 상당성 항변(즉 '진실이라고 믿을 만한 상당한 이유'가 있는 명제는 허위가 아닌 것으로 간주한다)이다. 즉, 검찰이 무엇이 허위인지를 적시하지도 않고 피고가 자신의 주장이 '진실이라고 믿을 만한 상당한 이유'가 있는지를 확인하겠다며, 압수수색영장을 신청하거나 법원이 무엇이 허위인지를 판시하지도 않고, 피고가 자신의 주장이 '진실이라고 믿을 만한 상당한 이유'가 없다며 유죄를 판결하는 경우가 나타나고 있다.[37]

사례 1: PD수첩 광우병 보도

PD수첩 광우병 보도 사건에서 검찰은 공소장에 무엇이 허위인지를 적시하지 못하였다.

예를 들어 검찰은 주저앉는 소(다우너)를 '광우병 의심 소'로 지칭한 것을 기소했다. 하지만 다우너가 광우병이 아니라고 입증된 바가 없는 이상, 광우병 증상 중의 하나를 보이는 소를 광우병 의심 소라고 지칭하는 것에는 문제가 없었다. 광우병의 위험 때문에 오바마 대통령은 모든 다우너의 도축을 금지했다. 앵커가 다우너를 가볍게 단 한 번 '광우병 걸린 소'라고 지칭했는데, 그것에 대해서도 그 다우너가 '광우병 걸린 소'가 아니라는 것이 확정되어야 검찰은 비로소 '허위에 의한 명예훼손' 기소를 할 수 있는 것이다. 하지만 이 다우너들이 광우병 걸린 소가 아니라는 것은 실제 검사를 해보지 않은 이상 불가능한 것이었다.

또 "94% 발병률", "발병률이 다른 나라에 2~3배", "화장품 및 의약품으로 전염 가능", "0.1g의 위험물질로 사망", "발병하면 100% 사망" 등은 모두가 과학자들이 특정한 조건들 하에서의 실험결과를 바탕으로 수립한 가설들을 그대로

---

[37] 수원지방법원 2008.01.24. 선고 2007노3424 판결. 이 원심판결에 대해 대법원은 "이 사건에 돌아와 보면 우선 원심판결의 범죄사실에 의하면 피고인들이 한 표현행위의 내용, 즉 '조합장인 공소외 1이 축산농가 육성에는 관심이 없이 조합행사라는 이름으로 해외여행을 다녔다'는 부분이 허위사실의 적시라는 취지로 보이나, 무엇이 그 허위의 사실과 대비되는 진실한 사실이라는 기재가 없다"라고 비판하고 있다. 대법원 2008.06.12. 선고 2008도1421 판결 [명예훼손·농업협동조합법 위반] [공보불게재]

옮긴 것이며, 누구에 의해서도 허위라고 입증된 바가 없다. 즉, 주변조건을 어떻게 제시하는가에 따라 위 명제들은 진실일 수도 있는 것이다.

결국 이 사건은 재판에서 "이 사건 동영상 속에 등장하는 다우너 소들이 광우병에 걸렸을 가능성이 거의 없다고 단정할 수 없고, 따라서 피고인들이 위 동영상 속에 등장하는 다우너 소들을 '광우병 의심 소'라고 보도했다고 하여, 이를 허위사실이라고 볼 수 없다"는 적확한 판시와 함께 무죄판결이 내려졌다.[38]

하지만 이와 같은 기소를 바탕으로 6명의 PD 및 작가들이 유치장에 다녀오고, 취재원본 압수수색영장이 발부되어 정부에 비판적인 취재보도를 하려는 언론인들에게 심대한 위축효과를 발생시킨 이후였다.

사례 2: 노회찬 '떡값 검사' 리스트 공개에 대한 유죄판결

2005년 8월 노회찬 의원은 1997년 대통령선거 당시 삼성그룹 고위 임원과 홍석현 중앙일보 회장이 만나 특정 후보에게 대선 자금을 지원하기로 논의한 내용 등이 담겨 있는 국가안전기획부의 도청파일에서 삼성그룹으로부터 정기적으로 돈을 받은 것으로 거명된 검사들의 이름을 공개했다. 이에 대해 지난 2009년 2월 9일 법원은 첫째, 형법 제307조 제2항 허위의 적시에 의한 명예훼손, 둘째, 통신비밀보호법 제16조상의 불법감청 내용의 공개 혐의에 대해 유죄판결을 했다.[39]

그런데 명예훼손에 대한 근거로서 법원은 엑스파일에는 "떡값을 주기로 한 계획에 대한 논의만이 나올 뿐 실제 떡값을 주었는지 언급하지 않았다"고 하여 유죄판결했다. 그러나 엑스파일에 그 얘기가 안 나온다고 해서 이들이 떡값을 받지 않은 것으로 되는 것은 아니다. 그럼에도 판결문 어디에도 '떡값 검사'들이 실제로 떡값을 받지 않았다는 판시는 없다. 즉, 허위의 입증이 없다. 판결문에 '허위'라는 판시 자체가 없는데도 유죄판결을 했다. 법원은 노회찬이 자신의 주장이 '진실이라고 믿을 만한 상당한 이유'가 없기 때문에 유죄를 판시한다고 했지만, 당시 진실의 근거는 안기부 도청파일밖에 없는 상황이었으므로 그러한 기준이라면 유죄가 나올 수밖에 없었던 것이다.

---

38) 서울중앙지방법원 2010.01.20. 선고 2009고단3458 판결(문성관 판사).
39) 서울중앙지방법원 2009.02.9. 선고 2007고단2378 판결.

결국 이 사건의 항소심에서는 재판부가 허위입증의 책임을 검찰이 가지고 있음을 강조하며 "삼성그룹이 검사들에게 금품을 지급했을 것이라고 매우 강한 추정을 하는 것이 당연하다. 검사는 그렇지 않다는 수사와 입증을 해태했다"고 하면서 무죄판결을 내렸다.[40]

위 사례들 모두 허위적시 명예훼손에 있어서 허위의 입증 책임이 검사에서 피고로 전환되는 모습을 보이고 있다. 이 모습의 원인은 바로 진실적시명예훼손의 존재에 있다. 즉, 진실도 허위도 처벌되므로 재판에서 진위 여부에 대한 입증 책임을 명확히 검찰에 부과하지 못하는 것이다.

혹자는 대상 명제가 '적극적 명제'인 경우, 그 명제의 허위를 입증하는 것은 불가능하다고 주장한다. 예를 들어 '떡값을 받았다'라는 피고의 말의 허위를 입증하기 위해서는 '떡값을 받지 않았다'라는 소극을 입증해야 한다. 이들은 "적극적 명제를 증명하는 것은 가능하지만 명예를 훼손하는 표현이 '적극적 명제'인 경우 그렇지 않다는 '소극적 명제'를 검찰이 어떻게 증명하란 말인가"라고 반문한다.

그러나 검찰이 소극적 명제를 입증해야 하는 경우는 많이 있다. 본인의 진술, '그럴 사람이 아니다'라는 다른 사람들의 진술, 또는 알리바이 증인의 진술 등을 이용할 수 있고 피고는 이에 대해 탄핵을 할 기회를 가져야 한다. 그리고 입증이 충분한지에 대한 판단은 법원에게 맡겨져야 한다. 범죄의 구성요건인 허위에 대해 검찰이 입증 책임을 갖는 한 이러한 현실적 어려움은 감수해야 한다. 그리고 입증책임과는 별도로 법원이 아예 허위판시 없이 허위에 의한 명예훼손 유죄판결을 내린 것은 검찰이 가진 현실적 어려움과는 차원이 다른 문제다.

결국 허위적시에 의한 명예훼손에 있어서 입증 책임의 소재를 명확히 할 필요가 있다. 그리고 이를 명확히 하는 것은 반드시 진실적시에 의한 명예훼손의 폐지를 의미하는 것은 아니다. 그러나 진실적시에 의한 명예훼손의 존재가 허위적시에 의한 명예훼손에 대한 입증 책임 분배에 있어서의 혼돈을 초래하고 있는 것만은 분명하다.

---

40) 서울중앙지방법원 2009.12.04. 선고 2009노520 판결.

나. 전재보도에 대한 판시 왜곡: 중립보도 면책원리의 착근의 어려움

소위 '전재보도'에 대해서 명예훼손 책임이 전부 면책되어서는 아니 된다. 그럴 경우 누구나 무책임한 X라는 말을 해놓고 "A가 X라고 그러더라"고 하면서 책임을 회피할 수 있게 된다.[41] 하지만 A가 그런 말을 했다는 사실 자체가 매우 공적인 사안인 경우 어떻게 할 것인가. 예를 들어 "천안함은 한미연합훈련 중 실수로 침몰했다"(X)라는 주장을 북한(A)이 한 것에 대해서 '북한이 그러더라'는 보도를 국내 언론이 했을 때 국내 언론에게 명예훼손 책임을 지울 수는 없을 것이다. 이렇게 A가 누군가에 따라서 한 전재보도는 면책될 이유가 있다. 원 주장자가 누군가에 따라서 주장했다는 사실 자체에 대해 국민이 알 권리를 가지고 있을 수 있는 것이다.

미국의 경우, 이와 같이 누가 무슨 말을 했다는 것 자체가 공익적인 사실인 경우에는 그 말의 허위 여부에 대한 책임을 말을 한 사람에게 지우지 않는 중립보도(neutral reportage)면책원리가 존재한다.[42] 사실 거의 모든 신문보도는 '어떤 일이 일어났다'라는 보도가 아니라 '누가 어떤 일이 일어났다는 말을 했다'는 보도다. 그런데 그 말의 허위 여부에 대해 언론인들에게 명예훼손 책임을 지우게 되면 보도 자체가 어려워진다. 이에 따라 (1) 유명하거나 공적 책무를 가진 사람이, (2) 공인이나 공직자에 대해, (3) 그 내용이 공익적인 타인의 명제를, (4) 중립적으로 전재(republi- cation)할 경우에는 명예훼손 책임을 지우지 않는다.

그런데 우리나라에는 이에 해당하는 판례가 전혀 없고, 그러한 판례가 뿌리를 내리기 어렵다. 왜냐하면 이미 진실에 대해서도 명예훼손 책임을 지우기 때문

---

41) 물론 전재보도도 처벌대상이 되는 이유는 실존인물(A)이 X라는 말을 했다는 주장을 담고 있어 X를 진실로 믿을 가능성이 있기 때문이다. A가 X라는 말을 했다는 것이 아니라 "꿈속의 계시나 점괘가 X로 나왔다"는 주장은 합리적인 사람들이 진실이라고 믿지 않을 것이므로 면책되어야 할 것이다.

42) Edwards v. National Audubon Soc., 556 F.2d 113(2d Cir. 1977). 물론 미국의 모든 주에서 neutral reportage rule이 확립되어 있는 것은 아니고 아직 연방대법원 판례도 나와 있지 않다. 그런데 문제는 우리나라에서는 그러한 이론 자체가 법원판결의 형태로 입론되어 있지 않아 '제3자의 주장'이 공익적인 경우에도 보도하기가 매우 어렵다는 점이다.

이다.

첫째, 중립보도의 원칙을 확립하기에 진실성의 항변이 필수적인데 우리나라에서는 존재하지 않는다. 미국의 경우 위와 같은 중립보도의 원리가 확립된 것은 (1) 진실에 대해서는 명예훼손 책임을 지우지 않는다는 원리에서 시작하되, (2) 허위의 명제(X)를 말하고 뒤에 'A가 그러더라'라고 덧붙이는 것에 대해서도 전재(republi- cation)로서 명예훼손 책임을 지우기는 하지만, (3) 만약 A가 그렇게 주장했다는 것이 진실이고 공익적일 경우 명예훼손 책임을 지우지 않는다는 방식으로 논리가 전개되는 것이다. 그런데 우리나라는 아예 진실에 대해서도 명예훼손 책임을 지우고 있으니 (1)의 단계가 불가능하고 위와 같은 논리 전개가 불가능한 것이다.

물론 '공익적인 진실'은 우리나라의 현행법상으로도 면책이 된다. 하지만 공익적인 진실이 "A가 X라고 주장했다"는 사실이고 X가 허위인 경우, 이를 '공익적인 진실'로 면책하기보다는 '허위의 전재'로 보아 처벌하게 된다. 만약 미국처럼 진실이 원칙적으로 처벌되지 않았다면, 그 진실이 "A가 X라는 주장을 했다"는 것이고 X가 허위라고 할지라도, 그 진실이 공익적일 경우에는 더욱 그 진실을 면책해주는 방향으로 논리가 진행되었을 것이다.

둘째, 위에서 말했듯이 진실적시명예훼손은 허위적시 명예훼손에 대한 입증책임소재에 착시현상을 일으킨다고 했는데 이 착시현상은 검찰이 결국 전재보도에 대해 유죄판결을 얻기 수월하게 만든다. 즉, "A가 X라고 말했다"는 명제에 있어서 검찰이 X가 허위라는 판시를 이끌어내기 쉽다면 허위적시 명예훼손으로 유죄판결을 받기가 쉬울 것이다. 입증 책임이 전도된 상황에서는 검찰이나 원고가 허위임을 입증하기도 전에 피고에게 '진실이라고 믿을 만한 상당한 이유'를 입증하도록 요구하므로 X가 허위라고 주장하기가 수월해지기 때문이다. 그렇게 되면 법원의 입장에서는 "A가 X라고 말했다"는 사실 자체는 공익적이라며 무죄를 선고하기가 어려워진다. X가 허위라는 판시를 해놓고 A가 그 말을 했다는 사실 자체에는 면책을 하기가 어려운 것이다. 이에 따라 중립보도의 원리가 판례적으로 확립되기는 어려워진다.

이는 앞으로도 공익적인 사안에 대한 자유로운 보도와 토론을 심대하게 억제할 것이다.

진실적시명예훼손은 중립보도의 원리가 뿌리내리지 못하도록 하는 걸림돌이 되고 있다.

다. 공익적 표현 및 권력비리고발의 위축

허위적시에 의한 명예훼손에 대한 입증 책임을 분명히 해두는 것은 공익적인 표현을 위축시키지 않기 위해서 매우 중요하다. 입증 책임을 원고에게 지워 '진실이라고 믿을 만한 근거'를 충분히 대지 않았다고 해서 유죄판결을 내린다면, 검찰은 허위와 진실의 경계선이 모호한 '공익적인' 표현들에 대해서는 소송전략상 자신에게 유리한 허위적시에 의한 명예훼손으로 기소하려 할 것이다. 왜냐하면 법조문 대로라면 공익성이 입증되더라도 공익성 항변은 진실에만 적용되므로 유죄판결을 받을 수 있기 때문이다.

그러나 검찰이 재판에서 허위를 입증할 책임을 명백히 가지고 있다면 검찰은 그러할 자신이 없을 때 진실적시명예훼손으로 기소할 수밖에 없게 되며, 이 경우 피고 측이 공익성을 입증하면 기소는 실패할 수밖에 없을 것이다. 현재 허위에 대한 입증 책임이 분명하지 않기 때문에 검찰은 허위를 입증하지도 않고, 허위적시에 의한 명예훼손으로 기소할 것을 선택하고 결국은 유죄판결까지 받아내는 사례들이 발생하고 있는 것이다.

허위에 의한 명예훼손에 대한 입증 책임에 문제가 생기면 당장 권력비리의 고발이 위축된다. 권력비리는 비밀스럽게 이루어진다. 결국 이에 대한 고발은 충분하지 못한 정보에 근거해 이루어질 수밖에 없다. 그런데 허위의 입증 책임의 분배가 제대로 이루어지지 않아, 검찰이나 원고가 허위를 입증하기도 전에 권력비리를 고발하는 측에 "진실이거나 진실이라고 믿을 만한 근거를 제시하라"고 강요해 법적 책임을 묻는다면 권력비리에 대한 고발 자체가 불가능해진다.

일반적으로 사회담론은 정보가 불충분하기 때문에 발생하는 것이다. 정보가 충분하다면 담론은 필요 없고 실행만이 있을 뿐이다. 그런데 이와 같이 위의 사건들의 PD수첩이나 노회찬 의원과 같이 담론을 제기하는 측에 진실의 입증 책임을 지우게 되면, 담론을 시작하는 것 자체가 불가능해진다. 정보가 불충분하기 때문에 시작한 담론에 대해 정보가 불충분하다고 형사처벌을 하면 어쩌란 말인가.

예를 들어 황우석 사태 때에 황우석 측이 MBC에 대해 명예훼손 고소를 하고 검찰이 MBC측 보도내용의 허위를 입증하기도 전에 MBC 측에게 "진실이거나 진실이라고 믿을 만한 근거를 제시하라"고 하며 난자공급 및 연구조작에 관한 취재원을 공개했어야 했다면, 과연 MBC는 이 보도를 시작이나 했을까? 그리고 MBC가 이 보도를 하지 않았다면, 과연 연구조작에 대한 익명의 제보자들은 진실을 밝힐 용단을 내렸을까?

또 중립보도원리가 확립되지 않으면 권력비리에 대한 고발이 위축된다. 권력비리의 문제에 대한 담론을 시작하기 위해서는 매우 한정된 정보 때로는 무수한 협박과 회유와 위협을 뚫고 용기를 낸 내부고발자가 제공한 정보에 근거해 담론을 시작할 수밖에 없다. A가 고발자이고 X가 고발의 내용이라고 하자. 즉, "A가 X라는데 그 진위를 밝혀보자"는 형태의 담론의 시작이 필수불가결하다. 바로 노회찬 사건의 경우 바로 안기부 도청파일이 A이고 "검찰이 떡값을 받았다"는 것이 X다.

그렇다면 이 담론을 시작한 노회찬은 X가 사실이라는 주장을 하는 것이 아니라 그와 같은 주장을 한 A가 있으므로 확인을 해보자는 주장을 하는 것뿐이다. 그렇다면 검찰은 노회찬을 진실적시에 의한 명예훼손으로 기소했어야 한다. 왜냐하면 노회찬은 X라는 주장을 한 것이 아니고 "A가 X라더라"는 주장을 한 것이었으며, 이 주장이 진실임에는 분명했기 때문이다.

그런데 위 사건에서 검찰은 이를 'X'라는 주장을 한 것으로 간주하고 있다. 이렇게 하고는 위에서 밝혔듯이 X가 허위라는 입증 책임을 검찰이 지지 않고 진실 또는 진실로 믿을 만한 근거의 입증을 담론의 주창자에게 지우고 있다. 그리고 이 전략은 노회찬 사건에서는 1심에서는 성공했다. 물론 이 전략이 성공한 이유는 위에서 말했듯이 허위에 대한 입증 책임이 부당하게 피고인에게 전가되었기 때문이다.

만약 중립보도원리가 확립되어 있다면 '안기부 도청파일'이라는 매우 중요한 고발자(A)가 "검사들이 떡값을 받았다"(X)라는 주장을 했다는 사실은 그 자체가 진실이며 공익적이므로 면책이 될 수 있었을 것이다.

라. 소결

진실적시명예훼손의 존재는 허위적시 명예훼손에 있어서 검사가 가지는 허위의 입증 책임을 완화시켜준다. 이 때문에 허위가 입증되지 않았음에도 불구하고 '진실이라고 믿을 만한 상당한 이유'를 피의자 또는 피고인이 제시하지 않았다고 해서 유죄판결 또는 기소가 되는 경우들이 발생하고 있다. 또 "A가 X라고 주장했다"는 진실이 공익적일 경우 이를 면책해주는 중립보도면책의 원리가 착근하기도 어려워진다. 이 원리는 진실은 모두 면책된다는 전제에서 시작해 A가 그러한 주장을 했다는 사실 자체가 공익적일 경우, X가 허위라고 할지라도 그러한 A의 말을 전달한 자는 면책된다는 취지로 전개되는 것이다.

7. 본질적인 내용의 침해－사상의 자유시장의 붕괴

헌법 제37조는 기본권을 "제한하는 경우에도 자유와 권리의 본질적인 내용을 침해할 수 없다"고 규정하고 있다. 여기서 '본질적인 내용'의 의미에 대해서는 여러 학설들이 있으나 필자는 진실적시명예훼손 처벌제도가 헌법 제21조의 언론출판의 자유의 본질적인 내용을 침해한다고 생각한다.

언론출판의 자유를 보호하는 철학적 배경에는 사상의 자유시장 이론이 있다. 사상의 자유시장 이론은 다수가 허위이거나 부당하다고 생각하는 발언도 보호를 해서 그 발언을 듣는 사람들이 자유롭게 이를 수용할지를 판단하도록 해야 이들의 결정에 의해 허위와 부정이 도태되어 진실과 정의가 자연스럽게 나타난다는 이론이다. 사상의 자유시장 이론은 잠정적 허위나 잠정적 부정을 허용해야 할 타당성을 제공한다. 그런데 사상의 자유시장 이론의 궁극적인 정당화 근거는 진실임을 알 수 있다. 진실적시명예훼손 처벌제도는 바로 진실의 발화를 처벌함으로써 사상의 자유시장의 존재근거를 붕괴시킨다. 사상의 자유시장에서의 경쟁을 거쳐서 진실로 나타난 주장이 타인의 평판을 저하시킨다고 해서 이를 제약한다면, 그 경쟁은 아무런 쓸모가 없게 되는 것이며 사상의 자유시장은 존재의 가치를 상실한다.

'타인이 듣기 좋은 말을 할 자유'보다는 '타인이 듣기 싫어하는 말도 할 수 있는 자유'가 표현의 자유의 핵심이다. 타인이 듣기 좋은 말은 그 '타인'이 사적으로 또는 공적 절차를 통해 제재하려는 시도 자체를 하지 않을 것이며, 헌법이 보호할 가치가 있는 것은 그 '타인'이 제재하기를 원하는, 즉 '타인이 듣기 싫어하는 말을 할 자유'일 것이다.

8. 외국의 입법례[43]

미국과 유럽의 국가들을 조사해본 결과 13.5개국은 진실을 완전항변으로 인정하고, 나머지 11.5개국에서는 공익성 또는 '합리적인 이유'가 인정될 경우에만 진실을 항변으로 인정한다.

진실이 완전항변인 국가(총 15.5개국)	공익성 또는 합리적인 이유가 있을 때만 진실이 항변으로 인정되는 국가(총 11.5개국)
그리스, 뉴질랜드, 독일, 러시아, 미국, 벨기에, 스웨덴, 스페인, 슬로바키아, 아이슬란드, 영국, 이태리(민사), 체코, 포르투갈, 프랑스, 호주	노르웨이, 네덜란드, 덴마크, 브라질, 스위스, 이스라엘, 이태리(형사), 인도, 일본, 캐나다, 핀란드, 헝가리

---

43) 아래 내용 중에서 영국, 네덜란드, 프랑스, 이태리에 관한 내용은 전게한 McMahon의 논문을 참조해 작성되었다. 그 외의 국가들은 Council of Europe, "Legal Provisions Concerning Defamation and Insult in Europe", http://www.coe.int/t/dghl/standardsetting/media/doc/dh-mm(2003)006rev_EN.asp.

필자의 추측으로는 진실을 완전항변으로 인정하지 않는 많은 나라들의 경우, 프라이버시 침해에 대한 별도의 규제가 없어 해당 명제가 진실일 때는 프라이버시 침해가 있는 경우를 중심으로 명예훼손 책임을 부과하고 있다.

우리나라 법제에 가장 큰 영향을 미치고 있는 독일과 미국은 진실을 완전항변으로 인정하고 있다.[44]

9. 결론

우리나라 형법 제307조 제1항은 진실임에도 불구하고 명예훼손 책임을 부과해 표현의 자유를 과도하게 제한하고 있으며, 명예를 보호한다는 입법목적에도 어긋난다. 타인이 자신에 대해 하는 불리한 말이 진실임에도 억제할 수 있다면, 그러한 규제에 의해 보호되는 명예는 허명이라고 보는 것이 맞다. 사생활을 침해한다거나 초상권과 관련된 법익을 침해한다면 별도의 법리에 의해 규제되거나 제307조 제1항으로 규율하더라도 그러한 침해상황에만 한정되어 적용되어야 할 것이다.

진실에 대한 처벌은 위험성이 있는 사람, 기업, 기관들의 신원을 은폐함으로써 ─여기서는 진실을 다루므로 위험성이 확인된 것이다─국민들의 알 권리와 자기보호권리를 제약하고 다른 방법으로는 구별이 어려운 사람, 기업, 기관들의 평판을 같이 저하시켜 사회 전체적으로 모범을 보이려는 동기를 훼손시킨다. 이러한 이유로 진실을 처벌하는 것은 우리나라와 가장 비교법적으로 관련이 있는 미국이나 독일의 법제에서도 허용되지 아니한다.

제310조가 공익성을 목적으로 한 진실을 면책하지만 이 항변도 우리나라에서는 표현의 자유를 충분히 보호하지 못한다. 현재 판례는 표현의 결과('너무 명예의 침해가 많지 않은지')나 표현의 방법('너무 많은 사람들에게 전달되었는지') 또는 표현의 목적('상대를 공격하기 위한 것인지')을 고려해 공익성을 부인하고 있는데, 결과적으로 면책되는 항변의 적용범위가 너무 좁아지게 된다. 이것은 국민이

---

44) 박경신, 『사진으로 보는 저작권, 초상권, 상표권 기타 등등』(2008년 고려대학교 출판부, 2008).

모두 알아야 할 중요한 사안이기 때문에 알려져야 한다는 공익성 항변의 취지에 어긋나며 더욱 중요한 것은 이렇게 공익성 항변의 적용범위가 좁혀지거나 또는 판단에 일관성이 없어 실제 공익성 항변이 적용되는 표현물마저도 위축되는 경우가 많다는 것이다.

추가적으로 진실적시 명예훼손은 '진실이든 허위이든 처벌한다'는 결과를 초래해 허위적시 명예훼손에서 허위를 입증할 책임의 소재에 대해서도 착시현상을 불러일으켜 심지어는 허위라는 판시나 주장도 없이 허위적시 명예훼손 유죄판결 또는 기소결정이 내려지는 상황도 발생한다(MBC PD수첩의 광우병 보도에 대한 검찰기소, 노회찬 의원의 X파일공개에 대한 유죄판결). 또 진실적시가 법적으로 보호되는 환경에서만 "제3자가 어떤 주장을 했다"라는 전재보도도 공익적인 범위 내에서는 허용되는 법리가 뿌리내릴 수 있는데, 이러한 중립보도면책 이론도 착근조차 못하고 있는 상황이다. 근거가 불충분한 상황에서 타인의 주장을 전재하는 방식으로밖에 이루어질 수 없는 권력비리에 대한 고발이 현재 법리하에서는 억제되기 쉽다.

결론적으로 진실적시명예훼손 처벌제도는 과잉금지원칙 중의 법익의 비례성과 침해의 최소성을 위배하며 위헌이다.

2장
허위사실유포죄의 위헌성

전기통신기본법 제47조 제1항은 "공익을 해할 목적으로 전기통신설비에 의해 공연히 허위의 통신을 한 자는 5년 이하의 징역 또는 5,000만 원 이하 벌금에 처한다"고 되어 있다. 이 법에 의한 처벌은 거의 전무했다가 2008년 들어 여러 사건들이 발생한 바 있다. 우선 촛불시위 당시 전경이 여성을 강간했다는 주장을 인터넷상으로 퍼뜨린 사람이 구속 기소되어 상기 법에 의해 유죄판결을 받았고,[1] '학생들, 단체 휴교시위'라는 내용의 문자를 퍼뜨린 학생이 상기 법에 의해 기소되었다가 무죄판결이 내려진 바 있으며,[2] 전경이 사람을 죽였다는 주장을 인터넷상으로 퍼뜨린

---

* 이 글은『법학연구』제12집 제1호(2009. 5, 인하대학교 법학연구소)에 수록된 글을 수정·보완한 것이다. 또한 2009년 3월 13일 서울대학교 기술과 법센터 워크숍 "기술과 법 그리고 정책"에서 발표되었고, 2009년 3월 헌법재판소 전기통신사업법 제47조 제1항 위헌 헌법소원에 의견서의 형식으로 제출되었다. 2010년 12월 헌법제판소는 동 조항에 관해 위헌결정을 내린다. 헌법재판소 2010. 12. 28. 선고 2008헌바157 결정.
1) 서울중앙지방법원 2009.01.15. 선고 2008노3806 전기통신기본법위반, 사전자기록등위작, 위작사전자기록등행사(피고인이 (1) "경찰이 강간을 했대요"라는 표현과 더불어 (2) 과잉진압을 묘사한 글과 (3) 합성사진을 게재한 것에 대해 원심인 서울중앙지방법원 2008.10.22. 선고 2008고단3896 (안성준 판사)에 대해 유죄가 선고된 것에 대해 (1) "'강간'과 관련된 부분은 마치 진압경찰이 실제로 시위 여성을 강간한 것처럼 일반 대중의 오해를 불러일으키기에 충분한 것으로 보이고, 피고인의 주장과 같이 단지 '은유적인 표현'으로서 누가 보더라도 실제 발생한 사건이 아님을 알 수 있는 것이라고 보기 어렵다"고 보고 피고인에게는 "'사회의 안녕질서' 및 '공정한 경찰권에 대한 신뢰와 권위'라는 의미에서의 공익을 해할 목적이 있었음이 넉넉히 인정된다"고 하며 원심의 유죄를 인용하고, (2) 과잉진압을 묘사한 글에 대해서는 "피고인이 그렇게 믿는 데에는 '정당한 이유'가 있었던 것으로 보인다"며 원심파기를, (3) 합성사진을 게재한 것에 대해서는 "이미 인터넷사이트에 공개되어 일반 대중들에게 알려진 상태"였다며 원심을 파기함(재판부: 최정열·송방아·이동희. 강조는 필자가 첨가).

사람이 역시 기소되어 유죄판결을 받았다.[3] 또 전경을 사칭해 "시위에 지쳐 명령불복종을 하겠다"는 글을 올린 사람이 상기 법상의 유죄판결을 받았다.[4] 마지막으로

2) 서울중앙지방법원 2008.09.19. 선고 2008고단4014 전기통신기본법 위반 업무방해(피고인이 "학생시위—5월 17일 전국 모든 중고등학교 학생들 단체휴교시위, 문자 돌려주세요"라는 문자를 친구에게 보낸 것에 대해 "위 문자메시지의 주된 내용은 중고등학교 학생들을 중심으로 장차 2008. 5. 17. 휴교시위를 할 것을 제안하거나 2008. 5. 17.을 기점으로 중고등학교 학생들도 촛불집회에 동참해야 한다는 피고인 자신의 개인적인 의견을 표명한 것으로 여겨진다"며 무죄를 선언함. 이 판결에 대해 검찰이 항소했으나 2008.11.19. 선고 2008노3335(재판부 노태악 · 이효선 · 이혜성)에서 항소가 기각됨. 강조는 필자가 첨가.)
위 사건 김민기 판사는 "공익"이라는 요건의 불명확성에 대해 "'공익'이란 '공동으로 사회생활을 영위하는 사회구성원 전체, 즉 국가 · 사회 기타 일반 다수 국민의 이익으로서 개개인 또는 특정 단체나 집단의 이익에 상위하는 사회공동의 이익'을 의미하는 것으로 보아야 할 것이고, 그렇게 해석하는 경우 건전한 상식과 통상적인 법감정을 가진 사람이라면 이 사건 법률규정으로부터 금지되는 행위가 무엇인지 용이하게 예측할 수 있으며, 법관의 자의적인 해석으로 그 구체적인 적용범위가 확대될 염려는 없다고 할 것이다"라고 판시했다.
위 판사는 업무방해에 대해 '허위'나 '방해할 의사'가 없음은 말할 것도 없고 "피고인으로부터 문자메시지를 받은 이소정이 다시 문자메시지를 보낼 것인지, 누구에게 보낼 것인지 등 이소정의 향후 행동 여하 내지는 이소정의 극히 주관적인 선택에 따라 그 학사운영업무가 방해되는 각 학교들이 달라진다는 것인데 이러한 경우까지 피고인의 행위와 위 각 학교들의 업무방해라는 결과 사이에 법률상 유의미한 상당인과관계가 있다거나 피고인에게 그에 대한 예견가능성이 있었다고 볼 수도 없다"라고 했는데 이는 업무방해라는 행위와 업무방해를 제안하는 표현을 세심히 구별한 명판사라고 보겠다.
한편 이 사건은 "전국 모든 중고등학생들 단체 휴교 시위"라는 문구가 "학교가 휴교를 했다"는 사실적 주장이 아니고 "학생들이 단체로 휴교해 시위를 한다"라거나 "시위를 하자"는 청원적 주장인 것임을 간파한다면 매우 당연한 판결이기도 하다.
3) 서울중앙지방법원 2008.12.12. 선고 2008고단3294 정보통신망이용촉진및정보보호에관한법(명예훼손), 전기통신기본법 위반. 이 사건의 김민기 판사는 '공익을 해할 목적'에 대해 다음과 같이 판시한다. 피고인이 적시한 내용은 전경대원들이 시위 진압 과정에서 한 무고한 시민을 죽음에 이르게 했다는 것으로서 국가 및 사회의 기본적 치안과 질서 유지를 담당하는 기관의 구성원이라 할 수 있는 피해자들에 대한 사회적 평가가 현저히 저하될 만한 요소를 포함하고 있는 점, 미국산 쇠고기 수입을 반대하는 이른바 '촛불집회'가 계속적으로 확산되고 있었으며 시위 및 그에 대한 대처 양상이 공히 격화되고 있었던 당시의 상황을 고려하면 피고인이 인터넷에 게시한 글이 사회적 · 정치적으로 미치는 파급효과는 상당하다고 할 수 있는 점, 국가기관은 최소한의 사회적 신뢰가 없다면 그 기능을 수행할 수 없게 될 것인데 피고인이 위와 같은 내용의 허위사실을 인터넷에 게시한 행위는 국가기관 및 그 구성원들에 대한 신뢰와 이를 통해 확보되는 일반 다수 국민의 이익을 크게 손상시키는 것인 점 등을 종합해보면, 피고인에게는 공익을 해할 목적 또한 있었다고 인정된다."(강조는 필자)
4) 서울중앙지방법원 2008.12.30. 선고 2008고단3989 정보통신망이용촉진및정보보호에 관한 법(명예훼손) 전기통신기본법 위반(피고인이 '서울특별시 제2기동대 전경대원입니다'라는 제하에 "저희 전경들은 지칠 대로 지쳤습니다. 이젠 더 이상 이명박의 개노릇 하고 싶지 않습니다"라는 글을 인터넷에 올린 것에 대해 유죄판결함.) 이 사건의 박재영 판사는 공익을 해할 목적이 있는가에 대해 다음과 같이 판시한다.
"앞서 서술한 바와 같이 이에 대한 판단은 객관적인 기준에 의해야 할 것이고, 미국산 쇠고기 수입저

전 세계적으로 가장 유명했던 사건으로서 인터넷 필명 '미네르바'로 활동하던 박대성이 다음 '아고라'에 국내외 경제상황을 예측하고 이에 대한 우리나라 정부의 경제정책을 비판하는 글을 올려 이 글의 정확성과 명쾌함을 통해 "경제대통령"이라는 명성을 얻을 정도로 지지자들이 많아지게 되자, 검찰이 박대성을 전기통신법 제47조 제1항의 위반으로 구속했으나 2009년 4월 20일 1심에서 무죄를 선고받은 일이 있다.[5]

이 글에서는 전기통신기본법 제47조 제1항의 헌법적 타당성을 비교법적인 시각에서 다루어보고자 하며, 그 비교 대상으로 외국에서는 dissemination of false information 또는 dissemination of false news로 일컬어지는 죄들에 대한 그 나라 사법부들과 국제인권기구들의 입장을 살펴보고자 한다. 이 법들은 대개 전기통신기본법 제47조 제1항의 문구와 비슷하게 "disseminate false information and thereby disturbs public order" 등의 문구로 이루어져 있어,[6] (1) 허위, (2) 유포, (3) 공익훼손의 3가지 요건으로 이루어져 있다는 면에서 비교법적인 대상이 되기에 충분한 유사성을 가지고 있다.

그러므로 위 법조항이 우리나라 언론에 의해서만 '허위사실유포죄'로 알려지고 있고 실제로 법조문의 명칭에는 '벌칙'이라고만 되어 있을 뿐 이와 같은 문구는

지 등 이 사건 범행 당시 피고인이 주관적으로 느끼고 내렸던 판단에 의존해서는 안 되며, 가장 간명하게는 그 당시의 '사회의 질서와 안녕'으로 축약될 수 있을 것이다."

5) 서울중앙지방법원 2009.04.20. 선고 2009고단304 판결(전기통신기본법위반).

6) 예를 들어, 자국의 대법원으로부터 위헌판단을 받은 짐바브웨의 법질서유지법(Law and Order(Maintenance) Act)의 Section 50(2)(a)를 보라.

Any person who makes, **publishes** or reproduces any **false statement**, rumour or report which—
(a) is likely to cause **fear, alarm or despondency among the public** or any section of the public; or
(b) is likely to disturb the **public peace**;
shall be guilty of an offence and liable to imprisonment for a period not exceeding seven years, unless he satisfies the court that before making, publishing or reproducing, as the case may be, the statement, rumour or report he took reasonable measures to verify the accuracy thereof. 역시 자국의 대법원으로부터 위헌판단을 받은 캐나다의 형법 제181조(Criminal Code, R.S.C., 1985, c. C-46, Section 181)의 내용을 보라.

Every one who wilfully **publishes** a statement, tale or news that he knows is false and that causes or is likely to **cause injury or mischief to a public interest** is guilty of an indictable offence and liable to imprisonment for a term not exceeding two years.

나타나 있지 않기는 하나, dissemination of false information의 국역에 해당하는 '허위사실유포죄'로 칭하고자 한다.

한편 전기통신기본법 제47조 제1항은 단지 '허위의 통신'이라는 애매모호한 문구로 구성된 점에 천착해 외국의 허위사실유포죄와는 달리 허위의 '명의'로 전화통화를 한 경우만 적용된다는 주장[7]도 있으나, 우리나라의 제47조 제1항의 모체였던 것으로 보이는 일본의 전신법 제33조의 '허위의 전보'라는 문구가 '허위의 내용을 가지는 전보' 등으로 해석되었던 사례들이 있다는 반론도 있다.[8] 여기서는 우선 제47조 제1항이 외국의 허위사실유포죄와 비슷한 '허위내용의 통신'에 대한 처벌이라고 가정하고 논의를 전개하겠으나 제47조 제1항이 '명의도용의 통신'만을 의미하는 것이라는 반론도 만만치는 않다.[9]

1. 허위사실유포죄의 특수성

우리나라를 포함해 다수 선진국들에는 허위의 명제에 대해 법적 책임을 부과하는 법들이 많이 있다. 그러나 이들 법은 허위의 명제가 특정할 수 있는 타인의 권리를 침해하거나 허위유포자가 허위의 명제를 통해 부당한 이득을 취했을 경우에만 법적 책임을 부과하며, 허위사실유포죄와 같이 허위의 명제 자체에 대해 법적 책임을 부과하는 법은 거의 존재하지 않는다.

가. 허위의 명제에 법적 책임을 부과하는 다른 법들

우리나라 현행법상 허위의 명제를 유포해 타인의 평판을 저하시키면 명예훼손,[10] 허위사실을 적시해 금품을 취하면 사기[11] 등으로 각각 처벌된다. 증권을

---

7) 송기춘, "허위사실유포죄는 없다", 2009년 2월 19일 한겨레신문.
8) 한상희, 2009년 1월 20일자 필자와 주고받은 사적 이메일.
9) 황영하, 2009년 2월경 필자와 주고받은 사적 이메일과 첨부자료. 필자는 2009년 4월 6일에 황영하 씨의 자료에 근거해 전기통신기본법 제47조 제1항의 '허위의 통신'은 '가장의 통신'으로 해석되어야 한다는 증언을 한 바도 있다.

발행한 회사에 관해 허위사실을 적시해 증권취득자에게 손해를 입히면 회사의 배상책임이 발생하며,[12] 자신이 생산하는 제품이 가진 위험성이나 결함을 밝히지 않음으로써 결과적으로 제품의 안전성에 대해 허위를 적시해 사용자에게 피해를 입히면 제조물책임법 위반,[13] 선거에서 표를 얻기 위해 허위를 적시하면 공직선

---

10) 형법 제307조(명예훼손) ① 〈생략〉 ② 공연히 허위의 사실을 적시해 사람의 명예를 훼손한 자는 5년 이하의 징역, 10년 이하의 자격정지 또는 1천만 원 이하의 벌금에 처한다. 〈개정 1995.12.29〉 [2005.7.29 시행 및 일부개정, 법률 제7623호](강조는 필자)

11) 형법 제347조(사기) ① 사람을 기망해 재물의 교부를 받거나 재산상의 이익을 취득한 자는 10년 이하의 징역 또는 2천만 원 이하의 벌금에 처한다. 〈개정 1995.12.29〉 ② 전항의 방법으로 제삼자로 하여금 재물의 교부를 받게 하거나 재산상의 이익을 취득하게 한 때에도 전항의 형과 같다. [2005.7.29 시행 및 일부개정, 법률 제7623호](강조는 필자)

12) 자본시장과 금융투자법에 관한 법률 제125조(거짓의 기재 등으로 인한 배상책임) ① 증권신고서(정정신고서 및 첨부서류를 포함한다. 이하 이 조에서 같다)와 투자설명서(예비투자설명서 및 간이투자설명서를 포함한다. 이하 이 조에서 같다) 중 중요사항에 관해 거짓의 기재 또는 표시가 있거나 **중요사항이 기재 또는 표시되지 아니함으로써 증권의 취득자가 손해를 입은 경우에는** 다음 각 호의 자는 그 손해에 관해 배상의 책임을 진다. 다만, 배상의 책임을 질 자가 상당한 주의를 했음에도 불구하고 이를 알 수 없었음을 증명하거나 그 증권의 취득자가 취득의 청약을 할 때에 그 사실을 안 경우에는 배상의 책임을 지지 아니한다. 〈개정 2009.2.3〉
1. 그 증권신고서의 신고인과 신고 당시의 발행인의 이사(이사가 없는 경우 이에 준하는 자를 말하며, 법인의 설립 전에 신고된 경우에는 그 발기인을 말한다)
〈중략〉
② 예측정보가 다음 각 호에 따라 기재 또는 표시된 경우에는 제1항에도 불구하고 제1항 각 호의 자는 그 손해에 관해 배상의 책임을 지지 아니한다. 다만, 그 증권의 취득자가 취득의 청약 시에 예측정보 중 중요사항에 관해 거짓의 기재 또는 표시가 있거나 중요사항이 기재 또는 표시되지 아니한 사실을 알지 못한 경우로서 제1항 각 호의 자에게 그 기재 또는 표시와 관련해 고의 **또는 중대한 과실이 있었음**을 증명한 경우에는 배상의 책임을 진다.
〈중략〉
③ 제2항은 주권비상장법인이 최초로 주권을 모집 또는 매출하기 위해 증권신고서를 제출하는 경우에는 적용하지 아니한다.(강조는 필자)
[시행 2009.2.4] [법률 제9407호, 2009.2.3, 일부개정]

13) 제조물책임법 제2조(정의) 이 법에서 사용하는 용어의 정의는 다음과 같다. 〈중략〉
2. "결함"이라 함은 당해 제조물에 다음 각목의 1에 해당하는 제조·설계 또는 표시상의 결함이나 기타 통상적으로 기대할 수 있는 안전성이 결여되어 있는 것을 말한다.
〈중략〉
다. "표시상의 결함"이라 함은 제조업자가 합리적인 설명·지시·경고 기타의 표시를 했더라면 **당해 제조물에 의해 발생될 수 있는 피해나 위험을 줄이거나 피할 수 있었음에도 이를 하지 아니한 경우**를 말한다.
3. "제조업자"라 함은 다음 각목의 자를 말한다.
가. 제조물의 제조·가공 또는 수입을 업으로 하는 자
〈중략〉
제3조(제조물책임) ① 제조업자는 제조물의 결함으로 인해 **생명·신체 또는 재산에 손해**(당해 제조

거법 위반[14] 등등의 법들은 다른 나라들에서도 공통적으로 존재한다.

그런데 위의 법들을 살펴보면 (1) 허위사실이 특정한 타인에게 초래하는 피해나, (2) 그 허위사실의 유포자가 취하는 부당이득 등에 대해 법적 책임을 부과하는 것이지 허위사실의 유포 자체에 대해 법적 책임을 부과하지 않는 것임을 알 수 있다.

예를 들어 "공연히 허위의 사실을 적시해 사람의 명예를 훼손"한다는 명예훼손의 구성요건에 있어서 "사람의 명예를 훼손"한다는 요건이 충족되지 않으면 명예훼손은 성립되지 아니한다. 사기의 구성요건에도 "재물의 교부를 받거나 재산상의 이익을 취득"하는 것이 포함되어 있다. 자본시장통합법상의 거짓 정보에 의한 배상책임 역시 "거짓의 기재 또는 표시가 있거나 중요 사항이 기재 또는 표시되지 아니함으로써 증권의 취득자가 손해를 입은 경우"에만 발생한다. 제조물책임법 역시 "제조물의 결함으로 인해 생명·신체 또는 재산에 손해를 입은 자에게 그 손해를 배상"하도록 하는 것을 내용으로 하고 있다.

나. 사문서 및 공문서 위조죄 및 상표법에 대한 분석

다른 생산자의 표지를 자신의 제품에 부착해 그 제품의 생산자의 신원을 허위로

물에 대해서만 발생한 손해를 제외한다)를 입은 자에게 그 손해를 배상해야 한다. [시행 2002.7.1. 법률 제6109호]

14) 공직선거법 제250조(허위사실공표죄) ① 당선되거나 되게 할 목적으로 연설·방송·신문·통신·잡지·벽보·선전문서 기타의 방법으로 후보자(후보자가 되고자 하는 자를 포함한다. 이하 이 조에서 같다)에게 유리하도록 후보자, 그의 배우자 또는 직계존·비속이나 형제자매의 출생지·신분·직업·경력등·재산·인격·행위·소속단체 등에 관해 허위의 사실[학력을 게재하는 경우 제64조(선전벽보)제1항의 규정에 의한 방법으로 게재하지 아니한 경우를 포함한다]을 공표하거나 공표하게 한 자와 허위의 사실을 게재한 선전문서를 배포할 목적으로 소지한 자는 5년 이하의 징역 또는 3천만 원 이하의 벌금에 처한다. 〈개정 1995.12.30, 1997.1.13, 1997.11.14, 1998.4.30, 2000.2.16, 2004.3.12〉
② 당선되지 못하게 할 목적으로 연설·방송·신문·통신·잡지·벽보·선전문서 기타의 방법으로 후보자에게 불리하도록 후보자, 그의 배우자 또는 직계존·비속이나 형제자매에 관해 허위의 사실을 공표하거나 공표하게 한 자와 허위의 사실을 게재한 선전문서를 배포할 목적으로 소지한 자는 7년 이하의 징역 또는 500만 원 이상 3천만 원 이하의 벌금에 처한다. 〈개정 1997.1.13〉 〈이하 생략〉 [시행 2009.2.3] [법률 제9402호, 2009.2.3, 타법개정]

적시해 상품을 판매하면 처벌하는 상표권침해[15] 역시 일종의 허위사실에 대한 제재다. 그런데 법조문에서는 "타인의 상표를 사용해 그 상표권자에게 피해를 입힌 자" 등으로만 규정되어 있지 않아 마치 허위사실 자체에 대한 제재인 것으로 오해될 수 있다. 하지만 기본적으로 상표의 도용은 상표권자의 권리의 침해를 추정하고 있다. 또는 법조문이 침해행위를 "상품을 생산·가공·증명 또는 판매하는 것을 업으로 영위하는 자가 그 업의 일환으로 타인의 상표를 자신의 제품에 사용하는 행위"로 규정한 것으로 침해자의 '영업적 이득'을 전제로 하고 있는 것임을 알 수 있다.

형법상 사문서 및 공문서 위조죄는 어떠할까? 즉, 자신이 공문서나 타인이 작성한 사문서를 위조 또는 변조해 행사할 경우 또는 행사를 목적으로 위조 또는 변조할 경우, 공문서 위조 또는 사문서 위조 및 그와 같은 문서의 행사[16]로 처벌하는데,

---

15) 상표법 제2조(정의) ① 이 법에서 사용하는 용어의 정의는 다음과 같다. 〈개정 1995.12.29, 1997.8.22, 2004.12.31, 2007.1.3〉
1. "상표"라 함은 **상품을 생산·가공·증명 또는 판매하는 것을 업으로 영위하는 자가** 자기의 업무에 관련된 상품을 타인의 상품과 식별되도록 하기 위해 사용하는 다음 각 목의 어느 하나에 해당하는 것(이하 "표장"이라 한다)을 말한다.
〈중략〉
6. "상표의 사용"이라 함은 다음 각목의 1에 해당하는 행위를 말한다.
가. 상품 또는 상품의 포장에 상표를 표시하는 행위
나. 상품 또는 상품의 포장에 상표를 표시한 것을 양도 또는 인도하거나 그 목적으로 전시·수출 또는 수입하는 행위
다. 상품에 관한 광고·정가표·거래서류·간판 또는 표찰에 상표를 표시하고 전시 또는 반포하는 행위
제66조(침해로 보는 행위) ① 다음 각호의 1에 해당하는 행위는 상표권(지리적 표시 단체표장권을 제외한다) 또는 전용사용권을 침해한 것으로 본다. 〈개정 1997.8.22, 2004.12.31〉
1. 타인의 **등록상표와 동일한 상표를** 그 지정상품과 유사한 상품에 사용하거나 타인의 등록상표와 유사한 상표를 그 지정상품과 동일 또는 유사한 상품에 **사용하는 행위**.(강조는 필자)
16) 형법 제225조(공문서등의 위조·변조) 행사할 목적으로 공무원 또는 공무소의 문서 또는 도화를 위조 또는 변조한 자는 10년 이하의 징역에 처한다. 〈개정 1995.12.29〉
형법 제231조(사문서등의 위조·변조) 행사할 목적으로 권리·의무 또는 사실증명에 관한 타인의 문서 또는 도화를 위조 또는 변조한 자는 5년 이하의 징역 또는 1천만 원 이하의 벌금에 처한다. 〈개정 1995.12.29〉
형법 제229조(위조 등 공문서의 행사) 제225조 내지 제228조의 죄에 의해 만들어진 문서, 도화, 전자기록등 특수매체기록, 공정증서원본, 면허증, 허가증, 등록증 또는 여권을 행사한 자는 그 각 죄에 정한 형에 처한다. 〈전문개정 1995.12.29〉
형법 제234조(위조 사문서의 행사) 제231조 내지 제233조의 죄에 의해 만들어진 문서, 도화 또는 전자기록등 특수매체기록을 행사한 자는 그 각 죄에 정한 형에 처한다. 〈전문개정 1995.12.29〉

이 역시 특정 공공기관이나 타인이 발급하지 않은 문서를 그 공공기관이나 타인이 발급한 것처럼 꾸미는 것이므로, 결국 문서의 '발급자' 또는 '최종수정자'의 신원에 대해 허위를 유포하는 행위가 되며 위에서 언급한 죄목들은 허위의 유포 자체에 대한 처벌인 것처럼 보인다. 하지만 이와 같은 처벌은 다음과 같은 두 가지 면에서 허위사실 자체에 대한 처벌이 아닌 것으로 설명될 수 있다.

첫째, 형법은 위조 및 변조된 문서를 '행사할 목적' 또는 '행사'를 구성요건으로 삼고 있다. 즉, 문서의 행사를 통한 권리의 행사 및 자신에게 유리한 사실의 증명을 전제로 하고 있다. 예를 들어 주민등록증 사본에 자신이 선호하는 이름을 적어 넣어 친구들에게 돌려보도록 하는 행위는 범죄시되지 아니한다. 즉, '행사'의 요건은 행사자의 '이득'을 전제로 하고 있음을 알 수 있다.

둘째, 위의 범죄에서 허위의 진술은 '문서'를 매개로 이루어지기 때문에 진술자가 누군지가 허위진술의 수용자에게 드러나지 않는다. 이때 범죄자의 행위의 가벌성은 문서의 내용을 허위로 진술한 것에 있는 것이 아니라 문서의 최종작성자의 신원을 허위로 진술하는 것에 있게 된다. 예를 들어 주민등록증 사본을 자신이 수정한 후, 그 사본을 건네주면서 자신이 최종수정자임을 밝힌다면 범죄가 성립하지 않을 것이다. 즉, 주민등록증 사본을 수정한 행위에 가벌성이 있는 것이 아니라 최종수정자의 신원에 대해 허위를 적시한 행위에 가벌성이 있는 것이다. 이것은 예를 들어 명예훼손과는 다르다. 명예훼손의 경우 허위의 진술 자체에 가벌성이 있다. 예를 들어 "홍길동은 성범죄로 구속된 적이 있다"는 허위의 사실을 타인으로부터 전해 듣고 이를 전달했다고 하더라도 명예훼손은 성립하게 된다.

즉, 공문서 및 사문서 위조는 허위사실의 유포에 대한 처벌이 아니라 특정한 타인을 사칭하는 행위에 대한 처벌이다. 물론 타인의 사칭도 문서의 작성자에 대해 허위사실을 유포하는 것이기는 하나, 타인을 사칭하는 행위는 사칭의 대상이 된 타인에 대한 피해나 사칭을 한 자에 의한 부당한 이득의 취득이나 권리의 행사가 반드시 내재되어 있다. 이것은 마치 상표법 사례에서 타인의 상표를 자신의 상품에 사용하는 행위로부터 상표권자인 타인에 대한 피해가 추정되기 때문에 처벌되는 것과 마찬가지다. 즉, 공문서 및 사문서 위조 역시 특정한 타인의 피해나 위조자의 부당이득이 추정되는 상황에서 그와 같은 피해나 부당이득을 근거로 위조행위를 처벌하는 것이지 허위사실을 유포하는 행위 자체를 순수하게 처벌하는 것은 아니다.

정리하자면, 공문서 및 사문서 위조 그리고 상표법 침해 모두 허위사실유포죄와는 달리 특정할 수 있는 타인의 권리의 침해가 그 구성요건으로 포함되어 있다.

다. 폭탄소문법

물론 특정할 수 있는 타인에 대한 피해나 허위사실 유포자의 부당이득이 없이 순수한 허위사실이 처벌되는 예외적인 경우가 있으며, 이와 같은 사례는 놀랍게도 미국과 같이 표현의 자유를 두텁게 보호하는 국가에서도 나타난다. 이른바 폭탄소문법(Bomb Hoax Act)이라 하여 비행기나 자동차에 폭탄이 폭발의 목적으로 장착되어 있다는 등의 허위사실을 유포할 경우 그 자체로 악의(maliciously)가 증명이 된다면 형사처벌이 되며 악의가 증명되지 않는 경우에는 1,000달러의 손해배상책임을 지게 된다.[17]

이 법은 특정할 수 있는 타인의 권리침해나 표현의 발화자의 부당이득이 없는 상황에서 공공질서를 교란시키는 것을 이유로 허위사실 유포 자체에 대해 법적 책임을 지우고 있다. 이 법의 위헌 여부를 판단한 U. S. 대 Rutherford[18] 사건에서

---

17) United States Code, Title 18. Crimes and Criminal Procedure, Part I. Crimes, Chapter 2. Aircraft and Motor Vehicles, § 35. Imparting or conveying false information(cite as 18 U.S.C.A. § 35).
(a) Whoever imparts or conveys or causes to be imparted or conveyed **false information**, knowing the information to be false, concerning an attempt or alleged attempt being made or to be made, to do any act which would be a crime prohibited by this chapter or chapter 97 or chapter 111 of this title shall be subject to a civil penalty of not more than **$1,000 which shall be recoverable in a civil action brought in the name of the United States.**
(b) Whoever willfully and maliciously, or with reckless disregard for the safety of human life, imparts or conveys or causes to be imparted or conveyed **false information**, knowing the information to be false, concerning an attempt or alleged attempt being made or to be made, to do any act which would be a crime prohibited by this chapter or chapter 97 or chapter 111 of this title—**shall be fined under this title, or imprisoned not more than five years, or both.**
18) 332 F.2d 444(2d Cir. 1964).

연방항소법원은 '표현적 행위(verbal act)'[19]의 개념을 들어 폭탄소문법에 대해 합헌선언을 했다. 이 사건에서 피고는 뉴욕행 비행기에서 승무원에게 자신이 "폭탄을 가지고 있는데 폭발해도 자신은 보험이 있어서 상관이 없지만 다른 사람들이 다칠 수 있으니 비행기의 뒤쪽에 앉았으면 좋겠다"고 말해 폭탄소문법 위반 혐의에 대해 유죄판결을 받게 되었다. 법원은 "사람으로 가득 찬 극장에서 거짓으로 '불이야'라고 소리치기(false cry of fire in a crowded theatre)"와[20] 비슷한 '명백하고 임박한 위험'이 있는 표현이라면서 유죄판결에 대해 합헌결정을 했다. '폭탄'에 대한 언급이 비행기나 자동차와 같이 사방이 막혀 있는 협소한 공간 내에 있는 사람들의 행동에 미칠 영향은 '불'에 대한 언급이 극장과 같이 상대적으로 폐쇄적인 공간 내의 사람들에게 미칠 영향과 비슷하다고 본 것이다.

여기서 주의해야 할 점은 이와 같은 표현에 대한 법적 제재는 대상 표현이 인간의 동물적 반응체계를 통해 처리될 것이 확실시되는 매우 특수한 상황에서만 이루어지며, 그 상황의 범위도 법률로 명확히 한정될 때만 체제가 이루어진다는 것이다.

라. '공익을 해할 목적'이라는 추가적 구성요건의 의미

혹자는 전기통신기본법 제47조 제1항의 '공익을 해할 목적'이라는 추가적인 구성요건이 허위사실유포죄가 단순한 허위사실유포를 범죄시하지 않는 것이라

---

19) 위 표현은 다음 판결에서 처음 사용되었다. Gompers v. Buck's Stove & Range Co., 221 U.S. 418, 31 S. Ct. 492, 55 L. Ed. 797(1911) 즉 표현과 행위를 구분함에 있어 표현의 내용에 대해 그 진위나 가치를 판단해 이 판단에 따라 반응하지 않고 그 표현이 즉각적으로 촉발시키는 생존욕구의 발현에 따라 반응을 할 경우 그 표현은 행위와 비슷하다는 것이다. 인간의 지적 인식체계를 통해 그 결과가 나타나지 않고 인간의 동물적 반응체계를 통해 그 결과가 나타나는 행위적 성격을 띠고 있는 표현은 법적 제재가 가능하다.

20) Schenck v. U.S., 249 U.S. 47, 39 S. Ct. 247, 63 L. Ed. 470(1919) 사건에서 저 유명한 홈스 대법관이 해당 표현에 의해 심대한 불법적인 피해가 발생할 것이라는 "명백하고 임박한 위험(clear and present danger)"이 없는 이상 표현 자체에 대한 처벌을 할 수는 없다는 이론을 소수의견을 통해 발표했을 때 홈스 대법관은 위의 사례를 '명백하고 임박한 위험'이 있는 사례로 예시했으며 그후 명백하고 임박한 위험의 의미를 음미하기 위해 수많은 학자들과 법률가들에 의해 회자되고 있다.

고 주장할 수 있다. 그러나 첫째, '공익을 해할 목적'이라는 요건은 단지 목적에 대한 요건일 뿐 실제로 공익을 해할 것을 요구하고 있지 않다. 둘째, '공익'은 특정인의 권리를 침해할 것을 요건으로 하는 다른 법들과는 그 구체성과 특정성에 큰 차이가 있다는 점에 주목해야 한다. 아래에서 살펴보겠지만 여러 권위주의 국가에 존재하고 있는 허위사실유포죄는 항상 '공공질서의 교란', '공익의 훼손' 등을 추가적인 구성요건으로 규정하고 있으며, 바로 이 법들에 대해 UN인권위원회를 포함한 여러 국제인권기구들이 국제인권법에 위반됨을 지적하고 있는 것이다. 이 장에서는 '공익을 해할 목적'이라는 부가적인 요건까지 고려하더라도 허위사실유포죄의 존재는 매우 특수함을 말하고자 하는 것이다.

마. 소결

정리하자면, 허위사실유포죄는 허위의 명제를 규제하는 많은 법들 중에서 첫째, 특정할 수 있는 타인의 권리 침해나, 둘째, 허위사실유포자의 부당이득취득 등의 요건이 없이 오로지 허위의 명제 유포 자체에 대해서 법적 책임을 지운다는 면에서 특수한 지위를 지니고 있다. 그리고 그와 같은 특수한 지위 때문에 폭탄소문법과 같이 경계가 명백히 구분되는 한정된 상황에서만 존재한다.

2. 허위사실유포죄와 진실의 잠정성

가. 진실의 '잠정성'과 허위에 대한 처벌의 모순성

진리의 잠정성은 수많은 '계몽의 위기'들을 통해 매우 난폭하게 역사에 각인되었다. 예를 들어 지동설을 주장했던 조르다노 브루노(Giordano Bruno)라는 수도사는 1600년도에 천동설이 진실이라고 생각하고 있던 권력을 가진 교황청에 의해 허위사실유포죄 및 여타의 죄로 화형에 처해졌다.[21] 지동설은 추후 진실로 밝혀

---

21) http://en.wikipedia.org/wiki/Giordano_Bruno. 혹자들은 브루노가 기소된 죄목이 지동설의

지기까지, 그리고 이에 따른 근대과학의 발전은 뉴턴이 등장하기까지 100여 년을 기다려야 했다.

이와 같은 경험들이 주는 교훈은 진실과 허위를 구분해 허위에 대해 법적 제재를 가하는 것은 매우 위험한 일이며, 도리어 진실의 발견을 방해할 수 있다는 것이다. 실제로 아래의 5절의 보론에서 자세히 살피겠지만 허위와 진실이 가장 명백히 구분되는 것으로 여겨지는 자연과학에서도 진실의 조건에 대한 논쟁이 아직도 끝나지 않았다.

멀게는 교황청이 권력을 쥐고 있던 중세유럽에서 지동설은 허위였지만 가까이는 황우석 지지자들이 권력을 쥐고 있던 참여정부 때는 줄기세포가 없다는 주장이 허위였다. 이 주장이 진실로 밝혀진 것은 아직도 신원이 밝혀지지 않아 '야인고수 어나니머스', '아릉' 등의 아이디로만 알려진 익명의 네티즌과 과학도들이 인터넷 게시글을 통해 의혹을 제기하고 MBC를 비롯한 학계 언론계의 많은 사람들이 이 주장의 진실 여부를 밝히기 위해 노력할 수 있었기 때문이다.[22] 참여정부가 생명과학입국(立國)이라는 '공익'을 훼손한다는 이유로 이 주장들이 처음 제기되었을 때 현재의 전기통신기본법 제47조 제1항을 적용해 처벌했다면 과연 이 주장은 종국적인 진실로 검증될 수 있었을까.

브루노의 화형 이후 약 300년이 흐른 뒤 이 교훈은 홈스 판사의 사상의 자유시장 이론으로 나타나 소위 "불온한 사상"에 대한 가장 효과적인 대응은 처벌이 아니라 이를 비판할 수 있는 자유의 보장이라는 교훈으로 발전하게 된다.[23] 진실과 허위의 구분은 항상 잠정적이며 추후에 폐기될 수 있음에도 불구하고 이를 기준으로 특정 표현에 대해 법적 제재를 가하는 것은 부당한 처벌이 될 수 있음은 물론, 사람들이 '잠정적인 진실'을 의견의 형태로 공론의 장에 제시하기를 꺼려하도록

주장이 아니고 신의 존재에 대한 회의에 더욱 가까운 주장들이었다고 하나 중요한 점은 당시 교황청이 허위라고 판단했던 내용의 유포에 대해 처벌을 받았다는 점이다.

22) 한학수, 『여러분 이 뉴스를 어떻게 전해드려야 할까요? - 황우석 사태 취재파일』, 사회평론.

23) "최선의 진실 판별기준은 시장의 경쟁에서 받아들여질 수 있는 힘을 가지고 있는가이다(the best test of truth is the power of the thought to get itself accepted in the competition of the market)." Abrams v. United States, 250 U.S. 616(1919)(홈스 판사의 반대의견)

하여 도리어 진실의 발견을 가로막거나 더디게 할 수 있다.

캐나다 연방대법원은 허위사실 유포의 처벌이 표현의 자유에 대해 심대한 위축 효과를 초래할 수 있음을 다음과 같이 강변하고 있다.

> [환경] 활동가가 "브리티시컬럼비아지역의 우림이 사라지고 있다"라는 말을 하고 싶은데, 나중에 과학자들이 이것이 사실이 아님을 밝히고 배심원이 이를 수용하고 그리고 그 말이 브리티시컬럼비아의 삼림업을 교란할 수 있다는 이유로 '허위소식'의 유포로 형사처벌을 받을까 봐 그 말을 하지 못하는 것이 정당한가? 원자력발전소 건설에 우려하고 있는 주민들이 이에 대한 토론에 참여하면서, 나중에 과학자들이 그 피해가 크지 않다는 증명을 할 가능성이 두려워 "원자력발전소가 인근 어린이들의 건강을 파괴한다"는 말을 못하는 것이 타당한가? 의학전문가들이 수막염의 전염 상황을 창궐이라고 표현하고 싶은데 정부나 사설기관이 그 표현이 의도적인 거짓말이라고 단정하고 배심원이 이를 받아들일 가능성이 두려워 그 같은 표현을 쓰지 말아야 할까?[24]

이에 따라 1275년 웨스트민스터법의 Scandalum Magnatum 죄에서 처음 출현했던 허위사실유포죄는[25] 자유민주주의가 발전한 국가에서는 허위 자체에 대해 법적 제재를 가하는 제도가 자리를 유지할 수 없게 되었다.[26] 물론 허위의 주장이

---

24) 영어원문. Should an activist be prevented from saying "the rainforest of British Columbia is being destroyed" because she fears criminal prosecution for spreading "false news" in the event that scientists conclude and a jury accepts that the statement is false and that it is likely to cause mischief to the British Columbia forest industry? Should a concerned citizen fear prosecution for stating in the course of political debate that a nuclear power plant in her neighbourhood "is destroying the health of the children living nearby" for fear that scientific studies will later show that the injury was minimal? Should a medical professional be precluded from describing an outbreak of meningitis as an epidemic for fear that a government or private organization will conclude and a jury accept that his statement is a deliberate assertion of a false fact?
25) Scott, F., "Publishing False News"(1952) 30 Canadian Bar Review 37, pp.38-9. 당시 조항의 원문: "from henceforth none be so hardy to tell or publish any false news or tales, whereby discord or occasion of discord or slander may grow between the king and his people or the great men of the realm."
26) "[I]t is significant that the Crown could point to no other free and democratic country which finds it necessary to have a law such as s. 181 on its criminal books(정부는 181조와 같은 법을 형법 법전에 유지할 필요를 느낀 자유민주주의 국가를 한 군데도 찾아낼 수 없었다.)" 캐나다연방대

특정할 수 있는 타인의 권리를 침해한다거나 주장자의 부당한 이득에 봉사한다면 그 허위의 주장에 대해 법적 책임을 지워 그와 같은 권리침해나 부당이득을 예방하는 것은 필요하지만, 그와 같은 공익적 필요가 없는 경우 단순한 허위에 대해 법적 제재를 가할 수 없다는 것이다.

또 한 가지 허위사실유포죄가 가지는 위험성은 그 죄에 따르는 법적 제재를 실행하는 권력자는 진실이 자신에게 불리할 경우, 진실을 밝히기보다는 진실을 은폐해 자신의 권력을 계속 유지하려 할 위험이 있다는 것이다.[27] 이와 같은 성향을 가진 국가가 진위 여부를 판단해 국민들의 표현을 단죄하게 되면 정보가 완전하지 못한 국민은 100% 진실을 확신하지 못하는 한, 항상 자기검열을 할 수밖에 없고, 결국 국가나 권력에 대한 감시와 비판은 위축될 수밖에 없다. 물론 독립적인 사법부가 중립적으로 진위 여부를 판단해 국가의 권력욕을 제어할 수 있겠지만 국가가 민사적으로 또는 형사적으로 대결하는 것의 부담은 자기검열로 나타날 수밖에 없다.

현대에 감시하는 눈과 비판하는 입이 없는 사회는 썩어갈 수밖에 없다는 단순한 진리는 표현의 자유보호지수와 부패지수와의 반비례관계에 대한 국제기구들의 연례 조사에 의해 확인되고 있다.[28] 아래에 살펴보겠지만 UN인권위원회를 포함한

법원이 아래 소개할 Zundel 판결에서 캐나다의 허위사실유포죄였던 형법 제181조에 대해 언급하며. [1992] 2 SCR 731.

27) "의견표명을 처벌하려 하는 것은 논리적으로 당연하다. 당신이 당신의 전제와 권력에 대해 아무런 회의가 없고 진심으로 어떤 결과를 원한다면 당신은 자연스럽게 당신의 바람을 법에 반영시켜 모든 반대를 쓸어버리고자 할 것이다. 그러나 사람들이 치열했던 많은 신념들이 시간이 흐른 후에 폐기되었음을 인식할 때 그들은 자신의 행동의 준거가 되는 신념들보다 더욱 강하게, 궁극의 선은 사상의 자유로운 교훈으로 달성될 것임을 믿게 될 것이다.(Persecution for the expression of opinions seems to me perfectly logical. If you have no doubt of your premises or your power and want a certain result with all your heart you naturally express your wishes in law and sweep away all opposition…But when men have realized that time has upset many fighting faiths, they may come to believe even more than they believe the very foundations of their own conduct that the ultimate good desired is better reached by free trade in ideas.") Abrams v. United States, 250 U.S. 616(1919)(홈스 판사의 반대의견)

28) Transparency International, Transparency International Corruption Perceptions Index 2007, www.transparency.org/policy_research/surveys_indices/cpi/2007; Freedom House, "Global Press Freedom 2007", www.freedomhouse.org/uploads/fop/2007/pfscharts.pdf.

국제인권기구들의 조사에서 표현의 자유보호 정도를 판단하는 준거 중에 하나는 허위사실유포죄가 존재하는가?이다. 즉, 허위사실유포죄가 없어지지 않으면 권력자는 그 제도를 권력을 유지하는 데에 이용하게 될 것이라는 우려에 대한 증거라고 하겠다.

나. 허위사실유포죄의 위헌성 - 과잉금지의 원칙

위에서 허위사실유포죄는 그 명칭과는 반대로 국민들의 자기검열을 부추겨 진실에 대한 접근을 방해하거나 국가에 의해 진실의 은폐에 남용될 수 있다고 했다. 이에 따라 허위사실 자체에 대한 처벌이 갖는 표현의 자유에 대한 위축효과와 이에 따른 해악은 그와 같은 처벌로 달성되는 법익을 압도할 것이다. 즉, 우리나라 헌법의 제37조 제2항의 내용을 구성하며 대부분의 자유민주주의 헌법의 명령인 과잉금지원칙 또는 비례성 원칙을 위반하는 것이다. 과잉금지원칙의 4가지 요소인 목적의 정당성, 방법의 적정성, 법익의 비례성 그리고 침해의 최소성 중에서는 위에서 살펴본 바와 같이 법익의 비례성을 위반한다.

더욱이 명예훼손이나 사기 등과 같이 허위사실이 특정할 수 있는 타인에 대해 피해를 줄 경우에 국가는 이에 대해 법적 제재를 해야 할 공익적 필요가 있을 수 있지만, 그와 같은 공익에 대해서는 이미 명예훼손죄, 사기죄, 상표권침해, 사문서위조죄, 공문서위조죄 등이 존재한다. 그리고 바로 이러한 죄들이 이미 존재하기 때문에 타인의 인격이나 재산권을 훼손하지 않음에도 허위를 처벌하는 허위사실유포죄는 더욱 더 불필요하게 국민의 표현의 자유를 침해하므로 더욱 더 과잉금지원칙 중 침해의 최소성의 위반이 발생하게 되는 것이다.

혹자는 '공익을 훼손할 것을 목표'로 하거나 '공익을 훼손할 경우'에만 처벌을 한다면 허위사실의 처벌을 통해 달성하는 공익이 이를 통해 발생하는 기본권침해의 심대성보다 더 우위에 있는 경우도 있을 수 있다고 주장한다. 하지만 이와 같이 '공익훼손 목적'이라는 요건이 부과되었다고 해서 과잉금지원칙의 위반이 구제될 수 있다면, 모든 법의 과잉금지원칙의 위반을 매우 간단하게 구제할 수 있을 것이다. 예를 들어 최근 종부세 위헌 결정에 있어서도 "공익을 훼손하는 범위 내에서"를 추가한 후 그와 같은 공익을 훼손하는 형태의 주택소유자(예를 들어, 투기목적)에게만 종부세를 부과한다고 하면, 종부세제도는 합헌판정을 받을 수 있게 되는 모순된 결과를 낳게 될 것이다. 이렇게 모든 법률들이 '공익보호의 목적'을 명시함으로써 위헌판정을 피할 수 있다면 과잉금지원칙에 의한 위헌법률심사 자체가 형해화될 것이다.

이것은 형법 제309조의 사실의 적시에 의한 명예훼손에 대한 위법성조각사유로서 "오로지 공익을 위해"의 문구가 가지는 위상과는 다른 것이다. 위의 가상사례에서 단순히 '공익훼손'이라는 요건의 추가로 위헌성을 치유하는 것이 문제가 되는 이유는 '공익훼손'이라는 요건이 너무 추상적이기 때문에 이와 같은 요건의 추가를 이유로 법률이 합헌으로 판정되어 유지되면 국가가 자의적으로 규제의 범위를 넓히기가 용이하기 때문이다. 위의 위법성조각사유에서 출현하는 '공익'은 추상적이라 할지라도 바로 그 추상성 때문에 국민이 규제의 범위를 용이하게 좁힐 수 있고 그만큼 국가와의 관계에 있어 자신의 기본권을 더욱 보호할 수 있게 된다. 과잉금지의 원칙은 "과잉하게 침해하지 말라"는 명령이지 "과잉하게 보호하지 말라"는 명령이 아니다. 즉, 위법성조각사유로서의 '공익'은 추상적이라 할지라도 그리고 추상적이기 때문에 국민이 그와 같은 사유가 없었을 경우, 보다 더 기본권을 보호할 수 있는 기회를 갖게 되므로 과잉금지원칙의 위반이 발생하지 않는다.

다. '명백한 허위'는 헌법의 보호를 받지 못하는가?

혹자는 위와 같은 자기검열이나 국가의 전횡에 의해 잠정적인 진실이 은폐되는 것은 해악이라고 볼 수 있지만 명백히 허위인 주장이 은폐되는 것은 문제될 것이 없다고 주장한다. 즉, 명백한 허위는 헌법상 표현의 자유로 보호될 이유가 없다는 주장이다. 그리고 이 주장은 허위사실유포죄를 아주 명백하고 의도적인 허위사실의 유포만을 처벌하는 것으로 축소해석하면 관련 법조항은 합헌으로 유지될 수

있다는 주장으로 이어진다.[29)]

    캐나다 연방대법원은 명백한 허위는 표현의 자유로 보호되지 않는다는 주장에 대해 다음과 같이 판시했다.

    [첫째], 과장은 명백한 허위라고 할지라도 표현의 자유의 근간이 되는 가치들과 관련된 유용한 사회적 목표에 봉사할 수 있다. 동물학대와 싸우는 사람은 자신의 믿음을 추구하기 위한 방편으로 의도적으로 허위의 통계를 인용해 더욱 근본적인 메시지(예를 들어 동물학대는 확산되고 있고 중단되어야 한다)를 전달하려 할 수 있다. 의사는 사람들이 확산되어가는 전염병에 대한 예방접종을 하도록 설득하기 위해 잠재적인 바이러스 감염자들의 지리적 위치나 숫자를 과장할 수 있다. 예술가는 예술적 목적으로 특정 사회가 사실의 주장이나 명시적인 의도적 거짓말로 받아들일 수 있는 주장을 할 수도 있다. 예를 들어 살만 루시디의 악마의 시(Satanic Verses)는 많은 무슬림 사회에서 예언자에 대한 의도적 거짓말로 받아들여진다… 이 모든 표현들은 정치적 참여와 자기실현을 북돋는 내재적 가치를 가지고 있다고 말할 수 있다. 의도적 거짓말은 [헌법상 표현의 자유 조항의 보호범위]에 들지 않는다는 것은 위와 같은 표현들을 헌법상 보호에서 배제하는 것인데 나는 그것이 헌법제정자들의 의도라고 생각지 않는다.[30)]

---

29) 이 입장의 사람들은 대부분 욕설과 익명의 글도 허위사실과 같은 선상에 두고 보호할 필요가 없다고 주장하며 현행 모욕죄를 사이버 모욕죄로 '업그레이드'할 것을 주장하고 있다.

30) 영어원문. Exaggeration—even clear falsification—may arguably serve useful social purposes linked to the values underlying freedom of expression. A person fighting cruelty against animals may knowingly cite false statistics in pursuit of his or her beliefs and with the purpose of communicating a more fundamental message, e.g., 'cruelty to animals is increasing and must be stopped'. A doctor, in order to persuade people to be inoculated against a burgeoning epidemic, may exaggerate the number or geographical location of persons potentially infected with the virus. An artist, for artistic purposes, may make a statement that a particular society considers both an assertion of fact and a manifestly deliberate lie; consider the case of Salman Rushdie's Satanic Verses, viewed by many Muslim societies as perpetrating deliberate lies against the Prophet.

All of this expression arguably has intrinsic value in fostering political participation and individual self-fulfilment. To accept the proposition that deliberate lies can never fall under s. 2(b) would be to exclude statements such as the examples above from the possibility of constitutional protection. I cannot accept that such was the intention of the framers of the Constitution.

캐나다 연방대법원은 이와 함께 허위사실유포죄가 의미 있는 사회적 토론을 방해할 수 있는 예로서, 실제로 "미국인들은 캐나다에서 환영받지 못한다(Americans not wanted in Canada)"는 표현이 미국인들의 캐나다 내 투자나 거주에 악영향을 끼친다면서 허위사실유포죄로 처벌된 사례를[31] 들며, 이 표현은 여지없이 '허위'였지만 "캐나다이민정책에 대한 정치적 담론에 소중한 기여"를 했다고 했다.

두 번째 문제는 우리가 특정 표현의 본질을 직시해 **헌법상 보호 여부를 판단하는 기준으로 삼을 만큼** 충분한 정확도를 가지고 그 표현의 허위 여부를 판단할 수 있다는 가정에서 비롯된다. 우리는 해석이나 상충하는 가치와 이익 사이의 형량은 [다른 헌법적 판단에는 유용하지만] 1차적 보호(prima facie protection) 여부를 판단하기에 사용되는 것은 불공정함을 잊어서는 안 된다… 우선 표현의 의미를 해석하는 것이 문제다. 하나의 표현은 여러 가지 의미를 가질 수 있으며, 그중의 어느 것은 허위처럼 보이고 다른 것들은 은유적이거나 우화적인 성격을 가지며 어느 정도의 진실을 가질 수 있다. 더욱이 의미는 정보라기보다는 상호적인 과정(interactive process)으로서 화자뿐만 아니라 청취자가 누군가에 따라 달라질 수 있다. 사람들은 같은 명제에서 다른 의미를 얻는다. 표현의 자유는 화자가 부여한 의미뿐만 아니라 표현의 수용자가 부여하는 의미도 보호한다(Ford v. Quebec(Attorney General), [1988] 2 S.C.R. 712, at p.767)… 그리고 관련 명제에 부여된 각 의미가 진실인지 허위인지 판단하기도 어렵다… 우리는 한 사람을 헌법의 판에서 배제하기 전에, 우리가 한 사람에게 조국의 가장 기본적인 법이 명시적으로 부여한 보장을 거부하기 전에, 우리는 그와 같은 보장을 제공할 근거가 없다는 것에 대해 완전한 확신을 가져야 한다. 허위인 명제도 가치를 가질 수 있다는 점과 명제의 진위를 종국적으로 가리기 어렵다는 점을 고려하면, 허위라는 기준은 그와 같은 확신을 주지 않는다(강조는 필자가 첨가).[32]

---

31) R. v. Hoaglin(1907), 12 C.C.C. 226.
32) 영어원문. The second difficulty lies in the assumption that we can identify the essence of the communication and determine that it is false with sufficient accuracy to make falsity a fair criterion for denial of constitutional protection. In approaching this question, we must bear in mind that tests which involve interpretation and balancing of conflicting values and interests, while useful under s. 1 of the Charter, can be unfair if used to deny prima facie protection.

정리하자면, '명백히 허위'라고 할지라도 첫째, 유용한 사회적 논의에 기여할 수 있으며, 둘째, '허위'는 위헌심사에서 아예 배제할 정도로 명백한 기준은 아니기 때문에 '허위'는 표현의 자유의 보호대상에서 벗어나지 않는다는 것이다.

물론 명예훼손도 '허위'를 요건으로 하고 있으면서도 명예훼손은 표현의 자유의 보호대상에서 제외된다고 일컬어진다. 하지만 '명예의 훼손'과 같은 별도의 요건으로 그 적용범위가 더욱 한정되며 명예를 훼손하는 종류의 정보는 현존하는 사람에 관한 것으로서 진위여부를 밝히기가 상대적으로 용이하다.

방송통신위원회는 '허위'나 '공익을 훼손하는 허위'는 애초에 비보호 범주에 포함되지 않음을 소극적으로 확인해주고 있다. 방송통신위원회는 실제로 소위 '미네르바' 사건에 대해 제출한 의견서에서 다음과 같이 주장하고 있다.

미국연방대법원은 전통적으로 음란, 명예훼손, 욕[sic][33], 기망적인 왜곡묘사

One problem lies in determining the meaning which is to be judged to be true or false. A given expression may offer many meanings, some which seem false, others, of a metaphorical or allegorical nature, which may possess some validity. Moreover, meaning is not a datum so much as an interactive process, depending on the listener as well as the speaker. Different people may draw from the same statement different meanings at different times. The guarantee of freedom of expression seeks to protect not only the meaning intended to be communicated by the publisher but also the meaning or meanings understood by the reader: Ford v. Quebec(Attorney General), [1988] 2 S.C.R. 712, at p.767···A second problem arises in determining whether the particular meaning assigned to the statement is true or false. This may be easy in many cases; it may even be easy in this case. But in others, particularly where complex social and historical facts are involved, it may prove exceedingly difficult···. Before we put a person beyond the pale of the Constitution, before we deny a person the protection which the most fundamental law of this land on its face accords to the person, we should, in my belief, be entirely certain that there can be no justification for offering protection. The criterion of falsity falls short of this certainty, given that false statements can sometimes have value and given the difficulty of conclusively determining total falsity. Applying the broad, purposive interpretation of the freedom of expression guaranteed by s. 2(b) hitherto adhered to by this Court, I cannot accede to the argument that those who deliberately publish falsehoods are for that reason alone precluded from claiming the benefit of the constitutional guarantees of free speech. Zundel 판결, p.733.

33) 원문은 fighting words로서 우리나라의 모욕죄와는 차이가 있다. Fighting words는 타인에게 모욕적인 표현에 대해 형사처벌을 부과하기위한 개념이 아니고 타인에 대해 모욕적인 표현이 폭력적 상황을 발생시킬 것이 분명한 경우(예를 들어, 시위대들의 대치상황) 그 표현의 당부당과 관련 없이 폭력적 상황을 촉발시킬 표현의 발화자를 경찰이 제지할 수 있다는 취지의 규범을 말한다.

(misrepresentation),[34] 불법행위의 선동 등을 제시하고 있습니다(각주: "사이버 공간상의 표현의 자유와 그 규제에 관한 연구", 『헌법재판연구』 제13권, 헌법재판소, p.76, 각주 42번). 또한 학설은 헌법의 보호를 받지 못하는 표현으로 타인의 명예 훼손, 타인의 사생활의 비밀과 자유의 침해, 공중도덕 또는 사회윤리에의 위배, 음란, 선동(범죄나 공공질서의 교란 또는 국가질서파괴의 선동) 등을 헌법의 보호영역에서 배제되는 예로 들고 있습니다(각주: 권영성, 『헌법학 원론』, 법문사 2002, p.477; 성낙인 『헌법학』, 법문사 2002, p.395).

위에서 보다시피 위에 열거된 소위 비(非)보호범주들 중에는 '허위사실'은 포함되지 않는다. 위의 성낙인과 권영성이 언급하는 '공중도덕 또는 사회윤리에의 위배'는 언어 자체가 비도덕적이고 비윤리적인 것을 말하는 것으로 허위의 주장을 말하는 것은 아니다. 허위가 포함되지 않은 것은 당연한데, 미국 연방대법원도 그렇고 어느 헌법학자도 허위의 주장이라고 해서 헌법상 표현의 자유의 보호를 받지 않는다고 주장한 바가 없기 때문이다.

'허위' 또는 '공익을 훼손하는 허위'가 비보호 범주로 열거되지 않는 이유는, 위에서 설명했듯이 진실의 '잠정성'과 허위처벌이 초래하는 표현의 자유 위축효과와 국가에 의한 남용 가능성 때문에, 명예훼손이나 사기(기망적 왜곡묘사)와 같이 특정할 수 있는 타인의 권리 침해를 막기 위한 경우가 아니면 '허위'나 '공익을 훼손하는 허위' 그 자체에 대한 처벌은 **항상** 헌법상 과잉금지의 원칙에 어긋난다는 인식 때문이다.

특정 종류의 표현이 비보호 범주라는 것은 무슨 뜻인가? "특정한 표현이 비보호 범주에 포함되는 것이 확실하다면 그 표현에 대해 헌법상 표현의 자유에도 불구하고 제재가 가능하다"라는 의미다. 이에 따라 미국 연방대법원이나 위의 헌법학자들이 "특정 범주의 표현들은 표현의 자유로 보호되지 않는다"고 할 때는 사실 더욱 중요한 질문은 '특정 표현물이 그와 같은 비보호 범주에 드는가?' 또는 '그 범주는

또는 폭력적 상황이 아니라고 할지라도 특정 목적의 행위들이 이루어지는 공적 장소(예를 들어, 법원)에서 그 목적의 수행을 어렵게 만들 수 있는 표현은 규제될 수 있다는 개념이다.
34) 우리나라의 사기죄를 말함.

어떻게 정의되는가?'일 것이다. 그런데 예를 들면 '음란'을 어떻게 정의하는가가 문제인데 그 정의 자체는 표현의 자유를 보호하는 방식으로 이루어진다. 그와 같은 표현의 자유에 대한 고려의 결과물이 바로 미국연방대법원의 음란물 판단기준이 된 Miller 테스트다.[35] 명예훼손 역시 명예훼손이 표현의 자유의 보호범주에 포함되지 않는다는 명제보다 더 중요한 것은 '명예훼손'의 정의이며 이 정의는 이미 New York Times v. Sullivan 판결의 실제 악의(actual malice)와 같은 표현의 자유를 보호하는 개념들을 포함해 이루어지게 된다.[36] 결국 '허위'를 보호범위 외에 두려고 하더라도 결국 무엇이 '허위'인지의 정의는 헌법적인 기준에 맞추어 이루어질 수밖에 없다. 즉, 어떤 종류의 표현이 헌법적 보호를 받지 않는다는 명제는 사실 헌법 실무상 그다지 큰 의미가 없다. 모든 표현은 위에서 말한 비보호 범주에 드는지 여부를 판단하기 위해 표현의 자유라는 가치를 형량 하여 구성된 기준들 — 예를 들어 Miller 테스트의 '지역사회의 기준(community standards)'이나 Sullivan 판결의 '실제 악의' — 에 의해 평가되기 때문이다. 즉, 비보호 범주에 포함되는지 여부를 판정받는 과정에서 이미 표현의 자유를 포함한 형량의 보호를 받게 된다.

그러나 '허위' 및 '공익을 훼손하는 허위'는 '음란' 등과는 달리 애당초 비보호 범주에 포함되지 않는다. 즉, 1차적으로 '허위'가 있는지 여부만을 판단해(물론 이 판단도 이미 표현의 자유라는 가치를 고려해 이루어진다) 허위일 경우 즉각 제재대상이 되는 종류의 표현이 아니다. '허위'는 다른 보호범주의 표현들과 마찬가지로 표현의 자유의 보호대상이 되므로 과잉금지의 원칙 및 명확성의 원칙의 보호를 받게 된다.

방송통신위원회 역시 위 의견서에서 '허위'는 미국연방대법원이나 우리나라 헌법학자들이 열거한 비보호표현의 범주에 포함되어 있지 않음을 인식하면서,

---

35) Miller v. California, 413 U.S. 15(1973).

36) New York Times Co. v. Sullivan, 376 U.S. 254 (1964). 판결문을 자세히 읽어보면 actual malice의 정확한 번역은 '실제 악의' 즉 실제로 내용의 허위 여부를 알았는가?이다. '현실적 악의'라는 번역은 마치 '비현실적 악의'에 대한 반대어로 들리기도 하고 추상적이어서 판결실무에서 이용하기 어려운 점이 있다.

"사안별로 판단해야 한다"며 마치 '허위'도 비보호의 범주에 포함될 수 있음을 암시하고 있다. 그러나 방송통신위원회의 바람과는 반대로 "특정 언사의 표현의 자유 보호 여부를 사안별로 판단한다"는 말은 이미 특정 언사가 허위인지를 1차적으로 판단해 그 보호수위를 결정하는 것은 불가능하다는 것을 인정한 것이다. 결국 허위인 언사들 역시 다른 언사들과 마찬가지로 과잉금지의 원칙상의 이익형량을 통해 제재 가능 여부가 판단되어야 한다.

라. 허위사실유포죄의 위헌성 – 명확성의 원칙

'명백한 허위' 가벌론의 핵심은 명백한 허위는 보호받을 가치가 없다는 것이다. 그러나 법의 위헌성을 따질 때는 그 법의 처벌대상의 가벌성만을 따질 것이 아니다. 그 법 자체가 존재해 가벌성이 없는 사람이 위축될 가능성을 고려해보아야 한다. 즉, "나는 그러한 명백히 허위인 말은 하지 않을 테니 명백히 허위인 언사를 처벌하는 것은 괜찮다"라는 생각은 표현의 자유에 대한 위축효과를 간과한 것이다. 바로 이것이 우리나라의 죄형법정주의의 주요 요소인 명확성의 원칙이다. 위에서 캐나다연방대법원의 판결문을 통해 특정 표현의 허위 여부가 증명되기 어려움에 대해서 이미 밝힌 바 있다. 위에서는 '허위'가 비보호 범주에 포함되지 않음을 밝히고자 한 것이었고, 이에 따라 '허위'도 과잉금지의 원칙 및 명확성의 원칙의 보호를 받는 것이 확실해진 이후에는 똑같은 논증은 명확성의 원칙 심사에도 적용된다.

특히 '허위'라는 기준이 명확하지 못해 표현의 자유에 있어서 절대적으로 보호를 받게 되는 의견에 대한 제재를 조장할 수 있다. 말레이시아에서는 야당의 부대표가 강간 피해 청소년이 "수감되었다(imprisoned)"라는 표현을 쓴 것에 대해 18개월형을 받았는데 실제로 피해자는 경찰에 의해 '감금(detained)'되어 있다가 법원의 명령에 따라 '보호수용(protective custody)'된 상태였다는 이유에서였다. 사실 이 처벌은 매우 정치적이라는 의혹을 받고 있는데 당시 강간범은 여당 측 인사인 주지사의 아들이었기 때문이다.[37] 중요한 것은 '허위'라는 기준이 명확하지 못해 위와 같은 '의견'이라고 볼 수 있는 표현을 탄압하는 데에도 이용될 수 있다는 것이다.

더욱이 허위사실유포죄인 또 다른 요소인 '공익을 해할 목적' 역시 '허위' 이상으로 불분명해 더욱 명확성의 원칙에 반한다. 우리나라 이미 2002년 헌법재판소가 '공공질서와 안녕'의 애매모호함을 이유로 지금의 허위사실유포죄와 비슷한 불온통신삭제명령제도를 위헌 결정한 바 있다.[38] '공익을 해할 목적'은 '공공의 안녕질서'보다 조금도 더 명확하지 않다. 더욱이 당시 2002년 결정은 행정제도에 대한 사건이었으므로 엄격한 명확성이 요구되지 않는 것이었으나 이번 허위사실유포죄는 형벌에 관한 것으로서 더욱 엄격한 명확성이 요구된다. 그러므로 2002년 결정에 비추어보면 당연히 명확성의 원칙을 위반한다.

물론 형법 제309조도 '오로지 공익을 위해'라는 위법성조각사유가 있다. 하지만 전기통신기본법에서는 공익에 반하는 것임을 증명하면 형벌이 주어져 공익이 기본권침해의 근거가 되는 것인 반면 형법에서는 공익이 기본권보호의 근거가 되는 것이므로 다르다. 명확성의 원칙의 원리는 자유를 제한하는 법률이 있고 그 법의 적용범위가 불분명해 그 법의 적용을 받지 않아야 할 사람이 법이 정한 불이익을 받게 될지 못한다는 두려움의 발로이지, 시혜를 주는 법률의 적용범위가 불분명해 혹시나 국민들이 그 법의 시혜를 부당하게 입을 것이 두려워 만들어진 원리가 아니다. 즉, 형법 제309조의 '공익'은 위법성조각요건이지 범죄구성요건이 아니기 때문에 불분명하게 정의된다고 할지라도 그 공익의 범주를 충족시키는 사람은 법의 보호를 받게 되는 것이므로 명확성의 원칙을 위반하지 않는다. 이것은 국가에서 "국가에 기여한 사람은 병역을 면제해주겠다"는 제도가 있는데 '국가에 대한 기여'가 불분명해 위헌이라고 주장하는 것과 같다. 명확성은 국가가 국민에게 불이익을 줄 때 그 적용범위를 분명히 하라는 것이지 국민에게 혜택을 줄 때 그 적용범위를 분명히 하라는 명령이 아닌 것이다.

더욱이 허위사실유포죄가 실제로 그와 같이 명백한 허위사실을 유포한 사람은

---

37) 1998 MLJ Lexis 193, 1998-3 MLJ 14.
38) 헌법재판소 2002.06.27. 선고 99헌마480 결정(전기통신사업법 제53조 등 위헌확인).

모두 '공익'에 반할 경우 처벌하는 방식으로 이용되겠는가 하는 점이다. '공익'이 무엇인지는 정권이 바뀔 때마다 바뀌게 될 것이며, 허위가 무엇인지는 정권이 바뀔 때마다 같이 바뀌게 될 것이다.

이에 대해 위 사람은 어떤 정권이 들어서도 '반공익적'이며 어떤 정권이 들어서도 '허위'라고 단정할 만큼 확실히 가벌성이 있는 사람들만을 처벌하면 된다고 주장할 수도 있다. 하지만 이 주장은 현실과 다르다. 예를 들어 미네르바 박대성의 사건에 있어서도 이명박 정부는 '정부정책에의 순응'을 공익으로, 노무현 정부는 '자유로운 금융정보의 교환'을 공익으로 인정할 가능성은 항상 존재한다.

3. 국제인권기준 하에서의 허위사실유포죄의 평가

가. 유엔인권위원회 및 미주기구인권위원회 입장

허위사실유포죄는 위헌일 뿐만 아니라 국제인권기준을 명백히 위반한다. 2008년 현재 자유민주주의 국가 중에서 허위사실유포 자체를 처벌하는 국가는 유일하게 우리나라뿐이다.

UN총회의 위임을 받아 대표적인 유엔인권협약인 시민정치적권리에관한규약(International Covenant on Civil and Political Rights; ICCPR)의 체약국들의 규약위반 여부를 판정하는 유엔인권위원회(UN Human Rights Committee)는 이미 1990년대에 카메룬,[39] 튀니지,[40] 모리셔스(Mauritius),[41] 아르메니아,[42]

---

39) UN Human Rights Committee. Mukong v. Cameroon, views adopted 21 July 1994, No. 458/1991, para. 9.7.(반정부기자가 "국내외 여론의 교란(intoxication of national and international public opinion)"죄목으로 처벌되었던 것에 대해 UN시민정치적권리에관한규약 제19조의 위반을 선언함. 정부 측에서는 위와 같은 처벌이 프랑스어계와 영어계 및 그리고 수많은 부족들 간의 화합 및 단결을 위해 필요했다고 주장했는데 그와 같은 국가적 단합은 표현의 자유의 제한을 정당화하는 합법적 목표가 될 수 없다고 선언함.)
40) Annual General Assembly Report of the Human Rights Committee, UN Doc. A/50/40, 3 October 1995, para. 89. 영어원문: "The Committee is concerned that the dissent and criticism

우루과이에[43] 있는 허위사실유포죄에 대해 ICCPR 제19조 표현의 자유를 위반한다며 우려를 표시했다. 예를 들어 1995년에 유엔인권위원회는 튀니지의 언론법 제49조가 "공공질서를 어지럽히거나 어지럽힐 것으로 보이는 허위사실을 악의적으로 유포하는 행위"에 대해 최고 3년의 징역형을 선고하는 것에 대해, "허위정보를 다루는 튀니지의 언론법이 과도하게 시민정치적권리에관한규약의 제19조의 표현의 자유를 제약한다"고 우려를 표명했다.[44] 그리고 다시 1998년 표현의 자유

---

of the government are not fully tolerated in Tunisia… The Committee is concerned that those sections of the Press Code dealing with defamation, insult and false information unduly limit the exercise of freedom of opinion and expression as provided for under article 19 of the Covenant(위원회는 정부에 대한 저항과 비판이 완전히 관용되지 않는다는 사실에 우려를 표명한다…. 명예훼손, 모욕, 허위정보에 대한 언론법 조항들이 인권규약 제19조의 견해와 표현의 자유를 과도하게 제약한다는 것에 우려를 표명한다)."

41) Annual General Assembly Report of the Human Rights Committee, UN Doc. A/51/40, 16 September 1996, para. 154. 영어원문: "The Committee is concerned at the extent of de facto limitation on the freedom of expression, as exemplified by the banning of two recent literary works without legal measures having been taken to that effect, and at penal offences relating to libel and the dissemination of false news. Extra legal restrictions on freedom of expression are not compatible with the Covenant(위원회는 최근 두 개의 문학작품이 법적 절차 없이 금지된 사례에서 보여지는 표현의 자유에 대한 실질적 제약의 범위에 대해 우려를 표명하고 명예훼손과 허위사실유포에 대한 형사처벌에 대해 우려를 표명한다. 법에 의하지 않는 표현의 자유에 대한 제약은 인권규약에 부합하지 않는다)."

42) Concluding Observations of the Human Rights Committee: Armenia, UN Doc. CCPR/C/79/Add.100, 19 November 1998, para. 20. 영어원문: "The Committee is concerned about the compatibility of the 1991 Press Law with freedom of expression under article 19 of the Covenant, in particular that the notion of "State secrets" and of "untrue and unverified information"(article 6 of the Press Law) are unreasonable restrictions on freedom of expression(위원회는 1991년 언론법이 인권규약 19조의 표현의 자유와 부합하는지에 대해 우려를 표명하며 특히 언론법 제6조의 "국가기밀" 개념 및 "진실이 아닌 정보 또는 검증되지 않은 정보" 등의 개념은 표현의 자유에 대한 불합리한 제한이다)."

43) Concluding Observations of the Human Rights Committee: Uruguay, UN Doc. CCPR/C/79/Add.90, 4 August 1998, para. 10. 영어원문: "Although the new Press Law(Act No. 16,099) is in general a positive achievement, the Committee is concerned that it still includes provisions that might impede the full exercise of freedom of expression. Foremost among these are certain provisions relating to offences committed by the press or other media, in particular articles 19 and 26 of the law, relating to false information and to slander through the media(개정 언론법은 전체적으로 긍정적인 성과이지만, 위원회는 그 법이 아직도 표현의 자유의 완전한 행사를 제약하는 조항들을 담고 있다는 사실에 우려를 표명한다. 이 조항들 중에서 가장 중요한 것은 법의 19조와 26조에 있는 허위정보 및 언론에 의한 명예훼손에 관한 조항들이다)."

44) Annual General Assembly Report of the Human Rights Committee, UN Doc. A/50/40, 3 October 1995, para. 89.

에 관한 특별보고관(UN Special Rapporteur on Freedom of Opinion and Expression) 아비드 후세인은 위 법조항을 튀니지의 인권운동가인 Khemais Ksila에 적용하는 것에 대해 우려를 표시했다.[45]

다시 2000년 표현의 자유에 관한 특별보고관은 허위사실유포에 대해 형사처벌을 하는 것은 형평성에 어긋나며 비난받아 마땅하다고 하며 모든 정부들이 이를 폐지할 것을 권고했다.[46]

위와 같은 해석에 따라 그나마 허위사실유포죄가 존재하던 개발도상국들도 하나둘씩 폐지하고 있다. 일찍이 1978년에 파나마는 미주기구(Organization of American States)의 미주인권위원회의 지적에 따라 허위사실유포죄를 폐지했다.[47]

2000년 5월에는 짐바브웨 대법원도 허위사실유포죄는 그 죄를 통해 방지하려는 해악과 그 죄를 통해 침해당하는 표현의 자유 사이에 형평이 맞지 않는다며 위헌판정을 했다.[48] 비슷한 시기 서인도제도의 작은 나라 앤티가바부다(Antigua

---

45) Annual Report to the UN Commission on Human Rights, Promotion and protection of the right to freedom of opinion and expression, UN Doc. E/CN.4/1998/40, para. 99.

46) Annual Report to the UN Commission on Human Rights, Promotion and protection of the right to freedom of opinion and expression, UN Doc. E/CN.4/2000/63, para. 205. 영어원문: "In this regard, the Special Rapporteur strongly urges all Governments to ensure that press offences are no longer punishable by terms of imprisonment, except in cases involving racist or discriminatory comments or calls to violence. In the case of offences such as "libelling", "insulting" or "defaming" the head of State and publishing or broadcasting "false" or "alarmist" information, prison terms are both reprehensible and out of proportion to the harm suffered by the victim. In all such cases, imprisonment as punishment for the peaceful expression of an opinion constitutes a serious violation of human rights(이러한 측면에서 특별보고관은 모든 정부들에게 언론보도가 인종혐오적 또는 차별적 언사나 폭력선동을 동반하지 않는 한 징역형으로 처벌하지 않을 것을 강력히 주장했다. 명예훼손, 모욕, 국가원수모욕, 또는 허위 및 위험경고정보에 징역형을 적용하는 것은 비난받아 마땅하며 피해자가 겪은 피해와 비례관계도 성립하지 않는다. 그러한 경우 견해의 평화로운 표명에 대해 적용되는 징역형은 인권의 심대한 남용이다)."

47) Report on the Situation of Human Rights in Panama, OEA/Ser.L/V/II.44, doc. 38, rev. 1, 1978, http://www.cidh.oas.org/countryrep/Panama78eng/chap.5.htm.

48) The Prosecution of Dr. Moncef Marzouki, Public Statement from Article 19, The Global Campaign for Free Expression, London, 12 December 2000.

1999년 1월 10일, Standard 신문은 짐바브웨 군내에서 쿠데타 시도가 있었다는 보도를 했고 이에 대해 Mark Chavunduka와 Raymond Choto는 허위사실유포죄("publishing false statements likely to cause fear, alarm or despondency among the public")로 처벌당할 위기에 있었고 대법원은

and Barbuda)의 최고법원도 허위사실유포죄에 위헌판정을 했다.[49]

선진국 중에서 이례적으로 허위사실유포죄를 가지고 있던 캐나다에서도 역시 1992년 연방대법원이 "허위보도를 형사처벌하는 자유민주주의 국가는 어디에도 없다"고 지적하며 허위사실유포죄에[50] 대해 위헌판정을 했다.[51] 당시 피고는 나치에 의한 유태인 학살 사실을 부인하던 자였음에도 불구하고 국제사회는 그가 허위사실유포죄가 아니라 독일의 혐오죄로 구속되도록 심혈을 기울였던 것이다.

위헌판정을 받은 법들은 모두 우리나라의 전기통신기본법처럼 '공익훼손'의 위법성 요건이 있던 법들이었고 사법부와 인권기구들은 '공익'을 권력이 정의하게 되는 위험을 간과한 것이었다.

나. 국제인권기준 및 외국의 심사기준

여기에서 주목할 점은 국제인권기구와 여러 나라들이 허위사실유포죄에 대해 국제인권기준의 위반 또는 헌법의 위배를 선언할 때 이용한 심사기준이다.

ICCPR의 제19조 제3항은 표현의 자유에 대한 제한은 "법률에 규정되어 있어야 하며", "타인의 권리와 명예를 존중하기 위해 또는 국가안보나 공공질서·위생 또는 공중도덕의 보호에 필수불가결해야 한다"고 되어 있다. 이에 대한 제한은 엄격한 3요소 심사를 거쳐야 하는 것으로 해석되고 있다.[52] 첫째, 그 제한은 "시민들이 자신의 행동을 준법적으로 통제할 수 있도록 충분히 정교하게 구성되어 있어야 한다." 둘째, 제한의 목표가 위의 3항에 열거된 것이어야 한다. 셋째, 제한은

허위도 표현의 자유에 의해 보호되며 해당 법은 과도하게 불명확하며 법의 목적이 표현의 자유에 대한 침해를 정당화할 정도로 급박하지 않다고 판시했다.

49) Hector v. Attorney-General of Antigua and Barbuda 사건. 이 사건에서 위헌판정을 받은 법조문은 Public Order Act 1972, No. 9 of 1972, Section 33B임. The Prosecution of Dr. Moncef Marzouki, Public Statement from Article 19, The Global Campaign for Free Expression, London, 12 December 2000.

50) Criminal Code, RSC 1985, c. C-46, Section 181.

51) R. v. Zundel [1992] 2 SCR 731.

52) 이 3단계심사는 UN인권위원회와 유럽인권재판소에 의해 승인된 바 있다. Mukong v. Cameroon, views adopted 21 July 1994, No. 458/1991, para. 9.7. 그리고 The Sunday Times v. United Kingdom, 26 April 1979, No. 30, 2 EHRR 245, paras. 45.

해당 목표의 달성에 필수불가결해야 하며 비례의 관계가 성립되어야 한다.

아래에서 살펴보겠지만, 첫째 요소는 우리나라의 명확성원칙에 해당하며, 둘째는 우리나라의 과잉금지의 원칙을 강화한 엄격한 심사임을 알 수 있다. 즉, 과잉금지의 원칙의 한 요소인 목적의 정당성을 더욱 강화해 목적이 단순히 정당한 것이 아니라 헌법에 매우 중대해야 함을 요구한 것이다.

캐나다 연방대법원의 심사기준 역시 우리나라의 명확성원칙 및 과잉금지의 원칙 심사와 별로 다르지 않음을 알 수 있다.

캐나다 연방대법원은 1986년 Oakes Test라는 심사기준을 마련했다. 첫째, 기본권의 제한은 "헌법상 보장된 권리나 자유를 억압하기에 충분한 목표(of sufficient importance to warrant overriding a constitutionally protected right or freedom)"를 가지고 있어야 한다. 두 번째 목표와 방법이 비례관계를 이루어야 하는데, 그리고 이 비례성심사는 다시 세 가지 요소를 포함하고 있는데 첫째, 그 방법이 적정해야 하며(rationally connected to the objective), 둘째, 기본권제한의 정도가 최소화되어야 하며(as little as possible), 셋째, 법이 달성한 목표와 기본권제한의 정도 사이에 비례관계(a test of proportionality)가 성립되어야 한다.[53]

이 역시 우리나라의 과잉금지의 원칙이 조금 강화된 형태임을 알 수 있다. 즉, 목적의 정당성 대신 목적이 매우 중대할 것임을 요청하는 것이다.

명확성원칙 역시 다음과 같은 언어로 묘사되고 있다. "규범은 시민들이 자신들의 행동을 통제하기에 충분할 정도로 정교하게 공식화되지 않는 한 '법'이라 할 수 없다. 시민들은, 필요하다면 적절한 조언을 얻더라도, 정황상 합리적인 정도로 자신의 행동이 초래할 결과를 예측할 수 있어야 한다."[54]

---

53) R. v. Oakes [1986] 1 SCR 103, pp. 138-9.

54) The Sunday Times v United Kingdom (Series A No 30), European Court of Human Rights(1979-80) 2 EHRR 245, 26 APRIL 1979 판결. para 49. 영어원문. [A] norm cannot be regarded as a "law" unless it is formulated with sufficient precision to enable the citizen to regulate his conduct: he must be able—if need be with appropriate advice—to foresee, to a degree that is reasonable in the circumstances, the consequences which a given action may entail.

다. 소결

허위사실유포죄는 우리나라가 가입한 UN시민정치적권리에관한규약에 어긋나며 캐나다를 비롯한 여러 나라의 헌법상 표현의 자유를 위반하는 것으로 판단되고 있다. 이들 결정은 우리나라의 과잉금지원칙과 명확성원칙과 유사한 내용의 심사기준을 이용하고 있음을 주시해야 할 것이다.

4. 결론

허위사실유포죄는 국가가 허위와 진실을 구분하여 허위를 처벌하는 제도다. 그러나 허위와 진실을 명백히 구분할 수 있을 것이라고 여겨지는 과학계에서도 허위는 명백히 식별하기 어렵다. 그렇기 때문에 허위의 처벌은 진실의 처벌을 항상 동반할 수 있고 그 제도의 목표인 진실의 추구를 도리어 저해할 수 있다. 그리고 진실이나 의견을 제시하고자 하는 사람이 자기검열을 하도록 만드는 위축효과를 가져오며 허위에 대한 처벌은 그 처벌자인 국가가 체제유지를 위해 진실을 도리어 은폐하는 데에 남용될 수 있다. 이렇기 때문에 명예훼손, 사기 등의 예와 같이, 특정할 수 있는 타인의 권리를 보호한다거나 부당한 이득의 취득을 방지하는 등의 특정될 수 있는 공익이 있을 때만 허위사실에 대해 법적 책임을 묻는 것이 허용된다. 또는 폭탄소문법과 같이 피해자가 특정되지는 않지만 명백한 기준에 따라 한정된 상황에서 적용될 수도 있다. 명예훼손, 사기, 폭탄소문법과 같이 제한된 형태가 아닌 '허위' 자체 또는 그 범위가 불분명한 '허위에 의한 공익의 훼손'에 대해 법적 제재를 가하는 것은 그 제도가 촉발하는 위축효과, 진실 차단의 위험성 및 체제유지에의 남용가능성 때문에 과잉금지의 원칙을 위반한다. 또 허위사실유포죄의 구성요건인 '허위'와 '공익'은 형벌의 기준이 되기에 요청되는 명확성을 충족시키지 못한다.

이와 같은 이론은 언뜻 표현의 자유의 보호범위에 벗어나 있는 것처럼 보이는

'명백한 허위'에 대해서도 적용된다. '명백한 허위'라고 할지라도 유용한 사회적 담론에 기여할 수 있으며, '허위'의 정의는 표현의 자유의 보호범위에 벗어나는지에 대한 사전판단의 기준이 되기에는 '음란', '명예훼손' 등에 비해 너무 불명확하거나 한정이 어렵다.

바로 이와 같은 이유로 유엔인권위원회 및 국제기구들은 오랫동안 허위사실유포죄의 폐지를 세계 여러 나라에 권고해왔으며, 1992년 캐나다, 2000년 짐바브웨 등의 최고법원들은 허위사실유포죄에 대해 위헌을 선언했다. 현재 자유민주주의 국가에서 허위사실유포죄를 유지하고 있는 나라는 대한민국뿐이다. 유엔인권위원회와 캐나다 대법원 모두 우리나라의 과잉금지의 원칙을 조금 더 엄격하게 변형한 형태의 심사를 통해 허위사실유포죄에 대해 인권법 위반 및 헌법 위반의 판단을 내린 점은 우리나라 헌법실무에서 주목해보아야 한다.

'명백한 허위'에 대해 아직도 의심의 여지가 있을지 몰라 필자의 사적 견해를 적고자 한다. 무엇이 우리를 해방시키는가를 고민해보아야 한다. 중요한 것은 일반적인 표현이 허용되는 것이 아니라 특별한 표현의 허용 여부이다. 즉, 대다수의 사람들이 듣기 싫어하는 또는 권력자가 듣기 싫어하는 말을 할 자유가 진정한 표현의 자유다.[55] 우리의 의료보험이 부끄러운 이유는 가벼운 질병을 앓는 일반인들에게는 세계 최고일지 몰라 희귀병, 불치병 또는 큰 사고를 당한 사람에게는 최악이기 때문이다. 누구나 다 희귀병이나 불치병 또는 큰 사고를 겪을 위험성을 안고 사는 상황에서 그와 같은 사람이 보장되지 않는 것은 모든 국민이 보장받지 못하는 것과 마찬가지다. 마찬가지로 '특별하지 않은' 표현들이 수만 번 허용되더라도, 이른바 '특별한' 표현이 단 하나라도 처벌된다면 이것은 국민 전체의 표현의 자유가 침해되는 것이다. 우리는 우리가 모두 다수에 속해 있다고 생각한다. 하지만 우리는 항상 소수가 될 수 있는 위험을 안고 있는 것이 현실이다. 이 현실을 대면하는가가 선진국과 후진국의 차이다.

---

55) 홈스 판사는 한 사람의 말이 대중적인 비난을 촉발(excite popular prejudice)한다고 해서 보호를 해주지 않을 수는 없다면서 "표현의 자유는 우리와 동의하는 사람들의 사상의 자유가 아니라 우리가 증오하는 사람들의 사상의 자유이다"라고 말했다. United States v. Schwimmer, 279 U.S. 644(1929).

5. 보론: 허위와 진실의 구별[56]

허위와 진실을 구별하기 어렵다는 것은 이미 학계의 정설이다. 허위와 진실의 구분이 가장 명료할 것으로 예상되는 과학계에서조차 그 구별이 어려워 그 구별을 공부하는 학문이 따로 있으며 이것이 과학철학이다.[57] 여기서 소개할 과학철학의 기본 논의들은 이미 우리나라 중등교육 과정에 흡수되어 있다. 이 논의를 살펴봄으로써 우리는 허위와 진실을 구별해 허위를 처벌하는 것의 야만성을 음미해볼 수 있다.

혹자는 과학철학의 논의들은 과학적 법칙에 대해서만 적용되는 것이지 개별 명제들에 적용되지 않는다고 주장할지 모른다. 하지만 개별사실 역시 일정한 과학적 규칙에 이해된다. 즉, 우리는 빛에 대한 여러 가지 규칙을 알고 있기 때문에 눈에 특정 이미지가 보였을 때 이를 특별 사실과 매치시켜 그 사실의 발생을 이해하는 것이다.

가. 귀납법과 그 한계

진리를 발견하는 방식으로 귀납과 연역이 널리 알려져 있다. 귀납이 연역과 다른 것은 세계에 대한 새로운 지식을 창출한다는 것이다. 연역을 살펴보자. "모든 고양이는 다리가 5개다"라는 대전제에 "나비는 고양이다"라는 소전제를 적용시키면 "나비는 다리가 5개다"라는 결론을 도출하지만, 이 결론은 아무런 쓸모가 없다. 쓸모가 있는 결론, 즉 지식이 나올 때는 대전제와 소전제가 모두 참인 경우뿐이다. 결국 연역에서도 중요한 것은 연역의 구성요소를 이루는 대전제와 소전제를 도출하는 것인데 이를 도출해내는 방법은 귀납뿐이다. 즉, 관찰의 축적으로부

---

56) 이 장은 "법적 사실인정 절차와 귀납논리학의 관계들에 대한 고찰", 『사법개혁과 세계의 사법제도 VI』, pp.525-563에 실린 바 있다.
57) 과학철학의 가장 좋은 교과서로 A. F. Chalmers의 *What is This Thing Called Science*, 3rd Ed., Open University Press를 추천한다. 우리나라에서는 『과학이란 무엇인가』라는 이름으로 역서가 출간된 바 있다.

터 일반화된 지식을 찾아내는 귀납법만이 지식을 창조한다. 그리고 이렇게 귀납법으로 도출된 지식은 연역에서 필요한 참인 대전제를 제공하기도 한다. 수학적 지식도 귀납을 거치지 않고 지식을 창조한다고 믿어서는 안 된다. 1+1=2라는 것은 1이라는 숫자가 정의될 때 이미 내정된 것이다.

그러나 사전에도 나와 있듯이 "귀납은 연역과는 달리 사실적 지식을 확장해준다는 특징을 가지고 있지만, 전제가 결론의 필연성을 논리적으로 확립해주지 못한다는 한계를 지닌다. 귀납적 추리는 근본적으로 관찰과 실험에서 얻은 부분적이고 특수한 사례를 근거로 전체에 적용시키는 이른바 '귀납적 비약'을 통해 이루어진다. 따라서 귀납에서 얻어진 결론은 필연적인 것이 아니라 단지 일정한 개연성을 지닌 일반적 명제 내지는 가설에 지나지 않는다."

즉, 귀납주의는 관찰에 의존하고 있다는 태생적인 한계 때문에 아무리 많은 실험을 통해 확인된 지식이라고 할지라도 앞으로의 관찰에서도 그 지식에 부합하는 결과가 나올 것이라는 보장이 없다. 결국 하나라도 지식에 어긋나는 관찰이 이루어진다면—즉, 반증이 나타난다면 그 귀납을 통해 얻은 지식은 무너지게 된다.

완벽한 지식은 없지만 많은 관찰을 통해 검증되면 될수록 그 지식이 참일 확률이 높아진다는 확률주의 역시 문제를 해결할 수 없다. 반증이 하나라도 존재한다면 아무리 많은 검증이 존재하는 지식도 곧바로 무의미해지기 때문이다. 이러한 의미에서 귀납을 통해 도출된 지식은 항상 참일 확률이 0이다. 관찰의 수는 항상 유한하고 앞으로의 이루어질 수 있는 관찰의 수는 무한하므로 가설이 참일 확률은 '유한수/무한수'로서 항상 0이 되고 만다. 10만 개의 관찰을 통해 검증된 가설이 있다고 할지라도 1개의 반증이 있다면 이 지식은 참이 아닐 수 있기 때문에 앞으로 무한한 반증의 가능성이 있는 한 참지식이 될 수 없다.

나. 진실의 척도로서의 반증가능성

그렇다면 귀납적 지식이 이러한 허점을 가지고 있다면 과학의 의미는 어디에서 찾을 수 있는가? 과학과 과학 아닌 것과의 차별은 무엇인가? 반증 가능성 (falsifiability)이 과학에 대한 새로운 척도로 제시된다.[58] 반증주의란 과학을 관찰로부터 귀납적으로 일반화된 지식을 도출하는 것으로 정의하지 않고 현재의 관찰을 설명할 수 있는 가설을 제시하고 그 가설에 대한 확증 또는 반증을 시도하는 것으로 정의한다. 반증주의 하에서 과학은 지식을 얻는 것이 아니라 관찰을 통해 반증 가능한 명제(다시 말해 가설)를 제시하고 이 명제의 검증과 반증을 시도하는 행위인 것이다. 결국 반증 가능하지 않은 명제는 과학적인 명제가 아니다.[59]

그리고 이때 가설의 반증가능성이 높으면 높을수록 더 진보된 과학 활동이라고 볼 수 있다. 예를 들어 화성은 타원형 궤도로 태양 주위를 돈다는 가설보다는 모든 행성은 타원형 궤도로 태양 주위를 돈다는 명제의 반증가능성이 더욱 높다. 과학의 진보란 기존의 가설보다 더욱 반증가능성이 높은 가설을 제시하고 이를 검증하거나 반증하는 것이다. 가설에 어긋나는 반증이 나타났을 때 임시처방(ad hoc)식의 가설을 변경하는 것은 과학이라고 할 수 없다.[60]

다. 관찰의 이론 의존성과 패러다임 이론

귀납주의가 가진 또 하나의 문제, 그리고 반증주의도 공유하고 있는 문제는 바로 관찰의 이론 의존성이다. 우리의 모든 관찰은 이론적인 일반화에 호소할 수밖에 없는 성질, 즉 우리의 교육, 선입견, 문화 등에 의존할 수밖에 없게 된다. 다음의 그림을 보라.

혹자는 젊은 여성을 보지만 혹자는 할머니를 보게 된다. 모든 관찰은 하나의 이론에 근거하고 있다. 마네킹을 새까맣게 칠해서 전면에서는 그 그림자만을 2차

---

58) Karl Popper, *The Logic of Scientific Discovery* (1972).
59) 반증가능성은 전 세계적으로 영향을 미쳐 미연방대법원의 과학적 이론의 정황적 증거로서의 채택기준에도 포함되어 있다. Daubert v. Merrell Dow Pharmaceuticals, 509 U.S. 579 (1993).
60) 그러나 반증주의는 귀납주의를 극복하는 것이 아니라 귀납주의로부터의 도피이거나 또는 귀납주의의 자기반성적 측면일 뿐이다. 반증은 어떻게 수립되는가? 결국 수많은 관찰로부터 수립되는 것이며 이 과정은 귀납적일 수밖에 없기 때문이다.

원적으로 볼 수 있도록 하고 회전시키면 어떤 사람은 그 오른쪽으로 회전하는 것처럼 보이기도 하고, 왼쪽으로 회전하는 것처럼 보이기도 하는데, 대체로 우뇌가 발달된 사람의 경우에는 오른쪽으로 회전하는 것으로, 좌뇌가 발달된 사람의 경우에는 왼쪽으로 회전하는 것으로 보인다고 한다. 위의 두 가지 실험에서 보이듯이 그림이란 작은 점들의 집합이고, 점들의 누적을 우리가 인식한다면, 우리는 양쪽 방향으로 모두 인지될 수 있는 그림을 보고 양쪽 방향 모두 인식해야 하지만, 양쪽 모두를 인식하기는 어렵다. 왜냐하면 우리의 인식은 단순히 누적적으로 형성되는 것이 아니라 일단 전체를 보고 그 기준으로 부분이 인식된다.[61]

예를 들어 "여기에 분필 하나가 있다"라는 명제를 증명함에 있어서도 증명의 무한소급이 나타날 수밖에 없다. 관찰 하나에도 그와 같은 관찰을 선택할 수 있는 이론(예를 들어 할머니의 옆모습을 보는 대신 젊은 여성의 뒷모습을 보는 선택)이 필요한데 이 이론은 또 다른 수많은 관찰에 의해서만 정당화될 수 있기 때문이다.

이와 같이 지식의 이론 의존성은 토마스 쿤(Thomas Kuhn)의 패러다임 이론을 통해 더욱 심도 있게 연구된다.[62] 쿤은 정상과학(보통과학)의 상태에서 패러다임을 신뢰하고 발전시키고 노력시키는 과정이 계속되면 정상과학이 성숙하고, 그 이후에 위기의 과학의 단계가 도래한다고 설명한다.

패러다임 이론은 다음과 같이 설명될 수 있다. 우리는 과학은 객관적인 진실을 밝혀준다고 믿어왔다. 그러나 패러다임 이론에 따르면 과학적 명제의 근거가 되는 실험결과들도 그와 같은 실험결과를 예측하는 이론이 존재하고 그 이론에 따라 준비된 실험기계에 의해서 계측되는 것이라고 한다. 이 이론을 '패러다임'이라고 한다. 혹시 실험결과가 이론에 따라 나오지 않더라도 과학자들은 자신의 기계에 잘못이 있을 거라고 생각하며 실험결과를 재해석해 이론에 짜 맞춘다. 이와 같이

---

61) 이와 같이 전체를 토대로 형성된 기준으로 부분을 인식하는 것을 '게슈탈트 인식'이라 한다.
62) Thomas Kuhn, *The Structure of Scientific Revolutions*(1972).

특정 시대에 어떤 패러다임이 존재하는가에 따라 과학적 진실은 변하게 된다. 하지만 패러다임을 초월하기 위해서는 보통과학(또는 정상과학)에 열심히 매진해야 한다. 어떤 패러다임을 믿고 그 패러다임을 확인하기 위한 실험이 훨씬 더 복잡해지고 더 세밀해지면서 그 패러다임에 어긋나는 실험결과도 발견되기 때문이다. 예를 들어 만유인력이라는 패러다임을 믿고 그 패러다임이 올바른 것임을 증명하기 위해 세밀한 측정 장비를 개발했는데 그 측정 장비가 예측된 결과를 보여주지 못할 때 비로소 상대성이론이라는 새로운 패러다임을 생각해야 할 필요들이 발생한다.

라. 베이즈주의

그러나 쿤의 이론은 어떤 패러다임도 다른 패러다임보다 더 우월할 수 없다는 상대주의에 빠진다. 또 쿤의 과학은 단지 기술적(descriptive)이며 '비판'이라는 행위를 할 수 없게 된다. 또는 '보통과학'의 맹신성이 예찬되어야 하는 모순에 빠지게 된다. 물론 쿤 본인은 상대주의에 빠지지 않았다고 주장한다. 이와 같은 상대주의의 문제는 그 이후로 상대주의를 극복하려는 움직임과 상대주의를 더욱 극단화하는 움직임도 촉발시킨다.[63]

현대에는 베이즈주의(Bayesianism)가 과학에 대한 현실적인 설명으로 대두되고 있다. 베이즈주의는 귀납주의에 대한 최초의 비판이었던 반증가능성으로 돌아가서 반증가능성이 있다고 해서 지식이 참일 확률이 제로(0)인 것은 아니라고 주장한다. 베이즈주의에 따르면 과학은 새로운 증거에 의해 특정한 지식이 참일 확률이 더욱 높아지는 것이라고 한다. 베이즈주의자들은 18세기 수학자 토마스 베이즈(Thomas Bayes)의 조건부확률에 대한 정리를 과학철학에 접목했다.

여기서 베이즈정리 또는 조건부확률을 조금 더 살펴보자. 예를 들자면 동전을 10번 던져 1번 앞면이 나왔다고 하자. 그렇다면 2번째 던졌을 때 앞면이 나올 확률

---

63) Imre Lakatos, *Falsification and the Methodology of Scientific Research Programmes*(1970); Paul Feyerabend, *Against Method: Outline of an Anarchistic Theory of Knowledge*(1975).

은 2분의 1일까 2분의 1보다 작을까? 답은 2분의 1보다 작다는 것이다. 다음 문제. 홍길동에게 자식이 2명인데 한 명이 아들이다. 다른 한 명도 아들일 확률은? 대부분의 사람들은 확률이 50 대 50일 것이라고 하겠지만, 베이즈정리에 따르면 그 확률은 3분의 1이 된다.[64] 그 다음 문제. 3개의 문이 있다. 하나의 문 뒤에 경품(자동차)이 있고 나머지의 2개의 문은 비어 있는데, 처음에 문을 고르자 다른 비어 있는 문 하나가 열렸다고 하자. 원래의 선택을 유지하는 것이 좋을까 선택을 바꾸는 것이 좋을까 아니면 어떻게 하든 상관이 없을까. 대부분의 사람들은 어떻게 하든 2개의 문 중의 하나이므로 확률은 50 대 50이라고 생각할 것이다. 그러나 그렇지 않다. 선택을 바꾸면 확률이 2배로 늘어난다.[65]

베이즈주의적 과학은 이렇게 설명된다. 어떤 가설 h가 참일 확률이 P(h)라면, e라는 명제가 진실이라는 것이 밝혀질 경우 h가 참일 가능성은 어떻게 변화하는가? 베이즈주의자는 h가 참일 가능성은 e가 진실일 확률로 h가 참이라고 가정했을 때, e가 진실일 확률로 나눈 숫자만큼 더 커진다고 한다. 예를 들어 '해는 동쪽에서 뜬다'라는 가설이 있다고 하자. 그리고 이를 증명하기 위해 10월 10일 아침에 해가 동쪽에서 뜬 것을 보았다고 하자. 위 가설이 참일 확률은 얼마나 늘어나는가? 우선 해가 동쪽에서 뜬다는 가설이 참이라고 했을 때, 해가 동쪽에서 뜰 확률은 매우

---

[64] 복잡한 확률 계산 이전에 상식 수준에서 문제를 보면 두 명의 자식을 낳았을 경우 동일한 확률의 4가지 경우가 있다. 첫째가 아들, 둘째도 아들/ 첫째가 아들, 둘째는 딸/ 첫째가 딸, 둘째는 아들/ 첫째가 딸, 둘째도 딸. 이제 한 명이 아들이라는 정보를 알고 있으므로 4번째 경우는 제거된다. (아들, 아들), (아들, 딸), (딸, 아들)의 3가지 경우에서 한 명이 아들일 경우
나머지 한 명이 아들인 경우는(아들, 아들) 1경우 이므로 답은 1/3=33.33…%
베이즈정리를 이용해 문제를 풀어보자.
P(둘 다 아들/ 한 명이 아들)=[P(한 명이 아들/둘 다 아들)]×[P(둘 다 아들)]×[P(한 명이 아들)]
P(한 명이 아들/ 둘 다 아들)=1
P(둘 다 아들)=1/4
P(한 명이 아들)=3/4
이 값을 원식에 대입하면 P(둘 다 아들/ 한 명이 아들)=1×(1/4)×(4/3)=1/3이다
그러므로 답은 1/3=33.33…%다. 앞의 http://synap.tistory.com/페이지에서 인용함.
[65] 이 문제는 Monty Hall 문제라는 매우 유명한 퍼즐로서 1980년대의 미국의 텔레비전 쇼 Let's Make a Deal의 쇼호스트 이름 Monty Hall의 이름을 딴 것이다. 이 문제에 대한 답은 베이즈정리를 사용하면 구할 수는 있지만 직관적으로 이해하기 어렵다. 유명한 수학자들도 이 문제에 대한 답을 이해하지 못하고 있다.

높아 1이다. 해가 동쪽에서 실제로 뜰 확률은 지금까지의 경험으로 보았을 때 1에 가깝다. 그렇다면 위 가설이 참일 확률은 1/1=1의 비율로만 늘어났을 뿐이다. 예를 들어 일반상대성이론을 그 가설이라고 하자. 이를 증명하기 위해 일식 시점에서 빛이 달의 중력에 의해 휘는지를 관찰했다고 하자. 일반상대성이론이 참이라고 했을 때, 일식 때 빛이 달의 중력에 의해 휠 확률은 1에 가깝다. 하지만 그때까지의 경험으로 보아 빛이 달의 중력에 의해 휠 확률은 매우 적다. 그렇다면 위의 실험을 통해 일반상대성이론이 참일 가능성은 매우 높아졌다고 보인다.

베이즈주의의 단점은 어떠한 관찰이 이루어지지 않을 확률은 과학자들의 주관적인 믿음에 근거한 것이고, 그렇다면 위와 같은 계산을 통해 얻어지는 확률은 역시 과학자들의 새로운 주관적인 믿음일 뿐이라는 것이다. 또 과연 새로운 증거 e가 나타나기 전의 확률 P(h)는 어떻게 계산되는가? 예를 들어 상대성이론이 일식 실험 이전에 참일 확률은 무엇인가? 아니 그와 같은 확률의 개념화 자체가 가능한가?

베이즈주의는 위와 같은 이유로 결국 과학철학의 주류가 되지는 못하지만 베이즈정리와 조건부확률은 법적 사실인정에 있어서 과학적인 이론에 정황적 증거력을 부여하는 매우 중요한 통로가 되었다. 하지만 바로 베이즈주의에 제기된 비판과 똑같은 비판이 조건부확률에도 제기되어 과학적 이론에 정황적 증거력을 부여할 것인가는 아직도 난점으로 남아 있게 된다.

마. 소결

정리하자면, 진실은 반증이 나타나기 전까지의 잠정적인 가설일 뿐이다. 나아가 그 가설의 근거 또는 그 가설에 대한 반증을 이루는 관찰도 패러다임이론으로 대표되는 이론 의존성을 벗어날 수 없으며, 베이즈주의로 대표되는 확률주의만이 진실의 상대적 개연성을 평가하는 방법으로 제시되고 있을 뿐이다.

3장
모욕죄의 유래 및 보호법익
— '사회상규'에 의한 면책방식에 대한 평가

"형사상 명예훼손은 성질상 진위를 검증할 수 없는 표현에는 적용되어서는 아니 된다"
 UN인권위원회 표현의 자유에 대한 일반논평 34호, 47문.

  헌법재판소는 여러 차례 표현의 자유의 중요성을 밝힌 바 있는데1) 리딩케이스인 95헌가16 판결에서 "민주주의는 사회 내 여러 다양한 사상과 의견이 자유로운 교환과정을 통해 여과 없이 사회 구석구석에 전달되고 자유로운 비판과 토론이 활발하게 이루어질 때에 비로소 그 꽃을 피울 수 있게 된다. 또한 언론출판의 자유는 인간이 그 생활 속에서 지각하고 사고한 결과를 자유롭게 외부에 표출하고 타인과 소통함으로써 스스로 공동사회의 일원으로 포섭되는 동시에 자신의 인격을 발현하는 가장 유효하고도 직접적인 수단으로서 기능한다"라고 하여 의견도 당연히 표현의 자유의 영역에 포함됨을 밝힌 바 있다.

  형법 제311조는 "공연히 사람을 모욕한 자는 1년 이하의 징역이나 금고 또는 200만 원 이하의 벌금에 처한다"고 규정하고 있고 보통 욕설을 금지하는 것으로 이해된다. 그런데 욕설은 타인에 대한 증오나 경멸의 표현으로서 극단적이기는 하나 어찌되었든 타인에 대한 평가로서 개인의 견해 중 하나다. 이 글에서는 타인에 대한 견해표명을 금지하는 형법 제311조에 대해 논의해보고자 한다.

  2008년도에 당시 한나라당(현 새누리당)이 모욕죄를 친고죄에서 반의사불벌죄로 전환해 모욕을 당한 사람의 고소가 없이도 검찰이 모욕적 언사를 사용한

---

* 이 글은 『언론과 법』(2011. 12)에 게재된 글을 수정·보완한 것이며 김가연과의 공저임.
1) 헌법재판소 1993.05.13. 91헌바17, 판례집 51, 275-284; 헌법재판소 1996.10.04. 93헌가13등, 판례집 82, 212-222; 헌법재판소 2001.08.30. 2000헌가9, 판례집 132, 134-148 등 참조.

자를 처벌하도록 한 것에 대해서(소위 '사이버모욕죄') 시민단체들이 '권력을 가진 자들이 모욕죄 고소라는 도덕적 장애물을 넘지 않고 자신들에 대한 비난을 입막음하기 위한 입법'이라며 반대해 크게 논란이 되었다. 이때 많은 문헌이 인터넷 공간의 특수성이나 고소 요건 폐지의 당부 등을 들어 소위 '사이버모욕죄'를 평가한 문헌들은 많이 있으나 모욕죄 자체를 헌법적으로 평가한 경우는 드물었다.[2)]

이 장에서는 모욕죄 자체를 헌법적으로 평가하기보다는 그 평가의 대상이 되는 모욕죄의 해석에 중점을 두고자 한다.

1. 모욕적 표현도 헌법적 보호를 받는가?

헌법재판소는 일반적으로 가치가 높지 않다고 여겨지는 상업적 표현 및 음란물 등도 헌법적 보호대상이 된다고 판시한 바 있다. 상업적 광고도 언론출판의 자유의 보호를 받는다고 했으며,[3)] 심지어는 "'청소년이용음란물' 역시 의사 형성적 작용을 하는 의사의 표현 · 전파의 형식 중 하나임이 분명하므로 언론출판의 자유에 의해 보호되는 의사표현의 매개체라는 점에는 의문의 여지가 없다"[4)]고 한 바 있다.

특히 "헌법 제21조 제4항은… 언론출판의 자유에 대한 제한의 요건을 명시한 규정으로 볼 것이고, 헌법상 표현의 자유의 보호영역 한계를 설정한 것이라고는 볼 수 없다. 따라서 음란표현도 헌법 제21조가 규정하는 언론출판의 자유의 보호영역에는 해당하되, 다만 헌법 제37조 제2항에 따라 국가 안전보장 · 질서유지 또는 공공복리를 위해 제한할 수 있는 것이라고 해석해야 할 것이다"라고 하면서,[5)] 음란표현도 헌법 제21조가 규정하는 언론출판의 자유의 보호영역 내에 있다고 보고,

---

2) 박경신, "모욕죄의 위헌성과 친고죄 조항의 폐지에 대한 정책적 고찰", 『고려법학』, 2009년 52호, 고려대학교 법학연구원, pp.263-299. 독일에서는 모욕죄 자체가 명확성의 원칙을 위반한다는 논의가 있다. Ralf Stark, Ehrenschutz in Deutschland 26(1996). p.139.
3) 헌법재판소 2002.12.18. 선고 2000헌마764 결정, 판례집 제14권 2집, 856-867 참조.
4) 헌법재판소 2002.04.25. 선고 2001헌가27 결정, 판례집 제14권 1집, 251-265 참조.
5) 헌법재판소 2009.05.28. 선고 2006헌바109 결정, 판례집 제21권 1집 하, 545-560 참조.

종전에 이와 견해를 달리해 음란표현은 헌법 제21조가 규정하는 언론출판의 자유의 보호영역에 해당하지 아니한다는 취지로 판시한 헌법재판소의 의견을 변경했다.[6]

결론적으로 형법 제311조는 공연히 사람을 모욕하는 행위를 금지하고 있는바, 모욕적 언사도 의사표현에 해당하므로 언론출판의 자유의 보호를 받는다는 점에서는 의문이 없다. 따라서 이 조항은 헌법적 보호를 받는 모욕적 의사표현을 금지함으로써 표현의 자유를 제한하고 있다.

2. 모욕죄의 유래와 보호법익

모욕죄에 대한 헌법적 평가에 앞서 판단해야 할 것이 모욕죄의 보호법익이다. 헌법상 과잉금지원칙 심사 등을 하기 위해서는 모욕죄의 보호법익과 모욕죄처벌에 의한 기본권제한을 교량하는 과정을 거칠 수밖에 없기 때문이다.

가. 다수설에 대한 문제의 제기 – 모욕죄의 보호법익

우리 다수설은 모욕죄의 보호법익이 명예감정이 아니라 외부적 명예, 즉 사회적 평가라고 규정하고 있다. 여기서는 과연 모욕죄의 보호법익이 사회적 평가인가에 대해 다룬다.

우리 형법은 제33장에서 '명예에 관한 죄'란 제목 하에 명예훼손죄와 모욕죄를 같이 규정하고 있다. 그리고 대법원은 "명예훼손죄와 모욕죄의 보호법익은 다같이 사람의 가치에 대한 사회적 평가인 이른바 **외부적 명예**인 점에서는 차이가 없으나 다만 명예훼손은 사람의 사회적 평가를 저하시킬 만한 구체적 사실의 적시를 하여 명예를 침해함을 요하는 것으로서, 구체적 사실이 아닌 단순한 추상적 판단이나 경멸적 감정의 표현으로서 사회적 평가를 저하시키는 모욕죄와 다르다"[7]라

---

6) 헌법재판소 1998.04.30. 선고 95헌가16 결정, 판례집 101, 327, 340-341 참조.
7) 대법원 1987.05.12. 선고 87도739 판결 참조.

고 하여 명예훼손죄와 모욕죄의 보호법익을 동일하게 '외부적 명예', 즉 사회적 평가라고 보고 있다. 또, 다수설에 따르면 모욕죄는 명예훼손죄로부터 독립된 구성요건이지만 양자는 일반법과 특별법의 관계이고 모욕죄는 일반적인 포괄구성요건이며, 따라서 명예의 장에 규정된 개별적 구성요건에 해당하지 않는 나머지 명예법익훼손행위는 유추적용금지에 저촉되지 않는 범위 내에서 일반적 포괄구성요건인 모욕죄에 의해 규율되고, 이 한에서 모욕죄는 일반법, 그 밖의 명예에 관한 죄의 개별구성요건은 특별법의 위치에 선다고 한다.

그런데 아무런 사실의 적시 없이 단순한 추상적 판단이나 경멸적 감정의 표현으로 사회적 평가, 즉 외부적 명예를 저하시키는 게 과연 가능한지 생각해보아야 한다. 예컨대 길을 지나가던 A가 전혀 모르는 사람인 B에게 공연히 "개X끼야"라고 욕을 하는 경우를 상정해보면, 이 경우 B의 사회적 평가가 저하된다기보다는 오히려 타인에게 함부로 욕을 하는 A의 사회적 평가가 저하되는 것이 일반적일 것이다.[8] 그리고 여기서 B가 A를 모욕죄로 고소한다면, 이는 B가 자신의 사회적 평가가 저하되었음을 우려해서라기보다는 그런 욕을 들으면서 느낀 모욕감 때문일 것이다.

이에 대한 전원열 전 판사도 견해를 같이 하고 있다.

> 우리나라 형법 교과서는 모욕(侮辱)도 명예훼손(名譽毀損)과 마찬가지로 그 보호법익이 사람의 외적(外的) 명예(名譽)라고 보고 있다. 예컨대 이재상, 『형법각론』(박영사, 1996), p.182. 즉, 명예감정이 모욕죄의 보호법익이 아니라는 것이다. 그러나 위에서 언급했듯이, 욕설을 하는 그 행위자의 사회적 평가가 저하되는 것이지, 구체적 사실내용이 없는 욕설을 당하는 사람에 대한 사회적 평가가 저하될 리는 없으므로, 위 설명은 그 자체로 모순이 아닌지 의문이다.[9]

---

8) 전원열, "명예훼손 불법행위에 있어서 위법성요건의 재구성", 서울대학교 법학박사학위논문, 2001년 7월, p.241. "예컨대 타인을 '개새끼', '멍청이'라고 부르더라도 이는 명예훼손은 아니라는 것이다. 그런 욕설이 아무리 더럽고 모욕적이고 추잡하다 하더라도, 대상자의 등급을 떨어뜨리는 구체적인 내용이 없는 한, 명예훼손법에 의해 구제받을 것은 아니라는 것이다. Curtis Publishing Co. v. Birdsong, 360 F.2d 344, 348(5th Cir. 1966) 참조.
9) 전원열, 앞의 글, p.241.

나. 모욕죄의 기원 – 주관적 명예감정의 보호

여기서 모욕죄의 유래를 살펴보자. 현행 모욕죄(형법 제311조)는 일본 형법 규정 제231조(모욕죄)에 기초한 것이다. 일본 형법의 규정은 독일 형법(StGB § 185)에서 계수된 것으로 보이는데, 일본의 또 다른 식민지였던 대만(형법 제309조)을 포함한 위의 4개국 외에 모욕죄 조항을 두고 있는 나라는 전 세계에 없다.10) 참고로 미국은 미연방대법원이 1971년 Cohen 판결에서 욕설에 대한 규제 자체를 금지했다.11)

그렇다면 세계 모욕죄 시스템의 원류라고 볼 수 있는 독일의 모욕죄의 유래는 다음과 같이 파악된다.

"명예에 관한 죄는 고대 로마법과 게르만법에서 그 연혁을 발견할 수 있다. 로마법에서는 명예훼손죄를 의미하는 injuria가 인격침해죄의 하나로 인정되었다. 이는 고유한 의미에서의 명예침해(infamatio) 외에 상해, 주거침해 및 사생활침해와 같은 객관화된 개인의 인격권침해를 포함했다. 이후 상해, 주거침해 및

---

10) "사이버 모욕죄 관련조사", 국회입법조사처, 2008년 11월, p.5. 이 문헌은 프랑스도 모욕죄를 가지고 있는 것으로 분류하나 사문화되어 있고 '혐오죄'만이 실제로 적용되고 있다고 한다. James Q. Whitman, "Enforcing Civility and Respect: Three Societies", 109 Yale Law Journal 1279, p.1356(April 2000) 아래는 관련 조항들.

Press et Communication, Loi du 29 juillet 1881, Appendix to NOUVEAU CODE PENAL, art 29, 1905, 1933 ch. IV(98th ed. Dalloz 1999((Fr.)

(ord. 6 mai 1944) Every allegation or imputation of a fact that affronts the honor or the esteem of a person or of the organization about which the fact is imputed is a defamation. The publication, whether direct or by means of reproduction, of such allegation or imputation is punishable, even if it is made in dubitative form or if it is aimed at a person or an organization not expressly named, but the identification of which is made possible by the terms of the discourse, ejaculations, threats written or printed, placards, or posters subject to prosecution. **Every gross insult, term of contempt or invective that does not include the imputation of any fact is an insult.** C. PEN., Contraventions, art. R. 621-2(96th ed. Dalloz 1999)

A nonpublic insult against a person if it has not been preceded by a provocation, shall be punished by a fine contemplated for contraventions of the first class… .

id. Penes, art. 131-12 Punishments for contraventions incurred by the physical person are:(1) Fines… .

id. art. 131-13 The amount of the fine is the following:(1) 250 francs at the most for contraventions of the first class.

11) Cohen v. California, 403 U.S. 15(1971).

사생활침해가 각각 독립된 범죄의 지위를 차지하게 됨에 따라 injuria는 명예침해죄로 고정되었고, 이 객관적 관점에서 법적·도덕적 생활에서의 인격침해를 중시했다. 이에 반해 게르만법의 명예에 관한 죄는 명예감정을 침해하여 피해자에게 모욕을 주는 주관적 측면을 중시했다. 게르만법에서의 명예란 이처럼 인격적 명예감정을 의미하는 주관적 명예개념 위주였다. 이와 같은 로마법의 객관적 관점과 게르만법의 주관적 관점은 18세기에 이르러 독일의 입법에 의해 서로 접근하게 되었다. 즉, 1794년의 프로이센 일반란트법은 명예에 관한 죄로서 명예훼손죄와 모욕죄에 대한 상세한 규정을 두었고(§538 이하), 이러한 태도가 1851년의 프로이센 형법(§152 이하), 1871년의 독일제국 형법(§185 내지 §200)을 거쳐 현행 독일 형법에 이르기까지 유지되고 있다."[12]

모욕죄는 게르만법의 주관적 관점이 반영된 명예에 관한 죄이며, 그렇기 때문에 서구국가 중에서 유일하게 모욕죄를 두고 있었던 것이다. 그리고 이렇게 주관적 관점이 반영되어 있기 때문에 모욕죄는 공소가 아니라 원칙적으로 사소(私訴, Privatklage)에 의해서 기소가 이루어지도록 하고 있어 원칙적으로는 모욕피해자만이 기소를 할 수 있도록 하고 있는 것이다.[13]

독일 판례도 명확하게 명예훼손죄와 모욕죄를 다음과 같이 구분하고 있다.

"모욕"은 타인에 대한 존경심의 부재, 저평가 또는 경시의 표현을 통해 타인의 명예를 공격하는 것이다. 형법 제186조와 제187조[명예훼손]는 타인에 대한 사실적 명제를 제3자들에게 전달해 그 제3자가 그 명제의 대상자에 대해 경시하도록 만드는 행위를 처벌한다. 이에 반해 제185조는 표현자 자신의 경시를 표현하는 행위를 처벌하므로 제3자에게 "모욕적 언사"가 전달될 필요가 없다.[14]

이렇게 모욕적 언사가 제3자에게 전달되지 않아도 모욕죄가 성립한다는 것은 독일의 모욕죄의 보호법익이 사회적 평가가 아니라 명예 감정이기 때문일 것이다.

---

12) 박재윤 외, 『주석형법(각칙 4) 제3판』, 한국사법행정학회, 2006, 제33장 명예에 관한 죄, pp.372-373 참조.
13) Whitman, 전게서, p.1298. 단, 공익적인 사안에 대해서는 검찰이 개입할 수 있다. §376 StPO.
14) OLG [Court of Appeals for Selected Matters], NJW, 38(1985), 1720(F.R.G.).

독일의 문헌에서 모욕죄의 보호법익이 '외부적 명예'라고 설시하는 것은 '제3자의 모욕대상자에 대한 저평가'를 의미하는 것이 아니라 '화자의 모욕대상자에 대한 저평가'일지라도 그 저평가가 '외부적 기준'에 따른 저평가라야 한다는 것이다. 즉, 타인에 대한 단순한 거부는 모욕죄가 아니다. 예를 들어, "난 당신이 싫다"라거나 그러한 증오심을 담은 표현은 모욕죄를 성립하지 않는다. 모욕죄는 모욕대상자의 (1) 도덕적 가치, (2) 인간으로서의 가치(예를 들어 이성적 능력), 또는 (3) 사회적 가치와 같은 기준에 비추어 타인을 저평가하는 내용을 담고 있을 때 비로소 성립하게 된다.[15]

특히 19세기 독일법학자들은 '외부적 명예'의 훼손이 있어야 한다고 강조했는데 여기서 '외부적'이란 의미는 언사의 내용이 모욕대상자의 사회적 지위에 동반되는 경외심을 배제하고 있어야 한다는 의미였다. 이에 따라 독일의 모욕죄 성립여부를 판단함에 있어 "명예에 대한 침해의 정도는 동일한 기준에 따라 측정되는 것이 아니라 '모욕당한 자'의 사교범위를 지배하는 규범에 따라서 다르게 측정되었다."[16]

이에 따라 1800년대 초반에는 '존경하는', '친애하는' 등의 존칭을 사용하지 않은 것에 대해서도 모욕죄 적용 여부가 논의되었다.[17] 이것은 독일의 모욕죄가 귀족들 간의 결투제도에서 기원한 것으로 보인다는 견해와도 부합하는 것으로 보인다. 즉, 귀족이 타인으로부터 자신의 지위에 맞는 대우를 받지 못해 모욕당했다고 생각할 때 그 타인을 주관적으로 징벌하기 위해 결투를 신청했는데, 모욕죄는 이러한 결투제도의 폭력성을 제거하기 위해 결투제도를 형사벌제도로 치환한 결과로 여겨진다.[18] 프랑스의 경우 결투제도를 아예 인정하지 않아 폭행살인죄

---

15) Whitman, 전게서, p.1324(Schönke-Schröder Strafgesetzbuch §185, pp.1385-6(Theodor Lenckner et al. eds., 25th ed. 1999)(F.R.G.)를 인용하며)

16) Whitman, 전게서, p.1324(38 Archiv für Strafrecht 434-435 n.4(Berlin, Decker 1891)를 인용하며)

17) Whitman, 전게서, p.1321.

18) Whitman, 전게서, p.1314[다음의 독일문헌들을 설명하며: Jörg Tenckhoff, Die Bedeutung des Ehrbegriffs für die Systematik der Beleidigungstatbestände 20(1974); Friedrich Kübler, Ehrenschutz, Selbstbestimmung, und Demokratie, 52 NJW 1281(1999)(모욕죄의 위헌성을 주장한 논문이며 Beleidigung 형법조항 바로 뒤에 결투에 대한 조항이 있었다가 추후에 결투조항만

로 다룬 것과 대조된다.[19] 실제로 1840년 하노버법상의 모욕죄는 조문 상으로 모욕행위자의 사회적 지위나 그와 모욕피해자와의 관계에 있어서 모욕행위자가 모욕피해자에게 존경과 대우를 해야 하는 상황인 경우에만 성립했다.[20]

1870년 제국형법조항에서부터 이러한 요건이 없어지면서 누구나 모욕죄의 피해자로 인정받을 수 있게 되었으나 학설이나 판례상으로는 계속해서 모욕죄는 "높은 사회적 지위에 걸맞은 대우를 받지 못했을 때의 명예감 훼손"을 보호하기 위한 것으로 해석되었다. 그 후 1930년대 나치 독일 하에서 '아리안계 독일인'이라면 외국인이나 다른 민족과 달리 최소한의 예우를 받을 수 있다는 논리 하에 보편적으로 적용가능하게 되었고, 이때 '외부적 명예'와 '내부적 명예' 사이의 구분도 없어졌다고 한다.[21]

다. 공연성 문제 및 명예감정의 불명확성 문제

이렇게 모욕죄가 주관적인 명예개념, 즉 명예감정을 보호하기 위해 생겨난 것이고, 법원판결의 대상이 된 사실관계를 볼 때 명예감정이 보호법익으로 보임에도 불구하고 우리나라의 판례와 학계의 다수설은 모욕죄의 보호법익을 외부적 명예로 보고 있는 이유는 크게 보면, (1) 우리나라의 모욕죄 조항은 일본 및 대만과 같고, 독일과 다르게 모욕죄의 구성요건으로 '공연성'을 요구할 뿐만 아니라, (2) 주관적인 명예감정은 객관적으로 판단하기 힘들어 법적 보호의 대상으로 하기에는 부적절하기 때문이라는 것이다.[22]

공연성에 관해 보건대, 한 사람이 느끼는 명예감정은 틀림없이 모욕을 공적인 공간에서 당했는가, 사적인 공간에서 당했는가에 따라 그 깊이가 달라질 수밖에

폐지되었음을 설명함); Rüdiger Koewius, Die Rechtswirklichkeit der Privatklage 64-95(1974)].
19) Robert A. Nye, Masculinity and Male Codes of Honor in Modern France 134(1993).
20) Whitman, ibid., p.1320(다음 독일법전을 인용하며: Criminalgesetzbuch für das Königreich Hannover [Criminal Code for the Kingdom of Hannover], v. 8.8.1840 ch. 10, art. 265, reprinted in 2 Sammlung der deutschen Strafgesetzbücher 140(M. Stenglein ed., Munich, Keiser 1858).
21) Whitman, 전게서, p.1324.
22) 『주석형법』, pp.379-380.

없다. 즉, 공연성의 요건이 추가된 것은 심대한 모욕감만을 구제하겠다는 입법적 판단일 수 있다.

그런데 "명예감정은 객관적으로 판단하기 힘들어 보호법익이 될 수 없다"는 다수설의 주장은 "모욕죄는 선험적으로 볼 때 외부적 명예의 훼손에만 적용되어야 한다"는 당위적인 것이라면 필자는 전적으로 동의한다. 다수설의 뜻대로 모욕죄가 외부적 명예만을 보호한다면 명예감정을 보호하려는 법이 존재하지 않는다는 것이므로 헌법적으로 문제가 없다.

그런데 문제는 아래에서 밝히겠지만 법원의 판례들을 객관적으로 해석해보았을 때 법원은 겉으로는 주관적으로는 외부적 명예의 훼손만을 규제하고 있다고 선언하고 있지만, 실제로는 개인적 주관적인 명예감정의 훼손을 규제하고 있는 것으로 보인다.

라. 판례의 태도

논리상 단순한 증오감이나 혐오감의 표현이 그 대상의 외부적 명예(즉, 평판)를 저하시킨다는 것은 불가능하다는 점은 위에서 언급했다. 판례에서도 대법원과 헌법재판소 모두 공히 모욕죄의 보호법익을 외부적 명예라고 선언하고는 있지만, 실제 적용된 사례를 보면 모욕의 대상이 받는 감정, 즉 내부적 감정을 중심으로 사고하고 있지 모욕적인 말을 옆에서 들은 제3자의 생각을 중심에 두고 있지 않는 것으로 보인다.

대법원이 모욕적 언사로 인정한 욕설의 예를 몇 가지 들면 (1) "빨갱이 계집년", "만신(무당)", "첩년",[23] (2) "야 이 개같은 잡년아, 시집을 열두 번을 간 년아, 자식을 못 낳는 창녀 같은 년",[24] (3) "늙은 화냥년의 간나, 너가 화냥질을 했잖아",[25] (4) "저 망할 년 저기 오네"[26] 등이 있는데, 법원이 이렇게 매우 주관적인 증오와

---

23) 대법원 1981.11.24. 선고 81도2280 판결.
24) 대법원 1985.10.22. 선고 85도1629 판결.
25) 대법원 1987.05.12. 선고 87도739 판결.
26) 대법원 1990.09.25. 선고 90도873 판결.

경멸의 분출들을 타인들이 그 사람에 대한 진정한 평가라고 판단해 그 사람의 사회적 가치를 낮게 평가할 우려가 있기 때문은 아닐 것이다.

또 헌법재판소는 만취된 상태에서 경찰관에게 욕을 한 사람이 제기한 모욕죄 위헌소원[27]에서 합헌결정을 내리면서 모욕죄의 보호법익이 '외부적 명예'라고 선해하고 있지만, 과연 실제 모욕죄 고소를 한 경찰관은 만취자로부터 들은 욕 때문에 자신에 대한 사회적 평가가 저해되었다고 생각했을까?

또한 최근 대법원은 "부모가 그런 식이니 자식도 그렇다"라는 표현으로 인해 "상대방의 기분이 다소 상할 수 있다고 하더라도 그 내용이 너무나 막연해 그것만으로 곧 상대방의 명예감정을 해하여 형법상 모욕죄를 구성한다고 보기는 어렵다"고 하여 모욕죄의 보호법익을 명예감정으로 보는듯한 판시를 한 바 있다.[28]

다수설과 달리, 모욕죄는 논리적으로, 비교법-연혁적으로, 판례의 객관적 해석으로 볼 때 그 보호법익은 명예감정이다. 다시 말하지만, "모욕죄가 외부적 명예만을 보호해야 한다"는 다수설의 당위적 주장에는 필자는 100% 동의하지만 "현재 모욕죄가 외부적 명예만을 보호하고 있다"는 사실적 판단에는 동의할 수 없다.

그럼에도 불구하고 여기서 필자는 모욕죄의 보호법익이 명예감정이라고 단정하려는 것은 아니다. 모욕죄의 보호법익이 무엇이 되든 헌법적으로 중요한 것은 모욕죄가 '객관적 판단이 어려운' 명예감정을 보호하는 형벌로 존재해서는 아니된다는 것이다. 필자는 다음 장에서 모욕죄가 헌법상 명확성의 원칙에 있어서 심각한 문제가 있다고 주장할 것인데, 모욕죄의 보호법익을 다수설도 이미 '객관적으로 판단하기 어렵다'는 명예감정으로 규정해놓고 모욕죄 적용의 불명확성을 따지면 필자의 기획은 '아전인수'격 해석이 되어버릴 것이다.

그렇다면 중요한 것은 법원이 모욕죄를 해석할 때 다수설이 요구하는 대로 '외부적 명예'를 훼손하는 경우에만 유죄판단을 해야 하는데, 실제로 그렇지 못한 것이 문제다. 예를 들어 법원이 모욕죄를 인정한 표현들 중 (1) "노래방하는 건물

---

27) 헌법재판소 2011.06.30. 2009헌바199 결정(형법 제311조 위헌소원).
28) 대법원 2007.02.22. 선고 2006도8915 판결.

주인한테 술을 얻어먹고 돈을 받았겠구나. 그러니까 차를 빼라고 하지",29) (2) "악질 친일분자의 후손",30) (3) "보험사기 했잖아!"31) 등의 표현을 보면, (1)의 경우는 노래방 주인으로부터 대접을 받았다는 사실의 적시에 가깝다고 할 것이고, (2)의 경우는 친일파의 후손이라는 의미로서 이 또한 사실의 적시에 가깝다고 볼 수 있을 것이다. 그리고 (3)의 경우도 보험금을 탔다는 것을 과장되게 비난하는 것으로서 사실의 적시에 가깝다고 보인다. 이러한 판결들은 모두 합헌적 적용이라고 보여진다.

마. 결론: 명백하고 임박한 위험의 원칙 위반

모욕죄의 보호법익이 명예감정이라면 그 자체로 위헌성이 높다고 할 것이다. 모욕죄의 보호법익이 명예감정이라면 모욕죄는 우리 헌법재판소도 국가보안법 사건에서 "국가의 존립 · 안전을 위태롭게 하거나 자유민주적 기본질서에 실질적 해악을 미칠 명백한 위험성이 있는 행위에 대해서만 적용된다"고 판시하면서 도입했다고 볼 수 있는 명백하고 임박한 위험의 원칙32)을 위반한다.33) 명백하고 임박한 위험의 원칙은, 표현에 대한 규제는 표현과 해악 사이에 밀접한 인과관계가 있어서 그 표현이 해악을 초래할 명백하고 임박한 위험이 있을 경우에만 헌법적으로 허용된다는 의미로서 '사람이 가득 찬 극장에서 불났다고 소리 지르기'의 은유로 명징하게 표현된다.34)

그렇다면 명예감정의 훼손, 즉 모욕이 과연 모욕적 언사의 규제를 정당화할 수 있는 '위험'이라고 볼 수 있을까? '명백하고 임박한 위험' 심사는 헌법심사에서 가장 엄격한 심사기준으로서 미연방대법원은 'Fuck the Draft'라는35) 표현에 대해

---

29) 부산지방법원 2008.07.23. 선고 2008고정889 판결.
30) 대법원 2007.03.15. 선고 2007도210 판결.
31) 대법원 2010.06.10. 선고 2010도1777 판결.
32) 헌법재판소 1990.04.02. 선고 89헌가113 결정, 판례집 제2권, 49, 62-63 참조.
33) 명백하고 임박한 위험의 원칙은 과잉금지의 원칙의 특별한 경우로서 표현의 자유에 대한 내용적 규제에 적용되는 원칙으로서 엄격심사의 일종이라고 볼 수 있다.
34) 성낙인, "제3장 표현의 자유", 『헌법재판소 헌법재판연구』, 1995년 6권, p.181.
35) 당시 베트남전 참전을 위한 강제징용(draft)이 이루어지고 있었고 이에 대한 혐오감을 드러낸

서 "아무리 저급한 방식으로 표현의 자유를 남용해 불쾌해 보이더라도… 근본적인 사회적 가치가 연루되어 있다"며 "언사는… 사상을 전달하기도 하지만 설명이 불가능한 감정도 전달한다"면서 언사가 불쾌하다는 이유만으로 규제하는 것은 그러한 감정전달기능을 훼손하는 것이라고 판시했다.[36]

기본적으로 '불쾌감'은 불쾌한 표현을 처벌할 명백하고 현존한 위험이 될 수 없음을 전제로 한 판시다. Fuck the Draft는 특정인에 대한 것은 아니고 객관적인 표현이기는 하나 객관적인 표현의 저급성에서 오는 '불쾌감'은 자신에 대한 표현의 저급성에서 오는 '모욕감'과 깊은 연관을 가지고 있을 것이며 모욕죄에 대한 헌법적 평가에 대해 시사하는 바가 크다고 하겠다.

물론 모든 모욕감이나 불쾌감이 항상 규제를 정당화하는 '명백하고 임박한 위험'이 되지 못하는 것은 아니다. 모욕죄와는 달리 상당수 국가들이 소수에 대한 언어적 차별이나 혐오적 언사를 '혐오죄'로 처벌하고 있고 이는 소수자들의 명예감정을 보호하기 위한 것이다.[37] 이 법이 헌법적으로 정당화되는 이유는 인류 역사 속에서 가장 끔찍한 학살, 그리고 가장 체계적이고 지속적인 차별이 인종, 종교 등의 사유로 벌어졌기에 이러한 사유에 따른 차별을 막는 것은 매우 중대한 일이기 때문이다.

그러나 모욕죄는 그렇게 중대한 '위험'을 발생시키는 언사만을 규제하는 것이 아니다. 모욕감은 그 말 자체보다는 화자와 청자 사이의 관계 및 상대적 지위, 말의 맥락, 청자의 자존감 등에 의해 발생여부와 그 정도가 달라질 것인데 이에 대한 자세한 규정 없이 독일, 일본, 대만, 우리나라의 모욕죄 모두 단순히 '모욕'이라는 순환적인 정의만을 담고 있다.

표현이었다.

36) Cohen v. California, 403 U.S. 15(1971).

37) 박경신, 전게서. 대표적으로는 Council of the European Union—Framework decision on Racism and Xenophobia(19 April 2007)이 있다. 혐오죄의 국가별 정리는 http://www. legislationline.org/?tid=218&jid=21&less=false을 참조할 것.

3. 모욕죄의 현행 '2단계' 적용방식에 대한 평가

모욕죄의 적용방식은 명확성의 원칙 입장에서 별도로 평가될 수 있다.

가. 명확성의 원칙에 있어서의 '엄격심사'

형법 제311조는 형벌조항에 해당하면서 표현의 자유에 대한 제한입법이므로 더욱 엄격한 의미의 명확성원칙이 적용된다. 첫째, 표현의 자유를 규제하는 입법에 있어서 명확성의 원칙은 보다 엄격하게 적용되며 영미법에서 이는 '막연하기 때문에 무효(void for vagueness)'라는 원칙으로도 표현된다. 불명확한 규범에 의한 표현의 자유의 규제가 문제되는 것은 '위축효과(chilling effect)' 때문이다.[38] 헌법재판소는 "표현의 자유를 규제하는 법률은 그 규제로 인해 보호되는 다른 표현에 대해 위축적 효과가 미치지 않도록 규제되는 표현의 개념을 세밀하고 명확하게 규정할 것이 헌법적으로 요구된다"[39]고 판시한 바 있다. 둘째, 모욕죄는 형사벌 조항이므로 '국가형벌권의 자의적(恣意的) 행사로부터 개인의 자유와 권리를 보장하려는 법치국가 형법의 기본원칙'인 죄형법정주의를[40] 충족시켜야 한다.

물론 모든 법규범의 문언을 완벽하게 구성하는 것은 불가능하므로, 입법자는 어느 정도 가치개념을 포함한 일반적 · 규범적 개념을 사용하지 않을 수 없으며, 헌법재판소는 "법 문언이 법관의 해석을 통해서, 그 의미내용을 확인해낼 수 있고, 그러한 보충적 해석이 해석자의 개인적인 취향에 따라 좌우될 가능성이 없다면 명확성의 원칙에 반한다고 할 수 없다"고 한 바 있다.[41] 대법원 또한 "다소 광범위

---

38) 위축효과에 대한 자세한 설명 및 모욕죄와 관련된 적용에 있어서는 김병성 · 임영덕, "미국의 '위축효과 법리'와 그 시사점 ─ '사이버모욕죄' 입법안에 대한 검토", 『미국헌법연구』, 2009년 제20권 제2호, 미국헌법학회 참조. 논문은 사이버모욕죄 도입 논의에 관한 것이지만 p.123에서 저자들은 모욕죄 자체의 '모욕'도 명확하지 않기 때문에 고소라는 적극적인 방법만을 통해서 구제되어야 한다고 주장한다.

39) 헌법재판소 1998.04.30. 선고 95헌가16 결정, 판례집 제10권 1집, 327-342 참조.

40) 헌법재판소 1991.07.08. 선고 91헌가4 결정, 판례집 3, 336-340 참조. 헌법재판소 1996.12.26. 선고 93헌바65 결정, 판례집 8-2, 785, 792-793.

41) 헌법재판소 1998.04.30. 선고 95헌가16 결정, 판례집 10-1, 327, 341-342 참조.

해 법관의 보충적인 해석을 필요로 하는 개념을 사용했다고 하더라도 통상의 해석방법에 의해 건전한 상식과 통상적인 법감정을 가진 사람이면 당해 처벌법규의 보호법익과 금지된 행위 및 처벌의 종류와 정도를 알 수 있도록 규정했다면 헌법이 요구하는 처벌법규의 명확성에 배치되는 것이 아니다"[42]라고 한다.

나. 위법성요건 – 경멸적 표현

그렇다면 유의미한 것은 '모욕'이라는 형법적 개념에 대한 법원의 실제 해석이라고 할 것이다. 대법원은 '모욕'이란 '사실을 적시하지 아니하고 사람의 사회적 평가를 저하시킬 만한 추상적 판단이나 경멸적 감정을 표현하는 것'이라고 정의하고 있다(2.에서 다룬, '사회적 평가를 저하시킬 만한'을 '명예감정을 해할 만한'으로 대체해야 할지 여부는 여기서는 논외로 한다). 이를 문언적으로 보면 모욕죄 구성요건은 (1) 사회적 평가를 저하시킬 만한 추상적 판단의 표현, 또는 (2) 사회적 평가를 저하시킬 만한 경멸적 감정의 표현, 이렇게 두 가지 가능성이 있다. 그런데 (1)의 경우 '추상적'이라 함은 구체적 사실의 적시를 하지 않는다는 의미다. 즉, 사실적 주장의 부재의 표지다. 그렇다면 남는 요건은 "사회적 평가를 저하시킬 만한 판단"뿐이다. 그런데 타인의 '사회적 평가를 저하시킬 만한 판단'은 타인에 대한 '비판'과 다를 것이 없다. 결국 모든 '비판'이 위법성요건을 충족시키는 범죄행위가 되어버리는 것인데 이러한 해석이 불러일으킬 헌법상 문제는 다언(多言)을 요구하지 않는다. 그렇기 때문에 '경멸적 표현'만을 위법행위로 인정하거나 '경멸적 표현'을 중심으로 위법성요건의 범위를 인정하는 것이 보통이다.

대법원도 "공적인 존재의 공적인 관심사에 관한 문제의 제기가 널리 허용되어야 하지만, …그 표현방법에 있어서는 상대방의 인격을 존중하는 바탕 위에서 어휘를 선택해야 하고, 아무리 비판을 받아야 할 사항이 있다고 하더라도 모멸적인 표현으로 인신공격을 가하는 경우에는 정당행위가 성립될 수 없는 것"이라고 하여[43] 모욕죄가 모든 논평이나 비판을 금지하는 것은 아니며 경멸적 표현을 사용

---

42) 대법원 2006.05.11. 선고 2006도920 판결 참조.

하는 것을 금지할 뿐이라고 하고 있다.

그런데 법원은 실제 판결들에서는 (1) "막무가내로 학교를 파국으로 몰고 간다", "추태를 부렸다",[44] (2) "부모님이 그렇게 가르쳤냐",[45] (3) "개똥철학",[46] (4) "인과응보, 사필귀정"[47]과 같은 표현들을 유죄로 판단했으나, (5) "말도 안되는 소리 씨부리고 있네. 들고 차버릴라",[48] (6) "도대체 몇 명을 바보로 만드는 거야? 지만 똑똑하네… 참 나…",[49] (7) "너는 부모도 없냐"[50]와 같은 표현들에 대해서는 무죄로 판단했다. 과연 '건전한 상식과 통상적인 법감정을 가진' 일반인이 (1), (2), (3), (4)와 (5), (6), (7)의 차이를 구분할 수 있을지 의문이 들지 않을 수 없다.

물론 법원은 표현 자체 외에도 당시의 총체적 정황을 고려해 '그 상황에서 경멸적인 표현' 여부를 판단했기 때문에 일반인의 눈에 보이지 않는 차이가 있다고 설명할 수도 있다. 그러나 아래에서 밝히겠지만 모욕죄의 해석에 있어서 모욕적 언사와 그렇지 않은 언사를 구별하는 것은 모욕죄의 존립 여부에 영향을 미칠 정도로 중요하다.

다. '2단계' 판단법

위의 사례들에서 보듯이 법원의 유무죄 판단기준이 이렇게 불명확한 이유는 법원이 모욕죄 유무죄 판단에 있어서는 2단계 판단법을 사용하기 때문이다. 법원이 2단계 판단법을 명시적으로 인정한 것은 아니나, 모욕죄 판결문들에 나타난 법원의 논증순서를 분석해보면 법원의 모욕죄의 유무죄 판단은 거의 대부분 2단계에 걸쳐 이루어진다. 즉, 법원은 1단계로 모욕의 범위를 매우 넓게 보아 대부분의

---

43) 대법원 2008.04.24. 선고 2006도4408 판결 등 참조.
44) 청주지방법원 2009.04.13. 선고 2009고정255 판결.
45) 광주지방법원 2008.05.21. 선고 2008고정361 판결.
46) 부산지방법원 2008.10.30. 선고 2008노2229 판결.
47) 서울중앙지방법원 2006.03.10. 신고 2006고정885 판결.
48) 부산지방법원 2009.11.05. 2009노2161 판결.
49) 수원지방법원 2010.04.14. 선고 2009노1456 판결.
50) 수원지방법원 2009.09.03. 선고 2009노1083 판결.

표현이 모욕적 언사라고 판단한 후, 2단계로 그러한 표현이 이루어진 사정 등을 종합적으로 고찰해 사회상규에 반하지 않으면 형법 제20조의 정당행위로서 위법성이 조각되어 무죄, 그렇지 않으면 유죄라고 판단하고 있다.

여기서 '2단계'라는 표현은 다른 범죄의 유무죄 판단에서는 특별한 사정이 없는 한 형법 제20조의 정당행위 해당 여부에 대한 판시가 없는데 모욕죄 유무죄 판단에 있어서는 '거의 항상' 정당행위 해당 여부에 대한 판시를 통해 최종적 유무죄를 판단한다는 것이다.

물론 그 자체로 모욕적인 표현, 예컨대 "씨발 새끼",[51] "개 같은 년"[52] 같이 단순한 욕설이나 욕설은 아니지만 "뚱뚱해서 돼지 같은 것"[53]과 같은 욕설에 가까운 매우 경멸적인 표현들은 이미 1단계를 충족시킴이 어느 정도 명백하다고 할 것이다. 그러나 법원은 욕설과 같이 모욕적임이 명백한 표현만 모욕적 언사에 해당한다고 판단하는 것이 아니라, 어떠한 표현에 조금이라도 부정적이거나 경멸적인 평가가 담겨 있으면 모욕적이라고 보고 있다.

예컨대 법원은 (1) "전근대적 인식으로 가부장의식을 가지고 회사를 대하고 있는 것이다",[54] (2) "그렇게 소중한 자식을 범법행위의 변명의 방패로 쓰시다니 정말 대단하십니다",[55] (3) "조장들 한심한 인간들임. 불쌍한 인간임",[56] (4) "북한의 아이들도 아니구요, 우리 아이들이다"[57]와 같이 그 자체로는 욕설이라거나 그에 이를 정도로 과격하다고 보기 어려운 표현들도 1차적으로 모욕적 언사라고 인정했다.

법원은 1단계에서 이렇게 조금이라도 부정적이거나 경멸적인 표현은 모두 모욕죄의 구성요건에 해당된다고 판시한 후에 2단계에서 형법 제20조의 위법성조각사유에 의해 이러한 구성요건 해당성의 광범성을 제한하고 있다. 즉, "어떤 글이

---

51) 서울남부지방법원 2010.06.24. 선고 2009고정1825 판결.
52) 수원지방법원 2010.05.20. 선고 2010고정1457 판결.
53) 수원지방법원 2007.01.30. 선고 2006고정1777 판결.
54) 청주지방법원 2006.01.25. 선고 2005고단986 판결.
55) 대법원 2003.11.28. 선고 2003도3972 판결.
56) 대법원 2008.07.01. 선고 2008도1433 판결.
57) 서울북부지방법원 2008.09.25. 선고 2008노635 판결.

특히 모욕적인 표현을 포함하는 판단 또는 의견의 표현을 담고 있는 경우에도 그 시대의 건전한 사회통념에 비추어 그 표현이 사회상규에 위배되지 않는 행위로 볼 수 있는 때에는 형법 제20조에 의해 예외적으로 위법성이 조각된다"[58]고 한다. 그리하여 바로 위에서 예를 든 (1), (2), (3)의 모욕적 표현들은 사회상규에 위배되지 않는 행위로서 위법성이 조각되나, (4)의 경우에는 위법성이 조각되지 않는다고 판단했다.

그렇다면 실질적으로 유무죄에서 결정적인 역할을 하는 것은 형법 제20조의 정당행위 해당 여부지 형법 제311조의 모욕죄 구성 여부가 아닌 것이다. 바로 여기에 모욕죄의 위헌성이 있다.

라. 2단계 판단법의 위헌성

법원의 위와 같은 2단계 판단법은 명확성의 원칙을 심대하게 위반한다. 왜냐하면 모욕적 언사의 범위를 매우 넓게 본 후에 형법 제20조의 정당행위 해당성 여부를 중심으로 유무죄를 판단한다는 것은 실질적으로 모욕죄의 범죄구성요건에 '정당행위의 부재'를 포함시키는 것과 다름없는데, '정당행위의 부재'는 범죄구성요건으로서 기능하기에는 너무나 불명확하기 때문이다.

대법원은 형법 제20조 소정의 '사회상규에 위배되지 아니하는 행위'라 함은 "법질서 전체의 정신이나 그 배후에 놓여 있는 사회윤리 내지 사회통념에 비추어 용인될 수 있는 행위를 말하고, 어떠한 행위가 사회상규에 위배되지 아니하는 정당한 행위로서 위법성이 조각되는 것인지는 구체적인 사정 아래서 합목적적·합리적으로 고찰해 개별적으로 판단되어야 할 것인바, 이와 같은 정당행위를 인정하려면 첫째, 그 행위의 동기나 목적의 정당성, 둘째, 행위의 수단이나 방법의 상당성, 셋째, 보호이익과 침해이익과의 법익권 형성, 넷째, 긴급성, 다섯째, 그 행위 외에 다른 수단이나 방법이 없다는 보충성 등의 요건을 갖추어야 한다"고 한다[59]. 그런데 과연 어떤 일반인이 위와 같은 요건을 갖춘 "법질서 전체의 정신이

---

58) 대법원 2008.07.10. 선고 2008도1433 판결 등 참조.

나 그 배후에 놓여 있는 사회윤리 내지 사회통념에 비추어 용인될 수 있는 행위"가 무엇인지 알 수 있을지 의문이다.

결국 '정당행위'라는 개념은 매우 추상적인 것이어서 어떠한 모욕이 과연 이에 해당하는지, 아닌지에 관한 판단은 사람마다의 가치관, 윤리관에 따라 크게 달라질 수밖에 없다. 건전한 상식과 통상적인 법 감정을 가진 일반인들에게 있어 공통적으로 정당행위라고 인식될 수 있는 표현행위가 존재함은 의문의 여지가 없으나, 판단주체에 따라 달리 판단할 가능성이 있는 경우가 존재함도 부인할 수 없다. 이는 판단주체가 법전문가라 해도 마찬가지고, 법집행자의 통상적 해석을 통해 그 의미내용이 객관적으로 확정될 수 있다고도 보기 어렵다. 어렴풋한 추측마저 불가능하다고는 할 수 없더라도, 그것은 대단히 주관적인 것일 수밖에 없다. 따라서 타인을 모욕하는 것이 사회상규에 위배되지 않는 경우가 언제인지 법규의 수범자인 일반인들은 법원의 판단을 받아보기 전까진 알 수 없는 게 현실이다. 사실 법원조차도 무엇이 '사회상규에 위배되지 않는 행위'인지에 대한 객관적이고 일목요연한 기준을 제시한 바 없다.

그렇다고 해서 형법 제20조가 그 자체로 위헌적으로 불명확하다는 것은 아니다. 형법 제20조의 '정당행위'가 정상적으로 위법성조각사유로 기능할 때는 명확성의 원칙을 위반하지 않는다. 그러나 모욕죄에서처럼 2단계 판단법에 의해 형법 제20조가 실질적으로 범죄구성요건으로서 기능하는 경우라면 '정당행위' 내지는 '사회상규에 위배되지 않는 행위'란 개념은 너무나 불명확하다는 것이다.

예를 들어 헌법재판소는 2008헌바157 판결에서 "공익을 해할 목적"의 허위의 통신을 금지하는 전기통신기본법 제47조 제1항의 "공익"이 헌법 제37조 제2항의 "국가의 안전보장·질서유지"와 헌법 제21조 제4항의 "공중도덕이나 사회윤리"와 비교해볼 때 '동어반복'이라고 할 수 있을 정도로 전혀 구체화되어 있지 아니하며, 형벌조항의 구성요건으로서 구체적인 표지를 정하고 있는 것이 아니라, 헌법상 기본권제한에 필요한 최소한의 요건 또는 헌법상 언론출판의 자유의 한계를 그대로 법률에 옮겨 놓은 것에 불과할 정도로 그 의미가 불명확하고 추상적이라는

---

59) 대법원 2000.04.25. 선고 98도2389 판결, 대법원 2009.12.24. 선고 2007도6243 판결 등 참조.

이유로 위헌을 선언한 바 있지만[60] 형법 제310조의 위법성조각사유인 "오로지 공익을 위해"에서의 '공익'에 대해서는 위헌을 선언하지 않았다.

처음부터 구성요건해당성을 인정하지 않는 것과 2단계 판단법에 의해 구성요건해당성은 인정하되 위법성을 조각시키는 것과는 형사법상 엄청나게 큰 차이가 있다. 구성요건은 범죄행위의 일반적 유형으로서 정형화되어 있는 데 반해, 위법성조각사유는 구체적이고 개별적인 행위에 대한 사후적이고 객관적인 평가로서 위법성을 조각시켜 범죄의 성립을 부정한다. 즉, 형법 각칙의 범죄유형에 해당하는 행위라면 일반적인 경우는 법적으로 허용되지 않는 위법한 행위가 되지만, 예외적으로 일정한 요건을 충족시킨 행위는 특별히 허용되어 정당한 행위가 되는 것이다. 다시 말하면 구성요건해당성이 인정되는 순간 피의자 또는 피고인은 처벌받는 것이 원칙이고, 예외적으로 위법성조각사유가 존재하는 경우에만 처벌을 피할 수 있다. 결론적으로 우리나라에서는 누구나 어떠한 방식이든 어떠한 내용이든 간에 상대방에게 부정적인 표현을 내뱉은 순간 형사처벌의 위험을 감수해야만 하는 것이다. 그리고 이와 같은 위험은 위법성조각사유의 모호함에 의해 많은 경우 현실화된다.

바로 이러한 이유로 모욕죄에서 표현 자체의 가벌성 기준이 명확한 것이 중요하다. '표현이 이루어진 사정'은 보통 위법성조각사유에 대한 심리에서 다루어지는데 위에서 말했듯이 그 시점은 명확성의 원칙 입장에서 보자면 이미 너무 늦은 시점이 되기 때문이다.[61] 그런데 위에서 밝혔듯이 표현 자체에 대해서는 조금이라도 부정적이면 곧바로 위법성요건을 충족시킨 것으로 보기 때문에 위축효과가 매우 클 수밖에 없다.

이와 같은 2단계 판단방식은 형법 제20조를 위헌적으로 이용하는 것이다. 헌법재판소가 업무방해죄를 규정하는 형법 제314조의 '위력'에 의한 업무방해죄의

---

60) 헌법재판소 2010. 12. 28. 선고 2008헌바157 결정, 공보 제171호, 132, 7-7 참조.
61) 문재완, "사이버모욕죄 신설 어떻게 볼 것인가", 2008년 11월 13일 법무부 법조언론인클럽 토론회 발표문. 문재완에 따르면, 표현의 자유는 모욕죄의 처벌은 표현의 자유를 위축시킬 우려가 크기 때문이며, 모욕의 범위를 축소해 욕설에 가까운 분명한 양태의 표현만 모욕죄를 구성한다고 하면, 사회상규 위반여부에 따라 위법성조각사유를 고려할 필요가 없어진다고 한다.

위헌성을 판단하면서도 이를 암시한 바 있다. 모든 공동파업이 '위력에 의한 업무 방해'에 해당하고 단지 노동법이 정한 절차를 엄격하게 따른 공동파업만이 정당화 된다는 해석은 헌법적으로 허용되지 않는다는 취지로, "노동법 제4조는 노동조합 의 쟁의행위로서 노동법의 목적달성을 위해서 한 정당한 행위에 대해 위법성조각 사유에 관한 형법 제20조를 적용하도록 하고 있으나, 이것이 단체행동권의 행사 로서 노동법상의 요건을 갖추어 헌법적으로 정당화되는 행위를 범죄행위의 구성 요건에 해당하는 행위임을 인정하되 다만 위법성을 조각하도록 한 취지라고 할 수는 없다. 그러한 해석은 헌법상 기본권의 보호영역을 하위 법률을 통해 지나치 게 축소시키는 것"이라고 했다.[62]

다시 말하자면, 범죄구성요건을 정한 규정이 과잉하게 또는 불명확하게 기본 권을 제한하는 경우 그 시점에 이미 과잉금지원칙의 위반이 발생하는 것이지 위법 성조각사유를 다른 법률에서 규정하고 있다고 하여, 그 위반이 치유되지는 않는다 는 것이다. 위법성조각사유 규정이 아무리 최종적인 보호범위를 헌법에 합치하는 정도로 넓히거나 명확히 만든다고 할지라도 이와 같이 하위의 법률이 헌법의 보호 범위를 획정하는 것은 인정될 수 없는 것이다. 이미 위에서 살펴보았듯이 모욕죄 는 바로 이러한 위헌적인 규제로서 법원은 소위 '2단계' 판단법을 적용하고 있는데, 구성요건 해당성 단계에서 폭넓게 모욕을 인정함으로써 형법 제20조가 표현의 자유의 보호영역을 정하는 것과 마찬가지 결과를 낳게 된다.

마. 소결

법원은 어떤 언사가 모욕적이며 한 인간의 외부적 명예 또는 평판을 저하시킬 만한 표현인지에 대한 일관되며, 객관적인 기준을 제시하기를 사실상 포기하고, 개별적인 맥락이나 구체적인 정황 하에 모욕적 언사의 상대방이 모욕감을 느꼈는 지, 그러한 모욕이 사회상규에 위배되지 않는 행위인지를 검토해 모욕죄의 성립을 인정하고 있다.

---

62) 헌법재판소 2010.04.29. 선고 2009헌바168 결정, 판례집 제22권 1집 하, 74, 83-83 참조.

이러한 법원의 태도는 개별적인 분쟁의 해결방법으로는 타당할지 몰라도, 일반인들이 결과에 대해 전혀 예측을 할 수 없게 하고 있다. 이렇게 광범위하거나 모호한 법률에 대해 아무리 법원이 구체적으로 타당한 결론을 유지한다고 하더라도, 이 조항이 존치하는 한 모욕죄가 자의적이고 악의적으로 남용될 가능성은 항상 남아 있는 것이다.

결국 형법 제311조의 존재로 인해 우리나라 국민들은 상대방의 감정을 상하게 할 만한 의견을 표현할 때, 심지어는 정부의 정책이나 공적인 사안을 비판할 때에도 공권력이 모욕감을 느끼지는 않을지를 먼저 생각해보아야 한다는 것인데, 이러한 '청자가 모욕감을 느끼지 않을 것이 분명한 비판적 의견'만을 표출해야 한다는 제한으로 인해 표현의 자유가 크게 위축되고 있음은 자명하다. 또한 모욕적인지 여부를 판단하기 쉽지 않은 표현 전반에 대해서도 위축효과가 심대할 것이다.

물론 입법에 있어서 추상적 가치개념의 사용이 필요한 것은 일반적으로 부인할 수 없고, '모욕'이라는 개념을 사용하는 것이 언제나 허용되지 않는다고 단정할 수는 없을 것이다. 법률의 입법목적, 규율의 대상이 되는 법률관계나 행위의 성격, 관련 법규범의 내용 등에 따라서는 명예감정을 보호하기 위해 그러한 개념의 사용이 허용되는 경우도 있을 수 있을 것이다. 그러나 '모욕'이라는 행위 자체에 내재된 위험성이나 형법의 입법목적을 고려할 때, '모욕'이라는 막연한 개념을 구성요건 요소로 삼아서 표현행위를 규제하고, 나아가 형벌을 부과하는 이 사건 법률조항은 표현의 자유에서 요구하는 명확성의 요청 및 죄형법정주의의 명확성원칙에 부응하지 못하는 것이라 할 것이다.

4. 결론

모욕죄는 통설과는 달리 외부적 명예를 보호하기 위한 것이 아니고 내부적 명예감정을 보호하기 위한 것이다. 대법원 판례를 살펴보더라도 이와 같은 모욕죄의 객관적 실체가 확인된다.

그런데 한 사람의 명예감정은 타인의 단순한 의견이나 감정의 표현에 의해서 쉽게 훼손될 수 있다. 교수가 학생에게 'C'라는 학점을 주는 것만으로도 학생의 명예감정은 쉽게 손상될 수 있다. 모욕죄는 명예감정을 보호하려는 것이기 때문에 타인의 단순한 의견과 감정의 표명을 제한하게 된다. 이렇게 한 사람의 의견과 감정의 표명을 명예감정의 보호를 이유로 제약하는 것은 표현의 자유 보호의 대원칙인 명백하고 임박한 위험의 원리를 위배하는 것이다. 혐오죄의 보호법익인 '인간으로서의 최소한의 자존감의 파괴'는 표현의 자유 제약을 정당화하는 명백하고 임박한 위험이 될 것이나, 모욕죄는 이를 넘어서서 명예감정 전체를 보호영역으로 두고 있기 때문에 명백하고 임박한 위험의 원리를 위배하는 것이다.

물론 모욕죄는 모든 의견과 감정의 표명이 아니라 그 표명이 경멸적인 언사를 동원해 이루어질 때만 적용된다. 하지만 무엇이 경멸적인 언사인지에 대해 대법원은 일관된 기준을 제시하지 못하고 있다. 대법원은 화자의 경멸적인 태도가 담겨있는 거의 모든 언사들을 우선 범죄구성요건을 충족하는 것으로 인정한 후에 여러 가지 주변 정황들을 근거로 형법 제20조의 '사회상규'에 부합하는 경우에만 무죄로 판시하는 2단계 방식의 판시를 하고 있다. 이와 같은 2단계 방식은 명확성의 원칙을 위배한다. 우선 대법원은 경멸적인 태도가 담긴 모든 언사들을 범죄구성요건을 충족하는 것으로 보고 '사회상규'를 근거로 유무죄를 나눈다는 것은 '사회상규'가 위법성조각사유가 아니라 범죄구성요건으로 기능함을 뜻한다. '사회상규'가 범죄구성요건으로서 작용한다면 이는 명확성의 원칙을 위반한다.

또 명확성의 원칙은 표현의 자유 영역에서는 단순히 일반인들에게 무엇이 금지되는지를 통보하는 것을 넘어서서 일반인들이 무엇이 금지되는지를 예측할 수 있도록 하여 종국적으로 합법적으로 판단될 표현을 자제하는 현상, 즉 '위축효과'가 없을 것을 요구한다. 그렇다면 법원이 '사회상규'와 같이 애매모호한 기준으로 유무죄를 판단하는 것은 일반인들에게 '위축효과'를 발생시킨다.

혐오죄처럼 국가가 인간으로서의 최소한의 자존감의 보호를 위해 입법을 하는 것은 당연하나 명예감정은 더 높은 차원에서 단순히 타인과의 비교를 매개로도 발생할 수 있는 것인데 이를 보호하는 것은 사회적 지위가 높은 사람의 명예감정의 보호로 이어질 수밖에 없어 정당한 입법목적이 될 수 없다. 또 혐오죄는 인간으로서의 최소한의 자존감을 보호하기 위해 사회적 소수를 그 소수자의 차별과 핍박에 동원되었던 언사로 차별하는 것을 금지하지만 모욕죄는 그렇지 않은 모든 언사도 처벌하기 때문에 침해의 최소성 원칙에도 위배된다.

4장
모욕죄의 위헌성과 사이버모욕죄에 대한 평가

2008년 당시 김경한 법무장관과 한나라당은 인터넷상에서 타인의 인격을 깎아 내리는 글을 처벌하는 '사이버모욕죄'를 정보통신망법에 설치해, 사이버상의 모욕에 대해서는 현재의 형법 제311조가 모든 모욕죄에 적용하고 있는 최고 징역 1년, 벌금 200만 원까지의 형벌보다 높은 징역 2년, 벌금 2천만 원까지의 형벌을 적용하고 현재의 친고죄에서 반의사불벌죄로 전환해 피해자가 고소를 하지 않아도 명시적으로 처벌에 대한 반대의사를 표시하지 않는 한 기소가 가능하도록 하겠다고 했다.[1] 이 논문에서는 '사이버모욕죄' 법안이라는 표현 대신 '모욕죄 임의처벌법안(줄여서, 임의처벌법)'이라는 표현을 사용하고자 한다. 그 이유는 현행법상에서 사이버상의 모욕은 이미 처벌이 가능하고 현재의 대부분의 모욕죄 재판은 사이버상의 모욕에 관한 것이며, 이번 법안의 핵심은 피해자의 고소 없이 검찰이

---

* 이 글은 『고려법학』 52호(2009)에 실린 글을 수정·보완한 것이다. 또한 2008년 8월 5일 조선일보 독자칼럼에 실린 "사이버모욕죄는 시대착오이다"의 일부를 포함하고 있다.
1) 장윤석 국회의원(한나라당), 형법 개정안 발의(2008.10.30).
 − 컴퓨터 등 정보통신체제를 이용해 공연히 사람을 **모욕한 자는 3년 이하의 징역**이나 금고 또는 1천만 원 이하의 벌금에 처하도록 함(안 제311조의2 신설).
 − 사이버상의 명예훼손 및 모욕행위에 대해는 피해자의 명시한 의사에 반해 공소를 제기할 수 없도록 **반의사불벌죄**로 규정함(안 제312조 제2항).
 나경원 국회의원(한나라당), 정보통신망 이용촉진 및 정보보호등에 관한 법률 개정안 발의(2008.11.3).
 − 정보통신망을 통해 공공연하게 **사람을 모욕한 경우 2년 이하의 징역**이나 금고 또는 1천만 원 이하의 벌금에 처하도록 하고, 피해자의 명시한 의사에 반해 공소를 제기할 수 없도록 반의사불벌죄로 규정함(안 제70조 제3항 및 제4항).

나 경찰이 임의로 수사를 시작할 수 있다는 것이기 때문이다.

지금까지의 임의처벌법에 대한 반대논리들은 권력자가 자신에 대한 모욕적 표현을 검열하기 위해 남용할 수 있다거나[2] 특별형법에 의한 가중처벌은 효력이 없거나 과중하다거나[3] 구성요건이 모호하며 실효성이 없다는[4] 등으로 한정되어 있었다. 그러나 이와 같은 반대론들은 "우선 모욕은 법적으로 처벌이 가능하다"는 전제를 찬성론자와 공유하고 있기 때문에 "그렇다면 모욕이 인터넷을 통해 이루어져 그 폐해가 훨씬 다중적이고 영구적으로 발생할 경우 이에 대한 더욱 적극적인 대응이 필요하다"라는 주장에 대해 효과적인 대응논리를 제시하지 못하고 있다.

아래에 살피겠지만 필자는 현행법상의 모욕죄는 위헌이며 친고죄 조항을 폐지하는 것은 이와 같은 위헌적인 요소를 더욱 강화시킨다고 주장하고자 한다.

1. 현행 모욕죄의 적용 양태

가. 모욕의 정의-현재 대법원의 판시

대부분의 사람들이 모욕죄의 존재에 대해 당연시 여기는 이유는 모욕죄를 명예훼손죄와 비슷하다고 생각하기 때문이다. 모욕에 대해 법적 책임을 가하는 법리(이하 '모욕법리')와 명예훼손에 대해 법적 책임을 가하는 법리(이하 '명예훼손법리') 두 가지 모두 결국 사람들이 가진 명예감을 보호하는 것이라고 흔히들 생각한다.

우리나라 대법원은 다음과 같은 판시로 명예훼손죄와 모욕죄의 보호법익이 같다고 주장하고 있다.

---

2) 김정진, "사이버모욕죄, 입법의 의도가 의심된다", 『민주사회를위한변론』, 2009년 2월호; 금태섭, "사이버 모욕죄의 법리상 문제점", 『민주사회를위한변론』, 2009년 2월호.
3) 금태섭, 앞의 글. 조수진 "국회 내 사이버 모욕죄 도입 논의에 대한 비판적 검토", 『민주사회를위한변론』, 2009년 2월호.
4) 박혜진, "사이버모욕죄 도입에 대한 비판적 검토", 『안암법학』 28호, 2009년.

명예훼손죄와 모욕죄의 보호법익은 다 같이 사람의 가치에 대한 사회적 평가인, 이른바 외부적 명예인 점에서는 차이가 없으나 다만 명예훼손은 사람의 사회적 평가를 저하시킬 만한 구체적 사실의 적시를 하여 명예를 침해함을 요하는 것으로서 구체적 사실이 아닌 단순한 추상적 판단이나 경멸적 감정의 표현으로서 사회적 평가를 저하시키는 모욕죄에 비해 그 형을 무겁게 하고 있다.[5]

즉, 감정의 표현과 사실의 적시 모두 '사회적 평가'를 저하시키기는 하지만 사실의 적시는 더욱 평가의 저하가 강하기 때문에 형을 무겁게 하고 있다는 것이며, 모욕죄를 기본적으로 명예훼손죄의 낮은 단계로 보고 있는 것이다. 그리고 이렇게 보고 있기 때문에 모욕죄의 필요성은 당연한 것으로 받아들여지고 있다.

하지만 이러한 법률의 해석은 오독으로 보인다. 우선 문리해석상 명예훼손은 "명예를 훼손해"라는 문구로 이루어져 있고 모욕죄는 "모욕한"이라는 문구로 이루어져 있어 어느 하나가 다른 하나의 심화된 형태로 보기 어려움을 알 수 있다.

그리고 실제로 대법원이 판시한 대로 실제로 사회적 평가가 저하되는 경우에만 모욕죄가 적용된다면 헌법적인 문제가 발생하지 않는다. 왜냐하면 평판의 저하를 예방한다는 공익은 표현의 자유를 제약하는 명예훼손죄를 정당화되고 있으며 이 공익은 모욕죄도 정당화할 수 있다. 하지만 실제로 판례들을 살펴보면 '사회적 평가'가 실제로 저하되는 경우에만 적용되고 있지 않다. 예를 들어 실제로 성도와 간통을 한 것으로 알려진 목사에게 '음란한 거짓말쟁이'라고 부르는 것은 그 목사의 평판을 저하시키지 않을 것이다.[6] 평판의 저하는 평판의 대상인 자에 대해 가지고 있는 기대가 배척될 때 발생하는 것인데 이미 목사의 간통 사실이 알려진 이상 그 사실을 확인해주는 표현을 듣는다고 해서 그 목사에 대해서 원래 가지고 있던 기대가 배척되지는 않는 것이다. 하지만 그 목사는 같은 말을 여러 사람이 있는 앞에서 ('공연히') 듣게 된다면 심한 모욕감을 느끼게 될 것이다. 모욕죄는 이와 같은 모욕감을 막기 위해 존재하는 것이다.

물론 무엇이 '사회적 평가'의 저하인가에 대해 여러 가지 해석의 차이가 있을

---

5) 대법원 1987.05.12. 선고 87도739 판결.
6) 연합뉴스, "'간통 목사' 원색 비난도 모욕죄 해당," 2006년 1월 15일.

수 있다. 예를 들어 어떤 사람은 목사의 간통 사실을 알고 있었어도 그 사실을 재승인하는 말('음란한 거짓말쟁이')을 들으면 목사에 대해 더욱 거부감을 가지게 될 수도 있다. 하지만 이와 같은 주관적인 감정의 발생까지 명예훼손죄의 보호법익에 포함되지는 않을 것이다. 현재 모욕죄 유죄판결에 나타난 표현들이 청취자의 머릿속에 발생시키는 추상적인 거부감마저도 '사회적 평가의 저하'로 보아 그와 같은 표현에 대한 처벌을 정당화하는 것은 표현의 자유에 대한 과도한 제약이 될 것이다.

또 모욕을 명예훼손의 낮은 단계의 범죄로 보는 것은 논리의 결절을 발생시킨다. 즉, 명예훼손은 매우 공손한 말을 사용해도 그 말이 평판을 저하시킬 경우 법적 책임을 지운다. 즉, 명예훼손죄와 모욕죄의 보호법익이 같고 단지 전자가 후자보다 더욱 중한 것이라면 공손한 말을 사용할수록 가벌성이 낮아져야 하지만 명예훼손의 가벌성은 말이 공손했는가?와는 상관이 없는 것이다.

나. 모욕과 명예훼손의 차이

모욕[7]과 명예훼손을[8] 우리나라 법원의 판결로부터 논리적으로 재구성해보면 둘 사이에는 완전히 다른 법익을 지향하고 있음을 알 수 있다.

판례에 따르면 모욕은 사실적 주장을 필요로 하지 않고 명예훼손은 사실적 주장을 필요로 한다는 것이다.[9] 바로 여기에서부터 모욕과 명예훼손의 서로 다른

---

7) 형법 제311조(모욕) 공연히 사람을 모욕한 자는 1년 이하의 징역이나 금고 또는 200만 원 이하의 벌금에 처한다. 〈개정 1995.12.29〉
8) 형법 제307조(명예훼손) ① 공연히 사실을 적시해 사람의 명예를 훼손한 자는 2년 이하의 징역이나 금고 또는 500만 원 이하의 벌금에 처한다. 〈개정 1995.12.29〉
② 공연히 허위의 사실을 적시해 사람의 명예를 훼손한 자는 5년 이하의 징역, 10년 이하의 자격정지 또는 1천만 원 이하의 벌금에 처한다. 〈개정 1995.12.29〉
9) 명예훼손죄에 있어서의 사실의 적시는 사람의 사회적 가치 내지 평가를 저하시키는 구체적 사실의 적시를 요하며 단지 모욕적 언사를 사용하는 것은 모욕죄에 해당할 뿐 명예훼손죄에 해당하지는 않는다.(대법원 1989.3.14. 선고 88도1397 판결)
대법원 1989.03.14. 선고 88도1397 판결("아무것도 아닌 똥꼬다리 같은 놈"이라는 구절은 모욕적인 언사일 뿐 구체적인 사실의 적시라고 할 수 없고 "잘 운영되어 가는 어촌계를 파괴하려 한다"는 구절도 구체적인 사실의 적시라고 할 수 없으므로 명예훼손죄에 있어서의 사실의 적시에 해당한다고

입법목표를 이해할 수 있다.

명예훼손 법리의 목표는 제3자들이 표현의 대상(對象)에 대해 가지고 있는 평판을 저하시키는 것이다. 모욕 법리의 목표는 표현의 상대를 모멸감으로부터 보호하는 것이다. 명예훼손 법리는 평판을 보호하려는 것이기 때문에 사실적인 주장을 그 요건으로 하는 것이다.[10] 내가 '갑(甲)'이라는 사람을 '사기꾼'이라고 욕했다고 해서 다른 사람들이 그에 대해 가지고 있는 평판을 저하시킬 수는 없다. 대부분의 사람들은 나와 '갑' 사이에 어떤 분쟁이 있고 내가 '갑'에게 속았다고 느끼고 있다고 생각할 뿐이지 나의 그러한 평가만을 근거로 사람들이 '갑'이 '사기꾼'으로 보지는 않을 것이다(사실 그와 같은 나의 표현은 나를 말씨가 곱지 않은 사람으로 보이도록 해서 도리어 나의 평판을 떨어뜨릴 수는 있을 것이다). 결국 실제로 타인의 평판을 떨어뜨리기 위해서는 타인에 대한 사실적 주장을 해야 한다. 즉, 제3자에게 가서 "그 사람이 피해자 누구로부터 얼마를 사기 쳤다"라고 말해야 하는 것이다. 물론 이것만으로 평판이 저하된다는 것은 아니다. 위의 사실적 주장을 믿고 안 믿고는 듣는 사람마다 다를 것이기 때문이다. 하지만 중요한 점은 최소한 이 정도의 사실적 주장은 이루어져야 비로소 상대의 평판을 저하시킬 수 있다는 것이다.

하지만 모욕의 법리를 보자. 위의 예에서 내가 '갑'을 '사기꾼'으로 부른 것만으로도 그 말을 들은 '갑'은 모욕감을 느낄 것이다. 여러 사람들이 있는 곳에서 들었을 때 모욕감은 더욱 증폭되겠지만 혼자 듣는다 해도 모욕감은 계속 남아 있을 것이다. 그렇기 때문에 모욕의 성립은 사실적 주장을 요건으로 하지 않는다.

볼 수 없다.

대법원 1981.11.24. 선고 81도2280 판결(단지 모멸적인 언사를 사용해 타인의 사회적 평가를 경멸하는, 자기의 추상적 판단을 표시하는 것("빨갱이 계집년", "만신(무당)", "첩년"이라고 말한 것)은 사람을 모욕한 경우에 해당하고, 명예훼손죄에는 해당하지 아니한다).

10) 원심판결과 원심이 유지한 제1심판결의 각 이유에 의하면, 원심은 피고인이 그 판시와 같이 공연하게 피해자에 대해 "늙은 화냥년의 간나, 너가 화냥질을 했잖아"라고 말해 피해자의 명예를 훼손했다고 인정하고 피고인을 형법 제307조 제2항의 명예훼손죄를 적용 처단하고 있다. …기록에 비추어보면, 피고인이 피해자에 대해 말했다는 판시와 같은 발언 내용은 그 자체가 위 피해자의 사회적 평가를 저하시킬 만한 구체적 사실의 적시라기보다는 피고인이 피해자의 도덕성에 관해 경멸적인 감정표현을 과장되게 강조한 욕설에 불과한 것이 아닌가 의문이 간다.(대법원 1987.05.12. 선고 87도739 판결)

명예훼손과 모욕은 그 각각의 법리들이 보호하려는 가치들이 다르기 때문에 위의 사실적 주장의 여부(與否) 외에도 다른 차이들도 나타나야 할 것이다. 예를 들어 명예훼손과 모욕 모두 사람의 언사를 제재하는 법리인데 명예훼손의 경우 그 언사가 명예훼손의 대상을 '향해' 이루어질 필요는 없지만, 대신 명예훼손의 대상에 '대해' 이루어져 한다. 내가 "홍길동은 사기꾼이다"라는 말을 홍길동'에게' 하지 않고 제3자에게만 해도 이를 들은 제3자는 나의 말에 영향을 받아 홍길동에 대해 낮은 평판을 가지게 될 것이다. 하지만 적어도 나의 말은 '홍길동'을 주어로 삼거나 하는 방식으로 홍길동에 '대한' 말이어야 한다.

하지만 모욕의 경우 그 언사가 제3자에게만 전달되고 모욕의 대상에게는 전달되지 않는다면 그 대상자는 모멸감을 느끼지 못하며 모욕은 미수에 그칠 것이다. 결국 모욕이 성립하려면 모욕의 대상은 그 언사를 직접 들어야 한다. 즉, 대화의 상대가 되어야 한다. 물론 그렇다고 해서 대면접촉을 필요로 하는 것은 아니다.[11]

그렇다면 모욕에 사용되는 언사는 반드시 모욕의 대상을 묘사해야 할까? 모욕의 법리가 모멸감으로부터의 해방이라면 아마도 이 요건은 필요가 없을 것이다. 예를 들어 "지옥에나 떨어져 버려라"는 말은 하나의 명제가 아니라 하나의 요구이지만 이 말을 듣는 상대에게 충분히 모멸감을 줄 수 있다.

명예훼손과 모욕과의 차이를 표로 나타내자면 다음과 같다.

	모욕의 처벌	명예훼손의 처벌
입법목적	표현의 상대가 느끼는 모멸감의 예방	제3자가 표현의 대상의 대해 가지는 평판의 보호
언사의 성격	사실적 주장 불필요	사실적 주장 필요
언사의 전달	언사가 피해자에게 전달되어야 함	언사가 피해자에게 전달되지 않아도 되며 피해자에 대해 평판을 가지게 될 사람들에게만 전달되어도 됨
언사의 지시 대상	언사가 피해자에 대한 명제일 필요는 없음	언사가 피해자에 대한 명제여야 함

---

11) 모욕죄는 사람의 외부적 명예를 저하시킬 만한 추상적 판단을 공연히 표시하는 것으로 족하므로, 표시 당시에 제3자가 이를 인식할 수 있는 상태에 있으면 되고 반드시 제3자가 인식함을 요하지 않으며, 피해자가 그 장소에 있을 것을 요하지도 않고 피해자가 이를 인식했음을 요하지도 않으므로, 행위자가 피해자를 대면할 때만 모욕죄가 성립한다는 상고이유 주장은 받아들일 수 없다(대법원 2004.06.25. 선고 2003도4934 판결).

2. 모욕죄의 헌법적 평가

모욕을 위와 같이 정의했을 때 모욕법리는 다음과 같은 헌법적인 문제들을 가진다. 우리나라에서 이미 수많은 대법원 판례들이 명예훼손 법리를 해석하면서 의견표명에 대해서는 책임을 부과할 수 없다고 했다.[12]

대부분의 사람들은 이는 명예훼손 법리의 적용범위를 한정한 것이지 이와는 별도로 모욕법리를 통해 의견표명에 대해 책임을 부과하는 것을 금지한 것은 아니라고 생각하고 있다. 하지만 의견표명도 어차피 모욕죄로 처벌될 것이라면, 명예훼손으로 처벌되지 않는다는 대법원 판시는 한낱 검찰의 기소 선택에 관한 훈시가될 뿐이다. 즉, '모욕'이라는 다른 죄목으로 의견표명에 대해 형사상 책임을 지운다면 위의 판례들은 아무런 의미가 없어질 것이다. 필자는 그렇게 보지 않는다. 위의 대법원 판례들은 다음의 두 가지 의미를 가진다고 본다. 의견과 감정을 '표현의 안전지대'로서 보호함으로 첫째, 일반인들이 자기표현욕구가 분출될 수 있는 통로를 확보하는 의미와 둘째, 의견과 감정의 표명이 일부분이 되는 사회적 공론의 의미이다.

가. 표현의 자유의 '안전지대'로서의 의견과 감정

모욕은 상대에 대한 주관적인 의견과 감정의 표현이다. 이와 같은 주관적인 의견 및 감정의 표명에 대해서도 그 표명의 상대가 모멸감을 느꼈다고 해서 법적책임을 지우는 것은 표현의 자유 전반에 대한 과도한 제한이 될 수 있다. 왜냐하면

---

12) 가장 최근으로는 대법원 2008. 6. 12. 선고 2008도1421 판결(명예훼손 및 노동조합법 위반)이 있다. "위와 같은 사실에 기초해보면 '조합행사라는 이름으로 해외여행을 다녔다'라는 부분은 그 중요한 부분에 있어서 객관적인 사실에 부합할 여지가 많다고 볼 수 있으며, '축산농가 육성에는 관심이 없이'라는 부분은 그 전제되는 사실을 제거하고 나면 피고인들의 순수한 의견표명에 불과해 허위인지 여부를 따질 수 없다. 결국, 피고인들이 적시한 사실은 진실에 부합하는 것이거나, 적어도 허위라는 입증이 되었다고 볼 수 없는 것이거나, 단순한 의견의 표명에 불과한 것들이라고 할 것임에도 불구하고, 피고인들의 표현행위가 허위사실 적시에 의한 명예훼손죄에 해당한다고 판단한 원심판결에는… 형법 제307조 제2항의 허위사실 적시에 의한 명예훼손죄에 대한 법리를 오해했거나 증거 없이 범죄사실을 인정한 위법이 있고….”

모든 명제는 의견 및 감정 아니면 사실적 주장인데[13] 사실적 주장에 대해 명예훼손 등으로 규제를 하면서 의견 및 감정에까지 법적 제재를 가하는 것은 모든 표현에 대해서 법적 책임을 질 위험을 감수하라는 것이 된다.

위에서 살펴본 바와 같이 명예훼손 법리를 통해 사실적 주장을 제재하는 이유는 사실적 주장은 타인을 오도할 수 있는 폭력성을 가지고 있기 때문이다. 예를 들어 부동산중개인이 "여기에 지하철역이 들어올 계획이 이미 마련되어 있다"라고 사실적 주장을 하면 사람들이 현혹되지만 부동산중개인이 "여기는 지하철역이 들어설 만한 자리다"라고 의견을 표명하면 사람들은 현혹되지 않는다.

사실적 주장은 그 주장의 내용은 주장자의 감정과는 독립적이라는 주장을 이미 포함하고 있다.[14] 예를 들어 "홍길동은 아무개에게 1백만 원을 훔쳤다"라는 주장에는 '나만 주관적으로 그렇게 생각하는 것이 아니라 홍길동은 실제로 아무개에게 1백만 원을 훔쳤다'라는 객관성의 주장이 이미 포함되어 있는 것이다. 이에 비해 "야, 사기꾼아"라는 말은 이와 같은 객관성의 주장이 포함되어 있지 않거나 상대적으로 훨씬 약하게 포함되어 있다. 그렇기 때문에 타인들은 홍길동에 대해 사실적인 주장을 접할 때 그에 대한 의견이나 감정표명을 접할 때보다 홍길동에 대해 올바르지 않은 판단을 할 가능성이 훨씬 높은 것이다. 위의 부동산중개인의 두 가지 말에서 살펴보았듯이, 사실적 주장은 그 주장을 전달받은 사람들이 옳지 않은 행동을 하도록 오도할 수 있는 반면, 의견과 감정의 표명은 그렇지 않은 것이다. 이러한 이유로 명예훼손 법리와 사기 법리 모두 사실적인 주장에 한해 법적 책임을 부과하는 것이고 두 법리 모두 의견과 감정에 대해서는 법적 책임을 묻지 않는다는 원리에 의해 지배되는 것이다.

그러므로 표현의 자유에서 사실적인 주장은 명예훼손 등으로 처벌되더라도 적어도 의견 및 감정은 법적 책임을 감수하지 않고 자유롭게 표명할 수 있는 '표현의 안전지대'로서 남겨져야 한다. 의견이나 감정의 표현마저도 자유롭게 하지

---

13) 의견, 사실적 주장 외에도 명령이나 감탄사가 있을 수 있으나, 명령이나 감탄사는 명제라고 볼 수 없다.
14) Habermas는 자신의 대화이론에서 이 주장을 validity claim이라고 명명한 바 있다.

못하는 것은 심리적 절망으로 몰고 갈 수도 있다.

> 욕은 일종의 화난 감정을 표현하는 것인데, 화난 감정을 표현하는 것은 긍정적인
> 기능이 있다. 심리상담에서는 분노감정을 수용하고 상대방에게 잘 표현하도록 돕
> 는다. 그런 과정에서 치유가 일어나는데, 특히 정부에서 사이버 공간에서 쏟아지는
> 국민들의 분노 감정을 수용하고 달래준다면 국민들의 상처가 많이 아물 것이다.
> 반대로 건전한 비판 글까지 지나치게 처벌한다면 마치 압력밥솥의 구멍을 막은 것처
> 럼 매우 파괴적인 저항이 일어날 수 있다.[15]

정리하자면, 사실적 주장에 대해 법적 책임을 지우는 것은 헌법적으로 허용되
지만 이를 넘어서서 상대가 느낄 수 있는 모멸감을 이유로 의견의 표명에 대해서도
법적 책임을 지우는 것은 표현의 자유 전반에 대한 제약이 된다.

물론 모욕은 의견과 감정만이 아니라 사실적 주장까지 포함할 수도 있다. 하지
만 이러한 경우에는 명예훼손 법리가 적용되므로 모욕죄의 적용 여부는 관건이
아니다. 특히 우리나라의 모욕죄는 명예훼손과 마찬가지로 '공연성'의 요건을 포
함하고 있어 모욕죄는 모욕의 대상뿐 아니라 제3자에게 동시에 전달될 경우에만
적용될 것을 상정하고 있다. 그러므로 모욕이 사실적 주장을 포함하고 있다면
그 사실적 주장에 대해 명예훼손죄가 적용되는 것은 헌법적 문제를 수반하지 않는
다. 필자가 문제로 삼는 것은 명예훼손으로 처벌이 되지 않는 의견과 감정의 표현
을 '모욕'이라는 또 다른 죄목으로 처벌하는 것의 헌법적 타당성이다.

나. 의견과 감정의 표현은 사회적 공론의 일부분이다

우리는 사실적 주장을 하기에는 충분한 정보가 없을 때 우선 의견을 제시한다.
예를 들어 "환경파괴가 가속화되고 있다"라는 말을 하기에 충분한 정보가 없을 때
"환경파괴가 가속화되고 있다고 생각한다"라는 의견의 형태로 제시한다. 과거에도
지동설을 과학적으로 입증을 할 수 없을 때 지동설을 처음 제시했던 과학자들은

---

15) 박대령, "사이버모욕죄에 대한 심리학적 접근", 『세상을 두드리는 사람』 37호, 2009년 2/3월호.

이것을 사실의 주장이라기보다는 일종의 의견의 제시로서 제시했다. 물론 어떤 의견들은 나중에 옳지 않은 것으로 나타나지만 다른 의견들은 옳은 것으로 나타난다. 의견은 정보가 불완전한 진리추구의 과정에서 자신의 입장을 제시할 수 있는 유일한 도구다.

그런데 모욕 법리는 의견에 대해 법적 책임을 지움으로써 현대사회가 진리추구의 과정을 저해하는 결과를 초래할 것이다. "배아줄기세포 연구는 희망이 없다. X대학은 희망 없는 투자를 하고 있다"라는 표현 역시 X대학의 사람들에게는 모멸감을 주겠지만 줄기세포연구에 대한 완전한 정보가 밝혀지지 않은 상황에서 앞으로 줄기세포연구정책의 방향을 정할 때 교환될 수 있는 의견 중 하나다. 이와 같은 의견에 대해서도 법적 책임을 부과하는 것은 표현의 자유의 순기능을 제약한다.16)

사회적 공론은 항상 상대방에 대한 평가를 노정하고 있다. 공론의 과정은 항상 우리가 올바른 사회에서 필수적이라고 생각하는 '건강한 비판'을 필요로 한다. 그런데 사람들은 근거 없는 저열한 욕설을 들었을 때만 모멸감을 느끼지 않으며 건강한 비판을 받아도 모멸감을 느낀다. 예를 들어 학교 수업에서 열심히 공부했는데 선생으로부터 '실력이 없다'라는 평가를 받게 되었을 때에도 모멸감을 느끼게 된다. 이때 선생은 학생을 모욕한 것에 대해 법적 책임을 감수해야 할까? 상대방이 듣기에 '불편한 의견'을 제시하지 말라는 것은 민주주의가 요구하는 자유로운 토론을 금지하겠다는 것이다.

물론 모욕죄는 이와 같이 단순한 의견의 표명에는 적용되지 않으며 의견에 감정이 실려져 매우 과격한 표현을 매개로 하여 이 의견이 표명되는 경우에만 적용된다. 그러나 감정의 표명 역시 공론에 도움이 된다. 왜냐하면 특정 의견을 다른 사람에게 이해시키고자 할 때 논리적으로 불가능하다면 감정에 호소하는 것이 더욱 효과적일 수 있다. 우리 주변에는 사회적으로 중요한 이슈에 대한 의견

---

16) 심지어 캐나다 연방대법원은 심지어 허위의 사실적 주장마저도 그것이 나중에 허위로 밝혀진다고 해서 처벌하는 제도는 위헌이라고 하며, 다음과 같은 판시를 한 바 있다. Ernest Zundel v. Her Majesty the Queen, 2 S.C.R. 731(1992) 참조.

의 표명을 다큐멘터리, 영화, 드라마 등의 예술적인 매체를 통해 하는 것을 자주 보게 된다. 그와 같이 오랜 시간을 통해 자신의 진지한 의견에 감정을 실어 표현하기 어려운 사람은 그 감정을 직설적으로 표명하는데 바로 이것이 욕이 된다. 즉 욕은 비록 점잖지는 않지만 정당한 의견과 감정의 표명이 될 수 있는 것이다.

많은 사람들이 사이버상의 악플을 통한 소위 '인격살인'에 대해 우려를 표명하지만 그 대상이 실제로 그렇게 많은 악플을 받을 정도로 나쁜 일을 한 사람이라면, 공동체가 반드시 이 사람을 악플로부터 보호해줄 필요가 있을까? 도리어 이 사람에게 달리는 많은 악플은 공동체가 자기발전을 위해 먹고 살아야 할 공론의 한 부분이 되는 것 아닐까?

> 욕이 자연스러운 경우도 있다. 예를 들면 길을 가다 깡패에게 돈을 뺏기고 맞기까지 했는데 그 깡패 욕을 하는 것은 당연하다. 사이버공간의 일부 욕들은 마치 깡패에게 맞은 사람이 깡패를 욕하는 것과 같다.[17]

다. 의견과 감정의 텍스트의 문제인가

혹자는 모욕죄의 입법취지가 의견이나 감정의 표명 자체를 막자는 것이 아니라 너무 과격하거나 저열한 표현을 쓰지 말자는 취지라고 모욕죄를 정당화한다.[18] 즉, 언사의 성격이 아니라 언사의 문구나 어구(text)를 위법성의 기준으로 삼는 것이다. 우선 이것은 원래 미국 헌법에서 표현의 자유에 대한 규제를 내용규제와 방법규제로 나누고 내용규제는 헌법적으로 더욱 금기시되나 방법규제는 더욱

---

17) 박대령, 앞의 글.
18) 문재완, 법무부 법조언론인클럽 토론회 발표문, 2008년 11월 13일.
"모욕죄는 사실의 적시 없이 경멸적 표현으로 인해 다른 사람의 사회적 평가를 저해하는 경우 성립하므로 표현의 양태에 대한 규제이고, 모욕죄로 경멸적 표현을 엄중하게 처벌한다고 하여 표현의 자유를 침해한다고 보기 어려움."
"언론의 자유를 보장한다는 것은 사상의 자유를 보장한다는 것과 같은 의미를 지니며, 언론의 자유의 헌법적 정당성 근거도 사상의 자유 시장에 있음. 즉, 표현의 자유가 보호하려는 것은 표현을 통해 전달하려는 사상, 또는 의견임. 따라서 표현의 내용에 대한 규제는 이를 규제함으로써 얻는 공익이 표현의 자유를 제한함으로 인해 야기되는 사익보다 월등하게 큰 경우에만 제한적으로 허용되어야 하지만, **표현의 방식에 대한 규제**는 좀 더 자유롭게 허용됨."

수월하게 허용된다는 원리를 잘못 이해하고 있는 것이다. 미국의 방법규제란 시간, 장소, 양태의 제한(time, place and manner regulation)을 말하는 것으로서 실제 사용된 표현에 대한 제한은 이미 내용규제(content regulation)를 말하는 것이다. 모욕죄는 내용규제이며 헌법적으로 엄격하게 심사되어야 한다.

그렇다면 어느 표현이 과격하고 저열한지에 대한 객관적 기준이 존재할 수 있는가? 대법원은 "부모가 그러니 자식도 그렇지"라는 표현은 모욕이 아니라고 했지만[19] '음란한 거짓말쟁이'라는 표현은 모욕이라고 판단한 바 있는데,[20] 필자가 실험해본 결과 대부분의 사람들은 전자가 후자보다 더 모욕적이라고 생각한다. 또 "아이를 차 안에 두고 불법주차의 방패막이로 썼다"는 표현이나 "한심하고 불쌍하다"라는 표현 역시 모욕으로 인정되지 않았다.[21]

---

19) 대법원 2007.02.22. 선고 2006도8915 판결 [상해·모욕]"검사는 상고 이유에서 '부모가 그런 식이니 자식도 그런 것이다'라는 말만으로도 모욕죄가 성립한다고 주장하나, 그와 같은 표현으로 인해 상대방의 기분이 다소 상할 수 있다고 하더라도 그 내용이 너무나 막연해 그것만으로 곧 상대방의 명예감정을 해하여 형법상 모욕죄를 구성한다고 보기는 어렵다 할 것이다."

20) "'간통 목사' 원색 비난도 모욕죄 해당"('음란한 거짓말쟁이', '뻔뻔이', '주구노릇' 모욕임), 연합뉴스, 2006. 1. 15.; 김씨 등은 간통 혐의로 1심에서 징역 10개월이 선고된 목사와 그를 옹호하는 장로들에 대해 '교회 공금으로 변호사 비용을 댔다', '뻔뻔스러운 목사를 추종하는 악한 무리'와 같은 내용의 글을 교회와 교단본부 홈페이지에 수차례 올린 혐의로 1심에서 모욕죄가 인정됐지만 항소심에서는 형법 제20조에 따라 무죄가 선고됐다. 재판부는 판결문에서 "피고인들이 간통죄로 기소된 목사와 비상대책위 장로들의 행위를 비판한다 해도 그 표현의 내용이나 정도가 피고인들의 본래 목적이나 동기에서 크게 벗어난다면 사회상규에 위배된다고 봐야 하며 이 경우 '사회상규에 위배되지 않으면 처벌하지 않는다'는 형법 제20조를 적용할 수 없다"고 밝혔다. 재판부는 "특히 이 사건이 사랑의 실천 및 복음전파를 목표로 삼는 기독교 내부에서 발생한 문제이고 보면 그에 관한 논란도 서로 상대방을 존중하면서 이성적으로 품위 있게 진행됨이 마땅하다"며 "피고인들이 '음란한 거짓말쟁이', '뻔뻔이', '주구노릇' 등 욕설에 가까운 표현을 쓴 것은 모욕죄에 해당한다"고 밝혔다.

21) 대법원 2003.11.28. 선고 2003도3972 판결(MBC시청자 의견란에 다큐멘터리의 소재가 된 사람에 대해 "아이를 차 안에 두고 불법주차의 방패막이로 썼다"는 표현이 모욕이 아님); 우선, …나아가 그 글의 전체적인 내용도 "불법주차와 아이를 차에 두고 내린 어머니로서의 과실이라는 근본적인 원인제공을 피해자가 했고, 그 방송된 내용은 개인적인 사정이다. 그럼에도 불구하고, 피해자는 자신의 잘못은 생각하지 않고, 견인업체 등의 잘못을 탓하며 자신의 범법행위를 변명하고 있다"는 취지로서, 그 전제된 객관적 사실관계는 이미 방송된 프로그램의 내용에 기초한 것이고, 이러한 의견 또는 판단 자체가 합당한 것인지 여부는 차치하고 전혀 터무니없는 것이라고까지 할 수 없으며, 그 방송 후에 충주시청 홈페이지와 MBC 홈페이지에 그 프로그램의 방영 취지나 피해자의 주장에 찬성하는 글과 함께 피고인의 글과 유사한 취지의 글이 적지 않게 게시된 점(피해자가 수사기관에 진정한 글만 해도 피고인의 것을 포함해 모두 10개이다. 수사기록 pp.9-10 참조)도 이를 뒷받침한다고 할 것이고, …상당히 모욕적인 언사이기는 하나, 그 글 전체에서 차지하는 비중이 크다고는 할 수 없고, 그 글의 전체적인 내용에서 크게 벗어나 있는 표현이라고도 할 수 없다.… 자신의 의견을

게다가 위에서 '음란한', '거짓말쟁이' 모두 비속어가 아니라 모두 표준어들임에
도 불구하고 모욕이라고 판단한 점을 음미해야 한다. 실제로 공손한 단어들만을
사용해서도 상대방을 극도의 모멸감을 느끼게 할 수 있음은 볼테르 등의 역사
속의 수많은 독설가들에게서 목격된 바 있다.

라. 모욕은 텍스트가 아니라 컨텍스트에서 발생한다

이것은 모든 법은 언어로 표현되고 언어는 현실의 복잡다기한 면에 일일이
대응할 수 없다는 언어의 한계에서 비롯된 실체적 불확정성과는 다른 문제다.
모욕죄에 있어서 문구나 어구가 위법성의 판단기준이 되지 않는 이유는 문구나
어구(text)의 의미가 그 맥락(context)에 따라 급격하게 달라지기 때문이다.

오랜만에 만난 친구들 사이에서 저급한 동물에 비유한 별명을 부르거나 욕을
하지만 누구도 모멸감을 느끼지 않는 경우는 많이 있다.

친한 친구끼리 "이 개자식아! 넌 왜 그동안 연락도 없었냐?"라고 했을 때 이 '개자
식'이라는 말은 통상적으로 생각하는 욕이지만 듣는 사람은 모욕감이 아닌 친근감을

개진하고, 피해자에게 자신의 의견에 대한 반박이나 반론을 구하면서, 자신의 판단과 의견의 타당함
을 강조하는 과정에서, 부분적으로 그와 같은 표현을 사용한 것으로서, 공소사실에 기재된 행위는
사회상규에 위배되지 않는다고 봄이 상당하다.
대법원 2008.07.10. 선고 2008도1433 판결(골프장 전 직원이 골프클럽직원 사이트에 골프클럽 조
장에 대해 "한심하고 불쌍하다", "공개처형 당할 수 있다"는 표현을 올린 것에 대해 모욕 아님); 기록에
나타나는 피고인이 위 게시판에 글을 올리게 된 동기나 경위 및 배경을 살펴보면, 위 글은 전체적으로
는 피고인이 근무했던 골프클럽에서 운영된 징벌적 근무제도의 불합리성 및 불공정성에 대한 불만
을 토로하는 취지에서 작성된 것으로, …피고인의 의견이나 판단 자체가 합리적인 것인지 여부는
차치하고 전혀 터무니없는 것은 아니라는 점, …그 표현이 내포하는 모욕의 정도 또한, 비공개적인
상황에서는 일상적으로 사용되는 경미한 수준의 것으로서 위 글의 전체적인 내용에서도 크게 벗어
난 표현이라고는 보기 어려운 점, 위 글의 게시장소도 골프클럽 경기보조원들 사이에서 각 골프클럽
에 대한 정보교환을 통해 구직의 편의 등의 도모를 주된 목적으로 하는 사이트 내 회원 게시판으로,
위 글에 대한 댓글을 보아도 위 글이 골프클럽 자체에 대한 불만의 표출 내지 비난으로 받아들여진
것으로 보이는 점 등의 사정에 비추어볼 때, 이 사건 피고인의 표현은 골프클럽 경기보조원인 회원들
사이의 각 골프클럽에 대한 평가 내지 의견교환의 장소에서, 피고인이 개인적으로 실제 경험했던
특정 골프클럽 제도운영의 불합리성을 비난하고 이를 강조하는 과정에서 그 비난의 대상인 제도의
담당자인 피해자에 대해서도 같은 맥락에서 일부 부적절한 표현을 사용하게 된 것으로, 이러한 행위
는 사회상규에 위배되지 않는다고 봄이 상당하다.

느낄 수 있다. 반대로 욕이 아닌 말도 수치심을 불러일으키는 경우도 많다. 다음 기사를 보자.

7일 한 인터넷 포털에 실린 '주택담보 대출이자가 오르고 있다'는 기사에는, "국민 요정 이명박 포에버!", "금리 올려 서민들의 빚보증을 통한 내 집 마련에 일침을 가하신 이명박 사마 감사합니다(이상은 일명 '최진실법'에 의거 작성됨)" 등의 댓글이 달렸다. —한겨레신문 2008.10.8일자 사회면

특정 문구나 어구가 모멸감을 발생시키는지의 여부는 그 문구나 어구만을 가지고 판단할 수 없다. 예를 들어 초등학생 시절에 한 친구에게 우연히 "똘만이"라는 별명을 붙였고 초등학생 시절에는 "똘만이"라는 말을 애칭으로 사용했다고 하자. 그러나 그 친구가 상급학교로 진학하면서 주변 사람들로부터 따돌림을 당하면서 "똘만이"라는 표현에 대해 심한 모멸감을 느끼게 되었다고 하자. 만약 누군가 동창회에서 그 친구를 "똘만이"라고 불러 그 친구가 모멸감을 느꼈다면, 모욕죄가 성립된 걸까 아닐까? 만약 그렇게 부른 동창은 그 친구가 상급학교에 가서 "똘만이"라고 불리면서 따돌림을 당했다는 사실은 안다면 어떨까? 답이 달라질까? 만약 그 동창이 그러한 사실을 안다는 것을 친구가 모른다면 어떨까? 답이 달라질까? 맥락에 따라 문구나 어구가 갖는 의미는 급격하게 변하는 것이다.

물론 모든 사건에 대해 법원이 예측 가능한 판결을 해야 한다는 의미는 아니다. 위의 "똘만이" 사건에서도 법원은 유죄라고 판단할 수도 있고, 무죄라고 판단할 수도 있다. 법원의 판단이 어떻게 되었든 중요한 점은 그 판단의 근거가 사용된 문구가 되지는 않을 것이라는 점이다.

문재완은 이에 대해 역설적으로 다음과 같은 논리로 공동체가 모욕을 구성하는 언어들을 미리 정해 놓아야 한다고 주장한다.[22]

—표현의 자유는 의견 > 사실의 적시 > 경멸적 표현의 순으로 보호 정도가 다른데, 의견과 사실의 적시와 경멸적 표현을 각각 구분하기 어렵다면 모욕죄의 처벌 강화는 표현의 자유를 위축시킬 우려가 큼.

---

22) 문재완, 앞의 글, p.12.

○법원은 모욕의 범위를 넓게 해석해 경미한 모욕적 언사도 모욕죄를 구성한다고 인정한 후, 그러한 표현이 이루어진 사정을 종합 판단해 사회상규에 위반되지 않을 경우 위법성을 조각하는 2단계 구조로 모욕죄를 판단함.

−법원의 태도는 구체적인 분쟁의 해결방법으로는 타당하지만, 예측가능성이 없기 때문에 표현의 자유를 제한하는 큰 원인이 되고 있음. 일반인은 자신의 행위가 사회상규에 위반되는지 여부를 사전에 알 수 없음.

○모욕의 범위를 축소해 욕설에 가까운 분명한 양태의 표현만 모욕죄를 구성한다고 하면, 사회상규 위반 여부에 따라 위법성조각사유를 고려할 필요가 없어짐. 즉, 표현 그 자체에서 모욕 여부를 판단하는 판례의 태도 변화가 요망됨.

○현재 법원의 판례 태도를 감안하면, [위와 같은 태도변화가 없는] 모욕죄의 처벌 강화는 언론의 자유를 침해하는 결과를 초래할 가능성이 큼.

필자는 이 주장에 대해 원론적으로 찬성한다. "개새끼" 등등의 특별한 사정이 없는 한 모욕감을 발생시킬 것으로 보이는 표현들을 미리 국민들에게 공지해 이 표현들의 사용은 그 "표현이 이루어진 사정"에 관계없이 처벌하는 방식인데 이렇게 하면 국민들은 무엇이 가벌성 있는 표현인지를 미리 알고 그 표현만을 피하면서 자유롭게 의견과 감정을 표명할 수 있게 될 것이며 이렇게 되면 모욕죄의 위헌성은 치유되는 것이다.

사실 문재완의 주장은 모욕죄를 내파(內破) 하자는 것이다. 위에서 살펴본 바와 같이 모욕은 어구(text)가 아니라 맥락(context)에서 발생하는 것으로서, 매우 공손한 표현들만으로도 상대에게 심한 모욕감을 줄 수 있는데, 결국 문재완의 새로이 구성된 모욕죄는 사실 모욕감의 방지라는 입법목적을 포기하고 새롭게 구성하자는 것이다.

사실 아래에서 논의하겠지만 혐오죄는 (1) 사용된 표현과, (2) 표현이 사용된 사정 모두를 엄격하게 정의해 그 정의에 포함되는 표현만을 처벌하며 그렇기 때문에 위헌성 논란에 휩싸이지 않는다. 물론 이것은 예외적인 상황이고 일반적으로 표현의 문구 자체가 모욕의 위법성 판단기준이 될 수는 없다.

결론적으로 모욕은 의견과 감정의 표현이므로 사실적 주장을 동반하지 않아 헌법상 더욱 두터이 보호받을 필요가 있고 언사를 구성하는 문구도 그 언사의 대상에게 모멸감을 발생시킬지 여부를 측정하는 지표가 될 수 없기 때문에 모욕 성립의 기준이 될 수 없다.

마. 모욕감으로부터의 보호는 헌법적으로 실현가능한 목표인가?

결국 의견과 감정은 헌법적으로 보호되는 내용이며, 그 형식이 되는 문구들 역시 모욕감을 발생시키는지의 여부가 정해져 있지 않고, 그 문구가 사용된 맥락 (context)에 의해 정해진다면, 과연 사람들을 모욕감으로부터 보호하는 것이 헌법 적으로 허용되는 범위 내에서 실현가능한 목표인지 생각해볼 필요가 있다.

모욕의 상대가 느끼는 모멸감의 강도는 그 상대의 주관적인 인식에 따라 달라진 다. 똑같은 표현을 들어도 그 사람이 가지고 있는 자존감(自尊感), 즉 체면에 따라 그 사람이 모멸감을 느낄지는 크게 달라진다. 예를 들어 자신은 대통령이 될 만한 사람이라고 생각하는 경우 "서울시장은 될 수 있지만 당신은 대통령 재목이 못 돼"라고 말하는 것 자체가 모욕이 될 수 있다. 똑같은 말을 조금 바꿔서 "당신은 대통령 재목은 못 되지만 서울시장은 될 수 있어"라고 무명정치인에게 말한다면 절대로 모욕감이 발생하지 않을 것이다. 그런데 표현의 수용자가 주관적으로 느 끼는 자존감에 따라 표현의 가벌성이 달라진다는 것은 표현자의 자유에 대한 부당 한 침해가 될 것이다.

이 부당성은 명예훼손과 비교해보면 조금 더 명확해진다. 명예훼손 법리는 평판을 보호하고 모욕은 자존감을 보호한다. 평판은 명예훼손의 대상이 통제하는 것이 아니라 제3자들이 통제하는 것이기 때문에 그 대상자가 주관적으로 평판의 저하를 판단할 수 없다는 점에서 객관적이다. 반면 자존감은 모욕의 대상이 스스 로 통제하는 것이기 때문에 주관적일 수밖에 없다. 그런데 대부분의 사람들은 자신에 대해서 다른 사람이 자신에 대한 평판이 허용하는 것보다 더욱 높은 자존감 또는 명예감을 가지고 있다. 자신은 대통령이 될 만한 사람이라고 생각하는데, 다른 사람들은 그렇게 생각하지 않을 경우 "당신은 대통령 재목이 못 돼"라는 말은 그에게 명예훼손은 되지 않을 것이다. 사실적인 주장이 아니라서 그렇기도 하지만 여기서 더욱 주목할 점은 다른 사람들이 그에 대해 가지고 있는 "대통령감은 아니다"라는 평판은 위 말에 의해서 더 저하되지 않기 때문이라는 것이다. 하지만 위 말은 모욕이 될 수 있다. 실제로 필자는 오랜 사회생활에서 큰 업적을 남기고 현재 그 업적으로 치부하며 살고 있는 사람들이 다른 사람들이 그에 대해 가지고 있는 평판과 관계없이 지고지순한 자기 환상에 빠져 살고 있을 가능성들을 쉽게 생각할 수 있다. 즉, 명예훼손에 대해 위헌성 논란이 없는 이유는 명예훼손 성립 여부가 명예훼손의 피해자라고 주장하는 자의 주관적 성격에 의해 정해지지 않고 제3자들에 의해 정해지기 때문이다.

물론 '합리적으로' 또는 객관적으로 인정될 수 있는 범위 내의 자존감의 침해만을 모욕으로 처벌하면 위 문제는 해결된다고 할지 모른다. 바로 이것이 모욕의 판단기준이 되는 객관적 주관론이다. 즉, 모욕죄의 피해자가 주관적으로 느낀 모욕감을 기준으로 가벌성을 판단하되 그 판단 자체는 객관적으로 한다는 것이다. 하지만 한 사람이 합리적으로 가질 수 있는 자존감의 범위를 법원이 어떻게 정할 수 있을까? 불가능하지는 않다.

그러나 가능한 유일한 방법은 헌법적으로 차단된 방법이다. 즉, 법원은 각 사람마다 법적으로 인정되는 자존감의 범위를 정함에 있어서 검증 가능한 외관상의 지표를 이용할 수밖에 없을 것이고, 결국은 '사회적 지위'에 의존할 수밖에 없을 것이다. "당신 말은 초등학생 같은 소리다"라는 표현도 교수가 학생을 향해 사용한다면 모욕이 되지 않을 수 있겠지만, 학생이 교수에게 사용한다면 모욕이 될 수 있다. 이렇게 표현이 제시된 상대의 사회적 지위에 따라 표현의 가벌성이 달라진다면 표현을 사용한 사람의 자유에 대한 부당한 불평등한 침해가 될 것이다. 예를 들어 대법원은 위의 교회 내 목사 사건에서 재판부는 "특히 이 사건이 사랑의 실천 및 복음전파를 목표로 삼는 기독교 내부에서 발생한 문제이고 보면, 그에 관한 논란도 서로 상대방을 존중하면서 이성적으로 품위 있게 진행됨이 마땅하다"며 "피고인들이 '음란한 거짓말쟁이', '뻔뻔이', '주구노릇' 등 욕설에 가까운 표현을 쓴 것은 모욕죄에 해당한다"고 밝혔다. 대법원이 다른 사건에서는 계속 모욕 성립을 인정하지 않다가 이렇게 하는 것은 지위 때문이라는 의구심을 버릴 수 없다.

더욱 큰 문제는 과연 한 사람이 가질 수 있는 명예감을 대법원이 객관적으로 공동체를 대표해 판단한다는 것도 말이 안 된다는 것이다. 제멋대로 사는 맛을 공동체가 빼앗아가는 것이 된다. 법원이 한 사람이 가진 합리적인 자존감의 범위를 어떠한 다른 방식으로든 재단하는 것 자체가 행복추구권의 핵심적 요소를 침해하는 것 아닐까?

바. 외국의 사례

위에서 설명한 이유로 거의 모든 나라에서 모욕죄는 존재하지 않는다.[23] 대부분의 나라에서 명예에 대한 욕망은 명예훼손 법리가 사람들의 평판을 허위주장으로부터 보호하는 것으로 충분히 보장되고, 사람들의 주관적인 '명예감'이나 체면까지 보호하려고 하는 것은 표현의 자유에 대한 심대한 침해가 될 것임을 간파했기 때문이다. 우리나라처럼 모욕죄가 있는 국가는 독일,[24] 일본,[25] 대만[26]뿐이며 일본에서는 처벌이 매우 경미하다.[27]

---

23) Marilyn J. Greene 편집, "It's A Crime: How Insult Laws Stifle Press Freedom", World Press Freedom Committee, http://www.wpfc.org/Publications.html.

24) Criminal Code of 1871(version of 13 Nov. 1998) Section 185(모욕:Beleidigung:insult) StGB § 185: Insult is punished by imprisonment for a term of up to one year or by a fine, and, where the insult is made by means of physical assault [mittels einer Tätlichkeit], by a term of up to two years or by a fine. 모욕은 타인의 명예에 대한 공격으로서 상대의 면전에서 이루어지는 것을 말하며 제3자에게 전달되지 않아도 성립된다. 현재의 독일문화 내에서의 모욕죄의 의미에 대해서는 James Q. Whitman, "Enforcing Civility and Respect: Three Societies", 109 Yale Law Journal 1279(April 2000).

25) Defamation and 'Insult': Writers React, A report from International PEN's Writers in Prison Committee: Insult Laws in the European Union, http://freenewsfreespeech.blogspot.com /2008/07/defamation-and-insult-writers-react.html.

26) 대만 형법 제309조 Anyone who publicly insults others shall be subject to detention or a fine not to exceed 300 silver yuan. 최근 주차 관련 말다툼에서 30대 여성을 '아줌마'라고 불러 모욕죄 고소가 이루어진 사건이 있었다고 한다. 2009년1월4일 데일리안 기사.

27) "사이버 모욕죄 관련조사", 국회입법조사처, 2008년 11월 초. 참고로 이 자료는 프랑스에도 모욕죄가 존재한다고 보고하고 있는데 이것은 오류이며 프랑스에 존재하는 것은 아래에서 살피겠지만, 인종차별을 금지하는 '혐오죄'다.

독일의 모욕죄의 집행은 검찰이 주도하는 공소(公訴, Offentliche klage)[28]에 의해 진행되는 것이 아니라 피해자가 주도하는 사소(私訴, Privatklage)에 의해 진행되는 것으로서 우리나라처럼 강력한 국가기구의 힘으로 진행되는 형사처벌과 비교될 수 없으며, 이마저도 죄형법정주의를 위반하는 위헌적으로 애매모호한 조항이라는 주장들이 제기되어왔다.[29] 그리고 사소의 절차는 매우 복잡하고 부담스러워 이와 같은 위헌적인 측면을 완화하고 있는 것으로 여겨지고 있다.[30] 물론 독일도 공익적인 측면이 있는 사안에 대해서는 검찰이 개입하기는 하지만 이는 예외적이다.[31]

미국은 죄 자체가 없다. 미국에서 민사불법행위의 일부로 존재하는 의도적 정신적 피해의 초래(intentional infliction of emotional distress)는 단순한 의견이나 감정의 표현에 적용되는 것이 아니라 물리적 행동, 허위 및 강압을 수반하는 경우에만 적용된다.[32] 모욕죄는 일반적인 형법 논리에 포함되지 않은 돌연변이 같은 것이다.

많은 나라들이 가지고 있는 죄형은 모욕죄가 아니라 국가모독죄다.[33] 그리고 국가모독죄의 시초는 유럽의 국왕모독죄이며, 이와 같은 구시대적인 배경 때문에 자유민주주의체제가 자리 잡힌 국가들에서는 대부분 폐지되거나 사문화되었고,

---

28) 프랑스의 action publique 개념에 대응되는 것이다. Action publique라는 개념은 프랑스의 형사제도의 독특함에서 유래하는데 검찰이 기소권을 독점하는 것이 아니라 경미한 범죄들에 대해서는 피해자들이 직접 기소를 할 수 있도록 하고 있으며, 이를 action civile이라고 하여 action publique와 구별했다. 이와 비슷하게 독일은 Offentliche klage와 Privatklage의 구분을 두고 있다. 우리나라 법률가들은 이를 공소와 사소로 구분하고 있다. Justiz Behörde Hamburg [HamburgJustice Authority], Hamburgischer Rechtswegweiser, http://www.hamburg.de/Behoerden/JB/hhrecht/strat2.html; 형사소송법 374 조(Section 374 Strafprozeordnung [StPO]) [Code of Criminal Procedure]는 다음과 같은 범죄들에 대해 사소가 가능함을 명시하고 있다. (1) 주거침입, (2) 모욕, (3) 상해, (4) 협박, (5) 상거래상의 부패, (6) 재산상 손해, (7) 불공정경쟁, 그리고 (8) 지적 재산권침해.
29) 죄형법정주의 nulla poena sine lege as established by Grundgesetz [GG] [Constitution] Art. 103 Abs. 2(F.R.G.). Ralf Stark, Ehrenschutz in Deutschland 26(1996). at 139 & nn.30-31.
30) Whitman, ibid.
31) 형사소송법 제376조(§ 376 StPO).
32) 가장 대표적인 예로 도덕적으로 존경받는 목사에 대해 그 목사가 어머니와 성교를 했다는 취지의 가상인터뷰를 게재한 잡지에 대한 민사손해배상을 기각한 대법원 판결이 있다. Hustler Magazine, Inc. v. Falwell, 485 U.S. 46(1988).
33) Greene, 전게서.

가끔 권위주의 정부들이 이를 남용하다가 유럽인권재판소에서 대부분의 판결이 번복되고 있거나 국제인권기구들에 의해 계속 비판받고 있다.[34] 아프리카 내 프랑스의 옛 식민지들과 남미의 스페인의 옛 식민지들에서 식민통치의 잔재로 존재하고 있지만 그곳에서도 폐지가 꾸준히 이루어지고 있다.[35]

사. 미워도 다시 한 번 – 모욕죄

이에 대해 많은 사람들은 임수경 씨 아들이 익사 사고를 당한 후 임수경 씨에게 쏟아졌던 악플을 떠올리며 모욕죄의 타당성에 미련을 갖기도 한다.[36] 그러나 의

---

34) James H. Ottaway, Jr., Leonard Marks, "Insult Laws: An Insult to Freedom", World Press Freedom Committee, 1996.

35) Ottaway, 전게서.

36) 임수경 씨 사건(서울중앙지법 2006.3.10. 선고 2006고정885 판결 [모욕]: 항소)
  ○ 피고인 서명길은 2004. 7. 22. 21:23경 아이디 myunggil2000으로 로그인해 인터넷신문 조선닷컴에 '통일의 꽃 임수경 씨 9살 아들 필리핀서 익사'라는 제목의 기사를 읽고 댓글란에 "통일, 통일하지 마라! 통일에 책임지지도 못할 빨갱이들이 민족이니 통일이니 입에 붙이고 다닌다. 임수경의 경우 사고 체계가 왜곡되어 있으니 정상적인 결혼 생활이 가능할 수 없다…"는 글을 게재해 공연히 피해자 임수경을 모욕하고,
  ○ 피고인 이회관은 2004. 7. 22. 21:21경 아이디 leehg21로 로그인해 인터넷신문 조선닷컴에 '통일의 꽃 임수경 씨 9살 아들 필리핀서 익사'라는 제목의 기사를 읽고 댓글란에 '인과응보, 사필귀정'이라는 글을 게재해 공연히 피해자 임수경을 모욕하고,
  ○ 피고인 임재식은 2004. 7. 23. 02:35경 아이디 ljslim82로 로그인해 인터넷신문 조선닷컴에 '통일의 꽃 임수경 씨 9살 아들 필리핀서 익사'라는 제목의 기사를 읽고 댓글란에 "ㅋ이혼한 여자가 통일의 꽃?! 통일의 하이에나겠지, ㅋ죽은 애는 안 되었지만 수경이한테는 인과응보, ㅋ미국을 웬쑤로 여기더니 영어연수는 왜?! 분명 하늘도 분노한 거야, ㅋ이혼녀가 돈이 많나?! 영어연수 보내게… 남자 쪽박 채웠겠구만!! ㅋ나라 법도 무시하고 몰래 북에 간 여자가 가정인들 무사하겠어!! 해튼 수경이한테 고소하다, ㅋ얼굴이 지금도 그때처럼 표독스럽다. 에그 소름끼쳐…"라는 글을 게재해 공연히 피해자 임수경을 모욕하고,
  ○ 피고인 이홍빈은 2004. 7. 23. 13:55경 아이디 036510으로 로그인해 인터넷신문 조선닷컴에 '통일의 꽃 임수경 씨 9살 아들 필리핀서 익사'라는 제목의 기사를 읽고 댓글란에 "애 잘 죽었다, 존경하고 우리의 안보를 책임지고 있는 미국 싫다고 미군 철수하라 하고 어린 것이 북한에서 돌아올 때 미국 나가라고 구호 외치는 꼴을 우리는 보지 않았는가, 조국을 등진 채 행복을 모르더니 이혼도 김정일 찬양하고 남편에게 잘난 체 하니까 무서워서 남편이 도망갔을 것이다, 통일의 꽃 좋아하네, 조선일보 기자 놈아 표현도 좀 가려서 해라, 임수경 같은 모 밑에서 자라느니 잘 죽었다, 임수경"이라는 글을 게재해 공연히 피해자 임수경을 모욕했다.
  피고인 이홍빈, 임재식, 서명길을 각 벌금 1,000,000원에, 피고인 이회관을 벌금 700,000원에 각 처한다.(서울중앙지법 2006.03.10. 선고 2006고정885 판결)

견과 감정의 표명이라고 해도 극도의 모욕감을 발생시킨다면 법적 책임을 부과할 수 있다. 단지 헌법이 허용하는 범위 내에서 법적 책임을 부과할 수 있는 방법을 고안해내야 하는데, 이것은 문재완이 제안한 방식으로 미리 모욕적인 표현을 열거해 국민에게 정확히 위법의 범위를 알려주는 방식도 있고, 아래에 설명하겠지만 혐오죄와 마찬가지로 위법적인 표현과 위법적인 상황을 모두 정해 여기에 해당하는 표현에만 법적 책임을 부과하는 방식도 있을 수 있다. 임수경 씨 아들 사건을 잘 살펴보면, 이 사건에서의 악플에 공동체의 대다수가 거부감을 느꼈던 이유는 바로 '자식을 잃은 어려운 처지의 사람'에게 '자식을 잃은 것이 잘 되었다'는 저주를 퍼부었다는 것 때문이었다. 그렇다면 바로 그러한 표현과 그러한 상황에 대해서만 법적 책임을 부과하는 법을 생각해볼 수 있으며, 바로 그러한 것이 혐오죄의 한 형태다. 이렇게 적용범위가 한정되는 혐오죄는 결국 모욕으로부터 사람을 보호하는 법이 되는 것이 아니고, '자식을 잃은 사람을 보호하는 법'이 되며, 바로 이것이 이념적으로 혐오죄와 모욕죄가 다른 점이다.

이에 대해 많은 사람들은 결국 타인에게 심한 모욕감을 주는 것은 국가가 개입해 막아야 되지 않는가라고 주장한다. 하지만 해악이 있다고 해서 모두 국가가 개입해 금지하지 않는다. 법적 규제의 대상을 정하는 것은 사람들의 표현욕구 및 법의 집행 가능성 등을 다각적으로 고려해야 한다. 예를 들어 흡연은 흡연을 하는 사람 스스로도 자신과 타인들에게 좋지 않다고 생각한다. 국가적으로도 흡연은 의료보장제도에 의존하게 되는 사람들의 숫자를 증대시켜 국가경제에 좋지 않은 영향을 미친다. 그러나 그렇다고 상황을 불문하고 흡연을 법으로 금지해야 한다고 생각하는 사람은 없다.

이에 대해 많은 이들은 흡연은 본인이 하는 것이지만 모욕은 타인으로부터 받는 것이므로 다르지 않는가? 모욕은 국가가 개입해 금지할 수 있지 않은가? 반문한다. 그러나 모욕감이 발생했다고 해서 반드시 국가가 개입해야 한다는 원리는 없다. 가장 모욕감을 발생시키는 상황들을 생각해보자. 연애하다 상대방에게 차이고 상대방이 다른 사람과 연애를 시작할 때, 자신은 열심히 공부해서 A를 받을 거라고 생각했는데 C+를 받을 때 등등. 하지만 이러한 상황에 대해 국가가 개입해야 한다고는 누구도 생각하지 않는다.

국민들은 모욕당하기 싫어하는 만큼이나 모욕하고 싶어 한다. 즉, 모욕할 만한 일을 한 사람을 처절히 모욕하는 것은 국민들의 자연스러운 욕구이며 표현의 자유의 핵심임을 잊어서는 안 된다.

아. 소결

결국 모욕죄는 타인을 기망할 수 있는 폭력성을 가진 사실적 주장을 수반하지 않는 의견과 감정의 표명에 대해서는 법적 책임을 지울 수 없다는 헌법적 원리에 어긋난다. 모욕죄는 의견과 감정의 내용에 대한 규제가 아니라 의견과 감정의 표명에 사용된 문구에 대한 규제로서 정당화될 수도 없다. 문구의 모욕적 효과는 그 문구 자체가 아니라 발화자와 수용자 사이의 관계, 그리고 그 관계 내에서 문구가 가지는 의미 등에 의해 크게 좌지우지되기 때문이다. 헌법적으로 정당화될 수 있는 객관적인 위법성의 기준을 정하는 것이 예외적인 경우를 제외하고는 불가능하다. 기본 취지에 합당하게 모욕죄를 판단하기 위해서는 결국 자존감의 침해 정도를 계량해 위법성 여부를 판단해야 하는데, 이것은 수용자의 사회적 지위에 따라 결과가 달라지는 매우 차별적이고 위헌적인 결과를 낳게 된다.

3. 대안으로서의 혐오죄

이명박 정부가 선진화를 꿈꾸고 있다면 역사적으로 억압과 차별을 겪어왔던 소수자들을 보호하는 혐오죄를 만들어야 한다. 대규모 노예제도를 가지고 있던 미국, 식민지를 가지고 있던 프랑스, 유태인을 학살한 독일 등은 모두 수탈과 억압의 역사 속에서 또는 이에 힘입어 현재의 선진국 대열에 올랐고, 그 업보로 인종혐오행위들이 기승을 부리고 있다. 하지만 이들은 '선진국'답게 대응하고 있다. 미국

에서는 소수민족, 장애인, 여성 등에 대한 모욕성 발언을 차별행위로 규정하고
있고[37] 혐오성 발언이 동반된 범죄는 가중 처벌한다.[38] 독일은 집단혐오죄와[39]
유태인학살부인죄, 프랑스는 국적·인종·종교적 혐오발언을 처벌한다.[40]

---

37) U.S. CODE TITLE 18 PART I—CRIMES CHAPTER 13—CIVIL RIGHTS.
Section 245. Federally protected activities(중략
(b) Whoever, whether or not acting under color of law, by force or threat of force willfully injures, intimidates or interferes with, or attempts to injure, **intimidate or interfere with** —
(1)(중략)
(2) any person because of his race, color, religion or national origin and···.
38) 2006 Federal Sentencing Guidelines
U.S.S.G. §3A1.1. Hate Crime Motivation or Vulnerable Victim
(a) If the finder of fact at trial or, in the case of a plea of guilty or nolo contendere, the court at sentencing determines beyond a reasonable doubt that the defendant intentionally selected any victim or any property as the object of the offense of conviction **because of the actual or perceived race, color, religion, national origin, ethnicity, gender, disability, or sexual orientation of any person, increase by 3 levels.** ···.
39) Section 86: Dissemination of Means of Propaganda of Unconstitutional Organisations— provides for fine or imprisonment for up to 3 years
Section 86a: Use of Symbols of Unconstitutional Organisations—provides for fine or imprisonment for up to 3 years
Section 130 prohibits incitement to hatred and violence against segments of the population(§ 130.1), including through dissemination of publications or broadcasts(§ 130.2).
Section 130 prohibits denial or playing down of the genocide committed under the National Socialist regime(§ 130.3), including through dissemination of publications(§ 130.4).
Section 85 prohibits the continuation of the activities of an organisation that has been banned, http://www.legislationline.org/?tid=218&jid=21&less=false.
40) Articles 23, 24, Article 42 of Law of 29 July 1881 forbid public provocation of discrimination, national, racial or religious violence
Articles 23, 29, 32 and 42 of Law of 29 July 1881 forbid racial defamation and public racial injury
Article R625-7 of penal code forbids non-public provocation of discrimination or national, racial or religious hatred
Article R624-3 of the penal code forbids non-public racial defamation
As concerns racist statements, the law of 9 March 2004 extended the prescriptive period from three months to one year for prosecuting the offences of: incitement to racial discrimination, hatred and violence; negationism; and racial defamation and insults.
Articles 23, 24bis and 42 of the law of 29 July 1881 forbid denial of crimes against humanity.
Law of 3 February 2003 establishes aggravated circumstances according to article 132-76 of the penal code if an infraction is preceded or accompanied by the consideration that the victim is in fact or by supposition a member of a determined ethnicity, nation, race or religion. The aggravated circumstance may increase the penalty or change the nature of the infraction.
Law 2004-204 of 9 March 2004 extends the list of crimes to which aggravated circumstances of

2007년 4월에는 EU가 인종·원국적·종교에 대한 혐오를 선동하는 언사를 처벌하는 법을 각 회원국이 만들어야 한다는 결정을 통과시켰다. 41)

---

racist/anti-Semitic/xenophobic character can be attached, to include extortion, threats and theft. Other crimes for which such motives constitute aggravating circumstances include homicide, torture and barbarous acts, violence causing death, threat to commit a crime, threat of death, and others.

Law 2003-239 of 18 March 2003 created an article 132-77 of the penal code providing that commission of a crime or delict because of the victim's sexual orientation would constitute an aggravating circumstance. Law 2004-204 of 9 March 2004 extended the range of crimes to which this aggravating factor may attach.

(http://www.legislationline.org/?tid=218&jid=19&less=false).

41) Council of the European Union—Framework decision on Racism and Xenophobia(19 April 2007)

Pending the lifting of some Parliamentary reservations, the Council reached a general approach on this Framework Decision.

The text establishes that the following intentional conduct will be punishable in all EU Member States:

—**Publicly inciting to violence or hatred, even by dissemination or distribution of tracts, pictures or other material, directed against a group of persons or a member of such a group defined by reference to race, colour, religion, descent or national or ethnic origin.**

—Publicly condoning, denying or grossly trivialising

—crimes of genocide, crimes against humanity and war crimes as defined in the Statute of the International Criminal Court(Articles 6, 7 and 8) directed against a group of persons or a member of such a group defined by reference to race, colour, religion, descent or national or ethnic origin, and

—crimes defined by the Tribunal of Nüremberg(Article 6 of the Charter of the International Military Tribunal, London Agreement of 1945) directed against a group of persons or a member of such a group defined by reference to race, colour, religion, descent or national or ethnic origin.

Member States may choose to punish only conduct which is either carried out in a manner likely to disturb public order or which is threatening, abusive or insulting.

The reference to religion is intended to cover, at least, conduct which is a pretext for directing acts against a group of persons or a member of such a group defined by reference to race, colour, descent, or national or ethnic origin.

Member States will ensure that these conducts are punishable by criminal penalties of a maximum of at least between 1 and 3 years of imprisonment.

The Framework Decision will not have the effect of modifying the obligation to respect fundamental rights and fundamental legal principles, including freedom of expression and association, as enshrined in Article 6 of the Treaty of the EU.

Member States will not have to modify their constitutional rules and fundamental principles relating to freedom of association, freedom of the press and the freedom of expression.

After its adoption, Member States will have 2 years to comply with the Framework Decision. (http://www.legislationline.org/legislation.php?tid=218&lid=7975&less=false).

혐오죄는 모욕죄와는 다르다. 혐오죄는 모욕죄와 달리 차별의 금지를 목표로 삼고 있다. 이에 따라 (1) 차별을 당해왔던 취약계층만이 혐오죄의 피해자가 될 수 있다. (2) 뿐만 아니라 사회적 약자가 자신이 당해왔던 차별에 이용되었던 특정 문구만이 혐오죄의 구성요건을 충족한다.

우리는 식민지의 잔재인 모욕죄에 기대어 비민주적 정권을 유지하는 아프리카나 남미의 옛 식민지 국가들의 길을 갈 것인가? 아니면 모욕죄는 폐지하거나 사문화시키고 피억압자들을 위한 차별 및 혐오발언 금지법을 만드는 진정한 '선진화'의 길을 갈 것인가?

4. 사이버모욕죄에 대한 정책적 평가

위에서 밝혔듯이 형법상 모욕죄 자체도 위헌이다. 그런데 사이버 모욕죄 도입 수단으로 논의되었던 모욕임의처벌법은 모욕죄가 사이버 상에서 일어날 경우, 고소의 요건을 없애 검찰이나 경찰이 임의로 인지수사를 할 수 있도록 하겠다는 것이다. 이렇게 되면 모욕죄의 위헌적인 면은 더욱 증폭될 것이다.

가. 형사처벌의 문제 및 정치적 남용가능성

우리나라의 모욕 규제가 가지고 있는 더욱 큰 문제는 그 규제의 집행이 형사처벌을 통해 이루어진다는 점이다. 현재 선진국들에서는 헌법적으로 더욱 타당성이 있다는 명예훼손에 대한 형사처벌제도마저도 거의 폐지되거나 사문화되어가고 있는데, 그 이유는 권력자들이 명예훼손 형사처벌제도를 정치적으로 남용하는 패악 때문이다.[42] 이러한 상황에서 명예훼손죄보다 더욱 남용가능성이 높은 모

---

42) 박경신, "명예훼손 형사처벌 폐지해야", 경향신문, 2008년 7월 17일자 26면.
"현재 세계 각국에서는 형사상 명예훼손의 폐지에 대한 논의가 진행되고 있다. 2007년에는 회교국가인 바레인에서도 이 제도의 폐지가 논의되었다.
그 이유는 권력자들이 명예훼손의 형사처벌제도를 정치적으로 남용하는 패악 때문이다. 형사처벌

욕'죄'를 유지하고 있는 것은 더욱 큰 문제다. 논리적으로도 모욕은 국가원수에 대한 모욕도 포함하게 되어 전 세계적으로 폐지 및 사문화의 일로를 밟고 있는 국가모독죄를 두는 결과를 초래하게 될 것이다. 구시대의 유물인 명예훼손 자체에 대한 형사처벌도 폐지되지 않았고, 전 세계적으로 거의 유일하게 진실을 명예훼손에 대한 완전항변으로 인정하지 않으면서[43] 모욕임의처벌법까지 가세한다면 이는 아래 표에서 보다시피 진정으로 국가에 대한 모욕이 될 것이다.

은 검찰 본연의 업무이므로 권력자는 아무런 비용을 들이지 않고, 자신의 영향력 하에 있는 검찰을 동원해 자신에게 비판적인 개인 및 단체들에게 타격을 가하거나 이들을 제압할 수 있다. 이 행태는 그 사회에 매우 위험한 일인데 권력자에 대한 비판이 사라지면 그 사회는 무비판의 암흑 속에서 썩어가기 때문이다. 부패와 언론의 자유가 반비례 관계임은 매년 국제기구들의 조사에서 재확인되고 있다. 감시의 눈과 폭로하는 입이 없는 곳에는 부패가 만연하기 마련이다. 권력자가 쉽게 남용할 수 있는 명예훼손 형사처벌제도는 국민의 표현의 자유뿐만 아니라 사회의 투명성과 효율을 증진하기 위해서라도 폐지되어야 한다는 것이다.

미국에서는 저 유명한 1964년 New York Times v. Sullivan 사건과 같은 해에 Sullivan 사건의 판시를 잣대로 하여 명예훼손 처벌법 자체를 위헌처분한 Garrison v. Louisiana 사건 이후 뉴욕, 캘리포니아, 일리노이, 텍사스 주를 포함한 많은 주들의 명예훼손 처벌조항이 위헌처분되거나 주의회에 의해 자발적으로 폐기되었다. 사법부나 입법부에서 이렇게 형사상 명예훼손을 폐지했던 이유는 1920년부터 1956년 사이의 형사상 명예훼손 사건의 2분의 1 정도가 권력자가 검찰을 동원해 비판적 개인을 탄압하려는 시도였다는 연구결과에서 찾을 수 있다. 2004년 현재 14개주만이 명예훼손에 대한 형사처벌규정을 유지하고 있고, 이들 주들에서 제기되는 명예훼손 형사사건들을 모두 합쳐 전국 합계를 내어도 1년에 약 2건에 머물 정도로 의미가 없어져버렸다. 이 적은 수의 사건들조차 상당수가 정부 관리들이 자신들을 비판했던 민간인들을 제압하기 위해 제기된 것으로 판명되어 상급심에서 번복되었다. 1990년부터 2002년 사이에 있었던 명예훼손 형사건의 23건의 반이 정치적인 시도였다는 연구결과가 있고, 이 사건들의 대부분이 상급법원에 의해 번복되었다.

유럽에서도 마찬가지다. 유럽인권재판소는 언론인들이 정부를 비판해 명예훼손 형사처벌을 받은 여러 사례들의 거대다수의 사건들에서 회원국 최고법원의 결정들을 번복했다(유럽인권협약의 회원국들에 구속력을 미치는 결정이다). 가장 유명한 것은 2006년 Lyshanko v. Ukraine 사건으로서 유럽인권재판소는 우크라이나 총리를 비판한 기자에 대해 우크라이나 검찰이 형사처벌을 가한 것에 대해 인권침해라고 규정해 우크라이나 법원의 유죄판결을 번복했다.

이와 같은 흐름은 유럽과 미국에서만 국한된 것이 아니다. 아메리카대륙 30여 개국이 가입한 아메리카인권협약을 해석하는 아메리카인권재판소 역시 협약에 가입한 중남미의 국가들 내에서 언론인들이 자국의 정치인들에 대해 비판적인 기사를 써서 명예훼손 처벌을 당하는 것에 대해 인권협약에 위반된다는 결정을 했다(2004년 Canese v. Paraguay 사건, 2004년 Herrera-Ulloa v. Costa Rica 사건). 이에 따라 최근 월드뱅크, 유럽의회의 사무총장, UN사회경제권규약 특별조사관, Organization of American States, Organization for Security and Cooperation in Europe 등의 국제기구들이 세계 각국에 형사상 명예훼손의 폐지를 촉구한 바 있다."

43) 한국, 독일, 미국의 명예훼손 구성요건의 차이를 시각적으로 보여주는 표는 박경신, "사진으로 보는 저작권 초상권 상표권 기타 등등", 고려대학교 법학연구원, pp. 222-223.

표현의 자유에 대한 규제유형		한국	국제비교
모욕임의처벌법		?	X
모욕에 대한 형사처벌		O	X[44]
모욕에 대한 법적 책임		O	X
명예훼손에 대한 형사처벌		O	X
명예훼손에 대한 법적 책임	진실	O[45]	X
	허위	O	O

모욕죄든 국가모독죄든 우리나라가 이번에 "모욕임의처벌법"을 새로 만든다면 창피하게도 세계 유일의 사례로서 진정 '국가에 대한 모욕'이 될 것이다.

표현 전체				
사실적 주장			의견의 표명	
허위 주장		진실주장	불법행위의 권유	의견의 단순표명
피해 특정 가능	피해 특정 불가			
우리나라의 경우				
형법307조2항로 처벌!	전기통신기본법 47조1항로 처벌!	형법307조1항로 처벌!	형법 314조로 처벌!	형법311조로 처벌!
대부분의 외국의 경우				
민사책임	처벌 없음	처벌 없음	처벌 없음	처벌 없음

혹자는 '명예훼손을 가중처벌하는 사이버명예훼손죄가 있는데 모욕을 가중처벌하는 사이버모욕제도는 없으니 규범의 공백상황이 있다'라고 한다.[46] 그러나 명예훼손에 대한 형사처벌 자체도 위헌적인 상황에서 사이버명예훼손 형사처벌을 이용해 사이버모욕의 형사처벌을 정당화하려는 것은 "겨가 묻어 있으니 똥도 묻히자"는 것과 같은 논리이다.

---

44) 위에서 밝혔듯 일본에서는 경미하게 처벌되고 있으며 독일에서는 사소(私訴)의 형태로 집행된다.
45) 일본도 진실에 의한 명예훼손죄가 존재한다.
46) 정완, 2008년 10월 16일 법률신문.

나. 반의사불벌죄로의 전환

모욕죄의 반의사불벌죄로의 전환은 다음과 같이 정당화된다. "사이버공간의 특성인 익명성과 소위 '퍼나르기' 등으로 인해 가해자가 누구인지 특정하기 어려워 범죄피해에 대한 신고나 고소가 어려운 등의 특성을 가지고 있[으며]", "이러한 특수성으로 인해 기존의 형법상 모욕죄로는 대처가 어렵거나 불충분한 영역이 많아… 형법상 친고죄로 규정되어 있는 요건을 완화하고자 [한다]"[47])는 것이다. 반의사불벌죄로의 전환에 대해서는 문재완은 다음과 같은 반대론을 펴고 있다.

○ 그러나 인터넷상 모욕적 표현이 난무하는 이유는 현행법으로 수사하기 어렵다거나, 법정형이 지나치게 낮기 때문이 아니라, 수사기관이 명예훼손죄나 모욕죄를 수사하기 꺼려하기 때문임.
― 명예훼손의 경우, 구체적 사건에 있어 적용법조와 범죄성립 여부를 판가름하기 위해서는 적시한 사건에 있어 진실성, 공공의 이익에 관한 사실인지 여부 등을 따져야 하며, 그러한 사실 판단을 대부분 관계인의 진술에 의존해야 하기 때문에, 시간과 인력이 많이 들어 실무에서 담당자들이 가장 꺼려하는 사건 중 하나라고 함(양동철, 위 논문).

4) 친고죄를 반의사불벌죄로 바꿀 경우 수혜자
○ 정치인이나 연예인 등 모욕죄의 잠재적 피해자 입장에서 사이버 모욕죄를 반의사불벌죄로 변경하는 것은 큰 의미가 있음.
― 검찰이 모욕죄에 대한 수사를 적극적으로 전개한다고 가정할 때, 정치인 등은 친고죄보다 반의사불벌죄를 선호하게 됨. 친고죄로 규정하면 정치인의 고소라는 능동적인 행위로 가해자를 처벌하는 절차가 진행되지만, 반의사불벌죄로 규정하면 정치인의 불벌의사라는 수동적 행위로 가해자는 처벌받지 않게 되는 은혜를 베풀 수 있게 됨.
― 정부·여당으로서는 인터넷 이용자를 고소하는 정치적 부담을 지지 않고 적대적인 여론을 통제하는 수단으로 사이버 모욕죄를 악용할 소지는 분명히 있음.

---

47) 나경원 의원 대표발의안, 앞의 글.

필자는 위의 문재완의 입장에 전적으로 동의하며, 덧붙여 현재의 법안은 모욕죄를 친고죄에서 반의사불벌죄로 변경하려 하는 것은 모욕 규제의 취지 자체를 형해화하는 것이라고 본다. 모욕은 개인이 느끼는 모멸감을 방지하거나 개인이 가진 자존감을 보호하려 하는 것이다. 그런데 표현의 대상이 된 사람이 모멸감을 느꼈는지에 대한 아무런 의사표현을 하지 않았는데, 이를 처벌한다는 것은 절도된 물건이 없음에도 절도죄를 적용하는 것과 같다.[48] 모멸감은 위에서 설명했듯이 주관적인 측면이 틀림없이 존재하며, 이 주관적인 측면은 혹자는 수사의 착수에 있어서 친고죄와 반의사불벌죄 사이에 본질적 차이가 없다고 평가하고 있다. 즉, 친고죄라도 고소가 없는 상태에서 수사가 전반적으로 허용된다는 것이다.[49]

수사 실무에서 친고죄와 관련해 수사착수를 결정하거나 단속의 강도를 결정하는 기준은, 고소의 여부보다 범죄의 특성이라고 함. 같은 친고죄라도 강간은 일단 수사를 착수하지만, 모욕과 같은 비폭력적 범죄는 고소 없이 수사에 착수하는 예가 거의 없으며, 고소가 있다고 하더라도 당사자의 주장이나 제출하는 증거 위주로 수사를 진행한다고 함. 또 같은 반의사불벌죄라도 폭행죄는 폭행 사건이 발생되면 피해자의 의사와 상관없이 인지절차를 밟아 입건하고 피해자가 처벌을 원하지 아니하면 불기소처분하지만, 명예훼손죄는 고소 없이 입건하는 경우

---

48) 대법원 2004.06.25. 선고 2003도4934 판결 [명예훼손(일부 인정된 죄명: 모욕) · 폭행]
다. 처벌원 의사의 존재에 대해 반의사불벌죄에 있어서 피해자가 처벌을 희망하지 아니하는 의사표시를 했다거나 처벌을 희망하는 의사표시의 철회를 했다고 인정하기 위해서는 피해자의 진실한 의사가 명백하고 믿을 수 있는 방법으로 표현되어야 한다(대법원 2001.06.15. 선고 2001도1809 판결 참조).
원심은, 피고인과 피해자 공소외 1, 공소외 2는 2000. 6. 21. 공소외 1이 피고인에게 8,386,000원을 지급하면서 앞으로 상호 비방하지 않기로 합의한 사실을 인정할 수 있으나, 공소외 1이 피고인으로부터 여러 명목으로 편취한 금원에 대해 8,386,000원을 지급하는 것으로 정리하는 데에 합의한 것으로 보일 뿐, 합의 이전에 행해진 원심 판시 범죄사실 제1의 가.항 기재 명예훼손의 점이나 제2항 기재 폭행의 점에 대해도 처벌을 원하지 않기로 합의했다고는 보기 어렵고, 오히려 공소외 2는 폭행의 점에 관해 제1심 법정에서 피고인에 대한 처벌의 의사가 있음을 분명히 밝혔으므로, 위 명예훼손 및 폭행의 점에 대해 피해자들의 처벌불원의 의사표시가 있었다고 할 수 없다고 판단했는 바, 위의 법리에 비추어 기록을 살펴보면, 이와 같은 원심의 사실인정과 판단은 옳은 것으로 수긍이 가고, 거기에 채증법칙을 위배해 사실을 오인하거나 반의사불벌죄의 처벌불원 의사표시에 관한 법리를 오해한 위법이 있다고 할 수 없다.
49) 양동철, "사이버폭력에 대한 입법방향 연구", 『법조』 제600호.

가 거의 없다고 함.50)

그러나 이는 모욕죄의 특성을 이해한다면 "명예훼손죄는 고소 없이 입건하는 경우가 거의 없다"는 사실이 그다지 국민을 편안하게 해주지 않는다는 것을 알아야 한다. 피해를 주장하는 사람이 누군가에 따라 '무고소입건'이 항상 이루어질 수 있는 가능성이 문제다. 예를 들어 정치인이 모욕 피해를 입었다고 주장할 경우 과연 경찰이 '고소 없이 입건 없다'는 원칙을 내세울까 아니면 '법에 반의사불벌죄로 되어 있으니 수사하겠다'고 할까?

다. '인터넷 강국' 예외론

일부 모욕임의처벌법 찬성자들은 우리나라 인터넷문화의 특수성을 들어 우리나라에서의 모욕죄 또는 모욕임의처벌법의 필요성을 강변한다. 인터넷이 가지고 있는 강력한 소통능력, 즉 다중성·동시성·영구성은 좋은 내용뿐만 아니라 나쁜 내용도 그 효과를 오프라인의 경우보다 훨씬 널리 확산시키므로 모욕죄가 외국에서는 위헌이라고 할지라도 우리나라에서는 적어도 사이버상의 모욕을 처벌하는 법은 어떠한 방식으로든 필요하다는 것이다.

그러나 다중성·동시성·영구성은 인터넷의 약점이기도 하지만 강점이기도 하다. 즉, 자신을 칭찬하는 리플이 수만 개가 순식간에 달리고 그러한 글들이 전파되어 영구적으로 인터넷에 남게 된다면 이것을 싫어하는 사람은 없을 것이다. 그런데 이렇게 자신의 귀에 달콤한 글들은 인터넷의 다중성·동시성·영구성에 의해 증폭되어도 괜찮고, 자신의 귀에 거슬리는 글들은 증폭되기를 원치 않아 국가가 처벌해주길 요구한다는 것은 국가와 개인의 관계를 오해한 것이다. 국가는 개인을 보호하지만 헌법이 정한 테두리 내에서 개인을 보호하기로 한 것이다. 좋은 얘기만을 골라 듣고 싶은 것이 모든 개인들의 욕망이지만, 국가가 이 욕망을 채워주기 위해 다른 많은 개인들의 헌법적 권리까지 위반하는 것이 허용되지는

---

50) 문재완, 앞의 글.

않는다. 그리고 이러한 요구는 다른 한편으로는 위선적이기도 한다. 그러한 요구를 하는 자신은 절대로 거친 욕을 사용하지 않으면 분이 풀리지 않을 정도의 절망적인 상황에 처하게 되지 않을 것이라는 은밀한 믿음을 기저에 깔고 있기 때문이다.

혹자는 사이버상의 익명성은 같은 표현을 더욱 모욕적으로 만든다고 주장한다. "아무리 모욕적인 말이라도 실명이라면 들어주겠지만 익명이라면 약올라서라도 못 들어주겠다"는 것이다. 그러나 이 입장 역시 매우 위선적인 입장이다. 자신에게 좋은 얘기를 해주는 사람들에게도 실명확인을 하려고 하지는 않을 것이기 때문이다.

도리어 익명성은 모욕의 정도를 더욱 낮춘다. 사이버상의 익명 대화를 철학적으로 생각해볼 필요가 있다.[51] 동네의 큰길 옆에 큰 나무가 있다고 하자. '갑'이 그 나무가 교통을 방해하니 베어버리자는 글을 익명으로 동네 담벼락에 남겼다고 하자. 그러자 '을'이 이에 반대하는 글을 역시 익명으로 남겼다고 하자. 그러자 '갑'이 다시 여기에 답하고 '을'이 다시 답을 하면서 서로 간의 글이 격해지기 시작하면서 '갑'이 욕설을 남기기 시작했다고 하자. 특히 서로 간에 익명으로 글을 남기기 때문에 욕설이 매우 심해졌다고 하자. 과연 '을'은 '갑'의 욕을 자신에 대한 욕이라고 받아들여야 할까? 모욕은 컨텍스트(context) 속에서 발생하고, 가장 중요한 컨텍스트는 표현의 발화자와 수용자 사이의 사회적인 상대성이다. 그런데 서로의 성별, 나이, 지위, 직업 등등을 모르는 상황에서 모욕이 가능할까? 다시 말하면 모든 개인의 특질들이 모두 배제된 추상적인 사이버인격이 모욕을 받는다는 것은 사이버세계와 현실세계를 혼동하고 있는 것이 아닐까?

마지막으로 인터넷규제를 조망함에 있어서 (1) 진정한 불법정보와, (2) 단순모욕을 구별해야 한다. 불법정보에 대해서는 저작권법, 명예훼손 조항, 음란물 배포죄 조항 등의 인터넷상의 책임을 강화하면 된다. 단순모욕은 위에서 밝혔듯이 그 처벌은 위헌이 된다. 최진실 씨의 죽음도 명예훼손과 관련된 것이지 모욕죄와는 관련이 없다. 우리나라의 인터넷문화가 아무리 특수하다고 할지라도 새로운

---

51) 제한적 본인확인제가 실시되고 있기는 하지만 각 게시물에 달린 주민번호와 실명을 이용자가 볼 수는 없으므로 익명의 대화라는 표현이 적절하다.

종류의 모욕죄까지 만들면서 개인의 감정이나 의견의 표현은 자유로워야 한다는 보편타당한 원칙까지 포기할 정도인지에 대해서는 숙고해보아야 한다. 최 씨의 친한 친구였던 정선희 씨가 모욕임의처벌법에 대해 반대의견을 이렇게 제시한 바 있다. "문화는 거대한 호수와 같다. 어떤 미생물이나 병균이 자란다고 해서 물을 뺄 수는 없는 것 아니냐."

5. 결론

삶의 밑바닥에서 절망에 빠진 사람에게 '죽으라'고 말하는 것은 그 사람의 전 재산을 빼앗는 것보다 더 심한 정신적 충격을 줄 수 있다. 소위 '잘나가는' 사람에게 '죽일 놈'이라고 말했을 때 발생하는 스트레스와는 비교할 수 없다. 정작 '인격살인'을 막기 위해 필요한 것은 모욕죄의 강화가 아니라 사회적 취약계층에 대한 차별적인 언사를 규제하는 혐오죄다. 혐오죄를 제정하지 않고 모욕임의처벌법을 제정하는 것은 부자들이 부탁을 하지 않아도 아주 작은 물건도 없어지지 않도록 경찰이 불침번을 서주는 반면, 가난한 사람들은 전 재산을 빼앗겨 신고를 해도 수사를 해주지 않는 것에 비유할 수 있다.

5장
소비자들의 '2차불매운동'의 합법성
— 공정거래법 및 노사관계법

최근 소비자불매운동의 한계로서 '2차불매운동' 금지법리가 논의되고 있다.[1] 이 글에서는 소비자불매운동을 "특정 업체들에 대해 불매를 하고 다른 사람들에게도 불매를 촉구하는 것"이라고 정의할 것이다. 그렇다면 '2차불매운동'이란 특정 업체에 압력을 행사하기 위해 그 업체의 고객회사, 투자회사, 납품회사 등에 대해 불매를 촉구하거나 불매를 위협하는 행위를 말한다.

2008년 7월 1일 방송통신심의위원회는 보통의 소비자불매운동은 표현의 자유의 한 부분 및 그리고 우리나라 헌법의 소비자권리의 하나로서 보호되지만,[2] 2차

---

[1] 2008년 7월 1일 제9차 방송통신심의위원회 정기회의 결정 및 회의록. 2008년 8월 19일 검찰이 법원에 제출한 일간신문 광고중단운동이 진행된 Daum 카페의 개설자 및 운영자 등에 대한 구속영장신청서.

[2] 헌법은 국가가 "건전한 소비행위를 계도하고 생산품의 품질향상을 촉구하기 위한 소비자보호운동을 법률이 정하는 바에 의해 보장한다"(헌법 제124조)고 규정하고 있다. 헌법재판소는 "소비자보호의 권리"가 헌법상 기본권임을 명시적으로 밝혔다(헌법재판소 2007.05.31. 선고 2006헌마1141 전원재판부). 헌법에 따라 소비자기본법은 "소비자의 기본적 권리"로서 "물품 등을 사용함에 있어서 거래상대방·구입장소·가격 및 거래조건 등을 자유로이 선택할 권리"(소비자기본법 제4조 제3호)를 규정하고, 동조에서 다시 "소비생활에 영향을 주는 국가 및 지방자치단체의 정책과 사업자의 사업활동 등에 대해 의견을 반영시킬 권리"(제4호)와 "소비자 스스로의 권익을 증진하기 위해 단체를 조직하고 이를 통해 활동할 수 있는 권리"(제7호)를 규정하고 있다.
특히 김종서와 박지현은 다음과 같이 소비자상담전화의 법적 권장을 소비자불매운동을 승인하는 근거로 해석하고 있다. "한편 법률이 좀 더 구체적으로 제시하고 있는바, '의견을 반영시킬 권리'(위 제4호)는 의견을 반영시키기 위한 논리적 전제로 의견의 전달 행위를 보호할 것을 포함한다고 보아야 하며 이는 동법이 '소비자의 의견이나 불만을 접수하고 처리할 소비자상담기구의 설치, 운영'을 사업자에게 권장하며 '불만의 상담을 위한 전담 상담 직원을 고용, 배치'하도록(소비자기본법 제53조) 권장함을 통해 알 수 있다. 즉, 의견의 반영을 위해 '사업자에게 물품에 대한 의견이나 불만을

불매운동의 형태로 진행될 경우에는 보호받을 수 없다는 입장에서 인터넷 상의 특정 게시물이 건의한 소비자불매운동을 2차불매운동으로 정의한 후 해당 게시물에 대해 삭제권고를 했다.

그리고 8월 19일 검찰은 위 게시물들을 올린 사람들에 대해 형법 제314조의 업무방해죄 혐의로 구속영장을 신청했다.[3] 구속영장신청서에 따르면, 검찰은 소비자들의 2차불매운동이 업무방해죄에 해당한다는 논거로서, (1) 미국과 호주의 노사관계법, (2) 미국, 독일 및 프랑스 등의 판례들 및 (3) 국제법을 들고 있다. 그러나 다음과 같은 점에서 검찰의 구속영장신청 논거에는 오류가 있다. 첫째, 미국에서는 노사관계법인 소위 태프트-하틀리법의 8(b)(4)(ii)(B)조와 공정거래법인 서먼법이 노조들과 기업들의 2차불매운동을 각각 규제하고 있다. 그런데 태프트-하틀리법은 '노동조합'에만 적용된다고 명시하고 있고, 서먼법 역시 판례를 통해 기업들에게만 적용될 뿐 소비자들에게는 적용되지 않는다. 둘째, 호주의 2차불매운동 금지 규정인 상거래행위법(Trade Practices Act) 제45조는 기업들과 노동조합들에게만 적용되고 소비자들의 2차불매운동에 대해서는 적용되지 않는다는 명시적인 예외규정이 있다. 즉, 위의 법들은 소비자들의 불매운동을 처벌할 근거가 되지 못한다. 검찰 스스로도 미국과 호주의 노사관계법이나 국제법이 소비자운동에는 직접적으로 적용되지 않음을 숙지하고 있다. 그러나 검찰은 "신문사에 압력을 행사하기 위해 죄 없는 광고주 회사들에 대해 피해를 가하는 것은 규제되어야 한다"라든지, "특별한 지위를 가지고 있는 노조에도 인정되지 않는 권리는 노조와 같은 지위가 없는 소비자들에게도 당연히 인정될 수 없는 것"이라는 입장을 고수하고 있다.[4]

직접 표현하는 것'을 적법한 수단으로 인정하고 있다. 또한 이 의견 표명의 방법으로서 소비자기본법 제4조 제7호는 이를 집단적으로 행하는 것을 적법한 수단으로 보장하고 있다"(김종서와 박지현이 일간신문광고중단운동에 대한 형사재판에 2008년 11월에 제출된 의견서).

3) 검찰은 위반된 조항으로 '업무방해'를 들고 있다. 업무방해는 "허위의 사실을 유포하거나 기타 위계로써[형법 제313조(신용훼손)]" 또는 "위력으로써 사람의 업무를 방해한(형법 제314조)" 경우다. 우선 시민들이 광고주들에게 허위의 사실을 유포하거나 위계를 사용했다는 증거는 없으므로 반드시 적용해야 한다면 '위력'에 의한 업무방해가 가능성이 있다.

4) 실제로 지난 8월 19일 언론브리핑에서 한겨레신문 기자가 검찰이 언급했던 미국과 호주의 제정법들이 노조에만 적용된다는 점을 지적하자 서울중앙지검 김수남 3차장은 "노조와 같이 특별지위를

검찰의 위와 같은 논증방식은 "유비적인 비교법적 논증"이라고 볼 수 있다. '비교법적 논증'에는 (1) 직접적인 비교법적 논증과, (2) 유비적인 비교법적 논증이 있는데, 전자는 "국내의 상황이 외국에서 발생했다면 적용되었을 제정법 및 판례는 그 법의 보편적인 입법취지상 국내의 상황에도 적용될 수 있다"는 논증 방식이며, 후자는 "국내의 상황이 외국에서 발생했다면 적용되지는 않았으나 해당 국과 우리나라 사이의 사회적, 문화적 차이와 관련 규범이 보호하고자 하는 가치와 원칙을 고려할 때 우리나라에서는 적용해봄직하다"는 논증방식이다.

여기서는 외국법의 입법취지를 분석하여 과연 위와 같은 검찰의 유비적인 논증이 논리적으로 가능한지에 대해 살펴보고자 한다.[5]

1. 소비자 2차불매운동 위법성 주장의 전개

필자는 이 글에서 소비자들에 의한 2차불매운동이 위법하다는 주장을 비판하고자 한다. 그러나 위와 같은 주장들은 기존 논문의 형태로 전개되어 간행된 적이 없는 것으로 보인다. 따라서 공정한 비판을 위해서는 그 주장의 실체를 되도록 이 글의 본문에서 그대로 인용해보고자 한다.[6]

가. 방송통신심의위원회 위원들의 의견(회의록 발췌)

A 위원: 특정 신문인 조ㆍ중ㆍ동 논조에 대한 정신적 논쟁에 의해 여론형성에 미치

갖는 집단을 제약하는 법을 그런 지위가 없는 집단인 일반소비자들에게 적용되는 것은 당연한 것 아니냐'라고 말했다고 한다.
5) 물론 이와 같은 논의를 우리나라에서 업무방해죄 조항과 같은 형법조항을 해석하는 것에 이용하는 것은 죄형법정주의의 위반이 될 것이므로 입법론적 의미만을 새기고자 하는 것이다.
6) 물론 '마이클 잭슨 공연' 대법원 판결과 같이 간행된 문헌의 경우는 싣지 않았다. 또 검찰이 영장신청서에서 언급한 판례들의 경우 그 내용이 도리어 신문기사에서 비교적 소상히 소개되어 있어 신문기사의 내용을 통해 소개하고자 한다.

는 문제제기라면 공통의 이해에 관련된 사항으로 언론의 자유에 해당된다고 생각합니다. 그런데 이를 뛰어넘어 광고주에 대한 압박, 광고 불매 운동을 통해 광고주의 기업권을 위협하고 경제적 압력을 가하는 위협이나 통지 같은 경우는 그 목적이나 수단이 정당화되기는 어렵다고 생각합니다. 우리 사회의 기본적인 사회규범이나 질서를 뛰어넘어 경제적 압력을 행사하는 것은 위법성이 있다고 봅니다. 광고는 미디어기업의 주 재정원이기도 하지만 거시적으로 자본주의 사회에서 소비자와 생산자 간의 유통체계를 연결하는 매개체입니다. 이러한 광고행위를 인위적으로 봉쇄하는 것은 위법행위를 조장해 법질서를 해치고 영업자유와 기업권 등 타인의 권리를 침해하는 행위입니다. 따라서 특정 신문의 논조에 대한 문제제기는 '1차보이콧' 행위로 언론의 자유에 해당된다고 볼 수 있지만, 광고주에게 압박을 가하는 2차보이콧 행위는 위법성이 있다고 봅니다.

B 위원: 'B' 유형의 경우 광고기업명과 광고중단기업 등을 공개하고 있는데 이는 그 기업의 제품이나 서비스를 불매하자고 하는 것이 아니라, 해당 언론에 광고를 중단해달라고 요청했음에도 불구하고 계속해서 광고를 하고 있는 기업명을 단순히 게재한 것입니다. 따라서 '2차보이콧' 행위에 해당되지 않는다고 생각합니다. (위의 발언은 다른 F 위원의 다음 발언에 대한 대응으로 이루어졌음: "단순히 공연기획사와의 계약을 불이행하도록 설득하는 것을 넘어서, 그 티켓 판매대행 은행의 전 상품에 대해서 불매운동을 하겠다고 압박을 가해야 '2차보이콧' 행위라고 볼 수 있습니다.")

C 위원: 소비자의 권리도 물론 중요하지만, 그에 못지않게 정상적으로 마케팅할 수 있는 광고매체를 선택하는 기업의 권리도 중요한 것입니다. 그런 점에서 특정 업체에 대해 광고를 내지 않도록 압박하는 것은 소비자의 권리를 넘어서 기업의 권리를 침해하는 행위라고 할 수 있습니다.

D 위원: 미국의 경우 폭스뉴스에서 부시 대통령의 이라크전쟁 수행을 지지했다고 해서 많은 반대운동이 벌어졌고, 폭스뉴스에 광고를 하는 기업들에 대해 광고를 하지 말 것을 조직적으로 광고주와 불특정 다수의 소비자들에게 홍보를 하는 운동도 벌어졌지만, 아직까지도 폭스뉴스에 대한 업무방해를 이유로 재판을 받았다는

이야기는 들어보지 못했습니다.

E 부위원장: 언론에서 특정 조직이나 단체에 대해서 비판을 하면 언론사가 공격을 받는 경우가 빈번하기 때문에 비판적 보도나 문제제기를 하기가 대단히 어렵습니다. 따라서 이러한 사회 제 세력에 의한 압박들 역시 언론의 자유나 표현의 자유를 심각하게 제약하는 요소가 되어왔음에도 불구하고 그동안 사실상 방치되어왔다는 생각이 듭니다… 마이클 잭슨 공연 관련 사건에 대한 대법원의 판례를 보면 시민단체가 위법행위에 대해 책임이 있다는 점을 인정했습니다… 실제 불매운동의 대상이 되는 특정 기업에 대해 직접적인 위력을 행사하지 않고, 그 기업과 거래관계에 있는 소비자나 거래처에 대해 간접적인 방식으로 불매운동을 하는 경우는 민사상 불법행위에 해당된다고 볼 수 있습니다.

F 위원: 우리가 다루는 본 심의건의 행위만을 본다면 이 행위에 정확하게 해당되는 판례는 현재 없는 상황이고, 이를 업무방해죄에 해당한다고 우리 위원회가 단정하는 것도 어렵다고 생각합니다. 따라서 본 심의대상이 정보통신망법 제44조의7 제1항 제9호의 정보에 해당된다고 보기는 어렵다고 생각합니다… 이러한 '2차보이콧' 행위는 민법상 불법행위로 인정되고 있고 대법원 판례에서도 불법성을 인정하고 있으며, 미국에서도 90여 년 동안 이를 불법행위로 인정하고 있습니다… 정보통신윤리심의규정 제7조 제4호 "기타 범죄 및 법령에 위반되는 위법행위를 조장해 건전한 법질서를 현저히 해할 우려가 있는 정보"에 해당된다고 생각합니다.

G 위원: 저는 단순히 2차보이콧이기 때문에 안 된다는 것이 아니라 행위와 직결될 수 있는 상황이고, 기업을 운영하는 입장이라면 특수한 상황에서 인터넷에 회사나 친척, 가족의 정보가 노출되었을 때 상당히 심리적 위협을 느낄 수 있다는 측면도 고려해야 한다는 것입니다. 그래서 민주주의는 기본권이 현저히 침해되는 상태에 이르기 전에는 저항권도 허용하지 않도록 엄격히 적용하는 것입니다. 집회나 시위가 반복적으로 진행될 경우에는 주변의 생업을 위협하고 동기가 좋았다 하더라도 지나칠 경우 민주적인 건전한 법질서를 해할 우려가 높아지기 때문에 적절한 자제

의 힘을 발휘하는 것이 민주사회 시민의 당연한 의무라고 생각합니다.

나. 검찰의 주장―영장청구서 내용 발췌

"피의자 등은 이러한 '2차보이콧'은 미국 등에서도 인정되고 있는 소비자운동
의 일환으로서 정당한 행위라고 주장합니다. 그러나 미국, 독일, 프랑스의 입법례
와 판례를 살펴보면 보이콧의 위법성 여부는 '합법적 목적'과 동원된 '수단의 합법
성'에 있는 것입니다. 특히 미국과 독일 판례는 현존하는 계약의 파기를 가져오는
보이콧은 엄격하게 금지하고 있습니다.

우선, 미국 커먼로(common law)의 전통은 2차적 보이콧을 금지하는 입장입
니다. 노조의 2차적 보이콧의 경우에는 1935년의 Taft-Hartley법 그리고 1959년의
Landrum-Griffin법에 의해 원칙적으로 규제하고 있는데, 그 이유는 '무고한(innocent)'
제3자가 영업방해 등의 피해를 봐서는 안 되기 때문입니다. 판례는 보이콧은 주제와 관계없이
동일한 범위로 보호받아야 한다고 판시하고 있어, 소비자운동의 경우에도 노조활동과 동일
한 범위로 인정된다고 해석하고 있습니다.(강조는 필자)

미국판례는 '합법적 목적'과 관련해 '2차적 고용자와의 거래 중단'을 위해 의도
된 고용자의 장소에서의 피케팅은 불법이라고 하고 있고(1964년, 연방대법원,
Tree Fruits 판결), 피케팅이 소비자로 하여금 중립적 고용자를 보호하지 못하게
하여 고용자에게 실질적인 손해 또는 파산을 위협하게 한다면 오로지 문제된 물건
에만 대한 피케팅도 금지된다고 되어 있습니다(1980년, 연방대법원, Safeco 판
결). 〈노조에 적용된 판례 생략〉. 방송의 보도방식에 불만을 품고 방송국의 광고
주에게 인종차별적 관행을 중단할 때까지 광고를 철회할 것을 요구한 행위를 불법
이라고 판단했습니다(1994년, 연방대법원, WVUE-TV 사건).

미국판례는 〈노조에 적용된 판례들 생략〉 방송국의 광고주들에게 피케팅과
팩스를 보내는 행위에 대해 금지명령(1999년, 캔저스주 법원, Drake 판결)을 하고
있습니다."

2. 2차불매행위 금지법리의 유래와 소비자운동에의 적용

가. 2차불매행위 금지 법리의 유래: 공정거래법

미국의 2차불매운동 금지제도의 기반은 1980년에 제정된 우리나라의 공정거래법에 대응되어 기업활동을 규제하는 셔먼법[Sherman Act, 15 U.S.C. §§ 1-7(1988); Federal Trade Commission Act, 15 U.S.C. §§ 41-58(1988)]이다.[7]

셔먼법은 크게 여러 사업자의 담합행위를 규제하는 '제1조'와 하나의 사업자의 독점적 행위를 규제하는 '제2조'가 그 주요 조항이다. 셔먼법을 해석해온 미연방대법원은 재판매가격통제를 비롯한 몇 가지 행위에 대해서는 당연위법의 법리(per se illegal)'를 적용해왔다. 당연위법의 법리가 적용되는 경우에는, 각 행위별로 위법성 성립요건이 충족되면 그 행위가 실제로 시장의 경쟁을 증진시키는지 저하시키는지 효율성 증대효과에 대해서는 고려하지 않고, 곧바로 '당연 위법하여 무효'라고 판단된다. 반면, 이 행위들에 해당되지 않는 반경쟁적 행위들에 대해서는 '합리성의 법리(rule of reason)'가 적용되어 시장경쟁에 미치는 효과를 고려해 위법성을 판단한다.

셔먼법에 따르면, 여러 사업자들이 공정한 경쟁을 피하기 위해 담합하여 다른 사업자의 제품이나 서비스를 구매하지 않는 것은 위법이다. 현재는 보이콧이라는 말이 불매운동이라는 말과 동일하게 사용되고 있지만, 원래 보이콧은 단순한 '거래거절'을 의미하였다. 여러 사업자들이 담합해 특정 사업자들을 대상으로 거래거절을 하는 것을 미국법상으로는 '집단불매(group boycott)'라는 말로 개념화되었다. 이때 집단불매금지 법리는 경쟁사들 사이의 담합에만 적용되는 것이 아니라, 한 경쟁사가 다른 경쟁사에 타격을 주기 위해 제품 생산 및 유통의 다른 단계에 있는 업체에 압력을 행사해 그 경쟁사와 거래를 하지 못하도록 하는 경우에도 적용되었다. Fashion Originators' Guild of America, Inc. v. FTC, 312 U.S.

---

7) 미국의 공정거래법은 보통 셔먼법이 통과되었던 시점에서 대부분의 독점기업들이 '신탁(trust)'이라는 이름을 사용했던 연혁적인 이유로 anti-trust법이라고 불리며 우리나라에서는 보통 '반독점법'으로 번역되어왔다.

457(1941)에서 의류제조업체들이 군소제조업체들을 경쟁에서 도태시키기 위해 군소업체들의 제품을 취급하는 의류유통업체들에게는 제품을 납품하지 않기로 합의한 것에 대해서 미연방대법원은 셔먼법의 위반이라고 판시했다.

그런데 시장지배적인 사업자는 담합을 하지 않아도 자신의 경쟁자에게 타격을 가할 수 있다. 그 방법은 바로 자신의 제품을 취급하기를 원하는 거래처들 중에서 자신의 경쟁자의 제품을 같이 취급하는 거래처들에게는 납품을 하지 않는 것이다. 위와 같은 상황이라면 거래처들은 시장에서 인기 있는 시장지배자의 제품을 취급하기 위해 경쟁자의 제품을 취급하지 않을 것이다. Klor's, Inc. v. Broadway-Hale Stores, Inc., 359 U.S. 207(1959)에서는, Broadway-Hale이라는 대형 유통업체가 Klor's라는 군소유통업체를 경쟁에서 도태시키기 위해, 자신에게 납품하는 제조업체가 Klor's에는 납품하지 못하도록 압력을 행사했고 이에 대해 미연방대법원은 셔먼법 위반이라고 판시했다. 여기서는 유통업체인 Broadway-Hale이 시장지배적 사업자로서 자신의 유통서비스를 원하는 납품업체들을 이용해 경쟁유통사에 타격을 가하려는 행위가 규제된 것이다.

그리고 1966년에는 United States v. General Motors Corp., 384 U.S. 127에서 미연방대법원은 GM자동차를 판매하는 딜러들이 소매가격을 낮추기 위해서 자동차할인매장에 자동차를 공급하지 않기로 GM자동차회사와 담합행위가 셔먼법 제1조의 담합금지조항의 위반이라고 판시했다. 이 판결에서는 특히 이와 같은 불매운동 또는 여러 사업자들이 집단적으로 하는 집단불매(group boycott)에 '당연무효(per se illegal)의 법리'가 적용된다고 판시했다.

위에서 보다시피 시장지배적 사업자가 단독으로 또는 여러 사업자가 담합해 제품 생산 및 유통의 상위단계 또는 하위단계에 있는 사업자에게 압력을 가하거나 불매를 위협해 자신의 경쟁자와 거래를 거절하도록 하는 것을 볼 수 있다. 바로 이것이 "2차불매(secondary boycott)"이고, 미국에서는 이와 같은 행위를 셔먼법 상의 '당연위법의법리'를 적용하여 무효라고 보아왔던 것이다.[8]

---

8) 여기서 2차불매행위는 사업자 스스로 불매하는 행위뿐만 아니라 다른 사업자들에게 불매를 하도록 제안하거나 독려하는 행위를 모두 포함한다.

나. 2차불매행위 금지 법리의 노동조합에의 적용

2차불매행위 금지 법리는 미국의 연방노사관계법 중의 하나인 태프트-하틀리법을9) 통해 노동조합들의 행위에도 적용이 되었는데, 그 이유는 노조파업의 경제적인 측면 때문이었다.

1) 노동조합과 공정거래법

노동조합 발생 초기에는 "노동조합의 파업도 자신의 사용자에게 노동력과 돈을 주고받는 거래를 하지 않겠다는 일종의 담합이고, 공정거래법이 적용되어야 하지 않겠는가"라는 논란이 있었다.

이와 같은 논란의 배경은 셔먼법의 적용대상에 '사업자(기업, corporation)' 뿐만 아니라 '노동조합(association)'도 포함되기 때문이다.10)

물론 그렇다고 해서 실제로 노동조합의 파업에 공정거래법이 적용된 것은 아니다. 노동자는 소비자와 같은 약자이며, 단결권이 보호되어야 한다는 논거 하에 일률적으로 공정거래법이 적용되지 않게 되었다. 즉, 미국의 연방노사관계법의 하나인 클레이튼법[Clayton Act, 15 U.S.C. § 17(2000]이 1914년에 제정되어 다음과 같이 명시하고 있다. "인간의 노동은 상품이나 상품의 종류가 아니다. 반독점법의 어떤 부분도 상조적인 노동단체의 존재나 운영을 금지하는 것으로 해석되거나 그런 단체의 구성원들이 그와 같은 합법적인 목적을 수행하지 못하도록 금지하거나 제약하는 것으로 해석되어서는 아니 된다. 그와 같은 단체나 그와 같은 단체의 구성원들은 반독점법상 경쟁제한적인 불법조합이나

---

9) Taft-Hartley Act, 29 U.S.C. section 158(b)(4)(ii)(B)(1962)의 8(b)(4)(ii)(B)조.

10) Assoc'd Gen. Contractors v. Cal. State Council of Carpenters, 459 U.S. 519, 539(1983)에서 "판례법상 그리고 연방반독점법 시행 초기에는 노동조합들의 단체행동도 경쟁제한적 담합의 한 형태로 간주되었다(At common law—as well as in the early days of administration of the federal antitrust laws—the collective activities of labor unions were regarded as a form of conspiracy in restraint of trade.)"라고 판시했었다. Apex Hosiery Co. v. Leader, 310 U.S. 469, 493(1940)에서 미연방대법원은 전국노동관계법(National Labor Relations Act, 29 U.S.C. §§ 151-69(2000))이 보호하는 노동자들의 조합은 "필연적으로 그들의 노동을 사용자에게 판매함에 있어 노동자들 사이의 경쟁을 제약한다"라고 했다.

담합으로 간주되어서는 아니 된다(That the labor of a human being is not a commodity or article of commerce. Nothing contained in the anti-trust laws shall be construed to forbid the existence and operation of labor… instituted for the purposes of mutual help… or to forbid or restrain individual members of such organizations from lawfully carrying out the legitimate objects thereof; nor shall such organizations, or the members thereof, be held or construed to be illegal combinations or conspiracies in restraint of trade, under the anti-trust laws.)".

이와 같이 공정거래법과 노사관계법의 관계는 노동조합에 대해서는 공정거래법 적용의 예외를 인정하는 방식으로 결론이 났으며, 이는 전 세계적인 추세이다.[11]

2) 노동조합의 2차파업행위에 대한 공정거래법적 규제의 필요성

그런데 노동조합의 존재 자체나 노동조합의 기본적인 단체행동에 공정거래법이 적용되지 않는다는 법리가 확고해진 이후에도, 판례는 노조의 행위 중에서 클레이튼법이 정한 예외를 벗어나는 행위가 있음을 일찍부터 확인하였다. Duplex Printing Press Co. v. Deering, 254 U.S. 443, 468-69(1921)에서 미연방대법원은 노조의 "2차불매시위는 정당한 목적이나 정당한 방법의 범위에 들지 않는다"고 판시했다. 이 판결은 2차불매를 제외한 노조의 다른 활동들을 허용하지 않았기 때문에 번복되었지만, 2차불매시위를 금지한 법리는 계속 유효하게 남았다. 그 결과, 20여 년이 지난 뒤 사용자가 아닌 사용자의 투자자나 거래처에 대해 파업을 선동하거나 불매운동을 벌이는 것은 사용자에 대한 파업(1차파업)과는 달리 규제가 필요하다고 생각되어 다음과 같이 태프트-하틀

---

11) 참고로 유럽재판소도 다음 세 가지 판결을 통해 노동조합의 활동은 경쟁법상의 담합으로 인정되지 않음을 확정했다. Albany International BV v Stichting Bedrijfspensioenfonds Textielindustrie(C-67/96) [1999] E.C.R. I-5751(ECJ); Brentjens Handelsondermening BV v Stichting Bedrijfspensioenfonds voor de Handel in Bouwmaterialen(C-115/97) [1999] E.C.R. I-6025(ECJ); Maatschappij Drijvende Bokken BV v Stichting Pensioenfonds voor de Verdoer−en Havenbedrijven(C-219/97) [1999] E.C.R. I-6121(ECJ).

리법의 8(4)(ii)(B)가 만들어진 것이다.

노동단체가 업무 중의 타인에게 위협을 가하거나 그를 압박하거나 제약하는 것은 그 목표가 타인이 다른 타인과 거래하지 않도록 강제하거나 요구하기 위한 것이라면 부당노동행위다. 단, 피케팅이 아닌 방식으로 대중들에게 진실을 조언해주기 위해 이루어지는 홍보활동을 금지하는 것으로 해석되어서는 아니 된다 (It shall be an unfair labor practice for a labor organization… (4)… (ii) to threaten, coerce, or restrain any person engaged in commerce… where… an object thereof is… (B) forcing or requiring any person to… cease doing business with any other person… Provided further, That for the purposes of this paragraph (4) only, nothing contained in such paragraph shall be construed to prohibit publicity, other than picketing, for the purpose of truthfully advising the public…)

그러나 미국연방대법원은 노동조합의 2차보이콧만을 명시적으로 금지한 연방노사관계법(태프트-하틀리법)에 대해서도 노동조합의 표현의 자유를 보호하기 위해 한정적으로 해석하고 있다. National Labor Relations Board v. Fruit Packers, 84 S.Ct. 1063(1964)(소위 "Tree Fruits" 사건)에서 미연방대법원은 노조가 특정 생산자의 제품구매를 막기 위해 그 제품의 유통업체 앞에서 시위를 하는 것까지 금지하는 것으로 해석하는 것은 위헌이라고 판단했다. 즉, 그 유통업체가 특정 생산자의 제품을 구매한다는 이유로 시위를 하는 것이 아니라, 그 생산자의 '제품 자체'에 대해 불매운동을 하기 위해 유통업체 앞에서 시위를 하는 것은 허용되어야 한다고 한 것이다. 다만, 최근에 미연방대법원은 National Labor Relations Board v. Retail Store Employees Union, 100 S.Ct. 2372,(1980)(이른바 "세이프코(Safeco)" 사건)에서 위와 같이 시위를 당하는 유통업체 매출의 90% 이상이 불매시위의 궁극적 대상인 생산자의 제품판매를 통해 이루어질 경우에는 태프트-하틀리법이 이를 금지하는 것으로 해석할 수 있다고 결정했다.

놀라운 것은 위 Tree Fruits 사건과 세이프코(Safeco) 사건이 서론에서 언급한 검찰의 구속영장신청서 상의 '소비자 2차불매운동'의 위법성의 근거로 제시되고 있다는 점이다. 세이프코 사건은 미연방대법원이 '2차보이콧은 불법'이라고 판시한 것으로 해석될 수 없다. 이미 태프트-하틀리법은 노동조합의 2차보이콧은 명시적으로 위법이라고 하고 있기 때문에 미연방대법원은 그러한 판시를 별도로 할 이유가 없었으며 단지 그 법의 적용범위를 정한 것뿐이었기 때문이다.

현재 미국에서는 오히려 소비자의 2차불매운동이 건강한 시장경제의 한 부분으로 확고히 자리를 잡았다. 또한 법원들과 학자들이 이로부터 영감을 받아 노조들에게도 2차불매운동을 할 권리를 보장할 수 있는 방향을 모색 중이다.[12]

다. 소비자불매운동에의 유비적 적용의 불가능성

1) 미국노사관계법의 적용가능성 및 입법론적 유비로서의 의미

서론에서 필자는 소비자불매운동을 "특정 업체들에 대해 불매를 하고 다른 사람들에게도 불매를 촉구하는 것"이라고 정의했다.

또한 앞서 살펴보았듯 미국에서는 노사관계법인 소위 태프트-하틀리법의 8(b)(4)(ii)(B)은 노동조합에만 적용된다고 명시하고 있어, 소비자운동에는 적용되지 않음이 명백하다.

그렇다면 이제 과연 검찰의 논리와 같이 여기서 위의 노동조합에 대한 2차불매운동 금지조항이 미국에서는 소비자운동에 적용되지는 않더라도 우리나라에서는 이를 소비자운동에 적용해야 할 이유가 있는지 살펴보자(유비적 적용가능성).

즉, 2차불매운동 금지의 법리가 보호하고자 하는 가치를 추적하여 그 가치를

---

12) Kate L. Rakoczy, "On Mock Funerals, Banners, and Giant Rat Ballons: Why Current Interpretation of Section 8(B)(4)(II)(B) of the National Labor Relations Act Unconstitutionally Burdens Union Speech", 56 Am. U. L. Rev. 1621(2007) 그리고 Barbara J. Anderson, "Secondary Boycotts and the First Amendment", 51 Univ. Chicago Law Review 811을 보라.

보호함에 있어 미국에서는 미국의 특수한 연혁적인 이유로 소비자운동에 적용하지 않았는데, 우리나라는 미국과 달리 그러한 연혁적인 이유가 존재하지 않는다면 소비자운동에 적용하는 것이 타당할 수도 있다. 바로 이 가설의 타당성을 평가해보자는 것이다.

결론을 말하자면, 태프트-하틀리법의 2차불매금지 조항은 그와 같은 유비적 해석(논증)을 할 수 없음이 분명하다. 2차불매금지 법리의 원천은 공정거래법의 일종인 셔먼법이었으며 즉, 태프트-하틀리법이 아니기 때문이다. 즉, 노동단체에 대해 2차불매금지 법리가 적용된 것은 노동단체가 "용역의 제공에 있어 경쟁 제한적 담합을 구성하기 때문"이었고, 이에 대한 공정거래법상의 규제를 목적으로 한 것이었다.

2) 공정거래법의 적용가능성 및 유비로서의 의미

그렇다면 2차불매금지법리의 원천인 공정거래법인 셔먼법은 입법론적 유비가 될 수 있을까?

우선 셔먼법은 corporation 및 association에만 적용되므로 기업들의 2차불매운동을 규제하는 셔먼법은 소비자의 2차불매운동 규제에 적용할 수 없다. 우리나라의 공정거래법도 '사업자'와 '사업자단체'로 정의하고 있는데, '사업자'와 '사업자단체' 또는 'corporation'과 'association'으로만 한정하는 이유는 입법취지에서 도출된다.

Missouri v. NOW, 620 F.2d 1301(8th Cir. 1980)에서 '전국여성연합(National Organization for Women)'이라는 전국 규모의 강력한 정치단체가 성차별을 명시적으로 금지하는 헌법개정안을 추진했으나 몇몇 주들이 이를 비준하지 않아 헌법 개정에 실패하였다. 전국여성연합은 이들 주들에 대한 보복으로 이들 주에 대규모 대회가 유치되지 않도록 하기 위한 불매운동을 벌였고 이에 따라 관광수입에서 발생하는 세수입을 잃게 된 미주리 주정부가 전국여성연합에 대하여 셔먼법 위반으로 손해배상을 청구했다. 이에 대해 제8순회지구 연방항소법원은 셔먼법이 통과되던 연방의회 회기의 의사록을 자세히 검토한 후, "셔먼법의 입법목적에는 소비자운동에 대한 규제는 포함되어 있지 않다"고 하며 미주리주의 청구를 기각한다.

그리고 바로 2년 뒤인 1982년에 NAACP v. Claiborne 사건에서 NAACP(유색인종옹호연합)이라는 단체는 특정 시의 인종차별적 정책을 바꾸기 위해 그 시의 백인 상점들에 대한 불매운동을 하였고, 피해를 입은 업주들은 NAACP에 대하여 민사손해배상청구를 하였다. 이에 대해 미연방대법원은 '정치적 불매운동'과 '경제적 불매운동'을 구분하여 정치적 불매운동으로서의 소비자운동은 헌법적으로 보호되어야 한다고 판시했다. 결국 소비자운동으로서의 2차불매운동에 의해 피해를 입은 업주들의 민사손해배상청구를 기각되었다[NAACP v. Claiborne 458 U.S. 886(1982).[13]

특히 이 결정은 태프트-하틀리법이 시행 중이던 기간에 내려졌는데, 소비자들의 보이콧에 대해서 내려졌던 것이다. 이 결정의 영향력은 상당해서 이 미연방대법원의 결정에 영향을 받아 주법원에서 여러 차례 소비자들의 2차보이콧이 합법 판정을 받았다.

—Environmental Planning and Information Council of Western El Dorado County, Inc., v. The Superior Court of El Dorado County, 36 Cal. 3d 188(June 7, 1984)(한 비영리단체가 한 언론사(풋힐타임스)의 환경 문제에 관한 논조를 비난하며, 해당 언론사(원고)의 신문에 광고를 내지 말 것을 광고주들에게 요구한 것에 대한 캘리포니아주 대법원 판결. 해당 신문을 '쓰레기'라고 부른 전단 등을 광고주에게 보냄. "경쟁업자가 자신의 경제적 이익을 추구하기 위해 다른 사람의 계약이행을 의도적으로 방해하는 것은 정당화되지 않는다… 그러나 피고의 목표는 환경과 연관된 공론에 대한 풋힐타임스의 논조를 바꾸어보려는 것이었고, 이 목표 자체는 명백히 합법적이었고, 사용

---

13) 동아일보 8월 23일 기사의 앞 부분에서 "언론사 광고주에 대한 불매운동이 표현의 자유 측면에서 폭넓게 인정되고 [있지 않다]"라고 하며, 그 근거로 "미국의 연방대법원도 여러 차례 판례를 통해 2차보이콧이 불법이라는 점을 명확히 했[다]"라고 명시해 마치 미국의 연방대법원이 소비자에 의한 2차보이콧이 불법이라고 여러 차례 명확히 한 것처럼 주장하고 있으나 이는 명백히 허위이다. 미연방대법원은 NAACP v. Claiborne에서 소비자운동으로서의 2차보이콧은 합법이라는 결정을 내린 외에 소비자운동으로서의 2차보이콧에 대해서는 아무런 결정을 내린 바가 없다.

된 방법도 평화로운 2차불매운동으로서 이 주의 판례법상 합법적인 것이었
다"라고 판시함).

—Searle v. Johnson, 709 P. 2d 328(Utah 1985)(유타주에서 한 동물애호가협회
는 특정 지역의 개 수용소의 주거환경을 개선하기 위해 그 지역의 관광 자체를
거부하고 주변 사람들에게도 그 지역을 관광하지 말 것을 요청했고, 하급심
은 그 지역 관광업체들의 손배청구를 인용하였으나 유타주 대법원은
NAACP 판결을 언급하며 파기함).

—Near East Side Community Organization v. Hair, 555 N.E. 2d 1324(Indiana
C.A. 1990)(인디아나주 고등항소법원은 주거환경개선운동을 하는 시민단
체들이 그 지역의 소위 '악덕임대인'의 세입자들을 접촉하여 민원제기를 부
추긴 것에 대해 임대인이 업무방해(interference with trade)에 의거해 시민
단체에 제기한 민사소송을 각하했음.)

판례뿐만 아니라, 학설로도 1차불매든 2차불매든 소비자운동에 대해서는
서먼법이 적용되지 않는다는 것은 계속해서 확인되고 있다.[14] 즉, 소비자운동에
대해서는 담합행위의 하나를 규제하고자 하는 목적을 가지고 있는 '2차불매금지
법리'도 적용되지 않는 것이다.

그렇다면 미국에서의 적용은 위와 같더라도 상황이 조금이라도 다른 한국에
서 위의 법리가 입법론적 유비로서 기능할 수 있을까? 혹자는 적어도 미국의
2차불매금지 법리의 입법취지를 "불매운동을 하더라도 죄 없는 3자에게 해를
끼쳐서는 안 된다"라는 최소한의 원칙으로 환원시킨다면, 우리나라와 같이 체계가
다른 곳에서는 소비자불매운동에도 적용할 수 있지 않을까라는 질문을 가질
수 있다.[15]

그러나 앞서 살펴본 바와 같이 서먼법이 2차불매행위를 금지했던 이유는

---

14) 최신의 논의에 대해서는 Lee Goldman, "The Politically Correct Corporation and the Antitrust
Laws: The Proper Treatment of Noneconomic or Social Welfare Justifications under Section 1
of the Sherman Act", 13 Yale L. & Pol'y Rev. 137(1995)를 보라.
15) 사실 이렇게까지 법리를 단순화해 새로운 사실관계에 적용한다면 그 법리가 새로운 법리인지
또는 그 법리의 타당성을 주장하기 위해 외국 실정법을 언급하는 것이 의미가 있는지에 대해서 법이
론적인 고찰이 필요하다.

불매행위를 직접 당하거나 위협당하는 기업에 피해를 주어서가 아니라, 특정 기업이 불매행위자의 요구를 수락했을 때 2차불매행위자가 불매행위자와의 경쟁이 제약당하기 때문이었다. 즉, 시장에서의 경쟁이 감소되기 때문이었던 것이지 불매행위를 직접 당하는 기업의 피해가 부당하다고 생각해서 그랬던 것은 아니다. 기업들의 2차불매행위에 대해 미연방대법원이 당연무효(per se illegal)를 선언한 것은, 그 피해나 효과에 관계없이 담합행위 또는 시장지배적 지위 남용행위 자체가 위법하다고 보았기 때문이다.

반면, 소비자불매운동의 경우 소비자는 불매대상업체들과 경쟁관계에 있지 않다. 오히려 자유로운 소비자들의 존재는 미시경제학의 전제조건이라고 할 수 있다. 즉, 어떤 제품에도 충성심을 가지고 있지 않은 소비자들의 존재는 업체들이 그 소비자들을 위해 경쟁을 하도록 만들기 때문이다.

따라서 연혁적인 개념하에서는 소비자불매운동의 경우 '2차불매행위'라는 정의 자체가 불가능해진다. 2차불매라는 공정거래법적 개념은 그 불매행위자의 담합이나 시장지배력 행사를 통해 경쟁자들을 도태시키는 것을 막기 위한 개념인데, 그 불매행위자가 소비자인 경우에는 2차불매의 대상이 소비자들의 경쟁자도 아니기 때문이다.

필자는 여기서 한발 더 나아가 소비자불매운동의 경우 모든 2차불매운동은 1차불매운동의 성격을 띤다고 감히 주장하고자 한다. 소비자가 회사에 제품의 질을 높이도록 촉구하거나 이를 조건으로 구매 혹은 불매하는 것은 헌법상 보호되는 표현의 자유로 보호되는 소비자의 고유한 권리이다. 또한 구매 여부의 조건에는 제품이나 용역의 질 자체뿐만 아니라 그 기업의 투자행위, 고용행위, 환경정책 등이 모두 포함될 수 있음은 더 말할 것도 없고 광고처도 당연히 포함될 수 있다. 소비자가 이와 같이 절대적 권리를 누리는 이유는 어떤 기업체도 특정 소비자와 거래할 '권리'는 없기 때문이다.

실제로 1990년대에 전 세계를 풍미했던 '아동노동으로 만들어진 나이키 신발'에 대한 불매운동의 경우 공격대상은 나이키가 아니라 아동노동을 고용한 하청생산업체였다. 하지만 불매운동가들은 이들 하청생산업체에 대해 불매운동을 전개하지 않았고 이들 하청생산업체를 고용한 나이키 매장 전체를 대상으로 불매운동을 전개했다. 하지만 전 세계의 누구도 이에 대해 '2차불매'를 운운한 적이 없다.

소비자의 권리에 대한 이러한 이해 하에서 2001년 마이클 잭슨 대법원 판례도 다시 평가해볼 수 있다. 대법원은 2001년 7월 13일 1996년 마이클 잭슨 내한공연에 대해 반대하기 위해 그 공연의 흥행사의 주거래은행에 해당 흥행사와의 거래를 중단해줄 것을 요청하며 요청이 받아들여지지 않을 경우 해당 은행에 대한 불매운동을 벌이겠다는 내용의 편지를 보낸 시민단체들을 상대로 흥행사가 손해배상을 청구한 것에 대해, "경제적 압박수단을 고지해 불매운동 대상자가 불매운동으로 인한 경제적 손실을 우려해 부득이 본의 아니게 원고와 체결한 계약을 파기했다"며 손해배상이 가능하다고 판시했다.

이 판결은 "자신의 행동은 자신이 책임진다"는 자유민주주의 헌법 법질서의 가장 근본적인 원칙을 위반하고 있다. 멀리가지 않더라도 해당 사건에 대해 기각결정을 내렸던 원심판결이 명쾌하다.

"인과관계가 없으며… 그들[은행들] 스스로 위 계약을 이행함으로써 얻을 수 있는 이익과 [시민단체]가 공언한 불매운동 등에 의해 발생하게 될지도 모르는 영업손실을 비교 교량(較量)하여 독자적인 영업판단에 따라 선택한 결과"에 따라 발생한 것으로 규정지었다.(1998.09.01. 선고 98나18225)

즉, 위에서 필자가 설파한 대로 시민단체의 언사를 수인한 은행직원들이 그 언사에 대해 생각하고 반응할 기회를 가진 순간부터 시민단체들은 더 이상 그 언사에 대한 책임이 없어진다고 보아야 한다.

대법원의 판결을 살펴보면, 시민단체들이 주거래은행에게 "마이클잭슨공연을 지원한다면 우리는 당신 은행과 거래를 하지 않고, 내 친구나 내 가족들도 거래를 하지 않을 것이오"라고 말한 것을 '경제적 압박'으로 규정하고 있으나, 이는 경제적 압박이라고 볼 수 없다. 예를 들면, 고용주가 임금을 주지 않으면서 "노조를 탈퇴하지 않는 이상 임금을 주지 않겠다"고 말한다면, 이는 노동자가 당연히 받아야 할 임금을 주지 않으면서 다른 행동을 요구하는 것으로서 경제적 압박이라고 볼 수 있다. 그러나 소비자들이 어느 은행에 가서 당신 은행과는 거래하지 않겠다고 말하는 것이 '압박'이라고 볼 수 없는데, 그 은행은 소비자들이 거래를 자신과 하도록 강제할 '권한'이 전혀 없기 때문이다. 기업들의 경제적 결정은 환경 및 노동에 끼치는 영향에 관계없이 자유롭게 보장해주어야 하는 소위 시장경제 아래서 소비자들이 특정 업체를 애용하지 않겠다고 해서 이를 '압박'으로 보는 대법원의 판시는 시장경제의 기반을 뒤흔드는 결정이다.

시장경제에서 '경제적 압박'은 한 가지밖에 없다. 바로 공정거래법 위반이다. 한 업체가 독점적인 지위를 이용해 또는 여러 업체가 담합해 소비자들에게 특정 가격이나 특정 제품을 파는 행위를 말한다. 그러나 소비자들의 '담합'은 어떤 이유에서도 공정거래법 위반이 될 수 없다.

라. 소결

결론적으로 검찰의 말과는 반대로 "노조가 특수한 지위를 가지고 있기 때문에 일반소비자에게 허용되는 행위가 노조에게만 금지되는 것"일 뿐, 2차불매운동 금지 법리는 어떤 방식으로도 일반소비자에게 적용될 수 없다. 도리어 미국에서는 소비자의 2차불매운동이 건강한 시장경제의 한 부분으로 확고히 자리를 잡았고, 법원들과 학자들이 이로부터 영감을 받아 노조들에게도 2차불매운동을 할 권리를 보장할 수 있는 방향을 모색 중이다.

3. 소비자 2차불매운동에 대한 외국판례들

검찰은 미국과 호주의 노사관계법이 소비자들에게 적용되지 않는다는 것을 시민단체 측에서 지적하자, "외국에서 소비자들의 2차불매운동이 위법으로 판단된 경우가 있었다"고 했지만, 그 사례들을 일반에게 공개하지 않았다. 그런데 그 사례들을 조선일보와 동아일보 기사들을 통해 공개한 것으로 보인다.

아래 소개되는 사례들은 모두 검찰의 구속영장신청서에 언급되어 있다. 각 판례들에 대한 설명이 검찰의 구속영장신청서에서는 매우 간략하고 허술하게 이루어진 반면, 각 신문들이 더욱 자세히 설명하고 있어 신문기사 내용을 영장신청서를 대신하여 인용한다.

가. 미국

조선일보 8월 20일자 아침 신문에 "광고주 협박, 미국에서도 불법"이라는 제하에 장상진 기자가 다음과 같은 기사를 실었다.

(1) 1999년 미국 캔자스주 고등법원은, 한 방송사의 광고주들에게 광고 중단을 요구하는 전화를 걸고, "이 광고회사는 여성을 착취하는 방송사를 지원합니다"라는 내용이 적힌 피켓을 들고 시위를 벌인 이 방송사 전직 근로자에게 이 같은 행위를 금지하도록 판결했다.

위의 (1)의 내용은 왜곡보도의 전형이다. 해당 캔자스주 고등법원의 판결[Drake v. Benedek 방송국, 983 P.2d 274(1999)]은 이 전직근로자가 방송사에 재취직을 시켜달라는 경제적인 이유로 그 방송사의 광고주에게 시위를 했다고 하여 위법성을 인정한 것이다. 즉, '고용'이라는 경제적 이득을 얻기 위해 제3자를 괴롭히는 행위는 필자가 이미 위법하다고 인정한 공정거래법상의 2차불매행위와 비슷하다고 보았기 때문이다.

(2) 1996년에는 한 기독교단체가 "WVUE-TV 방송국의 모든 광고주들을 상대로 한 광고철회운동을 허용해 달라"며 낸 청원을 연방대법원이 기각했다. 법원은 "법은 범죄적 행위까지 보호하지는 않는다"고 판결했다는 기사를 실었다.

또 위의 (2)의 기사가 말하는 연방대법원의 판결은 애초에 존재하지 않는다. 해당 기독교단체가 광고철회운동을 허용해달라는 청원을 낸 적이 없고 연방대법원이 관련 사안을 심의한 적도 없다. 다만 그 기독교단체가 광고철회운동을 벌인 것에 대해 루이지아나주 항소법원에서 금지명령을 내린 바 있고 기독교단체가 연방대법원에 상고를 했으며 연방대법원이 이에 대해 심의를 하지 않겠다는 심리불속행 결정을 내린 바가 있을 뿐이다. 이에 따라 이 결정은 "심리신청을 받아들이지 않는다"는 단 한 문장으로 이루어져 있다[Williams v. Burnham Broadcasting 513 U.S. 814(1994)]. 그러므로 연방대법원은 "법은 범죄적 행위까지 보호하지는 않는다"라는 말을 한 적이 없다. 이 말은 연방대법원이 심의를 포기한 루이지아나주 항소법원의 판결에서 나오는데, 이 판결에서 위법판단이 내려진 이유는 위의 캔사스주 법원 판결의 내용과 동일하다. 즉, 위의 기독교단체가 공정보도 요구를 빌미로 자신들을 방송에 출연시켜달라고 방송국 측에 지속적으로 요구했고, 이와 같은 행위는 금품을 요구하는 공갈(extortion)행위였기 때문에 금지명령을 내렸던 것이다[Burnham Broadcasting Co. v. Williams, 629 So. 1335(La. App. 1993)].

특히 동아일보는 위 기사에서 미연방대법원에 대해 다음과 같이 보도하고 있다.

미국의 연방대법원도 여러 차례 판례를 통해 2차보이콧이 불법이라는 점을 명확히 했고⋯.

미국연방대법원은 한 번도 어떤 이유로도 소비자들의 2차보이콧이 불법이라고 판단한 일이 없다. 미국연방대법원은 오히려 노동조합의 2차보이콧만을 명시적으로 금지한 연방노사관계법(태프트-하틀리법)에 대해 노조가 특정 생산자의 제품구매를 막기 위해 그 제품의 유통업체 앞에서 시위를 하는 것까지 금지하는 것으로 해석하는 것은 위헌이라고 판단한 바 있고 [National Labor Relations Board v. Fruit Packers, 84 S.Ct. 1063(1964); 소위 'Tree Fruits 사건'], 다만 그 유통업체 매출의 90% 이상이 불매시위의 궁극적 목표인 생산자의 제품판매를 통해 이루어질 경우에는 위의 법이 이를 금지하는 것으로 해석하는 것은 합헌이라는 결정이 있었을 뿐이다[National Labor Relations

Board v. Retail Store Employees Union, 100 S.Ct. 2372,(1980); 이른바 "Safeco" 사건].

나. 독일

이와 함께 동아일보의 8월 23일 정원수 기자의 보도 역시 왜곡되어 있다. 동아일보는 위의 조선일보 기사가 소개하는 미국판례들을 똑같이 소개한 후 다음과 같이 독일 사례를 소개했다.

> (3) "1969년 독일 남부 한 대도시의 극장 소유자들이 자신들의 극장에서 상영하는 영화에 대한 비판적인 보도를 차단하기 위해 그 지역의 신문에 광고를 내지 않기로 결정했는데, 독일 법원은 "극장 소유주들의 결의는 법에 위배돼 금지될 수 있다".

2차불매운동 금지 법리가 공정거래법에서 시작되었기 때문에 극장들과 같은 기업들에 적용된다는 것은 이미 모두가 알고 있던 것이다. 중요한 것은 소비자들에게 똑같이 적용되는가?인데 위의 사례는 이 질문에 대한 답이 되지 못한다. 그럼에도 불구하고 동아일보는 "일부 언론은 '외국은 언론사 광고주에 대한 불매운동이 표현의 자유 측면에서 폭넓게 인정되고 있다'고 주장해왔지만, 이는 외국 사례를 잘못 해석한 결과라는 것이 검찰의 지적이다'라는 기사의 근거로 위 판례를 제시해 소비자들의 광고중단 운동이 독일에서 위법하다는 오해를 불러일으키고 있다.

이와 같은 비슷한 내용이 검찰의 영장청구서에도 나타나고 있다. 검찰은 "계약관계 단절의 요구와 결합된 불매운동은… 기본권에 의해 보호되는 방법이 아니다"라는 주장을 내세우고 있다. 그러나 검찰이 '그 대표적인 사례'라고 하면서 소개하는 판례는 주택임대업자와 임차인들 간의 갈등과 분쟁으로 말미암아 임차인들이 차임을 지불동결구좌로 송금한 불매운동 사례를 다루고 있다.

검찰들의 소개 자체에서도 명백히 드러나듯이, 이 관례는 '정치적 보이콧'과는 전혀 무관한, 오로지 경제적 이해관계가 걸린 불매운동에 불과하므로 이 사건과는 관련성이 없다.

임대인과 임차인 간에 임대차 조건의 향상이나 임대정책을 놓고 발생하는 분쟁은 결국 경제적 이해관계를 두고 계약당사자 간에 생겨나는 갈등에 불과하므로, 노사 간의 근로계약조건을 두고 발생하는 쟁의와 별 차이가 없다. 이런 유형의 불매운동은 위에서 정의한 소비자운동에 포함되지 않는다.

다. 프랑스[16]

또 위의 동아일보 기사는 프랑스의 사례를 다음과 같이 소개하고 있다.

(4) 1981년 아모코 디아즈라는 유조선이 프랑스의 브르타뉴 해안에 좌초되자 소비자단체는 유조선회사가 아닌 화물소유자인 석유회사 '셸'을 상대로 추가적인 배상을 요구하며 불매운동을 벌였다. 그러나 프랑스 법원은 "충분한 식견이 없는 여론 재판으로 셸의 제품에 대한 불매운동을 벌이는 것은 명백한 불법행위에 해당한다".

위 기사는 다음과 같은 점에서 잘못된 것이다. 첫째, 이 사건(Renseignement concernant Shell v. Amis de la Terre)은 항소법원에서 실질적 효력이 없어져 거의 유명무실화된 사건이다. 둘째, 셸사를 상대로 한 시위는 다른 회사에 압력을 넣기 위해 그 회사의 거래처인 셸사를 선택해 항의한 2차시위가 아니고, 셸사에 대해 직접적인 책임을 묻기 위한 시위였다. 따라서 프랑스 법원이 그 시위 자체에 대해 위법판단을 한 것이었기 때문에 그 시위가 '2차불매운동'이라서 위법하다고 판시한 적이 없다. 셋째 셸사 사건은 평화적 불매운동이 아니라, 셸사의 프랑스 지사 사무실에 대한 무력점거, 폭력행사, 기물손괴까지를 수반하였으므로 이는 '명백한 소란행위'로서 위법하다고 판단한 것이다.

---

16) 프랑스 관례에 대한 해설은 고려대학교 김기창 교수로부터 전달받은 것이다.

마지막으로, 유조선 이름도 '아모코 디아즈'가 아니라 '아모코 카디즈'이고 회사 이름도 '셀'이 아니라 '쉘'이 맞다.

하급심은 소비자단체의 배상책임을 인정했으며 파리 항소법원은 이를 확정하면서, 소비자단체가 "폭력행위, 쉘 본사에 대한 재물손괴, 쉘 제품에 대한 불매운동(violences et des depredations causees aux installations de la societe SHELL Francaise et une mevente de se produits)"을 감행한 것은 '명백히 불법적인 소란행위(troubles manifestement illicite)'라고 판시했다. 이 판시 자체에서도 드러나듯이 항소법원의 판단은 불매운동만을 이유로 한 것이 아니라 폭력행위, 기물손괴가 수반되었기 때문이었으며, '격렬하고 경솔한 불매운동'이라는 파리 항소법원의 판결도 바로 이 점을 지적하는 것이었다.[17] 항소법원은 특히 이에 대한 벌금은 전부 삭감했다.[18]

> (5) 조선일보와 동아일보 측은 광고중단운동 참여자들이 Daum을 상대로 제기한 삭제취소 가처분소송에서는 보조참가인으로 참여하며 프랑스의 소비자단체가 1985년에 펼친 송아지고기 불매운동이 위법한 것으로 판결되었다는 결론만을 언급하면서 그 판결이 마치 자신들의 주장을 뒷받침하는 것처럼 암시하려 노력하고 있으나, 그 판결의 이유는 보조참가인들이 암시하는 것과는 전혀 다르다.

그 사건에서 소비자단체는 "송아지 고기에 호르몬이 들어 있다"고 막연히 주장하며 송아지고기 불매운동을 벌였고(Boycott, le veau aux hormones est revenu, n'en mangez plus), 항소법원은 소비자단체가 과연 어떤 호르몬이 들어있는지, 그것이 적법한 물질에서 잔류한 것인지 여부 등을 전혀 가리지 않은 채, 포괄적인 주장만을 앞세워 무조건적인 불매운동을 펼친 것이므로, 이것은 "사려 깊고 정확한 정보에 기하여" 부과되는 한계를 넘어선 것이므로 송아지 생산자들에 대한 위법한 침해 행위를 구성하는 것이라 판단한 것이다. 그 사건은 부정확한 정보에 기하여 명예를 훼손함으로써 송아지 생산자에게

---

17) Paris(1er Ch. A), 13 juin 1978, Union Federale des consommateurs c. S.A. SHELL Francaise, Gaz. Pal. 1979, Som. 65.
18) Gunnar Trumbull(eds.), *Consumer Capitalism: Politics, Product Markets, and Firm Strategy in France and Germany*, Cornell University Press(2006), p.186의 p.68을 보라.

피해를 입힌 경우이므로, 조선일보 광고주에 대한 이 사건 불매운동과는 그 유사성이 없는 것이다.[19]

4. 국제법상 '2차보이콧 금지' 법리가 소비자운동에 적용되는지 여부

위의 동아일보 기사와 검찰의 영장청구서는 다음과 같은 내용을 담고 있다.

(6) 국가 간의 불매운동과 관련해서도 국제기구와 국제협약은 2차보이콧을 금지하고 있다. 유엔총회 결의와 협의회 보고서, 북미자유무역협정(NAFTA), 관세 및 무역에 관한 일반협정(GATT), 미주기구(OSA) 등은 '2차보이콧을 통한 경제 제재는 국제법 위반'이라고 명시하고 있다.

국가 간의 2차보이콧이란 한 국가(예를 들어 아랍국가)가 다른 국가(예를 들어 이스라엘)에 타격을 주기 위해 그 목표국가와 거래를 하는 기업들(예를 들어 미국 기업들)이 자국 내에서 거래를 하지 못하도록 하는 것이다. 위와 같은 행위가 국제법상 위법인 이유는 GATT상 모든 WTO 회원국들을 동등하게 대우하도록 되어 있는 최혜국대우(Most Favored Nations)의무에 반하기 때문이다. 물론 공식적으로 적대적인 국가에 대해서는 GATT 제21조상의 '국가안보' 예외를 적용하거나 여러 아랍국가들이 WTO에 가입하면서 이스라엘에 대해 했듯이 GATT 제35조상의 '상호 불적용 조항'을 적용하여 직접적으로 차별대우를 할 수는 있지만, 그렇다고 해도 차별대상국가와 거래하는 국가까지 차별할 수는 없다는 것이 최혜국대우의무 조항인 것이다.

이런 국가 간의 2차보이콧 금지법리는 국가들 간에 존재하는 '최혜국대우의무'에서 도출된 것이지, 그와 같은 합의가 전혀 없는 소비자들의 불매운동에까지 그대로 적용할 수 있는 것이 아니다. 따라서 검찰이 차원이 전혀 다른 국제법상

---

19) Cour de Cassation, Ch. Civ. 1, 14 Feb. 1989, No.8613438.

국가 간 2차보이콧에 관한 법리를 소비자들의 불매운동에 적용할 수 있음을 전제로, 광고중단운동이 위법하다는 외국사례의 예로 소개한 것은 국가 간 2차보이콧 금지 법리를 왜곡한 것이다.

가. 국제법상 2차보이콧 금지의 법리

2차보이콧의 개념은 국가 간의 2차보이콧에도 적용될 수 있다. 국가 간의 2차보이콧이란 한 국가(예를 들어 아랍국가)가 다른 국가(예를 들어 이스라엘)에 타격을 주기 위해 그 목표국가와 거래를 하는 기업들(예를 들어 미국기업들)이 자국 내에서 거래를 하지 못하도록 하는 것이다.

그 예로는 1970년대 아랍국가들이 이스라엘의 무역대상국에 대해 취했던 Arab League Boycott을 들 수 있고 1996년에 미국의 보수정치인 제시 헴스(Jesse Helms)의 주도 하에 쿠바를 견제하기 위해 통과시킨 헴스버튼법(Helms-Burton Act)이 있다. 헴스버튼법은 설탕 등을 쿠바에서 수입하는 나라들로부터는 그 재료들을 수입하지 못하도록 하는 규정이 포함되어 있었다. 아이러니하게도 2차보이콧을 시행하는 헴스버튼법의 주체인 미국 의회는 아랍의 이스라엘에 대한 보이콧에 저항하기 위해 1979년에 수출행정법(Export Administration Act)을 제정했다. 이 법은 미국에 우호적인 국가에 대한 보이콧을 지지하거나 그 보이콧을 준수하는 것을 금지했다. 즉, 미국기업이 아랍국가들의 요구에 따라 이스라엘과의 거래를 중단하는 행위를 금지했던 것이다. 한편, 헴스버튼법에 대해서는 1996년에 EU가 실제로 WTO에 GATT 위반을 이유로 제소를 한 바 있으나, 미국이 곧바로 2차보이콧 조항은 적용을 하지 않기로 합의를 하여 결정이 이루어지지 않았다.

국가 간의 2차보이콧은 다음과 같은 이유로 GATT상의 위법이 될 수 있다. 상품과 서비스의 국가 간 거래를 규제하는 포괄적인 국제법 시스템은 GATT, GATS 및 TRIPS를 들을 수 있다. GATT는 1947년에 체결되어 모든 무역에 적용되는 것으로 간주되어왔고, 1994년 GATS가 체결되면서 GATT는 상품을 그리고 GATS는 용역을 다루는 것으로 여겨져 왔다.[20] 위의 협정들의 당사국들로 이루어진 세계무역기구(WTO)의 궁극적인 이념은 국경 없는 자유로운 무역이다(Bhagirath Lal Das, An Introduction to the WTO Agreements, Zed Books, p.7). 이를 관철하기 위해서 두 가지 규범이 필수적인 규범으로 논의가 되어 GATT와 GATS에 포함되어 있는데, 바로 최혜국대우(most favored nation treatment)와 내국민대우(national treatment)이다. 최혜국대우 규범은 한 체약국이 다른 체약국들을 대할 때 모든 체약국들을 동등하게 대할 것을 요구한 것이다. 내국민대우 규범은 한 체약국이 타 체약국의 상품이나 서비스를 자국의 상품과 서비스와 동등하게 대할 것을 요청하고 있다. 특히 GATT의 내국민대우규범은 GATT의 13조(양적 제한의 불차별적 시행: Non-Discriminatory Administration of Quantitative Restrictions)와 같이 특정 국가의 상품의 수입을 제한하는 결과를 초래하는 제한을 시행하지 못하도록 하고 있다.

그렇다면 2차보이콧은 특정 국가의 상품이나 서비스를 차별한다는 의미에서 위와 같은 규범들의 구체적인 위반이 될 수 있다.

물론 한 국가가 다른 모든 국가들을 동등하게 대우할 수는 없다. 위에서 살펴보았듯이 미국은 쿠바를 상대로 또 북한이나 다른 적성 국가들을 상대로 그리고 아랍 국가들은 이스라엘을 상대로 수입금지조치를 시행하고 있다. 그리고 이와 같은 수입금지조치의 합법성은 국제법상 외교정책의 일환이나 국가안보를 보호하기 위한 조치의 일환으로 공고히 수립되어 있다. 즉, 공식적으로 적대적인 국가에 대해서는 GATT 제21조상의 '국가안보' 예외를 적용할 수 있다. 그리고 여러 아랍 국가들이 WTO에 가입하면서 이스라엘에 대해 했듯이 GATT 제35조상의 '상호 불적용 조항'을 적용해 직접적으로 차별대우를 할 수는 있는 것이다. 그러나 2차보이콧과 같이 차별대상국가와 거래하는 국가를 차별하는 것은 GATT 제21조의 '국가안보'나 다른 무엇으로도 정당화될 수 없

---

20) TRIPS는 지적 재산권의 전 세계적인 통일적인 보호를 위해 체결된 것으로서 각국 시장 내에서 유통의 자유를 허용하는 GATT 및 GATS와는 일정한 목표상의 차이가 있으므로 여기서는 다루지 아니한다.

기 때문에 최혜국대우의무 위반이 될 수가 있다.

실제로 GATT 분쟁해결 패널은 1994년에 미국의 한 연방법원이 자국의 해양포 유류보호법(Marine Mammal Protection Act)에 어긋나는 방식으로 포획된 참치의 수입금지를 명령하면서 그렇게 참치를 처리하는 국가와 참치 무역을 하는 모든 국가로부터의 참치 수입금지까지 명령한 것에 대해 GATT 규범의 위반이라고 판단한 적이 있다[GATT Dispute Settlement Panel Report on U.S. Restrictions on Imports of Tuna, 33 I.L.M. 839, 876-86(June 16, 1994)]. 사실 이 결정은 참치를 처리하는 국가 자체로부터의 수입금지도 GATT 규범의 위반이라고 했기 때문에 2차적 보이콧이 아예 문제가 되지 않는다.

나. 검찰 및 동아일보 논거의 오류

검찰의 영장신청서는 "국가 간에도 2차적 보이콧이 문제되는 경우가 있습니다. 유엔총회결의(United Nations General Assembly Resolution)와 협의회 보고서(Commission Reports)는 2차적 보이콧에 대한 금지를 기술하고 있고 NAFTA, GATT, OSA[sic](Organization of American States)는 이러한 경제적 제재를 금지하고 있다"고 주장하고 있다. 또 2008년 8월 23일 동아일보는 "국가 간의 불매운동과 관련해서도 국제기구와 국제협약은 2차보이콧을 금지하고 있다. 유엔총회결의와 협의회 보고서, 북미자유무역협정(NAFTA), 관세 및 무역에 관한 일반협정(GATT), 미주기구(OSA) 등은 '2차보이콧을 통한 경제 제재는 국제법 위반'이라고 명시하고 있다"라고 주장하고 있다.

우선 2차보이콧이 NAFTA와 GATT의 최혜국대우 규범의 위반이 될 수 있음은 이미 살펴보았고 또 이에 대한 반대의견에 대해서도 살펴보았다. 그러나 검찰의 영장신청서와 8월 23일 동아일보의 기사가 언급한 다른 문서들은 2차보이콧에 대한 내용을 담고 있지 않다.

첫째, 유엔총회결의인 우호적관계에대한선언(Declaration on Friendly States, 이하 '선언')과 국가의경제적권리및의무에관한헌장(Charter of Economic Rights and Duties of States, 이하 '헌장')은 각각 경제적 압박(economic coercion)을 통해 다른 국가의 정치적 독립이나 영토를 침해하지 않도록 하고 있다. 하지만 위의 조항들이 2차보이콧을 금지한다는 유권해석은 어떠한 국제기구도 내린 바 없다.

둘째, 검찰과 동아일보가 "협의회 보고서"라고 잘못 번역하고 있는 것은 원문이 commission reports임으로 유추해볼 때 International Law Commission의 1992년 보고서를 말하는 것으로 보이며 이 보고서의 제3장의 제11조와 제14조는 각각 한 국가가 다른 국가에 대해 보복조치를 취할 때의 원칙에 대해서 다루고 있다. 여기에서도 2차보이콧은 명시되어 있지도 않고 어떠한 국제기구도 ILC의 위 보고서가 2차보이콧을 금지하는 것으로 해석된다는 견해를 밝힌 바 없다.

위의 유엔총회결의와 ILC 보고서가 2차보이콧을 금지한다는 주장은 베이커앤맥켄지(Baker&McKenzie)의 변호사인 조셉 워커(Joseph Walker)가 위와 같은 가능성을 언급한 바 있으나 그 스스로도 유엔총회결의가 국제법적으로 구속력이 없다며 회의적인 평가를 하고 있다.[21]

셋째, 검찰이 "OSA"라고 잘못 쓴 OAS(Organization of American States)는 국제법적인 문서가 아니라 국제기구이므로 논리적으로 말이 되지 않는다. OAS는 1951년에 UN의 지역분과기구로 승인된 기구로서 북미대륙과 남미대륙의 국가들이 회원국으로 소속되어 있다. 검찰은 OAS의 헌장 제16조를 의미한 것으로 보이는데, 이 조항 역시 한 국가가 다른 국가의 주권적 의지를 제압해 이익을 얻기 위해 경제적 압박(economic coercion)을 사용하지 않을 것만을 명시하고 있다. 여기서 '경제적 압박'에는 논리적으로 2차보이콧도 포함할 가능성도 있지만 단순히 하나의 국가로부터 특정 상품의 수입을 금지하는 1차보이콧도 포함될 수 있다. 하지만 이와 같은 1차보이콧은 미국이 오랫동안 쿠바에 대해 시행해왔던 수입금지조치에서 볼 수 있듯이 외교정책의 일환으로 당연시되어 받아들여져 왔다. 이

---

21) Joseph V. Walker, "The Legality of the Secondary Boycotts Contained in the Helms-Burton Act under International Law", 2 DePaul Dig. Int'l L. 1(1997)를 보라. 아마도 유엔총회결의, ILC보고서, OSA헌장, NAFTA, GATT를 다룬 것으로 보아 검찰이 위법성의 근거로 제시하고 있는 자료가 바로 이 변호사의 논문이 아닌지 의심스럽다.

에 따라 2차보이콧도 미국이 OAS의 제재를 전혀 받지 않고 헬름스버튼법을 제정한 것에서 보여지듯이 외교정책의 하나로서 당연시되어 받아들여질 수 있다. 즉, OAS의 헌장 제16조는 1차보이콧을 포함한 모든 형태의 경제적 압박의 부당한 사용을 금지한다는 일반론을 선언한 것일 뿐 특별히 2차보이콧이 외교정책의 일환으로 정당화되기 어렵다는 취지로 해석할 수는 없다. 그리고 위의 워커라는 변호사 외에 그렇게 생각하고 있는 국제기구도 저명한 법학자도 없다.[22)

다. 소결

결론적으로 검찰이 영장신청서에서 언급하고 있는 모든 문서들 중에서 2차보이콧에 관한 것으로 인정될 수 있는 문서는 GATT와 NAFTA뿐이다. 위에서 말했듯이 GATT와 NAFTA는 모든 WTO 회원국이 다른 모든 WTO 회원국들을 동등하게 대우하도록 되어 있는 최혜국대우(Most Favored Nations)의무 조항을 담고 있기 때문이다.

이런 국가 간의 2차보이콧 금지 법리는 국가들 간에 존재하는 최혜국대우의무나 내국민대우의무에서 도출된 것이지 그와 같은 합의가 없는 소비자들의 불매운동에 적용할 수 있는 것이 아니다. 그럼에도 전혀 차원이 다른 국제법상 국가 간 2차보이콧에 관한 법리를 소비자들의 불매운동에 적용할 수 있음을 전제로 광고 중단운동이 위법하다는 외국사례의 예로 소개한 것은 국가 간 2차보이콧 금지 법리를 왜곡한 것이다.

추가로 국제법 법리에 대해서도 혹시 입법론적 유비가 될 수 있는지 살펴보자. 국가 간의 2차보이콧 금지 법리는 소비자들이나 기업들이 2차보이콧을 행사할 수 없다는 것이 아니라, 국가가 소비자들이나 기업들이 2차보이콧을 하도록 법으로 '강제'할 수 없다는 것이다. 즉, 소비자 및 기업들의 자유로운 경제활동 및 경제관련 결정이 이루어지도록 이들을 국가의 개입으로부터 보호하기 위해 존재하는

---

22) OAS 헌장, UN총회 결의, ILC 보고서 등이 2차보이콧을 금지하는 것으로 이해될 수 없다는 주장에 대해서는 Peter L. Fitzgerald, "Pierre Goes Online: Blacklisting and Secondary Boycotts in U.S. Trade Policy, 31 Vanderbilt J. of Trans. Law. 1(1998)을 보라.

국제법상의 법리인 것이다.

5. 결론

미국의 2차불매(secondary boycott)금지 이론은 반독점법이 사업자들이 경쟁사에게 타격을 주기 위해 경쟁사와 거래하는 업체를 불매하는 행위를 금지하는 것이다. 이 원리는 노동조합도 하나의 사업자 담합으로 보아 노동조합에도 적용될 수 있으며, 미국과 호주의 노사관계법에 명시가 되어 있다. 그러나 반독점법 또는 보편적으로 공정거래법은 기본적으로 소비자들의 효용 극대화를 목표로 삼고 있으며, 이를 위한 소비자들의 '담합'은 금지하지 않을 뿐 아니라 장려하고 있다. 더욱이 소비자들은 기본적으로 불매대상기업과 경쟁상대에 있지 않기 때문에 이들에 대한 공격이 조금도 경쟁제한적인 측면이 없다.

실제로 세계 어디에서도 평화로운 2차불매가 '2차'라는 이유만으로 처벌되는 경우는 없다.

또 국제법 상의 2차보이콧 금지는 한 국가가 다른 국가에게 타격을 주기 위해 그 국가와 거래하는 다른 국가와의 무역을 축소하려 해서는 아니 된다는 원리인데 이는 GATT/GATS상의 내국민대우규범 및 최혜국대우규범에서 도출되는 것이며 이 규범들은 국가들 간의 약속이다. 그러나 소비자들은 그러한 합의를 한 바가 없고 그러한 합의가 소비자들에게 도움이 되지도 않는다. 소비자들은 일본제품이 싫어서 일본과 거래하는 나라의 기업제품을 불매할 자유가 보장되어야 하고 실제로 보장되고 있다.

6장
위력에 의한 업무방해죄의 위헌성
— 노동쟁의행위와 소비자보호운동을 중심으로

　　우리 형법 제314조 제1항은 "제313조의 방법 또는 위력으로써 사람의 업무를 방해한 자는 5년 이하의 징역 또는 1천5백만 원 이하의 벌금에 처한다"고 규정하고 있다. 위 조문을 자세히 풀어보면, '허위의 사실을 유포'하거나, '위계' 또는 '위력'이라는 수단을 사용해 '사람'의 '업무'를 방해하는 경우 범죄를 구성하게 된다. 이에 관해 '허위사실유포', '위계', '위력', '사람', '업무', '방해'라는 각각의 구성요건 표지들에 대한 대법원 판례의 설명 및 그에 따른 업무방해죄를 적용한 판례가 축적되어왔다.

　　그런데 허위사실유포, 위계 등은 상대적으로 그 의미가 명확하게 확정될 수 있지만 '위력'은 대법원이 "타인의 의사의 자유를 제압 또는 혼란케 할 수 있는 모든 세력" 이상으로 구체적으로 해석하지 않음으로써 해당 표지의 헌법적 타당성에 심대한 의구심이 있어왔다.

　　민주사회에서 국민에게 어떤 기본권이 보장된다는 것은 그 기본권의 행사가 타인에게 일정한 부담이 된다고 할지라도 국민이 이를 행사할 수 있음을 의미한다. 그러한 부담을 지울 수 없다면 그 기본권이 보장된다고 볼 수 없을 것이다. 예를 들어 소비자들은 질이 나쁜 제품을 사지 않을 자유를 무기로, 노동자는 열악한 노동조건에 자신의 노동을 팔지 않을 자유를 무기로, 각각 생산자로부터 좋은

---

* 이 글은 박경신·손익찬 공저, 『공익과 인권』 통권 제9호(2012년 1월)에 게재되었다.

제품의 생산을, 그리고 사용자로부터 더 나은 노동조건을 획득할 수 있는 것이다. 2010년 헌법재판소가 내린 결정은 이러한 헌법해석을 명백히 승인하고 있다.[1]

하지만 아직도 '위력' 문구와 그에 대한 법원의 일반적 해석은 정당한 쟁의행위와 소비자운동도 범죄화할 수 있는 가능성을 내포하고 있다. '위력'을 가장 좁게 해석한 2011년 대법원 전원합의체 판결을 따르더라도 어디까지를 "타인의 의사의 자유를 제압 또는 혼란케 하더라도" 정당한 쟁의행위와 소비자운동으로 면책시킬지가 매우 불분명하다. 이 글은 2절에서 위 조항이 명확성의 원칙에 일반적으로 위반됨은 물론 이러한 불명확성은 우리 법조항의 계수원이었던 일본형법 가안이 가지고 있었던 "노동운동을 누락 없이 광범위하게 탄압하기 위한 의도"로부터 비롯되었음을 확인한다. 이어 3절에서는 쟁의행위에 대해 위 조항을 적용했던 대법원 판례들을 검토하면서 가장 최근의 대법원 판례마저도 위 조항이 가진 불명확성을 치유하지 못하며, 실제 적용에 있어서는 과잉금지의 원칙을 위반하고 있음을 확인한다. 그리고 4절에서는 소비자운동에 대해 위 조항을 적용하는 것은 2절에서 살펴본 그 이상의 불명확성을 포함하고 있어 명확성의 원칙에 더욱 위반되며, 소비자운동에의 적용 그 자체가 과잉금지의 원칙에 위반됨을 확인할 것이다.

1. 업무방해죄의 위헌성

가. 업무방해죄 구성요건의 불명확성

1) 명확성의 원칙과 헌법재판소 95헌가16 결정의 의의

명확성의 원칙이란, 행정부가 법률에 근거해 국민의 자유와 재산을 침해하는 경우 법률이 수권의 범위를 명확하게 확정해야 하고 법원이 공권력행사의 적법성을 심사할 때에는 법률이 그 심사의 기준으로서 충분히 명확해야 한다는 것을

---

1) 후술하는 2010. 4. 29. 선고 2009헌바168 결정.

뜻한다.[2] 법령이 규율하는 내용이 막연해 다의적인 해석이 가능할 경우 명확성의 원칙에 위배되는 것이다. 수범자인 일반인이 일상적인 언어생활을 통해 법의 내용을 명확히 알 수 있고 "통상의 법 감정과 합리적인 상식에 기해 그 구체적인 의미를 충분히 예측하고 해석할 수 있을"[3] 정도로 규정되어있다면 그 법령은 명확성 원칙을 충족하는 것이다.[4]

그런데 표현의 자유를 제한하는 법령의 경우 일반 법령보다 한층 더 엄격한 정도의 명확성이 요구된다. 왜냐하면 국가가 명확하지 못한 기준으로 표현의 자유를 규제할 경우 수범자인 국민은 어느 경우에 자신의 표현이 규제되는지 그 기준을 확신할 수 없어 형벌 등의 불이익을 입을 것을 우려해 의사표현을 하지 못할 수 있기 때문이다. 헌법재판소 또한 "불명확한 규범에 의한 표현의 자유의 규제는 헌법상 보호받는 표현에 대한 위축적 효과를 수반하기 때문"에 "표현의 자유를 규제하는 입법에 있어 명확성의 원칙은 특별히 중요한 의미를 지니"고, "위축적 효과가 미치지 않도록 규제되는 표현의 개념을 세밀하고 명확하게 규정할 것이 헌법적으로 요구된다"고 밝힌 바 있다.[5]

2) 해당 조항의 불명확성에 대한 검토 — 2010년 홈플러스 결정

현재 대법원은 업무방해죄에서의 위력을 "사람의 의사의 자유를 제압·혼란케 할 만한 일체의 세력"으로서 "폭행·협박은 물론 사회적·경제적·정치적 지위와 권세에 의한 압박 또한 위력에 포함된다"고 정의하고 있다.[6] 이러한 해석에 따르면 사람의 의사가 제압되거나 혼란되는 결과를 초래하는 일체의 유·무형의

---

2) 헌법재판소 2003.11.27. 선고 2001헌바35 결정.
3) 헌법재판소 2008.01.10. 선고 2007헌마1468 결정.
4) 다만, 법을 실제로 성문화하는 경우 다양한 상황에 대처해야 하는 기술적·상황적인 이유로 인해 언제나 일의적인 내용으로 정할 수 있는 것은 아니기 때문에 입법목적, 입법취지, 입법연혁, 법규범의 체계적 구조 등을 고려해 그 의미를 분명히 할 수 있으면 명확성의 원칙에 위반되는 것은 아니라고 한다. 헌법재판소 1992.02.25. 선고 89헌가104 결정; 헌법재판소 1995.09.28. 선고 93헌바50 결정 등 참조.
5) 헌법재판소 1998.04.30. 선고 95헌가16 결정.
6) 대법원 2005.03.25. 선고 2003도5004 판결.

행위가 '위력'에 해당해 매우 다양한 행위태양이 여기에 해당된다.

업무방해죄에서의 '위력'의 의미에 대한 현재 대법원 판례에 따른다면 소비자의 구매거절이나 노동자들의 노무제공거부 모두 그 자체로 업무방해죄 구성요건에 해당될 여지가 있다. 소비자들의 구매거절이나 노동자들의 노무제공거부 모두 업주의 의사의 자유를 제압 및 혼란케 할 수 있기 때문이다.

그러나 헌법재판소는 이렇게 노무제공거부 자체가 범죄구성요건이 되는 것은 위헌적인 해석이라고 판시했다. 헌법재판소가 2010년 선고한 2009헌바168 결정(이하 '2010년 홈플러스 결정')에서는,[7] 노동자의 단체행동권행사는 사용자의 의사의 자유를 제압하고 고용주의 업무에 지장을 초래하는 것을 당연히 전제하고 있으며, 그렇기 때문에 단체행동에 의해 의사의 제압이라는 결과가 발생했다고 하여 곧바로 업무방해죄에서 말하는 '위력'에 해당한다고 할 수 없다는 취지를 밝혔다. 이미 헌법에서 업무의 지장이 본질적으로 수반되는 '단체행동권'을 기본권으로 규정하고 있으므로 그 행사를 원칙적으로 불법한 것이라고 볼 수 없다는 것이다.[8] 그렇다면 소비자보호운동권의[9] 행사 역시 사업자에게 일정한 영향을 끼칠 것을 목적으로 사업자의 의사의 자유를 제압할 것을 예정하고 있는 것이다. 따라서 본질적으로 수반되는 '의사의 제압'이 있다고 하여 '위력'으로 인정하는 것은 소비자보호운동권을 원천적으로 부인하는 것이다.

그러므로 위 헌법재판소 결정만 보더라도 현재의 대법원 해석에 의한 형법 제314조의 업무방해죄는 과잉금지원칙에 위반될 것이다. 물론 헌법재판소는 형법 제314조가 그렇게 해석되지 않을 가능성을 인정했으므로 위 결정만으로 과잉금지원칙 위반을 확언할 수는 없다. 하지만 설령 대법원이 축소해석을 하여 위 조항이 실제로 그렇게 적용되지 않는다고 하더라도, 위력에 의한 업무방해죄 조문이 존재하는 한 대다수의 소비자와 근로자는 정당한 구매거절 및 노무제공거부가

---

7) 헌법재판소 2010.04.29. 선고 2009헌바168 결정.
8) 대한민국헌법 제33조 제1항. "근로자는 근로조건의 향상을 위해 자주적인 단결권 · 단체교섭권 및 단체행동권을 가진다."
9) 대한민국헌법 제124조. "국가는 건전한 소비행위를 계도하고 생산품의 품질향상을 촉구하기 위한 소비자보호운동을 법률이 정하는 바에 의해 보장한다."

형벌법규의 적용을 받을 가능성이 있다고 판단해 적법한 권리행사를 포기하게
될 우려가 크다.

이러한 상황은 95헌가16결정에서 적시한대로 "법규가 무엇이 금지되는 표현인
지가 불명확하게 규정하고 있는 경우에는 자신이 행하고자 하는 표현이 규제의
대상이 아니라는 확신이 없는 기본권주체가 규제를 받을 것을 우려해서 표현행위를
스스로 억제하게 될 가능성이 높은 상황",[10] 즉 '위축적 효과'에 해당한다. 따라서
해당 조항은 헌법이 특별히 요구하는 표현의 자유 영역에서의 명확성의 원칙에
위배된다.

나. 업무방해죄의 '위력'과 다른 법령에서 사용되는 '위력'과의 질적인 차이

한편 위와 같은 주장에 대해, 다른 법령에 '위력'의 개념이 존재함을 들어 형법에
일반적 업무방해죄를 두어 위법한 행위를 규율할 필요가 있고, 이 조항이 명확성
의 원칙에 위배되지 않을 정도로 명료하게 해석될 수 있다는 반론이 있을 수 있다.
즉, 다른 법령에서도 '위력' 개념을 사용하고 있다는 사실은 '위력'이라는 행위태양
이 법질서 전반에서 가벌성을 인정받고 있는 것이며, 다른 법령에서는 불명확성의
문제가 없이 적용되고 있음을 증명하는 것일 수 있다. 또한 그렇기 때문에 다른
법령에서 처벌의 공백이 생기는 경우에 대비해 일반법인 형법에서 이를 규정하고
있을 필요가 있다는 논리전개도 가능하다. 위와 같은 주장이 옳은 것인지 검증해
보도록 하겠다.

다른 법령에서 규제하는 '위력'에 의한 업무방해의 행위태양은 〈표 4-1〉과
같다.

〈표 4-1〉 위력에 의한 특정 업무의 방해를 규율하고 있는 특별법들

건설산업기본법[11] **제95조**(벌칙) 건설공사의 입찰에 있어 다음 각호의 1에 해당하는 행위를 한 자는 5년 이하의 징역 또는 5천만 원 이하의 벌금에 처한다.

---

10) 헌법재판소 1998.04.30. 선고 95헌가16 결정.

3. 위계 또는 위력 기타의 방법으로 다른 건설업자의 입찰행위를 방해한 자

경륜·경정법[12]

제26조(벌칙) 다음 각 호의 어느 하나에 해당하는 자는 5년 이하의 징역 또는 1천500만 원 이하의 벌금에 처한다.

1. 위계(僞計) 또는 위력(威力)을 사용해 경주의 공정(公正)을 해치거나 공정한 시행을 방해한 자

경비업법[13]

제15조의2(경비원 등의 의무) ① 경비원은 직무를 수행함에 있어 타인에게 위력을 과시하거나 물리력을 행사하는 등 경비업무의 범위를 벗어난 행위를 해서는 아니 된다.

교정시설경비교도대설치법[14]

제12조(벌칙) ⑦ 작전지역에서 위력 또는 전투의 공포를 이용해 주민의 재물을 약취한 자는 1년 이상의 유기징역에 처한다.

국민체육진흥법[15]

제47조(벌칙) 속임수나 위력(威力)을 사용해 체육진흥투표권 발행 대상 운동경기의 공정성을 해치거나 공정한 시행을 방해한 자는 5년 이하의 징역이나 2천500만 원 이하의 벌금에 처한다.

군형법[16]

제62조(가혹행위) ② 위력을 행사해 학대 또는 가혹한 행위를 한 사람은 3년 이하의 징역 또는 700만 원 이하의 벌금에 처한다.

노인복지법[17]

제55조의4(벌칙) 다음 각 호의 어느 하나에 해당하는 자는 3년 이하의 징역 또는 1천만 원 이하의 벌금에 처한다.

2. 위계 또는 위력을 행사해 제39조의11제2항에 따른 관계 공무원의 출입 또는 조사를 거부하거나 방해한 자

매장문화재 보호 및 조사에 관한 법률[18]

제32조(가중죄) ① 단체나 다중(多衆)의 위력(威力)을 보이거나 위험한 물건을 몸에 지녀서 제31조의 죄를 범하면 같은 조에서 정한 형의 2분의 1까지 가중한다.

문화재보호법[19]

제93조(가중죄) ① 단체나 다중(多衆)의 위력(威力)을 보이거나 위험한 물건을 몸에 지녀서 제90조부터 제92조까지의 죄를 범하면 각 해당 조에 정한 형의 2분의 1까지 가중한다.

방문판매 등에 관한 법률[20]

제11조(금지행위) ① 방문판매자등은 다음 각호의 1에 해당하는 행위를 해서는 아니 된다.

1. 재화 등의 판매에 관한 계약의 체결을 강요하거나 청약철회 등 또는 계약의 해지를 방해할 목적으로 소비자에게 위력을 가하는 행위

범죄피해자 보호법[21]

제38조(재판 등에 대한 영향력 행사 금지) 범죄피해자 보호·지원 업무에 종사하는 자는 형사절차에서 가해자에 대한 처벌을 요구하거나 소송관계인에게 위력을 가하는 등 수사, 변호 또는 재판에 부당한 영향을 미치기 위한 행위를 해서는 아니 된다.

실종아동등의 보호 및 지원에 관한 법률[22]

제18조(벌칙) 다음 각 호의 어느 하나에 해당하는 자는 2년 이하의 징역 또는 1천만 원 이하의 벌금에 처한다.

1. 위계 또는 위력을 행사해 제10조 제1항의 규정에 따른 관계공무원의 출입 또는 조사를 거부하

거나 방해한 자

아동 · 청소년의 성보호에 관한 법률[23]

제7조(아동 · 청소년에 대한 강간 · 강제추행 등) ⑤ 위계(僞計) 또는 위력으로써 여자 아동 · 청소년을 간음하거나 아동 · 청소년을 추행한 자는 제1항부터 제3항까지의 예에 따른다.

전통 소싸움경기에 관한 법률[24]

제24조(벌칙) 위계 또는 위력을 사용해 소싸움경기의 공정을 해치거나 공정시행을 방해한 자는 5년 이하의 징역 또는 3천만 원 이하의 벌금에 처한다.

전투경찰대설치법[25]

제10조(벌칙) ⑦ 작전지역에서 위력 또는 전투의 공포를 이용해 주민의 재물을 약취한 자는 무기 또는 3년 이상의 징역에 처한다.

정당법[26]

제61조(창당방해 등의 죄) ① 위계 또는 위력으로써 창당준비활동을 방해하여 창당준비위원회의 기능을 상실 또는 일시 정지하게 한 자는 7년 이하의 징역 또는 3천만 원 이하의 벌금에 처한다. ② 위계 또는 위력으로써 정당활동을 방해하여 정당의 기능을 상실 또는 일시 정지하게 한 자도 제1항에 규정하는 형(刑)에 처한다.

채권의 공정한 추심에 관한 법률[27]

제9조(폭행 · 협박 등의 금지) 채권추심자는 채권추심과 관련해 다음 각 호의 어느 하나에 해당하는 행위를 해서는 아니 된다.

1. 채무자 또는 관계인을 폭행 · 협박 · 체포 또는 감금하거나 그에게 위계나 위력을 사용하는 행위

측량 · 수로조사 및 지적에 관한 법률[28]

제107조(벌칙) 측량업자나 수로사업자로서 속임수, 위력(威力), 그 밖의 방법으로 측량업 또는 수로사업과 관련된 입찰의 공정성을 해친 자는 3년 이하의 징역 또는 3천만 원 이하의 벌금에 처한다.

특정범죄가중처벌 등에 관한 법률[29]

제5조의9(보복범죄의 가중처벌 등) ④ 자기 또는 타인의 형사사건의 수사 또는 재판과 관련해 필요한 사실을 알고 있는 사람 또는 그 친족에게 정당한 사유 없이 면담을 강요하거나 위력(威力)을 행사한 사람은 3년 이하의 징역 또는 300만 원 이하의 벌금에 처한다.

한국마사회법[30]

제58조(벌칙) 다음 각 호의 어느 하나에 해당하는 자는 5년 이하의 징역 또는 3천만 원 이하의 벌금에 처한다.

1. 위계(僞計)나 위력을 사용해 경마의 공정을 해치거나 경마 시행을 방해한 자

할부거래에 관한 법률[31]

제34조(금지행위) 선불식 할부거래업자는 다음 각 호의 어느 하나에 해당하는 행위를 해서는 아니 된다.

11. 청약의 철회 또는 계약의 해제와 관련해 분쟁이 발생한 경우 대금을 지급받기 위해 소비자에게 위계를 사용하거나 위력을 가하는 행위

항공안전 및 보안에 관한 법률[32]

제42조(항공기 항로 변경죄) 위계 또는 위력으로써 운항중인 항공기의 항로를 변경하게 하여 정상 운항을 방해한 사람은 1년 이상 10년 이하의 징역에 처한다.

---

11) 건설산업기본법(법률 제9999호, 타법개정 2010. 2. 4, 시행 2011. 2. 5.).

그러나 이들 법령에서의 '위력' 개념은 그 법령의 입법취지가 상정하고 있는 맥락을 고려해 구체화될 수 있다는 점에서, 형법 제314조 제1항의 '위력' 개념과는 현격한 차이가 있다. 그 중 몇 가지만 예를 들어 살펴보자.

건설산업기본법, 경륜경정법, 국민체육진흥법의 경우 '입찰', '경주', '운동경기'라는 일종의 시합에서 그 시합의 공정성을 보호하기 위해서는 적법한 행위 또는 부작위라고 할지라도 규제될 필요가 있기 때문에 '위력'을 처벌하는 것이다. 예를 들어, '대기업 A' 소속인 '건설회사 X'가 다른 건설회사들에게 '대기업 A'가 추진하는 다른 사업에 참여할 기회에서 배제할 것을 위협하며 입찰경쟁에 참가하지 않을 것을 요구하는 경우를 생각해보자. 이때 '건설회사 X'가 어떠한 이유에서든지 다른 건설회사에게 이러한 요구를 하는 것 자체는 있을 수 있다고 할 것이다. 그러나 '입찰'은 시합이며 시합의 공정성을 유지하기 위해서는 위와 같은 행위도 규제되어야 하기에 위 조항이 존재하는 것이다. '경주' 역시 우수한 말들을 많이 가진 '마주 Y'가 '마주 Z'에게 특정한 경주에 출전하지 않으면 자신이 가진 말들을 '마주

12) 경륜 · 경정법(법률 제10880호, 일부개정 2011. 7. 21, 시행 2011. 7. 21.).
13) 경비업법(법률 제9579호, 일부개정 2009. 4. 1, 시행 2009. 4. 1.).
14) 교정시설경기교도대설치법(법률 제8728호, 타법개정 2007. 12. 21, 시행 2008. 12. 22.).
15) 국민체육진흥법(법률 제10557호, 일부개정 2011. 4. 5, 시행 2011. 4. 5.).
16) 군형법(법률 제9820호, 일부개정 2009. 11. 2, 시행 2010. 2. 3.).
17) 노인복지법(법률 제10997호, 타법개정 2011. 8. 4, 시행 2011. 8. 4.).
18) 매장문화재 보호 및 조사에 관한 법률(법률 제10882호, 일부개정 2011. 7. 21, 시행 2011. 7. 21.).
19) 문화재보호법(법률 제10562호, 일부개정 2011. 4. 6, 시행 2011. 4. 6.).
20) 방문판매 등에 관한 법률(법률 제10303호, 타법개정 2010. 5. 17, 시행 2010. 11. 18.).
21) 범죄피해자 보호법(법률 제10283호, 전부개정 2010. 5. 14, 시행 2010. 8. 15.).
22) 실종아동등의 보호 및 지원에 관한 법률(법률 제10997호, 타법개정 2011. 8. 4, 시행 2011. 8. 4.).
23) 아동 · 청소년의 성보호에 관한 법률(법률 제10261호, 타법개정 2010. 4. 15, 시행 2011. 1. 1.).
24) 전통 소싸움경기에 관한 법률(법률 제10118호, 일부개정 2010. 3 17, 시행 2010. 9. 18.).
25) 전투경찰대 설치법(법률 제10749호, 일부개정 2011. 5. 30, 시행 2011. 5. 30.).
26) 정당법(법률 제10396호, 일부개정 2010. 7. 23, 시행 2010. 7. 23.).
27) 채권의 공정한 추심에 관한 법률(법률 제9418호, 제정 2009.2. 6, 시행 2009. 8. 7.).
28) 측량 · 수로조사 및 지적에 관한 법률(법률 제10485호, 타법개정 2011. 3. 30, 시행 2011. 4. 1.).
29) 특정범죄가중처벌 등에 관한 법률(법률 제10210호, 일부개정 2010. 3. 31, 시행 2010. 3. 31.).
30) 한국마사회법(법률 제10891호, 일부개정 2011. 7. 21, 시행 2011. 7. 21.).
31) 할부거래에 관한 법률(법률 제10303호, 타법개정 2010. 5. 17, 시행 2010. 11. 18.).
32) 항공안전 및 보안에 관한 법률(법률 제10160호, 일부개정 2010. 3. 22, 시행 2010. 9. 23.).

Z'가 참여하는 경주에 출전시키지 않겠다고 약속하는 경우, 어느 경주에 출전할지는 전적으로 각 마주의 자유이나 그 자유의 행사가 제한되어야 경주의 공정성이 담보되기 때문에 위 조항이 존재하는 것이다. 운동경기의 경우도 경주의 경우와 같다.

경비업법 및 교정시설경비교도대설치법은 입법취지 및 '경비'나 '교정활동'의 성격상 무기 등의 소지가 불가피하나, 그러한 무기 소지를 남용해 타인의 자유를 제한하는 일을 방지하기 위해 위와 같은 조항을 두고 있다. 군형법의 경우 역시 군의 위계질서 속에서 우월한 지위를 남용해 가혹행위를 하는 것을 막기 위함이다. 특히 교정시설경비교도대설치법 및 군형법의 경우 '재물의 약취'와 '학대 또는 가혹한 행위'라는 사회적 비난가능성과 법익 보호의 필요성이 자명한 행위를 구성요건으로 하고 있다.

노인복지법의 경우 같은 구성요건 내에 '공무원의 출입 또는 조사를 거부하거나 방해'하는 명백하게 사회적으로 비난가능성이 있는 작위행위를 전제로 한다. 또한 '매장문화재보호 및 조사에 관한 법률' 및 문화재보호법은 집단의 힘을 빌려 도굴행위를 집단의 힘을 빌려 할 경우 가중처벌하기 위한 것으로서, 이미 도굴행위라는 비난가능성이 자명한 행위가 전제되어 있다.

즉, 위의 법조항들에서 사용되는 '위력' 개념은 각 법조항의 입법취지가 상정하고 있는 맥락 속에 고유하게 존재하는 정황요건들이 더해져 성립하는 것이다(예컨대 시합, 약취, 도굴 등). 그렇기 때문에 추상적으로 '의사의 자유를 제압 · 혼란'이라는 문구에만 의지해 '위력' 개념을 사용하고 있는 형법 제314조 제1항은 '위력'이 사용됨으로써 그것이 위법하게 판단되어야 할 맥락과 권력구도의 설정을 결여하고 있어 지나치게 포괄적이고 불명확한 것이다.

다. 제314조 제1항의 적용례 탐구를 통해 밝혀지는 불명확성

한편으로는 현재 '위력에 의한 업무방해죄'가 적용되는 사례들을 들어 아무런 위헌적인 문제가 발생하지 않는다고도 주장할 수 있으나, 이에 대해서는 유 · 무죄가 갈린 사안들을 비교함으로써 반박할 수 있다.

1) 제314조 제1항의 적용례

가) 실제 판결들 사이에서 나타나는 불일치

(가) 유죄판결을 받은 사례들

'위력에 의한 업무방해죄'가 적용되어 유죄를 받은 대표적인 사례들은 아래와 같다.

① 채권자가 채권추심행위로 수백 차례 전화통화를 시도한 행위[33]

② 자신의 명의로 등록되어 있는 타인운영의 학원에 대해 임의로 폐원신고를 한 행위[34]

③ 다방에서 고함을 지르고 난동을 부린 행위[35]

④ 사무실 임차인이 임대차계약 종료 후 갱신계약 여부에 관한 의사표시나 명도의무를 지체하고 있다는 이유로, 영업을 하지 못하도록 임대인이 단전조치를 한 행위[36]

⑤ 공장정문을 봉쇄하거나 출입문에 바리케이드를 치고 모든 출입자의 출입을 통제한 행위[37]

그러나 유죄 사례들은 다음과 같은 무죄 사례들과 견주어 살펴볼 필요가 있다.

(나) 무죄 사례 1: 상인협의회 임원들이 본래 회사에 납부해야 할 관리비를 회사와의 협상수단으로 대신 수령해 예치한 경우 및 임원 중 1인이 회사직원에게 욕설을 한 경우

---

33) 대법원 2005.05.27. 선고 2004도8447 판결.
34) 대법원 2005.03.25. 선고 2003도5004 판결.
35) 대법원 1961.02.24. 선고 4293형상864 판결.
36) 대법원 2006.04.27. 선고 2005도8074 판결.
37) 대법원 1991.04.23. 선고 91도753 판결.

대법원은 "A종합시장 상인협의회"(이하 '상인협의회'라 한다)의 회장 및 임원인 피고인들이, 본래 A종합시장의 상인들이 A종합시장 주식회사(이하 '회사'라한다)에 납부해야 할 관리비 상당액을 상인협의회에 가입한 상인들로부터 징수해은행에 예치한 행위는, 상인협의회의 구성원들의 총의에 따른 사무를 집행한데불과하므로 피고인들의 의사는 계약조건의 절충에 있었다고 보이고 이로써 그들에게 회사의 업무를 방해할 범의가 있었다거나 위와 같은 행위만으로서 회사의업무를 방해할만한 위력을 행사한 것으로는 보기 어렵다고 했다[이하 '무죄사례 1(가)'].[38]

또한 피고인 중 1인이, 가계약갱신 및 체납임·관리비 상당액 독려차 나온회사의 사원에게 "너희들이 무엇인데 상인협의회에서 하는 일을 방해하며 협의회에서 돌리는 유인물을 압수하느냐 당장 해임시켜야 하겠다"고 욕설을 한 사실은 인정할 수 있으나, 다른 피고인들이 공모한 사실을 인정할 수 없고, 또 위와같은 행위만으로는 업무방해죄의 위력을 행사한 것으로 보기는 어렵다고 판단했다(이하 '무죄사례 1(나)').[39]

(다) 무죄 사례 2: 노동조합원인 피고인이 동료 근로자를 독려해 업무거부를
    한 경우

대법원은 또한 노동조합원인 피고인이 같은 노동조합원인 공소외인을 대동해노동관계집회에 참석하기 위해 자신이 근무하고 있던 B기업의 사업장에서 3시간정도 조기 퇴근한 것만 가지고 곧바로 위력으로 업무를 방해한 경우에 해당한다고보기는 어렵다고 보았다.[40]

대법원은 위 사실이 업무방해죄에 해당하지 않는 이유로는, B기업의 전체근로자는 50명이며 그 중 29명이 노동조합에 가입했고, 생산직 근로자는 28~29명으로 파악되는데, B기업의 업무 또는 작업내용이나 피고인 등이 B기업에서 차지하

---

38) 대법원 1983.10.11. 선고 82도2584 판결.
39) 위의 판결.
40) 대법원 1991.04.23. 선고 90도2961 판결.

는 임무나 작업의 비중 또는 그 밖의 다른 특수한 사정으로 인해 이들의 위와 같은 조기퇴근이 위력이라고 볼만한 사정이 있는지를 자세히 따져봐야 하는데, 그러한 점에 대한 입증이 없음을 들었다.[41]

(라) 무죄 사례 3: 1인이 토지 측량 업무를 방해한 경우

대법원은 자신이 종중의 정당한 종손임을 주장하는 피고인이 종중의 다른 구성원이 종중소유의 토지를 타인에게 매도하기 위해 그 토지를 측량하려는 것을 방해한 행위는 업무방해죄에서의 위력에 해당하지 않는다고 보았다.[42]

피고인은 측량신청을 받고 나온 대한지적공사 직원인 측량기사가 측판을 설치하려는 것을 막고, 현장에 나와 있던 공소외인에게 "내 허락 없이 측량을 하면 가만두지 않겠다"고 소리치고 "협잡꾼, 사기꾼 같은 인간들"이라고 하며 약 30분 동안 시비를 하는 등 위력을 과시해 토지에 대한 현장측량업무를 방해하고, 그 후에도 한 차례 더 측판 설치를 방해하며 공소외인에게 "내 허락 없이 측량을 하면 가만두지 않겠다"고 소리치고 약 40분 동안 시비를 했다고 하여 위력에 의한 업무방해죄로 기소되었으나 대법원에서 무죄 확정판결을 받게 되었다.[43]

나) 현행 해석례에 따르면 기소가 가능함에도 불기소하는 경우

예를 들어 사용자가 근로자 혹은 노동조합(이하 '근로자 측')의 정당한 쟁의행위나, 근로자 측의 권리행사를 저지하는 행위를 하는 경우를 생각해보자. 경우에 따라 다르겠지만 일반적으로 사용자의 행위는 '노동조합 및 노동관계조정법'(이하 '노조법'이라 한다)[44]상 부당노동행위에 해당할 것이다. 그리고 사용자는 고용계약상 근로자에 비해 우위에 있기 때문에 근로자 측이 사용자 측의 요구를 거절하는 경우 신분상의 불이익이 우려가 되므로 사용자의 행위는 근로자 측의 '의사를

---

41) 위의 판결.
42) 대법원 1999.05.28. 선고 99도495 판결.
43) 위의 판결.
44) 노동조합 및 노동관계조정법(법률 제10339호, 타법개정 2010. 6. 4, 시행 2010. 7. 5).

제압하기에' 족하므로 '위력에 의한 업무방해죄'의 구성요건에 해당할 수 있다. [45] 그럼에도 검찰은 사용자의 이러한 행위가 노동조합의 업무를 방해했다는 혐의로 기소하지는 않고 있다(불기소 사례 1).

이번에는 실제 사례를 통해 살펴보자. 홈팬의 연패에 화가 난 팬들이 감독 면담을 요구하며 프로야구팀 구단 버스를 둘러싸서 선수단의 이동을 방해한 경우나, 극장에서 공연을 관람하던 관중들이 음향시설 고장으로 제대로 관람이 이루어지지 않자 이에 대해 집단적으로 환불을 요구하며 매표소 앞을 가로막아 다음 회의 관객입장이 이루어지지 못한 사건이 있었다. 이러한 경우 역시 '다수'라는 우월적인 지위를 이용해 프로야구구단 및 극장의 업무를 방해한 것이므로 현행법의 해석례에 따르면 업무방해죄의 구성요건에 해당할 수 있다. [46] 그럼에도 검찰은 위의 두 사례의 경우 역시 업무방해죄로 기소하지 않았다(불기소 사례 2).

2) 유죄 사례와 무죄 사례·불기소 사례의 비교 및 검토

위의 판례들 및 불기소 사례들은 일반인들이 무엇이 위력에 의한 업무방해이고 그것이 어느 정도에 이르러야 금지되는지 알 수 있을 정도로 일관된 기준을 제시하지 못하고 있다.

예컨대 '유죄 사례 ②'에서 자기명의로 학원등록이 되어 있는 자는 폐원신고를 할 수 있는 권한을 가지고 있고 그 권한을 행사한 것 및 '유죄 사례 ④'에서 임대인이 단전조치라는 건물관리권한을 행사한 것과, '무죄 사례 1'에서 상인협의회 임원들이 회원들이 자발적으로 위탁한 금원을 보관할 권한을 가지고 있으며, 이 권한을 행사한 것 사이에 어떠한 본질적인 차이가 있는지 불분명하다. 도리어 업무방해죄에서의 위력에 해당하려면 단지 사실적인 힘의 우위에 있다는 점만 있어서는 안 되고 그를 통해 피해자의 의사의 자유를 제압·혼란케 해야 한다. 그러나 '유죄 사례 ②와 ④'에서의 피해자들은 자유의사가 제압되었다기보다는 단지 결과적으

---

45) 이근우, "노동쟁의에 대한 업무방해죄 적용의 축소 가능성", 『비교형사법연구』 제12권 제2호 (2010), pp.38-39.
46) 이근우, 앞의 글, p.39.

로 업무가 방해받았을 따름이다. 또한 피고인의 명의로 학원등록이 되어 있다는 사실 혹은 임대인이라는 사실이 과연 형법적으로 자유의사를 제압할 만하다는 평가를 받을 수 있을지는 더욱 의문이다. 만약 관련 법령에 따라 등록명의자라는 사실만으로 자유의사를 제압할 만한 지위가 인정된다는 법리가 일반화된다면, 등록명의자의 경제활동이 불합리하게 제약될 여지가 크다. 도리어 단순히 등록명의자의 지위에서 할 수 있는 행위보다는 '불기소 사례 1'에서와 같이 사업자와 노동조합 관계에서 사업자가 노동조합의 업무를 방해할 수 있는 정도가 큼에도 이에 대해 검찰은 일관되게 기소를 하지 않고 있다.

또한 위 '무죄 사례 1(가)'는 판례의 '위력'에 대한 정의에 따르자면 상인협의회가 회사보다 상인들에게 영향력을 쉽게 행사할 수 있으므로 회사의 자유의사를 제압, 혼란케 할 만한 세력을 이용해 업무를 방해했다고 판단할 수도 있는 경우다. '무죄 사례 2' 역시 다른 피고인이 노동조합원이었고 집회에 참가하려 했다는 점에서, 수적으로 많고 노동조합원이라는 지위를 이용해 업무거부를 한 것으로 본다면, 충분히 자유의사를 제압, 혼란케 할 만한 세력을 이용해 업무를 방해했다고 판단할 수 있는 경우이다. 더욱이 '불기소 사례 2'에서는 위의 사례들과는 달리 실제 물리력을 동원해 업무를 방해했음에도 기소조차도 하지 않았다. 그렇다면 일반인의 입장에서는 어떠한 이유에서 '유죄 사례 ②'에 대해서는 유죄판결이 내려지고 '무죄 사례 1(가)'와 '무죄 사례 2'에 대해서는 무죄판결이 내려졌는지, 그리고 '불기소 사례 2'의 경우에는 왜 기소가 이루어지지 않았는지 알 수가 없을 것이다.

한편 '유죄 사례 ③'의 다방에서 고함을 지르고 난동을 부린 행위 역시 '무죄 사례 1(나)'에서 욕설을 하거나 '무죄 사례 3'에서 토지측량방해를 위해 소란을 피운 것과 어떤 차이가 있는지 불분명함에도 불구하고 법원은 결론을 달리하고 있다.

나아가 '유죄 사례 ①'은 채권의 추심을 위해 짧은 기간 내에 반복적으로 채무자에게 음향(전화를 받지 않는 경우)이나 말(전화를 받는 경우)을 전달해 공포심·불안감을 유발해 업무의 평온을 심하게 해친 경우에 해당할 수 있다. 이 경우는 채권의 공정한 추심에 관한 법률 제9조 제1항 제1호 또는 제3호[47])의 적용으로도 충분히 규율이 가능하다. 그리고 '유죄 사례 ③'은 난동행위를 위력에 의한 업무방해죄로 보지 않더라도 폭행·협박의 구성요건에 해당할 수 있다. 또 '유죄 사례 ⑤'의 경우는 업무방해죄의 구성요건에 해당된다고 보기 이전에 노조법상 벌칙규정에 해당할 수 있다.

결론적으로, 위력에 의한 업무방해죄가 적용되어 유죄가 선고된 사건 '유죄 사례 ②, ④'의 경우, 무죄인 사건들 및 불기소 사례들과 비교해 행위 태양이 명확하게 구별된다고 말하기 어렵다. 또한 '유죄 사례 ①, ③, ⑤'와 같이 다른 법령으로 처벌이 가능하다면 형법 제314조가 고유하게 처벌하는 '위력'이 무엇인지에 대한 기준제시에 도움이 되지 못함은 물론, 이를 일반형법을 적용해 처벌할 필요성이 있는지도 추가적인 설명 없이는 정당화되기 어려울 것이다. 또한 '불기소 사례 2'에서와 같이 야구팬들의 버스 저지나 관중들의 점거와 같은 일반적인 표현의 자유·결사의 자유의 행사에 대해서는 형법을 적용하지 않으면서 오히려 검찰은 헌법이 명문의 조문을 두어 특별히 보장하는 단체행동권행사나 소비자보호운동권의 행사를 업무방해죄로 처벌하고 있다. 이러한 상황은 결국 위력에 의한 업무방해죄 조항이 명확한 의미를 담지 못하고 있음에서 기인한다.

라. 업무방해죄의 제정 연혁 및 각국의 운용사례

1) 업무방해죄 제정의 연혁 – 일본 형법 가안의 계수

업무방해죄 조항의 제정연혁을 살펴보면 위에서 살펴본 것과 같이 일관된 해석에 있어 많은 어려움이 발생하고 명확성의 원칙에 위반하는 것은 당연하다고 하겠다. 일본은 산업화 초기인 1880년 프랑스의 노동관계법을 계수하면서 노동운동

---

47) 채권의 공정한 추심에 관한 법률 제9조(폭행·협박 등의 금지) 채권추심자는 채권추심과 관련해 다음 각호의 어느 하나에 해당하는 행위를 해서는 아니 된다.
3. 정당한 사유 없이 반복적으로 또는 야간에 전화하는 등 말·글·음향·영상 또는 물건을 채무자나 관계인에게 도달하게 함으로써 공포심이나 불안감을 유발해 사생활 또는 업무의 평온을 심하게 해치는 행위.

을 제압하기 위해 업무방해죄의 그 적용범위를 '위력'으로 넓혔고 그 이후 전시체제 중이었던 1940년 3월 형법 가안에서는 "개괄적으로 규정해 일체의 경우에 대응함으로써(처벌) 누락의 염려가 없게"한다는 목적으로, 업무방해죄의 보호대상이 되는 범위를, 포괄적으로 '업무'라는 단어를 사용해 확장함으로써 자의적 해석의 여지를 넓혔다. 우리 형법은 일본 형법 가안을 무비판적으로 계수해 업무방해죄의 구성요건에 '위력', '업무', '방해'라는 포괄적인 단어를 사용해 규정하고 있다.

영국, 프랑스, 독일 등에서도 과거 전시(戰時) 및 고도성장기에는 근로자의 단결 자체와 근로자들이 단체로 하는 행동 전반을 금지하는 '단결금지법리'에 근거해 쟁의행위 자체를 형사처벌했던 전례가 있었다. 그러나 위 국가들의 헌법이 근로3권을 기본권으로 보장하게 된 이후에는 위와 같은 평화로운 쟁의행위에 대한 형사처벌은 자취를 감추게 되었다. 결국 '위력'이라는 폭넓은 범주 자체는 근로3권 보장 이전 시기의 자의적 해석을 목적으로 도입된 것을 우리가 계수한 것이었으므로 근로3권을 침해할 수 있는 가능성을 내포하고 있을 수밖에 없으며, 그렇기 때문에 명확성의 원칙에 위배될 수밖에 없는 것이다.

2) 영국의 경우[48]

영국에서는 '노동의 자유론'에 따라, 개별적인 거래의 자유 및 자유경쟁의 이념이 가장 중시되었고, 이러한 자유를 침해하는 '인위적인', '소란스러운', '불온한' 행동인 쟁의행위는 범죄로 취급해야 하므로 쟁의행위에 대한 원칙적인 형사처벌이 정당화되었다.

'단결금지법(Combination Act)'은 근로자가 자발적·개별적으로 근로제공을 거절하는 행위 및 다른 근로자와 공동으로 또는 상호 영향을 미쳐서 노동을 중단하는 행위를 범죄로 취급했다. 그러나 '1824년 노동조합법'은 "쟁의행위가 폭력·협

---

48) 이하 조경배, "형사면책법리와 쟁의행위 정당성론의 논의구조", 『한국노동법학』 제9호(1999), pp.326-333 참조.

박에 의한 강제를 동반하지 않는 한" 타인을 유인해 취업시간 또는 고용기간 종료 전에 근로를 중지시켜도 처벌하지 못한다고 규정했다. 이러한 태도변화는 '노동력 거래의 자유론'에 근거한다. '노동력 거래의 자유론'이란 당시 영국에서 사용자가 자신이 주장하는 근로조건을 받아들이지 않는 근로자를 임의대로 해고할 자유가 있었던 것과 동등하게, 근로자 역시 임금인상을 요구하기 위해 개별적·집단적으로 근로제공을 거부할 자유가 있기 때문에 근로자가 하는 쟁의행위만을 일방적으로 형사처벌해서는 안 됨을 내용으로 한다. 그리고 '1871년 노동조합법'은 처벌되는 쟁의행위 유형인 '협박·폭력·방해'의 개념을 구체적으로 명시하고, 이러한 수단을 사용하지 않은 쟁의행위는 합법화해 다시금 쟁의행위에 대한 형사면책의 범위를 넓혔다.

뒤이어 '1875년 공모죄 및 재산보호법(Conspiracy and Property Protection Act 1875)'이 제정되면서 쟁의행위 전반에 대한 형사면책의 범위는 한층 확장되었다. 이 법률은 "단독으로 행할 경우 범죄를 구성하지 않는 쟁의행위를 다수인이 단결하여 한다고 하여 이를 형사공모로서 소추할 수는 없다고 규정"해, 당시의 지배적인 견해였던 '보통법상 공모 법리'에 대해 예외를 인정했고 형사면책의 범위를 한층 더 확장했다.

이처럼 쟁의행위가 예외적인 경우에만 형사처벌의 대상이 되자 영국은 주종법(Master and Servant Act)을 사용해 다시금 쟁의행위에 대한 형사처벌 가능성을 확장시켰다. 주종법에서는 근로자의 근로계약 위반행위만을 범죄행위로 보아, 3월 이하의 금고형에 처할 수 있도록 규정하고, 쟁의행위 역시 근로계약 위반에 해당하는 것으로 보았다. 일반적인 계약 법리에 따르면 노사가 동등하게 취급되어야 마땅한 것이다. 하지만 사용자 측은 (1) 근로자는 사용자와는 달리 손해배상 책임을 질 수 있는 경제적인 능력이 없고, (2) 주종법의 입법목적은 계약위반의 예방이므로 위와 같은 형사처벌이 유지될 필요성이 있음을 주장해 근로자에 대한 형사처벌의 정당성을 주장했다.

그러나 근로계약관계에서도 일반 계약 법리가 동일하게 적용되어야 한다는 내용을 담은 1875년 사용자·근로자법(Employers and Workmen Act 1875)이 제정되어 주종법은 사실상 폐기되었다. 폐기의 주된 이유는 위와 같은 사용자 측의 논거를 인정할 경우 특별한 보호를 받아야 할 쟁의행위에 대한 형사처벌의 범위가 넓어진다는 것이었다.

마지막으로 쟁의행위에 대한 형사처벌을 가능케 한 것은 바로 '보통법상 형사 공모죄(criminal conspiracy)'였다. 이러한 '보통법상 형사공모죄'에 따르면 "2인 이상의 자가, 불법한 행위를 할 것을 합의하거나 또는 합법적 행위를 불법적인 수단을 이용하여 할 것을 합의하는 것"을 처벌했다. 여기에서 '불법'이 의미하는 바가 범죄(crime)인지, 불법행위(tort)인지, 계약위반(breach of contract)인지가 분명하지 않았기 때문에 공공정책(public policy)의 제안이나 단순히 비도덕적 행위를 위한 공모 역시 모두 범죄로 보았고 쟁의행위 역시 여기에 포함되어, 다수 인이 쟁의행위를 합의했다는 사실 자체만으로도 '보통법상 형사공모죄'로 처벌을 받을 수 있었다.

이러한 '보통법상 형사공모죄'가 쟁의행위에 적용되는 것을 막기 위해 1875년 공모죄 및 재산보호법은 쟁의행위에 '보통법상 형사공모죄'를 적용하는 것을 금지 하는 규정을 두었다. 이로써 영국의 형사법제는 쟁의행위에 대하여 특별한 보호 를 인정했으며, 또한 단독으로 행할 경우 범죄를 구성하지 않는 행위를 다수인이 공동으로 행했다고 하여 형사책임을 물을 수 없다는 원칙을 다시금 확인했다.

3) 프랑스의 경우[49]

프랑스는 1789년 대혁명 이후 시민계급을 위한 계약의 자유의 범위를 넓히기 위해 샤플리에 법(lois Le Chapelier)을 제정하고 '계약의 자유', '경제활동의 자유' 를 침해하는 모든 결사를 금지했다. 또한 1810년 나폴레옹 형법전 제420조는 21명 이상의 결사를 금지하고, 제414조는 사용자의 단결은 임금 인하의 강제를 위해 남용된 경우에만 금지했으며, 제415조에서 쟁의행위 내지 임금·노동조건의 개 선을 위한 근로자의 단결은 전조보다 더 무겁게 처벌했다. 이처럼 프랑스에서의

---

49) 이하 도재형, "파업과 업무방해죄", 『노동법학』 제34호(2010), pp.69-70 참조.

근로자의 단결은 그 자체가 위법하므로 그 결사의 쟁의행위 또한 불법으로 처벌되었을 것임은 의문의 여지가 없는 부분이다.

그러나 프랑스는 1864년 형법 개정을 통해 "임금에 대한 자유로운 교섭은 근로자들의 단결가능성을 예정하고 있기 때문에, 이를 위해 노무제공을 거절할 수 있는 개별근로자가 집단으로 행동하는 것 또한 허용되어야 한다"는 원칙을 확인하고 단결 그 자체에 대한 처벌을 폐지했다. 그리고 단결체의 쟁의행위에 대해서는 폭력 · 협박 · 위계가 없는 한 쟁의권을 인정했다. 그러다가 1946년 10월 27일 헌법전문에서 "파업권은 이를 규율하는 법률의 범위 내에서 행사한다"고 규정하고 이후 군인, 경찰 등 개별 법률에 의해 파업을 금지하지 않는 한 일반적으로 파업을 허용한다는 태도를 취하게 되어 쟁의행위에 대한 형사처벌을 전면 금지하기까지 나아가게 된 것이다.

4) 독일의 경우[50]

독일 또한 1845년 프로이센 일반 영업령(Allgemeine Preussische Gewerbeordnung)에서는 쟁의행위를 원칙적으로 금지했다. 이 법령은 1869년 북독일연방영업령(Gewerbeordnung fuer den Norddeutschen Bund)에 의해 폐지되었으나 법원은 다른 규정을 확대 적용해 근로자의 쟁의행위를 제약했다. 그러나 1919년 바이마르헌법이 제정되어 명시적으로 단결권을 규정하여[51] 쟁의권이 헌법적으로 보장되었다. 그에 따라 쟁의행위 참가자가 개별적으로 저지른 범죄 이외에 쟁의행위 자체를 처벌하는 법률은 자취를 감추게 되었다.[52]

---

50) 이하 도재형, 앞의 글, pp.70-71 참조.
51) 바이마르 헌법(Die Weimarer Verfassung) 159조. "Die Vereinigungsfreiheit zur Wahrung und Förderung der Arbeits—und Wirtschaftsbedingungen ist für jedermann und für alle Berufe gewährleistet. Alle Abreden und Maßnahmen, welche diese Freiheit einzuschränken oder zu behindern suchen, sind rechtswidrig."(원문)
"Freedom of association for the maintenance and promotion of employment and economic conditions is guaranteed for everyone and for all occupations. Agreements and measures, which restrict or seek to impair this freedom are illegal."(영역본)
52) 조경배, 앞의 글, pp.240-242; 이광택, "쟁의행위와 정당성", 한국 노동법학회 동계학술대회

우리나라의 업무방해죄와 비교해 독일의 부정경쟁방지법(Gesetz gegen den unlauteren Wettbewerb, 약칭 UWG) 제15조 업무비방죄(Geschaftliche Verleumdung)[53]를 살펴볼 필요가 있다. 독일 부정경쟁방지법 제15조에서는 경쟁자의 상품이나 서비스에 대한 거짓된 사실 등을 유포해 영업에 해를 끼친 경우를 한정해 처벌하고 있다. 즉, 독일은 다른 범죄를 수반하지 않은 쟁의행위나 시민운동 자체를 형사처벌의 대상으로 삼고 있지 않다. 그렇게 악용될 여지를 줄이기 위해 '위력', '업무', '방해'와 같은 모호한 개념의 사용 또한 최대한 자제하고 있는 것이다.[54]

5) 일본의 경우

1880년 일본 구 형법은 1864년 프랑스 형법을 계수하면서 1864년 프랑스 형법 제414조가 금지하고자 했던 행위태양인 '노동의 조직적 정지'를 '방해'로 바꾸고, 그 수단인 '폭행, 협박'을 '위력, 위계'라는 불명확한 구성요건으로 변형해 제270조로 계수했다. 또한 군국주의 일본은 노동운동 및 사회운동이 침략전쟁 수행에 걸림돌이 되는 것을 막기 위해 구 형법의 개정을 시도했고 1940년 3월 형법 가안을 발표했다. 이 형법 가안에서는 "개괄적으로 규정해 일체의 경우에 대응함으로써(처벌)

자료집(2002), pp.18-19. 독일의 학설·판례는 '사회적 상당성' 이론을 취해 쟁의행위의 손해배상 책임만을 판단하고 있음에 반해, 한국의 '노동법적 정당성'은 위 독일의 이론을 수입함과 동시에 그 범위를 형사면책의 경우에까지 적용하고 있다. 그리고 이러한 법리의 확대는 쟁의행위 전반에 대해 포괄적으로 형벌을 가할 수 있는 "일반 조항"인 업무방해죄의 존재로 인한 것임을 지적하고 있다.

53) "begeht, wer wider besseres Wissen über das Erwerbsgeschäft eines anderen, dessen Inhaber oder Leiter, Waren oder Leistungen unwahre Tatsachen(nicht bloβe Werturteile) behauptet oder verbreitet, die geschäftsschädigend zu wirken geeignet sind; strafbar mit Freiheitsstrafe bis zu 1 Jahr oder Geldstrafe"(§15 UWG).

54) 독일은 쟁의행위 과정에서의 폭행, 주거침입, 기물손괴 등 개별 참가자의 행위에 대해서만 형사 책임을 물을 뿐 참가자 전체에 대해 쟁의행위 자체만을 이유로 형사처벌을 가하지는 않는다. 그리고 변경되기 이전의 우리 대법원 판례가 쟁의행위 정당성 판단의 기준으로 내세운 '노동법적 정당성요 건' 역시 독일의 '사회적 상당성론'을 차용한 것인데, '사회적 상당성론'은 쟁의행위 참가자들의 형사 책임이 아닌 민사책임을 판단하는 기준임을 밝혀둔다. 자세한 내용은 조경배, "형법상 업무방해죄 와 쟁의권", 『민주법학』 제44호(2010), pp.240-242 참조.

누락의 염려가 없게" 한다는 목적으로 업무방해죄의 보호대상이 되는 범위를 포괄적으로 '업무'라는 단어를 사용해 확장하여 자의적 해석의 여지를 넓혔다. 이는 당시 일본 정부가 태평양전쟁의 수행을 위해 모든 종류의 쟁의행위·시민운동을 탄압하기 위해 범죄구성요건을 의도적으로 명확하지 않게 구성한 것으로, 죄형법정주의 중 명확성의 원칙을 의도적으로 배제한 것이다.[55]

다만 이 가안은 실제로 시행된 적은 없다. 그러나 우리나라와 일본은 이 가안을 모델로 형법을 제정해 일본 역시 우리나라와 유사한 업무방해죄 조항을 두고 있다.[56] 그러나 일본에서는 이를 쟁의행위나 시민운동에 적용해 처벌하지는 않고 있다.[57]

6) 소결

이상에서 살펴본 바와 같이 과거에는 선진 각국에서도 근로자 혹은 시민들의 단결 자체를 불법으로 보고 처벌하거나 그 단결체의 집단행동인 쟁의행위 및 시민운동을 형사처벌했다. 그러나 이러한 태도는 기본권 보장의 중요성이 강조됨과 동시에 변화를 겪게 되었다. 그리고 제2차 세계대전 이후에는 평화적인 쟁의행위나 시민운동 그 자체를 처벌하는 조항은 폐기되었고 처벌 사례 또한 자취를 감추었다.

---

55) 유기천, 『형법학 각론강의』 상(전정신판, 일조각, 1985), p.196; 이근우, 앞의 글, 주 12에서 재인용. 일본 형법 가안은 태평양전쟁을 수행하기 위한 도구로 제정되었던 입법으로서 독일 나치의 영향을 받은 전체주의적 형법관이 표현된 것이라고 한다.
56) 일본 형법 제234조는 "위력을 사용해 사람의 업무를 방해한 자도 전조의 예에 의한다"고 규정하고 있다. 일본 형법 제233조에서는 우리나라와 마찬가지로 그 행위태양으로 허위사실의 유포 및 위계를 들고 있다.
57) 대법원 2011.03.17. 선고 2007도482 전원합의체 판결, 대법관 박시환, 대법관 김지형, 대법관 이홍훈, 대법관 전수안, 대법관 이인복의 반대의견이 이를 명확히 드러내고 있다. "위력에 의한 업무방해죄에 관해 형법에 우리와 거의 동일한 규정을 두고 있는 일본에서는 폭행이나 협박 등 폭력적 수단으로 사용자의 업무를 방해하는 경우만을 처벌대상으로 삼고 있을 뿐이고 이러한 폭력적 수단을 수반하지 아니하는 단순파업은 업무방해죄에 의한 형사처벌이 문제되지 않는다는 것이 학설 및 판례의 입장이라고 한다. 아울러 일본 이외에 현재의 유럽 각국이나 미국에서도 위법한 쟁의행위는 주로 손해배상 등 민사상 책임이나 징계책임의 문제로 삼을 뿐이고 (중략) 이러한 측면에서도 단순파업을 위력으로 포함시키는 다수의견의 견해는 보편적 입장을 벗어나 있다."

그런데 우리나라는 산업화 초기와 전시체제 하에서 노동운동과 시민운동을 탄압하기 위해 일본이 일부러 도입한 '업무', '위력' 등의 모호하고 광범위한 개념을 그대로 이용해 활발하게 형사처벌에 적용하고 있다. 비교법적으로 입법의도를 살펴볼 때 일본조차도 더 이상 형사처벌의 기준으로 이용하지 않는 '업무', '위력' 등의 모호하고 광범위한 개념을 그대로 차용하는 우리나라의 업무방해죄는 명확성의 원칙상 심각한 문제를 내포하고 있는 것이다.

마. 종합적 검토

업무방해죄는 명확성의 원칙에 위배됨은 물론이거니와 특히 '위축효과'가 예상되어 표현의 자유를 제한하는 법률이므로 위헌적이다. 그리고 다른 법령에서의 '위력' 개념과는 달리 일반법인 형법에서의 위력 개념은 그것이 규율 대상으로 삼고 있는 위법한 상황에 대한 맥락과 권력구도의 설정이 결여되어 있어 그 의미를 짚어내기가 힘들다. 또한 업무방해죄의 실제 적용에 있어서도 '위력' 개념의 모호성 때문에 실무에서 적용의 곤란을 겪고 있거나, '위력' 개념이 모호하지 않은 다른 법령을 통해 규제가 가능한 것들이기 때문에 '일반형법'으로도 제대로 기능을 수행하지 못하고 있다. 그리고 업무방해죄는 전쟁 중이었던 1940년 3월의 일본형법 '가안'을 계수한 것으로서 일본의 입법취지는 노동운동·시민운동을 '누락' 없이 처벌하기 위해 고의로 모호하고 광범위한 개념을 사용한 것이었다. 이는 노동운동 및 시민운동을 기본권으로 보장하고 있는 현행 헌법과 맞지 않음은 물론이다. 과거 선진 각국에서도 고도산업화 초기에 노동운동 탄압을 위해 이와 유사한 조항을 둔 적이 있었으나 광범위한 남용가능성을 인식해 지금은 폐지되거나 사문화되었다.

아래에서는 가벌성이 낮다고 여겨지는 소비자들의 단순구매거절이나 노동자들의 단순노무제공거부 등의 부작위에 업무방해죄가 적용되는 경우들을 살펴보고 그 적용의 위헌성을 다룰 것이다. 이와 같은 위헌성 역시 업무방해죄 조항 자체가 위에서 살펴본 바와 같이 모호함에 기인한 것이다.

2. 노동쟁의행위에의 적용의 위헌성

가. 서론

위에서 살펴본 바와 같이 위력에 의한 업무방해죄는 특히 쟁의행위를 탄압하는 도구로 사용되고 있다. 그 중에서 비판의 초점이 집중되는 지점은 바로 단순한 노무제공거부(이하 '단순파업')라는 방식으로 쟁의행위를 한 근로자들도 업무방해죄로 처벌하는 판례의 태도이다. 이하에서는 단순파업과 위력에 의한 업무방해죄의 관계를 다룬 헌법재판소 결정례 및 대법원 전원합의체 판결의 의미 분석 및 검토를 통해 동 조항이 과잉금지원칙을 위반함을 증명할 것이다.

나. 헌법재판소 97헌바23 결정

1) 97헌바23 결정의 소개

위력에 의한 업무방해죄에 관한 헌법재판소 1998.07.16. 선고 97헌바23 결정(이하 '1998년 문화방송 결정'이라 한다)은 당시 대법원 판례의 태도를 그대로 수용했다. 이 결정은 쟁의행위는 근로자들이 단결해 사용자에게 압박을 가하는 것이므로 본질적으로 위력에 의한 업무방해의 요소를 포함하고 있고, 그러므로 헌법과 법률이 보장하는 '정당한' 쟁의행위에 해당해 위법성이 조각되지 않는 한 업무방해죄에 해당한다는 그 당시 대법원 판례의 법리를 인용하고 있다.[58]

1998년 문화방송 결정에서는 그 당시 대법원 판례(이하 '과거 대법원 판례'라고 한다)가 '헌법과 법률이 보장하고 있는 범위'를 넘어선 쟁의행위만 업무방해죄로 보고 처벌하므로 헌법상 문제될 것이 없다고 보았다. 과거 대법원 판례는, 쟁의행위는 원칙적으로 업무방해죄의 구성요건에 해당하나 쟁의행위에 정당성이 인정되는 경우 위법성이 조각된다는 태도를 취하고 있었다.[59] 쟁의행위가 정당성을

---

58) 대법원 1991.01.29. 선고 90도2852 판결; 대법원 1991.04.23. 선고 90도2771 판결; 대법원 1991.11.08. 선고 91도326 판결.

얻으려면 노조법에서 요구하는 '주체', '목적', '수단 및 방법', '절차'의 4가지 요건을 갖춰야 하고 그럴 경우에만 형법상 정당행위로 보아 위법성이 조각된다고 보는 논리구조다. 즉, 과거 대법원 판례는 '헌법과 법률이 보장하고 있는' 쟁의행위의 범위란 노조법상 요건을 갖춘 쟁의행위를 의미하며, 그 요건을 갖추지 않으면 곧바로 '헌법과 법률이 보장하고 있는 범위'의 밖에 놓인다고 보고 있었다.

집단적 노무제공의 거부와 관련된 과거 대법원 판례의 요지는 파업 등의 쟁의행위는 본질적 · 필연적으로 위력에 의한 업무방해의 요소를 포함하고 있어 폭행 · 협박 또는 다른 근로자들에 대한 실력행사 등을 수반하지 아니해도 그 자체만으로 위력에 해당하므로, 정당성이 인정되어 위법성이 조각되지 않는 한 업무방해죄로 형사처벌할 수 있다['판시사항 (1)']는 것이다.

이러한 대법원 판례의 입장에 따르면 단순파업의 업무방해죄 적용이 기본적으로 근로자의 정당한 권리행사를 제한하는 것이 아니라고 할 것이다. 단체행동권의 행사가 본질적으로 위력성을 가져 외형상 업무방해죄의 구성요건에 해당한다고 하더라도 그것이 헌법과 법률이 보장하고 있는 범위 내의 행사로서 정당성이 인정되는 경우에는 위법성이 조각되어 처벌할 수 없음을 분명히 하고 있기 때문이다. 즉, 대법원 판례는 헌법이 보장하는 근로3권의 내재적 한계를 넘어선 행위(헌법의 보호범위 밖에 있는 행위)를 규제하는 것일 뿐 정당한 권리행사까지 처벌하는 것이 아님을 분명히 하고 있다. 따라서 본인의 의사에 반하는 노역을 강요하거나 또는 근로자라는 신분만으로 그들을 불합리하게 차별하는 것은 아니라고 볼 수도 있다.

또한 집단적 노무제공의 거부가 부작위범으로 처벌되지도 아니했다. 대법원 판례는, 사용자의 자유의사를 제압하기에 족한 다수의 근로자가 상호 의사 연락 하에 집단적으로 노무제공을 거부하는 것을 작위의 일종인 위력으로 파악해 이것이 별도의 독자적인 구성요건에 해당한다고 보고, 그 전제를 다수 근로자의 상호 의사 연락 하에 이루어진 노무제공의 거부는 근로자 개개인의 그것과는 본질적으로 그 성격을 달리한다

---

59) 이러한 태도는 그 후의 대법원 판례까지도 이어졌다. 대법원 2004.05.27. 선고 2004도689 판결; 대법원 2006.05.12. 선고 2002도3450 판결; 대법원 2006.05.25. 선고 2002도5577 판결.

는 것으로 보고 있다[판시사항 (2)]. 근로자 개개인의 행동과 근로자 다수가 공동으로 세력을 형성해 실행하는 행위는 그 세력의 정도나 위험성의 면에서 서로 같다고 할 수는 없기 때문이다.

2) 검토

가) 쟁의행위가 원칙적으로 업무방해죄의 구성요건에 해당한다는 태도에 대한 비판－법체계상의 문제와 과잉금지의 원칙 중 최소침해성 원칙 위배

'판시사항 (1)'과 같은 논증구조는 노동법상의 불법과 형법상의 불법을 동일하게 보는 한에서만 가능하다.[60] 노동법의 일종인 노조법에서의 법위반이 있음을 이유로 곧바로 형법상 구성요건에 해당한다고 보고 있기 때문이다. 그러나 이러한 해석론은 노조법 규정의 취지 및 입법목적을 무시하고 있어 법체계상 맞지 않으며, 형법의 보충성에도 어긋나는 해석이다.

노조법상 쟁의행위의 정당화 요건에 관련된 조문들은 각각의 경우마다 그 입법취지가 다르다. 즉, 절차규정과 같이 노동조합 내부의 단체자치를 보호하기 위해 제정된 규정이 있는 반면에,[61] 쟁의행위 수단·방법에 있어서의 폭력행사 금지규정과 같이 사용자의 법익을 보호하기 위해 존재하는 규정이 있다. 이렇듯 입법취지가 제각각임에도, 별다른 고민 없이 노조법상 불법의 존재를 바탕으로 쟁의행위 전반에 대해 형법상 업무방해죄를 적용해 형사책임을 지우는 태도는 형법을 모든 문제해결의 '1차적 수단(prima ratio)'으로 보는 경우에만 가능하다. 사용자의 재

---

60) 우희숙, "쟁의행위와 위력업무방해죄의 관계", 『노동법논총』 제20집(2010), p.106.
61) 정진경, "쟁의행위의 절차적 정당성과 업무방해죄", 『저스티스』 제72호(2003), pp.224-226. 특히 이 글에서는, 쟁의행위의 정당성요건 중 '조합원의 찬반투표'를 흠결한 쟁의행위에 참가한 조합원들의 처벌에 대해서, 이 규정의 취지는 노동조합의 자주적이고 민주적인 운영을 도모하고자 하는 것으로 본다면 이를 준수해야 할 의무가 있는 자는 명백히 조합의 간부로서 조합을 자주적이고 민주적으로 운영할 책임이 있는 자에 한정된다고 할 것이나, 법원이 이러한 쟁의행위 자체의 정당성을 부인함으로써 쟁의행위의 주체, 목적, 수단이나 방법에 있어 아무런 문제가 없는 쟁의행위에 가담한 조합원들까지 업무방해죄로 형사처벌하는 것은 조항의 입법취지에 맞지 않으므로 납득하기 어렵다는 견해를 밝히고 있다.

산권과 기업의 자유강화라는 노동형사정책 달성을 위하여 형법이라는 수단을 사용해 근로3권의 행사를 의도적으로 위축시키려는 것이다.[62]

그러나 쟁의행위에서 발생하는 범죄에는 일반법인 형법에 앞서 특별법인 노조법이 적용되는 것이 타당하다. 근로3권의 보장을 통한 근로자의 개별적인 지위 향상 및 노사관계의 공정한 조정을 원칙으로 하는 노조법의 입법목적 및 위에서 살펴본 노조법상 각 정당화 요건들의 취지를 고려해본다면, 쟁의행위에 대한 규제로 형법을 사용하는 것은 원칙적으로 지양되어야 하며 처벌이 필요한 경우라 하더라도 노조법상 벌칙규정이 우선 적용되어야 할 것이다. 형법상 업무방해죄의 법정형이 '5년 이하의 징역 또는 1천500만 원 이하의 벌금'임에 비해 노조법상 불법이 있을 경우의 법정형이 '3년 이하의 징역 또는 3천만 원 이하의 벌금'이라는 점은 쟁의행위에 있어서는 입법자가 일반 형법상 업무방해죄보다 더 경미한 처벌을 염두에 두고 있으며, 따라서 현행 법제도의 운용이 최소침해성 원칙에도 어긋남을 보여준다.

〈표 4-2〉 노조법에서 요구하는 쟁의행위 정당성요건 및 처벌규정들

	정당화 요건규정	벌칙규정 및 법정형
주체	제37조 ②조합원은 노동조합에 의해 주도되지 아니한 쟁의행위를 해서는 아니 된다.	제89조 제1호 3년 이하의 징역 또는 3천만 원 이하의 벌금
목적	제37조 ①쟁의행위는 그 목적·방법 및 절차에 있어서 법령 기타 사회질서에 위반되어서는 아니 된다.	없음
수단·방법	제38조 ①쟁의행위는 그 쟁의행위와 관계없는 자 또는 근로를 제공하고자 하는 자의 출입·조업 기타 정상적인 업무를 방해하는 방법으로 행해져서는 아니 되며 쟁의행위 참가를 호소하거나 설득하는 행위로서 폭력·협박을 사용해서는 아니 된다.	제89조 제1호
	제42조 ① 쟁의행위는 폭력이나 파괴행위 또는 생산 기타 주요업무에 관련되는 시설과 이에 준하는 시설로서 대통령령이 정하는 시설을 점거하는 형태로 이를 행할 수 없다.	제89조 제1호

---

62) 이에 대해서는 위의 글, p.205; 우희숙, 앞의 글, p.106 등 참조.

	정당화 요건규정	벌칙규정 및 법정형
	② 사업장의 안전보호시설에 대해 정상적인 유지·운영을 정지·폐지 또는 방해하는 행위는 쟁의행위로서 행할 수 없다.	제90조 2년 이하의 징역 또는 2천만 원 이하의 벌금
	제42조의2 ② 필수유지업무의 정당한 유지·운영을 정지·폐지 또는 방해하는 행위는 쟁의행위로서 이를 행할 수 없다.	제89조 제1호
절차	제41조 ① 노동조합의 쟁의행위는 그 조합원의 직접·비밀·무기명투표에 의한 조합원 과반수의 찬성으로 결정하지 아니하면 이를 행할 수 없다.	제91조 1년 이하의 징역 또는 1천만 원 이하의 벌금
	제45조 ② 쟁의행위는 제5장 제2절 내지 제4절의 규정에 의한 조정절차를 거치지 아니하면 이를 행할 수 없다.	

한편 쟁의행위가 노조법상 주체, 수단·방법, 절차와 관련된 규정을 어긴 경우에는 벌칙규정이 존재하지만 목적을 일탈해 위법한 경우에 처벌할 수 있는 규정이 없으므로 처벌의 공백을 막기 위해 형법의 개입이 정당화될 수도 있다는 견해도 존재한다.[63] 그러나 위의 견해를 긍정하더라도, 현재 위력에 의한 업무방해죄는 처벌규정이 없는 목적 일탈의 경우뿐만이 아니라 나머지 경우에도 적용되고 있기 때문에 위와 같은 해석론은 현실적으로 긍정하기 어렵다.

그리고 노조법상 목적 규정을 위반한 쟁의행위에 대해 처벌규정이 없더라도 이것이 형법상 구성요건에 해당되는지에 대해서는 별도의 판단을 내려야 함은 당연하다. 즉, 노조법상 불법이 존재하더라도 '위력'의 사용으로 인해 '업무'가 '방해'가 되는 형사상 불법이 있었는지는 별도로 살펴보아야 하는 것이다. 노조법상 부당한 쟁의행위라도 형법 일반 해석례상 '위력'이나 '방해'의 범위의 해석에 따라 얼마든지 형법 제314조 제1항의 구성요건에 해당하지 않게 될 가능성도 있다.[64] 또 뒤에서 살펴볼 노조법 제4조의 해석방법에 따라 노조법상 정당성이 없는 쟁의행위라도 형법 제20조상 '기타 사회상규'를 탄력적으로 해석해 위법성이 조각되는 경우도 존재할 수 있다.

---

63) 이러한 견해에 대한 자세한 내용은 우희숙, 앞의 글, pp.124-126 참조.
64) 이에 대해서는 이근우, 앞의 글, pp.37-43 참조.

나) 집단적 노무제공거부와 단독적 노무제공거부를 달리 보는 태도에 대한 비판

1998년 문화방송 결정의 '판시사항 (2)' 부분에 따르면 의식적 · 집단적인 노무 제공의 거부는 근로자 한 사람이 개별적인 노무제공을 거부하는 경우와는 본질적으로 다른 것으로, 전자의 세력의 정도와 위험성은 후자의 그것을 능가해 '위력'으로 평가할 수 있으므로 전자에 대해 충분히 가벌성을 물을 수 있다고 한다. 그러나위 (가)에서 논증한 바와 같이 형법에 앞서 노조법이 적용되어야 한다는 점이 설령 타당하지 않다고 하더라도, 1998년 문화방송 결정은 오늘날의 헌법 및 형법이론 과도 양립할 수 없다.

(1) 첫째로, 이는 앞서 살펴본 '단결금지법리' 시대의 이론적 산물로서 근로자 다수의 집단행동을 기본권행사로 인정하고 있는 현행법 체계와는 맞지 않다. 과거 유럽 각국이 단체행동권을 헌법상 기본권으로 보장하기 이전에는 노동자의 단결 및 집단행동이 사용자의 '자유로운' 의사를 제압할 경우 그러한 행위를 형법 적으로 금지하는 것이 정당화되었다. 그러나 이후 쟁의행위를 헌법이 보장하는 근로3권에서 도출되는 권리의 행사로 파악함에 따라, 쟁의행위 자체에 대한 원칙 적인 형사처벌을 금지하고 다만 쟁의행위가 별도의 범죄를 구성하는 경우에만 형사처벌을 하게 되었고, 우리나라와 같이 쟁의행위 자체를 처벌하는 태도는 선진 국에서는 사라졌다고 보아도 무방하다.

(2) 둘째로, 형법상 부진정부작위범의 이론에 따르더라도 단독적 노무제공거 부는 부작위이나 집단적 노무제공거부는 작위와 같다고 보는 태도는 정당화될 수 없다. 이는 부작위범에 대한 형법의 일반론과도 크게 어긋나는 해석이다. 단순 파업의 경우 적극적인 행동이 있는 것이 아니다. 그러므로 이러한 부작위를 작위 와 같은 것으로 평가해 부진정부작위범의 성립을 긍정하려면 부작위 행위자의 보증인적 지위가 인정되어야 한다. 보증인적 지위가 인정되려면 ① 법익의 주체 가 법익침해의 위협에 스스로 대처할 보호능력이 없고, ② 부작위행위자가 그 법익침해의 위험으로부터 상대방의 법익을 보호해주어야 할 법적 의무인 작위의

무가 있어야 하며, ③ 부작위행위자가 이러한 보호자의 지위에서 법익침해를 일으키는 사태를 지배하고 있을 것을 요한다.

그러나 사업주와 근로자의 관계에서 사업주가 ①에서 언급하는 법익 보호능력이 없다고 볼 수 있을까? 그렇지 않을 것이다. 그리고 보증인적 지위 인정에 가장 중요한 ②에서의 작위의무의 경우 작위의무자의 부작위가 일반적인 범죄에서의 작위와 동등한 형법적 가치로 평가될 수 있어야 하며, 그러한 작위의무는 법령·법률행위·선행행위·기타 신의성실의 원칙이나 사회상규 혹은 조리상 근거가 있어야 한다.[65] 단순파업에서의 부작위는 근로제공 거부이므로 여기에서 요구되는 작위는 근로제공이다. 만약 여기서의 근로제공 의무가 형법으로 강제될 만한 성질의 것이라고 판단한다면 이는 헌법 제12조 제1항의 강제노역 금지의 원칙에 어긋남은 물론이거니와 국제노동기구(ILO) 제105호 '강제노동의 폐지에 관한 조약'[66] 제1조 d항에도 어긋난다.[67] 또한 근로자들이 ③에서의 법익의 보호자 지위에 있거나 보호능력이 있다고 보기도 어렵다.

---

65) 대법원 2006.04.28. 선고 2003도4128 판결. "작위를 내용으로 하는 범죄를 부작위에 의해 범하는 부진정부작위범이 성립하기 위해서는 형법이 금지하고 있는 법익침해의 결과 발생을 방지할 법적인 작위의무를 지고 있는 자가 그 의무를 이행함으로써 결과 발생을 쉽게 방지할 수 있었음에도 불구하고 그 결과의 발생을 용인하고 이를 방관한 채 그 의무를 이행하지 아니한 경우에 그 부작위가 작위에 의한 법익침해와 동등한 형법적 가치가 있는 것이어서 그 범죄의 실행행위로 평가될 만한 것이어야 하며, 여기서 작위의무는 법령, 법률행위, 선행행위로 인한 경우는 물론, 기타 신의성실의 원칙이나 사회상규 혹은 조리상 작위의무가 기대되는 경우에도 인정 된다."

66) Abolition of Forced Labour Convention(1957). 참고로 이 조약은 전 세계적으로 169개국이 비준했으나, 대한민국은 이 조약을 비준하지 않았다. 전문은 http://www.ilo.org/ilolex/cgi-lex/convde.pl?C105(최종접속일 2011. 9. 26.) 참조.

67) 위에서 언급한 ILO 조약에 따르면, 동맹파업에 참가한 것에 대한 제재를 가하는 것은 강제노동과 같다고 보아 금지하고 있다. 또한 국제노동기구 결사의 자유위원회(Committe on Freedom of Association)에서는 2000년 이래 매년 계속해, 그리고 국제연합 경제적·사회적·문화적 권리위원회(Economic, Social and Cultural Rights Committee)에서는 2001년과 2009년에 걸쳐 거듭해, 폭력이 수반되지 아니한 근로자의 단체행동과 관련된 다양한 행위를 형법 제314조에 기해 처벌하는 상황에 대한 우려와 함께 '비폭력적 쟁의행위'가 동 조항에 의해 처벌되지 않도록 하는 조치를 권고하고 있다. 이에 대해서는 주 56, 2007도482 판결의 반대의견 참조.

다) 소결

이상의 논의에 따르면 판시사항 중 노조법상 요건을 결여해 정당성이 인정되지 않는 쟁의행위를 곧바로 형법으로 처벌하는 '판시사항 (1)'은 우리 법체계와 맞지 않고 최소침해성 원칙에도 위배된다. 다수인의 단순파업을 위력으로 해석하는 '판시 사항 (2)'는 '단결금지 법리' 시대의 이론적 산물로서 쟁의행위가 헌법상 기본권인 단체행동권의 범위에 포함되지 않던 시대에나 통용되던 논리임과 동시에 부진정부작위범에 대한 일반 법리에도 어긋난다. 그러므로 우리나라와 같이 제정당시부터 단체행동권을 헌법상 기본권으로 보장해왔고 실정법상으로도 동 권리가 보장되는 이상 다수인의 노무제공거부를 위력에 의한 업무방해죄로 처벌하는 것은 헌법상 기본권 보장의 취지를 몰각한 것이다.

3) 별론: 노조법 제4조의 재해석

'판시사항 (1)'에 따르면, 쟁의행위가 노조법상 정당성요건을 충족시키지 못한다면 그와 동시에 형법 제20조의 정당행위에 해당하지 않게 되어 위법성이 조각될 여지가 없어진다. 이러한 해석론은 노조법상 부당한 쟁의행위를 처벌하는 독자적인 범죄구성요건이 없는 경우라면, 법률의 흠결을 메우려는 정책적인 고려라고 볼 수도 있을 것이다. 그러나 현행 노조법은 쟁의행위가 노조법의 규정을 위반하는 경우 그에 대응하는 벌칙규정이 존재한다. 따라서 노조법상 부당한 쟁의행위에 대해서는 원칙적으로는 노조법상 벌칙규정이 적용되고 그를 넘어서는 불법이 있는 경우에만 '예외적으로' 형법상 업무방해죄가 적용되어야 마땅하다. 또한 노조법 제4조는[68] 부당한 쟁의행위의 경우에도 형법 제20조가 규정하는 정당행위 중 '사회상규에 위배되지 않는 행위'에 해당한다면 형사면책이 가능하다는 의미로 해석하는 것이 타당하다.[69] 반면에 노조법상 요건을 모두 지킨 정당한 쟁의행위

---

[68] 노동조합 및 노동관계조정법 제4조(정당행위). "형법 제20조의 규정은 노동조합이 단체교섭·쟁의행위 기타의 행위로서 제1조의 목적을 달성하기 위해 한 정당한 행위에 대해 적용된다. 다만, 어떠한 경우에도 폭력이나 파괴행위는 정당한 행위로 해석되어서는 아니 된다."

의 경우에 노조법 제4조는 "정당한 쟁의행위가 있는 경우 형사책임이 면제된다"는 것을 확인하는 소극적 의미만을 갖고 있다고 보아도 무방하다.

다. 헌법재판소 2009헌바168 결정 및 대법원 2007도482 전원합의체 판결의 의미

1) 헌법재판소 결정 및 대법원 전원합의체 판결의 소개

한편 헌법재판소는 2010년 홈플러스 결정에서 노조법상 쟁의행위에 대해 형법을 1차적 수단으로 규제하는 것은 헌법상 기본권인 단체행동권을 지나치게 제약하는 것이라고 보아 종전의 견해 중 일부(위 판시사항 중 (1) 부분)를 수정했다.

> "노동관계 당사자 간에 근로조건의 결정에 관한 주장의 불일치로 인해 발생한 분쟁상태에 있어서, 헌법이 보장한 근로자의 단체행동권행사로서 파업·태업 등 근로자가 그 주장을 관철할 목적으로 행하는 업무의 정상적인 운영을 저해하는 쟁의행위는 원칙적으로 이 사건 법률조항의 위력에 의한 업무방해를 구성하지 않는다고 봄이 상당하다.[판시사항 (3)] 헌법 제33조 제1항은 근로자의 단체행동권을 헌법상 기본권으로 보장하고 있고, 단체행동권에 대한 어떠한 개별적 법률유보조항도 두고 있지 않으며, 단체행동권에 있어서 쟁의행위는 핵심적인 것인데, 쟁의행위는 고용주의 업무에 지장을 초래하는 것을 당연한 전제로 한다. 헌법상 기본권행사에 본질적으로 수반되는 것으로서 정당화될 수 있는 업무의 지장 초래가 당연히 업무방해에 해당해 원칙적으로 불법한 것이라 볼 수는 없다."[70](강조 및 기호는 필자)

한편 대법원 2011.03.17. 선고 2007도482 전원합의체 판결(이하 '2011년 철도파업 판결') 역시 2010년 홈플러스 결정 중 노조법상 쟁의행위에 대해 형법을 1차적 수단으로 활용하는 것은 헌법상 기본권인 단체행동권을 지나치게 제약하는 것이라는 부분과 견해를 같이 해, 근로자의 쟁의행위는 헌법상 기본권의 행사이므로 원칙적으로 업무방해죄의 구성요건에 해당한다고 본 기존의 판례 법리를 폐기

---

69) 우희숙, 앞의 글, p.113 이하 참조.
70) 각주 6, 2009헌바168 결정.

했다.

"근로자는 헌법 제37조 제2항에 의해 국가안전보장 · 질서유지 또는 공공복리 등의 공익상의 이유로 제한될 수 있고 그 권리의 행사가 정당한 것이어야 한다는 내재적 한계가 있어 절대적인 권리는 아니지만 원칙적으로는 헌법상 보장된 기본권으로서 근로조건 향상을 위한 자주적인 단결권 · 단체교섭권 및 단체행동권을 가진다(헌법 제33조 제1항).

그러므로 쟁의행위로서의 파업이 언제나 업무방해죄에 해당하는 것으로 볼 것은 아니고, 전후 사정과 경위 등에 비추어 사용자가 예측할 수 없는 시기에 전격적으로 이루어져 사용자의 사업운영에 심대한 혼란 내지 막대한 손해를 초래하는 등으로 사용자의 사업계속에 관한 자유의사가 제압 · 혼란될 수 있다고 평가할 수 있는 경우에 비로소 그 집단적 노무제공의 거부가 위력에 해당해 업무방해죄가 성립한다고 봄이 상당하다."[71]

위 판결 및 결정으로 인해 더 이상 쟁위행위로서의 단순파업이 언제나 업무방해죄에 해당한다고 볼 수는 없게 되었다. 대법원 판례가 제시한 요건과 같이, 전후 사정과 경위 등에 비추어 ① 사용자가 예측할 수 없는 시기에 전격적으로 이루어져(전격성 혹은 예측불가능성), ② 사용자의 사업운영에 심대한 혼란 내지 막대한 손해를 초래해(중대한 혼란 내지 손해) 기존의 업무방해죄의 보호법익인 '사용자의 사업계속에 관한 자유의사'가 제압 · 혼란될 수 있다고 평가할 수 있는 경우에 비로소 그 집단적 노무제공의 거부가 위력에 해당해 업무방해죄가 성립하게 된 것이다.

2) 검토

가) 긍정적인 면: 쟁의행위가 원칙적으로 구성요건에 해당한다고 보는 태도에서의 변화

2010년 홈플러스 결정 중 '판시사항 (3)'을 살펴보면, 2010년 홈플러스 결정은

---

71) 대법원 2011.03.17. 선고 2007도482 전원합의체 판결.

기존의 1998년 문화방송 결정이 쟁의행위가 노조법상 정당성요건을 충족하는 경우에만 위법성이 조각되는 것으로 보던 관점을 버리고 순수한 쟁의행위는 원칙적으로 구성요건 해당성을 배제하는 관점을 채택해 헌법상 기본권의 보호범위를 넓혔다는 의의가 있다. 그리고 2011년 철도파업 판결은 2010년 홈플러스 결정의 관점을 도입해 대법원의 태도를 바꾸었다는 점에서 의미가 있다.[72) 한편 2011년 철도파업 판결이 확립한 기준 자체가 옳은지 여부를 떠나서, 적어도 대법원이 기존의 입장을 변경해 위력 판단에 대한 구체적인 기준을 세우려는 시도를 했다는 점에서 만큼은 이 판결을 긍정적으로 평가할 만하다.[73)

나) 부정적인 면

대법원은 2011년 철도파업 판결에서는 파업은 단순히 근로계약에 따른 노무의 제공을 거부하는 부작위에 그치지 아니하고 집단적으로 노무제공을 중단하는 실력행사이므로 업무방해죄에서 말하는 위력에 해당하는 요소를 포함하고 있다고 보아, 집단적인 행위와 개별적인 행위를 질적으로 구분해 전자는 일정한 요건이 충족될 경우 형사처벌이 가능하다고 보고 있다. 그러나 이는 이미 앞서 설명한 대로 역사의 유물이 되고 만 단결금지법리의 잔재이며, 우리 형법상 부진정부작위범의 이론에 의해서도 설명되기 어렵다.

또한 판례는 위력의 행사와 관련해, 행위태양에 있어서의 '전격성'과 결과적인 면에서의 '중대한 혼란 내지 손해'라는 기준을 제시하고 있다. 이러한 '전격성'과

---

72) 이러한 면에서 적어도 1998년 문화방송 결정에 대해 이 글의 3절 나항. 2)목 (가)에서 제기한 문제는 어느 정도 해결되었다고 볼 수 있다.
73) 이렇게 판례를 변경한 취지는 2011년 철도파업 판결의 반대의견이 더 자세히 설명해주고 있다. "당사자 일방의 채무불이행으로 인해 상대방 당사자의 자유의사를 제압·혼란케 할 만한 정도의 법익 침해의 위험이나 결과를 초래할 수 있다는 이유로 위력의 해당범위를 확대하는 것은 자칫 단순한 채무불이행을 업무방해죄로 처벌하게 될 우려가 있으므로 허용되어서는 아니 된다. 이와 마찬가지로 이 사건에서 문제되는 단순파업의 경우도 그것이 쟁의행위로서의 정당성의 요건을 갖추지 못하고 있다고 하더라도(중략) 개별적 근로관계의 측면이나 집단적 근로관계의 측면에서 모두 근본적으로 근로자 측의 채무불이행과 다를 바 없으므로, 이를 위력의 개념에 포함시키는 것은 무엇보다도 죄형법정주의의 관점에서 부당하다."

'혼란 내지 손해'가 어느 정도인지에 대해서 아무런 기준도 제시하지 않은 문제점을 차치하고서라도, 과연 이 두 기준이 쟁의행위의 불법과 합법을 판단하는 기준이 될 수 있는지는 의문이다.

라. 종합적 검토: 과잉금지원칙의 위반

결국 위와 같은 관점의 변화에도 불구하고 2011년 철도파업 판결이 설시한 '위력에 의한 업무방해죄'의 요건은 단순파업을 여전히 형사처벌 대상으로 삼는 것이어서 비교법적으로 보았을 때 과잉금지원칙에 어긋난다. 위력에 의한 업무방해죄에 관해 우리나라와 거의 동일한 규정을 두고 있는 일본에서는 쟁의행위가 폭력적 수단을 사용하는 경우만 처벌대상으로 삼고 단순파업의 경우는 처벌대상으로 삼고 있지 않다. 또한 현재 유럽 각국과 미국에서도 위법한 쟁의행위에 대해 형사처벌을 하고 있지는 않으며 민사상 불법행위나 징계책임만 물을 뿐이다.

뿐만 아니라 대법원은 2011년 철도파업 판결에서 전격적으로 그리고 심대하게 사용자에게 타격을 주는 모든 행위를 '위력'으로 규정하고 있다. 이는 애당초 파업이 아닌 다른 법률상 권리행사마저도 위력에 의한 업무방해죄의 처벌대상이 된다는 해석을 가능하게 한다. 대법원은 월차유급휴가의 집단적 신청으로 회사 업무를 방해한 경우와,[74] 정시출퇴근 및 시간외 근로를 거부하는 이른바 '준법투쟁'이 쟁의행위의 정당성이 인정되지 않는 경우도 업무방해죄로 처벌하고 있다.[75] 그러나 이러한 태도는 일면 정당한 권리행사로서의 성격을 갖는 행위임에도 형벌을 부과할 수 있다는 것으로서 지나치게 형사처벌의 범위를 확대해 근로자들로 하여금 형사처벌의 위협 아래 근로에 임하게 하는 위헌적 요소가 있다고 이미 헌법재판소에서 지적한바 있다.[76] 결과적으로 쟁의행위를 '위력'으로서 업무방해죄로 처벌하는 태도의 유지 때문에 적법한 권리행사마저 처벌되어 과잉금지원칙에 위배

---

74) 대법원 1991.01.29. 선고 90도2852 판결 참조.
75) 대법원 1991.11.08. 선고 91도326 판결; 대법원 1996.02.27. 선고 95도2970 판결; 대법원 1996.05.10. 선고 96도419 판결; 대법원 2004.08.30. 선고 2003도2146 판결 등 참조.
76) 헌법재판소 1998.07.16. 선고 97헌바23 결정 참조.

되는 결과가 발생하는 것이다.

더욱이 2010년 홈플러스 결정이 업무방해죄를 추상적 위험범으로 보는 대법원 판례와 결합하는 경우 더 큰 헌법적 문제가 발생한다. 추상적 위험범의 경우 범죄의 성립에 있어서 주관적 구성요건 요소인 고의를 요구하지 않기 때문에, 노조법상 불법한 쟁의행위가 있는 경우 업무방해죄의 고의 여부를 불문하고 곧바로 위력에 의한 업무방해죄가 성립하는 단초를 제공해 헌법이 보장하는 단체행동권의 행사범위가 지나치게 좁아지기 때문이다. 이러한 이유 때문에 위력에 의한 업무방해죄를 추상적 위험범으로 보는 종전의 태도에는 재고의 여지가 있다. 학계에서는 형법 제314조가 '업무를 방해한 자'를 처벌한다고 규정한 형식상, 이는 추상적 위험범으로 해석되어서는 안 되고, 구체적 위험범,[77] 혹은 침해범으로 해석되어야 한다는 견해 또한 존재한다.[78] 현재 대법원 판례가 업무방해죄를 추상적 위험범으로 보는 이상 '위력에 의한 업무방해죄'는 과잉금지원칙에 위배된다.

부연해, 만약 업무방해죄를 구체적 위험범이나 침해범으로 보지 않을 경우에는, 미수범에 대한 처벌을 명문의 규정 없이 사실상 인정하게 되어, 헌법 제12조의 죄형법정주의 중 유추해석금지원칙에 반하는 결과를 가져오게 된다.

3. 소비자보호운동에의 적용의 위헌성

가. 서설

위 2절에서 논한 바와 같이 위력에 의한 업무방해죄는 그 구성요건 때문에 의사에 영향을 끼칠 것이 당연히 예정된 소비자보호운동 및 쟁의행위까지도 처벌하게 되어 '위력'의 정의가 불명확한 데 비해 처벌 범위가 지나치게 넓어지는 문제점을 안고 있다. 위력에 의한 업무방해죄를 소비자보호운동에 적용할 경우에 '위력'의

---

77) 배종대, 『형법각론』(제6판, 홍문사, 2006), p.304.
78) 우희숙, 앞의 글, p.131; 장영민 · 박강우, "노동쟁의행위와 업무방해죄의 관계", 한국형사정책연구원(1996), p.33.

개념이 불명확한 탓에 소비자들은 자신들에게 허용되는 의사표현의 범위가 어디까지인지에 대한 혼란을 겪게 되고 이는 결국 표현 자체를 꺼리게 되는 효과(위축효과, chilling effect)를 겪게 된다.

또한 검찰은 그러한 표현이 헌법상 기본권으로 보호되는 소비자보호운동에 해당하는지 여부에 대해 별다른 고민을 하지 않음으로써 소비자의 집단행동에 대해서 위력에 의한 업무방해죄 조항을 적용하게 되는 결과가 발생된다. 이는 현재 대법원이 업무방해죄의 적용범위를 지나치게 확장시켜서 단순파업 및 준법투쟁 등 쟁의행위 전반에까지 업무방해죄를 적용하고 있기 때문이다. 주지하다시피 심지어 준법투쟁에조차도 노동형사정책상 필요성을 앞세워 업무방해죄 조항을 적용하고 있기 때문에 동일선상에서 헌법과 소비자기본법에서 구체적으로 보호하고 있는 소비자보호운동에조차도 별다른 고민 없이 업무방해죄를 적용하게 되는 것이다.

이하에서는 쟁의행위를 위력에 의한 업무방해죄로 처벌하는 3절의 판례들에서 제시한 '위력'에 대한 개념 정의들을 차용해 소비자보호운동, 특히 회사에 적극적으로 전화를 거는 형태의 소비자보호운동을 위력에 의한 업무방해죄로 처벌하는 것의 위헌성을 논증하고자 한다.

나. 명확성의 원칙 위반

2011년 철도파업 판결에 따르면 형법 제314조 제1항의 '위력' 부분이 노무제공 거부에 적용될 때 '집단성'과 '예측불가능성'의 요건으로 환원됨은 위에서 확인한 바와 같다. 그런데 도대체 어느 정도의 집단의 모의가 있어야 '집단성'을 충족한 것으로 보아 부작위에서 작위로의 전환이 성립하는 것인지가 불분명하다. 또 '사용자가 예측하기 어려운 시기'가 도대체 언제를 의미하는지도 불분명하다.

이러한 '위력' 개념이 소비자보호운동의 일종인 소비자불매운동에 적용되는 경우 어떠한 행위태양이 '위력'에 해당하는지는 더욱 불분명하다. 불매도 개별적으로는 '부작위'이기 때문에 이를 작위로 준별하고 다시 나아가 '위력'으로 규정하기 위해서는 2011년 철도파업 판결과 같이 '집단성' 또는 '전격성(예측불가능성)' 등의 추가 요건이 필수적이다. 그런데 이를 소비자보호운동에 적용한다면 도대체 '집단적'이라는 것이 어느 정도 규모의 소비자들 사이의 모의를 요건으로 하는 것인지, 그리고 도대체 왜 생산자들이 거래가 이루어질 것을 기대하는 시기에 소비자들이 거래거절을 하면 가벌성이 발생하는 것인지가 시장경제 하에서는 상상하기 힘들다. 즉, 쟁의행위가 위력 행사로 인정되는 기준을 적용해보아도 일반인이 소비자보호운동에 있어서는 '위력'의 요건이 무엇인지 명확한 기준을 도출할 수가 없다.

소비자보호운동은 그 방식에 대한 특별법조항이 없다는 점에서 위와 같은 불명확성은 더욱 증폭된다. 노조법과는 달리 소비자기본법에는 소비자보호운동이 정당성을 얻게 될 행동 지침 또는 요건이 없다. 즉, 쟁의행위가 정당성을 얻기 위한 요건은 노조법상 명시되어 있으나 소비자보호운동에 대해서는 소비자기본법과 달리 정당성 요건을 제시하고 있지 않고 있다. 그렇기 때문에 수범자인 국민은 어떠한 경우에 소비자보호운동이 정당한지에 대한 판단을 내리기 곤란한 상황에 처하게 된다. 2010년 홈플러스 결정을 적용해 소비자보호운동 역시 헌법의 보호범위를 넘어선 경우에만 위력에 의한 업무방해죄의 구성요건에 해당하고 원칙적으로는 위력에 의한 업무방해를 구성하지 않는다고 가정하더라도, 소비자보호운동의 주체이자 형법의 수범자인 국민의 입장에서는 어떠한 경우에 자신의 행위가 정당성이 없는 예외적인 경우에 해당해 형법상 위력에 의한 업무방해죄의 적용을 받게 되는지를 예측하기 어렵다. 그리고 이러한 곤란함은 결국 위력에 의한 업무방해죄의 '위력', '업무', '방해'라는 구성요건표지들이 불명확함에서 비롯함은 앞서 설명한 것과 같다.

다. 과잉금지의 원칙 위배

형법 제314조 제1항 '위력' 부분은 현재까지의 대법원 판례를 통해 그 외연이 구체화된 상태에 따르면 과잉금지원칙에 위배된다. 이에 관해서는 우선 헌법재판소가 지금까지 업무방해죄에 관해 내린 합헌결정에서 확인한 원칙부터 살펴볼 필요가 있다. 헌법재판소는 1998년 문화방송 결정에서 "대법원 판례는 헌법이 보장하는 근로3권의 내재적 한계를 넘어선 행위(헌법의 보호영역 밖에 있는 행위)를 규제하는 것일 뿐 정당한 권리행사까지 처벌하는 것이 아님을 분명히 하고 있다"[79]고 했다. 그리고 2010년 홈플러스 결정에서는 "헌법상 단체행동권의 의의 및 한계를 기초로 하여 이 사건 법률조항을 해석할 경우 형법상 업무방해죄는 모든 쟁의행위에 대해 무조건 적용되는 것이 아니라, 단체행동권의 행사에 정당성이 없다고 판단되는 쟁의행위에 대해만 적용되는 조항임이 명백하다고 할 것이다"[80]라고 하며 형법 제314조 제1항에 대해 합헌 선언을 했다.

그러나 헌법재판소는 1998년 문화방송 결정에서 권리행사로서의 성격을 갖는 준법투쟁을 처벌하는 대법원 판례는 단체행동권의 행사를 사실상 위축시킴을 지적했고,[81] 2010년 홈플러스 결정에서는 쟁의행위가 고용주의 업무에 지장을 초래함은 당연한 전제이므로 원칙적으로 불법하다고 볼 수 없어 법원이 쟁의행위의 내재적 한계를 일탈했는지 여부를 판단할 때 단체행동권의 보호영역을 지나치게 축소시켜서는 아니 된다고 판단했다.[82]

---

79) 주 76, 97헌바23 결정.
80) 주 7, 2009헌바168 결정.
81) 주 76, 97헌바23 결정. "다만 연장근로의 거부, 정시출근, 집단적 휴가의 경우와 같이 일면 근로자들의 권리행사로서의 성격을 갖는 쟁의행위에 관해도 정당성이 인정되지 않는다고 하여 바로 형사처벌할 수 있다는 대법원 판례 (중략) 의 태도는 지나치게 형사처벌의 범위를 확대해 근로자들의 단체행동권의 행사를 사실상 위축시키는 결과를 초래해 헌법이 단체행동권을 보장하는 취지에 부합하지 않고 근로자들로 하여금 형사처벌의 위협 하에 노동에 임하게 하는 측면이 있음을 지적해 두고자 한다."
82) 주 7, 2009헌바168 결정. "노동관계 당사자 간에 근로조건의 결정에 관한 주장의 불일치로 인해 발생한 분쟁상태(노조법 제2조 제5호)에 있어서, 헌법이 보장한 근로자의 단체행동권행사로서 파업·태업 등 근로자가 그 주장을 관철할 목적으로 행하는 업무의 정상적인 운영을 저해하는 쟁의행위(노조법 제2조 제6호)는 원칙적으로 이 사건 법률조항의 위력에 의한 업무방해를 구성하지 않는다고 봄이 상당하다. (중략) 단체행동권에 있어서 쟁의행위는 핵심적인 것인데, 쟁의행위는 고용주의 업무에 지장을 초래하는 것을 당연한 전제로 한다. 헌법상 기본권행사에 본질적으로 수반되는 것으로서 정당화될 수 있는 업무의 지장 초래가 당연히 업무방해에 해당해 원칙적으로 불법한 것이라 볼 수는 없다. (중략) 구체적 사안에서 쟁의행위가 목적·방법·절차상의 내재적 한계를 일탈해 이 사건 법률조항에 의해 처벌될 수 있는지 여부는 법원이 쟁의과정을 종합적으로 고려해 판단해야 할 사항이나, 헌법 제33조에 의해 보장되는 근로자의 단체행동권의 보호영역을 지나치게 축소시켜서는 아니 될 것이다."

즉, 헌법재판소는 형법 제314조 제1항이 헌법상 기본권행사를 원칙적으로 처벌하는 것은 헌법상 기본권 보호영역을 지나치게 제한하는 것이라고 규정하면서 '위력에 의한 업무방해죄' 해석의 헌법적 한계를 규정한 것이다. 실제로 위 헌법재판소의 경고가 대법원의 2011년 철도파업 판결을 이끌어낸 것으로 볼 수 있다.

그런데 2011년 철도파업 판결에서의 해석에 따라 그 내용이 구체화된 형법 제314조 제1항을 소비자보호운동의 영역에 적용할 경우 헌법재판소가 설정한 '위력에 의한 업무방해죄' 해석의 헌법적 한계를 필연적으로 넘어서게 된다. 즉, 대법원은 노동 사건에 있어서는 동 조항의 외연을 "[파업은] 단순히 근로계약에 따른 노무의 제공을 거부하는 부작위에 그치지 아니하고(중략) 집단적으로 노무제공을 중단하는 실력행사이므로, 업무방해죄에서 말하는 위력에 해당하는 요소를 포함하고 있다.(중략) 사용자가 예측할 수 없는 시기에 전격적으로 이루어져 사용자의 사업운영에 심대한 혼란 내지 막대한 손해를 초래하는 등으로 사용자의 사업계속에 관한 자유의사가 제압·혼란될 수 있다고 평가할 수 있는 경우에 비로소 그 집단적 노무제공의 거부가 위력에 해당해 업무방해죄가 성립한다"(강조는 필자)라고 설정해 결국 노동관계에서의 '위력'의 요건으로 (1) 집단성, (2) 예측불가능성을 설정했다고 할 수 있다. 이를 차례대로 소비자보호운동에 적용해 분석해보면 다음과 같다.

첫째, 법원은 개별적인 노무제공거부는 부작위이지만 이를 집단적으로 할 경우 부작위를 넘어서서 작위에 해당한다고 보고 있다. 여기서 작위-부작위 논의가 중요한 것은 '위력'은 최소한 작위여야 한다는 점이 자명하기 때문일 것이다. 아무것도 하지 않은 사람에게 위력을 행사했다고 볼 수는 없다. 그렇다면 한 사람이 노무제공거부를 하면 부작위이지만 여러 사람이 집단으로 하면 작위가 될까? 집단적인 부작위를 작위로 보는 이유는 부작위자들이 하나의 집단을 형성할 때 명시적으로 작위의무를 갖는 보증인의 의무를 취득하지는 아니하더라도 최소한 그 집단의 규모가 사용자의 업무에 지대한 영향을 초래할 정도의 규모일 경우에는 그 집단에게 각 개인이 가진 책임의 총합보다는 더욱 높은 책임성을 그 집단에게 부여하기 때문이라고 볼 수 있다.

그런데 2~3명이 노무제공거부를 한다면 법원이 요구하는 '집단성'을 충족한다고 볼 수 있을까? 20~30명은 어떨까? 이 질문에 대한 답을 하기 위해서는 결국 작업장의 전체인원을 알아야 할 것이다. 예를 들어 200명 중에서 2~3명이 모의해 파업을 하는 경우와 20~30명이 그렇게 하는 경우는 작위성 여부에 있어서 평가가 극도로 달라질 것이다. 즉, 여기서 집단적이라 함은 절대적인 최소 숫자가 정해져 있는 것이 아니라 작업장의 전체 노동자 수의 상당한 부분을 차지하는 경우를 말함을 알 수 있다.

그런데 소비자들의 경우에도 한 사람이 불매할 경우는 부작위라고 볼 수밖에 없다. 그렇다면 소비자들의 불매를 '위력'이라고 판단하기 위해서는 대법원이 노동 사건에서 했던 것과 마찬가지로 일정한 집단성을 요건으로 둘 수밖에 없다. 그러나 그러한 논의에 필연적으로 필요한 '전체 소비자 수'라는 것은 '작업장의 전체 노동자 수'와는 달리 쉽게 상상할 수 없다. 소비자들은 노동자들과 달리 특정 매장이나 특정 제품에 매여 있지 않기 때문이다. 개인이 특정 매장에서 특정 제품을 구매할 작위의무가 없음은 말할 것도 없거니와 사업주에게 여타의 기대이익도 존재하지 않는다. 그렇다면 집단으로 모의해 공동으로 매매에 응하지 않았고 그 예상되는 파급효과가 크다고 하여, 그 집단에게 각 개인이 지는 책임성의 총합보다 더 큰 책임성을 부과한다는 것은 논리적으로 불가능하다. 사업주는 자신이 시장에 출시한 어떤 제품에 대한 판매기대치를 가질 수 있겠지만, 한 소비자가 자신의 친구 · 동료 · 가족들에게 자신의 제품사용후기를 공유해 해당제품을 사지 않기로 의견일치를 보아서 그 판매 기대치에 미치지 못하는 실적이 나왔다고 하여 이들에게 더 큰 책임성을 부과할 수 있다면 이는 헌법 제119조 제1항에 보장된 자유시장의 원리를 전면적으로 부인하는 것이다.

둘째, 대법원은 '사용자의 예측할 수 없는 시기에' 파업을 하는 경우에 그 파업은 '위력'의 효과를 가진다고 했다. 이를 소비자보호운동에 적용시켜보면, 생산자가 '소비자들이 매매에 응할 것으로 예측하는 시기' 자체가 성립될 수 없다. 대법원이 '예측불가능성'을 위력적 파업의 요건으로 삼는 것은 사용자의 기대이익을 보호해야 한다는 고려를 근저에 둔 것으로 보인다. 사용자의 기대이익이 노사관계에서도 보호받을 수 있는 것인지는 별론으로 하더라도, 자유시장경제체제에서 사업주가 소비자에 대해 매매에 응할 것이라는 기대이익을 가질 수는 없다. 이 역시 위에서 언급한 자유시장의 원리를 전면적으로 부인하는 것이다.

결론적으로 형법 제314조 제1항의 '위력'을 최근의 대법원 판결에 따라 최대한 좁혀서 해석한다고 하더라도, 이를 소비자보호운동에 적용할 경우 소비자의 거래 거절권을 과도하게 제한하는 결과를 낳게 되어 과잉금지의 원칙에 위반된다.

물론 소비자기본법 제5조 제1항은 소비자의 기본적 권리를 정당하게 행사해야 한다고 규정하고 있다.[83] 그러나 이 조항은 2010년 홈플러스 결정에서의 노조법 제5조의 해석과 마찬가지로 소비자보호운동이 원칙적으로 위력에 의한 업무방해죄의 구성요건에 해당하나 정당성요건을 갖고 있는 한 위법성이 조각되는 것으로 보아서는 안 되고, 위 조항 역시 소비자보호운동이 원칙적으로 처벌의 대상이 되어서는 안 된다는 점을 강조한 것으로 이해해야 한다. 소비자보호운동권 또한 헌법 제124조에서 보장하고 있는 기본권이므로, 하위 법률에 의해 그 보호영역이 지나치게 축소되는 것 또한 지양해야 할 것이다. 따라서 소비자보호운동이자 소비자의 권리행사 중 하나인 불매운동 그 자체는 업무방해죄의 구성요건에 해당하지 않는다고 보아야 한다.

라. 적극적인 전화걸기를 한 경우 과잉금지의 원칙 위배 여부

1) 서설

그렇다면 소비자보호운동 중에서 적극적으로 기업에 전화걸기를 시도하여 기업의 전화업무에 지장을 준 경우를 업무방해죄로 처벌하는 것도 과잉금지의 원칙에 위배되는지 의문이 남는다.[84] 결론부터 말하자면 상당한 수의 소비자가

---

83) 소비자기본법(법률 제10678호, 일부개정 2011.5.19, 시행 2011. 8. 20.) 제5조 제1항. "소비자는 사업자 등과 더불어 자유시장경제를 구성하는 주체임을 인식해 물품 등을 올바르게 선택하고, 제4조의 규정에 따른 소비자의 기본적 권리를 정당하게 행사해야 한다."
84) 이와 관련해 참고할 만한 실제 사례가 있다. '조중동 폐간 국민캠페인'(현 명칭 '언론소비자주권 국민캠페인', 이하 '언소주'라 한다)이라는 인터넷 카페의 카페지기, 운영진, 게시판지기들은 조선 · 중앙 · 동아일보(이하 '조중동'이라 한다)의 보도태도 및 편집정책 수정 등을 목적으로 카페 회원들

기업에 전화를 걸어 전화업무에 지장을 준 경우라 하더라도 이는 소비자보호운동의 표현방식의 하나이기 때문에 여기에 업무방해죄를 적용해 처벌할 경우 과잉금지의 원칙에 위배될 수 있다.

2) 방법의 적절성

방법의 적절성이란 어떤 입법을 통해 특정한 기본권을 제한했을 때 기본권을 제한하는 방법이 입법목적의 달성을 위해 효과적이고 적절해야 한다는 의미다.[85] 그런데 전화걸기를 위력에 의한 업무방해죄로 처벌한다면, '사전모의를 통한 집단적 전화걸기'로부터는 광고주의 영업을 보호할 수 있더라도 '사전모의'를 하지 않았으나 실질적으로 그 효과는 동일한 '사전모의에 의하지 않은' 집단적 전화걸기와 같은 형태의 소비자 의견 제시로부터는 광고주의 영업을 보호할 수 없다.

따라서 영업을 보호한다는 목적을 달성하기 위해서는 '사전모의' 여부와 관계없이 모든 집단적 전화걸기를 업무방해죄로 처벌해야 한다. 그러나 이는 (1) 항의 전화를 거는 것 자체는 법령상·거래관념상 당연히 예정되어 있는 행위이고, (2) 모든 집단적 전화걸기를 금지하는 것은 헌법적으로 보호되는 소비자보호운동의 자유 및 언론의 자유를 전면적으로 제한하는 것이다. 이로써 사법당국은 딜레마에 빠지게 된다. '사전모의'가 있는 경우만 위력에 의한 업무방해죄로 처벌한다면 입법목적을 완전히 달성하지 못하고, 반대로 전면적으로 처벌하는 경우 기본권의 과도한 제한임이 명백하다. 그리해 형법 제314조 제1항은 방법의 적절성을 갖추지 못하게 된다.[86]

과 함께 조중동의 광고주 업체에 전화를 걸었고 실제로 몇몇 업체들은 조중동에 대한 광고를 중단했다. 검찰은 언소주 회원들의 이러한 행동이 위력에 의한 업무방해죄에 해당한다고 보아 언소주 회원 중 일부를 기소했으며, 1심·2심에서 모두 유죄판결을 받고 2011년 8월 현재 상고심이 진행 중이다. 자세한 내용은 서울중앙지방법원 2009.02.19. 선고 2008고단5024, 5623 판결(미공간); 서울중앙지방법원 2009.12.18. 선고 2009노677 판결(미공간) 등 사례 참조.
85) 헌법재판소 2002.04.25. 선고 2001헌마614 결정 참조.
86) 박지현·김종서, "위력에 의한 업무방해죄와 광고주 불매운동", 『민주법학』 제40호(2009),

3) 피해의 최소성

'피해의 최소성'이란 입법에서 예정하고 있는 기본권제한조치보다 덜 제한적인 대안(less restrictive alternative)이 단 하나라도 존재한다면, 그러한 방법을 택하지 않고 보다 규제적인 방법을 택하는 것은 위헌이라는 내용의 원칙이다. 위력에 의한 업무방해죄의 입법목적을 광고주의 영업보호라고 본다면 '사전모의를 통한 집단적 전화걸기' 중 '폭력의 위협 등을 포함하는 표현' 정도가 형법상 가벌성이 있으므로 그러한 표현만 규제하더라도 충분히 입법목적을 달성할 수 있다. 왜냐하면 사업자의 입장에서는 전화 폭주 등으로 인한 일시적인 영업곤란은 예견할 수 있고 어쩌면 당연히 예견해야 하기 때문이다.[87] 그럼에도 사실상 모든 형태의 '사전모의를 통한 집단적 전화걸기'를 형벌 법규를 동원해 처벌하는 현행법의 태도는, 형법이 사업자와 소비자 간의 사적 영역에서의 분쟁에 적극적으로 개입하는 것으로 형법의 최후수단성 및 보충성 원칙을 간과한 국가형벌권의 남용이다.[88] 그리고 이는 기본권침해를 최소화한 방법이 아니므로 피해의 최소성 원칙의 위반이다.

여기에 대해서는 폭력의 위협이 포함되지 않은 표현이라도 조직적·집단적으로 전화를 걸어 업무를 방해하는 경우도 업무방해죄로 규율할 '필요'가 있으며, 이와 대비해 조직적·집단적으로 전화를 걸었음에도 업무에 대한 추상적인 위험이 발생하지 않는 경우에는 이를 형법으로 규율할 '필요'가 없다는 반론도 가능하다.

---

pp.91-92.

87) 앞의 글, pp.92-93.

88) 형벌은 사회적 제재를 가하는 수단 중 가장 강력한 제재수단이기 때문에, 다른 수단에 의해서 해결할 수 없는 최후의 경우에만 투입되어야 한다(ultima ratio, 최후수단성). 그렇기 때문에 다른 사회적·법적 통제수단들이 사회분쟁상황을 완전히 처리하지 못하는 곳에서만 비로소 보충적으로 투입될 수 있는 자격을 갖는다(Subsidiaritaet des Strafrechts, 형벌의 보충성). 형벌은 다른 규범의 사회통제를 보충해주는 성격을 가지며, 보충적인 수단인 형벌이 중심적이고 전면적인 수단으로 활용되어 최초수단(prima ratio) 내지 유일한 수단(sola ratio)으로 활용될 경우 국가권력의 남용이 우려됨과 동시에 정당성이 흔들리는 원인이 된다. 자세한 내용은 배종대, 『형법총론』(제9판, 홍문사, 2008), pp.53-54.

그러나 이는 피해의 최소성 원칙 및 형법의 최후수단성에 대한 오해에서 비롯한
다. 독일의 법학자 리스트(Liszt)가 "형법은 형사정책의 뛰어넘을 수 없는 한계"라
고[89] 했듯이 국가의 형벌투입은 단지 '필요'에 의해서 이루어져서는 안 되고 최후
의 경우에만 동원할 수 있는 해결수단이다. 이는 오늘날 형사법의 기본 원리다.
이러한 형법의 보충성과 최후수단성을 명문화한 것이 헌법상 과잉금지의 원칙
중 피해의 최소성 원칙인 것이다.

따라서 폭력의 위협이 포함되지 않은 본 사안에서 조직적 · 집단적으로 전화를
걸어 업무를 방해하는 경우라 하여 다른 대안을 고려하지 않고 이를 곧바로 가벌성
있는 행위로 보아야 하는지는 의문이다. 그리고 기본권행사의 방식에 해당하는
행위를 단지 그것을 규제할 '필요'가 있다는 이유에서 범죄로 규율하는 것은 위에
서 본 바와 같이 피해의 최소성 원칙 및 형법의 최후수단성을 간과한 규제책이라고
할 것이다.

4) 법익의 균형성

가) 충돌하는 기본권들의 확정: 소비자의 표현의 자유 · 결사의 자유 및 소비자보호운동의 자유 vs 사업주의 직업수행의 자유

표현의 자유는 헌법 제21조에서 보장하고 있으며, 개인적 의사의 표현인 언론
출판의 자유와 집단적 의사의 표현인 집회결사의 자유로 나눌 수 있다. 표현의
자유란 사회구성원이 자신의 사상과 의견을 자유롭게 교환하고 표현할 수 있는
자유를 의미한다.[90] 또한 소비자보호운동의 자유는 헌법 제124조에서 국가가
명시적으로 보장하고 있는 기본권이다. 소비자가 물건에 대해 구매거절의 의사를
표시하고, 또 그러한 생각을 공유하는 단체를 조직해 활동을 하는 것은 표현의
자유 및 결사의 자유의 보호영역에 포함된다. 그리고 소비자 운동의 일종으로서

---

89) Franz von Liszt, Einfluss, 80. ibid., p.62에서 재인용.
90) 주5, 95헌가16.

의 구매거절운동 또한 소비자보호운동의 자유의 보호영역에 포함된다.

이와 대립해 소비자보호운동의 대상이 되는 기업의 경우 직업수행의 자유의 제한이 문제될 수 있다. 헌법 제15조에서는 직업선택의 자유를 보장하고 있으며, 세부적으로 직업결정의 자유, 직업수행의 자유, 직업이탈의 자유를 보장 내용으로 한다. 소비자보호운동이 존재하는 경우 사업주가 자신이 원하는 대로 경영을 하지 못하게 되는 상황에 직면함을 고려한다면, 사업주의 직업수행의 자유가 제한을 받고 있다고 볼 수 있다.

나) 소비자보호운동의 자유의 성격

사업주의 영업의 자유는 자유권에 해당하는 기본권임이 명백한 반면, 소비자의 권리는 성질상 여러 가지의 기본권이 복합적으로 담겨 있다는 견해가 유력하다.[91] 이 견해에 따르면 소비자보호운동의 자유는 상품 또는 용역의 자유로운 선택과 소비자집단행동에 관해 국가의 방해를 받아서는 안 된다는 측면에서는 자유권적 기본권의 성질이 있다고 한다. 그리고 대량 생산·판매·소비가 이뤄지는 현대산업사회에서 소비자는 경제적 약자이자 종속적 지위에 있으므로, 소비자보호운동의 자유는 소비자의 이익을 보호함으로써 헌법 제34조 제1항의 인간다운 생활을 할 권리를 보호한다는 점에서 사회권적 기본권의 측면 또한 갖고 있다고 한다.

소비자보호운동의 자유가 소극적인 자유권으로서의 의미만 가진다면 헌법에서 별도로 규정할 필요 없이 헌법 제10조에서 도출되는 일반적 행동자유권만으로도 보호가 가능할 것이다. 그럼에도 헌법 제124조가 별도의 규정을 두어 소비자보호운동의 자유를 명시하고 있는 이유는, 국가가 거대기업의 횡포에 무력한 소비자들이 기업에 대해 소비자보호운동을 할 자유가 있음을 적극적으로 확인하고 소비자들의 피해를 예방하고자 하기 위함이다. 그렇기 때문에 소비자보호운동의 자유에는 사회권적 기본권의 성격도 있다고 보아야 하는 것이다.

---

91) 권영성, 『헌법학원론』(개정판, 법문사, 2010), pp.584-585.

다) 기본권 충돌의 의의와 해결 이론

기본권의 충돌이란 복수의 기본권 주체가 서로 충돌하는 권리를 실현하기 위해 국가에 대해 각기 대립되는 기본권 적용을 주장하는 경우를 말한다.[92] 기본권 충돌의 해결이론으로는 1차적으로 법익형량의 원칙이 있다. 이는 충돌하는 기본권의 법익을 형량하여 보호법익이 더 큰 기본권을 우선시켜 사안에 적용한다는 법리이다. 생명권·인격권 우선의 원칙, 생존권 우선의 원칙, 자유권 우선의 원칙 등이 이에 해당한다. 그러나 충돌하는 기본권들이 보호법익의 크기가 비슷해 상위기본권을 가릴 수 없을 경우에는 2차적으로 규범조화적 해석의 원칙이 적용된다. 여기에는 공평한 제한의 원칙, 대안발견의 원칙이 세부원칙으로 존재한다.

라) 기본권 충돌 이론에 따른 해결 – 법익 균형성 원칙의 위배

앞서 살펴본 바와 같이 사업주의 영업의 자유는 자유권적 기본권의 성격을 갖고 있다. 그러나 소비자보호운동의 자유는 자유권적 기본권의 성격과 동시에 사회권적 기본권의 성격 또한 갖고 있다. 구체적으로 소비자기본법 제1조에 따르면 이 법의 목적은 경제적 약자인 소비자의 권익증진 및 이를 통한 소비생활의 향상과 국민경제의 발전을 목적으로 하고 있으므로 소비자보호운동의 자유도 이러한 관점에서 보아야 한다. 그러므로 법익형량의 원칙 중 생존권 우선의 원칙을 적용하면 사회권적 기본권의 성격을 지니고 있는 소비자보호운동의 자유가 영업의 자유에 우선하는 것으로 볼 수 있다.

한편 영업의 자유는 결국 자본주의 사회에서 소비자인 시민들에게 상품이라는 자원을 효율적으로 배분하기 위해 보장되는 기본권이라는 점을 생각할 때, 소비자의 권리가 사업자의 영업의 자유보다 우월한 이익이라고 볼 수 있다. 즉, 사업자의 영업의 자유는 소비자의 권익을 보장하기 위한 수단적 권리라고도 할 수 있다. 그러므로 사업자의 영업의 자유와 권리는 소비자의 권리를 침해하지 않는 한에서

---

92) 위의 책, p.337.

인정되어야 한다고도 생각해볼 수 있다.

그렇다고 하여 사업자의 영업의 자유와 소비자보호운동의 자유가 충돌하는 경우, 소비자의 권리가 항상 우선해야 한다는 것은 아니다. 그런데 현재의 업무방해죄 조항을 적용할 경우 소비자보호운동의 자유가 영업의 자유보장을 위해 곧바로 제한당하는 상황이 초래되므로 동 조항은 법익의 균형성 원칙에 위배되어 위헌이라 할 것이다.

마. 소결론

위에서 본 바와 같이 소비자보호운동에서는 쟁의행위처럼 정당행위요건이 구비되어 있지 않고 집단성 또한 기준을 두기 힘들어 어느 정도의 소비자보호운동이 '위력'에 해당하는지 불명확하다. 또한 '위력'을 쟁의행위와 같은 위법성 기준을 적용해도 본질적으로 광범위하고 부작위적인 소비자보호운동의 특성에 부합하지 않아 현행 법령의 해석과 판례의 태도상으로 업무방해죄의 구성요건에 해당될 수밖에 없고, 이는 과잉금지의 원칙에 위배된다. 구체적으로 적극적 전화걸기 형태의 소비자보호운동에 대한 처벌은 사전모의가 없는 경우에는 방법의 적절성을 결여하고 있다. 그리고 사업자가 예측할 수 있는 영업곤란에 대해 형벌을 부과하는 것이므로 피해의 최소성에도 위반된다. 나아가 충돌하는 양 법익을 형량할 경우 생존권적 기본권으로서 소비자보호운동의 자유가 자원분배의 수단 격인 영업의 자유에 우선하므로 영업의 자유를 보장하기 위해 소비자보호운동을 곧바로 제한하는 위력에 의한 업무방해죄 적용은 법익 균형성을 결여해 위헌이라는 결론에 이를 수 있다.

4. 결론

위력에 의한 업무방해죄는 입법연혁에서부터 전시노동력동원을 위하여 모든 형태의 노동·시민운동을 탄압하기 위한 목적으로 제정되어 개별적으로는 합법적인 행위를 집단적으로 하는 것을 금지하는 '단결금지 법리'를 원래 내용으로 하고 있었기 때문에 현행 헌법체계와 맞지 않다. 이는 비슷한 법제들이 외국에서 모두 폐기된 것으로도 뒷받침될 수 있다.

또한 위력에 의한 업무방해죄는 위와 같은 목적에서 의도적으로 명확하지 않게 규정되었기 때문에 일반형법으로서 제대로 기능하지 못하고 있다. 현재 대법원의 해석인 '의사의 자유를 제압할 만한 압박'은 이미 2010년 홈플러스 결정과 2011년 철도파업 판결에 의해 "파업은 업무에 지장을 초래할 것을 당연한 전제로 한다"고 하여 파업이 당연히 위력에 해당한다고 보고 있다. 다만 대법원은 파업이 기본권 행사에도 해당됨을 고려하여 ① 전격성 혹은 예측불가능성과 ② 사업자의 중대한 혼란 내지 손해라는 두 가지 기준을 충족시켜야 업무방해죄의 구성요건에 해당함을 밝힌 점은 일면 긍정적으로 평가할 만하다. 그러나 어떠한 상황에 위 두 가지 기준을 충족시킨다고 판단할지에 대해서는 이후 판례의 축적을 지켜볼 수밖에 없는 상황이라는 점을 생각해본다면, 여전히 기본권행사가 위축될 수밖에 없는 현실에는 변함이 없다. 다수의 특별법에 존재하는 '위력' 개념은 각 법률의 입법취지가 상정하는 맥락 속에 존재하는 고유한 정황에 의해 구체화됨에 비해, 형법상 위력에 의한 업무방해죄는 법률상으로 명확하게 구체화될 맥락이 없음을 확인할 수 있다.

마지막으로 위력에 의한 업무방해죄를 최근 대법원의 판례에 따라 엄격하게 해석한다고 할지라도, 이를 불매운동 등 여타의 소비자보호운동에 적용할 경우 소비자의 거래의 자유라는 시장경제의 근본원리에 반하거나 반할 소지가 있고, 합법적인 권리로서의 소비자보호운동을 금지하거나 위축시키기 때문에 과잉금지의 원칙과 명확성의 원칙에 위배된다.

7장
명예훼손 형사처벌제도의 국제인권법상 지위
─PD수첩 광우병 보도 수사에 즈음하여

"당사국들은 명예훼손의 비범죄화를 고려해야 하고 어떤 상황에서도 형법의 적용은 가장 심대한 사건에만 한정되어야 하며 구금은 절대로 적절한 형벌이 될 수 없다"
UN인권위원회 표현의 자유에 대한 일반논평 34호, 47문.

    명예훼손의 형사처벌에 대해 다시 한 번 논의가 필요한 시점이라는 주장이 사회 일각에서 나오고 있다. 형사처벌을 반대하는 논리는 명예훼손은 개인 간의 일로서 현대사회의 공동체 이익과 무관한 민사적 사안에 불과한 것이지 국가 형벌권으로 해결할 일은 아니라는 것이다.

    명예훼손법이 지키고자 하는 명예에 대한 의미 분석을 통한 폐지 의견도 있다. 명예 개념은 '계급적' 성격을 띠고 있으며, 이는 주로 사회적 영향력이 있는 사람에 대한 보호를 주된 목적으로 이용될 수 있어 공인이나 공적 존재가 자신들에 대한 비판을 막기 위해 남용할 수 있으며, 이는 언론자유의 심각한 침해를 가져올 수 있다는 의견도 뒤따른다.

    또 현실적으로 개인의 고소는 손해배상을 받기 위한 하나의 지렛대 역할을 하고 있으며, 결국 국가 소송으로 인한 표현의 자유 위축만 가져온다는 주장도 있다. 다시 말하자면 명예훼손 형사처벌은 사적인 목적으로 추진되는 것이며, 국가가 개입해 단지 사적 행위를 지원할 뿐이라는 주장으로서 위의 명예훼손은 '개인 간의 일'이라는 주장이다.

    또 명예훼손에 대한 미국의 법리는 민사적 해결에 초점이 맞춰져 있으며, 이러한 경향이 세계적인 추세라는 것도 명예훼손에 대한 형사적 처벌을 반대하는 주요

---

* 이 글은 『서강법학』 제11권 제1호(2009)에 실린 글을 수정·보완한 것이다.

논거다.

그러나 이러한 주장에 대한 반론도 만만치 않다. 우선 미국 법리와 비교할 때 우리는 징벌적 손해배상을 받아들이지 않고 있으며, 이런 상황에서 형벌을 대체하여 예방 및 위하 효과를 거둘 장치가 없다는 점이 지적된다. 또 미국 내에서도 민사적 명예회복이 무용지물이라는 논란이 있고, 민사 위주의 해결 방법이 언론의 명예훼손을 부추긴다는 비판도 존재해 그 방향이 옳다고도 할 수 없다는 것이다.

이에 대한 절충점으로 현재 반의사불벌로 되어 있는 명예훼손을 사자(死者)의 명예훼손이나 모욕죄처럼 친고죄로 규정할 필요가 있다는 주장도 있다. 국가 스스로의 개입을 최소화하면서도 예방효과를 거둘 수 있다는 의견에서다.

또한 우리나라가 진실한 내용에 대해서도 형사처벌을 하고 있는 점에 대한 비판도 있다. 진실한 내용이 전파되어 입게 되는 명예의 훼손에 대해서도 국가의 형벌권을 이용해 보호해야 할 가치가 있는가 하는 점도 다시 생각해볼 문제라는 것이다. 그러나 이것은 형법 제307조 제1항의 폐지를 통해 별도로 해결될 수 있는 문제로서 명예훼손에 대한 형사처벌제도 폐지 자체와는 별개의 문제이므로 직접적으로는 다루지는 아니한다.

이 글에서는 명예훼손 형사적 처벌 폐지 논의를 둘러싼 쟁점을 살펴보고, 국내외 명예훼손 법리 및 판례를 통한 각국의 명예 보호범위와 그 장단점, 그리고 우리 사회의 환경에 적합한 방향은 어떤 것인지 등을 살펴보고자 한다.

1. 세계 명예훼손제도 비형법화의 흐름과 그 이유

현재 세계 각국에서는 형사상 명예훼손의 폐지에 대한 논의가 한창이다.[1] 물론 대부분의 국가는 형사상 명예훼손제도를 유지하고 있다. 한 인권단체가 조사한 바에 의하면 조사대상 주요국 168개국 가운데 158개국이 형사상 명예훼손을 유지

---

1) Winfield, et al., "The Abolition Movement: Decriminalizing Defamation and Insult Laws", *Communications Lawyer*, Fall 2007.

하고 있긴 하나, 이들 나라에서는 2005년 1월부터 2007년 8월까지 20개월 동안 명예훼손죄로 투옥된 사람은 전 세계적으로 146명뿐이라고 한다(이 통계는 우리 나라의 실형 횟수를 포함하지 않고 있으며 일본은 한 명 내지 네 명 사이라고 한다).[2] 즉, 전 세계적으로 평균 한 달에 열 명도 투옥되고 있지 않다고 보면 된다. 이에 비해 우리나라는 2005년에서 2009년 7월 사이 55개월 사이에 136명(집행유예 및 선고유예 제외)이 자유형을 선고받았으니[3] 월평균 명예훼손 투옥수를 산정해보면 한국 을 제외한 전 세계를 통틀어 7.3명인 데 비해 한국은 2.8명이다. 전 세계 명예훼손 투옥수의 28% 정도가 대한민국에서 일어난다고 보면 된다.

미국의 경우에도 2004년 현재 15개주 정도가 명예훼손에 대한 형사처벌규정을 가지고 있지만, 이들 주에서 제기되는 명예훼손 형사사건은 1년에 약 2건에 머물 정도로 의미가 없어져버렸다.[4]

형사상 명예훼손의 폐지는 하나의 흐름을 형성하고 있다. 아프리카의 가나 는 2001년도에, 멕시코 연방상원은 2007년도에, 뉴질랜드가 1992년에, 그리 고 스리랑카가 2002년도에 형사상 명예훼손제도를 폐지했고 2004년에 유럽 안보협력기구(OSCE)의 미디어자유대표자가 유럽의 명예훼손 형사처벌제도 에 관한 보고서[5]를 출간한 이후에 보스니아-헤르체고비나, 에스토니아, 그루 지아, 우크라이나, 몰도바가 명예훼손 형사처벌제도 자체를 폐지했고 프랑스, 마케도니아, 몬테네그로, 불가리아, 크로아티아 그리고 세르비아가 자유형을 폐지했다.[6] 심지어는 2007년 현재 회교 국가인 바레인에서도 명예훼손의 비 (非)형사화가 논의되고 있다고 한다.[7]

---

2) http://www.article19.org/advocacy/defamationmap/overview.html, 2009년 5월 31일 방문.
3) 2009년 10월 16일 국회의원 이춘석 보도자료
4) Media Law Resource Center, "Criminalizing Speech About Reputation: The Legacy of Criminal Libel in the U.S. After Sullivan and Garrison, pp.45-56.
5) OSCE Vienna 2005 "Libel and Insult Laws: A matrix on where we stand and what we would like to achieve", http://www.osce.org/fom/documents.html?lsi=true&limit=10&grp=288, 2009 년 5월 31일 방문.
6) http://www.article19.org/advocacy/defamationmap/overview.html, 2009년 5월 31일 방문. 유럽안보협력기구 미디어자유대표자 Ilia Dohel의 "명예훼손의 비(非)형사화의 성과에 대한 보고 문", http://merlin.obs.coe.int/iris/2006/10/article1, 2009년 5월 31일 방문.
7) www.rsf.org/print.php3?id_article-22348.

이들 국가에서 명예훼손의 비형사화 논의가 진행되는 이유는 각국 정부들이 형사상 명예훼손제도를 체제유지를 위해 남용하고 있는 것으로 보이는 경우가 많기 때문이다. 또 정치인들이 형사상 명예훼손을 자신에 대한 국민들의 비판이나 자신의 정치적 라이벌을 제압하기 위해 남용할 수 있다. 특히 형사사건은 명예가 훼손되었다고 주장하는 권력자가 아무런 비용을 들이지 않고 도리어 국민의 세금을 이용해 검찰을 동원하여 자신의 비판자들에게 타격을 가할 수 있기 때문에 더욱 문제가 된다.

예를 들어 유럽인권재판소는 최근 2006년도에 우크라이나 총리를 비판하는 기자에 대해 우크라이나 검찰이 형사처벌을 가한 것을 인권침해라고 규정하고 유죄판결을 번복했다.[8] 참고로 유럽인권재판소의 결정은 EC 소속 국가들에 대해 구속력을 가진다. 유럽인권재판소는 언론인들이 정부나 유력 정치인을 비판한 것에 대해 명예훼손 형사처벌을 받은 여러 사례들을 검토했고 대부분의 사건들에서 회원국 법원의 결정들을 번복했다.[9] 오스트리아 국내 법원결정만 해도 3번의 번복이 이루어졌는데 형벌이 과도해 언론의 자유를 침해하며 국민의 알 권리를 침해한다는 이유에서였다.[10] 특히 유럽인권재판소는 거의 모든 사건에서 명예훼손에 대해 자유형을 선고하는 것은 모두 과도한 형벌이라고 했으되[11] 단지 인종혐

---

8) Eur. Ct. H.R., Case of Lyshanko v. Ukraine, Judgment of August 10, 2006, Application No. 00024040/02.

9) Dan Kozlowski, For the Protection of the Reputation or Rights of Others: The European Court of Human Rights' Interpretation of the Defamation Exception in Article 10(2), 11 COMM. L. & POL'Y 133.

10) Eur. Ct. H.R. Case of Oberschlick v. Austria(no. 2), Judgment of June 25, 1997, Application No. 00020834/92(기자가 한 오스트리아의 보수정치인을 "바보"라고 부른 사건);

Eur. Ct. H.R., Case of Lingens v. Austria, Judgment of July 8, 1986, Application No. 00009815/82 (기자가 오스트리아의 전 총리에 대해 '신랄한 기회주의'와 '부도덕함'을 비판한 경우);

Eur. Ct. H.R., Case of Unabhängige Initiative Informationsvielfalt v. Austria, Judgment of Feb. 26, 2002, Application No. 00028525/95(기자가 한 오스트리아의 정치인의 이민정책을 '나치'의 것에 비유한 경우).

11) Eur. Ct. H.R., Case of Colombani and Others v. France, Judgment of June 25, 2002, Application No. 00051279/99(모로코 정부의 마약단속 의지를 조롱한 글에 대한 명예훼손 처벌 번복);

Eur. Ct. H.R., Case of Castells v. Spain, Judgment of April 23, 1992, Application No. 00011798/85 (바스크 지역의 1977년 당시 살인 사건에 대한 기사에 대한 스페인정부의 명예훼손 처벌 번복);

Eur. Ct. H.R., Case of Scharsach and News Verlagsgesellschaft v. Austria, Judgment of November

오와 관련된 사건에서는 자유형을 허용해야 한다고 결정한 바 있다.[12]

미국의 경우도 별로 다르지 않다. 허위의 주장으로 공직자에 대한 평판을 저하시키더라도 그 주장이 허위임을 알고 있었거나 허위일 가능성을 무모하게 무시한 경우에만 명예훼손이 성립됨을 선포한 저 유명한 New York Times v. Sullivan 판결[13]과 그 판결의 잣대를 충족시키지 못하는 범죄구성요건을 명시한 형법을 위헌처분한 Garrison v. Louisiana 사건[14] 이후 뉴욕, 캘리포니아, 일리노이, 텍사스 주를 포함한 많은 주들의 명예훼손 처벌조항이 위헌결정이 내려지거나[15] 주의

13, 2003, Application No. 00039394/98(오스트리아에서 극우단체와의 연정을 반대하는 글에서 한 극우보수정치인의 부인을 '장롱나치'라고 비난한 것에 대해 사소(私訴)에 의한 4천 유로 및 2천 유로의 벌금형이 내려지자 이 판결을 번복함);

Eur. Ct. H.R., Case of De Haes and Gijsels v. Belgium, Judgment of February 24, 1997(벨기에의 특정 판사의 이혼판결을 비판한 글을 쓴 기자에 대한 명예훼손 형사처벌을 번복함), Application No. 00019983/92;

Eur. Ct. H.R., Case of Dalban v. Romania, Judgment of September 28, 1999, Application No. 00028114/95; Eur. Ct. H.R.(루마니아에서 기자가 공기업체 사장의 비리를 폭로한 것에 대해 받은 명예훼손 형사처벌을 번복함);

Case of Thorgeir Thorgeirson v. Iceland, Judgment of June 25, 1992, Application No. 00013778/88; Eur. Ct. H.R., Case of Nilsen and Johnsen v. Norway, Judgement of November 25, 1999, Application No. 00023118/93;

Case of Barford v. Denmark, Judgment of February 22, 1989, 149 Eur. Ct. H.R.(Ser. A).

12) Eur. Ct. H.R., Case of Cumpana and Mazare v. Romania, Judgment on Dec. 17, 2004, Application No. 0033348/96.

13) 376 U.S. 254(1964)

14) 379 U.S. 64(1964)

15) Ashton v. Kentucky, 384 U.S. 195(1996)(노동운동가가 지역경찰이 파업 중인 탄광의 사측에 유리한 위법행위를 저질렀다고 주장한 것에 대한 명예훼손 유죄판결을 번복한 미 연방대법원 결정) Gottschalk v. State, 575 P.2d 289(Alaska 1978)(주경찰 소속 경관이 민간인을 상대로 절도행위를 저질렀다고 주장한 것에 대한 명예훼손 유죄판결을 번복한 결정)

Garrison v. Lousiana, 379 U.S. 64(1964)(지방판사의 무능함을 지적한 변호사에 대한 명예훼손 유죄판결을 번복한 미연방대법원결정)

Ivey v. State, 821 So. 937(Alabama 2001)(변호사가 여성을 사주해 부주지사 선거 출마자가 그 여성을 폭행했다고 주장하도록 한 것에 대한 명예훼손 유죄판결을 번복한 결정)

State v. Browne, 205 A.2d 591(N.J. Super Ct. App.Div. 1965)(시장선거에서 상대방 후보가 공금을 횡령했다고 주장한 것에 대한 명예훼손 기소를 기각한 결정.)

Fitts v. Kolb, 779 F.Supp.1502(D.S.C. 1991)(2명의 주의회 의원의 부패상을 고발한 기자에 대한 형사 명예훼손 사건에서 주법 자체를 위헌처분한 결정)

Weston v. State, 528 S.W.2d 412(A가. 1975)(지방경찰청장과 마약조직과의 연루설을 고발한 주간 지 편집자와 발행인에 대한 명예훼손 유죄판결을 번복한 결정)

Commonwealth v. Armao, 286 A.2d 626(Pa. 1972)(지방 유력인사과 윤락업소와의 연루설을 고발

회에 의해 자발적으로 폐기되었다.

이렇게 된 이유는 유럽에서와 마찬가지로 형사상 명예훼손이 권력자에 의해 남용되는 경우가 너무 많았기 때문이다. 1920년대부터 1956년 사이에도 형사 명예훼손의 2분의 1 정도는 정치적으로 유력한 자가 자신의 권위를 유지하기 위해 제기된 경우였다.[16]

아직도 형사상 명예훼손을 유지하고 있는 미국의 주들의 경우를 살펴보아도 마찬가지다. 위에서 말한 매우 적은 수의 사건들 중에서도 매우 높은 비율의 사건들이 자신들에게 비판적인 민간인들을 보복하기 위해 공직자들이 제기한 것이었다. 1990년부터 2002년 사이에 있었던 23건의 절반이 정치적인 처벌로 분석되었다.[17] 이러한 이유로 형사상 명예훼손 사건들의 유죄판결이 상급법원의 법률심에 의해 번복되는 예들을 심심치 않게 찾을 수 있다.

이와 같이 공직자에 의해 제기된 명예훼손 형사소송이 번복되는 흐름은 유럽과 미국에서만 국한된 것이 아니다. 아메리카인권협약에 가입한 중남미의 국가들 역시 국내의 언론인들이 자국의 정치인들에 대해 비판적인 기사를 써서 명예훼손 처벌을 당하는 것에 대해 인권협약에 위반된다는 결정을 했다.[18]

이에 따라 월드뱅크,[19] 유럽의회 사무총장,[20] UN사회경제규약 특별조사관,[21]

한 주간지 편집자에 대한 명예훼손 유죄판결을 번복한 결정)

16) Robert A. Leflar, The Social Utility of the Criminal Law of Defamation, 34 Texas Law Review 984(1956).

17) Russell Hickey, *A Compendium of U.S. Criminal Libel Prosecutions: 1990-2002*, Libel Defense Resource Center Bulletin, Mar. 27, 2002, p.97.

18) I/A Court H.R., Case of Ricardo Canese v. Paraguay, Judgment of August 31, 2004, Ser. C No. 111; I/A Court H.R., Case of Herrera-Ulloa v. Costa Rica, Judgment of July 2, 2004, Ser. C No. 107(코스타리카의 언론인이 유력외교관의 해외에서의 위법행위를 고발한 기사에 대한 명예훼손 유죄판결 번복).

19) www.worldbank.org/wbi/news/docs/jdwwpopedwpfc.htm.

20) 2006년 5월 유럽의회 사무국은 "형사처벌의 위협은 특히 반역적이다. 모든 유럽의회 회원국들은 자국의 법을 검토해 형법 조항들을 폐지하고 언론인에 대한 과도한 민사손해배상을 금지해야 할 것이다"라는 성명을 발표함. www.erc.hrea.org/lists/hr-media/markup/msg00207.html, 2009년 5월 31일 방문.

21) 2004년 12월 17일, 특별조사권 Ambeyi Ligabo는 "국제인권기준에 충족하기 위해서는 각국이 명예훼손 사건을 민법으로 다루어야 하며 벌금은 기자들의 재정적 능력에 비추어 적절한 수준에 그쳐야 한다"라고 권고했다. www. daccessdds.un.org/doc/UNDOC/GEN/G05/106/90/PDF/

Organization of American States,[22] Organization for Security and Cooperation in Europe[23] 등의 기관들이 모두 형사상 명예훼손의 폐지를 촉구하고 있다.

현재 명예훼손에 의해 실형이 선고되고 있는 나라들은 러시아, 몽고, 카자흐스탄, 브라질, 베네수엘라, 카메룬, 케냐, 버마, 태국, 인도네시아, 예멘, 오만, 아프가니스탄 등의 개발도상국이나 후진국들이며 선진국으로는 스페인이 2003년에 바스크 독립주의자가 국왕을 '고문의 괴수'라고 칭한 것에 대해 형사처벌을 하여 오명을 뒤집어쓰고 있다.

위의 세계적 흐름에도 불구하고 일본은 명예훼손 형사처벌제도를 활발하게 이용하고 있다. 독일은 명예훼손제도를 유지하고 있고, 독일 형법을 계수한 일본 역시 명예훼손 형사처벌제도를 유지하고 있다. 하지만 독일은 명예훼손으로 투옥된 사람들은 최근에 한 명도 없었고, 단지 독일이 특수하게 보유하고 있는 모욕죄의 사소(私訴)에 의한 벌금형이 매우 활발하게 이용되고 있을 뿐이다. 스페인의 경우는 일반적인 명예훼손 형사처벌제도보다는 국왕모독죄에 따른 형사처벌이 더 큰 비중을 차지하고 있다. 이러한 시각에서 보면 일본의 명예훼손 형사처벌제도의 활발한 운영은 선진국에서는 거의 유례가 없다고 보여진다.

일본의 형법 제230조는 "공연히 사실을 적시해 타인의 명예를 훼손한 자는 그 사실이 진실이나 허위에 관계없이 3년 이하의 징역이나 구금 또는 50만 엔 이하의 벌금에 처한다"고 되어 있고 형법 제230-2조는 "상기 조항의 행위가 공익에 관한 사실을 통해 이루어졌고 오로지 공익을 증진하기 위한 목적으로 행해졌다면, 그리고 그 사실이 진실임이 입증된다면 그 행위는 처벌되지 아니한다"고 되어 있다.[24]

G0510690.pdf?OpenElement.

22) www.cidh.org/relatoria/showarticle.asp? artID_680&LID_1.

23) www.osce.org/documents/rfm/2007/03/23842_en.pdf; www.osce.org/documents/rfm/2003/11/3346_en.pdf.

24) 여기까지는 공연성, 사실적 주장, 명예훼손을 기본적인 범죄구성요건으로 하고 공익적 목적과 진실을 위법성조각사유로 하는 한국법과 그리 다르지 않다. 그러나 형법 제230-2조는 제2항과 제3항에서 주장된 사실이 "기소 이전의 타인의 범죄행위"나 "공직자 또는 공직선거후보자"에 관한 것일 경우 모두 진실이 완전항변이 된다는 점에서 큰 차이가 있다. 즉, 우리나라에서는 범죄의혹이나 공직자에 대한 진실된 보도를 하는 경우에도 혹시 형법 제301조상의 '오로지 공익을 위해' 요건을 충족시킬 수 있는지에 대해 두려워해야 하지만 일본에서는 위 두 사안에 대해서는 진실된 보도를

일본은 온라인을 통한 소통이 활발해지면서 거의 사문화되어 있던 명예훼손 형법조항이 사용되기 시작해 2003년 현재에만 1년 동안 300건 이상의 체포가 있었다고 한다.[25] 이를 보고한 학자는 그 이유로서 "명예를 통한 사적 순위 정하기 (private ordering through reputation)"를 들고 있다. 즉, 자원을 여러 선택지들 사이에 분배함에 있어 자신의 평가보다는 후보들이 가지고 있는 평판, 즉 타인들의 평가를 매우 중요시 생각한다는 것이다.

그러나 필자가 보기에는 이와 같은 사회현상이 바람직한 것인지 계속 유지될 것인지는 불분명해 보인다. 타인들의 평가도 시장경제에서 중요한 역할을 하지만, 타인들의 평가와는 독립적으로 자신만의 평가를 내리는 것 역시 시장경제에서 빼놓을 수 없는 역할을 한다. '타인들의 평가'에 의해서 자원분배가 이루어진다는 것은 사실 주체적인 평가가 이루어지지 않는다는 것이며, 이와 같은 현상은 시장지배적 사업자들에게 결정적으로 좋은 영향을 미치게 되며 시장경제의 공정한 경쟁을 저해한다. 결국 우리나라는 세계적인 흐름을 따를 것인지, 일본을 따를 것인지에 대해 생각해보아야 한다.

2. 폐지론에 대한 평가

가. 범죄구성요건의 추상성

우리나라에서 명예훼손 형사처벌의 문제점을 가장 먼저 제기한 사람은 신평

자유롭게 할 수 있다는 것이다. 장자연 리스트와 관련된 조선일보 방상훈 사장의 실명 보도 논란에 의미를 가질 것으로 보인다.

25) Salil K. Mehra, "Post a Message and Go to Jail: Criminalizing Internet Libel in Japan and the United States", 78 University of Colorado Law Review 767(2007). 변호사의 숫자가 적고 징벌적 손해배상제도가 없어 사법(私法)적인 피해구제절차가 강력하지 못해 형사적 처벌이 강조되고 있다는 설명도 있다. 하지만 이 설명은 명예훼손뿐만 아니라 모든 법률분야에 적용되는 것이며 왜 유독 명예훼손 분야에서만 일본에서 형사절차가 민사절차에 대해 다른 나라에 비추어 상대적으로 더 활성화되었는지 설명하지 못한다. 그러나 명예훼손분야에서만 고유하게 형사절차를 민사절차에 비해 상대적으로 선호하는 1차적 이유가 발견되면(예를 들어, 본문에서 설명하는 private ordering 의 사회적 중요성) 그 이유의 작용을 강화하는 2차적 이유가 될 수는 있을 것으로 보인다.

판사인 듯하다. 다음을 음미해보자.

　　언론출판의 자유는 우리의 인간다운 삶을 가능케 하는 민주제의 필수불가결한 본질적 요소다. 위에서 설시한 관점에 선다면 어느 표현이나 진술이 문제가 있다면 원칙적으로 여기에 대해서는 다른 표현이나 진술로 대항하게 하는 것이 옳다. 법에 의한 도움을 빌려 해당 표현, 진술의 해악을 제거하는 것은 다른 표현, 진술로서는 도저히 할 수 없을 때 부차적으로 인정된다고 하는 것이 마땅하다. 표현의 영역에서 가능하면 법의 힘은 제한적으로 미치게 하는 것이 타당하다… 민사상 불법행위책임을 물어 손해배상책임을 가하는 제재는 그것이 타인의 명예권침해라는 요건사실의 충족이 있어야 한다. 결과발생이 요구되는 것이다… 그 배상책임액을 신축적으로 산정한다면, 이것이 갖는 언론출판의 자유에 대한 상당한 제약적 효과를 부정할 수 없다손 치더라도 일응(一應) 이 제재수단은 수긍될 수 있다고 본다… 그러나 형사상의 명예훼손죄 규정에 의한 제재수단은 근본적인 문제를 안고 있다. 왜냐하면 명예훼손죄는 일반적으로 추상적 위험범이라고 설명되기 때문이다. 명예침해가 발생할 추상적 위험만 있으면 명예훼손죄에 해당하게 되는 것이다… 과연 이러한 위험성만으로 언론출판의 자유에 대한 가장 강력한 제재수단으로 작용하게 하는 것이 타당할는지 의문을 가지 않을 수 없다.[26]

　　신평은 이에 따라 우선 명예훼손 형사처벌제도에 대한 재검토를 강변하는 한편, 제도가 폐지되지 않은 현실에서 범죄구성요건을 더욱 강화할 것을 요청했다. 그 방안으로는 미국연방대법원의 실제 악의(actual malice)기준[27]을 도입하거나 고의나 중과실의 경우에만 명예훼손을 인정하는 방식을 제언했다.[28]

　　즉, 헌법재판소가 1999년에 공적인 사안에 대해서는 "허위를 진실한 것으로

---

26) 신평, 『명예훼손법』, 청림출판(2004년), pp.312-313.
27) 필자는 "실제 악의"가 "현실적 악의"보다 더욱 우수한 번역이라고 믿는다. 원문인 actual malice 를 설명하면서 미연방대법원은 NY Times v. Sullivan 사건에서 '허위임을 알았거나 진위 여부를 무모하게 무시한 경우(with knowledge that it was false or with reckless disregard of whether it was false or not)'로 설명하고 있다. 즉, '허위인줄 알면서 한 허위보도'가 중심에 있고 혹시 '허위임을 무모하게 외면한 경우'를 보충적으로 포함시키기 위해 위와 같은 표현을 쓴 것으로 보인다. 즉, 핵심은 '허위임을 실제로 알았거나 **실제로** 알았어야 한다고 할 만큼 허위를 모른 것이 무모한 경우'에 책임을 부과하겠다는 것이다. Sullivan, p.280.
28) 신평, 앞의 책, pp.316-317.

민고서 했거나 중요한 내용이 아닌 사소한 부분에 대한 허위보도"는 면책되어야 하고, "허위라는 것을 알거나 진실이라고 믿을 수 있는 정당한 이유가 없는데도 진위(眞僞)를 알아보지 않고 게재한 허위보도"는 면책될 수 없다고 한 결정[29] 이후에 대법원이 2003년에 '악의적이거나 현저히 상당성을 잃은 경우'에만 명예훼손 책임을 지울 수 있다는 판결[30]로 발전시켰는데, 이를 한 발 더 나아가게 하여 아예 '허위임을 알거나 진위 여부를 무모하게 무시한 경우'에만 명예훼손 책임을 지우는 기준에 맞추자는 것이다.

그러나 위 주장은 우선 자신이 지적한 명예훼손 형사처벌제도의 폐지 이유와 조응하지 않는 해결책이라고 하겠다. 명예훼손 형사처벌이 '추상적 위험범'이론인 것이 문제라면 이에 대해 형사처벌에 있어서도 평판의 저하를 정량적으로 증명하도록 요구하는 등의 해결책이 제시되었어야 한다.

그러나 신평의 주장의 문제점은 더욱 근본적인 곳에서 찾을 수 있다. 신평의 폐지주장의 가장 강력한 힘은 명예훼손죄가 '추상적 위험범'이라는 통찰에서 비롯된다. 즉, 살인, 사기 등은 명백한 피해가 나타나지만 명예훼손의 경우 실제로 피해가 뚜렷하지 않다. 예를 들어 내가 가르치던 학생이 전과자라고 누군가 허위주장을 하여 내가 그 학생에 대해 더 좋지 않은 생각을 가지게 되었다고 하자. 그러나 그것이 어떤 피해로 나타날지, 또는 실제로 아무런 피해도 발생하지 않을지가 불분명하다는 것이다.

하지만 이 주장의 문제점은 상당수의 다른 형법규정들도 이와 같은 구체적인 피해가 없는 행위에도 형벌을 부과한다는 것이다. 예를 들어 마약복용, 음란물배포, 간통 등의 경우가 그러하다. 물론 자유주의적인 입장에서는 특정할 수 있는 구체적인 피해가 없는 경우에도 책임을 부과하는 모든 형벌제도에 이의를 제기할수는 있다. 사실 허위사실유포죄가 위헌이라는 주장의 핵심은 특정할 수 있는 구체적인 피해가 없이 표현의 자유를 제약한다는 것이다.[31] 하지만 허위사실유

---

29) 헌법재판소 1999.06.24. 선고 판결 97헌마265 결정. 같은 결정에서 헌법재판소는 "허위라는 것을 알거나 진실이라고 믿을 수 있는 정당한 이유가 없는데도 진위를 알아보지 않고 게재한 허위보도"는 면책을 주장할 수 없다고 했다.
30) 대법원 2003.07.08. 선고 2002다64384 판결.

포죄는 그 결과의 추상성 및 불특정성이 명예훼손죄의 그것보다 훨씬 높다고 보여진다.

정리하자면 신평의 '추상적 위험범' 주장은 지금 당장 명예훼손에 대한 형사처벌제도에 고유하게 적용되는 폐지론이 되기는 어려울 것으로 보인다.

나. '명예훼손은 개인 간의 일로서 민사적 사안'이라는 폐지론[32]

위의 주장은 위의 제목에 나타난 문구 이상으로는 제기가 되지 않아 주장을 제기한 자에게는 불공평한 논의가 되지 않을까 하는 우려를 안고 논의하고자 한다.

'개인 간의 일'이라고 할지라도 입법자가 그 일에 있어서 보호되어야 할 공익이 있어 그 공익을 보호하기 위해 형법을 통해 개입하고자 했다면, 절차적 하자가 없는 한 이 형벌제도는 존중이 되어야 한다. 오토바이를 탈 때 헬멧을 쓰지 않는다거나 배우자가 있는 이성과 성교를 하는 행위 등은 '한 개인의 일'이거나 '개인 간의 일'이지만 국가가 형사적으로 개입하고 규제하는 것이 허용되고 있다. 물론 위 행위 자체들에 대해서도 자유주의적인 시각에서는 위헌이라는 주장이 제기될 수 있다.

하지만 명예훼손은 위에서 살펴보았듯이 타인에게 직접적이고 구체적인 피해를 주게 되는 것이며, 자유주의적인 시각에서 보더라도 위헌이라는 주장을 하기는 어렵다. 물론 신평이 주장한 대로 명예훼손죄는 '추상적 위험범'이라는 주장을 받아들인다면 명예훼손은 타인에게 직접적이거나 구체적인 피해를 주는 것이 아닌 것으로 볼 수도 있다. 하지만 명예훼손은 간통이나 음란물배포와는 다른 차원에서 피해자에 대한 강제적 효과가 있다. 즉, 명예훼손은 제3자가 피해자에 대한 평판을 훼손시키므로 피해자가 감시하고 통제할 수 없는 상황에서 이루어질

---

31) 박경신, "허위사실유포죄의 위헌성에 대한 비교법적 분석", 『법학연구』 제12집 제1호(인하대학교, 2009).
32) 유승삼, "오보할 자유를 허하라", 내일신문 칼럼, h ttp://www.naeil.com/News/economy/ViewNews.asp?nnum=465481&sid=E&tid=8, 2009년 5월 31일 방문.

수 있다. 그러므로 결국 명예훼손은 '개인 간의 일'이라고 보기는 어려울 것 같다.

다. "명예훼손 형사처벌은 명예라는 계급적 가치를 보호하므로 사회적 영향력이 있는 공인이나 공적 존재가 자신들에 대한 비판을 막기 위해 남용할 수 있다"

위 주장은 둘로 나누어볼 수 있다. 첫째, 사회적 영향력이 있는 공인과 공적 존재들이 행사하는 영향력이 크기 때문에 타인에게 피해를 줄 우려가 있으므로 지속적으로 비판과 감시의 대상이 되어야 하는데 명예훼손소송은 이와 같은 비판과 감시를 어렵게 한다는 점이다. 둘째, 이들은 그 영향력을 검찰에 행사해 자신들에 대한 비판을 막기 위해 기소를 종용할 수 있다는 것이다.

두 번째의 우려는 사회적 영향력이 있는 사람이 피해자 또는 잠재적 고소인이 되는 모든 소송에 똑같이 적용되므로 명예훼손 형사처벌제도의 폐지근거가 되지 않는다.

첫 번째 우려의 경우 명예훼손에만 고유하게 적용되는 이유인 것이 사실이다. 즉, 명예훼손죄는 말을 한 사람을 그가 한 말에 대해 법적 책임을 지우는 제도이며 우리 사회가 그 말—즉 공인에 대한 비판—을 소중하게 생각한다면 이에 대해 형벌을 부과하는 것은 금기시되어야 한다. 하지만 이 우려는 명예훼손에 대한 민사소송제도에도 똑같이 적용된다. 즉, 형사처벌제도가 가지고 있는 특성에 천착하지 못하고 있어 형사처벌제도 폐지론보다는 신평이 위에서 제언한 위법성조각사유 강화론으로 수렴될 가능성이 더욱 높다.

라. "형사고소는 손해배상을 받기 위한 하나의 지렛대 역할일 뿐이다"[33]

형사고소가 민사사건의 지렛대 역할을 하는 경우는 명예훼손 외에도 많이 있

---

33) 법무부, "고소 사건, 일본의 155배 — 묻지마 고소 생각 좀 해봅시다", 2006년 6월 15일 네이버 기사, http://news.naver.com/main/read.nhn?mode=LSD&mid=sec&sid1=001&oid=169&aid =0000000030&; 소성규, "명예훼손으로 인한 손해배상책임에 있어서 면책법리에 관한 연구", 『민사법학』 제18호, p.577.

다. 예를 들어 억울하게 사기를 당했으나 스스로 입증하기가 어려운 경우 사기고소를 하여 검찰의 힘을 빌려 사기당한 돈을 되찾는 민사소송을 별도로 진행할 수도 있다. 형사소송의 결과가 민사소송에 영향을 미치는 것 자체가 문제라고 하기는 어렵다.

마. 프라이버시권과의 형평성

명예권과 유사한 프라이버시권침해의 경우 그 처벌을 위한 형법규정이 존재하지 않는다는 점에서 명예권침해도 형사법 영역에서 벗어나게 하는 것이 옳다는 관점도 제시되고 있다.[34] 그러나 이에 대해서는 "일반적으로 개인의 정보누설을 수단으로 하는 프라이버시권 침해의 경우, 그 유형 및 결과에 따라 비밀침해죄나 명예훼손죄로 귀결될 수 있고, 그외 유형의 경우에도 사회적 유해성 및 보호필요성이 인정되는 경우 앞으로 얼마든지 형법의 보호영역 내로 들어올 수 있다"는 반론이 타당한 것으로 보인다.[35] 실제로 2008년 8월 16일 행정안전부는 이러한 목적으로 개인정보보호법을 입법예고하기도 했고 이 법안에는 형사처벌이 포함되어 있다.[36]

바. 형사처벌의 '방패'로서의 위험성

필자는 명예훼손 형사제도가 도리어 명예를 보호하기 어렵게 만든다고 본다. 예를 들어 억울하게 명예를 훼손당한 사람이 고소를 할 경우 이것이 공적인 사안일 경우 이에 대해서는 맞고소를 하는 경우를 자주 볼 수 있다. 즉, 명예훼손 형사고소

---

34) 신평, "새로운 명예훼손법 체계의 구축에 관한 시도", 『공법연구』, 제31집 제3호, 2003년 3월호, p.214.
35) 주승회(한국형사정책연구원 부연구위원)-2006년 한국형사법학회 춘계학술대회 발표문 "인터넷상 명예훼손행위에 대한 형사처벌의 타당성 검토", p.16.
36) 2009년 8월 12일 행정안전부 장관 발의안 제58조에서 제62조까지. http://www.mopas.go.kr/gpms/ns/mogaha/user/userlayout/bulletin/userBtView.action?userBtBean.bbsSeq=1035767&userBtBean.ctxCd=1007&userBtBean.ctxType=21010005&currentPage=111, 2009년 6월 1일 방문.

의 가능성은 도리어 명예훼손을 당한 사람의 피해구제를 수월하게 하는 만큼 명예훼손을 한 사람의 반격도 수월하게 한다.

도리어 명예훼손 형사고소는 명예훼손이 아닌 다른 피해에 대해 고소를 한 사람이 그 고소내용을 여러 사람들에게 알리고자 할 경우 이 피해자를 입막음할 수 있는 제도로 작용한다.

> 대구에서는 대학교수가 2000년 5월 12일 자신의 조교에게 독한 고량주를 마시도록 하여 정신을 잃게 하고 호텔로 데려가 강간한 사건이 있었다. 피해자의 고소로 2001년 3월 13일에 대구고등법원에서 징역 2년에 집행유예 3년의 형을 받은 후 유죄가 확정되었다. 2000년 7월에는 한 대학교수가 자신의 연구실에서 피해자를 강제로 껴안고 자신의 성기를 만지게 하는 등 강제로 추행했으나 피해자의 합의로 풀려나게 되었다. 재판이 진행되는 동안 시민단체들이 위의 2인의 교수에 대한 엄정한 수사 및 처벌을 요구했는데 2인 모두 위 사실을 공개한 시민단체 대표들을 명예훼손혐의로 고소해 '성폭력 역고소 대책위원회'가 구성되었다.[37]

하지만 위의 주장은 명예훼손 형사처벌제도를 폐지할 이유라기보다는 명예훼손 형사처벌제도의 실효성에 이의를 제기하는 주장이라고 할 수 있다.

사. 형사처벌의 주체가 정부부처라는 점

필자는 형사소송에 고유하게 발생하는 문제점은 바로 형사처벌이 국가에 의해 수행된다는 점이라고 본다. 위에서 살펴보았듯이 표현의 자유의 가장 큰 가치는 자유민주주의 사회에서 강제력을 독점하고 있는 국가 및 그 국가를 운영하는 공직자들에 대한 비판과 감시라고 할 것이다. 현대에 감시하는 눈과 비판하는 입이 없는 사회는 부패와 인권침해의 온상이 될 수밖에 없다는 단순한 진리는 표현의 자유 보호지수와 부패지수와의 반비례 관계에 대한 국제기구들의 연례 조사에 의해 확인되고 있다.[38] 그런데 명예훼손 형사처벌은 감시와 비판의 대상이 되어

---

37) http://www.hotline.or.kr/kwh/bbs/board.php?bo_table=kwh_act14&wr_id=43&page=0.
38) Transparency International, *Transparency International Corruption Perceptions Index*, 2007, www.transparency.org/policy_research/surveys_indices/cpi/2007, Freedom House, "Global

야 할 국가가 명예훼손 형사처벌제도의 운영자가 될 경우 국민은 국가를 상대로 한 비판을 제어할 수밖에 없다.

실제로 이와 같은 사례로 지적되고 있는 것이 바로 MBC PD수첩 광우병보도에 대한 검찰수사다.

MBC PD수첩 광우병 보도에 대한 수사

MBC PD수첩은 2008. 4. 29. '긴급취재, 미국산 쇠고기 과연 광우병에서 안전한가?' 제하의 프로그램에서 미국의 도축실태 및 인간광우병 발생 우려 등에 대해 보도했다. 2008. 6. 20. 농식품부는 "진위 여부가 불분명한 가설이나 일방적 주장에만 의거한 편파적 보도로 미국산 쇠고기와 광우병에 대한 과도한 불신과 불안을 야기하고, 방송 전반을 통해 농식품부가 미국산 쇠고기의 안전성에 대한 충분한 사전검토와 실태파악도 거치지 않은 것처럼 보도해 그동안 미국과의 협의과정에서 식품의 안전성을 지키기 위해 정부가 기울인 노력을 폄하하고 신뢰에도 치명적인 손상을 가하는 한편 장관과 협상대표들의 명예를 직접적으로 침해했다"는 이유로 ① 미국 여성 아레사 빈슨의 사인을 인간광우병인 것처럼 의도적으로 사실을 왜곡보도, ② 주저앉은 소의 동영상을 광우병에 걸린 소의 동영상으로 의도적으로 왜곡보도, ③ 라면스프, 의약품, 화장품을 통해서도 광우병에 감염될 위험이 있다고 허위보도, ④ 농식품부가 미국의 실정을 잘 모르거나 알면서도 숨기고 수입위생조건 개정에 합의했다고 보도한 부분에 대해 수사의뢰했다.

이에 대해 검찰은 위 사건을 수사하면서 MBC 제작진들을 상대로 인터뷰 동영상 원본자료 및 번역본, 원어 대본 등을 지참하고 출석할 것을 요구했으나 제작진들이 이에 불응하자, 2008. 7. 29. 'PD수첩 사건 자료제출요구'라는 제목으로 136페이지의 자료를 언론에 공개했다. 위 자료제출요구에 따르면 "PD수첩이 어떤 의도를 가지고 다우너 소를 광우병에 걸린 소 내지 광우병 의심소로 일방적으로 각인시켰다는 지적에 대해 이와 관련된 자료를 제출하기 바람, …라는 점에서 왜곡보도라는 지적에 대해 이와 관련된 자료를 제출하기 바람, …위반이 있는 것으로 오인하게 하여 보도의 공정성 및 객관성 등에 문제가 있다는 지적에 대해 이와 관련된 자료를 제출하기 바람" 등의 표현을 사용해 보도자료로 배포했고, 이후 각 언론에서 "검찰은 PD수첩이 의도적 왜곡보도 했다고 결론내림"이라는 내용으로 보도되었다. 검찰은 그

Press Freedom 2007", www.freedomhouse.org/uploads/fop/2007/pfscharts.pdf.

이후 압수수색영장 및 체포영장을 발부받아 관련 PD들을 체포하고 원본테이프의 압수수색을 시도하는 등의 수사를 최근까지 진행하다가 2009. 6. 18 기소했다.

이에 대해서는 검찰의 7. 29 공개자료 전문을 숙독한 한 학자가 다음과 같은 판단을 내린 바 있다.[39]

첫째, 아레사 빈슨 유족, 의사 및 미국의 현지 언론들이 "CJD가 의심된다"고 말한 것을 "vCJD인지 의심하고 있다"고 바꾼 것은 허위가 아니라 당연한 조치였다. 현지에서는 vCJD는 CJD와 다른 병이 아니라 CJD 중의 하나로 지칭되고 있음이 검찰자료에도 나와 있다. 언론보도의 예를 들면 "광우병 감염이 의심되는 여성"이라는 제목 하에 "CJD는 100만 명 중의 1명에서 나타나며 소고기를 먹으면 걸릴 수도 있다"라는 식이다. 이 사건이 애당초 유명해진 것도 누구나 먹는 쇠고기에 의해 전염되는 vCJD 감염가능성 때문이었지, 전염통로 자체가 희귀한 일반 CJD의 감염가능성 때문이 아니었다. 진중권이 이에 대해 PD수첩 측에 해명을 요구한 것은 잘못이다.

둘째, 주저앉는 소(다우너)를 '광우병 의심소'로 지칭한 것은 허위도 과장도 아니다. 실제로 다우너가 광우병이 아니라고 입증된 바가 없다(물론 다우너의 원인은 수백 가지가 될 수가 있고 광우병이 그 중의 하나일 뿐이지만 그렇다고 해서 그 중에서 광우병 감염소의 비중이 몇 마리인지 확인된 바가 없다―편집자 추가). 사실 광우병의 위험 때문에 오바마 대통령은 모든 다우너의 도축을 금지하지 않았는가. 앵커가 다우너를 가볍게 단 한 번 '광우병 걸린 소'라고 지칭하는데 이미 앞에서 "광우병이라고 단정할 수 없다"라고 확정적으로 나레이션이 나온 후였다. 빈슨에 광우병 '의심' 진단을 내린 의사가 주치의인지 아닌지도 마찬가지다. '의심'진단은 '의심'진단'일 뿐이다.

셋째, 나머지 소위 '허위'로 지적되는 것은 피해자들의 명예에 영향을 주지 못한

---

39) 박경신, "PD수첩, 수사거부가 법치구현", 미디어오늘 2009년 4월 12일 게재 칼럼, http://www.mediatoday.co.kr/news/articleView.html?idxno=78822. 이 글에서 저자는 검찰이 '허위'가 무엇인지도 특정하지 못한 상황에서 체포영장이나 압수수색영장을 신청한 이상 이 신청들은 형사소송법상의 영장발부요건을 충족시키지 못했으므로 모두 기각되어야 함에도 불구하고 법원에 의해 발부되었으므로 그 집행이 거부됨이 마땅하다고 주장했다. 이에 대해 "검찰의 수사가 타당하지 않더라도 적법하게 발부된 압수수색영장과 체포영장의 집행은 허락해야 하지 않겠는가"라고 이의를 제기하는 사람이 있을 것이다. 그러나 이에 대해서는 특별히 언급을 하지 않겠다. 단지 유신독재 시절 긴급조치 1호에 따라 발부된 체포영장이나 압수수색영장의 집행을 반드시 허락해야 하는가 반문해볼 필요는 있다. 이것은 특별히 언론의 취재원공개 거부권까지 언급을 하지 않더라도 논의해 볼 만한 것이다.

다. 미국에서 학교급식에 이용된 리콜 쇠고기의 양이 1억 톤인지, 3천만 톤인지 전혀 이들의 명예와 관련이 없다.

넷째, 미국의 리콜이 2급이었다는 것, 미국인의 먹거리 불안감 여론조사의 조사 방법, 도축장이 적발된 법이 위생법이 아니라는 사실 등을 생략한 것은 허위가 아니 다. 누군가 신방겸영의 장점만을 말하고 단점을 생략하면 허위가 되는가. 사물의 어느 측면을 언급할지는 순전히 견해의 영역이며 법적규제의 밖에 있다.

다섯째, "94% 발병률", "발병률이 다른 나라에 2~3배", "화장품 · 의약품으로 전염가능", "0.1g의 위험물질로 발병", "발병하면 100% 사망" 모두 과학자들이 특정 한 조건들을 가정한 상황에서 불완전한 정보에 근거해 수립한 가설들을 그대로 옮긴 것이며, 누구에 의해서도 허위라고 입증된 바가 없다. 진실로 입증되지도 않았지만 진실의 근거가 충분하지 않다고 하여 허위로 단죄되어 법적 책임을 져야 한다면, 신의 존재를 믿는 모든 신앙인들은 모두 감옥에 가야 할 것이다.

결론적으로 말하면, 첫째, 검찰은 '허위'가 무엇인지에 대해 아무런 특정을 하지 못하고 '허위적시'에 의한 명예훼손 수사를 진행하고 있는 것이다. 둘째, 명예훼손 피해를 주장하는 이가 공인이고 사안도 공적 사안인 이상 현재의 헌법재판소 결정 이나 대법원 판례에 따르면 검찰이 '허위'라고 지적하는 내용들은 PD수첩의 제작 진이 외국의 과학자나 언론의 주장을 옮긴 것이고, 충실히 옮기지 못한 부분은 사소하므로 면책되어야 함이 명백하다.

셋째, 위 수사가 가장 '황당한' 점은 따로 있다. 사람들은 세상의 많은 사물들에 대해 평가를 하게 되고, 이 평가에 대해 동의를 하지 않는 말들은 그 평가자들의 명예를 훼손할 수 있다는 논리이다. 정운천, 민동석 등이 "농식품부가 미국의 실정 을 잘 모르거나 알면서도 숨기고 수입위생조건 개정에 합의했다고 보도"했다고 고소장에서 주장하는 것도 실제로 MBC가 그러한 보도를 했다는 것이 아니고, 자신들은 미국산 쇠고기를 '안전하다'고 평가했는데, 이를 허위로 '안전하지 않다' 라는 보도를 함으로써―또는 자신들은 미국산 쇠고기의 광우병 위험도를 N 정도 로 보았는데 MBC는 허위로 그 위험도를 N+1 정도로 과장해 보도함으로써―자신 들의 명예를 훼손했다는 것이다. 하지만 이와 같은 사물에 대한 평가, 특히 사실적 주장에 대한 동의가 이루어지지 않는다고 하여 어느 한쪽의 주장을 허위라고 단정해 그 주장이 그 주장에 반하는 평가를 한 자의 명예를 훼손했다고, 법적 책임을 지우는 것은 사회 전반적으로 수인할 수 없는 표현의 자유에 대한 심대한 침해가 될 것이다. 사람들은 항상 자신의 주변 사물들에 대한 평가를 하기 때문이며, 이 평가들은 항상 일치하지 않을 수 있다. 그런데 그와 같은 평가가 같은 사물에 대해 평가를 내린 다른 사람들의 명예에도 영향을 줄 가능성까지 고려해 평가를 해야 한다면 누구도 사물에 대한 평가를 하려 하지 않을 것이다. 특히 사물들에 대한 평가는 과학의 발전을 위해 필수적이다. 이에 따라 미국에서는 법적으로 과학계의 논문들이 다른 과학자들의 가설을 평가함에 있어 사실적인 허위가 있다고 할지라도 이 평가가 그 과학자들의 명예를 저하한 것으로 인정하지 않는다.[40] 그 이유는 "과학자들은 항상 가설과 이론들을 의심하며 이 의심은 지식을 확장시키기" 때문이며 과학적 명제들은 "영원히 재수정을 거쳐야" 하는데[41] 과학적 명제들에 대한 평가가 그 명제를 주장한 과학자들의 명예를 훼손할 수 있다는 법적 가능성을 열어두면 과학은 불가능해질 것이다.

자세히 살펴보면 위의 수사는 명예훼손 형사처벌제도의 폐지근거를 제시하는 통렬한 우화라고 보여진다. 국민의 일부와 국가는 미국산 소고기의 광우병 발생 가능성에 대해 이견을 가지고 있던 것으로 보인다. 물론 이것은 절대적 이견이 아니라 상대적 이견이다. 국가는 핸드폰이나 자동차의 미국수출을 증진시키는 FTA 체결과 맞바꿔도 될 정도로 미국산 소고기 수입허용은 상대적으로 안전한 것이었고 MBC PD수첩은 그렇게 하기에는 상대적으로 불안전하다는 것이었다. 그런데 정부는 논리를 통해 미국산 소고기의 안전성을 입증하려고 하기보다는 검찰을 앞세워 자신의 주장이 옳다는 것을 형사처벌로 제압하려 하고 있는 것이다.

---

40) Ezrailson v. Rohrich, 65 S.W.3d 373(Tex. App.2001).
41) Daubert v. Merrell Dow Pharms. Inc., 509 U.S. 579, 597, 113 S.Ct. 2786, 125 L.Ed.2d 469(1993).

아. 소결

명예훼손 형사처벌제도의 가장 큰 문제는 명예훼손은 궁극적으로 표현의 자유와 충돌 관계에 있는데, 표현의 자유의 핵심은 정부정책에 대한 비판임에도 불구하고 이 제도는 이 비판에 대해 정부의 한 부처인 검찰이 범죄수사를 할 수 있도록 한다는 점이라고 할 수 있다. 물론 이에 대한 매우 간단한 반론이 삼권분립이론에서 나올 수 있으며, 이에 대해서는 아래에서 살펴보도록 한다.

3. 유지론에 대한 평가

가. "민사피해구제가 불충분하다"

명예가 보호되어야 하는 공익이라면 이를 보호하기 위해 형사제도가 필요하다는 반론은 주로 미국 시스템과의 비교에 기초하고 있다. 우리나라는 변호사 숫자도 적고 징벌적 손해배상도 도입되어 있지 않으므로 민사적 구제로는 불충분하므로 국가가 개입해 형벌로서 명예를 보호해야 한다는 것이다.

그러나 민사적 구제가 불충분한 분야는 명예훼손분야만이 아니다. 위에서 살펴본 바와 같이 명예훼손 형사처벌제도 폐지론은 형사처벌제도가 민사구제제도가 가지고 있지 않은 고유한 해악이 있다는 것이다. 즉, 표현의 자유의 핵심적 보호영역은 정부에 대한 비판임에도 불구하고 형사처벌제도는 정부부처의 하나인 검찰이 정부에 대한 비판에 대해 범죄수사를 하도록 한다는 것이다. 위의 유지론은 이 주장에 대해 적절한 대답을 하지 못하는 것으로 보인다.

물론 위 주장은 정부비판이 아니라 사인에 대한 표현에 대해서는 형사처벌을 유지할 수 있으되 정부에 대한 표현에 대해서는 형사처벌을 폐지한다는 절충안으로 전환될 경우 강력해질 수 있다.

나. 정부비판에 대한 위법성조각사유의 강화

위에서 말했듯이 명예훼손 형사처벌제도의 폐지론의 핵심에는 정부 비판의 중요성과 형사처벌의 주체가 정부 자신이라는 점이다. 즉, 형사처벌은 누군가 해야 하고 검찰이 할 수밖에 없는데 검찰이 속해 있는 정부에 대해 공정할 수가 없다는 것이다.

이에 대해 혹자는 정부에 대한 비판은 공적인 사안이 되므로 첫째, 현행법상으로 일부 허위가 있어도 합법성이 인정되고, 둘째, 진실로 간주가 되면 역시 공적인 사안이므로 면책이 된다는 점을 주장할지 모른다. 그러므로 실제로 현행법이 그대로 집행이 된다고 하더라도 상당 부분 명예훼손 형사처벌제도의 고유한 위협은 제거될 수 있다. 특히 검찰은 검찰 스스로 피의자의 기본권을 제한할 수 없다. 압수, 수색, 체포, 구속 등 검찰이 피의자의 기본권을 제한하려면 반드시 법원의 허락을 영장이라는 문서를 통해서 받아야 하고, 사실 검찰은 법원이 발부한 영장을 집행하는 것뿐이다. 징역, 벌금 등의 영구적 결정 등은 법원이 재판을 통해서 결정하는 것임은 말할 것도 없다. 그러므로 행정부 및 입법부로부터 독립된 사법부가 이 과정을 통제하는 한 검찰이 형사처벌의 주체가 된다는 것은 명예훼손 형사처벌 유지논쟁에서 제거되어야 한다. 특히 위의 PD수첩의 광우병 보도에 대한 수사도 사실 검찰의 과오가 아니라 체포영장 및 압수수색영장을 발부해준 법원에 문제가 있다고 할 수도 있다.

이것은 필자가 생각하기에 이론적으로는 가장 강력한 유지론이 될 것으로 보인다.

그러나 우리나라의 현실은 어떠한가? 형사소송법의 영장발부요건이 제대로 지켜지지 않아 검찰은 체포영장이나 압수수색영장을 무기로 피의자의 진술거부권을 거의 무시하고 일방적으로 피의자를 밀어붙일 수 있다. 또 검찰이 '허위'를 입증하지도 않은 상황에서 피해자에게 '진실이라고 믿을 만한 상당성'을 입증할 책임을 지우고 그 책임이 충족되지 않으면 유죄가 선고되는 상황이 비일비재하다.[42]

4. 결론

　명예훼손 형사처벌의 폐지는 국제적 흐름이고 그 흐름을 추동하는 것은 이 제도가 권력자의 영향력 하에 있는 검찰의 기소권을 매개로 권력자의 체제유지에 남용되어왔다는 엄중한 역사가 있다. 그리고 그 남용의 역사와 가능성은 PD수첩 광우병보도에 대한 검찰수사에서 현실이 되었다. 물론 이와 같은 위험성을 이유로 하여 반드시 제도 자체를 폐지해야 하는 것은 아니다. 사법부가 검찰의 기소권과 조사권을 엄정한 영장주의 하에 통제한다면 명예훼손 형사처벌제도의 존립도 허용될 수 있다. 또 검찰에 영향력을 미칠 수 있는 공직자들이나 국가기관에게 명예훼손 피해자로서의 지위를 인정해주지 않는 것도 권력에 의한 남용가능성에 대한 적절한 대처방안일 수 있다. 또는 일본처럼 신화의 경지에 이를 정도로 정권과의 독립성을 유지하고 있는 검찰을 운영하는 것도 한 방법일 수 있다. 중요한 것은 영장주의, 공직자를 보호하는 명예훼손죄 폐지, 독립적인 검찰 모두 명예훼손 형사처벌제도의 폐지만큼이나 어렵다는 것이다. 그러므로 다시 원칙으로 돌아가서 명예훼손 형사처벌제도의 사문화에 기대를 걸어본다.

---

42) 박경신, "진실적시에 의한 명예훼손 폐지 및 '허위' 입증 책임소재 확립 — 노회찬 '떡값검사' 판결, PD수첩 수사, 장자연 리스트 사태에 대해", 2009년 4월 14일 '국민의 알권리인가? 명예훼손인가? — 장자연 사건에서 바라본 국민의 알권리와 명예훼손' 토론회 발제문.

8장
행정기관에 의한 콘텐츠 심의의 헌법적 한계

　미국의 사전제한(prior restraint) 법리는 한국의 사전검열 법리와 뿌리는 똑같지만 적용범위가 더욱 넓은 것은 공지의 사실이다. 한국의 사전검열 법리는 표현물을 검열기관에 의무적으로 제출해야 하는 경우에만[1] 적용되지만 미국의 사전제한 법리는 사전제출의무가 없는 사후심의라고 할지라도 심의의 결과물로서 장래효를 가지는 명령, 또는 행정기관의 경우에는 명령이 아닌 권고적 성격의 행위마저도 위헌적인 사전제한으로 평가하는 것이 보통이다.[2] 가장 대표적으로

---

* 이 글은 헌법실무연구회 발표 논문(2008)을 수정 · 보완한 것이다.

1) 헌법재판소는 검열을 다음과 같이 4개 내지 6개의 요건을 매개로 정의하고 있다. 첫째, 허가를 받기 위한 표현물의 제출의무(헌법재판소 결정 2001.05.31. 2000헌바43, 52(병합) 합헌), 둘째, 행정권이 주체가 된 사전심사절차(헌법재판소 결정 2001.08.30. 2000헌바36 합헌), 셋째, 허가를 받지 아니한 의사표현의 금지[헌법재판소 결정 1996.10.04. 전원재판부, 93헌가13, 91헌마10(병합)], 넷째, 심사절차를 관철할 수 있는 강제수단[헌법재판소 결정 1995.10.04. 93헌가12, 91헌바10 (병합)] 등이다. 다섯째, 위 네 가지 요건 외에 명시적으로 요구하지는 않지만, 헌법재판소는 표현물의 발표를 완전히 금지하지 않고 표현물의 청소년유해성 등급에 따라 부분적으로 제한하는 '등급제'는 검열이 아닌 것으로 해석하고 있다(헌법재판소 결정 2001.08.30. 2000헌가9 위헌). 그리고 여섯째, 사전심사가 내용적인 심사일 경우에만 '검열'의 범위에 포함되며 시간, 장소, 방법에 대한 심사를 위한 사전심사는 해당되지 않는다(헌법재판소 결정1998.02.27. 96헌바2 옥외광고물등관리법 제3조 합헌, 헌법재판소 결정 1997.08.21. 93헌바51 정기간행물의등록등에관한법률제7조 제1항).

2) 이와 같은 많은 연방법원 및 주법원 판례들에 대해서는 박경신, "사전검열 법리와 정보통신윤리위원회의 활동: 법과학적 방법으로", 『인권과정의』 2002년 8월호. 이 논문에서 필자는 미국의 사전제한 법리의 발전을 Near 판결까지 포함하는 1930년대 이전, 1930~60년대, 1960년대 이후의 3단계로 나누고, 제1기에서는 표현의 자유에 대한 보호보다는 형평법상의 구제인 법원명령에 대한 회피경향이 Near v. Minnesota 판결에서 처음으로 표현의 자유 보호 원칙으로서의 사전제한금지 원칙으로

1931년의 니어(Near v. Minnesota) 사건[3]에서 미연방대법원은 사법기관에 의한 사후심의의 경우에도 사후심의의 구제책으로서 장래효를 가진 명령을 내리는 것은 위헌적인 사전제한이라고 판시했다. 또 1963년의 밴탐북스(Bantam Books v. Sullivan) 사건[4]에서는 미연방대법원은 행정기관에 의한 사후적인 위법성 판단에 대해 위헌적인 사전제한이라고 판단했다. 이 사건 전후로 여러 연방법원들과 주법원들이 행정기관에 의한 사후심의를 위헌적인 사전제한이라 하여 위헌결정을 했다.[5]

그럼에도 불구하고 사전제한 법리의 논거에 대한 정교한 검증은 아직 이루어지고 있지 않다.[6] 사전제한의 위헌성에 대한 추정의 근거는 사전제출의무가

나타났고, 제2기에서는 표현의 자유와 관련된 다양한 행정기관들이 등장해 위헌판정을 받게 되었으며, 제3기에는 법원명령과 행정명령에 대한 사법적 태도가 분화하면서 전자에 대해서는 다양한 예외 및 완화원칙이 진화된 반면, 행정명령에 대해서는 방송분야를 제외하고는 계속해서 거의 절대적인 금지원칙이 유지되어왔다고 주장했다.

3) 283 U.S. 697(1931).

4) 372 U.S. 58(1963).

5) **Bantam Books v. Melko**, 25 N.J. Super. 292; 96 A.2d 47; 1953 N.J. Super. LEXIS 534(1953) 1950년 여름 뉴저지주의 미들섹스카운티(County)의 검찰은 카운티 내에 유통되고 있던 서적들에 대한 불온서적위원회(Committee on Objectionable Literature)라는 민간단체의 심의결과를 받아들여 그 단체로부터 불온하다(objectionable)는 판정을 받은 서적들의 목록을 작성해 서적 유통업체들에게 전달했고 이와 함께 검찰은 "다음 서적들에 대해 objectionable하다고 생각하는데 귀하는 이에 대해 어떻게 배려해주시겠습니까?"라는 내용의 서한을 전달했다. 거의 모든 서적유통업체들은 진심어린 협조에 감사한다며 관련 서적들의 판매를 중단했다. 원고는 Chinese Room이라는 단행본의 발행인이며 위 서적들의 목록에 포함되어 있다.

뉴저지챈서리법원은 위와 같은 서한이 강제력 있는 명령이 아니었다는 검찰의 주장을 "위 서한이 발송된 후 미들섹스카운티에서 단 한 권의 Chinese Room도 판매되지 않았다"며 일축하고, 검찰의 행위가 사전제한임을 다음과 같이 논증했다:

검찰은 발행인이나 유통인에 대해 적법한 방법으로 사법처리할 수 있었다. 그렇게 했다면 형사소송의 모든 절차들, 즉 고소, 구속, 기소, 그리고 배심원 앞에서의 재판 등이 이루어졌을 것이고, 피고는 유죄 평결을 받기 전에는 아무런 불이익을 받지 않았을 것이다.(필자 강조) 또, 유통인에 대해 사법원을 매개로 한 음란물 압수 및 수색절차를 밟을 수도 있었지만 검찰은 이 재산법상의 절차도 선택하지 않았다… 관련 법률은 법집행자들에게 공중도덕을 보전하고 보호할 효율적인 방법들을 마련해놓고 있지만 절대로 법집행자들에게 **상황을 미리 판단하고** 지금과 같이 그 판단에 맞추어 행동할 권한을 주지 않는다.

6) Vincent Blasi, Toward a Theory of Prior Restraint: The Central Linkage, 66 Minn. L. Rev. 11(1981); John Calvin Jeffries, Jr., Rethinking Prior Restraint, 92 Yale L.J. 409(1983); William T. Mayton, Toward a Theory of First Amendment Process: Injunctions of Speech, Subsequent Punishment, and the Costs of the Prior Restraint Doctrine, 67 Cornell L. Rev. 245(1982); Martin

있는 사전제한에 대해서는 Thomas I. Emerson의 말로 가장 명쾌하게 표현되지 만[7] 사전제출의무가 없는 사전제한의 경우 정확히 무엇이 사전제한인지, 그리고 사전제한이 보호하려는 가치가 무엇인지에 관한 확정적인 논의가 아직 이루어지지 않은 상황이다. 이와 같은 상황에서 1973년의 Pittsburgh Press v. Pittsburgh Human Relations Commission에서는[8] 연방대법원은 행정기관에 의한 사후심의와 이에 따른 금지명령을 사전제한으로 규정하지 않았다. 또 1978년의 미연방대법원의 FCC v. Pacifica Foundation 사건과[9] 1996년의 워싱턴 D.C.지구 연방항소법원의 Act for Children's Television v. FCC 사건에서는[10] 각각 라디오방송에 대한 연방통신위원회(Federal Communication Commission)의 사후심의 및 이에 따른 경고조치와 과징금부과조치 역시 사전제한으로 규정하지 않았다. 더욱 사태를 복잡하게 만드는 것은 일찍이 1965년 Freedman v. Maryland 사건에서 미연방대법원은 사전제출의무가 있는 사전제한에 대해서조차 몇 가지 안전장치만 보완된다면 합헌이라고 판시한 것이다.[11] 결론적으로 확실한 것은 하나도 없는 상황이 된 것이다. 미국의 사전제한 법리에 내재하는 이론적 혼돈은 소위 '더욱 진보적인' 미국의 법리가 한국의 사전검열 법리 연구에 대한 온전한 비교대상으로서의 역할을 하는 것을 막고 있다.

이 논문에서는 미국의 사전제한 법리의 원천으로 돌아가서 사전제한의 근본적

H. Redish, The Proper Role of the Prior Restraint Doctrine in First Amendment Theory, 70 Va. L. Rev. 53(1984).

7) Thomas I. Emerson, The Doctrine of Prior Restraint, 20 Law & Contemp.Probs. 648, 657(1955). "사후적인 제재 시스템 하에서는 의사가 정부가 조치를 취하기 전에 시장에 이미 전달되어 높든 낮든 사상의 자유시장 내에 일정한 위치를 차지하게 된다. 그러나 사전제한 시스템 하에서는 사상의 자유시장에 도달하지 못한다(The underlying rationale behind the presumption of unconstitutionality of a prior restraint of speech is that [u]nder a system of subsequent punishment, the communication has already been made before the government takes action; it thus takes its place, for whatever it may be worth, in the market place of ideas. Under a system of prior restraint, the communication, if banned, never reaches the market place at all)."

8) 413 U.S. 376(1973).
9) 438 U.S. 726(1978).
10) 59 F.3d 1249(D.C. Cir. 1995).
11) 380 U.S. 51(1965).

인 논리를 다시 살펴보고자 한다. 1절과 2절에서는 미국의 사전제한 법리의 원류가 되었던 Near v. Minnesota 판결과 Bantam Books v. Sullivan 판결을 자세히 살펴 각 판결이 수립한 원칙들의 형식 논리적 타당성을 점검해보고자 한다. 더불어서 Freedman v. Maryland 판결의 의미도 되새겨보고자 한다. 3절에서는 이 원칙들이 Pittsburgh Press 판결과 Pacifica Foundation 판결 및 Act for Children's Television 판결과 어떻게 화합하는지를 조사해 이 판결들을 정당화하는 일반적인 원칙을 도출해보고자 한다. 이 3절의 결론을 미리 말하자면 사전제한 법리는 매체의 특수성, 명확성의 원칙, 3권분립에 대한 고려가 포함된 것으로 보아야 한다는 것이다. 더욱 용기 있게 말하자면 미국의 사전제한금지 법리의 현대적 해석에서 '사전'보다 더욱 중요한 것은 사법부의 역할, 제재기준의 명확성(이를 통한 행정권 재량의 통제), 그리고 매체가 가지고 있는 특수성이라는 것이다.

그리고 4절에서는 결론을 대신해 위와 같이 재정립된 미국의 사전제한 법리를 이용해 2003년 불온통신규제 결정을[12] 재평가해보고자 한다. 황성기는 불온통신규제 위헌결정이 매체의 특수성에 대한 숙고 끝에 '불온통신'이라는 모호한 규제기준을 무효화했다는 점에서 매체의 특수성에 비례해 심사척도를 달리해 '저속성'이라는 규제기준을 무효화한 ACLU v. Reno 결정에 버금가는 결정이라고 평했지만[13] 필자는 이 결정이 이를 넘어서서 Bantam Books v. Sullivan(행정명령), ACLU v. Reno 또는 Pacifica Foundation(매체의 특수성),[14] Near v. Minnesota 판결(명확성의 원칙)의 각각의 원리(괄호 안)를 흡수한 결정으로 보아야 한다고 생각한다.

사전제출의무가 없는 표현의 자유에 대한 제약의 위헌성과 관련해 법원명령의 위헌성과 행정명령의 위헌성 중에서 우리나라에서는 후자에 대한 관심이 높다. 그 이유는 첫째, 우리나라에서는 형평법과 일반법이 구분되어 일반법상의 소급효

---

12) 헌법재판소 2002.06.27. 99헌마480, 전기통신사업법 제53조 등 위헌확인.
13) 황성기, "헌법재판소 2002.06.27. 99헌마480, 전기통신사업법 제53조 등 위헌확인사건의 평석과 개정 전기통신사업법 제53조에 대한 분석", 「인터넷 법률」 제15호(2003), 법무부.
14) 미국의 ACLU v. Reno 사건에서는 사전제한에 대한 판시가 포함되지 않았는데 그 이유는 행정기관에 의한 표현에 대한 규제가 없었기 때문이다.

적 구제(예를 들어 손해배상)가 형평법상의 장래효적 구제(예를 들어 법원명령)에 비해 선호되는 전통이 없는 상황에서, 우리 법조계에서는 위법성의 판단만 절차적으로 올바르다면 위법한 표현을 사전에 억제할 수 있다는 확신이 존재한다.15) 둘째, 대륙법적 경향이 강해 행정기관이 공익의 보호를 위해 표현의 자유를 제약해야 하는 상황이 빈번한 우리나라에서는 행정기관의 개입의 위헌성에 대한 논의가 항상 문제가 되기 때문이다.16)

1. Near v. Minnesota의 상식적인 해석

Near v. Minnesota 판결은 사후심의를, 그것도 법원에 의해 이루어진 사후심의의 결과물로서 내려진 명령을 사전제한원리 하에 위헌이라고 판단했다는 점에서 매우 이론적으로 접근하기 어려운 판결이었다. 필자는 이 판결의 세심한 해독은 이 판결이 매우 상식적임을 밝혀준다고 보며, 그 상식은 법원이 심의하여 위법하다고 판단한 것은 그것이 행위가 아닌 표현이라고 할지라도 영구적으로 금지 처분될 수 있지만, 그 처분은 위법판단을 받은 표현물에만 한정되어야 하며, 금지되는 표현물과 그렇지 않은 표현물 사이의 경계는 명확해야 한다는 것이다.

---

15) 헌법재판소 2001.08.30. 선고 2000헌바36 결정(합헌). 법원이 사인들 사이의 법정공방에 관한 심리에 대한 구제절차로서 방영금지가처분을 허용한 민사소송법 제714조 제2항이 합헌이라고 본 사례로서 헌법재판소는 "검열 금지의 원칙은 모든 형태의 사전적인 규제를 금지하는 것이 아니고, 단지 의사표현의 발표 여부가 오로지 행정권의 허가에 달려 있는 사전심사만을 금지하는 것을 뜻한다 할 것이다… 방영금지가처분은 비록 제작 또는 방영되기 이전, 즉 사전에 그 내용을 심사해 금지하는 것이기는 하나, 이는 행정권에 의한 사전심사나 금지처분이 아니라 개별 당사자 간의 분쟁에 관해 사법부가 사법절차에 의해 심리, 결정하는 것이므로, 헌법에서 금지하는 사전검열에 해당하지 아니한다"라고 했다.(강조 필자)
16) 황성기, "사이버스페이스와 불온통신규제", '사이버스페이스에서의 기본권', 한국헌법학회 제12회 헌법학술발표회 발표집, 2000. 5. 27; 이인호, "표현의 자유와 검열금지의 원칙 – 헌법 제21조 제2항의 새로운 해석론", 『법과 사회』 제15호(1997), p.261; 황승흠, "사이버 포르노그래피에 관한 법적 통제의 문제점 – 전기통신법 제48조의2를 중심으로", 『정보와 법 연구』 창간호, 국민대학교 정보와 법 연구소, 길안사(1999).

가. 판결의 개요

1931년 Near v. Minnesota 사건에서 미연방대법원은 악의적이고, 비방적이고, 명예훼손적인(malicious, scandalous, and defamatory) 신문, 잡지 및 정기간행물을 정기적으로 제작 배포하는 행위를 일종의 경범죄로 규정해 그와 같은 행위를 금지하는 법원명령(injunction, enjoin)을 내릴 것을 허용한 미네소타주의 법률을 사전제한으로 규정하며 위헌이라고 판결했다.[17] 그리고 해당 법률에 따라 내려진 미네소타주 법원의 명령 역시 파기되었다.

해당 법률조문의 제1조는 "악의적이고 비방적이고 명예훼손적인 신문, 잡지 또는 정기간행물"의 배포를 '공해(nuisance)'로 규정하고 이 공해는 법원명령에 의해 금지될 수 있다고 했다. 제2조는 해당 지역의 검사나 일반시민이 이 공해의 중지를 명하는 법원명령을 청구할 수 있다고 했다. 제3조는 위의 중지명령을 위반하는 자는 미화 1,000달러 또는 12개월 이하의 자유형에 처할 수 있다고 했다.

당시 원고는 *Saturday Press*라는 주간신문을 통해 매우 저급한 언어를 동원해 유태인계열의 갱단이 존재한다고 주장하며 공직자들이 이 갱단들에 매수되어 범죄소탕을 게을리 하고 있다는 의혹을 제기하는 기사를 9번에 걸쳐 게재했고, 이에 대해 해당 지역 검사는 관련 법률에 따라 법원에 금지명령을 신청했고 그 신청은 인용되었다. 해당 법원은 "악의적이고, 비방적이고, 명예훼손적인 신문의 출판을 중단하라"는 내용의 금지명령을 발부했다.

이에 대해 미연방대법원은 "신문이나 정기간행물이 법원에 의해 '악의적이고, 비방적이고, 명예훼손적'인 것으로 판단되어 그 출판에 금지명령이 내려질 경우, 출판을 재개하는 것은 **법정모독**을 저지른 것이 되어 벌금이나 구금으로 처벌 받는다. 그러므로 신문이나 정기간행물이 공직자들에 대한 비판 기사 때문에 위 발행이 금지된 후에 그와 같은 비판기사를 다시 게재하는 것은 다시 법정모독이 될 것이다. 즉, **명령은 발행인에게 영구적인 제재로 남게 되며 발행인은 새로운 발행물의 성격에 대해 법원을 만족시켜야 그 제재로부터 벗어날 수 있게 된다.** 발행인이 같은

17) Near v. Minnesota, 283 U.S. 697(1931).

또는 다른 공직자들에게 비판적인 기사를 게재할 수 있는가의 여부가 법원의 결정에 의해 달려 있게 된다."[18] 결국 발행인은 명시적으로 사전제출의무가 없더라도 아직 출판되지 않은 내용에 대해 자발적으로 법원에 사전제출을 하여 승인을 얻으려 할 수밖에 없을 것이다. 이렇기 때문에 미연방대법원은 "위 명령이 불법신문 및 정기간행물을 억제하는 작용만을 하는 것이 아니라 발행인을 실질적인 검열 하에 두게 된다"라고 하는 것이다.[19]

위 판결은 그 이후 사전제한에 대한 가장 권위적인 법원(法源)으로 남게 되어 상당수의 법원명령(injunction)들의 위헌성이 Near 판결의 중력장 속에서 다투어지게 된다.

나. 주류이론: 우회항변금지원칙에 의한 발화의 지연

사법부가 적법절차에 따라 이미 게시된 특정 표현물을 위법하다고 판단한 후에 이 표현물의 계속된 게시를 금지하는 것이 어떻게 위헌이 될 수 있을까? 현재 미국 법학계에서 이 질문에 가장 적절한 답변으로 알려진 이론은 우회항변금지 (collateral bar) 원칙을 중심으로 설명하는 이론이다.[20] 즉, 행정기관이나 사법기관이 내린 명령은 그 자체로 형식적인 문제가 없다면 반드시 지켜져야 하며 추후에 명령이 위헌이라고 밝혀졌다고 할지라도 명령을 지키지 않은 것에 대한 처벌은 감수해야 한다는 원칙을 말한다.[21] 이 원칙 때문에 표현의 발화자는 자신의 표현

---

18) 283 U.S. at 712. 영어원문은 다음과 같다. "When a newspaper or periodical is found to be 'malicious, scandalous and defamatory,' and is suppressed as such, resumption of publication is punishable as a contempt of court by fine or imprisonment. Thus, where a newspaper or periodical has been suppressed because of the circulation of charges against public officers of official misconduct, it would seem to be clear that the renewal of the publication of such charges would constitute a contempt, and that the judgment would lay a permanent restraint upon the publisher, to escape which he must satisfy the court as to the character of a new publication. Whether he would be permitted again to publish matter deemed to be derogatory to the same or other public officers would depend upon the court's ruling."
19) 283 U.S. at 712. 영어원문은 다음과 같다. "The statute not only operates to suppress the offending newspaper or periodical, but to put the publisher under an effective censorship."
20) Barnett, "The Puzzle of Prior Restraint", 29 Stan. L. Rev. 539, 552(1978).

이 합법적인 표현이라고 확신한다고 할지라도 그리고 그 확신이 추후 상급법원에서 옳다고 판명된다고 할지라도 법원의 금지명령을 준수해야 한다. 즉, 상급법원이 판단을 내리기 전까지는 법원의 금지명령에 의해 표현의 발화가 지연되어야 한다. 위 사건에서도 법원의 금지명령이 위헌일 수도 있지만 이 금지명령을 어기면 법정모독죄를 범한 것이 되고 이에 따른 별도의 처벌을 받게 되어 발행인은 어쩔 수 없이 금지명령을 따라야 한다. 만약 이 금지명령이 위헌인 것으로 나중에 판명될 때까지 발행인은 위법판단을 받은 기사를 사용할 수 없게 된다. 실제로 위 사건에서 발행인은 4년 동안 출판을 중단했다. 혹자는 우회항변금지 원칙은 표현의 자유에 대해서만 적용되는 것은 아니라고 말할 것이다. 실제로 특정 표현을 금지하는 것이 아니라 특정 행위를 금지하는 명령도 있을 수 있고 이 명령 역시 추후에 위법하다고 판단된다고 할지라도 그 명령을 준수하지 않는 행위는 별도로 처벌될 수 있다. 그런데 표현은 행위와 다르며 표현의 발화가 지연되는 것은 행위가 지연되는 것과는 달리 헌법적 피해다. 사전제한 법리는 이와 같은 지연을 방지하는 것이다.[22]

그러나 우회항변금지원칙(collateral bar)을 중심으로 법원명령의 사전제한적 성격을 설명하는 것은 필자가 보기에는 일정한 순환논리가 존재한다. 만약 표현의 발화를 지연시키는 것이 헌법적인 해악이라면, 표현의 자유를 제약하는 법원명령에 대해서는 상급법원인 미연방대법원이 우회항변금지원칙 자체를 적용하지 않으면 그뿐 아닌가? 물론 법적 안정성과 표현의 자유가 경합하는 경우 어떤 가치에 더욱 비중을 둘 것인가에 대한 논의도 필요하겠으나 이와 같은 이익형량이 불가능할 정도로 우회항변금지원칙이 헌법상 위계가 높지는 않을 것이다. 뿐만

---

21) 실제로 미연방대법원은 Walker v. City of Birmingham, 388 U.S. 307(1967)에서 흑인목사 8명이 시청의 허가를 얻지 않고 가두시위를 감행하지 않도록 가처분명령을 내렸음에도 불구하고 이들이 명령을 어긴 것에 대해 주법원이 법정모독죄를 적용했을 때 가처분명령의 위헌성에 관계없이 가처분명령을 어긴 것에 대해서는 유죄가 인정된다고 한 바 있다.

22) 비판적인 이론으로는 Jeffries, "Rethinking Prior Restraint", 92 Yale L.J. 409(1983). 참고로 우회항변금지원칙을 중심으로 행정명령에 대한 사전제한이론을 설명하는 입장에 대한 필자의 평가는 완전히 다르다. 그 이유는 아래에서 설명하겠지만 행정부의 형식적으로 온전한 명령을 따르지 않은 것에 대해 사법부가 쉽게 우회항변금지원칙의 적용을 포기하는 것은 3권분립의 원칙에 어긋난다.

아니라 법원명령과 관련해 사전제한 법리가 보호하는 가치가 "불법적일 수 있는 표현발화의 지연을 방지하는 것"이라면 상급법원들이 더욱 신속하게 심의를 하거나 또는 Freedman v. Maryland 판결이 요구했던 안전장치를 요구하면 되는 일이 아닐지. 이 논문에서는 우회항변금지원칙을 중심으로 법원명령에 대한 사전제한 이론을 설명하는 입장에 대해서는 더욱 깊게 다루지 않겠다. 그러나 사전제한금 지원리를 설명하기 위해 우회항변금지원칙을 동원하고 다시 이를 통해 사전제한 금지법리가 보호하는 가치를 "불법적일 수 있는 표현발화의 지연을 방지하는 것" 이라고 정하여 다시 이 가치를 통해 법원명령의 위헌성을 주장하는 것에는 문제가 있다. 특히 법치주의국가에서 법원에서 불법이라고 판단했다면 더 이상의 불법판 단은 항소심에서 번복되기 전에는 없다고 보아야 한다는 의구심을 떨쳐버릴 수 없다.

Near 판결은 이외에도 형평법과 일반법의 이원성으로부터 도출되는 법원명령 에 대한 회피경향에 상당히 의지하고 있다.[23] 물론 이것은 표현의 자유와 관련된

---

23) Mitchell et al. v. Grand Lodge, Free and Accepted Masons of Texas, 56 Tex. Civ. App. 306. 1909년에 텍사스항소법원은 흑인종족의 부흥을 목표로 하여 합법적으로 설립된 흑인메이슨 (Mason)그룹에 대해 '의혹스러운(spurious) 단체'라는 내용을 담은 홍보물의 출판을 금지하는 하급 법원의 명령을 파기했다. '손해배상이 적절한 보상이 되지 않을 때만 법원명령을 발부할 수 있다는 형평법원의 일반법칙으로부터 도출될 수 있다고 했다. 그리고 텍사스주의 표현의 자유 보호조항을 인용하며 명예훼손에 대해는 금지명령을 내릴 수 없다고 판시했다.
Citizens's Light, Heat & Power Co. v. Montgomery Light & Water Power Co., 171 F. 553; 1909 U.S. App. LEXIS 5620(Circuit Court, M.D. Alabama, N.D.; July 22, 1909) 1909년에 미연방 앨라배 마 북부지원은 전력 회사들 간의 상호 비방 선전물에 대해 금지명령을 신청할 수 있는가를 판단하며, 적어도 초기 판례들 중에서는 매우 균형 있고 정직한 이유를 제시하며 금지명령신청을 기각한다. 앨라배마 법원은 금지명령이 모든 상황에서 금지된다고 생각하지는 않았다. 동 법원은 명예훼손에 의한 피해가 '재산상 피해'를 넘어서지 않는다면 금지명령이 허용되지 않는다는 포머로이의 Equity Jurisprudence, 630을 인용한 후, 여기에는 비밀정보의 공개도 없고 동등한 라이벌의 그것 이외에는 특별한 관계도 개입되어 있지 않다… 고객들이나 고객들의 재산에 폭력의 위협이 존재하는 것도 아니다… 고객은 자신의 판단을 세우고 자신의 선호를 이행하는 데에 자유롭다. 고객이 속았을지 모르지만 위협 받거나 강제된 것은 아니다.
Howell v. Bee Publishing Company, 100 Neb. 39, 42; 158 N. W. 358(1914)에서 네브래스카 대법원 은 선거 2달 전에 주지사 선거에 나오지 않겠다고 한 말을 번복하고 주지사 선거에 출마한 원고가 위의 불출마 선언에 대해 보도하려는 신문사를 상대로 낸 금지명령(injunction) 청구소송에서 하급 심이 발부한 금지명령에 대해 위헌을 선언하고 원심을 파기했다. 역사에 비추어볼 때, 헌법의 언어를 통해 밝혀지는 그 주요한 의도들을 오해해서는 안 될 것이다. 전과 같은 정치적인 간행물에 대한 검열의 권한은 없어졌다. 형평법원을 통해 이루어지는 검열은 정부의 다른 부처에서 이루어지는

것만은 확실하지만 형평법원과 일반법원이 통합되어 있는 상황에서 이와 같은 보편적 회피경향이 사전제한 원칙을 대체할 수는 없다.

다. 상식적인 이해: 정기간행물로서의 특성

하지만 Near v. Minnesota 판결을 다시 한 번 살펴보면 우회항변금지원칙을 동원하는 매우 상식적인 그러나 사전제한법리의 고전적 이상에 충실한 판결임이 밝혀진다.

발행인은 위 금지명령을 미네소타주 대법원에 상고했다가 인용되자 미연방대법원에 상고했는데, 이때 발행인은 자신의 신문이 악의적이고 비방적이고 명예훼손적이라는 점을 인정하지는 않았지만 상고의 취지는 해당 법률 자체가 위헌이라는 것이었으며,[24] 발행인은 해당 기사의 합법성에 대해서는 전혀 다투지를 않았다. 검찰이 위 기사에 대해 명예훼손에 대한 형사처벌을 하려는 것도 아니었고, 명예훼손의 피해자들이 손해배상을 청구한 것도 아니었기 때문이다. 물론 이미 게재된 기사의 합법성을 증명한다면 위 금지명령의 위법성을 다툴 수도 있었을 것이다. 그러나 발행인 입장에서는 *Saturday Press*는 정기간행물이었고 실제로 '악의적이고 비방적이고 명예훼손적'이라는 판단을 받는 기사들은 이미 지난 호를 통해 배포 및 판매가 되어 발행인의 소기의 목적은 이미 달성된 후였으므로 이 기사들을

검열보다 덜 부당한 것이 아니다라고 하면서도 네브래스카 대법원은 형평법원이 부당한 출판물로부터 사법제도, 재산, 계약, 개인적, 또는 주헌법이나 연방헌법에 의해 보장되는 다른 권리들을 보호할 권한에 대한 논의는 제시되지 않았고 결정하지도 않는다며 애매모호한 여운을 남겨 금지명령 (injunction)의 사용을 원칙적으로 금하지는 않았다.
Willis v. O'Connell, 231 F. 1004; 1916 U.S. Dist. LEXIS 1767(District Court, S.D. Alabama, S.D., at Mobile; April 24, 1916)에서 1916년 미연방 앨라배마 남부지원은 특정 약품의 효능 및 그 약품을 추천한 사람들의 인격을 모독하는 내용을 출판하려는 신문사에 대한 금지명령신청을 기각했다. 동 법원은 금지명령기각의 근거에 대해 자신감을 보이고 있다. 동 법원은 신청인이 출판물에 대해 금지명령이 허용된 판례들을 제시한 것에 대해, 제시된 판례들을 다음의 세 가지 예외적인 사유에 따라 분류하고, 동 사건은 예외에 해당되지 않는다고 했다: (1) 특허권이 침해될 때, (2) 불법적인 폭력의 위협이 가해지고 그 폭력의 행사가 임박할 때 그리고 (3) 상업상의 경쟁자들 사이에 불공정하고 불법적인 방법이 사용될 때. 동 법원은 단 Emack v. Kane만은 이 예외로서도 설명되지 않음을 인정하지만 그 사건을 선판례로 인정하고 따른 사건들이 많지 않다고 했다.
24) Near, 709.

다시 게재할 이유는 없었다. 또 판결문의 소수의견이 첨부한 *Saturday Press*의 기사들을 볼 때 당시의 그다지 엄격하지 않았던 명예훼손의 기준으로 발행인은 명예훼손이 아니었음을 증명하기 어려웠을 수도 있다. 종국적으로 발행인에게 더욱 중요한 것은 앞으로 나올 기사들을 발행할 권리를 확보하는 것이었고, 그렇기 때문에 법률 자체의 위헌성을 근거로 상고를 하는 대신 이미 발행된 기사들의 위법 여부에 대해서는 상고를 하지 않은 것이다.

그렇다면 발행인이 위 상고를 통해 확보하고자 하는 것은 추후의 신문발행을 할 권리였던 것이다. 즉, 상고에서의 심의대상은 이미 위법으로 판단 받은 과거의 기사들에 대해 영구금지명령이 아니라 아직 그와 같은 판단을 받지 못한 — 아직 작성되지도 않았기 때문에 — 기사들에 대해 위 명령이 미칠 영향이었던 것이다. 하지만 미네소타주 대법원은 이미 "금지명령은… 피고가 신문을 공익에 조화롭게 운영하지 못하도록 억제하지는 않는다"[25]고 판시했었다. 즉, 금지명령은 단지 "피고가 악의적이고 비방적이고 명예훼손적인 신문을 발행하는 것을 금지한다"고 했을 뿐이므로 앞으로 게재될 기사들이 악의적이고 비방적이고 명예훼손적이지만 않다면 피고는 신문발행을 계속할 수 있었다는 것이다. 실제로 Near v. Minnesota 판결에 대한 강력한 소수의견에서 Butler 대법관은 "법률의 어디에도 공해로 판정되지 않은 기사를 금지할 것을 허용하는 내용은 없다"고 지적했다.[26]

이에 대한 미연방대법원의 공식판결문의 대답은 무엇일까? 미연방대법원은 "법률은 무엇이 '비방적이고 명예훼손적인'이라는 문구 외에는 [위법성의] 정의를 내리지 않는데 공직자 비리에 대한 기사들이 그 종류에 포함되는 것으로 보인다… [주대법원의 판결로부터] 명백히 유추할 수 있는 것은 공직자 비리에 대한 새로운 기사들은 법원이 공익과 조화롭다고 생각하는 내용이 아니라면… 법정모독으로 처벌될 것이라는 점이다."[27](필자 강조)

---

25) Near, 707.

26) Near, 737.

27) 영어원문. "The law gives no definition except that covered by the words 'scandalous and defamatory,' and publications charging official misconduct are of the class… the manifest inference is that, at least with respect to a new publication directed against official misconduct,

위 문구에서 다음과 같은 점을 발견할 수 있다. 첫째, 미연방대법원의 관심사는 위법성이 확정된 기사들이 사후적으로 억제되거나 그(재) 발화가 지연되는 것이 아니라 아직 위법성이 확정되지 않은 새로운 기사들에 대해 위 금지명령이 미치는 사전적인 영향임이 엿보인다. 즉, 미연방대법원은 이미 발행된 기사에 대해 법원이 판단을 내리고 그 판단이 우회항변금지 원칙에 힘입어 합법적인 표현물의 표출을 지연하거나 계속적인 표출을 억제하는 효과에 대한 관심보다는, 우회항변금지원칙에 관련 없이 추후의 표현물의 표출에 미치는 영향에 대해 관심을 가지고 있는 것이다.

둘째, 미연방대법원은 위법성이 확정되지 않은 새로운 기사들에 대한 주법원의 판단에 대해 관심을 보이면서 주법원의 판단이 자의적일 수 있다는 면에서 매우 깊은 의구심을 보이고 있다. 그러나 모든 판사의 판단은 자의적일 수 있는 위험이 상존한다. 그렇다고 해서 모든 경우에 판사에게 판단을 내리는 그 자체를 위헌이라고 규정하지는 않는다. 그렇다면 왜 여기서는 자의가능성을 이유로 하여 판사가 장래의 기사들에 대해 판단을 내리지 못하도록 하는 것일까?[28]

라. 명확성의 원칙과 Near 판결

바로 법이 명확하지 않았기 때문이다. 즉, Near 판결에서 위헌이 결정되었던 이유는 법원이 X라는 기사를 명시하고 그 기사에 대해 출판금지명령을 내린 것이 아니라 '악의적 · 비방적 · 명예훼손적'이라는 매우 추상적인 기준을 제시한 것이 문제였다. 이와 같이 추상적인 기준이 제시되면서 이론적으로는 아직 출판하지 않은 기사들 전체를 억제하는 것과 비슷한 효과를 내게 되었다. 왜냐하면 발행인은

the defendant would be held, under penalty of punishment for contempt as provided in the statute, to a manner of publication which the court considered to be 'usual and legitimate' and consistent with the public welfare."

28) Near 판결이 내려질 당시에는 미국의 법치주의가 아직 완성되지 않은 시기여서 판사들에 대한 의심이 충만해 있었고 형평법과 일반법의 이원성에 따라 나타나는 법원명령에 대한 회피현상과 접목되어 이미 명예훼손을 금지하는 법원명령에 대한 경계심이 존재하고 있었다는 입장에 대해서는 Meyerson, "The Neglected History of the Prior Restraint Doctrine: Rediscovering the Link between the First Amendment and the Separation of Powers", 34 Indiana L. Rev. 295(2001)

아무리 주관적으로는 결백하다고 믿는 기사라 할지라도 위와 같이 폭넓은 기준에 저촉될지 여부에 대해서는 확신을 가지고 판단할 수밖에 없고, 자신의 판단이 잘못된 경우에는 법정모독죄를 저지른 것과 마찬가지가 되므로 대부분의 기사들의 게재를 포기할 수밖에 없게 된다. 이와 같은 과정에서 '악의적 · 비방적 · 명예훼손적'이 아닌 기사들마저도 게재를 포기하거나 법원에 사전에 의사타진을 하게 되는 상황이 발생하게 된다. 즉, 전형적인 허가제 방식의 사전검열과 비슷한 효과를 내거나 똑같은 효과를 내게 되는 것이다.

대부분의 민사상 법원명령들은 정의되지 않은 표현물에 대한 것이 아니라 이미 정의된 표현물에 관한 것이다. 예를 들어 저작권침해소송에서 특정 저작물이 타인의 저작권을 침해하는 것으로 적법절차를 통한 판단이 이루어져 있을 경우 그 특정 저작물의 복제 배포를 금지하는 명령과 같은 것이다. 위의 Near 판결의 기준을 이용하자면 이는 사전제한이 아니다. 왜냐하면 이미 적법절차에 따라 위법여부가 가려진 표현물에 대해서만 적용되기 때문이다. 다시 말하지만 법적인 절차에 따라 그 표현물이 위법한 것이라는 사법적인 판단이 내려졌다면 그와 같은 판단이 내려진 표현물에 대한 금지명령은 합헌이 된다.

그런데 법률은 '악의적이고 비방적이고 명예훼손적인 정기간행물'의 발행을 금지할 수 있다고 했는데, 그렇다면 법이 그 위법의 범위에 대해 조금 더 명확히 정의했다면 위와 같은 억제효과가 없어지게 될까? 그렇다. 실제로 Near 판결 이후에 여러 사법기관에 의한 법원명령이 합헌적인 것으로 인정될 때는 위법의 범위가 명백히 정해져 있을 때로 한정되어 있다.[29] 결국 Near 판결의 상식적인 해석이란 법원이 적법절차를 통해 위법하다고 판단한 표현물은 당연히 사후적으로 금지될 수 있는 것이지만 금지의 범위가 불명확해 새로운 표현물이 금지된 표현물에 포함되는지를 확인하기 위해 실질적으로 법원의 눈치를 보아야 하는 정도가 된다면

---

29) U.S. v. Noriega, 917 F.2d 1543(11th Cir., 1990) cert.den.sub nom. CNN, Inc. v. Noriega, 498 U.S. 976(1990)(이상 재판상비밀유지금지명령 관련). The Martin Luther King, Jr., Center for Social Change, Inc. v. American Heritage Productions, 250 Ga. 135, 296 S.E. 2d 697(1982); Bi-Rite Enters, Inc. v. Bruce Miner Co., 757 F.2d 440, 441(1st Cir. 1985)(이상 초상권 침해금지명령 관련); Carpenter v. United States, 484 U.S. 19, 25(1987)(이상 영업비밀침해금지명령)

이는 새로운 표현물에 대한 고전적 의미에서의 사전제한이 된다는 것이다.

물론 금지명령의 대상이 명백히 정해진 경우라 할지라도 대상표현물이 전혀 표출된 적이 없기 때문에 금지명령이 순수하게 사전적인 의미로 작용하는 경우에는 금지명령은 위헌처분을 받을 수도 있다. 그러나 이와 같은 경우는 고전적인 사전제한법리가 경계하던 '사상의 자유시장'에 도달하지 못하는 상황의 하나라고 볼 수 있다. 예를 들어 New York Times v. U.S. 사건에서[30] 미연방대법원은 Pentagon Papers라는 베트남관련 자료의 보도에 대한 금지명령의 발부를 거부했다. 또 미연방대법원은 Nebraska Press Association v. Stuart 사건에서[31] 어느 주형사법원의 판사가 "피고를 범죄에 연루시키는" 보도를 하지 못하도록 하는 명령을 내린 것에 대해 위헌처분을 했는데 이 역시 특정 사실들이 사상의 자유시장에 접근하지 못하도록 하는 사전적 효과 때문인 것으로 보아야 한다.

이와 같이 Near 판결을 상식적으로 해석하면 많은 학자들이 다루기를 곤혹스러워하는 Near 판결이 스스로 인정한 사전제한금지원칙의 예외들도 설명될 수 있다. "사전제한으로부터의 보호는 물론 무한하지 않다. 그러나 그 한계는 예외적인 상황에서만 인정되었다. 전쟁 중 …에 정부는 당연히 징병에 대한 실제 방해나 군량 출항일자나 군대의 수나 위치에 대한 출판을 금지할 수 있다. 음란물에 대해서도… 집행될 수 있다. 폭력행위나 국가전복의 선동 등도 적법한 정부행위로서 금지될 수 있다…[32]"라고 했다. 위와 같은 설시는 문제를 야기했는데 1960년대의 판결들은 사전제한(예를 들어 영화상영허가제)이 음란물에 대한 제재방법으로서도 부적절함을 밝혔다.[33] 이는 당연하기도 한 것이기도 하지만 여기서는 법원은 1) 특정 표현물을 음란물로 규정한 후에 그 표현물만의 출판을 금지하는 상황 또는 2) 특정 표현물이 국가적 폭력을 발생시킬 명백하고 임박한 위험이 있음을 판시하고 그 표현물만의 출판을 금지하는 상황을 언급하고 있는 것으로 이해할 수 있다.

---

30) 403 U.S. 713(1971).
31) 427 U.S. 539(1976).
32) 283 U.S. at 717.
33) Freedman 판결.

마. 소결

정리하자면 Near 판결의 기준을 따르더라도 법원이 적법절차를 통해 위법하다고 판단한 행위나 표현을 금지하는 명령은 사전제한이 아니다.[34] 법원명령이 사전제한이 되는 경우는 그 명령의 범위가 불분명해 법원이 적법절차를 통해 위법성 판단을 하지 않은 합법적일 수 있는 표현물에 사전적으로 적용될 수 있는 위험이 있는 경우 또는 금지명령이 명백히 적용되는 대상 자체가 아직 표출되어 있지 않아 이 대상에 대해 사전적인 효과를 발생할 때로 한정되어야 한다. 즉, Near v. Minnesota는 상식적으로 이해될 수 있는 것이다. 사후적인 사법적 판단에 의해 위법판정을 받은 표현물에 대한 금지명령이 헌법적으로 문제가 있는 것은 아니다.

덧붙여 여기에서 우리가 취할 교훈은 Near v. Minnesota 판결을 사전제한 법리에 대한 판결이라기보다는 명확성의 원칙(vagueness)에 대한 판결로 이해하거나 최소한 사전제한 법리와 명확성의 원칙 사이의 접점을 구성하는 판결로 이해할 수 있다는 점이다. 즉, 금지명령의 범위가 불명확함으로 인해 아직 표출이 되지 않은 표현물까지 명령의 범위에 포함됨으로써 보통의 상황에서는 이미 법원이 위법성을 적법하게 판단한 표현물에 대한 합법적인 사후제재로 인정되었을 금지명령이 위헌판단을 받은 상황으로 한정해 이해할 수 있다는 것이다.

---

34) 이와 같은 이해가 현대의 표현의 자유 실무가들에게는 거의 받아들여지고 있음은 실무가들이 사용하는 웹사이트를 보면 알 수 있다. http://itlaw.wikia.com/wiki/Prior_restraint. 물론 법원의 최종결정이 아닌 가처분결정 등과 같이 최종심의가 내려지지 않은 결정에 대해서는 사전제한법리가 적용될 수 있다. Mark A. Lemley & Eugene Volokh, "Freedom of Speech and Injunctions in Intellectual Property Cases", 48 Duke L. J. 147, pp.169-71(1998). 하지만 필자가 생각건대 이는 제재의 발화에 대한 사전성이 문제가 아니라—왜냐하면 Lemley와 Volokh의 논문은 이미 발화가 된 표현물에 대한 가처분을 다루고 있기 때문에—이 논문의 2장에서 다루게 될 제재의 종국적 사법심사에 대한 사전성이 문제다. 즉, 필자의 견해는 사법적 심의를 통해 표현물의 위법성이 판단되면 그 이후에는 가처분이든 영구처분이든 관계없이 허용될 수 있다고 보여진다. 물론 역시 제재의 발화에 대한 사전성이 문제가 되는 경우에는 고전적인 사전제한법리('사상의 자유시장'에의 접근)가 적용된다.

2. Bantam Books v. Sullivan[35)]의 재발견

가. 판결의 개요

1956년에 미국 로드아일랜드주 의회는 청소년도덕함양위원회(Commission to Encourage Morality in Youth)를 설립하고 그 위원회에 음란하거나(obscene) 저속하거나(indecent) 불순하거나(impure) 청소년을 타락시킬 것이 명백한 내용을 담고 있는 서적들에 대해 일반인들을 계도하고 그와 같은 서적들에 대한 처벌을 권고할 수 있는 권한을 부여했다. 이 위원회의 위원들은 5년 임기로 주지사가 임명했다. 이 위원회는 시중에 이미 판매되고 있는 서적들을 심의해 과반수 이상의 위원들이 해당 서적을 유해물로 판단할 경우, 해당 서적을 판매하는 자에게 청소년유해판정 사실을 통보했다. 이 판정 통지서는 "판정결과가 경찰당국에도 통보되었다"는 내용과 "위원회는 음란물의 배포에 대해 처벌을 하도록 관련당국에 권고해야 하는 의무를 가지고 있다"는 내용을 담고 있었으며, 이에 따른 판매자의 '협조'를 권고했다.[36)] 거의 모든 서점들은 위의 통지를 받으면 즉시 관련서적

---

35) 372 U.S. 58(1963). 이 판결은 한상회(현재 건국대학교 법과대학 교수)에 의해 2001년 12월 13일 정보통신윤리위원회 주최 2001년 정보통신윤리학술대회의 토론에서 처음 국내에서 소개된 것으로 보인다. 이 판결은 박경신, "사전 검열 법리와 정보통신윤리위원회의 활동: 법과학적 방법으로", 『인권과정의』 제12호 200. 8, pp.71-93에서 다시 소개되었고 박선영, "가상공간에서의 표현의 자유와 청소년 보호", 헌법실무연구회 제2회 발표회(2002. 10. 11.)에서 다시 소개되었으나 그 자세한 내용을 소개하는 것은 이번이 처음이다.

36) "This agency was established by legislative order in 1956 with the immediate charge to prevent the sale, distribution or display of indecent and obscene publications to youths and(sic) eighteen years of age. The Commissions(sic) have reviewed the following publications and by majority vote have declared they are completely objectionable for sale, distribution or display for youths under eighteen years of age···The Chiefs of Police have been given the names of the aforementioned magazines with the order that they are not to be sold, distributed or displayed to youths and(sic) eighteen years of age··· The Attorney General will act for us in case of non-compliance··· The Commissioners trust that you will cooperate with this agency in their work, *** Another list will follow shortly··· Thanking you for your anticipated cooperation, ···."
또 다른 통지문은 다음과 같은 내용을 가지고 있었다. "This list should be used as a guide in judging other similar publications not named. Your cooperation in removing the listed and other objectionable publications from your newsstands(sic) will be appreciated. Cooperative action will eliminate the necessity of our recommending prosecution to the Attorney General's

의 판매를 중단했다. 이와 같은 상황에 대해 위의 위원회에 의해 위법하다고 판명된 서적의 출판사들이 위와 같은 권고제도가 위헌적이라며 소송을 제기했다. 로드아일랜드주 대법원은 위의 권고제도가 위헌적이지도 않다고 했다.

이에 대해 미연방대법원은 다음과 같이 판시했다.

위원회의 활동은 주정부의 형사상 음란규제와는 별도로 부과되어 그 국가규제를 불필요하게 만든다. 그러나 형사상 처벌의 필요를 피하면서 주정부는 형사절차의 안전장치들도 제거한 꼴이 되었다. 형사처벌은 형사절차의 절차적 안전장치들로 둘러싸인 형사재판을 통해 음란성 여부가 판단된 후에야 적용된다. 위원회는 이와 대조적으로 음란하지 않은 헌법적으로 보호되어야 할 표현물을 억제하지 않도록 하는 안전장치들을 전혀 제공하지 않는다. 형법에 의지할 때보다 보장되어야 할 자유에 대한 더욱 심대한 위협을 발생시키는 규제형태이다.

주정부는 간행물의 배포를 행정적 사전제한(prior administrative restraint)의 체계를 이용해 규율하는 것이다. 위원회는 사법기구가 아니고 위원회가 특정 간행물들을 불온(objectionable)서적 목록에 올리는 결정은 그 간행물들의 규제가 합법적이라는 사법적 판단을 따르는 것이 아니다. 표현에 대한 사전제한 체계는 위헌성의 강력한 추정을 받게 된다[Near v. State of Minnesota, 283 U.S. 697(1931) 및 다수의 대법원 판결을 보라]. 우리는 사전제한체계를 사법기구의 감독 하에서 운영하고 규제조치의 합법성에 대해 거의 즉각적인 사법적 판단이 있을 경우에만 용납했다. [Kingsley Books, Inc. v. Brown, 354 U.S. 436] 이 사건의 체계는 그러한 구제책은 포함하지 않는다. 헌법적으로 보호되는 간행물을 억제할 수 있는 가능성은 오히려 이 법원이 위헌처분했던 허가제도들보다 더욱 높다. 판정문이 발부되기 전의 사법적 통제도 없고 위원회의 결정에 대한 사법심사도 정해두고 있지 않다. 발행인과 유통인 모두 자신들이 취급하는 간행물이 불온서적 목록에 오르기 전에 아무런 통지나 변론기회도 얻지 못한다.[37]

department."

37) The Commission's operation is a form of effective state regulation superimposed upon the State's criminal regulation of obscenity and making such regulation largely unnecessary. In thus obviating the need to employ criminal sanctions, the State has at the same time eliminated the safeguards of the criminal process. Criminal sanctions may be applied only after a determination of obscenity has been made in a criminal trial hedged about with the procedural safeguards of the criminal process. The Commission's practice is in striking contrast, in that it provides no

위의 문구를 읽다 보면 결국 미연방대법원이 사전제한이라는 표현을 쓸 때 '사전'이라 함은 표현물의 표출 이전을 말하는 것이 아니라 사법부의 판단 이전이나 사법부의 판단이 즉각적, 후속적으로 따르지 않는 경우를 말하는 것임을 알수 있다. 이와 같이 사법부의 판단에 의하지 않은 위법결정을 '사전'으로 규정했던 경향은 Bantam Books 판결이 결정되었던 시대의 다른 판결들을 보아도 알 수 있다.

나. '사전'의 의미

1) HMH Publishing v. Garrett[38]

1956년 헨더슨이라는 신문 및 잡지 유통업자는 특정 잡지를 배포해 인디애나주의 음란법을 위반했다는 혐의에 대해 유죄판결과 이에 따르는 벌금형을 받았다. 헨더슨은 차후에 이런 일을 방지하기 위해 자신을 처벌했던 검찰에 연락해 "어떤 잡지들이 음란물인지 알려달라"고 질의를 했고, 이에 대해 검찰은 원고의 잡지인

---

safeguards whatever against the suppression of nonobscene, and therefore constitutionally protected, matter. It is a form of regulation that creates hazards to protected freedoms markedly greater than those that attend reliance upon the criminal law.
What Rhode Island has done, in fact, has been to subject the distribution of publications to a system of prior administrative restraints, since the Commission is not a judicial body and its decisions to list particular publications as objectionable do not follow judicial determinations that such publications may lawfully be banned. Any system of prior restraints of expression comes to this Court bearing a heavy presumption against its constitutional validity. See Near v. State of Minnesota ex rel. Olson, 283 U.S. 697, 51 S.Ct. 625, 75 L.Ed. 1357; [이후 다수의 대법원 판결문 생략] We have tolerated such a system only where it operated under judicial superintendence and assured an almost immediate judicial determination of the validity of the restraint.[각주: *71Kingsley Books, Inc. v. Brown, 354 U.S. 436, 77 S.Ct. 1325, 1 L.Ed.2d 1469.] The system at bar includes no such saving features. On the contrary, its capacity for suppression of constitutionally protected**640 publications is far in excess of that of the typical licensing scheme held constitutionally invalid by this Court. There is no provision whatever for judicial superintendence before notices issue or even for judicial review of the Commission's determinations of objectionableness. The publisher or distributor is not even entitled to notice and hearing before his publications are listed by the Commission as objectionable.
38) 151 F. Supp.903; 1957 U.S. Dist. LEXIS 3648(1957).

*Playboy*지를 포함한 24개의 잡지명을 가르쳐 주었다. 헨더슨은 *Playboy*지를 포함한 24개 간행물 전부에 대해 판매를 중단했다. 이에 대해 *Playboy*지의 발행인인 HMH Publishing은 검찰의 위 행위가 사전제한에 해당한다며 소송을 제기했다.

인디애나주 연방지법은 검찰의 행동의 실질적인 효과는 Playboy지의 추후 판매를 금지하는 것이었다며 검찰의 행동은 '사법처리의 암묵적인 위협'에 이르는 것으로서 '사전제한'에 해당한다고 했다.[39] 동 법원은 Near v. Minnesota도 사전제한 금지의 예외를 허용했음을 인정하면서도 그와 같은 예외에 해당되기 위해서는 수정헌법 제14조(Fourteenth Amendment)의 절차적인 적법절차의 요건을 충족시켜야 할 것이라고 경고했다.

그리고 동 법원은 사실 판단에 들어가서는 다음과 같이 검찰의 행동을 꾸짖는다.

> 여기서 발행인은 중립적인 판정부 앞에서 공정한 청문회를 통해 자신의 간행물이 실정법을 위반하는지의 여부를 가릴 기회를 갖지 못했다. 대신 검찰이 발행인에게 반증의 기회도 주지 않은 채 '사전적인' 판단을 했다. 검찰이 이 판단을 내리면서 어떤 법적인 기준과 입증 기준을 이용했는지도 알 수 없다.

2) Sunshine Book Company v. McCaffrey[40]

1951년에 뉴욕 경찰서장은 시내의 1,200개에 달하는 신문 및 잡지 판매인들에게 Sunshine & Health와 Sun Magazine이라는 전국적인 나체주의자들의 정기간행물을 포함한 다수의 간행물을 판매하지 말 것을 요구하는 서한을 보냈다. 이 서한은 위 요구를 따르지 않으면 위 판매인들의 면허를 취소할 것을 통고했다. 판매인들은 즉시 서한에 나열된 간행물들의 판매를 중단했다. 뉴욕고등법원(Supreme Court of New York)은 위에서 언급되었던 Near v. Minnesota, Bantam Books v. Melko, Kingsley Books v. Brown 등을 언급하며 뉴욕경찰서장의 행위

---

39) 151 F. Supp.at 905.
40) 4 A.D.2d 643; 168 N.Y.S.2d 268; 1957 N.Y. App.Div. LEXIS 3759(1957).

가 사전제한에 해당한다고 했다. 동 법원은 Near의 '실질적인 기능과 효과' 기준을 적용한다고 하면서, 이 서한의 실제 효과는 신문 및 잡지 판매인들을 굴복시켜 원고의 잡지 장래본(future copies)들의 판매를 방지하는 것이라고 판시한다.[41]

> 동 법원은 우리의 결정이… 시당국이 적절한 절차를 통해 형사상 유죄판결을 받아내거나 법원의 금지명령[42]을 받아내어 음란물의 판매나 배포를 박멸하는 것을 막는 것은 아니다… 검사들이 형법을 열심히 집행할 때, 기소나 처벌의 위협이 음란물의 확산을 저해(deter)할 것이다. 그러나 우리는 '사전검열(advance censorship)'을 통해 의사소통을 규제하기 위해 행정권(administrative power)을 이용하는 것에 대해서는 추호의 용납도 하지 않아왔다[43]라고 했다.

이와 같은 결론은 McTab Publishing v. Howard[44]에서 확인되는데 1958년 루이지애나 시장과 경찰은 주민들로부터 외설적인 잡지들에 대한 신고를 받자 위 잡지들을 목사들로 이루어진 비공식적 심의 기구인 '지역사회문학순화위원회'에 심의토록 한 후, 그 지역의 신문 및 잡지 유통자들에게 위 잡지들을 판매 금지할 것을 요청하면서 음란법에 의거한 형사처벌이 있을 것임을 밝혔다. 이에 대해 위 잡지 발행인들은 위 시장과 경찰의 위협행위가 '사전제한'에 해당한다며 더 이상의 위법행위를 하지 못하도록 하는 금지명령[45]을 루이지애나 연방지법에 신청했다. 이에 대해 동 법원은 "시장과 경찰의 행위가 '사전제한'인지에 대해서는 지금 결정할 필요가 없다고 한다. 그 이유는 시장은 위의 첫 서한 이후에는 음란물에 대한 사법처리를 즉각 시작할 것이라고 명백히 했다… 시장의 앞으로의 조치

---

41) 168 N.Y.S.2d at 273.
42) 이 대목은 위의 1장에서 제시한 Near v. Minnesota의 상식적 이해와 부합한다.
43) 168 N.Y.S.2d at 274.
44) 169 F. Supp.65; 1959 U.S. Dist. LEXIS 3811(1959).
45) 1950년대에는 발행인들이나 서적유통업체들이 경찰이나 시청에서 행하는 음란물 단속에 대해 가처분신청을 많이 신청했는데 이 판결에서는 드물게 그 신청이 받아들여지지 않았다. 이는 당국이 계속 위협행위를 할 가능성이 거의 없고 사법처리로 즉시 이행할 것으로 보이기 때문인 듯싶다. 본문에서 설명하듯 미국사법부는 표현의 자유에 대한 처벌은 온갖 적법 절차 상의 장치들이 사용되어 피의자의 권리를 보호하는 사후처벌을 통해서 이루어질 것을 장려하고 있기 때문에 당연히 Magtab Publishing v. Howard 법원은 금지명령 발부를 거부하고 있는 것이다.

는 사법처리의 위협이 아니라 사법처리의 시행이 될 것이다… 이 사법처리 과정을
통해 피의자는 주법원에서 헌법적, 사실적 및 기타 항변을 제기함은 물론 궁극적으로
연방대법원에까지 항소를 할 수 있다.[46]" 그러면서 동 법원은 이와 같은 사법처리는
시장과 경찰이 당연히 시행할 권한을 가지고 있으므로 이를 금지하는 명령을 발부
하지 않겠다며 판결문을 끝맺는다.

3) New American Library of World Literature v. Allen[47]

1953년 오하이오주 영스타운시의 경찰은 스스로 108개에 달하는 단행본들을
외설물로 선정해 그 지역의 최대 서적판매상인 블록에게 관련 서적의 판매를 중단
해줄 것을 요청하고 이를 받아들이지 않을 경우 형사처벌을 하겠다고 위협했다.
이에 대해 오하이오주 연방지법은 다음과 같이 사전제한금지 법리의 의의를 설명
했다.

경찰서장으로서 피고는 관련된 출판물들에 대해 위법의 개연성이 있는가? 검사
를 할 의무는 가지고 있다. 경찰서장은 관련 서적들이 음란한지 부도덕한지에 대한
최종결정을 내릴 권한은 없다. 사법처리를 진행시켰다면, 시당국은 합리적인 의심의
여지가 없도록 위법성 요건을 증명할 책임을 가지게 되며 이때 음란성 및 부도덕성도
같이 증명되어야 한다. 권한을 가진 법원이 관련 서적을 음란하다거나 부도덕하다고
판정하기 전까지는 관련 서적의 출판 및 유통은 어떠한 형태로든 억제되어서는 안
된다.[48]

다. Redish, Monaghan, 그리고 Freedman 판결

실제로 Redish는 "사전제한의 합헌성은 완전하고 공정한 사법적 판단을 내리
기 전에 아무런 제한이 집행되지 않는 이상(理想)적인 상황에 비교되어 판단되어

---

46) 169 F.Supp.at 70.
47) 114 F. Supp.823; 1953 U.S. Dist. LEXIS 4084; 67 Ohio L. Abs. 143; 52 Ohio Op.289(1953).
48) 114 F. Supp.at 833-4.

야 한다"고 했다.[49] 이에 따라 Redish는 "우리가 독립적인 사법부에 대해 내리고 있는 두 개의 전제, 즉 헌법적 필요성과 충분성의 전제에 비추어볼 때, 행정적 사전제한과 사법적 사전제한 사이에는 엄청난 차이가 있다"고 했다.[50] Redish는 기본적으로 사전제한은 궁극적으로는 합법적일 수 있는 표현물이 법치주의 국가에서는 궁극적 판단을 내릴 수 없는 행정부에서 결정을 내릴 경우 그 발화가 지연되거나 억제될 수 있다는 우려에 근거하고 있다고 믿기 때문이다.[51] 표현의 자유에 대한 제약이 사법적인 판단이 있기 이전에 이루어지지 않는 것이 중요한 것이므로 Redish에게 사전제한의 '사전'은 바로 제약되는 표현의 위법성에 대한 사법적 판단의 이전을 말하는 것이 된다.

Redish에 따르면 표현의 자유를 제약하는 행정행위에 대해 사법적 심사를 요구하는 근거는 충분하다. "표현을 제약하는 행정적 비사법적 규제기관은 규제를 위해 존재한다. 규제가 존재의 이유다. 이 기관들은 검사와 판사의 역할을 동시에 해야 하며 무의식 중에라도 어떤 표현들을 합헌적인 규제대상이라고 지목해 자신들의 존재를 확인해야 할 의무를 느낄 수 있다."[52] 이에 비해 사법기구들은 규제목적으로부터 자유롭고 헌법적 이슈들을 판단하기에 필요한 정치적 독립성을 유지하고 있다.[53]

물론 미연방대법원 스스로도 표현의 자유에 대한 행정적 규제를 사법적으로 통제할 필요성을 더욱 명쾌하게 언급했는데 바로 Freedman v. Maryland 사건[54]에서였다. 이 사건에서 미연방대법원은 매릴랜드주가 모든 영화상영자들이 영화를 주검열위원회에 사전에 제출해 음란성 여부를 판단받도록 한 것에 대해서 잘

---

49) Redish, p.58. "The validity of a prior restraint will be measured by comparison to the ultimate ideal of no abridgment prior to a full and fair judicial hearing."
50) ibid., "in light of our accepted premises about both the constitutional necessity and sufficiency of an independent judicial forum, there is, on the whole, all the difference in the world between the two forms of prior restraint."
51) Redish, op.cit., pp.60-61.
52) Redish, op.cit., pp.76-77.
53) Note, Alec Harrell, "Who Cares about Prior Restraint? An Analysis of the FCC's Enforcement of Indecency Forfeiture Orders", 70 S.Cal. L. Rev. 239, 261(1996).
54) 380 U.S. 51(1965).

알려져 있는 세 가지 절차적 안전장치를[55] 부과하며 다음과 같이 판시했다.

> 검열자의 업무는 검열이며 자유로운 표현에 대해 국민들이 헌법상 보장받는 법익에 법원과 같이 독립적인 정부기관에 비해 적절히 대응하지 못할 위험이 있다. 사법적 판단을 받기가 시간상 또는 다른 이유로 과도하게 부담스러운 경우 검열자의 판단이 실질적으로 최종판단이 될 수도 있다.[56]

Freedman 사건이 중요한 이유는 위의 제도는 사전제출의무가 있는 검열제도였음에도 불구하고 합헌이 될 수 있는 가능성을 열어주었다는 것이다. 그 이후 Freedman 판결은 모든 행정적 규제에 대해 사법적 안전장치의 요건을 부과하는 '진보적인' 판결로 이해되지만 고전적인 사전제한법리의 관점에서는 도리어 "모든 사전제한은 위헌이다"라는 절대금지의 입장에서 퇴보하는 것이 된다. 하지만 필자가 여기서 천착하고자 하는 것은 그만큼 '사전'보다 중요해진 것이 바로 사법부의 역할이라는 것이다.

Henry Monaghan은 규제를 목적으로 하는 행정기구의 판정에 대한 신속한 사법심사의 중요성과 이유에 대해 다음과 같이 말했다.[57]

> 우선 장기간의 임명기간은 대부분의 판사들을 직접적인 정치적 압력으로부터

---

55) 세 가지 안전장치란 검열자가 특정 표현물에 대해 위법하다는 판단을 한 경우에는 첫째, 검열자가 사법심사를 시작할 것, 둘째, 검열자가 이 사법심사를 통해 위법성을 증명할 입증 책임을 가질 것, 그리고 셋째, 사법심사는 최대한 신속히 이루어져야 한다는 것이다. 앞의 글.
여기서 최대한 신속하다는 것은 영화의 음란성 판단의 경우 1-2일 정도를 뜻하는 것으로 보인다. Universal Film Exchanges, Inc. v Chicago, 288 F. Supp. 286. (1968, DC Ill).

56) "Because the censor's business is to censor, there inheres the danger that he may well be less responsive than a court—part of an independent branch of government—to the constitutionally protected interests in free expression. And if it is made unduly onerous, by reason of delay or otherwise, to seek judicial review, the censor's determination may in practice be final. In other words, the mere possibility of future judicial review of a board's determination of indecency provides inadequate protection for speech that ultimately may be found to be non-obscene, and therefore constitutionally protected." 즉, 저속성에 대한 검열위원회의 판단이 장차 사법적으로 심사될 것이라는 가능성만으로는 음란하지 않은 헌법적으로 보호되어야 하는 표현에 대한 충분한 보호가 되지 않는다는 것이다.

57) Henry p. Monaghan, First Amendment "Due Process", 83 Harv. L. Rev. 518(1970).

자유롭게 한다. 사법적 격리는 공정한 판단을 도와주며 더욱 중요한 것은 법원이 이슈들에 대해 '장기적인 안목'을 갖도록 허용한다. 행정기구, 특히 주정부의 행정기관들은 그렇게 격리되어 있지 못하다. 이 기관들은 가끔은 주로 정치적 도구인 것처럼 보인다. 둘째, 행정가의 역할은 공정한 판정가의 그것이 아니라 전문가의 그것이며 행정기관의 관점을 필연적으로 좁고 제한적으로 만든다… 법원들은 이와 달리 태생적인 근시안을 앓고 있지 않다. 판사들은 매일 다양한 상황들에 대처해야 하고 이는 과도한 편협성으로부터 비롯될 수 있는 단점을 많이 제거해줄 것이다.[58]

　　결론적으로 행정기관에 의한 위법성 판정은 Bantam Books와 같은 사후적인 조치이든 Freedman에서와 같은 사전적인 조치이든 즉각적이고 신속한 사법심사가 따라주지 않는 한 사전제한으로 평가받게 된다.[59]

라. 명확성의 원칙

　　한 가지 더 유의할 점은 Bantam Books에서도 우리는 미연방대법원이 다음과 같이 명확성의 원칙과 사전제한 법리와의 접점을 확인함을 알 수 있다는 것이다. "더욱이 법률상 위원회의 역할은 모호하고 유용하지 않으며 위원회는 이를 더욱 분명히 하기 위해 아무 것도 하지 않았다. 간행물들은 더 이상의 자세한 설명 없이 '불온하다'고 적시된다. 유통인은 위원회의 판단이 그 간행물이 음란하다는 것인지 또는 단순히 청소년 도덕에 해롭다는 것인지 알 수 없다."[60]

　　William Mayton은 "행정가의 최대 관심사는 그가 수행하는 특정한 정부프로그

---

58) Monaghan, op.cit., pp.522-523.
59) 행위에 대한 행정기관의 위법성 판단은 그렇다면 왜 사전적인 제재로 인정되지 않을까? 이것은 행위의 폭력성과 표현의 비폭력성의 차이로서 정당화해야 할 것으로 보인다. 예를 들어 변호사법 위반 여부에 대해 변호사협회에서 판단을 내리는 것은 Freedman식의 사법심사가 보장되지 않는다고 할지라도 위헌판단을 받지는 않는다. 이는 표현이 행위에 비해 더욱 보호되어야 할 가치가 높기 때문인 것으로 보인다.
60) Moreover, the Commission's statutory mandate is vague and uninformative, and the Commission has done nothing to make it more precise. Publications are listed as 'objectionable' without further elucidation. The distributor is left to speculate whether the Commission considers this publication obscene or simply harmful to juvenile morality. For the Commission's domain is the whole of youthful morals.

램—예를 들면 국익을 훼손하는 문헌들의 출판을 저지하는 일—에 당연하겠지만 표현의 자유라는 가치에 비해 그 프로그램의 수행에 비중을 둘 수밖에 없다··· 행정가가 표현의 자유라는 가치에 무감각한 경우에는 보통 모호할 수밖에 없는 기준에 무감각이 더해지면 그 해악은 폭증한다."[61] 즉, 이와 같은 상황에서는 사법가가 정치적인 기관들에 대한 감시를 수행하는 것이 중요해진다.

Michael Meyerson은 사전제한 법리와 명확성의 원칙의 관계에 천착하며 거꾸로 행정기관이 사용하는 잣대가 명백해 사법부에 의한 즉각적인 심사는 아니라고 할지라도 추후에 행정기관의 재량의 행사가 위법이었음을 판단하기가 용이한 경우에는 사전제한이 아닐 수 있다고 했고 실제로 이와 같은 판례를 언급한다.[62]

마. 보론: Bantam Books의 추가적인 교훈들

이외에도 Bantam Books v. Sullivan 사건은 우리에게 두 가지 추가적인 시사점을 던져준다. 첫째, 청소년도덕함양위원회가 불온서적의 판매인들에게는 통지했지만 이 소송의 원고인 발행인들에게는 아무런 통지를 하지 않았고, 통지의 내용도 판매행위에 대한 형사처벌을 권고하겠다는 내용이었다. 즉, 발행인들은 아무런 법적 피해를 당할 절차 안내나 이유가 없었으며 이러한 이유로 원고적격이 문제가 될 수 있었다. 이에 대해 미연방대법원은 다음과 같이 판시했다.

만약 이것이 민사소송이었다면 [위원회가 위법성 판단을 통지하는 행위는] 영업관계에 대한 방해에 대한 손해배상청구가 가능했을 것이다··· 영업관계 방해가 공권력 행사의 결과물인 것은 원고적격에 영향을 미치지 못한다··· 그리고 언론의 자유에 대한 헌법적 보장은 서적의 유통뿐만 아니라 서적의 출판도 보장하며, 위원회의 활동의 직접적이고 명백한 목표는 원고가 출판한 책의 로드아일랜드 내에서의 유통을 제한하는 것이었다. 마지막으로 현실적인 고려를 해보면 이와 같은 사건에서 원고는 반드시 원고적격이 부여되어야 한다. 유통인이 책 몇 권을 팔지 못하게 된다

---

61) Mayton, op. cit., p. 250.
62) 공원 사용에 대한 신청을 선착순으로 받는 시스템에 대한 합헌결정. Cox v. New Hampshire, 312 U.S. 569(1941).

고 해서 자신의 권리를 보전받기 위해 사법적 구제를 청구할 정도로 중대한 경제적 피해를 보지는 않는다. 발행인은 자신이 발행한 책에 들어간 투자금을 회수하지 못하도록 하기 때문에 경제적 지분이 더 크다. 발행인이 소송원고가 되지 못한다면 이 사건의 표현의 자유에 대한 침해는 아무런 구제를 받지 않을 가능성이 크다.

둘째, 미연방대법원은 위원회가 서적판매상들에게 그들의 법적 권리만을 고지했을 뿐 직접 규제를 하지 않았다는 주장에 대해서는 다음과 같이 판시한다.

물론 상고인들의 책이 압수되거나 주정부에 의해 금서처분을 받지는 않았고 아무도 그 책의 소지나 판매를 이유로 처벌되지도 않았다. 그러나 위원회가 비공식적인 징계－법적 징계를 언급한다거나 강압, 설득 또는 공갈의 다른 방식들을 언급하는 것－에 머물러 있기는 하지만 위원회는 의도적으로 출판물들을 억제하기 위해 노력했고 그 노력은 성공적이었다. 우리 법원은 형식을 꿰뚫어 실질을 보고 비공식적인 검열도 출판물의 유통을 충분히 방해할 수 있음을 확인했다….[63] 사람들은 공직자들이 자신들의 말을 듣지 않으면 형사절차를 개시할 것이라는 엷게 가려진 위협을 쉽게 무시하지 못한다. 이 사건에서 반박되지 않은 증거로 입증된 [유통인의] 반응은 일반원칙에서 벗어나지 않았다. 위원회의 통지서는 거의 명령과 같은 문구를 가지고 있으며, 유통인들에게도 그렇게 이해되었고 항상 경찰의 방문이 뒤를 이었고 그 내재된 힘만으로 목록에 오른 서적의 유통을 중단시켰다. 불온서적목록을 법적 조언이라고 주장하는 주정부를 신뢰하기에는 이 목록은 너무 자명하게 음란법과 독립적으로 구동하는 규제의 도구로 봉사하고 있다.[64]

---

63) "We are not the first court to look through forms to the substance and recognize that informal censorship may sufficiently inhibit the circulation of publications to warrant injunctive relief." Bantam Books, p.67.
64) "People do not lightly disregard public officers' thinly veiled threats to institute criminal proceedings against them if they do not come around, and Silverstein's reaction, according to uncontroverted testimony, was no exception to this general rule. The Commission's notices, phrased virtually as orders, reasonably understood to be such by the distributor, invariably followed up by police visitations, in fact stopped the circulation of the listed publications ex proprio vigore. It would be naive to credit the State's assertion that these blacklists are in the nature of mere legal advice, when they plainly serve as instruments of regulation independent of the laws against obscenity." Bantam Books, p.69.

바. 소결

미연방대법원은 Bantam Books 판결에서 압도적인 8대 1의 판결로 사법심사로 제어되지 않는 행정기관의 행위는 사후심의의 형태로 이루어지더라도 위헌적인 사전제한(prior restraint)에 해당한다며 관련 법규 전체에 대해 위헌판결을 내렸다. 그리고 Freedman 판결에서 위와 같이 행정기관의 행위를 합헌화하기에 필요한 사법심사의 요건을 절차의 개시의무, 입증 책임 및 신속한 개시 등으로 명시했다. 이후 Bantam Books 판결과 Freedman 판결은 사법적인 판단이 있기 전 또는 사법적인 판단이 즉각적으로 따라주지 않는 행정기관의 표현물에 대한 위법성 판단은 사전제한이라는 법리를 수립했다. 특히 Freedman 판결이 사전제출의무가 있는 행정규제에 대해 적용되었음을 음미해보면 '사전성'보다는 '사법심사의 여부'가 위헌성 판단의 더욱 중요한 기준으로 부각되었음을 알 수 있다.

3. 사전제한원리의 현대적 변이: 명확성의 원칙과 매체의 특수성

Near, Bantam Books, 그리고 Freedman 판결은 결과적으로는 이 3절에서 다루는 방송의 경우나 명백한 위법성 기준을 이용하는 경우를 제외하고는 모든 행정기관에 의한 내용규제를 사라지게 만든다. 현재 미국에서는 공중파방송의 내용을 사후적으로 규제하는 연방통신위원회 외에는 내용규제기관은 없다.

가. 명확성의 원칙

위에서 살펴보다시피 Bantam Books v. Sullivan과 Near v. Minnesota는 사전제한에 대한 서로 다른 법원(法源)을 구성하고 있다. 전자는 즉각적이고 신속한 사법심사가 보장되지 않은 행정권에 의한 표현물의 위법성 판단은 위헌이라는 것이고, 후자는 바로 그와 같은 사법심사가 있다고 할지라도 장래효를 가진 명령이 그 결과물로서 표현의 발화자에게 부가될 경우 위헌일 수 있다는 것이다.

그러나 위의 두 법원은 명확성의 원칙에서 합류한다. 즉, Near v. Minnesota는 일견 사후적인 법원명령이 사전적인 의미를 갖는 이유는 법원명령이 정한 위법의 범위가 불분명하기 때문이다. Bantam Books v. Sullivan 역시 행정기관이 이용한 위법성의 기준의 모호함을 언급하고 있다.

그렇다면 명확성의 원칙을 충족시킬 경우 Freedman류의 사법심사를 동반하지 않는 행정기관의 위법성 판단도 합헌이 될 수 있을까?

□ Pittsburgh Press v. Pittsburgh Human Relations Commission[65]

1969년까지 Pittsburgh Press라는 신문은 구인광고란을 여성란과 남성란으로 구분해 게재했다. 피츠버그인간관계위원회는 이와 같이 남녀를 구분하는 것이 고용상의 성차별을 금지하는 시의 조례를 위반한다고 판단해 구인광고란을 여성란과 남성란으로 구분하지 못하도록 하는 시정명령을 내렸다. 이에 대해 Pittsburgh Press는 펜실베이니아주 법원에 항소했으나, 시의 조례가 남녀차별금지로부터 면책된다고 명시한 직업들(예를 들어, 가사노동)은 시정명령에서 제외된다는 것 외에는 모든 면에서 시정명령은 합법적이라는 판단을 받았다. Pittsburgh Press는 이와 같은 시정명령을 미연방대법원에 상고했다.

미연방대법원은 다음과 같이 판시했다.

사전제한의 특별한 해악은 의사소통이 수정헌법 제1조상 보호되어야 하는지에 대한 충분한 판단이 있기 전에 그 의사소통을 직접 또는 소통자를 과도하게 신중하게 만듦으로써 억제한다는 것이다. 이번 시정명령은 보호 여부가 논란이 될 만한 언사를 제압하지 않는다. 이 시정명령은 계속해서 유지되는 반복적 행위에 대한 것이기 때문에 법원은 이 언사가 표출되었을 때의 결과에 대해서 예측할 필요가 없다[New York Times Co. v. United States, 403 U.S. 713(1971)]. 더욱이 시정명령은 명확하고 필요 이상으로 광범위하지 않다. 그리고 가처분(interim relief)이 신청되지 않았으므로 우리 법원이 Pittsburgh Press의 행위가 헌법상 보호범위에 포함되지 않는다는

65) 413 U.S. 376(1973).

종국적인 결정을 내리기 전까지 시정명령은 집행되지 않았다.[66]

Near v. Minnesota에서 Saturday Press는 "악의적이고 비방적이고 명예훼손적인 기사를 게재하지 않을 것"을 명령받았고 Pittsburgh Press는 "여성과 남성을 구분하지 말라"는 판단을 받았다. 미연방대법원은 후자의 경우 너무나 명백해 행정권의 재량은 제한되므로 사전제한의 법리가 적용되지 않는다고 본 것이다.

나. 매체의 특수성

또 하나 방송이라는 매체가 전면에 등장하면서 사전제한법리에 변화가 발생했다.

□ FCC v. Pacifica Foundation 사건[67]

Pacifica Foundation에서 운영하는 라디오의 한 방송프로그램에서 한 풍자가가 현대사회의 언어에 대한 태도를 비평하기 위해 다양한 종류의 욕설을 12분간 반복했고, 이에 대해 연방통신위원회(Federal Communication Commission)는 기 방송된 내용을 '저속하다'는 판정을 한 후 그 내용을 통지하고 "이 판정은 면허의 갱신 여부가 판단될 때 고려될 것이며 추후에 민원이 추가로 제기될 경우 징계 여부를 결정하겠다"라고 덧붙였다.

방송 당시 통신법(Communications Act) 326조는 위헌판단을 피하기 위해 검열(censorship)을 금지하는 조항을 갖추고 있었으며 미연방대법원은 위와 같은

---

66) The special vice of a prior restraint is that communication will be suppressed, either directly or by inducing excessive caution in the speaker, before an adequate determination that it is unprotected by the First Amendment. The present order does not endanger arguably protected speech. Because the order is based on a continuing course of repetitive conduct, this is not a case in which the Court is asked to speculate as to the effect of publication. Cf. New York Times Co. v. United States, 403 U.S. 713, 91 S.Ct. 2140, 29 L.Ed.2d 822(1971). Moreover, the order is clear and sweeps no more broadly than necessary. And because no interim relief was granted, the order will not have gone into effect before our final determination that the actions of Pittsburgh Press were unprotected.
67) 438 U.S. 726(1978).

저속함의 판단이 검열에 해당하는가에 대해 판단을 했다. 미연방대법원은 프로그램 내용을 사전에 검토하는 것만이 검열에 해당한다고 했다.

그리고 미연방대법원은 저속함에 대해서 판단을 할 수 있다고 결정하면서 다음과 같이 판시한다.

> 모든 의사소통의 방식 중에서 방송은 가장 한정된 표현의 자유상의 보호를 받는다. 그 이유는 그 표현방식이 우리 국민들의 일상에서 차지하는 독특한 편재성(pervasiveness)[68] 때문이다. 방송은 우리 가정의 사적 공간으로 침투하며 명백히 불쾌한 내용을 피하는 것이 어려워진다. 또 방송은 특히 어린이들이 쉽게 접근할 수 있다.

위의 사건에서는 재미있게도 원고가 Bantam Books 판결에 근거한 주장을 하지 않은 듯하다. 판결도 Bantam Books 판결이 모든 행정적 사후심의에 Freedman 방식의 사법심사를 요청했음을 완전히 무시하고 있는 듯하다. 물론 Bantam Books 판결을 저술한 Brennan 판사 등은 강력한 소수의견을 첨부했다.

Action for Children's Television v. FCC에서는[69] FCC의 과징금(forfeiture)제도의 위헌성을 구하는 소송이 제기되었다. 원고 측은 Bantam Books v. Sullivan에 근거해 사법적 심사가 존재하지 않는 것에 대한 문제를 제기했으나, DC지구 연방항소법원은 역시 위와 같은 방송의 특수성을 언급하며 합헌결정을 했다.

물론 방송의 특수성에 대한 논의는 아이러니하게도 ACLU v. Reno 결정에서 미연방대법원이 거꾸로 인터넷의 상대적인 개방성과 참여증진성을 언급하며 '저속성' 판단을 할 수 없다고 함으로써 그 정점에 다다르게 되었음은 공지의 사실이다. 물론 ACLU v. Reno 결정은 행정기관이 개입한 적이 없기 때문에 사전검열이나

---

68) "Of all forms of communication, broadcasting has the most limited First Amendment protection. Among the reasons for specially treating indecent broadcasting is the uniquely pervasive presence that medium of expression occupies in the lives of our people. Broadcasts extend into the privacy of the home and it is impossible completely to avoid those that are patently offensive. Broadcasting, moreover, is uniquely accessible to children."
69) 59 F.3d 1249(D.C. Cir. 1995).

사전제한에 관한 내용은 아니다.

다. 소결

현대의 사전제한 원리는 행정권에 의한 표현의 위법성 판단에 대해 즉각적이고 신속한 사법심사의 요건을 부과하는 형식으로 존재하고 있으나, 이 요건도 방송과 같은 매체의 특수성과 행정권의 위법성 판단의 기준의 명확성에 의해 완화될 수 있다. 물론 여기서의 명확성은 매우 높은 수준의 명확성이다. Pittsburgh와 같이 "성별을 구분하고 있는가?"와 같이 위법 여부가 매우 명확한 경우로 한정된다.

4. 결론 및 우리나라 헌법재판소 결정들과의 비교

가. '불온통신규제' 위헌결정[70)]

위 사건에서 헌법재판소는 공공의 안녕질서 또는 미풍양속을 해하는 통신을 금하는 전기통신사업법 제53조 제1항 자체는 물론 정보통신부장관이 전기통신사업자로 위와 같은 통신의 취급을 거부·정지 또는 제한하도록 명할 수 있도록 규정한 같은 법 제53조 제3항이 위헌이라고 판시했다. 그 이유로는 "전기통신사업법 제53조는 '공공의 안녕질서 또는 미풍양속을 해하는'이라는 불온통신의 개념을 전제로 하여 규제를 가하는 것으로서 불온통신 개념의 모호성·추상성·포괄성으로 말미암아 필연적으로 규제되지 않아야 할 표현까지 다함께 규제하게 되어 과잉금지원칙에 어긋난다. 즉, 헌법재판소가 명시적으로 보호받는 표현으로 분류한 바 있는 '저속한' 표현이나, 이른바 '청소년유해매체물' 중 음란물에 이르지 아니해 성인에 의한 표현과 접근까지 금지할 이유가 없는 선정적인 표현물도 '미풍양속'에 반한다 하여 규제될 수 있고, 성(性), 혼인, 가족제도에 관한 표현들이 '미풍

---

70) 헌법재판소 2002.06.27. 99헌마480, 전기통신사업법 제53조 등 위헌확인.

양속'을 해하는 것으로 규제되고, 예민한 정치적 · 사회적 이슈에 관한 표현들이 '공공의 안녕질서'를 해하는 것으로 규제될 가능성이 있어 표현의 자유의 본질적 기능이 훼손된다"고 했다.

또 헌법재판소는 위와 같은 결론에 노정된 설시 중에서 필자가 주목하는 것은 다음 세 가지다. 헌법재판소는 우선 실제 위헌심사기준에 의한 심사에 들어가기 전에 다음과 같이 판시했다.

[1] 그리하여 위와 같은 불온통신에 대한 정보통신부장관의 취급거부 · 정지 · 제한명령제도는 전통적인 통신수단인 유선전화 내지 무선전화를 통해 유통되는 정보뿐만 아니라, 이른바 피씨(PC)통신이나 인터넷 등 '온라인매체'를 통해서 유통되는 정보를 규제하는 주요수단으로 기능하고 있다.

이러한 불온통신 규제제도는 다음과 같은 구조와 특성을 지니고 있다.

첫째, 정보통신부장관이라는 행정권력에 의해 표현의 자유에 대한 직접적인 내용규제가 이루어진다.

둘째, 그 규제의 법적 구조가 정보통신부장관-전기통신사업자-전기통신이용자의 삼각구도로 짜여 있어, 명령 및 처벌의 대상자는 전기통신사업자이지만, 그로 인해 실질적으로 표현의 자유를 침해받는 자는 이용자가 된다. 명령 및 처벌의 객체와 표현의 자유를 제한당하는 객체가 분리될 뿐 궁극적으로는 형사처벌의 담보 하에 표현의 자유에 대한 규제가 행해진다. 한편 전기통신이용자는 규제조치의 상대방이 아닌 제3자로서 행정절차에의 참여, 행정소송의 제기 등 권리구제의 면에서 어려움을 겪게 된다.

셋째, 형식적으로는 표현의 자유에 대한 사후제한이지만, 이용자－전기통신사업자 및 전기통신사업자－정보통신부장관의 역학관계에 비추어볼 때, 전기통신사업자는 정보통신부장관의 취급거부 등 명령이 없더라도 미리 사용약관 등에 의해 이용자의 통신내용을 규제하고 이에 따라 이용자는 스스로 조심할 수밖에 없는, 실질적으로는 상시적인, 자체 검열체계로 기능하기 쉽다.(번호－필자)

나아가 헌법재판소는 과잉금지원칙상의 심사에 있어 다음과 같이 판시했다.

[2] 온라인매체상의 정보의 신속한 유통을 고려한다면 표현물 삭제와 같은 일정한

규제조치의 필요성 자체를 부인하기는 어렵다고 하더라도, 내용 그 자체로 불법성이 뚜렷하고, 사회적 유해성이 명백한 표현물—예컨대 아동포르노, 국가기밀 누설, 명예훼손, 저작권침해 같은 경우가 여기에 해당할 것이다—이 아닌 한, 청소년보호를 위한 유통관리 차원의 제약을 가하는 것은 별론으로 하고, 함부로 내용을 이유로 표현물을 규제하거나 억압해서는 아니 된다. 유해성에 대한 막연한 의심이나 유해의 가능성만으로 표현물의 내용을 광범위하게 규제하는 것은 표현의 자유와 조화될 수 없다.

…

[3] 불온통신 규제의 주된 대상이 되는 매체의 하나는 인터넷이다. 인터넷은 공중파방송과 달리 '가장 참여적인 시장', '표현촉진적인 매체'다. 공중파방송은 전파자원의 희소성, 방송의 침투성, 정보수용자 측의 통제능력의 결여와 같은 특성을 가지고 있어서 그 공적 책임과 공익성이 강조되어, 인쇄매체에서는 볼 수 없는 강한 규제조치가 정당화되기도 한다. 그러나 인터넷은 위와 같은 방송의 특성이 없으며, 오히려 진입장벽이 낮고, 표현의 쌍방향성이 보장되며, 그 이용에 적극적이고 계획적인 행동이 필요하다는 특성을 지닌다. 오늘날 가장 거대하고, 주요한 표현매체의 하나로 자리를 굳힌 인터넷상의 표현에 대해 질서 위주의 사고만으로 규제하려고 할 경우 표현의 자유의 발전에 큰 장애를 초래할 수 있다. 표현매체에 관한 기술의 발달은 표현의 자유의 장을 넓히고 질적 변화를 야기하고 있으므로 계속 변화하는 이 분야에서 규제의 수단 또한 헌법의 틀 내에서 다채롭고 새롭게 강구되어야 할 것이다.(번호—편집자)

황성기는 위의 결정에 대해 다음과 같이 평가한다. "헌법재판소의 이번 위헌결정은 인터넷 등 온라인매체에 대한 내용적 규제의 한계문제를 본격적으로 다루었다는 점에서 매우 중요한 의미를 지닌다. 따라서 1997년에 판시된 미국연방대법원의 Reno v. ACLU 판결에 버금가는 의미를 지니고 있다고 볼 수 있다. 뿐만 아니라 위헌결정을 내리는 논리에 있어서도 인터넷을 비롯한 온라인매체를 '가장 참여적인 시장(the most participatory marketplace)'그리고 '표현촉진적인 매체(speech-enhancing medium)'라고 인정함으로써 미국 법원의 논리를 많이 원용했음을 알 수 있다."

황성기의 위와 같은 평가에 전적으로 동의하지만 이는 헌법재판소 판시의 [3]에 국한된 것이다.

위의 판시 [1]을 보라. 행정권력에 의한 표현의 자유 규제에 대한 경계, 그리고 사법적 구제가 어려운 상황에 대한 경계, 그리고 표현의 발화자가 아닌 유통자에 대한 규제도 곧 발화자에 대한 규제가 된다는 통찰 등은 모두 Bantam Books v. Sullivan이 어눌하게 표현했던 것을 더욱 체계적인 언어로 정리한 것이다.[71]

그리고 위의 판시 [2]를 보라. "온라인매체상의 정보의 신속한 유통을 고려한다면 내용 그 자체로 불법성이 뚜렷하고, 사회적 유해성이 명백한 표현물 — 예컨대, 아동포르노, 국가기밀 누설, 명예훼손, 저작권침해 같은 경우가 여기에 해당할 것이다 — 이 아닌 한, …함부로 내용을 이유로 표현물을 규제하거나 억압해서는 아니 된다"는 판시는 Near v. Minnesota가 표현의 자유를 규제하는 한 사법부의 명령에도 부과되어야 한다며 들이대었던 명확성의 원칙의 재구성이다. 물론 이와 같은 유사점은 일견 표면적으로 보일 수도 있다. Near v. Minnesota는 "악의적이고 비방적이고 명예훼손적인 표현은 금지한다"라는 명령을 내릴 수 있도록 허용하는 법률이 위헌이라고 판단한 것이고 '불온통신' 결정은 바로 '미풍양속' 등의 기준 자체가 위헌이라고 판단한 것이다. 그러나 위에서 설명했듯이 법률의 기준이 명확했다면 Near에서의 법률은 합헌판단을 받았을 것이다. 위에서 말했듯이 Near 판결에 대한 상식적 해석에 따르면 법원명령 일반에 관한 판시가 아니고 그 법원명령이 집행하고자 하는 위법기준이 모호성에 관한 판시이었기 때문이다.

한 가지 의문점은 헌법재판소가 '공공의 안녕질서' 및 '미풍양속'과 '아동포르노, 국가기밀누설, 명예훼손, 저작권침해' 사이에는 너무나 큰 간극이 존재한다는 것이다. 위의 [2]의 판시를 자세히 읽어보면 '온라인이기 때문에' 후자와 같은 규제가 가능하다는 것처럼 읽히는데 실제로 오프라인상으로는, 예를 들어 아동포르노가 아닌 일반음란물에 대한 규제가 가능하지만 온라인상으로는 불가능하다는

---

71) 황성기는 '불온통신' 결정 자체에 대한 평가보다는 일반적인 문제제기로서 다음과 같은 논평을 한다. "불법정보에 대한 궁극적인 판단권은 사법부에 있다는 점이다. 즉, 문제되는 정보가 불법인지 여부에 대한 궁극적인 판단권은 법원을 비롯한 사법부에 있다. 따라서 비록 그 대상이 불법정보에 국한한다고 하더라도, 사법부에 의한 궁극적인 판단이 이루어지기 이전에 행정기관에 의한 규제조치가 발동되는 것이 과연 정당한가의 문제가 제기될 수 있다." 필자는 헌법재판소의 '불온통신'결정은 이미 위와 같은 주장을 위의 [1]의 판시를 통해 상당 부분 진전시키고 있다고 주장하는 것이다.

것인지 확인이 필요하다. 그리고 만약 그렇다면 온라인에서는 더욱더 엄격한 명확성이 요구된다는 의미인데, 그렇다면 방송과 전화 사이에서 인터넷을 전화에 더욱 가까운 참여촉진적인 매체로 규정하면서, '저속성' 규제에 대해 위헌결정한 ACLU v. Reno를 넘어서서 오히려 전화와 같은 오프라인 매체보다 인터넷을 더욱 규제로부터 자유롭게 하는 급진성을 보여주는 것이다.

물론 "…위헌결정… 이후 정보통신부는 새로운 입법개선안을 2002. 8. 1. 입법예고했고, 공청회를 거치면서 의견을 수렴해 일부 수정한 다음 국회에 제출했다. 그리고 국회는 2002. 11. 8. 그 대상범위를 **불법정보에 국한하는** 형태로 정보통신부장관의 취급거부 · 정지 · 제한명령제도를 존치시키는 전기통신사업법중개정법률안을 의결했다.72)" 이 개정법은 당연히 "내용 그 자체로 불법성이 뚜렷하고, 사회적 유해성이 명백한 표현물—예컨대 아동포르노, 국가기밀 누설, 명예훼손, 저작권침해 같은 경우"보다 훨씬 폭이 넓은데 이 개정법에 대한 위헌제청이 제기될 경우 어떻게 결정이 이루어질지 흥미롭다.

다시 정리하면 우리 헌법재판소의 2003년 불온통신규제 결정은 위의 세 가지 요소를 모두 포괄하고 있다. 첫째, Bantam Books 판결의 사법심사로 통제되지 않는 행정기관의 표현의 위법성 판단에 대한 경계를 배경으로 하고, 둘째, ACLU v. Reno가 다룬 매체의 특수성을 성실히 다루었고, 셋째 "불온통신" 개념을 명확성의 원칙에 따라 심사하면서 표현물의 내용만으로 명백성이 위법한 사례들을 설시해 Near v. Minnesota 판결의 정신을 담아내고 있다.

나. 방송광고사전심의 위헌결정73)

1) 판결의 개요

위 결정에서는 방송위원회로부터 위탁을 받은 한국광고자율심의기구로 하여

---

72) 황성기, 전게서.
73) 헌법재판소 2008.06.26. 선고 2005헌마506 결정, 방송법 제32조 제2항 등 위헌확인.

금 텔레비전 방송광고의 사전심의를 담당하도록 한 것이 헌법이 금지하는 사전검열에 해당한다고 판시했다. Freedman 및 Bantam Books 등에 비추어보면 사법적 안전장치가 없는 행정적 규제이므로 당연한 귀결이다.

여기에서는 조대현 재판관의 별도의견과 목영준 재판관의 반대의견에 대해서 다루고자 한다. 우선 조대현 재판관은 상업적 표현에 대해서는 절대적인 검열금지가 적용되어서는 안 될 것이라고 하면서 대상 법이 상업적 표현 중에서도 본연의 '언론출판'까지 사전검열에 포함시키고 있다는 면에서 위헌이라는 별도의견을 냈고, 목영준 재판관은 조대현 재판관과 같이 상업적 표현에 대해서는 절대적인 검열금지가 적용되지 않는다고 하며 텔레비전의 특수성을 고려할 경우 과잉금지의 원칙을 위배하지 않는다고 하여 소수의견을 냈다.

[조대현 재판관] 헌법 제21조 제2항의 '언론출판'에 해당되지 아니하는 방송광고에 대해서는 헌법 제37조 제2항에 따라 국가안전보장ㆍ질서유지 또는 공공복리를 위해 사전심의가 필요한 경우에는 공익의 달성을 위해 필요한 최소한도의 범위에서 방송광고의 내용을 사전심의할 수 있지만, 그러한 필요성과 사전심의의 한계가 법률로 규정되어야 한다. 그런데 이 사건 규정들은 텔레비전 방송광고에 대한 사전심의가 필요한 공익적 사유와 사전심의의 최소한도를 법률에 규정하지 않았다. 따라서 이 사건 규정들은 헌법 제37조 제2항의 요청을 무시하고 있다…. 한편, 텔레비전 방송광고가 상업적 광고인 경우에는 그 영리추구성으로 인해 광고목적물의 가치를 과장하거나 유혹적인 방법을 사용하기 쉽고, 텔레비전 방송광고의 영향력은 광범위하며, 그 방송광고의 내용이 거짓됨ㆍ과장ㆍ선정적 등의 사유로 공중방송에서 허용되기 어려운 경우에 그로 인한 피해를 방송 후에 회복시키기 어렵기 때문에, 상업적 방송광고에 대해 사전에 심의하게 할 필요가 있다고 할 수 있다. 그렇다고 하더라도, 모든 상업적 방송광고를 일률적으로 사전에 심의하도록 하는 것은 허용되기 어렵고, 특정의 구체적인 상업적 방송광고가 허위ㆍ과장ㆍ선정성 등의 사유로 공중방송으로 광고하기 어려운 사정이 있는 경우에 이를 심사하는 절차를 마련함으로써 충분하다고 할 것이다.

[목영준 재판관] 다수의견은, 상업광고도 언론출판의 자유의 보호영역에 속하

고, 언론출판에 대한 사전검열은 절대적으로 금지되므로, 결국 상업광고에 대한 사전검열을 규정한 이 사건 규정들은 위헌이라는 것이다…. 그러나 앞에서 본 바와 같이, 언론출판의 자유의 보호대상이 되는 것과 모든 언론출판행위에 대해 그 보호의 정도가 동일해야 한다는 것은 전혀 별개의 문제이고, 우리 헌법재판소의 선례도 그러한 입장이라고 볼 수 없다. 만일 위와 같은 논리를 관철한다면 초등학교의 구내방송과 같이 순수하게 교육 목적으로 운영되는 경우나 인터넷에 의한 음란물배포행위 등과 같이 일단 표현되거나 유포되면 선정성, 폭력성 기타 공서양속이나 타인의 명예를 침해할 우려가 아무리 높은 경우라도 공적인 요소가 조금이라도 포함된 사전심의는 절대 불가능하다는 매우 위험한 결론에 이를 수밖에 없다. 또한 우리 헌법재판소도 적어도 '사전검열행위' 자체에 대해서는 절대적 사전검열금지원칙을 우리 헌법 제21조의 진정한 목적에 맞는 범위 내에서 제한적으로만 적용하고 있다. 따라서 '사전검열행위' 자체뿐 아니라 절대적 사전검열금지원칙이 적용될 대상에 대해서도 우리 헌법이 언론출판의 자유를 보장하는 목적에 맞게 그 범위를 한정해야 한다.

또한 다수의견과 같은 판단은 우리 헌법재판소의 상업광고에 대한 태도와 일관되지 않는다. 즉, 다수의견에 의하면, 상업광고에 대한 사전심의는 헌법 제37조 제2항의 비례원칙에 해당하는지 여부를 살펴 볼 필요도 없이 그 자체로 위헌이 된다. 그런데 앞에서 본 바와 같이, 우리 헌법재판소는 상업광고에 대해서는 그 특성 때문에 표현의 자유에 대한 제한을 심사할 때 비례의 원칙조차도 완화해 심사한다고 판단함으로써, 일반적 언론과 상업광고에 대한 보호의 정도를 달리 했다. 물론 사전규제와 사후규제로 인한 차이는 있지만, 결과적으로 상업광고의 제한에 관한 헌법재판소의 태도는 서로 양립할 수 없는 관계에 놓이게 되는 것이다.

위 두 재판관의 의견은 결론은 다르지만 논거에 있어 "적어도 텔레비전에서의 상업광고는 사전심의가 어느 정도 가능하다"는 점에서 공통된다고 가정한다는 것이다. 이 논문에서는 미국연방대법원의 기준에 의하면 대상 표현의 종류 또는 보호필요성에 따라 사전제한의 허용 여부가 달라지는가의 문제를 다루어보고자 한다.

2) 미국의 상황

미연방대법원은 1976년 Virginia Pharmacy Board 판결에서 각주에서 상업적 표현은 낮은 단계의 보호가 정당화되어 때에 따라서는 사전검열금지법리가 적용되지 않을 수도 있다고 했다.[74] 그리고 4년 뒤 미연방대법원은 Central Hudson 판결에서 이 각주를 다시 다른 각주에서 언급한다. "우리는 상업적 표현은 매우 끈질긴 생명력을 가진 종류의 표현이라서 전통적인 사전검열금지원칙이 적용되지 않을 수 있다는 점을 언급한 바 있다."[75] 그 이후 여러 논문들이 Near v. Minnesota 판결이 몇몇 종류의 언사에 대해서는 사전제한을 할 수 있다고 했던 것에 착안해 내용에 따라서 미연방대법원은 한 번도 상업적 표현에 대해 사전검열금지 법리가 적용되는가에 대해 판시를 한 바가 없다.

단 미연방항소법원 중에서 가장 영향력 있는 항소법원 중의 하나인 제2순회지구 연방항소법원은 미국식품의약청(Food and Drug Administration)이 식품회사가 자신들의 제품이 어떻게 건강에 이로운지를 제품의 외피에 포함시키는 것에 대해 540일간의 심의와 사전허가를 요구한 것에 대해서 사전제한금지 법리가 적용된다고 판시했다. 그러나 연방항소법원은 이와 같은 사전제한이 위헌인가를 판단함에 있어서는 결국 Central Hudson 판결의 중간심사를 적용해 합헌결정을 하게 된다.[76] 이외에도 많은 연방항소법원은 상업적 표현에 대해서는 사전제한금지 법리가 적용되지 않는다고 했지만[77] 이들 중 가장 영향력 있는 제2순회지구 법원과 제9순회지구법원은 역시 Freedman류의 안전기제는 반드시 필요하다고 함으로써 실질적으로는 사전제한금지 법리를 적용하게 되었다.[78]

---

74) "commercial speech, greater objectivity and hardiness, may also make inapplicable the prohibition against prior restraints." Virginia State Board of Pharmacy v. Virginia Citizens Consumer Council, Inc., 425 U.S. 748(1976).

75) "We have observed that commercial speech is such a sturdy brand of expression that traditional prior restraint doctrine may not apply to it." Central Hudson Gas & Electric Corporation v. Public Service Commission of New York, 447 U.S. 557(1980).

76) Nutritional Health v. Shalala, 144 F.3d 220(2d Cir. 1998).

77) Bosley v. WildwetT.com, 310 F.Supp.2d 914(N.D. Ohio 2004).

78) New York Magazine v. Metropolitan Transit Authority, 136 F.3d 123(2d Cir. 1998), Desert

3) 소결

헌법을 절차적 헌법과 실체적 헌법으로 나누어 후자는 기본권침해와 이를 통해 정부가 달성하는 공익 사이의 이익형량에 초점을 맞추고 전자는 기본권을 제한하는 정부의 행동에 초점을 맞추어 실체적 기본권침해를 피할 수 있는 현실적인 절차에 대한 규범이라고 정의한다면, 사전검열금지 법리는 절차적 헌법이라고 할 수 있다.[79] 미란다원칙이나 독수독과이론 역시 절차적 헌법이라고 할 수 있다. 그러나 절차적 헌법은 항상 실체적 헌법적 사고에서 보면 비판에 직면할 수밖에 없게 되는데―예를 들어 독수독과이론과 미란다원칙이 오랜 기간 동안 예외들이 하나둘씩 수립되는 과정에서 보여지듯이―그렇다고 하여 과연 헌법이 절차적 헌법의 가장 기본원칙을 포기하고 운영될 수 없지 않는가 생각한다. 이 사전검열금지 법리에 대해서도 필자는 이 논문을 통해 3권분립, 명확성의 원칙 등 더욱 보편적이고 실체적인 법리로 해체되어가는 과정을 보여주었다고 생각하는데 과연 대상 표현의 보호필요성으로까지 해체될 수 있을지에 대해서는 의구심을 가지고 있다.

조대현 재판관과 목영준 재판관은 표현의 종류에 따라 보호필요성이 달라지고 보호필요성이 낮은 표현의 경우 사전검열금지법리가 없어진다고 하더라도 과잉금지원칙으로 보호되면 충분하다고 생각하는 것으로 보인다. 하지만 사전제한금지 법리는 절차적 헌법이다. 절차적 헌법은 기본적으로 내용에 대한 판단을 유보하며 적용되는 원칙들이다. 예를 들어 형사 피고가 실제로 유죄인지 무죄인지를 보지 않고 형사 피고에게 독수독과이론이나 미란다원칙은 적용되어야 한다는 것이다. 즉, 절차적 헌법은 일정한 무내용성을 전제로 하고 있다. 사전검열금지원칙도 마찬가지다.

"방송광고의 내용이 거짓됨 · 과장 · 선정적 등의 사유로 공중방송에서 허용되

Outdoor Adver. v. City of Moreno Valley,103 F.3d 814(9th Cir. 1996), In re Search of Kitty's East, 905 F.2d 1367(10th Cir. 1990).
79) Ariel L. Bendor, "Prior Restraint, Incommensurability, and the Constitutionalism of Means", 68 Fordham L. Rev. 289(1999).

기 어려운 경우에 그로 인한 피해를 방송 후에 회복시키기 어렵기 때문에 상업적 방송광고에 대해 사전에 심의하게 할 필요가 있다"고 한들 모든 상업적 방송광고를 사전에 심의해보지 않는 한 어느 광고가 방송 후에 회복시키기 어려운 피해를 발생시킬지 미리 사전심의에 회부할 수 있을 것인가. "또 일단 표현되거나 유포되면 선정성, 폭력성 기타 공서양속이나 타인의 명예를 침해할 우려가 아무리 높은 경우라도 공적인 요소가 조금이라도 포함된 사전심의는 절대 불가능하다"는 것이 '매우 위험한 결론'이라고 하지만 역시 사전심의 이전에 미리 사전심의를 해보지 않는 한 어떻게 선정성, 폭력성, 명예훼손성을 파악해 사전심의를 할 수 있을 것인가.

이는 다시 미연방대법원의 사례들에서 교훈을 얻을 수 있는데 바로 Freedman 결정, Bantam Books 결정들이 모두 음란물 규제로서 이루어졌던 행정규제에 대해 위헌 결정을 내렸던 것이다. 즉, 음란물인지 여부를 미리 판단하겠다거나 사법심사 없이 판단하는 국가행위 자체가 위헌이라는 결정이었다.

9장
방송통신심의위원회의 인터넷내용심의의 위헌성

　2008년 5월에 출범한 방송통신심의위원회는 그 전신인 정보통신윤리위원회와 방송위원회의 역할을 이어받아 정보통신망(인터넷을 주로 말함)과 방송의 내용을 심의하고 심의의 내용에 따라 방송사업자 및 정보통신서비스제공자들을 제재하는 역할을 해왔다. 이 글에서는 방송통신심의위원회의 인터넷분야 심의제도를 헌법적으로 검토하고자 하며, 특히 시장경제와 민주주의의 수호라는 측면에서 주로 검토하고자 한다. 이는 최근에 방송통신심의위원회는 여러 심의사례에서 친정부적이거나 친기업적인 결정을 통해 이에 비판적인 인터넷게시물이나 방송내용을 제재했다는 의혹을 받게 되었고, 방송통신심의위원회가 공정한 경쟁과 자유로운 비판과 소통을 근간으로 하는 시장경제와 민주주의와 부합하는 존재인가에 대한 질문이 제기되었기 때문이다. 즉, 청소년유해물, 음란성, 사행성 등을 기준으로 하는 심의사례들에 대해서도 헌법적인 문제가 발생할 수 있으나 주로 소비자들이나 정책비판자로서의 국민들의 표현의 자유 보호와 관련된 사례들을 중심으로 위 제도를 검토할 것이다.

　방송통신심의위원회는 2008년 5월부터 2009년 12월까지 53,935건의 통신심의를 진행했다. 이 가운데 43,275건에 대해서는 피해자나 타 행정기관에 의한

---

* 이 글은『법학논총』제27집 제2호(한양대학교, 2010)의 글을 수정·보완한 것이다. 또한 일부는 2008년 10월 1일 언론광장 월례토론회(프레스센터 19층) 발표문, 2008년 11월 14일 IT정치학회(정보사회진흥원) 월례토론회 발표문, 2008년 12월 3일 국회 전병헌 의원 초청 사이버인권법 제정 세미나 발표문, 2009년 6월19일 헌법학회 정기학술대회 발표문, 2010년 5월 11일 최문순 의원 방송통신심의위원회 2주년 평가 토론회 발표문에 포함된 바 있다.

심의신청이 있었던 것이고, 나머지 약 1만 건은 소위 '인지심의'를 한 것으로 보인다. 위의 심의 건 중에서 심의위원회가 이용하고 있는 유일한 제재수단인 '시정요구'는 총 32,640건에 대해서 발부되었는데 심의건수 대비 시정요구 발부 비율은 2008년도의 50.7%에서 2009년 72.4%로 늘어났고 2010년의 2월까지의 통계를 보면 87.3%로 급증했다.[1] 즉, 방송통신심의위원회가 인터넷게시물에 대해 행하는 검열이 더욱 활발해진 것이다. '인지심의'의 대부분은 시정요구가 발부되었을 것으로 예상되기 때문에 '인지심의'를 합치면 이 비율은 훨씬 높아질 것으로 보인다. 시정요구는 거의 모든 경우 정보서비스를 제공하는 업체들에게 발부되는데 100%의 준수율을 유지해왔다.

1. 방송통신심의위원회의 심의제도

방송통신심의위원회(이하 '심의위원회')의 법적 성격에 대해 살펴보자면 다음과 같다. 방송통신심의위원회는 방송통신위원회설치및운영에관한법(이하 '설치법')에 다음과 같이 규정되어 있다.

방송통신위원회설치및운영에관한법률 제18조(방송통신심의위원회의 설치 등) ①방송 내용의 공공성 및 공정성을 보장하고 정보통신에서의 건전한 문화를 창달하며 정보통신의 올바른 이용환경 조성을 위해 독립적으로 사무를 수행하는 **방송통신심의위원회**(이하 "심의위원회"라 한다)를 둔다.(후략)

그리고 동법 제21조에 다음과 같은 업무를 방송통신심의위원회가 수행할 것을 정하고 있다.

방송통신위원회설치및운영에관한법률 제21조(심의위원회의 직무) 심의위원회의 직무는 다음 각 호와 같다.
1. '방송법' 제32조에 규정된 사항의 심의
2. '방송법' 제100조에 따른 제재조치 등에 대한 심의·의결
3. '정보통신망 이용촉진 및 정보보호 등에 관한 법률' 제44조의7에 규정된 사항의 심의
4. 전기통신회선을 통해 일반에게 공개되어 유통되는 정보 중 건전한 통신윤리의 함양을 위해 필요한 사항으로서 대통령령이 정하는 정보의 심의 및 **시정요구**〈이하 생략〉

---

[1] 2010년 4월 최문순 의원실 보도자료.

위에서 보다시피 심의위원회는 두 가지 종류의 심의를 할 수 있게 되어 있으며 하나는 (1) 위 조항의 제3호에 따라 정보통신망이용촉진및정보보호등에관한법률(이하 '정보통신망법') 제44조의7이 의율하는 심의이고, 다른 하나가 (2) 위 조항의 제4호에 따라 일반에게 공개되는 정보에 대한 통신윤리함양을 위한 심의다. (2)의 심의는 정규심의와는 별도로 '시정요구'라는 행정작용을 할 수 있음을 기억해 두기로 하자.

가. 정보통신망법상의 '불법정보' 심의

정보통신망법 제44조의7 제1항은 다음과 같이 '불법정보'를 규정하고 방송통신심의위원회가 인터넷게시물이 이 불법정보에 해당하는지 판단을 하여 방송통신위원회가 이 정보의 취급을 금하도록 정보통신서비스제공자에게 명하도록 하고 있다.

정보통신망이용촉진및정보보호에관한법률 제44조의7(불법정보의 유통금지 등) ①누구든지 정보통신망을 통해 다음 각 호의 어느 하나에 해당하는 정보를 유통해서는 아니 된다.
1. 음란한 부호 · 문언 · 음향 · 화상 또는 영상을 배포 · 판매 · 임대하거나 공공연하게 전시하는 내용의 정보
2. 사람을 비방할 목적으로 공공연하게 사실이나 거짓의 사실을 드러내어 타인의 명예를 훼손하는 내용의 정보
3. 공포심이나 불안감을 유발하는 부호 · 문언 · 음향 · 화상 또는 영상을 반복적으로 상대방에게 도달하도록 하는 내용의 정보
4. 정당한 사유 없이 정보통신시스템, 데이터 또는 프로그램 등을 훼손 · 멸실 · 변경 · 위조하거나 그 운용을 방해하는 내용의 정보
5. '청소년보호법'에 따른 청소년유해매체물로서 상대방의 연령 확인, 표시의무 등 법령에 따른 의무를 이행하지 아니하고 영리를 목적으로 제공하는 내용의 정보
6. 법령에 따라 금지되는 사행행위에 해당하는 내용의 정보
7. 법령에 따라 분류된 비밀 등 국가기밀을 누설하는 내용의 정보
8. '국가보안법'에서 금지하는 행위를 수행하는 내용의 정보
9. 그 밖에 범죄를 목적으로 하거나 교사 또는 방조하는 내용의 정보

동 조항의 제2항과 제3항은 아래와 같이 위의 '불법정보' 중에서 7호, 8호 및 9호에 해당하는 이른바 중요하다거나 엄격한 통제가 필요하다고 여겨지는 것들

에 대해서는 (1) 중앙행정기관의 요청, (2) 심의위원회의 시정요구, 및 (3) 시정요구의 불이행의 요건이 충족되어야만 방송통신위원회가 취급정지명령을 발부할 수 있도록 하는 반면, 1호에서 6호까지의 정보에 대해서는 그러한 요건을 두지 않고 있다. 그리고 이러한 엄중한 요건이 충족되면 방송통신위원회는 취급정지명령을 "발부할 수 있는 것"에 그치지 않고 "발부해야 할 의무"를 가지게 된다. 불법정보 7, 8, 9호에 대해서는 심의위원회의 '시정요구'를 선행요건으로 두고 있다는 것은 불법정보 7, 8, 9호에 대해서는 '시정요구'가 가능하다는 해석과 부합하다는 것을 기억하고 넘어가자.

> **정보통신망이용촉진및정보보호에관한법률 제44조의7**(불법정보의 유통금지 등) ① 〈생략〉
> ②방송통신위원회는 제1항 제1호부터 제6호까지의 정보에 대해는 심의위원회의 심의를 거쳐 정보통신서비스제공자 또는 게시판 관리 · 운영자로 하여금 그 취급을 거부 · 정지 또는 제한하도록 명할 수 있다. 다만, 제1항 제2호 및 제3호에 따른 정보의 경우에는 해당 정보로 인해 피해를 받은 자가 구체적으로 밝힌 의사에 반해 그 취급의 거부 · 정지 또는 제한을 명할 수 없다.
> ③방송통신위원회는 제1항 제7호부터 제9호까지의 정보가 다음 각 호의 모두에 해당하는 경우에는 정보통신서비스제공자 또는 게시판 관리 · 운영자에게 해당 정보의 취급을 거부 · 정지 또는 제한하도록 명해야 한다.
> 1. 관계 중앙행정기관의 장의 요청이 있었을 것
> 2. 제1호의 요청을 받은 날부터 7일 이내에 심의위원회의 심의를 거친 후 '방송통신위원회의설치및운영에관한법률' 제21조 제4호에 따른 <u>시정요구를 했을 것</u>
> 3. 정보통신서비스제공자나 게시판 관리 · 운영자가 시정 요구에 따르지 아니했을 것

위의 내용을 간단히 정리하자면 다음과 같이 표기할 수 있다.

음란	1호	
명예훼손	2호	
스토킹	3호	→ 곧바로 방통위의 취급정지명령
네트워크 교란	4호	
'영리성' 청소년유해물	5호	
사행행위	6호	
국가기밀	7호	(1) 중앙행정기관의 요청, (2) 심의위원회의 시정요구, 및 (3) 시정요구의 불이행
국가보안법	8호	→ 위 요건이 충족되면 방통위의 취급정지
범죄교사 및 방조	9호	명령

참고로 시정요구가 발부된 정보의 경우 설치법 제21조 제3호 하의 소위 '불법정보'에 대한 시정요구가 28,468건이며 나머지 4천 건 정도는 설치법 제21조 제4호 하의 일반공개정보에 대한 윤리심의(이는 그 시행령에 의해 '청소년유해물'이거나 '기타 심의가 필요하다고 판단되는 정보'로 세분화됨)였던 것으로 보인다. 불법정보 심의가 압도적으로 많았던 것이다.

'불법정보' 심의신청 중에서 가장 비율이 높은 것은 사행심조장(2008년 25.2% → 2009년 41.3%, 이하 동일한 연도에 대한 수치임)과 음란물(29% → 15.1%)이며 명예훼손을 포함하는 권리침해(21.1% → 19.6%)와 범죄교사방조정보를 포함하는 사회질서위반(20.1% → 23.2%)이 꾸준히 상당한 비중을 유지하고 있다. 특히 사회질서위반 부문에서 심의신청이 늘어난 것은 중앙행정기관에 의한 심의신청이 5.2%에서 13.5%로 가파르게 늘어났기 때문으로 보인다.

불법정보심의가 청소년유해물심의보다 압도적으로 많다거나 불법정보심의 내에서도 명예훼손과 사회질서위반이 합쳐서 40%가 넘어 음란물, 사행심조장에 비해서 상당하다는 것은 매우 중요한 의미를 갖는다. 아래에서 밝히겠지만 행정권에 의한 심의에 대한 우려 중에 하나는 권력의 영향력으로부터 자유롭지 않아 올바르지 못한 판단으로 게시물을 일정기간 차단하거나 위축시킬 수 있다는 것이었으며, 명예훼손과 사회질서위반은 권력이 개입할 수 있는 동기가 존재하는 심의 항목이기 때문이다.

[게시자의 방어권]

제44조의7은 동 조항의 제4항에서 정보통신서비스제공자, 게시판 관리 및 운영자 또는 해당 이용자에게 '미리' 의견제출의 기회를 주도록 하고 있다.

정보통신망이용촉진및정보보호에관한법률 제44조의7(불법정보의 유통금지 등) ④방송통신위원회는 제2항 및 제3항에 따른 명령의 대상이 되는 정보통신서비스제공자, 게시판 관리·운영자 또는 해당 이용자에게 미리 의견제출의 기회를 주어야 한다. 다만, 다음 각 호의 어느 하나에 해당하는 경우에는 의견제출의 기회를 주지 아니할 수 있다.
1. 공공의 안전 또는 복리를 위해 긴급히 처분을 할 필요가 있는 경우
2. 의견청취가 뚜렷이 곤란하거나 명백히 불필요한 경우로서 대통령령으로 정하는 경우
3. 의견제출의 기회를 포기한다는 뜻을 명백히 표시한 경우

그러나 아래에서 다시 밝히겠지만 실제로 방송통신위원회가 실제로 위의 제2항이나 제3항에 따라 명령을 한 경우는 아직까지 한 번도 없었다. 방송통신심의위원회가 심의의 결과가 부정적일 경우 100% 모두 '시정요구'의 형태로 정보통신서비스제공자에게 직접 심의결과를 전달했고 정보통신서비스제공자는 이를 100% 이행해왔기 때문에 방송통신위원회가 위와 같은 명령을 할 기회가 없었던 것이다.

결국 자신이 게시한 게시물이 심의위원회의 심의에 의해 삭제당해 방송통신위원회에 '의견제출'을 할 기회를 가진 이용자는 한 명도 없었다. 아래에 밝히겠지만 대신 '시정요구'의 경우 다른 법령이 '사후적으로' 이의제기의 기회를 제공하고 있기는 하다(동법 시행령 제8조).

나. '일반공개정보에 대한 통신윤리' 심의

설치법 제21조 제3호에 따른 불법정보 심의 외에도, 위에서 언급했듯이 심의위원회는 제21조 제4호에 따라 소위 '통신윤리' 심의를 할 수 있게 되어 있고 그 내용은 다음과 같이 시행령에 의해 통제되고 있다.

방송통신위원회설치및운영에관한법률시행령 제8조(심의위원회의 심의대상 정보 등) ①법 제21조 제4호에서 "대통령령이 정하는 정보"란 정보통신망을 통해 유통되는 정보 중 '정보통신망 이용촉진 및 정보보호 등에 관한 법률' 제44조의7에 따른 불법정보 및 청소년에게 유해한 정보 등 심의가 필요하다고 인정되는 정보를 말한다.

결국 '일반공개정보에 대한 통신윤리'심의의 내용은 (1) 정보통신망법 제44조의7에 따른 불법정보와, (2) '청소년에게 유해한 정보', 그리고 (3) 기타 '심의가 필요하다고 인정되는 정보'로 다시 나뉘게 된다.

(1)의 정보통신망법 제44조의7이 정의하는 불법정보에 대한 심의는 이미 제44조의7 자체에서 그 절차를 규정하고 있지만 심의위원회는 반드시 거기에서 정한 절차를 따를 필요는 없는 것이고, 설치법 제21조 제4호가 정한 '심의 및 시정요구' 절차를 따를 수 있게 되어 있다. 이렇게 심의위원회의 '불법정보' 심의절차가 이원

적이라는 해석은 정보통신망법 제44조의7 제3항은 '불법정보' 7호에서 9호까지에 대해서는 '시정요구'가 있을 수 있음을 이미 전제하고 있다는 점을 보아도 설득력이 있다. '시정요구'라는 '명령'보다는 약하지만 심의위원회가 독자적으로 행사할 수 있는 일종의 행정작용의 권한을 심의위원회에 부여하려 했던 것으로 해석할 수 있다.

(2)의 청소년유해정보는 (1)의 불법정보에 이미 '청소년유해정보'가 이미 포함되어 있다는 점과 충돌하는 것처럼 보이기는 하나 (1)의 불법정보 5호는 '영리적 청소년유해정보'에 한정되고 (2)는 '비영리적 청소년유해정보'를 모두 포괄한다고 보는 것이 타당하다. 이와 같은 해석은 '일반적인 청소년유해정보'에 대해서는 '표시의무 이행'이라는 낮은 단계의 제재도 포함되지만(설치법시행령 제8조 제2항제3호), '영리적 청소년유해정보'에 대해서는 '취급거부, 정지 및 제한'이라는 높은 단계의 제재만이 적용되는 것을 보아도 타당하다(정보통신망법 제44조의7 제2항 및 제3항).

(3)의 기타 '심의가 필요하다고 인정되는 정보'라는 분류에 대해서는 그 유의미성을 고민해봐야 한다. 즉, 위의 (1) 정보통신망법 제44조의7이 정의하는 불법정보, 및 (2) 청소년유해정보 외의 새로운 제재사유를 성립한 것인지 아니면, 위의 (1)과 (2)의 범위를 단지 심의위원회가 구체화할 수 있음을 천명한 것인지 살펴보아야 한다.

위 문구는 설치법 제21조가 "전기통신회선을 통해 일반에게 공개되어 유통되는 정보 중 건전한 통신윤리의 함양을 위해 필요한 사항" 중에서 심의위원회의 심의대상을 대통령이 정하도록 한 것을 설치법시행령이 받으면서 포함시킨 것이다. 그런데 '인정'의 주체는 심의위원회일 것인데 설치법 제21조의 입법목적이 방송통신심의위원회의 직무를 정의하기 위한 것이라면 '심의가 필요하다고 인정되는 정보'를 시행령이 새로이 포함시키는 것은 상위법의 입법목적을 무산시키는 효과를 낳게 된다. 심의위원회가 스스로 심의대상을 정할 수 있다면 설치법 제21조가 3호와 4호를 통해 심의대상을 정하는 것은 아무런 의미가 없게 된다.

물론 제21조 제4호에 '건전한 통신윤리함양'이라는 제한이 이미 걸려있으므로

'심의가 필요하다고 인정되는 정보'는 단순히 '심의위원회가 심의가 필요하다고 인정하는 경우' 모두를 포함하는 것이 아니고 '건전한 통신윤리함양을 위해 심의위원회가 심의가 필요하다고 인정하는 경우'로 한정된다면 위와 같은 법의 흠결을 보완한다는 견해도 있을 수 있다. 그러나 헌법재판소의 2002년 '불온통신'에 대한 위헌결정에 비추어보았을 때 '건전한 통신윤리함양'이라는 문구나 '심의위원회가 심의가 필요하다고 인정하는 경우'라는 문구 또는 이 두 문구의 복합체도 법의 흠결을 메우기에 충분한 명확성을 가지고 있다고 보기 어렵다. 다시 말하면 '건전한 통신윤리함양을 위해 심의위원회가 심의가 필요하다고 인정하는 경우'는 헌법재판소의 위헌결정이 이미 배제한 것이라고 보아야 한다.[2]

물론 위의 분석은 당위적인 분석이고 실제로 심의위원회가 '심의가 필요하다고 인정되는 정보'라는 별도의 심의기준을 운용하고 있는가에 대해서는 더욱 심도 있는 논의를 요구한다. 2010년 5월 현재 시민단체들의 정보공개를 통해 공개된 내용만으로는 '사회질서위반'이라는 대분류의 내용이 어떻게 구성되어 있는지를 알 수 없어 현황파악이 어려운 실정이다. 특히 심의위원회는 통신심의규정을 2010년 2월에 개정해 운용하고 있는데 심의규정에 따른 심의는 (1) 정보통신망법 제44조의7이 정의하는 불법정보 및 청소년유해정보에 '부가'되는 것인지, 아니면 (2) 위의 2개의 심의기준을 '구체화'하는 것인지 살펴보아야 한다.

---

[2] "방송통신심의규정 개선방안에 관한 연구", 2009년 9월 김성천(책임)·황창근·지성우·최경진 공동연구. 이에 대해서 방통심위 발주 용역 연구자들은 결론을 내리지 못하고 있다. 김성천, pp.54-55. 그러나 p.78에서는 아래와 같이 부정적인 견해를 밝히고 있다.
또 방통위법 제21조 제4호에 의하면 "전기통신회선을 통해 일반에게 공개되어 유통되는 정보 중 건전한 통신윤리의 함양을 위해 필요한 사항으로서 대통령령이 정하는 정보의 심의 및 시정요구"라고 규정하고 있어 불건전정보가 심의대상이 됨을 예정하고 있다. 그러나 통신심의체계는 국민의 표현의 자유와의 관계에서 가능한 엄격하게 구성하고 유지하는 것이 필요하다고 하겠다. 원래 표현의 자유가 헌법에서 다른 기본권보다 우월성을 가지면서 정당성을 가지는 이유는 사상의 자유 시장에서 자연적으로 검증을 받는다는 믿음, 그리고 민주주의 원리에서 국민이 스스로 주인이 되고 지배한다는 국민지배의 원리상 이를 위해서는 정보가 필요하다는 점에서 정보에 대한 광범위한 통제가 허용되지 않는다는 것이다. 이런 점에서 통신심의체계에 대한 구성은 신중하고 신중해야 한다는 것이다.

다. 게시자의 방어권

설치법 제21조의 시정요구에 대해서는 정보통신서비스제공자, 게시판 관리 및 운영자 또는 게시자가 '사후'에 이의제기를 할 수 있도록 하고 있다.

방송통신위원회설치및운영에관한법률 시행령 제8조(심의위원회의 심의대상 정보등) 〈생략〉
⑤제2항에 따른 시정요구에 대해 정보통신서비스제공자, 게시판 관리 · 운영자 또는 해당 이용자는 그 시정요구를 받은 날부터 15일 이내에 심의위원회에 다음 각 호의 사항이 적힌 문서를 제출해 이의신청을 할 수 있다.
〈중략〉
⑥심의위원회는 제5항에 따른 이의신청이 있은 날부터 15일 이내에 이를 심의해야 한다.
⑦제6항에 따른 심의 결과에 대해는 다시 이의신청을 할 수 없다.

흥미로운 점은 '시정요구' 자체는 정보통신서비스제공자에게만 발부되는 것이지 이용자에게 발부되지 않을 수 있으므로 이용자가 이의제기를 할 기회를 갖지 못할 수 있다는 점이다. '시정요구'는 다음과 같은 종류로 되어 있다.

②법 제21조 제4호에 따른 시정요구의 종류는 다음 각 호와 같다.
1. 해당 정보의 삭제 또는 접속차단
2. 이용자에 대한 이용정지 또는 이용해지 〈이하 생략〉

이 중에서 1호에 해당하는 '삭제' 또는 '접속차단'의 시정요구는 서비스제공자에게 발부되면서도 그 효과는 이용자에게 미친다. 그런데 시정요구가 이용자에게 직접 '고지'되지 않으면 서비스제공자가 게시물을 삭제 및 접속차단하면서 이를 이용자에게 통보하리라는 보장이 없으므로 시행령 제8조 제5항의 15일의 이의신청기간을 놓칠 수도 있다는 것이다.

이러한 이유에서인지 위 조항에 의한 이의신청은 거의 전무한 실정이다. 이는 심각한 문제인데 심의위원회가 모든 심의결과를 '시정요구'절차로 수렴함으로써 아래에 설명될 설치법 제25조의 사전의견확인절차와 정보통신망법 제44조의7 제4항의 사전의견제출은 의미가 없어진 상황에서 위 조항의 사후적 이의신청은 유일한 게시자방어권절차이기 때문이다.

라. 소결

결론적으로 심의위원회는 방통심위설치법 제21조의 제3호와 제4호에 따라서 정보통신망법 제44조의7의 불법정보심의와 '일반공개정보에 대한 통신윤리심의'를 하도록 되어 있는데 후자는 다시 정보통신망법 제44조의7의 불법정보심의와 청소년유해물 심의로 구성되어 있다.

근거조항	내용(시행령 포함)	제재방법	실제
방통위 설치법 제21조 3호	정보통신망법제44조의7 심의	심의	해당사항 없음
방통위 설치법 제21조 4호	정보통신망법제44조의7 심의	심의 및 시정 요구	부정적 심의결과 100%가 시정요구로 수렴됨
	청소년유해정보		
	기타 "심의가 필요하다고 인정되는 정보"		

그런데 심의위원회는 정보통신망법 제44조의7의 심의기준과 절차를 모두 이용한 심의를 하지 않고 제44조의7상의 심의를 설치법 제21조 제4호상의 심의(시정요구)로 수렴하고 있으므로 결국 실질적인 심의의 전체적 구조는 다음과 같다.

근거조항	시행령 내용	세부심의사항	제재방법(세부내용)
설치법 제21조 제4호	(1) 망법 제44조의7	음란	시정요구: (1) 해당 정보의 삭제 또는 접속차단 (2) 이용자에 대한 이용정지 또는 이용해지
		명예훼손	
		스토킹	
		네트워크 교란	
		'영리성' 청소년유해물	
		사행행위	
		국가기밀	
		국가보안법	
		범죄교사 및 방조	
	(2) 청소년유해매체물	청소년유해매체물	상기(1)+(2)+표시의무
	(3) 기타 "심의가 필요하다고 인정되는 정보"	* 심의위원회가 스스로 심의 필요 여부를 인정하게 되면 설치법 제21조의 의미가 탈각되므로 부가적인 심의기준은 아닌 것으로 보임. 또 헌법재판소 2002년 결정에 비추어도 헌법적으로 허용되지 않는 기준임.	

마. 보론: 정보통신에 관한 심의규정

2010년 2월이 되어 문제가 더욱 복잡하게 되었다. 방송통신심의위원회가 방통위설치법 제24조를 근거로 '정보통신에 관한 심의규정'을 제정했다.[3] 이는 옛 정보통신윤리위원회의 심의규정을 근간으로 하여 제정한 것이다.

> **방송통신위원회설치및운영에관한법률 제24조**(심의규정의 제정·공표 등) 심의위원회는 제21조에 정한 직무를 수행함에 필요한 다음 각 호의 심의규정을 제정·공표한다.
> 1. '방송법' 제33조에 따른 방송심의에 관한 규정
> 2. 제21조 제3호 및 제4호를 심의하기 위한 정보통신에 관한 심의규정

그런데 문제는 위의 통신심의규정은 '제21조에 정한 직무'를 수행함에 필요한 범위 내에서 심의규정을 규정해야 함에도 불구하고 제21조가 정한 직무를 벗어난 것처럼 보이는 심의기준을 정하고 있다는 것이다. 특히 제5조와 제6조가 눈에 띈다.

> **제5조**(국제평화질서위반 등) 국제 평화, 국제 질서 및 국가 간의 우의를 현저히 해할 우려가 있는 다음 각 호의 정보는 유통이 적합하지 아니한 것으로 본다.
> 1. 인종차별·집단학살·테러 등 국제 평화 및 국제질서를 현저히 해할 우려가 있는 정보
> 2. 외국의 국기·국장 등을 모독함으로써 국익에 반하거나 국가 간의 우의를 현저히 해할 우려가 있는 정보
> 3. 기타 외국의 정치·종교·문화·사회에 대한 비방·비하·멸시 등 국가 간의 우의를 현저히 해할 우려가 있는 정보
> **제6조**(헌정질서위반 등) 헌법에 위배되거나 국가의 존립을 해하는 다음 각 호의 정보는 유통이 적합하지 아니한 것으로 본다.
> 1. 국가의 존립·안전이나 자유민주적 기본질서를 현저히 위태롭게 할 우려가 있는 정보
> 2. 헌법을 부정하거나 국가기관을 전복·파괴·마비시킬 우려가 현저한 정보
> 3. 헌법에 반해 역사적 사실을 현저히 왜곡하는 정보

위에서 '헌정질서위반정보' 또는 '국제평화질서위반정보' 등은 정보통신망법 제44조의7 불법정보의 개념을 구체화한 것으로 보기 어려울 정도로 적용범위가

---

3) 방송통신심의위원회 공고 제2008-22호(2008년 12월 8일) 예고 제2009-1호(2009년 2월 9일) 제정, http://www.kocsc.or.kr/04_info/info_Advance_View.php?ko_board=info_Advance&ba_id=1655, 2010년 6월 5일 방문.

넓어 설치법 제21조가 정한 업무범위를 벗어날 수 있는 것으로 보인다. 또 '헌정질서위반'이나 '국제평화질서위반'과 같은 애매모호한 범주들은 2002년 '불온통신' 헌법재판소 결정을 위반하게 될 것이다.[4] 다시 소개하자면 전기통신사업법 제53조는 "공공의 안녕질서 또는 미풍양속을 해하는 내용의 통신"을 불온통신으로 정의하고 그 구체적인 내용과 대상을 대통령령으로 정했다. 전기통신사업법 대통령령 제16조에서 정의한 불온통신은 (1) 범죄행위를 목적으로 하거나 범죄행위를 교사하는 내용의 전기통신, (2) 반국가적 행위의 수행을 목적으로 하는 내용의 전기통신, (3) 선량한 풍속 기타 사회질서를 해하는 내용의 전기통신으로 정의했다. 그러나 불온통신의 개념이 명확성의 원칙 및 포괄위임금지의 원칙에 위배된다는 이유로 위헌결정을 받음에 따라 2007년에 정보통신망법 제44조의7의 불법정보의 다양한 유형들이 만들어진 것이다. 그렇다면 '헌정질서위반'이나 '국제평화질서위반'은 '공공의 안녕질서' 또는 '미풍양속'보다 더 구체적이지 않다. 특히 위 헌법재판소 결정은 당시 구 정보통신윤리위원회의 심의규정이 존재하고 있던 당시에 내려진 결정이다. '공공의 안녕질서'나 '미풍양속'이 심의규정을 통해 구체화되어도 위헌이라면 가장 하위법령인 심의규정 내에 존재해 더 이상 구체화의 여지도 없는 '헌정질서'나 '국제평화질서'와 같은 개념은 당연히 위헌인 것이다.

김성천은 위의 심의규정들을 "헌법은 우리 사회를 유지·존속시켜주는 규범적 기초이기 때문에 이를 문란하게 하는 것은 매우 중대한 범죄행위에 해당된다"면서 "일반범죄와 구별해 별도의 규정으로 이에 대한 통신망을 이용한 공격행위를 규제하는 것은 합리적"이라고 하고 있다.[5] 즉, 심의규정 제5조와 제6조를 제3의 심의대상을 정의하려 한 것이 아니고 정보통신망법 제44조의7의 '불법정보' 9호의 '기타 범죄를 목적으로 하거나 교사방조하는 정보' 중에서 중요한 범죄들에 대해 별도로 규정한 것이라는 주장이다. 실제로 제5조와 제6조의 범주들을 형법 제109조, 형법 제307조, 형법 제90조에 두들겨 맞추어볼 수는 있을 것이다.

그러나 이와 같은 시도들의 결정적인 흠결은 첫째, 기본적으로 심의규정의 범

---

4) 헌법재판소 2002.06.27. 선고 99헌마480 결정.
5) 김성천, 2009년 11월 19일 방송통신심의위원회 토론회 발제문.

주들이 실제 범죄의 범주들보다 더욱 넓게 정의가 되어 있고, 둘째, 형법규정들의 '행위'와 심의대상인 '정보' 사이의 관계를 불분명하게 방치한다는 것이다. 예를 들어 '외국의 정치·종교·문화·사회에 대한 비방·비하·멸시'와 명예훼손을 구성하는 정보와는 큰 차이가 있고 전자가 후자보다 더 구체적이지 않다. '한국인들이 개고기를 먹어서 싫다'는 내용이 우리나라 형법 제307조상 명예훼손을 구성할 수 없음은 당연할 것이다. 또 "국가의 존립·안전이나 자유민주적 기본질서를 현저히 위태롭게 할 우려가 있는 정보"가 실제로 처벌대상인 '내란에 대한 예비·음모·선전·선동'을 구성한다는 확신은 없다. 이미 정보가 어떤 불법행위를 발생시킬 위험이 있다고 해서 모두 처벌할 수는 없고, 그 정보가 해당 불법행위를 발생시킬 것이라는 '명백하고 임박한 위험(a clear and present danger)'이 입증될 때만 그 정보 자체가 처벌대상이 된다는 법리는 우리나라와 미국에 공통된 것이다. 물론 심의규정을 '명백하고 임박한 위험'의 기준에 맞게 해석하면 위 문제는 완화될 수는 있으나 실제 사례에 대한 검토가 필요하다.

어찌되었든 김성천의 주장을 따른다고 하더라도 '심의규정'에 따른 심의는 독립적인 심의대상을 구성하는 것은 아닌 것으로 보이며 최종적인 현재의 심의구조는 다음과 같이 새겨진다. 굵게 표시된 부분만이 유의미한 심의사항을 구성하게 된다.

근거조항	하위법령 내용	세부심의사항	비고
설치법 제21조 제4호	(1) "망법 제44조의7의 불법정보"	음란	'정보통신에 관한 심의규정'은 좌측의 내용을 구체화하는 역할을 하게 됨.
		명예훼손	
		스토킹	
		네트워크 교란	
		'영리성' 청소년유해물	
		사행행위	
		국가기밀	
		국가보안법	
		범죄교사 및 방조	
	(2) "청소년유해매체물"	청소년유해매체물	
	(3) 기타 "심의가 필요하다고 인정되는 정보"	부가적인 심의기준은 아닌 것으로 보임.	

[게시자의 방어권]

　더욱 흥미로운 점은 설치법은 심의규정에 따른 판단에 대해서는 별도의 사전방어권을 게시자에게 부여하고 있다는 것이다.

> **방송통신위원회설치및운영에관한법률 제25조**(제재조치 등) ①심의위원회는 방송 또는 정보통신의 내용이 제24조의 심의규정에 위반된다고 판단하는 경우에는 다음 각 호의 어느 하나의 제재조치 등을 정할 수 있다.
> 1. '방송법' 제100조 제1항에 따른 제재조치 · 권고 또는 의견제시
> 2. '정보통신망 이용촉진 및 정보보호 등에 관한 법률' 제44조의7에 따른 불법정보 유통에 대한 취급의 거부 · 정지 또는 제한
> ②심의위원회는 제1항의 제재조치를 정하려는 때에는 미리 당사자 또는 그 대리인에게 의견을 진술할 기회를 주어야 한다.

　하지만 위에서 설명했듯이 심의위원회는 통신심의의 경우 '시정요구' 절차를 통해서만 그 결과를 수렴함으로써 설치법 시행령 제8조에 따른 사후적 이의제기만을 허용할 뿐 이와 같은 사전적인 의견진술기회를 주고 있지 않다. 결국 '시정요구'는 위의 제25조상의 '제재조치'가 아니라고 보고 있는 것 같다. 물론 아래에서 밝히겠지만 최근 최병성 목사 게시물에 대한 판결에서[6] 법원은 '시정요구'의 행정처분성을 인정함으로써 과연 위와 같은 해석이 정당한가에 대한 논란이 있을 수 있다.

2. 표현의 자유 사전제한으로서의 인터넷심의

가. 검열금지원칙의 위반

　위와 같은 통신심의는 행정기관인 심의위원회가 수행한다는 그 자체에서 위헌의 소지가 있다.

---

6) 서울행정법원 2010.02.11. 선고 2009구합35924 판결(시정요구처분취소).

1) 검열의 고유한 의미

우리나라 헌법 제21조는 표현의 자유에 대한 '검열과 허가'를 금지하고 있으며,[7] 우리나라 헌법재판소는 검열을 행정권이 주체가 된 사전심사절차에 표현물을 제출해 이 심사를 통과하지 않으면 그 표현물의 유통이 금지되는 제도로 정의하고 있다.[8] 하지만 검열을 이렇게 사전검열로 한정해 정의하면 같은 조항의 '허가'와 다를 것이 없어진다.

헌법 제21조는 '언론출판의 자유'에 대해서는 '검열'과 '허가' 모두를 금지하고 있고 '집회결사의 자유'에 대해서는 '허가'만을 금지하고 있다. 그렇다면 '검열'은 '허가'와 다른 무언가를 지칭한다고 보는 것이 일반적인 법해석규칙과 부합할 것이다. 즉, '언론출판'은 '집회결사'보다 더욱 소극적인 행위이기 때문에 '허가'만이 금지되는 것이 아니라 '검열'도 금지된다는 해석이 자연스러울 것이다.

사실 우리나라와 일본만[9] 검열의 의미를 이와 같이 사전검열로 좁게 해석하고 있고 대부분의 나라에서는 검열, 즉 censorship의 의미를 더욱 폭넓게 정의해 금기

---

7) 헌법재판소 2001.05.31. 선고 2000헌바43 · 52 결정(병합 · 합헌).

8) 헌법재판소는 검열을 다음과 같이 4개 내지 6개의 요건을 매개로 정의하고 있다. 첫째, 허가를 받기 위한 표현물의 제출의무(헌법재판소 2001.05.31. 2000헌바43, 52(병합) 합헌), 둘째, 행정권이 주체가 된 사전심사절차(헌법재판소 2001.08.30. 2000헌마36 합헌), 셋째, 허가를 받지 아니한 의사표현의 금지(헌법재판소 1996.10.04. 전원재판부, 93헌가13, 91헌바10(병합)), 넷째, 심사절차를 관철할 수 있는 강제수단(헌법재판소 1995.10.04. 93헌가12, 91헌바10(병합)) 등이다. 다섯째, 위 네 가지 요건 외에 명시적으로 요구하지는 않지만, 헌법재판소는 표현물의 발표를 완전히 금지하지 않고 표현물의 청소년유해성 등급에 따라 부분적으로 제한하는 '등급제'는 검열이 아닌 것으로 해석하고 있다(헌법재판소 2001.08.30. 2000헌가9 위헌). 그리고 여섯째, 사전심사가 내용적인 심사일 경우에만 '검열'의 범위에 포함되며 시간, 장소, 방법에 대한 심사를 위한 사전심사는 해당되지 않는다(헌법재판소 1998.02.27. 96헌바2 옥외광고물등관리법 제3조 합헌, 헌법재판소 1997.08.21. 93헌바51 정기간행물의등록등에관한법률 제7조 제1항).

9) "Censorship" under the first part of Paragraph 2 of Article 21 of the Constitution should be construed as indicating an act that, characteristically, is applied to a medium for the expression of ideas or similar contents, and consists of prohibiting the publication of that which is deemed inappropriate after an administrative authority, as the main agent, conducts a comprehensive and general examination of the contents of a particular medium of expression, prior to publication, for the purpose of prohibiting the publication thereof as a whole or in part(Supreme Court Case [Gyo-Tsu] No. 156 of 1982; judgment of the Grand Bench of December 12, 1984; Minshu Vol. 38, No. 12, p.130).

시하고 있다.

일찍이 미국연방대법원은 1963년부터 Bantam Books v. Sullivan 사건에서 주정부가 임명한 사람들로 구성된 심의기구가 이미 유통되고 있는 서적들에 대해 적격심사를 하여 검찰 및 경찰에 통보하는 제도에 대해 사법적인 판단도 없이 서적의 유통을 차단하는 것은 prior restraint에 해당한다며 위헌판정을 했다.[10] 즉, 출시가 된 서적을 사후에 평가해 유통을 차단시키는 것도 결국 아직 배포가 이루어지지 않은 복사본에 대해서는 '사전적인' 제재로 보는 입장과 부합한다. 사전제한의 '사전'을 이렇게 해석하면 표현에 대한 모든 사후적 제재는 형사처벌 이나 손해배상이 아닌 명령을 통한 제재는 모두 '사전적 제재'가 된다. 이와 같은 해석은 사후검열이라고 할지라도 검열시행 전에 이미 유통된 양이 남아 있는 양에 비해 많지 않은 경우 사전검열과 비슷한 효과를 낸다는 점에서 매우 합리적인 해석이다. 한 권이라도 판매된 후에 제재가 가해진다고 하여 헌법적인 타당성이 질적 으로 달라진다는 것은 설득력이 없다.

결론적으로 미국의 사전제한(prior restraint)은 행정권에 의한 것이든 사법권 에 의한 것이든 표현물이 이미 공포나 배포가 이루어졌다고 할지라도 그 복사본 등에 대해 사전적 차단효과를 갖게 되는 명령을 의미하는 것이며, 그 자체가 무효 가 되는 것은 아니며 여러 정황을 고려해 판단된다.[11] 그 중에서 가장 중요한 기준 은 (1) 심의의 주체로 보인다. 즉, 사법부에 의한 판단이 있는가이다. 사법부에 의한 판단은 매우 중요해 심지어는 사전제출의무가 있는 고전적인 사전검열마저도 사법부에 의한 판단이 빠른 시일 내에 이루어진다면 합헌이 될 수 있다.[12] 그렇다

---

10) 필자가 감히 짐작건대 우리나라에서 미국의 법리들을 수입하면서 prior restraint를 검열에 대응 하는 개념으로 파악한 후 prior restraint에서 prior가 가지는 의미에 천착하면서 검열을 사전검열로 한정된 것으로 오해한 것이 아닌가 생각한다. 물론 미국은 Bantam Books v. Sullivan 판결에서 보여지듯이 prior restraint를 '사전검열' 외에도 더욱 폭넓게 적용하고 있으며 일본 역시 censorship 과 prior restraint를 구분하며 전자는 절대적인 금지 후자는 매우 예외적인 허용의 방식으로 운용하 고 있다(제8장 참조).

11) 박경신, "미국의 사전제한(prior restraint) 법리와 2002년 불온통신규제결정의 재발견", 『헌법 실무연구』 제9권, pp.503-533, 헌법실무연구회.

12) Freeman v. Maryland, 380 U.S. 51(1965); 박경신, "사전검열 법리와 정보통신윤리위원회의 활동: 법과학적 방법으로", 『인권과정의』 2002년 8월호.

고 하여 위법성 판단이 사법적인가나 행정적 인가만으로 결정되는 것은 아니며 (2) 재량의 폭이 매우 중요한 기준이 되는 것으로 보인다. 행정기관에 의한 사전심의라고 할지라도 심의에서 작용하는 재량이 급격하게 제한될 경우 위헌으로 판정되지 않는다.13) 또 일찍이 1917년부터 사법기관에 의한 심의라고 할지라도 재량이 너무 폭넓을 경우에는 위헌이라는 판결이 있었다.14)

일본도 censorship과 달리 prior restraint이라는 개념을 별도로 만들어 행정권이 아닌 사법권에 의한 사전제한 censorship에 이르지 않는 제도에 대해서도 헌법적 경계를 하고 있다.15)

2) 행정권에 의한 사후검열의 위헌성

우리나라에서 표현의 자유에 대한 여러 가지 형태의 제약 중에서 사전검열은 헌법상 절대적으로 금기시되는 이유를 살펴보면, (1) 표현물이 공표도 되기 전에 차단된다는 침해의 심대함,16) 그리고 (2) 국민들이 정부에 비판적인 표현물까지 일일이 정부 측에 사전제출해야 하는 제도는 사후에 적발되는 제도에 비해 위축효과(chilling effect)가 크다는 점들을 꼽을 수 있다. 여기서 위축효과란 합법적임에도 불구하고 불법으로 판단될지 모른다는 두려움 때문에 그 행위를 자제하는 것을 말한다.

---

13) Cox v. New Hampshire, 312 U.S. 569, 574 576(1941)(공원의 사용신청을 선착순으로 받겠다고 한 행정명령) 여기서는 사전제출의무가 있음에도 불구하고 행정권의 재량이 거의 제로에 가깝게 제한되기 때문에 사전제한금지법리에 해당하지 않는다고 판시했던 것이다.

14) Near v. Minnesota, 283 U.S. 697(1931).

15) Decision by the Grand Bench of the Supreme Court on June 11, 1986, Case No.(o) 609 of 1981; 40 Minshu 872.

16) Thomas I. Emerson, The Doctrine of Prior Restraint, 20 Law & Contemp.Probs. 648, 657(1955). "사후적인 제재시스템 하에서는 의사가 정부가 조치를 취하기 전에 시장에 이미 전달되어 높든 낮든 사상의 자유시장 내에 일정한 위치를 차지하게 된다. 그러나 사전제한 시스템 하에서는 사상의 자유시장에 도달하지 못한다(The underlying rationale behind the presumption of unconstitutionality of a prior restraint of speech is that [u]nder a system of subsequent punishment, the communication has already been made before the government takes action; it thus takes its place, for whatever it may be worth, in the market place of ideas. Under a system of prior restraint, the communication, if banned, never reaches the market place at all)."

하지만 (1)에 대해서는 위에서 설명했듯이 책 한 권이 이미 배포가 되었다고 하여 검열이 더욱 큰 헌법적 정당성을 가진다는 것은 논리가 허술하다는 점을 지적하고 싶다. 또 (2)의 경우도 해당 표현물이 합법적임이 나중에 밝혀졌을 때 사전제출이 이루어지지 않은 것 자체에 대한 행정제재만 피할 수 있다면 위축효과는 사후검열 상황에 비해 그다지 크지 않을 것이다. 사전검열제도가 있다고 하더라도 사전제출을 하지 않고 사후검열에 걸렸을 때 합법성을 주장하는 것에 따른 불이익이 없을 것이기 때문이다. 물론 사전제출의무위반 자체에 대한 행정제재는 해당 표현물의 합법성에 관계없이 용인되어야 한다는 우회항변금지원칙(collateral bar)이 존재하기는 하나 표현의 자유 분야에서도 우회항변금지원칙이 반드시 적용되어야 하는가에 대해서는 깊은 의구심이 있다.[17)

행정권에 의해 시행되는 한 사전검열과 사후검열은 다음과 같은 공통점이 있다. (1) 첫째, 행정적 판단은 법치국가에서 항상 사법심사에 의해 바로잡히기 전에는 '잠정적'이므로 그 기간 동안에는 표현이 위축되어 있다는 면에서 불법이 발생한다. 예를 들어 신문광고불매운동 카페 운영자들에 대한 2009년 2월 판결에서 법원은 2차불매운동 자체는 합법적이라고 판단했고 그 운동이 수반한 '집단적 조직적 전화걸기'에 대해서만 위법이라고 판단했다.[18) 이 판시에 따르자면 게시물에 대해서만 판단을 한 방송통신심의위원회의 지난 2008년 7월 결정은 잘못된 것이었다. 결국 약 7개월간 정당한 표현물이 억제되어 있었던 것이다.

---

17) 이와 같은 견해와 일치하는 주장은 박경신, "미국의 사전제한(prior restraint)법리와 2002년 불온통신규제결정의 재발견", 『헌법실무연구』 제9권(2008), pp.503-533(2008.9.19 헌법 실무연구회 발표문)에서 pp.508-511을 참조할 것.

18) 서울중앙지방법원(이림판사) 2009.02.19.선고 2008고단5024 판결: 언론매체의 소비자인 독자는 언론사의 편집정책을 변경시키고자 하는 목적을 갖고 언론사에 대한 불매운동 등의 수단을 동원할 수는 있겠지만 그 경우에도 참여자들은 그들이 추구하는 목적을 달성하기 위해 일반시민들을 상대로 조선·중앙·동아일보를 구독하지 말거나 그 광고주들에게 조선·중앙·동아일보에 광고를 게재하지 말도록 하기 위해 그들의 의사를 전달하고, 홍보하며, 인터넷 사이트에 광고주 리스트를 게재하거나 게재된 광고주리스트를 보고 소비자로서의 불매의사를 고지하는 등 각종 방법에 의한 호소로 설득활동을 벌이는 것은 구독이나 광고게재 여부의 결정을 상대방의 자유로운 판단에 맡기는 한 허용된다고 할 것이고, 그로 인해 위 각 신문사의 일반적 영업권 등에 대한 제한을 가져온다 하더라도 이는 정당한 소비자운동의 목적수행을 위한 활동으로부터 불가피하게 발생하는 내재적 위험으로서 상대방인 위 각 신문사가 감내해야 할 범위 내에 있다 할 것이다.

물론 이와 같은 잠정적 억제가 모두 위헌이라는 것은 아니다. 사법심사 전에 이루어지는 행정권의 작용은 항상 일정한 불법적 억제를 발생시킬 수 있다. 행정권의 판단은 항상 법적인 오류를 내포하고 있을 가능성이 있기 때문에 행정권의 판단을 기준으로 국민이 자신의 행위와 표현을 자제하는 것은 당연히 합법적인 행위나 표현물의 자제를 초래하게 된다.

그러나 표현(speech)을 행정기관이 사후적으로 제재하는 것과 행위(action)를 행정기관이 사후적으로 제재하는 것은 구별되어야 한다. 행위의 결과는 직접적이다. '마리화나를 합법화하자'는 말과 실제 마리화나를 사용하는 행위는 다르다. 표현은 그 효과가 듣는 사람의 지적인 반응을 통해서만 나타난다는 점에서 직접적이지 않다. 그렇기 때문에 행위(action)에 대해서는 검열이 금지되지 않으며 위의 마리화나의 예를 들자면 보건복지부나 식약청의 개입이 헌법적으로 허용된다.

(2) 둘째, 행정적 판단이 잘못되었더라도 사법부가 사후적으로 보전을 해주면 되지만 행정청의 경우 검찰이나 법원과는 달리 자신들의 잠정적 판단에 불복할 경우 정부지원금 분배 등을 통해 보복할 수 있는 권한도 가지고 있어 위와 같은 잘못된 결정에 대한 사법부의 보전작용의 효과가 심대하게 희석된다. 물론 실제로 행정청이 보복을 할 경우 사법부가 이를 행정법상의 이론(예를 들어 부당결부금지원칙)을 이용해 걸러낼 수 있겠지만 행정청들은 고유한 재량의 폭이 넓어 모든 보복을 포착하기는 어렵다. 결국 많은 국민들이 행정적 판단이 법적으로 올바른가에 대해 판단을 받으려 하지 않을 것이다.

실제로 대한민국 역사를 통틀어 방송국들과 인터넷 포털들은 지금까지 한 번도 방송통신심의위원회나 그 전신인 기관들에 대해 공식적 이의제기를 한 적이 없으며 행정기관의 판단은 결국 종국적인 것으로 굳어져버리고 있다. 정의의 지연이 단순히 은유적으로 정의의 거부가 되는 것이 아니라 실제로 정의의 거부로 이어지는 상황이 계속되고 있는 것이다.

행정기관이 법적으로 잘못된 판단을 내려도 사법부가 이를 포착해 시정할 기회가 없게 된다는 것은 행정기관의 판단이 절대적인 지위를 가지게 된다는 것이며 그렇게 되면 국민들은 행정기관의 판단을 기준으로 하여 자신의 행위나 표현을 재단하게 된다. 이것은 또 하나의 위축효과(chilling effects)이다. 즉, 국민은 객관적으로 합법적인 표현물이라 할지라도 행정기관의 잠정적 판단이 부정적으로 나올 가능성이 두려워 그 표출 자체를 꺼리게 된다. 국민이 사법기관의 '눈치'를 보는 것은 헌법적으로 용납된다. 법치주의 국가에서 사법부의 판단은 최종적이며 사법부의 판단이 곧 법적 판단이기 때문에 이 판단을 기준으로 국민들이 자신의 행위와 표현을 재단하는 것은 위헌적이지 않다. 행정기관의 판단은 '잠정적'이며 행정기관의 눈치를 보아 자신의 행위를 자제하는 것은 위축효과이며 위헌이다.

(3) 셋째, 행정기관은 권력자의 영향력 하에 있어 권력에 비판적인 합법적인 표현물들을 위법한 것으로 몰아 제재할 위험이 높다. 즉, 행정적 판단의 태생적 '잠정성'과는 별도로 행정기관의 판단의 오류가능성이 존재한다는 것이다. 그리고 바로 이러한 오류가능성 때문에 더욱 행정기관의 판단이 부정적으로 나올 가능성이 더욱 높아져 위에서 언급한 국민들의 위축효과는 더욱 더 강화된다. 뿐만 아니라 위에서 언급한 행정기관의 관련 산업에 대한 지원금의 분배 등에 있어서 자신의 입장에 반하는 표현물들을 표출하는 자들에 대해 보복을 할 수도 있다.

		원인	인과관계	결과
심의	사전 검열	① 공표 자체를 차단		심대한 침해
		② 내용의 사전제출	정부의 탄압이 용이해짐	위축효과
	사후 검열	① 행정권의 '잠정성'	합법적인 표현물의 잠정적 차단	불법적 차단
		② 행정기관의 고유권한을 통한 보복가능성	사법심사 기피 현상 → 행정기관의 판단이 절대성을 갖게 됨 → 비(非)법적인 판단에 따라 국민이 자기검열	위축효과
		③ 행정권의 비중립성	행정기관의 판단이 잘못되었을 가능성 + 행정기관의 보복가능성	위축효과

3) 외국의 현실

위와 같은 이유로 미국, 일본, 독일, 영국 등의 대부분의 선진국들에서는 방송의 예외를 제외하고는 행정기관이 표현의 적격성이나 불법성을 판단하는 제도는 거의 자취를 감추었다. 심지어는 우리나라 헌법재판소가 검열금지원칙을 사전검열금지원칙으로 좁게 해석하도록 판례를 선사한 일본에서도 행정기관이 표현의 불법성을 판단하는 제도는 없다.[19]

그렇다고 이들 나라에서 행정기관의 사후심의는 모두 위헌이라는 것은 아니다. 미국에서도 인권위원회나[20] 공정거래위원회는 표현물의 불법성을 심의하고 있다. 하지만 이들 심의는 인권위원회의 경우 국가에게 유리하게 판단할 여지가 별로 없고 공정거래위원회의 경우 재량의 폭이 좁다. 이외에도 호주에서는 Australian Communications and Media Authority[21]라는 심의기관이 음란물 및 아동유해물만을 걸러낸다. 우리나라처럼 제44조의7에 따라 '명예훼손' 정보나 '범죄를 목적으로 하거나 교사·방조하는 정보'처럼 애매모호할 수 있는 내용들까지 행정기관이 걸러내는 경우는 없다. 특히 현재 심의건수 중에서 명예훼손이나 '사회질서위반'으로 분류되는 심의건들과 같이 국가가 자신의 입장을 관철하기 위해 개입하기 수월한 심의건들의 비중이 40%가 넘는다는 것은 외국의 심의기관들과는 매우

---

19) 외국의 인터넷규제에 대해서는 오길영, "인터넷통제규제에 대한 비판적 검토−정보통신망이용촉진및정보보호등에 관한 법률을 중심으로", 『민주법학』 37호(2008), p. 281. 오길영은 인터넷규제를 행정청을 통한 직접규제, ISP의 민사적 책임 설정을 통한 규제, 그리고 자율규제로 구분하고 있으며 이 논문의 제1장에서 행정청을 통한 직접규제를 다루고 있는데 일본, 독일, 영국 등을 조사해 어느 나라에서도 행정청을 통한 직접규제는 환영받고 있지 못하고 있고 이들 국가들의 규제모드는 ISP의 민사적 책임 설정이나 자율규제 중심으로 구성되어 있음을 보여주고 있다.
추가로 외국의 인터넷규제에 대해서는 2008년 11월 11일 방송통신심의위원회 주최 국제컨퍼런스 "내용규제 패러다임의 변화와 향후규제"에서 Higashikuni Hitotora, Director, Content Evaulation and Monitoring Association의 발제와 John Carr(Secretary, Children's Charities Coalition for Internet Security)의 발제 그리고 Elvira Shamsuddin(Deputy Director, Malaysian Communications and Multimedia Commission)의 발제 참조.
외국의 방송내용규제에 대해서는 김민환 외 5인, "방송의 공정성 심의를 위한 연구", 방송통신심의위원회 발주 용역보고서, 2008년 12월.
20) Pittsburgh Press v. Pittsburgh Human Relations Commission, 413 U.S. 376(1973).
21) http://www.acma.gov.au/WEB/STANDARD/pc=PC_90154. 관련법령은 Schedule 5 and Schedule 7 of the Broadcasting Services Act 1992.

다른 양상을 보여준다.

나. 명확성의 원칙 위반

우리나라에서도 2002년 헌법재판소는 행정기관의 사후심의를 일종의 '검열'로 규정하며 위헌이라고 선언한 바 있다.[22] 당시 단순히 행정기관의 심의라서 '검열'로 규정해 위헌이라 한 것은 아니었고, 인터넷 심의기준이었던 '공공의 안녕질서 또는 미풍양속'이 행정기관에 그 운용을 맡기기에는 너무 애매모호하기 때문에 "검열로서 기능할 수 있다"고 판시한 것이었다. 즉, 검열자의 행정기관으로서의 성격과 검열기준의 불명확성이 복합적으로 고려되어 결론적으로 명확성의 원칙 위반에 따른 위헌판정이 나온 것이다. 헌법재판소는 당시 다음과 같이 판시했다.

> 온라인매체상의 정보의 신속한 유통을 고려한다면 표현물 삭제와 같은 일정한 규제조치의 필요성 자체를 부인하기는 어렵다고 하더라도, 내용 그 자체로 불법성이 뚜렷하고, 사회적 유해성이 명백한 표현물―예컨대, 아동 포르노, 국가기밀 누설, 명예훼손, 저작권침해 같은 경우가 여기에 해당할 것이다―이 아닌 한, 청소년보호를 위한 유통관리 차원의 제약을 가하는 것은 별론으로 하고, 함부로 내용을 이유로 표현물을 규제하거나 억압해서는 아니 된다.

현재의 방송통신심의위원회의 심의 기준이 되는 '불법정보'의 내용 중의 일부는 당시 헌법재판소가 요구한 명확성의 원칙을 위배하고 있다. 예를 들어 9호의 "그 밖의 범죄를 목적으로 하거나 교사 방조하는 정보"의 경우와 1호의 명예훼손의 경우다.

행정기관에 의한 사후심의의 경우 위헌성이 높기 때문에, 그 규제범위가 명백해야 함에도 불구하고 불분명한 기준을 사용하고 있으며, 그 기준을 매우 불분명한 범죄에 적용한 것은 매우 우려스러운 일이다.

---

22) 헌법재판소 2002.06.27. 선고 99헌마480 결정.

1) 9호 범죄 목적 교사 방조 정보

1호에서 적어도 8호까지는 표현물 자체가 범죄를 '구성'하는 경우에 들어간다고 볼 수 있다. 그러나 9호의 "그 밖에 범죄를 목적으로 하거나 교사 또는 방조하는 내용의 정보"는 내용 자체가 범죄를 구성하는 것이 아니다. 그렇다면 어떤 정보가 범죄를 목적 교사 및 방조하는지를 방송통신심의위원회가 판단해야 한다는 것인데 이것은 매우 어렵다. 우선 심의위원회가 9호의 대상 범죄로 인정하고 있는 범죄 관련법들의 수만 70여 개가 넘는다.

음란	1호
명예훼손	2호
스토킹	3호
네트워크 교란	4호
'영리성' 청소년유해물	5호
사행행위	6호
국가기밀	7호
국가보안법	8호
범죄교사 및 방조	9호

특히 '불온통신' 사건에서 헌법재판소는, "규제대상이 다양, 다기하다 하더라도 개별화·유형화를 통한 명확성의 추구를 포기해서는 아니 되고, 부득이한 경우 국가는 표현규제의 과잉보다는 오히려 규제와 부족을 선택해야 할 것"이라고 하고 있는데, 위 법조항은 '그 밖의 범죄'라는 포괄적인 표현을 사용함으로써 개별화 및 유형화를 포기한 것으로 보아야 한다.

물론 9호에 대해서는 중앙행정기관의 요청이 있은 후에 판단이 이루어지도록 법제화되어 있지만 심의위원회는 어차피 '불법정보 심의'의 기준만을 정보통신망법 제44조의7에서 차용할 뿐 그 절차는 모두 설치법 제21조 제4호의 시정요구절차를 따르고 있기 때문에 중앙행정기관의 요청 없이 독자적으로 심의를 하기 일쑤다. 이러한 심의에서 심의위원회가 각 범죄의 성립 여부는 차치하고라도 그 범죄를 교사 방조하는 정보를 찾아낸다는 것은 매우 어려운 일이다.

중앙행정기관의 요청에 의해 심의가 이루어진다고 할지라도—즉, 관련 법의 주무부처가 이미 위법상황임을 판단했다고 할지라도－그 범죄를 교사방조하는 정보를 다른 행정기관이 솎아낸다는 것은 2002년 헌법재판소 결정의 취지에 반하는 것이다.

헌법재판소가 '내용 자체로도 불법성이 명백한 기준'에 따라서만 행정기관의 검열이 허용된다고 했던 것은 판단자가 행정기관이었기 때문이다. 여기서 '내용 자체로도 불법성이 명백하다'는 것은 최소한 '내용 자체만으로 범죄의 구성요건이 충족된다'로 읽힌다. 이것은 정보와 범죄와의 인과관계를 따져 범죄의 불법성을 행정기관이 판단하도록 내버려두지 않겠다는 의지의 표명으로 보아야 한다. 표현과 행위의 관계는 '명백하고 임박한 위험'이론으로 통제되는데 이 이론의 적용을 행정기관이 하는 것은 너무 위험한 것이다.

그렇게 보았을 때 1호에서 8호까지는 논란이 있을 수 있지만 위 요건이 충족된다는 형식적 입론은 가능하다. 그런데 9호의 경우에는 결국 정보가 다른 사람들에게 미치는 영향이나 수행하는 기능 등을 고려해야 하므로 이 요건이 충족된다는 형식적 입론도 불가능하다. 중앙행정기관의 요청에 따른 심의라고 할지라도 심의를 요청한 기관이나 심의를 수행하는 기관이나 모두 행정기관인 이상 기준이 불분명한 '교사·방조' 여부를 판단한다는 것은 위의 헌법재판소 결정의 취지에 어긋나는 것이다. 이에 대해서는 방송통신심의위원회가 발주한 용역보고서도 같은 입장을 취하고 있다.[23]

물론 중앙행정기관이 이미 위법하다고 판단한 행위가 있고 그 행위와 관련된 정보가 인터넷에 떠돌아다닐 때 심의위원회에 이 정보들을 단속할 것을 요청하는 것이 그다지 헌법적으로 큰 문제가 아니라고 주장하는 사람들도 있을 것이다.

---

23) "방송통신심의규정 개선방안에 관한 연구", 2009년 9월, 김성천(책임)·황창근·지성우·최경진 공동연구, p.35. 방송통신심의위원회 발주용역. "문제는 정보통신망법 제44조의7 제1항 제9호가 보호법익이 매우 중요해 그와 같은 수준의 포괄적 입법이 반드시 필요한가 하는 점이다. 이 규정은 정보의 내용 자체가 범죄에 해당되는 것이 아니라 이에 대한 교사나 방조에 속하는 것까지 포괄하고 있어서 규제의 대상이 지나치게 방대하다. 특히 형사상 방조의 개념은 매우 모호해 지나치게 비정형적인 측면을 가지고 있는데 이것까지 규제의 대상으로 한다면 어느 선까지 규제대상인가에 대해 판단하기가 불가능해진다. '건전한 상식과 통상적인 법감정을 가진 사람'의 양식으로 판단하더라도 무엇이 금지되는 행위인가를 판단하기가 곤란하다. 따라서 이 규정은 명확성의 원칙을 위반한 것으로 보아야 한다."

그러나 중앙행정기관은 이미 범죄를 저지른 사람에 대해 행정제재를 통해 범죄의 도구가 되는 표현물들을 자발적으로 회수하도록 압박할 수 있다. 예를 들어 의약품에 관련된 법을 위반하는 제품을 온라인으로 판매하는 사람이 있다고 하자. 중앙행정기관에서 이 의약품이 불법이라고 판단을 하여 판매자에게 통보를 하면 그 판매자는 온라인광고를 스스로 철거할 강한 동기를 가지게 될 것이다.

2) 2호 명예훼손

2호의 명예훼손 역시 진실적시 명예훼손의 경우에는 '오로지 공익을 위해'라는 항변의 성립 여부를 허위적시 명예훼손의 경우에는 정보의 내용과 현실과의 합치 여부를 판단해야 하므로 내용 자체가 범죄를 구성하기는 하나, 내용 자체로부터 불법성이 명백하다고 보기는 어렵다. 뿐만 아니라 명예훼손은 주로 사익을 보호하는 법인데 정보통신망법 제44조의2는 이와 같이 사적인 권리에 대해서는 별도의 규제절차를 두고 있다. 그러므로 이 역시 헌법재판소의 2002년 결정이 요구하는 명확성을 갖추지 않은 것으로 보인다.

3) 기타 불법정보들

불법정보 8호 국가보안법의 경우 위헌논란이 끊이지 않는 찬양 및 고무에 대한 조항 외에는 표현물 자체가 범죄를 구성하거나 불법성을 명백하게 보여주는 경우가 없다. 그러므로 불법정보 3호 스토킹도 문제인데 기본적으로 스토킹이라는 범죄가 없는 상황에서 스토킹을 구성하는 정보만을 삭제한다는 것이 문제다. '불온통신' 결정의 기준에 맞추어보아도 명확성의 원칙을 위반하는 것으로 보인다. 불법정보 8호 역시 다른 법령으로 이미 규제가 되고 있으며 주무부처가 직접 필요한 조치를 취하면 된다.

다. 적법절차

헌법 제12조 제1항은 "모든 국민은 신체의 자유를 가진다. 누구든지 법률에 의하지 아니하고는 체포 · 구속 · 압수 · 수색 또는 심문을 받지 아니하며, 법률과 적법한 절차에 의하지 아니하고는 처벌 · 보안처분 또는 강제노역을 받지 아니한다"고 하고 있다. 그런데 그 적용범위는 형사절차에만 한정되어 있지는 않다.

우리 현행 헌법에서는 제12조 제1항의 처벌, 보안처분, 강제노역… 과 관련해 각각 적법절차의 원칙을 규정하고 있지만 이는 그 대상을 한정적으로 열거하고 있는 것이 아니라 그 적용대상을 예시한 것에 불과하다고 해석하는 것이 우리의 통설적 견해다.[24]

적법절차는 비단 신체의 자유(헌법 제12조)에서만이 아니고 모든 기본권보장과 관련이 있는 것이고 법치주의의 구체적 실현원리라고 할 것(헌법재판소 1990.11.19. 선고 90헌가48 결정 참조)이다.[25]

그렇다면 위와 같이 적법절차의 원리는 이번 사건처럼 표현의 자유에도 적용될 수 있는 것이며 일반행정기관에 의한 게시물 삭제에도 적용된다고 할 것이다.

우리 헌법재판소는 헌법 제12조 제3항의 '적법한 절차'는 미국에서 발달된 적법절차원리를 도입한 것으로 보고 있다.[26] 미국연방대법원은 미국헌법의 적법절차(due process)를 해석하기를 정부가 개인의 생명, 자유 및 재산(life, liberty or property)을 제한할 때는 다음과 같은 절차를 따를 것을 요구하고 있다.[27]

① 자유의 제한 및 그 이유에 대한 고지(an adequate notice)
② 이의제기를 할 수 있는 기회, 예를 들어 청문회(a hearing)
③ 중립적인 판정자에 의한 이의심의(a neutral judge)[28]

그리고 미연방대법원은 위의 절차들은 상황에 따라 다음과 같이 다른 정도의 엄격성이 요구된다고 판시한 바 있다.[29]

---

24) 헌법재판소 1992.12.24. 선고 92헌가8 결정.
25) 헌법재판소 1992.11.12. 선고 91헌가2 결정 판례집 4, 713-723.
26) 헌법재판소 1992.12.24. 선고 92헌가8 결정.
27) Goldberg v. Kelly, 397 U.S. 254, 267(1970).
28) 참고로 위에서 judge는 반드시 직업적인 법관을 의미하는 것은 아니고 판정자를 말한다.
29) Eldridge v. Williams, 424 U.S. 319, 335(1976).

적법절차의 요구를 구체적으로 정하는 것은 다음의 세 가지 요소들의 고려를 요한다.

첫째, 국가행위에 의해 침해되는 사익(의 중요성 – 필자 추가)

둘째, 국가행위가 법적인 오류로 판단될 가능성 및 추가적 절차 요구의 실효성

셋째, 추가적인 절차를 요구할 경우 정부가 추구하는 공익에 끼치는 부담.[30)]

그렇다면 여기서 게시물의 삭제는 개인의 표현의 자유를 제한하고 있다는 것은 두말할 필요도 없다. 그런데 심의위원회의 심의에 의한 삭제는 적어도 '고지', '청문회' 그리고 '중립적인 판정자' 세 가지 요소 모두에서 심각한 흠결을 안고 있다.

근거조항	내용	실제상황	평가
망법 제44조의7 제4항	방송통신위원회는 [취급제한및정지] 명령의 대상이 되는 정보통신서비스제공자, 게시판 관리·운영자 또는 해당 이용자에게 미리 의견 제출의 기회를 주어야 한다.	심의위원회가 '시정요구'로 모든 심의결과를 수렴하고 있고 서비스제공자는 100% 준수하고 명령발부되지 않음.	실질적으로 이용되지 않는 절차이므로 헌법적 평가 불요; 이론적으로도 '미리… 기회' 제공하므로 문제없음.
설치법 시행령 제8조	⑤ 제2항에 따른 시정요구에 대해 정보통신서비스제공자, 게시판 관리·운영자 또는 해당 이용자는 그 시정요구를 받은 날부터 15일 이내에 심의위원회에… 이의 신청을 할 수 있다.	시정요구가 서비스제공자에게 내려지면 이들은 이를 수용하기 전에 이의신청을 할 수 있으나 실제 이의제기는 전무함. 이 경우 이용자는 사후적으로 이의 제기를 할 수밖에 없음.	이용자가 서비스제공자를 통해 간접적으로 통지받게 됨은 물론 사후적으로만 이의제기를 할 수 있게 된다는 면에서 위헌소지 높음.
설치법 제25조 제2항	② 심의위원회는 제1항의 제재조치[31)]를 정하려는 때에는 미리 당사자 또는 그 대리인에게 의견을 진술할 기회를 주어야 한다.	심의위원회가 '시정요구'를 '제재조치'로 인정하지 않아 의견진술기회를 주고 있지 않음	'시정요구'를 '제재조치'로 인정하지 않는 것은 불법임.

---

30) 다음은 영어원문이다. 다른 배경지식을 이용해 가독성을 위해 의역했음을 밝힌다.

  "[I]dentification of the specific dictates of due process generally requires consideration of three distinct factors: first, the private interest that will be affected by the official action; second, the risk of an erroneous deprivation of such interest through the procedures used, and the probable value, if any, of additional or substitute procedural safeguards; and, finally, the Government's interest, including the function involved and the fiscal and administrative burdens that the additional or substitute procedural requirement would entail."

31) 제44조의7에 따른 불법정보 유통에 대한 취급의 거부·정지 또는 제한.

첫째, 위에서 언급했듯이 설치법 제25조는 심의위원회가 '심의규정'에 따른 심의 이후에 발부하는 제재조치에 대해서는 당사자에게 '미리' 의견을 진술한 기회를 주어야 한다고 하고 있다. 그런데 심의위원회가 '시정요구'라는 이유로 미리 의견진술 기회를 주지 않고 설치법시행령 제8조에 따른 사후적인 이의제기절차만을 허용하고 있는 것은 불법적인 것으로 보인다.[32] 통신심의규정 상의 심의는 설치법 제21조가 정한 직무범위를 벗어날 수는 없는 것이며 결국 설치법 제21조가 정한 직무를 더욱 구체화하려는 시도로 새겨진다. 그렇게 보았을 때 통신심의규정에 따른 심의와 설치법 제21조 제4호에 따른 '시정요구'에 따른 심의가 다른 것이라고 해석하는 것은 이해하기 어렵다. 물론 설치법 제25조의 절차를 따르지 않더라도 시행령 제8조의 절차가 질적 양적으로 차이가 없다면 문제는 없겠지만, 시행령 제8조는 사후적인 이의제기절차만을 제공하고 있어 큰 차이가 있어 이는 실체적인 해악이 있는 불법을 구성한다.

둘째, 심의위원회는 심의 이후 부정적인 결과가 나올 경우 이를 100% '시정요구'라는 절차로 수렴하고 있고 이에 따라 시행령 제8조의 사후적인 이의제기절차에 의지하고 있다. 하지만 (1) 시행령 제8조는 '시정요구'가 서비스제공자나 게시판 관리 및 운영자에게 통지되는 반면 이 시정요구에 의해 자신의 게시물이 삭제되는 게시자에게는 직접 통지되지 않는다. 결국 게시자에 대한 통지는 서비스 제공자의 안내에 의존할 수밖에 없는데 헌법상 적법절차의 요건은 이와 같은 임의적인 사적 자원으로 충족될 수는 없다. 그러한 의미에서 시행령 제8조의 절차는 위헌이다. (2) 그리고 시행령 제8조는 '시정요구'가 발부된 후에 사후적으로 이의제기를 하도록 하고 있다. 아래와 같은 이유로 이 역시 위헌이라고 보여진다.

미연방대법원의 Goldberg 판결은 이러한 이의제기는 사후적이 아니라 사전적이어야 함을 원칙으로 정하고 있다. 또 Eldridge 판결이 적법절차로서 요구되는 절차의 엄격성을 조정함에 있어 고려해야 한다고 한 세 가지 요소들을 심의위원회

---

32) 이는 방송통신심의위원회 통신심위 특별위원으로도 활동한 바 있는 녹색소비자연대 전응휘 이사가 꾸준히 주장해왔고 필자도 전 이사를 통해 이 주장을 처음 접하게 되었다.

의 통신심의에 적용할 경우 모두 엄격한 절차가 적용될 것을 요구하고 있다. (가) 국가행위에 의해 침해되는 사익은 추상적인 중요성만을 따질 경우 가장 중요하다고 여겨지는 표현의 자유로서 매우 중요한 사익이다. (나) 이에 반해 이와 같은 사익을 보호하기 위해 직접 게시자에게 통지를 하도록 하거나 결정을 내리기 전에 사전적으로 의견제출의 기회를 주도록 하는 등의 추가절차를 요구하는 것이 정부가 추구하는 공익에 끼치는 부담도 크다고 볼 수는 없다. 물론 상당수의 게시물들은 게시자가 누구인지 추적하기 어렵지만 이것은 모든 민사소송 송달절차나 형사소송의 체포절차에 수반되는 어려움이다. 상대의 권리(표현의 자유)를 제약하기로 한 이상 권리의 주체를 찾아내는 것은 당연한 의무다. 그것이 어려울 경우 공시송달의 개념처럼 통지는 해당 게시물이 있는 곳에 심의통지문을 게재함으로써 쉽게 이루어질 수 있다. 또 의견제출의 기회를 주는 것도 온라인상으로 할 수도 있다. (다) 그리고 국가행위가 법적인 오류로 판단될 가능성도 국가를 명예의 주체로 한 명예훼손 심의신청 등에 있어서는 심의위원들이 중립적인 판단을 하기는 어려울 것이다.

(3) 뿐만 아니라 이의제기 이후에 심의위원회가 재심을 하게 되는데 실제 쌍방이 참여하는 심의는 이 재심이 처음이 된다. 그런데 이미 '시정요구' 결정을 내린 심의위원회는 자신의 결정을 방어해야 하는 입장에 처하게 됨에도 불구하고 심의위원회가 스스로 재심의 판정자가 된다. 그렇다면 유일하게 쌍방이 참여하는 심의에서 판정자가 예단을 가진 자가 된다는 점에서 헌법이 요구하는 '중립적인 판단자'라고 볼 수 없게 된다.

결론적으로 심의위원회가 게시자들의 표현의 자유를 제약하면서 (1) 직접 통지를 하지 아니함은 물론, (2) 사전적으로 의견을 제출할 기회를 보장하지 않으며, (3) 쌍방이 참여하는 유일한 심의에서 기존의 일방적 심의를 통해 예단을 갖게 된 심의위원회가 판정자가 된다는 점에서 헌법 제12조의 적법절차원리를 위반한다.

라. '민간독립기구'라는 주장에 대해

현재 방송통신심의위원회는 자신이 '민간독립기구'이므로 자신들의 심의를 '검열'이라고 볼 수 없다는 또 다른 주장을 하고 있다. 우리나라는 '검열금지'의 원칙에서 자유로워지기 위해 다양한 방식의 관변기구를 만들어 '민간독립기구'라고 내세웠지만, 헌법재판소는 이와 같은 시도에 대해 임명권 예산권 등을 정부가 영향력을 행사할 수 있다면서 여러 차례 그러한 주장을 거부한 바 있다.[33]

뿐만 아니라 헌법재판소는 방송통신위원회가 시행하는 방송광고사전심의제도에 대해서 사전검열이므로 위헌이라고 선언을 하면서 방송통신심의위원회가 그 업무를 수행했다고 할지라도 위헌이었을 것이라는 취지의 판시를 했다.[34]

> 방송통신심의위원회는 그 구성방법이나 임명, 업무에 있어 방송위원회와 크게 다르지 않고, 방송광고 사전심의와 관련해서도 방송위원회가 행하던 업무들을 거의 그대로 수행하고 있다. 결국 방송광고 사전심의 업무와 관련해 방송통신심의위원회는 방송위원회와 그 성격이 다르다고 할 수 없다. 그렇다면 방송통신심의위원회로부터 위탁을 받아 행하게 되는 방송광고 사전심의 역시 행정기관이 행하는 사전검열에 해당할 것인데…〈하략〉.

뿐만 아니라 최근 한 법원은 다음과 같이 방송통신심의위원회가 정보통신망법 제44조의7에 따라 인터넷게시물에 대해 소위 '시정요구'를 정보통신서비스제공자에게 내리는 것에 대해 그와 같은 시정요구가 행정처분에 해당한다면서 방송통신심의위원회의 행정청으로서의 성격을 확인했다.[35] 물론 이는 최근 대법원결정[36]에 정면으로 배치되기는 하나 행정처분 여부는 심의원회의 국가기관성 여부와는 다른 것이며 위 행정법원결정은 국가기관성을 지지하는 판결로 이해될 수

---

33) 헌법재판소 2001.08.30. 선고 2000헌가9 결정, 판례집 제13권 2집, 134(영화진흥법 제21조 제4항 위헌제청).
34) 헌법재판소 2008.06.26. 선고 2005헌마506 결정, 전원재판부(방송법 제32조 제2항 위헌확인).
35) 서울행정법원 제12부 2010.02.11. 선고 2009구합35924 시정요구처분취소.
36) 대법원 2009.02.26. 선고 2008두18663 판결.

있다.

심지어는 심의위원회가 발주한 용역보고서 역시 "방송통신심의위원회의 경우 방통위라는 행정권이 주체가 되어 심의위원회의 구성과 예산 등 운영에 지속적인 영향을 미칠 수 있으므로, 심의위원회는 독립기관이기는 하지만 검열 여부를 따질 때에는 실질적으로 행정기관에 속한다고 보아야 한다[37]"고 하고 있다.

3. 개별 심의 사례들에 대한 평가

위의 위헌성 주장은 단순한 형식논리가 아니며 실제로 그 위헌성을 드러내주는 아래 사례들에 의해 뒷받침된다. 물론 아래 사례들에 제시된 게시물의 내용에 대해 필자는 합법적이라고 판단하지만 이는 주관적인 견해일 수 있음을 밝혀둔다.

○ '이명박 탄핵을 위한 범국민운동본부'에 대한 시정 요구[38]
　방송통신심의위원회는 2008년 5월 28일, 다음(Daum) 카페 '이명박 탄핵을 위한 범국민운동본부'에 올라온 게시글을 심의해 '언어 순화와 과장된 표현의 자제 권고'를 내렸다. 방통심의위가 문제 삼은 글은 "이명박 아주 지능형입니다"라는 글로 이명박 정부의 의료보험 민영화 시도를 우려하는 내용이다. 심의위는 이 글에서 이 대통령의 영문 이니셜 MB를 컴퓨터 메모리용량에 빗대 '머리용량 2MB', '간사한 사람' 등으로 표현하는 것은 인격을 폄하하는 것이라고 보았다.

위의 심의는 심의위원회의 심의대상이라고 보기 어려운 것이다. '불법정보'의 어느 유형에 속한다고 보기 어렵고 '청소년유해매체물'은 더더욱 아니다. 그럼에도 불구하고 심의위원회가 정부에 비판적이거나 정부를 조롱하는 내용을 규제하려고 한 것은 위에서 우려했던 위헌성의 한 측면을 보여주고 있다. 즉, 심의위원회가 행정기관으로서 탈법적으로 반정부적 콘텐츠들을 탄압하는 사례다.

---

37) 김성천 용역보고서, 각주 2, p. 28.
38) http://www.pressian.com/article/article.asp?article_num=40080529191219&Section=.

○ 조중동 광고주 불매운동 게시물에 대한 임시조치 및 시정요구

2008년 촛불 시위 과정에서 조선, 중아, 동아 등 보수 신문들의 '미국산 쇠고기 협상과 촛불 시위에 대한 왜곡보도'에 대한 항의의 일환으로 이용자들은 이들 신문에 광고를 싣는 광고주 불매운동을 전개했다. 이들은 매일 이들 신문에 실린 광고주 목록을 인터넷을 통해 올리고, 광고주들에게 광고를 싣지 말 것을 요구하는 전화를 할 것을 독려했다. 2008년 7월 1일 방송통신심의위원회는 관련 게시글 중 58건에 대해 '해당 정보 삭제' 시정 요구[39]를 했으며, 이후 유사 사례들도 무차별 삭제되었다.[40] 이들 임시조치 혹은 삭제된 게시글 중에는 단지 광고주 목록만을 게시하거나, 광고주 목록의 링크만을 포함하고 있는 게시글, 한겨레나 경향신문의 구독을 독려하는 게시글도 포함되어 있었다.

심의위는 시정 요구된 게시글들이 "'정보통신윤리심의규정' 제7조 제4호, 제8조 제4호 마목에서 규정하고 있는 '기타 범죄 및 법령에 위반되는 위법행위를 조장해 건전한 법질서를 현저히 해할 우려가 있는 정보', '기타 정당한 권한 없이 타인의 권리를 침해하는 내용'에 해당한다"고 결정했지만, 그 구체적인 근거는 제시하지 않고 있다. 심의위는 해당 게시물이 '업무방해'에 해당한다고 판단한 것으로 보이는데, 이는 유통금지되는 불법정보의 항목을 규정한 제44조의7 제1항 1호~8호에는 해당하지 않는다. 즉, 제44조의7 제1항 제9호 '그 밖에 범죄를 목적으로 하거나 교수 또는 방조하는 내용의 정보'에 해당된다고 볼 수밖에 없다. 그런데 2009년 2월 19일 서울중앙지법 형사2단독 이림 부장판사는 조중동 광고주 불매운동을 벌인 '언론소비자주권국민캠페인' 회원 24명에 대해 모두 유죄를 판결했지만, "인터넷사이트에 광고주 리스트를 게재하거나 게재된 광고주 리스트를 보고 소비자로서의 불매의사를 고지하는 등 각종 방법에 의한 호소로 설득활동을 벌이는 것은, 구독이나 광고게재 여부의 결정을 상대방의 자유로운 판단에 맡기는 한 허용된다 할 것"이라 판시했다. 이 판결에 따르면, 광고주 목록에 대해 삭제를 결정한 방통심의위의 결정은 잘못된 것이다. 위에서 논의했던 위헌성의 한 측면, 즉 '잠정적일

39) http://www.mediatoday.co.kr/news/articleView.html?idxno=70029.
40) http://www.hani.co.kr/arti/society/society_general/297599.html.

수밖에 없는 행정청의 결정'에 의해 합법적인 게시물이 약 7개월간 차단되었던 사례다.

○ '쓰레기 시멘트' 관련 게시글에 대한 임시조치 및 시정요구

다음(Daum)에서 '최병성의 생명편지'라는 블로그를 운영하고 있는 환경운동가 최병성 목사는 3년 전부터 시멘트 제조과정에서 폐쓰레기 사용으로 인해 시멘트에서 인체에 유해한 성분이 다량 함유되어 있다는 문제를 지속적으로 제기해왔다. 2008년도 환경부 국정감사에서도 시멘트 제조과정에서 폐쓰레기가 사용되는 문제가 제기되었고 환경부도 시정하겠다는 답변을 했다.

2009년 4월 28일 방송통신심의위원회는 심의 요청대상으로 올라온 최병성 목사의 게시글 15건 중 4건에 대해 시정요구를 결정했으며, 다음은 해당 게시물을 삭제했다.[41] '발암시멘트'라는 표현을 단정적·반복적으로 사용한 것이 명예를 훼손한 것이며, 게시된 사진 중 하나가 허위사실이라는 것이다.

위의 게시글의 내용은 이미 국정감사에서 지적될 정도로 공개된 사안일 뿐만 아니라 환경과 건강에 관련된 공익적 문제제기였다. 이에 따라 2010년 2월 행정법원은 위의 시정요구에 대해 게시물이 명예훼손을 구성하지 않으므로 무효라는 결정을 내렸다.[42] 위에서 논의했던 위헌성의 한 측면, 즉 '잠정적일 수밖에 없는 행정청의 결정'에 의해 합법적인 게시물이 약 9개월간 차단되었던 사례다.

○ 김문수 경기지사 명예훼손 관련 삭제 요구[43]

2009년 1월 2일 김문수 경기지사가 "만약 우리 대한민국이 일제 식민지가 안 됐다면… 전쟁이 일어나지 않았다면, 과연 오늘의 대한민국이 있었을까?"라고 발언한 것에 대해, 다음(Daum) 아고라-이슈청원 사이트에 김 지사의 발언을 그대로 게재하고 '망국적인 발언을 규탄한다'며 사퇴를 요구하는 게시판이 만들어졌다. 그러나 김문수 지사는 방통심의위에 위 게시판이 명예훼손이라며 심의를 요청했고, 방통심의위는 이에 대해 삭제를 결정했다.

41) http://www.hani.co.kr/arti/society/media/352234.html.
42) 서울행정법원 2010 .02. 11. 선고 2009구합35924 판결.
43) http://www.zdnet.co.kr/ArticleView.asp?artice_id=20090429134154.

이 사례는 공인인 정치인의 발언을 그대로 전달하고, 이에 대해 규탄하는 의견을 표명한 것에 대해 명예훼손이라는 결정을 내린 것으로서 이에 대해 이의제기나 행정소송이 제기되지는 않았으나 누가 보더라도 명백히 합법적인 게시물의 차단이었다고 본다. 이 사례는 심의위원회가 행정기관으로서 여당정치인과 가지게 되는 역학관계를 고민하게 만든다.

4. 결론 및 대안

위에서 살펴보았듯이 검열의 의미에 대한 비교법적 검토에 따르면 현행 방송통신심의위원회에 의한 인터넷행정심의는 사후적으로 이루어지고 있지만 즉각적인 사법심사를 용이하게 하거나 심의의 재량을 급격히 한정하지 않는 한 위헌성을 면하기 어렵다. 특히 정보통신망법 제44조의7의 제9호의 범죄 교사 및 방조 정보나 제2호의 명예훼손 정보 등은 내용 자체로부터 그 불법성이 명백하다고 보기 어렵다. 비교법적으로 보지 않더라도 현재의 심의기준은 2002년 헌법재판소의 '불온통신' 결정이 정한 명확성의 요건을 충족시키지 못하고 있다. 또 현재 게시물에 대한 심의과정에서 심의개시에 대해 통지를 하거나 심의의 부정적인 효과를 수인해야 하는 게시자에게 의견제출 기회를 주지 않고 있는 것은 헌법상 적법절차 원리를 위반하는 것이다.

이에 따라 다음과 같은 대안을 생각해볼 수 있다.

첫 번째 대안은 국제적인 기준에 부합하게 방송통신심의위원회 통신심의기능 자체를 폐지하고 '자율규제'에 맡기는 것이다. 그리고 자율규제는 각 불법정보의 주무부서들에 의한 '행정지도'와 중첩적으로 작용할 수 있다.

두 번째 대안은 방송통신심의위원회의 통신심의기능을 그대로 두되 위헌성을 없애는 것이다. 그리고 이 대안은 '행정지도' 및 '자율규제'와 중첩적으로 작용할 수 있다.

우선 (1) 심의의 재량을 축소하기 위해 '불온통신' 결정의 취지에 맞게 불법정보

9호인 '범죄 교사 및 방조 정보'를 삭제하고 사익보호를 주목표로 하고 있는 불법정보 2호인 명예훼손 역시 삭제해 정보통신망법 제44조의2의 사적 분쟁조정절차가 대신 기능하도록 할 수 있다. 그 밖에 논란의 소지가 있거나 다른 주무부처들의 통제가 가능한 불법정보들을 규제대상에서 없애며, 설치법 제21조 제4호의 '기타 심의가 필요하다고 인정되는 정보'는 삭제해 논란을 없애야 한다.

(2) 더욱 중요한 것은 행정심의 자체의 위헌성을 줄이기 위해 즉각적인 후속사법심사를 받을 수 있도록 하여 행정기관이 법적 오류에 의한 판단을 내렸을 위험을 최소화해야 한다. 나경원 전 의원의 2009년 정보통신망법 개정안은 정보통신망법 제44조의2의 임시조치제도의 폐해를 개선하기 위해 임시조치신청이 들어오면 현재는 거의 이용되고 있지 않은 제44조의10(명예훼손조정부)의 절차를 거치도록 하고, 다시 이 조정결과에 대해 이의를 제기할 경우 게시물에 의한 피해를 주장하는 측이 원고가 되고 게시자가 피고가 되는 소가 제기된 것으로 간주한다는 조항을 두고 있다. 여기서 이의제기를 하면 소가 제기된 것으로 간주한다는 부분은 여기에 적용될 수 있을 것으로 보인다.

(3) 게시자나 서비스제공자가 심의에 참여할 수 있도록 하되 위에서 보듯 이미 설치법 제25조가 의견청취를 의무화하고 있으므로 제21조 제4호의 '시정요구'라는 절차를 없애면 된다. '시정요구'는 심의위원회가 게시자나 서비스제공자에게 사전의견제출기회를 주지 않고 심의를 하는 통로로 남용되어 왔다. 시정요구 절차가 사라지면 현행규정에 심의위원회는 심의기능에 집중하게 되고 심의의 결과는 방송통신위원회의 명령의 형태로 외화되며 심의위원회와 방송통신위원회 각각 사전의견제출기회를 게시자나 서비스제공자에게 보장하게 된다.

(4) 위의 (1)에서 명예훼손이 삭제되지 않는다면 최소한 권리침해성 심의신청의 경우 국가기관이나 고위공직자의 심의신청은 모두 각하해야 한다. 위에서 행정권에 의한 검열의 폐해를 다음의 세 가지로 꼽았다.

(가) "잠정적" 판단에 대한 표현의 발화의 지연
(나) 행정기관의 보복의 가능성에 의해 발생하는 자기검열
(다) 정치적 이용의 가능성

위의 세 가지 해악 중에서 (가)와 (나)는 '즉각적인 사법심사'로 어느 정도 해결가능하다. 그러나 (다)의 정치적 이용 가능성에 대해서는 즉각적인 사법심사가 적절한 대응이 되지 못한다. 이와는 다른 정책적인 이유이지만 인터넷임시조치제도 내에서 표현의 자유 '공인'이론을 확립하기 위해 인터넷자율정책기구(KISO)가 "국가기관 및 지방자치단체는 명예훼손 관련 임시조치 요청의 주체가 아닌 것으로 간주한다"고 결정한 것을 눈여겨볼 필요가 있다.[44]

이에 따라 다음과 같은 개정안을 제시한다.

정보통신망법 제44조의7(불법정보의 유통금지 등) ① ~~누구든지 정보통신망을 통해 다음 각 호에 어느 하나에 해당하는 정보를 유통해서는 아니 된다.~~ 방송통신위원회는 정보통신망을 통해 유통되는 정보 중 다음 각호에 해당하는 정보는 방송통신심의위원회의 심의를 거쳐 정보통신서비스제공자 또는 게시판 관리운영자로 하여금 그 취급의 거부 정지 제한을 명할 수 있다.
1. 음란한 부호·문언·음향·화상 또는 영상을 배포·판매·임대하거나 공공연하게 전시하는 내용의 정보
~~2. 사람을 비방할 목적으로 공공연하게 사실이나 거짓의 사실을 드러내어 타인의 명예를 훼손하는 내용의 정보~~
[위의 2가 삭제되지 않을 경우 다음으로 대체함:
2. 사람을 비방할 목적으로 공공연하게 사실이나 거짓의 사실을 드러내어 타인의 명예를 훼손하는 내용의 정보로서 국가기관 및 지방단체 또는 그 기관 및 단체의 장이나 구성원의 업무에 관련되지 않은 정보]

---

44) 한국인터넷자율정책기구(KISO) 정책위원회의 정책결정 제2호(2009. 6. 29)
〈중략〉
－국가기관 및 지방자치단체는 명예훼손 관련 임시조치 요청의 주체가 아닌 것으로 간주한다. 다만, 그러한 단체의 장 및 구성원 개인은 명예훼손 관련 임시조치를 요청할 수 있다.
－임시조치를 요청하는 자가 정무직 공무원 등의 공인인 경우, 자신의 공적 업무와 관련된 내용은 명백히 허위사실이 아닌 한 명예훼손 관련 임시조치의 대상이 아닌 것으로 간주한다.
〈중략〉
[정책-제2009-10-09호] 정책위원회의 정책결정(2009. 10. 21)
〈국가기관 및 지방자치단체의 구체적인 범위 설정의 건〉
한국인터넷자율정책기구(KISO) 정책위원회의 정책결정 제2호(2009. 6. 29)에서 언급된 국가기관 및 지방자치단체의 범위는 다음과 같다.
1. 국가기관이란 전자정부법 제2조 제2호에 따라 국회, 법원, 헌법재판소, 선거관리위원회, 중앙행정기관(대통령 소속기관 및 국무총리 소속기관을 포함) 및 그 소속기관을 의미한다.
2. 국가기관의 소속기관 범위는 해당부서의 직제관련 시행령에 따른다.
3. 지방자치단체란 지방자치법에 따른 광역, 기초 자치단체(지방의회 포함), 제주특별자치도(의회 포함), 자치단체가 아닌 구, 읍, 면, 동, 리와 그 소속기관 및 지방교육자치에 관한 법률에 따른 교육위원회, 교육감, 지역교육청과 그 소속기관을 말한다.
4. 지방자치단체 등의 소속기관 범위는 추후 결정한다.

3. 공포심이나 불안감을 유발하는 부호·문언·음향·화상 또는 영상을 반복적으로 상대방에게 도달하도록 하는 내용의 정보

4. 정당한 사유 없이 정보통신시스템, 데이터 또는 프로그램 등을 훼손·멸실·변경·위조하거나 그 운용을 방해하는 내용의 정보

5. '청소년보호법'에 따른 청소년유해매체물로서 상대방의 연령 확인, 표시의무 등 법령에 따른 의무를 이행하지 아니하고 영리를 목적으로 제공하는 내용의 정보

6. 법령에 따라 금지되는 사행행위에 해당하는 내용의 정보

7. 법령에 따라 분류된 비밀 등 국가기밀을 누설하는 내용의 정보

8. '국가보안법'에서 금지하는 행위를 수행하는 내용의 정보

9. 그 밖에 범죄를 목적으로 하거나 교사(교사) 또는 방조하는 내용의 정보

② 방송통신위원회는 제1항 제1호부터 제6호까지의 정보에 대해는 심의위원회의 심의를 거쳐 정보통신서비스제공자 또는 게시판 관리·운영자로 하여금 그 취급을 거부·정지 또는 제한하도록 명할 수 있다. 다만, 제1항 제2호 및 제3호에 따른 정보의 경우에는 해당 정보로 인해 피해를 받은 자가 구체적으로 밝힌 의사에 반해 그 취급의 거부·정지 또는 제한을 명할 수 없다.

[편집자-2항의 내용은 위1항의 내용으로 총화됨]

③ 방송통신위원회는 제1항 제7호부터 제9호까지의 정보가 다음 각 호의 모두에 해당하는 경우에는 정보통신서비스제공자 또는 게시판 관리·운영자로 하여금 해당 정보의 취급을 거부·정지 또는 제한하도록 명해야 한다.

1. 관계 중앙행정기관의 장의 요청이 있었을 것

2. 제1호의 요청을 받은 날부터 7일 이내에 심의위원회의 심의를 거친 후 '방송통신위원회의 설치 및 운영에 관한 법률' 제21조 제4호에 따른 시정 요구를 했을 것

3. 정보통신서비스제공자나 게시판 관리·운영자가 시정 요구에 따르지 아니했을 것

[편집자-3항은 '시정요구'를 전제로 하고 있으므로 삭제함.]

④ 방송통신위원회는 제2항 제1항 및 제3항에 따른 명령의 대상이 되는 정보통신서비스제공자, 게시판 관리·운영자 또는 해당 이용자에게 미리 의견제출의 기회를 주어야 한다. 다만, 다음 각 호의 어느 하나에 해당하는 경우에는 의견제출의 기회를 주지 아니할 수 있다.

1. 공공의 안전 또는 복리를 위해 긴급히 처분을 할 필요가 있는 경우

2. 의견청취가 뚜렷이 곤란하거나 명백히 불필요한 경우로서 대통령령으로 정하는 경우

3. 의견제출의 기회를 포기한다는 뜻을 명백히 표시한 경우

⑤ 방송통신위원회로부터 제1항, 제2항의 명령을 받은 정보통신서비스제공자 등은 즉시 위 결정을 해당 게시판 관리 및 운영자 또는 해당 이용자에게 통지해야 한다.

⑥ 방송통신위원회의 명령에 정보통신서비스제공자, 게시판 관리 및 운영자나 게시자가 서면으로 이의를 제기할 경우 방송통신위원회를 원고로 하고 위의 이의를 제기한 자를 피고로 하여 행정소송이 제기된 것으로 간주하고 30일 안에 방송통신위원회가 승소하지 않을 경우 해당 정보는 복원되어야 한다.

[편집자-위의 4항과 신설 5항은 게시자가 방송통신위원회의 명령을 받을 경우에 대한 의견제출이고 이와 별도로 심의위원회의 심의에 참여할 기회는 아래 설치법 제25조에 의해 보장받게 됨]

방송통신위원회설치및운영에관한법 제21조(심의위원회의 직무) 심의위원회의 직무는 다음 각 호와 같다.

〈중략〉

3. '정보통신망 이용촉진 및 정보보호 등에 관한 법률' 제44조의7에 규정된 사항의 심의

4. 전기통신회선을 통해 일반에게 공개되어 유통되는 정보 중 건전한 통신윤리의 함양을 위해 필요한 사항으로서 대통령령이 정하는 정보의 심의및 시정요구

방송통신위원회설치및운영에관한법시행령 제8조(심의위원회의 심의대상 정보 등) ①법 제21조 제4호에서 "대통령령이 정하는 정보"란 정보통신망을 통해 유통되는 정보 중 '정보통신망 이용촉진 및 정보보호 등에 관한 법률' 제44조의7에 따른 불법정보 및 청소년에게 유해한 정보등 심의가 필요하다고 인정되는 정보를 말한다.
② 법 제21조 제4호에 따른 시정요구의 종류는 다음 각 호와 같다.
1. 해당 정보의 삭제 또는 접속차단
2. 이용자에 대한 이용정지 또는 이용해지
3. 청소년유해정보의 표시의무 이행 또는 표시방법 변경 등과 그 밖에 필요하다고 인정하는 사항

제25조(제재조치 등) ①심의위원회는 방송 또는 정보통신의 내용이 제24조의 심의규정에 위반된다고 판단하는 경우에는 다음 각 호의 어느 하나의 제재조치 등을 정할 수 있다.
1. '방송법' 제100조 제1항에 따른 제재조치·권고 또는 의견제시
2. '정보통신망 이용촉진 및 정보보호 등에 관한 법률' 제44조의7에 따른 불법정보 유통에 대한 취급의 거부·정지 또는 제한
②심의위원회는 제1항의 제재조치를 정하려는 때에는 미리 당사자 또는 그 대리인에게 의견을 진술할 기회를 주어야 한다. 단, 당사자는 정보통신서비스제공자와 그 서비스를 이용해 정보를 게시하는 자를 포함한다.

[편집자: 위의 제25조 제2항은 심의위원회가 모든 심의결과를 '시정요구'절차를 통해 수렴함으로써 사문화되었으나 위의 제21조 제4호에서 '시정요구'절차를 삭제해 심의위원회에 의한 모든 제재는 제25조의 통제를 받게 되며 이에 따라 제25조 제2항의 의견진술기회도 유의미해짐. 단 "당사자"의 의미가 서비스제공자로 한정되어 해석되지 않도록 단서를 추가함.]

10장
인터넷임시조치제도의 위헌성
—"남이 싫어하는 말은 30일 후에 하라"

정보통신망이용촉진및정보보호에관한법(이하 '정보통신망법') 제44조의2 제1항, 제2항 그리고 제4항은 타인이 특정 게시물에 의해 권리가 침해되었다고 주장하면서 그 게시물의 삭제를 요청하기만 하면 정보통신서비스제공자(이하 '서비스제공자')는 반드시 이를 삭제하거나 "권리침해에 대한 판단이 어렵거나… 분쟁이 예상되는 경우에는" 최소한 임시조치를 하도록 하고 있다. 여기서 임시조치란 "해당 정보에 대한 접근을 임시적으로 차단하는 조치"를 말하며 "임시조치의 기간은 30일 이내로 한다"고 되어 있다. 이 법의 목적은 타인의 권리를 침해하는 인터넷상의 게시물들을 신속하게 차단하려는 것에 있다.

이 논문에서는 위 조항들의 총체적 효과는 게시물이 그 합법성과는 무관하게 누군가 불법이라고 주장만 하면 억제될 수 있다는 것이며, 그렇다면 정보통신망을 통해 타인에게 피해를 주는 게시물을 규제한다는 입법목적에 비추어 헌법상 과잉금지의 원칙을 명백히 위반하는 것이다.

쉽게 말하자면 위 조항들에 따르면 "남이 싫어하는 게시물은 그 합법성에 관련 없이 일정기간 동안 억제되어 있어야 한다"는 것이다. 그런데 헌법이 허용하는 표현의 자유에 대한 제한은 헌법 제37조의 '국가안전보장 · 질서유지 또는 공공복리를 위해 필요한 경우'와 헌법 제21조의 "타인의 명예나 권리 또는 공중도덕이나 사회윤리를 침해"할 때로 한정될 것인데, 임시조치처럼 게시물의 객관적 합법성에 관계없이 타인의 주관적 판단에 따라 게시물을 억제할 수 있도록 한 것은 당연히 위헌이

---

* 이 글은 『중앙법학』 제11집 제3호(중앙법학회, 2009)의 글을 수정 · 보완한 것이다.

될 것이다.

물론 각 서비스제공자마다 이 기간을 다르게 정의하고 있고 이 기간이 매우 짧을 경우 그 위헌성이 완화될 수는 있다. Daum의 경우 이 기간을 30일로 정한 반면, Naver의 경우 이 기간을 게시자가 복구를 요청하는 시점까지로 정하고 있어 빠른 시일 내에 복구가 가능하다. 하지만 누군가 권리침해를 주장했다는 이유만으로 게시자가 복구를 요청할 때까지는 그 게시물이 억제된다는 것 역시 위헌적이기는 마찬가지다.

물론 제44조의2 제6항에 따르면 서비스제공자들이 위의 임시조치를 이행해야할 의무가 있는 것이 아니라 위와 같이 임시조치를 이행하면 그 게시물에 의해 발생하는 피해에 대한 책임으로는 면책된다는 뜻이다. 이 해석에 따르자면 위의 제44조의2 제1항, 제2항, 제4항이 임시조치를 하도록 서비스제공자들을 강제하는 것이 아니고 서비스제공자들이 피해주장자로부터의 면책을 얻기 위해 자발적으로 임시조치를 한다는 것이 되며 이에 따라 헌법적 문제는 사라지게 된다.

그러나 제44조의2 제6항은 임의적 면책조항으로서 서비스제공자들이 명백하게 면책을 얻기 위해 자발적으로 제44조의2 제1항, 제2항, 제4항 상의 절차를 따르는 것인지 불분명하다. 오히려 서비스제공자들은 제44조의2상의 조치를 의무로 이해하고 있다. 이것이 미국의 저작권법상 존재하는 notice-and-takedown제도와의 결정적인 차이다. Notice-and-takedown제도는 필요적 면책제도의 형태로 존재하고 있어 정보통신서비스제공자는 명백하게 면책의 동기를 가지고 위의 임시조치를 하게 되며 정부의 강요 때문에 하고 있지 않은 것이다.

1. 임시조치제도의 현황

가. 사적 권리침해분야에서 임시조치의 비중

현재 인터넷 게시글이 가장 많이 삭제되거나 차단되는 통로는 검찰이나 경찰에 의한 불법게시물에 대한 수사나 방송통신심의위원회의 심의도 아니다. 정보통신망법 제44조의2에 따른 타인의 침해주장에 의한 삭제 또는 차단이 가장 광범위한 검열규제의 역할을 하고 있다.

정확한 통계는 포착하기 어려우나 현재 명예훼손이나 초상권 침해 주장에만 한정하더라도 Daum과 Naver를 합쳐서 매월 1만 건 정도의 임시조치를 하고 있는 것으로 보여진다.[1] 이는 방송통신심의위원회의 심의에 의한 삭제건수인 월평균 1천 건 정도에 비하면 훨씬 많다.[2] 특히 방송통신심의위원회에 의한 대부분의 삭제건수에서 명예훼손, 초상권 침해 및 개인정보침해와 같은 사인의 권리침해를 이유로 한 삭제는 20% 정도뿐임을 고려하면 제44조의2에 의한 '사적 권리침해 주장에 따른 검열'의 비중은 방송통신심의위원회의 50배 정도라고 할 수 있다.

〈표 8-1〉 Daum의 지난 3년간 명예훼손/초상권/개인정보 임시조치 처리건수

	2007			2008			2009		
	처리건수(합계)	삭제	임시조치	처리건수(합계)	삭제	임시조치	처리건수(합계)	삭제	임시조치
연간(총계)	10265	6631	3634	27454	5908	21546	14719	1215	13504
월간(평균)	855.4	552.6	302.8	2287.8	492.3	1795.5	3680	304	3376
1월	635	635		1221	420	801	4545	322	4223
2월	704	704		1380	493	887	4476	475	4001
3월	1014	1014		1829	607	1222	5698	418	5280
4월	748	748		1932	703	1229			
5월	634	634		1852	489	1363			
6월	479	479		1351	344	1007			
7월	888	888		3611	576	3035			
8월	673	247	426	2149	380	1769			
9월	822	225	597	2239	458	1781			
10월	1233	323	910	4028	358	3670			
11월	1661	500	1161	3563	422	3141			
12월	774	234	540	2299	658	1641			

---

1) 최문순 의원실 자료에 따르면 2008년 상반기 임시조치요청건수(URL 건수) 중에서 명예훼손과 초상권을 합해 Naver가 약 3만9천 건이고 Daum이 약 9천 건에 달하며 명예훼손과 초상권 사이의 비율은 10대1에서 3대1의 차이를 보인다. 본문의 다른 표들에서 보다시피 이 숫자는 계속해서 늘어가고 있다.
2) 방송통신심의위원회의 2008년 통신심의 관련 통계에 따르면 2008년 5월부터 2008년 12월 사이의 분야별 심의건수 및 삭제건수는 다음과 같다.
음란 및 선정: 9,801건 심의 2,817건 삭제
권리침해: 6,334건 심의 1,202건 삭제(편집자 강조)
폭력 잔혹 및 혐오:1,553건 심의 463건 삭제
사행심조장 6,805건 심의 6,075건 삭제
사회질서위반 5,816건 심의 4,447건 삭제

〈표 8-2〉 최근 3년간 NHN 명예훼손 임시조치 건수

연도	월	명예훼손 관련 임시조치 처리 URL 수
2007년	3월	3,774
	4월	3,409
	5월	2,235
	6월	2,731
	7월	3,711
	8월	2,937
	9월	3,105
	10월	4,742
	11월	5,894
	12월	5,138
2008년	1월	8,927
	2월	5,758
	3월	5,514
	4월	5,645
	5월	4,961
	6월	4,637
	7월	5,947
	8월	4,089
	9월	3,769
	10월	5,554
	11월	4,589
	12월	5,240
2009년	1월	10,276
	2월	6,834
	3월	6,975

위에서 Naver의 경우 임시조치와 삭제를 구분하지 않는 것은 Naver는 복원요청이 없는 게시물은 복원을 하지 않으므로 '복원요청이 없는 임시조치'와 '삭제'를 구분하기가 불가능하다.

나. 개별 임시조치 사례들[3]

1) 권력에 대한 비판 통제 사례

○ 서울시의 광장 운영 비판 게시물에 대한 임시조치[4]

---

3) 아래의 내용은 진보넷 오병일 활동가의 2009년 5월 15일 미디어발전국민위원회 발표문을 허락을 얻어 전재하고 필자가 평가내용을 부기한 것이다.

게시자는 다음(Daum)이 운영하고 있는 블로그 서비스인 티스토리에 블로그를 갖고 있다. 2007년 11월 14일, 게시자가 쓴 '[대놓고 비꼬기] 세훈 씨 서울시장되니 ○○씨 판박이네!'라는 글이 서울시의 요구로 임시조치되었다. 이 글은 오세훈 서울시장이 서울광장에서 집회를 전면 불허하겠다고 밝힌 것을 비판한 글이다.

[대놓고비꼬기] 세훈씨 서울시장되니 ○○씨 판박이네!

서울시장은 '광장'을 '광장'이 아니라 한다!
광장이 아니라 '문화광장'이라 한다.

광장
1. 많은 사람이 모일 수 있게 거리에 만들어 놓은 넓은 빈터.
2. 여러 사람이 뜻을 같이하여 만나거나 모일 수 있는 자리를 비유적으로 이르는 말.

"서울광장서 집회 못한다"

吳시장 "문화행사만 허용"
문화광장으로 개명도 추진

"서울시가 서울광장에서 집회를 허가한 적은 한 번도 없다."

오세훈 서울시장이 서울광장의 집회를 불허한다는 입장을 명확히 했다.

오 시장은 13일 "서울광장은 문화적 행사만 하도록 서울시 내부지침에 정해져 있는 명백한 문화광장"이라며 최근 서울광장주변에서 범국민대회 집회를 개최한 민주노총 등을 비판했다.

오 시장은 이날 오전 서울 그랜드 하얏트호텔에서 열린 KAIST 최고경영자과정 총동문회 초청특강에서 "서울광장에서 집회를 불허할 의가 있느냐"는 참석자의 질문에 이같이 답했다.

오 시장은 "범국민대회 집회는 경찰이 집회신고 금지통고를 해 명백히 불법이었다"며 "서울시가 서울광장에서 집회를 허가한 적은 한 번도 없다"고 덧붙였다.

오 시장은 서울광장의 용도에 대해 "서울광장은 명백한 문화광장이라며 '앞으로 아름도 서울문화광장으로 바꿀까 생각하고 있다"고 말했다. 이와 관련 시는 서울광장 지하광장을 도서관 용도로 활용하는 방안도 검토중인 것으로 알려졌다. 오민우기자

기사출처 ○○신문

오세훈 서울시장은 13일 한 호텔에서 사실상, 서울시청 광장에서의 '집회와 시위를 전면 불허하겠다'고 밝혔다. 시장 주제에 헌법이 보장한 집회와 결사의 자유를 침해하고 가로막겠다고 나선 것이다. 오시장은 집회와 결사의 자유를 포기하고 가식적인 연예인들의 떤따라와 '대-한-민-국'이나 즐기시라고, 문화적 행사만 하도록 시청광장을 만들었다고 한다.

그에겐 민중들이 자신의 온전한 삶을 찾기 위해 몸부림치는 것보다 허울 좋은 '문화와 예술'이 우선인 듯싶다. 서울시장 되더니만 말도 안 되는 '한강르네상스' 부르짖으며, 청계천 복원한답시고 하천이 아닌 콘크리트 처 발라 물거리로 만들려고 시장에서 평생을 먹고 살아온 시민들을 거리로 내몰고 용역 동원해서 폭력 일삼아 놓고 그것을 치적인 양 자랑하는 ○○씨처럼 되려고 하는지 저러고 있다.

'진심이 통하고 상식이 통하는 세상을 꿈꿔왔다'는 법 좀 안다는 이가 할 소리인자?

관련 글:
- 대책없는 개발사업으로 쫓겨난 서울시민, 646일째 거리농성
- 서울시의 '한강르네상스 마스터플랜'과 되살아난 괴물 '경인운하'

[평가] 위의 내용에는 어디에도 사실적인 주장이 없어 형법 제307조의 명예훼손이 성립될 내용이 없고 어떠한 기준으로 보아도 욕설이라고 할 수 있는 내용이

---

4) http://savenature.egloos.com/1592771. 삭제되었다는 글 원문은 http://blog.ohmynews.com/savenature/199381.

없어 형법 제311조의 모욕이 성립될 여지가 없다.

○ 주성영 의원의 임시조치 요구[5]

2008년 10월 20일, 게시자는 다음(Daum) 아고라 경제토론 게시판에 올린 게시물에 대한 임시조치를 당했다. 신고자는 주성영 의원이었다. 게시물 내용은 다음과 같이 단 세 줄이었다.

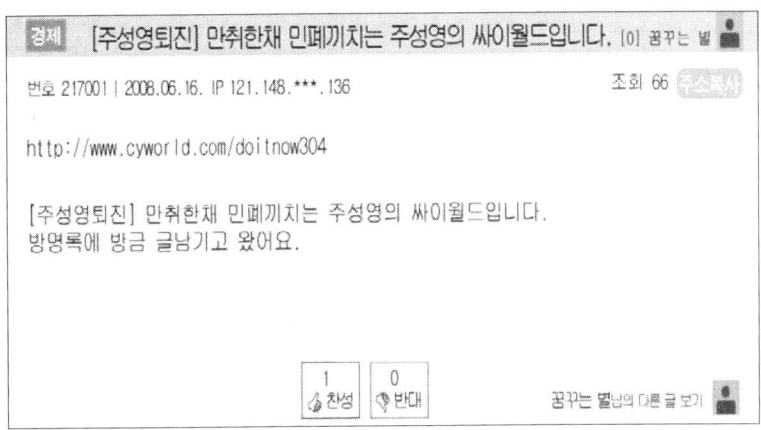

[평가] 이 역시 사실적 주장이 없어 명예훼손이 성립되지 아니하고 미니홈피 주소는 어차피 공개된 것으로서 개인정보침해가 아니다. '만취한 채 민폐 끼치는' 이라는 표현은 해당 정치인에 대한 게시자의 주관적 평가이며 사회상규를 일탈하는 경멸적인 표현이라고 할 수 없어 모욕죄가 적용될 수 없다. 더구나 주성영 의원은 명백히 공인으로서 명예훼손, 모욕 및 개인정보침해 기준이 일반인보다 엄격하게 적용되어야 한다.

○ 경찰청의 어청수 동생에 대한 삭제 요구[6]

경찰청 사이버테러대응팀은 2008년 5월과 7월 포털 사이트에 공문을 보내 당

---

5) http://wnsgud313.tistory.com/156.

6) http://www.hani.co.kr/arti/society/society_general/300688.html.

시 어청수 경찰청장의 동생과 관련한 동영상에 대해 '명예훼손'이라며 삭제를 요청했다. 이 동영상은 어청수 경찰청장의 동생이 투자한 호텔의 불법 성매매 의혹을 보도한 것이다. 그러나 경찰청은 정작 보도 주체인 부산문화방송에는 어떠한 법적 대응도 하지 않았다고 한다. 경찰청은 2008년 5월 27일 포털 14곳에 공문을 보내 '명예훼손'이라며 삭제를 요청했으며, 7월 21일 다시 포털에 같은 내용의 공문을 보내, 6월 이후 올라온 게시물에 대해서도 삭제를 요청했다고 한다.

[평가] 우선 보도내용 자체가 경찰청이나 경찰청장 개인에 대한 것이 아니라 경찰청장의 동생에 관한 것으로서 정보통신망법 제44조의2가 "타인의 권리가 침해된 경우 그 침해를 받은 자는 해당 정보를 취급한 정보통신서비스제공자에게… 요청할 수 있다"라고 되어 있음을 감안하면 적격한 임시조치라고 볼 수 없으며 포털들은 이 요청을 무시했어야 했다.

경찰청장의 동생이 임시조치를 요청했다면 형법 제307조 제1항의 진실적시에 의한 명예훼손에 해당할 수 있었을 것이나 이 역시 경찰과 성매매 단속의 밀접한 상관관계를 고려하면 '오로지 공익을 위해'라는 위법성조각사유가 성립될 것으로 보인다.

경찰청에서 주장하는 대로 경찰청장이나 경찰청에 대한 명예훼손으로 본다면 더욱 더 위법성조각사유의 성립은 설득력이 강해진다. 즉, 경찰청이나 경찰청장은 공인이므로 '오로지 공익을 위해'라는 위법성조각사유는 더욱 강력해진다. 결국 위 주장이 허위가 아닌 이상 명예훼손이 성립될 수 없다.

○ 용산참사 관련 게시물에 대한 임시조치[7]

2009년 4월 29일 다음(Daum)은 티스토리에 블로그를 개설한 게시자의 '고의 방화, 도심테러라고? 인두껍을 쓴 이들'이라는 제목의 게시물에 대해 임시조치했다. 신고자는 당시 한나라당 장제원 의원이다.

---

7) http://blog.jinbo.net/gimche/?pid=668.

[평가] 게시물은 대부분 용산참사 관련 언론기사를 링크한 것이며, 게시자는 다음과 같은 "인두껍을 쓴 짐승이라는 표현은 이럴 때 쓰는 것이다. 저들은 인간의 가죽만을 썼을 뿐이다. 아마도 앞으로도 이런 류들이 많이 쏟아져 나올 터인데 이들을 어떻게 어떤 종자로 규정해야 할까"의 단 세 줄을 덧붙였을 뿐이다. 이 세 줄에 대해서는 현행법상 제311조의 모욕죄의 적용이 가능할지 모르나 이를 이유로 하여 페이지 전체를 삭제한 것은 이해하기 어렵다. 이 사례는 권리침해의 주장만으로 게시물을 삭제할 수 있다는 현 제도의 모순을 적나라하게 보여준다고 하겠다.

○ 경찰 폭력을 비판한 게시글에 대한 임시조치[8]

2009년 5월 1일 있었던 시위에서 시위대에 진압봉을 휘두른 경찰에 대해 비판한 블로그 및 다음(Daum) 아고라 게시판의 게시물 다수가 임시조치되었다. 삭제를 요청한 사람은 당시 진압봉을 휘두른 경찰간부이다. 삭제된 게시물 중에는 한 블로거가 해당 경찰간부에게 정중하게 쓴 공개 질의서도 포함되어 있다.

진압봉 휘두른 302 전경대장 조삼환 경감에게 보내는 공개질의서

저는 인터넷에 올라온 조삼환 경감이 지하도 출입구를 봉쇄한 상태에서 진압봉을 휘두르는 사진을 보고 깜짝 놀랐습니다. 집회 현장에서 지휘 차량 안에서 해산이나 체포 명령을 내리는 전경지휘관들은 봤으나 직접 대원들의 선봉에서 맨몸인 시민들을 마치 뭔가에 미친 듯이 진압봉을 휘두르는 장면을 보고 너무 놀라 이게 경찰의 본래 모습인지 독재의 유전자를 타고난 집단의 구성원이라 그런지 헷갈려 머리가 복잡해지더군요.

---

8) http://www.pressian.com/article/article.asp?article_num=60090508170951&Section=03.

[평가] 공무원이 공개된 장소에서 공무를 집행하는 장면을 거짓 없이 촬영한 장면을 게재하는 것마저도 명예훼손에 해당한다면 도대체 표현의 자유는 어디에서 보호되고 있는 것인가? 거짓 없이 촬영한 사진은 진실의 적시에 해당하며, 이 모습을 그대로 보여주는 것은 '공익'이라는 위법성조각사유가 성립함을 쉽게 알 수 있다.

2) 기업의 노조 탄압에 이용된 사례

○ 이랜드-뉴코아 노동조합 관련 게시물 임시조치[9]

2007년 8월 14일, '조합원 추스리는 이랜드-뉴코아 노조/ 파업에 민·형사 면책을 허(許)하라'라는 제목의 글[10]이 네이버에 의해 임시조치되었다. 임시조치 요청자는 사측인 '이랜드월드'다. 이 글은 이랜드-뉴코아 노동조합의 투쟁과 관련한 기사를 스크랩한 것이며, 게시자는 이들의 투쟁을 응원하는 5줄의 견해를 남겼을 뿐이다. 이 게시물은 30일 후에야 복구되었다. 아이뉴스24에 따르면,[11] 이 게시물뿐만 아니라, 네이버의 관련 게시물 23건, 다음(Daum)의 관련 게시물 25건에 대해서도 임시조치 되었다.

조합원 추수리는 이랜드 - 뉴코아 노조/파업에 민·형사 면택을 허(許)하라
노동   2007/06/09 12:33
                    http://blog.naver.com/gimche/150021000496 [복사]

이랜드 - 뉴코아 투쟁이 어떻게 끝날까. 마무리가 잘 되어야 할 텐데. 끝날 기색조차 보이지 않는다.
우선은 파업기금이라도 제대로 모으는 게 우선일 듯하다. 이랜드 - 뉴코아 노동자들이 지치지 않도록, 혼자
라는 생각이 들지 않도록...

아래 글 중에 이랜드 사태일지에 대해 쓴 매일노동뉴스 구은회 기자의 기사와 파업에 민·형사 면책을
허(許)하라라는 제목의, 인권오름에 실린 명훈님의 글을 읽어보길 권한다.

_____

조합원 추수리는 이랜드 - 뉴코아 노조 (매일노동뉴스 2007년 8월 7일, 구은회 기자)
총회·엠티·간담회·수련회 등 잇달아 개최… "강도 높은 투쟁 준비할 것"

이랜드일반노조와 뉴코아노조가 최근 간담회·총회수련회 등을 잇달아 진행하고 있다. 두 차례의 매장
점거 농성과 경찰의 조합원 강제연행, 노조 지도부 대거 구속, 교착 상태에 빠진 노사 협상 등으로 잠시
숨고르기에 들어갔던 두 노조가 장기파업에 지친 조합원들을 다시 불러 모으고 있는 것이다.
매장 점거농성 등 강도 높은 투쟁이 재현될 수 있음을 예고하는 대목이다.

---

9) http://blog.jinbo.net/gimche/?pid=492.
10) http://blog.naver.com/gimche/150021000496.
11) http://itnews.inews24.com/php/news_view.php?g_serial=280246&g_menu=020300.

[평가] 기사스크랩만으로 명예훼손이나 모욕이 성립될 수 없음은 더 이상 말할 필요가 없으며, 추가된 다섯 줄 역시 어떤 실정법의 위반도 성립하지 않는다.

3) 기업의 대(對)소비자관계

○ 장자연 리스트 관련 조선일보의 임시조치 요구

2009년 4월 6일 민주당 이종걸 의원은 다음(Daum) 아고라 경제토론방에 '국회의원마저 협박하는 조선일보의 오만함을 고발한다!'라는 제목의 글을 올렸다. 이 게시물에 대한 조선일보의 요청으로 게시물은 임시 차단되었다.12) 이에 이종걸 의원은 '○○일보'로 수정해 다시 게시물을 올렸지만, 이 역시 임시조치되었다.

[평가] 장자연리스트에 관한 대부분의 게시물들은 "아무개가 실제로 성상납을 받았다"는 것이 아니라 "아무개가 성상납을 받았다는 단서가 있다"는 내용을 담고 있다. 이 단서의 존재는 진실임은 물론 공적 사안임에도 불구하고 명예훼손죄를 적용하는 것에 대해서는 여러 가지 논란이 제기되고 있다.13) 실제로 이종걸 의원이 이에 대해 강하게 항의하자 다음(Daum) 측은 이 글에 대해 방송통신심의위원회에 심의를 요청했고, 심의위는 4월 21일, 명예훼손이 아니라는 결정을 내려 게시물은 원상복구 되었다.14) 심의위의 통신심의소위는 "명예를 훼손할 만한 구체적 사실의 적시로 보기 어렵고, 구체적 사실의 적시로 볼 수 있다 하더라도 공공성 및 사회성을 갖춘 공적 관심사안에 해당한다"며 "일반 국민의 알 권리 대상으로 보호해야 할 것이므로 위법성이 조각돼 '해당 없음'으로 의결한다"고 결정했다.15)

---

12) http://bbs1.agora.media.daum.net/gaia/do/debate/read?bbsId=D115&articleId=610524.
13) 박경신, "진실적시에 의한 명예훼손 폐지 및 '허위' 입증 책임소재 확립" ─ 노회찬 '떡값검사' 판결, PD수첩 수사, 장자연 리스트 사태에 대해", 2009년 4월 14일 '국민의 알권리인가? 명예훼손인가? ─ 장자연 사건에서 바라본 국민의 알권리와 명예훼손' 토론회 발제문.
14) http://bbs1.agora.media.daum.net/gaia/do/debate/read?bbsId=D115&articleId=625852.
15) http://www.hani.co.kr/arti/society/society_general/351470.html.

○ 티켓무비 사례[16]

2009년 3월 6일 다음(Daum) 블로그를 운영하고 있는 이용자의 게시글 중 '인터넷 영화예매사이트 티켓무비, 어떤 사이트일까 궁금했다'[17]라는 제목의 글이 임시조치되었다. 임시조치 요청자는 티켓무비투어 주식회사. 이 글은 단지 티켓무비 사이트의 불편함에 대해 담담하게 기술했을 뿐이었다. 해당 게시글에 의하면, 티켓무비와 관련된 다른 이용자의 게시글들도 다수 임시조치 되었음을 알 수 있다. 단지 자사의 상품에 대해 부정적인 평가를 했다고 명예훼손 요청을 한 사례다.

예매가능 시간은 10:00 ~16:00이란다. 단 6시간 동안 예매할 수 있다. 그리고 당일 예매는 불가능하단다. 다른 사이트는 24시간 온 종일 가능한데. 그리고 영화관에 따라 다르지만 당일 예매가 불가능한 영화관도 있지만 대부분의 영화관은 당일 예매가 가능하다. 나는 이 사이트를 이용할 이유가 전혀 없어 보인다. 내가 인터넷을 통해 예매하는 시간은 늦은 밤시간이기 때문이었다. 그렇기에 때로는 자정을 넘겨 당일 예매가 되는 경우도 있다. 자정을 넘겨 예매하는 것이 유익할 때도 있다. 피치 못할 사정으로 취소를 하게 될 경우 당일 취소면 취소 수수료가 부과되지 않는다. 예매 다음날 취소하더라도 결제방법이 카드, 포인트 등등의 여러 방법으로 결제하였을 경우 취소 수수료가 부과되지 않는 경우도 있다. 간혹 낮에도 예매를 하지만 그런 경우는 가뭄에 콩 나듯 한다. 예매는 어떻게 이루어지나 보았더니 영화 예매권이나 연간회원권을 가진 사람만이 예매할 수 있다. 다른 사이트처럼 신용카드나 핸드폰을 통한 예매가 아니다. 따라서 카드 할인이나 포인트 할인도 찾아볼 수 없었다. 직접적으로 영화 예매를 하는 사이트는 아니고 이미 발권된 예매권이나 회원권을 통한 영화 예매 사이트로 보였다. 무통장 입금에 대한 예매는 어떻게 하는지 모르겠다. 무통장 입금에 따른 예매를 하기 때문에 예매 가능시간에 제약이 있고 입금 확인 후 예매가 진행되기 때문에 당일 예매가 되지 않는 것 같다.

앞으로 내가 티켓무비의 영화예매권을 일부러 사용하게 될 일은 없을 것 같고 티켓무비의 영화예매권이 사은품이나 경품으로 걸려 있다면 응모하지 말아야겠다.

Add 1. 지난 2월 20일부터 다음 아고라에 '티켓무비' 관련 이슈청원이 올라와있다.
http://agora.media.daum.net/petition/view?id=68154 (2009.02.23)

Add 2. 지난 3월 6일 티켓무비측의 신고로 인해 다음측에서 임시접근금지조치 되었던 이 글이 30일이 경과된 4월 5일 임시접근금지조치가 풀렸다.(2009.04.05)

[평가] 소비자가 제품에 대한 평판을 게시한 것은 당연히 공익적인 사안이므로 허위가 없는 한 명예훼손이 성립할 수 없다.[18] 기업들이 자신들에게 불리한 내용

---

16) http://blog.daum.net/polelate/7883948.

17) http://blog.daum.net/polelate/7883871.

18) 이 사례에서 특히 게시자는 현행 임시조치제도의 문제에 대해서도 제기하고 있다. 게시자는 자신의 게시글을 복구하기 위해, 다음(Daum) 및 방송통신심의위원회에 문의를 했지만 30일이 지

들을 인터넷상에서 삭제하는 도구로서 임시조치제도가 남용되고 있음을 알 수 있다.

○ 가격비교 글에 대한 임시조치 요구[19]

2007년 8월 22일 네이버 카페 '그림책 읽어주는 엄마'에서 4건의 글이 임시조치 되었다. 30일에도 또 다른 글이 차단되었는데, 모두 ㅎ출판사의 어린이용 책값을 매장별로 비교한 뒤 최저가격을 알려주는 글이었다. ㅎ출판사가 이를 명예훼손이라고 주장했기 때문이다.

나 게시글이 복구되기 전에 이에 대한 답을 받지 못했다. 이의신청절차가 쉽지 않은 문제, 방통심의 위의 처리기간이 지나치게 긴 문제 등을 지적하고 있다. 또한 아무런 명예훼손 근거가 없어 글이 복구될 경우, 30일 동안 임시조치되었던 피해는 누가 보상할 것인가라고 불만을 터뜨리고 있다.

처음 방송통신심의위원회에 문의한 것은 3월 8일이었고 처리완료 메일을 받은 3월 17일까지 걸린 시간은 9일이었다. 그리고 Daum과의 메일을 주고받으며 다시 게시물의 심의요청을 한 것이 3월 19일이었다. 바로 등록이 되었지만 17일이 지나도록 처리되고 있지 않다. 언제쯤 처리될지 궁금하다. 처리가 되기는 하는 걸까? 아니면 예전 교통카드 과다청구 문제로 국민신문고에 문의한 적이 있는데 교통카드회사가 난 후 답변을 받은 적이 있다. 그때 국민 신문고의 답변은 "교통카드회사에 알아보니 해결이 되었다는 답변을 받았다"라는 답변이었다. 아마도 방송통신심의위원회로부터 답변을 받는다면 '국민신문고와 비슷한 답변이 않을까?'하는 생각이다. 30일이 지났고 글이 원상복구 되었으니 해결된 것이 아닌가라고 알이다.

누군가의 신고에 의해 글이 30일간 임시접근금지초치를 당했다면, 어쩔 수 없이 30일간 타인이 접근할 수 없게 된다. 조치를 위한 Daum과 같은 포털사이트 등에서는 신고만 들어오면 조치를 취하는 것이고 글 내용에 대한 판단을 하지 않는다. 그리고 명예훼손 혐의 없음 또는 해당 없음의 결정을 얻기 위하여 조치를 내린 Daum에서 밝힌 대로 방송통신심의위원회에 문의를 해야 한다. 그러나 그 사안의 판단이 너무 어려워 시일이 걸리는지도 오른지만 30일 이내에 처리되기는 어려워보인다. 신고번호 35490에 대한 답변이 언제 도착할지는 모르겠지만 등록 후 17일이 지났다. 등록 후 30일 이내에 도착하기만 바랄 뿐이다.

내가 내린 결론은 어떤 글에 대해서 명예훼손 또는 권리침해의 소지가 있든지, 없든지 간에 신고만 하면 30일 동안 임시접근금지조치가 되고, 게시물을 쓰고 등록한 사람의 입장에서 혐의 없음 또는 해당사항 없음을 밝히고 글을 원상복구하는 것이 쉽지 않은 것이다. 쉽지 않을 뿐더러 30일이라는 시일 내에 밝힐 수 없을지도 모른다. 30일이라는 기간 동안 그냥 시간을 보내다보면 정해진 날짜에 자연스레 복원되는 것을 기다리는 편이 나을지도 모른다. 또한 신고자의 입장에서도 30일 이내에 혐의 있음을 입증하면 그 글은 즉시 삭제된다. 그러나 신고자의 입장에서 그 혐의 없음을 밝히는 과정도 이와 같을 테니 임시접근금지조치 기간 동안 삭제되는 경우도 없을 것이란 생각이 든다. 더군다나 글의 내용이 판단하기 어려운 경우라면, 결과가 나오지 않는 경우는 없겠지만 30일 이후에 결과가 나올지도 모를 일이기 때문이다. 신고자도 눈에 가시 같은 글을 30일 동안 빛을 못보게 하여 사람들의 접근을 막고 30일 후에도 그 글이 복원되더라도 시간이 지남에 따라 사람들의 기억에서 잊혀지기를 원하는 것 같다. 그러한 시도가 단 한 건의 신고로 이루어지니 어려울 것도 없다. 그냥 신고만 하면 된다.

이 시점에서 권리침해 신고 절차가 궁금해졌다.

캡처 9. Daum 고객센터의 권리침해 신고 절차.

신청효과

다음 내 회원이 작성한 공개 게시물로 인하여, 명예훼손, 초상권침해 및 기타 법률상 권리침해의 피해를 입으셨다면 권리침해신고를 접수하여 주시기 바랍니다. 권리침해신고는 그 신고 내용에 따라 신고자, 권리 침해를 하였다고 의심되는 이용자(카페의 경우는 해당 카페의 운영자)에게 권리 침해 신고가 접수되었음을 통보하고 침해의 의심이 되는 게시물, 메뉴를 삭제 또는 임시 삭제합니다. 주민번호/전화번호 등의 개인정보 공개 게시, 초상권 침해 등 침해 여부가 명확한 경우에는 게시자에게 경고 조치 및 문제가 되는 게시글은 영구 삭제됩니다. 명예훼손 주장 등으로 침해 여부가 불분명한 게시글은 관련 법률에 따라 30일간 임시삭제됩니다.

19) http://www.hani.co.kr/arti/society/society_general/232819.html.

[평가] 그러나 단순한 가격비교는 당연히 합법적이다. 기업들이 자신들에게 불리한 사실들을 인터넷상에서 아무런 제약 없이 삭제함에 있어 바로 임시조치제도가 편리한 도구가 되고 있음을 알 수 있다.

○ 곰플레이어 사례[20]

이글루스 블로그를 운영하고 있는 게시자는 2007년 8월 2일, '곰플레이어가 개인정보를 수집 및 유출한다'는 내용의 글을 임시조치 당했다. 요청자는 곰플레이어 제작업체인 (주)그래텍. 게시자가 삭제해서 원 글은 볼 수 없지만, 삭제된 글은 곰플레이어가 개인정보를 수집, 유통한다는 '의혹'을 제기한 글로 보인다. 비슷한 의혹을 제기한 다른 블로거의 게시글도 삭제된 것으로 보인다.[21]

■ 곰플레이어

2007년 8월 2일 이글루스는 (주)그래텍으로부터 권리침해를 근거로
회원님께서 작성하신 글에 대한 삭제요청을 받았습니다.
곰플레이어가 개인정보를 수집 및 유출한다'는 내용의 기사나 글이
배포됨에 따라 심각한 피해를 입고 있다는 이유입니다.

이에 회원님께서 작성하신 다음 포스트는 임시로 비공개로 전환
되었습니다.

=_=';;

내 글에서 저장을 할거라는 단정은 지은적이 없는데 멋대로 비공개로 전환해버렸네요..
강 귀찮아서 글 지워버렸습니다.

요지는 곰플레이어쪽에서 동영상 자막체크시 사용하는 key=값생성은
md5 로직으로 동영상파일의 앞부분 1메가바이트 부분에서 생성시킨 값으로 검색한다는 것..

곰측에서 유저가 자막요청시 그 데이터 받아서 서버에서 무슨 짓을 하는지 나는 모르므로
그들이 그것을 로그로 남겨서 수집을 하는지 안하는지는 일반 유저가 알수는 없다는 것이었는데..

자기들이 서버에서 하는 로직이나 코드나 뭔가를 공개하고 자기들은 수집안한다고 말해야 의혹
이 안생기지..

성인동영상 사용비율 40%인가 60%인가 하는 조사결과가 나왔다는데
미쳤다고 자기 컴퓨터 사용내역을 수집해도 되게 허용해놓고 야동보는 넘이 그렇게 다수가 나온
다는건 이해가 안되잖습니까..

20) http://zeprid.egloos.com/3655712.
21) http://pillua.egloos.com/508955.

위 내용을 읽어보면 알겠지만 게시자는 단지 곰플레이어가 개인정보수집을 가능케 하는 특정 기술을 사용하는 것에 대해 의혹을 제기한 것뿐이며 이 자체로 명예훼손이 성립할 수는 없다. 곰플레이어 측이 특히 이에 대해 해명을 하지 않고 우선 삭제를 시도하는 것은 임시조치제도가 어떻게 이용되고 있는지를 보여주는 사례다.

다. 소결

위에서 살펴보았듯이 수많은 게시글들이 실제 위법성과 관련 없이 합법적임에도 불구하고 임시조치당하고 있음을 알 수 있다.

그리고 역시 공식적 통계를 찾기 어렵지만 임시조치를 요청하는 자들의 압도적인 다수가 기업이나 정치인들로 알려지고 있다. 즉, 임시조치는 많은 사람들을 고용해 인터넷을 뒤져서 자신에게 불리한 내용을 찾아낼 수 있는 재력을 가진 자들에 의해 전유되고 있는 것이다.

2. 임시조치제도의 현실적 강제성

현행법상 정보통신서비스제공자는 정보통신망법 제44조의2 제1항과 제2항에 따라 "특정 정보로 사생활침해나 명예훼손 등 타인의 권리가 침해된 경우… 그 권리를 침해받은 자가… 삭제를 요청할 수 있고… 정보통신서비스제공자는 해당 정보의 삭제 등을 요청받으면 지체 없이 삭제 및 임시조치를 해야 한다." 여기서 '임시조치'란 해당 정보에 대해 30일 이내의 기간 동안 임시적인 차단조치를 하는 것을 말하며 '블라인드 조치'라고도 한다. 그리고 위 절차를 따르면 서비스제공자는 제44조의2 제6항에 따라 게시물로 인해 발생하는 배상책임을 면제 또는 경감받을 수 있다.[22]

---

22) 제44조의2(정보의 삭제요청 등) ①정보통신망을 통해 일반에게 공개를 목적으로 제공된 정보로 사생활침해나 명예훼손 등 타인의 권리가 침해된 경우 그 침해를 받은 자는 해당 정보를 취급한

가. 입법의도

정보통신망법 제44조의2는 서비스제공자가 타인의 권리를 침해하는 게시물을 신속히 삭제할 경우 그 게시물에 대해 서비스제공자가 질 수 있는 민사적 책임을 제한하는 법적 혜택을 제공하는 것을 골자로 하고 있다.

서비스제공자가 타인의 권리침해를 알면서 해당 정보를 삭제하지 않는 행위는 기존 형법상의 '방조'나 민사불법행위상의 공동불법행위의 한 형태에 해당할 수 있다. 예를 들어 저작권침해인 줄 알면서 이를 삭제하지 않는 행위는 저작권법의 기여침해(contributory infringement)가 될 수 있을 것이다. 심지어는 불법 여부에 대한 실제 인지(actual notice)가 아니라 추정적 인지(constructive notice─즉, 알았어야 하는 상황)가 있는 경우에도 위와 같은 방조 내지 공동불법행위 이론을 통해 서비스제공자는 민형사상 책임을 질 수 있다.

그러나 기존 형법이나 민법에 의한 정보유통의 규제 하에서는 서비스제공자가 어떤 경우에 서비스 내의 게시물에 대해 책임을 지는지가 불분명하고 이에 따라 서비스제공자는 (1) 타인의 권리를 침해하는 게시물에 대해 신속하게 대응하지 않을 수도 있고, (2) 거꾸로 타인의 권리를 침해하지 않는 게시물에 대해 과도하게

정보통신서비스제공자에게 침해사실을 소명해 그 정보의 삭제 또는 반박내용의 게재(이하 "삭제 등"이라 한다)를 요청할 수 있다.

②정보통신서비스제공자는 제1항에 따른 해당 정보의 삭제등을 요청받으면 지체 없이 삭제·임시조치 등의 필요한 조치를 하고 즉시 신청인 및 정보게재자에게 알려야 한다. 이 경우 정보통신서비스제공자는 필요한 조치를 한 사실을 해당 게시판에 공시하는 등의 방법으로 이용자가 알 수 있도록 해야 한다.

③정보통신서비스제공자는 자신이 운영·관리하는 정보통신망에 제42조에 따른 표시방법을 지키지 아니하는 청소년유해매체물이 게재되어 있거나 제42조의2에 따른 청소년 접근을 제한하는 조치 없이 청소년유해매체물을 광고하는 내용이 전시되어 있는 경우에는 지체 없이 그 내용을 삭제해야 한다.

④정보통신서비스제공자는 제1항에 따른 정보의 삭제요청에도 불구하고 권리의 침해 여부를 판단하기 어렵거나 이해당사자 간에 다툼이 예상되는 경우에는 해당 정보에 대한 접근을 임시적으로 차단하는 조치(이하 "임시조치"라 한다)를 할 수 있다. 이 경우 임시조치의 기간은 30일 이내로 한다.

⑤정보통신서비스제공자는 필요한 조치에 관한 내용·절차 등을 미리 약관에 구체적으로 밝혀야 한다.

⑥정보통신서비스제공자는 자신이 운영·관리하는 정보통신망에 유통되는 정보에 대해 제2항에 따른 필요한 조치를 하면 이로 인한 배상책임을 줄이거나 면제받을 수 있다.[전문개정 2008.6.13]

대응할 수도 있다. 특히 후자의 가능성의 경우 서비스제공자는 이용자에 대한 사적 검열자로 기능할 수 있다.

이 상황에서 정보통신망법 제44조의2는 서비스제공자에게 명백한 면책방법을 제공해 서비스제공자의 신속한 권리침해물 삭제를 유도하는 동시에 서비스제공자가 이렇게 제공된 면책방법에 자신을 한정하도록 유도함으로써 민형사적 책임의 가능성 때문에 서비스제공자가 게시물들을 자의적으로 과도하게 검열하는 것을 방지할 수 있다.

이와 비슷한 제도는 저작권법 제103조 제2항, 제3항 및 제5항에도 나타난다.[23]

---

23) 제102조(온라인서비스제공자의 책임 제한) ①온라인서비스제공자가 저작물등의 복제 · 전송과 관련된 서비스를 제공하는 것과 관련해 다른 사람에 의한 저작물 등의 복제 · 전송으로 인해 그 저작권 그 밖에 이 법에 따라 보호되는 권리가 침해된다는 사실을 알고 당해 복제 · 전송을 방지하거나 중단시킨 경우에는 다른 사람에 의한 저작권 그 밖에 이 법에 따라 보호되는 권리의 침해에 관한 온라인서비스제공자의 책임을 감경 또는 면제할 수 있다.

②온라인서비스제공자가 저작물 등의 복제 · 전송과 관련된 서비스를 제공하는 것과 관련해 다른 사람에 의한 저작물 등의 복제 · 전송으로 인해 그 저작권 그 밖에 이 법에 따라 보호되는 권리가 침해된다는 사실을 알고 당해 복제 · 전송을 방지하거나 중단시키고자 했으나 **기술적으로 불가능한 경우에는** 그 다른 사람에 의한 저작권 그 밖에 이 법에 따라 보호되는 권리의 침해에 관한 온라인서비스제공자의 책임은 면제된다.

제103조(복제 · 전송의 중단) ① 온라인서비스제공자의 서비스를 이용한 저작물 등의 복제 · 전송에 따라 저작권 그 밖에 이 법에 따라 보호되는 자신의 권리가 침해됨을 주장하는 자(이하 이 조에서 "권리주장자"라 한다)는 그 사실을 소명해 온라인서비스제공자에게 그 저작물 등의 복제 · 전송을 중단시킬 것을 요구할 수 있다.

② 온라인서비스제공자는 제1항의 규정에 따른 **복제 · 전송의 중단요구**가 있는 경우에는 즉시 그 **저작물 등의 복제 · 전송을 중단시키고** 당해 저작물 등을 복제 · 전송하는 자(이하 "복제 · 전송자"라 한다) 및 권리주장자에게 그 사실을 통보해야 한다.

③ 제2항의 규정에 따른 통보를 받은 복제 · 전송자가 자신의 복제 · 전송이 정당한 권리에 의한 것임을 소명해 그 복제 · 전송의 재개를 요구하는 경우 온라인서비스제공자는 재개요구사실 및 재개예정일을 권리주장자에게 지체 없이 통보하고 그 예정일에 복제 · 전송을 재개시켜야 한다.

④ 온라인서비스제공자는 제1항 및 제3항의 규정에 따른 복제 · 전송의 중단 및 그 재개의 요구를 받을 자(이하 이 조에서 "수령인"이라 한다)를 지정해 자신의 설비 또는 서비스를 이용하는 자들이 쉽게 알 수 있도록 공지해야 한다.

⑤ 온라인서비스제공자가 제4항의 규정에 따른 공지를 하고 제2항 및 제3항의 규정에 따라 그 저작물등의 복제 · 전송을 중단시키거나 재개시킨 경우에는 다른 사람에 의한 저작권 그 밖에 이 법에 따라 보호되는 권리의 침해에 대한 온라인서비스제공자의 책임 및 복제 · 전송자에게 발생하는 손해에 대한 온라인서비스제공자의 책임을 감경 또는 면제할 수 있다. 다만, 이 항의 규정은 온라인서비스제공자가 다른 사람에 의한 저작물등의 복제 · 전송으로 인해 그 저작권 그 밖에 이 법에 따라 보호되는 권리가 침해된다는 사실을 안 때부터 제1항의 규정에 따른 중단을 요구받기 전까지 발생한 책임에는 적용하지 아니한다.

서삭권법 제103조 제2항, 제3항, 제5항은 "복제 · 전송의 중단요구가 있는 경우에는 즉시… 복제 · 전송을 중단시키고… 복제 · 전송하는 자 및 권리주장자에게 그 사실을 통보하(거나)… 복제 · 전송자가… 정당한 권리에 의한 것임을 소명해 그 복제 · 전송의 재개를 요구하는 경우… 재개요구사실 및 재개예정일을 권리주장자에게 지체 없이 통보하고 그 예정일에 복제 · 전송을 재개시(킨 경우), 온라인서비스제공자는… 다른 사람에 의한 저작권 그 밖에 이 법에 따라 보호되는 권리의 침해… 및 복제 · 전송자에게 발생하는 손해에 대한… 책임을 감경 또는 면제할 수 있다"고 하고 있다.

그리고 저작권법 제103조는 미국의 Digital Millenium Copyright Act의 notice-and-take-down과 매우 비슷하다.[24]

---

⑥ 정당한 권리 없이 제1항 및 제3항의 규정에 따른 그 저작물 등의 복제 · 전송의 중단이나 재개를 요구하는 자는 그로 인해 발생하는 손해를 배상해야 한다.

⑦ 제1항 내지 제4항의 규정에 따른 소명, 중단, 통보, 복제 · 전송의 재개, 수령인의 지정 및 공지 등에 관해 필요한 사항은 대통령령으로 정한다. 이 경우 문화관광부장관은 관계중앙행정기관의 장과 미리 협의해야 한다.

24) 17 U.S.C. Sec. 512. Limitations on liability relating to material online [DMCA Safe Harbor provisions] 〈중략〉

(c) Information Residing on Systems or Networks At Direction of Users. −

(1) In general. −A service provider shall not be liable for monetary relief, or, except as provided in subsection(j), for injunctive or other equitable relief, for infringement of copyright by reason of the storage at the direction of a user of material that resides on a system or network controlled or operated by or for the service provider, if the service provider−

(A)

(i) does not have actual knowledge that the material or an activity using the material on the system or network is infringing;

(ii) in the absence of such actual knowledge, is not aware of facts or circumstances from which infringing activity is apparent; or

(iii) upon obtaining such knowledge or awareness, acts expeditiously to remove, or disable access to, the material;

(B) does not receive a financial benefit directly attributable to the infringing activity, in a case in which the service provider has the right and ability to control such activity; and

(C) upon notification of claimed infringement as described in paragraph(3), responds expeditiously to remove, or disable access to, the material that is claimed to be infringing or to be the subject of infringing activity.

(2) Designated agent. −The limitations on liability established in this subsection apply to a service provider only if the service provider has designated an agent to receive notifications of claimed infringement described in paragraph(3), by making available through its service, including on its website in a location accessible to the public, and by providing to the Copyright Office, substantially the following information:

(A) the name, address, phone number, and electronic mail address of the agent.
(B) other contact information which the Register of Copyrights may deem appropriate. The Register of Copyrights shall maintain a current directory of agents available to the public for inspection, including through the Internet, in both electronic and hard copy formats, and may require payment of a fee by service providers to cover the costs of maintaining the directory.
(3) Elements of notification. —
(A) To be effective under this subsection, a notification of claimed infringement must be a written communication provided to the designated agent of a service provider that includes substantially the following:
(i) A physical or electronic signature of a person authorized to act on behalf of the owner of an exclusive right that is allegedly infringed.
(ii) Identification of the copyrighted work claimed to have been infringed, or, if multiple copyrighted works at a single online site are covered by a single notification, a representative list of such works at that site.
(iii) Identification of the material that is claimed to be infringing or to be the subject of infringing activity and that is to be removed or access to which is to be disabled, and information reasonably sufficient to permit the service provider to locate the material.
(iv) Information reasonably sufficient to permit the service provider to contact the complaining party, such as an address, telephone number, and, if available, an electronic mail address at which the complaining party may be contacted.
(v) A statement that the complaining party has a good faith belief that use of the material in the manner complained of is not authorized by the copyright owner, its agent, or the law.
(vi) A statement that the information in the notification is accurate, and under penalty of perjury, that the complaining party is authorized to act on behalf of the owner of an exclusive right that is allegedly infringed.
(B)
(i) Subject to clause(ii), a notification from a copyright owner or from a person authorized to act on behalf of the copyright owner that fails to comply substantially with the provisions of subparagraph(A) shall not be considered under paragraph(1)(A) in determining whether a service provider has actual knowledge or is aware of facts or circumstances from which infringing activity is apparent.
(ii) In a case in which the notification that is provided to the service provider's designated agent fails to comply substantially with all the provisions of subparagraph(A) but substantially complies with clauses(ii),(iii), and(iv) of subparagraph(A), clause(i) of this subparagraph applies only if the service provider promptly attempts to contact the person making the notification or takes other reasonable steps to assist in the receipt of notification that substantially complies with all the provisions of subparagraph(A). 〈중략〉
(g) Replacement of Removed or Disabled Material and Limitation on Other Liability. —
(1) No liability for taking down generally. — Subject to paragraph(2), a service provider shall not be liable to any person for any claim based on the service provider's good faith disabling of access to, or removal of, material or activity claimed to be infringing or based on facts or circumstances from which infringing activity is apparent, regardless of whether the material or activity is ultimately determined to be infringing.
(2) Exception. — Paragraph(1) shall not apply with respect to material residing at the direction

저작권법 제103조와 DMCA 제512조의 구조를 살펴보면 다음과 같은 공통점을 가지고 있다.

(1) 서비스제공자는 게시물이 실제로 저작권을 침해하는가에 관계없이 피해 주장자의 요청이 있을 때 그 게시물을 차단해야 면책을 받을 수 있다.

(2) 서비스제공자는 게시자가 다시 게시물의 복원을 요청하면 그 게시물이 실제로 저작권을 침해하는지에 관계없이 그 게시물을 복원해야 면책을 받을 수 있다.

(3) 피해주장자가 소송을 제기하지 않는 이상 서비스제공자는 복원된 게시물

---

of a subscriber of the service provider on a system or network controlled or operated by or for the service provider that is removed, or to which access is disabled by the service provider, pursuant to a notice provided under subsection(c)(1)(C), unless the service provider—

(A) takes reasonable steps promptly to notify the subscriber that it has removed or disabled access to the material;

(B) upon receipt of a counter notification described in paragraph(3), promptly provides the person who provided the notification under subsection(c)(1)(C) with a copy of the counter notification, and informs that person that it will replace the removed material or cease disabling access to it in 10 business days; and

(C) replaces the removed material and ceases disabling access to it not less than 10, nor more than 14, business days following receipt of the counter notice, unless its designated agent first receives notice from the person who submitted the notification under subsection(c)(1)(C) that such person has filed an action seeking a court order to restrain the subscriber from engaging in infringing activity relating to the material on the service provider's system or network.

(3) Contents of counter notification. —To be effective under this subsection, a counter notification must be a written communication provided to the service provider's designated agent that includes substantially the following:

(A) A physical or electronic signature of the subscriber.

(B) Identification of the material that has been removed or to which access has been disabled and the location at which the material appeared before it was removed or access to it was disabled.

(C) A statement under penalty of perjury that the subscriber has a good faith belief that the material was removed or disabled as a result of mistake or misidentification of the material to be removed or disabled.

(D) The subscriber's name, address, and telephone number, and a statement that the subscriber consents to the jurisdiction of Federal District Court for the judicial district in which the address is located, or if the subscriber's address is outside of the United States, for any judicial district in which the service provider may be found, and that the subscriber will accept service of process from the person who provided notification under subsection(c)(1)(C) or an agent of such person.

(4) Limitation on other liability. —A service provider's compliance with paragraph(2) shall not subject the service provider to liability for copyright infringement with respect to the material identified in the notice provided under subsection(c)(1)(C).

을 그대로 유지할 수 있다.

(4) 위 절차를 따르게 되면 서비스제공자는 피해주장자 및 게시자 양측으로부터 면책을 받게 된다.

위와 같은 구조를 한마디로 정리하자면, 서비스제공자는 각 게시물의 합법성을 일일이 판단하지 않고 게시자와 피해주장자의 요청을 그대로 따라줌으로써 게시자와 피해주장자 양측으로부터 면책을 받도록 하는 것이다.

둘 사이의 견해가 일치하지 않을 경우에는 어떻게 되는가? 서비스제공자는 사법적 판단을 기다릴 수 있으며 그동안에는 게시물은 원래의 게시상태로 유지되어야 한다는 것이다. 타인의 권리를 침해하는 정보의 신속한 구제라는 입법목적이 달성되지 않을 것 같지만 실제로 차단된 대부분의 게시물에 대해 게시자는 복원요청을 하지 않는 것이 현실이다. Naver의 경우 95% 이상의 차단된 게시물에 대해 게시자는 이의제기를 하지 않는다. 게시자가 이의제기를 하지 않는다는 것은 차단에 대해 암묵적 동의를 해준다고도 볼 수 있다. 결국 권리침해의 주장이 있는 게시물의 95%가 불법성을 일일이 판단하는 번거로운 절차를 거치지 않고 양자의 동의에 의해 차단이 되는 것이다. 이와 같이 차단되는 게시물의 상당수는 궁극적으로 합법적인 게시물들도 있겠지만 게시자 스스로가 차단에 암묵적으로 동의했다는 면에서 보호할 가치가 줄어들었다고 볼 수 있으며 위와 같은 절차는 매우 효율적인 분쟁조정절차라고 볼 수 있다. 저작권법 제103조 및 DMCA 제512조는 법적 면책을 주는 방식으로 서비스제공자가 둘 사이의 의견을 전달하는 중개자(intermediary)의 역할을 하도록 독려하는 기능을 하는 것이다.

물론 게시자가 복원요청을 하는 나머지 5%의 경우에도 불법적인 게시물이 포함되어 있을 수도 있다. 그러나 서비스제공자는 자신의 판단에 의해 불법성이 인정된 경우에는 자발적으로 삭제를 할 수 있는 가능성은 항상 열려 있다. 또 서비스제공자가 게시자의 복원요청을 받아들이지 않는다고 해서 무조건 게시자에 대해 책임을 지는 것도 아니다. 서비스제공자가 복원을 하지 않을 경우 단지 상기 법조항에 의해 부여되는 게시자에 대한 면책이 사라질 뿐이지 반드시 게시자에 대해 책임을 져야 하는 것은 아니다. 서비스제공자는 게시물을 삭제했다고 해도 민법 및 공정거래법 위반이 없는 이상 책임을 지지 않는다.

그렇다면 서비스제공자가 판단하기에 불법성이 명백한 경우에만 복원요청을 받아들이지 않겠지만 그렇지 않다면 서비스제공자는 게시자에 대한 면책을 얻기 위해 게시자의 게시물을 복원해줄 것이다. 결국 이 절차 역시 서비스제공자의 판단 하에 불법성이 명백하지 않은 경우에는 게시자의 권리를 보호하도록 하고 불법성이 명백한 경우에는 피해주장자의 권리를 보호하도록 하는 효율적인 절차라고 볼 수 있다.

위의 구조의 유사성을 살펴보자면 정보통신망법 제44조의2도 저작권법 제103조나 DMCA 제512조와 마찬가지로 법적 면책을 대가로 하여 서비스제공자가 타인의 권리를 침해하는 정보에 대해 그 정보의 권리침해성을 일일이 따져보지 않고 신속한 조치를 취하도록 하려는 제도라고 볼 수 있다.

나. 정보통신망법 제44조의2 제1항과 제2항의 해석

위에서 살펴보았듯이 전체적인 구조상 정보통신망법 제44조의2의 입법취지를 미국의 DMCA 제512조와 우리나라 저작권법 제103조에서 찾는 것에 큰 무리는 없는 것 같다. 그런데 정보통신망법 제44조의2는 위의 구조와는 차이가 있다. 대표적으로 위의 (2)에 해당하는 게시자의 복원권과 이에 따른 게시자에 대한 책임으로부터의 면책어 존재하지 않는다. 이외에도 정보통신망법 제44조의2는 필요적 면책이 아닌 임의적 면책을 부여한다는 점에서도 차이가 있는데 이에 대해서는 아래에서 다시 살펴보기로 한다.

이에 따라 이 장에서는 정보통신망법 제44조의2의 입법취지를 비교법적으로 유추해내지 않은 상황에서 법조항 자체에 대한 분석을 통해 해석해보고자 한다.

1) 두 가지 해석 방법: '침해된 경우' vs. '침해되었다고 주장하는 경우'

해당 조항을 자세히 살펴보면 다음과 같다.

① 정보통신망을 통해 일반에게 공개를 목적으로 제공된 정보로 사생활침해나 명예훼손 등 타인의 권리가 침해된 경우 그 침해를 받은 자는 해당 정보를 취급한 정보통신서비스제공자에게 침해사실을 소명해 그 정보의 삭제 또는 반박내용의 게재(이하 "삭제 등"이라 한다)를 요청할 수 있다.

② 정보통신서비스제공자는 제1항에 따른 해당 정보의 삭제 등을 요청받으면 지체 없이 삭제·임시조치 등의 필요한 조치를 하고 즉시 신청인 및 정보게재자에게 알려야 한다. 이 경우 정보통신서비스제공자는 필요한 조치를 한 사실을 해당 게시판에 공시하는 등의 방법으로 이용자가 알 수 있도록 해야 한다.

위에 대해서는 두 가지의 다른 해석이 있을 수 있다. 첫 번째 해석은 '타인의 권리가 침해되고' (and) '해당 정보의 삭제 등을 요청받으면' 포털이 삭제 및 임시조치를 해야 한다는 해석이다.

두 번째 해석은 위의 제1항의 '타인의 권리가 침해되고'라는 문구는 객관적으로 '권리침해'가 있어야 삭제 및 임시조치의무가 발생한다는 의미가 아니라 누군가 자신의 권리가 침해된다고 생각할 때 제2항상의 요청을 할 수 있고, 이 요청이 있으면 서비스제공자는 반드시 이에 대해 삭제 및 임시조치를 해야 한다는 주관적인 요건을 의미한다는 것이다. 즉, 타인의 권리를 실제로 침해하든 그렇지 않든 누군가 '해당 정보의 삭제 등을 요청받으면 지체 없이 필요한 조치를 해야 한다'는 것이다.

우리는 첫 번째 해석을 '객관주의적 해석'으로 두 번째 해석을 '주관주의적 해석'으로 명명할 수 있다.

44조의2 제1항과 제2항에 대한 다른 두 개의 해석	
객관주의적 해석	주관주의적 해석
'권리가 침해된 경우'	해당 요건 없음
'요청이 있는 경우	'요청이 있는 경우'

위 조항은 일견 객관주의적 해석을 따르는 것이 법문에 충실한 해석인 것처럼

보인다. 즉, 위의 법조항들은 '타인의 권리가 침해된 경우'에 삭제 및 임시조치의 의무를 부과하는 것처럼 보인다. 그리고 그렇다면 '타인의 권리가 침해된 경우'에만 삭제 및 임시조치 의무를 부과하는 것이므로 그 헌법적 정당성도 충분한 것처럼 보인다.

그러나 실제로 위의 법조항들의 실질적 효과는 주관주의적 해석과 부합한다. 즉, 정보통신서비스제공자가 객관적으로 타인의 권리의 침해가 없다고 할지라도 '삭제요청'이 있으면 반드시 삭제나 임시조치를 할 강력한 동기를 부여한다.

2) 객관주의적 해석의 비현실성

제44조의2 제1항 및 제2항은 '타인의 권리가 침해된 경우'에만 삭제 또는 임시차단조치의 의무가 있는 것처럼, 즉 객관주의적으로 읽힐 수도 있다. 그러나 삭제 및 임시조치를 해야 하는 시점이 문제다. "해당 정보의 삭제 등을 요청받으면 지체없이 삭제 및 임시조치를 해야 한다"라고 되어 있다. 해당 정보의 삭제 요청을 받는 시점은 타인의 권리침해 여부에 대한 어떠한 사법적 또는 행정적 판단이 없는 시점이다. 타인의 권리침해는 명예훼손, 초상권, 프라이버시권, 상표권, 저작권 등등 다양한 법률에 걸쳐 일어날 수 있는데 서비스제공자가 일일이 정확한 판단을 내릴 수는 없을 것이다. 왜냐하면 대부분의 권리침해 여부는 게시물 외적인 요소에 의해 결정되기 때문이다. 그렇다면 대부분의 서비스제공자는 되도록 안전하게 삭제요청이 있는 모든 게시물에 대해서 삭제 및 임시조치를 할 수밖에 없다.[25] 결국 서비스제공자는 합법적인 게시물마저도 삭제 및 임시차단할 것이다.

조금 더 자세히 살펴보자면, 제44조의2에 따르자면 주관적으로 피해를 주장하는 자가 서비스제공자에게 삭제를 요청하고 서비스제공자가 이를 거부했을 때, 피해를 주장하는 자가 추후에 게시자를 상대로 명예훼손 등의 소송을 벌여 게시물

---

25) 제44조의2가 의무조항이라면 위법상황을 피하기 위해, 제44조의2가 면책조항이라면 면책을 얻기 위해.

의 위법성을 법원 등을 통해 입증하면 게시자뿐만 아니라 서비스제공자도 위법을 저지른 것이 된다. 결국 서비스제공자는 게시물의 위법성에 대해 잘못 판단한 것만으로도 위법을 저지른 것으로 간주되는 것이다.

그렇다면 서비스제공자가 게시물의 불법성을 인지했는지에 관계없이 삭제요청의 거부에 대해 추후에 책임을 지는 위험을 감수하는 규범적 상황에 대해 서비스제공자들이 어떻게 반응하게 될지에 대해 생각해보자.

(1) 게시물이 불법임을 알고 있는 서비스제공자는 당연히 삭제요청이 있으면 곧바로 삭제나 임시조치를 하게 된다.

(2) 게시물이 불법인지 합법인지 모르는 서비스제공자 입장에서는 불법성에 대해 몰랐다고 할지라도 이를 몰랐다는 것이 항변이 되지 않으니 임시조치나 삭제를 할 수밖에 없다.

(3) 게시물이 합법이라고 생각하는 서비스제공자 역시 법원이나 방송통신심의위 등의 유권해석기관들이 서비스제공자의 견해와 다른 견해를 가질 위험을 감수해야 하며 이 위험을 감수할 하등의 이유가 없으므로 역시 삭제나 임시조치를 하게 된다.

결국 위의 (1), (2), (3)의 상황 모두에서 서비스제공자는 삭제나 임시조치를 하게 된다.

물론 이에 대한 반론으로 위의 (2)나 (3)과 같은 상황에서 서비스제공자들이 삭제나 임시조치를 하게 된다는 것은 단순히 서비스제공자들의 선택이지 법률이 강제하는 상황이 아니라는 주장도 가능하다. 실제로 합법인 줄 알고 한 행위가 나중에 사법기관에 의해 불법이라고 판단될 수 있는 위험 때문에 특정 행위를 하지 않았다고 하여 그와 같은 결과가 법률에 의해 강제된 것으로 치부되지는 않는다. 예를 들어 특정 물질이 마약으로 분류되는 줄 몰랐다고 해서 마약을 먹은 행위가 면책되는 것은 아니며, 바로 그러한 위험 때문에 모든 하얀색 분말을 회피한다고 하여 그 회피가 모두 법률에 의해 강제된 것으로 볼 수는 없다는 것이다. 하지만 위의 사례는 법의 무지가 항변이 되지 않는다는 일반적 법리를 확인하는 것뿐이다.

실제로 그 물질이 무엇인지 몰랐던 사람에게도 법적 책임을 지운다면 그 법 때문에 하얀색 분말을 모두 회피하는 행태는 그 법에 의해 강제된 것으로 보아야 한다. 서비스제공자는 법을 모르는 것이 아니라 게시물의 불법성을 판단할 만한 사실관계를 모르는 것이며 이러한 면에서 자신이 음용한 물질이 무엇인지를 모르는 사람과 마찬가지다.[26]

더욱 비슷한 예를 들자면, 택배회사가 배송 중인 물건에 대해 낯선 사람이 자신의 물건이라고 주장한다고 하여, 택배회사가 배송을 중단하지 않을 경우, 나중에 그 물건이 실제로 그 사람의 물건이라고 밝혀지면 택배회사에게 그 물건이 남의 것인 줄 몰랐다고 할지라도 법적 책임을 지우는 것과 비슷하다.

제44조의2 하에서 서비스제공자가 게시물이 불법이라는 인식이 없다고 할지라도 그리고 불법정보가 아니라는 선의의 믿음을 가지고 있었다고 할지라도 —피해자가 불법성을 증명하면 서비스제공자는 그 인식의 부재나 선의의 믿음을 책임에 대한 항변으로 제시할 수 없다는 것은 바로 무과실책임을 의미한다. 이러한 무과실책임제도 하에서는 서비스제공자가 책임을 지지 않기 위해 해당 게시물과의 관계를 단절하는 수밖에 없게 된다. 즉, 삭제나 임시조치를 할 수밖에 없게 된다는 것이다.

정리하자면, 제44조의2 제1항과 제2항이 (1) 피해주장자의 요청이 있고, (2) 권리침해가 있는 경우에만 삭제 및 임시조치의무를 부과한다는 '객관주의적 해석'

---

26) 바로 그러한 이유로 정보통신망법 제44조의2가 제정되기 전의 대법원 판결은 불법성의 인지를 정보서비스제공자의 책임의 요건으로 정하고 있다. 대법원 2003.06.27. 선고 2002다72194 손해배상(기). "온라인 서비스제공자인 인터넷상의 홈페이지 운영자가 자신이 관리하는 전자게시판에 타인의 명예를 훼손하는 내용이 게재된 것을 방치했을 때 명예훼손으로 인한 손해배상책임을 지게 하기 위해서는 그 운영자에게 그 게시물을 삭제할 의무가 있음에도 정당한 사유 없이 이를 이행하지 아니한 경우여야 하고, 그의 삭제의무가 있는지는 게시의 목적, 내용, 게시기간과 방법, 그로 인한 피해의 정도, 게시자와 피해자의 관계, 반론 또는 삭제 요구의 유무 등 게시에 관련한 쌍방의 대응태도, 당해 사이트의 성격 및 규모·영리 목적의 유무, 개방 정도, 운영자가 게시물의 내용을 알았거나 알 수 있었던 시점, 삭제의 기술적·경제적 난이도 등을 종합해 판단해야 할 것으로서, 특별한 사정이 없다면 단지 홈페이지 운영자가 제공하는 게시판에 다른 사람에 의해 제3자의 명예를 훼손하는 글이 게시되고 *그 운영자가 이를 알았거나 알 수 있었다는 사정만으로* 항상 운영자가 그 글을 즉시 삭제할 의무를 지게 된다고 할 수는 없다."

은 서비스제공자들이 당면하게 되는 현실과는 거리가 있다. 현행 제44조의2는 무과실책임을 부과하는 매우 특수한 규범상황을 전개하고 있기 때문에, 서비스제공자들이 권리침해 여부를 판단하지 않고 피해주장자의 요청이 있다는 이유만으로 삭제나 임시조치를 할 수밖에 없게 만든다. 위에서 밝혔듯이 서비스제공자들은 제44조의2의 구조 하에서는 무과실책임을 피하기 위해 게시물이 합법적임을 아는 상황에서도 삭제를 할 강력한 동기를 가지게 된다. 현재 법문의 구조상 합법적인 줄 알았다거나 불법임을 몰랐다는 것이 삭제나 임시조치를 하지 않은 것에 대한 항변이 되지 않기 때문이다.

3) 정보통신망법 제44조의3의 임시조치에 대한 편면적 면책

정보통신망법 제44조의2 제1항과 제2항이 부과하는 규범적 상황은 정보통신망법 제44조의3에 의해 더욱 고착화된다.

서비스제공자는 게시물의 게시를 방조함으로써 책임을 질 뿐 아니라 이용자의 게시물을 삭제함으로서도 책임을 질 수도 있다. 게시자에 대한 책임을 입증하기 위해서는 다음 두 가지 이론이 동원될 수 있다. (1) 우선 공정거래법상의 이론이 있을 수 있고,[27] (2) 민법상의 이론이 있을 수 있다.[28] 그리고 이와 같은 위법가능성은 이론적으로 서비스제공자들이 합법적인 게시물에 대해 삭제나 임시조치를 쉽게 하지 않도록 동기를 부여할 것이다. 그리고 이와 같이 서비스제공자에 대해 이용자의 게시물 삭제에 대해 법적 책임을 부과하는 법리들은 서비스제공자가 제44조의2 제2항상의 의무만을 염두에 두고 쉽게 삭제하려는 성향을 억제할 것이다.

---

27) 공정거래위원회는 2008. 7. 18. 5개 포털사업자의 약관이 불공정함을 지적하면서, 고객의 게시물을 구체적인 근거 없이 삭제할 수 있도록 한 조항은 불공정약관의 유형에 해당하므로 시정개선을 요구했다. 즉, 이용자는 함부로 자신의 글이 삭제당하지 않을 공정거래법상의 권리가 있다고 본 것이다.

28) 이용자와 정보통신서비스제공자 사이의 계약을 말하며 이용자의 게시물을 마음대로 지울 수 없다는 암묵적인 합의를 위반했다는 주장을 말한다. 물론 이 계약상의 의무는 약관을 통해 변경될 수 있으면 결국은 약관의 합법성을 다투는 공정거래법적 다툼으로 수렴된다.

그러나 제44조의3은 "정보통신서비스제공자는 자신이 운영 · 관리하는 정보
통신망에 유통되는 정보가 사생활침해 또는 명예훼손 등 타인의 권리를 침해한다
고 인정되면 임의로 임시조치를 할 수 있다"라고 되어 있어 정보통신서비스제공
자를 임시조치에 관한 한 완전히 면책시키고 있다.

	제44조의3	제44조의2 제1항 및 제2항
게시물내용에 대한 요건	"타인의 권리를 침해한다고 인정되면"	"타인의 권리가 침해된 경우"
요청요건	권리침해를 주장하는 자의 요청이 없더라도	권리침해를 주장하는 자의 요청이 있는 경우
법적 효과	임시로 차단할 수 있다	반드시 삭제 및 임시조치를 해야 한다
포털에 미치는 영향	공정거래법 또는 민법상의 제약으로부터 면제시켜 임시조치를 자유롭게 하도록 허용함	권리침해가 발견될 것에 대비해 모두 삭제 및 임시조치를 할 동기부여

즉, 서비스제공자는 피해를 주장하는 자가 있는 경우 임시조치를 이행하지 않으
면 위의 장에서 언급한 모든 책임을 질 위험을 감수하는 반면 임시조치를 이행할
경우에는 피해를 주장하는 자가 없다고 할지라도 아무런 책임을 지지 않게 되는
것이다.

이러한 상황에서 피해를 주장하는 자가 있다면 서비스제공자는 더욱더 임시조
치를 이행할 동기를 가지게 된다. '삭제'에 대해서는 이렇게 적극적인 면책조항이
없으므로 삭제는 다르게 볼 여지가 있지만 적어도 임시조치에 대해서는 서비스제
공자는 이를 시행하지 않음으로써 감수하는 위험은 매우 큰 반면 이를 시행함으로
써 감수하는 위험은 제로다. 이와 같은 법의 실질적 효과는 피해의 주장이 있으면
그 피해의 법적 사실적 타당성에 관계없이 임시조치를 하게 된다는 것이다. 결국
서비스제공자 입장에서는 자신이 합법적이라고 생각하는 게시물마저도 책임을
피하기 위해 삭제요청이 있으면 무조건 삭제나 임시조치를 하게 된다는 것이며
이는 '객관주의적 해석'이 아니라 '주관주의적 해석'과 부합한다.

4) 제44조의2 제4항의 임시조치

위에서 우리는 정보통신망법 제44조의2 제1항과 제2항이 서비스제공자들이 권리침해에 대한 주장만 있어도 '삭제 · 임시조치 등의 필요한 조치'를 할 강한 동기를 부여한다는 점을 살펴보았다. 여기서는 '임시조치'에 한정해 살펴볼 때 정보통신망법 제44조의2 제4항은 '임시조치'를 해야 할 더욱 강력한 동기를 부여한다는 점을 살펴보고자 한다.

	제44조의2 제1항 및 제2항	제44조의2 제4항
게시물내용에 대한 요건	"타인의 권리가 침해된 경우"	"권리의 침해 여부를 판단하기 어렵거나 이해당사자 간에 다툼이 예상되는 경우에는"(44조의2의 4항)
요청요건	권리침해를 주장하는 자의 요청이 있는 경우	권리침해를 주장하는 자의 요청이 있는 경우
법적 효과	반드시 삭제 및 임시조치를 해야 한다	"1항의 요청에도 불구하고 임시조치를 할 수 있다" → 실제 의미: "해야 한다."
포털에 미치는 영향	권리침해가 발견될 것에 대비해 모두 삭제 및 임시조치를 할 동기부여	

제44조의2의 제4항은 권리침해를 주장하는 자의 요청이 있을 때 "권리의 침해 여부를 판단하기 어렵거나 이해당사자 간에 다툼이 예상되는 경우에는 해당 정보에 대한 접근을 임시적으로 차단하는 조치(이하 임시조치)를 할 수 있다"고 되어 있다. 즉 "할 수 있다"라고 되어 있어 임시조치가 선택적인 것처럼 보이나 제44조의2 제1항 및 제2항과 하나의 맥락에서 해석해야 한다. 이 맥락은 제44조의2 제4항이 '제1항의 요청에도 불구하고'라는 문구에서 그 실마리를 찾을 수 있다.

다시 말하면 제44조의2 제1항과 제2항의 '삭제 · 임시조치 등의 필요한 조치'는 "타인의 권리가 침해된 경우"에 적용되고 제44조의 제4항의 '임시조치'는 "권리의 침해 여부를 판단하기 어렵거나 이해당사자 간에 다툼이 예상되는 경우"에 적용된다. 후자의 경우에 대해 "할 수 있다"라는 표현을 사용한 것은, 제44조의2는 전체적으로 서비스제공자가 피해주장에 대해 대응할 의무를 규정하고 있는데 후자의 경우에는 그 의무를 '임시조치'로써 충족할 수 있다는 의미인 것이다. 즉, 제44조의2 제4항은 특정한 상황에서 무언가를 해야 하는데 임시조치로써 그 요건을 충족할 수 있다는 것이지 아무것도 하지 않아도 된다는 의미는 아닌 것이다. 결국 제44조의2 제4항의 "할 수 있다"는 "해야 한다"는 의미다.

그렇다면 제44조의2 제4항은 "권리침해가 있고 요청이 있으면 '삭제 · 임시조치 등의 필요한 조치'를 해야 하지만 권리침해가 불분명하거나 당사자 간의 다툼이 예상되는 경우에는 요청이 있더라도 임시조치를 해야 한다"는 의미로 정리된다.

우리는 위에서 제44조의2 제1항과 제2항이 문구상으로는 '객관적 요건'으로 해석되지만 실질적으로는 '주관적 요건'으로 해석됨을 확인했다. 즉, 실제 권리침해가 있는 경우에만 서비스제공자의 대응의무가 발생하는 것처럼 보이지만 실제 권리침해가 없어도 침해의 주장만 있어도 서비스제공자의 대응의무가 발생하는 것임을 확인했다. 그런데 제44조의2 제4항은 "권리의 침해 여부를 판단하기 어렵거나 이해당사자 간에 다툼이 예상되는 경우"에는 반드시 '임시조치'를 해야 함을 정하고 있다.

그런데 '이해당사자 간에 다툼이 예상되는 경우'는 게시자와 피해주장자 사이에 의견대립이 있는 경우가 이에 해당할 것인데 피해주장자는 이미 제1항의 요청을 통해 견해를 표명했고 의견대립이 있는지 알아보려면 게시자의 견해를 물어보아야 할 것이다. 그러나 다음과 같은 이유로 게시자의 견해를 확인하는 것은 무의미한 것이고, 피해주장이 있는 모든 경우가 의견대립이 있는 것으로 보아야 하며 제44조의2 제4항은 피해주장이 있는 모든 경우에 임시조치를 의무화하고 있는 것으로 해석된다.

즉, 제44조의2 전체의 전반적인 취지는 게시물로부터 피해자를 보호하기 위해 서비스제공자가 관련 게시물을 초기에 억제하도록 하는 의무를 정하고 있는 것이며 그렇기 때문에 이 의무는 게시자들의 주관적인 견해에 무관하게 적용된다. 물론 종국적으로 분쟁을 해결하기 위해서는 게시자의 주관적인 견해도 중요해지겠지만, 초기에 피해확산을 방지하기 위한 조치를 취할 때의 '조치'는 게시자의 주관적인 견해를 청취하기 전의 조치를 의미하는 것이다. 이와 같은 입법취지에 비추어보았을 때 제44조의2 제4항이 '임시조치'를 의무화하는 조건으로서 게시자의 견해를 들어보고 게시자가 피해주장자와 견해를 달리 할 것을 요구하는 것은 의미가 없다.

게다가 실제로 게시자의 견해를 들어보도록 요구하는 것의 의미는 없다. '이해당사자 간에 다툼이 예상되는 경우'라 함은 양쪽의 견해가 일치하는 경우의 부정을 말하는 것이다. 그러므로 서비스제공자가 제44조의2 제4항의 임시조치 적용 여부를 판단하기 위해서는 양쪽의 견해가 일치하는가만을 확인하면 된다. 양쪽의 견해가 일치하는 경우는 (1) 양쪽이 모두 삭제에 동의하거나, (2) 양쪽이 모두 게시유지에 동의하는 두 가지가 있다. 그런데 여기서는 이미 피해주장자가 삭제를 요청했으므로 위에서 (2)의 가능성만을 염두에 둘 수밖에 없다. 그렇다면 게시자의 견해를 들어 견해의 대립을 확인해본다는 것은 게시자가 삭제에 동의하는가를 확인하는 의미가 될 뿐인데 게시자가 삭제에 동의한다고 해서 '이해당사자 간에 다툼'이 예상되지 않으므로 임시조치를 하지 않는다는 것은 모순적일 것이다.

결론적으로 '이해당사자 간에 다툼이 예상되는 경우'라 함은 피해주장자가 요청한 모든 경우를 말하며 제44조의2 제4항의 의미는 피해주장이 있는 모든 경우에 반드시 임시조치를 해야 한다는 의미가 된다.

또 '권리의 침해 여부를 판단하기 어려운 경우'의 의미도 마찬가지다. 제44조의2 제1항과 제2항이 '권리를 침해하는' 게시물에 대한 것이라면(객관적 요건으로서의 해석) 제4항의 '권리의 침해 여부를 판단하기 어려운 경우'라 함은 '권리를 침해하는 것이 부정되는 것'과 '권리를 침해하지 않는 것이 부정되는 것' 모두를 포함할 것이며 이 두 상황은 서로 배타적이지 않고 중복될 수 있다. 결국 ① 권리가 침해되는 것이 확실하지 않거나, ② 권리가 침해되지 않는 것이 확실하지 않는 한 반드시 임시조치를 해야 한다는 것이다. 위의 ②의 상황에서 임시조치를 하는 것은 그 자체로 의미가 있을 수 있으나 위의 ①의 경우에도 반드시 임시조치를 하도록 한다는 것은 결국 실제 피해가 없더라도 피해주장이 있는 경우에 반드시 임시조치를 해야 함을 의미한다.

결론적으로 제44조의2 제1항과 제2항은 법적으로는 권리침해가 있는 경우에만 삭제·임시조치 등의 필요한 조치를 요구하면서 실질적으로는 권리주장자의 요청이 있는 경우 사업자들이 관련 조치를 할 수밖에 없도록 하는 반면, 임시조치만을 다루는 제44조의2 제4항은 아예 법적으로 권리주장자의 요청만으로도 임시조치의무가 발생하게 된다.

혹자의 경우 이것마저도 관련 게시물에 의한 침해가 있는 것으로 나중에 판명된 경우에만 위법상황이 발생하는 것으로 해석되어야 한다고 주장할 수도 있다. 즉, 제44조의2 제1항상의 요청이라 함은 실제 침해가 있는 경우의 요청만을 말하는 것이며 그 요청이 있는 경우 '잘 모르겠다면' 임시조치를 하면 되며 최소한 임시조치는 해야 한다는 것이지 만약 침해가 없는 것이었다면 임시조치를 하지 않더라도 면책이 없어지지는 않는다는 것이다.

그러나 이에 대해서는 위에서 말했듯이 문제를 다시 논의하지 않을 수 없다. 즉, 법적으로는 실제 게시물이 위법한 경우에만 면책이 없어진다고 할지라도 사실적으로는 서비스제공자들이 게시물이 위법하지 않더라도 면책을 얻을 가능성을 보전하기 위해 무조건 임시조치를 하려 할 것이다.

5) 소결

위와 같은 주관주의적 해석은 정보통신망법 제44조의2의 입법취지를 저작권법 제103조 및 미국 DMCA 제512조에서 유추한다고 가정했을 경우와 일맥상통한다. 즉, 저작권법 및 DMCA 모두 위에서 밝혔듯이 서비스제공자들이 게시물 각각의 위법성을 일일이 판단하지 않고 많은 수의 게시물들을 양자의 동의 하에 차단하면서도 게시자가 복원요청을 하는 소수의 게시물들만을 보호 및 유지하도록 하는 제도다. 정보통신망법 제44조의2 역시 이 제도의 기본적인 틀을 따른다고 보았을 때 정보통신망법 제44조의2 제1항, 제2항, 제4항은 권리침해의 주장만 있어도 게시물에 임시조치를 해야 면책을 부여하는 의미로 해석하는 것이 타당하다.

다. 제44조의2 제6항의 효력 - 임의적 면책과 필요적 면책의 차이

정보통신망법 제44조의2를 위와 같이 해석한다면 이 조항은 임시조치를 서비스제공자들에게 절대적으로 의무화하는 것이 아니고 면책을 원할 경우에만 면책의 요건으로서 의무화하는 것이 되며, 그렇다면 서비스제공자는 법에 강제되어서 임시조치를 취하는 것이 아니라 법적 면책을 얻기 위해 자발적으로 임시조치를 취하는 것이 되면 헌법적 문제는 없어지는 것처럼 보인다.

그런데 정보통신망법 제44조의2가 DMCA 제512조와 결정적으로 다른 것은 전자는 임의적 면책조항인 반면 후자는 필요적 면책조항이라는 점이다.

정보통신망법 제44조의2 ⑥정보통신서비스제공자는 자신이 운영·관리하는 정보통신망에 유통되는 정보에 대해 제2항에 따른 필요한 조치를 하면 이로 인한 배상책임을 줄이거나 면제받을 수 있다.(편집자 강조)

DMCA 제512조(a)(1) A service provider <u>shall not be liable</u>… for infringement of copyright by reason of the storage at the direction of a user of material that resides on a system or network controlled or operated by or for the service provider, if the service provider—

(A) 〈중략〉

(B) 〈중략〉

(C) upon notification of claimed infringement as described in paragraph(3), responds expeditiously to remove, or disable access to, the material that is claimed to be infringing or to be the subject of infringing activity. 〈중략〉

(g) (4) Limitation on other liability. —A service provider's compliance with paragraph(2) [복원조치] <u>shall not subject the service provider to liability</u> for copyright infringement with respect to the material identified in the notice provided under subsection(c)(1)(C).

즉, 정보통신망법상의 임시조치제도를 서비스제공자가 시행한다고 하여 피해주장자에 대한 배상책임이 반드시 경감되거나 면제되는 것이 아니다. 실제로 헌재 우리나라의 서비스제공자가 제44조의2 제2항의 "해야 한다"를 따르고 있다면 그 동기는 절대로 제44조의2 제6항의 면책을 받기 위함이 아니다. 대부분의 서비스제공자들은 제44조의2 제1항과 제2항을 의무조항으로 이해하고 따르고 있다. 더욱이 최근의 김명재 판결[29]처럼 피해자의 삭제요청이 있기 전에도 삭제의무를 서비스제공자에게 부여하고 있는 현재의 법환경 하에서 제44조의2 제1항, 제2항, 제4항의 조치는 취하지 않으면 곧바로 서비스제공자가 책임을 지게 되는 의미를 가지게 되며 결국 이 조항들은 의무조항으로 작용한다.

라. 소결

정리하자면, 현재의 망법 제44조의2의 제1항과 제2항을 주관적인 '요청부 삭제 의무'가 아니라 객관적인 '권리침해정보 삭제 의무'로 새기려고 하여도 서비스제공자는 추후에 자신의 선의나 인식의 부재에 관계없이 불법게시물에 대해 방조책임을 지게 될 것을 두려워해 '요청부 삭제의무'로 새길 수밖에 없다. 또 망법 제44조의3은 서비스제공자가 자신이 불법정보로 판단만 한다면 그 정보에 대해 임시조치를 함으로써 발생하는 법적 책임으로부터 완전히 면책시킴으로써 더욱 더 서비스제공자가 위의 제44조의2 제1항과 제2항을 '요청만 있으면 최소한 임시조치'는 이행할 동기를 더욱 강화시킨다.

그리고 임시조치만을 따로 구분해 분석해볼 경우 제44조의2 제4항은 권리침해의 판단이 어려울 경우나 당사자 사이의 분쟁이 예상될 경우에는 최소한 임시조치를 해야 한다고 하고 있다.

망법 제44조의2 제6항이 면책조항을 두고 있어 마치 제44조의2 제1항, 제2항및 제4항이 정보통신서비스제공자가 반드시 시행해야 되는 제도가 아니라 면책의 혜택을 얻기 위해 시행을 선택할 수 있는 제도로 해석할 여지가 있기는 하나, 제44조의2 제6항이 외국의 notice-and-takedown 제도와는 달리 '임의적' 면책조항이며 정보통신서비스제공자들 대부분은 이에 대해 면책조항으로 이해하고 있

---

29) 대법원 2009.04.16. 선고 2008다53812 손해배상(기)등.

지 않다.

결국 제44조의2 제1항, 제2항, 제4항은 게시물의 객관적 합법성에 관계없이 누군가 주관적으로 피해를 주장하면 삭제는 하지 아니하더라도 최소한 임시조치는 해야 한다는 법조항들로 새겨진다.

3. 합법적인 게시글 삭제의 위헌성

가. 과잉금지원칙의 위반

임시조치가 정보통신서비스제공자에게 의무화된다는 것은 무슨 의미일까? 정보통신서비스제공자는 누군가 싫어하는 말은 임시조치기간 동안에는 억제해야 한다는 뜻이며 이는 서비스이용자에게는 '남이 싫어하는 말은 임시조치기간이 지난 후에 하라'는 뜻으로 새겨진다.

첫째, 이는 헌법 제37조 제2항의 요구하는 과잉금지원칙을 명백히 위반한다. 즉, 법의 취지는 타인의 권리를 침해하는 게시물을 단속해 타인의 권리를 보호하기 위한 것이지만 법은 실제로는 게시물이 실제로 타인의 권리를 침해하는지와는 무관하게 누군가의 요청만 있으면 반드시 해당 게시물을 임시조치 해야 할 의무를 부과하기 때문이다. 이는 결국 방법의 적정성과 법익의 비례성을 모두 위반하는 것이 된다.

둘째 임시조치기간 동안 표현물의 위법성에 관계없이 그 표현물의 발화가 연기되는 것은 헌법 제21조가 천명하는 허가제 및 검열금지원칙이 보호하고자 하는 가치를 훼손한다. 사실 표현의 자유에 대한 제한 중에서 검열과 허가가 특별히 금기시되는[30] 이유는 바로 표현물의 발화가 의무적인 사전제출 및 검토기간 동안 지연된다는 것도 포함한다. 모든 사람은 표현의 발화를 강행하고 그 표현의 위법성에 대한 종국적인 사법적 판단을 기다려볼 자유가 있으며 검열 및 허가제 금지원

---

30) 헌법 제21조 제2항.

칙은 최소한 이와 같은 자유를 보호하는 것이다.

그리고 이 자유는 다른 사인이 그 표현이나 위법이라고 주장하더라도 보호되어야 한다. 인터넷임시조치제도는 피해주장의 객관적 타당성과 관련 없이 타인이 피해주장을 하면 그 시점 이후로는 게시자가 이 게시물의 계속적인 게시를 강행하지 못하도록 한다.

뿐만 아니라 인터넷임시조치제도는 위의 검열적 요소를 우회할 물리적 통로마저도 허락하지 아니한다. 이용자는 모든 표현의 발화에 있어 제3자, 즉 정보통신서비스제공자의 설비에 의존하고 있기 때문에 서비스제공자의 임시조치를 수인할 수밖에 없기 때문이다. 인터넷 외의 사전검열제도 하에서는 발화자가 원한다면 사전제출을 하지 않고 발화하고 그 불위법행위에 대한 책임을 감수할 자유라도 있지만, 인터넷임시조치제도는 게시의 물리적 방법을 제3자인 정보통신서비스제공자가 통제하고 있기 때문에 그러한 자유도 허용되지 아니한다.

셋째 위 조항들은 포털업자들에 대한 그리고 인터넷을 통해 소통하는 자들에 대한 얼토당토않은 차별적 규제이기도 하다. 신문 방송 등의 어떠한 다른 매체도 누군가 나타나서 보도내용에 대해 피해를 단순히 '주장'만 했다고 해서 보도내용을 번복하거나 삭제해야 할 의무를 발생시키지 않는다. 방송국에서 드라마가 방영되고 있는 중에 누군가 나타나서 "저 드라마가 나의 저작권을 침해한다"라고 주장해서 곧바로 30일간 내려져야 한다고 생각해보라.

넷째 임시조치가 임시적이라고 해서 표현의 자유에 대한 침해가 없는 것은 아니다. 예를 들어 임시조치기간이 법이 허용한 30일이라고 하자(실제로 Daum은 법정 최대한인 30일을 임시조치기간으로 설정하고 있다). 상당수의 게시물들은 게시 후의 30일 안에 효용가치가 모두 소진되는 종류의 게시물일 수도 있다. 예를 들어 최신 보도내용에 대한 반론 등을 댓글을 통해 제기하는 경우 30일 동안 임시차단이 된다면 반론으로서의 역할이 무의미해질 수도 있는 것이다. 뿐만 아니라 임시조치는 반복적으로 취해질 수 있기 때문에 임시조치기간은 훨씬 더 늘어날 수도 있다.

Naver는 임시조치의 기간을 게시자가 복원을 요청할 때까지의 시점으로 정했다. 제44조의2가 의무조항으로 해석된다는 전제 하에 누군가 피해를 주장했다는 이유만으로 아무리 짧은 시간이라도 억제되어 게시자가 다시 게재를 요청해야만 그 게시물이 다시 게재된다는 것은 역시 위헌이 될 것이다. 이는 "남이 싫어하는 것은 두 번 말해야 한다"는 법과 다를 바가 없게 된다.

위와 같은 제도가 얼마나 쉽게 표현의 자유를 억제할 수 있는지 예를 들어보자. 예를 들어 A기업과 B기업이 모두 하나의 신제품을 최초로 개발했다고 주장한다고 하자. A기업은 B기업이 자신이 '업계 최초'라고 주장함으로써 A기업을 '업계 두 번째'로 만듦은 물론 A기업을 '거짓말쟁이'로 만들 수 있다. 이에 따라 A기업은 '명예훼손'을 주장하며 B기업의 관련게시물들을 임시조치기간 동안 차단시킬 수 있고 B기업은 A기업의 게시물에 대해서도 똑같이 할 수 있다. 결국은 A기업과 B기업의 게시물 모두 임시조치기간 동안에는 모두 차단되는 것이다.

나. 면책조항으로 해석될 가능성

물론 서비스제공자들이 임시조치를 자발적으로 면책을 얻기 위해 시행하는 것이라면 헌법적 평가는 달라진다. 그리고 제44조의2 제6항이 '임의적 면책'만을 서비스제공자에게 제공하고 '필요적 면책'을 제공하지 않았다고 하여 제44조의2 전체를 반드시 규제조항으로 해석해야 하는 것은 아니다. 제44조의2 제6항의 임의적 면책을 충분한 행위동기로 받아들이지 않는 것은 서비스제공자의 판단이기 때문이다.

그러나 현실적으로 이와 같은 '임의적 면책' 하에서는 사업자들이 자발적으로 위와 같은 임시조치제도를 이행하고 있다고 확신하기 어렵다. 실제로 사업자들의 사적인 이야기를 들어보면 면책을 받기 위한 것이 아니라 임시조치를 하지 않으면 방조책임을 지게 될 위험이 있기 때문에 의무감에 시행한다고 한다.

이와 같은 불확정성에 대해서는 제44조의2에 대한 헌법적 평가를 수행하는 기관이 이와 같은 위헌적 가능성을 차단하기 위한 판시를 내려야 한다. 즉, 헌법재판소는 제44조의2 제6항을 필요적 면책조항으로 해석하는 한정된 범위 내에서

제44조의2 제1항과 제2항은 합헌이라는 결정을 내릴 수 있다고 본다. 이와 같은 판시가 내려지면 Naver나 Daum과 같은 국내 대표 포털들은 제44조의2를 의무조항으로 보지 않을 것이고 '방조자로서의 무과실책임'을 회피하기 위해 합법적인 게시물마저 무차별 삭제하는 행태를 중단하게 될 것이다.

다. 복원조치의 부재

서비스제공자들이 제44조의2 제6항상의 면책을 얻기 위해 자발적으로 임시조치를 시행하고 있는 것으로 해석하더라도 위 장에서 밝힌 면책의 임의성과 별도로 면책이 편면적이라는 문제가 남아 있다. 피해주장자의 임시조치요청을 받아들였을 경우에 피해주장자로부터 면책된다는 내용만 있을 뿐 게시자가 복원을 요청할 경우 서비스제공자가 이 요청을 받아들였을 때에도 피해주장자로부터 면책된다는 내용이 없다. 즉, 미국 DMCA 제도상 아래 (c)(1)에 해당하는 내용만 있을 뿐 (g)(4)에 해당하는 내용이 없다.

> DMCA 제512조(c)(1) A service provider shall not be liable⋯ for infringement of copyright by reason of the storage at the direction of a user of material that resides on a system or network controlled or operated by or for the service provider, if the service provider—
>
> (A) 〈중략〉
>
> (B) 〈중략〉
>
> (C) upon notification of claimed infringement as described in paragraph(3), responds expeditiously to remove, or disable access to, the material that is claimed to be infringing or to be the subject of infringing activity. 〈중략〉
>
> (g)(4) Limitation on other liability. —A service provider's compliance with paragraph(2) [복원조치] shall not subject the service provider to liability for copyright infringement with respect to the material identified in the notice provided under subsection(c)(1)(C).

이와 같은 면책의 부재는 게시자와 피해주장자 사이의 균형을 피해주장자에게 훨씬 유리하게 만든다. 즉, 서비스제공자들은 피해주장자에 대한 면책이 차단 시에만 주어지고 복원시에 대해서는 주어지지 않으니 당연히 차단을 선호할 수밖에 없는 것이다. 인터넷상의 소통의 속도, 확산성 및 다중성 등을 고려해 침해의 주장만으로 우선 차단시키도록 하는 규칙은 반드시 게시자가 이의제기를 하면 역시 다시 복원해주는 규칙과 짝을 이뤄 시행해야 한다. 그렇지 않으면 권리주장자의 말만을 듣고 게시물이 일정한 기간 동안 무조건 억제가 되기 때문에 권리주장자와 게시자 사이의 균형이 맞지 않는다.

물론 정보통신망법 제44조의2가 서비스제공자가 복원할 가능성을 막는 것은 아니다.

> 정보통신서비스제공자는 제1항에 따른 정보의 삭제요청에도 불구하고 권리의 침해 여부를 판단하기 어렵거나 이해당사자 간에 다툼이 예상되는 경우에는 해당 정보에 대한 접근을 임시적으로 차단하는 조치(이하 '임시조치'라 한다)를 할 수 있다. 이 경우 임시조치의 기간은 30일 이내로 한다.

위에서 보다시피 임시조치의 기간은 '30일 이내'지 30일일 필요가 없다. Daum은 30일이 지난 후에 자동복구를 하고 Naver는 게시자가 이의제기를 하면 이를 곧바로 따르고 있다. 즉, Daum은 임시조치의 기간을 법이 허용하는 최대한인 30일로 늘여서 임시조치제도를 운용하고 있고, Naver는 '게시자가 이의제기를 할 때까지'로 임시조치의 기간을 정해 그 제도를 운용하고 있는 것이다. Daum과 같이 30일이라는 오랜 기간 동안 게시자의 요구에도 불구하고 게시자 측의 권리는 계속해서 억제된다. Naver는 임시조치의 기간을 게시자가 복원을 요청할 때까지의 시점으로 정했다. 이렇게 되면 DMCA와 CDA의 notice-and-takedown과 다를 바가 없어 보인다.

그러나 그렇다고 할지라도 위 조항들의 위헌성이 치유되지 않는 것으로 보인다. 우선 위에서 말했듯이 면책의 균형이 맞지 않는다. 서비스제공자에게 차단시의 면책만이 허용되고 복원시의 면책이 허용되지 않는다면 서비스제공자는 항상 차단을 선호할 수밖에 없게 된다.

4. 결론

정보통신망법 제44조의2 제1항과 제2항은 게시물이 '타인의 권리를 침해하고' 그 사람이 그 게시물의 삭제를 요청하면 정보통신서비스제공자는 반드시 이를 삭제 차단 등의 조치를 해야 한다고 한다. 즉, '침해'임이 인정되고 이에 대한 요청이 있으면 정보통신서비스제공자는 반드시 삭제를 해야 한다는 것이다.

위 조항이 타인의 권리를 실제로 침해하는 정보에 대해서만 삭제·차단의무를 발생시키는지 아니면 권리침해의 주장만 있어도 삭제·차단의무를 발생시키는 지에 대해서는 논란이 있을 수 있다.

하지만 전자의 해석을 따르더라도 법문의 구조상 서비스제공자는 '침해'임이 인정되지 않는 경우에도 삭제를 할 수밖에 없다. 서비스제공자는 침해를 인정하지 않더라도 추후에 법원 등의 유권해석기관에 의해 침해로 인정되면 서비스제공자는 제44조의2 제2항을 위반한 것으로 판단될 것이기 때문이다. 즉, 서비스제공자는 실질적으로는 요청만 있으면 삭제할 수밖에 없게 된다.

특히 제44조의2 제4항은 "제1항에 따른 정보의 삭제요청에도 불구하고 권리의 침해 여부를 판단하기 어렵거나 이해당사자 간에 다툼이 예상되는 경우"에는 삭제 대신 임시조치를 해야 한다고 되어 있다. 즉, 실제 침해가 없어도 침해가 없다고 확신할 수 없거나 이해당사자 간에 다툼이 예상되면 임시조치를 해야 하는 것이다.

물론 제44조의2 제4항의 어미가 "할 수 있다"로 되어 있어 임시조치가 선택적인 것처럼 되어 있으나 44조의2 제1항 및 제2항과 하나의 맥락에서 해석하자면 "제1항에 따른 요청이 있음에도 불구하고" 임시조치만으로 제1항 및 제2항의 의무를 충족시킬 수 있다는 의미로서, 즉 삭제는 안하더라도 최소한 임시조치는 해야 하는 것이다. 여기서 "임시조치를 할 수 있다"라는 것은 권리침해 여부를 확인하기 어려우니 "삭제 대신 임시조치를 할 수 있다"는 의미이지 "아무것도 하지 않아도 된다"는 뜻은 아닌 것이다.

혹자는 위의 임시조치를 하지 않은 것은 나중에 실제 침해가 있음이 밝혀진 콘텐츠에 대해서만 위법으로 판단된다고 주장할지 모른다. 하지만 위 조항의 입법취지상 실제 침해가 없다고 할지라도 '확인이 어렵거나 분쟁이 예상되는 경우'에는 무조건 임시조치를 해야 하는 의무를 부과하는 것으로 해석되는 것이 타당하다.

그렇지 않다고 하더라도 제1항과 제2항과 마찬가지로 서비스제공자는 제4항의 임시조치에 대해서도 사실적 강제 상태에 있다고 보아야 한다. 서비스제공자는 자신은 합법적이라고 판단하는 게시물이라고 할지라도 누군가의 삭제요청이 있을 때 임시조치를 하지 않으면 위법을 저지를 가능성이 있지만, 임시조치를 하면 위법을 저지를 가능성은 현저히 낮아지기 때문이다. 위와 같은 구조 하에서는 서비스제공자는 최소한 임시조치는 반드시 하게 된다.

물론 혹자는 제44조의2 제1항 및 제2항의 "해야 한다"는 문구도 제44조의2 제6항의 면책조항을 들어 서비스제공자의 의무조항이 아니라 서비스제공자가 면책을 받기 위해 선택적으로 취할 수 있는 조치를 정한 조항이라고 할 수 있다. 그러나 이는 임의적 면책조항으로서 실제 우리나라의 서비스제공자 누구도 제1항과 제2항의 "해야 한다"를 의무조항이 아닌 것으로 해석하는 사람은 없다.

결국 위 조항들의 총체적 효과는 "남이 싫어하는 게시물은 최소한의 일정기간 동안 억제되어 있어야 한다"는 것이다. 헌법은 '타인의 권리를 침해하는' 표현이 제약될 수 있다고 했지 누군가에 의해 '타인의 권리를 침해한다고 생각되는' 표현이 제약될 수 있다고 하지 않았다. 그러므로 위 조항들은 타인의 권리를 침해하지 않아 합법적인 게시물들을 일정기간 동안 억제하는 결과를 초래하므로 위헌이다.

물론 각 서비스제공자마다 임시조치의 기간을 다르게 정의하고 있고 이 기간은 매우 짧을 수도 있다. Daum의 경우 이 기간을 30일로 정한 반면, Naver는 이 기간을 게시자가 복구를 요청하는 시점까지로 정하고 있다. Daum 측의 임시조치제도는 게시자가 복구를 요청하면서 그 게시물의 합법성이나 비권리침해성을 입증해도 30일의 기간을 모두 채운다는 면에서 "남이 싫어하면 무조건 30일간 억제되어야 한다"는 제도로서 명백히 위헌적이라고 볼 수 있다. Naver의 제도는 전 세계에서 ISP책임규제로 이용되고 있는 Notice-and-takedown 제도와 다를 바가 없는 것처럼 보인다. 하지만 notice-and-takedown 역시 게시물의 객관적인 위법성에 관련 없이 소위 '피해자'의 주관적인 위법성 주장만으로도 아무리 짧은 순간이라도 일단 게시물이 내려진다는 점에서는 위헌적인 요소가 있기는 마찬가지다. 즉, "남이 싫어하면 무조건 한 번은 반복해서 말해야 한다"는 의미가 되기 때문이다. 이 위헌성을 피하기 위해 외국의 notice-and-takedown 제도는 모두 진정한 면책조항—즉 필요적 면책조항—으로 이루어져 있다. 우리나라의 제도는 임의적 면책조항으로서 어떤 서비스제공자들도 제44조의2 제1항, 제2항, 제4항 상의 의무를 의무가 아닌 선택으로 이해하고 있지 않다. 결국 아무리 짧은 기간이라도 게시물의 객관적 위법성에 관련 없이 게시물이 잠깐은 내려져 있어야 한다는 면에서 위헌성을 면할 수 없다.

5. 보론: 제18대 국회 정부개정안에 대한 평가

2009년 제18대 국회에서 방송통신위원회가 제44조의2의 의무를 위반하는 사업자에 대해 과태료를 부과하겠다고 하는 안을 제출했었는데 이는 제44조의2 전체를 잘못 해석한 것이다. 정보통신망법 제44조의2는 저작권법 제103조의 틀을 부분적으로 차용한 것이고, 우리나라의 저작권법 조항은 미국의 DMCA의 면책조항의 이념을 계수한 것으로 보아야 한다. 다시 말하면 정보통신망법 제44조의2는 제2항의 삭제조치를 하지 않는 사업자에 대해 민사책임이나 형사처벌을 가하기 위한 조항이 아니고 제2항의 조치를 따른다면, 추후에 '권리침해가 발생한 경우'로 판단된다고 할지라도 법적 책임이 면제된다는 의미를 가지게 된다.

위 개정안이 통과되었다면 제44조의2 제6항의 면책도 의미가 없어졌을 것이다. 임의적 면책이 의미가 없어지는 이유는 어떤 행위 X를 하지 않으면 과태료를 부과한다는 조항이 존재하는 한, X를 하면 면책혜택을 준다는 다른 조항이 존재한다고 해서 X를 시행할 사업자들의 의무가 없어지는 것이 아니기 때문이다.

결국 면책을 인센티브로 부여해 사업자들이 자발적으로 게시자와 피해주장자 사이의 중개자로 나서도록 한다는 제44조의2 전체의 입법취지가 탈각된다. 더욱 중요한 것은 제44조의2는 전 장에서 다루었듯이 합법적인 표현물에 대해 임시조치의무를 부과하는 것으로 인정되어 위헌이 되었을 것이다.

뿐만 아니라 제44조의2를 면책조항으로 본다면 서비스제공자가 제44조의2의 의무를 따르지 않는 것은 동조 제6항의 면책조항으로부터의 혜택을 포기한 것일 뿐 위법을 한 것은 아닌 것이다. 그럼에도 불구하고 과태료를 부과하는 것은 일대 법적 혼란을 야기했을 것이다.

11장
'인터넷 실명제'의 위헌성

정보통신망이용촉진및정보보호에관한법(이하, "정보통신망법")에 의하면, 이 법이 정하는 인터넷사업자는 자신의 게시판에 이용자가 댓글을 포함한 모든 종류의 콘텐츠를 올릴 때 반드시 이용자의 실명을 포함하여 이용자의 신원을 확인할 수 있는 정보를 이용자로부터 취득하여 보관하여야 한다.[1] 최근까지 시행령에 의하여 이 법이 적용되는 인터넷사업자는 일일평균이용자 수 30만 명 이상의 포털서비스업자, 20만 명 이상의 인터넷언론서비스업자 및 30만 명 이

---

* 이 글은 『헌법학연구』 제15권 제3호(2009)에 수록된 글을 수정·보완한 것이다. 또한 일부는 2008년 10월 1일 언론광장 월례토론회(프레스센터 19층) 발표문 및 2008년 11월 14일 IT정치학회(정보사회진흥원) 월례토론회 발표문, 2008년 12월 3일 국회 전병헌 의원 초청 사이버인권법 제정 세미나, 2009년 6월 19일 헌법학회 발표회에 포함된 바 있다. 그 후 2010. 7. 8. 헌법재판소에 참고인 의견서의 형태로 제출되었다. 헌법재판소는 2012. 8. 28. 위헌결정을 내린다. 헌법재판소 2012. 8. 28. 선고 2010헌마47, 252 결정(병합).

1) 정보통신망법 제44조의5 (게시판 이용자의 본인 확인) ① 다음 각 호의 어느 하나에 해당하는 자가 게시판을 설치·운영하려면 그 게시판 이용자의 본인 확인을 위한 방법 및 절차의 마련 등 대통령령으로 정하는 필요한 조치(이하 "본인확인조치"라 한다)를 하여야 한다. 1. 국가기관, 지방자치단체, 「공공기관의 운영에 관한 법률」 제5조 제3항에 따른 공기업·준정부기관 및 「지방공기업법」에 따른 지방공사·지방공단(이하 "공공기관 등"이라 한다) 2. 정보통신서비스 제공자로서 제공하는 정보통신서비스의 유형별 일일 평균 이용자 수가 10만 명 이상이면서 대통령령으로 정하는 기준에 해당되는 자 ② 방송통신위원회는 제1항 제2호에 따른 기준에 해당되는 정보통신서비스 제공자가 본인확인조치를 하지 아니하면 본인확인조치를 하도록 명령할 수 있다. ③ 정부는 제1항에 따른 본인 확인을 위하여 안전하고 신뢰할 수 있는 시스템을 개발하기 위한 시책을 마련하여야 한다. ④ 공공기관등 및 정보통신서비스 제공자가 선량한 관리자의 주의로써 제1항에 따른 본인확인조치를 한 경우에는 이용자의 명의가 제3자에 의하여 부정사용됨에 따라 발생한 손해에 대한 배상책임을 줄이거나 면제받을 수 있다. [전문개정 2008.6.13]

상의 UCC서비스업자들의 웹사이트로 한정되어 있었으나[2] 정부는 2009년 1월 위 법 시행령의 전부개정을 통하여 이 제도의 적용범위를 일일평균 사용자 10만 명 이상의 사이트로 확대하였으며[3] 결과적으로 하여 Daum, 네이버, 구글은 물론이고 오마이뉴스와 같은 인터넷 언론뿐만 아니라 싸이월드 등의 대부분의 영리 웹사이트가 이 법의 적용을 받게 되었다.[4] 이 의견서에서는 위와 같은 법조항을 헌법적으로 평가하고자 한다.

우선 국가행위의 헌법적 평가를 위해서는 해당 국가행위의 목적을 파악해야 한다. 현재 위 조항을 지지하는 사람들은 그 근거로서 인터넷에 수없이 올라오는 소위 '악성댓글' 또는 '악플' 및 실제로 게시물 자체가 법적 처벌대상에 이르는 명예 훼손, 저작권침해 등을 일으키는 경우들을 언급하고 있다. 위 조항은 '악성댓글' 및 법령 위반자의 색출 및 추적을 용이하게 하여 '악성댓글'의 게시자는 자신의 정체가 공개될 때 느끼게 될 수치심에 대한 공포 그리고 불법게시물 게시자는 자신의 정체가 공개될 때 당하게 될 법적 책임에 대한 공포를 느끼도록 하여 언어순화는 물론 법준수를 강화하겠다는 취지로 설명된다.[5]

1. 평가의 대상: 강제적 본인확인제

가. '본인확인제'

위와 같이 인터넷에 글이나 기타 콘텐츠를 올리려는 사람이 반드시 자신의

---

2) 정보통신망법 시행령 제30조 (정보통신서비스제공자 중 본인확인조치의무자의 범위) [일부개정 2008. 7.29. 대통령령 제20947호] [본문 생략]

3) 정보통신망법 시행령 제30조 (정보통신서비스 제공자 중 본인확인조치의무자의 범위 〈개정 2009.1.28〉) ① 법 제44조의5 제1항 제2호에서 "대통령령으로 정하는 기준에 해당되는 자"란 전년도 말 기준 직전 3개월간의 일일평균 이용자수가 10만 명 이상인 정보통신서비스 제공자를 말한다. 〈개정 2009.1.28〉 ② 방송통신위원회는 법 제44조의5에 따른 본인확인조치에 필요한 준비기간, 적용기간 및 제1항에 해당하는 자 등을 인터넷 홈페이지에 게시하는 방법으로 공시하여야 한다. 〈개정 2009.1.28〉

4) 기존의 37개 사이트에서 153개로 확대되었다는 기사. 〈http://www.kija.org/sub_read.html?uid=37&section=sc2〉

5) 상기 2008년 7월 31일 100분 토론 녹취록의 한나라당 진성호 의원, 정경오 변호사의 발언 참조.

신원을 확인할 수 있는 정보(예를 들어, 이름 또는 주민등록번호, 이하 '본인확인정보')를 표시하거나 제출하도록 하는 것을 넓게 "본인확인제"라고 정의한다면, 본인확인정보가 콘텐츠의 열람자들에게 그대로 보여지도록 표시되는 순수한 본인확인제와 달리 그 콘텐츠가 게시되는 정보통신서비스제공자에게게만 제공되는 제도는 "제한적 본인확인제"라고 부를 수 있다.[6] 그리고 현재 이와 같이 수집된 본인확인정보는, 경찰이나 검찰이 인터넷 상에서 수사대상 게시물을 발견하고, 그 게시자의 신원확인을 정보통신서비스제공자에게 요청하면 이를 요청한 수사기관에 전달되어 게시자의 신원확인을 하는 데에 사용된다. 2008년 한 해만 이와 같은 요청에 의한 정보제공은 119,280건에 이르렀으며[7] 이 수치는 같은 기간 동안 인터넷 뿐만 아니라 모든 분야에 걸쳐 대한민국의 모든 법원에서 발부한 압수수색 및 검증영장의 숫자인 100,328건에 맞먹는 것이다.[8]

여기서 헌법적으로 평가하려는 것은 위 정보통신망법 조항이 인터넷에 글을 게시하는 자의 신원이 확인될 수 있도록 본인확인정보를 그 글에 연계시키는 측면이다. 즉 위 법조항들의 '본인확인제'로서의 측면을 헌법적으로 평가하고자 하는 것이다.

아래에서 공직선거법 상에는 '선거운동기간에만', '후보를 지지 및 반대하는 글'을 게시할 때만 적용되는 실명인증제가 존재하며 이를 비교대상으로 삼을 것인데 이 제도 역시 '본인확인제'로서의 측면을 가지고 있다.[9] 공직선거법 상의 제도

---

6) 네이버측에서는 "제한적"이라는 수식어가 일일이용자 숫자가 특정 수준 이상인 서비스에만 적용되기 때문에 붙었다고 설명하고 있다. ⟨http://help.naver.com/service/svc_index.jsp?selected_nodeId =NODE0000000163⟩. 하지만 이렇게 설명되면 "개별 사업자가 제한적 본인확인제를 시행한다"라는 표현을 사용하기가 어색하다. 예를 들어, 모든 법과대학에 로스쿨 정원 배정이 되지 않았다고 하여 'OO대학교가 "제한적 로스쿨"을 시행하고 있다'고 말하는 것이 어색한 것과 마찬가지이다. 도리어 여기서 "제한적"이라는 말은 true anonymous(순수익명제)와 pseudo-anonymous(의사익명제) 사이의 간극과 비슷하게 본인추적가능성의 정도에 따라서 붙여진 수식어로 보는 것이 맞다. 같은 이유로 Daum측에서 "제한적"의 의미가 게시판서비스에만 본인확인의무가 적용되기 때문이라는 설명도 옳지 않은 것으로 보인다.
7) 방송통신위원회, "2008년 하반기 감청협조, 통신사실확인자료 및 통신자료제공 현황", p.8.
8) ⟨시사저널⟩ (1037호, 2009년 9월 2일자).
9) 공직선거법 (2008.2.29 법률 제8879호로 개정된 것) 제82조의6(인터넷언론사 게시판 및 대화방 등의 실명확인)
① 인터넷언론사는 선거운동기간 중 당해 인터넷홈페이지의 게시판 및 대화방 등에 정당 및 후보자에 대한 지지 및 반대의 글을 게시할 수 있도록 하는 경우에는 행정자치부장관… 이 제공하는 실명인

는 정보통신망법 상의 본인확인제와는 달리 '실명인증의무'를 부과하기는 하나, 실명이든 대체본인확인정보이든 역시 정보통신서비스 제공자에게 이용자에 대한 본인확인의무를 부과한다는 점에서는 다를 바가 없다. 특히 최근에는 공직선거법 상의 실명인증의무를 본인확인의무로 대체할 수 있게 되어 공직선거법 상의 제도를 '본인확인제'로 칭하는 것에 별 무리가 없다.

그럼에도 불구하고, 일반인들은 우리나라의 정보통신망법 상의 본인확인제를 '실명제'라는 더 넓은 용어로 지칭하고 있다. 일반인들의 용어사용법을 따라서 이 글에서도 정보통신망법 상의 강제적 제한적 본인확인제를 문맥에 따라 '실명제'라고 지칭하는 경우가 있을 것이다. 명칭을 그렇게 한다고 하여도 우리나라의 '실명제'는 제한적 본인확인제를 의미한다는 사실을 망각하지 않는 한 오해는 없을 것이다. 방송통신위원회 측 참고인이 공동집필한 연구보고서 역시 용어에 대한 다툼은 실익이 없음을 인정하고 있다.[10]

이와 비슷하게 제한적 본인확인제의 '본인확인의무' 역시 즉각적으로 본인확인정보가 수사기관에 제공되지는 않지만 추후에 수사기관에 제공될 목적으로 본인확인정보가 축적되는 것이므로 일반인들이 더욱 이해하기 쉬운 '신원공개의무'라는 용어로 대체되는 경우도 있을 것이다.

나. '강제적 본인확인제'

이 글이 다루고자 하는 것은 자발적 본인확인제가 아니라 '강제적 본인확인

중방법으로 실명을 확인받도록 하는 기술적 조치를 하여야 한다… 다만, 인터넷언론사가 〈정보통신망 이용촉진 및 정보보호 등에 대 관한 법률〉 제44조의5에 따른 본인확인조치를 한 경우에는 그 실명을 확인받도록 하는 기술적 조치를 한 것으로 본다. 〈중략〉

⑥ 인터넷언론사는 당해 인터넷홈페이지의 게시판 및 대화방 등에 "실명인증"의 표시가 없는 정당이나 후보자에 대한 지지 및 반대의 글이 게시된 경우에는 지체없이 이를 삭제하여야 한다.

⑦ 인터넷언론사는 정당 후보자 및 각급선거관리위원회가 제6항의 규정에 따른 글을 삭제하도록 요구하는 경우에는 지체없이 이를 따라야 한다.

제261조 (과태료의 부과및징수 등) ① 제82조의6(인터넷언론사 게시판 및 대화방 등의 실명확인) 제1항의 규정을 위반하여 기술적 조치를 하지 아니한 자는 1천만 원 이하의 과태료에 처한다.

10) 권헌영 외 6인, "인터넷게시판 정책현황 분석 및 실효성 확보방안", 한국인터넷진흥원 발주 한국전자정부 수탁 연구용역 보고서, 2009. 12., p.26.

제' 임을 분명히 해두고자 한다. 여러 웹사이트들이나 게시판들이 운영자들의 자발적인 선택에 의해 다양한 형태의 본인확인제를 운영할 수 있으며, 많은 인터넷이용자들이 역시 자발적인 선택에 의해 이들 웹사이트 및 게시판에 가입하여 실명이나 기타 본인을 확인할 수 있는 표지들을 공개하며 이용하고 있다. 또 정보통신망법 상의 제한적 본인확인제 실시의무가 적용되는 서비스제공자들 중에도 이 법적 의무와 관련 없이 제한적 본인확인제를 자발적으로 실시하는 경우도 있을 것이며, 이용자들 중에도 역시 많은 이들은 본인확인의무에 개의치 않는 사람도 있을 것이다.

이 글의 목표는 국가가 제한적 본인확인제를 상위 인터넷사업자들에게 의무화함으로써 이들의 서비스를 통해 타인들과 소통하고자 하는 인터넷이용자들에게 본인확인의무를 강제하고 있는 점을 헌법적으로 평가하고자 하는 것이다. 제한적 본인확인제가 상위 인터넷사업자들에게 의무화되는 한, 인터넷 이용자들이 상위 인터넷사업자들의 서비스를 통해 타인들과 익명으로 소통할 자유가 공권력에 의해 제한되며, 바로 여기서 헌법적 논점이 발생하는 것이다.

구글(Google)은 2009년 1월 구글의 대표적 게시판인 유튜브(Youtube)의 한국 페이지에 대한 게시 기능을 없애면서까지 본인확인제 적용을 거부하면서 '익명성이 웹의 정신'이라는 구호를 외쳤다. 그러나 위와 같은 구호 하에서는 이 제도에 대한 명쾌한 헌법적 평가를 하기 힘들다. 많은 카페나 웹사이트들이 이용자들 사이의 자발적인 약속에 따라 본인확인제로 운영되고 있고 이 사이트에서는 욕설이나 불법게시물이 많이 눈에 뜨이지 않는 것이 사실이기 때문이다. 즉 익명성이 보장되지 않은 사이트에서도 인터넷의 장점이 발휘될 수 있다. 그러나 우리나라 제한적 본인확인제의 문제는 익명성이 강제로 부과되기 때문에 문제이다. 금연이 몸에 좋다는 것과 금연을 강제하는 제도의 헌법적 평가는 다른 것이며 이 의견서의 주제는 후자이다.

주의할 것은 사람들이 자발적으로 어떠한 행위(예를 들어, 절주)를 할 수 있다고 하여 그 행위가 강제되는 것에 대한 헌법적인 논점이 없어지는 것은 아니라는 점이다. 또 다른 예를 들어 많은 사람들이 자발적으로 간통을 자제하고 결혼생활에 충실하고 있다는 사실과 그러한 생활을 강요하는 간통죄의 위헌성은 별개의 문제이다.

방송통신위원회는 미국의 모 언론이 운영하는 웹사이트가 자발적으로 실명제로 전환할 것을 고려한다는 기사를 제출하였는 바 이와 같은 기사는 '강제적 본인확인제'의 헌법적 평가와는 아무런 관련이 없다.

〈여론조사결과에 관하여〉

또 방송통신위원회는 제도 도입 이전 여론조사 결과에서 70~80%가 인터넷 실명제 도입에 찬성하였다고 밝히고 있다. 그러나 만약 여론조사의 설문 내용을 '강제적 실명제에 찬성하는가?' 또는 '주요 사이트는 모두 예외 없이 실명제로 운영하도록 강제하는 것에 대해 찬성하는가?' 또는 '익명으로 글을 남길 주요 사이트가 하나도 없도록 만드는 법에 찬성하는가?'라고 묻는다면 그 결과는 매우 달라질 것이다.

더욱 중요한 것은 국민들이 본인확인제를 선호한다는 주장과 본인확인제를 자신들에게 강제해야 한다는 주장은 서로 다른 것이다. 어떤 음식이 맛있다는 주장과 그 음식을 국가가 강제로 먹여도 된다는 주장의 헌법적인 평가는 완전히 다른 것이다.

다. 기본권주체= 인터넷이용자

제한적 본인확인제의 직접적인 수범대상은 정보통신서비스제공자들이지만 인터넷 이용자들도 많은 사람들이 볼 수 있는 웹사이트(예컨대, 일일 이용자수 10만 명 이상인 웹사이트)에 글이나 동영상을 올리려면 반드시 자신의 실명 및 주민번호를 정보통신서비스제공자들에게 그리고 궁극적으로는 검찰이나 경찰이 취득할 수 있도록 제공해야 한다는 의미에서 인터넷이용자들도 강제적, 제한적 본인확인제의 수범대상이라고 할 수 있다.

이 의견서에서는 강제적 본인확인제가 인터넷이용자의 기본권을 침해하는 측면만을 다룰 것이며 정보통신서비스제공자들의 기본권을 침해하는 측면은 다루지 않을 것이다.

한 가지 확실히 해둘 것은 정치적 기본권이 경제적 기본권에 앞선다는 이중기준의 원칙에11) 따라 본인확인제에 의한 기본권침해는 정보통신서비스제공자보다는 인터넷이용자에 대해 이루어질 경우 헌법적으로 더욱 금기시되어야 한다는 점이다.

2. 익명표현의 자유 침해

가. 익명표현의 자유는 판례로써 확립되어 있다

1) '공직선거법 실명제' 결정

헌법재판소는 "헌법 제21조에서 보장하고 있는 표현의 자유는, 전통적으로는 사상 또는 의견의 자유로운 표명(발표의 자유)과 그것을 전파한 자유(전달의 자유)를 의미하는 것으로서, 개인이 인간으로서의 존엄과 가치를 유지하고 행복을 추구하며 국민주권을 실현하는 데 필수불가결한 것이고, 종교의 자유, 양심의 자유, 학문과 예술의 자유 등의 정신적인 자유를 외부적으로 표현하는 자유이다 (헌법재판소 1989. 9. 4. 88헌마22, 판례집 1, 176, 188; 헌법재판소 1992. 11. 12. 89헌마88, 판례집 4, 739, 758-759). 이러한 '자유로운' 표명과 전파의 자유에는 자신의 신원을 누구에게도 밝히지 아니한 채 익명 또는 가명으로 자신의 사상이나 견해를 표명하고 전파할 익명표현의 자유도 그 보호영역에 포함된다고 할 것이다" 라고 판시한 바 있다.12)

또 위 결정의 소수의견은 이와 같은 익명표현의 자유의 타당성에 대해 다음과

---

11) United States v. Carolene Products, 304 U.S. 144(1938)의 각주 4를 보라.
12) 헌법재판소 2010. 2. 25. 선고 2008헌마324, 2009헌바31(병합) 공직선거법 제82조의6 제1항 등 위헌소원.

같이 판시하였다. "정치적 보복이나 차별의 두려움 없이 자신의 생각과 사상을 자유롭게 표출하고 전파하여 권력에 대한 비판을 가능하게 하며 이를 통해 정치적 약자나 소수자의 의사를 국가의 정책결정에 반영되도록 한다는 점에서 표현의 자유의 핵심에 해당한다."

2) 헌법재판소 판시의 비교법적 타당성

헌법재판소의 이와 같은 판시는 비교법적으로도 보편타당하다. 인류역사 속에서 익명권이 보장되어야 민주주의가 필요로 하는 진정한 토론이 보장된다는 논리 아래 익명권은 표현의 자유의 한 부분으로서 보호되어 왔다. 처음 미국 독립의 아이디어를 활자화한 Thomas Payne의 「Common Sense」는 영국정부의 탄압을 피해 An English Man이라는 익명으로 출간되었다.

미국의 독립 후에는 국가조직에 대한 토론을 위해 Alexander Hamilton을 비롯한 연방주의자들은 「Federalist Papers」를 Publius라는 익명으로 출간하였다. 이것은 정부의 감시의 눈을 피하기 위해서보다는 실명의 인지에서 발생하는 예단의 피해를 막기 위해서이다. 이와 비슷한 예로 '폭풍의 언덕'의 저자 에밀리 브론테는 여성작가들에 대한 편견 때문에 자신의 원고가 수차례 출판사에서 거부당하자 Acton Bell이라는 필명을 사용하여 간신히 출판에 성공하게 된다.

이외에도 시대의 편견과 권력의 감시를 피하여 자유로운 비평과 예술활동을 하기 위해 필명을 사용한 자들은 몰리에르, 볼테르, 졸라, 트로츠키, 조지 오웰 그리고 벤자민 프랭클린, 사드 백작, 오 헨리, 조르쥬 상드, 심지어는 아이작 뉴톤도 있다.[13]

이에 따라 미국에서는 미연방대법원이 1960년에 Talley v. California 판결[14]에서 기망적이거나 명예훼손적인 전단을 규제하기 위해 익명의 전단배포를 전면적으로 금지한 제도에 대하여 "신원확인과 보복의 두려움은 중요한 공적사안에 대한

---

13) http://www.compulsivereader.com/html/index.php?name=News&file=article&sid=1215
14) Talley v. California, 362 U.S. 60, 65 (1960).

완전히 합법적이고 평화로운 토론을 위축시킬 것이라는 문제 때문에 과거에 판결을 내린 바 있으며[15] 이 캘리포니아 법도 똑같은 문제가 있다며"[16] 위헌판정을 내렸다. 이 판결에서는 익명성이 표현의 자유에 포함되는가에 대해 명확히 판시하지는 않았었다.

연방대법원은 1995년에야 맥킨타이어(McIntyre v. Ohio)사건에서 선거홍보자료에 실명을 표기할 것을 의무화한 오하이오주 선거법을 위헌처분하면서 이때 익명권(right to anonymity)을 표현의 자유의 한 부분으로서 명확히 확립하였다.[17] McInytre 사건에서 오하이오주 선거법은 '특정 이슈의 채택이나 배제를 주장하기 위해 일반배포를 위한 간행물을 작성하는 자는 누구나 그 간행물의 잘 보이는 곳에 자신의 성명과 주소를 기입하여야 한다'라고 규율하였고,[18] 교육재정확충을 위한 새로운 세금제도에 대해 피고가 의견을 표명하기 위해 "관심 있는 부모들과 납세자들(concerned parents and tax payers)"의 명의로 홍보지를 만들어 배포하자 위 선거법 조항이 적용되는 것에 대해 대법원이 익명권을 침해한다며 위헌을 선언한 것이다.

흥미로운 것은 Talley 사건과 McIntyre 사건에서 미연방대법원이 익명권을 도출해낸 법원(法源)이다. 미연방대법원은 1959년의 NAACP v. Alabama 사건[19]과 80년대의 Brown v. Socialist Workers 사건에서[20] 이미 공권력이 인권단체 및 진보정당에게 구성원 명단을 요구한 것에 대해 위헌판단을 내린 적이

---

15) NAACP v. Alabama 357 U.S. 449(1958) 판결.

16) 영어원문. The reason for those holdings was that identification and fear of reprisal might deter perfectly peaceful discussions of public matters of importance. This broad Los Angeles ordinance is subject to the same infirmity.

17) McIntyre v. Ohio Campaign Commission, 514 U.S. 334, 115 S.Ct. 1511 (1995).

18) 영어원문. No person shall write, print, post, or distribute … any … form of general publication which is designed to … promote the adoption or defeat of any issue … unless there appears on such form of publication in a conspicuous place or is contained within said statement the name and residence … [of] the person who issues, makes, or is responsible therefore.

19) NAACP v. Patterson, 357 U.S. 449, 78 S.Ct. 1163(1958); NAACP v. Alabama, 360 U.S. 240, 79 S.Ct.1001 (1959)

20) Brown v. Socialist Workers '74 Campaign Commission (Ohio), 459 U.S. 87, 103 S.Ct. 416(1982) (사회주의노동자당이라는 군소단체에 대해서도 모든 당에 적용되는 정치자금 기부자 공개를 요구한 것은 위헌이라는 판결).

있었다. 특히 Alabama 사건에서는 주 법원이 피고당사자인 단체의 명단공개를 명령하였는데 이 명단공개 명령에 대해 연방대법원은 위헌이라고 선언하고 주법원이 다시 명령위반에 대해 법원모독(civil contempt) 과태료를 부과하자 과태료부과명령마저도 결사의 자유를 제약한다면서 위헌이라고 선언하였다. 법률이 일률적으로 공개를 의무화한 것이 아니라 재판진행에 필요하기 때문에 법원이 명단공개를 의무화한 것임에도 불구하고 위헌판정을 받았다는 점은 유의해볼 필요가 있다.

결국 McIntyre 판결과 Talley 판결을 위의 판결들과 비교해볼 때, 정당이나 단체의 이름을 그 정당이나 단체의 구성원들이 공동으로 사용하고 있는 '가명'의 역할을 하고 있다고 보는 전제에서 그 구성원 명단을 요구하는 것은 정당 및 단체의 이름의 뒤에 숨은 사람의 '실명'을 요구하는 것과 같다고 본 것이다. 그렇다면 전자가 이미 위헌 판정을 받았으므로 당연히 오하이오주 선거법이 '실명'을 요구하는 것 역시 위헌이라고 볼 수 있었던 것이다.

NAACP대 Alabama	McIntyre 판결과 Talley 판결
결사의 자유	표현의 자유
단체	가명 또는 익명
명단	실명

실명제가 60년대와 90년대에 각각 위헌판정을 받게 된 법리의 원천이 60년대 및 80년대의 인권단체들과 진보정당의 활동을 보호하기 위한 판례들이었다는 점은 익명권이 가지고 있는 민주주의와의 내밀한 관계를 다시금 시사한다.[21] 사실 외국의 예를 들먹이지 않아도 일제강점기와 군사독재정권 시절 탄압을 피해

---

21) 이외에도 미연방대법원이 익명권을 보호한 경우는 다음과 같다. Watchtower Bible & Tract Society of New York, Inc. v. Village of Stratton, 536 U.S. 150, 153 (2002) (가정방문을 통한 정치적 또는 종교적 내용의 익명의 홍보활동을 금지하는 법에 대하여 위헌 선언); Buckley v. American Constitutional Law Found., 525 U.S. 182, 200 (1999) (주민발의안 발의에 필요한 주민서명을 받기 위해 돌아다니는 활동가들이 반드시 신원확인용 배지를 달도록 의무화한 법에 대해 위헌 선언);

독립과 자유를 주장한 수많은 익명의 글들을 보라. "편집부"라는 이름으로 발간된 수많은 책들이 떠오른다. 사실 표현의 자유가 핵심적으로 보호하려는 것은 권력자나 다수로부터 핍박받는 표현이지 누구에게나 사랑받는 표현이 아닐 것이다. 그렇다면 익명은 시대의 편견이나 권력자의 탄압을 피하기 위해 동원되는 것일진대 익명으로 말할 자유는 표현의 자유라는 규범이 보호해야 할 대상 중에서 가장 핵심적이고 가장 가치 있는 것이 아닐지 감히 생각해본다.

그리고 이어서 1996년 ACLU v. Miller 사건에서 연방지방법원은 조지아 주 의회가 인터넷 상에서 자신의 신원을 잘못(falsely) 표시하는 것을 금지하는 법에 대하여 McIntyre 판결을 인용하며 위헌결정을 내렸다.[22]

실제로 다른 나라들에서도 본인확인제 (real name registration) 도입을 시도하였으나 필자의 조사에 의하면 제대로 도입한 주요 국가는 없는 것으로 보인다. 중국도 논의만 있었을 뿐 아직 도입하지 않은 상황이다. 프랑스는 2000년도에 인터넷 상의 익명권을 확정한 법률(The Law on the Freedom of Communication of September 30, 1986, as amended on June 16, 2000)을 제정하였다.[23]

3) 익명권의 내재적 제한

(1) '불법성'이 명백한 표현물의 익명성은 보장되지 아니한다

우리는 표현의 자유 보호의 한계를 헌법 제21조 제4항의 다음과 같은 명령에서 찾는다.[24] 즉 '언론 출판은 타인의 명예나 권리 또는 공중도덕이나 사회윤리를

---

22) ACLU v. Miller, 977 F. Supp.1228 (N.D. GA) (1997)
23) Caroline Goemans, "Anonymity on the Internet: concept and legal aspects", Workshop APES, April 19, 2001. 〈www.law.kuleuven.be/icri/documents/58anonymity.ppt〉 2009년 6월 19일 방문. 이 법의 art. 43-6-4.II는 인터넷콘텐츠를 익명으로 접속할 권리를 확인하고 있음.
24) 대한민국헌법 제21조 ① 모든 국민은 언론 · 출판의 자유와 집회 · 결사의 자유를 가진다.
　② 언론 · 출판에 대한 허가나 검열과 집회 · 결사에 대한 허가는 인정되지 아니한다.
　③ 통신 · 방송의 시설기준과 신문의 기능을 보장하기 위하여 필요한 사항은 법률로 정한다.
　④ 언론 · 출판은 타인의 명예나 권리 또는 공중도덕이나 사회윤리를 침해하여서는 아니 된다. 언론 · 출판이 타인의 명예나 권리를 침해한 때에는 피해자는 이에 대한 피해의 배상을 청구할

침해하여서는 아니 된다'는 것이다. 익명권 역시 타인의 권리 또는 공중도덕이나 사회윤리를 침해하는 경우에는 제한될 수 있다.

외국에서도 익명권에 대한 제한이 없는 것은 아니다. 첫째 저작권침해, 명예훼손, 음란물 등과 같이 표현의 발화자를 확정하지 않고도 이미 위법성이 명백한 경우에 이 표현의 발화자를 확인하기 위해 인터넷서비스 제공자에 대해 문서제출명령을 신청한 것에 대해 DC지구연방항소법원은 인용결정을 내렸다.[25] 하지만 이것은 표현물의 발화 자체를 익명으로 한 것에 대해 문제 삼은 것이 아니라, 이미 다른 이유로 불법임이 확인된 표현물에 대한 사법절차의 한 부분으로 이루어진 것이다.

(2) 표현이 아닌 행위에 대해서는 불법성이 명백하지 않더라도 익명성은 제한될 수 있다

둘째 표현-행위 이분법 하에서 행위를 동반하는 표현은 그 익명성이 제약될 수 있는 것으로 보인다. 독일과 미국의 몇몇 주에서는 오래 전부터 복면착용금지법을 제정하여 Ku Klax Klan가 같이 과격한 인종주의 단체들이 공공장소에서 자신들의 인종혐오를 표명하는 것을 통제하기 위해 가면 등을 쓰는 행위를 금지하여 왔다.[26]

수 있다.(강조는 필자)

25) Verizon Internet Services, Inc., Subpoena Enforcement Matter, 240 F.Supp.2d 24 (D.D.C. 2003); *In re* Verizon Internet Services, Inc., Subpoena Enforcement Matter, 257 F.Supp.2d 244, 2003 WL 1946489 (D.D.C. Apr. 24, 2003)

26) Hernandez v. Superintendent, 800 F. Supp.1344 (E.D. Va. 1992); State v. Miller, 398 S.E.2d 547, 549 (Ga. 1990); 독일연방법에 대해서는 필자가 독일어에 무지한 관계로 인용을 할 수가 없어 관련조항의 전문과 번역문을 게재한다. Gesetz über Versammlungen und Aufzüge (Versammlungsgesetz) VersammlG Ausfertigungsdatum: 24.07.1953 Vollzitat: "Versammlungsgesetz in der Fassung der Bekanntmachung vom 15. November 1978 (BGBl. I S. 1789), zuletzt geändert durch Artikel 1 des Gesetzes vom 24. März 2005 (BGBl. I S.969)" § 17a ⋯ (2) Es ist auch verboten, 1.an derartigen Veranstaltungen in einer Aufmachung, die geeignet und den Umständen nach darauf gerichtet ist, die Feststellung der Identität zu verhindern, teilzunehmen oder den Weg zu derartigen Veranstaltungen in einer solchen Aufmachung zurückzulegen(위와 같은 행사에 신원을 확인하는 것을 방해하는 데 적합하고 또 상황에 따라 그와 같은 용도로 사용될 수 있는 복장을 한 채 참여하거나 위와 같은 행사장으로 가는 길을 그와 같은 복장을 한 채 가는 것은 금지된다). 2.bei derartigen Veranstaltungen oder auf dem Weg dorthin Gegenstände mit sich zu führen,

그러나 이와 같은 행위는 익명권의 행사와는 다르다. 과격한 인종주의 단체들이 공공장소에서 시위나 행진을 할 때는 이들의 시위나 행진 자체가 공공의 심리적 안정에 위협이 될 수 있으며 이들이 자신의 정체를 숨길 때 더욱 용이하게 폭력들을 행사할 수 있다는 인식 때문에 이와 같은 위협은 더욱 심대해진다. 즉 마스크를 쓰고 밖에 나오는 자체가 '싸움을 거는 말(fighting words)'과 비슷한 행위이며 바로 그 공공장소에 나와 있는 시민은 폭력의 피해자가 될 수 있기 때문에 익명성이 제약될 수 있는 것이지, 타인에게 그 자체로 어떤 물리적 심리적 영향을 주지 않고 타인의 설득을 통해서만 어떠한 효과를 기대할 수 있는 표현을 익명으로 발화하는 것과는 차원이 다르다.

미국에서 인터넷 상의 익명권에 대한 제한을 주장하는 학자들도 대부분 인터넷의 게시물 보다는 익명의 스팸메일과 같이 개인의 영역을 침범하는 '행위'에 대한 우려 때문에 이와 같은 견해를 표명하였던 것이다.[27] McIntyre 판결은 도리어 이들 학자들의 견해 표명 이후에 나와 익명권이 절대적으로 보호되어야 할 표현의 자유의 한 부분임을 명확히 하였다.

McIntyre 판결 이후의 문헌조사에서도 가장 보수적인 입장은 실명의 공개는 사법부가 불법의 개연성을 영장 등의 문서를 통해 인정한 표현물에 대해서만 이루어질 수 있다는 것이었으며,[28] 이는 위에서 언급한 익명성의 첫 번째 내재적 한계에 부합하는 입장이다.

정리하자면, 사실 위의 내용은 익명권은 표현의 자유의 일부분이라는 명제에서 그대로 도출된다고 볼 수 있다. 즉 표현이 아닌 행위에 대해서는 익명성은 공익적인 목적으로 당연히 제한될 수 있는 것이다. 물론 이에 대해서도 복면금지법처

---

die geeignet und den Umständen nach dazu bestimmt sind, die Feststellung der Identität zu verhindern(위와 같은 행사에서 또는 그 행사에 참여하러 가는 도상에서 신원의 확인을 방해하는 데 적합하고 또 상황에 따라 그러한 용도로 사용될 수 있는 물건을 소지하는 것은 금지된다)(번역-정태호, 경희대학교 법과대학).

27) Noah Levine, "Establishing Legal Accountability for Anonymous Communication in Cyberspace", 96 Colum. Law. Review. 1526 (1996); Trotter Hardy, "The Proper Legal Regime for 'Cyberspace'", 55 U. PITT. L. REV. 993, 1051 (1994)

28) George du Pont, "The Criminalization of True Anonymity in Cyberspace", 7 Mich. Telecomm. Tech. L. Rev.191(2001).

럼 일괄적으로 익명성이 제한될 수 있는 것인지 아니면 영장 등이나 범죄발생의 개연성(probable cause) 등의 요건의 충족을 통해서면 익명성이 제한될 수 있는 가는 별론이며 이에 대해서는 아래 '사생활의 자유' 침해의 장에서 다룬다.

4) 소결

익명표현의 자유는 탄압이나 편견을 피해 자유롭게 견해를 표명하기 위해 필수적인 것으로서 국내외적으로 헌법적 중요성을 인정받고 있으며 권력에 대한 비판을 가능하게 한다는 면에서 민주주의와 불가분의 관계를 맺고 있다. 익명표현의 자유도 일반적인 표현의 자유의 한계에 의해 제한될 수 있어 불법성이 확인되거나 농후한 표현물에 대해서는 익명이 제한될 수 있다.

나. 판례에 비추어본 이 사건 본인확인제의 위헌성

1) 헌법재판소의 공직선거법 결정과의 비교

헌법재판소는 위의 공직선거법 실명제 결정에서 '선거운동기간'에만 적용되며 '후보를 지지 및 반대하는 게시물'에만 적용되어 익명표현의 자유를 과잉하게 침해하지 않는다며 합헌판정을 내렸다.

그런데 정보통신망법 상의 본인확인제는 '1년 365일 24시간' 계속 적용되며 '모든 내용의 글'에 적용된다는 점에서 익명표현의 자유를 과도하게 침해한다. 공직선거법 상의 '선거운동기간'은 길어야 21일을 넘지 않으며 '후보를 지지 및 반대하는 게시물'이라 함은 선거관리위원회에 의하여 엄격하게 해석된다는 사실을 감안할 때 정보통신망법 상의 본인확인제는 질적으로 다른 것이다.

더욱이 정보통신망법 상의 본인확인제는 항시 그리고 모든 글에 적용된다는 의미에서 더 이상 과잉하게 침해할 방법이 없을 정도로 익명권을 심각하게 침해한다. '익명표현의 자유'가 표현의 자유의 보호범위에 포함된다는 헌법재판소의 선언이 일말의 의미라도 가지기 위해서는 '최대규제(the most restrictive means)'에 해당하는 정보통신망법 상의 본인확인제에 대해서는 반드시 위헌판정이 내려져야 한다.

실명과 주민등록번호를 본인확인정보로 요구하지 않는다거나 그와 같은 본인확인정보를 화면상에 표시할 것을 요구하지 않는다고 하여 침해의 정도가 경감되는 것은 아니다. 왜냐하면 헌법재판소의 '공직선거법실명제' 결정이나 미국의 McIntyre 판결 등이 익명성의 중요성의 근거로서 제시한 것은 보복으로부터 자유로운 의사표현의 자유이기 때문이다. 그러므로 정보통신망법상의 본인확인정보가 실명이나 주민등록번호가 아닌 iPIN이라고 할지라도 게시자의 신원이 추적될 수 있는 매개로서 기능하는 이상 그리고 그와 같은 매개정보가 보복의 주체에게 간접적으로라도 전달되는 한 본인확인제의 헌법적 본질이 달라지는 것은 없다.

또 일일이용자 10만 명 이상의 게시판에만 적용되기는 하나 이들 게시판들은 대부분 공직선거법 상의 '인터넷언론'을 포함하는 것으로서[29] 이와 같은 숫적인 제한이 침해의 정도를 위 결정례 이하의 것으로 감경하지는 않는다.

정리하자면, '공직선거법실명제' 결정에 비추어보자면 정보통신망법상의 본인확인제는 항시적으로 모든 글에 대해 적용되어 논리적으로 제정 가능한 최대한의 규제이며 이와 같은 규제에 대해 위헌결정이 내려지지 않는다면 위 결정에서의 '익명표현의 자유' 선언은 아무런 의미가 없을 것이다.

2) McIntyre 판결과의 비교

McIntyre 판결에서 다루어진 법률규정의 입법목적은 사기(fraud), 명예훼손(libel) 또는 잘못된 광고(false advertising)를 포함하고 있는 선거문건을 배포하는 사람의 신원을 확인하기(identify) 위한 것이었다.

연방대법원은 심판대상이 된 오하이오주 법률규정을 위헌선언하면서, 다음과 같은 요지의 판시를 하게 된다.

---

29) 2010년 6월 현재 본인확인제가 적용되는 모든 사이트들의 리스트는 아래와 같다. ⟨http://www.kcc.go.kr/user.do?mode=view&page=P05030000&dc=K05030000&boardId=1042&cp=1&ctx=ALL&searchKey=ALL&searchVal=%eb%b3%b8%ec%9d%b8%ed%99%95%ec%9d%b8%ec%a0%9c&boardSeq=28276⟩

첫째, 익명으로 출판할 자유(freedom to publish anonymously)는 수정헌법 제1조에 의해 보호를 받으며, 익명 또는 필명출판이 오랫동안 시행되어 왔던 문학영역 뿐만 아니라 정치적 문제의 의견표명도 이 보호범위에 포함된다. "[정치적 의사표현에 있어서의 익명성의] 전통은 보복의 두려움 없이 자신의 양심에 따라 투표할 수 있다는 어렵게 쟁취한 비밀투표의 권리가 아마 가장 좋은 예일 것이다."[30] 사실 이전의 Talley 판결에서는 익명권은 간접적으로 언급만 되었을 뿐 주로 실명표시제의 사전검열성에 초점이 맞추어져 있었다.

둘째, 당해 오하이오주 법률규정은 핵심적인 정치적 의사표현(core political speech)의 내용(content)에 대한 규제에 해당하기 때문에, 이러한 규제에는 엄격심사가 적용되고, 따라서 국가의 이익을 달성하기 위해 엄밀하게 설계된(narrowly tailored) 경우에만 그 합헌성이 인정된다. 연방대법원은 저자의 이름도 저자가 표현물 내에 포함할 수도 있고 배제할 수도 있는 표현물의 내용에 포함된다면서, 익명성을 제한하는 규제는 내용규제(content regulation)에 해당되어 엄격한 심사를 받아야 한다고 하였다.[31] 익명성제한이 어떻게 헌법적으로 평가되어야 하는가를 확립한 것이다.

셋째, 연방대법원은 위와 같은 엄격심사를 해본 결과, (가) 사기성이 있거나 혹은 명예훼손적인 표현을 방지하려는 오하이오주의 이익 그리고 (나) 유권자에게 관련 정보가 최대한 신뢰성을 갖추어 제공되도록 하려는 오하이오주의 이익은 실명공개를 요구하고 익명표현을 금지하는 당해 법률규정을 정당화할 만큼 충분하지 못하다고 보고 있다.

연방대법원은 우선 (가)에 대해서는, 위 규제가 입법목적과는 어긋나게 모든 선거홍보물에 적용된다면서 "왜 잘못을 저지른 사람들 중에서 그 잘못을 은폐하기 위해 가명을 쓴 사람을 규제하는 것보다 모든 익명의 저자들을 규제하는 것이 더 용이한 방법인지 설명이 되지 않았다"라고 판시하였다. 즉 우선 불법적인 선거홍보물을 포착한 후에 그 저자들을 찾아서 가명사용에 대해 처벌을 할 수도 있는데 왜 처음부터 모든

---

30) 영어원문. This tradition is perhaps best exemplified by the secret ballot, the hard-won right to vote one's conscience without fear of retaliation.
31) McIntyre v. Ohio Campaign Commission, 514 U.S. 334, p.346.

가명의 사용을 금지하는가를 묻는 것이다. 이는 과잉금지의 원칙에 있어서 침해의 최소성과 법익의 비례성의 결여에 대응된다고 하겠다.

그리고 (나)에 대해서는 연방대법원은 "보통사람을 과소평가하지 마라. 사람들은 익명문서의 '출처'를 평가할 줄 안다. 익명은 익명으로 보고 익명으로서 이해한다. 문서의 내용을 익명성과 함께 음미할 것이다. 문서를 읽을 수 있도록 허용만 해준다면 말이다. 그렇게 한 후 무엇이 '책임'이고 무엇이 가치 있고 무엇이 진실인지를 판단할지는 그들의 몫이다"라고[32] 한 주법원판결을 인용하며[33] 실명을 의무화함으로써 내용의 신뢰성이 높아지기 어렵거나 높아지더라도 실명의무화를 정당화할 만큼 높아지지 않는다고 보았다. 과잉금지의 원칙에 비하자면 법익의 비례성이 결여된 것이다.

이에 대해 Thomas 대법관과 Rehnquist 대법관이 반대의견을 내지만 주로 실증주의적인 입장에서 '익명권'이 미국법제사에서 근거를 찾을 수 없다는 내용과 선거토론의 질을 높이기 위해서는 필요하다는 입장을 제시하였다.

* * *

비교해보건대 위의 법은 선거홍보물에만 적용되므로 '핵심적인 정치적 의사표현'에만 적용되고 정보통신망법상의 본인확인제는 모든 글에 적용되므로 '핵심적인 정치적 의사표현'을 이미 포함하는 것이 된다. 그러므로 역시 엄격심사가 적용되어 엄밀하게 설계된 경우에만 합헌성이 인정될 것이다. 그런데 McIntyre 판결에서는 익명권제한의 목적이 선거가 명예훼손이나 기망 등으로 혼탁해질 위험을 피하려는 것이었다면 정보통신망법상의 본인확인제의 목적은 그러한 중요한 입법목적을 가지고 있지는 않다. 즉 사익(익명권)의 침해와 공익(익명권제한의 목적)의 성취 사이의 형량을 해볼 때 McIntyre 판결에서의 공익의 성취는 이 사건에

---

32) 위 McIntyre 판결의 각주 11번. Don't underestimate the common man. People are intelligent enough to evaluate the source of an anonymous writing. They can see it is anonymous. They know it is anonymous. They can evaluate its anonymity along with its message, as long as they are permitted, as they must be, to read that message. And then, once they have done so, it is for them to decide what is 'responsible', what is valuable, and what is truth.

33) New York v. Duryea, 351 N.Y.S. 2d 978, 996 (1974).

서의 공익의 성취에서보다 풍성하였음에도 불구하고 사익의 침해가 위헌적이라고 한 이상 이 사건에서의 사익의 침해 역시 위헌적이라고 보아야 할 것이다.

뿐만 아니라 정보통신망법상의 본인확인제 역시 명예훼손이나 타인에 대한 권리침해가 목적이라면 우선 그와 같은 불법정보를 단속한 연후에 그와 같은 정보를 익명으로 배포하는 행위에 대해 별도로 처벌하는 방식을 취할 수도 있는 것을 사전에 모든 익명배포를 금지하는 것은 침해의 최소성에 어긋난다.

방송통신위원회는 McIntyre 판결은 실명표시제이고 이 사건은 그와 달리 본인확인제임을 강조하지만, 위에서 살펴보았듯이 실명이 표시되는가는 본인확인제의 헌법적 평가에서 전혀 중요하지 않다. 익명권이 중요한 것은 보복의 두려움으로부터의 자유이며 이 자유는 실명이 표시되지 않더라도 본인의 신원이 확인될 수 있는 정보가 제3자에게 공개되면 훼손되는 것이다.

3) Miller 판결과의 비교

가장 이 사건과 비슷한 것은 ACLU v. Miller 판결이다. 이 판결에서 위헌판정받은 법은 인터넷 상에서 '자신의 신원을 잘못(falsely) 밝힌 경우' 형사처벌하는 법을 위헌판정한 것이다. 이에 대해 법원은 우선 위 법은 내용규제이므로 엄격심사를 해야 한다고 한 후 위 법의 불명확성에 초점을 맞춘다.

위 법원은 falsely의 의미가 (i) 사기 등의 목적으로 실제 신원을 실존하는 타인의 그것으로 속인다는 의미인지 (ii) 편견이나 탄압을 피하기 위해 실명과는 다른 이름을 사용하는 모두 경우를 포함하는 것인지가 불분명하다면서 후자로도 해석될 수도 있다고 보았다. (i)로 해석된다면 합헌이지만 (ii)로 해석되면 McIntyre 판결에 의거하여 위헌이라고 하면서 형법조항이 이와 같이 불명확성을 띄고 있어서는 안된다면 조항 전체가 위헌이라고 한 것이다.

방송통신위원회는 위의 법조항이 형법조항이기 때문에 명확성의 원칙이 더욱 엄격히 요구되기 때문에 이 사건에는 적용될 수 없다고 주장한다. 그러나 해당 조지아주 법이 불명확하기 때문에 위헌으로 된 것은 맞지만 가명사용을 금지하는 규제가 명백히 위헌이라는 법원의 확신이 있기 때문에 위헌이 선언된 것이다. 즉 Miller법원은 편견을 피하거나 여하의 이유로 실명과 다른 이름을 사용하는 것 자체를 금지하는 법이 위헌이라는 것에 대해서는 명백한 입장을 가지고 있는 것이다.

방송통신위원회는 이와 별도로 이 판례는 실명표시제에 대한 위헌성만을 언급한 것이며, 우리나라 본인확인제에서는 '어떠한 필명으로든 자신의 정체성에 관하여 자유롭게 표현물에 그 내용을 표현할 수 있다'는 차이를 언급하고 있다. 즉 Miller판결은 가명표시를 금지할 수 있으므로 위헌이라고 한 것이지만, 우리나라 본인확인제는 가명표시를 금지하지는 않으므로 위 판결이 적용되지 않는다는 논리인 것으로 보인다. 그러나 가명표시허용 또는 실명표시 여부가 관건이 아니다. 익명표현의 자유가 추구하는 가치는, 표현의 주체인 화자가 누구인지가 드러나지 않은 상태 또는 화자가 이름으로든 다른 무엇이로든 누구인지를 제3자가 알지 못하는 상태에서 진정한 자유로운 의사표현이 가능하다는 믿음에 근거하는 것이므로 이름이 나타나는가? 나타나지 않는가?는 결정적이지 않다.

4) 익명성의 내재적 한계

위에서 말하였듯 익명성은 내재적 한계를 가지고 있다. 즉 불법적인 정보에 대해서는 익명성이 보호되지 않는다.

본인확인제는 우리 헌법 제21조 제4항의 표현의 자유의 한계와도 관련이 없다. 게시물이 타인의 명예, 권리, 도덕 및 윤리를 침해하는가에 상관없이 신원공개의무를 부과하기 때문이다.

정보통신망법 상의 본인확인제는 불법성의 확인은 차치하고라도 개연성조차 확인되지 않은 모든 게시물에 적용된다는 점에서 이와 같은 법리는 관련성이 떨어진다.

더욱이 위에서 언급한 NAACP v. Alabama 판결에서 "모든" 단체의 명단공개를 요구한 것이 아니라 재판의 당사자인 특정 단체만의 명단공개를 요구한 것에 대해서도 위헌 판정을 하였다는 것은 익명권의 중요성을 다시 확인하는 것이라고 하겠다. 즉 실명으로 결사할 자유만이 허용되고 익명으로 결사할 자유가 금지되는 것은 결사의 자유의 핵심적인 내용을 침해하는 것으로 본 것이다.

5) 소결

이 사건 본인확인제는 전 세계적으로 우리나라에만 있는 제도로서, 위에서 살펴보았듯이 헌법재판소의 "공직선거법결정"에 비추어 매우 과잉할 뿐만 아니라 익명표현의 자유에 대한 최대규제(the most restrictive measure)에 해당하여 위헌일 수밖에 없다. 또 내용에 관계없이 모든 글에 대해 적용된다는 면에서 익명표현의 자유에 대한 제한을 내용규제(content restriction)로 분류하는 McIntyre 판결에 비추었을 때, 엄격하게 요구되는 법익의 비례성이나 침해의 최소성을 충족시키지 못한다. 익명성제한의 위헌성을 확신하고 있는 Miller 판결에 비추어보아도 위헌적이다. 내용에 관계없이 모든 합법적인 게시물에도 적용되므로 표현의 자유의 내재적 한계로도 정당화되지 않는다.

물론 위의 논의들은 모두 판결에 비교하여 이루어진 것이다. 판결과의 비교와는 별도로 본인확인제는 익명표현의 자유라는 기본권을 과잉하게 침해하여 헌법 제37조의2 상의 과잉금지의 원칙을 위반한다. 과잉금지의 원칙상의 심사를 하기 위해서는 형량의 한 변에는 침해되는 기본권의 총합을 두고 다른 한 변에는 창출되는 공익의 총합을 두어야 하므로 아래에서 종합적으로 하고자 한다.

3. 사생활의 자유 침해[34]

본인확인제는 표현의 자유를 행사할 때 그 행사자에게 특별한 의무를 부과하는 형태로 되어 있다. 그런데 그 의무의 내용을 살펴보면 신원공개를 의무로 하고

---

34) 이와 비슷한 입장의 논고는 박경신, 2009년 4월 27일자 한겨레 "온라인글쓰기가 운전만큼 위험한가?"

있다. 그런데 신원은 신원의 주체가 자발적으로 밝히기 전까지는 사생활의 자유에 포함되어 있는 것이다. 결국 본인확인제는 표현의 자유를 행사한 자에게 사생활의 자유를 포기할 것을 강요함으로써 동 기본권의 침해를 동반하고 있다.

가. 신원도 사생활의 자유로 보호된다

국민은 자신의 개인정보를 국가에게 공개하지 않을 사생활의 자유를 가지고 있다.[35] 물론 사생활의 자유도 물론 한계가 있으며 공익적인 필요에 의해 제한될 수 있다. 공익적인 필요 중의 하나는 바로 국가에 의한 범죄수사일 것이며 우리는 형사소송법상의 사생활침해 범위를 살펴보면 사생활의 자유의 한계를 설정할 수 있을 것이다. 개인정보의 범죄수사에의 필요성은 아마도 가장 강력한 공익이 될 것이며, 이와 같은 공익이 정당화되는 범위 내에서만 사생활의 자유를 인정한다면 아마도 백보를 양보하여 가장 최소한으로 좁혀진 사생활의 자유가 도출될 것이다.[36]

그렇다면 사람의 신원공개의 강제가 가장 헌법적으로 용이하게 용납되는 경우는 언제인가. 형법 제215조에 따르면[37] "범죄수사에의 필요성"과 같은 특별한 공익이 있는 경우에만[38] 사생활의 공개 즉 압수수색이 강제될 수 있다. 이것은 신원 공개에도 똑같이 적용된다. 신원확인은 불심검문을 통해 이루어지는데 불심검문은 경찰관직무집행법 제3조에 따라 "합리적으로 판단하여 어떠한 죄를 범하였거나 범하려 하고 있다고 의심할 만한 상당한 이유"가 있을 때만 가능하다. 주민등록법 제26조도 "범죄의 혐의가 있다고 인정되는 상당한 이유가 있을 때에 한정"하여 신원이나 거주관계를 밝힐 것을 요구하도록 하고 있다. 결국 개별 국민의 신원

---

35) 대한민국헌법 제17조. 모든 국민은 사생활의 비밀과 자유를 침해받지 아니한다.
36) 미국헌법이 국가행위가 영장을 필요로 하는 수색(search)인가를 판단하는 기준이 프라이버시의 합리적인 기대(reasonable expectation of privacy) 범위임은 이미 공지의 사실이다.
37) 형사소송법 제215조 (압수, 수색, 검증) ① 검사는 범죄수사에 필요한 때에는 지방법원판사에게 청구하여 발부받은 영장에 의하여 압수, 수색 또는 검증을 할 수 있다. 〈개정 1980.12.18〉 ② 사법경찰관이 범죄수사에 필요한 때에는 검사에게 신청하여 검사의 청구로 지방법원판사가 발부한 영장에 의하여 압수, 수색 또는 검증을 할 수 있다. 〈개정 1980.12.18〉 [전문개정 1973.1.25]
38) 조국, "압수수색의 합법성 기준 재검토", 『비교형사법연구』 제5권제2호, pp.745-781.

자체는 자신이 자발적으로 공개하기 전에는 헌법 제17조의 사생활의 자유에 의해 보호되는 것이다.

나. 본인확인제는 범죄의 개연성 없이 신원공개를 요구한다

하지만 제한적 본인확인제는 특정 규모의 게시판을 통해 온라인에 글을 올리는 모든 사람들에게 그 글이 불법게시물일 개연성을 불문하고 모두 신원을 미리 공개할 것을 요구하고 있다. 즉 위의 형사소송법과 경찰관직무집행법이 구체화하는 헌법 제17조의 사생활의 자유의 보호범위를 침해하고 있는 것이다.

혹자는 위의 범죄수사관련 법규는 국가에 의한 정보취득만을 제어할 뿐 사인이 사인에게 공개하는 과정을 제어하지 않는다고 주장할지 모른다. 하지만 우리나라는 전기통신사업법 제54조 제3항에 따라 포털들이 모든 게시글에 붙어 있는 실명을 영장도 없이, 게시자에 대한 고지도 없이 수사기관들에 넘겨줄 수 있도록 허용하고 있어, 실명이 스크린에 떠있지만 않을 뿐 글쓰기를 할 때마다 실명을 국가에 등록하는 것과 같다고 봐야 하며 이러한 취지에서 위의 형사소송법이나 경찰관직무집행법과 비교하는 것이 타당하다. 이것은 전기통신사업법 조항이 임의조항인 것과 무관하다. 중요한 점은 전기통신사업법 조항이 서비스제공자가 이용자에게 아무런 법적 책임도 지지 않고 이용자들의 개인정보를 수사기관에 제공하도록 허용하고 있다는 것이다.

다. 온라인글쓰기는 '행위'가 아니라 '표현'으로서 부동산실명제나 금융실명제의 논리가 적용되지 않는다

물론 사생활의 자유에는 범죄의 개연성 외에도 또 다른 한계가 있다. 즉 강제적 실명제를 통한 사전적인 신원공개가 필요하고 정당화될 때이다. 하지만 그것은 이를 정당화하는 공익이 있을 때로 한정된다. 부동산실명제와 금융실명제는 사기 및 탈세의 위험성 때문이다. 자동차에 번호판을 달도록 하는 것은 자동차의 파괴성과 이동성 때문이다. 독일에서 집회참가시의 복면을 금지하는 것 역시 나치시대라는 치욕의 역사가 남긴 특별한 독일인들의 감수성 때문이다.

그렇다면 글쓰기가 자동차 운전, 금융거래, 부동산거래처럼 위험한 행위인가? 그렇지 않다. 우선 자동차 운전, 금융거래, 부동산거래는 표현-행위 이분법 하에서는 행위에 포함되는 반면 글쓰기는 표현이다. 표현은 대부분의 자유민주주의 헌법에서 명시적으로 그리고 우선적으로 보장받는다. 표현은 사상의 전파라는 공익적 역할을 수행하는 한편 타인에게 물리적이거나 재산적인 피해를 주지 않는 반면 행위는 그와 같은 공익적 역할은 없는 반면 물리적이거나 재산적인 피해를 주기 때문이다.

물론 글쓰기도 틀림없이 명예훼손, 저작권침해 등 다양한 위험을 내포하고 있다. 하지만 그러한 위험이 존재한다고 해서 글쓰기를 하는 모든 사람들에게 그 글의 내용에 관계없이 사생활의 자유를 포기하고 본인확인정보를 등록하도록 요구하는 것이 헌법이 표현의 자유를 보호하고 있음을 무시하는 일이 될 것이다. 헌법이 특정 행위를 보호한다는 의미는 그 행위를 한다는 것 자체를 불법의 개연성이나 공익의 훼손과 등치하여 사생활의 자유 제약의 근거로 삼는 것은 매우 신중해야 함을 의미한다.

물론 헌법이 보호한다는 행위를 한다고 해서 사생활의 자유 제약의 근거로 삼는 것이 절대적으로 금지되지는 않을 것이다. 예를 들어 헌법에 영업의 자유가 보장된다고 하여 영업의 자유에 포함되는 행위 중에서 특별한 위험을 내재하고 있는 행위를 하는 사람들에게 본인확인의 의무를 부과하는 것이 금지되는 것은 아닐 것이기 때문이다. 바로 부동산실명제와 금융실명제가 영업의 자유를 제한하기는 하지만 사기 탈세와 같은 해악이 특별히 염려가 되는 금융거래와 부동산거래에만 적용되는 것과 같은 이치이다.

그렇다면 표현에 내재한 위험이 부동산거래나 금융거래에 내재하는 위험만큼 과연 사생활의 자유를 일괄적으로 포기할 필요가 있을 만큼 상당한 것인가에 관한 논의가 필요하다. 그리고 이 논의는 정책자가 처해 있는 시대적, 역사적, 문화적 배경에 따라 달라질 수 있으며 현대사회에서 미치는 여러 가지 악영향에 대한 실증적 조사가 필요한 것은 사실이다. 하지만 지금까지 밝혀진 것만으로는 사생활의 자유의 제약을 요구할 만큼 위험성을 가진 것으로는 보이지 않는다.[39]

라. 소결

결론적으로, 다른 법에서는 죄를 저질렀다고 믿을만한 이유가 있거나 금융실명제나 자동차번호판제도처럼 방지해야할 명백한 폐해들이 있을 때만 강제하는 신원공개 및 본인확인을 온라인글쓰기를 한다는 이유만으로 인터넷이용자에게 강제하는 것은 헌법 제17조의 사생활의 자유를 아무런 이유 없이 침해하는 것이다. 이 논의는 위의 장에서 살펴보았듯이 표현의 자유 침해와 깊은 관련이 있지만 조금은 다른 것이며 별도의 위헌근거로 다루어져야 한다. 즉 위에서는 표현의 자유를 본인확인의무(즉 개인정보의 공개)라는 수단을 통해 제약하는 것의 위헌성에 대해 살펴보았다면 이번에는 사생활의 자유를 제약함에 있어 표현의 자유라는 기본권의 행사를 이유로 제약하는 것에 관한 것이다. 즉 전장에서는 표현의 자유라는 기본권의 행사가 다른 기본권제한의 사유가 된다는 것의 위헌성을 다뤘다면 이번에는 그러한 사유로 해서 사생활의 자유라는 기본권이 제한된다는 것의 위헌성을 다루는 것이다.

이 장의 논의는 실명제 찬성론자들의 가장 흔한 논거에 답변한다. 즉 '떳떳하면 왜 실명 등록을 못하는가?'라고 다그치는 실명제 찬성자들도 길거리를 걷는다는 이유 만으로 신원공개를 요구당하면 '내가 뭘 잘못했는데?'라고 불쾌해할 것이다. 바로 이 기분이 사생활의 자유의 핵심이며 인터넷실명제 반대자들의 심정이 바로 그런 것이다.

물론 위의 논의에 있어서도 혹자는 불법게시물 및 악성게시물의 빈도나 그로부터 발생하는 피해가 자동차운전이나 금융거래만큼 크다고 주장할지 모른다. 과연 그러한지에 대한 논의는 바로 아래에서 다룰 과잉금지의 원칙상의 이익형량과 다르지 않으므로 아래에서 다루기로 한다.

---

39) http://blog.naver.com/kyungsinpark/110096139211의 첨부파일 참조.

4. 사전제한금지원리의 위반

가. 사전검열의 핵심인 위축효과는 게시자 신원의 사전제출의무에서도 발생한다

우리나라 헌법 제21조는 표현의 자유에 대한 '검열과 허가'를 금지하고 있으며,[40] 우리나라 헌법재판소는 검열을 행정권이 주체가 된 사전심사절차에 표현물을 제출하여 이 심사를 통과하지 않으면 그 표현물의 유통이 금지되는 제도로 정의하고 있다.[41]

본인확인제는 사전적으로 그 내용을 제출할 것으로 요구하는 것도 아니므로 우리나라 헌법재판소가 절대적으로 금기시하고 있는 '사전검열'에 해당하지 않는 것처럼 보인다.

그러나 사전검열이 금지되는 이유를 살펴보자. 가장 중요한 것은 '위축효과'이다. 즉 합법적인 표현물임에도 불구하고 막강한 권력을 가진 정부기관에게 그 표현물의 제출을 통해 자신의 비판적인 내심의 의사가 공개되었을 때 탄압을 받을 수 있다는 두려움 때문에 그 표현물의 발화 자체를 억제하게 되는 효과를 말한다.

그런데 사전제출의무가 있다고 할지라도 제출된 서류가 익명으로 제출된다면 위와 같은 위축효과는 발생하지 않을 것이다. 즉 사전검열이 금지되는 헌법적 이유는 작성자 신원의 공개와 불가분의 관계에 있다. 이와 같은 불가분의 관계는 사실 1960년도 Talley 판결에서 이미 연방대법원에 의해 인지되었다.

그 판결에서 연방대법원은 기망적, 명예훼손적 표현물을 단속하기 위하여 일괄적으로 익명의 전단배포를 금지한 법에 대하여, 입법목적과는 어긋나게 실명의무는 "모든 전단에 적용된다"고 하며 이렇게 실명의무가 모든 전단에 적용되어 합법적인 게시물마저도 위축시키는 것은 사전검열과 비슷하다고 하며 다음과

---

40) 헌법재판소 2001. 5. 31, 선고 2000헌바43, 52 결정(병합) 합헌.
41) 헌법재판소는 검열을 다음과 같이 4개의 요건을 매개로 정의하고 있다. 첫째, 허가를 받기 위한 표현물의 제출의무(헌법재판소 결정 2001. 5. 31, 2000헌바43, 52(병합) 합헌), 둘째, 행정권이 주체가 된 사전심사절차(헌법재판소 결정 2001. 8. 30, 2000헌바36 합헌), 셋째, 허가를 받지 아니한 의사표현의 금지(헌법재판소 결정 1996. 10. 4, 전원재판부, 93헌가13, 91헌바10(병합)), 넷째, 심사절차를 관철할 수 있는 강제수단(헌법재판소 결정 1995. 10. 4, 93헌가12, 91헌바10(병합)) 등이다.

같은 적시와 함께 위헌을 선언하였다. "익명의··· 문헌은 인류의 발전에 중요한 역할을 하였다. 영국의 냄새나는 출판허가(press licensing)제도가 식민지에도 전이되었던 것은··· 저자의 실명을 공개하면 정부에 비판적인 문헌들의 유통을 줄일 수 있음을 알았기 때문이다."[42] 실제로 Talley 법원이 판결문에서 주로 인용하고 의지한 판결은 바로 전형적인 허가제도를 위헌판결하였던 Lovell 대 Griffin 판결이다.[43]

사전검열제도의 '위축효과'는 내용의 사전제출을 통해서 발생하는 것이 아니라 작성자 신원의 사전제출을 통해서 발생하는 것이다. 본인확인제는 내용의 사전제출을 요구하지는 않되 작성자 신원의 사전제출을 요구하는 것이며 이렇게 되면 추후에 수월하게 탄압의 대상이 될 수 있다. 즉 본인확인제는 내용의 사전제출의무를 규정하고 있지 않을 뿐 신원의 사전제출을 규정함으로써 사전검열이 헌법적으로 금기시되는 이유가 되는 해악을 발생시킬 수 있는 것이다.

그러므로 헌법정책적으로 보았을 때 본인확인제는 사전검열금지원칙에 따라 위헌인 것이다.

또 형식론으로 보아도, McIntyre 판결은 작성자의 신원은 '내용'이지 '시간, 장소, 방법'이 아니라고 한다. 사전심사가 내용에 대한 심사일 경우에만 사전검열의 범위에 포함되며 시간, 장소, 방법에 대한 사전심사는 사전검열에 해당되지 않지만[44] 작성자의 신원은 전자에 해당한다는 것이다. 그렇다면 본인확인제는 표현이 발화되기 전에 (즉 게시글을 인터넷에 올리기 전에) 작성자의 신원이라는 일부 '내용'을 사전제출하도록 하고 그 제출내용이 성공적일 때만 (실명과 주민등록번호가 매치된다거나 기타 본인확인이 이루어진 경우에만) 표현을 발화할 수 있다는 면에서 사전검열에 해당하게 된다.

---

42) 영어원문. The obnoxious press licensing law of England, which was also enforced on the Colonies was due in part to the knowledge that exposure of the names of printers, writers and distributors would lessen the circulation of literature critical of the government.

43) Lovell v. City of Griffin, 303 U.S. 444 (1938)

44) 헌법재판소 1998. 2. 27, 선고 96헌바2 결정(옥외광고물등관리법 제3조, 합헌), 헌법재판소 1997. 8. 21, 선고 93헌바51 결정(정기간행물의등록등에관한법률 제7조 제1항).

나. 이 사건 본인확인제는 절대적인 사전제출을 요구한다

헌법재판소는 '2010년 공직선거법실명제' 결정에서 다음과 같이 판시하였다.

"이용자로서는 스스로의 판단에 따라 자신이 게시하려는 글이 지지 및 반대의 글에 해당하면 실명확인 절차를 거쳐 '실명확인'의 표시가 나타나게 게시하는 것이 가능하므로, 이러한 제한이 사전검열금지의 원칙에 위배된다고 할 수 없다."

그런데 정보통신망법 상의 본인확인제에 따르면 이용자는 스스로의 판단에 따라 실명확인의 표시를 하도록 판단하여 실명표시를 할 수가 없다. 왜냐하면 본인확인의무를 해당 서비스제공자에게 부과하고 있고 서비스제공자는 본인확인의무가 충족되지 않는 한 글의 게시를 허용하지 않도록 기술적 조치를 취해놓았기 때문이다.

물론 헌법재판소는 "또한 위와 같은 인터넷언론사의 의무내용을 종합할 때, 청구인이 주장하는 바와 같이 당해 인터넷언론사가 내용과 상관없이 먼저 실명확인의 절차를 거치지 아니하면 글을 게시조차 못하게 하였다고 하더라도, 이는 자신의 홈페이지 관리의 편의를 위한 사실상의 조치일 뿐 이 사건 법률조항들로 인하여 생기는 법률효과는 아니라고 할 것이다"라고 하여 공직선거법 역시 서비스제공자에게만 실명확인의무를 부과한다는 점을 지적하고 있다.

그러나 공직선거법 제82조의6 제6항은 "인터넷언론사는 당해 인터넷홈페이지의 게시판 및 대화방 등에 "실명인증"의 표시가 없는 정당이나 후보자에 대한 지지 및 반대의 글이 게시된 경우에는 지체 없이 이를 삭제하여야 한다"라고 되어 있어 이를 보면 틀림없이 이용자가 자신의 판단하에 본인확인여부를 결정할 가능성을 상정하고 있다. 그러나 정보통신망법 제44조의5는 그와 같은 조항이 없어 이와 같은 가능성을 전혀 허용하고 있지 않다.[45]

---

45) 공직선거법(2008. 2. 29 법률 제8879호로 개정된 것) 제82조의6(인터넷언론사 게시판 및 대화방 등의 실명확인)
① 인터넷언론사는 선거운동기간 중 당해 인터넷홈페이지의 게시판 및 대화방 등에 정당 및 후보자에 대한 지지 및 반대의 글을 게시할 수 있도록 하는 경우에는 행정자치부장관…이 제공하는 실명인증방법으로 실명을 확인받도록 하는 기술적 조치를 하여야 한다… 〈중략〉
⑥ 인터넷언론사는 당해 인터넷홈페이지의 게시판 및 대화방 등에 "실명인증"의 표시가 없는 정당이

다. 결론

본인확인제는 작성자의 신원을 '사전제출'토록 하여 그 신원이 실존하는지를 '심사'하여 그 심사를 통과해야만 글을 해당 게시판에 올릴 수 있게 한다는 면에서 헌법 제21조가 금지하는 사전검열에 해당된다.

실제로 정보통신사업자들 대부분은 실명제의 효과는 '사후적'이 아니라 '사전적'이라고 말하고 있다. 즉 실제 불법적인 게시물이 발견되었을 때 그 작성자를 추적하는 데에 본인확인제가 유용하기(27.5%)보다는 불법적인 게시물을 올리는 사람을 위축시키는 효과가 더욱 크다는 것이다(43%). 그러나 위 선택지는 '합법적인 게시물을 올리는 사람을 위축시키는 역효과'라는 선택지가 없었으므로 이 선택지를 포함하고 있는 것으로 보아야 한다.[46]

5. 평등권[47] 침해

가. 인터넷이용자와 타매체 이용자 사이의 차별

본인확인제는 다른 매체에서는 운영되고 있지 않다. 출판계에서는 필명을 마음대로 쓸 수 있고 심지어는 무명으로도 출판이 이루어진다. 신문사설도 엄밀히 말하면 익명이다. 방송에서도 하고 싶은 말이 있으면 모자이크 및 음성변조를 통해 익명으로 인터뷰를 할 수도 있다. 그리고 출판사나 방송국이 저자나 출연자

나 후보자에 대한 지지 및 반대의 글이 게시된 경우에는 지체없이 이를 삭제하여야 한다.
⑦ 인터넷언론사는 정당 후보자 및 각급선거관리위원회가 제6항의 규정에 따른 글을 삭제하도록 요구하는 경우에는 지체없이 이를 따라야 한다.

46) 배영 외 2인, "본인확인제 영향평가를 위한 인식도 조사보고서"의 2010.3.31 요약문, 한국조사연구학회, 2009.12.
47) 대한민국헌법 제11조. 모든 국민은 법 앞에 평등하다. 누구든지 성별 종교 또는 사회적 신분에 의하여 정치적 · 경제적 · 사회적 · **문화적 생활**의 모든 영역에 있어서 차별을 받지 아니한다(필자 강조).

의 실명이나 주소 등 개인정보를 보관하도록 의무화되어 있지 않다.

물론 출판사나 방송국의 입장에서 보면 여러 가지 이유로 대부분 저자나 출연자의 신원을 확인하고 출판 및 방송하는 것이 관행이므로 출판 방송에 대해 신원확인이 의무화되지 않은 것이 인터넷과 큰 차이가 없다고 생각할지 모른다.

그러나 익명을 유지하고자 하는 저자나 출연자의 입장에서 생각해서보면 만약 신원확인이 법적으로 의무화되어 있다면 방송사나 출판사에게 자신의 신원을 알리지 않고 출연 또는 출판할 수 있는 기회는 원천적으로 차단된다. 그러한 의미에서 그와 같은 원천적 차단은 인터넷이라는 매체에 대한 차별이라고 볼 수 있다.

물론 이와 같은 차별은 이를 정당화하는 공익이 존재한다면 합헌적으로 인정된다.

그렇다면 출판 및 방송은 최소한 자신의 연락처 및 위치 정도는 출판사 및 방송국 등에 노출을 시켜야만 출판 및 방송이 이루어지고 탈육체화된 인터넷은 거의 완전한 익명성이 보장이 되며, 인터넷에 대해서는 게시물의 불법성에 대해 더욱 경계할 공익적 필요가 있을까? 그렇지 않다. 출판 및 방송도 동영상을 전달하거나 얼굴을 처음부터 가리고 촬영실에 입장하는 방식으로 완전히 탈육체화된 상태에서 이루어질 수 있다.

또는 불법적인 게시물이 올라오면 아주 빠른 속도로 확산된다는 이유가 다른 매체와의 차별화를 정당화하는 공익이라고 볼 수 있을까? 역시 그렇지 않다. 온라인의 글은 수십만, 수백만 명이 볼 수 있거나 퍼 나를 수 있지만, 이것은 게시자의 통제 밖의 일이며 방송과 달리 독자들의 자발적인 선택에 의한 것이다. 독자의 반응이 폭발적이라고 하여 실명 등록의 부담을 지우는 것은 어떤 장르의 책이 잘 팔린다고 해서 갑자기 그 장르의 저자들은 모두 실명 등록을 해야 한다는 것과 마찬가지로 터무니없다.

오직 한 가지 설득력이 있을 수 있는 주장은 '인터넷 상에서 불법 및 악성게시물의 빈도 수가 매우 높거나 불법 및 악성게시물이 발생시키는 피해가 매우 크기 때문에 불법게시물에 대한 피해구제수단의 확보라는 필요만으로도 모든 인터넷 게시물에 대해 게시자신원공개의무를 부과하는 것은 정당화된다'는 것이다. 하지만 그렇다면 익명성을 제한하는 것은 이와 같은 인터넷의 특성에 제대로 대응한다고 볼 수 있을까? 이에 대해서는 과잉금지원칙 상의 '방법의 적정성'을 다루면서 아래의 6절에서 다루고자 한다.

나. 표현을 하는 자와 표현을 하지 않는 자 사이의 차별

본인확인제는 표현의 자유라는 기본권을 행사하려는 자에게 신원공개의무라는 법적 의무를 부과함으로써 차별한다. 이로써 헌법 제11조 상의 평등권 위반을 매개로 하여 헌법 제21조 상의 표현의 자유를 제약한다.

즉 본인확인제는 평소에는 신원공개의무를 가지고 있지 않은 사람들에게 그 사람이 인터넷 상에 글을 올린다는 이유만으로 이전에는 적용되지 않았던 신원공개의무를 부과한다.

이와 같은 차별은 다른 내용규제에 비교해보자면 위헌적이다. 예를 들어 명예훼손, 업무방해, 모욕죄 등에 대한 법규는 그 법규들이 보호하고자 하는 공익이 있고 그 공익의 보호와 관련된 특정한 내용만이 규제되기 때문에 해당 표현에 대한 차별이 정당화될 여지가 있다. 하지만 본인확인제는 모든 글쓰기에 대해 법적 의무를 부과하기 때문에 이와 같은 차별을 정당화할 공익이 존재하지 않는다.

이 점은 타인의 명예, 권리, 도덕 및 윤리를 전혀 침해하지 않는 게시물을 올리려는 사람의 입장에서 보면 더욱 명확해진다. 즉 헌법으로 보호되는 표현행위를 행사한다는 이유로 이전에 부과하지 않았던 법적 의무를 부과하는 것은 그 표현행위에 대한 심대한 제한이 된다.

물론 방법적 규제는 내용에 관계없이 특정 유형의 표현에 모두 적용되기도 하여 그 유형의 표현을 하고자 하는 모든 사람에게 법적의무를 부과한다. 예를 들어, 타인의 평온권을 보호하기 위해 집회의 내용에 관계없이 집회를 하고자 하는 모든 사람에게는 특정 소음기준 이상의 확성기를 사용해서는 아니된다는 의무가 부과된다.

하지만 본인확인제는 이와 같은 표현의 자유에 대한 방법상의 규제로 정당화되기 어렵다. 확성기사용규제는 모든 집회에 적용되는 공익적 필요가 존재하기 때문이다. 그런데 본인확인제를 표현의 자유에 대한 방법규제로서 정당화하는 공익적 필요가 없다. 침해구제의 용이성 및 이를 통한 불법 및 악성게시글의 억제라는 공익적 필요는 불법 및 악성게시글에만 적용되는 것이지 모든 게시글에 공히 적용되는 것이 아니기 때문이다.

물론 혹자는 모든 게시글은 잠재적으로 타인의 명예나 권리를 침해하는 글이 될 수 있으며, 그러한 잠재성은 모든 게시글에 대해 존재하므로 모든 게시글에 대해 침해구제의 용이성을 담보하는 신원확인정보의 확보를 강제하는 것은 합목적적이라고 할지 모른다. 그러나 헌법 제21조 1항의 '언론 · 출판의 자유'라는 문구가 조금이라도 의미를 가진다면 바로 언론 · 출판이라는 행위 자체가 잠재적인 범죄행위로 간주되어서는 안된다는 것이다. 헌법이 X라는 행위(표현)가 보장된다고 명시하고 Y라는 행위에 대해서는 명시하지 않는다고 가정하자. X라는 명시적으로 보호받는 행위를 한다는 이유만으로 어떤 법적 의무가 부과되며, Y라는 보호받지 못하는 행위에는 법적 의무가 부과되지 않는다면 도대체 헌법이 X라는 행위를 보장한다는 것은 무슨 의미가 되는가?

이렇게 모든 게시글을 잠재적 불법게시물로 간주하는 것이 헌법적으로 금지된다면, 불법게시물에 대한 피해구제수단의 확보는 실명제를 방법적인 규제로서 정당화하는 공익적 필요가 될 수 없다.

다. 소결

헌법 제21조는 언론 출판의 자유를 보호하며 실명제는 온라인글쓰기라는 언론 출판행위를 하려는 사람에게 언론출판행위를 한다는 이유만으로 법적의무를 부과함으로써 헌법 제11조의 평등권을 침해한다.

헌법 제21조 제4항은 '타인의 명예나 권리 또는 공중도덕이나 사회윤리'를 침해하지 않아야 한다고 하지만, 본인확인제는 실제 침해여부에 관계없이 모든 언론출판행위에 법적 의무를 부과하므로 위 조항상의 예외에 해당되지 않는다.

물론 이와 같은 차별에 대한 공익적 필요로서 불법 및 악성게시글에 대한 피해구제수단 확보가 거론되고 있지만, 이 공익적 필요는 실제 불법 및 악성게시글에만 적용되는 것으로서 모든 게시글에 법적 의무를 부과하는 실명제를 정당화하는 공익적 필요가 될 수 없다. 또 모든 게시글은 잠재적으로 불법 및 악성게시글이 될 수 있지만 글을 올리는 행위 자체를 잠재적인 범죄행위로 보는 것은 헌법적으로 용납될 수 없으며 이는 헌법이 표현의 자유를 보호한다는 명제 자체를 부인하는 것이 된다.

물론 온라인에 올라오는 게시물이 불법 및 악성게시글의 빈도와 그로 인한 피해가 게시물들 전체에 대한 게시자신원확인의 강제를 정당화할 만큼 클 수도 있겠지만, 과연 표현의 자유와 사생활의 자유라는 두 개의 기본권에 대한 동시적 침해를 정당화할 정도로 그렇게 심대한지는 매우 의심스럽다.

6. 과잉금지의 원칙 위반

헌법 제37조 제2항은 (1) 정당한 목적을 성취하기 위한 (2) 적절한 방법으로서 (3) 그 목적의 성취도에 비례성을 이루는 법률은 (4) 그 법률에 의해 침해되는 사익이 최소화되는 이상 정당화된다는 과잉금지원칙으로 해석된다.

위에서 살펴보았듯이 본인확인제에 의해 침해되는 사익은 익명표현의 자유, 사생활의 자유, 사전검열금지의 원칙, 평등권이 있다.

이에 대하여 본인확인제 찬성론자들은 첫째 실제 불법게시물이 발견된 이후에 해당 게시물에 의한 피해구제의 용이성과 둘째 이와 같은 피해구제의 용이성 때문에 게시판이 본인확인제로 운영되면 불법게시물과 악성댓글이 줄어든다는 논거를 제시하고 이와 같은 공익들이 사익의 침해를 정당화한다고 주장하고 있다.

한 가지 짚고 넘어갈 것은 본인확인제는 헌법 제21조의 표현의 자유를 제한하면서 그 법적 의무의 내용이 또 다른 기본권인 헌법 제17조의 사생활의 자유를 침해하고 있어 과잉금지의 원칙은 더욱더 엄격하게 적용되어야 한다는 것이다. 과잉금지의 원칙이 엄격하게 적용된다는 의미는 기본권제한의 공익적 필요가 실증적으로 그리고 체계적으로 입증되어야 함을 의미한다. 특히 '엄격심사'라 함은 국가행위의 합헌성에 대한 입증책임을 국가가 져야 함을 의미한다.

예컨대 불법 및 악성게시물의 빈도나 그 피해가 피해구제수단의 확보를 위해 신원공개를 의무화하는 다른 제도들이 규율하는 대상들에서 나타나는 빈도나 피해규모에 준하거나 이를 초과하는 위험성이 있어야 할 것이다. 또 이에 대한 대응으로서의 본인확인제의 합목적성 역시 매우 엄격하게 검토되어야 할 것이다.

가. 목적의 정당성

우선 본인확인제의 목적인 악플 및 불법정보의 예방은 정당한 목적으로 보인다.

그러나 입법목적으로 내세우고 있는 익명성의 폐해 근절은 정확한 근거가 없는 막연한 발상이다. 방송통신위원회의 "인터넷 공간에서 익명성을 방패로 상대에 대한 무차별 인신공격과 악성루머 유포는 불능의 위험 수위에 달했다는 게 일반적인 평가"라거나 "익명의 공간을 통하여 사람들은 사회적 규범이나 구속으로부터 해방감을 느끼고, 이 비실재감을 바탕으로 범죄 또는 비행을 아무런 죄의식이나 일탈의식 없이 저지르게 되는 가능성을 야기하고, 이를 관련된 사이버 공간에서 보편적인 것으로 일반화 한다"는 등의 표현은 사람들의 기본권을 제한하기 위한 규제를 설정할 수 있을 만큼의 사회과학적 근거를 가진 명제라고 볼 수 없다.

나. 방법의 적정성

본인확인제가 과연 악플 및 불법정보 예방의 적절한 방법인지를 살핀다.

1) 본인확인제는 불법정보의 비율을 줄이지 못한다

실명을 사용하게 하거나, 닉네임을 사용하긴 하되 본인의 신원을 확인할 수 있도록 조치할 경우에, 익명이 보장될 경우와 비교해 보았을 때 과연 이용자의 행태에 긍정적 효과가 나타나는지에 대한 충분한 경험적 연구가 없다. 방송통신위원회는 그러한 연구가 있는 것처럼 주장하지만 아래에서 밝히듯이 잘못된 주장이다. 오히려 인터넷에서의 부정적 발언은 익명성보다 개인적인 특성에 더 영향을 받는 것으로 나타난다는 연구 결과가 훨씬 더 많다[48].

방송통신위원회는 본인확인제 제도도입초기의 조사 결과에 따르면 악성댓글이 15.8%에서 13.9%로 1.9% 줄어들었다고 밝혔으나[49](이하, "**방통위 2007년 조사**") 이 정도의 감소 효과를 제도 도입에 따른 유의미한 감소라고 보기는 어렵다. 도리어 당시 조사의 대상이 되었던 게시판을 운영하던 한 사업자는 "…HIT 갤러리의 댓글 수 자체가 줄어 든 상태이며, 제한적 본인확인제 이후 악성 댓글 수가 감소했다는 것은 어폐가 있다"고 밝혔다. 또 "정보통신부의 발표 내용은 어떤 것을 악성 댓글로 볼 것인지에 대한 판단 또한 주관적일 뿐 아니라, 디시인사이드 자체적으로 관리팀 인원을 보강하고 악성 댓글을 즉각 삭제하는 등 관리를 더 철저하게 한 부분을 간과한 것 같다"며, "어떤 자료를 토대로 악성 댓글이 감소했다고 분석한 것인지 그 결과에 대한 근거가 부족하다"는 의견을 전했다. 또 "제한적 본인확인제 시행 전, 후를 비교했을 때 악성 댓글의 수는 큰 변화가 없는 대신 페이지 뷰는 오히려 감소했다"고 밝혔다.[50]

그리고 더욱 중요한 것은 이는 제도도입초기의 조사결과일 뿐이라는 것이다. 방송통신위원회는 제도 실행 1년만인 2008년 8월에 다시 비슷한 조사(이

---

48) 우지숙, "인터넷 게시판 실명제의 효과에 대한 실증 연구", 『행정논총』 48권 1호 (2009년 12월), 78면
49) (주)메트릭스코퍼레이션, "제한적 본인확인제 효과분석을 위한 조사보고서", 2007년 10월 정보통신부 용역보고서
50) 뉴스와이어(2007.10.09). 제한적 본인확인제, "과연 악성 댓글 감소됐나?" http://www.newswire.co.kr/?job=news&no=287451.;이성희 (2007. 10. 11). 정통부, 본인확인제로 악플 감소? 천만의 말씀!. 「경향닷컴」.

하, "방통위 2008년 조사")51)를 실행하였다. 조사결과는 악플의 비율은 그다지 줄지 않았으며 전체 댓글의 숫자는 크게 감소된다는 것이었다. 악플의 비율은 2007년 5월의 15.8%에서 2008년 8월의 13%로 그다지 줄지 않았지만 도리어 전체댓글은 10,924개에서 8,380개로 줄어든 것을 알 수 있다. 또 인터넷 실명제 시행 직후인 2007년 8월과 비교했을 때 이들 사이트 전체 댓글 1만3,472개 중 1,867개(13.9%)이던 악성 댓글은 1년 뒤 13%로 큰 변화가 없었다. 반면 이들 사이트의 전체 댓글은 2007년 8월 1만3,472개에서 2008년 2월 1만1,587건, 2008년 8월 8,380건으로 급감했다.

더욱이 실명제가 정착되었다고 볼 수 있는 2008년 2월과 2008년 8월 사이의 변화를 비교해보면 더욱 놀라운 상황을 발견할 수 있다. 악성댓글의 비율이 오히려 더 증가한 결과를 확인할 수 있다. 인터넷 포털 '다음' 아고라의 경우 2008년 2월 8.3%이던 악성 댓글 비중은 2008년 8월 14.1%로 2배 가까이 증가했다. '머니투데이'와 '디시인사이드' 게시판 악성댓글 비율도 같은 기간 각각 8.6%와 9.9%에서 12.4%와 16.2%로 증가했다. 만약 본인확인제의 시행에 따라 악성댓글이 줄어드는 효과를 보고 있다면 본인확인제가 정착될수록 악성댓글은 줄어들어야 할 것이나 감소와 증가를 넘나드는 경향을 보이고 있어 본인확인제 효과를 입증할 수 없다 할 것이다.52)

도리어 가장 최근에 본인확인제의 효과에 대해 광범위한 문헌조사를 실시한 결과53) 하나의 연구조사(제외)를 제외하고는 모든 연구조사에서54) 익명성과 게

---

51) 배영 외 3인, "2008년도 본인확인제 효과분석", 숭실대학교 산학협력단 및 (주)메트릭스코퍼레이션, 2008.11.

52) (2009.10.7)인터넷실명제 강화로 악플 비중 늘어 〈경향신문〉 http://news.khan.co.kr/kh_news/khan_art_view.html?artid=200910070301525&code=940100

53) 우지숙, 앞의 글, 각주 48.

54) 김경년 · 김재영 (2005)『오마이뉴스』독자의견 분석: "난장으로서의 공론장" 가능성 탐색. 「한국방송학보」, 19(3): 41-35; 이시원 · 민병익 (2002). 지방자치단체 온라인 주민참여 실명제 도입의 영향분석. 「한국행정학보」, 36(2): 205-229; 최영 · 이종민 · 김병철 (2002). 인터넷 신문의 공론장 역할에 관한 연구: 토론 참여자의 익명성과 토론 매개자의 신분이 토론에 미치는 영향을 중심으로, 「언론과학연구」, 2(2): 115-158; 박인우 · 김미향 (2000). 동기적 가상토론에서 익명성이 토론 내용의 논증과 부정적 발언에 미치는 영향, 「교육공학연구」, 16(4): 91-106; 성동규 · 김도희 · 이윤석 · 임성원 (2006). 청소년의 사이버폭력 유발요인에 관한 연구. 「사이버커뮤니케이션 학보」,

시된 글의 불법성이나 악플성 사이에 상관관계가 없거나 있을 경우 개인의 성향, 인터넷 문화의 건전성을 제고하려는 서비스제공자의 자정노력, 사회적으로 비난을 받을 만한 사회적 이슈의 출몰 여부에 좌우되었다.

2) 의도적인 불법정보 게시자는 명의를 도용한다

본인확인제 시행 이후 제도 시행의 기대 효과를 달성하지 못한 이유는, 현재 시행되는 본인확인조치라는 것은 실제로는 주민등록번호와 성명의 조합만을 확인하는 것으로 본인확인을 위한 기능을 제대로 수행하기 불가능한 수단을 택함에서 오는 것이다.[55] 즉 도용이 가능한 정보들을 본인확인정보로 제시함으로써 도리어 의도적인 악플러나 불법적 이용자들이 마음놓고 악플과 불법정보를 퍼뜨릴 수 있게 되었다.

3) 본인확인제는 개인정보의 유출로 오히려 본인확인을 방해하고 있다

우리나라의 실명제는 제한적 본인확인제의 방식으로 추진되고 있는데 이는 또 다른 위험을 안고 있다. 즉 실명을 직접 사용할 필요는 없지만 포털측에 실명을 추적할 수 있는 정보를 접수시키도록 한 것이다. 하지만 이렇게 모여진 개인정보는 매년 반복된 대형유출사고에 노출되어 있다. 즉 주민등록번호 등 사이버 상의 명의도용을 가능케 하는 개인정보들을 한군데에 대량으로 축적되도록 하여 현재 거의 매달 터지고 있는 대형개인정보 유출사고를 유발하고 있는 측면이 있다.

아이러니하게도 이 유출사고를 통해 다수의 주민등록번호들이 개인정보 암시장을 통해 유통되고 수많은 댓글 및 게시물들이 이들 주민등록번호들을 입수한 자들이 고용한 '알바'들에 의해 올려지면서 결국 인터넷게시물의 신뢰성이 도리어 악화되는 결과를 낳고 있다.

19: 70-129; 이성식 (2005). 사이버공간의 익명성이 청소년언어폭력에 미치는 영향. 「한국청소년연구」, 16(1): 77-107.
55) 이 사건에 접수된 김기창의 의견서, http://blog.naver.com/kyungsinpark/110096139211의 첨부파일 참조.

예를 들어 영화관람권 판매사이트인 맥스무비가 자신의 사이트에서 관람권을 구매하지 않으면 영화에 대한 평점을 올리지 못하도록 한 것은 상당수 영화평점들이 다수의 사람들의 명의를 도용할 수 있는 개인정보를 입수한 '알바'들에 의해 올려졌다는 판단 때문인 것으로 보인다. 이 조치를 통해 맥스무비의 영화평점은 참여자가 대폭 줄어 신뢰도는 높아졌을지 모르나 통계의 보편성 또는 대표성은 줄게 되었다. '실명제에 대한 몰입'이 아이러니하게도 사이버인격의 대량도용을 부추기며 '사이버 무책임'을 확산시켜 인터넷을 기반으로 한 다양한 문화산업이 더욱 선진화될 수 있는 길을 막고 있는 것이다. 이와 같은 '사이버 무책임' 현상은 양적 팽창에 비해 고급정보를 찾기가 어려운 우리나라의 인터넷이 빠져있는 무의식적 자기비하를 심화시키며, 인터넷의 꿈인 '박리다매식 유료화'는 점점 요원해지는 것은 물론 더욱 더 인터넷의 댓글들의 품격을 저하시킬 뿐이다.

4) 진정한 피해구제는 IP추적을 필요로 한다

본인확인제가 피해구제의 용이성을 성취하리라는 주장은 설득력이 없다. 그리고 특정 아이디 하에 위법게시물이 게시되었다고 하더라도 어차피 그 아이디 소유자가 관련 게시물을 게시했다는 증명은 별도로 이루어져야 한다. 왜냐하면 아이디는 항상 도용될 수 있기 때문이다. 결국은 IP추적을 통해 정확히 어떤 컴퓨터에서 게시가 되었는지 게시 시점에 아이디소유자는 어디에 있었는지를 별도로 증명해야 하는 것이다. 그리고 인터넷 상의 언사는 모두 기록이 남기 때문에 수사가 오히려 다른 매체에 비해 더욱 편리한 점이 있기 때문에 이 공익의 상당성은 많이 완화된다고 보아야 한다.

다. 법익의 균형성

1) 익명성과 불법성은 규범적으로 관계가 없다

오프라인 공간도 한정적인 의미에서는 이미 익명의 공간이다. 길거리에 나가면 사람들의 얼굴을 보지만 그 사람이 누구인지 알 길은 없으며 그 사람에게 물어본다고 하여 상대가 알려줄 의무도 없다. 그렇다면 소매치기가 가능한 것은 행위자가 피해자에게 접근해도 이렇게 행위자의 신원을 알 수 없다는 사실을 소매치기들이 이용하기 때문이다. 그렇다고 하여 과연 이와 같은 한정적 익명성을 소매치기의 원인이라고 할 수 있을까. 그것을 원인이라고 한다면 우리는 '길거리 보행자들은 모두 명찰을 달도록 강요하는' 법을 만들어야 할 것이다.

놀랍게도 방송통신위원회가 제출한 참고자료 중에서는 "본인확인제는 '명동 입구에서 신분증 확인을 한 사람은 자기가 좋아하는 이름이나 표식을 하고 다니면 된다'고 하는 것이다. 이렇게 생각하면 우리나라의 모든 국민이 선택한 헌법적 가치에 어느 정도 부합하지 않겠는가 생각하는 것이다"[56]라는 대목이 나온다. 과연 실제로 얼마나 많은 국민들이 명동 입구에서 신분증 확인을 하는 것에 동의할지 의문스럽다.

방송통신위원회가 인터넷실명제를 정당화하기 위해 내세우는 논리는 이와 크게 다르지 않다. 본인확인제는 이용자의 사이버 상의 행적에 그 이용자의 신원을 확인할 수 있는 표지를 남기도록 함으로써 감시하는 것이다. 그러한 감시의 부재가 위법행위들의 원인이라고 말하는 순간 우리는 모든 문제를 감시로 해결할 수 있다.

감시의 부재를 어떤 문제의 원인으로 보는 논리에는 끝이 없다. 악플이나 불법정보 뿐만 아니라 모든 범죄를 예방하는 가장 좋은 방법은 '믿을 수 없는' 우리 자신을 상시감시체제에 두는 것이다. 소매치기를 막기 위해서는 보행실명제를 운영하면 되고 성매매나 간통을 막기 위해서는 숙박업소와 유흥주점을 실명제로 운영하면 된다.

2) '단순악플'이 줄어든다는 것은 기본권침해일 수 있다

우선 악플과 불법게시물을 구분하였을 때 단순한 악플이 줄어드는 것이 사회적

---

56) 한국전자정부연구원 용역보고서, p.254.

으로 바람직한 일일까? 악플도 의견과 감정의 표현으로서 헌법상 권리를 행사한 결과물이다. 물론 모욕죄 위반과 악플을 구별하기는 쉽지 않다. 하지만 모욕죄는 그 위헌성과 함께 논의가 되어야 한다.[57]

3) 전체 게시글이 줄어든다

본인확인제는 합법적인 게시물을 쓰려는 사람들의 글쓰기가 줄어들 것이다. 왜냐하면 본인이 합법적이라고 믿는 게시물이라고 할지라도 수사기관이 불법이라고 판단했을 때 받게 되는 번거로움을 고려해야 하기 때문이다.

이것은 자발적인 실명제 사이트에서 불법게시물이 줄어드는 것과는 완전히 다른 문제이다. 자발적으로 운영되는 실명제에 자발적으로 가입하는 사람들은 위와 같은 위축효과를 감수하겠다는 결정을 하고 이용을 하는 사람들이다. 이들은 '자제'를 선택한 것이다. 그러나 실명이 강제되어서 발생하는 '자제'가 아니라 '위축'이며 '자기검열'이다.

강제적인 실명제사이트에서는 불법게시물이 줄어들 것이지만 이와 함께 합법적인 게시물도 같이 줄어들 것이며 이 두 가지는 서로 상쇄관계에 있다. 길거리 범죄를 막겠답시고 길을 걷는 사람들 모두에게 명찰과 주민번호를 달고 다니도록 강제했을 때 사람들의 반응을 생각해보라. 길에 나가기 자체를 꺼려할 것이다. 그렇게 되면 길거리 범죄는 많이 줄어들 것이지만 합법적 목적으로 길을 걷는 사람들도 줄어들 것이다. 누구도 이와 같은 '길 걷기 실명제'가 위헌판정을 받을 것임을 의심하지는 않을 것이며, 제한적 본인확인제도 같은 맥락에서 바라보아야 한다.

실제로 우리나라는 제한적 본인확인제를 2007년 7월 22일에 도입했는데, 이 제도가 적용된 웹사이트에서 욕설이 없어진다거나 의미 있게 줄어들지 않았다.[58] 선거용 게시판에서는 욕설이나 비방이 많이 줄어든 것처럼 보이지만 선거

---

57) 최근에는 모욕죄 자체의 위헌성을 다투는 시도도 있었다. 박경신, "모욕죄의 위헌성과 친고죄 조항 폐지에 대한 정책적 고찰", 『고려법학』 52호, 2009년, pp. 263-299. 본서의 3, 4장의 내용을 참조할 것.
58) 위의 디씨인사이드측의 해명 기사.

용 게시판은 인터넷 전체에 비하면 매우 제한된 공간이며 한시적으로 사용되는 곳이다. 그러나 필자가 여기에서 중요하게 보는 것은 제한적 본인확인제에 의해 실제로 욕설이 줄어들지 않았다는 점이 아니라, 욕설이 조금 줄어들기는 하였는데 그보다 게시물의 숫자도 같이 줄어들었다는 점이다.

이에 반해 위에서 언급한 사생활의 자유, 익명표현의 자유, 사전검열금지의 원칙 등의 침해를 포괄적으로 고려하면 침해당하는 사익이 창출되는 공익을 압도한다.

위의 전체 게시물의 숫자가 줄어드는 것은 위의 기본권침해에 의한 '위축' 및 '자기검열' 효과가 나타나기 때문이다. 표현의 자유 분야에서 말하는 '위축효과(chilling effects)'는 일반적인 의미와는 다르며, 어떠한 공권력의 행사로 인하여 국민들이 객관적으로는 합법적인 표현물의 발화를 자발적으로 자제하는 것을 말한다.

다른 기본권분야에서는 위축효과는 그다지 큰 문제가 아니지만 표현의 자유 분야에서의 위축효과는 매우 강하게 금기시된다. 예컨대 판례법국가로서 죄형법정주의와 이에 따른 명확성의 원칙이 적용되지 않는 미국에서조차 표현의 자유 분야에서는 void-for-vagueness 또는 overbroadness 원칙들에 의하여 애매모호한 표현의 자유 규제조항들이 위헌판정을 받는 이유도 불법성의 기준이 애매모호한 경우 수범자들이 합법적인 표현물의 발화를 자제하는 상황이 발생하기 때문이다. 우리나라에서도 헌법재판소는 '위축'이나 '자기검열'에 대해서는 이미 헌법적으로 금기시됨을 여러 차례 밝힌 바 있다.[59]

정리하자면, 피해구제의 용이성은 실질적으로 형사수사에서는 IP추적이 필요하기 때문에 위에서 언급한 기본권 침해를 정당화하는 공익이 될 수 없으며, 불법 게시물의 억제라는 공익은 합법적 게시활동도 같이 억제한다는 폐해와 서로 상쇄 관계에 있음이 고려되어야 하며 실명제가 강제로 운영되고 있는 상황에서 이와

---

59) 헌법재판소 2001.08.30, 선고 2000헌가9, 영화법 제21조 제4항 위헌제청 [위헌] 판례집 제13권 2집, p.134, 153; 헌법재판소 2008.07.30, 선고 2007헌가4 영화진흥법 제21조 제3항 제5호 등 위헌제청 [헌법불합치] 판례집 20권 2집 상 20~49; 헌법재판소 1998.04.30, 선고 95헌가16, 판례집 제10권 제1집, 327 출판사및인쇄소의등록에관한법률 제5조의2 제5호 등 위헌제청.

같은 합법적 게시활동의 억제는 자제가 아니라 헌법이 금기시하고 있는 '위축'이며 '자기검열'이다. 결론적으로 피해구제의 용이성이나 불법게시물의 억제는 위에서 언급한 기본권침해를 정당화하는 공익이 될 수 없다.

라. 침해의 최소성

방송통신위원회는 본인확인제는 실명표시제, 실명확인제에 비해 실명을 표시할 필요가 없고 본인확인만 하는 것일 뿐, 본인 확인 이후에는 행위자의 신분이나 실명의 노출 없이 가명 또는 ID로서 표현자와 표현물을 분리시킬 수 있으므로 가장 침해가 최소화되는 제도라고 주장하고 있다.

그러나 위에서 밝혔듯이 본인확인제의 본질은 실명의 표시가 아니다. 익명표현의 자유에서 '익명'이란 '실명'의 반대어가 아니라 '신원을 확인받지 아니한 상태' 또는 '신원을 드러내지 아니한 상태'까지 포함하는 의미로 해석된다. 익명표현의 자유가 추구하는 가치는, 표현의 주체인 화자가 누구인지가 드러내지 않은 상태 또는 화자가 이름으로든 다른 무엇이로든 누구인지를 제3자가 알지 못하는 상태에서 진정한 자유로운 의사표현이 가능하다는 믿음에 근거하는 것이므로 이름이 나타나는가? 나타나지 않는가?는 결정적이지 않다.

이 사건 인터넷 실명제는 서론에서 밝혔듯이 기간 제한 없이 일일 이용자 10만 명 이상의 인터넷 사이트에 대해 일괄적으로 적용되고, 표현의 내용에 관계없이 표현행위를 하고자 하는 모든 이에게 강제적으로 적용되는바, 그 규제의 범위와 폭이 매우 넓음을 알 수 있다. 그렇다면 그렇게 넓은 폭의 규제를 정당화하는 근거를 제시하여야 할 것이다.

그러나 방송통신위원회는 오로지 인터넷 게시물이 신속하고 광범위하게 퍼지는 인터넷의 속성만을 이유로 들 뿐, 현재와 같은 광범위한 규제가 합헌적임을 전혀 입증하지 못하고 있다. 애초에 이 법률은 표현의 자유의 침해를 최소화하면서 입법목적을 달성하고자 하는 정교한 고려 하에 만들어진 것이라고 볼 수 없으며, 표현의 자유를 일괄적으로 틀어막아 목적을 달성하려는 편의적 발상에서 비롯된 것이라 할 것이다.

현재의 실명확인강제 외에도 침해를 최소화할 수 있는 다양한 방법들이 있다. 첫째, McIntyre 판결에서 언급하였듯이 자발적으로 실명으로 하도록 하고, 추후에 익명게시물이 불법으로 판단된 경우 가중처벌하는 등의 방법이 있다. 즉 익명으로 한 것에 대해서 '위계'의 의도를 유추하여 가중처벌하는 것인데, 이렇게 할 경우 규제의 적용은 불법정보를 올린 사람에게 적용되므로 침해의 최소성이 충족될 수 있다.

둘째, 익명을 도리어 보장함으로써 게시글의 수준을 높일 수 있다. 실명제를 전혀 사용하지 않는 미국의 웹사이트를 보면 욕설이 많이 보이지 않는데, 왜 그럴까?[60] 이용자의 분신인 사이버인격에 책임을 지도록 하기 때문이다. 즉 익명제 하에서도 게시물은 특정 아이디와 결부되어 올려지는데 사이버 상의 언행에 대해서는 그 아이디가 대표하는 사이버인격이 책임을 지게 할 수 있다. eBay를 보면 잘 알 수 있다. eBay에 물건을 사고팔기 위해 실명을 쓰지 않는다. 각 아이디를 통해 이루어진 거래내역에 대해 신뢰성에 대한 등급이 매겨진다.

그리고 그 등급은 eBay의 다른 사용자들에 의해 투표로 매겨지는데 중요한 것은 이와 같은 소비자들의 평가 역시 익명으로 이루어진다는 점이다. 이렇게 되면 등급이 낮은 아이디와는 소비자들이 거래를 피하게 된다. 실명제 없이도 사이버인격에게 거래에 대한 책임을 지우는 것으로 실제인물에 책임을 지우게 되는 것이다. 물론 이와 같은 시스템이 우리나라 상황에서 욕설을 막는데 그대로 이용될 수는 없을 것이다. 그러나 중요한 것은 확실하다. 욕설을 줄이는 방법은 욕을 한 사이버인격의 실명을 아는 것이 아니라 그 욕설에 대해 책임을 사이버인격에 지우는 것이다. 그리고 그 책임을 사이버인격에 가장 빨리 효과적으로 지우는 길은 다른 네티즌들이 자유롭게 논평을 할 수 있도록 하는 것이고 이를 위해서는 익명성이 필수불가결하다.

---

60) 이와 비슷한 주장으로 Bruce Schneier, "Anonymity Won't Kill the Internet", 2006년 1월 12일, Wired News. 〈http://www.schneier.com/essay-104.html〉 2009년 6월 19일 방문.

위와 같은 대안의 규제가 존재함을 고려해볼 때 이 사건의 본인확인제는 최소한의 규제라고 할 수 없다.

7. 본인확인정보의 수사기관으로의 유출61) - 영장주의의 침해

우리나라의 수사기관들은 위의 제한적 본인확인제에 의해 취득된 개인식별정보를 현재 영장이나 일체의 사법적 통제 없이 취득하고 있다.62) 이 절차는 수사기관이 인터넷에 공개된 게시물들 중에서 범죄와 연관된 것으로 보이는 게시물이 있을 경우 그 게시물의 작성자가 누구인지 신원을 확인하기 위해 광범위하게 이용되고 있다. 이용자가 글, 그림 등을 게시하기 위해서는 자신의 주민등록번호와 실명을 입력하도록 되어 있고 게시판서비스제공자가 이를 보관하고 있다가 수사기관이 전기통신사업법 제54조 상의 요청을 하게 되면 영장이나 일체의 법원허가가 사전 사후적으로 전혀 없어도 포털측은 정보를 제공하고 있는 것이다.

이는 영장주의에 대한 심각한 침해이다. 위에서 말했듯이 프라이버시는 프라

---

61) 대한민국헌법 제12조 3항 ③체포 · 구속 · 압수 또는 수색을 할 때에는 적법한 절차에 따라 검사의 신청에 의하여 법관이 발부한 영장을 제시하여야 한다.

62) 전기통신사업법 제54조(통신비밀의 보호) ① 누구든지 전기통신사업자가 취급 중에 있는 통신의 비밀을 침해하거나 누설하여서는 아니된다.

② 전기통신업무에 종사하는 자 또는 종사하였던 자는 그 재직 중에 통신에 관하여 알게 된 타인의 비밀을 누설하여서는 아니된다.

③ 전기통신사업자는 법원, 검사 또는 수사관서의 장(군 수사기관의 장, 국세청장 및 지방국세청장을 포함한다. 이하 같다), 정보수사기관의 장으로부터 재판, 수사(「조세범처벌법」 제11조의2제1항, 제4항 및 제5항의 범죄 중 전화, 인터넷 등을 이용한 범칙사건의 조사를 포함한다), 형의 집행 또는 국가안전보장에 대한 위해를 방지하기 위한 정보수집을 위하여 다음 각호의 자료의 열람이나 제출(이하 "통신자료제공"이라 한다)을 요청받은 때에 이에 응할 수 있다. 〈개정 2002.12.26, 20!07.1.3〉

1. 이용자의 성명
2. 이용자의 주민등록번호
3. 이용자의 주소
4. 이용자의 전화번호
5. 아이디(컴퓨터시스템이나 통신망의 정당한 이용자를 식별하기 위한 이용자 식별부호를 말한다)
6. 이용자의 가입 또는 해지 일자
〈이하생략〉

이버시 주체의 신원도 포함된다. 그것은 특정 행위나 통신내용이 공개되어 있다고 할지라도 마찬가지이다. 이것은 모두에게 공개되어 있는 공공장소를 걸어 다니는 사람도 국가기관이 그 사람의 신원을 확인하기 위해서는 영장을 받아와야 하는 것과 마찬가지의 이치이다. 왜냐하면 신원을 확인하기 위한 신분증도 본인이 자발적으로 제출하지 않는 한 자신의 프라이버시에 해당되기 때문이다. 즉 제한적 본인확인제를 통해 자신의 주민등록번호와 실명을 게시판서비스제공자에게 위탁할 때는 이 정보가 위탁자의 개인정보이며 이를 취득하기 위해서는 영장이 필요한 것이다.

정리하자면, 제한적 본인확인제를 통해 게시판서비스제공자가 보관하고 있는 본인확인정보를 국가기관이 범죄수사를 위해 취득할 때는 반드시 범죄와의 관련성에 대해 법원을 설득시켜 영장을 받아와야만 할 것이다. 그렇지 않고 국가기관이 범죄수사를 위해 영장도 없이, 모든 게시물에 대해 게시자 신원확인을 할 수 있다는 것은, 바꿔 말하면 인터넷게시판에 글을 올리는 사람들은 반드시 실명과 주민번호를 국가에 공개하고서야 글을 쓸 수 있다는 것인데, 이는 온라인글쓰기를 하는 사람들을 모두 잠재적인 범죄자로 취급하는 것과 다를 바 없다.

물론 전기통신사업법 제54조 제3항 상의 정보제공제도는 정보통신망법 제44조의5 상의 제한적 본인확인제와는 다른 제도이다. 그러나 제한적 본인확인제를 통해 포털에 등록된 정보가 추후에 어떻게 이용되는가도 중요한 요소이며, 그 이용이 영장주의를 침해하는 방식으로 이루어진다는 것은, 제한적 본인확인제에 대한 헌법적 평가에서 중요하게 다루어져야 한다.

8. 결론

현행 정보통신망법은 본인확인제를 실시하여 인터넷 상의 '악플' 및 불법정보에 대한 피해구제의 용이성을 확보하고 이를 통하여 '악플'과 불법정보의 유통을 억제하려 하고 있다. 정보통신망법과 관련 없이 자발적으로 실명제로 운영되는 웹사이트에서 악플과 불법게시물이 많이 보이지 않는다는 사실은 운영자와 가입자들이 그와 같은 '위축'과 '자기검열'효과를 감수하겠다는 합의의 결과물이므로 헌법적 문제가 없어 정보통신망법상의 강제적 본인확인제의 평가에 영향을 미치지 않는다.

강제적 본인확인제는 다음과 같은 이유로 위헌이다.

첫째, 헌법재판소 결정례와 외국의 판례들에 비추어보면 익명으로 말할 자유는 권력자의 보복이나 사회의 편견을 피하여 자유롭게 자신의 의견을 개진하기 위해 필수 불가결하였다. 나아가 표현의 자유의 핵심은 권력이나 주류사회에 무해한 표현을 할 자유가 아니라 이들에 대해 비판적인 표현이었다는 점에서 익명으로 말할 자유는 헌법 제21조의 표현의 자유의 본질적인 부분이며 본인확인제는 이를 침해한다.

둘째, 본인확인제는 온라인글쓰기를 하려는 자에게 자신의 신원을 공개하라는 의무를 부과하고 있다. 한 사람의 신원은 자발적으로 공개하기 전까지는 사생활의 영역이며, 그것의 강제적 공개는 불법의 개연성(probable cause)이나 최소한 형사소송법 제215조의 형사소송에의 필요성이 있는 경우에만 헌법적으로 용인될 수 있다. 본인확인제는 특정 게시물의 불법의 개연성과 무관하게 일률적으로 신원공개를 요구한다는 점에서 헌법 제17조의 사생활의 자유의 침해이다.

셋째, 사전검열제도의 핵심인 위축효과는 표현물의 내용의 제출에서 발생하는 것이 아니고 표현물의 작성자의 신원의 공개로서 발생하며, 이와 같은 위축효과는 본인확인제에 의해서도 발생한다. 작성자신원의 사전공개를 요구하는 본인확인제도는 헌법 제21조의 사전검열금지원칙을 위반한다.

넷째, 다른 매체에는 적용되지 않는, 헌법 제11조를 위반하는 불평등한 규제이다. 뿐만 아니라, 온라인글쓰기를 한다는 이유만으로 어떤 법적의무를 부과하는 것은 기본권을 행사하였다는 이유로 차별을 하는 것이다. 이 법적의무는 표현의 내용에 관계없이 그리고 온라인글쓰기의 부수적인 효과나 영향에 관계없이 부과되는 것이어서 이를 내용규제로도 방법적규제로도 정당화할 공익은 없다. 다른 행위를 할 때는 강요되지 않는 신원공개의무를 표현의 자유라는 기본권을 행사할 때는 신원공개의무가 별다른 공익적 필요 없이 강요되므로 역시 헌법 제11조를 위반하는 불평등한 규제이다.

다섯째, 위와 같은 헌법상 기본권의 침해를 정당화할 수 있는 공익적 필요는 없다. 본인확인제는 불법정보의 비율을 줄이지 못하고 있다. 현재의 본인확인제는 본인확인효과가 실제로 없는 실명-주민번호매칭테스트일 뿐이기 때문에 불법정보를 올리고자 하는 사람들은 의도적으로 그렇게 할 수 있다. 또 아이디와 비밀번호만 알면 명의도용을 할 수 있는 사이버커뮤니티의 특성 상 불법정보에 대한 수사는 결국에는 IP주소와 피의자의 위치를 확인해야하기 때문에 수사를 더욱 용이하게 하는데 일조하지 못하고 있다. 도리어 제한적 본인확인제를 통해 주민번호라는 중요한 개인정보가 집중적으로 축적되면서 사회 전체적으로는 개인정보 대량유출사고의 위험을 감수해야 하고, 위와 같은 개인정보의 대량유출사고는 아이러니하게도 사이버명의도용을 더욱 쉽게 하여 인터넷게시물의 신뢰성을 떨어뜨리고 이와 같이 신뢰성이 떨어진 환경은 다시 본인확인제의 도입목적이었던 언어순화에 도리어 역행하는 결과를 초래하고 있다. 본인확인제는 입법목적을 이룰 수 있는 적정한 방법이 아니다.

여섯째, 규범적으로 익명성은 불법성의 원인이 될 수 없다. 오프라인 상의 범죄행위 역시 익명성을 동반하는데 이때 익명성을 '원인'으로 지적하지는 않다. 익명성은 단지 수사편의의 문제이지 해악의 원인이 아니다. 또 '단순악플'이 줄어드는 것은 모욕죄 자체의 불법성이 다투어지는 마당에서 합법적인 게시글의 제약이며 기본권침해일 수도 있다. 그리고 불법게시물이 줄더라도 이와 함께 합법적인 게시물들도 헌법적으로 금기시되는 '위축' 및 '자기검열' 효과에 의해 줄어든다. 이에 반해 사생활의 자유, 익명표현의 자유, 사전검열금지의 원칙 등의 침해를 포괄적으로 고려하면 침해당하는 사익이 창출되는 공익을 압도한다.

일곱째, 언어순화 및 불법게시물의 억제에 필요한 것은 책임제이지 실명제가 아니다. 즉 국가가 주도하는 책임제가 아니라 다른 네티즌들이 자발적으로 불법게시물이나 악플을 올린 네티즌에게 보복을 자유롭게 또 익명으로 가하도록 함으로서 네티즌들이 책임을 통렬히 느끼도록 하는 것이 더 중요하다. 또 모든 게시물에 적용되는 본인확인제가 아니라 불법게시물에만 적용되는 본인확인제도 존재한다. 현재 제도는 최소한의 규제가 아니다.

여덟째, 더욱이 우리나라는 전기통신사업법 제54조 제3항을 통하여 수사기관이 영장 없이 그리고 이용자에게 아무런 통보 없이 제한적 본인확인제를 통하여 취득된 각 인터넷게시물의 게시자의 이름 및 주민번호를 취득할 수 있도록 하고 있다. 위의 법조항은 헌법 제12조 제3항의 영장주의의 침해에 해당되며 이는 본인확인제의 헌법적 평가에 있어 중요하게 고려되어야 한다.

12장
교과서검인정제도의 본질과 정치적 중립성
─ 견해차에 따른 차별금지의 원리

　최근의 근현대사교과서 수정 논란은 교과서검인정제도의 본질에 질문을 던지고 있다. 헌법 제31조 제1항은 "모든 국민은 능력에 따라 균등하게 교육을 받을 권리를 가진다"고 하여 국가가 국민에게 어느 정도의 교육을 제공할 의무를 부여하고 있다. 그리고 헌법 제31조 제6항은 "교육제도와 그 운영, 교육재정 및 교원의 지위에 관한 기본적인 사항은 법률로 정한다"고 하여 국가가 교육을 제공함에 있어서 그 내용을 정할 권한을 확립하고 있다. 그렇다면 국가는 자신의 의무인 교육을 제공함에 있어서 그 내용을 스스로 정할 수밖에 없고 교육내용의 표준을 구성하는 교과서의 내용에 간여할 수밖에 없게 된다.

　하지만 교육은 의사소통행위를 통해 이루어지는 것이며, 교육내용에 대한 국가의 사전적인 간여는 학생의 알 권리와 교사의 표현의 자유의 입장에서 볼 때 본질적으로 정부에 의한 '검열'이 될 수밖에 없다.[1] 그리고 교과서야말로 학생들이 학년에 맞추어 특정 교과에 대한 수업을 시작하기 전에 그 내용이 결정되므로 '사전검열'이라고 할 수밖에 없다. 물론 '검열'이라고 해서 그와 같은 간여가 위헌이

---

* 이 글은 『법학논총』 제26권 제4호(한양대학교, 2009)에 실린 글을 수정 · 보완한 것이다.

1) 실제로 최근 근현대교과서 논란에 대한 행정소송에서 원고 측은 "교과서의 수정은 재량 행위가 아니며, 재량 행위라 하더라도 일탈 남용"이라고 주장했으나 재판부는 "검정 제도 자체가 정부에 의한 일종의 '검열'이며, 정부는 선거에 의해 정치적으로 구성되므로, 검정도 정치적 성격을 띨 수밖에 없다. 다만 정치세력 간의 교체 가능성, 정부의 검정 권한, 교육의 정치적 중립성 사이에서 균형점을 찾아야 하지 않겠냐"고 했다고 한다. 서울행정법원 2010. 9. 2. 선고 2009구합6940 판결.

라는 뜻이 아니다. 이미 우리나라 헌법재판소는 사설 출판사에서 출판된 저서들이 학교교육의 교과서로 이용될 수 있는가?를 국가가 인정만을 해주는 검인정제도보다 더욱더 국가가 깊이 간여하는 국정교과서제도에 대해서마저 국가의 초중등교육에 대한 책무를 근거로 '합헌' 결정을 내린 바 있다.[2] 뿐만 아니라 세계적으로 교과서검인정제도는 국가가 국민에게 교육서비스를 제공하면서 그 서비스의 질을 보장하기 위해 필수불가결한 것으로 받아들여지고 있다. 그렇다면 남게 되는 질문은 검열자에게 일정한 재량이 부여된 그 검열의 한계 및 재량의 한계는 존재하는가? 그리고 존재한다면 그것은 어디까지인가?라는 것이다.

이것은 교과서 외에도 국가가 국민에게 서비스를 제공하면서 항상 나타날 수 있는 문제다. 예를 들어 예술 활동 및 기타 문화 활동은 내용과 형식면에서의 일정한 질서와 절제가 필수 불가결한데, 국가는 상암구장이나 예술의전당과 같은 표현의 장(場)을 운영함에 있어서 국민 전체의 복리를 위해 누가 그 장에서 공연을 하고 경기를 할 것인지를 일정한 기준을 가지고 정할 수밖에 없으며, 이때의 판단은 국가가 점유하고 있지 않은 장(예를 들어 길거리)에 적용되는 판단보다 더욱 넓은 재량에 맡겨질 수밖에 없으며, 그러한 의미에서 검열은 불가피하다는 것이다. 결국 교과서검인정제도는 국가가 국민전체의 복리를 위해 운영하는 교육의 장(場)인 교과서의 지면에 어떤 내용이 담길지를 정하는 절차일 뿐이며, 여기서의 재량의 행사는 불가피하다는 것이다. 그렇다면 그 재량에 어떤 한계가 적용되는가.

1. 교과서수정명령제도

2008년 10월 30일 교육과학기술부는 역사교과서의 편향성을 없애고 교과서 내용의 타당성과 공정성을 높인다는 미명 아래 그동안 검정 합격을 받아 아무런 문제없이 학교 교육현장에서 교과서로 사용되어온 이 사건 교과서의 일부분에

---

2) 헌법재판소 1992.11.12. 선고 89헌마88 결정(국정교과서제도에 대한 합헌결정).

대해 수정을 권고했다.[3] 교육과학기술부의 이와 같은 개입은 내용적으로 이승만이나 미국에 대해 비판적인 서술을 삭제할 것을 포함하는 등 수정명령의 상당수가 보수적인 입장을 견지해온 단체나 기관들의 입장을 그대로 답습했다는 면에서 정치적으로 편향되었다는 비판을 낳았고, 2008년 11월 24일 교육과학기술부가 이 권고의 내용을 대부분 포함해 사상 최초로 교과용도서에관한규정 제26조상의 수정명령을 내렸다는 면에서 많은 논란을 일으켰다. 가장 많은 수정명령의 대상이 된 금성교과서에 대해 내려진 중요한 수정들을 정리하자면 다음과 같다.

요청 기관	쪽	2008년 교과서	교과부 수정지시
대한 상의	144	한편, 1917년에 일어난 <u>러시아 혁명은 세계사의 새로운 이정표가 되었다</u>. 러시아 혁명은 자본주의 체제에 대한 도전인 동시에 국제 공산주의 운동의 새로운 출발점이었다.	러시아 혁명을 본받으려는 일부 국가에 대한 사항을 세계사의 새로운 이정표라고 표현하는 것은 지나침. 따라서 '이정표'는 일정한 대상과의 거리, 방향을 의미하는 가치내재(지향)적 표현으로 비춰질 수 있으므로, 가치중립적인 표현인 '전환점'과 같은 용어로 대체하는 것이 바람직 함.
교과서 포럼	253	"연합군이 승리한 결과로 광복이 이루어진 것은 <u>우리 민족 스스로 원하는 방향으로 새로운 국가를 건설하는 데 장애가 되었다</u>."	'민족 스스로 원하는 방향으로 새로운 국가'라는 표현이 모호하고 구체적이지 않으므로 수정이 필요함. 예시: 우리의 힘으로 일본을 물리치지 못한 것은 통일민족국가를 건설하는 데 주도권을 행사하지 못하는 원인이 되었다.
	256	〈역사의 현장〉 "일장기 대신 올라간 것은 태극기가 아니었다. 일장기가 걸려 있던 그 자리에 펄럭이는 것은 이제 성조기였다. <u>광복을 공식적으로 확인하는 역사적 순간은 자주 독립을 위한 시련의 출발점이기도 했다</u>."	광복은 민족사의 중요한 사건이므로 긍정적으로 서술하는 것이 바람직함. 일본항복 조인식의 순간을 '우리 민족의 독립국가가 시작된 것은 아니었다'라고 표현하는 것은 적절하지 않음. 예시: 자주 독립 국가가 수립되지는 않았지만 광복을 공식적으로 확인하는 역사적 순간이었다.
교과서 포럼	260	1946년 9월에는 미군정의 사회, 경제 정책에 반발하는 철도노동자들	미군정기에 일반적으로 '공출'이라는 용어가 사용되었다 하더라도 당시 정책상의 정

3) 초중등교육법 제29조(교과용도서의 사용) ② 교과용도서의 범위, 저작, 검정, 인정, 발행, 공급, 선정 및 가격사정에 관해 필요한 사항은 대통령령으로 정한다; 교과용도서에관한규정 제2조(정의) 8. "수정"이라 함은 교육과정의 부분개정이나 그 밖의 사유로 인해 교과용도서의 문구·문장·통계·삽화 등을 교정·증감·변경하는 것으로서 개편의 범위에 이르지 아니하는 것을 말한다; 교과용도서에관한규정 제26조(수정) ① 교육과학기술부장관은 교과용도서의 내용을 수정할 필요가 있다고 인정될 때에는 국정도서의 경우에는 이를 수정하고, 검정도서의 경우에는 저작자 또는 발행자에게 수정을 명할 수 있다.

		의 총파업이 일어났다··· 이러한 봉기는 경찰이나 우익 청년단체들에 의해 무력으로 진압되었다.	확한 용어를 서술할 필요가 있기 때문에 '미곡수집'으로 수정을 하거나 최소한 병기를 해야함.
대한상의	261	이승만은 제1차 미·소 공동 위원회가 중단되자 곧바로 남한만의 단독 정부 수립을 주장했다.	이승만의 단독정부 수립 주장으로 인해 남북이 분단된 것으로 학습자가 오해할 소지가 있으므로 밑줄 친 부분 삭제. 아울러 정부 수립과 관련된 북한의 움직임을 함께 서술하는 것이 필요. 추가예시: 하지만 북한은 이미 사실상의 단독 정부를 먼저 출범시켰다.
대한상의	261	남한에서 정부가 세워진다면 이는 북한 정부의 수립으로 이어질 것이 확실했다. 이제 남과 북은 분단의 길로 치닫게 되었다.	대한민국 건국의 정통성을 강조해 서술하는 것이 바람직함. 예시: 통일 정부 수립은 이루어지지 못했지만 유엔 소총회의 결의로 마침내 우리 민족의 정부가 세워지게 되었다.
교과서포럼	263	남한만의 단독 정부 수립에 대해 정치 세력들은 서로 다른 견해를 보였다. 이승만과 한국 민주당은 이에 찬성한 반면, 좌익 세력은 남한 정부의 수립을 저지하기 위한 투쟁을 곳곳에서 벌였다. 김구, 김규식 등 민족주의자들과 좌우익 사이에서 중도적 입장을 취하던 정치 세력들은 단독 선거가 민족을 분열시킨다며 반대했고, 북한과 협상을 통해 남북 분단을 막으려고 했다.	통일은 민족적 과제이므로 단독정부 수립과 관련된 정치세력별 의견을 나열 제시할 경우 당시 상황이나 배경과는 무관하게 단독정부 수립을 주장하는 측에 분단의 책임이 있다고 학생들이 선입견을 가질 우려가 있음.
교과서포럼	264	통일 정부의 건설을 바라는 국민적 열망과 여러 정치세력들의 반대 속에 1948년 5월 남한만의 단독 정부를 세우기 위한 총선거가 실시되었다(5·10선거). 총선거에는 김구와 김규식을 비롯한 남북 협상 참가세력과 많은 중도계 인사들이 참가를 거부함으로써 이승만과 한국 민주당, 그리고 일부 중도 세력만 출마했다.	쪽 순서를 원문대로 유지하되 265쪽 '남한과 마찬가지로 북한도 단독 정부 수립의 과정을 밟아 나갔다'라는 내용은 분단의 책임이 남한에게 있는 것으로 오해할 소지가 있으므로 삭제.
교과서포럼	266	〈중략〉 이승만 정부는 친일파의 처벌에 소극적이었다. 더 나아가 반민특위의 활동이 활발해지자 이를 비난하는 한편, 노골적인 방해에 나섰다. 경찰을 동원해 반민 특위를 습격하고 직원들을 연행했다. 그리고 반민족 행위자의 범위를 크게 좁히고,	역사는 근거와 타당성이 토대가 된 해석이 이루어져야 하며 지나치게 단정적이거나 주관적인 표현은 지양되어야 함. 밑줄친 부분은 삭제 또는 수정이 필요함.

		친일파 처벌의 기한을 줄임으로써 반민 특위의 활동을 사실상 막아버렸다. <u>이로 인해 친일파 처벌은 거의 이루어지지 못했으며, 민족정신에 토대를 둔 새로운 나라의 출발은 수포로 돌아갔다.</u>"	
	266	그러나 이들조차 1950년까지는 재심 청구나 감형, 그리고 형 집행 정지 등으로 모두 자유의 몸이 되었다. 이처럼 광복 이후, <u>친일파를 제대로 청산하지 못한 과오는 우리 현대사를 옥죄는 굴레가 되었다.</u>	상동 밑줄친 부분 삭제 또는 수정
대한상의	314	1990년대 전반 막대한 군사비를 감당하기 어려운 북한이 핵무기를 개발하고 있다는 의혹이 국제 사회에 제기되었다.	북한의 핵무기 개발은 단순한 의혹이 아니라 사실이었음을 협주(보조단)를 달아 적시할 필요성이 있음. 예시: 북한의 핵무기 개발 북한은 핵확산금지조약 탈퇴를 선언하고 핵무기 보유를 일방적으로 선언함으로써 한반도와 국제사회에 불안과 긴장을 증폭시켰다.
대한상의	323	농지개혁을 둘러싼 농민과 지주의 입장(전략) 듣자 하니 북에서는 농민들에게 농사지을 땅을 나누어주었다고 합니다. 그런데 우리는 제 값을 다 주고 사야 한다지요.(중략) 우리에게도 땅을 무상으로 나누어주시오.(후략)	북한의 토지개혁은 소유권의 제한(매매, 소작 등의 금지), 현물세의 존재 등 한계가 있으므로 재구성한 자료의 내용 중 무상분배만을 기술한 것은 학습자에게 자료 해석상의 오해를 불러일으킬 소지가 있음. 그러므로 자료를 재구성할 경우 문장 서술과 삽화에 신중을 기할 필요가 있음.
교과서포럼	325	이승만 정부는 부족한 재정을 메우고 정치 자금을 확보하기 위해 미국의 잉여농산물을 <u>필요 이상으로</u> 들여왔다.	밑줄 친 '필요 이상으로'는 모호하고 과도한 표현으로 삭제 필요.
교과서포럼	330	정부는 미국 등의 개방 압력과 우루과이라운드에 따라 시장과 자본의 전면적 개방을 서둘렀다. 그 결과 외국의 상품과 초국적자본이 아무런 제약 없이 밀려들어왔다.	학생들이 스스로 판단하기 위해서는 우루과이 라운드에 대한 긍정적인 점과 부정적인 점을 균형 있게 제시해주어야 함. 특정한 부분에 대해서만 비판적인 점을 서술하므로 우루과이 라운드에 대한 부정적인 인식만을 심어줌.

2. 국내에서의 논의

우리나라에서 교육에 대한 국가의 권한의 헌법적 한계는 헌법 제31조 제4항[4])

교육의 자주성, 전문성 및 정치적 중립성으로 집약된다. 그런데 같은 조 제4항과 제6항은 "법률이 정하는 바에 의해 보장된다"라고 되어 있다. 그렇다면 제4항과 제6항이 중복해 규정하고 있는 이른바 '교육법정주의' 또는 '교육제도법률주의' 하에서 '자주성, 전문성 및 정치적 중립성'이 입법자에 대한 외재적 한계로 작용하는지 아니면 형식적 요건으로 작용하는지가 핵심적이다.

헌법재판소는 국정교과서 사건에서 국정교과서제도 자체에 대해서는 합헌 결정을 하되 검인정제도가 선호됨을 선언하면서 위 문제를 전면적으로 다룬 바 있다.[5] 우선 헌법재판소는 헌법 제31조 제1항을 "국민의 교육을 받을 권리[이하 '수학권'(修學權)이라 약칭한다]"로 해석해 "통상 국가에 의한 교육조건의 개선 · 정비와 교육기회의 균등한 보장을 적극적으로 요구할 수 있는 권리"로 확립했다. 그리고 헌법재판소는 다음과 같이 법률주의의 의미를 파악했다.

> ③ 〈중략〉 '교육제도 법률주의'는 후술하는 바와 같이 국가의 백년대계인 교육이 일시적인 특정 정치 세력에 의해 영향을 받거나 집권자의 통치상의 의도에 따라 수시로 변경되는 것을 예방하고 장래를 전망한 일관성이 있는 교육체계를 유지 · 발전시키기 위한 것이며 그러한 관점에서 국민의 대표기관인 국회의 통제 하에 두는 것이 가장 온당하다는 의회민주주의 내지 법치주의 이념에서 비롯된 것이다. 〈중략〉 그런데 헌법은 교육제도 법률주의를 명시하고 있기 때문에 교육제도의 일환인 교과서제도에 대해서도 법률주의의 원칙에 따를 수밖에 없는 것은 너무나 당연하다. 〈중략〉

헌법재판소는 이와 함께 국가개입의 필요성에 대해서는 다음과 같이 설시하고 있다.

---

4) 대한민국헌법 제31조 ① 모든 국민은 능력에 따라 균등하게 교육을 받을 권리를 가진다.
② 모든 국민은 그 보호하는 자녀에게 적어도 초등교육과 법률이 정하는 교육을 받게 할 의무를 진다.
③ 의무교육은 무상으로 한다.
④ 교육의 자주성 · 전문성 · 정치적 중립성 및 대학의 자율성은 **법률이 정하는 바에 의해 보장된다.**
⑤ 국가는 평생교육을 진흥해야 한다.
⑥ 학교교육 및 평생교육을 포함한 교육제도와 그 운영, 교육재정 및 교원의 지위에 관한 기본적인 사항은 **법률로 정한다.**
5) 헌법재판소 1992.11.12. 선고 89헌마88 결정(국정교과서제도에 대한 합헌결정).

③ 초·중·고교교육에 있어서 교과용 도서에 국가가 관여하는 이유는 초·중·고교의 교육이 가지는 특성과 그에 따르는 국가의 책무 때문이다. 〈중략〉 보통교육의 과정에 있는 학생은 사물의 시비, 선악을 합리적으로 분별할 능력이 미숙하기 때문에 가치 편향적이거나 왜곡된 학문적 논리에 대해 스스로 이를 비판해 선별수용할 것을 기대하기 어려우며, 따라서 공교육 책임을 지고 있는 국가가 어떤 형태로 이에 간여하는 것은 불가피한 것이라 할 수 있는 것이다. 다만, 교과서제도에 대해서 국가가 어느 정도까지 관여할 수 있느냐 하는 정도와 한계의 문제는 초·중·고교 교육의 단계[6]와 교과과목에 따라 달라질 수 있고, 국가가 관여하는 경우에도 정부가 지방의 교육자치체제를 어느 정도로 허용하느냐에 따라 다양한 모습을 지닐 수 있는 것이다.

마지막으로 헌법재판소는 국가의 개입의 필요성과 법률주의에 대한 위와 같은 설시를 바탕으로 자주성·전문성·정치적·중립성에 대해서는 다음과 같이 설시했다.

교육의 자주성·전문성·정치적 중립성을 헌법이 보장하고 있는 이유는… 교육방법이나 교육내용이 종교적 종파성과 당파적 편향성에 의해 부당하게 침해 또는 간섭당하지 않고 가치중립적인 진리교육이 보장되어야 할 것이다. …특히 교육의 자주성이 보장되기 위해서는 **교육행정기관에 의한 교육내용에 대한 부당한 권력적 개입이 배제되어야 할 이치**인데, 그것은 대의정치(代議政治), 정당정치 하에서 다수결의 원리가 지배하는 국정상의 의사결정방법은 당파적인 정치적 관념이나 이해관계라든가 특수한 사회적 요인에 의해 좌우되는 경우가 많기 때문이다. 인간의 내면적 가치증진에 관련되는 교육문화 관련분야에 있어서는 다수결의 원리가 그대로 적용되는 것이 바람직하지 않다는 의미에서 국가의 교육내용에 대한 권력적 개입은 가급적 억제되는 것이 온당하다고 본다면〈중략〉

정리하자면, 헌법 조항인 제31조 제2항이 국가에게 국민이 '교육을 받게 할 의무'를 규정하면서 교육은 국가가 책임지고 진행해야 할 국가사업으로 규정되었

---

6) 헌법재판소는 이에 대해 초중등교육의 경우 균일한 내용의 교육을 제공하는 것이 대학교육 때보다 중시된다고 하면서 국정교과서제도의 이용이 더 선호될 수도 있다고 판시했다.

고 국가가 '법률에 의해' 교육 사업을 수행하는 한 동조 제4항의 자주성, 전문성 및 정치적 중립성은 국가에 대한 외재적 한계가 아니라 단지 입법자가 행정권의 개입을 최대한 배제해야 할 의무로만 해석하고 있는 것이다. 결국 위 사건에서 헌법재판소는 "교과서는 심신이 미숙한 학생으로 하여금 그 사용을 의무화하고 있는 것이므로, 그 내용에 있어서 일정 수준의 유지와 아울러 학생의 지능이나 연령에 상응하는 교육적 배려가 불가피하며 학생들의 수학권의 내실 있는 보장, 교육내용의 객관성·전문성·적정성의 유지, 공교육에 대한 기준설정과 운영에 대한 국가의 책임과 의무를 완수하기 위해 국가는 교과용 도서의 발행에 어떠한 형태로 관여할 수밖에 없는 것이고, 관여의 방법의 하나로서 검·인정제도 외에 국정교과서제도를 채택할 수도 있다고 할 것"이라고 하면서 국정교과서제도를 선택한 자체는 위헌이 아니라고 판시했다. 즉, 교육의 위와 같은 특성상 국정교과서제도를 통한 행정권의 개입은 인정된다는 것이다.

위의 결정에 대해서는 다음과 같은 비판이 가능하다. 첫째, 자주성·전문성·정치적 중립성을 별개의 원리로 이해하지 않고 법률주의의 한 요소로서 이해함으로써 정치적 중립성을 '다수결의 원리가 지배하는 국정의사결정'으로부터 교육의 내용을 보호하는 원리로 해석을 하며 '행정관료에 의한 영향'을 배제하는 것이 정치적 중립성의 목표인 것처럼 설시하고 있는 것이다. 법률을 만드는 국회가 교육행정기관보다 더욱 '다수결의 원리'나 '당파적인 정치적 관념'에 좌지우지될 수 있음을 고려할 때 참으로 이해하기 어려운 설시다.

둘째, '교육법정주의'가 의회에게 기본권제한의 권한을 부여하는 기본권제한적 법률유보로 해석되어 결국 교육분야에 있어서 국가의 입법형성권이 존중되어야 한다는 의미로 새겨지게 되었다. 이는 매우 안타까운 일인데 헌법재판소는 정치적 중립성을 법률주의의 한 요소로서만 이해하는 위 설시는 국정교과서제도 합헌 결정 이후 큰 변화를 보이지 않고 있음은 물론 후속 사건들에서 교육의 자주성과 정치적 중립성에 근거한 여러 주장들이 기각되어왔고,[7] 교육의 내용을 행정관

---

7) 헌법재판소 1992.11.12. 선고 89헌마88 결정(국정교과서제도에 대한 합헌결정); 2005.12.22. 선고 2004헌라3 결정(사립학교 교원의 노동단체 가입금지에 관한 합헌 결정).

료의 자의적인 개입으로부터 보호하기 위해 입법부가 교육의 내용과 양태를 법률로써 확립하기만 하면 정치적 중립성도 모두 보장된 것으로 이해하는 결정들이 뒤따르고 있다.

> 모든 국민은 행복추구권을 보장받으며 학생의 인격의 자유로운 발현권은 헌법상 기본권으로 보호된다. 그러므로 학교교육을 통한 국가의 교육권한도 부모의 교육권뿐만 아니라 학생의 인격의 자유로운 발현권, 자기결정권에 의해 헌법적인 한계가 설정된다. 그러나 학교교육에 관한 한 국가는 헌법 제31조에 의해 부모의 교육권으로부터 원칙적으로 독립된 독자적인 교육권한을 부여 받았고, 따라서 학교교육에 관한 광범위한 형성권을 가지고 있다.[8]

결국 헌법 제31조의 법률유보가 기본권형성적 법률유보임에도 불구하고 기본권제한적 법률유보로 해석되어[9] 입법부가 무엇이든지 '마음대로' 할 수 있다는 논리가 성립된 것이다. 물론 이러한 상황에서 2008년 말에 이루어진 교과부가 진행한 한국근현대교과서 수정명령에 대해 기존의 헌법재판소 결정들이 어떠한 함의를 가질 것인가?는 매우 불분명하다. 이번 교과서수정명령은 행정부에 의해 이루어졌다는 점에서 교육법률주의를 위반하고 있는 것처럼 보이기는 하나[10] 교과서수정명령 자체는 입법부가 초중등교육법 제29조를 통해 행정부에 위임한 것인데 과연 그 위임이 불가능한 것인가?의 문제로 전환될 가능성이 높고 그렇다면 교육법률주의 하에서는 행정부에의 위임이 불가능한 것인가라는 문제로 귀결될 가능성이 높다. 이 문제에 대해서는 이미 국정교과서제도 결정을 통해 입법부의 위임권한이 이미 확립된 것으로 보인다.

그렇다면 우리나라 헌법재판소는 아직 헌법 제31조 제4항의 자주성·전문성·정치적 중립성의 의미를 입법부에 대한 외재적 한계로 해석한 적이 없다는 결론에 이르게 된다. 이에 따라 교육에 대한 더욱 근본적인 접근을 통해 위 조항의

---

8) 헌법재판소 2000.04.27. 선고 98헌가16 등 결정, 판례집 12-1, 450.
9) 홍석노, "교육제도법정주의의 헌법적 의미와 성격(기능)", 『안암법학』(2009), pp.39-68.
10) 물론 행정소송 원고들의 주장 중에는 법이 '수정'에 관한 사항을 대통령령에 의해 정하기로 한 것을 정하지 아니하고 교과부의 내부규칙으로 정한 것이 위법이라는 주장도 있으며 이는 별개의 주장이다.

의미를 탐구해보고자 한다.

3. 교육의 자유와 표현의 자유

교육을 교육이 가진 고유한 측면에 천착하여 바라볼 수도 있지만 교육을 정보전달을 포함하는 표현들의 광범위하고 종합적인 집합으로 생각한다면 교육권을 표현의 자유(알 권리 포함)[11]의 측면에서 바라보는 것이 필요하다.

이와 같은 관점이 필요한 이유는 두 가지다. 첫째, 우리나라에서는 아직도 교육의 자유를 사회권적 기본권으로 사고하는 성향이 강하다. 물론 교육을 국가의 책무로 규정하고 있는 우리나라 헌법 제31조의 의미는 지대하다고 본다. 그러나 이 규정을 해석하면서 국가의 책무로서 국가가 국민들에게 베풀어야 하는 것이며, 그 내용은 결국 국가가 국민을 대표해서 정할 수밖에 없다는 논리로 이어지면서 교육법률주의가 국민과 입법부와의 관계에 개입하는 헌법적 논리로서 기능하지 못하고 단지 행정부와 입법부와의 관계에만 개입하는 논리로서 기능하게 되는 것이다. 우리나라에서는 공교육 또는 교육법정주의가 매우 강하게 신봉되고 있는데 교육법정주의는 실제적인 헌법적 분쟁에서는 입법형성의 자유에 대한 보장 원칙으로 주로 기능하고 있다. 다시 말하자면 법률주의는 국민주권과 국민의 기본권에 지대한 영향을 미치는 사안에 대해서는 반드시 국민의 대표들이 모인 국회에서 결정을 해야 한다는 명령으로서 국가에게 더욱 엄격한 주의를 요구하는 원리임에도 불구하고 도리어 국민과의 관계에 있어서 입법부의 권한을 더욱 강화시켜 주는 원리로 작용하고 있는 것이다.

그러므로 우리는 교육은 교육이기 전에 교사와 학생 사이의 사상의 교환임을 직시할 필요가 있다. 그리고 이렇게 교육이라는 사회권을 사상의 교환이라는 자유권으로 해체하여 접근할 경우 법률주의의 의미는 크게 달라질 수 있다. 물론

---

11) 표현의 자유와 알 권리 사이의 불가분의 관계는 헌법재판소가 창설 이후 가장 일찍 내린 결정 중의 하나인 임야대장에 대한 공개결정에서 이미 확립된 바 있다(헌법재판소 1989.9.4. 선고 88헌마 22 결정).

기본권제한적 법률유보라는 의미에서 달라질 것은 없으나, 자유권영역에서의 법률주의는 그 취지가 입법부와 행정부 사이의 관계를 정한 것보다는 국가와 국민 사이의 관계를 정한 것에 더 비중이 놓이기 때문이다. 즉, 단지 입법부가 행정부로 부터 자유롭게 입법을 하면 만족되는 명령이 아니고, 국민과의 관계에 있어서 더욱 엄중하고 공개적인 절차인 입법과정을 거치라는 명령으로 이해되기 때문에 명확성의 원칙 및 법률유보의 원칙 등이 더욱 강력하게 적용될 수 있다.

둘째, 우리나라에서는 아직 교육의 자유를 교육자의 자유와 떼어놓고 생각하지 못하고 있다. 실제 국정교과서제도 사건에 있어서도 청구인은 교과서를 가지고 공부할 학생들이 아니고 교과서를 집필한 교사들이었다. 그러나 이 원리 하에서는 교육의 자유에 대한 세밀한 접근을 통해 입법형성권의 한계를 도출해내기가 어려워진다. 교육자의 자유는 기본권보다는 일종의 '직권'의 성격을 띠게 되며, 기존 헌법재판소에서 교육자의 자유는 국가의 교육정책을 실행할 의무에 복속된다고 판시한 바 있다.[12] 즉, 국민의 수학권이 교사의 자유에 앞선다는 것이다. 그렇기 때문에 학생들의 교육의 자유에 대해 본격적인 논의가 필요한 것이다. 그런데 문제는 학생들의 교육의 자유를 교육자의 자유와 분리해 사고하기 위해서는 이를 교육의 가장 기본적인 모습인 '정보를 접할 권리'로 입론할 필요가 있다는 것이다. 교육이라는 종합적인 행위를 중심으로 계속 사고할 경우, 이와 같이 학생들의 교육의 자유에 대한 본격적인 접근이 어렵다는 것이다.

물론 이와 같은 전략이 성공할지는 알 수 없다. 실제로 헌법재판소는 이미 공권력이 교과서의 내용에 개입할 때, 그 교과서의 내용을 공부하는 학생의 기본권과는 자기관련성이 없다는 판시를 한 바 있다.[13]

어찌되었든 교육의 자유를 교과서 내용과 관련되어서 표현의 자유의 일부로서 입론해보자면, 여기서의 표현의 자유는 교사가 학생에게 정보전달을 하면서 가지게 되는 표현의 자유를 뜻하는 것이 아니라, 학생이 자신이 원하는 표현을 할 권리,

---

12) 헌법재판소 1992. 11. 12. 선고 89헌마88 결정.
13) 헌법재판소 2009.02.17. 선고 2009헌마38 결정, 교과용 도서에 관한 규정 제26조 제1항 후문 위헌확인.

자신이 원치 않는 표현을 하도록 강제당하지 않을 권리, 자신이 원치 않는 표현물을 접하지 아니할 권리 및 자신이 원하는 표현물들을 접할 권리 등을 의미한다.[14)

	교사가 표현의 수용자인 경우	학생이 표현의 수용자인 경우
교사가 표현의 발화자인 경우	업무용 게시판	강의내용 교과서의 내용
학생이 표현의 발화자인 경우	수업에서의 발표 내용	학교신문, 학생들 간의 토론 운동장 및 복도에서의 대화

앞의 표에서 보다시피 교과서의 내용은 학생이 교육과정의 일환으로 자신이 접하게 될 표현의 내용뿐만 아니라 자신이 수업시간 내에서의 발표, 급우들과의 토의, 시험시간에서의 답변 등을 통해 학생이 하게 될 표현의 내용에도 심대한 영향을 준다. 그렇다면 교과서의 내용을 국가가 통제할 경우 위의 표에서 음영으로 처리된 구역 즉 학생은 표현의 수용자로서의 자유뿐만 아니라 표현의 발화자로서의 자유를 제한하게 된다.

이 글에서 다루고자 하는 것은 위의 표에서 보자면 음영 처리된 구역으로 상징되는 학생의 표현의 자유의 영역에 국가가 개입할 수 있는 헌법적 한계다. 즉, 학생이 학교에서 누리게 되는 표현의 자유는 일반인이 공원에서 누리게 되는 표현의 자유와는 당연히 다를 것이다. 학생이 자신이 원하는 교육내용만을 골라서 배운다는 것은 교육의 기본 취지에 어긋나게 될 것은 물론 그 교육을 지원하는 국가에게 특정 내용을 가르치도록 강제하는 것이 되어 국가의 주권을 침해하는 것이 됨은 물론, 같은 내용을 배우게 될 다른 학생의 교육권을 침해할 수도 있다. 그렇다면 국가가 학생이 배울 교육내용을 통제함에 있어서 지켜야 할 한계는 무엇인가?

---

14) 사상을 전달받을 권리는 사상을 전파할 권리에서부터 도출된다. 표현의 자유는 문헌을 배포할 권리뿐만 아니라 받을 권리를 포용한다. Martin v. Struthers, 319 U.S. 141, 143, 63 S.Ct. 862, 863, 87 L.Ed. 1313(1943). 사상의 전파는 그 사상을 자발적으로 받고자 하는 사람이 받을 자유가 없다면 성취되지 않을 것이다. 사상의 매도인만 있고 매수인은 없는 황량한 '사상의 시장'이 될 것이다. Lamont v. Postmaster General, 381 U.S. 301, 308, 85 S.Ct. 1493, 1497, 14 L.Ed.2d 398(1965)(브레넌 대법관의 별도의견). 사상을 전달받을 권리는 또 받는 사람 스스로의 표현의 자유와 정치적 자유의 행사에 필수적인 전제가 된다. Board of Education Island Trees Union Free School District No. 26, EIA1. v. Pico, 457 U.S. 853, 867(1982).

교육을 표현의 자유의 일부로 환원해보면 표현의 자유에 대한 풍부한 미국판례들이 주는 교훈을 우리나라의 교육현실에 응용해볼 수 있는 이점이 있다. 물론 교육권을 표현의 자유의 일부로 환원시켜 그와 관련된 법규범을 검토하여 도출되는 것은, 교육권의 최소보호범위가 도출되는 것이지 교육권의 최대보호범위가 도출되는 것이 아니다. 교육은 표현이나 정보 전달의 이상을 포괄하고 있고 이러한 부분들이 더욱 광범위한 보호의 근거가 될 수 있다.

결론부터 말하자면, 교육을 표현의 자유의 일부로 환원해서 바라보게 되면, 교육에 대해 우리가 부과하고 있는 추상적인 규범인 '자주성'과 '정치적 중립성'의 의미는 학생이 배우게 되는 교육내용에 국가가 정치적인 목적으로 관여하지 않을 자유를 의미한다는 것이다.

필자는 감히 교육의 '자주성' 또는 '정치적 중립성'의 의미를 교육의 특수성에서 찾기보다는 오히려 교육의 자유를 표현의 자유라는 더욱 일반적인 카테고리의 한 부분으로 생각했을 때 더욱 찾기 쉬울 것이라고 생각한다. '정보전달자' 또는 '정보매개자'로서의 국가와 '정보수용자'로서의 개인 사이의 관계라는 더욱 보편적인 틀 속에서 교육 내에서의 국가의 권한을 살펴보고자 한다.[15]

이에 따라 다음의 4절에서는 국가가 '정보제공자' 또는 '정보전달자'나 '정보매개자' 역할을 할 때 보편적으로 적용되는 표현의 자유 원칙들을 정리하고, 5절에서는 우선 미국연방대법원의 학교 내의 표현의 자유에 대한 주요 판결들을 검토해 위의 4절에서 확립된 원칙들과 일치하는지를 살펴보고, 6절에서는 미국의 교과서 선정과정과 교과서에 관련된 판례들과 그로부터 도출되는 원칙을 살펴보며, 7절에서는 해당 판례들에서 우러나오는 절차적 원칙을 살펴보고, 8절에서는 그와 같은 원칙들을 금번 교과부의 교과서 수정에 적용시켜본다.

---

15) 이와 같은 국가의 내용통제의 한계로서 일반화시켜서 접근할 때 보편적 효용성을 가지고 있어 단지 교육에서만 가능한 것이 아니다. 국가가 국민의 표현의 내용에 개입하는 것은 교육 분야뿐만 아니라 국가가 정보 및 사상을 전달하거나 그 전달을 매개하는 기능을 수행하는 다른 분야인 방송 분야에서도 발생할 수 있다. 방송분야에 있어서도 국가는 국영방송 및 공영방송 등을 통해 국민에게 정보를 전달하거나 정보전달의 매개자를 지원 및 규제하며 이 역시 국민의 인격의 자유로운 발현권과 어떻게 조화를 이루어야 하는지에 대한 고찰을 해볼 수 있다.

4. 정보매개자로서 국가의 권한의 한계: 미국판례

국가는 학교뿐만 아니라 다른 시설들을 통해 표현(정보제공)의 주체로서 활동을 하기도 하고 표현의 매개자로서 역할을 하기도 한다. 국가가 스스로 표현(정보제공)의 주체가 되거나 다른 사람의 표현의 전달자나 매개자 역할을 할 때는 국가는 당연히 국가가 지원하거나 소유하는 시설이나 매체를 이용하게 된다. 이 경우 국가는 그 시설이나 매체의 사용에 있어 표현(정보제공)의 수용자에게는 어떠한 범위의 권리를 보장해주어야 하는가?

우선 국가가 스스로 표현의 주체가 되는 경우에는 제약이 있을 수 없다.[16) 원칙적으로 국민의 대표자인 의회나 대통령이 절차적인 규칙을 모두 준수하면서 특정 표현을 발화하려 하는 상황에서 이 표현의 내용에 대해 외부적인 제약을 한다는 것은 국민주권의 원칙에 어긋나는 것이 될 것이다.

그렇다면 국가가 표현의 주체가 아니라 표현의 매개자가 되는 경우에는 어떠할까? 즉, 국가가 국민의 표현활동의 매개가 될 수 있는 한정된 공간을 운영함에 있어 모든 표현활동을 허락할 수 없어 특정한 표현활동들을 선정할 때 어떤 한계를 가지는가가 문제가 된다. 이에 대해서는 일찍이 1983년 Perry Education Association v. Perry Local Educators' Association 사건에서[17) 학교가 공식협상 대상이었던 한 교원노조에게는 학교의 내부 메일의 사용을 허용하면서, 다른 교원노조에게는 사용을 불허한 것에 대해 대법원은 표현행위가 국가가 통제하는 공간에서 이루어질 경우를 다음과 같이 분류하고, 그 공간의 종류에 따라 표현의 자유 보호 정도가 달라진다고 했다.

첫째, 전통적 공적 공간(traditional public forum)은 역사적으로는 모든 사람들의 의사표명의 공간으로 개방되었던 길거리와 공원 등을 말한다. 여기서는 신문,

---

16) Downs v. Los Angeles Unified School District, 228 F.3d 1003(9th Cir. 2000). 학교 게시판에 교사가 동성애자각성월간에 대한 게시물을 올리지 못하도록 한 것에 대한 위헌소송. 제9순회지구 항소법원은 이 게시판은 학교 스스로의 의사표시를 위한 통로였지 다양한 학교 구성원들의 의사표시공간이 아니었다고 하며 합헌판정을 했다.

17) 460 U.S. 37(1983).

간행물의 지면이나 영화의 영상과 같은 사유공간의 보장 정도와 똑같은 표현의 자유가 보장되는 것이다.

둘째, 제한된 공적 공간(limited public forum)은[18] 개인들의 의사표명에 이용되는 공간이지만 전통적 공적 공간에 포함되지는 않는 공간을 말한다. 예를 들어 국가가 소유 및 운영하는 극장, 회관 등을 말하는데 국가가 특정한 규칙에 따라 그 공간의 사용을 사인들에게 허용했던 공간이다. 이 공간에서의 규제는 사유(私有)공간에서는 금지되는 내용규제도 허용되는데 국가가 이 공간을 운영하기 위해서는 일정한 내용규제는 불가피하기 때문이다. 예를 들어 회의장에서는 대중가수의 공연은 허용하지 않는다거나 하는 식의 내용규제는 허용된다. 그러나 회의장 운영자들이 행사의 목적(예를 들어 환경보존의 필요에 대한 각성)에 반대하기 때문에 회의의 개최를 허용하지 않는 식의 정치적 규제는 금지된다.[19]

필자가 생각하건대 전통적 공적 공간은 국가가 소유하고 있지만 연혁적인 이유로 이 공간의 국유 사실이 그 공간에서 이루어지는 표현의 자유의 가치에 영향을 미치지 않아왔던 공간으로 파악한다. 즉, 이 공간에서의 표현의 자유 보장 정도는 공간의 국유사실을 무시한 상태에서 정해진다. 필자는 제한적 공적 공간은 공간의 국유 및 운영 사실이 표현의 자유의 보장 정도에 영향을 미쳐 표현의 자유의 보장 정도가 더욱 저하되는 것으로 파악한다. 대법원에 따르면 이 공간에서는 국가가 그 공간의 일상적 운영규칙과 목적에 따라 개인들의 표현행위를 규제할 수 있다.

이와 같은 분류는 Perry 사건 이후 그대로 유지되고 있다. 1985년 Cornelius v. NAACP 사건에서[20] 대통령령(executive order)으로 연방정부 공무원들을

---

18) 일부 학설에서는 (1) 공적 공간(public forum)과, (2) 비공공적 공간(nonpublic forum)으로 나누거나, (1) 전통적 공적 공간, (2) 한정적 공적 공간, 그리고 (3) 비공공적 공간으로 분류하기도 하나 모든 학설들이 동의하는 것은 견해차에 따른 차별(viewpoint discrimination)은 비공공적 공간 및 한정적 공적 공간 모두에서 금지된다는 것이다.

19) 미연방대법원은 Perry 사건에서는 학교의 내부 메일시스템은 한정된 공적 공간이라고 정의하고 YMCA나 컵스카우트와 같은 단체들에게는 접근을 허용하고 교원노조들 중에서 공식적인 단체협상 자격을 얻은 노조 외의 다른 노조들에는 불허하는 것은 학생들에게 다양한 사회집단들의 목소리를 접할 수 있도록 한다는 교육적 목적 하에서 이루어지는 타당한 내용규제라고 했다.

20) 473 U.S. 788(1985).

대상으로 한 합동모금에서 의료혜택 등의 사회복지서비스를 제공하는 단체들만의 참여를 허용하고 정치적 또는 법적 운동단체들의 참여는 명시적으로 금지한 것에 대해, 비공공적 공간(nonpublic forum)에의 접근권은 특정 주제나 소재에 따라 부여될 수 있으며, 합동모금행사라는 공간의 목적에 합당한 규제는 견해차에 따른 차별(viewpoint discrimination)이 아니라면 허용된다고 했다.

예를 들어 1995년 Rosenburger v. University of Virginia 사건에서[21] 대법원은 University of Virginia라는 주립대학이 한 학생단체에게 특정한 종교적 입장을 추구한다면서 학생단체활동지원금의 배분을 거부한 것에 대해 판시했다. 이 사건에서 대법원은 "정부가 스스로 의사표시를 할 때나 타인과의 계약을 통해 타인에게 의사표시를 위임할 때는 정부가 그 내용을 자유롭게 통제할 수 있다"고 하며, 그러나 이 사건에서는 국가가 사인들로부터의 다양한 의사표시를 증진시키기 위해 자금지원을 하는 것이며 이 경우 견해(viewpoint)차이에 따라 차별할 수 없다고 했다.

결국 Perry 사건을 포함해 국가가 통제하는 공간을 통해 정보제공이 이루어질 때 정보수용자의 표현의 자유의 보호 정도를 표로 나타내보자면 다음과 같다.

정부의 역할	정보제공(표현)의 공간	정보 수용자의 표현의 자유 보호 정도
정부가 표현의 주체인 경우	국가가 통제하는 모든 공간[22]	
정부가 표현의 매개자인 경우	전통적 공적 공간	일반적 수준(내용규제 금기시 됨)
	한정적 공적 공간	견해차에 따른 차별 외에는 내용규제 등이 가능함

---

21) 515 U.S. 819(1995). 이 판결에서는 4명의 대법관이 미연방대법원의 국교분리조항에 따라 종교적인 입장들을 중심으로 한 학생활동에 대한 지원을 중단할 수 있다며 소수의견에 동참했다. 그러나 이 소수의견에서 종교 대 비종교 사이의 견해차에 있어서 비종교라는 견해를 선택할 수 있다고 한 것은 국교분리조항이라는 특수한 상황 때문이며 본문에서 필자가 확인한 원칙, 즉 견해차별은 금지된다는 원칙의 보편적 성립에 대해서는 영향을 주지 않는다.
22) 국가가 스스로 통제하는 공간을 통해 정보제공의 주체로서 특정한 표현(정보제공)을 할 경우, 정보수용자가 가진 원치 않는 정보를 받지 않을 권리로부터 도출될 수 있는 제공되는 정보에 대해 한계가 논리적으로 있을 수는 있는 것 같다. 단지 여기에서는 국가가 스스로 정보제공 및 표현의 주체가 되는 것이 아니고 정보제공 및 표현의 매개체를 소유하고만 있을 경우를 다룬다.

그리고 Perry 판결의 이와 같은 구분은 학교 내로 온전히 적용되었다. 우선 1991년 Planned Parenthood of Southern Nevada v. Clark 카운티교육위원회 사건에서,[23] 제9순회지구 연방항소법원은 학교가 인근의 낙태시술소의 광고를 학교 간행물에 포함시키지 못하도록 한 것에 대해 심의했다. 법원은 "비공공적 공간에 대한 접근은(그 공간이 담당하는) 주제와 표현 주체의 신원에 따라 규제될 수 있으되 차별은 합리적이라야 하며 견해차에 따른 차별이어서는 안 된다"라고 하며 위의 광고거부는 견해차에 따른 차별(viewpoint discrimination)이 아니라, 이와 같은 내용은 광고주의 낙태에 대한 견해에 관계없이 학교 간행물에 실리기에 적절치 않다는 교육적 판단에 의한 것이므로 허용된다고 판시했다.

1989년 Searcy v. Harris 사건에서는[24] 학교가 한 평화단체가 고등학교 취업박람회에 참가하지 못하도록 한 것에 대해 제11순회지구 연방항소법원은 평화단체의 참가를 불허하거나 실질적으로 어렵게 하기 위해 이 단체가 다른 채용단체(특히 군사기관)들을 비판하거나 논쟁적인(controversial) 사안에 대해 언급하지 못하도록 하는 규제를 채택한 것은 견해차에 따른 차별(viewpoint discrimination)이며 위헌이라고 했다.

2002년 Fleming v. Jefferson County 교육구 사건에서는[25] 1999년의 컬럼바인 고등학교의 총격 사건 이후에 그 고등학교에서 그 총격 사건을 기념하려는 것이 아니고, 그 총격 사건 이후 학생들이 총격 사건이 발생한 학교건물에 편한 마음으로 돌아올 수 있도록 긍정적 교육환경을 만들기 위한 노력의 일환으로 학생, 학부모 및 주민들을 초대해 다양한 타일들을 제작하도록 했고 이 타일들은 학교건물의 벽에 부착되기로 했다. 학교는 타일에는 총격, 이름, 종교적 상징 또는 음란물이 포함되어서는 안 된다는 조건을 제시했다. 소송원고들은 자신의 자녀들의 이름, 총격 사건의 날짜 및 종교적 상징을 모두 타일에 포함시켰고,[26] 이 타일들은 조형

---

23) 941 F.2d 817(9th Cir. 1991)
24) 888 F.2d 1314(11th Cir. 1989).
25) 298 F.3d 918(10th Cir. 2002)
26) 타일에는 "예수 그리스도는 나의 주, 4/20/99 예수는 울었다, 악인을 위한 평화는 없다고 주는 말씀했다"와 같은 문구들과, 피살자들의 이름, 십자가 등이 포함되어 있었다.

물에 포함되지 않았다. 이에 대해 제10순회지구 연방항소법원은 학교의 벽에 대해서는 학교의 정당한 교육적 목표에 부합하는 규제를 할 수 있다며 합헌판정을 한다.

결론적으로 국가가 개인이 생산한 정보에 대해 정보전달자 또는 정보매개자로서의 역할을 하기 위해 국가가 통제하는 공간이나 매체를 제공할 경우 이 공간이나 매체에 부여된 고유의 목표에 부합한 규제를 시행할 수 있으며 그 규제는 일반적인 표현의 자유 보호범위에서는 허용되지 않는 내용규제도 포함될 수 있으나 견해차에 따른 차별은 허용될 수 없다.

5. 학생의 학교 내에서의 표현의 자유

미국에서는 교육자 또는 '정보전달자' 또는 '정보매개자'로서의 국가와 피교육자 또는 '정보수용자'로서의 개인 사이의 관계의 틀로서 미국 수정헌법 제1조가 보호하는 표현의 자유가 확립되어 있다. 그렇다면 교육에 관해서는 "모든 국민은 표현의 자유를 보장받지만 학교와 같이 특별한 목적으로 운영되는 공간에서도 학생의 표현의 자유가 보호되는가?, 그렇다면 그 범위는 어디까지인가"라는 문제가 발생하며 이에 대해 미국연방대법원은 1960년대부터 일련의 판례들을 통해 입장을 정리해왔다.

미국의 초등 및 중등교육에 대해 널리 공유되고 있는 입장은 우리나라의 그것과 다르지 않다. 일찍이 연방대법원은 공립교육의 핵심은 민주적 정치체제의 유지에 필요한 기본적인 가치들의 수양이라고 했다.[27] 물론 이 가치들에는 다양한 정치적, 종교적 입장에 대한 관용도 포함된다.[28] 그리고 이 역할의 수행은 학생들의 표현의 자유 및 다양한 표현을 접할 자유를 일정하게 제약함은 어느 선까지는 당연한 것으로 여겨지며 교육의 내용에 대한 규제까지도 포함된다.[29]

---

27) Ambach v. Norwick, 441 U.S. 68, 76-77, 99 S.Ct. 1589, 1594, 60 L.Ed.2d 49(1979).
28) Bethel School District No. 403 v. Fraser, 478 U.S. 675(1986).
29) Any student of history who has been reprimanded for talking about the World Series during

연방대법원은 1969년 Tinker v. Des Moines 교육위원회 사건에서[30] 베트남전쟁에 대한 반대의 표시로 검은 완장을 차고 온 학생들에 대한 학교의 징계의 타당성을 심사했다. 이 판결에서 대법원은 "학생들과 교사들 공히 학교 정문에서 표현의 자유에 대한 헌법적 권리를 포기하고 학교에 들어오지는 않는다"라고 했고, 이 문구는 그 이후 모든 학내 표현의 자유 사건들에서 경구로 이용된다. 대법원은 학생의 표현의 자유는 존중되어야 하지만 학교는 표현의 자유가 어느 정도 제한되어야만 소기의 목적을 달성할 수 있는 곳이며 이에 따라 학교는 교육을 '중대하고 상당하게 방해하는(materially and substantially interfere)' 표현들은 규제할 수 있다. 그러나 학교는 단지 표현의 주제가 너무 논란이 된다거나 학교 당국자들에게 불편한 내용이라는 이유로 특정 표현을 규제할 수는 없다고 하며 위의 검은 완장을 차고 온 학생들에 대한 징계에 대해 위헌판결을 했다. 즉, 검은 완장을 차고 오는 것만으로 교육에 '중대하고 상당하게 방해'가 되지 않기 때문이다. 특히 대법원은 학생이 자신의 정치적 견해를 밝힐 자유는 그러한 견해 표명 때문에 소요가 발생할 것이라는 '무분별한 공포(undifferentiated fear)'를 이유로 침해될 수 없다고 했다.

또 Tinker 판결에서 대법원은 국가의 교육내용 통제권한의 한계를 암시하는 말들을 남겼다. "공립학교는 전체주의의 성역이 되어서는 안 된다. 학생들은 국가가 전달하고자 하는 바만을 받아들이는 폐쇄회로 상의 정보수령자로 치부되어서는 아니 된다… 국가는 '통일성 있는 국민(a homogeneous people)'을 양성하기 위해 학교를 운영해서는 아니 된다"(p.511).

위에서 말했듯이 표현의 자유에는 단지 표현을 할 자유뿐만 아니라 다양한 표현을 접할 권리도 포함된다. 1982년 Island Trees Union Free 교육위원회 v. Pico 사건에서[31] 대법원은 교육위원회가 학교 도서관에서 특정한 책들을 장서에

---

a class discussion of the First Amendment knows that it is incorrect to state that a 'time, place, or manner restriction may not be based upon either the content or subject matter of speech Consolidated Edison Co. v. Public Service Comm'n of N.Y., 447 U.S. 530, 544-545, 100 S.Ct. 2326, 2337, 65 L.Ed.2d 319(1980).
30) 393 U.S. 503(1969).
31) 457 U.S. 853(1982).

서 제외시킨 것이 학생의 표현의 자유에 포함된 정보수령권을 침해한다고 판시했다. 여기서도 대법원은 학교는 교육이라는 특수한 목표를 수행해야 한다면 '저급하거나(vulgar)', '교육적 적절성(educational suitability)'이 결핍된 자료들은 제외할 수 있다고 했다. 그러나 교육위원회는 그들이 책에 담긴 사상에 동의하지 않는다는 이유로 그 책들을 도서관 장서에서 제외하거나 '정치, 국가관, 종교 또는 다른 견해의 분야에서 정설을 확립하기 위해'[32] 그 책들을 제외해서는 안 된다고 하며 위헌판결을 했다.

그 후 대법원은 1986년 Bethel 제403학군 v. Fraser 사건[33]에서 학생이 학내집회에서 성적 암시를 갖는 언어들을 이용해 학생자치단체임원 선거에 동료학생을 추천하는 연설을 600여 명의 학생들 앞에서 한 것을 징계한 것에 대해 심사했다. 여기서 대법원은 "학교는 문명화된 사회질서 내에 널리 공유되는 가치(shared values of a civilized social order)를 학생들에게 가르치는 중요한 역할을 수행해야 하며 공개적인 대화에서 저급하고 불쾌한 단어들을 사용하지 못하도록 금지하는 것은 학교의 매우 적절한 기능이다"라고 판시하며 해당 징계에 대해 합헌이라고 선언했다. 이 사건에 대해서 대법원은 2명의 대법관들이 소수의견을 제시했는데 Marshall 대법관은 언어에 대한 편향을 교육적 목적과 구분해낼 수 없다고 했고

---

32) Va. Bd. of Educ. v. Barnett, 319 U.S. 624, 642(1943) 이 유명한 사건에서 대법원은 2차 세계대전이 한창 진행되고 있는 와중에도 국기에 대한 경례를 강제한 교육위원회 결정이 학생의 양심의 자유에 반한다며 위헌판정을 내렸다. "국가는 모든 학생들에게 역사와 국가조직 그리고 시민적 자유의 보장에 대해 가르침으로써 애국심을 유발시킬 수는 있다. 그러나 여기서의 문제는 학생에게 어떤 신념을 천명하도록 강제하는 것이다. 학생들에게 국기에 대한 경례의 양태와 의미에 대해 가르치는 것이 아니다. 여기서의 논점은 느리기도 하고 쉽게 간과되는 충성심 함양으로의 길을 강제경례를 통해 질러가는 것이 헌법적으로 허용되는가이다."

33) 478 U.S. 675(1986). 학생의 연설에서 성적 은유를 담고 있는 말들을 보면 다음과 같다. "I know a man who is firm-he's firm in his pants, he's firm in his shirt, his character is firm-but most⋯ of all, his belief in you, the students of Bethel, is firm."(나는 굳건한 사람 하나를 압니다. 바지 속도 굳건하고 셔츠 안도 굳건하고 성격도 굳건하고 가장 중요한 것은 Bethel 학교의 학생들에 대한 믿음도 굳건합니다.)⋯

"Jeff is a man who will go to the very end-even the climax, for each and every one of you."(제프는 여러분 한 사람 한 사람을 위해 끝 또는 절정까지 갈 것입니다.)

"So vote for Jeff for A.S.B. vice-president-he'll never come between you and the best our high school can be."(그러므로 제프를 부회장으로 뽑아주시면, 그는 당신과 이 학교가 이룰 수 있는 모든 것 사이를 막아서지 않을 것입니다) [편집자- come과 cum 사이의 말놀이]

Stevens 대법관은 그 학생의 징계절차의 부실함을 지적했다.

그 후 1988년 Hazelwood Sch. Dist. v. Kuhlmeier 사건[34]에서 대법원은 고등학교의 교지(校誌)에 실린 학교 내 임신학생들에 대한 글과 학생들의 부모의 이혼에 관한 2개의 글을 교장이 "거부감이 든다(objectionable)"고 하며 삭제한 것에 대해 합헌판결을 했다. 대법원은 "학생들의 표현의 자유는 성인들의 그것과 동일한 범주(coextensive)를 가지지 않으며 학교환경의 특질에 비추어 적용되어야 한다"고 설시했다. 이에 대해 3명의 대법관은 소수의견에서 "교장은 언뜻 정당한 교육적 필요(legitimate pedagogical reasons)에 의해 삭제를 한 것처럼 보이지만 사실은 학교의 편향된 도덕적 입장에 의해 삭제한 것"이라며 위헌이라고 주장하며 위의 Tinker 사건의 기준인 교육에 중대한 방해가 되는가?가 위헌의 기준이 되어야 한다고 주장했다. 다수의견은 이에 대해 Tinker 사건은 학생이 직접 표현을 한 것이고, 이 사건에서는 학생이 학교라는 권위가 표창된 교지를 통해 표현을 하려 하는 것이었기 때문에 구별된다고 하며 Tinker의 기준을 사용할 수는 없다고 했다.

다수의견과 소수의견이 모두 동의하는 것은 학생들의 표현의 자유는 일정하게 그 표현이 이루어진 공간의 성격에 달라져야 하며, 교지의 경우 학교에 의해 일정한 제약을 받을 수 있다는 것이다.

위의 일련의 판례들을 보면 학교나 교육당국은 (1) 학교 내에서 이루어지는 학생의 표현을 교육목표에 맞지 않는다고 제약할 수도 있고, (2) 학교 내에서 학생에게 제공되는 정보의 내용을 교육목표에 부합하게 재단할 수도 있다. (3) 하지만 위의 (1)과 (2) 모두 학교의 권한행사의 근거는 교육적 목표가 되어야 한다. 즉, Fraser 판결에서처럼 교육을 '중대하고 상당하게 방해하는

---

34) 484 U.S. 260(1988). 이 사건에서 삭제된 첫 번째 글은 10대 임신에 관한 것이었다. 교장은 첫째, 학교에 임신한 학생의 숫자가 너무 적기 때문에 임신한 학생의 이름을 바꾸었음에도 불구하고 누구인지 식별할 수 있다는 이유와, 둘째, 임신한 학생들의 성력과 성교시 피임을 했는지 등에 대한 언급이 학교가 지원하는 간행물에 게재되기에는 부적절하다는 이유로 삭제했다. 두 번째 글에서는 이혼에 관한 것이었고 실명으로 소개된 학생이 이혼 전에 아빠가 가족과 시간을 많이 보내지 않았고 출장을 자주 갔으며 친구들과 밤늦게 카드놀이를 했고 엄마와 많이 싸웠다고 말했다. 교장은 이 글이 학생의 아버지에게 불공정하다며 삭제했다.

(materially and substantially interfere)' 표현들만을 규제하든지 Kuhlmeier 사건에서처럼 정당한 교육적 목적(legitimate pedagogical reasons)'으로 개입할 수는 있으나 Barnett 사건처럼 '정치, 국가관, 종교 또는 다른 견해의 분야(realm of opinion)에서 정설을 확립하기 위하여', 또는 Pico 사건에서처럼 책에 담긴 사상에 동의하지 않다는 이유로, 또는 Tinker 사건에서처럼 '균질적인 국민(a homogeneous people)'을 양성하기 위한 목적으로 교육내용을 재단하는 것은 학생의 표현의 자유를 제약해서는 아니 된다는 것이다.

아래에 살펴겠지만 여기서 세 번째의 원칙은 국가가 국민의 표현활동을 증진시키기 위해 운영하는 공적 공간을 운영함에 있어 그 공간에 '게재'될 표현의 내용을 선택할 때 적용되는 규범과 조우해 견해차에 따른 차별(viewpoint discrimination)금지의 원칙으로 발전하게 된다.

6. 교과서 내용의 통제

가. 미국의 교과서 선정방식

텍사스주와 캘리포니아주를 포함하는 미국의 남부와 서부에 위치한 21개주는 주인정주(state adoption state)로서 주정부가 교과서를 인정한다. 이들 주에서는 주정부의 교육부나 주정부가 권한을 위임한 위원회가 인정신청이 들어온 교과서들을 평가하고 이때 공청회 등을 통해 의견을 수렴한다. 위원회나 교육부가 이를 인정하면 지역교육위원회들은 주정부의 기금을 이용해 그 교과서를 구입할 수 있다. 인정되지 않은 교과서를 사용하는 것도 허용되나 이 경우 주정부의 기금을 이용할 수 없다.[35]

나머지 주에서는 각 지역 교육위원회가 정한다. 콜로라도 주 같은 곳에서는

---

35) Rebecca Tanglen, "Local Decisions, National Impact: Why the Public School Textbook Selection Process Should be Viewpoint Neutral", 78 University of Colorado Law Review 1017(2007).

아예 주 헌법에 주의회나 주의 교육당국이 공립학교에서 이용되는 교과서를 정할 수 없다고 명시하고 있다.[36] 미국의 교육위원회의 연합체인 전국교육위원회협의 회(National School Board Association)가 채택한 교과서 선정 및 채택 정책은 다음과 같이 명시하고 있다.[37] "각 교육위원회가 교과서를 선정하고 채택함에 있어서 첫째 책무는, 학생이 학문적 자유가 보장되는 환경에서 공부할 권리를 보존하는 것이다. 둘째, 각 교육위원회는 교사가 자신의 업무에 있어 전문적 판단 을 할 권리를 지지해야 하며, 이와 함께 교사가 이 권리를 학교 시스템의 교육목표 를 충족시킬 의무에 대한 각성과 균형을 맞출 것을 요구해야 한다. 셋째, 각 위원회 는 부모들이 자녀들의 교육에 영향을 미칠 권리를 인정한다. 그러나 한 교실의 개별 학부모의 희망이 그 교실의 대다수 학생의 권리를 침해하도록 허용하지는 않을 것이다."

위의 이렇게 주정부나 교육위원회가 인정한 교과서들이 정해지면 이 교과서들 중에서 일선교사들이 자유롭게 교과서를 선정하게 된다. 같은 학교에서 같은 과 목을 가르치는 교사들도 자신의 교육방식에 맞는 교과서를 선정하도록 한다. 이 에 따라 학생의 부모가 특정 교과서가 자신의 자녀에게 좋은 영향을 끼치지 않는다 고 생각하면 같은 과목을 가르치는 다른 교사의 과목을 수강하도록 할 수 있다.

대부분의 교육위원회들은 수업교재에 대한 민원을 처리하는 공식적인 정책과 절차를 두고 있다. 특정 교재의 내용에 대해 민원이 제기되면 교사, 도서관 직원, 행정관료, 그리고 가끔은 학생과 부모를 포함하는 위원회가 보통은 민원을 처리한 다. 이 위원회의 결정은 건전한 교육적 및 학문적 원칙에 근거하고 있다면 이 결정 은 거의 항상 준수된다. 그러나 개인의 견해차에 따른(viewpoint-based) 우려에 따라 교재가 수거되거나 제거된다고 판단될 경우 학생의 표현의 자유에 근거한 헌법소송이 제기된다.[38]

---

36) Colo. Const. art. IX, 16.
37) http://www.nsba.org 참조.
38) http://65.49.16.213/education/schools/index.cfm.

나. 교과서 선정에 관한 주요 판례들

그렇다면 국가가 정하는 교과서는 위의 전통적 공적 공간에 해당할까? 한정적 공적 공간에 해당할까? 미국의 연방대법원은 이에 대해 명백한 판시를 한 적은 없으나 대부분의 순회지구 항소법원들은 첫째, 교과서를 한정적 공적 공간으로 분류하고, 둘째, 이에 따라 견해에 대한 중립성(viewpoint neutrality)을 그 요건으로 주문하고 있다. 이 요건은 헌법재판소가 천명한 교육의 중립성과 밀접한 관계를 가지고 있을 것으로 예측된다. 이미 1984년부터 교과서 선정제도가 학생들의 표현의 자유에 미치는 영향이 예측되고 있었다.[39]

우선 위에서 언급한 Pico 사건을 살펴보자. 1975년 당시 뉴욕주의 아일랜드 트리교육구 내의 공립학교를 담당하는 주정부기관인 교육위원회의 교육위원들은 한 보수적인 학부모단체의 회의에 참가해 그 단체에서 거부되어야 할 (objectionable) 책들의 목록을 입수했다. 자신들의 교육구 내의 고등학교 도서관에 이 책 중의 9권이[40] 비치되어 있음을 알고 교육위원회는 이 책들이 음란하지는 않으나 "반미국적, 반기독교적, 반유대교적 그리고 명백히 저급하다"고 하며 도서관에서 수거할 것을 명령했다. 이에 대해 학교의 교장들은 도서관 장서에 대해 이의가 들어올 경우 위원회를 구성해 검토하는 정책을 시행해왔다며 이의를 제기했다. 이에 교육위원회는 학교 직원 4명과 학부모 4명으로 구성된 서적평가위원회를 구성했다. 그러나 서적평가위원회가 대부분의 서적들에 대해 적합 판정을 내리자 교육위원회는 서적평가위원회의 권고를 무시하고 위 9권의 책에 대해 도서관은 물론 수업교재로 사용될 수 없다고 명령했다. 이에 대해 학생들이 소송을 제기했다.

---

39) M. David Bieber, "Textbook Adoption Laws, Precensorship, and the First Amendment: The Case Against Statewide Selection of Classroom Materials", 17 J. Marshall L.Rev. 167, 167(1984).
40) (1) Slaughter House Five, by Kurt Vonnegut, Jr.; (2) The Naked Ape, by Desmond Morris; (3) Down These Mean Streets, by Piri Thomas; (4) Best Short Stories of Negro Writers, edited by Langston Hughes; (5) Go Ask Alice, of anonymous authorship; (6) Laughing Boy, by Oliver LaFarge; (7) Black Boy, by Richard Wright; (8) A Hero Ain't Nothin' But A Sandwich, by Alice Childress; and(9) Soul On Ice, by Eldridge Cleaver.

대법원은 "판례의 교훈은 명백하다. 교육위원회는 도서관 장서를 구성함에 있어 상당한 재량을 가지고 있다. 하지만 그 재량은 편협한 정치적 방식으로 행사되어서는 아니 된다⋯ 우리의 헌법은 국가에 의한 사상의 탄압을 허용하지 않는다⋯ 교육위원회가 서적의 수거를 통해 교육위원회가 찬동하지 않는 사상에 소송 원고인 학생들이 접근하지 못하도록 하려는 의도"였다면(871) 이는 위헌이라고 판시하면서 교육위원회의 교육위원들 중 2명이 하급심에서 반미국적의 의미를 서술하라고 하자 *A Hero Ain't Nothin' But A Sandwich*라는 서적에서 건국공신 조지 워싱턴이 노예소유주였음을 밝힌 점을 지적한 것은 위와 같은 정치적 의도를 의심케 한다면서 하급심에 재판의 속행을 명했다. 최고법원의 이와 같은 판시 이후 양 당사자들은 합의 하에 관련 서적들을 모두 도서관으로 돌려보내기로 하되 책이 대출될 때 대출한 학생의 부모에게 통지하기로 했다.

1980년 Loewen v. Turnipseed 사건에서 주정부가 임명한 교과서검정위원회가 『미시시피: 분쟁과 변화』라는 책에 대해 흑인과 노예들의 처우에 대한 묘사가 너무 부정적이라며 검정을 거부한 것에 대해 연방지방법원은 학생들과 교사들이 제기한 소송에서 위헌처분을 내린 바 있다.[41] "국가의 권한을 행사하는 자들은 특정 책이 논란이 될 만한 견해를 담고 있다고 하여 이를 검열해서는 아니 된다"[Bazaar v. Fortune, 476 F.2d 570(5th Cir. 1973); Burnside v. Byars, 363 F.2d 744(5th Cir. 1966)].

1982년 Pratt v. Independent School District[42] 사건에서 교육구는 the Lottery 라는 영화를 모든 학년의 수업교재에서 배제하도록 결정했다. 이 결정은, 학부모 일부가 이 영화가 (1) 폭력적이며, (2) 종교적 가치와 가정적 가치를 폄하한다는 민원을 제기한 후, 해당 교육구에 마련되어 있는 절차에 따라 2명의 시민, 2명의 교사, 1명의 미디어전문가, 1명의 교육당국자, 1명의 학생으로 구성된 심의위원회가 공청회 등을 통해 위 영화를 중학교 교재에서는 배제하되 고등학교 교재에는 포함시키기로 결정했고, 교육위원회는 심의위원회의 권고를 거부하면서 내려진

---

41) 488 F.Supp.1138(1980).
42) 670 F.2d 771(8th Cir.1982).

것이었다. 제8순회지구 연방항소법원은 위의 교육위원회의 결정이 종교적 배경을 가지고 그 영화의 사상적 내용을 이유로 내려져있다는 사실판단을 존중한다고 하며 교육위원회의 결정에 대해 위헌처분했다. 교육위원회는 실제로 해당 교재를 배제할 때는 그 이유를 제시하지 않았고, 추후에 당해 소송이 제기된 이후에야 폭력을 결정의 근거로 들었지만 하급심은 "사후적으로 급조된 아전인수적 근거 (self-serving statement… made after the fact)"라고 하며 받아들이지 않았다.

1989년 Virgil v. Columbia County 교육위원회 사건[43]에서는 고등학교 인문 (humanities) 교과서에 참고서적으로 열거된 책이 성적이며 음란한 내용을 담고 있다는 이유로 학교가 그 서적 자체의 사용을 금지했다. 문제가 된 '참고서적'은 아리스토파네스의 『라이시스트라타(*Lysistrata*)』(411 B.C.)〉와 제프리 쵸서 의 『밀러 이야기(*Miller's Tale*)』(A.D. 1380~90)였다.[44] 이에 대해 학부모들이 학생들의 표현의 자유를 제약한다며 소송을 제기했고, 제11지구 연방항소법원은 합리적인 교육적 목표에 따라 사용을 금지한 것이라고 하며 합헌판정을 했다.

2005년 Chiras v. Miller 사건에서[45] 텍사스주교육위원회가 Environmental Science: Creating a Sustainable Future라는 고등학교 환경과학교과서가 심의위 원회, 공청회 및 교육기관관리국(Educational Agency Commissioner) 등에서 채택권고를 했음에도 불구하고, 2개의 보수적인 싱크탱크기관이 공청회 재개를 요구해 공청회가 추가로 열린 후에 그 교과서를 '부적격' 처리했다. 이에 대해 저자

---

43) 862 F.2d 1517(11th Cir. 1989).
44) 『라이시스트라타』의 대사의 예:
A: 가슴이 참 아름답네요.
B: 당신이 그렇게 만지면…
…나는 내 남편이나 애인과 아무 것도 하지 않을 것이다. 그가 불쌍하게 나를 찾아와도 집에 있으면서 누구도 범접하지 못하게 할 것이다. 가장 얇은 사프론실크를 입고 그가 나를 원하게 만들고는 나를 그에게 맡기지 않을 것이다. 그가 나를 강압한다면 나는 얼음처럼 차가워져 움직이지 않을 것이다. 나는 내 슬리퍼가 천정을 향하게 하지도 음각화에 나오는 암사자처럼 네 발로 기지도 않을 것이다. 『밀러 이야기』의 예:
그는 그녀의 사타구니를 쥐고 말했다. "내 뜻대로 하지 않으면 나는 이 은밀한 욕구 때문에 죽을 것이오." 그는 그녀의 엉덩이를 부여잡고 말했다. "그대여, 나에게 지금 당장 사랑을 나누어주오. 아니면 하나님, 나는 죽을 것 같소."
45) 432 F.3d 606, 618(5th Cir. 2005).

와 일단의 학생들은 견해차에 따른 차별이라며 헌법소송을 제기했다. 제5순회지구 연방항소법원은 우선 교과서가 어떤 의미에서도 공적 공간이 아니라는 미연방 대법원의 Hazelwood 판시에 어긋나는 판시를 하는 한편 그렇기 때문에 견해차에 따른 차별이 허용된다고 판시했다. 그러나 제5순회지구 연방항소법원은 최소한 Pico 판시에서 민주당원이 장악한 교육위원회가 당적에 따라 공화당원들이 저술하거나 지지하는 교과서들을 제거하는 것은 학생들의 헌법적 권리를 침해할 것이라는 원리에 대해서는 동의했다. 하지만 법원은 실제로 교육위원회 위원들이 이와 같은 정치적 동기를 가지고 해당 교과서를 배제했다는 증거가 없다고 했다. 실제로 교육위원회의 위원 1명이 환경문제의 근본원인이 경제발전이라는 교과서의 주장은 잘못된 것이라는 논설을 쓴 적이 있으나, 법원은 이것이 과학적 주장이 아니라 정치적 주장이라는 증명이 없다고 했다.

7. 절차의 중요성 – 학부모, 교사 및 학교의 교육권

교육의 이해당사자는 국가와 학생만이 아니다. 학부모는 자녀에 대한 양육권으로부터 파생되는 교육내용 선택권이 있고, 교사는 자신의 학문의 자유와 직업의 자유에서 파생되는 교권이 있으며, 학교는 교육기관으로서의 자율권을 가지고 있다. 결국 교육의 내용을 규정하는 헌법적으로 올바른 방법은 교육의 자유의 네 당사자라고 할 수 있는 (1) 국가, (2) 학부모, (3) 교사 및 (4) 학교들의 의사를 모두 반영하는 것이다.

물론 이들의 의사는 충돌할 수 있지만 이 충돌은 다양한 방식으로 조정된다. 특정 교과서의 검인정에 대한 최종적 결정은 국가가 내리게 되지만—그리고 여기서 견해차의 차별을 하지 않아야 하지만—그 교과서가 실제 학교에서 사용되도록 강제할 수는 없다. 실제 그 교과서를 선택하는 것은 일선교사가 된다. 하지만 그 교사에 대해 인사권을 가지고 있는 것은 학교로서 그 교과서를 이용한 특정 교사의 교육능력에 대해 평가를 하고 그 평가에 따른 조치를 할 수 있다. 또 학부모는 특정 교사가 선정한 교과서가 마음에 들지 않을 경우 같은 과목의 다른 교사가 가르치는 강좌로 학생을 보낼 수 있다.

그리고 가장 중요한 이해조정의 요소로서 특정 교과서가 검인정되는 과정에서 미국, 우리나라를 비롯한 대부분의 국가들이 공청회 등과 같이 위의 이해당사자들의 의견을 반영할 수 있는 절차를 두고 있다. 미국의 경우 교과서의 검인정은 국가기관이 주관하되 학생들과 모든 교육당사자들이 의견제시를 할 수 있는 공청회를 거쳐야 한다. 그리고 이 절차적인 요소는 학부모, 교사, 학교 등에게는 각 이해당사자의 교육에 대한 권리를 보장하는 헌법적인 의미를 가지고 있다. 실제로 Pratt 사건과 Pico 사건을 보면 교육당국이 학부모, 학생, 교사들이 참여하는 심의기구를 구성한 후에 교육당국 스스로가 그 심의기구의 권고를 따르지 않았던 사례임을 유의할 필요가 있다.

1983년 Johnson v. Stuart 사건에서는 제9순회지구 연방항소법원은 오레곤 주의 교과서검정제도가 학생들에게 특정 책에 대해 의견을 제시할 기회를 제공하지 않았음은 물론 승인이 되지 않는 이유도 제시하지 않는다는 이유로 제도 전체의 위헌성에 대한 소송을 허락했다.[46]

"위헌제청의 대상이 된 제도는 학생들이 특정 책이 합법적으로 검인정되거나 검인정 거부되었는지를 입증할 합리적인 기회를 주지 않는다. 매 2년마다 주교육위원회는 출판사들에게 법의 내용을 전달하고 계약에 따라 출판사들이 법을 준수해야 함을 상기시키고, 교과서위원회는 법률을 염두에 두고 책을 선정한다. 책이 인정이 거부될 때 주교육위원회나 교과서위원회는 그 이유를 제공하지 않는다"(p. 196).

이에 따라 학생들의 교육권은 물론 학부모들의 교육권도 침해될 수 있다고 판시했고, 교사들의 교육권에 대해서는 교사들이 교과서 외의 다른 자료들을 수업시간에 사용할 수 있으므로 침해되지 않는다고 선언했다.

이 절차는 학생들의 표현의 자유를 위해서 뿐만 아니라 다른 이해당사자들이 가진 교육에 대한 권리를 위해서도 기능한다. 2007년 Asociacion de Educacion

---

46) 702 F. 2d 193(9th Cir. 1983).

Privada De Puerto Rico v. Garcia-Padilla 사건에서 제1순회지구 연방항소법원은 교과서 선정에 있어 부모들이 다른 이해당사자들의 이의제기가 불가능한 비토권을 갖는 교과서 선정제도에 대해 위헌처분했다.[47] 즉, 푸에르토리코에서는 그 지방 전체에 적용되는 검인정제도는 없고 개별학교들이 교과서를 선정하는데, 이때 학부모들이 교과서 선정에 있어서 교과서 가격 등을 이유로 학교의 교과서 선정을 통제할 수 있는 것에 대해 다른 이해당사자들의 의견이 반영될 기회를 주지 않는다고 위헌판정을 한 것이다.

결론적으로, 교육은 학생들뿐만 아니라 국가, 학교, 교사 및 부모가 모두 일정한 헌법적 권리를 가지고 있는 분야며, 교과서검인정제도가 공청회와 같은 요소를 통해 이 이해당사자들의 의견을 반영하는 것은, 각 이해당사자들이 교육에 대해 가진 권리를 존중하기 위한 헌법적 당위인 것이다.

8. 한국근현대사교과서 수정에의 적용

정리하자면, 미국헌법에는 교육에 관한 헌법조항이 없으나 교육은 교사와 학생의 표현의 자유 및 알 권리의 행사에 의해 이루어지는 활동임에 천착한다. 표현의 자유 및 알권리에 대한 규범으로부터 국가의 개입에 대한 한계를 이끌어낸다.

국가의 검인정제도 운영에 있어서 재량의 한계는 국민이 국가에 의한 사상통제로부터 자유로울 권리로부터 도출된다. 사상통제로부터 자유로울 권리는 표현의 자유와 알 권리라는 2개의 축으로 지탱되는데, 교육을 구성하는 행위들은 이 2개의 축을 모두 포괄하는 행위들로 이루어진다. 그렇다면 국가가 국민의 표현의 자유와 알 권리를 규제할 때, 그 표현이 행사되는 영역의 성격에 따라 헌법적으로 허용되는 국가규제의 범위와 강도는 달라질 수밖에 없는 것이다.

우선 표현의 자유와 알 권리가 행사되는 영역이 길거리 광장 및 기타 국가가 공익적 목적으로 점유하고 있지 않은 공간에서는 과잉금지의 원칙, 검열금지의

---

47) 490 F.3d 1(1st Cir. 2007).

원칙 등이 똑같이 적용된다. 그러나 표현의 자유와 알 권리가 행사되는 영역이 공익적인 목적으로 또는 사익적인 목적으로 국가나 사인에게 점유되고 있는 상황에서는 표현의 자유와 알 권리의 행사는 더욱 심하게 제약될 수밖에 없을 것이며, 그와 같이 점유를 하고 있는 국가나 사인에게는 표현의 자유의 제약에 대한 더 폭넓은 재량이 인정되어야 할 것이다. 이는 마치 민영신문사가 자신이 투고한 글을 아무런 이유 없이 게재거부하거나 공영방송국이 자신을 토론프로그램에 초청하지 않는다고 하여 법적으로 문제 삼을 수 없는 것과 마찬가지다.

그렇다면 교육 특히 교과서가 실제로 교사들의 강의내용과 학생들의 학습내용을 규정하게 되는 교실 내는 어떠한가? 바로 이 문제를 본격적으로 다룬 것이 미국의 판례들이다. 판례들의 내용을 정리해보자면 교육은 점유자에 의한 표현의 자유 제약에 있어서 재량이 많이 인정되지 않는 공공의 장(public forum)과는 달리한정적 공공의 장(limited public forum)에 해당하며, 한정적 공론의 장에서는 국가에 상당한 재량이 보장되지만 국가 자신의 표현(government speech) 또는 사인 자신의 표현(private speech)에서와 같이 완전한 재량이[48] 보장되지는 않는다는 것이다. 결국 한정적 공공의 장에서는 표현의 자유에 대한 가장 예비적이고 폭넓은 보호원리인 '검열'금지 원칙 등이 적용되지는 않으나, 견해차에 의한 차별(viewpoint discrimination)과 같이 표현의 자유에 대한 가장 내용적인 침해를 구성하는 규제들은 금지된다는 것이다. 결국 교과서의 검인정 및 교과서 내용의 수정에 있어서 단순한 내용규제에 머무르는가? 아니면 특정한 정치적 입장에 유리한 규제에 이르는가?에 따라 합헌이 될 수도 있고 그렇지 않을 수도 있다는 것이다. 그리고 그것이 내용규제(content regulation)인가 견해차에 따른 규제(viewpoint regulation)인가에 대한 판단에 있어서 중요한 것은 절차적인 보호장치가 준수되었는가?이다. 학부모, 학생, 교사, 학교, 그리고 국가 이렇

---

48) 물론 국가에 의한 표현이건 사인에 의한 표현이건 타인의 권리를 침해하거나 다른 법상의 불법적인 내용을 담고 있을 경우 위법한 것이며, 그러한 의미에서 완전한 재량이란 인정될 수 없을 것이다. 그러나 여기서 말하고자 하는 것은 권리침해나 불법을 저지를 수 있다는 것이 아니라 공간의 제공자로서 그 공간의 다른 이용자(국민)에게 양허를 해야 할 필요가 없다는, 어떻게 보면 동어반복적인 원칙을 확인하고자 하는 것이다.

게 교육에 대해 권한을 가진 5개의 주체들이 공동으로 참여하는 단계적인 심의나 분권화된 결정과정을 통해 걸러진 교과서의 내용에 비해 이 중의 1개의 주체인 국가가 일방적으로 추진하는 수정은 훨씬 더 견해차에 따른 규제로 보일 가능성이 높은 것이다.

9. 결론

헌법재판소는 학교교육을 통한 국가의 교육권한도 부모의 교육권뿐만 아니라 학생의 인격의 자유로운 발현권, 자기결정권에 의해 헌법적인 한계가 설정된다고 했다. 물론 그렇다고 학생이 그 교육내용을 마음대로 정할 수 있는 것은 아니다. 미국판례들에 따르면 (1) 학부모는 자녀의 교육내용을 정할 권리, (2) 교사가 자신이 가르치는 학습내용을 정할 자유, (3) 학교가 자율적으로 교육목표를 정할 권리, (4) 교육당국인 국가가 민주시민을 육성하기 위해 교육내용을 통제할 수 있는 권한(이하 교육당사자) 등을 인정한 바 있으며, 학생의 권리는 이 4대 교육당사자들의 권리에 의해 제약을 받게 된다. 하지만 이 4대 교육당사자들의 권리는 모두 학생들의 최선의 이익에 부합하는 교육을 제공할 의무로부터 도출되거나 학생들의 최선의 이익에 종속되는 것이다. 그렇다면 학생의 최선의 이익에 당연히 포함되어 있는 인격의 자유로운 발현권이 당연히 보호되는 선에서만 위의 교육당사자들의 권한이 행사될 수 있는 것이다.

국가에 의한 교과서 수정은 국가가 국민들이 접할 보도내용을 미리 통제하여 국가 또는 현 정권에 우호적인 내용만을 보도하도록 하는 사전검열이 될 가능성이 상존한다. 특히 학교 내의 학생은 원치 않는 내용도 들어야 하는 감금된 청중(captive audience)이 되어버리기 때문에 학생의 인격의 자유로운 발현권에 밀접한 관련을 가지고 있는 표현의 자유에 대한 세심한 배려가 요구된다. 이러한 상황에서 국가가 교육학적인 이유와는 관련 없는 정치적인 동기로 교과서의 내용을 수정하는 것은 학생의 표현의 자유를 침해하는 사전검열인 동시에 내용규제 중에서도 가장 위헌적인 견해차에 따른 차별(viewpoint discrimination)에 해당되는 것으로서 명백한 위헌이다. 그리고 바로 이것이 헌법재판소가 요구한 교육의 '정치적 중립성'의 내용이 된다.

예를 들어 1983년에 미연방대법원은 교육당국의 서적검열위원회가 공공연히 보수적인 관점에서 일부 서적들을 도서관 장서에서 제외한 것에 대해 "교육당국이 정치, 애국심, 종교 및 기타 견해의 영역에서 정설을 확립하려 해서는 안 된다"라고 판결하며 위헌판정했다. 검열위원회는 이 중의 한 책은 건국영웅 조지 워싱턴이 노예소유주였다는 사실을 지적했다고 하여 '반미국적'이라 판정했었고, 위원 중 한 명은 "나는 보수적인 사람이며 나의 원칙을 소신대로 적용하는 것이 나의 의무다"라고 밝히기도 했던 것이다.[49]

교과서의 수정이 교육학적인 입장에서 이루어지는 것이 아니라 정치적 관점을 관철시키기 위해 진행되고 있다면, 그 관점의 당부당에 관계없이 이는 위헌이 된다. 이번 조치에서 교과부는 명시적으로 "좌편향을 수정하겠다"는 목표를 가지고 교과서를 수정한 것이며, 이는 학생의 표현의 자유를 침해하는 견해차에 따른 차별(viewpoint discrimination)에 해당하는 사전검열로서 지극히 위헌적이다.

그리고 이번 교과부에 의한 교과서 수정은 동시에 다른 교육당사자들인 학교, 교사 및 부모들의 교육의 자유를 보장하는 절차를 철저히 위반해 이들이 교육에 대해 가진 헌법적 권리를 철저히 침해했다.

헌법재판소는 학교, 교사, 부모는 각각 교육의 자유를 가지고 있다고 판시한 바 있다. 이들 교육당사자들의 자유는 어느 한 당사자가 일방적으로 행사할 수 있는 것이 아니라 상호 견제와 균형을 이루어야 한다. 그리고 이 견제와 균형은 다양한 방식으로 이루어질 수 있으며 우리나라에도 그와 같은 상호 견제와 균형을 이루는 시스템이 존재하고 있다. 즉, 모든 교육당사자들이 의견을 제시할 수 있는 공청회를 거쳐 국가가 교과서들을 검인정하며, 각 학교의 교사들, 교장 및 학부모들이 참여하는 운영위원회가 각 학교별로 사용할 교과서를 선정한다. 이번 교과부는 그와 같은 절차를 통해 이미 검인정되고 선정된 교과서들의 내용을 전반적으

---

49) 앞의 Pico 판결, 457 U.S. 853(1982).

로 수정함으로써 이 절차를 무시하고 이와 함께 그 절차가 보호하는 헌법적 가치들인 학교, 교사 및 부모의 교육의 자유를 침해했다.

그리고 이들의 교육의 자유를 침해함으로써 학생의 기본권을 더욱 심대하게 침해했다. 왜냐하면 위의 교육당사자들 사이의 견제와 균형을 보장하는 절차는 교육당사자들의 자유뿐만 아니라 학생이 일개 교육당사자의 편향에 과도한 영향을 받지 않을 권리 즉 사전검열로부터 자유로울 권리를 보호하기 때문이다.

정리하자면, 국가는 교과서 수정은 교육적인 목표를 위한 수정에 한정되어야만 학생의 인격발현권이 보호된다. 국가가 교과서 내용이 교육적으로 옳지 않다고 판단했다면, 학생의 인격발현권, 학교, 교사 및 부모의 교육의 자유를 모두 존중하는 절차를 통해서만 수정해야 한다. 인격발현권과 밀접한 관련이 있는 표현의 자유의 원칙은 기존의 내용에 '좌편향'이 있더라도, 국가가 다른 교육당사자들의 의견을 무시하고 사전검열적 강제를 통해 시정하려는 것을 배척한다. 그리고 학부모들, 교사들, 학교들 역시 교육당사자들로서 공청회와 같은 의견제시 절차를 통해 검인정제도에 개입해 자신들의 헌법적 권리를 보장받는 바, 이 절차를 무시해 교육의 일개 당사자인 국가가 일방적으로 그 내용을 수정하는 것은 헌법을 위반한다.

13장
방송 공정성 심의의 헌법적 한계
─'견해차에 따른 차별' 금지의 원리

　방송통신심의위원회(이하 '심의위원회')는 국가기관으로서 방송의 내용에 대해, 특히 방송심의규정에 따라 소위 '공정성 심의'를 해왔다. 그러나 최근 심의위원회가 정부가 추진하는 정책 또는 입법과제에 대한 비판적인 보도들에 대해 중징계를 내리면서 이와 같은 심의 자체의 공정성에 대한 논란이 불거졌다.[1] 특히 방송심의규정 제9조 제2항이 요구하는 '균형성'이 문제가 되었는데, 이 규범이 어떠한 한계를 가지고 있는가에 대해서는 본격적인 탐구가 이루어져 있지 않다.

　이 글에서는 심의위원회의 공정성 심의가 공권력행사에 의해 이루어지고 있는 한, 그 헌법적 한계를 살펴보고자 한다. 그 한계는 대한민국 헌법 제21조의 언론출판의 자유,[2] 헌법 제7조의 공무원의 정치적 중립성,[3] 그리고 헌법 제11조의 평등

---

* 이 글은 『민주법학』 제48호(2012)에 실린 글을 수정 · 보완한 것이다.
1) 대표적으로는 2008년 4월 PD수첩 광우병 보도에 대한 방송통신심의위원회의 '시청자 사과' 결정. 추후에 서울중앙지방법원 2010.01.20. 선고 2009고단3458 판결을 통해 보도내용이 대부분 허위가 아니었다고 판단을 받고 항소심에서도 진실이라고 믿을만한 상당한 이유가 있었다는 판단을 받게 된다. 그러나 법원의 결정은 명예훼손이라는 범죄의 구성요건이 되는 허위가 없다는 것뿐이고 방송심의규정 제9조 제2항의 "균형성을 유지해야 하고 관련 당사자의 의견을 균형 있게 반영해야 한다"는 문제가 남아 있게 된다. 최종 방송내용만을 두고 보자면, 정부의 미국산 쇠고기 수입에 비판적인 내용이 더욱 많은 것은 사실이다. 이에 대해 많은 전문가들이 정부의 주장에 대한 비판을 목적으로 하는 프로그램을 만들 수 없다는 모순이 발생하는 점을 지적했다. 2009년 2월 MBC가 신방겸영 허용을 골자로 미디어법개정에 대해 비판적인 방송을 한 것에 대해서도 방송통신심의위원회는 '경고' 결정을 한 바 있다.
2) 제21조 ① 모든 국민은 언론출판의 자유와 집회결사의 자유를 가진다.
② 언론출판에 대한 허가나 검열과 집회결사에 대한 허가는 인정되지 아니한다.

권에서 도출될 것이며 그 구체적인 내용은 미국의 '견해차에 따른 차별(viewpoint discrimination)' 금지 법리를 비교법적으로 검토하면서 구성될 것이다.

1. 관련 법령

심의위원회의 공정성 심의제도의 법적 구조에 대해 살펴보자면 다음과 같다. 방송통신심의위원회는 방송통신위원회설치에관한법률(이하 '설치법')에 다음과 같이 규정되어 있다.

> **설치법 제18조**(방송통신심의위원회의 설치 등) ① 방송 내용의 공공성 및 공정성을 보장하고 정보통신에서의 건전한 문화를 창달하며 정보통신의 올바른 이용환경 조성을 위해 독립적으로 사무를 수행하는 <u>방송통신심의위원회</u>(이하 "심의위원회"라 한다)를 둔다.(후략)

그리고 동법 제21조에 다음과 같은 업무를 방송통신심의위원회가 수행할 것을 정하고 있다.

> **설치법 제21조**(심의위원회의 직무) 심의위원회의 직무는 다음 각 호와 같다.
> 1. '방송법' 제32조에 규정된 사항의 심의
> 2. '방송법' 제100조에 따른 제재조치 등에 대한 심의 · 의결
> (후략)

보다시피 실질적으로 방송에 대한 '내용심의'가 이루어지는 사항들만을 살펴보자면 ① '방송법' 제32조에 규정된 사항의 심의, ② '방송법' 제100조에 따른 제재조치 등에 대한 심의, 이렇게 두 가지로 구성되어 있다.

방송법 제32조를 살펴보면 다음과 같다.

---

③ 통신 · 방송의 시설기준과 신문의 기능을 보장하기 위해 필요한 사항은 법률로 정한다.
④ 언론출판은 타인의 명예나 권리 또는 공중도덕이나 사회윤리를 침해하여서는 아니 된다. 언론출판이 타인의 명예나 권리를 침해한 때에는 피해자는 이에 대한 피해의 배상을 청구할 수 있다.
3) 제7조 ① 공무원은 국민전체에 대한 봉사자이며, 국민에 대해 책임을 진다.
② 공무원의 신분과 정치적 중립성은 법률이 정하는 바에 의해 보장된다.

> **방송법 제32조**(방송의 공정성 및 공공성 심의) ① 방송통신심의위원회는 방송 · 중계유선방송 및 전광판방송의 내용과 기타 전기통신회선을 통해 공개를 목적으로 유통되는 정보 중 방송과 유사한 것으로서 대통령령이 정하는 <u>정보의 내용이 공정성과 공공성을 유지하고 있는지의 여부와 공적 책임을 준수하고 있는지의 여부</u>를 방송 또는 유통된 후 심의 · 의결한다. 이 경우 매체별 · 채널별 특성을 고려해야 한다. 〈개정 2008.2.29〉

그리고 동법 제33조에 따라 방송통신심의위원회는 방송심의규정을 제정할 수 있다.

> **제33조**(심의규정) ① 방송통신심의위원회는 방송의 공정성 및 공공성을 심의하기 위해 <u>방송심의에 관한 규정</u>(이하 "심의규정"이라 한다)을 제정 · 공표해야 한다. 〈개정 2008.2.29〉
> ② 제1항의 심의규정에는 다음 각호의 사항이 포함되어야 한다. 〈개정 2006.10.27, 2008.2.29〉
> 1. 헌법의 민주적 기본질서의 유지와 인권존중에 관한 사항
> 2. 건전한 가정생활 보호에 관한 사항
> 〈하략〉

중복적이긴 한데 설치법 역시 위와 비슷한 규정을 두고 있다.

> **설치법 제24조**(심의규정의 제정 · 공표 등) 심의위원회는 제21조에 정한 직무를 수행함에 필요한 다음 각 호의 심의규정을 제정 · 공표한다.
> 1. '방송법' 제33조에 따른 방송심의에 관한 규정
> 2. 제21조 제3호 및 제4호를 심의하기 위한 정보통신에 관한 심의규정

위 법률규정에 따라 방송통신심의위원회에서 제정된 방송심의규정은 이번 논문의 주제인 '공정성'에 대해서는 다음과 같은 내용으로 되어 있다.

> 제1절 공정성
> **제9조**(공정성) ① 방송은 진실을 왜곡하지 아니하고 객관적으로 다루어야 한다.
> ② <u>방송은 사회적 쟁점이나 이해관계가 첨예하게 대립된 사안을 다룰 때에는 공정성과 균형성을 유지해야 하고 관련 당사자의 의견을 균형있게 반영해야 한다.</u>
> 〈하략〉

정리하자면, 심의위원회는 방송이 공정성, 공공성 및 공적 책무를 준수하고 있는지 심의할 의무를 방송법 제32조로부터 부여받고, 다시 설치법 제24조에 의

해 위의 심의를 위한 심의규정을 제정할 의무를 부여받았으며, 그 심의규정에는 헌법, 가정생활, 청소년 등에 대한 내용이 담겨져야 한다. 그리고 심의규정 제9조는 이와 같은 여러 가지 내용 중에서 공정성에 관한 부분을 정의하고 있다.

참고로, 방송통신심의위원회는 위와 같은 심의 이후에 제재조치의 수위에 대해서도 방송법 제100조에 따라서 권고나 의견을 방송통신위원회에 제시할 수 있다.

> **방송법 제100조**(제재조치 등) ①방송통신위원회는 방송사업자·중계유선방송사업자 또는 전광판방송사업자가 <u>제33조의 심의규정</u> 및 제74조 제2항에 의한 협찬고지 규칙을 위반한 경우에는 다음 각 호의 제재조치를 명할 수 있다. 제27조 제8호의 시청자불만처리의 결과에 따라 제재를 할 필요가 있다고 인정되는 경우에도 또한 같다. 다만, 방송통신심의위원회는 심의규정 등의 위반정도가 경미해 제재조치를 명할 정도에 이르지 아니한 경우에는 해당 사업자 또는 해당 방송프로그램의 책임자나 관계자에 대해 권고를 하거나 의견을 제시할 수 있다. 〈개정 2006.10.27, 2008.2.29〉
> 1. 시청자에 대한 사과
> 2. 해당 방송프로그램의 정정·수정 또는 중지
> 3. 방송편성책임자·해당방송프로그램의 관계자에 대한 징계
> 4. 주의 또는 경고(하략)

위 규정은 다시 아래와 같이 설치법에 의해 반복적으로 규정된다.

> **설치법 제25조**(제재조치 등) ①심의위원회는 방송 또는 정보통신의 내용이 <u>제24조의 심의규정</u>에 위반된다고 판단하는 경우에는 다음 각 호의 어느 하나의 제재조치 등을 정할 수 있다.
> 1. '방송법' 제100조 제1항에 따른 제재조치·권고 또는 의견제시
> 2. '정보통신망 이용촉진 및 정보보호 등에 관한 법률' 제44조의7에 따른 불법정보 유통에 대한 취급의 거부·정지 또는 제한
> ②심의위원회는 제1항의 제재조치를 정하려는 때에는 미리 당사자 또는 그 대리인에게 의견을 진술할 기회를 주어야 한다.

2. 행정심의 자체의 위헌성 및 방송의 예외성

가. 검열의 원래적 의미

우리나라 헌법 제21조는 표현의 자유에 대한 '검열과 허가'를 금지하고 있으

며,4) 우리나라 헌법재판소는 '검열'을 행정권이5) 주체가 된 사전심사절차에 표현물을 제출해서 이 심사를 통과하지 않으면 그 표현물의 유통이 금지되는 제도로 정의하고 있다.6) 이에 따라 사전제출의무가 없는 심의위원회의 심의는 '검열'이 아닌 것으로 보인다. 즉, 헌법재판소는 '사전검열'만을 헌법이 금지하는 '검열'로 정의하고 있다. 이는 일본 최고재판소의 1984년 결정과 대동소이하다.7)

하지만 검열을 이렇게 사전검열로 한정해서 정의하면 같은 조항의 '허가'와 다를 것이 없어지고 헌법 제21조가 '검열'과 '허가'를 별도로 금지한 의미가 상실된다. 왜냐하면 헌법 제21조는 '언론출판의 자유'에 대해서는 '검열'과 '허가' 모두를 금지하고 있고 '집회결사의 자유'에 대해서는 '허가'만을 금지하고 있다. 그렇다면 '검열'은 '허가'와 다른 무언가를 지칭한다고 보는 것이 일반적인 법해석규칙과 부합할 것이다.

---

4) 헌법재판소 2001.05.31. 선고 2000헌바43 · 52(병합) 결정.

5) Decision by the Grand Bench of the Supreme Court on June 11, 1986, Case No. (o) 609 of 1981; 40 Minshu 872. 일본도 censorship과 달리 prior restraint이라는 개념을 별도로 만들어 행정권이 아닌 사법권에 의한 사전제한 censorship에 이르지 않는 제도에 대해서도 헌법적 경계를 하고 있다.

6) 헌법재판소는 검열을 다음과 같이 4개의 요건을 매개로 정의하고 있다. 첫째, 허가를 받기 위한 표현물의 제출의무[헌법재판소 2001.05.31. 선고 2000헌바43 · 52 결정(병합) 합헌], 둘째, 행정권이 주체가 된 사전심사절차(헌법재판소 2001.08.30. 선고 2000헌마36 결정 합헌), 셋째, 허가를 받지 아니한 의사표현의 금지[헌법재판소 1996.10.04. 전원재판부, 선고 93헌가13, 91헌바10 결정(병합)], 넷째, 심사절차를 관철할 수 있는 강제수단[헌법재판소 1995.10.04. 선고 93헌가12, 91헌바10결정(병합)] 등이다.
네 가지 요건 외에 명시적으로 요구하지는 않지만, 헌법재판소는 표현물의 발표를 완전히 금지하지 않고 표현물의 청소년유해성 등급에 따라 부분적으로 제한하는 '등급제'는 검열이 아닌 것으로 해석하고 있다(헌법재판소 2001.08.30. 2000헌가9 위헌). 그리고 여섯째, 사전심사가 내용적인 심사일 경우에만 '검열'의 범위에 포함되며 시간, 장소, 방법에 대한 심사를 위한 사전심사는 해당되지 않는다(헌법재판소 1998.02.27. 96헌바2 옥외광고물등관리법 제3조 합헌, 헌법재판소 1997.08.21. 93헌바51 정기간행물의등록등에관한법률 제7조 제1항).

7) "Censorship" under the first part of Paragraph 2 of Article 21 of the Constitution should be construed as indicating an act that, characteristically, is applied to a medium for the expression of ideas or similar contents, and consists of prohibiting the publication of that which is deemed inappropriate after an administrative authority, as the main agent, conducts a comprehensive and general examination of the contents of a particular medium of expression, prior to publication, for the purpose of prohibiting the publication thereof as a whole or in part(Supreme Court Case[Gyo-Tsu] No. 156 of 1982; judgment of the Grand Bench of December 12, 1984; Minshu Vol. 38, No. 12, p.130).

사전검열이 금지되는 이유가 표현물이 '사상의 자유시장에 도달조차도 하지 못하게 하기 때문'이라면,[8] 사후적인 법원명령도 똑같은 효과를 내기 때문에 일찍이 미국은 1917년도 Near v. Minnesota 판결에서부터 이를 판례로 확립했다.[9] 또 행정권이 개입하는 경우에는 미국연방대법원은 1963년부터 Bantam Books v. Sullivan 사건에서 주정부가 임명한 사람들로 구성된 심의기구가 이미 유통되고 있는 서적들에 대해 적격심사를 하여 검찰 및 경찰에 통보하는 제도에 대해 사법적인 판단도 없이 서적의 유통을 차단하는 것은 사전제한(prior restraint)에 해당한다며 위헌판정을 했다.[10]

그렇다면 '유통의 원천적 차단위험'이 헌법적으로 금기시되는 사전제한(prior restraint)의 요건이 아니라면 무엇이 사전제한의 요건인가? 사전제한(prior restraint)으로 분류된다고 해서 그 자체가 무효가 되는 것은 아니며 여러 정황을 고려해 판단된다.[11] 그 중에서 가장 중요한 기준은 (1) 심의의 주체로 보인다. 즉, 사법부에 의한 최후통제가 있는가이다. 사법부에 의한 판단의 존재는 헌법적 평가에서 매우 중요해 심지어는 사전제출의무가 있는 고전적인 사전검열마저도 사법부에 의한 판단이 빠른 시일 내에 이루어진다면 합헌이 될 수 있다.[12] 또 유통이 사전적으로 차단되지 않고 사후적으로 차단되더라도 사법부가 아닌 행정부에

---

[8] Thomas I. Emerson, "The Doctrine of Prior Restraints", 20 Law & Contemp.Probs. 648, 657(1955).

[9] 당시 판결 자체는 이미 내용이 특정된 표현물의 공개를 금지한 명령이 아니었다. 즉, 사후검열이 아니었다. 단지 특정 언론사에게 '악의적인 보도를 해서는 아니 된다'라는 추상적인 명령에 대해 내려졌고 이렇게 불명확한 명령 하에서는 추후에 출판될 간행물에 대해서 실질적으로 사전검열을 요구한다는 논리 하에 위헌판정이 내려졌다. 그러나 Near 판결 이후의 판결들은 특정된 표현물의 공개를 금지한 명령에도 Near의 원리가 적용된다고 해석했다.

[10] 필자가 감히 짐작건대 우리나라에서 미국의 법리들을 수입하면서 prior restraint를 검열에 대응하는 개념으로 파악한 후 prior restraint에서 prior가 가지는 의미에 천착하면서 검열을 사전검열로 한정된 것으로 오해한 것이 아닌가 생각한다. 위에서 말했듯이 미국은 Bantam Books v. Sullivan 판결에서 보여지듯이 prior restraint를 '사전검열' 외에도 더욱 폭넓게 적용하고 있으며 일본 역시 censorship과 prior restraint를 구분하며 전자는 절대적인 금지 후자는 매우 예외적인 허용의 방식으로 운용하고 있다.

[11] 박경신, "미국의 사전제한(prior restraint) 법리와 2002년 불온통신규제결정의 재발견", 『헌법실무연구』 제9권, pp.503-533, 헌법실무연구회.

[12] Freeman v.Maryland, 380 U.S. 51(1965); 박경신, "사전검열 법리와 정보통신윤리위원회의 활동: 법과학적 방법으로", 『인권과 정의』, 2002년 8월호.

의해 이루어지고 이에 대한 정당화과정이 사법부에 의해 빨리 이루어지지 않는다면 역시 prior restraint로 분류된다.[13] 또 (2) 재량의 폭이 매우 중요한 기준이 되는 것으로 보인다. 행정기관에 의한 사전심의라고 할지라도 심의에서 작용하는 재량이 거의 없어 신고제와 비슷할 정도로 급격하게 제한될 경우 위헌으로 판정되지 않는다.[14] 이것은 우리 헌법재판소가 2002년 소위 '불온통신'결정에서[15] 당시 정보통신부장관의 인터넷게시물 삭제명령제도에 대해 명확성의 원칙 위반을 이유로 위헌 결정을 한 것과 일맥상통한다. 또 (3) 제한의 적용대상의 가치도 중요한 것으로 보인다. 미국에서도 주정부나 시정부 소속 인권위원회나[16] 연방공정거래위원회(Fair Trade Commission)는 광고의 불법성을 심의하고 있다. 광고와 광고가 아닌 것을 비교했을 때, 광고는 기본적으로 하버마스가 말하는 '전략적 대화(strategic speech)'에 해당하기 때문에 공론의 장에 진입할 필요성이 적다.[17]

다른 나라들에서도 행정권에 의한 표현에 대한 내용규제는 일반적으로 사후적인 경우에도 검열(censorship)에 해당되어 기피된다. 이에 따라 아래에서 따로 설명할 방송의 예외를 제외하고는 행정기관이 표현의 적격성이나 불법성을 판단하는 제도는 거의 자취를 감추었다.[18] 심지어는 우리나라 헌법재판소가 검열금

---

13) Bantam Books v. Sullivan, 372 U.S. 58(1963). Kingsley Books v. Brown, 354 U.S. 436(1957).
14) Cox v. New Hampshire, 312 U.S. 569, 574 576(1941)(공원의 사용신청을 선착순으로 받겠다고 한 행정명령). 여기서는 사전제출의무가 있음에도 불구하고 행정권의 재량이 거의 제로에 가깝게 제한되기 때문에 사전제한금지법리에 해당하지 않는다고 판시했던 것이다.
15) 헌법재판소 2002.06.27. 선고 99헌마480 결정(전기통신사업법 제53조 등 위헌확인).
16) Pittsburgh Press v. Pittsburgh Human Relations Commission, 413 U.S. 376(1973).
17) Jürgen Habermas, *Theory of Communicative Action I: Reason and Rationalization of State*(1981).
18) 외국의 인터넷규제에 대해서는 오길영, "인터넷통제규제에 대한 비판적 검토 – 정보통신망이용촉진및정보보호등에 관한 법률을 중심으로", 『민주법학』 37호(2008년), p.281. 오길영은 인터넷규제를 행정청을 통한 직접규제, ISP의 민사적 책임 설정을 통한 규제, 그리고 자율규제로 구분하고 있으며 이 논문의 제1장에서 행정청을 통한 직접규제를 다루고 있는데 일본, 독일, 영국 등을 조사해 어느 나라에서도 행정청을 통한 직접규제는 환영받고 있지 못하고 있고 이들 국가들의 규제모드는 ISP의 민사적 책임 설정이나 자율규제 중심으로 구성되어 있음을 보여주고 있다.
추가로 외국의 인터넷규제에 대해서는 2008년 11월 11일 방송통신심의위원회 주최 국제컨퍼런스 "내용규제 패러다임의 변화와 향후규제"에서 Higashikuni Hitotora, Director, Content Evaluation and Monitoring Association의 발제와 John Carr(Secretary, Children's Charities Coalition for Internet Security)의 발제 그리고 Elvira Shamsuddin(Deputy Director, Malaysian Communications and Multimedia Commission)의 발제 참조. 외국의 방송내용규제에 대해서

지원칙을 사전검열금지원칙으로 좁게 해석할 비교법적 근거를 선사한 일본에서
도 행정기관이 표현의 불법성을 판단하는 제도는 없다.

물론 미국 외에는 행정기관의 사후심의에 대해 명시적으로 위헌이라고 판시를
내린 적은 없는 것으로 보인다. 단지 censorship이라는, 규범성이 강한 개념 하에
서 행정기관의 사후심의가 금기시되는 태도가 사회 곳곳에 편재하면서 위와 같은
제도적 양태로 귀결되고 있는 것으로 보이며, 이처럼 제도 자체가 사라지면서
그와 같은 제도에 대한 사법적 판단이 나올 가능성도 없어져가고 있다. 한 가지
분명한 것은 명시적인 판시는 없지만, 행정기관에 의한 표현의 내용규제는
censorship으로 불리면서 대부분의 나라에서 금기시되고 있다는 사실이다.

거의 유일한 예외로서 호주에서는 Australian Communications and Media
Authority(ACMA)[19]라는 심의기관이 인터넷상의 음란물 및 아동유해물만을 걸러내
고 있다. 그러나 이는 음란물이나 아동유해물 또는 상업적 표현에만 한정되어 있다.
터키도 역시 2007년부터 the Information and Communication Technologies
Authority(ICTA)라는[20] 행정기관에 의한 인터넷규제를 하고 있기는 하나 "자살유
도, 아동성착취, 마약사용, 건강유해물판매, 음란물, 매춘, 온라인도박, 그리고
건국공신 무스타파 케말에[21] 대한 모욕"으로 한정되어 있다.[22]

나. 행정심의가 가진 헌법적 문제들

행정권에 의해 시행되는 한, 사전검열과 사후검열은 다음과 같은 공통점이 있

는 김민환 외 5인,『방송의 공정성 심의를 위한 연구』, 방송통신심의위원회 발주 용역보고서
2008년 12월.

19) http://www.acma.gov.au/WEB/STANDARD/pc=PC_90154. 최종방문 2010년 10월 21일, 관
련법령은 Schedule 5 and Schedule 7 of the Broadcasting Services Act 1992.

20) http://ihbarweb.org.tr/eng/, 2011년 10월 14일 마지막 방문.

21) 무스타파 케말의 공식명칭은 무스타파 케말 아타튁(Ataturk)이다. 아타튁은 성(姓)을 쓰지
않던 터키가 성을 만들어내면서 무스타파 케말에게만 부여한 성이다. 그후 반아타튁범죄에관한
특별법 5816호가 제정되었다. http://en.wikipedia.org/wiki/Mustafa_Kemal_Atat%C3%BCrk
%27s_personal_life#Name, 최종방문 2010년 10월 21일.

22) http://ihbarweb.org.tr/eng/about.html, 2010년 10월 21일 최종방문.

다. (1) 첫째, 행정적 판단은 법치국가에서 항상 사법심사에 의해 바로잡히기 전에는 '잠정적'이므로 그 기간 동안에는 표현이 억제되어 있다는 면에서 불법이 발생한다. 예를 들어 신문광고불매운동 카페 운영자들에 대한 2009년 2월 판결에서 법원은 2차불매운동 자체는 합법적이라고 판단했고, 그 운동이 수반한 '집단적 조직적 전화걸기'에 대해서만 위법이라고 판단했다.23) 이 판시에 따르자면 게시물에 대해서만 판단을 한 방송통신심의위원회의 지난 2008년 7월 결정은 잘못된 것이었다. 결국 약 7개월간 정당한 표현물이 억제되어 있었던 것이다.

(2) 둘째, 행정적 판단이 잘못되었더라도 사법부가 사후적으로 보전을 해주면 되지만 행정청의 경우 검찰이나 법원과는 달리 자신들의 잠정적 판단에 불복할 경우 정부지원금 분배 등을 통해 보복할 수 있는 권한도 가지고 있어 위와 같은 잘못된 결정에 대한 사법부의 보전작용의 효과가 심대하게 희석된다. 물론 실제로 행정청이 보복을 할 경우 사법부가 이를 행정법상의 이론(예를 들어 부당결부금지원칙)을 이용해 걸러낼 수 있겠지만, 행정청들은 고유한 재량의 폭이 넓어 모든 보복을 포착하기는 어렵다. 결국 많은 국민들이 행정적 판단이 법적으로 올바른가에 대해 판단을 받으려 하지 않을 것이다. 실제로 대한민국 역사를 통틀어 방송국들과 인터넷 포털들은 지금까지 한 번도 방송통신심의위원회나 그 전신인 기관들에 대해 공식적 이의제기를 한 적이 없으며, 행정기관의 판단은 결국 종국적인 것으로 굳어져버리고 있다. 정의의 지연이 단순히 은유적으로 정의의 거부가 되는 것이 아니라 실제로 정의의 거부로 이어지는 상황이 계속되고 있는 것이다. 행정기관이 법적으로 잘못된 판단을 내려도 사법부가 이를 포착해 시정

---

23) 서울중앙지방법원 2009.02.19. 선고 2008고단5024 판결. "언론매체의 소비자인 독자는 언론사의 편집정책을 변경시키고자 하는 목적을 갖고 언론사에 대한 불매운동 등의 수단을 동원할 수는 있겠지만 그 경우에도 참여자들은 그들이 추구하는 목적을 달성하기 위해 일반시민들을 상대로 조선·중앙·동아일보를 구독하지 말거나 그 광고주들에게 조선·중앙·동아일보에 광고를 게재하지 말도록 하기 위해 그들의 의사를 전달하고, 홍보하며, 인터넷사이트에 광고주 리스트를 게재하거나 게재된 광고주리스트를 보고 소비자로서의 불매의사를 고지하는 등 각종 방법에 의한 호소로 설득활동을 벌이는 것은 구독이나 광고게재 여부의 결정을 상대방의 자유로운 판단에 맡기는 한 허용된다고 할 것이고, 그로 인해 위 각 신문사의 일반적 영업권 등에 대한 제한을 가져온다 하더라도 이는 정당한 소비자운동의 목적수행을 위한 활동으로부터 불가피하게 발생하는 내재적 위험으로서 상대방인 위 각 신문사가 감내해야 할 범위 내에 있다 할 것이다."

할 기회가 없게 된다는 것은 행정기관의 판단이 절대적인 지위를 가지게 된다는 것이며, 그렇게 되면 국민들은 행정기관의 판단을 기준으로 하여 자신의 행위나 표현을 재단하게 된다. 이것은 또 하나의 위축효과(chilling effects)이다. 즉, 국민은 객관적으로 합법적인 표현물이라 할지라도 행정기관의 잠정적 판단이 부정적으로 나올 가능성이 두려워 그 표출 자체를 꺼리게 된다.

(3) 셋째 행정기관은 사법부와 달리 권력자의 영향력 하에 있어 권력에 비판적인 합법적인 표현물들을 위법한 것으로 몰아 제재할 위험이 높다. 명예훼손 형사처벌에 대해서는 국제적으로 폐지운동이 벌어지고 있는데 형사처벌을 시행하게 될 검찰이 항상 권력자의 영향력 하에 있어 비판세력을 탄압하는 데에 동원될 수 있다는 이유이다.[24]

		원인	인과관계	견과
행정적 사전 검열	행정적 사전검열	① 공표 자체를 차단		사전차단효과
		② 내용의 사전제출	정부의 탄압이 용이해짐	기본적인 위축효과+사전제출에 의한 위축효과의 증폭
	행정적 사후검열	① 행정권의 '잠정성'	합법적인 표현물의 잠정적 차단	불법적 차단
		② 행정기관의 고유권한을 통한 보복가능성	사법심사 기피 현상→행정기관의 판단이 절대성을 갖게 됨→비(非)법적인 판단에 따라 국민이 자기검열	행정권의 보복가능성에 의한 위축효과
		③ 행정권의 비중립성	권력비호적 검열을 할 가능성	권력비판적 표현물에 대한 위축효과

물론 이와 같은 위축효과들이 곧바로 모두 위헌이라는 것은 아니다. 사법심사 전에 이루어지는 행정권의 작용은 항상 일정한 위축효과를 발생시킨다. 행정권의 판단은 항상 법적인 오류를 내포하고 있을 가능성이 있기 때문에 행정권의 판단을 기준으로 국민이 자신의 행위와 표현을 자제하는 것은 당연히 합법적인 행위나

---

24) Winfield, et al., "The Abolition Movement: Decriminalizing Defamation and Insult Laws", *Communications Lawyer*, Fall 2007.

표현물의 자제를 초래하게 된다.

그러나 표현(speech)을 행정기관이 사후적으로 제재하는 것과 행위 (action)를 행정기관이 사후적으로 제재하는 것은 구별되어야 한다. 행위의 결과는 직접적이다. "마리화나를 합법화하자"는 말과 실제 마리화나를 사용하는 행위는 다르다. 표현은 그 효과가 듣는 사람의 지적인 반응을 통해서만 나타난다는 점에서 직접적이지 않다. 그렇기 때문에 행위(action)에 대해서는 검열이 금지되지 않으며 위의 마리화나의 예를 들자면 보건복지부나 식약청의 개입이 헌법적으로 허용된다.

다. 방송심의의 예외적 합헌성

지상파방송은 다른 매체들과 달리 희소성이 있는 전파자원을 매개로 이루어진다. 전자파는 간섭현상이 발생해서 한 사업자가 특정 주파수대에서 방송을 하게 되면 다른 사업자는 같은 지역에서 같은 주파수대에서 방송을 할 수 없다. 사적으로 확보된 물리시설 내에서 신호가 전달되는 신문, 케이블, 인터넷, 영화와는 다르다. 이 때문에 모든 나라에서 전파자원은 국가의 소유로 유지되고 이를 독점적으로 또는 배타적으로 이용하게 되는 지상파 방송에는 국가의 개입이 헌법적으로 더욱 자유롭게 허용되어왔다.[25] 뿐만 아니라 방송은 사회인류학적으로 가족 및 가정에서 소비되어왔고, 소비자들이 내용을 미리 예측하지 못하는 상황에서 채널들 간을 왕래하는 형식으로 소비되어왔기 때문에 '원치 않는 청중(captive audience)'이 될 가능성이 상존해 방송에 대한 규제는 더욱 헌법적으로 허용된다.[26]

이에 따라 다른 매체들에서는 검열로 여겨져 금지되는 행정심의가 방송에서는 시행되고 있다. 방송에 대한 행정심의가 이루어지는 국가는 우리나라(방송통신

---

25) Red Lion Broadcasting v. FCC, 395 U.S. 367(1969). 안타까운 것은 이 판결이 1960년대 판결이고, 견해차의 차별금지원리 판결들이 1980년대 판결이라서 fairness doctrine이 viewpoint discrimination 원리 하에서 어떻게 평가되었을까?에 대해서는 상상밖에 할 수 없다는 점이다.
26) FCC v. Pacifica Foundation, 438 U.S. 726(1978).

심의위원회), 프랑스(CSA), 그리고 영국(Ofcom: 그러나 BBC공정성 심의는 제외), 그리고 미국(FCC)이 있다.[27] 독일과[28] 일본은 방송에 대한 심의를 행정기관이 하지 않고 자율규제를 통해 이행하고 있다.

라. 소결

방송심의는 행정기관에 의해 법적 판단 없이 이루어져 일정한 위축효과를 발생시킨다는 측면에서 검열로서의 헌법적 타당성이 검토되어야 한다. 그러나 방송의 공공재로서의 특수성을 감안할 때 방송에 대한 공적 규제는 다른 매체에 비해 더욱 널리 허용되어야 함은 물론 국민 전체의 알 권리를 위해서는 일정하게 필요한 측면도 있다.

3. 방송공정성 심의의 헌법적 한계

가. 공정성 심의에 대한 논란

이렇게 방송에 대한 국가의 내용규제는 전파의 공공재적 성격에 따라 예외적으로 허용되고 있으며, 방송의 사회인류학적 성격에 따라 규제수위는 형법상의 그것을 뛰어넘어 합법적인 콘텐츠라 하더라도 선정성, 미풍양속, 부정확성 등의 측면에서 규제가 이루어지고 있음은 물론, 가장 엄격하게는 공정성을 기준으로 한 규제까지 나타났다.[29]

---

27) 김민환(책임), 한진만, 윤영철, 원용진, 임영호, 손영준, "방송의 공정성 심의에 대한 연구", 2008년 12월 용역보고서, 방송통신심의위원회.
28) Cass R. Sunstein, *Democracy and the Problem of Free Speech*, Free Press, p.54.
29) '위법성'을 공정성과 다른 층위의 개념으로 규정하는 것은 실익이 없다. 불공정한 방송을 하든 음란한 방송을 하든 방송위원회는 똑같은 층위에서 심의를 하여 똑같은 층위의 제재를 내린다. 즉, 법이 제재를 요구한다는 면에서 다를 것이 없다. 불공정한 방송은 방송법을 위반해 위법한 것이고 음란한 방송은 형법을 위반해 위법하다는 면에서 똑같고 단지 제재방식이 하나는 행정제재이고 다른 하나는 형사처벌일 뿐이다.

이 글에서 공정성은 객관성, 진실성 등을 모두 포함하는 개념이긴 하나 이 글에 서는 미국의 fairness doctrine에 대응되는 우리 방송심의규정 제9조 제2항의 규범 만을 다루기로 한다. 이 규범은 한 사안에 대해 충돌하는 두 개의 입장을 모두 균형 있게 보도할 것을 요구한다. 우리나라에서는 '공정성'으로 영국에서는 'due impartiality'로 미국에서는 'fairness'로 나타났다.[30]

공정성 심의에 대한 반대논리는 여러 층위에서 제기되고 있다. 공정성 심의는 다른 규제와 달리 전혀 가벌성이 없음에도 불구하고 논쟁의 일방만을 소개했다는 이유로 법적 규제를 부과해 방송사업자의 표현의 자유와 시청자의 알 권리를 심대 하게 제약한다. 예를 들어 반전시위가 일어났음을 보도하면서 반드시 정부의 전 쟁홍보 주장을 같이 보도하지 않았다고 법적 제재를 받아야 하는가? 반전시위에 대한 보도에 있어서 아무런 왜곡이나 허위가 없었음에도 불구하고 아무리 전파가 공공재적 성격을 가지고 있다고 하더라도 선정성 등에 대한 심의와 달리 공정성 심의는 별도의 정당화이론이 필요한 것이다.

공정성 원칙이 요구하는 균형에 대한 두려움 때문에 사회적 이슈에 대한 입장을 취하는 프로그램들은 방송사들에게 위협이 되었다. 방송사들은 불균형에 대한 민 원을 피하기 위해 이러한 프로그램들을 탈색해 생기를 앗아갔다. 광고주들의 입맛 에 맞는 다큐멘터리들은 여행, 외식, 애완견, 화훼전시회, 과거와 현재의 부자들과 유명인사들의 라이프스타일에 대한 것이었다. 간단히 말해 상업광고시스템 하에서 다큐멘터리들은 "네트워크 방송에서 오락프로그램과 광고의 영향력을 따를 수 없 는 거의 중성화된 작은 조각"으로 줄어들었다.[31]

이러한 논란이 Red Lion 판결(합헌)로[32] 귀결된 소송 등을 거치면서, 결국 1987 년 미국의 FCC는 케이블 등의 대안미디어 등이 폭발적으로 발전한 상황에서 전파

---

30) 지상파방송이 왜 다른 미디어보다 더 엄격하게 규제되는가에 대해서는 Eric Barendt, *Broadcasting Law—A Comparative Study*, Claredon Press, Oxford, pp.3-10.

31) Edward S. Herman & Robert W. McChesney, *The Global Media: The New Missionaries of Corporate Capitalism, Continuum*, 1997, p.144.

32) Red Lion Broadcasting v. FCC, 395 U.S. 367(1969).

자원의 희소성 주장은 힘을 잃었다며 공정성 심의를 폐지했다.[33]

영국의 경우도 영국민 대부분의 뉴스원인 BBC의 경우 선정성 등의 심의는 Ofcom에서 수행하지만 공정성 심의만큼은 자율규제(BBC Trust)에 맡기고 있다.[34] 즉, 자세히 살펴보면 BBC의 내용규제 가운데 정확성(accuracy)과 공평성(impartiality)에 대한 심의는 우리나라의 방송통신심의위원회의 방송부문에 해당하는 Ofcom이 아닌 BBC경영위원회(트러스트)에 의해 이루어진다. BBC에 대해서는 국가기관에 의한 공정성 심의는 이루어지지 않고 있다고 보면 된다. 뿐만 아니라 BBC의 적절한 공평성(due impartiality)에 대한 내부지침은 "결론이 없는 재미없는 프로그램"을 만들 필요가 없다고 하고 있다.

일본과 독일은 심의 전반에 있어서 자율규제가 이루어지고 있고 자율규제를 통해 공정성 심의가 이루어지고 있다.[35]

정리하자면, 전파의 공공재적 성격에 따라 국가에 의한 방송심의는 어느 정도 정당화되지만, 이 심의가 선정성, 진실성과는 달리 논쟁적 사안의 양면을 반드시 동시에 보도하도록 하는 공정성 심의의 정당성에 대해서는 논란이 존재한다.

나. 견해차에 따른 차별의 금지

위에서 살펴보았듯이 방송을 공공재로 보는 견해에 따라 방송에 대해서는 예외적으로 행정기관에 의한 심의가 인정되며 공정성 심의도 같은 이유로 인정된다. 공공재는 공공의 이익을 대표하는 국가기관에 의해 공적인 목표를 위해 관리되어야 한다. 방송도 몇몇 사업자에게 독점적인 권한을 부여함으로써 이루어지기 때

---

33) Syracuse Peace Council, 2 FCC Rcd 5043, 5054-55(1987), recon. denied, 3 FCC Rcd 2035(1988), aff'd. sub nom. Syracuse Peace Council v. FCC, 867 F. 2d 654(D.C. Cir. 1989), cert denied, 493 U.S. 1019(1990). 이 이후에도 공정성 심의의 몇 가지 규칙은 유지했으나 1992년에 모두 폐지하게 된다. Arkansas AFL-CIO, 7 FCC Rcd 541(1992), aff'd. on other grounds, sub nom. Arkansas AFL-CIO v. FCC, 11 F.3d 1430(8th Circ. 1993)(en banc).

34) 김민환, 앞의 용역보고서, 각주 18.

35) 57 BVerfGE 295(1981). 최근 미국처럼 대안의 미디어가 증가되면서 희소성이 없어졌으니 공정성 심의는 불필요하다는 주장이 있었으나 법원이 이미 희소성이 없더라도 공정성 심의는 계속 이루어질 수 있다고 판단했다.

문에 이들의 영향력은 지대할 것이며 공정성 심의를 통해서 이들이 편향된 내용이 아니라 균형 잡힌 내용을 국민에게 제공하도록 해야만 방송이 공공재로서 온전히 기능한다는 것이다.

그런데 이와 같은 공적 통제의 수위에도 헌법적 한계가 있다. 바로 견해차에 따른 차별(viewpoint discrimination)금지의 원리다. 견해차에 따른 차별의 금지는 미국에서 고유하게 판례에 의해 정립된 원리인데 국가가 논쟁의 일방을 배제해서는 안 된다는 원리다.[36) 국가와 견해차가 있다고 해서[37) 논쟁의 일방을 배제하는 것은 국민들이 국가와 다른 입장을 가질 사상의 자유를 박탈하는 것이다.

국가가 국민의 표현을 그 내용에 따라 규제할 권한은 이미 '명백하고 임박한 위험'의 원리 등에 의해 제한된다. 그런데 견해차에 따른 차별 금지의 원리의 강점은 이러한 헌법적 제한이 강하게 작동할 수 없는 영역에서도 적용된다는 것이다. 현대 헌법은 국가의 작용을 침익적인 행위와 시혜적인 행위로 구분하고 시혜적인 행위에 대해서는 폭넓은 재량을 인정하고 있다. 가장 극단적으로는 국가가 개인이나 단체들에게 정책적인 목표를 달성하기 위해 지원금을 제공할 경우를 상정해보자. 그런데 견해차에 따른 차별 금지 원리는 바로 지원금 제공처럼 원칙적으로 국가 재량이 폭넓게 인정되는 시혜적인 영역에서도 작동하면서 국가의 재량을 제한하는 것이다. 예를 들어 장애인보조금을 지급하면서 장애인보조금 확대를 요구하는 시위에 참가한 장애인에 대해서는 지급을 중단하는 것은 견해차에 따른 차별 금지 원리의 위반이 될 것이다.[38)

---

36) Viewpoint discrimination 법리의 역사적 소개로는 Marjorie Heins, "Viewpoint Discrimination", 24 Hastings Constitutional Law Quarterly 99(1996). 저명한 헌법학자인 Erwin Chemerinsky의 글로는 "Court Takes a Narrow View of Viewpoint Discrimination", 35 Trial 90(March 1999), Association of Trial Lawyers of America. 이 법리가 정부의 민간지원금 집행도 기속하는 사례들에 대한 연구로는 Nicole B. Casarez, "Public Forums, Selective Subsidies, and Shifting Standards of Viewpoint Discrimination", 64 Albany Law Review 501(2000).
37) 아래에서 살피겠지만 견해차에 따른 차별 금지 원리는 평등권 심사의 특수한 형태로서 차별이 해당 공공재원이나 공적 공간의 운영목표와 이성적인 관계가 없으면(즉, 자의적이면서), 표현의 자유에 중대한 제한을 줄 경우 엄격하게 심사되어야 한다는 것이다. 여기서 '견해차'란 역사적으로 입증될 수 있지만 해당 공공재원이나 공적 공간의 운영과 전혀 이성적인 관계가 없이 배제되었다는 사실로부터 추정되기도 한다.
38) 실제로 서울시에서 2009년 8월에 있었던 일이다. http://imnews.imbc.com/replay/nwdesk/

이러한 시혜적인 행위 중의 하나는 국가가 국민들의 표현이 발현될 수 있도록 공간을 제공하는 경우이다. 이와 관련해 Perry Education Association v. Perry Local Educators' Association 사건에서 미연방대법원은 제공되는 공간의 성격에 따라 미연방대법원은 표현의 자유 보호 정도가 달라진다고 했다.[39] 우선 공적 공간(public forum)은 역사적으로는 모든 사람들의 의사표명의 공간으로 개방되었던 길거리와 공원 등을 말하는데, 여기서는 국민의 자유로운 의사표명의 보장을 위해 사전검열이 금지되지만, 국가가 소유 및 운영하는 극장, 회관 등과 같이 국가가 특정한 규칙에 따라 그 공간의 사용을 사인들에게 허용해왔던, 이른바 비공공적 공간(non-public forum)에서는[40] 사전검열을 포함해 국가가 그 공간의 일상적 운영규칙과 목적에 따라 표현을 규제할 수 있다. 단, 그 규제는 공간의 운영규칙과 목적에 부합해야지 운영자와 견해가 다르다는 이유로 운영되어서는 아니 된다. 이와 같은 공간에서는 회의장 운영자들이 행사의 목적(예를 들어 환경보존의 필요에 대한 각성)에 반대하기 때문에 회의의 개최를 허용하지 않는 식의 정치적 규제는 금지되는 것이다.[41]

Board of Education v. Pico 사건에서 대법원은 학교도 하나의 공간이라고 볼 수 있는데, 학교 도서관에서 학생들이 읽는 책이 정부가 홍보하려는 정사(正史)에 어긋난다고 하여 배제하는 것은 견해차에 따른 차별이 된다고 했다.[42] 또

---

article/2428988_5968.html, 2012년 2월 20일 최종방문.

39) 460 U.S. 37(1983). 학교가 공식단체협상 대상이었던 한 교원노조에게는 학교의 내부 메일의 사용을 허용하면서 다른 교원노조에게는 사용을 불허한 것에 대해 합헌판정을 내렸다.

40) 일부 학설에서는 (1) 공적 공간(public forum)과, (2) 비공공적 공간(nonpublic forum)으로 나누거나, (1) 전통적 공적 공간, (2) 한정적 공적 공간, 그리고 (3) 비공공적 공간으로 분류하기도 하나 모든 학설들이 동의하는 것은 정치적 견해차에 따른 차별(viewpoint discrimination)은 비공공적 공간 및 한정적 공적 공간 모두에서 금지된다는 것이다.

41) 미연방대법원은 Perry 사건에서 학교의 내부 메일시스템은 한정된 공적 공간이라고 정의하고 YMCA나 컵스카우트와 같은 단체들에게는 접근을 허용하고 교원노조들 중에서 공식적인 단체협상 자격을 얻은 노조 외의 다른 노조들에는 불허하는 것은 학생들에게 다양한 사회집단들의 목소리를 접할 수 있도록 한다는 교육적 목적 하에서 이루어지는 타당한 내용규제라고 했다.

42) 457 U.S. 853(1982). 1975년 당시 뉴욕주의 아일랜드트리교육구 내의 공립학교를 담당하는 주정부기관인 교육위원회의 교육위원들은 한 보수적인 학부모단체의 회의에 참가해 그 단체에서 거부되어야 할(objectionable) 책들의 목록을 입수했다. 자신들의 교육구 내의 고등학교 도서관에 이 책 중의 9권이 비치되어있음을 알고 교육위원회는 이 책들이 음란하지는 않으나 "반미국적, 반기

Cornelius v. NAACP 사건[43]에서 대통령령(executive order)으로 연방정부 공무원들을 대상으로 한 합동모금에서 의료혜택 등의 사회복지서비스를 제공하는 단체들만의 참여를 허용하고 정치적 또는 법적 운동단체들의 참여는 명시적으로 금지한 것에 대해, 비공공적 공간(nonpublic forum)에의 접근권은 특정 주제나 소재에 따라 부여될 수 있으며, 합동모금행사라는 공간의 목적에 합당한 규제는 정치적 견해차에 따른 차별이 아닌 경우에만 허용된다고 했다.

Rosenburger v. University of Virginia 사건[44]에서 미연방대법원은 University of Virginia라는 주립대학이 한 학생단체에게 종교적 입장을 추구한다면서 학생단체활동지원금의 배분을 거부한 것에 대해 판시했다. 이 사건에서 대법원은 "정부가 스스로 의사표시를 할 때나 타인과의 계약을 통해 타인에게 의사표시를 위임할 때는 정부가 그 내용을 자유롭게 통제할 수 있다"고 하며, 그러나 이 사건에서는 국가가 사인들로부터의 다양한 의사표시를 증진시키기 위해 자금지원을 하는 것이며, 이 목표에 비추어보았을 때 단지 종교적인 의사표시라고 하여 지원을 하지 않는 것은 견해(viewpoint)차이에 따른 차별이라고 보았다.

결국 Perry 사건을 포함해 국가가 통제하는 공간을 통해 정보제공이 이루어질 때 정보수용자의 표현의 자유의 보호 정도를 표로 나타내보자면 다음과 같다.

독교적, 반유대교적, 그리고 명백히 저급"하다고 하며 도서관에서 수거될 것을 명령했다. 대법원은 "판례의 교훈은 명백하다. 교육위원회는 도서관 장서를 구성함에 있어 상당한 재량을 가지고 있다. 하지만 그 재량은 편협한 정치적 방식으로 행사되어서는 아니 된다… 우리의 헌법은 국가에 의한 사상의 탄압을 허용하지 않는다… 교육위원회가 서적의 수거를 통해 교육위원회가 찬동하지 않는 사상에 소송원고인 학생들이 접근하지 못하도록 하려는 의도였다면(871) 이는 위헌"이라고 판시했다. 그러한 '의도'의 증거로서 대법원은 교육위원회의 교육위원들 중 2명이 하급심에서 '반미국적'의 의미를 서술하라고 하자 그 중 한 서적이 건국공신 조지 워싱턴이 노예소유주였음을 밝힌 점을 지적한 것을 제시했다.

43) 473 U.S. 788(1985).

44) 515 U.S. 819(1995). 이 판결에서는 4명의 대법관이 미연방대법원의 국교분리조항에 따라 종교적인 입장들을 중심으로 한 학생활동에 대한 지원을 중단할 수 있다며 소수의견에 동참했다. 그러나 이 소수의견에서 종교 대 비종교 사이의 견해차에 있어서 비종교라는 견해를 선택할 수 있다고 한 것은 국교분리조항이라는 특수한 상황 때문이며 본문에서 필자가 확인한 원칙, 즉 견해차별은 금지된다는 원칙의 보편적 성립에 대해서는 영향을 주지 않는다.

정부의 역할	정보제공(표현)의 공간	국민에게 보장되는 표현의 자유
정부가 표현의 주체인 경우	국가가 통제하는 공간(관보, 공직자연설문 등)[45]	
공적으로 소유된 공간	한정적 공적 공간(경기장, 미술관 등등)	견해차에 따른 차별 외에는 모든 내용규제 및 사전검열까지 가능함
	전통적 공적 공간(광장, 길거리)	사전검열은 금지되나 방법규제는 자유롭게 허용됨
사적으로 확보된 공간	책, 인터넷, 영화	모든 표현의 자유 원리 그대로 적용됨. 내용규제는 명백하고 현존한 위험 있을 때만 가능(엄격심사). 방법규제는 중도심사 등등.

이와 같은 논리는 방송심의에도 똑같이 적용될 수 있다. 왜냐하면 방송 역시 사인들이 표현을 함에 있어서 정부가 전파자원을 방송업 허가를 통해 부여하는 것이며, 방송심의는 이 방송에서 어떤 내용을 배제할 것인가를 결정하는 행정행위가 되기 때문이다. 이에 대해서는 실제로 일찍이 방송진흥기금을 받는 방송국에 대해서는 논평(editorial)을 하지 못하도록 금지한 법에 대해서 미연방대법원은 위헌결정을 내렸다.[46]

다. 견해차에 따른 차별금지 원리의 보편적 정당성

견해차에 따른 차별금지는 표현의 자유와 평등권 두 가지 헌법규범에서 보편적 타당성이 확인된다.

주류 미국헌법학에서 차등적 대우는 그 기준이 인종, 성 등 과거 역사 속에서 실체적인 차별과 억압의 기준으로 작용했던 기준, 즉 그러한 역사에 비추어 이번

---

45) 국가가 스스로 통제하는 공간을 통해 정보제공의 주체로서 특정한 표현(정보제공)을 할 경우, 정보수용자가 가진 원치 않는 정보를 받지 않을 권리로부터 도출될 수 있는 제공되는 정보에 대해 한계가 논리적으로 있을 수는 있는 것 같다. 단지 여기에서는 국가가 스스로 정보제공 및 표현의 주체가 되는 것이 아니고 정보제공 및 표현의 매개체를 소유하고만 있을 경우를 다룬다.

46) FCC v. League of Women Voters, 468 U.S. 364(1984). 대법관들은 견해차에 따른 차별이 아니라 내용규제(content discrimination)로 보았지만 대부분의 학자들은 실질적으로 견해차에 따른 차별 금지 판례로 해석한다. Heins, 전게서, p.117. Casarez, 전게서, p.547.

차등대우도 그러한 실체적 차별의 일환과 연장일 의심이 높은 기준(suspect classification)에 의해 이루어지는 경우 엄격심사(strict scrutiny)가 적용되고 그러한 기준에 의한 차등대우가 아닌 경우 평등권 심사의 가장 낮은 단계인 이성적 근거심사(rational basis review)[47]에 의해 의율됨은 잘 알려져 있다.

그렇다면 사회보장혜택을 제공함에 있어서, 예를 들어 소수민족을 배제하는 것은 틀림없이 평등권상의 문제를 발생시키며 엄격심사에 의해 위헌판정될 가능성이 높다. 그렇다면 반드시 민족 간의 구분이 아니라 위의 장애인복지혜택 확대를 요구하는 장애인들의 사례처럼 정부와의 입장 차에 따라 차별을 둘 경우에는 어떠할까? 위의 주류논리대로라면 이성적 근거심사를 받아야 하고, 이성적 근거심사를 받는 대부분의 공권력 행사가 합헌 판정을 받게 된다.

그러나 그렇다고 하여 인종, 성이 아닌 기준에 의한 차등대우가 모두 합헌인 것은 아니며, 국가행위의 명목적인 목표와 관련해 이성적인 근거가 없는 차등대우는 위헌으로 판정된다. 예를 들어 지역주민들의 재산권보호를 명목으로 하여 정신지체자들의 공동주거시설에 대해서는 주거허가를 받도록 한 시의 조례는 재산권 보호와는 관련이 없이 주민들의 정신지체자들에 대한 불합리한 공포감의 발현이었기 때문에 위헌판정을 받았다.[48] 그렇다면 마찬가지로 장애인보조금의 확충을 요구하는 입장을 가진 사람들만을 장애인보조금 수급에서 제외했다면 장애인보호라는 명목적인 목표와는 이성적인 관계가 없는 차별이 될 것이며, 이것은 이성적인 근거 심사를 따르든 엄격심사를 따르든 위헌판정을 받게 된다.

그리고 일반적인 평등권 심사에서도 차등대우가 근본적인 권리(fundamental

---

47) 우리나라 헌법학에서도 차별이 특별히 금지되는 기준에 의한 차별의 경우 기존의 평등권 심사인 '자의금지원칙'보다 더욱 엄격하게 소위 '비례성원칙'에 따른 심사를 하는 단계적 구조가 존재한다. 그렇다면 미국의 이성적 근거 심사(rational basis review)는 우리나라 헌법의 자의금지원칙에 대응된다고 하겠다. 학계 일각에서는 rational basis review를 '합리성' 심사라고 번역하나 이렇게 번역할 경우 이성적 근거 심사가 객관적 합리성을 요구하는 것이 아니라 주관적 논리성만을 요구하는 매우 느슨한 심사라는 것이 어감에서 배제된다. "이성적으로 보아 논리적 근거가 있는가" 여부만을 묻는 것이 이성적 근거 심사다.

48) Cleburne Living Center v. City of Cleburne, 473 U.S. 432(1985).

right)에 중대한 제한(undue burden)을 가할 경우 역시 엄격심사(strict scrutiny)가 적용된다. 위의 사례에서 장애인이 장애인보조금 확충 촉구 시위에 참석했다고 하여 그 장애인에 대한 보조금지급을 중단하는 것은 장애인의 표현의 자유에 대한 중대한 부담이 될 수 있다. 이는 마치 국가비판을 한 사람을 형사처벌하는 것이 국가에 대해 비판할 자유에 대한 부담인 것과 마찬가지다. 물론 보조금지급 중단이라는 시혜적 행위의 중단과 형사처벌이라는 침익적 행위의 헌법적 평가는 다를 수 있다. 그러나 미연방대법원은 이주자에 대한 사회보장혜택의 지급에 있어 차등대우를 한 것에 여행의 자유에 중대한 제한을 가한다는 이유로 위헌을 선언한 바 있다.[49]

특히 미연방대법원은 시혜의 분배에 있어서도 차등대우 대상자가 겪는 부담이 표현의 자유인 경우에 민감하게 반응해온 전통이 있다. 언론사에 대한 지원금의 중단에 대해서는 미연방대법원은 비언론사에 대한 지원금 중단과는 달리 여러 차례 시혜의 중단이라기보다는 표현의 자유에 대한 침익적 행위로 보아 위헌판정을 한 바 있다.[50]

위의 판례들을 종합해보자면 미연방대법원의 견해차에 따른 차별 금지 원리는 (1) 차별의 기준이 해당 공간이나 재원의 운영 목표와 이성적 관계가 없다는 이유로 배제가 이루어질 경우 위헌이라는 원리와, (2) 그러한 배제가 표현의 자유의 행사에 부담을 가할 경우 역시 위헌이라는 원리가 중복적으로 작용하며 나타나는 법리현상이라고 볼 수 있다. 그리고 배제대상이 역사적으로 국가와의 견해차를 드러내왔던 그룹일 경우 위의 (1)의 기준에 있어서 자의적인 차별이라는 강한 의심이 작용할 것이다. 즉, 견해차에 따른 차별 금지 원리는 표현의 자유와 평등권으로부터 자연스럽게 도출되는 것이다.

---

49) Shapiro v. Thompson, 394 U.S. 618(1969).
50) Casarez, 전게서, pp.545-551. Hannegan v. Esquire, Inc., 327 U.S. 146, 158-59(1946)(선정적인 잡지라 하여 정기간행물에 대한 우편료감액제도에서 배제한 것에 대해 위헌판정).

라. 우리나라 방송심의에의 적용

1) 우리나라 평등권 심사

우리나라 헌법 학설과 판례에서도 제대군인가산점 결정에서부터 시작해서 (1) 차별이 특별히 금지되는 기준에 의한 차등대우나, (2) 타 기본권에 중대한 제한을 가하는 차등대우의 경우 기존의 자의금지원칙이 아니라 엄격한 비례성심사를 하도록 해왔다.[51] 즉, 위에서 밝힌 견해차에 따른 차별 금지원리의 구성원리들이 이미 우리나라 헌법에 존재하는 것이다.

그렇다면 우리나라에서도 공공재원이나 공간의 운영에 있어서 원칙적으로 폭넓은 재량이 허용되나 그러한 재량의 행사에 위의 제대군인가산점 결정의 원리들을 적용시켜보자면, 차별이 헌법에 의해 특별히 금지되는 기준에 의해 이루어지거나 타 기본권에 중대한 제한을 가할 경우 엄격한 비례성 심사가 이루어져야 한다. 그리고 그 차별기준이 헌법에 의해 특별히 금지되는 기준이 아니라 할지라도 공공재의 운영목표와 전혀 관련 없는 기준에 따라 차별이 이루어졌다고 판정될 경우 자의금지원칙에 의해서라도 위헌판정이 내려질 수 있다.[52] 이와 같이 견해차에 따른 차별 금지 원리는 우리나라의 평등권 심사이론의 특수한 작용으로 받아들여질 수 있다.

그리고 이 이론은 방송에도 적용된다. 방송의 경우 공공재라는 가정 하에 국가의 통제 하에 있고, 이에 따라 국가에게는 방송내용의 규제에 있어서 폭넓은 재량이 허용되며 그 재량의 행사기제 중의 하나가 바로 방송법상의 공정성 심의인 것이다. 그런데 방송의 특정내용을 배제하는 것은 국민의 표현(수용)의 자유에 대해 중대한 부담을 줄 수 있어 더욱 엄격하게 심사해야 할 이유가 있는 것이다.

---

51) 소위 '제대군인가산점결정'. 헌법재판소 1999.12.23. 선고 98헌마363 결정(제대군인지원에관한법률 제8조 제1항 등 위헌확인), 판례집 11-2, 770.
52) 국내 여러 형법교과서들이 언급하고 있는 검찰의 '표적수사'나 '선별수사' 역시 헌법적으로 금지되는 이유는 검찰의 기소권에 폭넓은 재량을 감안하더라도 검찰의 원래 목표인 공공질서 수호와는 이성적 관계가 없는 대상이나 동기에 따라 기소권을 남용하기 때문에 자의금지원칙을 위반한 것으로 볼 수 있기 때문이다.

이때 방송 공정성 심의의 목표인 "국민 모두의 표현(수용)의 자유를 위한 공적 공간의 확보"와 이성적인 관련성이 없이 특정 입장을 방송에서 배제하는 것은 위헌판정을 받아야 하는 것이다.

그렇다면 여기서 중요한 것은 국가와 배제대상의 견해차가 사전에 존재하는 경우에는 자의적 차별의 의심이 강하게 적용된다는 것이다. 위의 장애인시위자가 바로 그러한 예인데 장애인시위자는 이미 시위를 통해 국가와의 '견해차'를 이미 보여주었고, 그렇다면 이 시위자를 배제하는 것은 장애인복지프로그램의 원래 목적과 전혀 관련이 없는 자의적인 차별일 가능성이 높은 것이다.

이 사례가 방송에서는 어떻게 발현될까? 국가가 방송의 내용을 공정성 심의를 통해 규제함에 있어서 "국가의 입장을 충분히 반영하지 않았다"고 하여 규제하는 것이 그러한 사례일 것이다. 즉, 국가의 정책에 대한 보도프로그램이 국가의 정책의 긍정적인 측면을 충분히 보도하지 않았다는 것은 그 자체로 국가와의 견해차가 존재하는 것이며, 바로 그러한 사유로 이 프로그램을 방송에서 배제하거나 제재하는 것은 자의적인 차별일 의심이 강하게 적용된다. 이에 대해서는 아래 '국가에 대한 불균형' 대 '국가가 보기에 불균형' 논의에서 더욱 자세히 논의될 것이다.

2) 공무원의 정치적 중립성

그리고 우리나라에 견해차에 따른 차별의 금지원리를 접목하는 것은 도리어 더욱 쉽다. 왜냐하면 우리나라는 헌법 제7조가 이미 공무원의 정치적 중립성을 요구하고 있다. 그렇다면 공정성 심의도 정치적으로 중립을 지켜야 한다. 그리고 이 정치적 중립성은 과거에 공무원들이 관권선거 등 몇몇 개인들에 의해 사유화되었던 과거에 대한 반성에서 나온 것인데, 방송심의가 국가의 입장을 대변하는 내용이 불충분하게 반영되어 있다고 하여 특정 방송을 제재하는 것은 바로 그 당시의 권력자에 의해 방송심의라는 국가작용을 사유화한 것이라고 볼 수 있으며, 바로 헌법 제7조의 위반으로 볼 수 있는 것이다.

3) 편향의 수정 자체가 편향이다

여기서 두 가지 주의할 것이 있다. 첫째, 견해차의 차별이 있었는가? 또는 정치적 중립성의 위반이 있었는가?는 실체적 기준에 의해 판단되는 것이 아니다. 즉, 제재대상인 방송콘텐츠가 실제로 중립적인지 편향적이지는 중요하지 않다. 국가가 자신의 견해가 반영되어 있지 않다는 이유로 공정성의 잣대로 제재하는 것 자체가 견해차에 따른 차별이 되며 정치적 중립성을 해하는 것이다. 근현대사교과서의 수정을 통해 좌편향을 수정하겠다고 하는 것은 객관적으로 근현대사교과서가 '좌편향'인가에 관계없이 그러한 수정시도 자체는 정부가 자신의 견해와 다른 교과서 저자를 제재하는 것이 되며 이미 정치적 중립성을 훼손하는 것이 된다. 정부와 PD수첩의 광우병 보도의 '좌편향'을 산술적 공정성 개념으로 치유하겠다는 것도 마찬가지다. 공정성을 이유로 어떤 편향을 수정하려 하는 것은 그 편향이 실제로 존재하든 존재하지 않든, 국가의 견해를 강요함으로써 정치적 중립성을 침해하고 견해차에 따른 차별이 된다.

4) '국가에 대한 불균형' 대 '국가가 보기에 불균형'

둘째, 어떤 방송콘텐츠는 (1) "국가에 대해 불균형한 콘텐츠(즉 국가정책 등을 비판만 할 뿐 칭찬하지 않는 콘텐츠"라서 제재되는 경우가 있을 수 있고 어떤 방송콘텐츠는 국가에 대한 것이 아니라 사인에 관한 콘텐츠인데 역시 불균형하다고 하여, 즉 (2) "국가가 보기에 불균형한 콘텐츠"라고 하여 제재될 수가 있다. 전자의 경우 명백하게 중립성 위반 및 견해차에 따른 차별이라고 보아야 한다. 국가의 명예보호는 방송심의의 목표와 아무런 이성적 관계가 없기 때문이다. 후자의 경우에는 그 자체로는 방송심의의 목표와 해당 콘텐츠에 대한 제재 사이의 연관성을 미리 가늠해볼 수는 없다. 제재사실 자체가 "국가의 입장이 덜 반영되었음"을 천명한 것이며 "국가의 입장이 덜 반영되어 국가에 대해 불균형한 콘텐츠", 즉 전자의 카테고리와 다르지 않을 수 있다. 그러나 이것은 미리 단정하기는 어려우며, 예를 들어 국가정책에 반대하는 지역민들의 입장이 충분히 반영되지 못해 불균형하다는 이유로 공정성 제재가 이루어질 경우 "국가가 보기에 불균형"한 것이 꼭 "국가에 대해 불균형"한 것은 아닐 것이기 때문이다.

아래에 나오겠지만 필자는 이 차이점을 포착하여 대안을 구분해서 제시할 것이다.

마. 공정성 심의의 목적 및 유래: 표현의 자유 vs. 표현의 다양성

위에서 견해차에 따른 차별 여부의 핵심은 해당 공공재의 운영목표와 해당 제재 사이의 연관성이다. 그렇다면 여기서 해당 공공재는 방송이고 방송의 내용에 있어서의 국가적 개입은 방송심의를 통해 이루어지고 있다. 특히 여기서 문제가 되는 것은 공정성 심의이므로 공정성 심의의 목표를 살펴볼 수 있다.

(1) 유럽에서는 방송이 공영방송으로 시작했기 때문에 방송인들은 공무원이었고, 이들이 자신들의 개인의 의견에 따라 방송의 내용을 편향되게 하는 것은 직무유기가 되는 것이었기 때문에 원래 이들에게 적용되는 직무규정의 성격을 가지고 있었다는 설명도 있다.[53] 즉, 공영방송이 자신들의 이익에 봉사하지 않고 공공성을 유지하도록 하기 위해서 필요하다는 것이다.

그렇다면 공정성이라는 이상은 우리나라 헌법의 '공무원의 정치적 중립성' 조항과 비슷하게 공무원들이 관권선거 등 자신의 고용주인 국가와의 이해관계에 영향을 받지 않도록 하기 위하려는 성격이 강하다. 이러한 유래에 충실하자면, 그렇다면 공정성 심의는 특정 방송이 국가의 이익에 불리하다고 하여 규제하는 사례는 피해야 할 것이다.

(2) 또 다른 해석 특히 미국언론의 역사를 중심으로 한 해석에 따르면, 실제로 공정성이라는 이상이 국가의 규제욕구에서 온 것이 아니라 언론사들 내부에서 발생했다고 본다. 즉, 당파성 있는 보도들이 시장에서 매력을 잃게 되고 여러 소송들에 휘말리게 되면서 언론인 스스로가 공정성을 제품의 질에 포함시켜 홍보하기

---

53) Barendt, 전게서, p.96.

시작한 것이다.[54] 그리고 방송이 언론의 역할의 일부를 자임하고 방송에 대한 규제욕구는 공정성의 이상을 규제의 잣대로 차용하게 된 것이고, 방송은 자연스럽게 공정성 심의를 받게 된 것이다.

이러한 취지라면 국가에 의해 외부적으로 강요되는 방송의 공정성 심의는 필요가 없는 것이며 자연스럽게 독일, 일본, 영국 BBC처럼 자율규제를 통해 공정성을 찾아가도록 해야 한다.

(3) 하지만 또 다른 해석은 공정성이 민주주의의 이상을 실현하기 위해 반드시 필요하다고 한다.[55] 규제되지 않는 시장에서는 돈을 가진 자가 공적 논의를 주도하게 되어 진정한 평등하고 자유로운 토론이 이루어지지 않는다는 것이다. 이 입장에 따르면 공정성 심의는 시장에서 발생할 수 있는 '자유의 불균형'을 해소하고 다수가 소수의 목소리를 억누르지 않도록, 다시 말해 다양성의 보호를 위해 필요하다. 즉, 방송이라는 공간이 돈을 가진 사람에게 사유화되는 것을 막을 필요가 있다는 것이며 그러한 방송의 이상을 대표하기 위해 언론학자들은 공적 영역(public sphere)이라는 말을 많이 쓴다.[56]

그런데 공정성을 이렇게 다양성 보호의 입장에서 입론하자면 국가는 오히려 적극적으로 사회적 약자의 목소리가 반영되도록 노력해야 한다. 50대 50의 기계적인 균형성은 사실 다양성의 자유 경쟁에서 오는 불균형을 제어하기 하기 위해서는 턱없이 부족한 수단이다. 그렇다고 해서 국민 다수의 투표에 의해 선출된 국가가 개입해 방송 내용 자체를 일일이 구성하려 하는 것은 사회적 약자의 목소리가 반영되지 않을 것은 물론 관영방송으로의 회귀가 되고 결국 공적 영역의 퇴보로 이어지게 된다.

그렇기 때문에 이들 논자들에게 공정성은 내용규제의 기준이 아니라 방송사업자를 둘러싼 동기부여시스템에 반영되어 있어야 하는 것이다. 이 공적 영역은 하버마스의 의견을 따르자면 제도적으로 국가와 자본으로부터 독립적일 때에

---

54) Edward S. Herman, Robert W. McChesney, *The Global Media: The New Missionaries of Corporate Capitalism*, London: Cassell, 1997, pp.192-193.
55) Cass R. Sunstein, *Democracy and the Problem of Free Speech*, Free Press를 보라.
56) Jürgen Habermas, *The Structural Transformation of the Public Sphere*, Polity, 1984.

민주주의에 봉사하게 된다. 그렇기 때문에 어떤 사람들에게는 "BBC와 같은 비영리기구가 자체 내에서 '객관성'을 관철하는 것이 공적 영역의 모범"이다.[57] 즉, 시장의 영향이 방송의 내용에 전해지지 않도록 방송사에 대한 소유규제를 가해야 한다는 것이며, 소유규제의 극단에는 누구의 소유도 아닌 비영리기구 모델이 있는 것이다.

더 나아가서 공론장-다양성론자들 내부의 또 다른 입장은 "국가와 자본으로부터 부분적으로 또는 완전히 자유로운 다양한 언론사들이 보도와 공적 담론에 편향된 입장을 가지고 참여하는 것"이 더 효율적인 공적 영역이 될 수도 있다고 한다.[58] 이를 위해서는 언론사가 취하는 "정치적 관점의 범위에 대해 제한이 없어야 하며 자원이 적절히 분배되어 경제적 또는 정치적 강자가 사회의 상대적 약자들을 대변하려는 언론을 몰아내지 않도록 해야 한다."[59] 이에 따라 이들 역시 소유규제의 중요성을 강조한다.

외부에서 방송국에게 강요되는 공정성은 기존시스템의 변화를 요구하는 사람들의 목소리에 항상 그 반대 목소리를 병치시켜 그 설득력을 희석시킬 것을 요구해 도리어 다양성을 해친다. 공정성은 이렇게 비판세력들의 목소리를 억제함으로써 그 원래 목표인 다양성에 배치되는 모순적인 결과를 낳는다. 결국 국가가 강요하는 공정성은 내적 다양성(즉, 채널 내의 다양성 또는 개별 프로그램 내의 다양성)을 요구해 모든 방송국을 또는 모든 프로그램을 내부적으로 '다양하게' 만들어 모든 프로그램 또는 모든 방송국이 일률적으로 50대 50의 양비론적 내용으로 만들어 결국 외적 다양성(즉, 모든 채널들에 걸쳐 보여지는 다양성)을 훼손한다.

---

57) Herman, 전게서, p.3.
58) Herman, 전게서, p.3.
59) Herman, 전게서, p.3. 허먼 등은 위에서 언급한 (1) BBC 모델과, (2) 다양성 모델 중에서 어느 것이 더 낫다고 생각하지는 않는다. 단지 현재의 공적 영역의 이상을 '객관성'이나 '균형성'과 같은 관념적인 개념으로 이룰 수는 없다고 생각하는 것으로 보인다. BBC 모델이 성공한 것은 BBC가 강력한 공정성 심의를 받아서가 아니라 자원배분 및 소유구조 등의 문제라고 생각을 하는 것으로 보인다. 그렇기 때문에 허먼은 잘 알려져 있듯이, 방송이라는 생선을 국가라는 고양이에게도, 자본이라는 고양이에게도 맡길 수 없으니 비영리단체에게 맡겨야 한다고 주장하고 있다.

정리하자면, 공정성은 (1) 유럽 공영방송의 태생적 배경에서 관영방송으로의 회귀를 막기 위해 만들어진 외부적 규범이거나, (2) 미국 언론사들이 자신의 상품 중의 하나로 홍보하던 내부적 규범에서 유래했다. (3) 이와 별도로 언론이 다양한 목소리들이 억압되지 않게 자유롭게 교환되는 공론의 장 역할을 해야 한다는 입장도 있다.

이러한 공정성 심의의 목표에 비추어볼 때 우리는 현재의 공정성 심의가 위 목표에 타당한지를 살펴볼 수 있다. 우선 (1)의 해석은 앞의 장에서 말했던 '국가에 대한 불균형성'을 이유로 한 규제는 배제될 것을 요구한다. (2)의 해석은 아예 공정성 심의의 폐지를 용인한다. (3)의 해석은 개별프로그램의 공정성을 측정할 것이 아니라 해당 채널의 모든 프로그램들을 감안해 그 공정성을 측정할 것을 용인하며, 국가에 의한 공정성 심의는 국가에 대한 비판이 자유롭게 이루어져할 공론장의 파괴로 이어질 수 있으므로 소유규제 등을 통해 비영리단체처럼 방송국이 운영될 것을 요구한다.

4. 결론: 세 가지 대안

위의 내용을 살펴보면 방송통신심의위원회의 공정성 심의는 다음과 같이 헌법적 제한에 맞게 개선될 필요가 있다. (1) 인터넷 및 케이블텔레비전을 통한 매체의 다양화가 이루어짐에 따라 더 이상 매체의 희소성 논리가 적용되지 않으므로 공정성 심의를 폐지한다. 특히 이같은 판단의 바탕에는 공정성 심의가 넓은 의미의 '검열'에 포함되는 행정심의이므로 매우 예외적으로만 허용되어야 한다는 전제가 있다. 전 세계에서 공정한 방송으로 찬사 받는 BBC가 공정성 심의만큼은 국가로부터 받지 않고 자율심의만을 이행한다는 점을 생각해볼 수 있다. (2) 매체의 희소성은 없을지 모르나 방송의 영향력은 역사적인 특히 경로의존적인 이유로 다른 사업자들에 비해 높게 유지될 것이므로 공정성 심의를 그대로 유지하되 심의를 개별프로그램별로 하는 것이 아니라 해당 방송사의 모든 프로그램들을 통합해 심사할 수 있다. (3) 공정성 심의는 정부에 대한 불균형성을 이유로 제재를 하면 '견해차에 따른 차별'이 될 수 있으므로 국가정책에 대한 프로그램은 공정성 심의 대상에서 아예 배제할 수 있다. 정부가 자신의 견해를 관철시키는 것은 정부가 추진하는 사업에 대한 언론보도에 대해 공정성을 이유로 정부가 규제를 할 때이다. 즉, '정치적 중립성'의 원칙을 확립하기 위해서는 심의위원회가 정부가 추진하거나 정부가 당사자인 사안에 대한 언론보도에 대해 공정성을 근거로 하는 제재를 하지 않도록 해야 한다. 심의위원회가 국가가 공정성의 당사자인 사안에 대해서는 심의를 거부해야 한다.

여기서 가장 현실성이 있는 (3)에 대해서 더욱 자세히 살펴보자. 위에서 언급했던 행정심의 세 가지 해악을 상기해보자.

(가) '잠정적' 판단에 대한 표현의 발화의 지연
(나) 행정기관의 보복의 가능성에 의해 발생하는 자기검열
(다) 정치적 이용의 가능성

위의 세 가지 해악 중에서 (가)와 (나)는 '즉각적인 사법심사'로 어느 정도 해결가능하다. 그러나 (다)의 정치적 이용 가능성에 대해서는 즉각적인 사법심사가 적절한 대응이 되지 못한다. 위의 (3)의 대안은 바로 (다)에 대응한다. 정부여당이 그 3분의 2를 임명한 방송통신심의위원회가 특정 보도가 정부·여당에게 불공정한지에 대해 심의를 할 권한을 없애야 한다. 이를 원천적으로 봉쇄하기 위해서는 정부·여당이 당사자이거나 추진 중인 사안에 대한 언론보도에 대한 공정성 심의를 하지 않는 것이다. MBC 광우병 보도 및 방송법개정안 보도, YTN 사장 임명 보도 등에 대한 공정성 심의를 국가기관인 방송통신심의위원회가 진행하는 것은 코미디며, 바로 이러한 코미디의 가능성 때문에 외국에서는 국가에 의한 공정성 심의가 헌법적으로 금지되는 것이다. 물론 방송심의규정 제9조 제4항의 이해상충 조항도 정부여당이 추진하는 사안에 대한 언론보도에 적용해서는 아니된다.

여기서는 현실적으로 가장 가능성 있는 대안 (3)에 따른 법령개정 사항만을 언급하고자 한다.

방송법 제32조(방송의 공정성 및 공공성 심의) ①방송통신심의위원회는 방송·중계유선방송 및 전광판방송의 내용과 기타 전기통신회선을 통해 공개를 목적으로 유통되는 정보 중 방송과 유사한 것으로서 대통령령이 정하는 정보의 내용이 공정성과 공공성을 유지하고 있는지의 여부와 공적 책임을 준수하고 있는지의 여부를 방송 또는 유통된 후 심의·의결한다. 이 경우 매체별·채널별 특성을 고려해야 한다. 단, 공정성의 유지 여부에 대한 심의는 방송된 정보의 내용이 공적 토론의 대상이 되는 사안에 관한 것으로서 토론의 일방이 자신의 입장이 방송된 정보에 충분히 포함되지 않았다고 주장하는 경우에만 개시하며, 대한민국 정부가 시행하거나 시행을 추진하는 제도, 정책 및 사업에 대해 대한민국 정부의 입장을 균형 있게 반영하지 않은 것은 공정성 위반으로 간주하지 않는다. 〈개정 2008.2.29〉

방송심의에 관한 규정〈2008년 9월 2일 개정〉
제9조(공정성) ①방송은 진실을 왜곡하지 아니하고 객관적으로 다루어야 한다.
②방송은 사회적 쟁점이나 이해관계가 첨예하게 대립된 사안을 다룰 때에는 공정성과 균형성을 유지해야 하고 관련 당사자의 의견을 균형있게 반영해야 한다. 단, 대한민국 정부가 시행하거나 시행을 추진하는 제도, 정책 및 사업에 대해 대한민국 정부의 입장을 균형있게 반영하지 않은 것은 공정성 위반으로 간주하지 않는다.

14장
전략적 봉쇄소송(SLAPP) 억제법리의 국내적용가능성

1. 국내의 전략적 봉쇄소송 사례들

시민들의 공적 발언 및 참여를 봉쇄하기 위한 소송(Strategic Lawsuit Against Public Participation 또는 줄여서 SLAPP)[1]은 그 소송이 수반하는 비용, 시간, 및 정신적 부담 등을 그러한 발언 및 참여를 하고자 하는 시민들에게 부과해 결과적으로는 사회 전체적으로 막대한 폐해를 발생시킨다.[2] 우리나라 헌법재판소도 밝힌 바 있지만, 표현의 자유는 다른 기본권과 달리 위축효과에 취약하여[3] 한 시민에게 제기된 소송도 수많은 사람들의 발언과 참여를 위축시키기 때문이다.

위축효과란 합법적인 표현의 발화를 그 표현에 가해질 공격이 부담스러워 포기하게 되는 현상을 말하는데[4] 미국에서는 실제로 전략적 봉쇄소송의 상당히 높은 비율이 원고 패소나 취하로 이어져 위축효과의 심각성이 검증되었다.[5] 이 때문에

---

* 이 글은 『인하법학』(2011년 2월)에 실린 글을 수정 · 보완한 것이다.

1) 1980년대 말 SLAPP은 University of Denver College of Law의 George W. Pring에 의해 처음 개념화되어 실증적인 연구가 이루어졌다. George W. Pring, "SLAPPs: Strategic Lawsuits Against Public Participation", 7 Pace Envtl. L. Rev. 3, 5(1989) 그 후 Pring의 연구결과는 미국의 여러 주에서 SLAPP 억제법 채택을 촉발시킨다.

2) 캐나다와 호주의 SLAPP 현상에 대해는 Susan Lott, Corporate Retaliation Against Consumers: The Status of Strategic Lawsuits Against Public Participation(SLAPPs) in Canada(2004); Travis Bover & Mark Parnell, A Protection of Public Participation Act for South Australia, http://www.edo.org.au/edosa/research/public%20participation.htm.

3) 헌법재판소 1998.04.30. 선고 95헌가16 결정, 판례집 제10권 1집 , 327, 342-342 참조.

4) Lamont v. Postmaster General, 381 U.S. 301(1965).

미국에서는 전략적 봉쇄소송을 연방헌법이 규정하고 있는 청원권 및 표현의 자유의 행사에[6] 대한 위협으로 간주하고 그 폐해를 최소화하기 위한 시도가 사법 및 입법적으로 이루어지고 있다. 이는 청원권이나 표현의 자유에 대한 적극적 보장이라는 사회국가적 규범의 발현으로 보지 않더라도 법원이 청원권이나 표현의 자유의 훼손에 도구로 이용되어서는 아니 된다는 소극적 규범에서도 쉽게 도출된다고 하겠다. 실제로 아래에 소개될 사법적 · 입법적 대응은 전략적 봉쇄소송 '억제'라기보다는 전략적 봉쇄소송의 '거부'에 가깝다.

우리나라에서도 2008~2009년 들어 전략적 봉쇄소송들이 시민들의 공적 발언의 대상이 되었던 정부기관 또는 공직자에 의해 제기되는 경우가 늘어났다. 국가정보원-박원순 소송,[7] 광우병대책회의에 대한 광화문 상인들의 소송,[8] 심재철

---

5) 1958년에서 1986년 사이에 접수된 SLAPP 100개 중에서 약 절반 정도가 승소 내지 패소로 이어졌는데, 이 중에서 3분의 2가 각하(dismissal)되었고 나머지 3분의 1 중에서 83%가 피고가 승소했다고 한다. George W. Pring, "'SLAPPS'―Strategic Lawsuits Against Public Participation-A New Ethical, Tactical, and Constitutional Dilemma", C534 American Law Institute-American Bar Association Course of Study(June 25, 1990) 여기서 SLAPP은 소송의 청구원인이 피고의 표현의 자유 및 청원권의 행사이고 소송원고가 그 표현과 청원이 소기의 목적을 달성할 경우 불이익을 받게 되는 모든 경우의 소송으로 정의된다.

6) 미국 헌법상 청원권과 표현의 자유는 모두 수정헌법 제1조에 '청원권(right to petition for grievances)과 표현과 출판의 자유를 제약하는 법을 제정해서는 아니 된다'라고 규정하고 있어 국가기관이 정한 절차에 따른 청원과 그러한 절차를 따르지 아니하는 자유로운 의견표명을 모두 공적 참여(public participation)로 본다. 하나로 보아 '수정헌법 제1조가 보호하는 활동(First Amendment activities)'이라고 부른다.

대한민국헌법 제21조 ① 모든 국민은 언론출판의 자유와 집회결사의 자유를 가진다.

② 언론출판에 대한 허가나 검열과 집회결사에 대한 허가는 인정되지 아니한다.

③ 통신 · 방송의 시설기준과 신문의 기능을 보장하기 위해 필요한 사항은 법률로 정한다.

④ 언론출판은 타인의 명예나 권리 또는 공중도덕이나 사회윤리를 침해하여서는 아니 된다. 언론출판이 타인의 명예나 권리를 침해한 때에는 피해자는 이에 대한 피해의 배상을 청구할 수 있다.

제26조 ① 모든 국민은 법률이 정하는 바에 의해 국가기관에 문서로 청원할 권리를 가진다.

② 국가는 청원에 대해 심사할 의무를 진다.

7) 원고: 대한민국

피고: 박원순(전 아름다운재단 상임이사, 현 서울특별시장)

경과: 서울중앙지법 민사합의 14부(부장 김인겸)는 2010년 9월 15일 원고패소 판결(1심)

원고의 소제기 사유: 박 상임이사가 2009년 6월 한 일간지와의 인터뷰에서 "은행과 소기업 후원사업을 같이하기로 합의하고 기자회견까지 했는데 어느 날 무산됐다. 나중에 알고 보니 국정원에서 개입했다고 한다", "국정원이 시민단체와 관계를 맺는 기업의 임원들까지 전부 조사해 연락하는 통에 힘거운 상태다"며 국정원의 민간사찰 의혹을 제기함. 이에 대해 국정원은 "독자들로 하여금 국정원이 국민을 사찰하고 의무 없는 행위를 강요했다는 인상을 갖게 하여 명예를 훼손했다"며 박

의원-PD수첩 소송,[9] 쇠고기수입업체-PD수첩 소송[10] 등이 그 예다.

상임이사를 상대로 2억 원의 손해배상을 청구.

1심 재판부 원고패소 판결사유: 재판부는 "피고가 '국정원 민간사찰 발언'의 진위를 확인하지 않았어도 언론 제보행위가 악의적인 공격에 해당한다고 보기 어렵다"고 밝힘. 이어 "국가는 항상 국민의 비판과 감시를 받아야 하므로 심히 경솔하거나 상당성을 잃은 공격인 경우에만 예외적으로 명예훼손의 피해자가 될 수 있다"고 판시. 재판부는 "이때 현저히 악의적인 행위가 있었다는 점은 국가가 증명해야 한다"며, "공공적 의미를 가진 사안의 경우에는 언론 자유에 대한 제한이 완화돼야 한다"고 판시. "공직자의 도덕성 · 청렴성이나 국가의 업무 처리가 정당하게 이뤄졌는지는 항상 국민의 감시와 비판의 대상이 돼야 한다"는 것이다. 중앙일보 2010년 9월 16일자 기사 http://article.joinsmsn.com/news/article/article.asp?total_id=4459855&cloc=olink | article | default

8) 원고: (집회장소였던) 광화문 일대 상인 172명

피고: '광우병 대책회의' 등 집회를 주최한 시민단체

경과: 서울중앙지법 민사36부(부장 김정원)는 2011년 1월 5일 원고 패소 판결(1심)

원고의 소제기 사유: 2008년 5~7월 미국산 쇠고기 수입반대 불법 촛불집회로 인해 18억 4,300만 원의 물질적 · 정신적 손해를 봤음. 상인들은 "시민단체들이 집회와 시위에 관한 법률을 위반하고 불법으로 시위를 했기 때문에 매출 감소 등 피해를 봤다"고 주장.

1심 재판부의 원고패소 사유: 재판부는 "업소마다 매출감소율이 다르고 일부는 전년도보다 오히려 매출이 증가했다"며 "소비자 기호변화나 사회경제적 상황 등 다른 원인 없이 오로지 시위만으로 매출이 감소했다고 단정하기 어렵다"고 말함. 시위와 매출 감소 사이에 상당한 인과관계가 입증되지 않았다는 사유. 이어 "(물건 파손 등) 직접 손해가 아니라 간접적인 손해는 가해자가 손해를 예상했을 경우에만 배상 책임을 물을 수 있다"며 "시민단체들이 시위 당시 상인들에게 영업상 손실이 발생할 것을 알고 있었다고 보기 어렵다"고 판시. 또한 재판부는 "집시법은 집회 · 시위의 자유를 공공의 안녕질서와 조화를 이루는 범위 내에서 보장하기 위한 것이지 인근 상인들의 영업상 손실처럼 개개인의 이익을 직접적으로 보호하기 위한 것이라고 보기 어렵다"고 밝힘. "집시법 규정을 위반해 시위를 했다는 것만으로 상인들에게 손해배상을 할 책임은 없다"고 덧붙임. 시위 자체의 불법성만으로는 개인에 대한 손해배상 책임을 질 만큼 위법한 행위를 했다고 보기 어렵다는 것. 참조: 중앙일보 2011년 1월 6일자 기사 http://article.joinsmsn.com/news/article/article.asp?total_id=4890168&cloc=olink | article | default

9) 원고: 심재철(한나라당 의원)

피고: MBC PD수첩

경과: 서울고법 민사13부(여상훈 부장판사)는 2010년 1월 27일 1심과 마찬가지로 원고 패소 판결

원고의 소제기 사유: 1. 원고는 "PD수첩이 '광우병에 걸린 소라도 특정위험물질(SRM)을 제거한 부분은 안전하다'는 자신의 발언을 '광우병 소로 등심 스테이크를 만들어 먹어도 안전하다'로 왜곡했다"며 언론중재위원회에 정정보도를 청구

2. PD수첩은 왜곡보도 사실을 인정하고 정정보도를 했으나 그 과정에서 특정위험물질을 제외한 나머지 부분도 위험할 수 있다는 취지의 발언을 함.

3. 심 의원은 정정보도 과정에서 또 다시 비방성 보도를 하여 명예가 훼손됐다며 다시 정정보도하고 5억 원을 배상하라는 소송을 제기

1심 판결의 원고패소사유: 광우병에 걸린 소라도 특정위험물질을 제외한 나머지 부분은 안전하다는 것이 세계 유수 학자들의 견해지만 이와 반대되는 의견도 있는 만큼 PD수첩이 심 의원을 비판했다고 하더라도 의견표명에 불과해 정정보도 대상은 될 수 없음.

매일경제신문 2010년 1월 27일자 참조. http://news.mk.co.kr/v3/view.php?year=2010&no=46687.

물론 이들 민사소송보다 더 큰 위축효과를 발생시킨 것은 검찰의 기소에 의해 진행된 형사사건들이다. 하지만 검찰의 기소행태는 선출직 공무원 즉 대통령 및 국회의원들의 영향력 하에 놓여 있으므로 어느 정도 형식적으로는 민주적 통제 하에 있어 '전략봉쇄적 기소'를 하지 못하도록 할 수 있다. 그러나 민사소송의 경우 각 개인이 누리는 재판청구권에 근거해 제기되기 때문에, 소제기 여부에 대한 직접적인 제어 자체가 불가능하기 때문에 그러한 소송이 제기되지 않도록 하기 위해서는 더욱 복잡한 사고를 필요로 한다.

　　또 한 가지 고려해야 할 것은 우리나라에서의 SLAPP 억제 법리의 도입 필요성이

---

10) PD수첩에 대한 손배소는 여러 가지가 있음. 그 중 MBC 'PD수첩'의 미국산 쇠고기 안전성에 대한 왜곡 · 과장보도로 피해를 입었다며 국민소송인단이 제기한 2 · 3차 손해배상 및 정정보도 청구소송을 2010년 1월 26일 법원이 기각했고, 이 사건 대리인인 '시민과함께하는변호사들'(시변) 은 서울남부지법에서 2010년 2월 19일 기각된 손배소를 서울고법에 항소했다고 밝힌 바 있음. 지금 소개하는 사건은 이와는 다른 사건, 판례를 대법원 종합법률정보에서 검색할 수 있는 사안인 미 쇠고기 수입업체의 손배소임(일명 탤런트 김규리 사건).
원고: 주식회사 에이미트 외 1인
피고: 주식회사 문화방송 외 6인(소송대리인 법무법인 덕수 외 1인)
현재 상황: 원고 측 항소 제기함.
원고의 소제기 사유(청구취지): (1) 시청자들에게 광우병에 대한 공포심을 유발시켜 미국산 쇠고기 는 광우병에 걸린 쇠고기이므로 이를 먹어서는 안 된다는 인식을 갖게 할 목적으로 허위 내용의 이 사건 방송을 제작 · 보도함으로써 원고들의 미국산 쇠고기 수입판매업을 방해함.
(2) 왜곡 편집으로 마치 원고가 소비자들의 건강은 상관하지 않고 미국산 쇠고기를 판매한다는 인상 을 줌.
(3) 원고들의 미국산 쇠고기 수입업 재개가 늦어져 그 늦어진 기간 동안 미국산 쇠고기를 수입, 판매 해 얻을 수 있었던 이익 상당을 얻지 못하는 손해를 입었을 뿐만 아니라 현재까지도 이 사건 방송의 영향을 받은 단체가 원고들의 영업을 방해하여 고통을 입고 있음.
(4) (특히 유명 탤런트 김규리에 대해) 공인으로서의 의무에 위배하여 원고들의 영업을 방해할 목적 으로 자신의 미니홈피에 광우병에 대한 허위 정보를 퍼뜨리고 불특정 다수에게 미국산 쇠고기를 먹지 말 것을 선동해 원고들의 미국산 쇠고기 수입판매업을 방해함.
재판부의 원고패소 이유: 위 방송에 다소 허위이거나 과장된 내용이 포함되어 있더라도 위 방송의 전반적인 내용 및 의도는 쇠고기 수입업자 등의 영업을 방해하는 데 있지 않고 충분한 여론 수렴 과정을 거치지 않은 채 우리나라 정부가 미국 정부와 사이에 기존 수입위생조건보다 상당히 완화된 내용으로 쇠고기 수입 협상을 체결한 것을 비판하는 데 있음이 분명한 점 등에 비추어볼 때 위 방송보 도가 영업방해의 위법행위를 구성한다고 보기 어렵고, 위 방송으로 인해 정부가 수입위생조건 고시 의 발효를 연기했다고 보기 어려울 뿐만 아니라 만일 그러하다고 하더라도 정부정책의 변경은 민주 주의 국가의 정부가 여론을 반영하고 국익을 고려해 결정한 것으로 정부정책의 변경에 영향을 준 행위에 대해 불법행위책임을 물을 수도 없다는 등의 이유(서울남부지법 2010.02.09. 선고 2009가합 17586 판결), 데일리안 2010년 2월 19일자 기사 http ://www.dailian.co.kr/news/news_view. htm?id=192593&sc=naver&kind=menu_code&keys=3.

다. 위에서 소개한 2008년 이후 제기된 유명한 전략적 봉쇄소송들도 모두 법원에서 원고패소로 끝이 났지만 전략적 봉쇄소송 전체에 대한 전체적인 통계는 없다. 윤성옥은 2008년 이전의 공인에 의한 명예훼손 다수를 통계 분석했는데[11] 재미있게도 전략적 소송들이 60% 이상의 원고승소율을 기록하고 있다. SLAPP은 소송대상이 된 비슷한 발언들을 위축시킬 터인데, 물론 소송대상발언이 추후 위법한 것으로 밝혀져 피고패소판결을 받았다면 비슷한 발언을 자제한 사람들이 위축효과를 겪었다고 말하기는 어려울 것이다. 원고패소판결을 받았다면 그러한 자제가 법적으로 불필요한 것으로 밝혀졌으므로 그때까지의 발언들은 모두 온전히 반헌법적인 위축효과로 인정되지만 상당수의 SLAPP들이 우리나라에서는 원고승소를 기록하고 있는 것이다.

하지만 원고승소율이 높다고 해서 SLAPP 억제 법리의 의미가 퇴색되는 것은 아니다. SLAPP의 다수가 법적 또는 사실적 근거가 충분한 소송이어서 원고승소한다고 할지라도 나머지 원고패소소송들에 의해 발생하는 위축효과는 틀림없이 반헌법적 해악이며 위와 같이 원고패소소송들이 언론에 널리 알려진 경우 다수의 잘 알려지지 않은 원고승소 SLAPP의 존재와 관계없이 위축효과는 계속 존재한다.

이에 따라 우리나라에서도 SLAPP 억제 법리의 도입가능성에 대한 검토가 필요하며, 이를 위해서 SLAPP 억제 법리를 미국민사소송제도 내에서 정확히 이해하기 위한 노력이 선행되어야 한다.

2. SLAPP 억제 법리의 요건

가. 원고청구의 조기종료

미국의 SLAPP 억제 법리는 공적 발언이나 청원을 한 피고에게 소송이 미치는

---

11) 윤성옥, "공인의 미디어 소송 특징과 국내 판결 경향에 대한 연구", 『한국언론정보학보』 통권 제40호, 2007년 겨울.

시간적 · 재정적 · 정신적 부담을 차단해 이러한 피고들의 표현권과 청원권을 '실질적'으로 보장하려는 것이다. 그런데 이러한 부담을 차단하기 위해 SLAPP 억제 법리는 첫째, 그 소송을 소송 초기에 기각 또는 각하하는 방식으로 작용해야 한다.

SLAPP 억제 법리가 이런 식으로 작동하는 또는 작동해야 하는 이유는 SLAPP 억제 법리가 소송이 상당히 진행된 후에야 작동하게 되면 피고(발언자 및 청원자)는 이미 그때까지의 소송이 미치는 시간적 · 재정적 · 정신적 부담을 이미 수인하게 되기 때문이다. 그렇게 되면 그 부담을 예상하는 발언자 및 청원자는 발언이나 청원을 포기하게 될 것이다. 그렇기 때문에 SLAPP 억제 법리는 소송 후기에 작동하는 방식으로는(예를 들어 발언자나 청원자가 승소할 경우 소송비용을 원고가 내도록 하는 정도) 소기의 목적을 달성하지 못한다. 상당수 발언자나 청원자들은 승소해 소송비용을 되찾으려 하기보다는 원고들의 의도대로 이 소송들을 중도에서 포기하게 될 것이기 때문이다.[12] SLAPP 억제 법리가 그 시점에서 기능하게 되면 미래의 발언자 및 청원자들을 이와 같은 부담에서 받게 되는 위축효과로부터 보호할 수 없게 된다.

나. 법적 사실적 근거가 없는 원고청구의 식별

그렇다면 둘째 SLAPP 억제 법리가 풀어야 하는 난제는 재판을 하지 않은 소송 초기 시점에서 어떻게 **법적 사실적 근거가 없는 소송을 식별해낼 수 있는가?**가 될 것이다. 왜냐하면 법적 사실적 근거가 구비된 소송의 경우 시민들의 공적 참여를 전략적으로 봉쇄하기 위해 제기되었다고 할지라도 그 소송이 제기된 주관적 의도를 근거로 그 소송을 기각 또는 각하시키는 것은, 또 다른 심각한 기본권 상의 문제(청원권 또는 재판청구권)를 발생시키기 때문이다. 또 SLAPP 억제 법리의 목표가 법적으로 정당한 청원행위나 발언을 보호하기 위한 것이므로, 이 청원행위나 발언이 위법한 것임을 입증할 수 있는 법적 사실적 근거가 충분한 소송들은

---

12) 아래에서 보겠지만 실제로 Pring의 연구에 따르면 위에서 SLAPP 소송들의 결과를 검토한 연구에서 연구대상 SLAPP 소송들이 50%가 중간에 유야무야되는데 청원자나 발언자가 더 이상의 발언이나 청원을 포기함에 따라 원고가 소송을 취하하면서 나타나게 되는 현상으로 보인다.

그대로 진행되도록 허용해야 할 당위는 SLAPP 억제 법리의 본연에 내재되어 있다고 보아야 한다.

다. SLAPP에 대한 국내의 선행연구

SLAPP 억제 법리의 도입 가능성에 대해서는 국내에 여러 선행연구가 있었으나, 주로 전략적 봉쇄소송이 우리나라에서는 고위공직자가 자신에 대한 비판을 반박하기 위해 제기된다는 점에 착안해 명예훼손 위법성요건을 더욱 엄격하게 해석하는 방식을 제안하거나[13] 손해배상권을 제한하고 반론권소송으로 대신할 것을 제안하고 있다.[14] 하지만 이들 주장의 맹점은 위에서 설명했듯 소송제기 자체가 발화자 자신이나 주변 사람들에게 미치는 위축효과를 해결하기 위해서는 소송을 조기에 차단할 필요가 있는데, 위와 같이 본안판단에 영향을 미치는 방식은 소송이 종결되는 시점에서야 의미가 있으므로 근거가 부족한 소송을 조기에 차단하는 효과를 내지 못하고 고로 위축효과에 대응하지 못한다. 물론 윤성옥이 본안판단의 기준을 변경시키는 방식을 제안하는 이유는 자신의 연구에서 드러났듯이 전략적 봉쇄소송들의 승소율이 높게 나온 것 자체를 문제로 삼고 있기 때문이기는 하며, 특히 표현의 자유에 대한 사법부의 보수적인 판례는 사실 SLAPP 억제 법리 도입 논의의 근간을 흔들 정도로 중요한 문제다.

김종서는 미국의 SLAPP의 발전과정과 사회적 의미를 상세히 설명하면서 SLAPP이 우리나라에서도 '조기각하'의 형태로 도입될 것을 제안하고 있는데, 필자는 바로 이 논문에서 국내에서는 생소한 '조기각하'가 무엇인지 그리고 조기각하가 미국의 민사소송제도에서 정확히 어떤 의미를 가지는지 설명하고자 한다. 그래야만 국내의 민사소송제도에서 SLAPP 억제 법리가 구현될 수 있는 것인지 판단할 수 있기 때문이다.[15]

---

13) 윤성옥, 앞의 글, 각주 11.
14) 배병일 "명예훼손에 대한 민사적 측면에 있어서의 전략적 소송", 『법학연구』 제19권 제3호(연세대학교 2009), pp.217-245(국가나 공무원에 의한 전략적 소송은 그 자체로 위축적이기 때문에 기각되어야 하고 반론청구로 수렴되어야 한다는 주장).

3. SLAPP 억제 법리의 전개

가. 미국 SLAPP 억제 법리의 연혁

SLAPP 억제 법리는 미연방헌법의 수정헌법 제1조에 포함된 청원권(right to petition for grievance)조항이나 주헌법의 비슷한 조항 또는 해석에서 유래한다. SLAPP 억제 법리의 초기형태는 피고의 행위가 개별법상의 위법성요건을 충족하더라도 그 행위가 연방헌법상의 청원권이 보호하는 행위일 경우에는 원고의 개별법상의 소송은 기각되어야 한다는 매우 당연한 것으로서 법률의 합헌적 해석 원리와 다를 바가 없었다. 미국연방대법원은 Noer-Pennington 쌍둥이 판례에서[16] 트럭운전사들의 입법청원행위가 연방반독점법상의 담합금지조항의 문언적 요건에 해당된다고 할지라도 청원권의 보장이라는 헌법적 원리에 부합하게 그 조항을 해석할 경우 담합으로 볼 수 없다고 해석했다. 이 원리는 SLAPP의 근거법률이 반독점법이 아닌 다른 법률인 경우로 확대되어 적용되었다.[17] 예를 들어 원고가 소권남용(abuse of process),[18] 민사업무방해(tortuous interference)[19] 등[20]과 같은 다른 법률을 근거로 발언자나 청원자에게 소송을 제기했을 때도 대법원은 연방헌법상의 청원권을 침해한다며 그 소송을 기각한 것이다.

이에 따라 SLAPP 억제법이 없는 주법원들도 Noer-Pennington 이론, 악의적

---

15) 김종서, "전략적 봉쇄소송 규제법제에 관한 연구", 『민주법학』 제30호(2006년 5월), pp.11-48.
16) E. R. R. Presidents Conference v. Noerr Motor Freight, Inc., 365 U.S.127,129 (1961).United Mine Workers of Am.v.Pennington, 381U.S.657,669(1965).
17) DirecTV, Inc. v. Milliman, No. 02-74829, 2003 WL 23892683, at *7(E.D. Mich.Aug.26, 2003); Webb v. Fury, 282 S.E.2d28, 36(W.Va. 1981).
18) Brownsville Golden Age Nursing Home, Inc. v. Wells, 839 F.2d 155, 159-61(3d Cir. 1988) 소권남용(abuse of process)은 악의적 제소(malicious prosecution)와는 다르다. 악의적 제소는 (1) 상대를 해하려는 의도(malice)로, (2) 승소개연성이 결여(lack of probable cause)된 소송을 제기해, (3) 실제 패소한 경우에 성립된다. 소권남용은 이와 같은 세 가지 요건이 없이도 위법성이 성립한다. http://en.wikipedia.org/wiki/Abuse_of_process.
19) Havoco of Am., Ltd. v. Hollobow, 702 F.2d 643, 649(7th Cir. 1983); Virtual Works, Inc. v. Network Solutions, Inc., No. CRIM.A.99-1289-A, 1999 WL1074122, at*1(E.D. Va. 1999).
20) Balt. Scrap Corp.v. David J. Joseph Co., 81 F. Supp.2d 602, 620(D. Md. 2000), aff'd, 237 F.3d 394(4th Cir. 2001).

제소(malicious prosecution) 등의 이론에 따라 여러 SLAPP들을 기각시켰다.[21] 하지만 법원들은 기존 법률을 합헌적으로 해석하는 것에 그쳐 SLAPP이 공론의 장을 훼손하지 않도록 저지했을 뿐 SLAPP 원고들을 규제해 앞으로는 그러한 소송을 제기하지 않도록 동기부여를 하는 역할을 자임하지는 않았다. 표현의 자유나 청원행위가 감수해야 될 위축효과를 감안할 때 SLAPP 원고에 대한 별도의 제재가 없는 이러한 단순한 원고패소판결은 발언자들이나 청원자들이 계속해서 SLAPP에 의해 괴롭힘을 당할 가능성을 열어놓게 되고, 이러한 괴롭힘의 가능성은 청원자나 발언자가 자유롭게 발언하고 청원할 자유를 위축해 침해한다. SLAPP을 예방하기 위해서는 SLAPP원고에게 패소 외의 별도의 불이익을 주어야 한다.

이에 1984년 콜로라도대법원은 Noer-Pennington 판례의 청원권 해석을 근거로 SLAPP을 적극적으로 퇴치하기 위한 새로운 판례를 정립했다.[22] 즉, 소송이 제기된 후, 피고가 그 소송이 법적 사실적 근거가 없어 자신의 공적 청원 또는 공적 발언 행위를 위축시킬 뿐이므로 자신의 헌법상 청원권 및 표현의 자유를 제약한다는 조기각하신청(motion to dismiss)을[23] 제출할 경우, 원고가 (1) 피고의 청원행위가 법적 사실적 근거가 없으며,[24] (2) 원고를 괴롭히거나 다른 부당한

---

21) 예를 들어 Zeller, 1999 WL 99192, at *7(Our legislature may not have promulgated anti-SLAPP legislation[,] ···nor has our Supreme Court expressly applied the Noerr Pennington doctrine, but our common law of vexatious litigation is well established as is our adherence to constitutional principles reflected in the Noerr Pennington doctrine); LoBiondo, 970 A.2d at 1012("[O]ur common law cause of action for malicious use of process, although a disfavored one, is a viable response to a SLAPP suit···."); Tri-County Concrete Co. v. Uffman-Kirsch, No.76866, 2000 WL 1513696, at *6(Ohio Ct. App.Oct. 12, 2000)("The Ohio General Assembly has not yet chosen to enact anti-SLAPP legislation, and this court is constrained from recognizing such an action at this time. Beside, any party faced with this kind of lawsuit may avail herself of the frivolous lawsuit statute, which affords to the grievant ample relief···.").

22) Protect Our Mountain Env't, Inc. v. District Court, 677 P.2d 1361, 1364-65(Colo. 1984) 이 사건에서는 지역주민들이 지방정부의 개발허가가 환경영향평가를 고려하지 않았다면서 지방정부와 개발자들을 상대로 제기한 소송에서 패소한 이후에 개발자들이 지역주민들을 상대로 악의적 제소(malicious prosecution)로 손해배상소송을 제기했다.

23) 우리나라에서 '각하'는 반드시 소송 초기에 내려지는 결정이 아니므로 조기각하라는 표현을 쓰도록 한다.

24) 청원행위가 입법청원이거나 표현행위가 입법요구인 경우에 이 요건은 거의 의미가 없어진다고 보아야 할 것이다.

목표를 위해 이루어졌다는 것을 입증하지 않는 한 원고의 소송은 약식판결(summary judgment)로 기각되어야 한다는 것이다. 아래에서 자세히 살피겠지만 약식판결은 재판을 하지 않고 문서상으로 사건을 종결짓는 것으로서 피고의 시간, 재정 및 정신적 부담을 현격히 줄여준다. 보통 약식판결은 약식판결신청자(피고)가 입증 책임을 갖는데, 콜로라도대법원은 약식판결의 피신청인인 원고가 입증 책임을 갖도록 전환한 것이다.

이와 비슷한 시기에 역사적인 George W. Pring의 SLAPP 연구결과가[25] 알려지면서 SLAPP 억제법(Anti-SLAPP legislation)이 여러 주에서 제정되기 시작했고 현재 미국의 27개주에서[26] 시행되고 있으며 전략적 봉쇄소송에 대한 각하신청을 수월하게 하는 것을 골자로 하고 있다. 피고가 자신의 공적 발언 및 참여활동에 대해 소송을 당하고 그 소송에 대해 각하신청을 한 경우 각하신청에 대한 입증 책임의 범위와 소재를 변경해 원고가 승소의 개연성(probability)을 사전에 입증하지 않는 한 그 소송이 각하되도록 한다는 것이다. 그리고 각하신청이 받아들여지거나 또는 피고가 승소한 경우에는 원고가 변호사 보수를 포함한 소송비용을 부담하도록 한다.[27] SLAPP 억제법이 콜로라도대법원의 규제 법리와 비슷한 점은 각하가 이루어질 경우 약식판결이 그러하듯이 피고의 소송부담을 현격하게 줄여주는 방식으로 피고의 위축효과를 완화하려 시도하고 있으며 각하신청의 입증 책임을 전환했다는 것이다. 캘리포니아의 경우 1992년에 SLAPP 억제법이 만들어진 후 셀 수도 없이 많은 반SLAPP 각하신청이 접수되어 3백여 개의 항소심판결들로 귀결되었다고 한다.[28]

---

25) George W. Pring, "'SLAPPS'—Strategic Lawsuits Against Public Participation—A New Ethical, Tactical, and Constitutional Dilemma", C534 American Law Institute-American Bar Association Course of Study(June 25, 1990).
26) Arizona, Arkansas, California, Delaware, Florida, Georgia, Hawaii, Illinois, Indiana, Louisiana, Maine, Maryland, Massachusetts, Minnesota, Missouri, Nebraska, Nevada, New Mexico, New York, Oklahoma, Oregon, Pennsylvania, Rhode Island, Tennessee, Utah, Vermont, 그리고 Washington. 현재 SLAPP 억제법을 도입한 주들의 목록은 California Anti-SLAPP Project, States and Territories with Anti-SLAPP Statutes, http://www.casp.net/statutes/menstate.html.
27) Cal. Civ. Proc. Code §425.16(b)(1).
28) Jerome I. Braun, "California's Anti-SLAPP Remedy After 11 Years", McGeorge Law

나. 미국 SLAPP 억제 법리의 구조

미국 SLAPP 억제 법리는 위에서 소개한 SLAPP 억제 법리의 두 가지 요건, 즉, (1) 법적·사실적 근거가 없는 청구들을 식별하여, (2) 이 청구들을 조기에 각하 또는 기각시킨다는 요건을 충족시키면서, (3) 피고의 발언이나 청원행위를 봉쇄하기 위한 목적의 청구, 즉 SLAPP들에 대해서는 이와 같은 조기각하 또는 조기기각을 금전적으로 그리고 입증 책임의 부담의 측면에서 더욱 용이하게 만드는 방식으로 기능한다.

즉, 원고에게 다른 종류의 청구의 제기에 대해서는 적용되지 않는 불이익을 주는 것이다. 물론 조기에 법적 사실적 근거가 없는 원고의 청구를 걸러내는 것 자체는 사법효율이라는 실익이 있기는 하나, 그렇게 걸러내는 과정에 있어서 청구 대상이 된 행위가 공적 참여인 경우에는 절차의 공정성을 해하지 않는 선에서 더욱 손쉽게 만들어줘야만 피고의 공적 발언이나 청원행위를 다른 행위들보다 더욱 두텁게 보호한다는 정책적 목표를 달성할 수 있는 것이다.

그렇다면 미국의 SLAPP 억제 법리는 법적 사실적 근거가 없는 소송을 식별해 조기차단하는 절차로서 기능하되 SLAPP에 대해서는 그러한 절차를 용이하게 만드는 것이라고 할 때 이를 국내에 도입하기 위해서는 SLAPP 억제 법리가 기능하는 배경이 되는 미국민사소송제도를 정확히 이해하고 어떻게 법적 사실적 근거가 없는 소송을 조기차단할 수 있는지 살펴볼 필요가 있다.

다시 문제제기를 하자면 법적 사실적 근거가 없는 원고의 청구를 조기에 차단하고자 하는 것은 굳이 SLAPP이 아니더라도 우리나라를 포함한 모든 국가의 판사들과 법원행정처들의 정책적 바람일 것이다. 그렇다면 왜 이러한 SLAPP 억제 법리가 미국에서 가장 먼저 그리고 상당히 빠르게 안착할 수 있었는지를 살펴볼 필요가 있고 이를 위해 미국의 민사소송제도라는 제도적 환경을 살펴볼 필요가 있다는 것이다.

Review(2003), 731, 736. 이 논문은 특히 SLAPP 억제법이 시행된 이후 발생된 여러 해석적 문제들을 법원이 어떻게 해결했는지를 다루고 있다.

4. 미국 민사소송제도 속에서의 SLAPP 억제 법리[29]

가. 미국의 민사소송제도의 특징[30] — 단계별 집중심리

미국민사소송제도의 전(全) 단계는 다음과 같이 크게 구분할 수 있다.

(1) 각 당사자의 사실적 주장의 확정(complaint and answer): 소장과 답변서

(2) 각 당사자의 증거(사실적 주장의 근거)의 확정(discovery): 증거조사

(3) 위 증거를 토대로 한 사실의 확정(trial): 재판(증인심문 등)

(4) 확정된 사실에 적용될 법리의 확정(jury instruction): 배심원 지시

(5) 법리를 사실에 적용해 최종결론(verdict and judgment),

물론 이와 같은 구분이 가능한 것은 배심제의 전통 때문이다. 배심제의 핵심취지를 보면 사법판단을 법률적 판단과 사실적 판단으로 나누어 사실적 판단은 법률가가 아닌 일반인들에게 맡긴다는 것이다. 이를 위해서는 한 사건의 사법판단(adjudication)을 그 사건의 사실관계를 확정하는 절차(1, 2, 3)와 그 사실관계에 적용할 법리를 확정하는 절차 (4)로 첨예하게 구분해야만 한다. 그러한 필요에서 사실판단과 법리판단의 구분이 유래하는데, 배심제의 전통은 매우 강력해 실제 사건이 배심재판으로 진행되지 않더라도 사실적 판단과 법적 판단의 구분은 계속 유효하여 모든 민사소송제도는 위와 같은 절차를 밟게 된다. 단, 배심원지시는 배심원이 없을 경우 (5)의 단계에서 이루어지는데 이때 배심원재판과 달리 판사는 매우 길게 자신이 적용한 법리를 우선 설시하고 자신의 사실판단을 별도로 설시해야 한다.

그런데 여기서 중요한 것은 각 단계를 집중적으로 진행한다는 것이다. 다시

---

29) 이 절의 내용은 2007.07.27 법제연구원 외국법연구센터 비교법제팀 토론회에서 일부 발표된 바 있음.

30) 아래의 내용은 Federal Rules of Civil Procedure(이하 'FRCP')의 내용을 필자가 분석한 것이며 실제 운영상황은 필자가 미국변호사로서 활동하면서 체득한 것이다. Federal Rules of Civil Procedure(2009년 개정판). www.utd.uscourts.gov/forms/civil2009.pdf(2011년 10월 31일 최종 방문).

말하면, 각 단계는 완료되어야만 다음 단계로 넘어갈 수 있다는 것이다.

우선 민사소송절차를 처음부터 훑어보자. 우선 소송의 시작은 원고에 의한 소장(complaint)의 접수로 시작된다. 이 소장은 원고가 재판을 통해 어떠한 사실적 주장을 입증하겠다는 것인지 선포하는 것이다. 이렇게 우선 한번 자신의 사실적 입장을 선포하고 피고가 이에 대해 답변서(answer)를 제출하면 원고와 피고는 각각 어떤 상충하는 사실적 주장을 추후 변론을 통해 증명하겠다는 것인지 자신의 입장을 고정시키게 되며, 원칙적으로는 그 이후에는 사실적 입장을 변경할 수 없다.[31]

위에서 각 당사자의 사실적 입장을 고정시키는 이유(즉, 사실적 주장의 확정을 집중적으로 진행하는 이유)는 그 다음에 시작되는 증거조사절차(discovery)를 부단하고 단호하게 진행하기 위해서다. 소장에 적시하지 않은 사실적 주장에 관련이 없거나 그렇게 주장된 사실(alleged fact)의 발견에 도움이 되지 않는 증거들에 대한 증거조사신청(discovery request)은 모두 거부될 수 있다.[32]

그리고 증거조사절차 역시 재판이 시작되기 전에 원칙적으로 종료되어야 한다. 증거조사절차가 끝난 후에는 당사자가 새로운 증거를 재판에 제시할 수 있는 권리는 원칙적으로 소멸된다.

증거가 확정되면 재판의 준비 역시 확정된 증거들을 중심으로 일사불란하게 진행될 수 있다. 증거조사절차를 재판 개시 전에 집중적으로 종료시키는 이유는 재판은 12인의 배심원, 판사, 양측 변호사들이 동시에 출석하는 노동 및 자원집약적인 절차이기 때문에 양측이 과연 재판을 시작하기에 충분한 증거가 구비되어 있는 경우에만 시작되기 때문이다. 또, 재판과 같이 노동 및 자원집약적인 절차는 신속하게 끝내야 하기 때문에 재판의 개시 전에 증거의 내용과 제출 순서 등에 대해 모든 준비를 마치기를 원하기 때문이다.

증거조사절차가 끝나게 되면 비로소 재판이 열리게 된다. 여기서 재판(trial)의 의미를 되새겨 보아야 하는데, 여기에서는 증언들이 제시되고 증언에 대한 사실판

---

31) FRCP Rule 12(a)(1)(C).
32) FRCP Rule 26(b)(1).

정부의 평가에 의해 사실을 확정하는 절차만을 가리킨다.[33]

재판 역시 집중적으로 진행되어 모든 증거는 재판기간에 사실판정부에게 제시되어야 한다. 상대방의 의도적인 방해로 특정 증거를 발견하지 못해 재판에서 사실판정부에게 보여주지 못한 경우를 제외하고는, 재판기간에 제시하지 못한 증거는 영원히 증거로 제시할 수 없다. 특히 미국에서는 사실심은 1심에서 단 한번밖에 하지 않으며 항소심에서는 새로운 증거를 제시할 수 없기 때문이다.

이와 같이 재판을 통해 증거가 배심원에게 제시되면 배심원은 이에 따라 사실을 확정하고 보통 배심원이 재판부가 정한 법리와 자신들이 정한 사실을 합해 최종평결을 내린다.[34] 이를 위해서 배심원은 재판을 통해 접하게 된 증거에 근거하여 확정된 사실에 적용할 법리의 내용을 재판부로부터 전달받는다. 이것이 배심원지시(jury instruction)이며 이를 확정하는 것도 쌍방 간의 법리적 공방을 통해서 확정된다.[35]

배심원이 적용할 법리를 확정하는 단계 역시 집중적으로 이루어진다. 즉, 법리

---

33) 미국에서는 광의의 trial과 협의의 trial이 있다고 볼 수 있다. 광의의 trial은 일반인들이 쓰는 말로써 모든 사법행위(adjudication)를 동반한 절차를 가리키며 항소심 기일도 trial이라고 부르기도 하므로 우리나라에서 보통 '재판'이라고 칭하는 것과 같다. 그런데 여기서 미국절차에서의 '재판'은 협의의 trial로 쓸 것인데, 즉 미국의 법조인들이 쓰는 말로써 사실을 확정하기 위해 상충되는 사실적 주장을 입증하는 증거들을 사실판정부(fact-finder)에게 보여주는 절차를 말한다. 여기서 사실판정부는 판사(judge)일 수도 있고 배심원단(jury)일 수도 있다.
34) 이 과정에도 두 가지 선택이 있을 수 있다. 사법행위(adjudication)는 입법행위(legislation)와 비교해 구체적인 당사자들 사이에 발생한 구체적인 분쟁의 해결을 말한다. 그렇다면 당사자들 사이에 발생한 사실에 관한 확정이 필요하고 그와 같은 사실에 관해 어떤 법리가 적용되어야 하는가라는 법률판단이 필요하다. 사실판정부는 사실을 확정하고 법률판정부(재판부, 즉 판사)는 이에 적용될 법리를 판단한다면, 이 두 가지를 합해 최종결정을 내리기 위해서는 두 가지 방법이 있을 수 있다. 첫째, 사실판정부가 자신이 확정한 사실에 법리를 적용해 최종판단을 내리거나, 둘째, 법률판정부(재판부)가 자신이 확정한 적용법리에 사실을 대입해 최종판단을 내리거나 둘 중의 하나이다.
미국사법시스템은 원칙적으로는 전자의 방식을 택한 것으로 보인다. 후자의 방식, 즉 배심원이 자신들이 확정한 사실을 재판부에 제공하고 재판부가 여기에 법리를 적용하여 판결을 내릴 수도 있는데 이 경우 배심원지시는 법리에 대한 것이 아니라 어떠한 특정한 사실적 다툼에 대한 해답을 내올 것인지를 요구하는 내용이 된다. 특정한 사실적 다툼에 대한 배심원의 평결을 특별평결(special verdict)이라고 하는데 전자의 방법에서는 배심원이 소송의 승패만을 결정해 일반평결(general verdict)과 비교하기 위해 이렇게 쓴다.
35) FRCP Rule 50. 배심원지시는 재판부가 어떤 법률을 당해 사건에 적용시킬지를 확정해 공판정에서 선포하는 역할을 하게 되며 배심원지시의 내용에 동의를 하지 않는 당사자는 이에 대해 사전에 이의를 제기할 수 있다.

의 확정은 배심원지시(jury instruction)의 문장을 양측 변호사와 판사가 협상을 통해 확정함으로써 이루어진다. 이 3자 협상을 통해 확정이 되어 배심원지시의 형태로 배심원에게 전달되면 그 배심원지시문은 다시 변경되지 않는다.

배심원단이 배심원지시를 통해 적용법리를 '배운' 후에 이 법리를 자신들이 내심으로 확정한 사실에 적용해 내리는 최종결정을 평결(verdict)이라고 하는데, 이 평결에 별다른 문제가 없다면 판사는 이를 판결(judgment)로 받아주어야 한다.

정리하자면, 미국민사소송절차는 (1) 사실적 주장의 확정단계(complaint와 answer), (2) 그 주장을 입증할 증거의 확정단계(discovery), (3) 증거들을 사실판정부에게 제시해 사실을 확인할 수 있도록 하는 단계(trial), (4) 재판부가 사실판정부가 자신이 확인한 사실에 적용할 법리를 전달해주는 단계(jury instruction), 마지막으로 (5) 사실판정부가 법리를 사실에 적용해 최종결정을 내리고 이에 대해 재판부가 최종 확인하는 단계(verdict와 judgment)로 나누어지는 것을 알 수 있다.

각 단계는 집중적으로 진행이 되며, 각 단계에서 각 당사자가 수행해야 하는 과업은 원칙적으로 그 단계에서 반드시 완결해야 하며, 그 다음 단계에서 계속하는 것은 원칙적으로 허용되지 않는다.

한국의 민사소송법이 재판의 단계만을 집중적으로 심리한다면[36] 미국은 (1) 사실적 주장의 확정, (2) 증거확정, (3) 사실확정(재판), (4) 법리확정 등의 네 단계가 각각 집중적으로 이루어짐을 볼 수 있다.

나. 단계적 집중심리제도의 완성: 조기각하(dismissal)결정 및 약식판결 (summary judgment)

그런데 이렇게 단계적 집중심리가 이루어지면 사법행정의 입장에서 법적 근거

---

36) 법원실무제요 민사소송[II], pp.339-341. 물론 증거조사도 '집중'적으로 할 것을 당사자에게 의무화하고 있으나 완결된 증거조사에 대해 약식판결을 내릴 수 있는 권한이 없으면 당사자의 집중 증거조사 의무는 상당 부분 회석된다고 보여진다.

나 사실적 근거가 없는 소송을 조기에 종결할 수 있는 기회들이 발생하게 된다. 예를 들어 한 당사자의 사실적 주장이 확정되었을 때 이 당사자의 사실적 주장이 진실이라고 할지라도 법리상 그 당사자가 승소할 수 없음이 명백하다면 소송을 더 진행하는 것은 의미가 없다. 여기서 원고의 사실적 주장이 그러한 법적 불가능성을 가지고 있을 때는 소송 자체를 각하해야 할 것이고, 이렇게 법적 불가능성을 근거로 원고의 청구를 조기에 각하시키는 절차를 조기각하(dismissal)라고 한다. 또는 양측 모두의 사실적 주장이 확정된 후에 양측이 동의한 사실적 주장들만으로도 법리적으로 한쪽이 승소해야 함이 명백한 경우 법원은 **법리에 의한 판결**(judgment as a matter of law) 또는 **약식판결**(summary judgment)을 내려 소송을 종결지을 수 있다. 또는 양측의 사실적 주장의 근거, 즉 증거가 모두 확정된 후에 합리적인 사람이라면 중대한 사실적 다툼(a material issue of law)이 없다고 할 정도로 한쪽의 증거가 다른 쪽의 증거를 압도하는 경우에도 약식판결을 내릴 수 있고, 또는 원고 측의 증거가 최소한의 입증 책임을 충족시키지 못하는 경우에도 약식판결을 내릴 수 있다.

조기각하(dismissal)	약식판결(summary judgment)
법적 불가능성	법적 불가능성
	증거의 불충분

　사실 이들 절차들은 완결된 형태로 존재하는 단계적 집중심리제도에 사법효율상의 이유로 개입하는 것이라기보다는 단계적 집중심리제도를 완결하기 위한 부분이다. 즉, 단계적으로 집중심리를 한다면서 각 단계가 끝난 후 그 단계에 대한 평가가 이루어지지 않고 다음 단계로 넘어간다면 단계적 집중심리의 의미가 없어질 것이다. 결국 각 단계가 끝난 후에 그 단계까지 각 당사자의 변론을 평가하여 이익 또는 불이익을 주는 작업이 바로 약식판결과 조기각하제도인 것이다. 그리고 그렇기 때문에 이들 절차들은 각 당사자들이 더욱 성실하게 지연 없이 사실적 주장을 확정하거나, 그 주장들의 근거들을 빨리 공개할 동기를 갖게 된다. 최선의

사실적 주장 또는 최선의 증거를 내놓지 않으면 조기각하 또는 약식판결에 의해 조기에 패소할 위험이 없기 때문이다.

아래에서는 조기각하제도와 약식판결제도를 각각 자세히 살펴보기로 한다.

다. 조기각하제도(dismissal)

원고의 사실적 주장이 소장의 제출로써 확정된 후에는 피고의 신청에 의한 법적 불가능성에 의거한 조기각하가 가능하다. 예를 들어 원고의 사실적 주장이 "피고가 원고 옆에 서 있던 사람을 치어서 다치게 했고 원고는 그 장면을 보고 정신적 충격을 받았다"는 것이라고 하자. 그런데 그 관할의 대법원 판례해석상 물리적 접촉이 없을 때 발생한 정신적 피해를 인정하지 않는다고 하자. 그렇다면 피고는 곧바로 원고의 소송에 대해 조기각하를 신청할 수 있고, 재판부는 실제 대법원 판례가 그렇다면 원고의 사실적 주장이 진실임이 입증되더라도 승소가능성이 법적으로 차단되어있으므로 곧바로 원고패소 판결을 내려야 한다.

조기각하절차는 피고 측의 각하신청에 의해 시작되는데 재판부는 원고 측에 각하신청에 대한 반대변론서를 제출하도록 한 후, 필요하면 구두변론을 통해 필요하지 않다면 서면심리를 통해, 보통 각하신청 이후 1～2달 내에 각하 여부를 판단한다.[37]

---

37) FRCP Rule 12(b), (i). 이때 각하 여부에 대한 판단은 기본적으로 원고의 사실적 주장들이 모두 진실임을 가정하고 내려지기 때문에 순수하게 법률적인 판단이 되며 이 때문에 가끔은 상당한 길이의 결정문을 내기도 한다. 그리고 조기각하결정에 대해 항소가 제기될 경우 그 항소사건의 결정문은 역시 순수한 법률적인 판단이 녹아 있는 결정이므로 로스쿨 수업에 등장하는 자료가 된다.
각하단계에서 법률적으로 타당성이 없는 소송들은 걸러지게 된다. 각하사유들은 위에서 말한 법적 불가능성 외에도 다른 법률적인 이유들도 있는데 소장이 피고에게 송달되지 않은 경우(insufficiency of service of process), 소장이 접수된 법원이 관할권이 없는 경우(lack of jurisdiction), 그리고 가장 중요한 것은 소장에 적시된 사실적 주장들이 모두 사실이라고 해도 법원에 구제를 요청할 만한 원인—즉, 청구원인(cause of action)—이 성립되지 않는 경우(failure to state cause of action; demurrer) 등이다. 즉, 법원이 판단하기에 원고의 주장이 모두 진실이라고 가정해도 법률적으로는 구제가능한 법익의 침해가 인정되지 않는 경우에는 매우 이른 시점에 소송을 각하할 수 있는 것인데, 우리가 우려하는 남소의 많은 예가 demurrer에 해당하지 않을까 생각한다.

영화 '에린 브로코비치'에서 변호사가 브로코비치에게 각하제도를 설명하면서, 민사소송 원고의 1차적 목표는 피고가 소송방어에 소요될 변호사 비용을 피하기 위하여 작은 손해배상액수에라도 합의하도록 압박하는 것이지만 피고는 항상 조기각하제도를 이용해 비용상의 피해 없이 소송을 조기종결할 수 있는 방법이 있기 때문에 소송을 제기한다고 해서 항상 합의금이 나오는 것은 아니라고 엄중히 충고한다. 변호사가 보여주는 엄중성은 실제로 미국에서 많은 원고 변호사들이 남소를 하지 않는 이유를 보여준다.

각하단계 자체도 집중적으로 진행된다. 미국의 조기각하제도가 한국의 각하제도와 다른 점은 각하단계의 시점이 정해져 있어 원고의 소장이 송달되고 피고가 답변을 하기 전에 각하신청을 해야 하며, 각하단계를 넘어서면 더 이상 각하신청을 할 수 없도록 하고 있어 피고는 소송 초기에 더욱 더 각하사유를 찾는 데에 많은 시간을 투자하게 된다.[38] 논리적으로는 피고가 답변서를 제출한 후에도 각하사유를 인정할 수도 있지만, 제도가 그러한 절차를 허용하지 않음으로써 피고는 더욱더 조기종결에 매진할 수밖에 없는 것이다. 즉, 게으른 피고에게는 뒤늦은 각하의 기회를 주지 않음으로써 각하를 얻어낼 상황이 있다면 반드시 소송 초기에 재판부에 알리도록 하는 동기를 부여하게 된다.

물론 법적 불가능성에 의거한 소송종결의 요구는 조기각하신청 이후에 찾아오는 약식판결신청기간에 담아낼 수도 있다. 그러나 약식판결신청은 법원에서 1회 이상 받아들이지 않는 것이 보통인데 위에서 말했듯이 증거의 불충분에 근거한 조기종결의 신청도 같이 해야 하며, 이를 위해서는 상대방의 증거가 상당히 축적된 후에야 신청할 수 있고 그러려면 이미 시간 및 재정적으로 부담이 되는 증거조사를 어느 정도 거친 후가 된다. 이를 피하기 위해서 피고는 되도록이면 조기각하신청 단계에서 가능한 모든 법적 불가능성 주장을 해야 할 동기를 갖게 될 것이다.

뿐만 아니라 조기각하제도는 원고가 되도록이면 빨리 자신의 사실적 주장을 확정하도록 강제한다. 즉, 사실적 주장을 어떻게 하는가에 따라 원고는 피고의

---

38) FRCP Rule 12(b)("A motion asserting any of these defenses must be made before pleading if a responsive pleading is allowed.").

조기각하신청의 위험에 노출되므로 법리적으로 최대한 주도면밀하게 검토해 최선의 사실적 주장을 제시한다.

이와 같은 시간적으로 엄격한 각하제도는 한국의 그것과는 큰 차이를 보인다. 각하신청을 하더라도 법원은 이에 대한 판단을 일찍 내리지 않고 어떤 경우에는 최종판단을 할 때까지 미루기 때문에 각하가 소송의 조기종결의 기제로 작용하지 않고 있다.

라. 약식판결(summary judgment)제도

조기각하신청이 받아들여지지 않는 경우, 이는 소장에 적시된 사실적 주장들이 진실인지 여부는 유보하더라도 적어도 진실이라고 가정한다면 법률적으로는 타당한 소송이라는 것을 재판부가 인정한 것이다. 그렇다면 법률적으로는 타당성이 있다고 하지만 사실적으로 타당성이 없는 소송들은 어떻게 처리될까? 여기서는 원고의 청구가 사실적 타당성이 없을 때뿐만 아니라 피고의 항변이나 반박이 사실적 타당성이 없을 경우도 포함한다.

우선 소장이 제출된 후에 피고가 소장에 적시된 사실적 주장이 진실이 아님을 주장하기 위해서는 반대되는 사실적 주장을 할 수밖에 없는데 이와 같은 반대되는 사실적 주장을 담은 문서가 비로소 답변서(answer)가 된다.

이 답변서가 접수되고 난 후에는 이제 양측은 상충되는 사실적 주장을 증명하겠다고 선포한 것이 되고 각자 자신의 사실적 주장을 증명하는 증거를 찾아야 하는데 이것이 증거조사절차(discovery)이다. 위 질문에 답하자면 우선 사실적으로 타당성이 있는지 없는지—즉, 증거가 있는지 없는지—가 증거조사절차를 통해 나타나는데 이렇게 증거조사가 완결된 시점에서 증거가 턱없이 부족한 소송은 약식판결(summary judgment)로 종료될 수 있다. 즉, 사실적으로 타당성이 없는 소송들은 약식판결을 통해 상당수 걸러진다.

약식판결의 전제는 당사자들에게 구속력 있는 증거조사절차이다. 증거조사에 구속력이 없어 일방당사자가 충분한 증거를 타방당사자로부터 개시받지 못했다고 한다면 그 시점에서의 증거조사결과를 가지고 소송을 종결하는 것은 불공정할 것이기 때문이다. 증거조사절차는 상대방이 가지고 있는 자신에게 유리한 증거를 취득하거나, 상대방이 가지고 있는 자신에게 불리한 증거를 검증하거나, 제3자가 가지고 있는 유리하거나 불리한 증거를 취득 또는 검증하는 방식으로 이루어진다. 거의 모든 증거조사절차는 재판부가 개입하지 않더라도 당사자들 간의 협조로 이루어지는데 아무런 이유 없이 협조를 하지 않았다가는 소송상 큰 불이익을 받게 되기 때문이다. 즉, 증거조사절차는 사실상 강제성을 띠고 있다.

자신에게 유리하거나 불리한 증거를 상대방이 가지고 있는데 상대방이 이 증거를 인도해주지 않는 경우에는 재판부에 증거조사강제신청(motion to compel discovery)을 할 수 있다.[39] 이때 재판부는 역시 상대적으로 빠른 시일 안에—구두변론을 하더라도 1~2달 안에—증거조사강제 여부를 판단하는데 강제이행명령이 내려지고 이 명령을 따르지 않을 경우 불이행하는 측은 엄청난 불이익을 받게 된다. 그리고 그 불이익의 범위는 재판부의 재량에 맡겨지는데 관련 사안에 대한 의제자백, 변호인 또는 당사자에 대한 벌금(제출이 될 때까지 매일 몇 백달러씩 누진됨), 법정모독 절차 등 다양하다. 또, 제3자가 자신에게 유불리한 증거를 가지고 있는 경우에 강제구인절차(subpoena) 또는 강제증거제출절차(subpoena duce tecum) 등을 개시할 수 있는데, 이 역시 재판부가 신속히 판단하고 이행명령을 따르지 않는 제3자에 대해서는 법원모독(contempt of court)절차를 진행할 수 있다. 이와 같이 재판부가 증거조사절차에 강력하게 개입할 수 있는 가능성이 상존하기 때문에 양 당사자들은 상당 부분의 증거조사절차를 자발적인 협조 속에서 진행하게 된다.

재판부는 각하절차에 대해서도 시한을 둠으로써 각하기회가 있다면 조기에 이용할 수밖에 없도록 하는 것과 마찬가지로 증거조사절차에 대해서도 재판부는 시한을 둠으로써 모든 증거가 조기에 모여지도록 한다. 여기서 '시한' 또는 '조기'라는 것은 정해진 기간이나 시점을 말하는 것은 아니고 증거들을 사실판정부(그것이 배심이든 판사이든)에 제시하는 절차—재판(trial)—가 개시되기 전을 말한다.

---

39) FRCP Rule 37.

재판이 시작되기 전에 증거의 총량을 쌍방이 저울질해볼 기회를 갖도록 하는 것이다. 각하절차만큼 엄격하게 진행하지는 않으나—즉, 시한이 지난 후에도 필요한 증거의 조사는 허용하기도 한다—어찌되었든 서로 어떤 사실적 주장을 증명하겠다는 것인지, 소장과 답변서를 통해 선포한 후에는 곧바로 증거조사에만 집중할 것을 요청하는 것이다. 그리고 증거조사가 신속히 그리고 엄중히 이루어지도록 필요할 때마다 재판부가 개입하게 된다.

이렇게 증거조사가 구속력 있게 진행된 후에야 약식판결(summary judgment) 절차가 가능해진다.[40] 약식판결은 진행되는 중간에, 증거가 우세하다고 믿는 측이 약식판결을 신청하고 재판부가 이를 인정할 경우 내려지게 된다. 재판부는 그 시점까지 양측이 공유한 증거들을 서면으로 제출하도록 하고 그 증거들을 검토하여, 신청당사자의 증거가 상대방의 증거보다 너무 우세하여 재판(trial)을 하여 볼 필요도 없는 경우 약식판결을 선고하게 된다.

여기서 우리는 다시 재판(trial)의 의미를 되새겨야 하는데 재판은 사실판정부(판사일 수도 있고 배심일 수도 있음)에게 증거들을 제시하고 자신의 사실적 주장이 진실임을 인정하기를 변론하는 절차다. 약식판결이란 증거의 총량을 재판 개시 전에 저울질해보고 재판의 실익이 있는지를 판단하는 것이다. 사실 다툼의 실익이 없을 정도로 증거조사의 결과가 한쪽에 압도적으로 유리한 경우에 그 사건은 약식재판 단계에서 종결된다.

마. 소결: SLAPP 억제 법리의 양태

위에서 살펴본 바와 같이 미국민사소송제도는 법리판단과 사실판단을 우선 구분하고, 후자를 다시 사실적 주장(complaint and answer), 증거조사(discovery), 증거에 대한 심리(trial)로 세분화한 후 각 단계를 집중적으로 진행한다. 그리고 이렇게 각 단계가 집중적으로 진행되기 때문에 남소를 예방하기 위한 제도적 개입의 여지가 발생하며 그러한 기제가 바로 법적으로 타당성이 없는 소를 조기종결하

---

40) FRCP Rule 56.

는 조기각하(dismissal)제도와 사실적으로 타당성이 없는 소를 조기종결하는 약식판결(summary judgment)제도다.

이와 같은 배경 위에서 SLAPP 억제 법리는 다음과 같이 기능한다. (1) 공적 청원행위와 참여 및 표현행위가 청구원인(cause of action)으로 제시되는 소송에 대해서는 입증 책임을 전환해 소송피고인이 더욱 수월하게 각하(dismissal)나 약식판결(summary judgment)을 얻을 수 있도록 하고, (2) 각하신청 또는 약식판결 신청기간 동안에는 부담스러운 증거조사절차를 중단시켜주며, (3) 실제로 각하나 약식판결에서 승리할 경우 그 소송비용을 상대방이 부담하도록 한다.

이와 같이 미국의 SLAPP 억제법리가 SLAPP 원고에게 주는 불이익은 철저하게 남소규제를 목표로 하고 있는 민사소송제도상에서의 불이익이 된다. 예를 들어 가장 광범위한 SLAPP 억제 법리를 시행하고 있는 캘리포니아주의 SLAPP 억제법이 제시하는 불이익들은 첫째, 입증 책임의 전환 및 범위조정이 가미된 피고에게 유리한 각하제도, 둘째, 각하신청시 모든 법적 절차(특히 증거조사)의 중단, 셋째, 변호사비용의 패자부담으로 요약될 수 있다.

5. 결론: 국내 도입가능성

위와 같은 미국민사소송법상의 이들 불이익이 갖는 의미는 한국 민사소송제도에서의 그것과는 당연히 큰 차이가 있다. 한국에서는 각하를 이와 같은 소송의 조기차단방식으로 운용되고 있지 않아 각하신청을 하더라도 소송이 거의 끝날 무렵에나 각하가 이루어지는 경우가 태반이다.

바로 이러한 이유로 우리나라에도 소권남용과[41] 같이 실체법적으로는 SLAPP 법리의 목표를 수인하는 법리가 있다고 할지라도 SLAPP 법리와 같은 효과를 내지 못하는 이유다. 아무리 그 법리가 소송제기행위의 부당성을 규제하는 작용을 한다고 하더라도 그 규제가 조기에 개입하지 않으면 피고의 소송부담을 줄여주는

---

41) 대법원 1988.10.11. 선고 87다카113 판결; 대법원 1997.12.23. 선고 96재다226 판결.

실익이 없기 때문이다.

같은 이유로 집회나 표현의 자유의 행사에 대한 소송의 각하에 대한 입증책임이 원고에게 전환된다고 해도 피고의 위축방지라는 측면에서 유리한 점이 없다. 또 증거조사절차를 각하신청기간 동안 중단시킨다는 것도 위에서 말한 것처럼 증거개시에 대해서도 집중심리가 이루어지지 않는다면 그다지 크게 유리한 것이 아니다. SLAPP 억제 법리가 각하단계에서 적용되지 않고 증거조사절차가 끝난 후 약식판결단계에서 적용되는 경우도 우리나라 제도에 도입이 불가하다. 왜냐하면 약식판결제도 자체가 존재하지 않기 때문에 증거개시절차가 완료된 후에, 그 증거가 실제로 재판을 통해 제시되기 전에 재판이 끝나는 것을 받아들이지 않을 것이기 때문이다.

바로 여기에 SLAPP 억제 법리의 국내 도입의 난제가 있다. 미국 민사소송법에는 이미 남소를 걸러내기 위한 제도로서 각하제도와 약식판결제도가 존재하며, SLAPP 억제 법리는 공적 청원과 참여에 대해 소송이 제기될 경우에는 각하제도와 약식판결제도가 피고에게 유리하게 기능하도록 변형하는 방법으로 청원권과 표현의 자유의 실질적 보장을 도모하고 있다.

그러나 우리나라에는 그러한 의미의 각하제도와 약식판결제도가 존재하지 않는다. 그렇다면 이러한 공백 속에서 공적 청원 및 표현행위가 청구원인으로 제시되는 소송에 대해서만 각하제도와 약식판결제도를 창설할 수 있을까? 또는 남소규제를 목표로 민사소송법의 개정을 한 연후에 SLAPP 억제법을 도입하는 것이 올바른 것일까?

가. 입법에 의한 도입방식: 특별기일의 지정

우선 민사소송법 전체의 개정을 하지 않더라도 공적 청원 및 표현행위가 청구원인으로 제시되는 소송에 대해서 별도의 기일을 강제적으로 잡는 것은 이론적으로 가능할 것으로 보인다. 피고가 답변서를 제출하기 전에 "이 소송은 (1) 오로지 피고의 청원권 및 표현의 자유의 행사를 봉쇄하기 위해 전략적으로 제기되는 소송으로서, (2) 원고가 소장에서 제기한 사실적인 주장들이 모두 진실임을 가정하더라도 법리상 피고에게는 원고에 대해 아무런 법적 책임이 발생하지 않으므로 각하해주시기 바랍니다"라는 취지의 조기각하신청을 하면, 법원은 정해진 기간 내에 반드시 별도의 기일을 잡아 위 각 요건이 충족되는가를 심리해 결정을 내리며, 이 심리가 진행되는 동안에는 증거조사를 포함한 모든 절차는 중지된다. 그리고 피고가 이 절차를 남발하는 것을 막기 위해 이 별도기일의 준비에 소요되는 원고의 변호사비용을 추정해 피고의 조기각하신청이 기각될 경우 원고의 변호사비용을 피고가 지불하도록 명령을 내릴 수 있도록 한다.

약식판결도 현재 민사소송법의 근간에 영향을 주지 않는 방향으로 다음과 같이 구현할 수 있다. 피고는 법원이 증거개시의 완료를 선언한 후에 "이 소송은 (1) 오로지 피고의 청원권 및 표현의 자유의 행사를 봉쇄하기 위해 전략적으로 제기되는 소송으로서, (2) 증거개시된 증거를 종합해보건대 원고가 소장에서 제기한 사실적 주장을 입증하기에는, (2-가) 피고의 증거가 압도적으로 우세하거나, (2-나) 원고의 증거가 최소한의 입증 책임을 충족시키기에 턱없이 부족하거나, (3) 원고의 사실적 주장이 모두 진실이라고 할지라도 법리상 피고에게는 원고에 대해 아무런 법적 책임이 발생하지 않으므로 각하해주시기 바랍니다"라는 취지의 각하신청을 하면 법원이 반드시 정해진 기간 내에 각하신청에 대한 심리를 하도록 한다. 피고의 신청남발을 막기 위한 비용의 정산은 조기각하신청시와 같다.

나. 사법행정에 의한 도입방법

법개정을 필요로 하지 않는 제3의 길도 존재한다. 즉, 판사들이 SLAPP 억제 법리의 헌법적 정신을 흡수해 공적 참여(public participation)에 해당되는 집회 또는 의사표현에 대해 소송이 제기될 경우 원고 측에 조기에 사실적 주장, 이를 뒷받침하는 증거를 확정하도록 요구하고 그 주장이 법적 불가능성을 내포하고 있거나 증거가 피고 측의 입증 여부를 물어볼 필요도 없이 미약할 경우 조기에 각하 또는 기각결정을 내리는 것이다. 특히 국정원-박원순 소송이 좋은 예이다.

1심법원은 국가기관은 원칙적으로 명예훼손소송의 원고가 될 수 없다고 했는데, 이와 같은 법리적 판단은 소송 초기에 내려질 수 있었다. 그러나 법원은 최종판결에서야 그와 같은 판단을 내림으로써 소송을 조기에 종결하거나 최소한 사실판단을 위한 기일들은 상당 부분 생략할 기회를 상실한 면이 있다.

15장
표현의 자유와 저작권의 한계

1. 저작권 남용의 사례들

2010년 6월 손담비 노래 '미쳤어'를 따라 부른 5살 아이의 동영상을 인터넷에 올린 것에 대해 '정당한 사용' 또는 공정이용이라고 인정한 것은 물론,[1] 그러할 가능성도 확인하지 않고 그 동영상에 대해 임시조치를 요청한 권리자에게 도리어 손해배상책임을 부과한 법원판결이 있은 후,[2] 각계 정치인들과 정부는 공정이용의 가이드라인을 만들어 더욱 많은 사람들이 합법적 범위에서의 공정이용을 향유할 수 있도록 하자는 움직임이 꾸준히 진행되고 있다. 이와 비슷한 소송이 미국에서는 프린스의 노래에 대해서 진행되고 있다.[3] 그 노래 제목도 놀랍게 'Let's Go Crazy(다 같이 미치자?)'다.

여기서는 손담비 노래 판결에 대한 토론을 하려는 것은 아니다. 여기서는 공정이용의 원류인 미국판례에 초점을 맞추고, 명확한 공정이용의 범위에 대해 더욱

---

* 이 글은 계간 『저작권』(2010년 겨울호)에 실린 글을 수정 · 보완한 것이다.

1) 필자는 제목에서는 혼란을 피하기 위해 '정당한 사용'이라는 널리 알려진 용어를 사용하지만 본문에서는 '공정이용'이라는 용어를 사용하고자 한다. '정당한 사용'이라는 용어는 사용자의 권리의 측면이 강조되는 뉘앙스가 강한 반면 '공정이용'은 이용자와 권리자 사이의 적절한 '조정'의 의미가 강조되는 것으로 보여 더 우수한 번역으로 보여진다.

2) 서울남부지방법원 2010.02.18. 선고 2009가합18800 손해배상; 서울고등법원 2010.10.13. 선고 2010나35260 손해배상.

3) http://en.wikipedia.org/wiki/Lenz_v._Universal_Music_Corp.#cite_note-case-1, 2010년 12월 1일 최종 방문.

많은 사람들이 갈급해하는 상황에 대응하고자, 기존 공정이용 법리를 판례에 비추어 비판해보고 판례와 부합하는 새로운 공정이용 법리를 제시하고자 한다.

　물론 최근 벌어지고 있는 저작권 논란의 중심에는 위와 같은 창조적 공(公)적 향유의 문제와는 별도로 소비적 사(私)적 향유의 문제가 있다. 즉, 원저작물을 재창조해 '인용저작물'을 만들어 널리 배포하는 것이 아니라 자신이 또는 자신의 지인이 그대로 소비하기 위해 한정적인 범위에서 복제배포 등을 하는 것을 말하는데 이에 대해서도 저작권법은 '사적 복제' 등의 저작권 제한조항을 별도로 두고 있다. 이 글은 창조적 공적 향유에 있어서 공정이용의 정의 문제만을 다루며 소비적 향유에 대한 저작권 제한의 문제는 별도의 논의를 필요로 함을 밝혀둔다.

2. 기존의 공정이용 법리

　우선 기존의 이론을 살펴보도록 하자. 미국저작권법 제107조는 "비평, 논평, 보고, 교육, 학업, 또는 연구와 같은 목적(purposes such as criticism, comment, news reporting, teaching(including multiple copies for classroom use), scholarship, or research)"을 위해 타인의 저작물을 사용하는 것은 다음 요소들을 종합적으로 평가해서 합리적일 경우 허용된다고 되어 있다. 첫째, 원저작물을 사용하는 목표, 둘째, 원저작물 중의 어느 만큼을 사용하는지, 셋째, 원저작물이 저작물로서 갖는 가치, 넷째, 원저작물의 시장성이 훼손되는지의 네 가지다.[4]

---

4) 저작권법 제107조. 독점권의 제한: 공정이용(Copyright Act § 107. Limitations on exclusive rights: Fair use).
Notwithstanding the provisions of sections 106 and 106A, the fair use of a copyrighted work, including such use by reproduction in copies or phonorecords or by any other means specified by that section, for purposes such as criticism, comment, news reporting, teaching(including multiple copies for classroom use), scholarship, or research, is not an infringement of copyright. In determining whether the use made of a work in any particular case is a fair use the factors to be considered shall include —
(1) the purpose and character of the use, including whether such use is of a commercial nature or is for nonprofit educational purposes;
(2) the nature of the copyrighted work;

한국저작권법 제28조는 "보도 비평 교육 연구 등의 목표로 정당한 관행에 따른 정당한 범위 내의 사용은 허용된다"고만 하고 있다.[5] 단, 대법원은 "정당한 범위 안에서 공정한 관행에 합치되게 인용한 것인지 여부는 (1) 인용의 목적, (2) 저작물의 성질, (3) 인용된 내용과 분량, 피인용저작물을 수록한 방법과 형태, 독자의 일반적 관념, (4) 원저작물에 대한 수요를 대체하는지 여부 등을 종합적으로 고려하여 판단해야 한다"고 하고 있다.[6] 앞에 제시된 번호는 한국 대법원이 고려요소로 꼽은 요소들 중에 미국법 조항에 명시된 고려요소들을 식별해 번호를 부여한 것이다.

위에서 한국의 판례와 미국의 저작권법 사이에서 중복되어 나타나고 있는 고려요소들이 각각 어떤 의미로 인정되는지 살펴보면,[7] 첫째, 인용의 목적이란 인용의 목적이 위에 나열된 보도, 비평, 교육, 학업, 연구 등에 포함되는 비상업적인 것이라야 하는 취지다. 둘째, 원저작물의 성격이란 원저작물이 사실들을 편집한 것인지 모두 창작한 것인지에 따라 공정이용으로의 인정 여부가 달라야 한다는 취지이다. 셋째, 원저작물에서 인용된 내용과 분량이 원저작물에서 큰 비중을 차지하고 있으면 안 된다는 것이다. 넷째, 원저작물에 대한 시장에서의 수요를 대체해서는 안 된다는 것이다. 그리고 이 네 가지 고려 요소들은 종합적으로 고려된다.

그러나 미국법이든 한국법이든 위와 같은 요소들을 종합적으로 고려해 판단한다는 원칙만을 천명하고 있을 뿐 이 원칙보다 더 구체성을 띤, 실무에 도움이 될

---

(3) the amount and substantiality of the portion used in relation to the copyrighted work as a whole; and

(4) the effect of the use upon the potential market for or value of the copyrighted work.
The fact that a work is unpublished shall not itself bar a finding of fair use if such finding is made upon consideration of all the above factors.

5) 저작권법 제28조(공표된 저작물의 인용) 공표된 저작물은 보도 · 비평 · 교육 · 연구 등을 위해서는 정당한 범위 안에서 공정한 관행에 합치되게 이를 인용할 수 있다.

6) 대법원 2004.05.13. 선고 2004도1075 판결; 1998.07.10. 선고 97다34839 판결 등 참조.

7) 현재 미국의 저작권법의 공정이용 조항의 근간이 된 중요한 Folsom v. Marsh, 9 F.Cas. 342(No. 4,901)(CCD Mass. 1841)판결에서 스토리 판사는 위의 4가지 고려요소들을 언급했고, 150여 년 후 미국연방의회는 1976년 저작권법을 제정하면서 공정이용 조항이 위의 Folsom 판결을 필두로 진화해온 판례법을 변경하는 것이 아니라 판례법을 조문화하는 것임을 천명했다. H.R.Rep.No. 94-1476, p.66(1976).

수 있는 규칙을 제공하지는 못하고 있다. 위 네 가지 요소를 종합적으로 고려할 때 그 요소들 사이의 관계는 무엇인지 우열은 무엇인지 그리고 최대 허용범위는 어디까지인지 등에 대해 법률이나 판례들은 명시적인 입장을 천명하지 않고 있다.

아래에 설명하겠지만 더 중요한 것은 위의 기존의 법리들은 판례들과 충돌하거나 판례들을 설명해내지 못한다. 특히 판례들은 공정이용의 범위 획정에서 매우 중요한 의미를 가지게 된다.[8] 입법취지상 공정이용의 범위는 표현 및 예술의 자유와 저자의 후생 사이의 이익형량을 통해 그 범위가 정해질 것이기 때문에 판례들과의 부합성은 매우 중요한 의미를 가진다.

3. '비영리적 이용'이란?

가. "비영리적 사용"은 필수적인가?

우리 대법원은 '인용의 목적'을 살펴보아야 한다고 하고 저작권법 관련 조문은 '보도, 비평, 교육, 연구 등'을 합법적인 공정이용의 목표로 규정하고 있다. 미국저작권법 제107조도 '비평, 논평, 보도, 교육, 학술, 연구과 같은 목표'를 합법적인 공정이용의 목표라고 예시한 후 '이용의 목표와 성격, 예를 들어 이용이 상업적 성격을 가지고 있는지 또는 비영리적 교육적 목표를 위한 것인지(the purpose and character of the use, including whether such use is of a commercial nature or is for nonprofit educational purposes)'를 고려할 것을 명시하고 있다.

여기서 착안해 많은 저작권 전문가들은 공정이용의 필수요소의 하나가 인용저

---

8) 하버드 로스쿨의 교수 Arthur R. Miller는 일반인들을 위해 지적재산권을 대중적으로 쉽게 풀어 쓴 책에서 다음과 같이 적고 있다. "저작권이 형이상학이라면 공정이용은 기호학이다. 공정이용의 경계선은 확정하기 어렵다. 공정이용은 법률이나 판례가 내린 엄격한 정의들이 아니라 폭넓은 정책적 개념들을 통해 정의되어지고 정당화된다." "If copyright law is the metaphysics" of law, fair use is its semiotics. The boundaries of fair use are difficult to ascertain. Fair use is…determined and justified by broad notions of policy rather than by strict statutory or common law definitions." Miller, et al. (eds.), *Intellectual Property: Patents, Trademarks, and Copyright in a Nutshell*, 2nd Ed., West Publishing(1990).

작물의 '비영리성', '비상업성'인 것처럼 말한다. 한국법의 '보도, 비평, 교육, 연구 등'의 문구나 미국법의 '비평, 논평, 보도, 교육, 학술, 연구'는 '비상업적'인 목표들의 예시이고 공정이용의 목적에 대한 제한은 '비상업성'으로 환원될 수 있다는 것이다.

그러나 이는 판례와 부합하지 않는다. 일찍이 미연방대법원은 『네이션 (Nation)』이라는 시사잡지가 포드 대통령의 연설문의 일부를 허락 없이 게재했을 때, 네이션 측이 자신은 시사잡지로서 '비상업성' 및 '보도'를 목표로 하고 있다고 항변한 것에 대해 "영리성 여부는 금전적인 이득의 문제가 아니다"[9]라고 하여 네이션이 금전적인 이득을 추구하지 않는 공익성 잡지라는 사실에 큰 비중을 두지 않았다.

실제 판례들을 살펴보더라도 인용저작물이 소위 '순수음악'에 대비되는 '대중음악'이나 '예술영화'에 대비되는 '상업영화'라고 할지라도 공정이용을 인정받기에 그다지 불리하지 않다. 소위 '상업영화'나 오락성 TV프로그램들의 공정이용을 인정하는 수많은 판례들이 있다.

가장 대표적으로는, 랩그룹 2 Live Crew가 로이 올비슨의 'Oh Pretty Woman!'을 흑인문화에 맞게 패러디해 자신들의 음반에 포함시켜 1백만 장 이상이 팔리는 상업적 성공을 거둔 것에 대한 미연방대법원의 판결이 있었다. 이때 2 Live Crew는 'Oh Pretty Woman!'의 저작권자로부터 소송을 당했는데, 미연방항소법원이 음반의 '상업성'에 천착해 즉결판결을 통해[10] 공정이용을 부인하는 판시를 한 것에 대해, 미연방대법원은 "인용저작물의 상업성은 공정이용을 부인할 추정을 발생시키지 않는다"고 판시하며 하급심 판결을 파기했다.[11]

또 가장 극단적으로는 '상업영화의 광고'에 타인의 저작물이 이용된 경우도 공정이용으로 인정된 바 있다.[12]

---

9) Harper & Row, 471 U.S. at 562, 105 S.Ct. 2218.
10) summary judgment. 증거들을 증인에 대한 신문을 통해 제시하는 정식의 재판이 필요 없을 정도로 증거조사를 통해 축적된 서면 증거나 물적 증거가 어느 한쪽에 유리할 경우 정식재판을 거치지 않고 법원이 판결을 내리는 절차.
11) Campbell v. Acuff-Rose Music, Inc., 510 U.S. 569, 577-78, 114 S.Ct. 1164, 127 L.Ed.2d 500(1994).
12) Leibovitz v. Paramount Pictures Corp., 137 F.3d 109(2nd Cir. 1998).

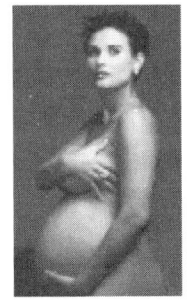

Leibovitz라는 사진작가가 찍은 데미무어의 Vanity Fair 표지 사진이 Naked
Gun 33 1/3: Final Insult라는 코미디영화의 광고포스터에 패러디된 것이다.

정리하자면, 실제 판례들은 인용저작물이 한국법이나 미국법이 예시한 '보도,
비평, 교육, 연구, 논평, 학술'에 포함되지 않음은 물론 상업영화의 광고 또는 대중
음악과 같이 매우 상업적인 성격을 가지고 있는 경우에도 공정이용을 인정하고
있다.

나. 인용된 양－N/original인가, N/copy인가?

우리 대법원은 '인용된 내용과 분량'이라고만 하고 있어 (1) 원저작물의 얼마나
많은 부분이 인용저작물에서 사용되었는가?를 고려해야 하는지, (2) 인용저작물
에서 원저작물의 비중이 얼마나 큰 지에 대해 고려해야 하는지가 불분명하다.
즉, N이 원저작물과 인용저작물 사이에 동일한 부분을 대표한다고 할 때 공정이용
여부 판단시의 고려대상이 N/Copy인지 N/Original인지가 불분명하다. 물론
Copy는 인용저작물의 양을, Original은 원저작물의 양을 대표한다.

이 불명확성은 공정이용 여부를 판단함에 있어서 매우 심각한 문제를 발생시킨
다. 예를 들어 영화에서 그림이 영화의 소품으로 풀샷으로 2~3초 동안 보여졌다
고 하자. N/original은 100에 가깝지만 N/copy는 0에 가깝다. 이렇게 N/copy와
N/original이 확연히 다른 경우는 매우 많을 것이다.

물론 미국저작권법 제107조는 "원저작물의 어느 만큼을 사용하는지"를 고려

요소로 규정하고 있다. 즉, N/original을 지시하고 있다. 그러나 실제 판례들에서는 N/copy가 더욱 중요하게 작용하고 있는 것처럼 보인다. 아래는 논평이나 교육 목적으로 만들어지기 때문에 공정이용으로 인정받기 가장 쉽다고 여겨지는 다큐멘터리분야의 미국판례들을 살펴본 것이다.

원저작물	인용저작물	N/copy	N/original	공정이용 인정 여부
엘비스프레슬리공연장면	엘비스의 일생 음미	5~10%	매우 적음	인정되지 않음13)
무하마드 알리 경기장면	알리의 일생 음미	2분/1시간	매우 적음	인정됨14)
찰리 채플린 출연영화	채플린의 일생음미	10분/1시간	10분/4시간	인정되지 않음15)
괴수영화들	괴수영화와 영화산업의 발전	6분/1시간	6분/6시간	인정됨16)
공상과학영화	영화에 비쳐진 공상과학	20초/1시간	20초/6시간	인정됨17)
외계인영화	외계인영화	47초/1시간	47초/2시간	인정됨18)

---

13) Elvis Presley Enterprises v. Passport Video, 349 F.3d 622(9th Cir. 2003) 2003년에 Passport Video사는 엘비스 프레슬리의 인생에 대한 16시간짜리 다큐멘터리를 만들면서, 엘비스 프레슬리의 모든 TV 및 영화 출연 장면과 공연 장면들을 수집해 다큐멘터리에 포함시켰는데, 다큐멘터리의 5~10% 정도가 영화의 엘비스 프레슬리 출연 부분이었다.

14) Monster Communications, Inc. v. Turner Broadcasting System, In 935 F.Supp.49(S.D.N.Y.,1996) 1996년에 권투선수 무하마드 알리의 실제 복싱장면(수백 시간이 넘음)의 매우 적은 부분을 이용해 총합 2분 정도를 알리에 대한 1시간짜리 다큐멘터리에 삽입한 경우, 공정이용으로 인정되었다.

15) Roy Export Co. Establishment of Vaduz, Liechtenstein, Black Inc., A. G. v. Columbia Broadcasting System, Inc., 503 F.Supp.1137(D.C. 1980) 1980년에 연방지방법원은 채플린의 사망을 기념하면서 채플린 영화 4편에서 편당 몇십 초에서 2분에 달하는 양을 합해 10분 정도를 1시간짜리 다큐멘터리에 삽입한 경우 공정이용이 아니라고 인정했다. 채플린 영화의 경우 특히 채플린의 예술작품이었음이 중시되었다.

16) Hofheinz v. AMC Productions, Inc147 F.Supp.2d 12 E.D.N.Y.,2001. 2001년에 Arkoff and Nicholson이라는 영화감독들이 1950년대에 괴수영화의 창작을 통해 어떻게 영화산업에 영향을 주었는지를 보여주는 다큐멘터리에서 대여섯 편의 영화에서 각각 1분보다 적은 양을 다큐멘터리에 삽입한 경우 공정이용으로 인정했다.

17) Wade Williams Distribution, Inc. v. American Broadcasting Co., No. 00-5002, 2005 U.S. Dist. LEXIS 5730(S.D.N.Y. Mar. 29, 2005. 굿모닝아메리카에서 The Brain from Planet Arous, Robot Monster, Plan9 from Outer Space라는 공상과학영화 세 편의 일부분을 발췌해 평론을 곁들여 방송한 것(각각 3초, 12초, 9초)에 대해 평론이라는 새로운 목적을 위해 변용된 것이라 하여 공정이용을 인정했다.

18) Hofheinz v. Discovery Communications, No. 00 Civ. 3802(HB), 2001 WL 1111970, at *1 (S.D.N.Y. Sept. 20, 2001) 외계인을 다룬 공상과학영화를 Discovery 채널에서 Invasion of the Saucermen이라는 공상과학영화의 47초 정도를 보여주면서 외계인 영화와 대중과의 관계를 다큐

위에서 보다시피 실제로 법률에서 검토되어야 한다는 '원저작물 전체에 대해 인용된 부분의 비중(N/original)'은 공정이용 인정 판단과 비례관계가 없음을 볼 수 있다. 엘비스 프레슬리 사건과 찰리 채플린 사건에서 N/original이 극도로 적음에도 불구하고 공정이용이 인정되지 않았다. 도리어 '인용저작물 전체에서 인용된 원저작물의 비중'이 변용 여부에 영향을 미치면서 공정이용 인정 판단과 비례관계가 있음을 볼 수 있다.

우리 법원의 경우에도 아래에 설명할 '해피 에로 크리스마스' 판결에서 공정이용을 인정하면서 "인용 부분은 110여 분에 달하는 인용영화의 총 상영 시간 중 불과 30초 가량으로서 극히 일부라고 할 수 있을 뿐"이라고 판시해 N/copy를 중요시하는 반면, N/original에 대해서는 아무런 언급을 하지 않고 있다.

그러나 N/original이 가지는 논리적 타당성도 여전히 상존한다. 저작권이 copyright, 즉 copy할 수 있는 권리로서 공정이용은 copy가 많을수록 좁게 인정되어야 함은 선험적으로도 타당해 보인다. 그렇다면 우리 대법원이나 미국 저작권법이 말하는 '인용의 양'은 N/original과 N/copy 중에서 어느 것인지 불확정적이다.

인용된 양과 관련되어 발생하는 또 하나의 문제는 N/original 대 N/copy 사이의 문제가 해결된 이후에도 존재한다. 타인의 저작물을 자신의 저작물에 인용하고자 하는 사람은 법적으로 허용된 사용량이 산술적으로 표시될 수 있는가의 문제다. 예를 들어 영화제작자가 그림 소품을 영화 내에서 이용하고자 할 때 전체 영화가 2시간이라고 할 때 몇 초까지 보여줄 수 있는지(N/copy) 또는 타인의 음악을 배경음악으로 이용할 때 그 음악의 일부만으로 틀어준다고 할 때 몇 초까지 틀어줄 수 있는지(N/original) 알고 싶어 한다. 이러한 산술적인 기준의 설정이 가능한가?

다. 시장수요 대체 여부 — 원작 전체의 수요인가, 사용된 부분의 수요인가?

우리 대법원은 '원저작물에 대한 수요를 대체하는지 여부'를 고려요소라고 하

멘터리로 다룬 것에 대해서도 공정이용을 인정했다.

고 있으며 미국저작권법 제107조 역시 '원저작물의 시장성의 훼손 여부'를 고려요소라고 명시하고 있다. 예를 들어 영화에 대해서 비평을 한다고 영화의 줄거리를 처음부터 끝까지 보여주는 TV 프로그램을 만든다면 아무리 비평을 목적으로 한다고 하더라도 그 TV 프로그램을 보고 사람들이 영화를 볼 동기가 사라진다면 원 영화의 시장성을 훼손할 수 있을 것이며, 이 경우 공정이용이 되지 않는다. 실제로 미연방대법원은 원저작물의 시장성 훼손 여부가 가장 중요한 것이라고 했다.[19]

그러나 시장성의 훼손이라고 할 때 원작 자체의 시장성만을 고려해야 하는지 원작을 이용해 만들 수 있는 가상의 2차 저작물의 시장성에 대한 훼손도 고려해야 하는가? 미국의 한 연방지방법원은 찰리 채플린 출연 영화의 몇 분 분량을 삽입한 다큐멘터리에 대한 공정이용 여부를 판단할 때, 원저작물의 저작권자가 채플린 출연 영화의 짧은 부분을 다른 저작물을 위해 유료 라이센싱할 수 있었다는 점을 고려했다.[20] 그러나 최근의 다른 연방지방법원은 "원저작물을 짧게 잘라 팔 수 있는 시장이 존재하며 이 시장에서 원저작물의 가치가 훼손된다"는 원고의 주장을 "시장성을 그렇게 판단하면 공정이용의 법리 자체가 붕괴될 것"이라면서 일축했다.[21]

그렇다면 시장성의 훼손이라고 했을 때 원저작물의 시장성 훼손을 보아야 하는가 아니면 인용저작물에 의해 인용된 부분의 시장성 훼손을 보아야 하는가.

라. 소결

결론적으로, 기존의 이론에서 이용의 목적이 비상업적이라야 한다는 명령은

---

19) Harper & Row Publishers, Inc. v. Nation Enters., 471 U.S. 539, 562, 105 S.Ct. 2218, 85 L.Ed.2d 588(1985).
20) Roy Export Co. Establishment of Vaduz, Liechtenstein, Black Inc., A. G. v. Columbia Broadcasting System, Inc., 503 F.Supp.1137, 1146(D.C. 1980) 이에 반대되는 입장의 판결로는 알리의 경기장면에 대한 공정이용을 다룬 Monster Communications, Inc. v. Turner Broadcasting System, In 935 F.Supp.49(S.D.N.Y.,1996)이 있다.
21) 최근 입장을 보여주는 판결로는 Hofheinz v. AMC Productions, Inc147 F.Supp.2d 2 E.D.N.Y., 2001.

판례와 부합하지 않는 면이 있다. 또 '인용된 양'은 그 의미가 '원저작물에서 인용된 부분의 비율'인지 '인용저작물에서 인용된 부분의 비율'인지가 불분명하다는 것이 판례를 통해 밝혀지고 있고 실제 실무에서 어느 정도 사용해야 공정이용의 범위에 드는지 예측하기 어렵다. '원저작물의 수요 대체 여부' 역시 원저작물 전체의 수요를 말하는 것인지, 인용저작물에 사용된 일부의 수요를 말하는 것인지에 따라 최종결정에 미치는 효과가 반대로 나타난다. 이러한 법리적 혼란을 정리할 필요가 있다.

4. 변용(transformative use)의 올바른 이해

가. 인용의 목표

한국 저작권법은 제28조의 "보도, 비평, 교육, 연구 등"이라는 표현을 통해 그리고 미국 저작권법 제107조는 "criticism, comments, news reporting, education, scholarship, and research"의 표현을 통해 인용저작물이 원저작물을 인용하는 정당한 목표를 제한하고 있다. 그러나 위에 나온 말들은 모두 예시일 뿐 명시되지 않은 목표들도 정당한 목표가 될 수 있음은 당연하다. 예를 들어 TV 드라마에서 배경소품으로 그림이 등장하는 경우가 많이 있는데, 이때 그림은 비평, 논평, 보고, 교육, 연구 또는 보도 어디에도 해당된다고 말하기 힘들고 단지 현실감 있는 극적 분위기의 조성을 목표로 하고 있다. 그럼에도 불구하고 아래에 살펴보겠지만, 미국의 판례들은 위와 같은 경우에 공정이용을 인정하고 있다.[22] 즉, 원저작물을 인용하는 목표가 원저작물의 창작목표와 다르기만 하다면 인용의 목표가 '보도, 비평, 교육, 연구'나 'criticism, comments, news reporting, education, scholarship, and research'가 아니라 할지라도 공정이용을 인정받을 수 있다는 것이다.

대표적으로 패러디가 그러하다. 패러디의 경우, 위의 Leibovitz 판결에서도

---

22) Jackson v. Warner Bros., Inc., 993 F. Supp. 585, 44 U.S.P.Q. 2d 1603(E. D. Mich., 1997).

나타나지만 딱히 비평이나 논평이라고 말하기 어려움에도 불구하고 공정이용으로 더욱 쉽게 인정해준다.

그렇다면 인용의 목적과 관련해 어떤 기준을 세울 수 있을까?

1) 인용의 목적 vs. 인용저작물의 목적

새로운 기준의 단서는 놀랍게도 법조문에서 나온다. 한국의 대법원 판결과 미국의 저작권 법조문 모두 '인용의 목적'을 판단하기를 요구하고 있지 '인용저작물의 목적'을 판단하기를 요구하고 있지 않다. 논리적으로, 인용저작물이 아무리 상업성을 띠고 있거나 보도, 비평, 교육, 연구의 범주를 넘어서는 경우라고 할지라도—예를 들어 상업광고나 코미디—원저작물을 사용한 목적은 그와 별개로 판단될 수 있어야 하는 것이다.

이와 같은 판시는 논리적으로 타당하다. 창작자가 원저작물의 사용을 포함하는 창작행위 전체에 대해 영리적인 동기를 가졌다고 해서 공정이용의 권리를 인정하지 않는 것은 합리적이지 않다. 예술행위는 기본적으로 청중의 존재를 전제로 하고 청중과 소통하는 행위이고, 더 많은 사람들과의 소통을 원하지 않는 예술가는 없을 것이다. 이와 같은 소통행위에 수반되는 최소한의 실비를 청중에게서 받는다고 가정할 경우, 더 많은 청중과의 소통은 상업적인 성공으로 이어지게 된다. 예술행위의 목표로서의 청중과의 소통과 상업적인 성공을 분리하기는 어려울 것이다. 어떤 경우에는 애당초 행위의 목표는 예술적이었으나 그 결과가 상업적인 경우도 있다. 영화 '워낭소리'의 예를 들어보자. 애당초는 거의 제작비를 변제받는 정도의 선으로 공중파 방송용으로 제작되었으나 뛰어난 프로듀서의 눈에 띄어 극장개봉을 하게 되었다. 그렇다면 원저작물의 사용 및 기타 창작행위의 최종결과물이 돈 받고 보여 줄 정도로 인기가 있다고 해서 소급해 원저작물의 사용이 상업적이라고 할 수는 없는 것이다.

더욱 나아가서 공정이용의 요건을 정의함에 있어(인용저작물의) '상업성'이라는 표지를 사용해 정의하는 것은 혼돈만을 가중시키는 것은 물론 상업성과 순수성의 구분이 불분명해지고 있는 현재 문화사업의 현실을 반영하지 못하는 것이라고 생각한다.

　그렇다면 인용저작물의 목적과 인용의 목적을 구분한다면 어떤 경우에 인용의 목적이 상업적이 되고 어떤 경우에 상업적이 아닌가?

2) 새로운 기준 — 변형적 이용(transformative use)

　필자는 인용저작물의 성질과는 별도로 인용의 목적이 상업적인 경우를 다음과 같이 정의하고자 한다. 즉, 원저작물이 시장에서 가지는 선호도나 지명도의 원인은 그 수용자의 심상에 발생시키는 감흥일 것이다. 그렇다면 이 감흥을 인용저작물이 그대로 전달한다면 이는 원저작물의 시장에서의 선호도나 지명도를 그대로 편승하는 것이라고 볼 수 있다. 그러므로 이러한 행위는 원저작물의 '상업적 가치'를 이용하는 것이므로 '상업적 이용'이라고 볼 수 있다는 것이다.

　실제로 미국법원들은 공정이용 여부를 판단하면서 변용 또는 변형적 이용(transformative use)을 공정이용을 인정하는 근거로 삼아왔다.[23] 실제로 미연방대법원은 위의 2 Live Crew 판결에서도 "변용이 상업성 여부보다는 더욱 중요한 기준이며, 변용의 폭이 클수록 최종저작물의 상업성의 중요성은 줄어든다"고 판시하면서 인용저작물이 원저작물의 패러디로서 변용의 폭이 넓은 점을 강조하며 하급심을 파기했다.[24] 거꾸로 인용저작물이 뉴스나 보도와 같이 그 성격이 비상업적이라고 할지라도 변용의 폭이 좁다면 공정이용으로 인정

---

23) Elvis Presley Enterprises v. Passport Video, 349 F.3d 622(9th Cir. 2003)("다큐멘터리는 '상업적'이다. 그러나 더욱 중요하게도 Passport는 저작물 자체로부터 직접 이득을 취하려고 한다 …원고의 저작권이 보호하는 원래의 오락적 가치를 그대로 재연하는 것이다."
Hofheinz v. AMC Productions, Inc147 F.Supp.2d 12 E.D.N.Y., 2001. 법원은 위 영화들을 보여줌으로써 영화에서의 특수효과가 어떻게 변했는지 등을 보여주려 했던 것이므로 변용이 인정된다고 했고 필요한 만큼만 사용했다고 했다.
위에서 표로 분석된 다큐멘터리들 중에서 엘비스 프레슬리와 찰리 채플린의 다큐멘터리의 경우 공정이용을 인정하지 않았는데 실제로 다큐멘터리를 하려고 다큐멘터리를 만드는 것인지 아니면 두 유명 연예인의 인기와 작품에 영합하려 한 것인지에 따라 변용을 인정하지 않았다고 하겠다.
24) Campbell v. Acuff-Rose Music, Inc., 510 U.S. 569, 577-78(1994).

이 되지 않는다. [25]

그런데 미국법원은 이 변형적 이용이 정확히 무슨 의미인지 밝힌 바가 없었다. 또 공정이용 판단시 고려되는 첫 번째 요소인 인용의 목적과 어떠한 관계가 있는지에 대해서는 명시적인 설시가 없었다.

필자는 첫째, 변용이란 '인용저작물이 원저작물이 전달하는 감흥과 다른 감흥을 전달하는 것'이라고 정의하고, 둘째, 변용이 '인용의 목적' 요건을 대체한다고 주장한다.

즉, 인용저작물에 원저작물을 삽입한 목표가 원저작물이 원래의 청중 또는 관중에게 불러일으키는 호감을 그대로 재연하기 위한 것이 아니라 무엇인가 다른 감흥이나 이해를 일으키는 것이면 '인용의 목적' 요건을 충족시키는 것이며, 인용저작물의 목적이나 인용의 목적이 비상업적이라거나 보도, 비평, 교육, 연구 등의 명시된 목표에 속하는가를 별도로 고려할 필요가 없다는 것이다. 다시 말하면 인용저작물이 전달하는 감흥의 원저작물이 전달하는 그것과 완전히 다르다는 것은 우리 대법원이 열거한 '보도, 비평, 교육, 연구 등'의 '등'에 포함되는 것이며, 미국 저작권법이 말하는 비상업성을 충족시킨다고 본다.

3) 광고도 공정이용이 인정될 수 있다

위의 새로운 이론의 관점에서 가장 상업적인 인용저작물인 광고를 살펴보자. 광고인 경우 공정이용을 인정받는 경우가 많지는 않다. 영화의 여러 곳에서 발췌해 2분짜리 트레일러를 만들어 관련 비디오의 판매에 이용한 것에 대해 공정이용을 인정하지 않았다. [26] 또, X-Men 영화의 일부를 이용해 X-Men의

---

25) Los Angeles News Serv. v. CBS Broad., Inc., 305 F.3d 924, 938(9th Cir. 2002). 실제로 이 연방항소법원 판결은 뉴스프로그램의 공정이용을 부정하며, 저작물의 상업성보다는 변용의 폭이 중요하다는 연방대법원 판결을 인용했다. Campbell, 510 U.S. 567, 579면.

26) Video Pipeline, Inc. v. Buena Vista Home 342 F.3d 191(3rd Cir. 2003). 광고나 홍보물이 특정 영상물을 이용할 경우 위에서 언급했듯 변용을 찾기가 힘들다. 영화의 여러 곳에서 발췌해 2분짜리 트레일러를 만들어 비디오판매에 이용한 것에 대해 공정이용을 인정하지 않았다. "Entertainment에서 information으로의 변용이 없다."

원 저작권자가 자신의 X-Men TV시리즈를 홍보하는 데 사용한 것 역시 공정이용으로 인정받지 못했다.[27] 게다가 원저작물의 영상이나 시각적 캐릭터를 이용한 것도 아니고 원저작물의 서사적 캐릭터만을 이용해 광고를 만든 경우에도 저작권침해로 인정된 바 있다.[28]

그럼에도 불구하고 인용저작물이 광고인 경우에도 공정이용을 인정받은 경우는 상당수가 있다. 우선 Leibovitz 판결에서는 광고이면서 '인용의 양'도 N/copy 및 N/original 모두 상당히 높음에도 불구하고 공정이용을 인정받았다. 또 케이블 채널에서 방영되는 성인용 프로그램을 다른 코미디 프로에서 '유익한 프로그램'이라며 풍자적으로 소개했고, 이 코미디 프로에 대한 선전용 영상에 몇 초 정도 풍자의 대상이 되었던 성인용 프로그램을 이용한 경우에 이것이 선전용 영상임에도 불구하고 정당한 사용으로 인정된 예가 있다.[29]

위 사건들에서 공정이용이 인정된 경우와 인정되지 않은 경우의 핵심적인 차이는 변형적 이용(transformative use)임을 알 수 있다.

광고는 그 저작물 자체가 음미의 대상이 되기도 하지만 결국은 광고대상의 선호도를 높인다는 외부적인 목적을 가지고 만들어진다. 광고 내에서 눈에 보이는 것 하나하나 귀에 들리는 것 하나하나 판촉대상물에 대해 호감이나 호기심을 갖도록 하는 것을 목표로 하고 있다. 대부분 광고나 홍보물이 타 저작물을 이용한다면, 이 역시 이와 같은 호감을 불러일으키기 위한 것이다. 인용저작물이 광고인 경우 공정이용이 쉽게 인정되지 않는 것은 보통 광고에서 다른 저작물을 이용할

---

27) Twentieth Century Fox Film Corp.v. Marvel Enterprises, Inc.155 F.Supp.2d 1(S.D.N. Y., 2001). X-Men 영화의 일부를 이용해 X-Men의 원 저작권자가 자신의 X-Men TV시리즈를 홍보하는 데 사용한 것 역시 공정이용으로 인정받지 못했다.

28) Metro-Goldwyn-Mayer, Inc. v. American Honda Motor Co., Inc., 900 F.Supp.1287(C.D. Cal., 1995). 혼다 자동차회사에서 탈착식 지붕을 가진 차 del Sol을 선전하기 위해 007 영화의 주인공 '제임스 본드'처럼 보이는 사람이 del Sol에 미모의 여성을 태우고 가다가 헬기의 추격을 받게 되고 헬기에서 외계인생명체가 차 지붕에 달라붙자, 여성에게 은밀한 미소를 보내며 탈착식 지붕을 외계인과 함께 날려 보낸다는 내용의 텔레비전 광고를 제작했음.

29) Kane v. Comedy Partners, Not Reported in F.Supp.2d, 2003 WL 22383387(S.D.N.Y.), 2003 Copr.L.Dec. P 28,699, 68 U.S.P.Q.2d 1748, 32 Media L. Rep.1113(S.D.N.Y., 2003). 코미디 프로가 케이블 채널에서 방영되는 성인용 프로그램을 '유익한 프로그램'이라며 반어법적으로 소개하며 그 코미디 프로의 도입부와 홍보용 영상에 몇 초 정도 성인용 프로그램을 이용한 경우.

때는 그 저작물의 원래의 감흥을 그대로 이용하기 때문이다. 예를 들어 보통 청량감을 전달해야 하는 주스 광고에 사진을 삽입한다고 할 경우 바닷가 사진이나 열대과일의 열매의 사진과 같이 청량함을 전달하는 사진을 삽입하지 음울하거나 슬픈 사진을 전달하지는 않을 것이다. 즉, 변용이 없는 경우가 많다.

그런데 흔치는 않지만 인용저작물인 광고가 불러일으키는 호감과 원저작물이 불러일으키는 호감이 다를 수도 있다. 위의 Leibovitz 판결을 보자. 원저작물은 임신한 여성의 나체를 성스럽게 묘사하고 있고 경외를 불러일으킨다. 인용저작물은 원저작물을 이용하기는 하지만 경외가 아닌 희극적 상황을 만들어낸다. 그런데 인용저작물의 희극성은 바로 원저작물을 이용했다는 사실에서 발생한다. Kane 판결 역시 원저작물이 성욕을 불러일으키는 것과 인용저작물은 달리 성인용 프로그램을 '유익한 프로그램'이라고 반어법적으로 소개하면서 코믹효과를 만들어낸다.

일반적으로 패러디의 경우 변용에 있어서 변화의 폭이 매우 넓다. 보통 진지한 소재를 조롱, 비하 또는 과장함으로써 만들어지는 패러디는 소재가 진지하면 할수록 웃음의 깊이는 더욱 깊어진다. 즉, 원저작물의 창작목표와 인용저작물의 창작목표는 마치 자석의 같은 극처럼 멀어질 수밖에 없다. 그렇기 때문에 패러디에서는 공정이용이 상대적으로 용이하게 인정된다.

정리하자면, 인용저작물이 광고인 경우에도 패러디 광고처럼 원저작물과 완전히 다른 감흥을 불러일으키는 변형적 이용을 한다면 공정이용이 인정될 수 있다.

4) 보도도 공정이용이 부인될 수 있다

위와 같은 논리라면 거꾸로 인용저작물이 법조문이 인정하는 '보도, 비평, 교육, 연구'라고 할지라도 변형적 이용이 없다면 공정이용이 부인되는 사례들이 있어야 한다. 그렇다면 전통적인 기준에서는 가장 공정이용이 인정되기 쉬울 것으로 보이는 '보도'의 경우를 살펴보자. Court TV라는 케이블방송국이

1992년 인종폭동에서 백인트럭기사(Reginald Denny)를 흑인청소년이 폭행하는 장면을 담은 비디오(원래 1분정도 분량)의 수초 정도를 (1) 관련 재판내용을 방송하는 자사 프로그램을 홍보하는 티져(teaser)에 포함시키고, (2) 자사의 소송논평 프로그램의 오프닝 몽타주에 사용했다. 이에 대해 2003년 연방항소법원은 오프닝 몽타주에 사용한 것은 매우 강한 변용이며—사실의 보도라는 원래 목적과는 다른 새로운 감흥을 불러일으키므로—티져에 포함된 것은 변용의 정도가 약하긴 하지만 원저작물의 경제적 가치에 전혀 영향을 주지 않는다고 하여 공정이용을 인정했다.[30] 연방항소법원은 홍보용 티져나 오프닝 몽타주 모두 기본적으로 '광고'로서 자사 프로그램을 홍보하기 위한 것이지 시사나 보도를 위한 것이 아님을 인정했으나 여기서는 "원저작물 자체가 보도용으로 작성된 것이므로, 인용의 목표가 보도가 아니면 아닐수록 더욱 변용이 용이하게 성립된다"고까지 했다.[31] 즉, 도리어 인용저작물의 목표가 '광고'이기 때문에 변용이 더욱 용이하게 인정된 것이다. 또 바로 보도 목적으로 원고 측이 위 비디오를 여러 방송국에 유료로 라이센스해왔고, 이에 대한 시장이 존재한다고 할지라도 그 시장에 대한 영향은 높지 않다고 했다.[32]

사실 같은 연방항소법원은 1997년에 같은 비디오를 사용해 위의 폭행을 보도한 다른 방송국에 대해서는 육성해설을 바꾼 것 외에는 똑같이 보도용으로 사용했다며 공정이용을 인정하지 않았기 때문에, 더욱더 인용저작물의 '비영리'적인 목표 또는 '보도'의 목표가 그다지 중요하지 않다는 것은 극명하게 증명되었다.[33]

이와 같이 보도용 화면을 그대로 다시 보도용으로 사용하는 것은 변용으로 보지 않는 것이다. 또, ESPN이 지역방송국이 독점 중계한 경기 화면들을 모아서 보도한 경우 변용이 인정되지 않았다.[34] 레슬링 선수가 무명이었을 때 만들어진

30) L.A. News Service v. CBS Broadcasting, Inc., 305 F.3d 924(9th Cir. 2002).
31) L.A. News Service v. CBS Broadcasting, Inc., 305 F.3d at 939.
32) L.A. News Service v. CBS Broadcasting, Inc., 305 F.3d at 942.
33) Los Angeles News Serv. v. KCAL-TV Channel 9, 108 F.3d 1119(9th Cir. 1997).
34) New Boston Television v. Entertainment Sports Programming Network, 215 U.S.P.Q.(BNA) 755(D.Mass., 1981).

28분짜리 다큐멘터리에서 23초를 떼어내어 새로운 다큐멘터리를 만든 것은 공정이용으로 인정하지 않았다.[35]

정리하자면, 인용저작물이 보도인 경우에도 원저작물의 감흥이나 목적을 그대로 수행한다면 공정이용이 부인된다.

5) 소결: 변형적 이용이 바로 비상업적 이용이다

대법원 판시와 미국저작권법은 '인용저작물의 목적'이 아니라 '인용의 목적'을 공정이용 판단의 요소로 적시하고 있다. 이 문구에 가장 충실하게 해석하자면 '인용저작물의 목적'은 중요하지 않다. 인용저작물 자체가 '대중음악'이든 '상업영화'이든 '보도물'이든 '평론'이든 중요한 것은 원저작물을 이용하는 목표이지 인용저작물 자체가 아닌 것이다. 특히 광고와 같이 인용저작물의 목적은 판촉대상물에 대한 수용자의 선호도 제고라는 철저히 상업적임에도 불구하고 공정이용을 인정받는 사례를 찾아볼 수 있었다.

이 광고에 의한 공정이용 판례를 미국법원들은 변용 또는 변형적 이용(transformative use) 여부에 의지하고 있었으며, 이 판례들의 사실관계를 살펴보면 그 의미는 원저작물이 보통 사람들에게 전달하는 감흥과 완전히 다른 감흥을 전달하기 위해 원저작물을 이용하는 것이라는 가설을 세울 수 있었다. 즉, 변용 또는 변형적 이용은 원저작물이 시장에서 가지고 있는 선호도의 근거가 되는 감흥을 그대로 전달하려는 것이 아니라 원저작물에 변형을 가함으로써 새로운 감흥을 창조하는 것이다. 거꾸로 원저작물이 시장에서의 선호도의 원인이 되는 면에 편승해 인용저작물이 시장에서 선호도를 갖게 되는 것은 바로 미국저작권법이 금기시하는 '상업적 이용(commercial use)'에 해당되는 것이다.

이렇게 하여 변용의 반대말은 상업적 이용이 된다. 그리고 변용은 인용저작물이 보도물, 비평물, 연구물, 교육물인 것에 전혀 구애받지 않고 원저작물의 시장선

---

35) Iowa State Univ. Research Found., Inc. v. Am. Broad. Companies, Inc., 621 F.2d 57, 62(2d Cir.1980).

호도의 원인요소를 이용하지 않고 새로운 감흥을 창조하는 것이 된다. 거꾸로 인용저작물이 보도물이라고 할지라도 원저작물도 보도물인 경우 똑같은 감흥이 그대로 전달되기 때문에 공정이용이 인정되지 않지만, 인용저작물이 오히려 광고인 경우 원저작물의 목표인 '보도'와 차이가 발생하므로 공정이용이 인정되는 사례들을 확인할 수 있었다. 또 새로운 이론은 패러디의 경우 공정이용이 용이하게 인정된다는 경험칙과도 부합한다. 원저작물의 숭고함을 조롱, 비하함으로써 새로운 감흥을 만들어내기 때문이다.

위와 같이 '인용의 목적'을 '변용'과 등치시킬 경우 또 하나의 미덕은 아래에서 살피겠지만 변용이 공정이용의 원래의 네 가지 고려요소 중의 하나인 '시장에서의 수요대체'라는 요소를 포함하게 된다. 왜냐하면 변용의 폭이 좁아 원저작물이 전달하는 감흥을 인용저작물이 그대로 전달할 경우 인용저작물은 원저작물에 대한 수요를 대체할 가능성이 높고, 거꾸로 변용의 폭이 넓을 경우 원저작물이 전달하는 감흥과 다른 감흥을 전달하므로 원저작물에 대한 수요를 대체할 가능성이 줄어들기 때문이다.

나. 인용의 양 — N/original과 N/copy 모두 중요하다

'인용의 목적'을 위와 같이 정의할 경우 '인용의 양'의 문제는 쉽게 해결이 된다. 즉, 인용의 목적을 초과하는 이용의 경우 불필요하게 타인의 저작물을 이용하는 것이므로 공정한 이용이 아니다.

변용이 성립되면 변용에 필요한 만큼만의 원저작물이 사용되어야 한다. 이렇게 정의되면 위에서 말한 문제들이 해결된다. 즉, 문화산업의 실무자가 항상 궁금해 하는 "최대한 얼마 이상을 사용하면 공정이용의 범위를 벗어나는가?"라는 질문에 대한 답은 "목표에 비례해야 한다"는 것이다. 아래에 소개되겠지만 판례에서는 27.5초 동안 그림소품이 보여진 것에 대해서도 공정이용의 범위를 넘어선다고 하고 있다.[36] 거꾸로 더 많은 시간을 이용하고도 공정이용으로 인정을 받은 경우

---

36) Ringgold v. Black Entertainment TV, 126 F.3d 70(2d Cir. 1997).

도 있다.[37] 중요한 것은 필요한 만큼만 사용했는가다.

또 N/copy v. N/original 논쟁에서도 N/original이 여기서는 더 중요함을 알 수 있다. 왜냐하면 변용이 성립된 연후에 이제 지켜야 하는 것은 원저작물의 저작권이다. 불필요하게 원저작물을 많이 이용하는 것은 변용의 범위를 벗어나는 것이므로 공정한 이용이 되지 않는 것이다.

그런데 실제 판례들은 위에서 살펴보았듯이 N/copy를 많이 고려하고 있는데 아무런 의미가 없을까?[38] 실제 판례들은 후자도 고려하고 있다. 그러나 후자를 고려하는 이유는 인용목적과 인용량의 비례관계를 파악하기 위해서가 아니라 변용의 범위를 측정하기 위해서이다.[39] 예를 들어 인용저작물에서 원저작물이 차지하는 비중이 크면 클수록 변용이라고 말하기 어려울 것이다. N/copy가 크면 클수록 변용이라고 말하기 어려울 것이다. 아래에 나오겠지만 엘비스 프레슬리에 대한 다큐멘터리를 만든다고 하면서, 엘비스 프레슬리의 공연장면이 다큐멘터리의 50% 이상을 차지한다면 다큐멘터리를 보는 사람들이 엘비스라는 사람에 대한 이해 또는 그의 삶의 음미라는 새로운 목적을 위해 다큐멘터리를 보는 것이 아니라, 엘비스의 공연장면을 보기 위해 다큐멘터리를 보게 될 것이다.

다. 시장성 훼손 여부 – 변형적 이용은 원작의 시장성을 훼손하지 않는다

인용저작물이 원저작물 전체의 시장성을 훼손해야 공정이용이 부인되는지 아니면 실제 사용된 부분의 시장성만을 훼손해도 공정이용이 부인되는가의 논쟁이 발생하는 이유는 다음과 같다.

우선 논리적으로는 원저작물 전체의 시장성이 판단의 대상이 되어야 할 것이다. 예를 들어 원저작물인 영화의 짧은 토막들의 사용에 대해 사용료를 받을 수

---

37) Jackson v. Warner Bros., Inc., 993 F.Supp.585, 44 U.S.P.Q.2d 1603(E.D.Mich., 1997).
38) 미연방대법원은 "인용부분의 인용저작물에서의 비중이 적다고 해서 저작권침해가 아닌 것은 아니다"고 했다. Harper & Row, 471 U.S. at 565, 105 S.Ct. 2218.
39) 위 Harper 판결, 미연방대법원은 같은 판결에서 인용 부분이 인용저작물에서 비중이 적다는 것은 인용된 원저작물의 가치를 보여주는 것이라고 했다. 즉, 원저작물의 가치를 변용 없이 그대로 이용하고 있는지에 관련된 것이다.

있는가 없는가—즉, 그와 같은 시장이 존재하는가—는 공정이용의 법리에 의해 결정될 것이다. 예를 들어 2시간짜리 영화의 1분 토막을 다큐멘터리들에서 이용한 것이 공정이용이라면 이에 대해 어떤 다큐멘터리 제작자들도 로열티를 지불하려 하지 않을 것이고, 이와 같은 1분 토막들의 시장은 애초에 존재하지 않는 것이다. 그런데 공정이용 여부가 다시 그러한 시장이 존재하는지를 확인하고, 그리고 그렇기 때문에 인용저작물은 그 시장에서의 원저작물의 1분 토막의 가치를 훼손했다는 판단에 의해 결정된다면 이는 동어반복이 될 것이다. 결국 논리적으로는 원저작물의 시장성을 대체하는가가 중요한 것으로 보인다.

그럼에도 불구하고 논란이 있는 이유는, 인용저작물이 원작의 시장성에 전혀 영향을 주지 않음에도 불구하고 공정이용을 인정하지 않는 경우가 많이 있기 때문이었다.

하지만 필자가 분석컨대 이것은 공정이용 판단의 다른 요소인 변용 여부에서 '불합격' 처리되었기 때문이다.[40] 그리고 더욱 중요한 이유는 시장성 대체 여부가 이미 변용에 대한 판단에 포함되어 판단되기 때문이다. 실제로 원작의 시장성에 영향을 주는 경우에는 거의 모두 공정이용을 인정하지 않으며 그리고 이런 경우에는 거의 모두 원저작물과 같은 목표로 사용되었다고 이미 판시가 내려져 있는 경우가 보통이다.[41] 미국의 주요 항소법원들은 "변용이 없으면 없을수록 원저작물의 시장성이 심하게 훼손된다"고 판시하고 있다.[42]

이것은 위에서 밝혔듯이 변형적 이용 여부는 시장수요 대체 여부와 표리관계이기 때문이다. 변용의 폭이 좁아 원저작물이 전달하는 감흥을 인용저작물이 그대로 전달할 경우 인용저작물은 원저작물에 대한 수요를 대체할 가능성이 높고 거꾸로 변용의 폭이 넓을 경우 원저작물이 전달하는 감흥과 다른 감흥을 전달하므로 원저작물에 대한 수요를 대체할 가능성이 줄어든다. 그렇다면 변용 여부 판단과

---

40) Video Pipeline 판결(3rd Cir. 2003); X-men 판결(S.D.N.Y., 2001).
41) Video Pipeline 판결(3rd Cir. 2003); X-men 판결(S.D.N.Y., 2001).
42) Los Angeles News Serv. v. CBS Broad., Inc., 305 F.3d 924, 938(9th Cir. 2002), amended by 313 F.3d 1093(2002); Elvis Presley Enterprises v. Passport Video, 349 F.3d 622(9th Cir. 2003) ("원작물의 원래 목적에 그대로 봉사하고 있어 원작의 시장성을 훼손하고 있다").

별도로 시장성 훼손이 독립적인 고려요소로 유지될 필요가 없다.

위와 같은 입론의 취지는 절대로 시장성 훼손이 중요한 고려요소가 아니라는 것은 아니다. 원저작물의 시장성을 훼손하는가는 매우 중요한, 아니 저작권법의 원래 취지인 저자들의 후생이라는 측면에서 본다면 가장 중요한 고려요소라고 보여진다. 단지 변용의 개념은 시장성 훼손의 의미를 더욱 분명하고 구체적으로 만들어 시장성 훼손에 대한 판단이 이미 변용 판단에서 이루어지도록 하므로 시장성 훼손에 대한 별도의 판단이 필요 없다는 것이다.

그러나 변용이 없다고 하여 시장성이 훼손되는 것은 아니다. 예를 들어 '사적 복제'의 경우 변용은 없지만 시장성의 훼손이 없을 수 있다. 이것은 원저작물을 외적으로 복제 배포하는 범위가 한정되어 있기 때문이다.

라. 원저작물의 창작적 가치 — 캐스팅보트

역시 위에서 원저작물이 얼마나 창작물로서 보호가치가 있는가도 고려해야 한다고 했다. 원저작물이 사실들을 편집한 것인지 모두 창작한 것인지에 대해 따라 공정이용으로부터의 보호 정도가 달라야 한다는 취지다. 미국과 한국의 판결들에서 원작의 저작물로서의 가치도 자주 언급되지만 최소한의 지적 노력만 투여되었다면 거의 모든 저작물에 대해 저작권을 인정해주고 있다.[43] 물론 공정이용의 형량에 있어서 원저작물의 창작적 가치의 중요성을 고려하는 이유는 똑같은 저작물이라고 할지라도 창작의 정도가 큰 차이가 있다. 그러나 원저작물의 창작적 가치의 중요성은 (1) 변용이나, (2) 변용에 필요한 만큼만 사용되었는가 정도로 중요하지는 않은 것으로 보이며 위의 두 가지 요소의 형량이 공정이용 여부에 대한 명백한 결정으로 귀결되지 않을 경우 일종의 캐스팅 보트를 쥐고 있는 것으로 보인다. 실제로, 위의 표에서 찰리 채플린 판결과 무하마드 알리 판결을 보면 매우 비슷한 성격의 변용이 이루어졌고 사용량도 비슷한 것을 알 수 있다. 그런데 채플린 판결에서는 공정이용이 부인되고 알리 판결에 있어서는 공정이용

---

43) Amsterdam v. Triangle Publications, Inc., 189 F.2d 104(1951).

이 인정되었다. 그 이유는 전자에서는 채플린이 만든 영화, 즉 창작적 가치가 매우 높은 것을 이용했고 후자에서는 알리의 경기장면을 단순히 촬영한 것, 즉 창작적 가치가 그다지 높지 않은 것을 이용했기 때문으로 보여진다.[44] 채플린영화 판결의 법원인 지방법원은 "한 사람에 대한 사실을 이용하는 것과 그 사람의 예술작품을 이용하는 것은 다르다"고 했다.

마. 소결: 변형적 이용 그리고 그에 필요한 만큼만[45] – 한국판례들에의 적용

그렇다면 기존의 공정이용 법리가 가진 난점을 극복하고 실제 실무에서 사용가능한 기준은 다음과 같이 명제화될 수 있다.

공정이용이란, (1) 원저작물의 창작목표와는 다른 목표로 원저작물을 인용저작물 내에서 사용하되, (2) 그 목표에 필요한 만큼만 원저작물을 사용하는 것이다.
⇒ 위의 두 가지 요소의 형량을 통해 명백한 판정이 이루어지지 않으면, (3) 원저작물이 기존 저작물이나 실제 상황을 사용한 것인지 순수하게 창작한 것인지에 따라 판정한다.

네 가지 고려 요소들―(1) 인용의 목적, (2) 저작물의 성질, (3) 인용된 내용과 분량, (4) 원저작물에 대한 수요를 대체하는지 여부―중에서 첫 번째 요소와 세 번째 요소의 관계를 명백히 하여 위의 두 가지 요소들에 대한 판단을 먼저 하고 그 이후에 두 번째 요소를 고려하도록 한다는 것이다. 그리고 위에서 말했듯이 수요대체 여부는 인용의 목적에 포함되게 된다.

이 기준은 한국판례들도 어느 정도 설명해낼 수 있다. 예를 들어 공정이용이 인정된 '해피 에로 크리스마스' 사건의 경우 조직폭력배의 두목이 영화 '러브레터'를 보며 눈물을 흘리며 역기를 드는 장면을 보여주는데 원저작물이 멜로물로서

---

44) Monster Communications, Inc. v. Turner Broadcasting System, In 935 F.Supp.49(S.D.N.Y., 1996), Roy Export Co. Establishment of Vaduz, Liechtenstein, Black Inc., A. G. v. Columbia Broadcasting System, Inc., 503 F.Supp.1137(D.C. 1980).
45) 필자는 이 가설을 개략적으로 2007년 저서 『사진으로 보는 저작권, 초상권, 상표권 기타등등』에서 주창한 바 있다. 이 논문은 현재 공정이용 법리의 문제점들을 밝혀내어 새로운 이론의 타당성을 보여주고 필자의 가설이 어떻게 이 문제점들을 해결하는지를 보여주기 위해서 새로이 작성되었다.

보여주는 정서와는 완전히 다른 감흥을 전달하며 필요한 만큼만 사용되었다.[46] 또 역시 공정이용이 인정된 '썸네일' 사건의 경우에도 썸네일 사진은 검색의 용이성이라는 목표를 위해 변형되어 원저작물의 원래 목표대로 감상될 수 없도록 해상도가 제한되어 있었다.[47] 거꾸로 일본 포르노잡지에 게재된 여성 누드사진을 "일본 포르노업계에 한국여성들의 사진이 이용되고 있다"는 취지의 보도를 하기 위해 사용한 것에 대해 공정이용을 인정하지 않았는데, 이는 사진들의 크기나 색상이 거의 원저작물 그대로 게재되어 원래의 에로틱한 감흥이 그대로 전달될 수 있었기 때문이다.[48]

최근의 손담비 노래 판결에서 법원은 아예 아이가 따라 부른 것은 "원작과 다른 감흥을 전달한다"고 하며 공정이용을 인정했다.[49]

5. 결론

현재 공정이용에 대한 한국의 대법원 판결과 미국의 법조문은 (1) 원저작물의 사용 목적, (2) 원저작물 자체의 창작적 가치, (3) 원저작물이 사용된 양, (4) 원저작물의 시장수요 대체 여부 등을 중요하게 고려하고 있다는 점에서 일치하고 있다. 그런데 이 요소들은 종합적으로 고려될 뿐 이 요소들 사이의 관계나 위계질서가 분명하지 않아 문화산업 실무가들에게 아무런 도움이 되지 않고 있다.

더욱 큰 문제점은 각각의 요소들은 몇 가지 논리적인 불명확성이 존재한다.

---

46) 서울지방법원 2004.03.18. 선고 2004카한344 결정.
47) 대법원 2006.02.09. 선고 2005도7793 저작권법위반("썸네일 이미지를 제공한 주요한 목적은 보다 나은 검색서비스의 제공을 위해 검색어와 관련된 이미지를 축소된 형태로 목록화해 검색서비스를 이용하는 사람들에게 그 이미지의 위치정보를 제공하는 데 있는 것이지 피고인들이 ○○○의 사진을 예술작품으로서 전시하거나 판매하기 위해 이를 수집해 자신의 사이트에 게시한 것이 아닌 만큼 그 상업적인 성격은 간접적이고 부차적인 것에 불과한 점"; "보정작업을 거친다 하더라도 열화현상으로 작품으로서의 사진을 감상하기는 어려운 만큼 피고인 회사 등이 저작물인 ○○○의 사진을 그 본질적인 면에서 사용한 것으로는 보기 어려운 점").
48) 서울고등법원 1990.02.13. 선고 89나32908 판결(손해배상(기)).
49) 서울남부지방법원 2010.02.18 선고 2009가합18800 판결(손해배상); 서울고등법원 2010.10.13 선고 2010나35260 판결(손해배상).

우선, 이용의 목적이 비상업적이라야 한다는 명령은 상업영화 및 상업음악에서 공정이용을 인정하고 있는 판례와 부합하지 않는 면이 있다. 또 '인용된 양'은 그 의미가 '원저작물에서 인용된 부분의 비율(N/original)'인지 '인용저작물에서 인용된 부분의 비율(N/copy)'인지가 불분명하다는 것이 판례를 통해 밝혀지고 있고, 그것이 전자로 결정이 나든 후자로 결정이 나든 실제 실무에서 어느 정도 사용해야 공정이용의 범위에 드는지 예측하기 어렵다. '원저작물의 수요 대체 여부' 역시 원저작물 전체의 수요를 말하는 것인지, 원저작물의 일부의 수요를 말하는 것인지에 따라 최종결정에 미치는 효과가 반대로 나타난다. 이러한 법리적 혼란을 정리할 필요가 있다.

미국법원은 변형적 이용(transformative use)이라는 개념을 공정이용 판단에서 중요시하고 있다. 그런데 그 의미, 그리고 이것이 원래의 기존의 법리에서의 고려요소들과는 어떤 관계인지는 명시적으로 밝혀지지 않았다. 이에 대해 필자는 변형적 이용은 바로 '상업적 이용'의 대척점에 있는 것으로서 변형적 이용은 기존의 법리에서 첫 번째 요건인 이용 목적의 비상업성요건을 대체하는 것이라고 주장한다. 그리고 필자는 변형적 이용의 의미는 원저작물과 완전히 다른 감흥을 전달하는 것이라고 주장한다.

즉, 변형적 이용이 인정되면 이용이 상업적인지 여부는 더 이상 검토할 필요가 없다는 것이다. 이렇게 첫 번째 요건이 정리되면 나머지 요건들도 자연스럽게 정리된다.

두 번째 요건인 '인용의 양'은 "변용에 필요한 만큼만 원저작물을 이용했는가"로 대체된다. 즉, N/original이 중요하되 절대적인 기준이 있는 것이 아니고 변용에 필요한 만큼만 이용되었는가가 기준이 된다. N/copy도 의미를 갖게 되는데 변형적 이용이 이루어졌는가에 영향을 주게 되기 때문이다. 네 번째 요건인 '시장수요 대체성'은 변형적 이용이 이루어지는 경우 완전히 다른 감흥이 전달되므로 원작의 시장성을 대체하지 않는 것이 된다. 결국 네 번째 요건에 대해서는 별도의 심의가 필요 없어지게 된다.

필자는 다음과 같이 공정이용의 새로운 기준을 제시한다. 즉, 공정이용으로 인정받기 위해서는 (1) 원저작물이 전달하는 감흥과는 완전히 다른 감흥을 전달하는 것이 인용의 목표가 되어야 하고(변용, transformative use), (2) 그 목표에 합당한 범위만큼의 원저작물의 부분을 사용해야 한다. (3) 위의 고려만으로 판가름이 나지 않을 경우 원저작물이 사실을 그대로 영상화한 것인지 새로이 연출한 것인지를 판단한다.

16장
표현의 자유와 초상권의 한계
— 초상권, 명예훼손, 퍼블리시티권, 프라이버시권의 관계

　어떠한 권리가 이론적으로 존재한다는 것과 그 권리가 실제 사건에서 보장되어야 한다는 것과는 다르다. 초상권이 그러한 경우다. 초상권은 틀림없이 이론적으로 존재한다. 공공장소에 불법주차나 무단쓰레기투기를 방지하기 위해 설치되는 폐쇄회로 TV의 설치에 대한 반대 주장에서 '초상권'은 어김없이 등장한다. 공공장소에서 허락 없이 타인의 사진을 촬영하는 행위에 대한 비난에서도 '초상권'은 어김없이 등장한다.

　그러나 초상권이 하나의 보호되어야 할 가치로서 존재한다는 것과 실제 사건에서 초상권이 준수되어야 할 규범으로서 존재한다는 것과는 다르다. 실제 사건에서는 항상 여러 가지의 서로 다른 가치 및 권리들이 서로 경합을 하기 때문에 특정 사건에서 초상권이 보호된다거나 초상권이 규범으로서 준수되기 위해서는 다른 가치 및 권리들에 대한 일정한 제한을 동반한다. 예를 들어 날씨에 대한 보도를 하는 텔레비전 뉴스의 촬영시에 거리에 나와 있는 많은 사람들의 초상이 동의 없이 촬영되어 자료 영상으로 이용될 경우, 이를 이론적으로 '초상권 침해'라고 주장은 할 수 있다. 하지만 실제로 초상권을 이유로 이와 같은 촬영을 금지하거나 카메라에 잡힌 사람들에게 동의를 얻도록 요구하는 것은 언론 및 출판의 자유에 대한 일정한 제한을 필요로 한다. 다시 말해 날씨에 대한 보도를 딱딱한 말로만

---

* 이 글은 『창작과 권리』 제51호(2008년 여름호)에 실린 글을 수정·보완한 것이다.

하는 것이 아니라 실제로 날씨를 즐기는 사람들을 시각적으로 보여주는 생생한 보도를 할 권리의 제약을 필요로 한다.

이 글에서 논의하고자 하는 것은 초상권이 실제 사건에서 다른 가치 및 권리의 제한을 감수하면서라도 보호되어야 할 '권리'로서 또는 준수되어야 할 '규범'으로서 국내 판례 속에서 존재하고 있는가이다. 판례가 중요한 이유는 우리나라에는 초상권을 명시적으로 보호하는 법령이 존재하지 않기 때문이다.

초상권의 규범으로서의 존재 여부는 창작행위 전반에 매우 중요한 의미를 가지고 있다. 초상권은 우리나라에서는 "자신의 초상을 허락 없이 촬영당하지 않을 권리", "자신의 초상을 허락 없이 다른 사람이 사용하지 않도록 금지할 수 있는 권리" 등으로 인식되고 있다. 그러나 이와 같은 간결한 정의는 매우 폭넓은 범주의 행위들을 초상권 침해 행위에 포함시켜 법적 불안정성을 증가시킨다. 위에서의 텔레비전 보도 문제는 말할 것도 없거니와 실존인물에 대한 모든 영상물 창작행위에 있어서 초상권 문제가 발생하게 된다.

더욱 안타까운 것은 퍼블리시티권(초상영리권 혹은 초상재산권)이 최근 창작물의 대상이 되는 사람이 자신의 초상, 음성, 경험 및 정체성 등을 보호할 수 있는 규범으로 대두되고 있지만, 초상권에 대한 문제가 해결되지 않은 상황에서 퍼블리시티권(초상영리권 혹은 초상재산권)은 창작행위의 법적 불안정성을 더욱 가중시키고 있을 뿐이라는 점이다.

왜냐하면 퍼블리시티권을 "자신의 초상(및 특정인임을 식별할 수 있는 기표 등)이 허락 없이 상업적으로 이용되도록 하지 않을 수 있는 권리"라고 정의했을 때 창작자가 힘들게 '상업적인 이용'이 아님을 입증해 퍼블리시티권상의 공격을 방어한다고 하더라도 "초상을 허락 없이 이용되도록 하지 않을 수 있는 권리"로서 정의되는 초상권은 계속 남아 있게 된다.

퍼블리시티권 침해의 요건들인 (1) 자신의 초상이, (2) 허락 없이, (3) 상업적으로, (4) 이용됨이 이미 초상권 침해의 요건들인 (1)+(2)+(4)를 이미 포함하고 있어, 모든 퍼블리시티권 침해 행위는 이미 초상권 침해 행위이기 때문에 퍼블리시티권이라는 규범은 불필요한 규범이 되어버리는 것이다. 실존인물에 근거한 창작행위들의 활성화를 위해서는 초상권의 규범으로서의 실효성에 대한 검토가 필요한 이유다.

1. 초상권의 정의의 문제

초상권은 우리나라에서는 "자신의 초상을 허락 없이 촬영당하지 않을 권리", "자신의 초상을 허락 없이 다른 사람이 사용하지 않도록 금지할 수 있는 권리" 등으로 인식되고 있다. 초상은 그 초상의 주인의 것이며 초상을 촬영하는 것도 이를 사용하는 것도 모두 주인의 권한이라는 것이다. 초상을 인격의 발현으로 보면 초상의 저자(?)인 자가 초상의 촬영 및 사용에 대해 권리를 가진다는 것은, 저작물을 정신의 발현으로 보고 저작물의 내용을 저자의 소유로 인정하는 것에 비견될 수 있다.[1] 저작물이 허락 없이 복제가 되면 침해가 이루어지는 것으로 간주되듯이 초상도 허락 없이 복제가 되면 공표 여부에 관계없이 침해가 이루어지는 것으로 간주된다. 이 글에서 논의하고자 하는 초상권은 바로 아무런 수식어 없이 초상을 촬영 내지 사용만 하면 침해되는 것으로 여겨지는 권리로서의 초상권이다.

이와 관련해 우리나라에서 초상권의 정의 자체에 일정한 혼란이 있어 잠시 정리를 해보도록 하자.

가. 초상권의 번역은 퍼블리시티권이다?

과거에는 초상권이 영미계의 퍼블리시티권에 대응하는 개념으로 논의되어 퍼블리시티권을 초상권으로 번역하기도 했다. 그러나 퍼블리시티권은 단순히 초상을 촬영했다고 침해되는 권리가 아니라 촬영된 초상이 어떤 방식으로든 공개 내지는 이용이 되었을 때 침해가 되며, 또 모든 사람의 초상에 적용되는 것이 아니

---

1) Roberta Rosenthal Kwall, "Fame", 73 Ind. L.J. 1, 39-40(1997).

라 보호될 퍼블리시티(지명도)가 있는 사람에게만 적용이 된다.[2] 이와 달리 우리 나라의 초상권은 '촬영' 시점에서 곧바로 침해가 발생한다. 대법원은 명백하게 초상권을 "사람은 누구나 자신의 얼굴 기타 사회통념상 특정인임을 식별할 수 있는 신체적 특징에 관해 함부로 촬영 또는 그림 묘사되거나 공표되지 아니하며, 영리적으로 이용당하지 않을 권리(편집자 강조)"[3]라고 정의하고 있다.

초상권 침해의 요건	퍼블리시티권 침해의 요건
얼굴 기타 사회통념상 특정인임을 식별할 수 있는 신체적 특징	성명, 얼굴, 음성 및 특정인임을 식별할 수 있는 모든 기표
취득 또는 공표	공표
	상업적인 이용

물론, 각 사회에서 비슷한 지위를 가지고 있는 법 개념들이 요건이 다르다고 해서 서로의 번역으로 이용되기를 금하는 것은 올바른 자세가 아닐 것이다. 마치 미국의 defamation과 한국의 명예훼손의 요건이 조금 다르다고 해서 "defamation in Korea"라는 표현을 금하거나 미국의 명예훼손을 구태여 "데퍼메이션"이라고 쓰자고 하는 것은 비교법적인 노력을 하지 말자는 것과 마찬가지다.

하지만, 이 논문에서는 초상권을 퍼블리시티권과는 별개의 것으로ㅡ단순히 차이점이 있는 것뿐만 아니라 각 사회에서 서로 다른 역할을 수행하고 있는 법 개념으로ㅡ정의하고자 한다. 초상권과 퍼블리시티권의 차이는 너무 커서 이미 학계와 실무계에서 별도의 권리인 것처럼 논의를 진행하고 있다.[4] 뿐만 아니라 아래에서 분석하겠지만 초상권의 보호법익과 퍼블리시티권의 보호법익은 애초 에 다르기 때문에 서로의 번역으로 사용하기는 어렵다. 초상권은 초상을 하나의

---

2) Zacchini v. Scripps-Howard Broadcasting Co., 433 U.S. 564(1977).

3) 대법원 2006.10.13. 선고 2004다16280 판결.

4) 남형두, "The Applicability of the Right of Publicity in Korea", 27 Korean J. of Int l & Comp.L. 94(1999); 정경석, "초상권의 침해요건 및 구제방법", 『저스티스』 통권 제98호, p.122. 허영만의 만화 '아스팔트의 사나이'가 그 만화의 모델이 된 실존인물의 권리를 침해했는가에 관련해 법원은 '성명 및 초상권'과 '상업적 이용' 여부에 대해 별도로 판시하고 있다(서울중앙지방법원 1996.09.06. 선고 95가합72771 판결).

인격의 발현 내지는 연장으로 보고 초상에 대한 모든 취득 및 사용 자체를 금하고 있지만, 퍼블리시티권은 초상을 사람에 대한 공적 기표(symbol)로 보고 그 기표의 부당한 사용을 규제한다.

나. 초상권이 퍼블리시티권을 포함한다?

간혹 초상권은 폭넓게 정의되어 퍼블리시티권 – 위에서 서로 별개의 것이라고 정의한 – 을 포함하는 개념으로 논의되거나, 초상인격권과 초상영리권(또는 초상재산권)으로 구분되어 후자가 퍼블리시티권과 비슷하거나 퍼블리시티권을 대체할 수 있는 것으로 여겨진다.5) 이때 퍼블리시티권은 단순히 초상을 촬영했다고 침해되는 권리가 아니라 촬영된 초상이 어떤 방식으로든 공표 내지는 이용이 되었을 때만 침해가 되며, 또 모든 사람의 초상에 적용되는 것이 아니라 특수한 사람(유명인)에게만 적용이 된다. 그러므로 이 글에서는 위의 구분을 따르자면 퍼블리시티권을 배제한 순수한 초상권 – 일반인의 초상을 촬영만 하더라도 침해되는 권리 – 또는 초상인격권이 대상이 된다. 혹자는 초상권 자체를 프라이버시권적인 부분(right of privacy)과 재산권적인 부분(right of publicity)으로 나누고, 재산권적인 부분에서는 퍼블리시티권을 다루고 프라이버시권적인 부분에서는 재산적인 면이 배제된 상황에서 침해되는 권리를 다룬다. 그렇다면, 이 글에서 다루고자 하는 것은 전자, 즉 프라이버시권적인 초상권을 다루고자 하는 것이다.

---

5) 상기 논문에서 정경석은 초상권과 퍼블리시티권은 완전히 별개의 것으로 정의하고 초상권 내에 초상영리권이 존재하므로 퍼블리시티권을 도입할 필요가 없다고 주장하고 있다. 정경석, 앞의 글. 필자는 초상영리권이 건재하므로 퍼블리시티권의 도입이 필요 없다는 정경석의 주장에 대해서는 실체적인 이의는 없다. '초상영리권'으로 불리든 '퍼블리시티권'으로 불리든 '특정인의 초상 등의 정체성을 상업적으로 남용하는 행위'에 대한 법원에 의한 규제가 이미 이루어지고 있다는 주장에 대해서 찬동하기 때문이다. 물론, 이렇게 되면 초상에 포함되지 않는 기표, 즉 이름, 몸동작, 복색 등에 대해서는 별도의 퍼블리시티권적인 개념이 도입되어야 하는 문제가 발생하기는 하나 이에 대한 논의는 이 글의 범위를 벗어나는 것이다. 이 글에서 다루고자 하는 것은 초상인격권의 법적 존재의 여부다.

초상권	
초상재산권(영리권)	초상인격권
재산권적 초상권	프라이버시권적 초상권
퍼블리시티권	비(非)퍼블리시티권적 초상권
	〈본 논문의 주제〉

퍼블리시티권과 초상권을 상호의 번역으로 이용하는 것이 타당하지 않다는 상기 논의에 비추어볼 때, 초상권이 퍼블리시티권이나 재산권적 초상권을 포함하는 것으로 정의하는 것 역시 문제가 있으나 여기에서는 다루지 않는다.

다. 초상권은 프라이버시권의 한 부분이다?

초상권은 간혹 프라이버시권의 한 부분으로 분류되기도 한다. 하지만, 이때의 프라이버시권은 현대에서 법적으로 또는 생활 속에서 통용되는 프라이버시권의 개념과는 간극이 있다. 초상권을 포함하는 넓은 의미의 프라이버시권은 한 개인의 인격에 대한 보호-즉, 인격권-에 다름 아니다.

이렇게 폭넓은 프라이버시권의 개념은 처음 '프라이버시권(the Right to Privacy)'을 개념화했던 미국학계에서 비롯된 것으로 보인다. 1960년대에 미국에서 프라이버시 침해를 불법행위로 구성한 프로서(William L. Prosser)가 바로 프라이버시 침해유형을 다음의 네 가지로 분류하고 있다.[6]

(1) 사적 사실의 공표(public disclosure of private facts): 비밀로 붙여두고 싶어 하는 개인에 관한 난처한 사적 사항이 언론매체에 그대로 공개되어 권리가 침해받는 경우.

(2) 왜곡된 묘사(false light in the public eye): 허구와 허위의 사실을 공표 하거나 사실을 과장 또는 왜곡해 공표함으로써 세인들로 하여금 특정인을 사실과 다르게 알도록 하는 행위.

---

6) Prosser, Privacy, 48 Cal. L. Rev. 383(1960).

(3) 성명 및 초상의 영리적 사용(appropriation of name or likeness): 개인의 성명, 초상, 경력 등 본인의 고유한 속성, 즉 인격적 징표를 본인의 동의 없이 사용해 상업적 부당 이득을 추구하는 행위.

(4) 사생활에의 침입(intrusion upon solitude or seclusion): 개인의 평온한 사생활이 적극적으로 침입 및 간섭받거나 소극적으로 감시도청 또는 촬영되는 행위 등에 의해 불안과 불쾌감을 유발시키는 행위.

위의 네 가지 유형 중에 현대사회에서 일반적으로 통용되는 프라이버시 침해에 해당하는 행위는 (1)과 (4)에 한정됨을 알 수 있다. 또, 침해유형 (3)은 영미계에서 인정되는 퍼블리시티권을 말하고 침해유형 (2)는 명예훼손의 약한 형태[7]에 해당되는 개념임을 알 수 있다. 즉, 프로서의 프라이버시는 명예, 비밀 및 정체성[8] 등을 모두 포함하는 인격 전체를 포괄하는 것으로서 현대의 프라이버시 개념과는 차이가 있다.

그렇다면 1960년대까지 프라이버시권을 퍼블리시티권, 약한 형태의 명예훼손을 포함하는 폭넓은 권리로 정의했다면, 현대에 들어와서 각 부분이 명백히 분화된 시점에서 이 모든 유형들을 프라이버시로 정의하는 것이 타당한가?

프로서가 이와 같이 다양한 형태의 불법행위들을 모두 프라이버시 침해에 포함시킬 정도로 프라이버시를 넓게 정의한 이유는 프라이버시권을 처음 정립한 것으로 알려지는 Samuel Warren 판사와 Louis Brandeis 판사의 1890년 논문의 영향으로 보인다.[9] 이 논문이 나오기 전까지 판례는 법적으로 인정되는 민사불법행위(torts)의 유형들을 신체나 재산에 대한 훼손을 동반하는 것으로 한정하고 있었고,

---

7) 혹자는 false light(왜곡)와 defamation(명예훼손)이 질적으로 다르다고 주장하기는 하나 false light에 대한 판례들이 거의 없어 확인이 되고 있지 않으며, 미국에서는 진실이 명예훼손에 대한 완전한 항변이 되기 때문에 진실을 적시하되 왜곡되게 묘사하는 행위를 규제하기 위해 false light가 필요한 것으로 이해할 수 있다.

8) 학계에서는 identity를 동일성으로 번역되기도 하나 정체성으로 번역하는 것이 올바르다고 본다. Identity는 identify와 어원을 같이 하므로 동일성으로도 번역되지만 일반인들에게는 '정체성'이라는 번역이 더욱 쉽게 이해된다. 이미 외국에서 자신의 민족적 정체성에 대해 혼란을 겪는 이민자의 자녀들을 가리켜 "identity crisis에 빠져 있다"라고 하는 용례도 있다.

9) 4 Harvard Law Review 193(1890). 프로서 스스로 이 논문을 인용하고 있다.

그렇지 않다면 최소한 명예훼손, 저작권침해 또는 계약위반 등이 동반되어야 했다. Warren과 Brandeis는 이 논문에서 신체 및 재산적 손해, 명예훼손, 저작권침해, 계약위반 등을 동반하지 않는 새로운 불법행위들이 판례에서 인정되어왔다고 주장했다. 그리고 실제로 그와 같은 불법행위가 인정된 여러 판례들을 소개하는 것이 논문의 주 내용이며, 이를 통해 '프라이버시 침해'라는 새로운 불법행위 유형을 인정할 것을 주창했다.

그런데 이들이 논문을 통해 정립시킨 프라이버시 침해라는 새로운 불법행위 유형은 프로서가 정의한 폭넓은 프라이버시의 그것과는 차이가 있다. 왜냐하면, 논문의 후반부에서 당해 논문에서 정립된 프라이버시권침해의 제한 요건으로 "프라이버시권침해는 그 개인이 공개한 사실에 대해서는 적용되지 않는다"라고 명시하고 있는 것이다. 이 요건은 프로서의 제2유형인 왜곡적 묘사(false light)와 제3유형인 상업적 이용에는 적용되지 않는다. 왜곡적 묘사는 타인이 공개한 사실을 왜곡되게 표현해도 성립되며,[10] 상업적 이용 역시 타인이 공개한 타인의 표지(즉, 몸짓, 얼굴)를 이용해도 성립되기 때문이다. 즉, 프로서가 정의한 4가지 프라이버시 침해 유형 중에서 제1유형과 제4유형에 해당하는 것만을 새로운 불법행위 유형에 포함시키고 있다.

프로서의 Privacy	Warren–Brandeis 의 Privacy의 범위	현대적 개념들
(1) public disclosure of private facts(사적인 정보의 무단공표)	O	현대적 프라이버시
(2) false light in the public eye(왜곡적 묘사)	X	약한 형태의 명예훼손
(3) appropriation of name or likeness(개인의 정체성의 남용)	X	퍼블리시티권, 초상영리권, 초상사용권, 초상재산권
(4) intrusion upon solitude or seclusion(사적인 정보의 무단취득)	O	현대적 프라이버시

---

10) 판례에서도 자신이 비밀로 유지했는지에 관계없이 자신에 대한 묘사가 왜곡되어 있으면 false light가 발생하는 것으로 해석하고 있다. Polydoros v. Twentieth Century Fox Film Corp., 965 P. 2d 724(Cal. 1998), aff'g 67 Cal. App.4th 318(Cal. Ct. App.1997.

혹자는 프로서의 프라이버시의 범위와 Warren-Brandeis의 프라이버시 범위가 같다고 주장하며, 후자의 논문이 사진사가 원고의 사진을 찍어준 후에 그 사진의 사본을 외국에서 판매한 행위 등에 대한 판결을 포함한 것을 들 수 있다.[11] 물론, 이 판례들에서 제시된 불법행위는 70년 뒤인 프로서 논문의 출판시점인 1960년대에는 프라이버시 침해의 제3유형으로 분화되어 처리되었을 행위다. 하지만 Warren과 Brandeis는 새로운 불법행위 유형을 정립하기 위한 첫 번째 단계로 "신체 및 재산적 손해, 명예훼손, 저작권침해, 계약위반을 동반하지 않는 불법행위 청구원인이 존재한다"라는 명제를 증명하기 위해 위와 같은 판례들도 언급을 한 것뿐이지 이 판례들이 바로 그 새로운 불법행위 유형의 하나라고 주장했던 것은 아니다. Warren과 Brandeis가 종국적으로 정립하고자 했던 것은 퍼블리시티권까지도 포함하는 넓은 의미의 인격권이 아니고 현대적인 의미의 프라이버시권 또는 프로서의 침해유형 (1)과 (4)에 해당하는 불법행위 유형이었을 뿐이다.

이 논문은 앞으로 학계에서 프라이버시권을 Prosser가 정의한 것처럼 폭넓은 개념으로 논의를 할 것인지 아니면 현대적 개념에 맞추어, 그리고 Warren과 Brandeis의 정의에 맞추어 '사적인 정보의 무단 취득 및 공표'로 좁혀서 정의할지를 다루고자 하는 것은 아니다. 단지 위 논의를 통해 명확히 해두고자 하는 것은, 이 논문의 대상은 "초상을 무단촬영 또는 공표당하지 않을 권리"로서의 초상권이며 위에서 말한 좁은 의미의 프라이버시권과는 첨예하게 구별되는 권리라는 것이다.

라. '성명권'은 존재하는가?

초상권의 '초상'의 범위에 간혹 성명이 포함되기도 하며 초상권과 성명권을 병기해 성명권을 초상권과 평행하게 처리하기도 한다.[12] 즉, 성명권이 다음과 같이 개념화된다.

---

11) Tuck v. Priester, 19 Q. B. D. 639(1887), Pollard v. Photographic Co., 40 Ch. Div. 345(1888).
12) 상기 허영만 사건, 각주 4 참조.

	초상권	성명권
취득	타인이 나의 초상을 허락 없이 취득하지 못하도록 할 권리	타인이 나의 성명을 허락 없이 취득하지 못하도록 할 권리
사용	타인이 나의 초상을 허락 없이 사용하지 못하도록 할 권리	타인이 나의 성명을 허락 없이 사용하지 못하도록 할 권리

그러나 "타인이 나의 성명을 함부로 쓰지 못하도록 할 수 있는 권리" 또는 "타인이 나의 성명을 함부로 취득할 권리"로서의 성명권이 과연 존재할 수 있을까? 만약 그러한 권리가 존재한다면 명예훼손 법리 등은 모두 필요가 없어질 것이다. '홍길동'이라는 성명을 무단으로 언급하는 것 자체만으로 이미 성명권 침해가 발생한 것으로 '홍길동'이라는 주어 뒤에 허구가 오든, 사실이 오든, 명예가 침해되든, 되지 않든 불법행위가 이미 발생되기 때문이다. 독일의 초상권 관련 규정을 보아도 이름에 대한 규정은 없다. 심지어는 헌법분야에서 폭넓게 정의하려 하는 '자기정보결정권'의 범위에도 성명은 자기 정보에서 제외되어 있다.13) 그럼에도 불구하고 왜 우리나라에서는 초상권 외에도 성명권을 별도로 정의하고 있는가? 이는 미국의 퍼블리시티권의 영향으로 보인다. 아래에서 밝히겠지만 퍼블리시티권은 성명,14) 음성,15) 경험,16) 심지어는 몸동작 및 소품을 이용한 화면구성17) 등을 포함해 한 사람을 연상시키는 모든 기표의

---

13) 김승환, "CCTV와 인권", 범죄예방을 위한 CCTV와 인권 토론회 발표문 각주 5번(말 그대로 자신의 이름 외에는 모든 것이 보호받아야 할 개인정보 또는 프라이버시다. Gavin Phillpson, Transforming Breach of Confidence? Towards a Common Law Right of Privacy under the Human Rights Act, *Modern Law Review*, Volume 6 Issue 5(2003. 9), P.726.).

14) Rogers v. Grimaldi, 695 F.Supp.112(S.D.N.Y. 1988)(퍼블리시티권 침해를 다른 이유로 인정하지는 않았으나 성명은 퍼블리시티권 보호대상이 된다고 함).

15) Midler v. Ford Motor Co., 849 F.2d 460, 462(9th Cir.1988)(유명 가수 베트 미들러의 음성을 모창해 텔레비전광고의 배경음악으로 사용한 것에 퍼블리시티권 침해를 인정한 사건).

16) Parks v. Laface Records, 329 F.3d 437(2003)(힙합 음악에서 "버스 뒤로 가서 앉아"라는 표현을 사용해 의도적으로 1960년대 민권운동가였던 로자 파크스를 연상시키도록 한 것에 대해 퍼블리시티권 침해 인정이 가능하다며 배심원 판단을 받아볼 것을 명한 사건).

17) White v. Samsung Electronics America, Inc., 971 F.2d 1395(9th Cir. 1992)(삼성전자 미주법인의 광고에서 유명 오락쇼인 Wheel of Fortune의 보조 호스트인 배나 화이트의 몸동작과 그 쇼의 소품인 추첨용 바퀴를 동시에 배치한 것에 대해 초상권 침해를 인정한 사건임. 다수의견보다는 소수의견이 더욱 유명하기는 하나 몸동작 자체가 퍼블리시티권 침해의 대상인 기표가 될 수 있음에는 별다른 이견이 없음).

사용을 퍼블리시티권의 보호범위에 포함시키고 있다. 위에서 설명했듯이 초상권을 퍼블리시티권에 등치하려는 움직임 속에서 대륙법계 개념인 초상권에 퍼블리시티권이 보호하는 성명, 음성 등까지 포함시키게 되는 오류가 발생한 것이 아닌가 생각된다. 대륙법계 국가에서 초상권은 영어로는 portrait right 또는 image right로 번역되는 것이 보통이며 얼굴 및 신체적 특징에 한정되어 있다.[18]

어찌되었든 성명권이 규범으로서 존재하지 않음을 증명을 하려는 것은 이 논문의 범위를 벗어난 것이다. 단지 여기서 확실히 해두려는 것은 이 논문의 대상은 성명권 등을 포함하는 것이 아니고 우리나라 대법원에서 정의했듯이 "특정인임을 식별할 수 있는 신체적 특징"으로서 얼굴 및 식별력에 있어 얼굴에 준하는 신체부위에 한정된 초상권이다.

2. 영미 법계에는 초상권이 없다[19]

영미 법계에서는 "자신의 초상을 촬영당하지 않을 권리 또는 자신의 초상이 복제되어 배포되지 않을 권리"는 존재하지 않으며, 이에 따라 '초상권'이라는 권리 자체가 존재하지 않는다. 단지 초상을 포함하는 자신을 식별할 수 있는 표지(성명, 음성 포함)가 가지고 있는 지명도나 홍보력이 다른 사람이 남용할 수 없는 권리인 퍼블리시티권만이 존재한다. 즉, 퍼블리시티권의 침해만 없다면, 자신이 적극적으로 가리지 않는 한 초상은 누구나 촬영할 수 있고 누구나 그 초상을 이용할 수 있다는 것이다. 왜 그럴까?

자신의 얼굴은 개인에 대한 정보(personal information)일망정 개인적인 정보

---

18) William Roos, Case Comment, NETHERLANDS: COPYRIGHT: RIGHT TO PRIVACY AND PORTRAIT RIGHT, Ent. L.R. 1998, 9(8), N146-147; Isabel Davies, Tom Scourfield, "Europe's Patchwork Approach to Image Rights", *Managing Intellectual Property*, July/August 2007.
19) 이 절은 다음의 논문에서 발췌해 수정을 한 것이다. 박경신, "명예훼손, 초상권, 프라이버시 그리고 표현의 자유에 관한 비교법적 분석", 『헌법실무연구』 제5권 제1호(2004년 11월).

(private information)는 아니다. 퍼블리시티권의 영어원문은 right of publicity로서 right of privacy와 문언적으로 반대되는 개념으로 보이는데 이는 우연만은 아니다. 예를 들어 박경신의 혈액형이 B라는 것은 개인정보(private information)로서 프라이버시권의 보호를 받는다. 도리어 얼굴은 자신을 사회에 공개하고 자신을 사회와 관계 지으며 자신의 개별성을 보여주는 공적인 기표(public symbol)로서 도리어 상표(trademark)와 비슷한 역할을 하고 있다.

	개인에 대한 정보(personal information)	
보호대상	개인적인 정보(private information)	공적인 기표(public symbol)
보호대상의 예[20]	혈액형, 주소, 주민등록번호 등등 자신이 의도적으로 공개하지 않는 정보	얼굴, 이름 등 자신이 특정인임을 인식하도록 외부에 공개하는 표지
보호규범	right of privacy	right of publicity

'박경신'이라는 이름 석 자는 남들이 나를 '나'로 인식해주길 바라는 마음에서 '나'의 기표로서 정해놓은 것으로서 개인적인 것도 정보도 아니며 공적인 기표다. 얼굴도 마찬가지다. 아침마다 신체의 모든 부분은 모두 가리면서 자외선에 의한 피부암의 위험까지 감수하며 얼굴만은 내놓고 다니는 이유는 바로 남들이 나를 '나'로 식별해주길 바라는 마음에서다. 이에 따라 초상권은-존재한다면-나의 개별성 및 유일성을 보호하기 위해 정해놓은 기표가 타인에 의해 무단 사용되는 것을 막으려는 규범이 된다.

또, 초상의 촬영 및 그림에 의한 묘사는 다른 사람의 공적인 기표를 기록해두는 행위다. 초상권은 개인적 정보(private information)의 취득을 막으려는 규범이 아니고 공적 기표(public symbol)의 사용을 규제하려는 규범이므로 초상의 취득 자체를 막을 수는 없다. 왜냐하면 기표는 기표를 사용하는 사람-내 얼굴을 보고 '나'를 인식할 사람들인 타인들-이 이를 취득하지 않는다면 그 기표는 기능을 다할 수

---

20) 여기서는 단순히 일상생활에서 각 범주가 어떻게 사용되는지를 근거로 구분한 것이다. 주민등록번호와 같이 개인의 식별용도로 만들어졌고 불심검문이 허용되던 시대에 일반인들의 통행 통제를 위해 만들어졌지만 현재에는 인터넷 등을 통해 대면거래(face-to-face transaction)가 이루어지지 않으면서 이를 주민번호가 대체하게 되어 주민번호의 남용가능성이 높아지면서 개인적인 정보(private information)가 되어버린 경우도 있다.

없을 것이다. 이렇기 때문에 영미법계에서는 프라이버시 침해나 명예훼손이 없는 상황에서 초상의 취득(촬영, 그림 등을 통한)을 규제하는 규범은 존재하지 않는다.

그렇다면, 내 초상을 허락 없이 이용할 때마다 공적 기표를 남용하는 것일까? 초상권을 얼마나 엄격히 정의하는가에 따라 다를 수 있다. 한편으로는, 초상권을 가장 엄격히 정의하자면 위의 기표들이 무단 사용될 때마다 침해가 있다고 말할 수 있을 것이다.

다른 한편으로는, 개인의 공적 기표는 공적으로 사용되기 위해 만들어진 것이기 때문에 타인이 자신의 공적 기표를 사용하는 것을 금지한다면 이는 공적 기표를 정한 의미가 없어질 것이다. 각 개인이 이름을 가질 필요도 없을 것이고, 얼굴만은 내놓고 다닐 이유도 없을 것이다. 거의 모든 경우 기표는 어떤 표현에 필수불가결한 주어, 주제어나 목적어로서 사용된다. 그렇다면, 표현의 자유를 보호하기 위해서는 공적 기표의 무단사용은 허용되어야 한다. 예를 들어 "박경신은 광대다"라는 문장을 보면 필자는 '박경신'이라는 타인의 성명을 무단 이용했지만, 이것 자체를 초상권 침해라고 여기지 않는 이유는 "박경신은 광대"라는 표현을 할 수 있다는 표현의 자유라는 법익이 훨씬 강력하기 때문이다. 그런데 만약 "박경신이 특정 회의 장소에서의 태도와 회의장소의 분위기" 등을 글로 표현할 수 없는 미세한 수준까지 생생하게 전달하고 싶다면 '박경신'의 얼굴이라는 공적 기표를 사용할 수밖에 없을 것이다. 그렇지 않으면 사진을 보아도 사진에 나온 사람이 박경신이라는 것을 인식하지 못할 것이기 때문이다.

또, 저녁뉴스에 "오늘 선선하고 맑은 날씨로 시원한 공원을 찾는 사람들이 많았습니다"라고 보도를 하면서 공원에 산책을 하고 있는 사람들을 카메라가 비추었다고 하자. 이 뉴스는 "많은 사람들이 공원을 찾았다"는 표현을 하려는 것이고 많은 사람들이 공원에 있다는 메시지를 생생히 전달하기 위해 그 사람들의 초상을 영상에 비추게 된다. 공적 기표를 무단 사용했다는 사실 자체는 엄격한 의미에서는 초상권의 침해이지만 이들의 공적 기표를 사용하지 않고는 "많은 사람이 공원을 찾았다"라는 표현을 영상을 통해 할 수가 없게 된다. 결국, 거의 모든 경우에 위와 같은 초상의 '침해(?)' 내지 사용은 당연한 것으로 받아들여지므로 아예

초상권의 정의 자체가 표현의 자유와 이익형량을 통해 축소된 범위로 조정되는 것이 보통이다.[21]

이에 따라 미국과 캐나다의 경우에는 한국의 부정경쟁방지법과 비슷한 법규, 즉 퍼블리시티권을 통해 타인의 이름, 초상 및 정체성의 사용을 규제하고 있다. 즉, 한국의 초상영리권 또는 퍼블리시티권 판결들과 똑같이 타인의 이름, 초상 및 정체성이 그 상업적 지명도를 이용하기 위해 이용된 경우에만 권리의 침해를 인정하는 것이다.[22] 영국과 오스트레일리아의 경우는 초상권의 적용범위를 더욱 극단적으로 제한해 상품의 출처에 대한 혼동(passing-off)이 있어야만 개인 자신의 초상 및 이름에 대한 침해를 인정한다.[23]

기본적으로 영미법계의 이름, 초상 및 정체성의 사용의 규제에 대한 태도는 다음의 한마디로 요약될 수도 있다. "금전적 이익의 손실을 막기 위한 것이지 정신적 피해를 막기 위한 것이 아니다."[24] 결론적으로, 실존인물의 공적 표지에 대한 규제로서 영미법계에서는 초상권 대신 퍼블리시티권만이 존재하는 것이다.

3. 대륙 법계에서의 초상권

독일과 프랑스는 더욱 넓은 개념인 인격권(personality right)을 설정하고 이

---

21) 미연방대법원의 블랙 대법관은 "표현과 집회의 자유에 대한 제한이 없어야 한다는 제1수정조항의 명백한 명령은 권리장전의 입헌자들은 이 분야에서 필요한 '이익형량'을 모두 완결했음을 보여준다"라고 했다. Konigsberg v. State Bar, 366 US 36, 61(1961).
22) 예를 들어 실존인물의 경험을 음미하기 위해 실존인물에 대한 영화 등을 제작할 때 영화의 제목에 그 사람의 이름을 이용하거나 실존인물에 대한 책을 출판할 때 책의 표지에 그 사람의 얼굴을 올리는 것은 당연히 허용된다. Hicks v. Casablanca Records, 464 F.Supp.426(S.D.N.Y. 1978)(아가사 크리스티의 경험을 그린 영화 '아가사(Agatha)'에 의한 퍼블리시티권 침해 불인정); Eastwood v. National Enquirer, Inc., 149 Cal.App.3d 409, 198 Cal.Rptr. 342, 347(1984)(클린트 이스트우드에 대한 보도를 하면서 클린트 이스트우드의 사진을 표지에 사용한 경우 퍼블리시티권 침해 불인정).
23) F. Jay Dougherty, "Foreword: the Right of Publicity—Towards a Comparative and International Perspective", 18 Loyola of Los Angeles Entertainment Law Journal 421(1998).
24) Cardtoons L.C. v. Major League Baseball Players Association, 95 F.3d 959, at 976(10th Cir., 1996).

인격권을 통해 프라이버시 등 개인에 대한 권리를 보호하고 있다.[25] 독일과 프랑스의 체계 자체가 다른 법체계와 비교했을 때, 일반적인 인격권(Grundgesetz: personality right)과 표현의 자유가 충돌할 때에 영미계 국가에 비해서 상대적으로 인격권을 더욱 강력하게 보호한다고 한다.[26] 프랑스와 독일 모두 인격권에 대한 보호는 표현의 자유와의 충돌에 있어 다음의 여러 가지 요소들을 고려한 이익형량을 통해 이루어진다고 한다: (1) 인격권을 침해하는 자료(사진, 정보 등등)를 공표한 자의 영리 목적, (2) 그 자료의 사회적 중요성, (3) 자료를 취득한 방법의 정당성, (4) 자료의 배포범위 및 (5) 인격권을 침해당한 자의 행동(예를 들어 자발적으로 그 자료의 공개에 동의할 만한 행동을 했는지).[27]

그리고 독일의 경우 인간생활의 영역을 여러 가지 상황 등을 고려해 세분화해 영역에 따라 이익형량의 양태가 달라진다. 인간생활에 대한 영역은 여러 가지 분류방법이 있으나 가장 간단한 분류방법은 다음과 같다. 첫째, 은밀한 범위(Intimsphäre: intimate zone)는 개인적인 믿음, 건강 및 성(性)적인 것을 포함한다. 이 범위가 가장 강력하게 보호되는 인격권의 범위인데 이 범위에 속한 사안에 대해서는 진실이라 할지라도 모든 언사가 규제된다. 둘째, 사적인 범위(Privatsphäre: private zone)는 사생활과 가족관계를 보호한다. 이 범위에 속한 사안에 대해서는 강력한 공익이 있어야만 정보가 취득되고 공개될 수 있다. 셋째, 개인적인 범위(individual zone)에서는 표현물의 대상의 자기결정권을 보호하는 수준에서 취득 및 공개행위가 제한된다고 한다. 예를 들어 이 범위에 속한 사안에 대해서는 자기결정권에 대한 침해만 없다면 ―즉, 당사자의 허락만 있다면― 인격권침해가 없는 것으

25) Marlene Dietrich case, BGH 1 ZR 49/97(1 December 1999)(translated by Prof. Basil Markesinis); Civ. 1e, Bull. Civ., 1988 I n o 97 p.66, Case Goudeau v. X, 13 April 1988,(Translated by Tony Weir); Cour d'Appel de Paris, D. 1955, 295, Case Marlene Dietrich v. Societe France-Dimanche(Translated by Tony Weir); xxx.14223, Case Philippe v. France Editions Publications, 13 March 1965(Translated by Tony Weir); Cour d'Appel de Paris, D. 1986.I.R.189, Case Berry v. Hersant(Translated by Tony Weir).
26) Basil Markesinis, et al., "Concerns and Ideas about Our Developing Law of Privacy(and How Knowledge of Foreign Law Might be of Help)", a research project undertaken by the Institute of Global Law, p.28.
27) Markesinis, 전게서, p.69.

로 판단된다.[28)]

또, 개인적인 범위(individual zone)를 넘어서서 다시 일반적인 사교활동을 포함하는 사회적 범위(Sozialsphäre: social zone)와 더욱 폭넓은 사회적인 의미를 갖는 공적인 범위(Öffentlichkeitssphäre: public zone)를 창설해 인격권의 보호 정도를 달리한다. 예를 들어 공적인 범위에서 찍은 사진은 사회적인 범위에서 찍은 사진보다 더욱 폭넓게 공개되고 이용될 수 있으며, 당사자의 허락 없이 사진이 촬영될 수도 있고 게재될 수도 있다. 또, 은밀한 범위(intimate zone)와 사적인 범위(private zone) 사이에 다시 비밀스러운 범위(Geheimsphäre: confidential zone)를 설정해 그 사이에서 인격권 보호의 정도를 달리한다고 한다.[29)]

대분류	세밀한 분류	예시	일반적인 이익형량의 양태
Intimate	Intimate	성생활, 신앙, 건강정보	인격권의 거의 절대적인 보호
	Confidential	일기장 등 타인에게 전혀 공개되지 않을 것을 목표로 제작된 자료	프라이버시의 존중을 위한 공개에 대한 규제
Private	Private	사적인 생활, 가정 내에서의 생활	공익이 증명되면 공개 가능
Individual			허락을 받으면 취득 및 공개가 허용됨
	Social	개인적인 사회생활-외출, 회합 등의 사교생활	공개는 허용되지만 최소한 진실이어야 함
	Public	일반인들에게 공개된 공적인 사회생활	일반적으로는 자유로운 비판과 토론 및 공표가 허용됨

이에 합당하게, 독일은 초상권을 보호하기 위한 법률로서 초상권, 특히 성명과 정체성과 구별되는 초상에 대해서는 저작권법이 '초상 대상의 동의 없이는 공연히 전시되거나 배포될 수 없다'고 규정하고 있으되 몇 가지 예외조항을 설정하고 있다. 그러나 이 예외의 적용에 있어서 '대상의 정당한 권리'와의 이익형량을 하도록 하고 있다.[30)] 즉, 독일 초상권 관련법의 기본골격은 타인의 초상이 동의없이 공연

28) Maryann McMahon, "Defamation Claims in Europe: A Survey of the Legal Armory", Communications Lawyer, Winter 2002, p. 24.
29) Markesinis, 전게서, p. 71.

히 전시되고 배포되어 표현의 자유가 초상권이나 다른 권리('초상의 대상의 정당한 권리')와 충돌하게 되었을 때, 위와 같은 단계적인 방법으로 이익형량을 한다는 것이다. 네덜란드도 초상의 동의 없는 취득 자체를 모두 초상권 침해라고 선언하는 것이 아니라 다른 권리와의 이익형량을 통해 판단한다는 비슷한 내용의 조항이 저작권법에 포함되어 있다.[31]

위와 같이 초상권을 인격권에 포함시켜 보호하는 이상, 대륙법계에서는 영미법계와 다르게 상업적인 목적으로 쓰이지 않는 경우에도 초상권의 침해는 원칙적으로는 인정될 수는 있는 것으로 보인다. 그러나 프랑스와 독일은 초상권만을 따로 언급하지는 않고 인격권이나 프라이버시권만을 언급한다. 그러므로 인격권의 침해를 인정했을 때 이것이 초상권의 침해를 말하는 것인지 프라이버시권의 침해를 말하는 것인지 세심히 구별해야 한다. 예를 들어 독일의 경우 표현의 자유와 충돌하는 '정당한 이익'이 초상권이 아니라 프라이버시권이었고, 이런 이유에서 인격권침해를 인정한 판례라면 독일의 초상권 법규를 이해하는 데에 유용한 판례가 되지는 못할 것이다.

---

30) 독일저작권법 제22조 사람의 초상은 그 사람의 동의 없이 배포되거나 공연히 전시될 수 없다. 의심이 있을 경우, 그 사람이 금전을 수령했을 경우, 동의한 것으로 간주한다. 죽은 사람의 경우, 사후 10년 동안은 그 사람의 친척의 동의가 필요하다…
저작권법 제23조
(1) 다음의 경우에는 제22조에 따른 동의 없이 전시 및 배포될 수 있다:
1. 동(同)시대역사의 영역에 있는 사람의 사진
2. 경치나 다른 위치에 사람이 부수적으로 나타나는 사진
3. 회의, 행진 및 그 사람이 참여한 행사의 사진
4. 고상한 예술적 목적으로 이루어지는 전시와 배포의 경우;
(2) 위의 허용범위는 대상의 정당한 권리를 침해하는 경우에까지 적용되지는 않는다.
31) 저작권법 제21조 초상의 대상이 초상의 저자에게 특별한 지시를 하지 않은 경우, 초상의 공표는… 초상의 대상의 합리적인 이익에 반할 경우… 금지된다.
William Roos, "Case Comment, NETHERLANDS: COPYRIGHT: RIGHT TO PRIVACY AND PORTRAIT RIGHT", Ent. L.R. 1998, 9(8), N146-147. 영문 번역은 다음과 같다. "If a portrait has been produced without any particular instructions given to the author by or on behalf of the portrayed, or to his benefit, the publication of that portrait by the person who owns the copyright, is prohibited, as far as a reasonable interest of the portrayed or, after his death, one of his relatives, opposes publication." 위 평석에 실린 네덜란드 판결에서는 일반인이 교통사고를 당했을 때 이를 기자가 동의 없이 촬영해 방송한 것에 대해 프라이버시와 초상권을 포괄적으로 표현의 자유와 이익형량을 하여 불법임을 선언했다.

도리어 프라이버시의 침해가 없는 상황에서 사진이 이용되는 경우에 초상권의 침해가 인정되지 않은 사례들이 발견된다. 한 여배우가 남성 성인잡지에 반나체로 포즈를 취한 이후 일간지가 이 사실을 보도하면서 그 사진이 일간지에 실리는 것을 막으려고 했으나 초상권 침해는 인정되지 않았다.[32] 이미 성인잡지를 통해 공개된 사진이었기 때문에 프라이버시 침해가 상대적으로 없다고 보았다. 물론 독일에서는 그 반대 경우도 발견된다. 생물학 교과서를 위해 나체로 포즈를 취한 학생이 이 사진이 디지털이미지로 만들어져 보급되는 것을 막는 청구를 인용했다.[33] 하지만 이와 같은 반대 사례가 초상권의 보호를 위한 것인지 프라이버시권의 보호를 위한 것이었는지는 불분명하다. 판결문을 읽어보면 디지털화되는 것은 동의의 범위를 벗어나는 것이라는 대목이 나오는데, 초상권보다는 프라이버시 침해에 관한 것이 아니었는지 의구심이 생긴다. 즉, 나체 사진이 아닌 경우에도 똑같은 결정이 내려졌을까? 실제로 독일과 비슷하게 인격권과 표현의 자유 사이에 다각적인 이익형량을 통해 결정을 내리는, 프랑스의 경우 이미 공개된 정보라고 할지라도 공개의 범위를 정보의 주체가 계속해서 통제할 수 있다는 프라이버시 법리가 확고하게 정립되어 있다.[34]

단, 공인에 대해서는 대륙법계도 영미법계의 그것과 크게 다르지 않음을 볼 수 있다. 즉, 영미법계에서는 경험칙상 유명인에게만 초상권이 부여되는데, 여기서 유명인은 대륙법계에서 공인(public figure 또는 a person from contemporary history)의 개념과 비슷하다. 이때 대륙법계에서도 공인에 대해서는 당사자의 동의 없이 사진촬영이 가능하다. 단지 프라이버시(물론 협의의 프라이버시)와 같은 권리의 침해만 없는 경우에 한정해 그렇다는 것이다. 공인에 대한 사진 촬영 및 게재 행위가 인격권침해 판정을 받는다고 하더라도, 초상권 때문에 침해판정을

---

32) OLG Hamburg AfP 1992, 159 ff. 또, 옛 동독 피겨스케이팅 선수였던 카트리나 비트가 플레이보이지에 포즈를 취한 이후 독일의 주간지가 이 사진을 보도하려고 했을 때도 법원은 똑같은 태도를 취했다고 한다.

33) BGH NJW 1985, 1617 ff.

34) Jeanne M. Hauch, "Protecting Private Facts in France: The Warren & Brandeis Torts", *Tulane Law Review*, May 1994.

받는 것이 아니고 프라이버시 때문에 침해 판정을 받게 되는 것이다.

독일의 경우, 실제 판례를 보면 초상소유자가 '동시대 역사의 사람'이면서 그 사람에 대한 보도 논평 등이 목적일 경우에는 그 사람의 공적 행위이든 사적 행가이든 이에 대해 초상을 취득해 배포하는 행위는 초상권을 침해하지 않는다고 판단하고 있다.

일례로 환경단체 그린피스에서 오존층을 파괴하는 오염물질을 생산하는 업체인 Hoechst AG를 비난하면서 그 회사의 이사회 의장의 이름과 얼굴을 포스터에 삽입한 경우. 법원은 "인격권은 기간(framework)권으로서 그 범위가 고정된 것이 아니고 상충하는 법익과의 이익형량을 통해서 결정된다"고 하며 표현의 자유와 상충되긴 하나 사진과 이름을 사용해 비난을 개인에 대해 집중한(personalization) 결과를 초래한 것에 대해서도 비판의 강도를 높이기 위한 것일 뿐이므로 초상권 침해가 아니라고 했다.[35]

또, 모나코의 캐롤라인 공주의 길거리, 식당 등의 공개된 장소에서 사진으로 찍어 잡지에 싣고 공주의 라이프스타일에 대해 논평한 경우에 초상권 침해를 인정하지 않았다. 5개의 사진 중에서 공주가 외부에 보여지지 않을 것이라는 기대를 가진 식당의 내부 공간을 망원렌즈로 잡은 경우에만 이를 불허했으나 이는 프라이버시 침해 때문이었다.[36]

여기서 '동시대 역사'의 의미는 그다지 엄격하지 않아 그 사람 자체의 지위보다는 그 사람이 연루되어 다루어진 기사의 주제 등이 더욱 중요하다. 실존하는 무장강도들이 자신들에 대한 TV 극화에 대해 인격권침해를 주장했던 사례에서, 연방대법원은 "범죄도 동시대 역사의 한 부분이며 이를 보여주는 것은 언론의 역할이다. 일반적인 법질서의 위반, 이에 관련된 시민들이나 지역사회의 권리의 침해, 피해자들 및 친척들에 대한 동정심, 범죄 재발에 대한 공포, 범죄 재발 방지의 필요 등은 범죄와 범죄자에 대해 자세한 정보를 받을 정당한 법익을 성립한다"라

---

35) BGH NJW 1994, 124, VI. Civil Senate,(VI ZR 23/93), 12th October 1993,(translated by Prof. Basil Markesinis).

36) BUNDESVERFASSUNGSGERICHTS(FIRST DIVISION) 1 BvR 653/96, 15 DECEMBER 1999(translated by Raymond Youngs).

고 하며 사안 자체는 동시대 역사의 범위에 속한 것임을 인정했다.[37]

결론적으로, 프랑스와 독일의 경우 초상권을 별도의 규범으로 인정하기보다는 인격권을 사람의 생활영역에 따라 차등을 두어 보호하는 규범을 두고 이 규범을 통해 보호하는 가치의 하나로 초상권을 인정하고 초상권, 프라이버시권, 명예 등을 포함하는 인격권 전체와 표현의 자유 사이의 이익형량을 통해 위법여부를 판단하는 것으로 보인다.

4. 구체적 인격권으로서의 초상권의 위상

가. 사진의 사용이 없는 경우

이 논문에서는 이미 '초상권'은 "자신의 얼굴이나 식별력 있는 신체적 특징이 허락 없이 촬영되거나 이용되지 않을 권리"로 정의되었다. 이에 따라 초상권은 얼굴이나 기타 식별력 있는 신체적 특징이 이용되지 않는 한 초상권 침해가 인정되지 않는다.

그러므로 여기서는 혹시 신체적 특징이 아니라 하더라도 실존인물의 경험 등이 이용되는 경우에 퍼블리시티권 침해가 인정되는지 살펴보기로 한다. 이와 같은 작업을 하는 이유는 실존인물의 지명도나 홍보력을 보호하는 법리인 퍼블리시티권 침해는 사진이 아니라 성명, 음성의 사용에 있어서도 발생하며 퍼블리시티권 침해가 인정되면 초상권 침해와 똑같은 법적 효과를 내기 때문이다. 만약 실존인물의 경험을 이용하는 경우에도 퍼블리시티권 침해가 인정된다면 사진의 사용에 대해서도 퍼블리시티권 침해가 인정되어야 할 것이며, 이 경우 초상권 침해를 인정한 것과 다를 바 없어진다. 결론부터 말하면, 실존인물의 경험에 대한 공적인 평가나 음미를 위하여 그 인물의 경험이나 정체성을 이용하는 것은, 그 사람의

---

37) BVerfGE 35, 202, Federal Constitutional Court(First Division), 5 JUNE 1973(Translated by F. H. Lawson and B. S. Markesinis).

지명도나 홍보력을 이용하는 것이 아니므로 퍼블리시티권 침해가 있다고 판단하지 않는다.

허영만의 만화 '카레이서'의 등장인물 중의 하나가 실제 인물을 모델로 만들어진 것에 대해서 법원은 다음과 같이 판시했다.[38)]

(가) 성명 또는 초상권 침해에 대해

…위 인정과 같이 이 사건 만화에서 원고의 명예가 훼손되지 아니하고 오히려 국내 자동차산업 발전을 위해 국제자동차경주대회에 참가하는 긍정적인 인물로 묘사된 이상, 원고는, 피고 허영만이 자신의 성명, 경력 등을 사용해 이 사건 만화를 집필하는 것을 수인해야 한다 할 것이다. 따라서 위 주장은 이유 없다.

(나) 상업적 이용 또는 공표권(right of publicity)에 대해

상업적 이용 또는 공표권(right of publicity)이라 함은 재산적 가치가 있는 유명인의 성명, 초상 등 프라이버시에 속하는 사항을 상업적으로 이용할 수 있는 권리라고 할 것인데, 위에서 본 바와 같이 이 사건 만화에서 등장인물의 캐릭터로 원고의 성명과 원고의 경력을 사용했다고 해도 만화 또한 예술적 저작물의 하나라고 보는 이상 이를 상업적으로 이용했다고 보기는 어렵다 할 것이므로 위 주장 역시 이유 없다.

이와 비슷하게 실존인물인 핵물리학자 이휘소에 대한 김진명 씨의 소설에 대해서도 퍼블리시티권이라 함은 재산적 가치가 있는 유명인의 성명, 초상 등 프라이버시에 속하는 사항을 상업적으로 이용한 권리(right of commercial appropriation)라고 할 수 있는데, 문학작품인 위 소설에서 위 이휘소의 경험을 상업적으로 이용했다고 볼 수는 없으므로, 위 주장은 이유 없다고 했다.[39)]

위와 같은 판결들은 영미계의 퍼블리시티권 판결들의 내용과 일치함을 알 수 있다. 결론을 다시 언급하자면, 사진이 사용되지 않을 경우 초상권의 문제는 발생하지 않으면 발생할 수 있는 것은 퍼블리시티권 문제뿐이며, 퍼블리시티권 문제는 영미계의 판결들과 해결 양태가 거의 일치한다. 즉, 묘사된 사람의 지명도를 상업

---

38) 서울지방법원 1996.09.06. 선고 95가합72771 판결.
39) 서울지방법원 1995.06.23. 선고 94카합9230 판결.

적으로 이용하는 경우에만 퍼블리시티권의 침해가 인정된다는 것이다.

나. 사진을 동의 없이 촬영해 게재한 경우

아직 우리나라에서는 사진을 동의 없이 촬영한 것 자체만으로 초상권 침해가 발생하는지에 대한 판례는 없다. 반드시 촬영된 것이 나중에 게재나 방송된 후에야 문제가 된다. 누군가 길거리에서 자신을 카메라로 찍은 것 자체를 가지고 소송을 건다면 이에 대한 판례가 나오겠지만 아직은 그런 일은 없었다.

그렇다면 실존인물의 사진을 동의 없이 촬영해 게재한 경우에 초상권 침해가 성립하는가?

이에 대한 답을 하기 위해 논의해보아야 할 주제는 텔레비전의 날씨보도와 스포츠 중계다. 초상권을 "허락 없이 자신의 초상이 촬영당하거나 게재되지 않도록 할 권리"로 정의했을 때 위의 상황에서 보여지는 사람들의 초상권은 틀림없이 침해되고 있다. 하지만, 이에 대한 법적 보호는 없는 상황이다.

혹자는 초상권이 '배경의 행인'에 대해 인정되지 않는 것은 암묵적인 동의가 있기 때문이라고 주장할 수 있다. 실제로 카메라를 들이대고 인터뷰를 한 경우에는 그 인터뷰에 응한 사람은 촬영에 동의를 했다고 보아야 할 것이다.

그러나 위 사람이 촬영분의 방송에까지 동의한 것으로 볼 수 있을까? 이에 대해 답하기 위해서는 두 사람 사이의 여러 가지 정황을 파악해야 할 것이다. 예를 들어 방송국의 이름이 선명하게 박힌 카메라로 촬영했다면 방송에까지 동의한 것으로 보아야 할 것이고, 그렇지 않다면 방송에는 동의하지 않은 것으로 보아야 할 것이다.

운동경기장의 청중의 경우에도 중계방송을 알리는 현수막이 크게 걸려 있거나 중계방송 여부를 장내에서 고지했다면 경기를 관람하는 행위 자체가 촬영은 물론 촬영분의 방송에까지 동의한 것으로 간주될 수 있을 것이다.

날씨에 대한 보도를 하기 위해 소풍이나 성묘 나온 인파를 촬영하는 헬기 카메라에 대고 손을 흔드는 사람들도 역시 방송국의 로고가 멀리서도 선명히 보인다면 촬영 및 방송에 동의한 것으로 보아야 할 것이다.

그러나 그와 같이 동의를 한 것으로 볼 수 없는 정황에서도 초상권이 보호되어야 하는가?

동의 없는 촬영에 대한 가장 유명한 판례는 이화여대생 판례가 있다.[40] 뉴스위크(Newsweek)지는 "너무 빨리 부자가 되다(Too Rich Too Soon)"라는 제목으로 한국의 과소비 풍조 등에 대해 비판적인 기사를 게재하면서, 그 16면의 윗부분 한가운데에 가로 5cm, 세로 11.5cm의 사진에 이화여자대학생으로 보이는, 정장 차림을 한 여자 5명이 이야기를 나누며 학교 정문 앞을 걸어 나오고 있는 장면이 찍힌 천연색 사진을 삽입했다. 이에 대해 법원은 우선 명예훼손이라고 판단했다. 하지만 법원은 이것과 별도로 초상권 침해에 대해 다음과 같이 판시했다.

"인간의 존엄성 및 개인의 사생활의 자유와 비밀을 보장하고 있는 헌법의 정신에 비추어볼 때 단순히 도덕적으로만 아니라 법적으로도 보호를 받아야 할 한 개인의 인격에 관한 권리(이를 편의상 '초상권'이라고 한다)"를 규정하고 "피고가 원고들의 동의를 받지 아니한 채 원고들의 사진을 찍고 이를 잡지에 게재해 전 세계적으로 배포한 것은 원고들의 위와 같은 초상권을 침해하는 것으로서 불법행위를 구성한다 할 것이다"라고 했다.

이 사건에서는 뉴스위크지가 위 여학생들이 공공장소에 나와 있는 것을 찍었다는 점(즉, 프라이버시 침해가 없다는 점)과 사진들이 영업적으로 이용된 것이 아니라는 점을 주장했으나 법원은 이를 모두 거부했다.

또, 텔레비전 보도프로그램에서 부동산 사기에 대한 보도를 하면서 부동산개발업체를 운영하는 원고가 사무실에서 걸어나오는 모습을 2초가량 허락 없이 촬영해 방영한 것에 대해 법원은 다음과 같이 판시했다.[41]

"인격권으로서의 초상권이라 함은 사람이 자기 얼굴, 기타 사회통념상 특정인임

---

40) 서울지방법원 1994.03.30. 선고 93나31886 판결(손해배상(기)).
41) 서울중앙지방법원 2005.12.28. 선고 2005가합19052 판결(정정보도).

을 식별할 수 있는 신체적 특징에 관해 함부로 촬영되어 공표되지 아니하며, 광고 등에 영리적으로 이용되지 아니하는 법적 보장이라고 할 수 있고, 본인의 동의 없이 촬영을 하여 공중에게 공표하거나, 공표에 동의한 경우에도 본인이 예상한 것과 다른 방법과 용도로 공표된 경우에는 초상권의 침해가 있는 경우라고 할 것이다."

그러나 역시 여기서도 명예훼손이 이미 인정된 후였다.

월간잡지 '주니어'가 "압구정동 문화의 실체를 벗긴다"라는 제하에 소위 '오렌지 족'에 대한 탐사보도를 하면서 원고들이 길거리에서 유흥업소 직원의 호객행 위를 하는 남성 앞에 서 있는 사진을 게재했다. 이에 대해 법원은 다음과 같이 판시했다. [42]

이 사건 사진은 피고가 고용하고 있던 소외 조상연에 의해 원고들의 아무런 동의 없이 원고들 모르게 촬영되었고, '쥬니어'의 1993.1.경 발행부수는 약 22,000부 정도 이고 정기구독이나 가두판매는 거의 없으며 대부분 전국의 서점을 통해 판매되었다.

통상의 사람으로서는 자신의 얼굴이나 행동이 자신의 의사에 반해 촬영되고 공 표되면 수치심, 곤혹감 등의 불쾌한 감정을 강하게 느껴 정신적 평온이 침해받게 된다는 것은 경험칙상 충분히 예상할 수 있는 바이고, 개인이 이러한 정신적 고통을 받지 아니하고 평온한 생활을 영위할 이익은 인간의 존엄성 및 개인의 사생활의 자유와 비밀을 보장하고 있는 헌법의 정신에 비추어볼 때 법적으로 보호받아야 할 개인의 인격에 관한 권리의 일부가 되는 것(이러한 권리를 일단 '초상권'이라고 표현 하기로 한다)이므로, 피고가 원고들의 동의를 받지 아니한 채 이 사건 사진을 찍고 이를 이 사건 잡지에 게재해 전국의 서점에 배포한 행위는 원고들의 초상권을 침해한 것으로서 불법행위를 구성한다 할 것이다.

위의 판결문만을 읽어보면 순수한 초상권을 인정하는 것으로 보이나 초상권 침해행위는 명예훼손행위와 동시에 인정되었다.

시사매거진 2580이 연대 성악과 학생들의 신입생 환영회 뒤풀이 장면을 촬영하 며 뒤풀이 장면 중에서 아예 동의를 받지 않고, 화장실 복도에서 이야기를 하는

---

42) 서울민사지방법원 1994.10.20. 선고 94가합36754 판결(손해배상(기)).

학생들을 찍은 것에 대해 다음과 같이 판시했다.[43]

초상권은 첫째, 얼굴, 기타 사회 통념상 특정인임을 알 수 있는 신체적 특징을 함부로 촬영 또는 작성되지 아니할 권리(촬영 및 작성 거절권), 둘째, 촬영된 사진 또는 작성된 초상이 함부로 공표 및 복제되지 아니할 권리(공표거절권), 셋째, 초상이 함부로 영리목적에 이용되지 아니할 권리(초상영리권)를 포함한다고 할 것인데, 초상권의 한 내용인 위 공표거절권과 관련해보면 승낙에 의해 촬영된 사진이라도 이를 함부로 공표하는 행위, 일단 공표된 사진이라도 다른 목적에 사용하는 행위는 모두 초상권의 침해에 해당한다고 할 것이다.

돌이켜 이 사건에 있어서 위 인정 사실에 의하면, …피고 이준희는 원고 채혁, 성승민, 김병오의 위 나이트클럽 화장실에서의 대화 장면을 그들의 동의 없이 촬영하고 피고 정관웅이 그들의 모습 및 음성을 그대로 방송함으로써 이 사건 방송을 시청한 원고들의 주위 사람들이 쉽게 원고들을 알아볼 수 있게 한 과실로 인해 원고들의 사생활의 자유와 비밀 및 초상권을 침해했다고 할 것이다.

그러나 위 사건 역시 명예훼손에 대한 인정과 함께 동시에 이루어진 판시이다. 위 판결들이 가진 공통점은 동의 없는 촬영 및 게재 자체에 대해서 초상권 침해를 인정한 것으로 보이지만 명예훼손에 대한 인정과 함께 이루어졌기 때문에 그 순도가 떨어진다는 것이다.

다. 공개된 사진을 동의 없이 사용한 경우

타인의 사진을 사용한 일정한 경우에는 초상권의 문제가 발생하게 된다. 여기에서는 일반에게 공개된 사진의 사용이 동의 없이 이루어진 경우를 살펴보자.

야구선수 박찬호에 대한 평전이 박찬호의 허락 없이 저술되었고 박찬호의 사진 등이 포함된 경우에 대해 법원은 역시 다음과 같이 판시했다.[44]

---

43) 서울지방법원 남부지원 1997.08.07. 선고 97가합8022 판결(손해배상(기)).
44) 서울고등법원 1998.09.29. 선고 98라35 판결.

그런데 이 사건 서적의 표지구성형식과 내용, 그와 관련해 게재된 신청인의 성명과 사진이나 이 사건 서적의 배포를 위한 광고내용을 정사해보아도 그 내용에 나타나는 신청인의 성명과 사진이 공적 인물인 신청인이 수인해야 할 정도를 넘어서서 신청인의 성명권과 초상권을 침해하는 정도로 과다하거나 부적절하게 이용되었다고 보여지지 아니하고, 또한 신청인이 유명 야구선수로서 그 성명과 초상을 재산권으로 이용할 수 있는 권리, 즉 이른바 퍼블리시티권을 침해하는 것으로 볼 수 있을 정도로 신청인의 성명과 초상 그 자체가 독립적, 영리적으로 이용되었다고 보여지지 아니하며, 그 밖에 달리 이 사건 서적의 저술발매반포, 그 광고행위 등으로 인해 신청인의 초상권, 성명권 및 퍼블리시티권이 침해되었다고 볼 만한 점을 찾아 볼 수 없다.

김우중에 대한 평전을 김우중의 허락 없이 저술한 경우에 대해서도 법원은 '초상권' 주장에 대해 아무런 언급을 하지 않아 초상권 침해가 없음을 암묵적으로 확인했다.[45]

그러나 이와 반대인 판결들도 있다. 실존인물인 핵물리학자 이휘소에 대한 김진명 씨의 소설에 대해서 이휘소의 그 유족의 사진을 사용한 것에 대해서는 "먼저 위 이휘소와 신청인들의 가족사진에 관해 보건대, 피신청인 공석하가 신청인들의 동의 없이 신청인들이 나오는 사진을 무단으로 게재한 행위는 신청인들의 초상권을 침해한 것이므로, 피신청인 공석하는 신청인들에게 '소설 이휘소' 상권 135면에 있는 위 이휘소와 신청인들의 가족사진 1매를 삭제하지 않고서는 위 소설의 발행, 출판, 인쇄, 복제, 판매, 배포, 광고를 해서는 아니 될 의무가 있다고 할 것이다"[46]라고 했다. 참고로 이 판결에서는 신청인들에 대한 명예훼손도 프라이버시 침해도 인정되지 않은 상황이었다.

또, 잡지 우먼센스가 공지영의 전 남편에 대한 기사를 쓰면서 프라이버시 침해나 명예훼손은 없다고 하면서 사진을 실은 것에 대해서는 초상권 침해라고 판시했다.[47]

결국 필자는 명예훼손, 프라이버시 침해, 퍼블리시티권 침해가 없는 상황에서

---

45) 서울민사지방법원 1995.09.27. 선고 95카합3438 판결.
46) 서울지방법원 1995.06.23. 선고 94카합9230 판결(출판등금지가처분).
47) 서울지방법원 1997.12.17. 선고 97카합3862 판결(출판물인쇄배포등금지가처분).

단순히 동의 없는 사진 게재만을 초상권 침해로 인정한 사례들을 찾아보았으나, 위의 우먼센스 공지영 전 남편 취재 사건과 이휘소 유족사진 사건 두 개뿐이다. 그렇기 때문에 우리나라에서 순수한 초상권이 보호되는지 여부가 불분명하다 하겠다.

라. 동의가 있었으나 동의의 범위를 어긴 경우

촬영 및 사용에는 동의가 있었고 나중에 동의를 어긋나게 촬영분을 사용한다면 그 동의는 무의미할 것이다. 이와 같은 경우 법원은 명백하게 초상권 침해를 선언해 왔다. 위에서 살펴보았듯이 촬영분의 동의 없는 사용에 대해서는 법원의 입장이 불분명하지만 동의가 명시적으로 있었는데, 그 동의를 위반하는 경우에 대해서는 법원의 입장이 명백하다. 아예 동의를 얻지 않고 촬영하는 것이 더 낫겠다 싶을 정도다.

서울올림픽 성화봉송에 마부로 분한 사람이 꽃마차를 끌고 가는 모습을 찍은 사진을 연하카드와 달력의 제작에 사용한 것에 대해서도 법원은 초상권을 침해했다고 판시했다.[48] 이 사건의 경우 법원은 공식행사에 참석한 것은 촬영 자체에는 동의한 것으로 보이지만, 연하카드나 달력에까지 사용한 것은 동의의 범위를 벗어난 것이라고 했다.

결혼식 장면을 '값비싼 드레스'에 대한 사회비평의 한 장면으로 사용한 것에 대해서도 법원은 결혼식에 촬영기자들의 입장을 당사자들이 허용함으로써 촬영 자체에는 동의를 했지만 촬영분의 사용은 동의의 범위를 벗어난 것으로 보인다며 초상권 침해를 선언했다.[49]

시사매거진 2580이 연대 성악과 학생들의 신입생환영회를 취재하면서 '긍정적인 내용'으로 방송하겠다는 조건으로 촬영 동의를 얻은 후 실제로는 "공포의 통과의례"라는 제하에 방영한 것에 대해서도 초상권 침해라고 했다.[50] 이 신입생

---

48) 서울지방법원 동부지원 1990.01.25. 선고 89가합13064 판결(손해배상(기)).
49) 서울고등법원 1996.06.18. 선고 96나282 판결(손해배상(기)).
50) 서울지방법원 1997.08.07. 선고 97가합8022 판결(손해배상(기)).

환영회는 위에서 뒤풀이가 동의 없이 촬영되어 초상권 침해 및 명예훼손이 선언되었던 바로 그 신입생 환영회다. 당시 환영회 본회에 대해서는 명시적인 촬영동의가 있었지만 뒤풀이에 대해서는 동의가 없었다.

다른 예로는 TV 드라마에 등장하는 연주회 장면을 만들기 위해 실제 진행되는 작곡발표회 장면을 촬영하면서 얼굴을 식별할 수 없는 조건으로 동의를 얻었으나 나중에 얼굴이 식별되도록 방송이 된 것은 초상권의 침해가 있다고 판단되었다.[51]

그러나 위 사건들은 구두계약의 위반에 의해 초상권이라는 가치가 훼손된다는 점을 다루는 것이지 ―즉, 계약위반에 의한 손해의 내용이 초상이라는 것이지― "자신의 초상이 촬영 및 사용되지 않도록 할 권리"로서의 초상권에 의거해 판결이 내려진 것인지 생각해보아야 한다. 특히 서울올림픽 성화봉송 사건 및 TV 드라마 연주회 장면 사건 등은 평소에는 모델료를 지불했을 상황에서 이를 지불하지 않고 모델 및 엑스트라를 사용했다는 점에서 퍼블리시티권의 침해요소가 존재하고, '값비싼 드레스' 사건 및 '공포의 통과의례' 사건의 경우 명예훼손의 요소가 강하게 존재하고 있다. 물론, TV 드라마 연주회 장면 사건의 경우 법원은 원고들이 명시적으로 재산적 침해를 주장한 것을 배척했으나 일반인들에 대한 퍼블리시티권을 인정한 것으로도 볼 수 있다.

마. 공인인 경우

공인에 대해서는 허락 없는 촬영이나 허락 없는 사진 이용이라도 법원은 초상권 침해를 인정하지 않고 있다.

YTN '돌발영상'에 변호사 출신 모 국회의원이 자신이 법사위에 배정되어 변호사업을 더 이상 하지 못하게 된 것에 대해 불만을 토로하는 장면을 방영한 것에 대해 "신청인은 현재 국회의원으로서 그 행위, 인격에 대해 공중의 관심을 가지게 하는 위치에 있는 공적 인물이므로, 국회 본회의장에서 신청인의 모습을 촬영하는

---

51) 서울중앙지방법원 2006.11.29. 선고 2006가합36290 판결(초상권 침해금지등).

것만으로는 신청인의 초상권을 침해한다고 보기 어렵다. 따라서 신청인의 초상권 침해 주장은 받아들이지 아니 한다"라고 했다.[52]

이와 비슷하게 실존인물인 핵물리학자 이휘소에 대한 김진명 씨의 소설에 대해서도 "퍼블리시티권이라 함은 재산적 가치가 있는 유명인의 성명, 초상 등 프라이버시에 속하는 사항을 상업적으로 이용한 권리(right of commercial appropriation)라고 할 수 있는데, 문학작품인 위 소설에서 위 이휘소의… 사진 등을 사용했다고 하더라도 이를 상업적으로 이용했다고 볼 수는 없으므로, 위 주장은 이유 없다"고 했다.[53]

야구선수 박찬호에 대한 평전 역시 허락 없이 사진을 사용한 것에 대해 "이 사건 서적의 표지구성형식과 내용, 그와 관련해 게재된 신청인의 성명과 사진이나 이 사건 서적의 배포를 위한 광고내용을 정사해보아도 그 내용에 나타나는 신청인의 성명과 사진이 공적인물인 신청인이 수인해야 할 정도를 넘어서서 신청인의 성명권과 초상권을 침해하는 정도로 과다하거나 부적절하게 이용되었다고 보여지지 아니하다"고 하여 우선 공인이므로 초상권이 넓게 인정되지 않음을 선언했다. 단, 법원은 책 속에 박찬호의 브로마이드 사진이 부록으로 포함된 것에 대해서는 '상업적 이용'이라며 퍼블리시티권 침해를 선언했는데 이는 초상권 침해와는 관련이 없는 것이다.[54]

5. 결론

"자신의 초상이 허락 없이 촬영되거나 사용되지 않도록 할 수 있는 권리"로 정의되는 초상권은 실존인물을 차용한 창작행위에 대한 심대한 제한이 된다. 특히 법원이 퍼블리시티권, 초상영리권 또는 초상재산권(이하 '퍼블리시티권')을

---

52) 서울중앙지방법원 2006. 10. 13. 선고 2006가합71378 판결(정정보도등).
53) 서울중앙지방법원 1995. 06. 23. 선고 94카합9230 판결(출판등금지가처분).
54) 서울고등법원 1998. 09. 29. 선고 98라35 판결(서적 및 포스터제작, 판매, 반포, 광고금지가처분).

도입하기 시작한 시점에서 그 요건들이 초상재산권의 요건들과 중복되면서 법적 안정성을 저해하고 있다. 퍼블리시티권 및 프라이버시권과 철저히 구별해 초상권을 정의할 경우, 그러한 개념으로서의 초상권은 영미계에서는 전혀 인정되고 있지 않다. 독일과 프랑스에서는 그 존재가 인정되지만 그것이 폭넓은 인격권 내에서 다루어지기 때문에 초상 사용 금지를 명한 판결이 프라이버시이나 다른 인격권 때문인지가 불분명하며, 특히 공인에 있어서는 영미계처럼 전혀 인정되지 않는다. 우리나라 법원에서도 명예훼손, 구두계약 및 암묵적 동의의 위반(결과물의 이용범위에 대한), 프라이버시 침해, 퍼블리시티 침해 등이 없는 상황에서 순수하게 '허락 없이 초상이 사용된 행위'에 대해 초상권 침해를 선언한 경우는 거의 없다. 법적 효율성과 법적 안정성의 측면에서 초상권을 규범으로서 유지할지 신체, 정신적 안정, 명예 등과 같이 단지 하나의 가치로서 유지해야 할지에 대해 깊이 숙고해 볼 때다.

17장

표현의 자유와 개인정보보호법의 한계
─개인정보보호법 및 위치정보보호법의 해석 및 적용의 헌법적 한계

1. 개인정보보호법과 표현의 자유 침해가능성

현행 개인정보보호법은 '살아 있는 개인에 관한 정보'로서 그 '개인을 알아볼 수 있는 정보'를 '개인정보'라고 정하고, 이 개인정보를 쉽게 검색할 수 있도록 체계적으로 배열 및 구성한 집합물을 '개인정보파일'이라고 하며, '개인정보파일'을 처리하는 기관, 법인, 단체 및 개인을 '개인정보처리자'라고 정의한다(개인정보보호법 제2조).

개인정보보호법의 핵심은 개인정보의 대상이 되는 자를 '정보주체'라고 정의하고(개인정보보호법 제2조), 정보주체는 개인정보처리자의 행위를 제한할 수 있는 권한을 가지게 된다는 점이다. 대표적으로 '개인정보처리자'는 원칙적으로 '정보주체'의 동의를 받은 경우에만 정보주체에 대한 정보를 수집할 수 있다(개인정보보호법 제15조). 뿐만 아니라 개인정보처리자는 이 동의를 얻을 때 수집목적을 정보주체에게 밝혀야 하고, 그렇게 수집된 후에도 정보를 처리목적에 필요한 용도로만 사용해야 하며(법 제15조), 뿐만 아니라 그 정보가 정확하도록 유지해야 하고 유출되지 않도록 관리해야 하며 정보주체가 그 개인정보를 열람할 수 있음은 물론 개인정보보호현황에 대해 정보주체들이 열람할 수 있도록 하며 최대한 익명

---

* 이 글은『공법연구』제40집 제1호(2011, 사단법인 한국공법학회)에 수록된 글을 수정 · 보완한 것이다.

처리해야 한다(개인정보보호법 제3조). 뿐만 아니라 정보의 대상이 되는 자는 '정보주체'라 하여 '개인정보처리에 대해 동의권, 정정 및 삭제권을 가지며 개인정보처리에 의해 피해가 발생할 경우 구제청구권도 가지게 된다(개인정보보호법 제4조).

그런데 개인정보가 "살아 있는 개인에 관한 정보로서 그 개인을 알아볼 수 있는 정보"라면, 예를 들어 "김철수는 과학자다"라는 구조를 가진 모든 문장들은 문장 하나하나가 각각 개인정보를 구성한다. 즉, 주어가 살아 있는 개인인 한 '주어+서술어'의 구조를 가진 모든 문장은 주어가 지칭하는 사람에 대한 개인정보가 된다. 그렇다면 내가 "김철수는 과학자다"라는 정보를 입수하려면 김철수로부터 동의를 얻어야 한다. 또 이렇게 얻은 정보를 타인에게 공개하거나 전달하려 해도 김철수로부터 동의를 얻어야 한다. 이렇게 정보의 수집, 이용 및 양도의 각 단계에 대해 정보주체에게 동의를 얻어야 하는 의무는 "김철수는 과학자다"라는 사실이 얼마나 널리 공유되고 있는지, 얼마나 김철수의 명예를 훼손하지 않는 것인지에 관계없이 적용된다. 심지어는 정보의 성질상 그 정보를 정보주체가 아닌 제3자로부터 얻을 수 있는 정보인 경우에도 마찬가지다.

물론 이 의무는 내가 '개인정보처리자'인 경우에만 적용되지만 나는 쉽게 '개인정보처리자'가 될 수 있다. 내가 김철수를 포함한 100여 명의 과학자들의 이론에 대해 내가 가진 견해나 사실들을 문서에 기록해두었고 검색이 용이하도록 100여 명을 가나다순으로 다루었다고 하자. 그렇다면 이 문서는 '개인정보파일'이 되고 그 파일을 운영하고 있는 나는 '개인정보처리자'가 된다. 혹은 100명에 대한 정보가 서술형 문단들 속에 뒤섞여 있다고 하더라도 만약 이 문서가 워드나 흔글 문서로 되어 있다면 과학자의 이름만 '찾기' 창에 집어넣으면 각 정보들을 일목요연하게 볼 수 있으므로 겉으로는 보이지 않더라도 내적으로, 체계적으로 배열이 된 것이므로 '개인정보파일'이 될 수 있다.[1]

---

1) 개인정보보호법이 이렇게 해석되지 않을 수 있다면 모든 개인정보처리자는 정보의 축적방법만 서술형으로 바꿈으로써 개인정보보호법의 적용을 피할 수 있을 것이며 개인정보보호법은 형해화 될 것이다. 개인정보보호법의 올바른 해석은 이와 같이 서술형으로 축적된 정보에도 적용될 가능성을 포함해야 한다. 이러한 가능성은 신문기사 DB와 관해 제기된 바 있다. 문재완, "프라이버시보호를

결국 사람들이 타인에 대해 알고 말함에 있어서 그 타인에게 동의를 얻어야 한다는 것인데 이것이 개인정보보호법이 상정하고 있는 시나리오일까?

위에서 개인정보처리자에게 부과되는 의무를 주마간산격으로 살펴보면 개인정보보호법은 개인정보를 그 정보주체의 소유물로 보고 있는 듯하다. 개인에 대한 정보를 수집할 때 그 개인으로부터 동의를 얻어야 한다거나 이를 수집목적에 따라서만 사용해야 한다거나 하는 개인정보보호법상의 의무들은 정보주체가 다른 물건들을 소유하듯이 자신에 대한 개인정보를 소유한 것으로 보는 시각과 합치한다.[2] 즉 타인의 물건을 빌리려면 그 물건의 소유자에게 동의를 얻어야 하고 빌리는 목적을 말하고 그 목적에 부합하게 물건을 사용해야 하며 그렇게 하지 못할 경우 물건의 소유자는 그 물건을 반환받을 수 있다는 등의 규범은 개인정보보호법상의 개인정보처리자의 의무에 좋은 유비를 제시한다.

그렇다면 누구든 타인에 관한 글을 쓸 때는 타인에 대한 명제를 포함시킬 수밖에 없는데 이러한 명제들을 개인정보라고 정의해 그 타인이 소유물과도 같은 통제권을 행사한다면, 결국 타인에 관한 글을 쓰는 행위에 대해 그 타인이 통제권을 갖게 되는 것이다. 이렇게 타인에 대한 글을 쓸 때 그 타인으로부터 동의를 얻어야 한다는 규범이 기존 법리에 미치는 영향은 명약관화하다.

가장 극명하게 명예훼손, 사생활침해는 모두 하나의 명제 위법성에 대해 법적 책임을 부과하는 법리인데 그 위법성요건에는 '명제가 실존인물에 관한 것일 것'이라는 요건이 이미 포함되어 있다. 그런데 개인정보보호법에 의해 '실존인물에 관한 명제'는 모두 '개인정보'가 되고, 동의 없는 개인정보의 처리는 개인정보보호법상 불법이 된다. 그렇다면 명예훼손이나 사생활침해 성립 여부가 문제가 되는

목적으로 하는 인터넷규제의 의의와 한계: '잊혀질 권리' 논의를 중심으로", 언론법학회 2011년 9월 20일 학술세미나 '인터넷상의 표현의 자유와 한계' 자료집, pp.108-135, 124.

2) 더 나아가 아예 개인정보에 대해 정보주체가 가진 권리를 재산권으로 다루어야 한다는 견해도 나와 있다. Lawrence Lessig, *Code*, pp.160-163. 로렌스 레식이 포르노로부터 청소년을 보호하기 위한 인터넷필터링에 대해서 표현의 자유 입장에서 반대하면서 이와 같이 개인정보에 대해 재산권에 준하는 통제권을 부여하는 것은 모순된다는 비판은 Paul M. Schwartz, "Beyond Lessig's Code for Internet Privacy: Cyberspace Filters, Privacy Control and Fair Information Practices", 2000 Wisconsin Law Review 743(2000).

대부분의 명제들은 '허위', '사실의 적시' 등의 요건을 충족시키지 않더라도 실존인물에 관한 명제이고 동의 없이 작성된 명제이므로 이미 개인정보보호법상으로는 불법이다. 이렇게 되면 정보의 대상(개인정보보호법상 '정보주체')은 자신에 대해 원치 않는 정보가 유통되고 있을 경우 명예훼손이나 사생활침해를 입증하지 못해도 개인정보보호법 위반을 입증함으로써 그 유통을 막을 수 있게 된다. 그 정보가 허위인지 사적인 비밀로 보호되는 것인지 입증할 필요가 없어진다. 이렇게 정보주체가 자신에 관한 정보라는 이유만으로 그 정보의 유통을 규제할 수 있다면, 명예훼손이나 사생활침해뿐만 아니라 퍼블리시티권, 초상권과 같이 신체적 법익이나 재산적 법익이 아닌 인격적 법익을 보호하는 모든 규범들의 실질적 의미가 형해화되어버린다.

더욱 중요한 것은 '표현의 자유'라는 헌법원리에 미치는 영향이다. 누구나 자신에 대한 정보라는 이유만으로 이를 통제할 수 있다면 그 정보를 공유하고자 하는 자의 자유는 포기되어야 한다. 그리고 특히 개인정보보호법리는 민주주의에 심대한 영향을 주게 된다. 표현의 자유의 의미를 민주주의에서 찾을 때 표현의 자유의 핵심은 "하늘이 맑다"라는 자연현상에 대한 관찰이나 평가보다는 타인에 대한 관찰과 평가를 할 권리가 될 것이다. 예를 들어 국민주권을 위탁받은 자들을 국민이 감시 및 비판하는 기능의 중요성은 우리나라 사법부에 의해서도 누차 강조된 바 있다. 그런데 타인에 대한 관찰과 평가가 모두 그 타인의 동의에 의해서만 이루어질 수 있다면 이러한 비판 감시기능도 제대로 작동할 수 없게 된다.

개인정보보호법이 가진 문제는 '개인에 관한 정보'를 모두 '개인정보'로 정의하여 정보주체에게 자신에 관한 정보에 대한 통제권을 부여하면서 시작된 것이다. 즉, 타인에 관한 정보를 그 타인이 소유한 것처럼 대우하면서 시작된 것이다. 물론, 정보주체가 자신에 관한 정보에 대해 갖는 통제권은 절대적인 것이 아니라 개인정보처리자에게 몇 가지 의무를 부과함으로써 그 범위가 정해진다. 개인정보처리자의 의무는 '개인정보파일'을 운영할 때만 발생하므로, 이 글에서는 개인정보보호법의 연혁적 유래를 살펴보고, 개인정보보호법상의 '개인정보', '개인정보파일'

및 '개인정보처리자'의 정의의 타당성을 고찰해본다.

한 가지 유의점을 미리 밝혀놓고자 한다. 아래에서 밝히겠지만 개인정보보호
법제는 프라이버시권 보호와 깊게 연관되어 있다. 필자는 전통적인 프라이버시권
을 침해하는 개인정보처리는 당연히 헌법적으로든 입법적으로든 규제되어야 마
땅하다고 본다. 즉, 단순히 개인에 대한 정보가 아니라 개인에 관한 것이면서 비밀
로 유지되어왔던 정보는 당연히 규제되어야 한다고 본다. 예를 들어 인터넷상
자신의 견해나 주장을 편다는 이유만으로 자신의 실명 및 주민등록번호 등을 포털
사에게 보관할 것을 요구하는 '인터넷실명제'는 프라이버시보호 차원이든 개인정
보보호 차원이든 문제가 있다고 본다. 예를 들어 SK커뮤니케이션의 개인정보유
출에 대한 책임 여부는 이 논문의 범위를 벗어난 것이다. 인터넷이용자가 인터넷
서비스업체에게 위탁한 실명 및 주민등록번호는 프라이버시권에 대한 아무리
너그러운 해석 하에서도 공개되어서는 아니 되는 정보라고 할 수 있기 때문이다.

필자가 문제로 삼는 것은 그러한 전통적인 프라이버시권의 침해가 없는 개
인정보처리에 대한 규제의 타당성을 살펴보고자 하는 것이다. 예를 들어 애플
과 구글에 대한 위치정보 저장에 대한 소송은 전통적인 '사생활의 비밀' 영역을
넘어서는 정보, 즉 위치정보에 대한 문제이기 때문에 이 논문의 문제제기 범위
에 포함된다.

2. '개인정보'의 정의와 개인정보보호권

우리나라 개인정보보호법 제정의 근간은 1980년 OECD프라이버시보호및
개인정보국제유통가이드라인(OECD Guidelines on the Protection of
Privacy and Transborder Flows of Personal Data: 이하 'OECD 가이드라인')[3]
과 1995년 EU개인정보처리에 관한 개인의 보호 및 자유로운 정보유통에 대한

---

3) Organization for Co-Operation and Economic Development(OECD), OECD Guidelines on
the Protection of Privacy and Transborder Flows of Personal Data, http://www.oecd.org/
document/18/0,2340,en_2649_34255_1815186_1_1_1_1,00.html(2011년 9월 26일 최종방문).

디렉티브(DIRECTIVE 95/46/EC OF THE EUROPEAN PARLIAMENT AND OF THE COUNCIL of 24 October 1995 on the protection of individuals with regard to the processing of personal data and on the free movement of such data: 이하 'EU디렉티브')⁴⁾라고 볼 수 있다. 두 가지 모두 직접적으로 법적 효력은 없으나 개인정보보호에 대한 세계적인 움직임을 대표하고 있으며, 전자는 미국이 참여했고 후자는 미국이 참여하지 않았기 때문에 선진국들의 개인정보보호에 대한 다양한 시각을 읽을 수 있다.

여기서 'OECD가이드라인'과 'EU디렉티브'를 살펴보는 것은 우리나라 개인정보보호법과의 전반적인 비교를 위한 것이 아니고, 1절에서 밝힌 바와 같이 개인정보보호의무가 발생하는 요건인 '개인정보', '개인정보파일', '개인정보처리자'의 정의만을 집중적으로 살펴보기 위함이다. 우선 개인정보의 정의는 우리나라의 그것과 다르지 않아 OECD가이드라인⁵⁾과 EU디렉티브⁶⁾ 모두 '식별가능한 개인에 대한 모든 정보'를 개인정보라고 정의하고 있다. 나아가 이 논문에서 이러한 정의들이 문제가 되는 것은 현행법이 개인정보에 대해서 정보대상자(정보주체)에게 소유권과 유사한 권리를 부여하고 있기 때문이므로, 개인정보에 대해 그와 같은 비슷한 권리를 부여하는가에 대해서도 간략하게 병행해 살펴볼 것이다.

가. 1980년 OECD가이드라인

OECD가이드라인은 서문에서 그 취지를 자세히 적시하고 있다.

---

4) EU Directive 95/46/EC on the Protection of Individuals with Regard to the Processing of Personal Data and on the Free Movement of such Data, http://europa.eu/legislation_summaries/information_society/data_protection/l14012_en.htm(2011년 9월 26일 방문).

5) "personal data" means any information relating to an identified or identifiable individual(data subject).

6) 'personal data' shall mean any information relating to an identified or identifiable natural person('data subject'); an identifiable person is one who can be identified, directly or indirectly, in particular by reference to an identification number or to one or more factors specific to his physical, physiological, mental, economic, cultural or social identity.

자동화된 정보처리의 발전에 따라 엄청난 양의 정보를 수 초 만에 국경을 넘어 심지어는 대륙을 횡단해 전송할 수 있게 되었고 이에 따라 개인정보와 관련된 프라이버시 보호를 고려해야 한다… OECD회원국들은 각국의 프라이버시법제를 조화시켜 인권을 보호하면서도 정보의 국제적 흐름이 중단되지 않도록 하는 가이드라인을 작성할 필요를 느끼게 되었다….

OECD가이드라인의 해설서(Explanatory Memorandum)는 다음과 같이 가이드라인의 배경을 더 자세히 설명하고 있다.

지난 10년간 OECD 회원국들은 프라이버시보호를 위한 법제들을 개발해왔다. 이 법들은 나라별로 다르고 많은 나라들은 지금도 개발 중이다. 법제상의 차이는 국가 간의 정보의 흐름에 장애가 될 수 있다.[7] …현재 논의된 대응방식은 주로 한 개인이 고전적인 의미에서의 프라이버시 침해를 방지하기 위한 보호조치들이다. 즉, 은밀한 개인정보의 남용이나 공개와 같은 것이다. 그러나 이와 관련된 다른 보호의 필요가 나타났다. 예를 들자면 기록보관자가 정보처리활동들에 대해 공중에게 알릴 의무나 정보주체가 자신에 대한 정보를 보완하고 개선할 권리이다. 일반적으로는 '간섭받지 않을 권리(the right to be left alone)'라는 전통적인 개념의 프라이버시를 더 확대하며, 이와 관련된 법익들을 더욱 복잡하게 종합하는 체계를 찾으려는 경향이 있었다. 이 법익들은 '프라이버시와 개인의 자유'라고 명명될 수 있을 것이다.[8]

---

7) Introduction: A feature of OECD Member countries over the past decade has been the development of laws for the protection of privacy. These laws have tended to assume different forms in different countries, and in many countries are still in the process of being developed. The disparities in legislation may create obstacles to the free flow of information between countries. Such flows have greatly increased in recent years and are bound to continue to grow as a result of the introduction of new computer and communication technology.

8) 2. The remedies under discussion are principally safeguards for the individual which will prevent **an invasion of privacy in the classical sense, i.e. abuse or disclosure of intimate personal data**; but other, more or less closely related needs for protection have become apparent…. Generally speaking, there has been a tendency to broaden **the traditional concept of privacy**("**the right to be left alone**") and to identify a more complex synthesis of interests which can perhaps more correctly be termed **privacy and individual liberties**.

OECD가이드라인의 서문과 해설서에 비추어볼 때 기존의 프라이버시의 범위를 넘어서는 보호를 제공하되, 프라이버시의 보호를 핵심적으로 보고 있는 것이다.

본문 제1조에서 "이 가이드라인은 처리방식 또는 그 성격이나 사용의 맥락 때문에 프라이버시 및 개인의 자유에 위협을 가하는 개인정보에게 적용된다"고 명시하고 있다.[9] 제3조에서 "프라이버시와 개인의 자유에 위협을 가하지 않음이 명백한 개인정보를 이 가이드라인의 적용에서 배제할 수 있음"을 명시하고 있다.[10] 이와 함께 제3조는 회원국이 법 제정시 "가이드라인의 적용을 자동화된 정보처리에 한정할 수 있음"을 명시하고 있다.[11]

그렇다면 OECD가이드라인을 OECD회원국들이 준수해야 할 최소기준으로 간주할 때, 그 최소기준은 "프라이버시 및 개인의 자유에 위협을 가하는 정보의 자동화된 처리"에만 적용된다고 볼 수 있다.

결론적으로 OECD가이드라인은 제1조와 제3조에서 프라이버시 및 개인의 자유에 위협을 가하는 정보에만 그 적용을 한정하고 있다. 이것은 우리나라 법이 제1조 목적 부분에서 '사생활의 비밀 등을 보호함'을 목적으로 정하고 있을 뿐이며, 실제 조문에서는 '개인정보'를 '살아있는 개인에 관한 정보로서 개인을 알아볼 수 있는 정보'라고만 정하고 있는 것과 비교가 된다. 물론 우리나라 법도 제1조의 목적조항에 따라 '개인정보'의 정의를 "살아 있는 개인에 관한 정보로서 개인을 알아볼 수 있는 정보 중에서 사생활의 비밀을 침해할 수 있는 정보"로 한정할 수도 있을 것이다. 그러나 OECD가이드라인은 제3조에서 "프라이버시와 개인의 자유에 위협을 가하지 않음이 명백한 개인정보"는 이 가이드라인이 설정하려는 최소

---

9) 2. These Guidelines apply to personal data, whether in the public or private sectors, which, because of the manner in which they are processed, or because of their nature or the context in which they are used, pose a danger to privacy and individual liberties.
10) 3. These Guidelines should not be interpreted as preventing:⋯ b) the exclusion from the application of the Guidelines of personal data which obviously do not contain any risk to privacy and individual liberties;
11) 3. These Guidelines should not be interpreted as preventing:⋯ c) the application of the Guidelines only to automatic processing of personal data.

기준에 포함되지 않음을 분명히 하고 있다.

하지만 '프라이버시 및 개인의 자유'가 무엇인지에 대해서는 OECD가이드라인도 명백한 설명을 하지 못하고 있다. OECD가이드라인은 서문에서 OECD회원국들이 만든 프라이버시 보호 법제들은 '근본적인 인권의 침해(violations of fundamental human rights)'를 예방하려고 한다면서, 그 예로서 (1) 개인정보의 불법보관(unlawful storage of personal data), (2) 부정확한 개인정보의 보관(storage of inaccurate personal data) 또는 (3) 개인정보의 남용 및 무단공개(the abuse or unauthorized disclosure of personal data)를 들고 있다. 그러나 (3)은 기존의 프라이버시 개념에 포함되어 있지만, (1)과 (2)는 왜 그것이 근본적인 인권의 위반인지가 설명되고 있지 않다. OECD가이드라인이나 EU디렉티브가 나오기 이전에 타인에 대한 정보를 보관한다는 것 자체가 인권침해로 인정되는 경우는 없었다. 타인에 대한 정보의 공개가 타인의 사생활을 침해하는 것으로 인정되는 경우는 있었지만, 그 습득과정에 불법이 있었다면 모르되 '정보의 단순한 보관'이 사생활을 침해한다고 보기는 어렵기 때문이다. 또 '타인에 대해 부정확한 정보를 보관'하는 것 역시 OECD가이드라인이나 EU디렉티브가 나오기 이전에 인권침해로 인정되고 있지 않았다.

살피건대, OECD가이드라인은 무언가를 '근본적인 인권의 침해'라고 규정하고 이를 방지하기 위해 "프라이버시 및 개인의 자유에 위협을 가하는 정보의 자동화된 처리"를 규제하는 것을 내용으로 하고 있다. 따라서 OECD가이드라인의 입법목적을 정확히 알기 위해서는 '프라이버시 및 개인의 자유'가 무엇인가에 대해서 더욱 정확히 알 필요가 있다.

다음으로 이렇게 정의된 '개인정보'에 OECD가이드라인은 개인정보처리자에게 어떤 의무를 부과하고 있는지 살펴보자. 우선 8개의 기본원칙으로 정리되는데, 수집에 있어서의 제한을 살펴보면 수집에 있어서 '정보주체의 인지나 동의'를 의무화하고 있지 않다. 오직 '적절한 경우'에만 인지나 동의를 요구하고 있다. 이것은 국내법이 특별한 경우가 아닌 이상 동의를 원칙적으로 요구하고 있는 것[12]과 비교

---

12) 개인정보보호법 제15조(개인정보의 수집 · 이용) ①개인정보처리자는 다음 각 호의 어느 하나

된다.13) 물론 국내법이 정보주체가 아닌 제3자로부터 정보를 수집할 상황을 상정하고 있어 정보주체의 동의 없이 정보를 수집할 수 있음을 전제로 하고 있기는 하나, 이때에도 정보주체는 수집사실을 안 순간부터 개인정보의 처리정지 및 파기를 시킬 권한을 가지게 된다.14)

나. 1995년 EU디렉티브

1995년 EU디렉티브는 역시 전문 제2항에서 그 목표를 한정하고 있다. "정보처리시스템은 인류에 봉사해야 한다. 이 시스템은 자연인의 국적 또는 주거에 관계 없이 이들의 근본적인 권리와 자유를 존중해야 하며 특히 프라이버시권(the right to privacy)을 존중하면서 경제적, 사회적 발전, 무역확대 및 개인의 건전한 생활 (well-being)에 기여해야 한다."15)

EU디렉티브는 전문 제15항에서 "개인정보처리 중에서 자동화되었거나 정보가 정보주체들에 대한 특정한 기준에 따라 구조화된 파일링시스템에 포함되어 있거나 포함되기로 되어 있어 개인정보에 대한 용이한 접근을 허용할 때에

에 해당하는 경우에는 개인정보를 수집할 수 있으며 그 수집 목적의 범위에서 이용할 수 있다.
1. 정보주체의 동의를 받은 경우
2. 법률에 특별한 규정이 있거나 법령상 의무를 준수하기 위해 불가피한 경우…
13) 이 점은 이민영도 지적한 바 있다. 이민영, "개인정보보호법의 쟁점분석 및 제정방향", 『정보통신정책』 제17권 제20호 통권 381호 2005년 11월.
14) 제20조(정보주체 이외로부터 수집한 개인정보의 수집 출처 등 고지) ①개인정보처리자가 정보주체 이외로부터 수집한 개인정보를 처리하는 때에는 정보주체의 요구가 있으면 즉시 다음 각 호의 모든 사항을 정보주체에게 알려야 한다. …
제37조(개인정보의 처리정지 등) ①정보주체는 개인정보처리자에 대해 자신의 개인정보 처리의 정지를 요구할 수 있다. 이 경우 공공기관에 대해는 제32조에 따라 등록 대상이 되는 개인정보파일 중 자신의 개인정보에 대한 처리의 정지를 요구할 수 있다.
②개인정보처리자는 제1항에 따른 요구를 받았을 때에는 지체 없이 정보주체의 요구에 따라 개인정보 처리의 전부를 정지하거나 일부를 정지해야 한다. 다만, 다음 각 호의 어느 하나에 해당하는 경우에는 정보주체의 처리정지 요구를 거절할 수 있다. …
15) (2) Whereas data-processing systems are designed to serve man; whereas they must, whatever the nationality or residence of natural persons, respect their fundamental rights and freedoms, notably the right to privacy, and contribute to economic and social progress, trade expansion and the well-being of individuals;

만 이 디렉티브가 적용된다"고 하고 있다.[16] 전문 제27항에서 "이 디렉티브는 자동화된 처리가 아닌 이상 파일링시스템에만 적용되며 구조화되지 않은 파일들에는 적용되지 않는다"고 명확히 하고 있다.[17] 이것은 1995년 EU디렉티브의 전신이라고 할 수 있는 1981년의 유럽의회자동처리개인정보협약(Council of Europe Convention for the Protection of Individuals with Regard to Automatic Processing of Personal Data)[18]이 자동 처리되는 개인정보만을 대상으로 하고 있던 것에서 유래한 것이다.

그리고 다시 전문 제17항에서 저널리즘, 문학 및 예술적 표현을 목적으로 이루어지는 동영상과 녹음의 처리[19]에 대해서는 각 회원국이 프라이버시권과 표현의 자유 규칙들과의 조화에 필요한 경우 예외를 설정해야 한다고 했고, 본문 제9조는 동영상 및 녹음뿐만 아니라 저널리즘, 문학 및 예술 정보에는 아예 개인정보권이 아예 적용되지 않는 것으로 되어있다.[20]

그리고 본문 제3조 제1항 역시 "이 디렉티브는 전적으로 또는 부분적으로 자동화된 개인정보처리 및 자동화되지 않았다면 파일링시스템의 한 부분이거나 한 부분으로 예정된 정보들의 처리에만 적용된다"[21]고 밝히고 있다. 제3조 제2항

---

16) (15) Whereas the processing of such data is covered by this Directive **only if it is automated or if the data processed are contained or are intended to be contained in a filing system structured according to specific criteria relating to individuals,** so as to permit easy access to the personal data in question;

17) (27) whereas, nonetheless, as regards manual processing, this Directive covers **only filing systems, not unstructured files;** whereas, in particular, the content of a filing system must be structured according to specific criteria relating to individuals allowing easy access to the personal data.

18) http://conventions.coe.int/Treaty/en/Treaties/Html/108.htm 2011년 9월 26일 최종 방문.

19) (17) Whereas, as far as the processing of sound and image data carried out for purposes of journalism or the purposes of literary or artistic expression is concerned, in particular in the audiovisual field, the principles of the Directive are to apply in a restricted manner according to the provisions laid down in Article 9.

20) Article 9(Processing of personal data and freedom of expression) Member States shall provide for exemptions or derogations from the provisions of this Chapter, Chapter IV and Chapter VI for the processing of personal data carried out solely for journalistic purposes or the purpose of artistic or literary expression only if they are necessary to reconcile the right to privacy with the rules governing freedom of expression.

21) This Directive shall apply to the processing of personal data wholly or partly by automatic

역시 순전히 개인이나 가사생활 과정에서의 자연인에 의한 개인정보처리에는 적용되지 않는다고 밝히고 있다.[22]

이 디렉티브 하에서 만들어진 독일의 연방정보보호법 역시 이와 비슷한 조항들을 두고 있다. 우선 제1조 제1항은 "이 법의 목적은 자신의 개인정보의 처리에 의해 발생할 수 있는 프라이버시권의 침해로부터 개인들을 보호하려는 것이다"라고 하고, 본조 제2항은 이 법은 ① '정보처리시스템'을 통한 수집, 처리 및 이용, 또는 ② '자동화되지 않은 파일링시스템'을 통한 수집 처리 및 이용에만 적용된다고 하고 있다. 또 법이 적용되는 정보처리양태에 있어서도 '개인적인 또는 가정 내의 활동'을 위한 수집, 처리 및 이용에는 적용되지 않는다고 규정하고 있다.

그런데 흥미로운 것은 독일연방정보보호법은 제1부에서 일반조항으로서 제4조 제1항에서 "개인정보의 수집, 처리 및 이용은 이 법에 의해 허용되거나 요구된 경우나 정보주체가 동의한 경우에 합법적이다"라고 한 후에 제2항에서 "개인정보는 정보주체로부터 수집되어야 한다. 정보주체의 참여가 배제된 수집은 법에 의해 허용되거나 요구된 경우(또는 상업적 목적이나 행정적 목적에 비추어 타인으로부터의 수집이 불가피한 경우 또는 정보주체로부터의 수집이 과도한 부담이 될 경우)로서 정보주체의 압도적인 합법적 이익에 미칠 부정적 영향이 인지되지 않는 경우에만 허용된다"라고 하고 있다. 즉, 원칙적으로는 정보주체로부터 정보주체의 동의하에 수집되어야 하지만 특별히 제3자로부터의 수집이 정보주체에게 특별한 해악을 끼치지 않을 경우 제3자로부터의 동의 없는 수집도 허용될 수 있다는 것이다.

특히 연방정보보호법 스스로가 제2부와 제3부에서 각각 공공기관의 정보보호 의무와 사기업체의 정보보호의무를 나누어 규정한 후에 사기업체에 적용되는 제3부의 제28조에서 "개인정보의 수집, 기록, 변경, 양도 또는 상업적 이용은 1. 정보주체와의 법적 또는 유사법적 의무를 창설, 이행 또는 종료시키기 위해 필요

means, and to the processing otherwise than by automatic means of personal data which form part of a filing system or are intended to form part of a filing system.

22) This Directive shall not apply to the processing of personal data:—by a natural person in the course of a purely personal or household activity.

한 경우, 2. 정보통제자의 합법적 이익을 보호하기 위해 필요한 경우로서 정보주체
가 그러한 처리나 사용을 배제할 압도적인 합법적 이익을 가지고 있다고 추정할
이유가 없는 경우, 또는 3. 정보가 일반적으로 접근가능하거나 정보통제자가 공개
할 수 있는 경우로서 정보주체가 그러한 처리나 사용을 배제할 명백하고 압도적인
합법적인 이익을 가지고 있지 않은 경우"에 합법적이라고 되어 있다.

　　그렇다면 독일연방정보보호법은 사기업체인 개인정보처리자에게는 개인정
보수집에 있어서 정보주체의 동의를 절대적으로 요구하지 않는다는 것인데, 이는
EU디렉티브의 어떤 내용에 의해 허용되는 것일까? EU디렉티브의 제7조는 개인
정보의 처리는 (a) 정보주체가 명백히 동의한 경우, (b) 정보주체가 당사자인 계약
의 이행 또는 체결을 위해 불가피한 경우, (c) 개인정보처리자의 법령상의 의무이
행을 위해 불가피한 경우, (d) 정보주체의 긴급한 이익을 보호하기 위해 불가피한
경우, (e) 공익적 임무 또는 개인정보처리자나 제3자에게 부여된 공적 권한의 행사
를 위해 불가피한 경우, (f) 개인정보처리자나 제3자가 추구하는 합법적 이익을
위해 불가피한 경우로서 그와 같은 이익이 정보주체의 근본적인 권리나 자유에
의해 압도되지 않는 경우에 허용된다고 하고 있다.[23] 즉, 정보주체가 자신에 관한
정보의 흐름을 통제할 권한을 갖지는 않는 것이다. EU디렉티브의 이러한 성격에
착안해 맥세이너는 EU디렉티브가 개인정보에 대한 재산권을 창설하지는 않는다
고 했으며,[24] 또 독일연방헌법재판소가 1983년에 천명한 개인정보자기결정
권[25]을 법제화한 것은 아니라고 평가했다.

---

23) **Article 7** Member States shall provide that personal data may be processed only if:
(a) the data subject has unambiguously given his consent; …
(f) processing is necessary for the purposes of the legitimate interests pursued by the controller
or by the third party or parties to whom the data are disclosed, except where such interests are
overridden by the interests for fundamental rights and freedoms of the data subject which require
protection under Article 1(1).
24) James R. Maxeiner, "Freedom of Information and the EU Data Protection Directive", *Federal
Communications Law Journal*, December 1995, p.97
25) Judgment of Dec. 15, 1983, Bundesverfassungsgericht(Fed. Const. Ct.), 65 BVerwGE 1,
translated in 5 Hum. Rts. L.J. 94(1984). See H. Prantl, Der Datenschutz zehn Jahre nach dem
Volkszahlungsurteil: Unanstandiges fur unanstandige Leute. Der spate Sieg des ehemaligen
Innenministers Friedrich Zimmermann, Suddeutsche Zeitung , Dec. 16, 1993.

다. 소결: 개인정보보호권과 프라이버시권의 관계

이 절의 목표는 서론에서 언급된 표현의 자유의 제약 문제를 고려할 때 개인정보보호법상의 정보주체의 권리(이하 '개인정보보호권')[26]를 어떻게 한정할 것인가, 그리고 이 문제제기에 비추어 개인정보권의 본산인 OECD가이드라인과 EU디렉티브는 개인정보를 어떻게 정의하고 있는가를 알아보려 하는 것이었다.

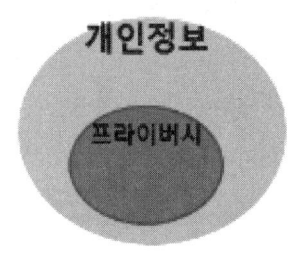

OECD가이드라인과 EU디렉티브를 살펴보면서 명백해진 것은 첫째, 개인정보와 프라이버시는 범주가 다르며, 전자가 후자를 포함하는 더욱 넓은 개념이라는 것과, 둘째, 개인정보보호권은 프라이버시 침해의 개연성이 있는 개인정보에만 적용된다는 것이다.

즉, 1980년 OECD가이드라인은 개인정보를 개인을 식별할 수 있는 모든 정보로 정의하되, 개인정보처리자의 의무가 적용되는 개인정보처리의 범위를 '자동화된 처리'로 최소보호수준을 좁히고 있으며, 개인정보의 범위도 "프라이버시 및 개인의 자유를 침해할 개연성이 있는 정보"만으로 한정하고 있다. 그리고 개인정보권의 내용에 있어서도 다른 차이도 있겠지만 가장 눈에 띄는 것은 개인정보의 수집에 있어서도 동의를 의무화하고 있지 않다. 프라이버시의 보호를 위해 불필요한 경우 동의를 얻을 필요가 없다는 의미로 해석된다.

또 1995년 EU디렉티브 역시 개인정보는 개인을 식별할 수 있는 모든 정보로 폭넓게 정의하되 그 규제목표는 '프라이버시권'의 보호임을 천명한 후에 적용범위에 있어서 (1) 자동화된 시스템이나, (2) 자동화되어 있지 않다면 구조화된 파일링 시스템에만 적용된다고 한정하고 있다. 즉, 개인정보라고 할지라도 위와 같이 자동화 또는 구조화된 파일링시스템에 속한 개인정보에만 법이 적용된다고 하는 것이다. 또 개인정보의 수집에 있어서는 동의를 의무화하고 있지만 이익형량을

---

26) 독일연방헌법재판소와 우리 재판소에 의해 헌법적인 위상을 갖게 된 '개인정보자기결정권'에 비해 법률로써 창설된 권리를 구별해 부르기 위해 '개인정보보호권'이라는 용어를 쓰고자 한다.

통해 "개인정보처리자의 이익이 정보주체의 이익보다 우선할 경우" 정보주체의 동의를 얻을 의무가 면제되며 해석상 이 이익형량에서 정보주체의 이익은 EU디렉티브가 전문에서 그 중요성을 밝히고 있는 프라이버시권이 된다. 즉, 모든 자동화된 시스템이나 구조화된 파일링시스템에서 처리되는 개인에 대한 정보의 경우 우선적으로 모두 개인정보보호권이 적용되기는 하나, 개인정보보호권의 가장 대표적인 의무인 수집동의권의 경우 정보주체의 프라이버시가 정보처리자의 이익(예를 들어, 표현의 자유)에 앞설 경우에만 적용된다. 그렇다면 역시 적어도 개인정보보호권의 가장 중요한 요소인 수집동의권은 프라이버시권의 침해 개연성이 있는 정보에만 적용된다고 보는 것이 합당하다.

그렇다면 개인정보보호권의 목표로 설정된 프라이버시권의 의미는 무엇이며 개인정보보호권은 어떻게 프라이버시권으로부터 발전했는가?

3. 프라이버시권의 의미와 개인정보보호법리의 발전

가. 워렌-브렌다이스(Warren-Brandeis) 논문의 올바른 이해

국내에서 프라이버시 논의를 할 때 법리의 안정적인 원천으로 제시되는 것이 바로 '프로서'인데, 1960년에 미국에서 프라이버시 침해를 불법행위로 구성한 프로서(William L. Prosser)가 프라이버시 침해유형을 다음의 네 가지로 분류하고 있다.[27]

(1) 사적 사실의 공표(public disclosure of private facts): 비밀로 붙여두고 싶어 하는 개인에 관한 난처한 사적 사항이 언론매체에 그대로 공개되어 권리가 침해받는 경우

(2) 왜곡된 묘사(false light in the public eye): 허구와 허위의 사실을 공표하거나 사실을 과장 또는 왜곡해 공표함으로써 세인들로 하여금 특정인을 사실과

---

27) Prosser, "Privacy", 48 Cal. L. Rev. 383(1960).

다르게 알도록 하는 행위

(3) 성명 및 초상의 영리적 사용(appropriation of name or likeness): 개인의 성명, 초상, 경력 등 본인의 고유한 속성, 즉 인격적 징표를 본인의 동의 없이 사용해 상업적 부당 이득을 추구하는 행위. 주의할 것은 사람의 징표를 그 사람의 선호도에 편승해 상업적 이득을 얻기 위해서만 침해가 발생하고 그 사람에 대한 평가나 음미를 위한 사용은 침해가 아님

(4) 사생활에의 침입(intrusion upon solitude or seclusion): 개인의 평온한 사생활이 적극적으로 침입 및 간섭받거나 소극적으로 감시도청 또는 촬영되는 행위 등에 의해 불안과 불쾌감을 유발시키는 행위

그런데 위의 4가지 유형을 자세히 살펴보면 침해유행 (1)과 침해유형 (4)는 타인에게 공개되지 않은 공간 또는 정보의 원치 않은 공개가 이루어진다는 면에서 공통점이 있다. 그러나 침해유형 (3)은 영미계에서 인정되는 퍼블리시티권을 말하고 침해유형 (2)는 명예훼손에 해당되지는 않으나 매우 근접한[28] 개념임을 알 수 있다.

결국 프로서의 프라이버시는 명예, 비밀 및 정체성[29]의 세 가지의 보호가치가 혼재된 개념이라고 할 수 있겠으며 심지어는 프로서 스스로 이 4가지의 침해유형은 서로 관계가 없다고 했다.[30] 프로서는 심지어 이렇게 "혼란스러운 판례의 진화를 중단해야 할지 고민해야 될 때가 되었다"고 했다.[31]

---

28) 혹자는 false light(왜곡)와 defamation(명예훼손)이 질적으로 다르다고 주장하기는 하나 false light에 대한 판례들이 거의 없어 확인이 되고 있지 않으며, 미국에서는 진실이 명예훼손에 대한 완전한 항변이 되기 때문에 진실을 적시하되 왜곡되게 묘사하는 행위를 규제하기 위해 false light가 필요한 것으로 이해할 수 있다. 우리나라의 경우 진실적시 명예훼손이 형법 제307조 제1항에서 인정되고 있기 때문에 false light 침해는 이미 민형사상 존재한다고 볼 수 있다.
29) 학계에서는 identity를 동일성으로 번역되기도 하나 정체성으로 번역하는 것이 올바르다고 본다. Identity는 identify와 어원을 같이 하므로 동일성으로도 번역되지만 일반인들에게는 '정체성'이라는 번역이 더욱 쉽게 이해된다. 이미 외국에서 자신의 민족적 정체성에 대해 혼란을 겪는 이민자의 자녀들을 가리켜 'identity crisis에 빠져 있다'라고 하는 용례도 있다.
30) Neil M. Richards, Daniel J. Solove, "Prosser's Privacy Law: A Mixed Legacy", 98 California Law Review 1887(2010).
31) Prosser, ibid., p.423.

프로서가 이와 같이 다양한 형태의 불법행위들을 모두 프라이버시 침해에 포함시킬 정도로 프라이버시를 넓게 정의한 이유는 프라이버시권을 처음 정립한 것으로 알려지는 새뮤얼 워런(Samuel Warren) 판사와 루이스 브렌다이스(Louis Brandeis) 판사의 1890년 논문 때문이다.[32] 워런과 브렌다이스 논문이 나오기 전까지 판례들의 주류해석은 법적으로 인정되는 민사불법행위(torts)의 유형들을 신체나 재산에 대한 훼손을 동반하는 것으로 한정하고 있었고 그렇지 않다면 최소한 명예훼손, 저작권침해 또는 계약위반 등이 동반되어야 했다. 반면, 워런과 브렌다이스는 이 논문에서 신체 및 재산적 손해, 명예훼손, 저작권침해, 계약위반 등을 동반하지 않는 새로운 불법행위들이 일부 판례에서 인정되어왔으며, 이 흐름이 더 발전되어야 한다고 주장했다. 실제로 그와 같은 불법행위가 인정된 여러 판례들을 소개하는 것이 논문의 주 내용이며, 이와 같은 소송에서 침해가 인정된 권리를 '프라이버시'권이라고 명명했다. 이 논문의 내용은 그 후 여러 법원들이 신체나 재산의 훼손, 계약위반 또는 명예훼손을 동반하지 않는 민사불법행위 재판에서 많이 인용했고, 실제로 매우 다양한 불법행위 사건들이 워런과 브렌다이스가 펼쳐놓은 텐트 아래에 모이게 되었다.[33] 사실 당대 불법행위법의 대가였던 Prosser가 1960년 논문을 통해 혼란스러운 프라이버시 사건들을 정리하려고 한 이유도 1890년 이후 70년 동안 이렇게 겉으로는 매우 복잡다기한 민사손해배상 판결들이 프라이버시라는 이름 하에 이루어졌고, 프로서는 이들 판결들 속에서 일관된 법리를 추출함으로써 이 법영역을 정리하고자 했던 것이다.[34]

---

32) 4 Harvard Law Review 193(1890). 프로서 스스로 이 논문을 인용하고 있다.

33) Richards & Solove, ibid., p.1893.

34) 이러한 '정리'의 필요는 우리나라 민사불법행위법에서는 상상하기 어려울 수 있다. 영미법의 민사불법행위법은 역사적으로 보면 의도적인 권리침해(intentional tort)에서 시작해 과실에 의한 권리침해(negligence)로까지 발전하게 되었다. 의도적 권리침해는 성질상 형법상의 범죄들처럼 유형화되고 각 유형별로 명시적인 위법성구성요건들(elements of cause of action)을 가지게 된다. 예를 들어 battery의 위법성요건 중에서 행위요건이 접촉(contact)이라면 assault의 행위요건은 접촉에 대한 공포심을 조성하는 행위(causing fear of contact)가 요건이 된다. 의도적인 권리침해가 이렇게 유형별로 위법성요건이 정리가 된 상태이기 때문에 의도적 권리침해에 대한 불법행위소송들이 제기되면 이 소송들에서 법원이 일관된 위법성요건을 요구하는 것은 판례의 공정성을 위해

그러나 실제로 워렌과 브렌다이스의 논문을 자세히 살펴보면, 저자들이 집중하고자 했던 침해행위들은 프로서의 4가지 분류에서 침해행위 (1)과 침해행위 (4)에 해당되는 것이었다. 워렌과 브렌다이스는 프라이버시권을 인정할 근거로서 우리나라로 따지면 저작인격권의 공표권을 언급한다.[35] 즉, 자신의 생각과 감정을 담은 글을 저자가 공개하기를 원치 않는데, 타인이 출판할 경우 저자에 대한 권리침해로 인정하는 판례들에서 프라이버시권 법리의 맹아를 찾는 것이다. 저작인격권의 공표권을 보호함으로써 저자의 생각과 감정이 비밀로 남아있을 권리를 인정한 이유는, 저자 자신의 어떤 비밀에 대한 권리를 인정했기 때문이 아니었겠냐는 것이다.

또 하나 저자들이 프라이버시권의 근거로 삼는 것은 저자들이 동업자나 직원들의 영업비밀(trade secret)[36]을 유지할 의무에 대한 판결과 사진사가 고객의 사진을 유출시키지 않을 의무에 대한 판결들[37]에 대한 분석이다. 영업비밀 판결과 사진관 판결 모두 계약 또는 묵시적 계약에 근거하고 있다. 예를 들어 법원은 사진사와 고객과의 계약관계로부터 그 사진을 전시 및 복사하지 않겠다는 묵시적 합의를 유추한 것이다. 이에 대해 법원은 직원이 영업비밀을 유출하지 않을 명시적 의무나 사진사가 사진을 유출하지 않을 의무 모두 공법적으로[38] 설정할 수밖에 없다고 했다. 왜냐하면 그 회사의 직원이나 그 고객의 사진사가 아닌 다른 사람이 유출을 하더라도 권리침해를 인정해야 할 것이기 때문인데, 제3자들과는 기존의 계약관계가 없기 때문에 비밀유지의 의무를 유추해 낼 수가 없기 때문이다. 특히 새로운 사진기술 하에서는 사진사가 사진 찍히는 사람의 도움 없이 사진을 찍을 수 있게 되었기 때문에, 이러한 공법적인 의무의 설정은 더욱 중요하게 되었다.[39]

필수 불가결한 것이었다.

35) Warren & Brandeis, ibid., pp.199-200.

36) Warren & Brandeis, ibid., p.212.

37) Pollard v. Photographic Co., 40 Ch. Div. 345(1888), Warren & Brandeis, ibid., p.207.

38) 물론 여기서 '공법'적이라는 것은 민사불법행위법이 그 행위판단기준이 당사자들 사이에 의해서가 아니라 사회에 의해 정해진다는 의미에서 계약법에 비해 상대적으로 공법적이라는 의미다.

39) Warren & Brandeis, ibid., p.211.

그렇다면 워런-브렌다이스 논문이 창설한 권리침해는 프로서의 제1유형과 제4유형에 해당되는 사적인 공간에의 침입 또는 사적인 정보의 누설이라고 보아야 한다. 한 평론가에 의하면 '사적 정보의 공표' 침해유형이 워런-브렌다이스 논문이 가장 중점을 두었던 침해유형이었다.[40] 물론 그 이후에 여러 법원들이 위 논문의 사진관 판결을 근거로 현대적으로 보면 프로서의 제3유형 또는 현대적으로 보면 퍼블리시티권을 창설하는 판결을 내리거나 또는 위 논문을 퍼블리시티권과 관련해 언급했다.[41] 워런-브렌다이스 논문 이후 처음 명시적으로 프라이버시권으로 인정받은 침해유형이 퍼블리시티권 유형이라는 사실은 아이러니하다고 한다.[42] 도리어 켄터키주 대법원이 1927년에 "Morgan은 $49.67를 빚졌는데… 갚을 때까지 이렇게 광고하겠다"라고 한 광고에 대한 판결[43]과 캘리포니아주 대법원이 1931년에 개과천선한 전 매춘부가 과거에 살인혐의로 재판받았던 사실을 영화화한 것에 대한 프라이버시권침해주장을 인정한 판결[44]이 워런-브렌다이스 논문이 염두에 두었던 프라이버시권침해와 상응한다.

그리고 프라이버시를 이렇게 해석하는 것이 프라이버시의 현대적 정의와도 부합한다. 1967년에도 미국연방헌법 수정헌법 제4조의 불합리한 압수수색(unreasonable search and seizure)으로부터의 자유는 국가기관이 범죄수사를 목적으로 특정 사람, 물건 또는 장소를 '수색'할 경우 반드시 영장을 받을 것을 요구하고 있다. 그렇다면 수사기관의 어떤 행위가 '수색(search)'이라서 영장이 필요하다고 할 때, 그 판단기준은 '프라이버시에 대한 합리적인 기대(reasonable expectation of privacy)'에 의해 설정된다.[45] 프라이버시를 특정한 사적인 영역 내의 사물을 오감을 동원해 인지하는 행위, 즉 '수색'의 범위를 제한하는 규범으로 보고 있는 것이다.

물론 1960년대에 미국연방대법원은 Griswold 판결[46]에서 프라이버시를

---

40) Richards & Solove, ibid., pp.1889.
41) Roberson v. Rochester Folding Box Co. 64 N.E. 442(N.Y. 1902).
42) Richards & Solove, ibid., pp.1893.
43) Brents v. Morgan, 299 S.W. 967, 968(Ky. 1927).
44) Melvin v. Reid, 297 p.91(Cal. 1931).
45) Katz v. U.S., 389 U.S. 347, 361(1967).

자신의 신체, 성생활 등에 대한 자기결정권으로 해석했다. 즉, 자신의 신체를 자신의 마음대로 통제할 수 있는 권리로 이해한 것이다. 그런데 여기서 '프라이버시'라는 문구의 선택은 사람의 신체나 성생활이라는 대상의 은밀함에서 비롯된 것이지 자기결정권 자체를 프라이버시로 보는 것은 아니다.[47] 한 사람의 공개되지 않은 은밀한 삶의 영역, 즉 성생활, 결혼, 생식에 대해서는 그 사람의 결정에 국가가 개입할 수 없다는 것이기 때문에, 프라이버시라는 단어선택의 방점은 '결정의 대상'의 사적인 성격에 있는 것이지 결정권 자체가 사적이라고 본 것이 아니다.

위 내용을 표로 정리하자면 다음과 같다.

프로서의 프라이버시	워런–브랜다이스의 프라이버시의 범위	현대적 개념들
(1) public disclosure of private facts (사적인 정보의 무단공표)	O	현대적 의미의 프라이버시
(2) false light in the public eye(왜곡적 묘사)	X	준(?)명예훼손
(3) misappropriation of name or likeness(개인의 성명 및 초상의 남용)	X	퍼블리시티권, 초상영리권, 초상사용권, 초상재산권
(4) intrusion upon solitude or seclusion(사적인 정보의 무단취득)	O	현대적 의미의 프라이버시

---

46) Griswold v. Connecticut, 381 U.S. 479(1965).
47) 혹자는 낙태결정권의 '결정' 부분에 초점을 맞추어 결정권적 프라이버시(decisional privacy)라는 개념을 창설하려고 한다. 문재완, 앞의 글. 하지만 그렇게 프라이버시를 결정권으로 입론하면 프라이버시와 자유권 전체를 구분하기가 어려워진다. 자유권 자체가 한 이성적 인간의 결정을 존중하는 것에 가치를 두고 있기 때문이다. 이렇게 입론하게 되면 프라이버시와 긴장관계가 있는 것으로 평가되는 표현의 자유 역시 자신이 말하기로 결정한 내용을 말할 자유가 되어버리고 표현의 자유도 프라이버시의 일부분이 되어버려 긴장관계의 설정 자체가 무의미해진다.
물론 프라이버시를 개인의 권리 전체로 입론하는 것도 불가능하지는 않다. 그러나 그러한 개인의 권리, 그러한 입론은 현재의 주류학계나 실무계의 논의의 흐름을 교란시킬 수 있다. 실제 학계나 실무계에서 통용되는 프라이버시의 가장 폭넓은 개념이라고 할 수 있는 독일의 인격권 개념도 결정권으로서의 권리를 말하는 것이 아니라 인간상(像)의 보호를 의미하고 있음을 신중히 살펴볼 필요가 있다.

나. 정보화시대의 적극적인 프라이버시보호정책 – 공정정보처리원칙(Fair Information Practice Principle)

여기서는 간략하게 프라이버시권이 어떻게 개인정보보호권으로 확대되었는지 그 과정을 살펴본다.

정보기술이 발전하면서 여러 사람들에 대해 매우 민감한 정보가 한 매체에 집적되는 현상이 발생하기 시작했고, 이 매체에서 프라이버시 침해가 발생할 경우 수많은 사람들이 심대한 피해를 입을 수 있게 되었다.

이에 따라 위의 판례에서 논의되었던 프라이버시 보호범위를 더욱 적극적으로 보호할 필요가 인식되기 시작한다. 이에 1967년 Alan Westin이 *Privacy and Freedom*이라는 책을 통해 대량 정보의 수집 및 처리에 대한 연구결과를 발표했으며, 이는 미국, 영국 등 각국의 정부들의 연구를 촉발시켰고[48] 이는 소위 **공정정보관행**(fair information practice)이라는 이름으로 각국의 법으로 또는 정책으로 퍼져나갔다. 미국에서는 1973년에 보건복지성의 자동화된 개인정보 시스템에 관한 자문위원회가 보고서를 발간했다.[49] 이 움직임은 위에서 살펴보았던 1980년도의 OECD가이드라인과 1981년의 EU자동처리개인정보협약(Council of Europe, Convention for the Protection of Individuals with Regard to Automatic Processing of Personal Data)[50]으로 이어졌고 이때 20여 개 국이 정보보호법을 제정했고 10여년이 흐른 후 인터넷시대가 열리면서 1995년 EU디렉티브로 이어졌다.[51] 독일을 비롯한 유럽의 여러 나라들이 EU

---

48) G. B. F. Niblett, ed., Digital Information and the Privacy Problem(Paris: OECD Informatic Studies No. 2, 1971); Great Britain, Home Office, Report of the Committee on Privacy(London, 1972); Canada, Department of Communications and Department of Justice, Privacy and Computers: A Report of the Task Force(Ottawa, 1972); Sweden, Committee on Automated Personal Systems, Data and Privacy(Stockholm, 1972); United States, Department of Health, Education and Welfare, Secretary's Advisory Committee on Automated Personal Data Systems, Records, Computers, and the Rights of Citizens(Washington, D.C., 1973).

49) http://aspe.os.dhhs.gov/datacncl/1973privacy/tocprefacemembers.htm.

50) Council of Europe, Convention for the Protection of Individuals with Regard to Automatic Processing of Personal Data, ETS No. 108, Strasbourg, 1981.

51) Sandra C. Henderson, Charles A. Snyder, "Personal information privacy: implications for MIS managers", *Information & Management* 36(1999), pp.213-220.

협약이나 EU디렉티브에 따라 우리나라와 비슷한 포괄적인 개인정보보호법을 제정했다.

공정정보관행원리 또는 FIPP에 따르면 모든 정보가 잠재적으로 프라이버시를 침해할 수 있으므로 개인을 식별할 수 있는 모든 정보가 '개인정보'가 되고[52] 개인정보의 수집, 유통 및 이용에 대해 정보주체가 통제권을 갖는 것을 기본으로 하고 있다. 이렇게 되면 프라이버시권이 침해되기 전부터 이미 정보유통자에게는 여러 의무가 주어진다. 예를 들어 정보가 은밀한 통로를 통해 정보주체의 허락 없이 유통된다면 프라이버시 침해라고 볼 수 없겠지만 개인정보보호 법리의 침해는 된다는 식이다.

그러나 FIPP를 적용해보면 금방 알 수 있듯이 개인을 식별할 수 있는 정보를 모두 개인정보라고 하게 되면 실명을 거론하는 모든 말이 개인정보가 된다. 예를 들어 "박경신은 고려대학교 교수다"라는 정보가 들어 있는 모든 문서들은 개인정보를 담지한 것이 된다. 그런데 FIPP를 여기에도 적용한다면 정보주체인 박경신은 이 문장의 존재를 알아야 하고, 이 문장이 어떻게 사용되는지를 알아야 하며, 이 문장이 어떻게 이용될지도 통제할 수 있어야 할 것이다. 이것은 표현의 자유에 대한 심대한 침해를 발생시킬 것이다.[53] 결국 FIPP는 연구의 시작과 입법취지에서 볼 때 대량으로 그리고 자동화된 형태의 정보를 처리하는 경우에만 적용된다고 봄이 마땅하며 이와 같은 원리를 명시하지 않은 EU디렉티브에 대해서는 비판이 있다. 2001년 스웨덴정부는 95년 EU디렉티브에 따라 개인정보보호법을 제정해 시행해본 결과, 95년 디렉티브가 "표현의 자유 및 정보의 자유를 과도하게 제약하며… 수집부터 삭제까지의 모든 단계를 규제하는 방식이 아니라 정보의 남용만을

---

52) 개인을 식별하는 모든 정보를 개인정보로 정하는 정의조항이 우리나라의 정보통신망이용촉진 및정보보호에관한법, (구)공공기관의개인정보보호에관한법, 개인정보보호법에도 공히 포함되어 있다.

53) 개인정보보호규범들이 표현의 자유를 침해할 가능성에 대해서는 파워블로거로 유명한 UCLA의 Eugene Volokh 교수의 논문이 있다. "Freedom of Speech and Information Privacy: The Troubling Implications of a Right to Stop People from Speaking About You", 52 Stanford Law Review 1049(2000). 프라이버시의 대가인 Paul Schwartz가 해당 저널의 같은 호에 반박글을 게재했다.

규제하는 방식으로 규제 모델을 바꿔야 한다"는 의견서를 제출하면서 그러한 방식으로 디렉티브를 개정할 것을 요청했다.[54]

또 이러한 이유로 FIPP는 영미계에서 보편적인 형태로 법제화가 되지는 않았다. 미국은 Privacy Act of 1974를 통해 우리나라의 공공기관의개인정보보호에관한법에 해당하는 법만을 제정하고, 공공기관들 사이의 정보공유를 규제하는 Computer Matching and Privacy Act of 1988을 제정하고 국가정보기관들의 생체정보수집을 통제하는 Executive Order 12333을 제정하였다. 또한 사기업이 다루는 정보들에 대해서는 Fair Credit Reporting Act를 포함해 금융소비자들이 은행 및 금융기관에 제공하는 정보의 프라이버시를 보호하는 일련의 법들과 의료정보를 다루는 Health Insurance Portability and Accountability Act 등과 같이 내밀한 것으로 인정되는 영역에 대해서만 공정정보처리원칙을 법제화했다.[55] 1977년의 미국연방정부는 영역별로 프라이버시 보호에 대한 연구를 진행해 현황을 파악했고 이 연구결과가 추후 입법과정에 도움을 주었다.[56] 이 상황에 대해서는 학계 일각에서는 일반적인 개인정보보호법이 없기 때문에 기업체들이 각자의 정보보호관행과 기준들을 만들어내는 비용이 높다는 주장도 있다.[57]

---

54) Swedish Ministry of Justice, November 26, 2001, "Note in Preparation for the Internal Market Council Meeting on Directive 95/46/EC".

55) 미국의 영역별 개인정보보호법의 최근 현황에 대해서는 U.S. Federal Laws Regarding Privacy and Personal Data, and Applications to Biometrics, NBSP Publication 0105, March 2006. http://www.nationalbiometric.org/publications/US_FederalPrivacyReport0306.pdf(2011년 9월 26일 최종 방문).

56) U.S. Privacy Protection Study Commission, Personal Privacy in an Information Society Ch. 13(1977) http://epic.org/privacy/ppsc1977report/(2011년 9월 26일 방문).

57) Joel R. Reidenberg, "Setting Standards for Fair Information Practice in the U.S. Private Sector", 80 Iowa Law Review 497(1995). 저자는 일반적인 개인정보보호법의 부재로 인해 미국기업체들이 자발적인 개인정보보호관행과 기준들을 만들어내면서 관행을 투명하게 공개하지 않아 그 관행이나 기준이 위반될 경우 단속이 이루어지지 않고 있으며, 결과적으로 개인정보의 2차사용이 횡행하는 문제점이 있다고 지적하면서 논문저술 당시 EU가 채택한 EU디렉티브에 따라 유럽 각국들이 법제화를 할 경우 미국과 유럽 간의 정보유통이 유럽국가들에 의해 차단될 수 있다고 경고하고 있다.

다. 소결: 사적 정보의 공개 및 취득을 막는 적극적 규범으로서의 개인정보보호권

위의 논의들로부터 도출할 수 있는 결론은 첫째, 프라이버시권은 개인정보보호권의 본질적인 내용이 되며 개인정보보호권은 프라이버시권을 보호하는 절차적 규범(prophylactic rule) 내지 적극적인 보호규범이 된다는 것이다.

프라이버시권과 개인정보자기결정권 사이의 관계는 자기부죄금지권과 미란다고지를 받을 권리(이하 '미란다고지권') 사이의 관계에 좋은 유비를 이룬다. 미란다고지를 받지 않은 것 자체가 자기부죄금지권의 본질적인 내용을 침해하지는 않지만 자기부죄금지권의 침해가능성을 예방함에 있어서 매우 유용하다.[58]

여기서 개인정보보호권이 프라이버시권의 절차적 보호규범(prophylactic rule) 또는 적극적 보호규범이라 함은 전통적인 프라이버시권의 침해가 발생할지 모르는 상황에서 그러한 가능성을 차단하기 위해 필요한 이상의 절차적 의무를 부과함을 말한다. 예를 들어 개인정보가 은밀한 상태로 보관만 된다면 제3자에게 유출된다고 하더라도 프라이버시 침해로 인정되지 않고 불특정 다수에의 공개가 있어야 비로소 침해가 인정되지만 개인정보보호규범은 그 정보가 유출될 경우 곧바로 규범의 위반이 인정된다.

이렇게 관계를 설정한 후에 이 논문이 제기한 문제를 바라보는 새로운 시각을 제공한다. 즉, 미연방대법원이 미란다고지권이 기술적으로 침해되더라도 미란다고지권이 봉사하려 하는 상위규범인 자기부죄금지권을 위반하지 않은 경우에는 증거능력을 배제하지 않는 것처럼[59] 개인정보자기결정권에 대한 기술적인 위반이 있다고 하더라도 그 위반이 프라이버시권침해의 위험을 동반하지 않는다면 개인정보자기결정권의 침해로 보지 않을 수도 있는 것이다. 다시 말하면, 조문상으로는 모든 '자동화처리시스템' 또는 '구조화된 파일링시스템'에 속한 정보가 적용대상이라고 할지라도 실제로 그러한 시스템에 속한 정보라고 할지라도 프라

---

58) Miranda v. Arizona, 384 U.S. 436(1966).
59) Michigan v. Tucker, 417 U.S. 433(1974).

이버시권의 침해의 위험이 높지 않다면 개인정보자기결정권의 침해가 아닌 것으로 볼 필요도 있는 것이다.

예를 들자면, "이명박 대통령은 서울시장 시절 청계천 복원공사를 추진했다"라는 문장은 개인정보보호법의 정의에 따르자면 '개인정보'이다. 이러한 수준의 내용들이 들어 있는 신문기사는 컴퓨터파일로 작성되었다면 '개인정보파일'이 될 수 있다. 하지만 이 정보를 수집함에 있어서 이명박 대통령의 동의를 받지 않았다고 해서 개인정보보호법 위반이라고 볼 수는 없을 것이다. 위와 같은 개인정보는 어느 누구의 프라이버시도 침해하지 않기 때문이다.

OECD가이드라인이 스스로 '프라이버시 및 개인의 권리 침해 위험이 없는 정보'에 대해 적용을 배제하고 있는 것이나 EU디렉티브 하에서 "정보주체의 이익(아마도 대부분 프라이버시일 것임)이 정보처리자의 이익을 압도"하는지를 살펴서 수집동의권의 설정 여부를 결정하는 것도 같은 맥락으로 볼 수 있다. 또 EU디렉티브의 적용범위가 자동화된 또는 구조화된 파일링시스템화된 정보로 한정되는 것은 이미 자동화나 파일링시스템화에 일반적으로 내재되어 있는 프라이버시권침해의 위험성 때문이므로, 무엇이 '자동화'된 것이고 무엇이 '시스템화된 파일링'인가는 프라이버시 침해의 입장에서의 일정한 가치판단에 따라 정의할 수 있는 것이다.

둘째, 위와 같은 맥락에서 프라이버시 침해라고 말했을 때의 프라이버시는 위의 프로서의 제1유형과 제4유형에 해당된다. OECD가이드라인이나 EU디렉티브가 전문에서 그 보호법익으로 언급하고 있는 프라이버시권은 명예의 훼손(프로서 제2유형)이나 초상 및 성명의 상업적 남용(프로서 제3유형)에 대한 것이라고 보지 않는 것이 논리적으로 타당하다. 우리가 개인정보처리를 문제시하는 이유는 그 사람의 사적인 정보가 공개되거나 타인이 취득할 것을 두려워하는 것이지 그 사람의 평판이 저하되거나 인격적 징표로 기능하며 상업적으로 남용될 위험 때문은 아닐 것이다. 명예훼손의 위험이나 인격적 징표의 상업적 이용의 위험은 매우 적은 양의 개인정보(실명)만으로도 발생할 수 있으며 정보화기술의 발전과는 관계가 없기 때문이다. 물론 명예훼손이든 인격적 징표의 상업적 이용이든 개인정보를 매개로 이루어지며 개인정보 전체를 통제하면 그 위험을 줄일 수는 있겠지만, 위에서 말했듯이 매우 적은 개인정보만으로도 위 두 가지 위험은 상존하기 때문에 그러한 효과를 내기 위해서는 거의 정보사회 자체를 포기해야 할 것이다.

4. 현행 개인정보보호법과 위치정보보호법에 대한 평가

그렇다면 이 글에서의 앞으로의 과제는 명백해진다. 서두에서 제기한 문제를 해결하기 위해서는 개인정보보호법상의 '개인정보' 또는 '개인정보파일' 등을 정의함에 있어서 프라이버시권에 따른 가치판단을 하여 프라이버시권침해가 없는 개인정보에 대해서는 개인정보보호권을 인정해주지 않을 수도 있는 것이다. 그러나 이렇게 하기 전에 선결될 과제들이 있다.

가. 프라이버시와 '사생활의 비밀'

개인정보보호법 자체는 EU디렉티브나 OECD가이드라인을 계수해 제정되었다고 할지라도 개인정보보호법은 제1조(목적)에서 당연히 그 입법목적을 '사생활의 비밀' 보호라고 밝히고 있지 '프라이버시권'이라고 밝히고 있지 않다. 그렇다면 국내의 '사생활의 비밀'이 외국의 '프라이버시'와 어떤 차이가 있는지 살펴보는 것이 중요하다.

우선 성낙인은 '프라이버시'가 우리나라의 '사생활의 비밀과 자유'의 더욱 대중화된 영어표현으로 간주하고 있다.[60] 단, "미국의 프라이버시권은 '개인의 사적 영역에서의 자율권'으로 이해할 경우에 결혼, 임신, 출산, 자녀양육 및 교육을 포괄하지만… 이와 같이 프라이버시권을 넓은 의미로 이해할 경우에 개별적 기본권과의 관계 설정상 어려운 문제를 야기하기 때문에… [사생활의

---

60) 성낙인, 『헌법학』(제8판), 2008, pp.569-570.

비밀과 자유]를 미국에서의 프라이버시권과 같은 넓은 의미로 이해하는 데에는 한계가 있다"고 한다.[61] 이는 필자도 동의하는 바이며 임신에 대한 프라이버시권을 인정한 Griswold 판결도 자율권이 적용되는 영역이 '사적 영역'이기 때문에 프라이버시권이라는 표현을 쓴 것이지 '자율권' 자체를 프라이버시라고 말한 것은 아니라고 본다. 그렇지 않다면 프라이버시는 자유권 전체와 구분하기 어려울 것이다.

또 성낙인은 '사생활의 비밀과 자유'를 '사생활의 비밀', '사생활의 자유', 그리고 '자기정보결정권'으로 3분하고 '사생활의 비밀'의 내용을 설명함에 있어서는 미국 프라이버시의 분류방법인 프로서의 분류를 어느 정도 따르고 있다.[62] 계희열 역시 사생활의 비밀과 자유를 그대로 프라이버시에 등치시킴은 물론 이를 성낙인과 동일하게 3분하여 그 중의 한 부분인 '사생활의 비밀'의 분류도 프로서의 분류를 그대로 따르고 있으며,[63] 아예 우리나라의 공공기관의개인정보보호에관한법을 프라이버시를 보호하기 위한 법률로 소개하고 있다.[64] 허영 역시 프라이버시와 사생활의 비밀과 자유를 구별하고 있지는 않다.[65]

또 필자는 폭넓은 프라이버시개념과는 별도로 OECD가이드라인이나 EU디렉티브의 상위규범으로서의 프라이버시는 위에서 밝혔듯이 Warren-Brandeis 논문의 핵심이었던 "사적인 정보의 취득과 공개에 대한 제약(프로서 제1유형과 제4유형)"임을 설명했다. 그렇다면 우리나라의 개인정보보호법은 그 상위규범으로서 '사생활의 비밀과 자유'에서 '자유'를 떼고 '사생활의 비밀'만을 적시하여 계희열이나 성낙인의 3분류에 포함된 '사생활의 비밀의 불가침'만을 지칭하고 있다는 것은 OECD/EU법제의 상위규범으로서의 프라이버시와 개인정보보호법상의 '사생활의 비밀'사이에는 실체적 차이가 없음을 더욱 확실하게 보여준다고 하겠다.

---

61) 성낙인, 위의 책, p.571.
62) 성낙인, 위의 책, p.572.
63) 계희열, 『헌법학(중)』(신정2판), 2007, p.395.
64) 계희열, 위의 책, pp.395.
65) 허영, 『헌법이론과 헌법』, 2000, p.502.

물론 위 논자들에서 공통적으로 나타나는 것은 사생활의 비밀과 자유 또는 프라이버시에는 소극적 개념뿐만 아니라 적극적 개념도 포함되어 있어, 이 적극적 개념의 하나로 자기정보통제권을 언급하고 있다는 것이다. 이에 대해서는 아래에서 다룰 것이다.

나. 프라이버시와 개인정보자기결정권

위에서 말했듯이 우리나라에서는 '사생활의 비밀과 자유(프라이버시)'에 '개인정보자기결정권'도 포함된 것으로 보고 있다. 개인정보자기결정권은 개인정보자기통제권으로도 불리며 그 지향은 법률상의 권리인 개인정보보호권과 다르지 않으며, 개인정보보호권의 기본권적 현신이라고 볼 수 있다. 그렇다면 개인정보자기결정권과 '사생활의 비밀과 자유' 또는 '사생활의 비밀'과의 관계를 살펴보아야 개인정보보호권을 '사생활의 비밀'의 입장에서 살펴볼 수가 있을 것이다.

1) 일체설

대개 국내에서의 학술적 논의는 개인정보와 프라이버시의 개념을 구별하기보다는 포괄해 접근하는 것이 일반적이었다.[66]

그러나 위 논의들에서 공통적으로 나타나는 것은 전통적인 프라이버시 개념을 정보화 사회에 들어서 더욱 적극적으로 보호하기 위해 개인정보자기결정권이 창출되었다는 것이다. 즉, 개인정보자기결정권을 사생활의 비밀의 일부로 보든 그렇지 아니하든 그 사생활의 비밀의 원래적인 요소라기보다는 원래적 요소로부터 진화된 새로운 부분으로 보고 있는 것이다.

---

[66] 성낙인, "프라이버시와 개인정보보호를 위한 입법정책적 과제", 『영남법학』 5권(영남대학교 법학연구소, 1999); 서계원, "정보 프라이버시와 개인정보의 보호", 『세계헌법연구』 11권(국제헌법 학회, 한국학회, 2005); 김동원, "개인정보수집에서 프라이버시와 경쟁가치들의 경합과 균형", 『정보화정책』 제10권 제4호(한국정보화진흥원, 2003); 방준식, "근로자의 개인정보와 프라이버시 보호에 관한 법적 판단", 『한양법학』 제31집(한양법학회, 2010) 참조.

그리고 어차피 개인정보자기결정권이 사생활의 비밀과 자유의 한 부분이라고 하더라도 위에서 밝힌 성낙인과 계희열의 3분설에 따르면 '사생활의 비밀'은 적어도 개인정보자기결정권과 별개의 것으로 보인다. 특히 이것은 개인정보보호법이 '사생활의 비밀'만을 입법목적으로 설정했으므로 더욱 의미가 있다.

2) 별개설

그렇지만 물론 개인정보와 프라이버시 개념을 구별하는 선행 연구가 없는 것은 아니다.

우선 김철수는 사생활의 비밀은 사생활의 부당한 공개로부터의 자유를 지칭하는 것이라고 규정하고, 개인정보자기통제권은 헌법 제10조의 인간의 존엄성에서 도출된다고 하여 구분을 명확히 하고 있다.[67]

개인정보는 개인의 신념, 신체, 재산, 사회적 지위, 신분 등에 관한 사실·판단·평가를 나타내는 모든 정보로, 프라이버시는 자기정보의 통제권으로 구별해 이해하는 연구도 있다.[68]

또는 개인정보의 보호 문제를 프라이버시권의 개념으로부터 도출하는 기존의 체계에서 벗어나 새로이 개인정보권의 개념을 정립할 필요가 있다고 하는 연구도 있다. 즉, 개인정보권이 개인정보자기결정권이나 개인정보통제권 등 프라이버시적 관념이 포함된 개념에서 탈피해 권리의 객체로서의 개인정보에 대한 권리라는 보다 포괄적인 개념용어로서 정립되는 것이 필요하다는 것이다.[69]

또 개인을 식별할 수 있는 개인정보가 모두 프라이버시에 해당하지 않는다고 하며, 개인을 식별하는 정보를 핵이 되는 프라이버시 정보와 주변적인 프라이버시 정보, 개인을 특정하기 위해 사회적으로 이용되는 정보로 구별해 접근하는 연구도

---

67) 김철수, 『헌법학개론』, 2007, p.725.
68) 이형규, "스포츠선수의 개인정보와 프라이버시 보호", 『스포츠와 법』 제10권 제2호(한국 스포츠 엔터테인먼트 법학회, 2007).
69) 권헌영, "전자정부시대 개인정보보호법제의 쟁점", 『정보화정책』 제11권 제3호(한국정보화진흥원, 2004).

있는데[70] 개인정보보호권과 프라이버시권의 연혁상 가장 유력한 접근법이라고 하겠다.

3) 헌법재판소

개인정보자기결정권과 사생활의 비밀 사이의 이와 같은 관계는 헌법재판소의 다음과 같은 설시에서도 나타나고 있다.

> 개인정보자기결정권의 보호대상이 되는 개인정보는… 반드시 개인의 내밀한 영역이나 사사(私事)의 영역에 속하는 정보에 국한되지 않고 공적 생활에서 형성되었거나 이미 공개된 개인정보까지 포함한다.
> 인류사회는 20세기 후반에 접어들면서 컴퓨터와 통신기술의 비약적인 발전에 힘입어 종전의 산업사회에서 정보사회로 진입하게 되었고, 이에 따른 정보환경의 급격한 변화로 인해 개인정보의 수집·처리와 관련한 사생활보호라는 새로운 차원의 헌법문제가 초미의 관심사로 제기되었다….
> 오늘날 현대사회는 (1) 개인의 인적 사항이나 생활상의 각종 정보가 정보주체의 의사와는 전혀 무관하게 타인의 수중에서 무한대로 집적되고 이용 또는 공개될 수 있는 새로운 정보환경에 처하게 되었고, 개인정보의 수집·처리에 있어서의 국가적 역량의 강화로, (2) 국가의 개인에 대한 감시능력이 현격히 증대되어 국가가 개인의 일상사를 낱낱이 파악할 수 있게 되었다.[71]

헌법재판소는 지문채취제도에 대한 위헌소송에서 지문채취가 개인정보자기결정권을 제한하기는 하지만 심대한 제한이 되지 않는다고 하면서도 최초로 개인정보자기결정권의 헌법적 지위를 승인하면서 그 승인의 필요성을 위와 같이 설시했다. 헌법재판소는 "개인의 내밀한 영역이나 사사(私事)의 영역에 속하는 정보에 국한되지 않고 공적 생활에서 형성되었거나 이미 공개된 개인정보까지 포함한다"

---

70) 백윤철, "憲法上 스포츠選手의 個人情報自己決定權에 관한 硏究", 『스포츠와 법』 제8권(한국 스포츠 엔터테인먼트 법학회, 2006).
71) 헌법재판소 2005.05.26. 선고 99헌마513등, 공보 105, 666-672.

고 하여 개인정보보호의 영역이 '사생활'의 보호영역과 명백히 차별화되지만 후자를 포함하되 후자보다 넓다고 하는데, 이렇게 넓게 보호하는 이유는 현대의 정보기술 하에서는 "개인의 인적 사항이나 생활상의 각종 정보가… 타인의 수중에서 무한대로 집적되고 공개될" 위험성과 "국가가 개인의 일상사를 낱낱이 파악할" 위험성이 있기 때문이라는 것이다.

여기서 다시 확인되는 것은 첫째, 개인정보자기결정권은 '사생활보호'를 목표로 하고 있으며, 둘째, 여기서 사생활보호는 일차적으로는 '사적인 정보의 공개나 취득'(프로서 제1유형과 제4유형)'의 제한을 말한다는 것이다. 헌법재판소가 개인정보자기결정권을 인정할 필요로서 "개인의 인적 사항이나 생활상의 각종 정보가… 타인의 수중에서 무한대로 집적되고 공개될", 그리고 "국가가 개인의 일상사를 낱낱이 파악할" 위험성을 언급한 것은 적어도 개인정보자기결정권의 상위규범으로서의 사생활은 위에서 말한 프로서의 제1유형('공개')에 그리고 제4유형('파악')에 대응됨을 다시 확인할 수 있다.

다. 개인정보보호법의 검토

이제 우리는 위에서 EU디렉티브, OECD가이드라인, Warren-Brandeis의 논문을 검토하면서 확립한 프라이버시권과 개인정보보호권과의 관계를 근거로 우리나라 개인정보보호법을 평가할 준비가 되었다.

1) 법조항

대한민국의 개인정보보호법은 EU디렉티브의 내용과 전체적으로 매우 흡사한 면이 있다. 그 유사성을 표로 정리하자면 다음과 같다. EU디렉티브는 실제로 세계 500대기업들이 가장 주의 깊게 참조하는 개인정보보호규범이라고 한다.[72]

---

72) Kenneth A. Bamberger, Deirdre K. Mulligan, "Privacy on the Books and on the Ground", 63 Stanford Law Review 247(2011).

	EU디렉티브	대한민국 개인정보보호법
입법목적	"the right to privacy"[Preamble, Para(2)]	'사생활의 비밀 등을 보호'(제1종)
개인정보	any information relating to an identified or identifiable natural person[Article 2(a)]	살아 있는 개인에 관한 정보로서…개인을 알아볼 수 있는 정보 (제2조 제1호)
개인정보 보호의무 가 적용되 는 개인정 보의 범위	any structured set of personal data which are accessible according to specific criteria[Article 2(c)]; This Directive shall apply to(1) the processing of personal data wholly or partly by <u>automatic means</u>, and to(2) the processing otherwise than by automatic means of personal data which form part of a <u>filing system</u> or are intended to form part of a filing system.(Article 3, Paragraph 1)	개인정보를 쉽게 검색할 수 있도록 일정한 규칙에 따라 체계적으로 배열하거나 구성한 개인정보의 집합물(集合物)(제2조 제4호)
	Member States shall provide for exemptions or derogations … for the processing of personal data carried out <u>solely for journalistic purposes or the purpose of artistic or literary expression</u> only if they are necessary to reconcile the right to privacy with the rules governing <u>freedom of expression</u>(Article 9)	대응조항이 없음
개인정보 처리자	the natural or legal person, public authority, agency or any other body which alone or jointly with others determines the purposes and means of the processing of personal data[Article 2(d)]; This Directive shall not apply to the processing of personal data by a natural person in the course of a <u>purely personal or household activity</u>(Article 3, Paragraph 2)	업무를 목적으로 개인정보파일을 운용하기 위해 스스로 또는 다른 사람을 통해 개인정보를 처리하는 공공기관, 법인, 단체 및 개인 등(제2조 제5호)
개인정보 수집 및 이 용 요건	(a) data subject's consent (b) contract performance (c) legal obligation (d) protect data subject's vital interests (e) public interest or official authority <u>or</u> (f) data controller's interest → data subject's rights(Article 7)	1. 정보주체 동의 2. 법령상 의무 3. 공공기관 업무수행 4. 정보주체와의 계약관계 5. 정보주체 불능 + 긴급한 이익을 위하여 6. 처리자의 이익이 정보주체의 권리에 우선(제15조)

　그런데 위의 유사성에 비추어 더욱 확연히 눈에 띄는 것은 우리나라 개인정보보호법과 달리 EU디렉티브는 명시적으로 제9조를 통해 개인정보보호와 표현의 자유와의 충돌가능성을 상정하면서, 표현의 자유 보호에 필요하다면 언론, 문학,

예술을 목적으로 하는 개인정보처리에 대해서는 개인정보보호의무를 면제할 수 있도록 규정했다는 점이다.

개인정보 수집 및 이용 요건은 거의 일대일 대응이 가능할 정도로 유사해 이익형량에 따라 정보주체의 동의 없이도 정보의 수집 및 이용이 허용될 가능성이 열려있는데, 결국 EU디렉티브도 개인정보자기결정권의 법제화에는 이르지 않았다는 맥세이너의 논평을 눈여겨볼 필요가 있다. 즉, 우리 개인정보보호법을 해석 및 적용하면서 입법자의 의도를 유추할 때 EU디렉티브와의 유사성을 감안해야 할 필요가 있고, 이와 함께 EU디렉티브와의 차이점에 대해서도 어떻게 해석 및 적용해야 할 것인지 논의의 여지가 존재한다.

2) 법의 해석 및 적용

우리나라의 개인정보보호법 제정에 영향을 준 OECD가이드라인과 EU디렉티브가 개인정보보호 법리의 상위규범으로 지정한 프라이버시권의 의미가 '사적인 정보의 공개나 취득 제한'임을 확인했다. 물론 무엇이 '사적인 정보'인가는 나라마다 다를 수 있다. 미국처럼 본인의 공개 여부에 따라 판정되거나 독일이나 프랑스처럼 한번 불특정 다수에게 공개되더라도 완전한 공개가 이루어지지 않은 것으로 간주하는 다층적인 맥락 속에서 판정될 수 있다.[73] 그렇다면 OECD가이드라인과 EU디렉티브가 표면적으로는 누구나 자신에 대한 모든 정보를 통제할 권리를 원칙적으로 보장한 것 같지만, 실제로는 그 권리는 '사적인 정보'에만 미치는 것임을 명심해야 할 것이다. 그렇다면 우리나라 개인정보보호법을 해석할 때에도 사적인 정보에만 적용되도록 한정적으로 해석할 필요가 있다. 물론 무엇이 사적인가는

---

73) Basil Markesinis, et al., "Concerns and Ideas about Our Developing Law of Privacy(and How Knowledge of Foreign Law Might be of Help)", a research project undertaken by the Institute of Global Law, p. 28, http://www.ucl.ac.uk/laws/global_law/publications/institute/docs/privacy_100804.pdf 2011년 9월 23일 최종 방문. Maryann McMahon, "Defamation Claims in Europe: A Survey of the Legal Armory, Communications Lawyer", Winter 2002, p. 24; Jeanne M. Hauch, "Protecting Private Facts in France: The Warren & Brandeis Torts", *Tulane Law Review*, May 1994.

우리나라의 사생활의 비밀 판례에 대한 실증적 분석을 통해 규명해야 할 것이다.

3) 보론: 위치정보보호법의 평가

우리나라는 전 세계에서 유일하게 위치정보보호법[공식명칭: 위치정보의보호및이용등에관한 법률(법률 제10166호, 시행 2010.9.23)]을 제정해두고 있다. 위치정보보호법의 입법목적도 개인정보보호법의 그것과 다르지 않게 사생활의 비밀이 된다. 그리하여 위치정보보호법은 위치에 대한 개인정보를 '개인위치정보'라고 정의해 보호함으로써(제2조 제2호 및 제3장 제2절 전체) 개인정보보호법에 대해 특별법으로 기능한다.

그러나 위치정보보호법은 이보다 더 나아가 "모든 이동성 있는 물건의 위치를 추적하는 정보는 그 물건의 소유자의 동의 없이 수집할 수 없다(제2조 제1호 및 제15조 등 제3장 제1절 전체)"고 하여 '개인에 대한' 정보가 아니라 '물건의 위치정보' 취득마저도 먼저 소유자를 찾아서 그의 동의를 얻도록 요구하고 있는데 이는 표현의 자유 입장에서 참으로 위험하다고 하겠다.

물론 '개인의 소유물의 위치정보'가 '개인에 대한 정보'인 경우도 있지만 그렇지 않을 수도 있다. 일반법인 개인정보보호법은 정보주체를 식별할 수 없는 정보, 즉 익명화된 정보는 개인정보의 정의에서 배제하고 있다. 그렇다면 특정 물건의 소유자가 누구인지 식별하지 않고 그 위치를 추적하면 개인정보보호법상으로는 개인정보취득에 포함되지 않지만 위치정보보호법은 그러한 위치추적에 있어서 동의를 얻도록 의무화하는 것이다.

위치정보보호법의 이러한 작용이 미치는 역효과는 자명하다. 예를 들어 열대 우림 감시운동을 하는 사람들에게는 벌목업자들의 동의를 얻지 않고 벌목장비들의 위치정보를 수집하는 것은 중요한 일이며 이를 인터넷을 통해서 할 수도 있다. 위치정보보호법이 없다면 각 벌목장비가 어느 업자 것인지 식별하지만 않으면 자유롭게 수집할 수 있지만, 우리나라 위치정보보호법은 그렇게 하려고 해도 벌목업자의 동의를 얻으라는 것인데 벌목회사들이 이에 동의하지 않을 것이다. 스티브 잡스도 아이폰 소유자가 누군지 모르는 상황에서 아이폰의 위치를 파악하는 것이 무엇이 문제인가?라는 입장인데 필자도 똑같은 문제의식을 가지고 있다. 필자가 지금 당장 길거리에 나가도 아이폰을 스스럼없이 꺼내서 사용하는 사람들을 볼 수 있고 바로 그 시점의 아이폰의 위치정보를 습득하는 것은 그 사람의 사생활을 침해했다고 볼 수는 없는 것이다.

개인정보보호 법리의 목표가 사생활의 비밀의 보호임을 잊어서는 아니 된다. 익명화되어 있는 정보는 사생활침해와 관련이 없으며 규제대상이 되어서는 아니 된다. 이를 위해서 위치정보보호법을 축소해석하여 '물건의 위치정보'도 그 소유자를 식별하지 않는 상태에서 취득하는 것은 '위치정보'로 해석돼서는 아니 된다.

5. 결론

이 논문의 문제제기에 비추어 우리나라 개인정보보호법은 ① EU디렉티브 제9조에 있는 언론, 예술 및 문학에 대한 예외조항이 없다는 점, ② OECD가이드라인처럼 수집시 동의를 얻을 의무를 완화하지 않았다는 점, ③ OECD가이드라인처럼 '프라이버시권의 침해 가능성이 없는 정보'에 대한 예외를 설정하지 않는 점을 주목해볼 필요가 있다.

예를 들어 공인에 관한 정보를 개인정보로 정할 경우 그 사람에 대한 정보는 반드시 그 사람이 아닌 제3의 소스에서 쉽게 수집할 수 있는데, 이에 대해 공인에게 동의권을 주는 것은 표현의 자유에 심대한 영향을 미칠 것이다.

물론 사법부가 개인정보보호법 조항, 특히 제14조 제1항 제6호의 "6. 개인정보처리자의 정당한 이익을 달성하기 위해 필요한 경우로서 명백하게 정보주체의 권리보다 우선하는 경우. 이 경우 개인정보처리자의 정당한 이익과 상당한 관련이 있고 합리적인 범위를 초과하지 아니하는 경우에 한한다"를 해석할 때 프라이버시권침해의 가능성이 전혀 없는 정보에 대해서는 개인정보처리자의 의무를 위반하더라도 면책해줘야 할 것이다.

하지만 그렇게 하더라도 이것은 위축효과를 발생시킬 수 있다. 예를 들어 모욕죄, 공갈죄, 협박죄, 강요죄, 업무방해죄가 그 범죄구성요건인 '모욕', '협박', '위력' 등의 불명확성 때문에 위헌 문제가 제기될 때마다 사법부는 형법 제20조의 '사회상규' 항변을 통해 위헌적인 적용사례는 피할 수 있다고 하지만, 이렇게 위법성구성요건이 불명확하면 아무리 법원이 위법성조각사유를 통해 합헌적인 해석을 할 수 있다고 할지라도 국민들은 우선 위법성구성요건을 충족하는 모든 행위를 회피하게 된다. 이렇게 합법적인 행위를 기피하는 행위는 표현의 자유 영역에서는 위헌적으로 평가된다. 이와 비슷한 위축효과는 개인정보보호법으로부터 발생할 수도 있는 것이다.

OECD가이드라인처럼 '프라이버시 침해의 가능성이 없는 정보'에 대해서는 일괄 면책하는 조항을 삽입하는 방안 또는 EU디렉티브처럼 언론, 학문, 예술 분야에 대해서는 일괄 면책하는 조항을 삽입하는 방안 등의 법조항을 개정하는 방안이나 그러한 효과를 내도록 법원이 법조항을 축소해석하는 방안을 검토해보아야 할 것이다.

개인정보보호법의 특별법이라고 할 수 있는 위치정보보호법은 현재 모든 '물건의 위치정보'수집에 있어 소유자의 동의를 얻을 것을 요구하고 있는데, 소유자를 식별하지 않는 방법의 수집은 사생활의 비밀을 제한하지 않으므로, 개인정보보호권의 원래 목표인 사생활의 비밀에 필요한 범위로 그 적용이 한정되도록 개정되거나 축소 해석되어야 할 필요가 있다.

18장
통신비밀보호법의 헌법적 평가

통신비밀보호법은 과거 독재정권 시절 국가기관에 의한 불법감청이 횡행했음이 밝혀지면서 이와 같은 불법감청을 막기 위해 모든 감청에 헌법상의 영장주의-즉, 검찰, 경찰 및 국가안전기획부 등의 수사기관으로부터 독립적인 사법부가 범죄발생의 개연성 또는 이와 유사한 사실을 서면으로 인정했을 때만 개인의 정보에 대한 수색이나 자유에 대한 제한이 이루어질 수 있다는 원리-를 적용하면서 탄생한 법이다.[1]

제18대 국회에서는 통신비밀보호법의 개정이 중요한 이슈로 떠오른 바 있다. 반대자들은 "휴대폰은 프라이버시를 심대하게 침해하므로 감청 불가"의 구호를 드높이고 있고, 찬성자들은 "범죄수사를 위해서는 필요하며 외국에서 다하는 것을 우리만 못한다는 것이 말이 되지 않는다"라는 논리로 설득하고 있다.[2] 이 법을 평가하고, 그리고 이 법의 개정안을 평가하기 위해서는 그 법의 모체가 되었던 미국의 통신비밀보호법(Electronic Communications Privacy Act, 줄여서 ECPA)와 범죄수사통신지원법(Communications Assistance for Law Enforcement Act, 줄여서 CALEA)을 이해하고 그 법들이 보호하는 원칙들이 우리나라의 통신비밀

---

* 이 글은 『안암법학』 제29호(2009)에 실린 글을 수정·보완한 것이다.
1) 참고로 우리나라 통신비밀보호법에서는 법원의 서면허가를 '허가서'라고 부르지만(제6, 9조 등) 결국 영장과 같은 역할을 하고 있기 때문에 이 글에서는 모두 '영장'으로 통칭한다.
2) 김성훈, "통신비밀보호법 개정 관련 질의사항 답변", '수사정보기관 통신감청, 국민은 안전한가?' 토론회 발표문, 2008년 12월 11일.

보호법에서는 어떻게 시행되고 있는지를 평가해야 한다.

1. 통신비밀보호법의 유래

미국헌법의 수정헌법 제4조는 모든 국민은 불합리한 압수 및 수색(unreaso—nable search and seizure)로부터 자유로울 권리가 있다고 되어 있다.3) 이 조항은 첫째, 범죄수사기관으로부터 독립적인 사법부가 발부하는 영장(warrant)을 통해서만 압수 및 수색이 이루어질 수 있고, 둘째, 이 영장은 범죄가 발생했고 해당 압수 및 수색이 그 범죄의 수사에 필요하다는 개연성(probable cause)이 있는 경우에만 발부될 수 있다는 명령으로 해석되어 왔다. 그렇다면 우선 수사기관의 어떠한 행위들이 압수 및 수색에 해당되어 그 집행이 '범죄발생의 개연성에 근거한 영장'을 필요로 하는가?

미연방대법원은 Katz v. U.S.에서 한 사람이 특정 공간 및 정보가 남에게 공개되지 않을 것이라는 합리적으로 용인될 수 있는 기대(reasonable expectation of privacy)를 가질 수 있다면 그 공간에 진입하거나 그 정보를 취득하는 것은 압수 및 수색이며 영장이 필요하다고 판시했다.4) 그 이후 무엇이 영장을 필요로 하는 압수 및 수색인가에 대한 판단기준으로 '합리적인 프라이버시의 기대'라는 개념이 이용되고 있다. FBI요원이 영장 없이 공중전화부스의 외벽에 도청장치를 부착하여 전화내용을 감청한 Katz 사건에서, 연방대법원은 공공장소에 위치한 공중전화부스라고 할지라도 통화자가 문을 닫은 후에는 자신의 대화내용을 아무도 듣지 않을 것이라는 기대를 가질 것이라며 위 감청행위는 압수 수색이며 이에 따라 영장 없이 진행되었다면 위헌이라고 판시하였다.

---

3) 수정헌법 제4조의 전문: The right of the people to be secure in their persons, houses, papers, and effects, against unreasonable searches and seizures, shall not be violated, and no Warrants shall issue, but upon probable cause, supported by Oath or affirmation, and particularly describing the place to be searched, and the persons or things to be seized.
4) 389 U.S. 347(1967).

그런데 감청은 다른 압수수색과는 다른 성격을 가지고 있다. 즉, 수색대상이 되는 사람이 자신이 수색당하고 있다는 사실을 모르는 상황에서 수색이 이루어지기 때문에, 수색대상이 되는 사람의 프라이버시와 자기결정권을 더욱 심대하게 침해하게 된다. 이에 따라 위의 Katz 사건에 앞서 미연방대법원은 Berger v. New York에서, 한편으로는 감청은 물리적으로 존재하는 물체를 수색하거나 압수하는 것은 아니라고 할지라도 압수 및 수색에 해당한다고 판시하면서, 다른 한편으로는 감청은 다른 형태의 압수 및 수색보다 더욱 프라이버시의 침해가 크므로 단순한 압수 및 수색보다 더욱 엄격한 안전장치들이 필요하다고 판시했다.[5] 이 안전장치들이란 다음과 같다. 1) 특정한 범죄가 저질러졌거나 저질러지고 있다는 개연성, 2) 감청될 대화가 그 범죄의 수사와 관련된 내용을 담고 있음이 특정되어야 하며, 3) 감청은 구체적이고 한정된 기간 하에서만 이루어져야 하며, 4) 그 기간이 연장되려면 계속적인 개연성이 증명되어야 하며, 5) 필요한 대화내용이 확보되면 감청은 중단되어야 하며, 6) 긴급 상황이 아닌 경우 피감청자에게 감청사실이 통보되어야 하며, 7) 영장의 집행에 대해 법원에 보고가 이루어져 법원이 확보된 대화내용의 이용을 감독하고 제한할 수 있게 해야 한다.[6]

미의회는 위의 Berger 판결의 요건을 Omnibus Crime Control and Safe Streets Act of 1968의[7] 제3장(Title III)에 법제화하여, 모든 범죄수사기관이 위 절차를 따르도록 함은 물론 이 절차를 따르지 아니할 경우 및 형사처벌하고, 이 절차를 따르지 않는 일반인의 감청 역시 형사처벌하도록 했다.

이 제3장은 흔히 "연방감청법(Federal Wiretap Statute, Federal Wiretap Law)"이라고 불린다. Omnibus Crime Control and Safe Streets Act 전체는 당시 케네디 대통령 암살 직후 총기사용에 대한 경계를 높이기 위해 통과된 것으로 알려지고 있으나[8] 그 법의 제3장인 연방감청법은[9] 당시 FBI가 Counter Intelligence

---

5) 388 U.S. 41(1967).
6) 이에 따라 혹자는 ECPA 상의 감청허가를 "초강력영장(super-warrant)"이라고 부른다. Judge Smith, 396 F.Supp.2d at 753.
7) Pub.L. 90-351, June 19, 1968, 82 Stat. 197, 42 U.S.C. § 3711.
8) http://en.wikipedia.org/wiki/Omnibus_Crime_Control_and_Safe_Streets_Act_of_1968.
9) 18 U.S.C. § 2510 et seq, http://www.law.cornell.edu/uscode/18/2510.html.

Program(약자 COINTELPRO)이라고 불리는 활동을 통해 마틴 루터 킹 목사를 포함한 민권운동가들을 불법적으로 감시한 것이 밝혀지면서,[10] 이와 같은 불법감청을 처벌하기 위해 제정된 것으로서 우리나라의 통신비밀보호법과 입법동기가[11] 매우 유사하며 그 구조 역시 유사하다. 그리고 다시 1986년에 위에서 말한 연방감청법을 개정하는 Electronic Communications Privacy Act of 1986(ECPA)[12]이 제정되면서 감청의 범위에 육성의 청취뿐만 아니라 전자적 의사소통내용의 취득도 포함시키게 되었다. 결국 우리나라의 현행 통신비밀보호법에 대응되는 체계를 갖추고 있는 것은 ECPA라고 볼 수 있다.

ECPA의 제1장(Title I)은 전기적 · 전자적 또는 육성을 통한 대화를 전달 도중에 취득하는 행위, 즉 '감청'을 규제하며, 위의 Burger 판결의 요청에 따라 수사기관은 일반적인 영장발부요건보다 더 엄격한 요건을 충족시켜야만 이 행위를 허용하는 영장을 취득할 수 있다.[13]

---

10) http ://en.wikipedia.org/wiki/Wiretap_Statute, http ://www.icdc.com/~paulwolf/ointelpro/churchfinalreportIIcc.htm.
11) 1994년 제정된 우리나라의 통신비밀보호법이 그 이전에 이루어졌던 안기부, 경찰 등의 국가기관에 의한 불법감청을 통제하기 위해 제정되었음은 공지의 사실이다.
12) ECPA Pub. L. 99-508, Oct. 21, 1986, 100 Stat. 1848, 18 U.S.C. § 2510.
13) Section 2518. Procedure for interception of wire, oral, or electronic communications
(1) [영장신청서 내용]…
(3) Upon such application the judge may enter an ex parte order, as requested or as modified, authorizing or approving interception of wire, oral, or electronic communications within the territorial jurisdiction of the court in which the judge is sitting(and outside that jurisdiction but within the United States in the case of a mobile interception device authorized by a Federal court within such jurisdiction), if the judge determines on the basis of the facts submitted by the applicant that—
(a) there is probable cause for belief that an individual is committing, has committed, or is about to commit a particular offense enumerated in section 2516 of this chapter;
(b) there is probable cause for belief that particular communications concerning that offense will be obtained through such interception;
(c) normal investigative procedures have been tried and have failed or reasonably appear to be unlikely to succeed if tried or to be too dangerous;
(d) except as provided in subsection(11), there is probable cause for belief that the facilities from which, or the place where, the wire, oral, or electronic communications are to be intercepted are being used, or are about to be used, in connection with the commission of such offense, or are leased to, listed in the name of, or commonly used by such person.
(4) [영장의 내용]

ECPA의 제2장(Title II)은 Wire and Electronic Stored Communications Act (또는 'SCA')라고 불리며 전자적으로 저장된, 이미 통신이 이루어진 정보들을 다루며 특히 컴퓨터에 저장된 정보들을 다룬다. 이와 같이 이미 통신이 이루어진 후에 저장된 통신정보의 취득은 '감청(interception)'에 해당되지 않으므로 Burger 판결이 요구한 엄격한 영장요건이 적용되지 않고,[14] 이에 따라 일반적인 영장요건

---

(5) No order entered under this section may authorize or approve the interception of any wire, oral, or electronic communication for any period longer than is necessary to achieve the objective of the authorization, nor in any event longer than thirty days. …

(7) Notwithstanding any other provision of this chapter, any investigative or law enforcement officer, specially designated by the Attorney General, the Deputy Attorney General, the Associate Attorney General or by the principal prosecuting attorney of any State or subdivision thereof acting pursuant to a statute of that State, who reasonably determines that—

(a) an emergency situation exists that involves –

(i) immediate danger of death or serious physical injury to any person,

(ii) conspiratorial activities threatening the national security interest, or

(iii) conspiratorial activities characteristic of organized crime,

that requires a wire, oral, or electronic communication to be intercepted before an order authorizing such interception can, with due diligence, be obtained, and

(b) there are grounds upon which an order could be entered under this chapter to authorize such interception,

may intercept such wire, oral, or electronic communication if an application for an order approving the interception is made in accordance with this section within forty-eight hours after the interception has occurred, or begins to occur …

(8)(a) …

(d) Within a reasonable time but not later than ninety days after the filing of an application for an order of approval under section 2518(7)(b) which is denied or the termination of the period of an order or extensions thereof, the issuing or denying judge shall cause to be served, on the persons named in the order or the application, and such other parties to intercepted communications as the judge may determine in his discretion that is in the interest of justice, an inventory which shall include notice of….

14) § 2703. Required disclosure of customer communications or records

(a) Contents of wire or electronic communications in electronic storage. — A governmental entity may require the disclosure by a provider of electronic communication service of the contents of a wire or electronic communication, that is in electronic storage in an electronic communications system for one hundred and eighty days or less, only pursuant to a warrant issued using the procedures described in the Federal Rules of Criminal Procedure by a court with jurisdiction over the offense under investigation or equivalent State warrant. A governmental entity may require the disclosure by a provider of electronic communications services of the contents of a wire or electronic communication that has been in electronic storage in an electronic communications system for more than one hundred and eighty days by

이 적용된다. 그러나 (1) 180일 이상 보관된 통신내용, 또는 (2) 원격지에 저장된 통신의 내용, 및 (3) 통신내용을 포함하지 않는 과거의 통신관련 기록은 일반영장

---

the means available under subsection(b) of this section.

(b) **Contents of wire or electronic communications in a remote computing service.** — (1) A governmental entity may require a provider of remote computing service to disclose the contents of any wire or electronic communication to which this paragraph is made applicable by paragraph, (2) of this subsection—

(A) without required notice to the subscriber or customer, if the governmental entity obtains a warrant issued using the procedures described in the Federal Rules of Criminal Procedure by a court with jurisdiction over the offense under investigation or equivalent State warrant; or

(B) with prior notice from the governmental entity to the subscriber or customer if the governmental entity—

(i) uses an administrative subpoena authorized by a Federal or State statute or a Federal or State grand jury or trial subpoena; or

(ii) obtains a court order for such disclosure under subsection(d) of this section; except that delayed notice may be given pursuant to section 2705 of this title. [···]

(c) **Records concerning electronic communication service or remote computing service.** —(1) A governmental entity may require a provider of electronic communication service or remote computing service to **disclose a record or other information** pertaining **to a subscriber to or customer of such service**(not including the contents of communications) only when the governmental entity—[···]

(B) obtains a court order for such disclosure under subsection(d) of this section;[···]

(E) seeks information under paragraph(2). [···]

(3) **A governmental entity receiving records or information under this subsection is not required to provide notice to a subscriber or customer.**

(d) Requirements for court order. —A court order for disclosure under subsection(b) or(c) may be issued by any court that is a court of competent jurisdiction and shall issue only if **the governmental entity offers specific and articulable facts showing that there are reasonable grounds to believe that the contents of a wire or electronic communication, or the records or other information sought, are relevant and material to an ongoing criminal investigation.** In the case of a State governmental authority, such a court order shall not issue if prohibited by the law of such State. A court issuing an order pursuant to this section, on a motion made promptly by the service provider, may quash or modify such order, if the information or records requested are unusually voluminous in nature or compliance with such order otherwise would cause an undue burden on such provider.

(e) No cause of action against a provider disclosing information under this chapter. – [omitted]

(f) **Requirement to preserve evidence.** —

(1) In general. —A **provider of wire or electronic communication services or a remote computing service, upon the request of a governmental entity, shall take all necessary steps to preserve records and other evidence in its possession pending the issuance of a court order or other process.**[omitted]

요건보다 더욱 완화된 영장요건이 적용된다. 즉, "통신의 내용이나 관련 기록이 현재 진행되는 범죄수사에 관련이 있고 중요하다고 믿을 합리적인 근거가 있음을 보여주는 구체적이고 특정 가능한 사실(specific and articulable facts showing that there are reasonable grounds to believe that the contents of a wire or electronic communication, or the records or other information sought, are relevant and material to an ongoing criminal investigation)"이 확인되면 영장이 발부된다. 그리고 일반영장과 마찬가지로 대부분 통신당사자에게 취득사실을 통보할 의무가 없다. 물론 역시 일반영장과 마찬가지로 통신내용을 보관하고 있는 자에게는 통보를 해야 할 것이다.

ECPA의 제3장(Title III)은 통화개시자가 특정 상대와 통화를 하기 위해 통신망에 입력하는 정보를 다룬다.[15] 예를 들어, 전화통화의 개시를 위해 단말기에 입력하는 전화번호를 말한다. ECPA 제3장은 우리나라의 통신비밀보호법과 달리 통신사실확인자료의 취득에 대한 허가를 다루는 것이 아니고, 전화설비에 설치되어 특정 전화로부터 발신되는 전화번호를 기록하게 되는 Pen Register Device와 Trap and Trace Device라고 불리는 장치를 설치하여 장래의 통신사실확인자료를 계속적으로 탐지하기 위한 허가를 다룬다. 즉, 우리나라의 통신비밀보호법의 통신사실확인자료에 대응될 수 있는 것인데 ECPA 제3장은 장래의 통신사실확인자료의 취득을 다루는 반면, 우리나라의 '통신사실확인자료'는 문리적인 해석상 과거의 통신에 대한 통신사실확인자료를 다루는 것으로 보이며, 그렇다면 미국의 ECPA 제2장의 '저장된 정보' 중에 통신내용에 해당하지 않는 통신기록에 해당된다. 이 논문에서는 ECPA 제3장의 pen register device와 trap and trace device를

---

15) Section 3122. Application for an order for a pen register or a trap and trace device
  (a) …
  (b) Contents of application.--An application under subsection (a) of this section shall include--
  (1) the identity of the attorney for the Government or the State law enforcement or investigative officer making the application and the identity of the law enforcement agency conducting the investigation; and
  (2) a certification by the applicant that **the information likely to be obtained is relevant to an ongoing criminal investigation being conducted by that agency.**

통해서 탐지하는 장래의 통신기록, ECPA 제2장에 따라 취득하는 과거의 통신기록, 그리고 우리나라 법상의 이미 이루어진 통신의 사실을 확인하는 자료를 공히 '통신사실확인자료'라고 칭하고 장래의 것인지 과거의 것인지는 문맥에 따라 표기하고자 한다.

ECPA가 이렇게 통신사실확인자료를 통신의 내용과는 별도로 다루게 된 이유는 미연방대법원은 Smith v. Maryland에서 통화자 개시자가 입력한 전화번호 자체는 프라이버시 보호를 받지 못해 압수수색에 해당하지 않고 이에 따라 영장이 필요 없다고 했었기 때문이다.[16] 이것은 마치 편지를 부치기 위해 편지봉투 바깥쪽에 써놓은 주소에 대해서는 편지의 발신자가 프라이버시 보호의 기대를 가질 수 없는 것과 마찬가지다. 프라이버시 보호의 기대는 통신당사자가 편지봉투 바깥쪽에 수신지 주소를 쓰는 행위 또는 전화번호를 통신망에 입력하는 행위를 통해 소멸된다.

하지만 미의회는 미연방대법원의 판례에도 불구하고 일반인들은 자신이 어떤 번호를 다이얼하는지에 대해 프라이버시가 어느 정도는 보호될 것을 기대한다고 판단했고, 이에 따라 위 ECPA의 3장에 따라 수사기관은 통화개시자가 입력한 전화번호를 취득하기 위해서도 법원으로부터 영장을 받아야 하도록 법제화한 것이다. 단 영장발부요건이 범죄발생의 개연성에 이르지 않고 "취득될 정보가 현행 수사에 관련이 있을 것(the information likely to be obtained is relevant to an ongoing criminal investigation being conducted by that agency)"이라는 소명(certification)만 있으면 된다. 그리고 통신사실확인자료의 취득에 대해서는 통화자에게 통지할 의무도 존재하지 않는다.[17] 단, 통신사실확인자료가 그 사람

---

16) 442 U.S. 735(1979).

17) Section 3123. Issuance of an order for a pen register or a trap and trace device
(a) In general. — Upon an application made under section 3122 of this title, the court shall enter an ex parte order authorizing the installation and use of a pen register or a trap and trace device within the jurisdiction of the court if the court finds that the attorney for the Government or the State law enforcement or investigative officer has **certified** to the court that the information likely to be obtained by such installation and use is relevant to an ongoing criminal investigation.
(b) ···
(c) Time period and extensions. — (1) An order issued under this section shall authorize the

의 위치를 추적하는 방식으로 이용되어서는 아니 된다.[18] 참고로 우리나라 통신비밀법 역시 통신사실확인자료의 취득은 영장을 통하도록 하고 있으나 미국법과 달리 통화자에게 통지할 의무를 명시하고 있다.

ECPA의 이 3단계 분류를 표로 나타내면 다음과 같다.

	제1장 제2장				
Omnibus Crime Control and Safe Streets Act	제3장 감청법(Wire tap Statute, ECPA에 의해 개정)	ECPA 제1장		감청	엄격한 영장요건 (probable cause "plus")
		ECPA 제2장	저장된 통신정보의 취득	통신내용	일반 영장요건 (probable cause)
				180일 이상된 통신내용; 원격기기에 저장된 통신내용	완화된 영장요건 (proof of specific and articulable facts showing relevance)
				과거의 통신사실확인자료	
		ECPA 제3장		장래의 통신사실확인자료	가장 완화된 영장요건 (certification of relevance)

한 가지 주의해야 할 점은 FISA(Foreign Intelligence Surveillance Act, '외국정보감시법'으로 번역 가능)에 따라 (1) 통신의 주체가 모두 외국세력(foreign power)이나 외국세력의 요원들(agent of foreign power)이고, (2) 통신의 내용이 외국기밀정보(foreign intelligence information)인 경우에는 감청신청이나 통신

---

installation and use of a pen register or a trap and trace device **for a period not to exceed sixty days**⋯.

18) 이 단서는 법조문이 별도로 있는 것이 아니고 판례에 의해 만들어진 것이다. In re Application of the United States for an Order (1) Authorizing the Use of a Pen Register & a Trap & Trace Device & (2) Authorizing Release of Subscriber Info. &/or Cell Site Info. (Orenstein Opinion I), 384 F. Supp.2d 562, 566 (E.D.N.Y. 2005) 판례들은 대체로 18 U.S.C. § 3117(b)의 정의에 따라 mobile tracking device에 해당하는 도구의 설치는 일반영장요건을 충족시켜야 한다고 판시하고 있다. 통신사실확인자료의 취득을 통해 사람의 위치를 확인하는 편법을 막고자 하였다. 보통 육안으로 확인될 수 있는 사람의 위치는 프라이버시의 기대범위를 벗어날 것으로 생각되어 애초에 어떤 논리로 프라이버시로 보호되는가에 대해 의아해 할 것인데, 이에 대해서도 아래에 설명될 것이다.

사실확인자료 취득신청은 일반법원에 의해 다루어지지 않고 FISA 하에 설립된 비밀법원에 의해 다루어진다.[19] FISA 법원의 결정문이 공개되지 않으며 오직 공개되는 것은 신청의 숫자이다. 이 때 법원은 역시 범죄발생의 개연성(probable cause)이 입증된 경우에만 감청허가나 통신자료공개를 명한다.

여기서 '외국세력'이란[20] 1) 외국의 정부, 2) 외국의 일파로서 내국인으로 상당부분 구성되지 않은 일파, 3) 외국정부에 의해 공개적으로 통제되는 단체, 4) '국제테러리즘'[21]을 추진하는 단체, 5) 외국의 정치단체로서 내국인이 상당부분을 구성하지 않은 단체, 그리고 6) 외국정부에 의해 통제되는 기구로 정의된다. 그리고 '외국세력의 요원'은 주로 이와 같은 단체들의 직원들을 말하되 국제테러리즘이나 사보타지를 추진할 경우 소속에 관계없이 '외국세력의 요원'으로 구분된다.[22] '외국기밀정보'는 미국을 실제 또는 잠재적인 심대한 공격, 사보타지 또는 국제테러리즘으로부터 보호하기 위해 필요한 정보로 정의된다.[23]

---

19) "FISA" Pub.L. 95-511, 92 Stat. 1783, enacted October 25, 1978, 50 U.S.C. ch.36, S. 1566.
20) 50 U.S.C. §1801(a) Definition of Foreign power
(a) "Foreign power" means—
(1) a foreign government or any component thereof, whether or not recognized by the United States;
(2) a faction of a foreign nation or nations, not substantially composed of United States persons;
(3) an entity that is openly acknowledged by a foreign government or governments to be directed and controlled by such foreign government or governments;
(4) a group engaged in international terrorism or activities in preparation therefor;
(5) a foreign-based political organization, not substantially composed of United States persons; or
(6) an entity that is directed and controlled by a foreign government or governments.
21) 50 U.S.C. §1801(c) "International terrorism" is broadly defined as activities that (1) involve violent acts or acts dangerous to human life that are a violation of U.S. criminal laws or would be a violation if committed in the U.S., (2) appear to be intended to intimidate or coerce a civilian population, to influence the policy of a government by intimidation or coercion, or to affect the conduct of a government by assassination or kidnapping, and (3) occur totally outside the U.S., or transcend national boundaries in terms of how they are accomplished, the people they are intended to coerce or intimidate, or the place where the terrorists operate).
22) 50 U.S.C. §1801(b) 는 다음과 같은 3가지의 부류의 사람을 외국세력의 요원으로 구분하고 있다. 첫째, 내국인이 아니고 외국세력의 간부나 직원인 자, 둘째, 내국인이 아니면서 비밀첩보활동을 하거나 내국인이면서 불법으로 비밀첩보활동을 하는 자, 셋째, 국제테러리즘이나 사보타지를 준비하거나 시행하고 있는 자.
23) 50 U.S.C. §1801(e) Definition of Foreign intelligence information necessary to protect the United States against actual or potential grave attack, sabotage or international terrorism.

또 FISA는 대통령이 법무부장관을 통해 허가를 하고 FISA 법원에 보고만을 하면 1년 동안 '외국세력'의 일부에[24] 대해서는 국내인이 통신의 당사자가 되지 않을 것이라는 상당한 가능성이 있는 경우 법원의 허가가 없이 감청 등을 할 수 있도록 하고 있다.[25]

2. ECPA에 대한 논란

위에서 보다시피 ECPA는 국가기관이 취득하려는 정보의 성격이 무엇인가에 따라 정보취득을 위해 충족시켜야 하는 요건이 달라졌으며, ECPA가 통과된 후 주된 법적 다툼은 여러 정보들이 ECPA의 어느 장에 속하는가의 문제였다.

가. 위치정보

ECPA가 다루는 통신관련정보 중에서 통신정보가 위치정보의 취득에 이용될 수 있는 경우가 있는데 바로 휴대폰이다. 휴대폰의 통신사실확인자료는 과거의 통신사실확인자료의 경우 ECPA 제2장의 완화된 영장요건 하에서 취득을 할 수도 있고, 장래의 통신사실확인자료의 경우 ECPA 제3장의 완화된 영장요건 하에서 취득을 할 수도 있다. 그러나 통신사실확인자료는 전화번호뿐만 아니라 통신이 이루어진 기지국 위치를 포함하게 되어 휴대폰 소유자의 위치정보를 유추할 수 있는 근거가 된다. 결국 통신사실확인자료에 대한 완화된 영장조건이 적용되면

---

24) 여기서 일부라 함은 '외국세력' 중에서 §§1801(a)(1)-(3)에 정의된 단체들을 말하며 외국정치단체나 '국제테러리즘'을 추진하는 단체 등은 제외된다.
25) 50 U.S.C. § 1802(a)(1), Conditions under which the President, through the Attorney General, may authorize electronic surveillance without a court order The President may authorize, through the Attorney General, electronic surveillance without a court order for the period of one year provided it is only for foreign intelligence information;[7] targeting foreign powers as defined by 50 U.S.C. §1801(a)(1),(2),(3)[11] or their agents; and there is no substantial likelihood that the surveillance will acquire the contents of any communication to which a United States person is a party.

되는 것인지, 위치정보에 적용되는 영장요건이 적용되면 되는 것인지가 문제가 된다.

우선 위치정보에 대한 영장요건을 알아본다. 사람의 위치정보가 합리적인 프라이버시의 기대 범위에 포함되어 범죄발생의 개연성을 인정하는 영장이 있어야만 취득할 수 있는 것인지에 대해서는 논란이 있었다. 왜냐하면 보통 사람의 신체의 크기를 고려하면 일부러 얼굴을 가리고 다니지 않는 한 공공장소에서의 자신의 위치정보는 프라이버시로 보호된다고 하기 어렵다. 그런데 미국연방대법원은 U.S. v. Karo에서,[26] 그렇다고 하더라도 그 사람이나 그 사람의 휴대품에 위치추적기를 달 경우 육안으로 볼 수 없는 옥내에서의 위치까지 공개가 되기 때문에 영장이 필요하다고 판시했다. 참고로 미연방대법원은 열영상기(thermal imaging)에 의한 옥내위치 확인도 영장이 필요하다고 판시한 바 있다.[27] 이 판결은 초기에는 옥내에서의 위치확인에만 영장이 필요한 것으로 해석되었으나, 실질적으로는 모든 위치추적기에 영장이 필요한 것으로 받아들여지고 있어 현재 위치추적기의 경우 모든 연방경찰은 일상적으로 위치추적기 장착을 위해 영장을 신청하는 관행이 정착되었다.[28] 사실 필자가 생각하기에 보통 위치추적기가 신체보다 훨씬 더 작은 사이즈의 개인소지품에 부착되면 소유자는 개인소지품을 가지고 옥내로 들어갈 수 있으며, 이 경우 프라이버시로 보호되는 옥내에서의 위치정보도 추적이 될 수 있으므로 당연한 귀결이라고 생각된다.

그러나 바로 동일한 논리로 자동차와 같이 옥내로 들어가지 않는 물체에 위치추적기를 장착하는 것은 영장을 필요로 하지 않는다.[29] 실제로 미국의 경찰은 자동차에 위치추적기를 달 경우에는 영장을 신청하지 않는 관행이 정립되었고 법원에 의해 그 합법성을 인정받고 있다. 워싱턴 주 대법원은 심지어는 공공장소에서의 위치정보 역시 GPS를 이용한 추적기를 이용할 경우에도 영장이 필요하다고 했다.

---

26) 468 U.S. 705(1984).

27) Kyllo v. United States, 533 U.S. 27(2001).

28) U.S. v. In re Application for Tracking Devices on a White Ford Truck, 155 F.R.D. 401, 403(D.Mass. 1994).

29) U.S. v. Moran, 349 F.Supp.2d 425(N.D.N.Y. Jan 05, 2005).

이 당시에는 추적기는 자동차에 부착되어 있었기 때문에 옥내로 들어갈 수 없었고 이 때문에 위의 Karo 판결은 적용되지 않는 상황이었다.[30] 그러나 이 워싱턴 주 대법원의 사건의 의미는 과장되어서는 안 된다. 위 법원은 워싱턴 주 헌법이 프라이버시권의 보호에 있어서 연방헌법보다 더 엄격하고 워싱턴 주 헌법에 따라 위와 같이 판시했다고 했으며 연방법원 측도 그렇게 이해하고 있다.[31] 그렇다면 휴대폰은 개인소지품으로서 옥내로 들어갈 수 있어 옥내에서의 위치추적에 이용될 수 있으므로 Karo 판결을 따르자면 일반적인 영장요건이 적용되어야 한다.

정리하자면, 결국 휴대폰의 기지국과의 교신기록을 ECPA 제2장의 저장된 정보나 제3장의 통신사실확인자료로 본다면 그 장이 요구하는 완화된 영장요건(즉, 현재 진행되는 범죄수사에 관련되어 있다는 소명) 하에서 영장이 발부될 것이고, 그 교신기록이 위치추적기의 역할을 하는 것이라면 일반영장 요건(즉, 범죄발생의 개연성의 입증) 하에서 영장이 발부될 것이다.

그런데 ECPA가 통과된 후 휴대폰의 사용이 일반화되자 수사기관들이 슬립모드(sleep mode)상의 휴대폰과 기지국과의 교신기록을 ECPA 제3장이나 제2장을 이용해 완화된 영장요건 하에서 이동통신회사로부터 취득하려고 했다. 즉, 휴대폰이 켜져 있는 상태에서는 통화가 이루어지고 있지 않더라도 휴대폰이 통신망에 지속적으로 신호를 보내는데 그 신호가 어떤 기지국을 통해 들어오는지에 대한 정보는 통화사실확인자료에 해당하며, 그 자료는 통신망 서버에 계속 기록이 되므로 그 기록을 취득하는 것은 ECPA의 제3장의 완화된 영장요건만 충족시키면 허용되어야 한다고 주장한 것이다. 하지만 이와 같은 기지국 교신기록은 휴대폰의 위치를 확인할 수 있는 자료가 되기도 한다. 이에 따라 법원들은 ECPA 제2장 및 제3장의 완화된 영장요건 하에 영장을 발부할지에 대해 면밀히 검토하기 시작했다.

여러 법원들은 휴대폰이 통신망에 지속적으로 신호를 보내는 것은 '통신'이

---

30) State v. Jackson, 150 Wash. 2d 251, 76 P. 3d 217(2003). 2012년 1월 미국연방대법원은 이 추적기가 자동차 내의 일정 공간을 허락 없이 차지하는 한 사유재산의 압수(seizure)에 해당하며 압수영장이 필요하다고 판시하였다. U.S. v. Jones (판례집 번호 미정)
31) U.S. v. Moran, 각주 29.

아니며 이에 따라 ECPA의 제3장의 통화사실확인자료에 해당하지 않으며, 결국 수사기관이 취득하려 하는 것은 실시간 위치추적에 해당하고 이를 위해서는 Karo 판결에 따라 일반적인 영장요건인 개연성(probable cause)이 증명되어야 한다고 했다.32) 그러나 일부 법원들은 이용자가 이동전화를 실제로 이용해 통화를 할 때의 기지국 정보 또는 통화의 시작과 끝의 기지국 정보는 '통신'과 결부된 통신사 실확인자료에 해당할 수 있으며, 이들 정보는 ECPA 제2장이나 제3장의 완화된 요건에 따라 공개될 수 있다고 했으나33) 반대의 결론을 내린 법원도 있다.34)

중요한 것은 휴대폰과 기지국 사이의 교신기록이 통신사실확인자료에 해당한 다고 볼 수 있을지라도, 일부 수사기관들은 가장 강한 신호를 받은 기지국의 기록 뿐만 아니라 해당 이동전화로부터 신호를 받은 모든 기지국들의 기록을 받으려 했으나 후자의 기록들이 공개되면 삼각측량(triangulation)에 의해 휴대폰의 실제 위치를 확인할 수 있게 되는 것이라 하여 법원에 의해 거부되었다.35)

정리하자면, Karo 판결은 이미 위치추적정보는 공공장소가 아닌 옥내의 움직임

---

32) In re Application of U.S. for Order, D.Puerto Rico 2007, 497 F.Supp.2d 301.; In re Application for Pen Register and Trap/Trace Device with Cell Site Location Authority, S.D.Tex.2005, 396 F.Supp.2d 747; In re Authorizing the Use of a Pen Register, E.D.N.Y.2005, 384 F.Supp.2d 562, on reconsideration 396 F.Supp.2d 294.; In re Application of the U.S. for an Order(1) Authorizing the Use of a Pen Register and a Trap and Trace Device, E.D.N.Y.2005, 396 F.Supp.2d 294.; In re Application of U.S. for an Order Authorizing Installation and Use of a Pen Register and a Caller Identification System on Telephone Numbers(Sealed), D.Md.2005, 402 F.Supp.2d 597. 그러나 장래의 정보가 아니라 과거의 정보에 대해서는 ECPA 제2장의 요건에 따라 공개가 가능하다고 판시한 법원도 있다. In re Applications of the U.S. for Orders Pursuant to Title 18, U.S. Code, Section 2703(d) to Disclose Subscriber Information and Historical Cell Site Information for Mobile Identification Numbers: (XXX)XXX-AAAA, (XXX)XXX-BBBB, (XXX)XXX-CCCC, D.Mass. 2007, 509 F.Supp.2d 64, reversed 509 F.Supp.2d 76.
33) In re Application of U.S. for an Order for Prospective Cell Site Location Information on a Certain Cellular Telephone, S.D.N.Y.2006, 460 F.Supp.2d 448.
34) In re U.S. for an Order Authorizing the Release of Prospective Cell Site Information, D.D.C.2006, 407 F.Supp.2d 134.
35) In re Application for Pen Register and Trap/Trace Device with Cell Site Location Authority, 396 F.Supp.2d 747, 749(S.D.Tex. 2005); In re Application of the United States for an Order Authorizing the Installation and Use of a Pen Register and a Caller Identification Sys. on Tel. Nos.(Sealed) and the Production of Real Time Cell Site Info., 402 F.Supp.2d 597, 599(D.Md. 2005).

까지 파악할 수 있는 한 영장이 필요한 압수수색에 해당한다고 했고, 후속 판례들은 휴대폰과 복수의 기지국 사이의 슬립 모드 교신기록은 이와 같은 위치추적정보라고 일관되게 판시하고 있다. 즉, 일반적인 통신사실확인자료에 적용되는 완화된 영장요건이 적용되는 것이 아니고 원래의 일반적인 영장요건이 적용되어야 하는 것이다.

이 논의는 우리나라의 2008년 통신비밀보호법이 GPS 정보를 통신사실확인자료의 범위에 넣어 매우 완화된 영장요건에 따라 취득을 할 수 있도록 하고 있는 것을 평가함에 있어 참고해야 할 것이다. 특히 우리나라의 통신사실확인자료의 취득을 위한 영장발부요건은 거의 없다고 보아도 과언이 아닌 상황에서 이와 같은 개정안은 더욱 심각한 문제를 야기한다.[36] 특히 현행법은 통신사실확인자료의 정의에 통신이 이루어진 기지국과 IP주소를 이미 포함하고 있고,[37] 헌법적인 문제를 초래하면서까지 반드시 GPS 위치추적까지 해야 할 필요가 있는지도 생각해보아야 한다.

나. 이메일 정보

ECPA가 통과된 후 이메일을 전송 도중에 취득하는 행위의 경우 '감청'으로서 ECPA의 제1장에 해당하는지 또는 저장된 정보의 취득이라서 ECPA의 제2장에 해당하는지에 대해 논란이 있었다. 왜냐하면 이메일의 경우 전송 도중에 중간에서 한번은 중간서버에 저장되는 과정을 거치게 되기 때문이다. 결국 미국의 제1순

---

36) 제13조(범죄수사를 위한 통신사실 확인자료제공의 절차 ②제1항의 규정에 의한 통신사실 확인자료제공을 요청하는 경우에는 요청사유, 해당 가입자와의 연관성 및 필요한 자료의 범위를 기록한 서면으로 관할 지방법원(보통군사법원을 포함한다. 이하 같다) 또는 지원의 허가를 받아야 한다. 다만, 관할 지방법원 또는 지원의 허가를 받을 수 없는 긴급한 사유가 있는 때에는 통신사실 확인자료 제공을 요청한 후 지체 없이 그 허가를 받아 전기통신사업자에게 송부하여야 한다. 〈개정 2005.5.26〉 [본조신설 2001.12.29]
37) 제2조 바. 정보통신망에 접속된 정보통신기기의 위치를 확인할 수 있는 발신기지국의 위치추적 자료
　사. 컴퓨터통신 또는 인터넷의 사용자가 정보통신망에 접속하기 위하여 사용하는 정보통신기기의 위치를 확인할 수 있는 접속지의 추적자료

회지구 연방항소법원은 United States v. Councilman[38])에서 이에 따라 이메일의 취득 역시 '감청'으로 인정되어 ECPA의 제1장의 엄격한 기준에 따라 보호되게 되었다.

우리나라의 경우 전송이 이미 완결된 후의 이메일도 감청에 해당되므로 더욱 엄격한 허가요건이 적용되어야 한다는 주장이 있었으나, 이는 받아들여지지 않았고 단지 통신자에 대해 사후통지를 해야 한다는 주장이 받아들여져 2009년 통신비밀보호법이 개정되었다.

다. USA패트리어트법

2001년 10월 26일 부시 대통령은 소위 '미 애국법'(Uniting and Strengthening America by Providing Appropriate Tools Required to Intercept and Obstruct Terrorism)에 서명했고,[39]) 이 법은 ECPA의 영장의 적용범위를 확대했고 이에 대해 여러 논란이 제기되었다.[40]) 우리나라 통신비밀보호법 및 개정안의 검토와는 상관이 없으므로 여기에서는 생략하기로 한다.

라. 소결

결론적으로, ECPA는 감청에 대해서는 일반영장요건보다 더욱 높은 요건을 부과하고 통화요청기록에 대해서도 최소한의 영장요건을 부과하는 방식으로 통신비밀을 보호하는 한편, 법이 정한 영장의 요건만 충족시키면 유무선전화 및 인터넷 통신의 내용 및 통신사실확인자료까지 감청 및 취득이 가능하도록 했다. 현재의 많은 논란들은 경찰이 요구하는 기록이 1) 과거의 그것인가 장래의 그것인가에 따라, 그리고 2) 경찰이 하나의 기지국과의 교신기록만을 요구하는가 아니면 여러 개의 기지국과의 교신기록을 요구하는가, 또는 3) 실제로 휴대폰이용자가

---

38) 418 F.3d 67(1st Cir. 2005).

39) Public Law 107-56; 115 Stat. 272.

40) http://www.bookrags.com/wiki/USA_PATRIOT_Act.

휴대폰을 이용해 통신을 했을 때의 교신기록만을 요구하는가 아니면 휴대폰과 기지국 사이의 슬립 모드상의 교신기록만을 요구하는가에 따라 법원의 판단이 바뀌면서 발생하고 있다.

한 가지 우리나라와 상황과의 비교를 위해 확인하고 넘어갈 것은 슬립 모드상의 복수기지국과의 교신기록을 요청하는 것은 U.S. v. Karo 판결의 위치추적정보 요청과 마찬가지로 다루어지며, 이에 따라 일반적인 영장요건이 적용된다는 점이다.

3. CALEA의 등장과 연방통신위원회의 2005년 결정[41]

이 상황에서 범죄수사통신지원법(Communications Assistance for Law Enforcement Act 또는 CALEA)이 1994년에 통과되었다.[42] 이 법이 통과된 이유는 회로스위치기술을 이용하는 아날로그전화 통화의 경우 경찰이 서비스제공자의 도움 없이 감청을 할 수 있지만, 패킷스위치기술을 통한 통화, 즉 이동전화를 포함해 디지털기술을 이용하는 모든 전화통화의 감청은 서비스제공자의 도움이 필요했기 때문에 서비스제공자의 협조를 강제하기 위한 것이다. 결국 ECPA가 명목적으로 허용하는 감청 및 정보취득을 실질적으로 가능케 하는 법이 CALEA인 것인 셈이다.

그 내용을 살펴보면 첫째, 통화내용을 '감청'할 수 있는 설비를 갖추고 수사기관이 법원명령이나 기타 합법적인 허가를 얻어 감청을 요청할 경우 감청을 시행해 그 결과물을 수사기관에 전달해야 하고, 둘째, 수사기관이 법원명령이나 기타 합법적인 허가를 얻어 통신사실확인자료를 요청할 경우 서비스제공자가 합리적으로 취득할 수 있는(reasonably available) 통신사실확인자료(call identifying information)를 제공해야 한다는 내용이다.[43] 통화내용 제공의무와 통화사실확

---

41) CALEA에 대한 비판적인 분석은 Electronic Frontiers Foundation의 CALEA 홍보사이트를 참조할 것. http://www.eff.org/pages/calea-faq.
42) Pub. L. No. 103-414, 108 Stat. 4279, codified at 47 USC 1001-1010.

인자료 제공의무를 별도로 명시하고 있는 이유는 위의 ECPA의 구조에서 볼 수 있듯이 제공이 요청되는 정보에 따라 서로 다른 영장발부조건이 적용되기 때문이다. 그리고 이 구분은 CALEA가 아래에 설명할 연방통신위원회의 2005년 결정에 의해 브로드밴드서비스에도 적용되면서 ECPA의 효력이 브로드밴드를 통한 통신서비스에도 미치게 되면서 많은 인터넷기업들이 반발을 하게 되는 이유가 된다.[44]

CALEA는 "지역전화서비스를 실질적으로 대체할 수 있는(a replacement for a substantial portion of the local telephone exchange service) 통신서비스제공자(telecommunications carriers)"에만 적용되어 이메일이나 인터넷에서와 같이 정보를 창출하고 보관하는 등의 능력을 제공하는 정보서비스(information

---

43) § 1002. Assistance capability requirements
(a) Capability requirements.
···a telecommunications carrier shall ensure that its equipment, facilities, or services that provide a customer or subscriber with the ability to originate, terminate, or direct communications are capable of—
(1) expeditiously isolating and enabling the government, pursuant to a court order or other lawful authorization, to **intercept**. ···;
(2) expeditiously isolating and enabling the government, pursuant to a court order or other lawful authorization, to **access call−identifying information that is reasonably available to the carrier···** such call−identifying information shall not include any information that may disclose the physical location of the subscriber(except to the extent that the location may be determined from the telephone number);
(3) **delivering intercepted communications and call−identifying information to the government**, pursuant to a court order or other lawful authorization, in a format such that they may be transmitted by means of equipment, facilities, or services procured by the government to a location other than the premises of the carrier; and···
(b) Limitations···
(2) Information services; private networks and interconnection services and facilities
The requirements of subsection(a) of this section do not apply to—
(A) **information services**; or
(B) equipment, facilities, or services that support the transport or switching of communications for **private networks** or for the sole purpose of interconnecting telecommunications carriers···.
44) Matthew Lasar, "CALEA for broadband? The critics are unanimous." 2006년 3월 26일 게시글, http://www.lasarletter.net/drupal/node/71; Matthew Larsar, "Briefing: Who will pay for letting the FBI monitor your Internet phone calls?" 2005년 11월 20일 게시글, http://www.lasarletter.net/drupal/node/19.

service)제공자에는 적용되지 않는다. [45] 또 사내전화와 같은 사적 통신망(private network) 운영자에는 적용되지 않는다. 물론 이메일의 내용이나 사적 통신망 내의 통화내용도 영장 등의 절차를 거쳐 취득할 수 있지만, CALEA가 부과하는 설비를 갖출 적극적 의무는 공적인 통신망에만 부여하게 되는 것이다.

CALEA가 통과된 직후에는 별다른 논란이 없었다. 그러나 CALEA 상의 서비스 제공자의 의무이행을 감시할 권한을 가진 연방통신위원회(Federal Communications Commission)는 2005년 8월에 CALEA가 인터넷을 통해 전화통화를 구현하는 VoIP 서비스 및 브로드밴드 인터넷접속서비스의 제공자들에게도 모두 적용된

---

45) 47 U.S.C. § 1001. Definitions

(2) The term "**call-identifying information**" means dialing or signaling information that identifies the origin, direction, destination, or termination of each communication generated or received by a subscriber by means of any equipment, facility, or service of a telecommunications carrier.

(4) The term "electronic messaging services" means software-based services that enable the sharing of data, images, sound, writing, or other information among computing devices controlled by the senders or recipients of the messages···

(6) The term "information services"—

(A) **means the offering of a capability for generating, acquiring, storing, trans-forming, processing, retrieving, utilizing, or making available information via telecommunications; and**

(B) includes—

(i) a service that permits a customer to retrieve stored information from, or file information for storage in, information storage facilities;

(ii) electronic publishing; and

(iii) electronic messaging services; but

(C) does not include any capability for a telecommunications carrier's internal management, control, or operation of its telecommunications network··· .

(8) The term "telecommunications carrier"—

(A) means a person or entity engaged in the transmission or switching of wire or electronic communications as a common carrier for hire; and

(B) includes—

(i) a person or entity engaged in providing **commercial mobile service**(as defined in section 332(d) of this title); or

(ii) a person or entity engaged in providing wire or electronic **communication switching or transmission service to the extent that the Commission finds that such service is a replacement for a substantial portion of the local telephone exchange service** and that it is in the public interest to deem such a person or entity to be a telecommunications carrier for purposes of this subchapter ···.

다고 결정했다.[46] 자세히 살펴자면, 연방통신위원회는 모든 "설비기반의 브로드밴드 인터넷접속서비스(facilities-based providers of any type of broadband Internet access service)"가 CALEA 상의 의무를 준수해야 한다고 했고, 여기에는 "유선, 케이블모뎀, 위성, 무선 그리고 전력선을 이용한 브로드밴드(wireline, cable modem, satellite, wireless and broadband access by powerline)"도 포함된다고 했다. 여기서 '브로드밴드'는 200kbs downstream 이상을 말하고, '설비기반'이란 자신의 물리적 설비를 이용해 엔드유저와 인터넷을 연결해주는 모든 서비스제공자를 말한다. 즉, 설비를 이용하지 않고 소프트웨어만을 제공해 연결해주는 업자 또는 하드웨어도 이용하기는 하나, 인터넷과의 연결 자체에 대해서는 그 하드웨어가 이용되지 않는 업자에게는 적용되지 않는다. 곧 우리 흔히 말하는 포털업자나 이메일서비스업자들에게는 적용되지 않는 것이다.

그러나 역시 기억해야 할 것은 이메일과 포털과 같은 정보서비스('information service')는 CALEA의 적용을 받지 않으며[47] 인터넷을 통해 전화통화를 구현하는 통신서비스에만 적용된다. 바로 그와 같은 통신서비스 중에서 대표적인 것이 바로 VoIP 서비스인데 PSTN을 통해 접근할 수 있는 사람들을 접근할 수 있는 서비스를 제공하는 한 CALEA의 적용을 받게 된다. 연방통신위원회는 이용자들 간의 모든 VoIP 통신에 적용되는 것은 아니고 중간에 그 통신을 중개하는 업자가 있는 소위 중개 VoIP(managed VoIP) 서비스에만 적용된다고 한정했다. 그러나 연방통신위원회는 이와 같은 중개자가 없이 엔드유저 간의 소프트웨어를 통해 구현되는 통신, 예를 들어 AOL의 Instant Messaging('AIM') 등에는 적용되지 않는다.

지금까지 1) 이메일, 2) 포털, 3) 메신저 등을 통한 통신에는 CALEA가 적용되지

---

46) In the Matter of Communications Assistance for Law Enforcement Act and Broadband Access and Services"(FCC 04-187, 2004 WL 1774542).

47) A facilities-based broadband Internet access service provider continues to have no CALEA obligations with respect to, for example, the storage functions of its e-mail service, its web-hosting and ["Domain Name System", or "DNS"] look up functions or any other ["Internet Service Provider", or "ISP"] functionality of its Internet access service. It is only the "switching and transmission" component of its service that is subject to CALEA under our finding today. Order, 20 F.C.C.R. 14989, 38.

않는다고 했지만 그렇다고 해서 이를 통한 통신내역을 감청을 할 수 없다는 것은 아니다. ECPA는 각각의 정보에 적용되는 영장요건만 충족되면 위와 같은 방법을 통한 감청도 허용하고 있다. 단지 CALEA가 적용되지 않을 뿐이므로, 예를 들어 AIM 소프트웨어를 제공하는 업자는 AIM을 통한 통신내용을 감청할 수 있도록 소프트웨어를 변형하는 방식으로 협조할 의무가 없다는 것뿐이다. 수사기관은 이메일업자, 포털업자, 메신저업자들의 협조가 없이 직접 감청을 시도하거나 이메일, 포털 및 메신저 모두 물리적으로는 브로드밴드서비스를 통과하게 되는데, CALEA 의무가 모든 브로드밴드서비스제공자에게 적용되므로, 이들을 통해 이메일, 포털 및 메신저를 통한 통화내역을 감청을 할 수는 있다.

어찌되었든, CALEA에 대한 논란은 연방통신위원회의 위와 같은 2005년 결정 이후에 발생했다. 첫째, 일부 학교들은 자신들이 인트라넷을 운영하고 있기 때문에 CALEA의 적용을 받지 않는다고 주장했다. 그러나 연방통신위원회는 사적통신망을 운영한다고 해서 CALEA의 적용을 받지 않는 것이 아니라, 사적통신망만을 운영할 경우 CALEA의 적용을 받지 않는 것이며, 인트라넷 가입자가 인트라넷을 통해 인터넷 또는 PSTN에 접속할 수 있는 한 CALEA의 적용을 받는다고 했다. DC순회지구 연방항소법원은 2006년 6월 연방통신위원회의 주장을 받아들였다.[48]

둘째, 기술적인 문제인데 인터넷접속서비스제공자들이 자신의 설비가 감청이 가능하도록 만들기 위해 기술적 혁신의 기회를 포기할 수밖에 없게 된다는 것이다.[49]

셋째, 과연 인터넷에서 특정 통신의 내용과 통신사실확인자료를 구분해낼 수 있는가의 문제다. 인터넷을 통한 통신의 경우 통신의 내용에 통신이 전달되는 주소가 포함되어 있다. 즉, 모든 메시지는 메시지의 앞에 발신주소와 수신주소가 적힌 상태에서 발신이 되는데 보통 여러 개의 네트워크를 통해 통신이 이루어지게 되며, 이때마다 발신주소와 수신주소가 한 쌍씩 더 붙게 된다. 그렇다면 어느 단계에서

---

48) American Council on Education v. FCC, 451 F.3d 226(2006).
49) Information Technology Association of America(ITAA)는 이에 대해 2006년 6월에 Vinton Cerf, Whitfield Diffie가 저술한 보고서를 발표한 바 있다.

통신이 이루어진 것으로 간주하는가에 따라 통신사실확인자료와 통신내용의 구분이 달라진다. 그렇다면 통신사실확인자료를 떼어내기 위해서는 업자는 통신내용을 자세히 분석해볼 수밖에 없게 되는 문제가 있으며, 이와 같은 분석을 하지 않고 실체적인 메시지 외에 모든 정보를 제공할 경우 이것은 통신사실확인자료라고 보기가 어렵다.

이것은 중요한 문제점을 야기하는데 통신사실확인자료는 상대적으로 간소한 영장요건에 의해 취득이 가능하지만 통신의 내용은 영장의 요건보다 매우 높은 개연성이 증명되어야 한다. 즉, 통신의 내용이 아닌 정보(즉, 통신사실확인정보)는 영장 수준의 개연성이 증명되지 않아도 감청이 가능한데 문제는 통신사실확인정보에는 통신의 내용에 대한 정보도 포함될 수 있다는 것이다.

물론 특정 통신이 어떤 네트워크를 지났는지가 공개되는 것이 통신자들에게는 그다지 민감한 일이 아닐 수 있다. 그러나 G3 환경에서는 인터넷의 사용이 이동통신망을 통해 이루어진다. 그렇다면 통신사실확인자료와 통신의 내용이 구분되지 않을 경우 통신사실확인자료의 취득을 통해 실제로는 영장을 필요로 하는 위치추적 내용까지 모두 취득할 수도 있다.

결론적으로, CALEA에 대한 논란은 조속하게 나타나거나 해결될 성질의 것이 아니다. 우선 적용범위에 대해서는 법원판결로 논란이 종결되었으며,[50] 기술혁신의 문제 역시 앞으로의 기술발전 상황을 지켜봐야 하는 것이다. 마지막으로 통신사실확인자료와 통신내용의 구분 문제 역시 G3 환경에서의 대응 사항을 지켜보아야 할 것이다.

---

50) CALEA의 적용범위는 "일반전화를 대체할 수 있는 모든 설비기반의 통신서비스" 제공자에 모두 적용되기 때문에 유선, 무선, 인터넷전화, 데이터통신까지 모두 포함한다. 과거에 일반전화선을 통해서 음성통화만 하는 것이 아니라 dial-up 방식의 데이터통신도 가능했던 것을 현재의 브로드밴드가 대체하고 있음을 상기하면 CALEA는 브로드밴드 서비스업자에게도 적용된다. 그런데 주의해야 할 것은 접속서비스제공자(예를 들어 KT)에게만 적용되는 것이지 포털사업자나 기타 콘텐츠사업자들 및 통신이 아닌 정보처리서비스에게 적용되는 것은 아니다. 물론 모든 통신은 접속서비스제공자를 거치기 때문에 모든 감청이 가능하다. 단지 CALEA의 설비유지의무는 접속서비스제공자에게만 적용된다는 것이다.

4. 미국법과 현행 한국법의 비교

미국의 ECPA와 한국의 현행법은 크게 다르지 않다. 미국의 ECPA 제정의 추동력이 되었던 원리―즉, 감청의 경우 일반 압수수색보다 더욱 엄격한 영장요건이 적용되어야 하며 감청된 사람에게 추후 통보가 이루어져야 한다―가 도입되었다는 면에서는 똑같다. 도리어 한국의 통신비밀보호법은 통신사실확인자료에 대해서도 통보의무를 규정하고 있다는 점에서 그렇게 하고 있지 않은 ECPA에 비하면 통신자의 프라이버시를 더욱 보호하고 있는 것으로 보인다. 그러나 다음과 같은 면에서 통신비밀보호법은 미국의 ECPA와 완전히 다른 양태를 띠고 있다.

가. 영장주의의 마비

통신비밀보호법의 핵심은 영장주의다. 통신제한조치의 허가 요건은 일반영장의 발부요건보다 엄격하게 되어 있다.[51] 하지만 법원이 얼마나 이를 엄격하게 시행하는가가 문제다.

아래 표와 같이 영장기각률이 낮은 것은 수색영장 또는 감청영장이 발부된 후에 그 영장의 부당성을 다툴 수 있는 절차 자체가 없어 법원의 판사들이 영장발부에 있어 신중할 필요를 느끼지 못하기 때문이다. 이 때문에 법원은 아무런 거리낌 없이 영장을 발부할 수 있는 것이다. 물론 불법적인 영장의 경우 그 영장에 의해 취득된

---

51) 제5조(범죄수사를 위한 통신제한조치의 허가요건) ① 통신제한조치는 다음 각호의 범죄를 계획 또는 실행하고 있거나 실행했다고 의심할 만한 충분한 이유가 있고 다른 방법으로는 그 범죄의 실행을 저지하거나 범인의 체포 또는 증거의 수집이 어려운 경우에 한해 허가할 수 있다. 〈개정 1997.12.13, 2000.1.12, 2001.12.29, 2007.12.21〉

1~11. [범죄의 목록 생략]

…

제6조(범죄수사를 위한 통신제한조치의 허가절차) …

⑦ 통신제한조치의 기간은 2월을 초과하지 못하고, 그 기간 중 통신제한조치의 목적이 달성되었을 경우에는 즉시 종료해야 한다. 다만, 제5조 제1항의 허가요건이 존속하는 경우에는 제1항 및 제2항의 절차에 따라 소명자료를 첨부해 2월의 범위 안에서 통신제한조치기간의 연장을 청구할 수 있다. 〈개정 2001.12.29〉

⑧ 법원은 청구가 이유 없다고 인정하는 경우에는 청구를 기각하고 이를 청구인에게 통지한다.

〈표 17-1〉 통신감청 영장 청구 및 기각률 통계표

	청구	기각	기각률
2003년	347	10	2.9%
2004년	193	2	1.0%
2005년	73	1	1.4%
2006년	107	3	2.8%
2007년	112	4	3.6%
2008년 6월	35	1	2.9%

자료: 민주통합당 이춘석 의원실.

〈표 17-2〉 통신사실 확인자료 청구 및 기각률 통계표

	청구	기각	기각률
2006년	60,357	557	0.9%
2007년	66,651	585	0.9%
2008년 8월	47,280	579	1.2%

자료: 민주통합당 이춘석 의원실.

정보에 대해서는 소위 '독수독과' 이론을 적용해 추후의 형사재판에서 증거로 채택되지 못하도록 할 수 있다. 하지만 감청으로 취득된 정보의 증거력과는 관련 없이 감청이나 통신사실확인자료의 압수수색은 관련 통신의 통신자의 기본권에 대한 제한이며, 이에 대해 이의제기를 할 수 있는 기회가 마련되는 것은 매우 중요한 일일 것이다. 미국에서는 motion to quash warrant라는 절차를 통해 아직 집행되지 않은 압수수색영장의 무효화가 가능하다.[52] 물론 감청의 핵심은 피감청자가 모르는 상황에서 이루어진다는 것이므로, 위와 같이 감청영장발부의 합법성을 다투는 절차가 존재한다고 할지라도 비감청자는 이를 이용할 기회가 없는 것이 사실이다. 그러나 우선 일반적인 압수수색에 대해서라도 영장이 발부되는 과정이나 영장이 발부된 후에 집행되는 과정에서 이의제기절차를 두어 대상자가 다투도

---

52) 예를 들어 U.S. v. Shaygan, 2009 WL 86678(U.S. District Court for the Southern District of Florida). 효용성에 대한 비판적 입장에 대해서는 http://cyb3rcrim3.blogspot.com/2009/01/motion-to-quash-search-warrant.html.

록 하면—마치 구속영장에 대한 영장실질심사나 구속적부심에 구속의 대상자가 참여해 이의제기를 할 수 있는 것처럼—법관들은 압수수색영장의 발부에 있어 더욱 신중한 자세를 취할 것이고, 결국 감청영장이나 통신사실확인자료의 취득에 대한 영장에 대해서도 신중한 자세가 이어질 것으로 기대된다.

나. 국가보안법 위반 수사를 위한 감청남용의 문제

다음은 국가안보에 대한 감청남용의 문제다. 법무부가 제공한 2001년부터 2006년 사이의 죄명별 감청현황 통계를 살펴보면,[53] 살인(603회), 절도·강도(434회), 마약(48회), 성폭력범죄(27회), 미성년자 약취·유인(18회) 등 통상적으로 감청의 필요성을 공감할 수 있는 범죄에 대한 감청횟수에 비해 국가보안법위반(1023회)의 경우가 월등히 많은 감청이 이루어졌음을 알 수 있다. 국가보안법위반에 대한 감청의 경우 대부분 국정원에 의한 감청으로 알려져 있는데, 국정원에 따르면 이 감청은 법 제7조의 '국가안보를 위한 통신제한조치'가 아니라 법 제6조의 '범죄수사를 위한 통신제한조치'에 대한 조항을 통해 이루어진다고 한다.[54] 제6조는 범죄수사에 관한 것이고 사법경찰관은 검사를 통해서 신청을 할 수 있는데, 국정원 직원 중에서 사법경찰관 자격이 있는 사람들이 이와 같은 신청을 하고 있다고 한다. 국가보안법 위반의 경우 그 법 자체에 내재한 불확정성으로 인해 범죄발생의 개연성의 입증이 용이하기 때문으로 보인다. 과연 다른 범죄에 비해 국가보안법 위반에 대해 이렇게 월등히 많은 횟수의 감청이 필요한 것인지 재고해 볼 필요가 있다.

다. 미국법과 한국법의 법률상 비교

첫째, 통신사실확인자료의 경우 영장발부요건이 전혀 없다.[55] 즉, 통신사실

---

53) 김욱준, "통신비밀보호법 개정안에 대한 의견", 『통신비밀보호법 공청회 토론자료』, 2007, p. 13.
54) 국정원 직원과의 전화통화를 전한 진보넷 장여경 활동가의 사적 이메일, 2009년 5월.
55) 제13조(범죄수사를 위한 통신사실 확인자료제공의 절차〈개정 2005.5.26〉) … ② 제1항의 규정

확인자료의 경우 "요청사유, 해당 가입자와의 연관성 및 필요한 자료의 범위를 기록한 서면으로 관할 지방법원(보통군사법원을 포함한다. 이하 같다) 또는 지원의 허가를 받아야 한다"라고만 되어 있어 국가기관이 통신사실확인자료를 매우 용이하게 취득할 수 있게 된다. ECPA의 경우 pen register 및 trap and trace device의 설치에 있어 '최소한 범죄수사 관련성의 소명(certificate of relevance)'을 하도록 하고 있다.

둘째, 우리나라 법은 통신제한조치의 통보를 "공소를 제기하거나, 공소의 제기 또는 입건을 하지 아니하는 처분을 한때"로 한정하고 있고 그 통보를 검사가 하도록 하고 있다. 즉, 특정 사건에 대해 수사를 하는 기간 동안에는 피감청자에게 아무런 통보를 하지 않아도 되는 것이다. 그러나 ECPA는 영장청구가 기각되거나 인용된 후 90일 안에 해당 판사가 직접 통보하도록 하고 있다. 우리나라와 달리 검사가 아무런 결정을 하지 않고 수사를 계속하고 있다고 하여 피감청자가 통보를 받지 않는 상황은 발생하지 않는 것이다.

그리고 긴급통신제한조치의 경우 어느 시점에서 통보의무가 발생하는지도 불분명하며 영장 없는 긴급통신제한조치의 경우 빠른 시간 내에 통보가 이루어져야 하나 공소에 대한 판단이 이루어질 때까지 기다려야 하는 것도 맹점이다. 더욱 중요한 것은 미국의 ECPA는 감청신청이 이루어졌다가 기각되더라도 통보가 이루어진다는 점이다. 즉, 감청은 매우 심대한 프라이버시 침해로 여겨져 그 시도 자체도 대상자에게 통보된다는 것이다.

게다가 공소의 제기나 불기소처분이 이루어져 통보의무가 발생한다고 할지라도 통보의무의 유예를 검사장이 할 수 있도록 하고 있는 것도 매우 큰 문제다. 참고로 미국의 ECPA는 통보의무를 영장발부요건의 하나로 보아 통보가 유예될

에 의한 통신사실 확인자료제공을 요청하는 경우에는 **요청사유, 해당 가입자와의 연관성** 및 필요한 자료의 범위를 기록한 서면으로 관할 지방법원(보통군사법원을 포함한다. 이하 같다) 또는 지원의 허가를 받아야 한다. 다만, 관할 지방법원 또는 지원의 허가를 받을 수 없는 긴급한 사유가 있는 때에는 통신사실 확인자료제공을 요청한 후 지체 없이 그 허가를 받아 전기통신사업자에게 송부해야 한다. 〈개정 2005.5.26〉…
[본조신설 2001.12.29]

		미국 ECPA	한국 통신비밀보호법
통신제한조치 (감청)	영장 발 부 요건	① 범죄발생의 개연성 ② 해당 범죄관련정보취득의 개연성 ③ 보충성 ④ 피감청기기와 범죄용의자와의 소유 및 명의관계	① 범죄발생의 개연성 ② 보충성
	감청기간	필요기간 최대 30일	필요기간 최대 2개월
	피 감 청 자 통보시점	① 기각된 경우 영장신청 후 90일 또는 ② 감청기간종료 후 90일(판사)	공소제기 또는 불기소처분 이후 30일(영장신청기관)
저장된 통신내용 (180일 이내)56)	영장 발 부 요건	범죄의 개연성	통신비밀보호법상의 대응조항이 없음. 즉, 일반적인 압수수색 요건인 '범죄발생의 개연성'에 따른 영장요건이 적용됨.
	통보의무	없음	
저장된 통신내용 (180일 이상 보관된 경우); 원격기기에 저장된 통신내용	영장 발 부 요건	관련성을 보여주는 구체적이고 명시가능한 사실의 증명	
	통보의무	일반적으로 없음	
과거의 통신사실 확인자료	영장 발 부 요건	관련성을 보여주는 구체적이고 명시가능한 사실의 증명	없음
	통보의무	일반적으로 없음	공소제기 또는 불기소처분 이후 30일
장래의 통신사실 확인자료	영장 발 부 요건	취득정보와 현재 진행 중인 형사절차와의 관련성의 소명	없음
	통보의무	없음	공소제기 또는 불기소처분 이후 30일
	취득기간	최대 60일	제한 없음
긴급통신 제한조치 (사후영장)	허용조건 (영장발부 조건에 추가해)	① 즉각적인 사망 또는 중상의 위험 ② 국가안보를 위협하는 음모 ③ 조직범죄의 계획	① 국가안보를 위협하는 음모행위 ② 사망 중상 야기하는 범죄 또는 조직범죄의 계획 및 실행 "등"의 긴박한 상황
	사 후 영 장 신청	48시간 이내	36시간 이내 영장
국가안보 통신제한조치 (외국인 사이)	영장 발 부 요건	FISA절차 — 외국기밀정보 탐지	국가안전보장에 대한 상당한 위험이 예상되는 경우에 한해 그 위해를 방지하기 위해
	감청기간	1. FISA비밀법원에 의한 영장발부 또는 2. 대통령 허가	필요기간 최대 4개월
	피 감 청 자 통보시점		공소제기 또는 불기소처분 이후 30일(영장신청기관)

---

56) 180일 이상 보관된 통신의 내용은 비교표에서 생략했음. 이에 대해서는 한국의 통신비밀보호법

경우 유예결정 역시 반드시 법원이 내리도록 하고 있다. 정리하자면, 우리나라에서는 "통보되지 않는 감청"의 공포가 매우 팽배해질 수 있는 상황이다.

셋째, 우리나라 통신비밀보호법은 각각 2개월과 4개월의 통신제한조치의 기간을 정하고 있으며 이는 미국의 ECPA가 정하고 있는 30일에 비하면 너무 긴 기간이다.

넷째, 우리나라 통신비밀보호법도 미국의 CALEA에 대응되는 전기통신사업자의 의무를 정하고 있다.[57] 그런데 그 적용의 범위에 대한 고찰이 필요한데 우리나라의 '전기통신사업자'의 정의는[58] CALEA의 적용범위인 '접속서비스제공자'보다 훨씬 넓어 일반 포탈까지 모두 포함하고 있다는 점이 매우 문제적이다. 전기통신사업자에게 CALEA 의무를 부과하는 것은 기본적으로 전기통신사업은 국가가 제공하는 기간통신망과의 접속서비스를 소비자들에게 제공해 영리를 취함으로써 이루어지기 때문에 정당화되는 것이다. 그런데 이를 웹호스팅업체, 포털서비스업체를 포함하는 '부가통신사업자'에게까지 확대하는 것은 그 범위를 과도하게 확대하

___

은 다루지 않고 있으며 현재 검찰이 일반압수수색영장에 의해 취득하고 있는 상황이다.

57) 제15조의2 (전기통신사업자의 협조의무)

 ① 전기통신사업자는 검사 · 사법경찰관 또는 정보수사기관의 장이 이 법에 따라 집행하는 통신제한조치 및 통신사실 확인자료제공의 요청에 협조하여야 한다.

 ② 제1항의 규정에 따라 통신제한조치의 집행을 위하여 전기통신사업자가 협조할 사항, 통신사실확인자료의 보관기간 그 밖에 전기통신사업자의 협조에 관하여 필요한 사항은 대통령령으로 정한다. [본조신설 2005.5.26]

58) 전기통신사업법 제4조 (전기통신사업의 구분 등) [시행 2008.2.29] [법률 제8867호, 2008.2.29, 타법개정] ① 전기통신사업은 기간통신사업, 별정통신사업 및 부가통신사업으로 구분한다. 〈개정 1997.8.28〉

② 기간통신사업은 전기통신회선설비를 설치하고, 이를 이용하여 공공의 이익과 국가산업에 미치는 영향, 역무의 안정적 제공의 필요성 등을 참작하여 전신 · 전화역무등 대통령령이 정하는 종류와 내용의 전기통신역무(이하 "기간통신역무"라 한다)를 제공하는 사업으로 한다. 〈개정 1996.12.30, 2008.2.29〉

③ 별정통신사업은 다음 각호의 1에 해당하는 사업으로 한다. 〈신설 1997.8.28, 2008.2.29〉

 1. 제5조의 규정에 의한 기간통신사업의 허가를 받은 자(이하 "기간통신사업자"라 한다)의 전기통신회선설비 등을 이용하여 기간통신역무를 제공하는 사업

 2. 대통령령이 정하는 구내에 전기통신설비를 설치하거나 이를 이용하여 그 구내에서 전기통신역무를 제공하는 사업

 ④ 부가통신사업은 기간통신사업자로부터 전기통신회선설비를 임차하여 제2항의 규정에 의한 기간통신역무외의 전기통신역무(이하 "부가통신역무"라 한다)를 제공하는 사업으로 한다. 〈개정 1996.12.30, 1997.8.28〉 [전문개정 1995.1.5]

는 것이 적어도 미국의 CALEA 제도의 취지를 몰각한 것이다. 또 웹호스팅업체나 포털서비스업체들은 접속서비스업체들과 달리 콘텐츠 및 상호 간의 소통의 장을 마련해주는 것이 서비스의 핵심이지 국가기간통신망과의 연결이 서비스의 핵심이 아니다. 이와 같은 업체들에게도 CALEA 의무를 부과하는 것은 표현의 자유에 대한 침해가 된다.

위에서 학교의 경우 직접 인터넷과의 접속서비스를 학교구성원들에게 제공하므로 역시 CALEA 의무가 적용될 수 있겠지만, 만약 학교가 접속서비스를 접속서비스제공자(예를 들어 KT) 등을 통해 제공받는다면 학교는 단지 콘텐츠 제공 및 상호간의 소통을 학교 구성원들에게 제공할 뿐인데, CALEA 의무를 부과하는 것은 사적 집단 내에서 이루어지는 대화를 국가가 쉽게 감청할 수 있도록 그 집단의 코디네이터에게 협조의무를 강제하는 것과 마찬가지가 된다. 예를 들어 온라인강의를 하기 위해 자신만의 포털이나 블로그를 운영하는 교수도 학생들과의 또는 학생들 간의 대화내용을 국가가 쉽게 취득할 수 있도록 설비를 마련해야 되며, 이와 같은 CALEA 의무의 부과는 표현의 자유 전반에 대한 위축효과를 노정하고 있다.

라. 인터넷에 내용이 공개된 통신에 대한 통신자료제공 절차의 남용

위에서 살펴본 바와 같이 통신사실확인자료의 취득은 영장발부요건이 거의 존재하지 않아 국가기관이 매우 손쉽게 통신비밀보호법상의 영장을 통해 취득할 수 있다. 그런데 우리나라의 수사기관들은 통신비밀보호법이 아닌 전기통신사업법 제54조 3항에 따라 통신사실확인자료에 해당할 수 있는 정보를 영장이나 일체의 사법적 통제 없이 취득하고 있다.[59] 이 절차는 수사기관이 인터넷에 공개된

---

59) 전기통신사업법 제54조(통신비밀의 보호) ① 누구든지 전기통신사업자가 취급 중에 있는 통신의 비밀을 침해하거나 누설해서는 아니 된다.
② 전기통신업무에 종사하는 자 또는 종사했던 자는 그 재직 중에 통신에 관해 알게 된 타인의 비밀을 누설해서는 아니 된다.
③ 전기통신사업자는 법원, 검사 또는 수사관서의 장(군 수사기관의 장, 국세청장 및 지방국세청장을 포함한다. 이하 같다), 정보수사기관의 장으로부터 재판, 수사('조세범처벌법' 제11조의2 제1항,

게시물들 중에서 범죄와 연관된 것으로 보이는 게시물이 있을 경우 그 게시물의 작성자가 누구인지 신원을 확인하기 위해 광범위하게 이용되고 있다. 특히 이 절차는 제한적 본인확인제와[60] 맞물려 매우 광범위한 수사수단으로 이용되고

제4항 및 제5항의 범죄 중 전화, 인터넷 등을 이용한 범칙 사건의 조사를 포함한다), 형의 집행 또는 국가안전보장에 대한 위해를 방지하기 위한 정보수집을 위해 다음 각호의 자료의 열람이나 제출(이 하 "통신자료제공"이라 한다)을 요청받은 때에 이에 응할 수 있다. 〈개정 2002.12.26, 2007.1.3〉

1. 이용자의 성명
2. 이용자의 주민등록번호
3. 이용자의 주소
4. 이용자의 전화번호
5. 아이디(컴퓨터시스템이나 통신망의 정당한 이용자를 식별하기 위한 이용자 식별부호를 말한다)
6. 이용자의 가입 또는 해지 일자

④ 제3항의 규정에 의한 통신자료제공의 요청은 요청사유, 해당이용자와의 연관성, 필요한 자료의 범위를 기재한 서면(이하 "자료제공요청서"라 한다)으로 해야 한다. 다만, 서면으로 요청할 수 없는 긴급한 사유가 있는 때에는 서면에 의하지 아니하는 방법으로 요청할 수 있으며, 그 사유가 해소된 때에 지체없이 전기통신사업자에게 자료제공요청서를 제출해야 한다. 〈신설 2000.1.28〉

⑤ 전기통신사업자는 제3항 및 제4항의 절차에 따라 통신자료제공을 한 때에는 당해 통신자료제공 사실 등 필요한 사항을 기재한 대통령령이 정하는 대장과 자료제공요청서 등 관련 자료를 비치해야 한다. 〈신설 2000.1.28, 2008.2.29〉

⑥ 전기통신사업자는 대통령령이 정하는 방법에 따라 통신자료제공을 한 현황 등을 년 2회 방송통신 위원회에 보고해야 하며, 방송통신위원회는 전기통신사업자가 보고한 내용의 사실여부 및 제5항에 따른 관련자료의 관리상태를 점검할 수 있다. 〈신설 2000.1.28, 2007.5.11, 2008.2.29〉

⑦ 전기통신사업자는 제3항에 따라 통신자료제공을 요청한 자가 소속된 중앙행정기관의 장에게 제5항에 따른 대장에 기재된 내용을 대통령령이 정하는 방법에 따라 통보해야 한다. 다만, 통신자료제 공을 요청한 자가 법원인 경우에는 법원행정처장에게 통보해야 한다. 〈신설 2000.1.28, 2002.12.26, 2007.5.11, 2008.2.29〉

⑧ 전기통신사업자는 이용자의 통신비밀에 관한 업무를 담당하는 전담기구를 설치·운영해야 하며, 그 전담기구의 기능 및 구성 등에 관한 사항은 대통령령으로 정한다. 〈신설 2000.1.28, 2008. 2.29〉

⑨ 제4항의 규정에 의해 전기통신사업자에게 제출되는 서면에 대한 결재권자의 범위 등에 관해 필요한 사항은 대통령령으로 정한다. 〈신설 2000.1.28, 2008.2.29〉

60) 정보통신망이용촉진 및 정보보호등에 관한 법 제44조의5(게시판 이용자의 본인 확인) ① 다음 각 호의 어느 하나에 해당하는 자가 게시판을 설치·운영하려면 그 게시판 이용자의 본인 확인을 위한 방법 및 절차의 마련 등 대통령령으로 정하는 필요한 조치(이하 "본인확인조치"라 한다)를 해야 한다.

1. 국가기관, 지방자치단체, '공공기관의 운영에 관한 법률' 제5조 제3항에 따른 공기업·준정부기 관 및 '지방공기업법'에 따른 지방공사·지방공단(이하 "공공기관등"이라 한다)

2. 정보통신서비스제공자로서 제공하는 정보통신서비스의 유형별 일일 평균 이용자 수가 10만 명 이상이면서 대통령령으로 정하는 기준에 해당되는 자

② 방송통신위원회는 제1항 제2호에 따른 기준에 해당되는 정보통신서비스제공자가 본인확인조 치를 하지 아니하면 본인확인조치를 하도록 명령할 수 있다.

있다. 정보통신망법 44조의 5에 따라 일일 평균이용자 10만 명 이상의 게시판의 경우 이용자가 글, 그림 등을 게시하기 위해서는 자신의 주민등록번호와 실명을 입력하도록 되어 있고, 게시판서비스제공자가 이를 보관하고 있다가 수사기관이 전기통신사업법 제54조상의 요청을 하게 되면, 영장이나 일체의 법원허가가 사전 사후적으로 전혀 없어도 요청되는 정보를 제공하고 있는 것이다.

이는 영장주의에 대한 심각한 침해다. 프라이버시는 프라이버시 주체의 신원도 포함된다. 그것은 특정 행위나 통신내용이 공개되어 있다고 할지라도 마찬가지다. 이것은 모두에게 공개되어 있는 공공장소를 걸어 다니는 사람도 국가기관이 그 사람의 신원을 확인하기 위해서는 영장을 받아와야 하는 것과 마찬가지 이치다. 왜냐하면 신원을 확인하기 위한 신분증도 본인이 자발적으로 제출하지 않는 한 자신의 프라이버시에 해당되기 때문이다. 즉, 제한적 본인확인제를 통해 자신의 주민등록번호와 실명을 게시판서비스제공자에게 위탁할 때는 이 정보는 위탁자의 개인정보이며 이를 취득하기 위해서는 영장이 필요한 것이다.

물론 인터넷에 올라온 내용이 이미 공개된 익명의 통신에 대해 그 통신의 당사자를 확인하는 것은, 통신비밀보호법이 염두에 두었던 상황과는 다르다. 원래 통신비밀보호법은 수사대상자가 정해진 후 그 사람의 통신사실을 확인하는 기록들을 요청하거나 통신내용을 감청하는 상황을 상정한 것이었다.[61] 그렇기 때문에 예를 들어 통신비밀보호법의 '통신사실확인자료'의 정의가 가입자가 이미 정해진 것을 전제로 이루어져 있다.[62]

---

③ 정부는 제1항에 따른 본인 확인을 위해 안전하고 신뢰할 수 있는 시스템을 개발하기 위한 시책을 마련해야 한다.

④ 공공기관 등 및 정보통신서비스제공자가 선량한 관리자의 주의로써 제1항에 따른 본인확인조치를 한 경우에는 이용자의 명의가 제3자에 의해 부정사용됨에 따라 발생한 손해에 대한 배상책임을 줄이거나 면제받을 수 있다.[전문개정 2008.6.13]

한편, 이 제한적 본인확인제는 헌법재판소의 2012. 8. 28. 선고 2010헌마47, 252 결정(병합)으로 위헌으로 판단되었다.

61) 수사기관들이 익명의 통신의 발신지를 확인해 수사대상을 특정하려 하는 것이 아니고, 수사대상을 특정하고 이 수사대상자의 통신사실확인자료를 통신비밀보호법상에 요청하는 경우도 많이 있는 것으로 보인다. 이와 같은 요청에 대해서도 문제를 제기하는 사업자들이 있는 것으로 확인되고 있는데 이에 대해 문제를 제기하는 것은 무리가 있다.

62) 통신비밀보호법 제2조 제11호 "통신사실확인자료"라 함은 다음 각목의 어느 하나에 해당하는

하지만 통신비밀보호법과 관계없이 일반적인 영장원칙에 따르면 내용이 공개된 통신의 통신당사자의 신원을 확인하는 것은, 인터넷서비스 이용자가 서비스제공자에게 위탁한 개인정보의 내용을 취득하는 것으로 보아 일반영장요건이 적용되어야 할 것이다. '내용이 공개된 통신'이라고 하더라도 자신의 실명을 공개하지 않은 익명의 통신은 자신의 정체를 알리지 않겠다는 의지의 결과물이다. 내용의 공개된 익명의 통신의 발신자를 추적하는 것은, 기본적으로 다른 사람들은 그 내용의 통신을 하지 않았다는 것을 확인하는 것과 등가이다. 즉, 익명의 통신의 발신자를 확인하는 것은 통신의 내용을 확인하는 것과 등가라는 것이다. 이것은 마치 범행현장에 남겨진 피가 누구의 것인지 확인하기 위해 어느 마을의 모든 주민들의 혈액 DNA를 검사해보는 것과 마찬가지다. 이 경우 이를 위해 수사기관은 당연히 이와 같은 혈액 DNA 검사를 위해서는 일반영장을 취득해야 할 것이다.

그렇다면 제한적 본인확인제를 통해 게시판서비스제공자가 보관하고 있는 본인확인정보를 국가기관이 범죄수사를 위해 취득할 때는 반드시 범죄와의 관련성에 대해 법원을 설득시켜 영장을 받아와야만 할 것이다. 그렇지 않고 국가기관이 범죄수사를 위해 영장도 없이 모든 게시물에 대해 게시자 신원확인을 할 수 있다는 것은 바꿔 말하면 인터넷게시판에 글을 올리는 사람들은 반드시 실명과 주민번호를 국가에 공개하고서야 글을 쓸 수 있다는 것인데, 이는 온라인글쓰기를 하는 사람들을 모두 잠재적인 범죄자로 취급하는 것과 다를 바 없다.[63]

전기통신사실에 관한 자료를 말한다.
가. 가입자의 전기통신일시
나. 전기통신개시 · 종료시간
다. 발 · 착신 통신번호 등 상대방의 가입자번호
라. 사용도수
마. 컴퓨터통신 또는 인터넷의 사용자가 전기통신역무를 이용한 사실에 관한 컴퓨터통신 또는 인터넷의 로그기록자료
바. 정보통신망에 접속된 정보통신기기의 위치를 확인할 수 있는 발신기지국의 위치추적자료
사. 컴퓨터통신 또는 인터넷의 사용자가 정보통신망에 접속하기 위해 사용하는 정보통신기기의 위치를 확인할 수 있는 접속지의 추적자료
63) 통신자의 신원이 아니라 통신의 발신지정보(예를 들어 특정 게시물의 업로드 발신지 컴퓨터의 IP주소)를 요청하는 것은 별도의 문제다. 즉, 인터넷게시물의 발신 IP주소를 요청하는 것과 그 게시물에 대해 이용자가 게시판서비스제공자에게 위탁한 본인확인정보를 요청하는 것은 다르다. 이미 통신의 내용이 공개되었다고 해도 통신사실확인자료는 그 성격이 바뀌는 것은 아니며 Smith 판결에

5. 미국법과 18대 국회 개정안의 비교[64]

2009년 현재 한나라당이 추진하는 통신비밀보호법 개정안은 크게 네 가지의 내용을 담고 있다.[65]

첫째, 휴대통신이 명시적으로 감청대상에 포함되게 되었다.(개정안 제15조의2 제2항).

> **개정안 제15조의2**(전기통신사업자 등의 협조의무) ①전기통신사업자 등은 ……
> ②전화서비스를 제공하는 전기통신사업자, 그 밖에 대통령령으로 정하는 전기통신사업자는 이 법에 따른 검사·사법경찰관 또는 정보수사기관의 장의 통신제한조치 집행에 필요한 장비·시설·기술 및 기능을 갖추어야 한다.

물론 현행법의 해석으로도 휴대통신이 포함되었다고 볼 수 있었으나 이를 명시하게 된 것이다.

사실 국민들의 가장 큰 감성적인 반대가 휴대폰 감청여부에 집중되고 있으나 사실 "범죄의 모의가 이제 거의 모두 휴대폰으로 이루어지고 있는데 유선전화의 감청은 되고 무선전화의 감청은 되지 않는다는 것이 말이 되는가?"라는 반론에 대해 적절한 대응이 없다. 더욱 중요한 것은 위에서 밝혔듯이 현재의 사법제도 하에서 영장주의에 의지해 기본권 보장을 기대할 수 없기 때문에 모든 감청능력의

서 pen register나 trap and trace 기구에 접수된 번호에 대해 프라이버시가 없다고 결정한 판시의 적용범위를 벗어나지 못한다. 그렇다면 이는 이론적으로 매우 재미있는 문제를 발생시킨다. 즉, 비밀통신이 아니고 내용이 이미 공개된 통신에 대한 통신확인사실자료도 비밀통신의 통신사실확인자료와 똑같이 프라이버시를 해주어야 할 것인가. 업로드 발신 컴퓨터의 IP주소는 통신이 성립하기 위해 네트워크시스템에 '공개'되어야 하는 정보라는 면에서 게시물에 부착된 실명 및 주민번호라는 이용자가 포털에 위탁한 '개인정보'와는 완전히 다른 차원의 문제다. 잠정적인 결정을 내리자면 현재의 세계적인 추세는 비밀통신과 내용이 이미 공개된 통신을 구별하지 않고 통신사실확인자료에 대해서도 모두 최소한의 프라이버시를 인정해주고 있는 것으로 보인다.
64) 오길영, "통신비밀보호법 개정안 비판", '수사정보기관 통신감청, 국민은 안전한가?' 토론회 발표문, 2008년 12월 11일. 이 단원의 법안을 소개하는 박스 처리 등은 이 논문에서 인용해 온 것이다. 이 글에서는 오길영의 비판지점들 중에서 필자가 수긍하는 네 가지 지점을 다루고 있다.
65) 이 글에서 말하는 개정안은, 이한성 의원이 2008년 10월 30일자로 대표발의한 '통신비밀보호법 일부개정법률안'을 말한다. 이하에서는 편의를 위해 간단히 '개정안'으로 표기하기로 한다.

확대는 동결되어야 한다는 전 시스템적인 반대가 필요할 것으로 보인다.

둘째, 위치정보를 통신비밀보호법상의 통신사실확인자료의 범주에 새로이 포함했다(개정안 제2조 제11호 아목 신설).

개정안 제2조(정의)
11. "통신사실확인자료"라 함은 다음 각목의 어느 하나에 해당하는 전기통신사실에 관한 자료를 말한다.
아. 위치정보의 보호 및 이용 등에 관한 법률 제2조 제1호의 위치정보
개정안 제3조(통신 및 대화비밀의 보호)
①누구든지 이 법과 형사소송법 또는 군사법원법의 규정에 의하지 아니하고는 우편물의 검열·전기통신의 감청 또는 통신사실확인자료의 제공을 하거나 공개되지 아니한 타인 간의 대화를 녹음 또는 청취하지 못한다. 다만, 다음 각호의 경우에는 당해 법률이 정하는 바에 의한다.
6. 위치정보사업·위치기반서비스사업 또는 긴급구조를 위한 개인위치정보의 제공: 위치정보의 보호 및 이용 등에 관한 법률에 따른 개인위치정보 제공의 경우

우선 통신자가 전혀 관여하지 않는 위치정보의 교환을 통신비밀보호법의 대상으로 삼은 것 자체가 비논리적이다. 하지만 쟁점은 비논리성에 그치지 아니한다. 이 정보를 통신사실확인자료의 범주에 포함할 경우 영장의 발부가 매우 용이해진다. 미국처럼 위치추적정보에 일반영장요건을 적용할지에 대해서는 사실 우리나라 법원에서는 아무런 판시가 없었다. 그러나 우리나라와 같이 사생활 및 초상권 보호에 대해 매우 민감한 자세를 취하고 있는 법문화에 있어서는 위에서 말한 Karo 판결과 같은 판결이 나올 가능성이 매우 높다. 이렇게 생각했을 때 위치추적정보는 '범죄발생의 개연성'이 있는 경우에만 영장이 발부되는 형태로 법체제가 진화할 수 있다. 그런데 개정안은 위치추적정보를 통신사실확인자료에 포함시킴으로써 위에서 언급했듯 아무런 요건 없이 법원의 허가가 나오도록 하고 있다.

개정안 제15조의2(전기통신사업자 등의 협조의무)
⑥전기통신사업자는 1년의 범위 안에서 대통령령으로 정하는 기간 동안 통신사실확인자료를 보관해야 한다. 다만, 통신사실확인자료 중 위치정보에 대해는 그러하지 아니하다.

셋째, 통신사업자의 Data Retention 제도를 제안했다(개정안 제15조의2 이하). Data Retention 의무위반의 경우에는 3천만 원 이하의 과태료를 부과토록 했다(개정안 제20조 제1항 제2호). CALEA는 과거의 통신사실확인자료를 보관할 의무를 부과하지 않으며 단지 서비스제공자가 "합리적인 노력으로 취득할 수 있는(reasonably available)" 정보만을 제공할 것을 요구하고 있다. 단지 CALEA는 통신사실확인정보나 통신내용은 정부가 허락한다면 더 늦게 제공될 수는 있다. 하지만 정부가 지정하지 않은 통신사실확인정보를 모든 이용자에 대해 특정 기간 이상 보관할 의무는 없다. 단지 정부가 대상자를 특정해 요청을 하면 사업자는 요청이 이루어진 이용자에 대해서만 통신사실확인자료를 곧바로 제공하면 된다.[66] 우리나라의 통신비밀보호법 역시 과거의 통신사실확인자료를 보관할 의무를 정하지는 않는다. 그렇다면 정부가 과거의 통신사실확인자료를 요청했는데, 모든 통신사업자들이 과금에 불필요한 과거의 통신에 대해서는 통신사실확인자료를 모두 없애버린다면 통신사실확인자료 절차는 무의미해질 것이다. 바로 이 부분을 해소하기 위해 세계 여러 나라에서 논의를 하고 있는 것이 data retention 의무다.

이한성 의원 안은 1년간 통신사실확인정보를 보관할 의무를 부과하고 있다. EU는 6개월에서 2년 사이의 기간 안에 통신사실확인자료를 보관할 의무를 부과하고 있는데 이한성 의원 안에 대한 올바른 평가는 EU Directive와의 비교를 통해 가능할 것으로 보인다.[67] 그런데 2008년 3월 19일 독일연방헌법재판소는 독일정부가 EU Directive의 효력을 제한하는 결정을 내렸다.[68] 즉, 통신사업자는 EU Directive를 실행하는 독일법에 따라 통신사실확인자료를 보관해야 하지만, 수사기관이 이 자료를 요청할 때는 중범죄에 대해서만 그리고 일반영장(원래 통신사

---

66) Section 2704. Backup preservation.
67) DIRECTIVE 2006/24/EC OF THE EUROPEAN PARLIAMENT AND OF THE COUNCIL of 15 March 2006 on the retention of data generated or processed in connection with the provision of publicly available electronic communications services or of public communications networks and amending Directive 2002/58/EC.
68) http://www.edri.org/edrigram/number6.6/germany-data-retention-decision-cc.

실확인자료에 적용되는 완화된 영장이 아니고)에 의해서만 신청할 수 있도록 한 것이다. 현재 EU Directive의 효력이 이렇게 다루어지고 있는 과정에서 반드시 대한민국이 세계 최초로 data retention 의무를 시행해야 하는가? 는 되돌아보아야 한다.

넷째, 통신사업자의 협조의무가 구체화되고 강제성을 띠게 되었다(개정안 제15조의2). 개정안에서 밝히고 있는 사업자에 대한 이행명령, 이행강제금 부과, 강제금의 액수의 결정 등 강제조치의 주체는 주무관청의 장인 방송통신위원장이다. 그러나 미국법의 경우 강제조치에 대한 주체를 법원으로 규정하고 있어[69] 사법심사를 거치도록 하고 있다. 이러한 비교점은 특히 방송통신위원장이 최악의 경우 10억의 강제금을 매 1년마다 1회씩 부과할 수 있기 때문에 더욱 중요해진다. 종래에는 추상적인 협조의무에 불과하던 것이 이번 개정안을 통해 모든 통신관련 사업자들이 협조하지 않을 경우 적용되는 제재조항이 포함되면서 구체성과 강제성을 갖추게 되었다.

이렇게 통신사업자의 협조의무가 구체화되고 강제력을 가지게 되면 가장 큰 영향을 받는 분야는 통신사업자의 협조 없이 불가능했던 휴대폰 감청과 이메일 감청 분야다.

휴대폰에 대해서는 이미 언급한 바 있으므로 이메일에 대해서만 언급하자면, 휴대통신의 경우 간단한 내용으로 이루어진 것이 보통이지만 이메일의 경우 훨씬 구체적이고 복잡한 통신내용까지 모두 감청될 수 있다. 이메일 감청은 받은편지함이나 보낸편지함에 들어 있는 이메일에 대한 압수수색과는 다른 것이다. 이메일에 대한 압수수색은 일반적인 영장요건에 따른 공개가 이루어지며 공개와 동시에 이메일 계정 소유자에게 통지가 된다. 하지만 이메일 감청이 수월하게 이루어진다는 것은 계정 소유자에게 통지가 되지 않은 상황에서 매우 구체적일 수 있는 이메일 내용이 최고 4개월까지 지속적으로 감청될 수 있음을 의미한다.

---

69) Sec. 108. Enforcement Orders.

6. 결론

미국의 ECPA와 CALEA에 근거해 제정된 우리나라의 통신비밀보호법은 ECPA 나 CALEA와 비교해 그 입법취지와 달리 몇 가지 맹점을 가지고 있으며, 18대 국회 개정안은 이 맹점들을 해결하지 않은 상황에서 감청의 범위나 통신사실확인자료 취득의 범위를 확대해 그 위헌성을 악화시키고 있다.

현행법은 1) 영장기각률이 너무 낮아, 독립된 사법부가 행정권력의 감청 및 압수수색욕구를 제어한다는 영장주의가 마비된 상태이며, 2) 국가안보에 관한 별도의 통신제한조치가 남용되고 있으며, 3) 통신사실확인자료에 대한 영장발부 요건이 거의 부재하다고 할 정도로 기준이 낮으며, 4) 통신제한조치의 기간이 2개월 내지 4개월로서 너무 길며(ECPA: 30일), 5) 감청대상자에 대한 통보시점을 기소나 불기소 결정 이후로 함으로써 수사가 길어질 경우 통보가 오랜 시간 동안 이루어지지 않으며, 통보의무의 유예를 검사장이 허락할 수 있도록 함으로써 감청 에 대한 엄격한 영장발부기준의 의미를 탈각시키는 현상이 발생하고 있다.

또 제18대 국회 개정안은 1) 위에서 말했듯이 영장주의가 제대로 시행되고 있지 않은 상황에서 CALEA와 같은 법을 통해 휴대폰이나 이메일 감청을 가능케 하는 것은 위험하다는 비판에 직면해 있고, 2) GPS 위치정보를 통신사실확인자료에 포함시키는 것은 헌법적으로는 일반적인 영장조건에 의해 취득되어야 할 정보를 거의 존재하지 않다시피 하는 낮은 영장요건 하에서 취득할 수 있도록 하는 것, 3) 독일연방헌법재판소에서도 위헌이라고 판단된 통신사실확인자료의 장기간 보관의무를 법제화하고 있는 점 등이 문제점으로 지적되고 있다.

19장
이메일 압수수색의 위헌성

　　최근 주경복,[1] YTN 노조,[2] MBC PD수첩 김은희 작가[3]에 대한 압수수색을
통해 수사기관의 압수수색 행태가 여론의 도마 위에 올랐다. 이에 따라 관련된
입법적 대응방안[4]은 형사소송법과 통신비밀보호법을 아우르는 복잡다기한 형

---

* 이 글은 『법학연구』 제13집 제2호(인하대학교, 2010)에 실린 글을 수정·보완한 것이며, 또한
2009년 7월 28일 박영선 의원 초청토론회 발제문에 일부가 포함된 바 있다.

1) 한겨레(2009.4.24; http://www.hani.co.kr/arti/society/society_general/351489.html). 2009
년 검찰이 법원의 영장을 발부받아, 2007년 7월 30일 치러진 서울시 교육감 선거 당시 주경복 교육감
후보의 정치자금법 위반 사건 관련자 100여 명을 수사하면서, 주 후보와 김민석 전국교직원노동조
합 서울지부 사무처장 등의 전자우편을 2001년 10월부터 2008년 12월까지 7년치를 압수해 확인한
사건. 이 사건의 피고인 이 모씨의 경우 10년간 '다음'을 이용하며 쓴 메일이 1천 개 정도인데, 이
가운데 교육감 선거 관련 전자우편은 2~3개에 불과했다.

2) 아시아경제(2009.7.1: http://www.asiae.co.kr/news/view.htm?idxno=2009070121394542118&sp
=EC). "경찰이 지난 3월 YTN 노조원 20여 명의 이메일을 압수수색한 사실이 뒤늦게 확인됐다. YTN
노조는 1일 검찰이 취재원으로부터 받은 제보나 취재원들의 지극히 사적인 내용이 담긴 이메일을
압수수색했다고 주장했다. 이는 YTN 노조원 20여 명의 것으로 지난해 7월부터 9개월간 주고받은
것이다. 경찰은 적법한 절차를 통해 영장을 발부받았기 때문에 문제가 없다는 입장이다. 실제로
현행법상 이메일은 일반 문서나 압수물품과 다를 바 없어 영장만 있으면 기간이나 분량의 제한 없이
압수수색이 가능하다."

3) 한겨레(2009.6.19; http://www.hani.co.kr/arti/society/society_general/361387.html)(MBC
PD수첩의 2008년 광우병 보도에 대한 명예훼손 형사재판을 위해 제작진 중의 한 명인 김은희 작가의
2008년 1월부터 2008년 8월까지 7개월치 이메일을 압수수색한 사례).

4) 2009.6.23 박영선 의원 대표발의 형사소송법 개정안; 2009.5.13 이종걸 의원 대표발의 형사소송
법 개정안; 2009.6.24 이학재 의원 대표발의 통신비밀보호법 개정 발의안; 2009.5.22 이정현 의원
대표발의 통신비밀보호법 및 전기통신사업법 개정; 2009.2.11 변재일 의원 대표발의 통신비밀보호
법 개정안.
이외에도 비슷한 시기에 나온 조승수 의원 대표발의 통신비밀보호법 개정안이 있으나, 수사기관에
의한 정보의 취득이 아니라 그렇게 취득된 정보의 공개 여부를 다루는 것이라서 여기서는 논의를

태로 나타나고 있다. 왜냐하면 이메일은 한 사람의 내심과 사상이 표현된 통신의 결과물이기도 하기 때문에, 다른 압수수색 대상과는 다르게 다루어져야 한다는 의견들이 있기 때문이다. 그리고 이메일 압수수색을 염두에 두고 문제를 해결하려 하더라도 법의 체계적 균형을 유지하기 위해서는 이메일 압수수색과 유사하거나 관련된 수사기법에 대해서도 균형 있는 개정안이 필요하게 되어, 결국 전기통신사업법까지 개정추진자들의 손이 닿게 되었다.

이 글은 이메일 압수수색이 발생시키는 여러 가지 문제들을 해결하기 위해 나온 입법적 방안들을 검토하는 것을 목적으로 한다. 그런데 이메일 압수수색이 발생시키는 헌법적 또는 형사소송법적 문제의 해결만을 목표로 하게 되면, 결과적으로 이메일보다 프라이버시 침해가 더욱 높은 압수수색은 더욱 자유로이 허용되는 모순적인 상황이 발생할 수도 있다. 이에 따라 이메일 압수수색의 문제만을 해결하려 할 것이 아니고, 이메일 압수수색의 제 문제들(미리 말하자면 (1) 제3자 보관물 압수수색 통지의 문제와, (2) 정보저장장치 압수수색 범위 한정의 문제)이 이메일 압수수색이 아닌 다른 유사수사기법에서도 발생할 수 있음을 이해하고, 이들 수사기법이 가지고 있는 제 문제들에 대한 해결책을 한꺼번에 제시할 때만 체계의 균형이 유지될 것이다. 이에 따라 이 글에서는 통신비밀보호법상의 감청과 '통신사실확인자료' 취득 및 전기통신사업법상의 '통신자료제공'에 대해서까지 한꺼번에 해결책을 제시할 것이다.

1. 이메일 압수수색의 특성

이메일 압수수색은 다음과 같은 특성들을 가지고 있다. 이와 같은 특성은 이메일 압수수색 외에도 일부 다른 형태의 압수수색에서도 발생하게 된다.

생략한다. 또 이한성 의원 대표발의 통신비밀보호법 개정안 역시 통신서비스제공자들의 협조의무 강화에 초점을 맞춘 것이므로 논의하지 않는다. 이한성 안을 집중적으로 검토한 글로는 박경신, "미국의 통신비밀보호법 및 범죄수사통신지원법과 우리나라의 통신비밀보호법 및 18대 국회 개정안의 비교검토", 『안암법학』 제29호, 2009년 5월, pp.119-157.

가. "이메일은 주로 제3자가 보관하고 있다"

첫째, 이메일 압수수색은 이메일의 내용은 주로 발신자와 수신자 어느 한 쪽이 가지고 있기보다는 이메일서비스를 제공하는 제3자인 서비스제공자가 이를 가지고 있는 상태에서 그 서비스제공자에 대한 압수수색을 통해서 이루어진다. 하지만 서비스제공자는 이메일을 관리만 할 뿐 그 내용을 알지 못하므로 이에 관해 별다른 법익을 가지고 있지 않고, 도리어 이메일의 발신자 및 수신자만이 이에 대해 법익을 가지고 있다. 그렇다면 이메일의 발신자와 수신자가 이메일의 내용에 대한 주(主)기본권의 주체라고 할 수 있을 것이다. 그렇다면 제3자보관정보를 압수수색할 때 그 정보의 주기본권주체인 발신자와 수신자를 위해서는 영장주의 및 적법절차 하에서 어떤 절차적 보호를 해줘야 하는가?라는 문제가 발생한다. 예를 들어 현재 관행상 집을 수색할 때 적법절차에 따라 집주인에게 영장을 제시하고 있는데, 이메일계정을 압수수색할 때는 그 이메일계정이 '물리적으로' 위치한 서버의 운영자에게 영장을 제시하고 있을 뿐이다. 실질적으로 그 이메일계정이 담지한 정보의 주체인 이메일계정 이용자에게 영장을 제시할 필요는 없는가? 이 문제는 이메일이 아니라고 할지라도 제3자가 보관하고 있는 물건을 압수수색할 때 일반적으로 발생할 수 있으며 "제3자보관물 압수수색의 통지문제"라고 칭하기로 한다.

현재는 이메일 압수수색시에 제3자인 이메일서버의 소유자에게만 영장제시 및 통지가 이루어질 뿐 실제 이메일에 담긴 정보에 대해 프라이버시를 가지고 있는 이메일계정소유자에게는 통지나 영장제시가 이루어지고 있지 않다. 이에 따라 이메일 압수수색이 이루어진 후에도 압수수색을 당한 자는 전혀 모르고 있다가 해당 범죄에 의해 기소가 이루어진 후에 재판에 가서야 증거물이 제시될 때, 비로소 이메일 압수수색이 이루어졌음을 알게 되는 경우가 허다하다. 더욱 공포심을 갖게 하는 것은 재판에서 유죄증거로 제시되거나 기타 절차를 통해 검찰 측이 압수수색된 이메일 내용을 자신에게 제시하지 않을 경우, 이메일 압수수색을 당한 자는 영영 모르고 죽을 수도 있게 된다.

실제로 필자는 실험적으로 필자가 이메일 압수수색을 당했는지 알아보기 위해 이메일서버운영자인 대형 포털사들에게 질의를 보낸 바 있으나 어려 차례 거부당했다.

나. "이메일은 열어보기 전에는 범죄관련성을 알 수 없다"

둘째, 이메일계정에는 보통 다양한 상대들과 다양한 주제들로 통신한 메일들이 포함되어 있어 이 중에서 대부분의 메일은 범죄와 관련되어 있고, 일부는 범죄와 관련되어 있지 않은 것이 보통이다. 보통 이메일 압수수색은 수사대상자의 메일계정에 들어있는 메일 전체 또는 특정 기간 내에 송수신된 메일들 전체를 메일서비스제공자가 제공하도록 강제하는 방식으로 이루어지게 되는데, 이 경우 범죄와 무관한 사적인 정보가 너무 많이 수사기관에 공개가 되는데 이를 방지하기 위한 추가적인 제한을 가할 것인지, 아니면 자동차, 주택 등에 대한 압수수색과 동일하게 다룰 것인지가 문제가 된다.

물론 일반적인 '물건'에 대한 압수수색에서도 압수수색의 범위 내에 항상 범죄와 관련되어 있지 않은 많은 것들을 포함하게 된다. 예를 들어 범죄에 사용된 흉기가 들어 있을 것으로 보이는 '자동차'를 압수수색한다면 당연히 자동차 안에는 범죄와 관련 없는 물건이나 정보들도 발견될 수 있다. '집'을 압수수색한다고 해도 당연히 집에는 범죄와 관련 없는 물건들이 훨씬 많이 있을 것이다.

하지만 이메일 압수수색에서 이러한 범죄와 무관한 정보의 취득이 특별히 문제가 되는 것은 메일계정 내에 있는 정보 중에서 어느 것이 범죄와 관련된 것이고, 어느 것이 범죄와 관련되지 않은 것인지 구별하기 위해서는 그 내용을 살펴볼 수밖에 없기 때문이다. 정보는 다른 사물과 달리 그 범죄관련성을 알기 위해서는 정보의 내용을 인식하는 방법밖에 없다. 예를 들어 집, 자동차, 가방을 '수색'할 때는 그와 같은 공간이 포함하는 물체들의 특성상 보통 수사기관이 찾고자 하는 물건이 그 물건의 외적 특성을 통해 구별된다. 칼, 총, 마약 등등 물체의 본질이 물체의 외관에 반영되어 나타나기 때문이다. 이에 따라 물건의 외적 특성만으로 범죄수사에 필요한 것들을 식별해 집, 자동차, 가방의 어느 부분까지를 수색할지를 한정할 수 있다. 집, 자동차, 가방 전체를 대상으로 하는 압수수색을 우리가 문제 삼지 않는 이유는 압수수색의 사유(목표물)가 무엇인가에 따라 그 목표물과 외관상 유사점이 있는 내용물 또는 그 사유와 관련성이 있는 내용물만이 수사기관의 실질적인 주목을 받게 될 것이라는 믿음이 있기 때문이다. 예를 들어 흉기를 목표물로 하는 주택에 대한 압수수색에서 일기장을 뒤져보지는 않을 것이기 때문이다.

그러나 정보는 그렇지 아니하다. 어떤 이메일이 메일계정 안에 포함되어 있을 때 그 메일을 열어보지 않고 그 메일의 범죄관련성을 파악하는 것은 불가능하고,[5] 결국은 모든 메일을 열어볼 수밖에 없는 것이다. 그렇기 때문에 수사기관은 메일

---

[5] 이 어려움을 적절히 지적한 미국 판례로 U.S. v. Comprehensive Drug Testing Services, 579 F.3d 989(2009). "전자기록을 광범위하게 조사할 수사상의 긴박한 필요는 영장의 도입부에 설득력 있게 논증되고 있는데, 이 필요는 전자정보에 대한 모든 영장을 실질적으로 포괄적 영장으로 만들어 버릴 위험을 내포하고 있으며 이렇게 되면서 수정헌법 제4조를 무력화시킬 수 있다. 문제를 간단히 정의하자면 다음과 같다. 전자파일을 열어서 보거나 특수한 수사용 소프트웨어, 키워드검색 또는 다른 기법을 이용하여 (either by opening it and looking, using specialized forensic software, keyword searching or some other such technique) 그 내용을 조사하지 않고는 전자파일이 담고 있는 것을 알 수 없다는 것이다. 그러나 이 전자파일들은 보통 수천 또는 수백만 개의 다른 파일이 수사목적 데이터와 함께 혼재되어 있는 매체에 저장되어 있다. 어쩔 수 없이 특정 파일을 찾아내려는 정부의 노력은 많은 수사목적 데이터가 숨겨져 있을 수 있는 가능성을 배제하기 위해 매우 많은 관련이 없는 파일들의 조사를 동반하게 된다.

"일단 파일이 조사된 후에 정부는 육안상의 검사(plain view)라고 주장할 수 있고 범죄와 관련이 있다면 정부는 이를 유지할 수 있다. 그렇다면 특정 컴퓨터파일을 찾으라는(search) 허가는 같은 서브디렉토리, 전체디렉토리, 연결된 하드드라이브, 근처의 컴퓨터나 저장장치의 모든 파일들을 조사(search)해보라는 허가가 되어 버린다(Authorization to search some computer files therefore automatically becomes authorization to search all files in the same subdirectory, and all files in an enveloping directory, a neighboring hard drive, a nearby computer or nearby storage media.). 컴퓨터가 근접해있지 않더라도 전자적으로 연결되어 있을 경우, 영장은 범죄관련데이터가 그 컴퓨터로 옮겨져 있을 수 있다는 이론에 따라 수마일이 떨어져있는 파일들을 조사해볼 필요까지도 정당화하게 된다."

더욱 간단한 지적은 "정부 측은 영장이 모든 파일을 검색하도록 허용한다는 근거로" 모든 파일이 마약범죄에 관련된 정보를 포함할 수 있고 이미지파일로 보이는 것도 그런 정보를 포함하고 있지 않다는 보장이 없다(any file might well have contained information relating to drug crimes and the fact that some files might have appeared to have been graphics files would not necessarily preclude them from containing such information)"고 주장하고 있다. "Erickson v. Commissioner of Internal Revenue, 937 F.2d 1548, 1554 (10th Cir.1991) 참조.

계정 전체의 내용 또는 특정 기간 내의 메일송수신 내용을 전부 추출할 수밖에 없다는 것이다(이렇게 정보는 외관만으로 그 범죄관련성을 짐작하기 어렵다는 특질을 "정보의 불투명성(opacity)"이라고 칭하고자 한다). 결국은 형사소송법에서 금기시되는 포괄적 압수수색(general warrant)이 불가피하게 된다.

그렇다면 문제는 어떻게든 정보의 내용을 보지 않고는 범죄관련정보를 식별해 낼 수 없는 수사기관의 고충을 존중하면서, 압수수색의 범위를 한정해 범죄와 관련 없는 사적인 정보의 공개를 방지할 수 있는 가?이다. 이 문제는 범죄관련정보와 범죄와 관련 없는 정보가 혼재되어 있는 수색에서는 항상 발생할 수 있는 것이며 이를 "정보저장장치 압수수색 범위 한정의 문제"라고 칭하고자 한다.

현재 수사기관들은 수사상의 필요를 이유로 서버 전체에 대해[6] 또는 이메일계정 전체에 대해[7] 영장을 청구하고 있고 법원은 기간을 한정하거나 여타의 방식으로 제한을 하고 있으나 검찰은 이에 대해 '월권행위'라고 비난하고 있다고 한다.[8]

---

[6] 2004년 3월 4일 서울중앙지방법원 공직선거및선거부정방지법 제93조 위반 압수수색영장 영장번호 4098은 웹호스팅업체에 발부되었는데 압수수색대상을 다음과 같은 방식으로 표기하고 있다. "압수할 물건 및 수색할 장소: www.XXXXX(사생활보호를 위해 삭제).com의 서버컴퓨터 및 서버로그자료와 운영관련 서류일체".

[7] 2007년 7월 24일 광주지방법원 업무방해(노동조합의 정치활동 관련) 압수수색영장 영장번호 2007-6613은 역시 웹호스팅업체에 발부되었는데 압수수색대상을 다음과 같은 방식으로 표기하고 있다.
"압수수색할 물건: 2007.4.1에서 6.30까지의 ○○○의 게시물 및 ○○○@○○○.net의 메일계정에 저장된 정보일체".

[8] 오기두, 대법원 사법제도비교연구회 2010년 3월 25일 토론문 "현재 법원에서 이루어지고 있는 영장기재의 특정을 위한 노력을 예시하면 다음과 같다. (1) 우선 금융계좌추적영장은 금융실명거래 및 비밀보장에 관한 법률 제4조 제1항 제1호 등에 근거한 정형적인 영장양식에 의한다(추적 대상인 계좌를 관리하는 금융기관의 점포특정, 포괄계좌, 연결계좌에 대한 추적의 일정한 제한, 거래기간의 제한 등). 그러므로 계좌추적을 위한 목적에서 청구된 영장이 일반 압수수색 영장방식으로 발부되는 일이 없도록 해야 한다. (2) 컴퓨터통신자료 취득도 통신비밀보호법 규정에 의한 감청 영장양식에 의한다. 특히 사전허가의 방식으로 영장이 청구되었으나 통신제한조치 기간에 영장청구서 접수일 이전의 기간이 포함되어 있는 경우에는 이미 실시한 긴급처분에 대한 사후허가와 장래의 조치에 대한 사전허가가 동시에 청구된 것으로 보아야 하므로 사전허가서가 아닌 사전 및 사후 동시허가서의 방식으로 처리한다. 전화나 fax는 물론 이메일 내용의 지득도 감청에 해당됨을 유의하고 있다. 대상내용에 감청이 포함되어 있는 경우에는 '감청내용'란에 감청대상 통신방법과 그 회선수를 빠짐없이 표시, 기재하고 있다(이상은 법원행정처, 영장실무 2001, p.27 이하 참조). (3)—컴퓨터 디스크 등 저장매체를 압수함에 있어 관련 전산파일을 복사할 수 있는 저장매체를 사전에 준비해 관련 전산파일을 복사한 후 참여인의 확인을 받는 방법으로 압수하도록 하는 등 압수방법을 특정해 영장을 발부하기도 한다. —피의자가 압수대상 파일을 수색장소에 설치된 컴퓨터나 서버가 아닌 제3자가

다. 정보도 압수수색대상인가?

일부에서는 위의 정보저장장치 압수수색의 범위한정 문제와 관련해 일부에서는 형사소송법 제106조가 문언상 '물건'에만 적용된다는 이유를 들어 "전자정보가 물건이 아닌데도 압수수색대상인가?"라는 추상적인 문제로 전화시켜 문제를 제기하고 있다.[9] 이는 형사소송법 제106조와 제109조가 각각 '증거물', '물건' 또는 '신체, 물건, 주거 기타 장소'로 압수 및 수색의 대상을 한정하고 있어[10] '정보'는

운영하는 웹 서버에 저장한 경우 "압수수색 장소에 존재하는 컴퓨터로 해당 웹사이트에 접속해 전산정보를 다운로드한 후 이를 출력 또는 복사하거나 화면을 촬영하는 방법으로 압수한다"고 영장에 기재하기도 한다. —Server의 경우 메일서버와 파일서버가 별도로 운영되는 경우가 많고 통상 전자문서는 파일서버에 보관되어 있는 경우가 많으므로 파일서버를 특정할 필요가 있다. 파일서버의 경우에는 통상 당해 업체가 그 소유권을 가지고 관리하지만 메일서버의 경우에는 도메인을 제공하는 인터넷 포털서비스업체, 즉 제3자가 관리하는 경우가 많다. 이때에 영장에는 다음과 같은 기재방식이 그 하나로 고려된다. "A의 메일서버 중 ID sh**과 ks** 사이의 2010.2.1.부터 2010.2.10.까지 송수신된 메일내용의 출력물 또는 복사파일"—인터넷 관련 범죄에 대해서는 다음과 같이 영장에 기재해 압수수색 대상을 특정할 수 있다. "A의 파일서버 중 B 블로그의 운영자 인적사항, 2010.2.1. 부터 2010.2.20.까지의 운영기록, 게시내역, 가입회원들의 로그인 기록 및 거래내역에 관한 전산정보의 출력물 또는 복사파일"—전자문서가 범죄의 목적물인 경우 해당 파일만의 압수가 가능하다고 보이면 "피해자 회사의 설계도면 및 공정도에 관한 전산정보가 저장된 피의자가 사용하는 컴퓨터 및 외장하드, USB메모리, CD 등 휴대용 저장장치(단 압수수색 현장에서 컴퓨터나 저장장치에 저장된 위 정보를 수사기관이 휴대한 저장장치에 복사하거나 또는 문서로 출력이 가능한 경우 그 파일복사 또는 출력물을 수집하는 방법으로 압수의 목적을 달성할 수 있을 때에는 그 방법으로 압수)"라고 기재하는 방식도 있다. 전자문서에 범죄의 내용이 담겨 있으면 그 범죄와 관련된 내용을 특정하고 검색용어를 특정하는 등으로 수색방법을 제한해 영장을 발부하기도 한다."
9) 조국, "디지털증거에 대한 압수수색", 대법원 사법제도비교연구회 2010년 3월 25일 발표문. 이 발표문에서 발표자는 이 문제에 대한 다양한 입장들을 검토하고 결국 정보도 조문의 유추해석을 통해 압수수색의 대상이 될 수 있다고 결론을 내린다. 필자도 이 주장의 결론에 대해서 동의한다. 오기두 역시 정보저장장치에 범죄유관정보와 범죄무관정보가 혼재할 경우 범죄무관정보에 대한 압수는 불가능하되 수색은 가능하다고 하고 있는데 이 주장 역시 정보도 압수수색의 대상은 된다는 것을 전제로 하고 있다. 오기두, 『형사절차상 컴퓨터관련증거의 수집 및 이용에 관한 연구』(서울대 박사학위논문, 1997), pp.76-80. 단 아래에서 밝히겠지만 필자는 오기두가 "범죄무관정보에 대해 압수는 불가능하나 수색은 가능하다"는 지점에서 이견을 가지고 있다. 압수수색의 대상이 아니라는 견해에 대해서는 강동욱, "컴퓨터 관련범죄의 수사에 있어서의 문제점에 대한 고찰", 『죽헌 박양빈 교수 화갑기념논문집: 현대형사법론』(1996), pp.707-708. 10) 형사소송법 제106조(압수) ① 법원은 필요한 때에는 증거물 또는 몰수할 것으로 사료하는 물건을 압수할 수 있다. 단, 법률에 다른 규정이 있는 때에는 예외로 한다.
② 법원은 압수할 물건을 지정하여 소유자, 소지자 또는 보관자에게 제출을 명할 수 있다.
제109조(수색) ① 법원은 필요한 때에는 피고인의 신체, 물건 또는 주거 기타 장소를 수색할 수 있다.
② 피고인 아닌 자의 신체, 물건, 주거 기타 장소에 관하여는 압수할 물건이 있음을 인정할 수 있는

이 중의 어디에 포함되는지가 불분명하고 더욱이 정보의 취득이 '압수'인지 '수색'인지도 불분명하다는 것이다.

필자가 생각건대 정보는 어떤 형태로든 그 정보를 매개하는 매체가 '물건'의 형태로 존재하며 그 정보를 취득한다는 것은 매체가 되는 '물건'의 특성을 오감으로 인지한다는 것이 된다. 그렇다면 '물건'의 특성을 오감으로 '인지'하는 것은 '수색'이다. 예를 들어 가방 속을 열어 그 내용물이나 내면을 보는 것이 '수색'인 것과 마찬가지다. 그렇다면 이메일이 저장된 저장장치에서 그 저장내용을 추출하는 것은 형사소송법상 '수색'이라고 볼 수 있다. 또 그 정보가 전자기적으로 또는 광학적으로 각인된 저장장치를 강제로 취득하는 것은 '압수'가 될 것이다.

그렇다면 예를 들어 이메일서버를 압수수색의 대상으로 정하는 것에 논리적인 문제가 있는 것으로 보이지는 않는다. 또 더욱 자주 이루어지는 방식인 이메일계정을 압수수색의 대상으로 정하는 것 역시 이메일서버의 일부를 압수수색의 대상으로 정하는 것이므로 더욱 문제가 될 것이 없다. 또는 주경복에 대한 압수수색에서처럼 특정한 메일을 압수수색 대상으로 하는 것 역시 그 메일이 전자기적 또는 광학적으로 각인된 서버의 일부를 취하겠다는 것이므로 논리적인 문제는 없다.[11]

애초에 '물건이냐 아니냐'의 문제가 제기된 것은 '물건'이라는 단어와 '정보' 사이의 언어적 불일치 때문에 나온 것이 아니다. 그보다는 메일서버 전체 또는 메일계정 전체에 대한 압수수색이 이루어지면서 범죄사실과 관련 없는 매우 많은 양의 정보를 수사기관이 취득하게 되어 사생활의 침해에 대한 우려가 발생했고, 법학자들이 "이메일 압수수색은 무언가 달라야 한다"라는 취지에서 문제제기를 하기 위한 하나의 방편으로 제기된 것이다. 결국은 정보저장장치에 대한 압수수색의 문제만 남게 된다.

경우에 한하여 수색할 수 있다.

11) 한겨레(2009. 4. 24; http://www.hani.co.kr/arti/society/society_general/351489.html). 당시 검찰이 법원에 청구한 영장을 보면, 기간을 특정하지 않은 채 "주 후보에게 선거자금을 전달한 사실을 확인할 수 있는 이메일"을 압수하겠다고만 밝히고 있다.

라. 문제들의 보편성

유의할 것은 위 두 가지 문제들—(1) 제3자보관물 압수수색 통지의 문제와, (2) 정보저장장치 압수수색 범위 한정의 문제—은 반드시 이메일 압수수색과 관련해서만 발생하는 것이 아니라는 점을 인지하는 것이다. 우선 제3자보관물 압수수색 통지의 문제는 통신비밀보호법상의 감청, 통신사실확인자료 취득 및 전기통신사업법상의 통신자료제공과 같이 통신사업자의 협조 없이는 수행이 불가능한 수사기법 전반에 걸쳐 발생할 수 있다.

마찬가지로 정보저장장치에 대한 압수수색의 포괄화 문제는 이메일계정에만 한정된 것이 아니라 정보저장장치에 대한 압수수색 전반에서 발생할 수 있다. 예를 들어 과거 민주노동당 당사의 파일서버 디스크에 대한 압수수색에 있어서도 포괄적 압수수색의 문제가 발생했다.[12]

마. 소결

이메일 압수수색은 이메일이 그 이메일에 대해 프라이버시권을 가지고 있지 않은 제3자가 주로 보관한다는 점, 물건의 '물건'이 아니라 정보라서 포괄적 압수수색을 통하지 않으면 수사목적을 달성하기 어려운 점, 통신의 결과물이라는 점 등에서 특이한 문제들을 발생시킨다.

현재 이러한 특이점들이 고려되지 않은 상황에서 수사가 이루어지면서 수많은 국민들이 자신의 이메일이 압수수색되어도 전혀 알지 못하는 상황에서 생활하고 있으며, 범죄관련 이메일들만이 압수수색되는 것이 아니라 그와 같은 이메일이 보관되어 있을 수 있는 계정이나 서버 전체가 압수수색되고 있어 공분을 사고 있다. 아래에서는 각 특이점을 자세히 살펴보고 이에 대한 대응책을 차례대로 살펴보기로 한다.

---

12) 민중의 소리(2010.2.7; http://www.vop.co.kr/A00000281550.html); 오마이뉴스(2010.2.7; http://www.ohmynews.com/NWS_Web/view/at_pg.aspx?CNTN_CD=A0001319669); 한겨레(2010.2.8; http://www.hani.co.kr/arti/politics/politics_general/403376.html).

2. 제3자보관물 압수수색 통지의 문제

결론부터 말하자면, 필자의 주장은 수사기관 압수수색이 침해하는 기본권이 프라이버시권이며, 압수수색에 따른 영장제시가 기본권침해에 대한 적법절차로서 이루어지는 이상, 헌법이 요구하는 적법절차의 원리를 충족시키기 위해서는 이메일 압수수색의 경우에도 압수수색이 이루어지는 시점에서 그 이메일에 체화된 프라이버시의 주체인 이메일계정 소유자에게 압수수색 집행과 동시에 영장제시나 통지가 이루어져야 한다는 것이다.

가. 적법절차원리가 요구하는 고지 의무

헌법 제12조 제1항은 "모든 국민은 신체의 자유를 가진다. 누구든지 법률에 의하지 아니하고는 체포 · 구속 · 압수 · 수색 또는 심문을 받지 아니하며, 법률과 적법한 절차에 의하지 아니하고는 처벌 · 보안처분 또는 강제노역을 받지 아니한다"고 되어 있다.

그리고 우리 헌법재판소는 헌법 제12조의 '적법한 절차'는 미국에서 발달된 적법절차원리를 도입한 것으로 보고 있다.[13] 미연방대법원은 미국헌법의 적법절차(due process)를 해석하기를 정부가 개인의 생명, 자유 및 재산(life, liberty or property)을 제한할 때는 다음과 같은 절차적 요소를 충족시킬 것을 요구하고 있다.[14]

(1) 자유의 제한 및 그 이유에 대한 고지(an adequate notice)
(2) 이의제기를 할 수 있는 기회, 예를 들어 청문회(a hearing)
(3) 중립적인 판정자에 의한 이의심의(a neutral judge)[15]

---

13) 헌법재판소 1992.12.24. 선고 92헌가8 결정.
14) Goldberg v. Kelly, 397 U.S. 254, 267(1970).
15) 참고로 위에서 judge는 반드시 직업적인 법관을 의미하는 것은 아니고 판정자를 말한다.

위의 (1)에 따라서 국가가 개인에게 형벌을 내릴 때는 기소 및 재판을 통해 그 이유와 범위를 피고인에게 알려준다. 이는 적법절차의 원리에 따른 것이다. 압수수색도 국가가 국민의 기본권을 제약한다는 의미에서 형벌과 비슷한 면이 있다. 그러므로 일반 압수수색의 경우 그 대상자에게 그 범위와 이유를 알려주면서 이루어지는 것이다. 집이나 자동차에 대한 압수수색 모두 영장을 제시하고 이루어지며 이와 같이 자신의 자유가 제한될 때 통보받을 권리는 '처분을 받는 자'에게 영장이 제시될 것을 요구하는 형사소송법 제118조에 의해 구체화된다.

이메일 압수수색에 있어서도 이메일이 압수수색될 경우 그 기본권이 침해되는 자는 애당초 이메일의 내용을 모르고 있던 이메일서버 운영자가 아니고 이메일계정소유자가 될 것이다. 그렇다면 당연히 이메일계정 소유자가 자신의 기본권이 침해가 되고 있음에 대해 영장제시나 기타 절차를 통해 통지받는 것이 헌법적 요구에 부합할 것이다.

나. 고지를 받을 권리의 주체

혹자는 형사소송법 제118조의 피고지권을 가진 압수수색처분의 대상자가 포털이지 메일계정소유자가 아니라고 주장한다. 압수수색을 당하는 자가 압수수색에 의해 침해되는 사생활의 주체가 아닌 경우가 있다. 바로 이메일 압수수색은 그 이메일의 발신자나 수신자가 아니라 서버 소유자인 Daum이나 네이버와 같은 이메일서비스사업자에 대해 이루어진다. 이런 경우 영장이 이메일서비스사업자에게만 전달되고 정작 사생활을 침해당하는 자에게는 통보되지 않는 문제가 있다.

사실 적법절차가 요구하는 통보의무의 통보대상이 누구인가?의 문제는 이메일 압수수색에만 연관되어 있지 않다. 현대사회에는 사생활의 영역에 포함되는 많은 정보들이 은행, 병원, 포털 등의 제3자에게 비밀유지의 조건으로 위탁되어 있다. 이외에도 정보의 소유자가 아닌 자가 그 정보를 소지하거나 관리하고 있다가 압수수색을 당하는 경우는 많이 있을 것이다. 이와 같이 소위 '제3자보관 개인정보'에 대한 압수수색의 경우 통보 없이 자신의 사생활이 침해되는 위헌적인 상황은 어떻게 해소될 수 있을까? 이 정보들을 영장을 통해 취득한다고 할 때 과연 누가 압수수색처분의 대상자로서 영장을 제시받을 권리를 가지고 있는가?

미국에서는 제3자 지배 장소에 대한 압수수색에 대해서 동의를 얻어야 할 경우 제3자가 아닌 프라이버시 당사자에게 동의를 얻어야 한다는 판례가 확립되어 있고,16) 이로부터 유추해볼 때 영장의 제시 역시 프라이버시의 주체에게 이루어져야 한다.

또 우리나라에서도 이에 대해서는 이미 형사소송법 제121조와 제122조는 피고인이 압수수색영장의 집행에 참여할 수 있도록 하고 이렇게 참여할 수 있도록 집행의 일시와 장소를 피고인에게 통지하도록 하고 있다.

위의 조항이 정보에 대한 압수수색에 적용되었을 때 '피고인'은 정보의 주체, 즉 이메일계정소유자일 것이다. 그렇지 않다면 위 정보를 압수수색할 이유가 없을 것이다. 그리고 형사소송법 제219조는 위의 제121조 및 제122조가 '피고인'뿐만 아니라 '피의자'에게도 준용된다고 하고 있다.

그렇다면 이메일 압수수색에 대해서도 현행법상 메일계정소유자에게 집행과 동시에 영장이 제시되어야 함이 타당하다. 그런데 현재 이루어지는 이메일 압수수색에서 압수수색과 동시에 그 이메일계정소유자나 수사의 목표인 자에게 영장 제시가 이루어지고 있지 않는 것은 **명백한 불법**이라고 여겨진다.

다. 대법원의 입장

2010년 8월 박영선 의원의 요청에 의해 대법원이 작성한 의견서는17) 형사소송

---

16) Stoner v. California, 376 U.S. 483 (1964) (호텔직원이 호텔방의 수색에 대해 동의할 권한이 없다는 결정. 직원이 호텔 방을 청소할 권한도 있고 투숙객이 키를 직원에게 맡겼다고 할지라도 호텔방 수색에 대한 동의권은 투숙객이 가지고 있다고 결정함); Chapman v. United States, 365 U.S. 610 (1961) (건물주가 세입자의 임차구역에 동의할 권한이 없다는 결정); United States v. Most, 876 F.2d 191, 199-200 (D.C. Cir. 1989) (점포직원이 손님이 보관을 부탁한 물건에 대한 조사에 동의할 권한이 없다는 결정); Barth, 26 F. Supp.2d at 938 (컴퓨터 수리기사가 수리목적으로 컴퓨터 내의 파일들에 접근할 권한이 있다고 할지라도 수리기사가 그 파일들의 검색에 동의할 권한은 없다는 결정).
17) 2010년 7월 27일 요청, 2010년 8월 16일 수신.

법 제118조의 '처분을 받는 자'는 피고인이나 피의자가 아니라 '현실적으로 압수·
수색을 당하는 자로서 압수할 물건 또는 수색할 장소를 현실적으로 지배하는 자'를
의미한다고 하며 이 조항의 입법취지도 "압수수색영장 없이 압수수색하는 것을
방지하고, 압수수색영장에 기재된 물건, 장소, 신체에 대해서만 압수수색을 하도
록 하려는 것을 보장하는 취지"라고 하고 있다. 그러나 이는 대법원이 형사소송법
제118조의 입법취지를 오독한 것으로 보인다. 위에서 밝혔듯이 제118조는 헌법
상 국가가 국민의 기본권을 제한할 때는 특정한 절차를 따라야 한다는 적법절차의
원리에 터잡고 있는 것이며, 그렇다면 실제로 기본권침해의 피해자가 그 절차의
수혜자가 되어야 하는 것이다.

그러나 결과적으로 대법원의 입장은 필자의 입장과 별반 다르지 않다. 대법원
은 동 의견서에서 형사소송법 제121조와 제122조의 준용을 들어 결국에는 압수수
색대상물 보관자 외에 피의자 및 피고인에게도 반드시 통지가 되어야 한다는 입장
을 취하고 있다. 물론 긴급성을 요하는 경우 통지가 유예될 수 있다고 하나 여기서
필자가 헌법적으로 요구된다고 주장하는 것은 사전통지가 아니라 사후 또는 동시
통지로서 대법원의 입장과 다르지 않다.

라. 통지의무의 보편성

혹자는 형사소송법 판례나 학설은 제3자보관물에 대해 수사대상자에게 통보
하는 것에 대해 명시적으로 언급한 바가 없으며, 위와 같이 법률조항들을 문리적
으로 해석할 경우 이메일 압수수색시 영장제시가 이메일계정소유자에게 이루어
지지 않는 것이 불법인 결과가 나오는 것은 입법적 착오일 뿐이라는 견해를 가지고
있을 수도 있다.

그러나 강제처분은 제3자에게 이루어지지만 통지는 수사대상자에게 이루어
지도록 하는 제도는 보편성이 있다. 가장 대표적으로 이러한 의무는 수사기관이
통신제한조치(감청)를 할 때도 발생한다. 감청을 하기 위해서는 통신당사자가
아니라 통신사업자의 설비에 대해 일종의 '압수수색'을 행하게 된다. 이때 정작

사생활침해를 당하는 것은 통신당사자인데 통신당사자에게는 아무런 통보가 이루어지지 않는 감청은 심각한 헌법적 문제를 발생시킨다는 이유 때문에, 통신비밀보호법은 감청이 이루어지면 감청사실을 피감청자에게 통보하도록 되어 있다.[18]

또 이 원리는 형사소송법 제107조나 형사소송법 제112조의 피고인 송수신 우편물에 관한 규정이나 업무상 비밀에 관한 규정에도 반영되어 있다. 이들 조항에서는 압수처분의 물리적 대상은 '체신관서'이지만 우편물의 '발신인'과 '수신인'에게 그 취지를 통지하도록 하고 있다. 또 업무상 비밀의 경우 "타인의 승낙"이 없으면 압수를 거부할 수 있도록 하고 있어 실질적으로 '통지'를 의무화하고 있다.

마. 감청 고지의무 준용의 문제점 및 통지의 시점

다행히도 2009년 5월 통신비밀보호법이 개정되면서 이메일 압수수색의 경우 통신비밀보호법의 감청통지에 준하는 절차를 통해 이메일계정 소유자에게 기소나 불기소 이후에 통지를 하도록 하고 있다.[19]

그러나 이것으로는 충분하지 않다. 왜냐하면 형사소송법의 상기 조항에 따르면 고지는 영장집행과 동시에 이루어져야 한다. 감청은 감청개시와 동시에 통보하면 감청 자체가 성립되지 않으므로 추후 통지를 하는 것이 옳지만, 이메일 압수수색은 다른 압수수색과 달리 볼 것이 없으므로 메일의 취득과 동시에 대상자에게

18) 통신비밀보호법 제9조의2(통신제한조치의 집행에 관한 통지) ① 검사는 제6조 제1항 및 제8조 제1항의 규정에 의한 통신제한조치를 집행한 사건에 관해 공소를 제기하거나, 공소의 제기 또는 입건을 하지 아니하는 처분(기소중지 결정을 제외한다)을 한 때에는 그 처분을 한 날부터 30일 이내에 우편물 검열의 경우에는 그 대상자에게, 감청의 경우에는 그 대상이 된 전기통신의 가입자에게 통신제한조치를 집행한 사실과 집행기관 및 그 기간 등을 서면으로 통지해야 한다.
19) 통신비밀보호법 제9조의3(압수·수색·검증의 집행에 관한 통지) ① 검사는 송·수신이 완료된 전기통신에 대해 압수·수색·검증을 집행한 경우 그 사건에 관해 공소를 제기하거나 공소의 제기 또는 입건을 하지 아니하는 처분(기소중지결정을 제외한다)을 한 때에는 그 처분을 한 날부터 30일 이내에 수사대상이 된 가입자에게 압수·수색·검증을 집행한 사실을 서면으로 통지해야 한다.
② 사법경찰관은 송·수신이 완료된 전기통신에 대해 압수·수색·검증을 집행한 경우 그 사건에 관해 검사로부터 공소를 제기하거나 제기하지 아니하는 처분의 통보를 받거나 내사사건에 관해 입건하지 아니하는 처분을 한 때에는 그 날부터 30일 이내에 수사대상이 된 가입자에게 압수·수색·검증을 집행한 사실을 서면으로 통지해야 한다.[본조신설 2009.5.28]

알려줘야 한다. 어차피 압수수색은 과거의 기록을 취득하는 것이므로 취득과 동시에 알려준다고 하여 수사의 기밀성이 훼손되지 않는다. 그렇기 때문에 형사소송법상의 '집행과 동시고지'가 타당하다. 그런데 2009년 5월 개정된 통신비밀보호법은 '집행과 동시'는커녕 집행이 이루어진 후에도 기소나 불기소처분을 하지 않는 한 영원히 통보가 이루어지지 않을 수 있게 되어 있다.

그리고 감청통지제도 자체도 심각한 문제를 안고 있다. 감청도 제3자에 의해 관리되는 정보를 수사기관이 취득하는 것이다. 물론 감청은 동시통보를 하게 되면 감청 자체가 불가능하다. 그래서 대부분의 나라에서 감청이 끝난 후 신속하게 피감청자에게 통지하도록 되어 있다. 예컨대 미국의 통신비밀법(Electronic Communi- cations Privacy Act)은 검찰이 감청신청만 해도 그 결과에 관계없이 일정 기간(60일) 후에 무조건 통지하도록 되어 있다.

그런데 우리나라 통신비밀보호법은 경찰이 대상자에게 기소나 불기소 결정을 내린 후에야 통보하도록 되어 있다. 즉, 수사가 길어지면 감청이나 메일수색의 대상자는 아주 오랫동안 감청이나 수색사실을 모르고 생활하게 되는 것이다. 게다가 이 통지마저도 검사장의 승인만으로도 계속 유예가 될 수 있다.[20] 수년 동안 아무런 통보 없이 이메일이 반복적으로 수색되고 전화가 지속적으로 감청될 수 있다는 것을 생각해보라. 감청에 대한 사후통지가 이렇게 무한정 지연될 수 있는 상황이 없도록 통신비밀보호법을 개정해야 한다. 또 현행 통신비밀보호법의 통보를 검찰이 이행하도록 하여 이행의 충실성에 대해 의문이 제기되고 있는 상황이 재연되지 않도록 법원이 통보의무를 갖도록 해야 한다.

---

20) 통신비밀보호법 제9조의2(통신제한조치의 집행에 관한 통지) 〈중략〉 ④ 제1항 내지 제3항의 규정에 불구하고 다음 각호의 1에 해당하는 사유가 있는 때에는 그 사유가 해소될 때까지 통지를 유예할 수 있다.
1. 통신제한조치를 통지할 경우 국가의 안전보장·공공의 안녕질서를 위태롭게 할 현저한 우려가 있는 때
2. 통신제한조치를 통지할 경우 사람의 생명·신체에 중대한 위험을 초래할 염려가 현저한 때
⑤ 검사 또는 사법경찰관은 제4항의 규정에 의해 통지를 유예하고자 하는 경우에는 소명자료를 첨부해 미리 관할지방검찰청검사장의 승인을 얻어야 한다. 다만, 검찰관 및 군사법경찰관이 제4항의 규정에 의해 통지를 유예하고자 하는 경우에는 소명자료를 첨부해 미리 관할 보통검찰부장의 승인을 얻어야 한다.

정리하자면, 이메일 압수수색은 감청이 아닌 이상, 즉시 또는 동시적으로 통보하도록 의무를 부과하는 것은 가능하다. 위에서 말했듯이 감청의 경우 감청이 실질적으로 무산되지 않도록 하기 위해서 유예기간을 두는 것이 타당하지만, 이미 기록된 정보를 취득하는 경우 감청의 목표가 적용되지 않으므로 통보가 즉시 이루어지는 것이 타당하다.

단지 통보를 하는 것이 생명이나 신체에 위협을 주거나 수사에 위협이 되는 경우에는 통보를 지연할 수는 있을 것이나, 이 역시 별도의 법원의 허가가 필요하다고 본다. 그리고 이 법원허가에는 해당 물건이나 정보를 보관 중인 제3자가 피의자에게 영장발부사실을 알려주지 못하도록 하는 명령도 포함될 수 있을 것이다.

바. 고지의 정책적 필요성

감청과 메일수색에 있어서의 통보의 필요성은 단지 헌법의 적법절차원리를 호명하는 '이유나 알고 맞자'는 법감정을 넘어서는 정책적 차원을 지니고 있다.

첫째, 감청과 메일 해독 모두 상당한 시간을 소요하기 때문에 국가는 '가능성이 있어 보이는' 사람으로 대상을 한정할 수밖에 없다. 하지만 '가능성이 있는지 없는지'는 우선 감청이나 메일수색을 하여 보지 않으면 알 수가 없다. 이 딜레마 때문에 국가의 개인에 대한 감시는 자연스럽게 한정된다. 감청과 이메일 해독은 자연적인 내재적 한계를 가지고 있다. 그런데 감청과 메일수색을 대상자에게 통보하지 않고 반복적으로 할 수 있게 되면 이 딜레마를 깰 수가 있다. 국가가 수많은 사람들을 감청해보고 '가능성 있어 보이는' 사람을 골라서 그 사람을 집중적으로 감청과 메일수색을 할 수 있다. 즉, 모든 국민이 국가에 의한 완전감시의 위험에 노출되어 있는 것이다. 통보되지 않는 감청과 압수수색의 공포는 이런 것이다.

둘째, 통보의 필요성은 입법정책적 함의를 가지고 있다. 감청과 압수수색도 결국 국가가 국민의 기본권을 제한하는 것이며, 사법부의 판단에 의해 이루어지게 되며 이 판단의 절차가 바로 영장(통비법상의 '법원허가' 포함)이다. 거꾸로 말하면 프라이버시라고 할지라도 국가가 공익적 필요가 있다면 취득할 수 있는 것이며,

범죄수사는 충분한 '공익적 필요'로 인정되고 있다. 그러나 공익적 필요는 범죄수사의 목표뿐만 아니라 합목적성도 충족되어야 한다. 즉, 실제 범죄수사에 도움이 되어야 하고 범죄수사에 도움이 되는 범위 내에서만 감청 및 압수수색이 이루어져야 한다. 이를 위해서는 해당 감청 및 압수수색이 범죄수사에 도움이 될 개연성과 감청 및 압수수색에 의해 침해되는 사생활 사이의 이익형량이 필요하다. 그렇다면 이 이익형량에 있어 사생활과 범죄수사의 필요성 중에 어느 쪽에 비중을 둘 것인가의 문제는 법의 문제라기보다는 정책적인 문제일 수 있다. 영장전담부 판사들이 영장발부 여부를 결정할 때 내리는 판단은 형식논리에 의해 결과가 도출되는 수학공식과 같은 것이 아니라 피와 살로 이루어진 인간사회가 표출하는 법감정을 고려한, 메타적인 차원에서의 정책적인 판단인 것이다.

그런데 영장부 판사들이 내리는 정책적인 판단은 얼마나 많은 사람들이 주변에서 압수수색을 당하고 있는가에 의해 영향을 받도록 되어 있다. 결국 감청을 얼마나 허용할 것인가의 문제는 인권 대 범죄수사의 원론적 대립 속에서 그 선이 그어지는 것이 아니라 영장전담부 판사들이나 국회의원들이 스스로 또는 주변에서 압수수색이나 감청을 당하는 상황을 겪으면서 균형점을 찾아갈 것으로 보인다.

사. 특별법인가 일반법인가 — 미국법과의 비교

여기에서 입법론적인 선택이 필요하다. 다시 말하지만 제3자보관물에 대한 압수수색시의 영장제시 문제는 이메일 압수수색이 아니라 다른 경우에도 적용된다. 예를 들어 제3자가 수사대상자가 쓴 편지를 가지고 있고 이를 압수수색하는 경우를 생각해볼 수 있다. 법개정은 이 문제를 1) 일반적으로 해결하는 방식으로 접근할 수도 있고, 아니면 2) 통신의 결과물(예를 들어, 이메일)에 대해서만 특별하게 해결하는 방식으로 접근할 수도 있다. 우리나라의 경우에도 통신의 비밀에 대해서는 통신비밀보호법이라는 특별법이 존재하고 있어, 이메일은 '통신의 결과물'이라는 이유로 이메일에 대한 압수수색도 감청에 준해 처리하자는 움직임이 있었고, 사실 2009년 5월 박영선 개정법도 이 움직임의 결과물이다.

또 미국도 일반화시킨 형태로 되어 있지는 않고, ECPA는 정보서비스제공자에 의해 '보관 중인 통신정보(stored communication)'의 경우에는 반드시 서비스제 공자가 아닌 서비스이용자에게 사전 통보하도록 하고 있으며,[21] 90일 동안 유예될 수는 있으나[22] 매우 한정적인 경우에만 유예가 허용된다.[23]

〈표 18-1〉 미국의 '보관된 통신정보'에 관한 법적 절차

	강제공개를 위한 절차(최소절차)	
	공공서비스	비공공서비스
가입자신상정보 및 사용시간 과금 정보	소환장, 법원허가, 일반영장 2703(c)(2)	소환장, 법원허가, 일반영장 2703(c)(2)
통신사실확인자료	법원허가 영장 2703(c)(1)	법원허가 일반영장 2703(c)(1)
개봉된 통신내용	사전통보소환장 사전통보법원허가 일반영장 2703(b)	소환장 2711(2)
180일 이상 보관된 미개봉 통신내용	사전통보소환장 사전통보법원허가 일반영장 2703(a, b)	사전통보소환장 사전통보법원허가 일반영장 2703(a, b)
180일 미만 보관된 미개봉 통신내용	일반영장 2703(a)	일반영장 2703(a)

필자는 미국의 특별법 방식은 충분치 않다고 생각한다. 또 우리나라의 통신비 밀보호법의 고지의무를 준용하는 것에 대해서도 고지의무가 검찰의 결정에 의해 유예될 수 있다는 점, 고지가 '기소'나 '불기소'결정이 내려진 이후에야 이루어지는 점 등 통신비밀보호법 자체가 가진 문제를 제기한 바 있다. 위에서 제기한 이 문제 들이 모두 해결된다고 할지라도 이메일이 통신의 결과물이라고 하여 이메일만을 뽑아서 통신비밀보호법에 넣어 더욱 두텁게 보호하는 것은 옳지 않다고 본다.

'통신의 결과물'이 아닐지라도 제3자보관물에 대한 국민의 사생활보호의 기대

---

21) 18 U.S.C. § 2703(b)(1)(B).

22) 18 U.S.C. § 2705(a)(1)(A), § 2705(a)(4).

23) "endanger[] the life or physical safety of an individual; [lead to] flight from prosecution; [lead to] destruction of or tampering with evidence; [lead to] intimidation of potential witnesses; or …otherwise seriously jeopardiz[e] an investigation or unduly delay[] a trial."

심리는 매우 높다고 본다. 예를 들어 일기장, 의사의 진료기록, 혈액, DNA 등 '통신'을 목표로 하지 않지만 제3자의 매우 비밀스러운 프라이버시를 담지한 물건들은 많이 있다.

또 통신비밀보호법의 입법목적을 바라볼 때에도 특별법적 입법은 옳지 않다. 통신비밀보호법이 형사소송법에 대한 특별법이라고 할 때 과연 이 특별법이 1) 통신의 내용이 다른 증거물과는 달리 발신자의 의지의 직접적인 표현이라서 다른 사생활의 자유에 비해 강력하게 보호하기 위해 존재하는 것인지, 2) 감청 등과 같이 아직 존재하지 않거나 제3자를 통해 취득할 수 있는 증거물들을 취득하는 형태의 수사기법이 '압수'나 '수색'이라는 개념과는 이질적이기 때문에 특별법이 존재한다고 보아야 할까? 필자는 후자라고 생각한다.

아. 영장제시의무의 한계 ─ "피의자 및 피고인만 통지하면 된다"

물론 모든 압수수색대상물에 대해서 피의자에게 통지를 할 수는 없을 것이다. 예를 들어 자동차정비소에 있는, 주인을 알 수 없는 자동차에 대해 압수수색을 하면서 자동차 주인을 찾아 통지를 할 필요는 없을 것이다. 그러나 수사기관이 주인이 누구인지 아는 상황에서 주인이 사적 계약을 통해 자동차정비소에게 위탁한 상태의 자동차의 내부를 압수수색하려 한다면, 그 처분을 받는 대상은 자동차정비소가 아니라 자동차의 주인이며 그에게 별도로 통보를 해줘야 한다.

또 수사대상자의 정보저장장치를 수사대상자로부터 압수해 수색하면서 의도치 않게 타인의 개인정보를 그 정보저장장치에서 발견하는 것과도 다른 문제다. 어떤 타인의 개인정보가 그 디스크에 들어 있는지 모르는 상황에서 저장장치 소유자를 상대로 합법적으로 압수수색을 수행한다면, 그와 같이 합법적인 압수수색 도중에 타인의 개인정보를 취득하는 것에 대해서도 일일이 정보의 주체들에게 통보할 필요는 없다. 물론 이 지점에서 중요한 것은 '의도치 않게 발견되는 개인정보'가 너무 광범위하게 늘어나지 않도록 하는 것이며, 이는 '정보저장장치에 대한 압수수색의 문제의 영역'에 들어가는 것이다. 이에 대해서는 다음 장에서 다룰 것이다.

그런데 만약 실제 노트북 전체에 대해 압수수색영장이 다음 절에서 제시하는 여러 안을 통해 개선된 절차를 통해 발부되었다고 가정하자. 이 경우에도 제3자보관물의 주체 모두에게 통보해주도록 하는 것은 현실적으로 문제가 될 수 있다. 노트북의 예를 들자면, 그 노트북에는 수많은 타인의 개인정보들이 포함되어 있을 수 있다. 이 정보의 주체들을 모두 찾아서 통보해주는 것은 법원으로서는 감당하기 어려운 부담이 되며 헌법적으로 반드시 필요하지 않을 수 있다. 즉, 영장주의는 국가가 강제력을 독점하고 있는 상황에서 국가가 국민을 상대로 그 강제력을 행사할 수 있는 가능성 때문이므로 이에 대해서만 영장을 적용하면 된다. 즉, 수사기관이 영장을 취득할 때 '범죄수사에의 필요성'을 입증해야 하는데 이때 '범죄수사'에는 '범죄를 저지른 것으로 의심되는 자가 있을 것이고, 바로 이 사람 또는 이 사람들에게만 법원이 통보를 하면 될 것이다.

그리고 이것은 현재 형사소송법 제211조와 제212조가 피고인/피의자와 그 변호인에게만 통지하도록 규정한 것과 일치한다.

주의할 것은 위탁된 비밀정보에 대해서만 통보의무가 적용된다는 것이다. 피의자가 어떤 점포(예를 들어 폭약이나 독극물 거래)에서 특정 물건을 구입했는지 확인하기 위해 그 점포의 판매기록을 압수수색하는 것과는 다른 것이다. 이 판매기록은 피의자가 그 점포에 위탁한 것이 아니기 때문이다.

자. 개정안─제3자보관물 압수수색에 대한 보편적 조항의 신설

위 문제를 해결하는 가장 좋은 방법은 형사소송법 제211조와 제212조를 검찰이 준수하는 것이다. 그런데 위 조항들의 효력이 널리 공유되지 않은 이유 때문인지 여러 개정안들이 제시되고 있고 여기서는 이들 개정안들을 평가해보고자 한다.

이종걸 의원은 형사소송법 제106조에 정보저장장치에 대한 특별조항(제3항)을 신설하고 "법원은 제3항에 따라 정보를 제공받은 경우 정보주체에 대해 60일 이내에 통지를 해야 한다"는 개정안을 제출한 바 있다.

그러나 이종걸 개정안은 다음과 같은 문제점이 있다. 첫째, 위에서 밝혔듯이 의도하지 않은 정보를 합법적인 압수수색을 통해 취득한 경우에도 해당 정보저장장치에 포함되어 있는 모든 정보의 '정보주체'를 찾아서 통지하는 것이 현실적인가? 또는 헌법적으로 반드시 요구되는가?가 의문시된다. 둘째, 위에서 밝혔듯이 즉시통보를 하면 수사의 목적이 훼손되는 감청이 아닌 이상 '60일'을 기다릴 이유가 없다. 이미 형사소송법 제107조의 피고인의 우체물에 대한 즉시통지 및 제112조 업무상 위탁된 비밀에 대한 사전허가, 또 형소법 제121조와 제122조는 피고인과 피의자에게 영장집행과 동시에 영장제시가 이루어질 것을 상정하고 있다는 점에 비추어 60일의 기간은 도리어 '퇴보'가 될 수도 있다.

또 이학재 의원은 '송수신이 완료된 이메일의 압수수색'을 '통신제한조치(감청)'의 하나로 인정하는 통신비밀보호법 개정안을 제출한 바 있다. 하지만 위에서 밝혔듯이 현행 통신제한조치에 대한 통보의무가 너무 허술하기 때문에 이를 그대로 준용하는 것은 문제가 있다. 특히 감청과 동일시할 경우 통신비밀보호법 제11조의 비밀준수의무가 적용되어 이메일 압수수색 여부를 이용자가 물어보아도 포털들이 알려주지 않는 상황이 발생하게 된다. 물론 감청에 대한 통지의무가 모두 개선된다면 이학재 안도 훌륭하기는 하나 장기적인 입법론적 측면에 있어서는 위에서 말했듯이 '이메일' 외에도 상당히 많은 제3자보관물이 민감한 정보를 담고 있을 수 있으므로, 국민의 프라이버시 보호라는 측면에서는 더욱 보편적인 해결책이 요구된다.

박영선 의원은 형사소송법 제107조의 피고인의 우체물 제출시 수신인과 발신인에게 통지하도록 하는 조항을 '이메일 등 대통령지정물'에 준용하도록 하여 통지의무를 성립시켰다. 하지만 '이메일 등 대통령지정물'이라는 문구는 포괄적위임금지 원칙에 어긋날 수 있다. 또 위 문구가 '통신물'의 범주에 대응하기 위한 것이라면 위에서 말했듯이 통신의 결과물이 아닌 제3자보관물(의료기록, 일기장)도 매우 민감한 개인정보를 담고 있을 수 있다는 점이 간과된다.

이종걸 안, 박영선 안, 이학재 안은 다음과 같이 표로 나타낼 수 있다.

	이종걸 안	박영선 안	이학재 안
적용범위	정보저장매체에 기억된 정보	이메일, 문자메시지 등 대통령령이 정하는 정보	송수신이 완료된 전자우편
통보시점	정보제공받은 후 60일 (법원)	즉시(형소법 107조 우체물압수규정 준용)	기소 및 불기소 이후 60일(통비법 감청 통지의무 준용)
통보주체	법원	법원	검사 및 사법경찰관

즉, 적용범위로 보자면 이종걸 안이 가장 폭이 넓고, 통보시점으로 보자면 박영선 안이 가장 탁월하다. 이학재 안은 폭도 좁고 통보시점도 열악하다.

그러나 위에서 언급했듯이 제3자관리물에 대한 일반적인 해결책은 이미 형사소송법 제121조 및 122조와 그 조항들의 피의자에의 준용규정에 의해 이미 나와 있으며 위의 세 가지 안 모두 이 조항들보다 더 열악하다.

혹시 위에서 말했듯이 형사소송법 제121조/122조상의 즉각적인 영장제시의무가 제3자보관물 압수수색에는 적용되는 것이 아니라는 반론에 대비해 형사소송법 제118조에 영장제시의무를 정확히 규정하는 것이 더 나을 수 있다.

현행법	필자의 개정안
제118조(영장의 제시) 압수·수색영장은 처분을 받는 자에게 반드시 제시해야 한다.	제118조(영장의 제시) 압수·수색영장은 처분을 받는 자에게 반드시 제시해야 한다. 압수수색의 대상이 되는 증거물이 타인의 비밀에 해당할 경우 법원이 직접 또는 수사기관을 통해 영장을 그 타인에게 제시하도록 한다. 단, 영장이 즉각 제시되면 생명, 신체 및 수사의 진행에 명백하고 현존한 위험이 존재할 경우 영장의 제시나 기타 영장의 존재에 대한 통보는 법원의 허가에 의해 일정기간 동안 금지될 수 있다. ☞ 위의 개정안이 통과되면 통신비밀보호법 제9조의3은 의미가 없으므로 삭제

차. 감청, 통신사실확인자료취득 및 통신자료제공에 대한 통지의무 개선

그리고 위의 문제는 정보의 주체가 아닌 제3자가 보관하거나 매개하는 정보를 취득하는 방식으로 이루어지는 다른 수사기법 즉 감청이나 통신사실확인자료취득 및 통신자료제공에서도 나타나게 된다.

참고로 감청은 통신비밀보호법에 '통신제한조치'로 정의되어 규율되고 있고 이에 대한 별도의 설명은 불필요하다. **통신사실확인자료**는 아래에 더 자세히 설명하겠지만 통신의 내용이 아니라 수사대상이 누구와 언제 어떤 분량의 통신을 했는가의 기록이다.[24] **통신자료**는 특정 통신을 한 자의 신원을 파악할 수 있는 정보다.[25] 통신자료제공은 법에는 실제로는 매우 폭넓게 정의가 되어 있지만, 현재는 인터넷에 공개된 게시물의 작성자 신원을 파악하는 데에 주로 사용되고 있다. 위 세 가지 수사기법 모두 통신을 매개하는 중간자에게 공권력이 강제하거나 협조를 구하는 방식으로 수사가 진행되기 때문에, 제3자관리물 압수수색의 문제가 공히 발생한다.

그런데 위 세 가지 수사기법들 중 통신사실확인자료취득과 감청이 통신비밀보호법에 의해 그리고 통신자료제공이 전기통신사업법에 의해 규율되고 있다. 현재

---

24) 통신비밀보호법 제2조 제11호 "통신사실확인자료"라 함은 다음 각목의 어느 하나에 해당하는 전기통신사실에 관한 자료를 말한다.
가. 가입자의 전기통신일시
나. 전기통신개시 · 종료시간
다. 발 · 착신 통신번호 등 상대방의 가입자번호
라. 사용도수
마. 컴퓨터통신 또는 인터넷의 사용자가 전기통신역무를 이용한 사실에 관한 컴퓨터통신 또는 인터넷의 로그기록자료
바. 정보통신망에 접속된 정보통신기기의 위치를 확인할 수 있는 발신기지국의 위치추적자료
사. 컴퓨터통신 또는 인터넷의 사용자가 정보통신망에 접속하기 위해 사용하는 정보통신기기의 위치를 확인할 수 있는 접속지의 추적자료
25) 전기통신사업법 제54조(통신비밀의 보호) ③ 전기통신사업자는 법원, 검사 또는 수사관서의 장, 정보수사기관의 장으로부터 재판, 수사, 형의 집행 또는 국가안전보장에 대한 위해를 방지하기 위한 정보수집을 위해 다음 각호의 자료의 열람이나 제출(이하 "통신자료제공"이라 한다)을 요청받은 때에 이에 응할 수 있다. 〈개정 2002.12.26, 2007.1.3〉
1. 이용자의 성명
2. 이용자의 주민등록번호
3. 이용자의 주소
4. 이용자의 전화번호
5. 아이디(컴퓨터시스템이나 통신망의 정당한 이용자를 식별하기 위한 이용자 식별부호를 말한다)
6. 이용자의 가입 또는 해지 일자
〈이하 생략〉

는 감청, 통신사실확인자료에 대해서는 각 정보의 주체에게 통신비밀보호법상의 통지가 이루어지고 있으나 통신자료제공의 경우 통지가 이루어지고 있지 않다. 통신자료제공의 경우 통지가 이루어지고 있지 않음은 물론, 통신자료제공이 이루어진 대상자가 통신자료를 제공한 사업자에게 통신자료제공 여부를 질의해도 현재 일부 포털사들만이 알려주고 있다.[26]

그런데 체계조화적인 해법을 위해서는 이들 특별법에 대해서도 개선이 이루어져야 한다. 그렇지 않을 경우 특별법에 의한 수사기법에 의한 기본권침해가 형사소송법에 의한 수사기법(이메일 압수수색)보다 더 커지는 역차별의 문제가 발생하게 된다.

1) 통신제한조치(감청) 및 통신사실확인자료취득에 대한 통지의무

위에서 제기했듯이 현행 통신비밀보호법상의 감청이나 통신사실확인자료 취득도 제3자보관물에 대한 압수수색의 문제가 발생하며, 이를 입법자가 이미 인지하여 통지의무를 설정하고 있으나 여러 가지 문제점이 존재한다. 다시 정리하자면 다음과 같은 문제점과 개선점이 존재한다.

첫째, 감청/통신사실확인자료의 취득이 이루어지면 적법절차의 원리에 의해 반드시 통지가 이루어지도록 기소 또는 불기소결정과 관계없이 통지시점이 정해져야 한다.

둘째, 통지의 실행은 법원이 해야 한다. 통지의무는 위에서 보았듯이 적법절차 원리의 헌법적 요구이며, 프라이버시 침해를 명하는 법원은 그에 대한 고지에 대해 책임을 져야 한다. 징역형의 실행은 법무부가 하더라도 형의 선고는 법원이 해야 하는 것과 마찬가지다.

셋째, 같은 이유로 통지의 유예는 적법절차원리를 구성하는 통보받을 권리의 유예이며 당연히 법원이 역시 결정해야 한다.

---

26) 2010년 6월 현재 필자가 실험해본 결과 Daum사는 통신자료제공 여부를 알려주지 않고 있으며, NHN사는 알려주고 있다.

이에 따라 필자가 제시하는 개정안은 다음과 같다.

필자의 안
통신비밀보호법 제9조의2(통신제한조치의 집행에 관한 통지) ① ~~검사는~~법원은 제6조 제1항 및 제8조 제1항의 규정에 의한 통신제한조치를 ~~집행한 사건에 관해 공소를 제기하거나, 공소와 제기 또는 입건을 하지 아니하는 처분(거소중지 결정을 제외한다)을~~ 한 때에는 ~~그 처분을 한~~ 허가한 날부터 ~~30일~~60일 이내에 우편물 검열의 경우에는 그 대상자에게, 감청의 경우에는 그 대상이 된 전기통신의 가입자에게 통신제한조치를 집행한 사실과 집행기관 및 그 기간 등을 서면으로 통지해야 한다. ~~②사법경찰관은 제6조 제1항 및 제8조 제1항의 규정에 의한 통신제한조치를 집행한 사건에 관해 검사로부터 공소를 제기하거나 제기하지 아니하는 처분(거소중지 결정을 제외한다)의 통보를 받거나 내사사건에 관해 입건하지 아니하는 처분을 한 때에는 그 날부터 30일 이내에 우편물 검열의 경우에는 그 대상자에게, 감청의 경우에는 그 대상이 된 전기통신의 가입자에게 통신제한 조치를 집행한 사실과 집행기관 및 그 기간 등을 서면으로 통지해야 한다.~~ 〈중략〉 ~~⑤검사 또는 사법경찰관은 제4항의 규정에 의해 통지를 유예하고자 하는 경우에는 소명자료를 첨부해 미리 관할지방검찰청검사장의 승인을 얻어야 한다. 다만, 검찰관 및 군사법경찰관이 제4 항의 규정에 의해 통지를 유예하고자 하는 경우에는 소명자료를 첨부해 미리 관할 보통검찰부장 의 승인을 얻어야 한다.~~ ~~⑥검사, 사법경찰관 또는 정보수사기관의 장은 제4항 각호의 사유가 해소된 때에는 그 사유가 해소된 날부터 30일 이내에 제1항 내지 제3항의 규정에 의한 통지를 해야 한다.~~ **제13조의3**(범죄수사를 위한 통신사실 확인자료제공의 통지) ① 법원은 제13조의 규정에 의해 통신사실 확인자료제공을 받은 사건에 관해 공소를 제기하거나, 공소와 제기 또는 입건을 하지 아니하는 처분(거소중지결정을 제외한다)을 한 때에는 그 처분을 한 허가한 날부터 ~~30일~~60일 이내에 통신사실 확인자료제공을 받은 사실과 제공요청기관 및 그 기간 등을 해당 통신의 이용자에게 서면으로 통지해야 한다. ② 제1항에 규정된 사항 외에 통신사실 확인자료제공을 받은 사실 등에 관해는 제9조의2(동조 제3항을 제외한다)의 규정을 준용한다.

2) '통신자료제공'의 통지 의무

우리나라의 수사기관들은 위의 제한적 본인확인제에 의해 취득된 개인식별정보를 현재 영장이나 일체의 사법적 통제 없이 취득하고 있다.[27] 이 절차는 수사기

---

27) 전기통신사업법 제54조(통신비밀의 보호) ① 누구든지 전기통신사업자가 취급 중에 있는 통신의 비밀을 침해하거나 누설해서는 아니 된다.
② 전기통신업무에 종사하는 자 또는 종사했던 자는 그 재직 중에 통신에 관해 알게 된 타인의 비밀을 누설해서는 아니 된다.
③ 전기통신사업자는 법원, 검사 또는 수사관서의 장(군 수사기관의 장, 국세청장 및 지방국세청장

관이 인터넷에 공개된 게시물들 중에서 범죄와 연관된 것으로 보이는 게시물이 있을 경우, 그 게시물의 작성자가 누구인지 신원을 확인하기 위해 광범위하게 이용되고 있다. 이용자가 글, 그림 등을 게시하기 위해서는 자신의 주민등록번호와 실명을 입력하도록 되어 있고, 게시판서비스제공자가 이를 보관하고 있다가 수사기관이 전기통신사업법 제54조상의 요청을 하게 되면 영장이나 일체의 법원 허가가 사전 사후적으로 전혀 없어도 포털 측은 정보를 제공하고 있는 것이다.

방송통신위원회에서 공개하는 '감청협조, 통신사실확인자료 및 통신자료제공 현황'에 따르면 통신자료제공 건수는 2008년 상반기 231,234건, 하반기 243,334건으로 총 474,568건에 달하며 2006년 323,566건, 2007년 426,408건에 비추어 현저한 증가추세에 있음을 알 수 있다. 특히 인터넷의 경우 2007년 93,691건에 비해 2008년의 119,280건으로 27% 상승했음은 물론, 이 수치는 같은 기간 동안 인터넷뿐만 아니라 모든 분야에 걸쳐 대한민국의 모든 법원에서 발부한 압수수색 및 검증 영장의 숫자인 100,328건을 넘어서는 것이다.[28]

이는 영장주의에 대한 심각한 침해다. 프라이버시의 보호대상에는 프라이버시 주체의 신원도 포함된다. 그것은 특정 행위나 통신내용이 공개되어 있다고 할지라도 마찬가지다. 이것은 경찰관직무집행법 및 주민등록법상 모두에게 공개되어 있는 공공장소를 걸어 다니는 사람도 국가기관이 그 사람의 신원을 확인하기 위해서는 영장이 필요하거나 최소한 "죄를 저질렀다고 믿을 만한 합리적 이유"를 필요로 하는 것과 마찬가지 이치다.[29] 왜냐하면 신원을 확인하기 위한 신분증도

을 포함한다. 이하 같다), 정보수사기관의 장으로부터 재판, 수사('조세범처벌법' 제11조의2 제1항, 제4항 및 제5항의 범죄 중 전화, 인터넷 등을 이용한 범칙 사건의 조사를 포함한다), 형의 집행 또는 국가안전보장에 대한 위해를 방지하기 위한 정보수집을 위해 다음 각호의 자료의 열람이나 제출(이하 "통신자료제공"이라 한다)을 요청받은 때에 이에 응할 수 있다. 〈개정 2002.12.26, 2007.1.3〉
1. 이용자의 성명
2. 이용자의 주민등록번호
3. 이용자의 주소
4. 이용자의 전화번호
5. 아이디(컴퓨터시스템이나 통신망의 정당한 이용자를 식별하기 위한 이용자 식별부호를 말한다)
6. 이용자의 가입 또는 해지 일자
〈이하 생략〉
28) '압수수색 폭증 영장 만능시대', 시사저널(1037호, 2009년 9월 2일자).

본인이 자발적으로 제출하지 않는 한 자신의 프라이버시에 해당되기 때문이다. 즉, 제한적 본인확인제를 통해 자신의 주민등록번호와 실명을 게시판서비스제공자에게 위탁할 때 이 정보는 위탁자의 개인정보이며 이를 취득하기 위해서는 영장이 필요한 것이다.

이에 대해 이정현 의원은 전기통신사업법상의 '통신자료' 제공이 통신비밀보호법상의 '통신사실확인자료'의 제공절차에 따라 이루어지도록 함으로써 이 문제를 해결하려 했다. 이렇게 함으로써 법원허가와 이용자에 대한 통지가 모두 이루어지도록 하려는 것이다. 그러나 필자의 생각으로는 **전기통신사업법 제54조 제3항**을 삭제하는 것이 더욱 올바른 방향으로의 개정으로 보인다. 전기통신사업법 제54조 제3항을 삭제하면 자동적으로 공개된 게시물의 게시자의 신원공개를 위해서는 압수수색영장의 절차를 따를 수밖에 없게 된다. 위에서 언급한 압수수색에 대한 즉시통지가 이루어진다는 가정 하에 무영장 무통지 문제가 한꺼번에 해결될 것이다.

3. 정보저장장치 압수수색 범위 한정의 문제

이메일을 일일이 열어보지 않으면 범죄관련성을 확인할 수 없다는 특성을 가진 '정보'라는 점에서 포괄적 압수수색으로 변질될 수 있는 관성이 강하다는 면에서, 정보저장장치 압수수색의 문제의 중요성이 증폭된다. 그러나 넓게 보면 수사를 과도하게 제한하지 않으면서도 수색의 범위를 제한하는 문제이며, 영장주의의 가장 핵심적인 논쟁주제이기도 하다. 이에 따라 가장 근본적인 지점에서부터 논의를 전개해보기로 한다.

---

29) 공공장소에 돌아다니는 사람에 대해 '불심검문'을 수행할 권한을 통제하는 **경찰관직무집행법 제3조**는 "어떠한 죄를 범했거나 범하려 하고 있다고 의심할 만한 상당한 이유가 있는 자 또는 이미 행해진 범죄나 행해지려고 하는 범죄행위에 관해 그 사실을 안다고 인정되는 자"의 경우에만 신원확인을 할 수 있도록 하고 있다. **주민등록법 제26조**도 "범죄의 혐의가 있다고 인정되는 상당한 이유가 있을 때에 한정"해 신원이나 거주관계를 밝힐 것을 요구하도록 하고 있다.

국민은 국가의 주인이다. 그런데 국가가 소위 공익적인 이유로 자신의 주인인 국민의 자유, 재산, 생명을 빼앗는 것이 형사제도의 내용이다. 이와 같은 형사제도의 성격상 엄격한 피의자 보호장치들이 필요하며, 바로 그것이 민사사건에는 적용되지 않는 무죄추정의 원칙, 변호인의 조력을 얻을 권리, 합리적인 의심의 여지가 없는 입증 등의 원리들이다.

그런데 압수수색은 기본적으로 국가가 국민의 자유 중의 하나인 사생활의 자유를 빼앗는 조치다. 이와 같은 강제수사는 공익적 필요에 의해서만 정당화될 수 있다. 범죄수사는 대부분의 자유민주주의 국가에서 압수수색을 정당화하는 충분한 공익적 필요로 인정된다. 하지만 그러한 공익적 필요가 실제로 존재하는가에 대해서 대부분의 자유민주주의국가에서 다음의 두 가지 요건을 제시하고 있다.

(1) 압수수색의 대상물이 수사의 대상인 범죄의 유죄증거를 포함하고 있다고 믿을 만한 상당한 이유가 있어야 한다.
(2) 수사기관으로부터 독립적인 법관이 위의 (1)의 사실을 서면으로 확인해주어야 하며 이를 '영장'이라고 부른다.

바로 이것이 우리나라 헌법 제12조 제3항이 정한 영장주의인 것이다.[30]

그런데 위에서 말했듯이 이메일 압수수색은 매우 오랜 기간 동안 매우 많은 사람들과의 통신내용을 모두 압수수색한다는 면에서 여러 사람들의 공분을 샀다.

그러나 위에서 밝혔듯이 정보가 압수수색의 목표인 경우에 정보의 불투명성은 정보에 대한 제한적 압수수색을 하기 어렵게 만든다. 이에 대해 해결책으로 필자는 다음의 세 가지 다른 차원의 방법을 제시하고자 한다. 1) 우선 정보저장장치 압수수색의 헌법적 특성에 구체적으로 대응하기 위해 정보저장장치에 대한 압수수색의 경우 '수색'을 하지 않고 범죄유관정보를 선별해내는 절차를 두는 것을

---

30) 대한민국헌법 제12조 제3항 ③체포·구속·압수 또는 수색을 할 때에는 적법한 절차에 따라 검사의 신청에 의해 법관이 발부한 영장을 제시해야 한다. 다만, 현행범인 경우와 장기 3년 이상의 형에 해당하는 죄를 범하고 도피 또는 증거인멸의 염려가 있을 때에는 사후에 영장을 청구할 수 있다.

제안하고자 한다.

하지만 이와 같은 현재 이메일 압수수색의 문제가 단순히 정보저장장치 압수수색 범위 한정의 문제가 풀리지 않아서 발생한 것인지는 분명치 않다. 위에서 말했듯이 우리나라에서는 압수수색영장이 전반적으로 취득하기 쉽게 되어 있고 이것이 더 중요한 요인일 수 있다. 우리나라는 구속영장 기각률은 많이 높아졌지만 체포 및 압수수색영장 기각률은 아직도 높지 않아 압수수색영장발부기준을 재고해볼 이유가 된다. 우리나라 영장의 영장기각률은 최저 4%(춘천지원)에서 최고 18%(서울중앙지원)에 이르며[31] 기각률만 보면 미국의 8%에 비하면 낮지는 않은 것 같다.[32] 다른 비교에 의하면 구속영장에 비하면 압수수색영장의 기각률이 현저히 낮다고 한다.[33] 이에 따라 2) 압수수색영장의 발부기준을 높이거나, 3) 압수수색영장발부에 대한 일종의 즉시항고절차(예를 들어 '압수수색적부심')를 둠으로써 그 발부기준이 제대로 운용되는지 감시하는 방법을 생각해볼 수 있다.

가. 정보의 비투명성에 대한 대응

위에서 밝혔듯이 정보저장장치에 대한 압수수색을 행할 경우 정보는 열어보지 못하면 다른 정보와 뚜렷한 차이를 알 수 없다는 비투명성 때문에 포괄적인 압수수색이 불가피해진다.

조국은 정보에 대한 포괄적 압수수색을 막는 방법으로 타무라-케리(Tamura[34]-Carey[35]) 접근법을 제시한다. 그 내용을 정리하자면 다음과 같다.

수사기관이 범죄와 무관한 자료와 유관한 자료가 혼합되어 양자를 물리적으로 분리할 수가 없는 경우 수사기관은 당해 자료를 봉하거나 보지(保持)하면서 전체 자료에 대한 압수·수색을 위한 치안판사의 별도의 영장발부를 기다려야 한다[36]…

---

31) http://www.opengirok.or.kr/793, 2009년 7월 1일 방문.
32) P.J. van Koppen, Steven Penrod, *Adversarial versus Inquisitorial Justice*, p.33(National Center for State Courts의 연구결과를 인용하며).
33) 조국, "디지털증거에 대한 압수수색," 대법원 사법제도 비교연구회 3월 25일 발표문.
34) United States v. Tamura, 694 F.2d 591(9th Cir. 1982).
35) U.S. v. Carey, 172 F.3d. 1268(10th Cir. 1999).
36) Tamura 판결, 각주 34, p, 596.

[이때 수사기관은] 자신이 수색하려는 파일의 유형을 특정해 치안판사의 허가를 받아야 하며, 이 때 전자기록을 검색하는 방법, 사용할 검색단어, 검색대상인 디렉토리와 파일 목록, 파일의 유형 등을 명기해 수색을 신청해야 한다.[37] [이에 따라 범죄와 무관한 자료가 있음을 처음 알게 해준 첫 범죄무관자료는 추후에 별도의 영장 없이 합법적인 증거가 되기는 하지만 그렇게 범죄와 무관한 자료가 혼재되어 있음을 알면서 추가로 열어본 자료들은 추가영장이 없이 열어보았다면 불법적인 증거가 된다]

위 주장은 '포괄적인 압수'는 아니더라도 '포괄적인 수색'은 가능하다는 오기두의 주장보다는 피의자의 인권의 입장에서는 진일보한 것이다.

Tamura-Carey는 정보저장장치에 대한 압수수색영장이 언제 과잉하게 포괄적인가에 대한 판례는 아니다. 제1영장이 얼마나 포괄적인가 한정되어 있는가에 관계없이 그 영장에 따라 압수수색 도중 발견되는 파일의 "내용"은 plain view에 없는 것으로 간주하라는 것이 Tamura-Carey 판례의 핵심이다.

Tamura-Carey의 원리 하에서는 plain view에 없는 것을 살펴보고자 하니 당연히 2번째 영장이 필요한 것이다. 파일의 제목 등 외관은 plain view에 있다. 그리고 이 외관에 기초하여 2번째 영장을 청구하라는 것이다.

그렇다면 포괄적인 영장이나 영장집행을 통해 취득된 정보를 제1영장에 기재되지 않은 범죄수사에 이용할 수 없는 것은 확실한데, 제1영장에 실제로 기재된 범죄의 증거로 이용할 수는 없는 것인가? T-C 원리는 외관상 범죄와 무관해 보이는 파일이 있는 경우 그 파일을 열어보는 것은 프라이버시 침해 즉 새로운 수색이라는 것인데, 그렇다면 외관상 의심이 없는 파일은 새로운 범죄 때문이든 아니든 보아서는 아니된다. 이론적으로는 외관상 원래 수사대상 범죄와 무관한 파일을 열어보았는데, 나중에 그 범죄와 유관한 내용을 발견하였다고 하더라도 이러한 파일열기를 통해 취득한 정보는 불법증거로 보아야 한다. 그러한 판결이 아직 없기는 하나 Tamura-Carey 이론의 핵심은 파일의 외관과 내용을 구분하고 내용에 대해서는 plain view의 범위 밖에 있는 것으로 간주한 것이기 때문에 그러한 결과가

---

37) Raphael Winick, "Searched and seizures of Computer and Computer Data", 8 Harv. J. Law & Tec. 75, 103-109(1994).

도출된다.

그렇다면 plain view의 이와 같은 해석에 따르면 외관상 무관한 정보까지 마음대로 열어볼 수 있도록 허락한 영장은 포괄영장이 된다. 법관은 외관으로 가려낼 수 있는 만큼 최대한 가려내야 할 의무가 발생한다. 그렇다면 각 영장은 이미 충분히 검색방법, 검색단어, 검색대상 디렉토리, 파일유형을 특정하고 있어야 하며 특히 생성시점[38]을 특정해야 한다.

그런데 Tamura-Carey접근법은 범죄자들에게 매우 유리하다. 왜냐하면 파일생성자가 파일제목을 암호로 쓸 경우 외관상 범죄무관정보인지 알 수 없기 때문이다.

이에 대해 2009년 미국 제9순회지구 연방항소법원은 수사를 담당한 직원이 아니고, 수사목적과는 독립적이고 컴퓨터에 지식을 갖춘 검찰요원이 필요하다면, 수명판사만이 정보저장장치 내의 내용 전체를 볼 수 있고 그가 범죄에 유관한 정보를 골라내면, 수사담당자는 그 정보만을 볼 수 있도록 하자는 제안을 했다(이하 코진스키 안).[39] 코진스키 안은 정보의 불투명성을 극복할 수 있는 안으로 보인다. 즉, 정보의 불투명성은 정보의 범죄유관성은 그 정보를 우선 검토해보기 전에는 모르기 때문에 결국 정보를 목표로 하는 압수수색은 포괄적 압수수색의 형식으로 할 수밖에 없다는 딜레마가 그 실체다. 그런데 이와 같이 검찰도 아니고 피의자도 아닌 제3자가 정보들의 범죄유관성을 검토해 걸러준다면 포괄적 압수수색을 피할 수 있게 된다.

---

38) 다음은 미국 법무부가 매년 발행하는 전자기록압수수색에 대한 매뉴얼 2002년도 판의 관련 부분이다. "컴퓨터 하드웨어가 금지품, 범죄의 증거, 범죄의 과실 또는 도구인 경우에는 영장은 하드웨어 자체를 목표물로 삼아야 한다. 그러나 범죄관련성이 정보에만 적용될 경우, 영장의 목표물은 그 정보를 지정해야지 그 정보를 보관하고 있는 물리적 저장장치를 지목해서는 아니된다… Davis v. Gracey, 111 F.3d 1472, 1480 (10th Cir. 1997); United States v. Gawrysiak, 972 F. Supp.853, 860 (D.N.J. 1997), aff'd, 178 F.3d 1281 (3d Cir. 1999)… 수사관이 광범위한 항목의 정보들을 압수하려할 때 특히 주의를 해야 한다… 범죄성이 기업활동 전체를 관통하지 않는 한 기업의 '모든 기록'에 대한 압수를 청구할 수는 없다. United States v. Ford, 184 F.3d 566, 576 (6th Cir. 1999) (citing cases); In re Grand Jury Investigation Concerning Solid State Devices, 130 F.3d 853, 857 (9th Cir. 1997). 찾고자 하는 파일을 묘사하는 문구들은… "해당 기록의 관련 시점"을 지정해야 한다. United States v. Kow, 58 F.3d 423, 427 (9th Cir. 1995); Ford, 184 F.3d at 576; In the Matter of the Application of Lafayette Academy, 610 F.2d 1, 3-4, 4 n.4 (1st Cir. 1979); United States v. Hunter, 13 F. Supp.2d 574, 584 (D. Vt. 1998).
39) U.S. v. Comprehensive Drug Testing Services, 579 F.3d 989(2009).

이와 같이 정보의 불투명성을 극복하기 위해 '독립적인 제3자'를 상정하는 것은 선례가 있다. 미국의 정보공개법(Freedom of Information Act)상의 정보공개 여부를 법원이 판단할 때 정부쪽에서 국가기밀 등의 공개배제사유를 제시하면 법원은 정보를 보기 전에는 그 기밀성을 알 수 없으므로 판사가 단독으로 기록을 검토하는 판사실내검토(in camera review)를 명령할 수 있다.[40]

나. 압수수색영장의 발부기준 강화

위에서 말했듯이 포괄적 압수수색 문제의 시발점은 아예 '서버' 전체 또는 '메일계정' 전체를 압수수색의 대상으로 삼는 것에서부터 시작한다.[41] 물론 정보저장장치의 포괄적 압수수색의 문제의 경우 '정보의 불투명성' 때문에 압수수색의 대상을 아무리 좁게 잡아도 발생하기는 한다. 하지만 애초에 압수수색의 대상을 넓게 잡는 것도 문제다.

그런데 영장의 범위가 너무 폭넓게 설정된다는 것은 영장의 발부기준이 낮다는 것과 밀접한 관계를 가지고 있다. 압수수색영장의 발부기준은 형사소송법 제106조 및 제109조가 '필요한 때'라고 정하고 제215조 및 216조가 '범죄수사에 필요한 때'라고 정하고 있다.[42] 이것은 '죄를 범했다고 믿을 만한 상당한 이유'로 되어

---

40) Freedom of Information Act, 5 U.S.C. Section 552(a)(4)(B) "…In such a case the court shall determine the matter de novo, and may examine the contents of such agency records **in camera** to determine whether such records or any part thereof shall be withheld under any of the exemptions set forth in subsection(b) of this section, and the burden is on the agency to sustain its action." 판사실 내 검토를 수월하게 하기 위해 정부 측에서 기밀성을 주장하는 정보가 많을 경우 도표를 만들어올 것을 명령한 판결로는 Vaughn v. Rosen, 484 F.2d 820, 157 U.S.App.D.C. 340(D.C. Cir. 1973).

41) 주경복 사건에서도 재판과정에서 증인으로 나온 다음커뮤니케이션의 직원은 "수사기관이 압수수색 대상 이메일의 기간을 정해서(영장을) 가져오는 경우는 10건 중 1~2건에 불과하다"며 "영장에 각각 (기간을) 제한해서 하면 구분해 제출하지만, 영장에 없으면(남아 있는 메일을) 모두 준다"고 증언한 바 있다. 한겨레(2009.6.6; http://www.hani.co.kr/arti/society/society_general/358776.html); 한겨레(2009.6.19; http://www.hani.co.kr/arti/society/society_general/361387.html).

42) 형사소송법 제215조(압수, 수색, 검증) ① 검사는 **범죄수사에 필요한 때**에는 지방법원판사에게 청구해 발부받은 영장에 의해 압수, 수색 또는 검증을 할 수 있다. 〈개정 1980.12.18〉
② 사법경찰관이 범죄수사에 필요한 때에는 검사에게 신청해 검사의 청구로 지방법원판사가 발부한 영장에 의해 압수, 수색 또는 검증을 할 수 있다. 〈개정 1980.12.18〉 [전문개정 1973.1.25]

있는 형사소송법 제70조 및 제200조의2 구속영장이나 체포영장발부요건에 비하면 매우 낮아 보인다.[43] 전혀 유죄입증가능성이 없는 증거물이라도 한번 먼지라도 털어보기 위해서 취득해볼 '범죄수사상의 필요성'은 항상 존재하기 때문이다. 이와 같이 낮은 압수수색 요건은 비교법적으로도 과도하게 낮다.[44]

그런데 X라는 증거물이 A, B, C라는 부분으로 나뉠 수 있는데 각 부분의 범죄관련성에 차이가 있어 C만 범죄관련성이 높다고 하자. 영장의 발부기준이 높다면 A, B에 대해서는 영장의 범위에 포함시키지 않을 것이고 C만 포함될 것이다. 그러므로 불필요한 사생활침해를 막기 위해서는 영장발부기준 자체를 높일 필요가 있는 것이다.

압수수색은 대물적 강제처분으로서 신체의 자유를 훼손하는 것이 아니므로 더욱 너그럽게 허용되어야 한다는 시각도 있다. 그러나 과연 압수수색은 체포구속보다 모든 경우에 상대적으로 경미한 강제처분일까? 예를 들어 광우병 보도에 대한 수사에서 〈PD수첩〉 PD들이 자신의 7개월치 메일을 압수수색당하는 것과 2일간 체포되는 것 중에서 무엇을 선호했을까? 또 과연 압수수색은 항상 대인적 강제처분일까? 압수수색이 대물적이라는 것은 증거물이 압수된다는 면에서 대물적일지 모르나 수색 자체는 자신의 대인적 기본권이라고 할 수 있는 헌법상 사생활의 자유가 침해된다는 면에서 대물적이다.

제106조(압수) ① 법원은 필요한 때에는 증거물 또는 몰수할 것으로 사료하는 물건을 압수할 수 있다. 단, 법률에 다른 규정이 있는 때에는 예외로 한다.
② 법원은 압수할 물건을 지정해 소유자, 소지자 또는 보관자에게 제출을 명할 수 있다.
제109조(수색) ① 법원은 필요한 때에는 피고인의 신체, 물건 또는 주거 기타 장소를 수색할 수 있다.
② 피고인 아닌 자의 신체, 물건, 주거 기타 장소에 관해는 압수할 물건이 있음을 인정할 수 있는 경우에 한해 수색할 수 있다.
43) 형사소송법 제70조(구속의 사유) ① 법원은 피고인이 죄를 범했다고 의심할 만한 상당한 이유가 있고 다음 각호의 1에 해당하는 사유가 있는 경우에는 피고인을 구속할 수 있다. 〈개정 1995.12.29〉 〈후략〉
제200조의2(영장에 의한 체포 〈개정 2007.6.1〉) ① 피의자가 죄를 범했다고 의심할 만한 상당한 이유가 있고, 정당한 이유 없이 제200조의 규정에 의한 출석요구에 응하지 아니하거나 응하지 아니할 우려가 있는 때에 검사는 관할 지방법원판사에게 청구해 체포영장을 발부받아 피의자를 체포할 수 있고, 〈후략〉
44) 이와 비슷한 주장으로는 조국, "압수수색의 합법성 기준 재검토", 『비교형사법연구』 제5권 제2호, p.745.

위의 사정들을 종합해볼 때 영장주의 하에서 형사소송법 제216조, 제106조, 제109조의 압수수색영장발부기준과 형사소송법 제 구속 및 체포영장발부기준에 차이가 있는 것이 타당하지 않다는 것이 필자의 주장이다.

다. 기발부된 압수수색영장에 대한 평가제도 신설

법원이 영장의 범위를 넓게 정하는 이유는 이에 대한 후속평가가 제대로 이루어지고 있지 않기 때문일 수도 있다. 또 하나의 해결책으로 제시될 수 있는 것은 영장이 발부된 후에 영장의 합법성을 다투는 절차, 즉 압수수색적부심제도다. 압수수색적부심의 결정 내용들이 문서화되어 판례로 남게 되면 합법적인 압수수색의 범위에 대한 공론화가 가능해지며, 압수수색의 범위를 어느 정도까지 구체화되어야 하는가에 대한 기속력있는 기준이 만들어질 것이다.

혹자는 다음 두 가지의 이유로 압수수색적부심을 반대한다. 첫째, 어차피 불법적인 압수수색이 이루어지면 그에 대한 평가는 재판에 가서 위법증거배제를 통해 이루어질 수 있으니 필요가 없다는 것이고 둘째, 압수수색적부심이 존재하면 긴절한 압수수색을 방해하는 기제로 남용될 수 있다는 것이다.

그러나 공판중심주의가 아직 정착되어 있지 않고, 조서중심주의의 재판이 계속 이루어지고 있으며 국민참여재판제도가 모든 재판에 적용되고 있지 않은 것이 실정이다. 결국 증거력에 대해 판단을 하는 재판부가 그 증거절차를 스스로 심의하는 제도 하에서는 불법압수수색 결과물의 증거력의 문제를 다투기는 어렵다.

이러한 우리나라의 특수한 상황을 감안하지 않더라도 압수수색집행이 이루어진 후에도 불법압수수색에서 비롯된 수사의 방향을 바꾸는 목적으로 압수수색적부심은 유용할 수 있고, 또 재판의 준비를 함에 있어서도 어떤 증거가 불법인지를 미리 걸러낼 수 있다면 변호인의 조력을 얻을 권리가 더욱 수월하게 보장된다. 또 정당한 영장집행을 거부하는 것은 공무집행방해죄로 처벌이 가능하기 때문에 남용이 통제될 수 있다.

더욱 중요한 것은 압수수색도 국가에 의한 국민의 기본권제한이며, 무죄추정의 원칙을 받는 국민은 압수수색의 타당성을 다툴 수 있어야만 적법절차가 비로소 충족된다는 것이다. 물론 압수수색은 증거의 인멸가능성 때문에 반드시 사전적인 이의제기절차를 허용할 수는 없지만, 사후적으로라도 이의제기를 할 수 있도록 하여야 한다. 헌법 제12조의 적법절차 원리상 압수수색도 기본권 제한인 이상 남용가능성이 있다고 할지라도 압수수색 자체에 대해 이의제기를 할 수 있는 기회 는 반드시 제공되어야 한다.[45]

라. 개정안

1) 정보저장장치에 대한 압수수색 범위한정 방법

그렇다면 위에 언급한 코진스키 안은 어떻게 실행될 수 있을까? 이와 가장 근접 한 것으로서 이종걸 의원이 정보저장매체에 대한 보전 절차를 신설할 것을 제안했 다. 이와 같은 보전의 목적이 무엇인지는 발의안에 나와 있지 않다. 그러나 유추해 보건대 Tamura-Carey 절차를 실현하기 위해서 보전은 필수적인 것으로 보인다.

Tamura-Carey 절차는 범죄유관정보와 범죄무관정보가 혼재되어 있는 정보저 장장치의 소재가 확보된 경우에 곧바로 그 정보저장장치에 대한 압수수색을 진행 하게 되면 너무나 많은 범죄무관정보에 대한 프라이버시가 침해되므로, 그와 같은 필요성이 있는가?에 대해 별도의 영장을 받을 것을 요구하고 있다. 그렇다면 두 번째 영장을 받기 위해서는 해당 정보저장장치의 내용이 가감되는 것을 막기 위해 서 보전을 할 필요가 있는 것이다.

그러나 위에서 말했듯이 Tamura-Carey 절차의 미덕은 바로 그 지점까지이며, 결국 정보저장장치 전체에 대한 압수수색을 요구하는 2번째 영장을 검찰이 들고

---

[45] 미국의 경우에도 motion to quash warrant 또는 motion to quash subpoena는 피의자들에 의해 사전적으로 또는 사후적으로 모두 이용될 수 있다. 물론 대부분 warrant나 subpoena는 기 집행된 이후에 그 합법성이 다투어지게 되므로 위법증거배제 단계에 가기 전에 그 합법성을 다투는 것은 실익이 없게 된다. 그러나 '압수'의 경우에는 집행된 이후에도 warrant/subpoena가 무효화되면 압수물이 반환되는 실익이 있으므로 사후적으로 이루어지기도 한다. Federal Rule of Criminal Procedure 41(g), 17(c).

왔을 때 법원이 어떻게 해야 할지에 대한 해답을 제시하지 않고 있다. 코진스키 안은 '독립적인 제3자에 의한 검토'라는 해결책을 제시한 것이다. 코진스키 안은 우리나라에서 다음과 같은 개정을 통해 실현될 수 있다.

이종걸 안	필자 개정안
형사소송법 제106조(압수) ②법원은 ~~압수할 물건을 저정해 소유자, 소지자 또는 보관자에게 제출을 명할~~ 제1항에 따른 압수의 목적이 컴퓨터용디스크 그 밖에 이와 비슷한 정보저장매체(이하 이 조에서 "정보저장매체 등"이라고 한다)에 기억된 정보를 얻기 위한 것이고 그러한 목적을 달성하기 위해 긴급히 필요하다고 인정하면 해당정보를 보관·관리하고 있는 자에게 관련정보의 보전을 명할 수 있다. 이 경우 보전기간은 필요한 최소한도의 범위 안에서만 해야 한다.〈이종걸〉.	**형사소송법 제106조**(압수) ②법원은 ~~압수할 물건을 저정해 소유자, 소지자 또는 보관자에게 제출을 명할~~ 제1항에 따른 압수의 목적이 컴퓨터용디스크 그 밖에 이와 비슷한 정보저장매체(이하 이 조에서 "정보저장매체 등"이라고 한다)에 기억된 정보를 얻기 위한 것이고 그러한 목적을 달성하기 위해 긴급히 필요하다고 인정하면 해당정보를 보관·관리하고 있는 자에게 관련정보의 보전을 명할 수 있다. 이 경우 보전기간은 필요한 최소한도의 범위 안에서만 해야 한다. 보전기간 동안에 법원은 수명판사나 검사와 이해관계가 없는 제3자를 지정해 정보저장매체 내에 기록된 정보를 검토해 압수의 목적에 합당한 정보들을 식별해낼 것을 명령할 수 있고 이 경우 검사는 식별된 정보만을 취득할 수 있다.〈필자 개정안〉

2) 형소법상의 압수수색 영장발부요건 강화

박영선 의원은 "이메일 등 대통령이 정하는 것"에 한해 압수수색영장발부기준을 현재의 '범죄수사에의 필요성'에서 "죄를 지었다고 믿을 만한 상당한 이유 도주 우려, 증거인멸 등"의 구속영장발부기준으로 강화하려 하고 있다.

그러나 첫째, 전반적으로 압수수색영장 발부기준이 과도하게 낮은 상황에서 이를 일부 압수수색 대상물에 대해서라도 그 기준을 높이려는 시도는 옳으나 '이메일, 문자메시지, 음성사서함 등'에 대해서만 그 기준을 높이는 것이 논리적으로 유지가능한지 판단이 필요하다. 위 범주들은 모두 '통신물'이라는 공통점을 가지고 있는 것으로 보이나 예를 들어 일기장, 병력기록 등은 통신물은 아니지만 사생활의 자유의 영역에서 더욱 핵심적인 보호대상일 수 있다. 또 개인정보를 '통신'하지 않고 그대로 보관하고 있으면 기존의 낮은 영장발부기준이 적용되지만, 그 개인정보를 누군가에게 보내주면 더 높은 영장발부기준이 적용된다는 것도 설득력이 없다. 이러한 이유로 발의자도 영장발부기준 강화 대상을 규정하기가 어렵기 때문에 '대통령이 정하는 것'으로 여지를 남겨둔 것으로 보인다. 그러나 기본권 제한의 문제를 가이드라인 없이 대통령령에 위임하는 것은 명확성의 원칙, 죄형법정주의(압수수색도 일종의 형벌로 보고)에 반할 수 있다. 결론적으로 모든 압수수색대상물에 대해 강화된 발부기준을 똑같이 적용해야 한다.

둘째, 압수수색기준을 구속기준과 등치시키는 것은 너무 엄격해 수사를 과도하게 어렵게 만들 수 있다. 예를 들어 기업인들과 같이 도주의 우려가 없는 경우 증거인멸의 우려가 없으면 압수수색을 하지 못하게 된다. 그런데 증거가 인멸되지 않더라도 어느 시점에서는 압수수색이 이루어져야 하는데 계속 이루어지지 않는 상황이 지속되어 버린다. 구속기준이 아니라 체포기준과 등치시키는 것이 더욱 균형적으로 보일 것이다.

현행법 및 박영선 개정안(밑줄)	필자 개정안
제106조(압수) ① 법원은 필요한 때에는 증거물 또는 몰수할 것으로 사료하는 물건을 압수할 수 있다. 단, 법률에 다른 규정이 있는 때에는 예외로 한다. ② 법원은 압수할 물건을 지정해 소유자, 소지자 또는 보관자에게 제출을 명할 수 있다. ③ <u>압수할 물건이 제107조에 따른 우편물인 경우와 통신사업자의 서버에 저장된 이메일 내용, 휴대전화의 문자메시지, 음성사서함, 비공개 게시물 또는 그 밖에 이와 유사한 것으로서 대통령령으로 정하는 물건의 경우에는 피고인이 죄를 범했다고 의심할 만한 상당한 이유가 있고 제70조 제1항 각 호의 어느 하나에 해당하는 사유가 있을 때에 압수할 수 있다.</u>	제106조(압수) ① 법원은 <u>피의자가 죄를 저질렀다고 믿을 만한 상당한 이유가 될 것으로 사료되는</u> 필요한 때에는 증거물 또는 몰수할 것으로 사료하는 물건을 압수할 수 있다. 단, 법률에 다른 규정이 있는 때에는 예외로 한다. ② 법원은 압수할 물건을 지정해 소유자, 소지자 또는 보관자에게 제출을 명할 수 있다.
제109조(수색) ① 법원은 필요한 때에는 피고인의 신체, 물건 또는 주거 기타 장소를 수색할 수 있다 ② 피고인 아닌 자의 신체, 물건, 주거 기타 장소에 관해는 압수할 물건이 있음을 인정할 수 있는 경우에 한해 수색할 수 있다. ③ <u>수색할 물건이 제107조에 따른 우편물인 경우와 통신사업자의 서버에 저장된 이메일 내</u>	제109조(수색) ① 법원은 <u>죄를 저질렀다고 믿을만한 상당한 이유가 될 것으로 사료되는 증거물이 존재한다고 인정할 수 있는</u> 필요한 때에는 피고인의 신체, 물건 또는 주거 기타 장소에 한해를 수색할 수 있다 ② 피고인 아닌 자의 신체, 물건, 주거 기타 장소에 관해는 압수할 물건이 있음을 인정할 수 있는 경우에 한해 수색할 수 있다.

용, 휴대전화의 문자메시지, 음성사서함, 비공개 게시물 또는 그 밖에 이와 유사한 것으로서 대통령령으로 정하는 물건의 경우에는 피고인이 죄를 범했다고 의심할 만한 상당한 이유가 있고 제70조 제1항 각 호의 어느 하나에 해당하는 사유가 있을 때에 압수할 수 있다.	
제215조(압수, 수색, 검증) ① 검사는 범죄수사에 필요한 때에는 지방법원판사에게 청구해 발부받은 영장에 의해 압수, 수색 또는 검증을 할 수 있다. ② 사법경찰관이 범죄수사에 필요한 때에는 검사에게 신청해 검사의 청구로 지방법원판사가 발부한 영장에 의해 압수, 수색 또는 검증을 할 수 있다.	제215조(압수, 수색, 검증) ① 검사는 ~~범죄수사에 필요한 때에는~~ 지방법원판사에게 청구해 발부받은 영장에 의해 피고인이 죄를 저질렀다고 믿을 만한 상당한 이유가 될 것으로 사료되는 물건 또는 그러한 증거물이 존재한다고 인정할 수 있는 신체, 물건, 주거 기타 장소를 압수, 수색 또는 검증을 할 수 있다. ② 사법경찰관이 범죄수사에 필요한 때에는 검사에게 신청해 제1항에 따른 검사의 청구로 지방법원판사가 발부한 영장에 의해 압수, 수색 또는 검증을 할 수 있다.

또 영장발부기준과 관련되어 영장의 집행범위를 더욱 구체적으로 명시하도록 하는 방안도 입법적으로 도입될 수 있다. 박영선 의원은 자신의 개정안에서 '이메일 등 대통령령 지정물'에 한해 영장에 압수수색의 대상이 되는 자료들의 '작성기간'을 명시하도록 하여 영장에 표시된 범위에 드는 기간에 작성된 것만을 압수수색하도록 할 것을 제안했고 이종걸 의원 역시 형사소송법 제106조에서 "압수할 물건을 지정해"라는 문구를 "압수할 물건을 지정하거나 압수의 목적물인 정보저장매체 등에 기억된 정보의 범위를 지정해"라는 문구로 대체하도록 하여 정보가 유관정보와 무관정보가 분리되도록 하는 법적 근거를 마련할 것을 시도했다.

그러나 위에서 살펴보았듯이 박영선 의원 안은 정보저장장치 압수수색 범위한정의 문제 전체에 대한 해결이라기보다는 '이메일 등 대통령 지정물'에만 한정되는 것이 되어 체계조화적 해결책이라고 보기 어렵다. 즉, 다시 말하지만 이메일, 문자메시지와 같이 통신관련물이 아닌 개인정보(일기장, 병력) 등은 박영선 의원 안의 보호범위 밖에 있게 된다.

이종걸 의원 안은 정보저장장치 압수수색 범위 한정의 문제 전반에 대응될 수는 있으나 이보다 더욱 자연스러운 해결책이 있다. 우선 '물건'은 존재하는 것이고 '정보'는 그 물건을 인식하는 자의 인식을 통해 나타나는 결과물로서, 결국 모든 정보는 어떠한 물건에 반영되어 있는 것이며 그 물건의 인식자를 통해 추출되는 것이다. 이 물건을 배타적으로 점유하는 것이 '압수'이고 그 물건에 반영된 정보를 인식만을 하는 행위(즉, 정보를 취득하는 행위)를 '수색'이라고 생각할 수 있다. 그렇다면 '수색'의 허용범위를 "압수대상 물건이 있다고 인정되는 신체, 물건, 장소"로 한정하고 '압수'의 허용범위를 한정하면, 수색의 허용범위도 같이 한정되게 되고 바로 정보취득의 범위도 한정되는 것이다. 예를 들어 하드디스크에 대한 압수수색도 압수의 대상이 되는 정보가 있을 것으로 인정되는 폴더들을 여는 것으로 한정될 수 있는 것이다. 이메일계정에 대해서도 이메일수신자 및 발신자들을

이종걸 및 박영선 안	필자의 개정 안
제114조(영장의 방식) ① 압수·수색영장에는 피고인의 성명, 죄명, 압수할 물건, 수색할 장소, 신체, 물건, 발부연월일, 유효기간과 그 기간을 경과하면 집행에 착수하지 못하며 영장을 반환해야 한다는 취지 기타 대법원규칙으로 정한 사항을 기재하고 재판장 또는 수명법관이 서명날인해야 한다. 다만, 압수·수색할 물건이 통신사업자의 서버에 저장된 이메일 내용, 휴대전화의 문자메시지, 음성사서함, 비공개 게시물 또는 그 밖에 이와 유사한 것으로서 대통령령으로 정하는 물건의 경우에는 작성기간을 기재해야 한다. 〈박영선〉	제114조(영장의 방식) ① 압수·수색영장에는 피고인의 성명, 죄명, 압수할 물건, 수색할 장소, 신체, 물건, 발부연월일, 유효기간과 그 기간을 경과하면 집행에 착수하지 못하며 영장을 반환해야 한다는 취지, 영장와 재서시점, 영장와 존재에 대한 비밀유지 여부, 기타 대법원규칙으로 정한 사항을 기재하고 재판장 또는 수명법관이 서명날인해야 한다. 단, 압수할 물건과 수색할 장소, 신체, 물건의 범위는 피의자가 죄를 범했다고 믿을만한 상당한 이유가 된다고 인정할 수 있는 경우나 그러한 증거물이 존재한다고 인정할 수 있는 경우로 한정해야 한다. 단, 압수할 물건은 피의자가 죄를 범했다고 믿을만한 상당한 이유가 된다고 인정할 수 있는 경우로 한정하고 수색할 장소, 신체, 물건의 범위는 그러한 증거물이 존재한다고 인정할 수 있는 경우로 한정해야 하며, 가능한 경우에는 검색어, 생성시점, 통신상대방을 반드시 한정해야 한다.
제106조(압수) 〈중략〉 ③ 법원은 압수할 물건을 지정하거나 압수의 목적물인 정보저장매체 등에 기억된 정보의 범위를 지정해 〈이종걸〉 소유자, 소지자 또는 보관자에게 제출을 명할 수 있다.	위의 제114조에서 수렴함.

한정해 압수대상 메일이 있다고 인정되는 범위로 한정할 수 있다. 그리고 이와 같은 범위의 한정은 형사소송법 제114조(영장의 방식)에서 모두 수렴할 수 있다.

미국의 경우 관련기간에 대해 제한을 하지 않은 전자기록에 대한 압수수색영장 은 무효라는 판례들이 많이 있다.

3) 통신사실확인자료 취득의 영장발부기준 강화

위에서는 정보저장장치의 포괄적 압수수색문제에 대한 보편적 해결을 시도했 다. 체계조화적인 입법을 위해서는 '통신사실확인자료' 취득을 다루는 특별법인 통신비밀보호법도 개선이 필요하다. 아래에 보다시피 '감청'에 비하면 거의 아무 런 실체적 요건이 없다. 이는 영장주의의 심각한 침해이다. 물론 통신사실확인자 료 자체가 통신의 내용이 아닌 이상 영장주의로 보호되어야 하는가에 대해서는 반론이 있을 수 있다. 그러나 이미 우리나라는 통신사실확인자료에 대해 법원의 허가를 요구하기로 한 이상 이에 대해서는 최소한의 실체적 요건을 정립해야 할 것이다.

이에 대해 **변재일** 의원은 아래와 같은 개정안을 통해 통신사실확인자료 요청을 각 피의자별로 하도록 하고 다수의 가입자에 대해서 요청하는 경우 1건의 허가 요청서에 의하지 못하도록 했다. 이에 필자는 모두 동의하며 이에 추가해 통신사 실확인자료 제공에 대한 허가기준을 현재의 '수사에 필요한 경우'에서 더욱 높일 필요가 있다고 본다. 이를 위해 필자는 "그 필요성을 구체적인 사실을 통해 입증할 수 있는"이라는 문구를 제안하고자 한다.

변재일/박경신
제13조(범죄수사를 위한 통신사실 확인자료제공의 절차) ① 검사 또는 사법경찰관은 수사 또는 형의 집행을 위해 필요하고 그 필요성을 구체적인 사실을 통해 입증할 수 있는〈이상 필자 개정안〉 한 경우, 전기통신사업법에 의한 전기통신사업자(이하 "전기통신사업자"라 한다)에게 통신사 실 확인자료의 열람이나 제출(이하 "통신사실 확인자료제공"이라 한다)을 요청할 수 있다. ② 제1항의 규정에 의한 통신사실 확인자료제공을 요청하는 〈이하 변재일 개정안〉 경우에는 ~~요청사유~~ 경우에는 각 피의자별 또는 각 내사자별로 요청사유, 해당 가입자와의 연관성 및 필요한

자료의 범위를 기록한 서면으로 관할 지방법원(보통군사법원을 포함한다. 이하 같다) 또는 지원
의 허가를 받아야 한다. 다만, 관할 지방법원 또는 지원의 허가를 받을 수 없는 긴급한 사유가
있는 때에는 통신사실확인자료제공을 요청한 후 지체 없이 그 허가를 받아 전기통신사업자에게
송부해야 한다. 다만, 피의자 또는 피내사자가 아닌 다수의 가입자에 대해 통신사실 확인자료제
공의 요청을 할 경우 1건의 허가 요청서에 의하지 아니하고 각각의 허가를 얻어야 한다.
③ 제2항 단서의 규정에 의해 긴급한 사유로 통신사실확인자료를 제공받았으나 지방법원 또는
지원의 허가를 받지 못한 경우에는 지체 없이 제공받은 통신사실확인자료를 폐기해야 한다.

4) 압수수색적부심의 신설

이 문제에 대해서는 발의된 안이 없고 아직 생소하므로 필자의 안을 제시하는
것으로 갈음하고자 한다.

압수수색적부심(신설)
제118조의2(압수수색의 적부심사) ① 자신의 신체, 물건 또는 장소나 자신의 비밀이 압수수색의 대상이 된 자는 관할법원에 압수수색의 적부심사를 청구할 수 있다. ② 압수수색을 집행하는 검사 또는 사법경찰관은 압수수색 처분 대상자나 압수수색 대상물의 소유자에게 제1항에 따른 적부심사를 청구할 수 있음을 알려야 한다. ③ 법원은 제1항에 따른 청구가 다음 각 호의 어느 하나에 해당하는 때에는 제4항에 따른 심문 없이 결정으로 청구를 기각할 수 있다. 1. 청구권자 아닌 자가 청구하거나 동일한 압수수색영장의 발부에 대해 재청구한 때 2. 공범 또는 공동피의자의 순차청구가 수사방해의 목적임이 명백한 때 ④ 제1항의 청구를 받은 법원은 청구서가 접수된 때부터 48시간 이내에 청구인을 심문하고 수사관계서류와 증거물을 조사해 그 청구가 이유 없다고 인정한 때에는 결정으로 이를 기각하고, 이유 있다고 인정한 때에는 결정으로 압수수색영장의 취소와 압수된 물건의 반환을 명한다. 심사청구 후 피의자에 대해 공소제기가 있는 경우에도 또한 같다. ⑤ 법원은 압수된 물건(심사청구 후 공소제기된 경우를 포함한다)에 대해 압수물의 증거제출을 보증할 만한 보증금의 납입을 조건으로 하여 결정으로 제4항의 반환을 명할 수 있다. 다만, 다음 각호에 해당하는 경우에는 그러하지 아니하다. 1. 죄증을 인멸할 염려가 있다고 믿을만한 충분한 이유가 있는 때 ⑥ 제5항의 반환결정을 하는 경우에 압수된 물건을 법원 또는 검사가 지정하는 일시·장소에 제출할 의무 기타 적당한 조건을 부가할 수 있다. ⑦ 제99조 및 100조는 제5항에 따라 보증금의 납입을 조건으로 하는 반환을 하는 경우에 준용한다. ⑧ 제3항과 제4항의 결정에 대해는 항고하지 못한다. ⑨ 검사·변호인·청구인은 제4항의 심문기일에 출석해 의견을 진술할 수 있다. ⑩ 압수수색대상자에게 변호인이 없는 때에는 제33조의 규정을 준용한다. ⑪ 법원은 제4항의 심문을 하는 경우 공범의 분리심문이나 그 밖에 수사상의 비밀보호를 위한 적절한 조치를 취해야 한다. ⑫ 압수수색영장을 발부한 법관은 제4항부터 제6항까지의 심문·조사·결정에 관여하지 못한다.

4. 결론

최근 수건의 이메일 압수수색은 수사대상이 모든 대상과 주고받은 수 년 또는 수 개월간의 이메일을 통째로 압수수색하는 양태로 이루어지면서 많은 논란을 불러 일으켰다. 그러나 그러한 논란은 이메일이 가진 특성의 발현이다. 첫째, 이메일 압수수색은 보통 그 내용에 대해 프라이버시 법익을 가지고 있는 이메일계정소유자에게는 아무런 통지도 없이 그 이메일이 물리적으로 위치한 이메일서버의 운영자에 대해 이루어진다. 그런데 이메일서버 운영자는 해당 이메일의 내용에 대해 별다른 법익을 가지고 있지 않아 영장을 청구하고 집행하는 수사기관 측에 대해 저항의 주체가 되지 못한다. 이와 같은 저항의 부재는 판사들이 압수수색을 쉽게 발부할 수 있는 분위기를 제공한다. 둘째, 이메일 압수수색의 범위를 제한하는 것은 어려운데 그 이유는 이메일이 범죄수사에 유관한가의 판단은 이메일을 열어보기 전에는 모르기 때문이다. 이 두 가지 이메일의 특성 때문에 입법자들은 이메일이나 다른 압수수색 대상의 유형들을 특별하게 취급하는 개정안을 제안해 왔다.

그러나 이메일 압수수색의 문제들은 이메일에서만 발생하는 것이 아니라 다음 두 가지 유형의 압수수색대상에 있어서 공히 발생한다. 즉, 제3자보관물과 정보저장장치다. 첫째, 제3자보관물 압수수색은 실제 압수수색물에 대해 법익을 가진 자('기본권주체')에 대한 통보 없이 이루어지기 십상이며 이와 같은 통보의 부재는 적법절차의 원리를 위반한다. 둘째, 모든 정보는 외관상 평이해 유형화가 불가능하며 이는 비정보물건은 외관에 따라 유형화된다는 점에서 구별된다. 모든 컴퓨터파일은 열어보기 전에는 상호 차별성이 없는 반면, 집에서 발견되는 물체들은 육안검색만으로도 외관에 따라 유형화될 수 있다(예를 들어 총과 식기가 구별될 수 있듯이). 이에 따라 정보를 찾기 위한 압수수색은 그 정보를 보관하고 있는 정보저장장치 전체에 대한 압수수색이 불가피하게 되고, 바로 헌법적으로 금기시되는 포괄적 압수수색까지 이어질 수 있다.

형사소송법과 실무는 이와 같이 제3자보관물 및 정보에 대한 압수수색과 관련되어 발생하는 헌법적 문제에 대해 보편적으로 대응해야 한다. 정리하자면, (1) 수사대상이 된 사람은 그의 프라이버시가 그의 프라이빗한 정보, 물건 또는 장소를 위탁한 제3자에 대한 압수수색에 의해 침해되는 모든 경우 즉각적으로 통보받아야 하며, (2) 정보저장장치에 대한 압수수색은 1차적으로 독립적인 제3자에 의해 사전검색에 의해 식별된 범죄유관정보들이 비로소 수사기관에 전달되는 방식으로 이루어져야 한다. 추가적으로 우리나라의 경우 압수수색영장 발부요건이 체포영장이나 구속영장에 비해 너무 낮기 때문에 이를 엄격히 하거나 범위설정을 더욱 구체화할 필요가 있고, 또 압수수색적부심과 같이 법관의 영장발부요건의 운용에 대한 평가시스템도 도움이 될 것이다.

그리고 위와 같은 해결책이 일관성 있게 적용되기 위해서는 한국에서는 감청, 통신사실확인자료취득 등 이메일 압수수색처럼 정보이면서 제3자보관물인 것들에 대해 이루어지는 수사기법들을 통제하는 특별법들, 즉 통신비밀보호법과 전기통신사업법에 대해서도 개선이 이루어져야 한다.

트위터와 페이스북으로 대표되는 SNS(Social Networking Services)를 통한 소통에 적용되는 규제가 다른 매체나 다른 서비스를 통한 소통에 적용되는 규제와는 달라야 한다는 주장은 SNS가 상용화된 이후로 꾸준하게 제기되어 왔다. 그러나 단순히 "새로운 시대"라고 새로운 법이 적용되어야 한다는 주장은 위험하고 공허하다. 적용되는 법의 입법취지의 입장에서 매체의 성격을 규정할 필요가 있고 그렇게 하지 않으면 혼란만 불러 일으키게 될 것이다. 예를 들어, 트위터와 페이스북이 처음 대중화된 이후에 있었던 2010년 6월 지방선거와 관련하여 트위터 등 SNS에 선거법이 적용되는 것을 반대하는 사람들이 트위터가 전자우편 보다는 '문자라디오'에 가깝다는 주장을 하였었다.[1] 당시 선거법이 전자우편에 대해서는 명시적으로 적용되었기 때문에 이를 피하기 위한 주장이었겠지만, 이 주장은 도리어 트위터의 타임라인은 누구나 볼 수 있다는 '공연성'의 문제를 부각시켜 일관된 규제의 필요성을 강조하는 것이 된다. 또 '라디오'에 대한 비유는 송신자의 적극성을 강조하면서 더욱 일관된 규제의 필요성을 강조하는 것이 된다. 트위터나 페이스북에 새로운 법이 적용된다는 주장을 하기 위해서는 더욱더 매체의 특성에 밀착한 분석이 필요하다.

이 장에서는 표현의 자유와 책임의 입장에서 SNS의 매체적 성격을 밝히고 SNS에 기존 법률을 적용할 때 유의할 점들을 살펴보고자 한다. 그러나 트위터에서

---

1) 2010년 2월 18일 정동영 의원 주최 토론회 "m-Politics 시대, 트위터에 자유를!", 'http://jjlog.tistory.com/65

강력한 진보적 성향이 발견된다거나[2] 트위터가 정치적 참여를 증진한다는[3] 등의
논의와는 거리를 두고자 한다. 최대한 순수하게 법률적인 시각에서 SNS에 대해
기존 법률을 적용할 때 발생하는 문제들을 고찰해보고자 한다.

1. SNS를 통한 소통의 성격

SNS는 바로 인터넷을 통해 구현되는 소셜미디어를 말한다. 우리가 보통 'SNS
에는 새로운 법이 적용되어야 한다'는 주장을 다룰 때는 바로 SNS의 소셜미디어
적인 측면이 기존 법의 적용양태에 변화를 요구하는가?라는 문제를 다루는
것이다.

위키피디어는 소셜미디어를 산업미디어와 대비하여 정의하고 있다.[4] 즉 미
디어를 소통의 공간으로 정의한다면 그러한 공간의 제공이 신문과 방송처럼
산업적으로 이루어지는 경우와 수용자들이 동등한 지위에서 상호 교류하면서
자연스럽게 장이 만들어지는 경우로 각각 구분할 수 있는 것이다. 그렇다면 지역
성을 기초로 커뮤니티를 구성하는 반상회도 일종의 오프라인 소셜미디어라고
볼 수 있다. 소셜미디어의 사회성(social)은 환원주의적으로 볼 때 사람과 사람
사이의 관계를 말한다. 그렇다면 우리는 소셜미디어를 '대인관계를 창출하고
그렇게 창출된 대인관계를 통해 소통하는 미디어'라고 정의할 수 있을 것이다.

인터넷은 미디어기술의 일종으로서 산업미디어와 소셜미디어에 공히 이용
될 수 있다. 오마이뉴스, 프레시안 등의 인터넷언론이 인터넷이 산업미디어에
이용되는 경우라면 트위터나 페이스북 등은 인터넷이 소셜미디어에 이용되는
경우라고 하겠다.

SNS는 대인관계를 창출한다. 싸이월드나 기존의 블로그들은 주로 오프라
인에서 이미 상호관계가 있는 사람들이 소통하는 창구의 성격이 강했다. 그러

---

2) 장덕진, "트위터 공간의 한국정치, 정치인 네트워크와 유권자 네트워크", 『언론정보연구』, 48권
2호 2011년.
3) 송경재, "소셜 네트워크 세대의 정치참여", 『한국과 국제정치』 제27권 제2호 2011(여름).
4) http://en.wikipedia.org/wiki/Social_media(최종방문 2012년 9월 26일)

나 SNS는 완전히 서로 낯선 사람들이 서로 관계를 맺는다.[5] 도리어 SNS를 통해
오프라인커뮤니티가 만들어진다. 랜덤으로 만나는 사람들과 친구가 되고 있다.
www.meetup.com은 아예 오프라인커뮤니티 만들기에 특화된 웹사이트이다.
SNS는 새로운 관계를 창출하고 기존 관계를 더욱 결속하는 속성 때문에 소위 '사회
적 자본'을 창출하고 있다고 일컬어진다.[6]

가. 날것(raw) 그대로의 개인과의 대면

한국의 SNS에서는 다른 나라의 SNS에서 보다 낯선 사람들이 만나 관계를
형성하는 비율이 더욱 높다고 한다. 즉 서로 다른 사회적 배경을 가진 이질적인
사람들 간의 관계망을 만들어내는 연결적(bridging) 속성이 서로 비슷한 사회적
배경을 통해 관계를 가지고 있거나 가질 것으로 보이는 사람들 간의 기존 관계망
을 더욱 강화시키는 결속적(bonding) 속성보다 강하게 나타나는 성향이 한국의
SNS에서 더욱 강하게 나타난다는 것이다.[7]

그렇다면 SNS는 대인관계를 그리고 이 관계망을 어떻게 창출해내는가? 트위
터나 페이스북과 같은 플랫폼들의 중심에는 '개별적인 존재로서의 사람'이 위치
하고 있고 '개인으로서의 사람에 대한 관심'이 이들 서로 간 연결의 추동이
되고 있다.[8] 그 중 가장 대표적인 트위터 또는 그 아류는 '한 사람의 생각을,
토론이나 전략을 통해 걸러내지 않은 것을 날것 그대로(raw) 볼 수 있다는
기대감'이 중요한 인기요소 중의 하나이다. SNS는 '개인의 대면'이라는 기회

---

5) 김용환, 박지홍, "SNS이용자의 모르는 사람(stranger)과의 사회네트워크 구축 행태에 관한 탐구",
제16회 한국정보관리학회 학술대회 논문집.
6) 서문기, 오지현, "사회 네트워크서비스가 사회자본의 형성과 유지에 미친 효과에 관한 연구",
『사회과학논총』 제13집(2010).
7) 금희조, "온라인 소셜 미디어와 참여적 사회자본: 한국과 미국 대학생의 연결적 vs. 결속적 이용을
중심으로", 『한국방송학보』 24-5(2010).
8) SNS가 단순히 정보의 교환이 아니라 대인관계를 창출한다는 사실은 트위터의 '맞팔'율에 의해
드러난다. 일방적인 팔로잉은 단순히 그 사람의 콘텐츠에 대한 관심을 드러내지만 맞팔은 자신의
계정에 대한 관심에 대한 응답의 성격이 강하기 때문이다. 2011년 당시 양방향적인 팔로우 관계가
이루어지는 소위 '맞팔' 비율은 68%였고, 한국인간 평균 경로거리는 3.8 단계였다고 한다. 장덕진,
김기훈, "한국인 트위터 네트워크의 구조와 동학", 『언론정보연구』, 48권 1호, 2011년 59-86. 참고로
세계 평균 맞팔율이 22.1%이고 평균 경로거리는 4.1 단계라고 한다.

를 웹상으로 제공한다.[9]

그렇다면 SNS는 어떻게 개인을 날것 그대로 대면할 수 있게 해주는가? 바로 140자 또는 400자의 제한이다.[10] 싸이월드나 개인블로그 등과 같이 개인을 '대면'할 수 있는 다른 통로들도 있지만, 이것들은 글자 수의 제한이 없어 더욱 정교한 '계획'과 '전략'의 결과물일 가능성이 높다. 트위터와 페이스북은 정보입력단위를 줄임으로써 정보입력자의 고민을 대폭 줄여버려 굳이 비교하자면 '의식의 흐름'기법이 사람의 마음속을 여과 없이 드러낸다는 인상을 주는 것과 마찬가지의 효과를 낸다.

물론 절대로 트위터와 페이스북의 서술기법이-심지어는 '의식의 흐름'서술기법이-더욱 정직하다는 의미는 아니다. 단지 정직하다는 인상을 주며 이에 반응하는 타자들을 더욱 편하게 만들어 반응을 이끌어낸다. 맥루언의 '차가운 미디어'와 '뜨거운 미디어'의 구별에 비추어보자면[11] 미디어를 엄청나게 차갑게 만들어버려 사람들의 참여를 이끌어낸다. 이는 아래에서 말하겠지만 SNS의 구술생활적 측면과 밀접한 관계를 가지고 있다.

나. SNS소통의 사적인 측면

사적 소통	공적 소통
원게시자의 글이 그의 팔로워나 친구들에게 전달됨으로써 이루어지는 소통	원게시글과 그의 팔로워나 친구들의 계정에 '푸시'된 글들을 원게시자나 그의 팔로워 및 친구의 관계망에 없는 불특정다수가 검색 또는 무작위서핑을 통해 찾아서 보게 됨으로써 이루어지는 소통

---

9) 물론 친구가 되었다는 것은 반드시 '친구'가 되었다는 것이 아니라 감시와 비판의 대상으로서 팔로우를 했을 수도 있다. 하지만 실제로 미운 친구도 친구인 것은 사실이며 증오도 대인관계이다.
10) 언어학적으로도 문자제한이 트위터의 소통구조가 우리의 일상의 소통구조인 상호교섭적 소통구조를 구현함에 있어 중요한 역할을 한다고 한다. 허상희, "의사소통 도구로서의 트위터(Twitter)의 특징과 소통 구조에 관한 고찰",『우리말연구』28집 (2011.4), p.274.
11) Marshall McLuhan, *Understanding the Media*, Routledge, 2001.

SNS소통이 단문으로 이루어진다는 것만으로는 대인관계를 "창출"할 수는 없다. 대인관계를 지속가능하게 만들기 위해서는 관계를 이어가고 싶은 사람들과의 선택적이고 집중적인 소통이 가능해야 한다.[12) 보이드(Boyd)와 엘리슨 (Ellison)은 소셜 미디어를 다음 3가지의 측면에서 특성을 가진 웹 기반 서비스로 정의했다. "①제한된 시스템 내에서 개인이 자신을 대중에게 혹은 일부 대중에게 소개하고 정보를 제공하거나 받을 수 있고, ②관계를 형성하고 유지하고 싶은 다른 이용자들의 리스트를 형성할 수 있고, ③시스템 내에서 다른 이용자들이 만든 관계망을 보거나 연결할 수 있다." 아마도 바로 두 번째 성향이 다른 웹 기반 서비스와의 현격한 차이라고 하겠다. 세 번째 성향은 두 번째 성향에 근거를 둔 것이다.

결국 SNS소통은 이와 같이 관계를 유지하고 싶은 다른 이용자들에게만 집중적으로 글을 보내거나 받을 수 있다는 것이 고유한 특성이라고 말할 수 있다. 이렇게 기존 관계가 있는 사람들과의 배타적인 소통을 '사적인 소통'이라고 정의하고 그렇지 않고 불특정다수에게 정보를 보내는 것을 '공적인 소통'이라고 정의해보자.

그렇다면, SNS소통은 사적인 면도 있고 공적인 면도 있지만 SNS에서의 정보의 소비는 대부분 사적 소통을 통해 이루어진다. "트위터나 페이스북에서는 누구나 글을 올릴 수 있지만 그 글은 그의 팔로워들만이 읽을 뿐"[13)인데 언론학자들도 이 팔로우기능을 트위터의 핵심으로 꼽는다. 트위터나 페이스북에서 정보검색을 해서 원하는 정보를 찾아보는 사람들보다는 자신이 팔로우하는 사람이나 자신의 친구의 글을 읽기 바쁜 경우가 대부분이다. SNS의 중심에는 사람에 대한 관심이 있기 때문이다. 나의 친구나 내가 팔로우하는 사람이 무슨 생각을 하는가?가 중요하지 어떤 정보가 좋은 정보인지가 중요한 것이 아니다. 실제로 좋은 정보를 찾아 나설 것이라면 아예 PC에서 구글이나 네이버검색을 하는 것이 보통이다. 즉 SNS에서의 소통은 누군가 글을 올리면 그 글은 저자의 SNS

---

12) Boyd, D. M., & Ellison, N. B.(2008). *Social network sites: Definition, history, and scholarship.* Journal of Computer-Mediated Communication, 13. 위에서 ②와 ③이 SNS가 다른 인터넷과 다른 측면이라고 하겠다.

13) 오미영, "인터넷 여론과 소통의 집단 극화", 『현상과 인식』 제35권 3호 2011년 가을, p.54.

관계망 내에 있는 사람에게만 전달이 되는 방식으로 이루어진다. SNS관계망은 아무나 들어오는 포털게시판이 아니고 일정한 기준에 의해 선별된 사람들로 이루어지며, 이들에 대한 소통은 포털게시판에서의 소통과는 달리 사적 성격이 더욱 강한 것이다.

물론 그 정보는 RT나 공유를 통해 망밖으로도 전달이 되지만 이 전달은 친구나 팔로워 중의 한 명에 의해 이루어지는 것이지 '내'가 하는 것이 아니다. 여기에 SNS의 사생활로서의 본질이 있다.

SNS의 정보가 결과적으로 불특정다수에게 공개된다는 말 자체는 맞지만 SNS를 통한 정보확산이 "주로" 그러한 공적 소통으로 이루어진다는 것은 착시현상이다. 수많은 사람들에게 전달되는 SNS게시물은 한 사람이 불특정다수에게 전달하는 것이 아니고 우선 한 사람이 자신의 '친구'나 '팔로워'들에게 볼 수 있게 정보를 올리면 그 '친구'나 '팔로워' 중의 한 명이 다시 이를 '리트윗'이나 '공유'를 하고 이 단계가 여러 번 반복됨으로써 이루어진다. 이러한 모드에서 어느 한 사람도 정보를 '불특정 다수'에게 보내지 않는다. 모두가 특정소수나 특정다수에게 보낼 뿐이며 어느 누구도 불특정 다수에게 보내지 아니한다.

다. SNS의 "공적 소통"의 소극적 성격

물론 '비공개'처리를 하지 않은 SNS계정에 있는 정보는 일반에게 '공개'되는 측면이 있다. SNS계정을 '공개'로 해두면 '나'의 관계망에 없는 사람들도 나의 글을 내 계정에 찾아와서 볼 수는 있다. 특히 자신의 팔로우대상이나 친구들이 제공하는 글들 만으로는 시의성 있는 정보가 자신의 계정에 제공된다고 생각지 않는 사람은 검색(search)기능을 통해 자신의 관계망 밖의 사람들의 계정에 있는 정보에도 접근한다. 정확히 비공개라고 말할 수는 없는 것이다.

그럼에도 불구하고 왜 우리들은 SNS상의 소통을 사적 소통이라고 느끼고 있을까? SNS계정에 글을 올리는 행위는 매우 소극적인 행위이기 때문이다. 계정소유자는 단지 자신의 소회를 담담히 적어 내려가는 것이고 친구들과 팔로워들은 이 일기쓰기를 자발적으로 지켜보는 것이 된다. 그 외의 사람들이 자신의 계정까지

방문하여 자신의 일기를 보는 것은, SNS이용자들은 광장에서 소리 지르기와 같이 침입성이 있다기보다는 술집에서 말하고 있는 것을 옆자리에서 관심이 있어서 귀 기울여 듣는 것 정도로 생각하는 것 같다. 즉 자신의 관계망에 이미 있는 사람들에게 공개되는 것은 자신과 일정한 관계를 맺은 사람들에게의 공개이기 때문에 공개라기 보기 어렵고 자신의 관계망 밖에 있는 사람들에게 공개되는 것 역시 '적극적인 배포'라기보다는 '열람의 허용' 정도로 생각하는 것이다.

더욱 놀라운 것은 도리어 사람들은 자신의 계정에 찾아와서 정보를 수집해가는 것을 '침입'이라고 생각하는 경우도 있다는 것이다. 이 점이 바로 SNS와 다른 웹기반 서비스와의 차이이다. 다른 인터넷서비스 즉 블로그나 웹사이트에서의 글도 사람들이 '검색'을 통해서 찾아와서 소통이 이루어지며 글을 올린 사람은 이와 같은 '검색과 열람을 허용'한 정도이지만 글을 올린 사람에게 기존 법들이 일관되게 적용되는 것에 대해서는 큰 저항이 없다. 하지만 SNS에 올린 글의 경우, 사람들은 자신이 모르는 사람들이 (심지어는 자신과 친구인 사람들이나 자신의 팔로워인 사람들에 대해서도) 자신의 계정에 올린 정보를 수집하는 행위에 대하여 '신상털기'라는 비속어가 회자될 정도로 비판적인 시각을 가지고 있다.[14] 자신이 그와 같은 정보를 공개된 계정에 올려 '검색을 허용'했음에도 불구하고 그러하다.

물론 이와 같은 비판적인 시각은 게시자의 실명, 전화번호, 주소 등 개인을 고유하게 식별할 수 있는 정보를 수집하는 행위를 주로 대상으로 하는 것으로 보인다. 하지만 이들은 그런 정보가 아니라고 할지라도 자신들의 일상적인 감상이나 사회적 견해들을 그들의 것인지 알면서 누군가 그들의 동의 없이 수집한다면 이에 대해서도 똑같은 비판적인 시각을 가질 것이다.[15] 왜냐하면 이들의 비판적인 시각은 자신들에 대한 사실을 타인이 축적하는 것 자체에 대한 반감에서 온다. 실명, 전화번호, 주소 등 개인을 고유하게 식별하는 정보는 그 자체로 동성애 여부나 질병 감염 여부처럼 창피하거나 사적인 것이 아니면서도, 이를 타인이 수집하는

---

14) http://news.hankooki.com/lpage/society/201201/h2012012602365421950.htm 최종방문 2012년 9월 24일.
15) 오태원, 유지연, "소셜네트워크 서비스 환경에서 프라이버시의 개념 변화", 『방송통신정책』 23권 4호(2011).

것에 대해 반감을 가지는 이유는 이들 정보들이 결국 위와 같이 높은 수준의 개인의 사생활을 타인이 알아내거나 개입할 수 있도록 열어주는 통로가 되기 때문이다. 즉 보호하고자 하는 것은 사생활 즉 프라이버시이다. 그렇다면 대부분의 SNS가 그렇듯이 자신이 누구인지 이미 공개가 된 이상 자신의 팔로워나 친구가 아닌 사람들이 자신의 계정을 정기적으로 드나들면서 자신이 한 개인적인 감상이나 견해 또는 심지어는 공공의 관심사에 대한 발언이라 할지라도 이를 누군가 계속 인지하는 것 자체에 대해서 반감을 가질 수밖에 없다. 최근 언론들은 채용회사들이 지원자의 페북이나 트위터 계정에 올린 지원자의 발언을 근거로 면접에서 질문을 하거나 면접결과를 내는 현상에 대해 매우 비판적이다.[16)

라. SNS의 구술생활적인 성격

SNS의 Social은 '사교'이다. 사람들이 더 친해지기 위해서는 서로 '만나봐야 하듯이' 사람들이 서로 '만나도록' 해주려 했던 것이고 여기서의 만남은 당연히 구술대화를 동반하는 것이다. SNS는 진짜 구술생활의 일부인 메신저나 휴대폰 문자메시지의 기능을 블로그 상으로 구현하려 했던 것이다. 그렇기 때문에 SNS의 소통은 필연적으로 짧지만 많은 숫자의 글들로 이루어진다. 이렇게 글이 많아지기 때문에 수많은 글들이 올라오자마자 순식간에 화면 바닥에 망각의 지평 너머로 꺼져간다. 이것은 우연이 아니다. 구술생활의 특징은 시간 의존성이다. 글은 계속 대화상대에 의해 계속해서 재검토되지만 말은 말하는 즉시 없어져야 한다. 그래야만 대화상대는 가장 최근의 말에 대응을 하게 된다. 대화는 그렇게 가장 최근의 말에 대응하면서 순차적으로 진행되어야 하며 이를 위해서 트윗은 시간이 흐르면 사라져야 하는 것이다. 결국 SNS에서의 소통은 문자생활이라기보다는 의도적으로 구술생활에 가깝다.[17)

실제로 SNS 특히 트위터에서의 소통은 대화를 통해 진행된다고 볼 수 있다.

---

16) 2012년 4월 12일 서울신문 http://www.seoul.co.kr/news/newsView.php?id=20120423500004 최종방문 2012년 9월 24일.
17) 진중권도 비슷한 분석을 하고 있다. http://weekly.donga.com/docs/magazine/weekly/2005 /06/23/200506230500035/200506230500035_1.html.

즉 트위터의 경우 나의 글을 받아본 팔로워나 팔로워의 RT를 받은 사람이 나의 글을 RT나 멘션을 해주면 내가 그에 대해 RT나 멘션을 해주면서 대화가 시작된다. 한쪽에서 장고하여 완성된 의사를 전달하면 이를 다른 쪽에서 면밀하게 평가하여 다시 완성된 답을 제공하는 것이 아니라 한쪽에서 완성되지 않은 의사표시를 하고 이에 대해 재빨리 다른 쪽에서 반응하고 다시 이쪽에서 반응하면서, 대화참여자들이 하나의 의사를 형성하게 된다. 물론 대부분의 트위터의 소통방식은 이렇게 1대1로 번갈아가면서 여러 번 진행되는 경우는 드물다. 그런데 이와 같은 순차적 대화방식은 다방향으로 여러 사람들 사이에서 즉 다중참여적(mass participation)으로 이루어질 경우를 상상해보면 지금의 트위터 내의 소통방식에 근접함을 알 수 있다.

이것은 우연이 아니다. SNS가 인기를 끌게 되는 이유, SNS개발자들이 사람들에게 팔려고 했던 것은 바로 이러한 구술생활의 재연이다. 이와 같은 소통구조는 다음과 같은 의미에서 "우리 일상의 소통구조 즉 상호교섭적 활동과 닮아 있다"고 한다.

전통적인 의사소통 모델에서는 의사소통을 화자가 청자에게 메시지를 전달하는 과정으로 일방향적이고 선조적(linear)이라 말할 수 있다. 이러한 의사소통은 명령이나 공고문, 방송에서의 뉴스 알림과 같은 피드백이 되지 않는 의사소통을 말한다. 그러므로 일반적인 의사소통이라 말할 수 없다. 실제 의사소통이 이루어지는 상황은 소음을 제거하기만 하면 되는 진공 상태가 아니라 여러 가지 요인들이 복합적으로 작용하는 매우 역동적인 것이다. 의미 역시 단순히 고정된 의미의 형태로 수동적인 청자에게 그대로 전달되는 것이 아니라 청·화자간의 역동적인 상호 교섭 작용에 의해 창조되는 것이다(이창덕 외(2010), 〈삶과 화법〉, 박이정, p.6.). 따라서 의사소통은 의사소통 참여자들의 관계 속에서 언어적으로(또는 비언어적으로) 서로에게 영향을 미치고자 하는 상호교섭적(transactional) 활동이라고 볼 수 있다.[18]

---

18) 허상회, p.273. 허상회는 이러한 상호교섭적 소통구조가 가능한 요인으로서 첫째, 140자의 단문, 둘째, 이야기 도중 제3자가 끼어들 수 있다는 점, 셋째, 상대방의 이야기를 듣고만 있을 수 있다는 점, 넷째, 특정 주제에 대해 이야기하다 다른 주제로 넘어갈 수 있다는 점 등을 들고 있다.

마. 결론

정리하자면, SNS소통은 사교를 핵심목표로 하며 이를 위해서는 개인들이 날것 그대로 대면할 수 있도록 하기 위해 단문소통을 통해 이루어진다. 이렇게 만나게 된 사람들 간의 관계를 유지하기 위해서 SNS소통은 주로 관계망에 있는 사람에의 정보전달 즉 '상호 선택된' 콘텐츠의 생산자와 소비자의 만남인 '사적 소통'을 통해 이루어진다. 물론 관계망에 없는 사람들이 직접 계정에 찾아와서 계정소유자의 정보를 지득하는 즉 공적 소통도 많이 이루어지기는 하나 SNS계 정을 사적 공간으로 간주하는 사회적 분위기가 팽배하다. 또 단문소통은 순차적으로 완성되지 않은 견해와 정보를 주고받는 대화적 소통을 가능케 하며, 대부분의 트위터 상의 소통은 이와 같은 대화적 소통의 중첩으로서 나타나게 된다.

2. SNS를 통한 소통에 대한 법적용의 한계

위와 같은 SNS를 통한 소통의 특성을 감안할 때 SNS에 대한 법규제는 다음과 같은 한계를 가질 수 있다.

가. SNS소통의 사적 성격과 공연성 요건

명예훼손죄 등의 형법 규제는 대부분 '공연성'을 그 요건으로 하고 있다. 그렇다면 SNS소통의 사적 성격이 이들 규제의 타당성에 미치는 영향은 자명하다. 과거에 연예인X파일이 '너만 보라'는 1대1 소통을 통해 들불처럼 퍼져나가 모든 사람들이 이를 보게 되었지만, 어느 한 사람도 이를 '불특정 다수'에게 공개한 사람은 없었기 때문에 업무규칙을 위반하여 처음 회사 외부로 유출한 자 외에는 처벌이 불가능했었다. 마찬가지로 SNS소통은 자신의 "친구"나 "팔로워"들에게 만 정보가 전달되는 사적인 소통의 사슬로 이루어지는 것이라서 어느 한 사람도

'불특정 다수'에게 공개한 사람은 없게 된다.[19] 채팅이나 메신저와 같이 특정의 소수와 사적으로 하는 대화는 그 내용이 타인의 명예를 훼손하는 내용이 포함되었다 하더라도 공연성이 인정되는 사실의 적시라고 할 수 없다면,[20] 자신과 관계를 맺은 사람들에게만 전달되는 소통에 대해서는 명예훼손 법리를 적용해서는 아니 될 것이다.

물론 이와 같은 사적인 소통이 정치적으로 의미 있는 공적 집단행동으로 발전하지 못하는 것은 아니다.[21] 그러나 정치적으로 의미 있다는 것과 법으로 규제될 수 있는가는 별도의 문제이다.

물론 전파성이론[22]에 따르면 1대1 대화의 경우에도 공연성이 인정되지만 이 이론은 전파가능성을 객관적으로 판단할 기준이 없다는 이유로 학계의 대부분에 의해 배격되고 있다.[23]

---

19) 도리어 게시글이 직접 전달되므로 명예훼손 기수시점이 마이크로블로그의 경우 더욱 앞당겨진다는 입장에 대해서는 김혁돈, "마이크로 블로그의 법적인 문제점-트위터를 중심으로", 『경북대학교 법학연구원 법학논고』 제34집 (2010.10), pp.80-81. 김혁돈은 마이크로 블로그도 블로그와 똑같이 공연성을 충족한다는 전제 하에 위와 같은 논의를 전개하고 있다.

20) 김혁돈, p.80. 김혁돈은 '채팅은 현재 채팅방에 들어와 있는 자와의 대화임을 인식할 수 있다'는 이유로 트위터에는 명예훼손 책임이 당연히 부가된다고 하지만 자신의 팔로워가 누군지를 인식할 수 있음은 트위터도 마찬가지이다.

21) 김성태 외 3인, "뉴미디어를 통한 소통 채널의 확장과 정치참여 변화 연구", 『평화연구』 2011년 봄호 p.25.
"과거 매스미디어 시대에는 대중에게 동일한 이슈를 반복적으로 제공함으로써 집권 세력들이 대중을 동원할 수 있었다. 그러나 개인화된 모바일 미디어 시대에는 서로 연결된 비슷한 성향의 사람들끼리 모여 자신의 관심사에 따라 정보를 공유하고 이해관계에 따라 집결해 행동을 한다(강상현, 2006)…라인골드는 이러한 사람들을 '영리한 군중'이라 불렀다… 이들은 엘리트들에게 쉽게 조작당할 수 있는 '우매한 군중'이나 내면적 고립감에서 벗어나기 힘든 '고독한 군중'과 대비되는 참여군중을 말한다."

22) 대법원 2008.2.14. 선고. 2007도8155 판결.

23) 권오걸, 『형법각론』, 형설출판사, 2009, p.232; 김성돈, 『형법각론』, 제2판, 성균관대학교 출판부, 2009, p.187; 김일수/서보학, 『새로 쓴 형법각론』, 제7판, 박영사, 2007, p.193; 배종대, 『형법각론』, 제6전정판, 홍문사, 2007, p.274; 오영근, 『형법각론』, 제2판, 박영사, 2009, p.210; 이재상, 『형법각론』, 제7판, 박영사, 2010, p.189; 임웅, 『형법각론』, 개정판, 법문사, 2004, p.194; 정성근/박광민, 『형법각론』, 제3판, 삼지원, 2008, p.200; 정영일, 『형법각론』, 박영사, 2006, p.149.

나. 공적 소통의 사적 성격과 규제의 평형성 문제

물론 위에서 밝혔듯이 SNS에는 공적 소통도 있다. 즉 게시자의 팔로워나 친구가 아닌 사람의 검색 등을 통해 게시자의 계정에 들어와 게시물을 보는 것이다. 그러나 다시 상기하자면 이들은 트위터에 올린 글을 사람들이 와서 보는 것이지 게시자가 그 글을 '뿌리는' 것이 아니라는 점이다. 물론 기존의 인터넷서비스도 사람들이 해당 게시물을 찾아와서 보는 것에서 공연성이 발생하기는 한다.

하지만 위에서 말했듯이 트위터나 페이스북의 경우 사람들이 검색을 통해 게시물을 찾아오는 경우는 그리 많지 않다. 그리고 그렇기 때문에 대부분의 사람들은 트위터나 페이스북의 계정에 대해 '사적 공간'이라고 생각하기 마련이다.

그리고 이와 같은 사적 공간감 때문에 SNS에 대한 규제를 하려고 하다보면 매우 심각한 규제의 형평성 문제가 발생한다. 어떤 트윗에 명예훼손성 내용이 있다고 가정하자. 그런데 그 트윗은 트윗게시자의 팔로워들의 계정에도 거의 동시에 게시된다. 트윗을 불특정 다수에게 게시하고 있다는 면에서 게시자와 게시자의 팔로워는 등가이다. 여기서 게시자의 팔로워가 RT를 했다면 당연히 '게시자'의 한 사람이 된다. 그렇다면 하나의 트윗의 공적 소통의 측면에 대해 법적 책임을 묻는다면 게시자와 게시자의 팔로워도 똑같이 법적 책임이 부과되어야 한다. 하지만 게시자의 팔로워에게 책임을 묻는 것은 엄청난 심정적 저항을 불러일으킬 것이다. 바로 트위터나 페이스북의 계정을 사적 공간이라고 생각하기 때문이다. 그렇다면 하나의 명예훼손성 트윗의 원게시자와 그를 팔로우함으로써 해당 트윗이 자신의 계정에 게시되도록 허용한 사람을 다르게 규제할 타당한 이유가 있을까?

두 가지 이유가 있을 수 있다. 우선 게시자는 적극적인 게시를 하고 있고 게시자의 팔로워는 소극적인 게시를 하고 있다는 차이가 있다. 그러나 최근 대법원은 "인터넷 종합 정보제공 사업자가 제공하는 인터넷 게시공간에 게시된 명예훼손적 게시물의 불법성이 명백하고, 위 사업자가 위와 같은 게시물로 인하여 명예를 훼손당한 피해자로부터 구체적 개별적인 게시물의 삭제 및 차단 요구를 받은 경우는 물론, 피해자로부터 직접적인 요구를 받지 않은 경우라 하더라도 그 게시물이 게시된 사정을 구체적으로 인식하고 있었거나 그 게시물의 존재를 인식할 수 있었음이 외관상 명백히 드러나며, 또한 기술적, 경제적으로 그 게시물에 대한 관리 및 통제가 가능한 경우에는, 위 사업자에게 그 게시물을 삭제하고 향후 같은 인터넷 게시공간에 유사한 내용의 게시물이 게시되지 않도록 차단할 주의의무가 있고, 그 게시물 삭제 등의 처리를 위하여 필요한 상당한 기간이 지나도록 그 처리를 하지 아니함으로써 타인에게 손해가 발생한 경우에는 부작위에 의한 불법행위책임이 성립한다"고 하였다.[24] 그렇다면 명예훼손물 게시자의 팔로워도 자신이 관리통제가 가능한 자신의 트위터계정에 이 명예훼손물이 나타난 것에 대하여 그 불법성이 명백하다면 부작위에 의한 불법행위책임이 성립한다는 것이다. 물론 트위터의 경우 글이 시간이 지나면 검색범위에서 소멸되지만 그것은 원게시물도 마찬가지이니 게시자의 팔로워계정의 게시물에 대해서만 법적 책임을 묻지 않을 이유가 되기 어렵다.

또 한 가지 유력한 이유 그리고 필자가 믿는 이유는 바로 대부분의 SNS소통이 공적인 소통보다는 사적인 소통을 통해 이루어지기 때문이라고 생각한다. 즉 SNS에서의 소통은 대부분 자신이 팔로우하는 사람의 트윗을 읽음으로써 이루어지며 자신이 팔로우하지 않는 사람의 트윗을 검색해서 찾아가서 읽는 경우는 거의 없는 것이다. 그렇기 때문에 법적 책임을 묻는다면 자신의 팔로워에게 트윗을 '푸시'해주는 게시자에게만 책임을 물을 뿐, 그렇게 '푸시'받은 트윗이 자신의 계정에 게시되도록 허용하는 팔로워에게는 책임을 묻지 않는 것이다. 대부분의 사람들이 자신의 계정에 '푸시'된 트윗만을 읽을 뿐 타인의 계정에 '푸시'된 트윗까지 검색기능 등을 통해서 찾아서 읽는 경우는 드물다는 것이다.

결국 SNS 상에서의 공적 소통에 대해서 법적 책임을 소위 '불법트윗'의 원게시자에게만 부과한다는 것은 다시 SNS 상에서의 공적 소통의 비중이 높지 않음을 다시 한 번 인정해야만 가능한 것이 된다. 바로 여기에 공적 소통에 대한 규제에 신중할 필요가 다시 한 번 제기된다.

---

24) 대법원 2009.4.16. 선고 2008다53812 판결.

다. SNS의 구술생활적 성격과 '문서' 요건

사적인 구술생활은 원래부터 법적용의 범위 밖에 있었다.

> 페이스북은 10대들에게 과거에는 저녁의 전화통화나 주말의 사적인 만남에서
> 자신의 친구들과 나누었던 유형의 대화를 인터넷에 올릴 수 있게 해주었다. 이제는
> 이런 대화들에 대해 학생들이 징계를 받고 있다. 학교가 알게 되었고 증거가 남는
> 다는 이유 만으로.[25]

사적인 구술생활이 법적용의 범위 밖에 있었던 이유는 구술생활을 이루는
상호적 교섭 방식의 소통에 있어서는 개별 언사 하나하나가 완전한 표현이라기
보다는 여러 개의 언사가 모여서 하나의 또는 복수의 의견을 이루게 된다. 그렇다
면 하나의 언사에 대해 법적 책임을 묻는 것은 어려운 일이 된다. 이와 같은 논의
는 SNS에 그대로 적용될 수 있다.

예를 들어 2010년 칠레지진과 관련된 트윗들을 분석한 결과 사고 상황에 대한
트윗들이 뜨면 트위터리안들이 이에 다양한 반응을 보이고, 그 반응에 대해
다른 트위터리안들이 또 다른 반응을 보이면서 결론적으로는 허위트윗들은
도태되고, 진실인 트윗들은 계속해서 RT가 되었다는 연구결과가 있다.[26] 여
기서 연구의 핵심은 트위터가 진실을 걸러내는 다중지성적 기능을 가지고
있다는 것이었지만 필자의 초점은 소위 '허위'트윗에 대한 규제가능성에 있
다. '허위'트윗의 원게시자나 이를 RT한 팔로워 모두 그 행위 하나하나에 대해
법적 책임을 묻는 것은 트위터 내의 소통의 상호교섭적 성격을 생각한다면

---

25) "Essentially, MySpace and Facebook provide teenagers an opportunity to post on the Internet the types of speech previously reserved for evening phone conversations or weekend get-togethers with their circle of friends. But now students are being punished for this speech because schools are aware of it and have evidence of it. Kara D. Williams, "Public Schools vs. Myspace & Facebook: The Newest Challenge to Student Speech Rights", 76 University of Cincinnati Law Review 707 (Winter 2008).

26) Marcelo Mendoza, Barbara Poblete, Carlos Castillo, "Twitter Under Crisis: Can we trust what we RT?" Social Media Analytics, KDD '10 Workshops, Association of Computing Machinery, Washington, USA (2010)

신중해야 한다.

또 SNS소통의 구술생활적 성격은 개별트윗 또는 개별 글의 규제가능성에도 영향을 준다. 최근 명예훼손 전문 변호사 윌리엄 샤론(William Charron)은 트위터 상의 글이 매우 짧고 가벼운 형식과 비공식적인 언어로 이루어져 하나하나가 '일반인들이 믿을만한 사실의 적시인가'를 평가하기가 불가하다며, 실제 자신의 경험상 SNS상의 허위 글들에 대한 명예훼손을 인정받기가 어렵다는 논문을 게재하여 널리 회자되고 있다.[27]

뉴욕주 항소법원은 2011년 원고 리조트 회사의 채용정책이 인종차별적이라고 문법과 철자가 틀린 매우 비공식적인 문구로 주장한 이메일에 대하여 "합리적인 사람들은 이 주장이 철저히 조사된 사실적 주장이라기보다는 개인적인 견해"로 받아들일 것이므로 명예훼손이 될 수 없다고 하였다.[28]

캘리포니아주 주재 연방법원은 일찍이 2001년에 특정 금융회사가 고객들에게서 "거짓말"로 돈을 뜯어내고 나중에는 고객의 돈을 "훔친다"는 등의 표현을 채팅룸에서 쓴 것에 대해서도 다음과 같이 언급하여 명예훼손 소송을 각하하였다.[29]

이 주장들은 인터넷채팅의 불협화음적인 소음 속에서 익명으로 올려진 것이다. 더욱 중요하게 이 글들은 과장, 비방, 약어 그리고 보통 사실에 근거한 문서들에서 찾을 수 없는 언어들로 이루어졌으며… 이 주장들은 독자들이 사실적인 주장들을 기대하는 문서에서 전형적으로 나타나는 형식성이나 세련됨을 결여하고 있다.

오레곤주 주재 연방법원 역시 2011년에 "블로거 한 명을 죽이기 위해 청부살인자를 고용했다"는 내용을 obsidianfinancesucks.com이라는 소비자불만 블로그에 게재한 것에 대해서도 "웹사이트의 제목 자체가 독자들이 의심을 가지고

27) William Charron, "Twitter: A "Caveat Emptor" Exception to Libel Law?", Berkely Journal of Entertainment and Sports Law, Volume 1 and Issue 1 (April 2012).
28) Sandals Resorts Int'l, Ltd. v. Google, Inc., 925 N.Y.S.2d 407, 412 (N.Y. App.Div. 2011)
29) Global Telemedia Int'l, Inc. v. Doe, 132 F. Supp.2d 1261, 1267 (C.D. Cal. 2001)

그리고 입증 가능한 사실적 주장보다는 편향된 관점만을 접하게 될 것임을 기대하도록 만든다"면서 "블로그 게시글의 전반적인 분위기는 단지 피고가 원고에 대해 개인적인 악감정을 가지고 있음을 암시하고 있다. 글의 게시횟수, 사용된 언어, 어투 그리고 가끔 나타나는 '의식의 흐름' 기법 등은 모두 피고의 감정을 드러내는 일기처럼 읽히지 사실의 주장으로 읽히지 않는다"라고 하며 역시 약식 판결로 명예훼손 소송을 기각하였다.[30]

위와 같은 분석은 SNS게시글에 훨씬 더 적확하게 적용된다. 트위터나 페이스북의 글은 매우 구술적이며 비공식적이며 단 하나의 트윗이나 페북글로 다른 사람들이 사실의 존부를 판단하기를 기대하기는 어렵다. 그렇다면 적어도 사실적 주장을 요건으로 하는 명예훼손을 SNS에 적용하기 위해서는 해당 트윗 하나만으로도 사실적인 주장으로서의 형식과 완결성을 갖추었는지 엄격하게 확인해야만 할 것이다.

더욱이 법규제 중의 어떤 것들은 정보의 전파가 '문서'로 이루어졌는지 아닌지에 따라 법적 평가가 달라지는 경우들이 있다. 대표적으로 공직선거법 제93조는 사전선거운동금지 조항과 입법목적은 같되 사전선거운동금지 조항을 보완하여 '문서를 통한 후보지지 반대'마저도 특정기간 금지하고 있다. 이 법조항 역시 입법취지상 전파자의 적극성을 어느 정도 요구하고 있어 SNS에서의 소통에 적용함에 있어서 신중해야 한다는 것은 위에서 본 바와 같다. 그런데 이와 더불어 이 조항은 '문서'라는 요건을 부가적으로 두고 있어 방송 또는 육성과 같이 비영속적 매체를 통한 후보지지반대에는 적용되지 않는데, SNS의 구술생활적 성격에 비추어 이 법 조항의 적용이 타당한지 생각해보아야 한다. 이에 대해서는 아래에서 더욱 자세히 살펴보고자 한다.

라. 소결

그렇다면 SNS의 소통에 법이 칼날을 대는 것은 본능적인 반감을 일으킨다. 사람들이 SNS규제에 대해 극렬하게 반응하는 이유는 위에서 말한 전파행위가

---

30) Obsidian Fin. Group, L.L.C. v. Cox, 812 F. Supp.2d 1220 (D. Or. 2011)

관계망을 통해서 이루어진다는 것, 관계망에서 밖으로의 전파는 전파자 입장에서 소극적으로 이루어진다는 것 외에도 이렇게 구술생활에의 개입에 대한 반감이 섞여 있는 것이다.

3. 선거법 양적규제 조항의 SNS적용가능성

공직선거법의 어떤 조항들은 허위사실공표 등 가벌성 있는 소통을 금지한다. SNS에 공직선거법 상 허위사실공표죄를 적용하는 것에 대해서는 위에서 살펴보았듯이 과연 SNS와 같은 사적 대화 속에서 한 말을 '공표'라고 할 수 있는지 생각해보아야 한다.

그런데 '허위'와 같은 가벌성이 없는 표현도 규제를 하고 있는데 이 규제들은 (이하 "양적 규제") 더욱더 적용에 신중을 기해야 한다. 즉, 공직선거법의 여러 조항들은 유권자들의 선거참여를 제한하여 선거과열을 막는 것을 목표로 하고 있다. 우선 254조를 통해 이미 선거운동기간을 정해놓고 그 외의 기간에는 선거운동을 하지 못하도록 하고 있는데 이것만으로는 부족하다고 생각하여 '선거운동 외 기간' 즉 선거운동금지기간 중에서 선거운동에 가까운 '선거운동기간 전 180일 동안'에는 선거운동에는 이르지 않더라도 '문서상의 후보지지반대'는 하지 못하도록 하고 있는 것이다.

180일 기간 전	선거운동기간 전 180일 기간	선거운동기간 (투표일 전 2주 또는 3주)
문서상 후보지지반대는 할 수 있음	문서상의 후보지지반대 못함 (선거법 93조1항)	선거운동을 할 수 있음 (당연히 후보지지반대도 가능하나 허용된 방식과 양태 만을 따라야 함).
선거운동을 하지 못함 (선거법 254조)		

우선 선거법의 목표는 금권선거를 방지하는 것으로 한정되어야 하며 이를 위해서는 '선거운동' 또는 '지지반대'의 의미가 지금보다는 훨씬 더 조직적이며 체계적인 행위에만 적용되어야 하며 ('운동'이라는 말의 뉘앙스를 모두 동반하

는) 이러한 취지에서 인터넷과 같이 물량공세에 의한 여론조작이 어려운 매체를 통한 선거참여까지 제한하는 것은 위헌성이 짙었다. 그리고 이것은 학계뿐만 아니라 여야정치인은 물론 선거관리위원회 자체의 견해이기도 하다. 결국 인터넷은 금권선거라는 입법목표와 관련이 없으니 선거법규제에서 자유로워한다는 논의가 오랫동안 있었고 2008년에 선관위는 인터넷 전체를 선거법규제에서 배제하는 개정의견을 국회에 제출한 바 있었다.

결국 헌법재판소는 2011년 12월 이미 인터넷 전체에 대해 양적규제 위헌결정을 내렸다.[31] 헌법재판소는 주로 위에서 소개한 자원의 불평등이 작동하기 어려운 매체라는 이유로 인터넷 전체를 양적규제에서 배제하는 결정을 내렸다. 여기서는 헌법재판소가 이와 같은 결정을 내리지 않았다고 할지라도 적어도 SNS에 대해서는 양적규제가 배제되어야 할 이유를 찾아보고자 한다.

가. 공연성의 문제

우선 유권자참여제한 규정들의 입법목적 상 선거과열에 조장할 만큼 적극적이고 공적 공간에서 이루어지는 행위만을 규제해야 할 것이며, 그렇지 않은 행위까지 규제한다는 것은 기본권을 과잉하게 침해하는 것이 될 것이다.

SNS를 통한 소통도 93조가 요구하는 '배부・첩부・살포・상영 또는 게시'일까? 또는 254조가 금지하는 '선거운동'이 될 수 있을까? 위의 행위들은 모두 일정한 '공연성'과 '발화자의 적극적 행위'를 요건으로 하고 있는 것 같다.

254조는 '운동'을 금지하는 것이며 93조 1항도 일종의 '유사선거운동'을 금지하는 것이기 때문이다. 그렇다면 위에서 설명한대로 SNS에서의 사적 대화에까지 그 규제를 적용해서는 아니 될 것이다.

특히 인터넷매체도 다양하며 매체에 따라 별도의 접근이 필요하지 않을지. 예를 들어 트위터의 경우 과연 발화자의 적극성이 있다고 볼 수 있을까? 팔로우를 하겠다는 사람을 나중에 언팔로우를 할 수는 있지만 Facebook친구맺기와는 달

---

31) 헌법재판소 2011.12.29. 선고 2007헌마1001 결정(공직선거법 제93조 제1항등 위헌확인 등(병합)).

리 팔로우는 동의를 받고 이행되는 것은 아니다. 그렇다면 트위터 사용자는 자신의 일기장에 쓰고 싶은 글을 쓰면 보고 싶은 타인들이 와서 보는 것인데 이를 과연 배포라고 볼 수 있을까?

그리고 금권선거제재라는 입법목적의 입장에서도 "배부"의 전형적인 형태라고 할 수 있는 이메일이나 공동게시물과는 다르다. 게시물을 보기 위해서는 보는 사람이 resources가 필요하다. 이메일은 보내는 사람이 resources가 필요하다. 또 팔로우하고 팔로우 받는 사람들의 관계 속에서 이루어지는 트윗의 전달이 과연 '적극적인 공연성'을 충족시킨다고 볼 수 있을까.

공직선거법은 금권선거, 관권선거 및 과열된 선거를 방지하기 위하여 선거운동기간을 매우 짧게 (2-3주) 지정하여 이 기간에만 선거운동을 하는 것을 기본골자로 하고 있다(공직선거법 제254조). 즉 선거운동에 해당하는 행위를 선거운동기간 외에서 하게 되면 사전선거운동이라는 범죄를 저지를 것으로 다루어진다. 그런데 이 법조항에서 선거운동을 '당선되거나 되지 않게 하기 위한 모든 행위'로 폭넓게 규정하고 있고 실제로 법원에서도 인터넷에 글을 올리는 개별적인 행위마저도 모두 선거운동으로 지정하여 처벌하고 있다. 그런데 법의 취지상 '선거운동'은 상당한 적극성을 요구한다고 보아야 할 것이다.

그렇다면, SNS상의 소통에 공직선거법을 적용시키는 것은 더욱 심각한 문제를 발생시킨다. 대부분의 SNS상의 소통이 사적 전파를 통해 이루어지고 공적 전파가 일부 있더라도 이는 전파자의 입장에서 보면 타인들의 열람을 허용하는 소극적인 행위이다. 결국 SNS상의 소통에서 사적 전파 부분은 공연성이 없으니 처벌대상이 되지 아니하고 공적 전파 부분은 선거법이 요구하는 적극성을 갖추고 있지 않다.

나. 자원의 우월성이 무의미해짐

유권자참여제한 규정들이 내세우는 목표는 금권선거의 예방이다. 하지만 인터넷은 자원이 많은 사람과 자원이 적은 사람 사이의 격차를 줄여준다. '검색의 중립성'이 지켜지는 한 자원이 적은 사람도 무제한의 숫자의 사람들과 만날 수 있기 때문이다. 다른 인터넷서비스의 경우 일정하게 소위 '알바'를 동원하여 물량공세를 펼칠 수 있겠지만 SNS는 그러한 위험조차도 없다.

트위터나 페이스북의 경우 바로 개인의 대면이라는 접속모드가 유지되기 위해서는 자원의 우월을 바탕으로 한 물량공세는 어려워지고 효과가 없어진다. 물론 기업들도 자사 홍보를 위해 트위터나 페이스북 계정을 만들 수는 있을 것이나 이것은 일방적이라는 면에서 단체문자 보내기와 다를 것이 없을 것이며 많은 사람들이 이 계정의 친구나 팔로워가 되기를 기피하거나 해지할 가능성이 높다.

또는 한 개인이 돈을 많이 들여서 여러 명의 '알바'와 함께 하나의 계정 또는 여러 개의 계정을 운영할 수 있을 것이다. 그러나 내용의 성질상 개인의 대면을 요구하는 '대리트위팅'도 불가능하다.

더욱 중요한 것은 SNS에서는 주로 알바들의 소행으로 보여 지는 '_____에 들려주세요' 식의 댓글달기가 불가능하다. 자신의 블로그에는 자신만이 글을 남기고 나머지 글들은 자신이 팔로우하는 사람들의 글이 올라오기 때문에 자신이 팔로우하는 사람이 '들려주세요' 식의 글을 자신의 블로그에 남기면 블로거는 그 사람을 '언팔로우'해버릴 수 있다(페이스북 역시 친구설정을 해지하면 됨). 또 트위터의 경우 특정계정의 글은 RT가 되더라도 블록을 해버릴 수 있다.

결국 선거법 규제에 있어서 SNS는 기존의 인터넷플랫폼에 비해 훨씬 더 자원의 불균형의 영향을 받지 않게 된다. 결국 인터넷은 금권선거라는 입법목표와 관련이 없으니 선거법규제에서 자유로워한다는 논의가 오랫동안 있었고, 2008년에 선관위는 인터넷 전체를 선거법규제에서 들어내는 개정안을 국회에 제출한 바 있다.

다. 새로운 인연의 설정 - SNS의 선거법상 공익적인 면

유권자참여제한 규정들은 학연, 혈연, 지연이 동원되어 선거의 공정성을 해칠 것이라는 우려에 근거하고 있다. 하지만 SNS는 오히려 이러한 연줄을 끊어버리거나 이를 횡단하여 새로운 연을 만들어내는 기능을 하고 있다.

SNS에서 대면하게 되는 개인은 '추상적인 개인'이 아니라 '구체적인 개인'이 된다. 즉 구체적인 편향, 편견을 가진 사람으로 웹상에 나타날 때 소셜미디어는 가능해진다.

자신을 선택했거나 또는 자신이 허락한 사람들만이 '내가 소비하는 콘텐츠'를 만든다. 여기서 '내가 소비하는 콘텐츠'란 각 유저들의 '자신의 개인적 공간'에서 보여지는 콘텐츠를 말한다.

즉 기존 인터넷플랫폼이 불특정다수가 콘텐츠를 제공하거나 (Daum 아고라 처럼) 관리자 및 운영자가 주로 콘텐츠를 제공하였다면 (블로그) 소셜미디어는 자신이 선택한 사람들이 제공한 콘텐츠만를 중심으로 제공된다.

어떤 의미에서는 '인터넷게시판'보다 더욱 폐쇄적인 선별적인 경험을 갖도록 하고 있다. 그리고 위와 같이 되기 위해서는 '내가 생산한 콘텐츠'는 자신을 선택 했거나 또는 자신이 허락한 사람들에게 push된다. 물론 각 유저들은 네비게이션을 통해서 '내가 생산한 콘텐츠'도 볼 수 있기는 하나 일부러 찾아들어올 정도라면 팔로우하는 것이 나을 듯하다. 소셜미디어는 보기보다 공정하지 않다!

그러나 이러한 이렇게 무언가 공유하는 사람들 사이이기 때문에 위와 같은 짧은 글쓰기가 가능해지는 것 아닐까? 처음 만난 사람들 사이의 긴 소개나 인사를 생략하고 '나를 선택했으니 이 정도는 이해할 수 있을 것'이라는 전제하에 글쓰기 즉 술을 안마시고 술자리에서 나눌 수 있을 정도의 친근한 대화가 가능해진다.

새로운 어법 즉 일종의 독백이면서 공적인 글쓰기가 가능해진다. 물론 기존 인터넷플랫폼에서도 가능한 것이었지만 불특정다수를 향한 외침이 아니라 선택된 사람들을 대상으로 한 독백과 대화의 중간쯤에 위치한다.

그렇다면 소셜미디어는 단순한 표현의 기제가 아니라 학연, 혈연, 지연이 아닌 새로운 인연을 만들어내는 도구가 될 수 있다. 즉 공직선거법의 목표가 '학연, 혈연, 지연'의 영향을 차단하는 것이라면 SNS는 새로운 인연을 만들어 기존 연줄의 영향력에 경쟁할 수 있는 기능을 가지고 있다는 것이다.

4. 방송통신심의위원회 '차단 및 삭제' 절차의 SNS적용가능성

가. 내용 중심의 규제와 사람 중심 매체의 시스템적 불일치

정보통신망법은 게시자에게 책임을 물으려는 것이 아니라 게시물을 차단하고자 한다. SNS의 게시글이 재판을 통해 위법하다고 판정되어 게시자를 처벌하는 것과 별도로 국가기구가 게시글을 삭제하거나 차단하려는 것은 훨씬 더 심각한 문제를 발생시킨다. 그런 행정조치는 아예 실효성이 없거나 헌법상 기본권을 심대하게 침해하는 방식으로만 행사될 수밖에 없다. 이것은 SNS는 사람을 중심으로 조직되지만 규제는 내용을 중심으로 집행되기 때문에 오는 시스템적 불일치 때문이다.

SNS 상의 정보는 그 내용이 아니라 사람을 맥락으로 해석되고 사람을 기준으로 조직되고 유통된다. 이에 따라 SNS에 올라온 글들은 한 계정 내에 올라와 있어도 내용상 서로 연관성이 전혀 없고 작성자들도 제각각이고 오직 공통점은 저자들이 계정소유자의 친구들이나 팔로우대상자들이라는 것뿐이다. 하루를 지내면서 사람이 하는 말은 말상대와 상황에 따라 그 주제와 내용이 엄청나게 변화무쌍하다. 예를 들어, 나는 영화에 대해 칼럼을 쓰지는 않지만 말로는 꽤 많은 영화들에 대해 주변인들과 꽤 심각하게 이야기한다. 더욱이 그 변화의 진동 폭은 스마트폰이라는 하루 종일 사용자의 수많은 경험의 장들을 같이 따라다니는 단말기를 통해서 훨씬 증폭된다.

PC가 있는 고착된 장소에서 이루어지던 작업들이 스마트폰을 통해 이동성을 가지게 되면서 분리되어 있던 지리적 공간(공적 영역, 사적 영역, 물리적 공간)의 경계가 허물어지고 접속성이 강화된다. 사용자들은 스마트폰을 통해 확대되고 다양화된 경험을 하게 되며 그러한 경험을 더욱 자주, 더욱 많이 할 수 있는 가능성이 열린다.[32]

---

32) 김형주, "욕망하는 기계와 탈주하는 분자들—스마트폰과 소셜네트워크서비스", 『현대사회과학연구』 제14권(2010), p.197.

SNS계정은 그 계정의 내용을 일반화시켜 묘사할만한 특정한 주제도 없고 성향도 없다. 또 양적으로도 많은 사람들과의 사교가 목표이지 소수와의 연대를 목표로 하고 있지 않으므로 수천 개, 수만 개의 내용상 상호 무관한 짧고 많은 글들이 한 계정에 하루만에도 올라올 수 있다. 그렇다면 '내용'에 의해 조직되지 않은 엄청난 정보를 '내용심의'하여 차단하는 것은 당연히 어려운 일이 된다.

정보의 숫자가 이렇게 많을 경우 웹사이트와 같은 기존의 인터넷서비스는 웹사이트 내의 정보가 내용에 따라 정돈이 되어 있으므로, 사이트 내의 일부 내용이 불법적이면 다른 내용의 불법성을 합리적인 범위 내에서 유추하여 웹사이트 전체를 또는 메뉴 전체를 불법으로 규정하고 차단했었다.

하지만 SNS 내의 정보는 내용에 따라 조직되지 않고 인맥에 따라 조직된다. 그러므로 계정 내의 일부 내용이 불법이라고 해도 다른 내용이 불법일 가능성에 전혀 영향을 끼치지 못한다. 불법정보를 올린 페북사용자의 친구는 역시 불법정보를 올릴 가능성이 높다는 엉터리 가정을 하지 않는 한 그렇다. 결국 그 사람의 계정에 있는 정보의 편린들 즉 트윗과 글들의 내용을 개별적으로 평가할 수밖에 없다. 콩이 가득 든 부대에서 썩은 콩을 한 알씩 골라내듯. 팔로워가 많은 트위터러의 트윗은 하나하나가 수십만 개로 복제되는 상황에서 과연 이것이 가능할까?

나. 개별트윗에 대한 제재가능성

불법정보들을 극히 일부 나마 골라냈다고 해도 해당 정보만 일일이 삭제하는 비용과 기술적 부담은 상당하다. 국내 SNS가 실제로 그렇게 한 적이 있는지 모르겠다. 해당 SNS가 국내서비스가 아닐 경우 국내행정기관이 외국 SNS에게 서버에서 삭제해달라는 요청을 할 권한이 있는지 권한이 있더라도 과연 외국 SNS가 이를 들어줄 것인지 알 수 없다. 외국서비스의 변덕에 따라 어떤 것은 규제되고 어떤 것은 규제되지 않는다면 형평성이 훼손된다. 결국 서버삭제 방식은 포기하고 해당 정보에 해당하는 전파의 편린을 찾아내어 국내통신사들에게 차단을 요청하는 수밖에 없는데, 개별 트윗이나 개별 페북글처럼 URL과 같은 표지도 없는 작은 정보의 편린을 식별해내려면 기계어 수준에서 정보를 훑지 않는 한 불가능하고 이렇게 하려면 '일반에게 공개된' 글이 아닌 비밀통신까지 모두 입수해야 하며 결국 감청을 불사할 수밖에 없게 된다.

이 문제를 현재 방송통신심의위원회는 어떻게 해결하고 있는가? 해결하고 있지 않다. 방통심의의 SNS규제는 불법정보가 발견되면 SNS계정 전체를 차단하는 방식으로 이루어지고 있다. 불법적이지 않은 수많은 정보들이 같은 계정에 올라왔다는 이유만으로 차단하고 있는 것이다. 최근의 트위터계정 2MB18NOMA의 경우 계정이름이 이명박 대통령에 대한 욕설을 연상한다고 하여 그 계정 내의 수많은 트윗들이 차단되었다. 어떤 페북계정은 김일성 찬양글이 올라왔다는 이유로 차단되었는데 아이러니하게도 북한 정치범수용소를 비난하는 글도 같이 차단되었다.

다. 인터넷 연좌제

더욱이 계정을 차단하면서 그 계정소유자의 친구들과 팔로우대상자들의 글마저도 함께 차단되고 있는데 특정 계정소유자의 친구 또는 팔로워라고 해서 자신의 글도 불법정보인 것처럼 처리된다니 이것이야말로 진정한 결사의 자유 침해가 아닐까.

우리가 freedom of association에 해당하는 것을 '결사의 자유'라고 번역하며 '회사'의 社자를 써서 마치 결사(結社)의 자유가 어떤 영속성 있는 단체를 만드는 것에만 해당된다고 생각하기 쉬운데, 원래 freedom of association에서 association은 모든 공적, 사적 관계를 말하는 것이며 도리어 사적 관계를 더욱 폭넓게 보호한다. 그런데 팔로우를 하고 친구를 선정함으로써 우리는 일정한 관계를 맺는다. 그런데 SNS는 이를 통해 상대방의 글들이 자기의 계정에 들어올 것을 허락하는 것이 된다. 그런데 자신의 계정에 들어온 그러한 글들이 위법하다고 하여 자기의 계정이 차단된다는 것은 결국 그 사람과의 관계를 맺은 것에 대해 제재를 당하는 것과 마찬가지이다. 결국 방통심위는 내용심의가 아니라 사람심의, 친구심의를 하는 것이 된다.

5. 결론

SNS는 대인관계를 창출하고 그 대인관계를 통해 작동하는 소통의 망이다. SNS의 대부분의 소통은 각자가 가진 기존의 관계망을 통해 이루어지며 그 관계 망 밖으로의 불특정다수와의 소통은 소극적으로 이루어진다. 또 대인관계를 창출하기 위해서는 사람들을 날것 그대로 대면할 수 있는 기회를 제공하기 위해 서 대화적 소통기법이 이용되며 이를 위하여 소통의 단위나 140자나 400자로 제한되며 소통에서 사용되는 어투도 매우 비공식적이다. 그렇다면 SNS 상의 특정 게시글에 법적 책임을 부과할 때는 위와 같은 SNS 내의 소통의 특징을 감안 하여 신중하게 해야 할 것이다. 특히 공직선거법 양적 규제나 방송통신심의위원 회의 내용 규제는 SNS가 사람 중심의 시스템이라는 면에서 그대로 적용할 경우 시스템적 불일치가 나타날 수밖에 없다.

결어를 대신하여 - 세계의 흐름과 표현의 자유

2012년 현재 대한민국과 전 세계는 자본주의를 공공성과 사회 구성원들과의 강한 연대성에 기초하여 재구성해야 할 필요성이 널리 논의되고 있다. 시장의 무한경쟁을 제어할 수 있는 것이 사상의 자유시장이다. 지금 우리가 원하는 것이 자비 없는 시장원칙에 대한 규제라면, 그리고 그 규제의 목표가 경쟁 결과의 완화 내지 보완이라면, 이를 위해 사상의 자유시장은 더욱 활성화되어야 한다. 사상의 자유시장을 통해 우리가 원하는 규제들을 논의하고 만들어갈 수 있기 때문이다. 규제를 반대하는 쪽은 도리어 사상의 자유시장을 필요로 하지 않는다. 조용히 움직이는 우월한 경제력만 가지고도 그러한 규제를 패퇴시킬 수 있기 때문이다.

표현의 자유를 공공성의 이름으로 제한하는 경우가 있다. 그러나 도리어 표현의 자유가 제한되면 공공성 강화를 위해 사람들을 조직하고 설득하기도 어려울 것이며, 공공성을 해체하려는 강자들의 노력에 대한 약자들의 감시와 견제도 어려워진다. 예를 들어 공정성심의라고 하면 겉으로는 좋아 보이지만, 사실은 '말 할 필요'가 절절한 사람에게는 불리하다. 예컨대 정부정책을 입안하고 집행할 권한을 가진 정부는 홍보할 필요도 없이 그냥 입안하고 집행하면 되지만, 이를 막고자 하는 사람들은 더 많은 사람들에게 더 많은 이야기를 해야 한다. 힘들게 방송에서 발언할 기회가 생겼는데 균형을 맞추기 위해 정부 정책을 지지하는 내용이 항상 뒤따라야 한다면 그만큼 발언의 효과는 떨어진다. 국민들에게 양쪽 이야기를 다 듣도록 해주는 것이 두렵다거나 나쁘다는 것이 아니다. 문제는 항상 양쪽의 이야기를 다 듣도록 법으로 강제하는 것이 변화를 더욱 어렵게 만든다는 것이다. 양자의 입장을 똑같이 '공정'하게 방송해야 한다면 손해를 보는 것은 목소리를 계속

내서 더 많은 사람들을 설득해야 하는 국민이지, 목소리의 힘을 빌릴 필요 없이 묵묵히 재개발을 강행할 수 있는 정부나 시장에서의 강자가 아니다.

공공성과 표현의 자유 사이의 이러한 거짓 충돌은 형법 규제들에서도 똑같이 나타난다. "표현의 자유도 중요하지만 모욕죄, 진실적시에 대한 명예훼손죄, 업무방해죄 등을 없애면 일반시민들이 당하는 모멸감, 사회적 명예손상, 업무방해 등은 구제될 길이 없다"는 주장이 대표적인데, 실제 이 범죄들에 의한 피해를 주장하며 고소하는 자들이 주로 누구일까? 서민들의 자긍심 및 행복추구권 보호를 위해 이 법제들이 얼마나 이용되고 있는가?

표현은 타인의 감정을 상하게 할 수도 있다. 그러나 설사 그렇다 해도 그러한 표현의 자유가 보장되지 않으면 훨씬 더 심한 인권 침해의 주체인 권력자들에 대한 비판과 견제가 어려워진다. 일부에서는 권력자들에 대한 비판과 견제에 대해서만 위와 같은 형법적 규제들을 적용하지 않는 쪽으로 개정하는 타협안을 제시하기도 한다. 그러나 정치는 대표 행위일 뿐 실제 권력을 갖고 있는 세력들은 겉으로 드러나지 않은 경우가 많으므로 이것이 근본적인 해결책이 될 수는 없다.

또 사상의 자유시장에의 적극적 참여는 국민들의 자긍심을 고취시키며 정부와 국민과의 관계를 피감시자와 감시자의 그것으로 (거꾸로가 아니고!) 올바르게 위치짓는다. 이러한 관계에서 국민은 정부를 신뢰할 수 있게 되는데 이것은 공공성의 확대로 이어진다. 공공성 확대의 물적 기반인 세수 확대를 위해서는 국민들이 세금을 낼 정도로 정부에 대한 신뢰가 있어야 한다. 여기서 정부에 대한 신뢰는 '내 뜻대로 움직여줄 것'이라는 신뢰가 아니다. 적어도 국가의 주인인 국민의 의견과 감정을 존중해줄 것이라는 신뢰다.

결국 우리는 국민의 일원으로서 국가의 주인임을 반복적으로 확인시켜줄 필요가 있다. 물론 가장 중심적인 제도는 선거다. 그러나 선거만큼 또 위험한 것이 없다. 현실 속의 민주주의는 대의민주주의이다. 국가가 폭력을 독점하되 국가의 운영자들은 선거를 통해 국민으로부터 위임을 받는다. 그런데 선거 역시 시장적인 측면이 있다. 토론으로 승자가 나오는 것이 아니라 개개인들이 알아서 선택을 하고 그 선택들의 누적적인 합계가 결과를 지배한다. 그런 운영 방식은 경제적인 의미의 시장과 다를 바가 없다. 결국 선거 '시장'의 부정적 결과를 완화할 필요가 생기는데 그때 그러한 견제역할을 하는 것이 바로 사상의 자유시장이다.

진정 국민이 국가의 주인임을 느끼도록 해주는 것은 국민이 직접 정치에 참여하도록 하는 것이다. 물론 대의제를 지나치게 신봉하고 있는 우리나라에는 직접민주주의가 더 필요하기는 하지만 지금 직접민주주의를 말하고자 하는 게 아니다. 유권자들이 선거가 끝난 후에도 자신의 대표들을 견제·감시할 필요가 있다는 것이다. 이런 필요를 충족시켜주는 것이 바로 '표현'이다.

물론 표현의 자유의 보장은 양날의 칼과 같다. 세금을 줄이자는 주장, 민주주의에 반대하는 주장 등도 모두 보장되어야 한다. 하지만 감수하며 가야 한다. 상반되는 표현을 대면하며 이루어낸 제도만이 공공성을 성취해낼 수 있다.

모욕 및 명예훼손에 대한 형사처벌제도에 대한 집착은 우리나라 특유의 '대세' 심리와 '빨리빨리' 근성에 근거한, 다수의 힘으로 '좋은 일'을 달성하겠다는 독재적 수단은 아닌지 성찰해보아야 한다. 언론을 자제시켜가며 생명공학 대국을 만들려고 했던 노무현 전 대통령과 유시민이 생각난다. 물론 이명박 정권이라면 MBC 〈PD수첩〉을 '줄기세포는 없다'는 허위를 유포하여 공익을 해하고 황우석과 친황우석 정부 관리들의 명예를 훼손한 이유로 처벌하려 했을지도 모른다. 하지만 노무현 정권 역시 정권을 잡은 후 비판하는 자들을 '귀찮은 참견꾼'으로 규정하고 되도록 그 비판의 힘을 약화시켜 자신들의 의지대로 정책을 펼치려는 욕심을 부렸던 것은 아닐까? 실명제 도입, 사이버모욕죄 논의 등이 노무현 정부의 인기가 하향곡선을 그리던 시점에서 이루어졌다는 것을 생각해보아야 한다.

2009년 말 미국에서는 라디오방송국을 보수인사들이 장악하면서 한동안 폐지되었던 공정성 심의를 복원하려는 움직임이 일부 민주당 인사들에 의해 주도된 적이 있다. 하지만 오바마 대통령은 이에 반대했다. 그럴듯해 보이는 공정성 심의의 칼날이 어떻게 '조용히 있어도 만사가 괜찮은 기득권층'을 비판하려는 사람들의 표현의 자유를 옥죄는지 잘 알고 있기 때문이다. 대통령으로서의 권한을 무작정 행사하여 개혁을 하지 않겠다는 것이다. 개혁을 '날로 먹지' 않겠다는 것이다.

참고문헌

강동욱, 1996, "컴퓨터 관련범죄의 수사에 있어서의 문제점에 대한 고찰", 『죽헌 박양빈 교수 화갑기념논문집: 현대형사법론』.

공정거래위원회, 2008년 7월 18일 보도자료.

국회입법조사처, 2008, "사이버 모욕죄 관련조사", 11월초.

권영성, 2010, 『헌법학원론』(개정판), 법문사.

권헌영, 2004, "전자정부시대 개인정보보호법제의 쟁점", 『정보화정책』 제11권 제3호, 한국정보화진흥원.

금태섭, 2009, "사이버 모욕죄의 법리상 문제점", 『민주사회를위한변론』 2월호.

금희조, "온라인 소셜 미디어와 참여적 사회자본: 한국과 미국 대학생의 연결적 vs. 결속적 이용을 중심으로", 『한국방송학보』 24-5(2010).

김경년 · 김재영, 2005, 『오마이뉴스』 독자의견 분석: "난장으로서의 공론장" 가능성 탐색. 「한국방송학보」, 19(3): 41-35.

김동원, 2003, "개인정보수집에서 프라이버시와 경쟁가치들의 경합과 균형", 『정보화정책』 제10권 제4호, 한국정보화진흥원.

김민환(책임) · 한진만 · 윤영철 · 원용진 · 임영호 · 손영준, 2008, "방송의 공정성 심의에 대한 연구", 방송통신심의위원회 용역보고서, 12월.

김병성 · 임영덕, 2009, "미국의 '위축효과 법리'와 그 시사점 – '사이버모욕죄' 입법안에 대한 검토", 『미국헌법연구』 제20권 제2호, 미국헌법학회.

김성천(책임) · 황창근 · 지성우 · 최경진 공동연구, 2009, "방송통신심의규정 개선방안에 관한 연구", 방송통신심의위원회 발주용역, 9월.

────, 2009, 방송통신심의위원회 토론회 발제문, 11월 19일.

김성태 외 3인, "뉴미디어를 통한 소통 채널의 확장과 정치참여 변화 연구", 『평화연구』 2011년 봄호 p.25.

김성훈, 2008, "통신비밀보호법 개정 관련 질의사항 답변", '수사정보기관 통신감청, 국민은 안전한가?' 토론회 발표문, 12월 11일.

김용환, 박지홍, "SNS이용자의 모르는 사람(stranger)과의 사회네트워크 구축 행태에 관한 탐구", 제16회 한국정보관리학회 학술대회 논문집.

김정진, 2009, "사이버모욕죄, 입법의 의도가 의심된다", 『민주사회를위한변론』 2월호.

김종서, 2006, "전략적 봉쇄소송 규제법제에 관한 연구", 『민주법학』 제30호, pp.11-48.

김혁돈, "마이크로 블로그의 법적인 문제점-트위터를 중심으로", 『경북대학교 법학연구원 법학논고』 제34집 (2010.10), pp.80-81.

김형주, "욕망하는 기계와 탈주하는 분자들-스마트폰과 소셜네트워크서비스", 『현대사회과학연구』 제14권(2010), p.197.

남형두, 1999, "The Applicability of the Right of Publicity in Korea", 27 Korean Journal of International Law & Comparative Law 94.

도재형, 2010, "파업과 업무방해죄", 『노동법학』 제34호.

문재완, 2005, "익명 표현의 자유에 관한 연구", 『언론과 법』 제4권 제2호, 한국언론법학회.

――, 2008, "사이버모욕죄 신설 어떻게 볼 것인가", 법무부 법조언론인클럽 토론회 발표문(11월 13일).

――, 2008, 법무부 법조언론인클럽 토론회 발표문, 11월 13일

――, 2011, "프라이버시보호를 목적으로 하는 인터넷규제의 의의와 한계: '잊혀질 권리' 논의를 중심으로", 언론법학회 9월 20일 학술세미나 '인터넷상의 표현의 자유와 한계' 자료집.

박경신, 2002, "사전검열 법리와 정보통신윤리위원회의 활동: 법과학적 방법으로", 『인권과 정의』 8월호.

――, 2003, "미국의 사전제한(prior restraint) 법리와 2002년 불온통신규제결정의 재발견", 『헌법실무연구』 제9권, 헌법실무연구회, pp.503-533.

――, 2004, "명예훼손, 초상권, 프라이버시 그리고 표현의 자유에 관한 비교법적 분석", 『헌법실무연구』 제5권 제1호, 11월.

――, 2008, "명예훼손 형사처벌 폐지해야", 경향신문, 7월 17일자 26면.

――, 2008, "미국의 사전제한(prior restraint)법리와 2002년 불온통신규제결정의 재발견", 『헌법실무연구』 제9권, pp.503-533(2008.9.19 헌법실무연구회 발표문).

――, 2008, "순수한 인격권으로서의 초상권은 가치인가, 규범인가", 『창작과권리』 2008년 여름호(제51호), pp.2-155.

――, 2008, 『사진으로 보는 저작권, 초상권, 상표권 기타등등』, 고려대학교출판부.

――, 2009, "모욕죄의 위헌성과 친고죄 조항의 폐지에 대한 정책적 고찰", 『고려법학』 52호, 고려대학교 법학연구원.

――, 2009, "미국의 통신비밀보호법 및 범죄수사통신지원법과 우리나라의 통신비밀보호법 및 18대 국회 개정안의 비교검토", 『안암법학』 제29호, 5월,

pp.119-157.

――, 2009, "온라인글쓰기가 운전만큼 위험한가?", 한겨레, 4월 27일.

――, 2010. 12, "공정이용의 새로운 정의", 『계간 저작권』 제23권 제4호, pp.42-60.

――, 2009. 12, "교과서검인정제도의 본질과 정치적 중립성-학생의 교육권에 관한 미국판례들을 중심으로", 『법학논총(한양대학교)』 제26권 제4호, pp.87-116.

――, 2009. 06, "명예의 보호와 형사처벌제도의 폐지론과 유지론", 『서강법학』 제11권 제1호, pp.357-380.

――, 2009. 04, "모욕죄의 위헌성과 친고죄 조항의 폐지에 대한 정책적 고찰", 『고려법학』 제52권, pp.263-299.

――, 2008, "미국의 사전제재법리와 2002년 불온통신규제 결정의 재발견", 『헌법실무연구』 제9권, pp.503-533.

――, 2009. 05, "미국의 통신비밀보호법 및 범죄수사통신지원법과 우리나라의 통신비밀보호법 및 18대 국회개정안의 비교검토", 『안암법학』 제29호, pp.119-160.

――, 2012. 03, "방송공정성 심의의 헌법적 한계", 『민주법학』 제48호, pp.239-275.

――, 2010. 06, "방송통신심의위원회의 인터넷내용심의의 위헌성", 『법학논총(한양대학교)』 제27권 제2호, pp.65-100.

――, 2011. 10, "사생활의 비밀의 절차적 보호규범으로서의 개인정보보호법리", 『공법연구』 제40권 제1호, pp.129-162.

――, 2008. 06, "순수한 인격권으로서의 초상권은 가치인가 규범인가", 『창작과 권리』 제51권, pp.2-34.

――, 2010. 08, "이메일 압수수색의 제문제와 관련 법률개정안들에 대한 평가", 『법학연구(인하대학교)』 제13권 제2호, pp.265-314.

――, 2009. 09, "인터넷실명제의 위헌성", 『헌법학연구』 제15권 제3호, pp.75-112.

――, 2009. 10, "인터넷임시조치제도의 위헌성", 『중앙법학』 제11권 제3호, pp.7-51.

――, 2011. 12, "전략적 봉쇄소송 억제법리의 미국민사소송제도 상의 환경에 대한 이해와 우리나라에의 적용가능성", 『법학연구(인하대학교)』 제14권 제3호, pp.77-106.

――, 2010. 12, "진실적시에 의한 명예훼손 처벌제도의 위헌성", 『세계헌법연구』 제16권 제4호, pp.1-29.

――, 2009, "허위사실유포죄의 위헌성에 대한 비교법적 분석", 『법학연구(인하대학교)』 제12권 제1호, pp.1-44.

박경신, 김가연, 2011. 12, "모욕죄의 보호법익 및 법원의 현행 적용방식에 대한 헌법적 평가", 『언론과 법』 제10권 제2호, pp.441-467.

박경신, 손익찬, 2012. 1. "위력에 의한 업무방해죄의 위헌성—노동쟁의행위와 소비자 보호운동을 중심으로", 『공익과 인권』 제9호.

박대령, 2009, "사이버모욕죄에 대한 심리학적 접근", 『세상을두드리는사람』 37호, 2/3월호.

박인우 · 김미향, 2000, "동기적 가상토론에서 익명성이 토론 내용의 논증과 부정적 발언에 미치는 영향", 「교육공학연구」, 16(4): 91-106.

박재윤 외, 2006, 『주석형법(각칙 4) 제3판』, 한국사법행정학회.

박지현 · 김종서, 2009, "위력에 의한 업무방해죄와 광고주 불매운동", 『민주법학』 제40호.

박혜진, 2009, "사이버모욕죄 도입에 대한 비판적 검토", 『안암법학』 28호

방송통신심의위원회, 2008, 방송통신심의위원회 주최 국제컨퍼런스 '내용규제 패러다임의 변화와 향후규제' 자료집, 11월 11일.

──, 2008년 통신심의관련 통계.

방준식, 2010, "근로자의 개인정보와 프라이버시 보호에 관한 법적 판단", 『한양법학』 제31집, 한양법학회.

배병일, 2009, "명예훼손에 대한 민사적 측면에 있어서의 전략적 소송", 『법학연구』 제19권 제3호(연세대학교, 2009), pp.217-245.

배종대, 2006, 『형법각론』(제6판), 홍문사.

백윤철, 2006, "憲法上 스포츠選手의 個人情報自己決定權에 관한 硏究", 『스포츠와 법』 제8권, 한국 스포츠 엔터테인먼트 법학회.

법원실무제요, 『민사소송[II]』.

서계원, 2005, "정보 프라이버시와 개인정보의 보호", 『세계헌법연구』 11권, 국제헌법학회, 한국학회.

서문기, 오지현, "사회 네트워크서비스가 사회자본의 형성과 유지에 미친 효과에 관한 연구", 『사회과학논총』 제13집(2010).

성낙인, 1995, "제3장 표현의 자유", 『헌법재판소 헌법재판연구』 6권.

──, 1999, "프라이버시와 개인정보보호를 위한 입법정책적 과제", 『영남법학』 5권, 영남대학교 법학연구소.

성동규 · 김도희 · 이윤석 · 임성원, 2006, "청소년의 사이버폭력 유발요인에 관한 연구", 「사이버커뮤니케이션 학보」, 19: 70-129.

송경재, "소셜 네트워크 세대의 정치참여", 『한국과 국제정치』 제27권 제2호 2011(여

름).

신평, 2003, "새로운 명예훼손법 체계의 구축에 관한 시도", 『공법연구』 제31집 제3호.

――――, 2004, 『명예훼손법』, 청림출판.

양동철, 2006, "사이버폭력에 대한 입법방향 연구", 『법조』 600호.

오기두, 2004, "수사상 전자통신자료의 취득에 관한 헌법적 문제", 『헌법논총』 제15집, pp.347-410.

――――, 2010, 대법원 사법제도비교연구회 3월 25일 토론문.

오길영, "인터넷통제규제에 대한 비판적 검토―정보통신망이용촉진및정보보등에 관한 법률을 중심으로", 『민주법연』 제37호, p.281.

――――, 2008, "통신비밀보호법 개정안 비판", '수사정보기관 통신감청, 국민은 안전한가?' 토론회 발표문, 12월 11일.

오미영, "인터넷 여론과 소통의 집단 극화", 『현상과 인식』 제35권 3호 2011년 가을, p.54.

오태원, 유지연, 2011, "소셜네트워크 서비스 환경에서 프라이버시의 개념 변화", 『방송통신정책』 23권 4호.

우희숙, 2010, "쟁의행위와 위력업무방해죄의 관계", 『노동법논총』 제20집.

윤성옥, 2007, "공인의 미디어 소송 특징과 국내 판결 경향에 대한 연구", 『한국언론정보학보』 통권 40호(겨울).

윤해성, 2008, "인터넷모욕죄 신설방향의 고찰", 정보사회에 있어서의 인터넷상의 법률문제, 한국형사정책연구원 및 전북대학교 법학연구소 공동학술대회 제3주제, 12. 4.

이광택, 2002, "쟁의행위와 정당성", 한국노동법학회 동계학술대회 자료집.

이근우, 2010, "노동쟁의에 대한 업무방해죄 적용의 축소 가능성", 『비교형사법연구』 제12권 제2호.

이성식 (2005), "사이버공간의 익명성이 청소년언어폭력에 미치는 영향", 『한국청소년연구』, 16(1): 77-107.

이시원·민병익, 2002, "지방자치단체 온라인 주민참여 실명제 도입의 영향분석", 「한국행정학보」, 36(2): 205-229.

이재진·이성훈, 2003, "명예훼손소송의 위법성조각사유로서의 공익성에 대한 연구", 『언론정보학보』 봄, pp.146-182.

이형규, 2007, "스포츠선수의 개인정보와 프라이버시 보호", 『스포츠와 법』 제10권 제2호, 한국 스포츠 엔터테인먼트 법학회.

장덕진, "트위터 공간의 한국정치, 정치인 네트워크와 유권자 네트워크", 『언론정보연구』, 48권2호 2011년.

장덕진·김기훈, "한국인 트위터 네트워크의 구조와 동학", 『언론정보연구』, 48권 1호, 2011년 59-86.

장영민·박강우, 1996, "노동쟁의행위와 업무방해죄의 관계", 한국형사정책연구원.

전원열, 2002, "명예훼손 불법행위에 있어서 위법성요건의 재구성", 서울대학교 법학박사학위논문.

정경석, 2007, "초상권의 침해요건 및 구제방법", 『저스티스』통권 제98호.

정완, 2009, "사이버모욕죄 신설에 관한 고찰", 『법과 정책연구』제9집 제1호, 한국법정책학회.

정진경, 2003, "쟁의행위의 절차적 정당성과 업무방해죄", 『저스티스』제72호.

조경배, 1999, "형사면책법리와 쟁의행위 정당성론의 논의구조", 『한국노동법학』제9호.

───, 2010, "형법상 업무방해죄와 쟁의권", 『민주법학』제44호.

조국, 2003, "압수수색의 합법성 기준 재검토", 『비교형사법연구』제5권 제2호, pp.745-781.

───, 2010, "디지털증거에 대한 압수수색", 대법원 사법제도비교연구회 3월 25일 발표문.

───, 2010, "컴퓨터 전자기록에 대한 대물적 강제처분의 해석론적 쟁점", 『형사정책』제22권 제1호, 2010년 7월.

조수진, 2009, "국회 내 사이버 모욕죄 도입 논의에 대한 비판적 검토", 『민주사회를위한변론』2월호.

주승희, 2006, "인터넷상 명예훼손행위에 대한 형사처벌의 타당성 검토", 2006년 한국형사법학회 춘계학술대회 발표문.

───, 2008, "사이버명예훼손죄 법리의 문제점 및 사이버모욕죄 도입의 정당성 검토", 한국형사정책연구원 추계학술회의 자료.

차용범, 2001, "공인의 명예훼손에 대한 사법적 논의의 한계", 『한국언론학보』제45-2호(봄), pp.387-421.

최문순 의원실 2008년 10월 21일 보도자료.

최영·이종민·김병철, 2002, "인터넷 신문의 공론장 역할에 관한 연구: 토론 참여자의 익명성과 토론 매개자의 신분이 토론에 미치는 영향을 중심으로", 「언론과학연구」, 2(2): 115-158.

허상희, "의사소통 도구로서의 트위터(Twitter)의 특징과 소통 구조에 관한 고찰",

『우리말연구』28집 (2011.4), p.274.

홍석노, 2009, "교육제도법정주의의 헌법적 의미와 성격(기능)", 『안암법학』.

황성기, 2008, "인터넷 실명제에 관한 헌법학적 연구", 『법학논총』제25집 제1호, 한양대학교 법학연구소.

2009.6.23 박영선 의원 대표발의 형사소송법 개정안

2009.5.13 이종걸 의원 대표발의 형사소송법 개정안

2009.6.24 이학재 의원 대표발의 통신비밀보호법 개정 발의안

2009.5.22 이정현 의원 대표발의 통신비밀보호법 및 전기통신사업법 개정

2009.2.11 변재일 의원 대표발의 통신비밀보호법 개정안.

ACLU v. Miller, 977 F. Supp.1228 (N.D. GA) (1997)

A. D'Amato., *The Concept of Custom in International Law*, Cornell University Press, 1971.

Alexander Meiklejohn, *Free Speech and its Relation to Self-government*, the Lawbook Exchange, 2001.

Annual General Assembly Report of the Human Rights Committee, UN Doc. A/50/40, 3 October 1995, para. 89.

Annual General Assembly Report of the Human Rights Committee, UN Doc. A/51/40, 16 September 1996, para. 154.

Anthea E. Roberts, "Traditional and Modern Approaches to Customary International Law: A Reconciliation", 95 Am. J. Int'l L. 757 (2001)

Anthony D'Amato, "Human Rights as Part of Customary International Law: A Plea for Change of Paradigms", 25 Georgia Journal of International and Comparative Law 47 (1995-96)

Barendt, Eric, 1993, *Broadcasting Law—A Comparative Study*, Oxford: Claredon Press.

Basil Markesinis, et al., "Concerns and Ideas about Our Developing Law of Privacy(and How Knowledge of Foreign Law Might be of Help)", a research project undertaken by the Institute of Global Law,

————, "Concerns and Ideas about Our Developing Law of Privacy(and How Knowledge of Foreign Law Might be of Help)", a research project undertaken by the Institute of Global Law, http://www.ucl.ac.uk/laws/

global_law/publications/institute/docs/privacy_100804.pdf(2011년   9월 23일 최종 방문).

Boyd, D. M., & Ellison, N. B.(2008). *Social network sites: Definition, history, and scholarship.* Journal of Computer-Mediated Communication, 13.

Brown v. Socialist Workers '74 Campaign Commission (Ohio), 459 U.S. 87, 103 S.Ct. 416(1982)

Bruce Schneier, 2006, "Anonymity Won't Kill the Internet", Wired News, 1월 12일, http://www.schneier.com/essay-104.html.

Bruno Simma & Philip Alston, "The Sources of Human Rights Law: Custom, Jus Cogens, and General Principles," 12 Austl. Y.B. Int'l L. 82 (1992)

Canada, Department of Communications and Department of Justice, Privacy and Computers: A Report of the Task Force(Ottawa, 1972)

Caroline Goemans, 2001, "Anonymity on the Internet: concept and legal aspects", Workshop APES, April 19, 2001, www.law.kuleuven.be/icri/documents/58anonymity.ppt

Concluding Observations of the Human Rights Committee: Armenia, UN Doc. CCPR/C/79/Add.100, 19 November 1998, para.

Council of Europe, "Legal Provisions Concerning Defamation and Insult in Europe", http://www.coe.int/t/dghl/standardsetting/media/doc/dh-mm(2003)006rev_EN.asp.

Defamation and 'Insult': Writers React, A report from International PEN's Writers in Prison Committee: Insult Laws in the European Union, http://freenewsfreespeech.blogspot.com/2008/07/defamation-and-insult-writers-react.html.

Electronic Frontiers Foundation, CALEA홍보사이트, http://www.eff.org/pages/calea-faq.

Emerson, Thomas I., 1955, "The Doctrine of Prior Restraint", 20 Law & Contemp.Probs. 648, 657.

Erwin Chemerinsky, 1999, "Court Takes a Narrow View of Viewpoint Discrimination", 35 Trial 90(March), Association of Trial Lawyers of America.

Eugene Volokh, 2000, "Freedom of Speech and Information Privacy: The Troubling Implications of a Right to Stop People from Speaking About You", 52 Stanford

Law Review 1049.

Federal Rules of Civil Procedure(2009년 개정판).

G.B.F. Niblett, ed., 1971, Digital Information and the Privacy Problem(Paris: OECD Informatic Studies No. 2).

George du Pont, 2001, "The Criminalization of True Anonymity in Cyberspace", 7 Mich. Telecomm. Tech. L. Rev.

George W. Pring, 1989, SLAPPs: Strategic Lawsuits Against Public Participation, 7 Pace Envtl. L. Rev. 3, 5.

————, 1990, "'SLAPPS'—Strategic Lawsuits Against Public Participation—A New Ethical, Tactical, and Constitutional Dilemma", C534 American Law Institute-American Bar Association Course of Study(June 25).

Great Britain, Home Office, 1972, Report of the Committee on Privacy(London).

Habermas, Jürgen, 1984, *The Structural Transformation of the Public Sphere*, Polity.

Herman, Edward S., Robert W. McChesney, 1997, *The Global Media: The New Missionaries of Corporate Capitalism, Continuum*.

H. Thirlway, *International Customary Law and its Codification*, A. W. Sijithoff, 1972.

H. van Maarseveen & Ger van der Tang, *Written Constitutions: A Computerized Comparative Study*, Oceana Publications, 1978.

Isabel Davies, 2007, Tom Scourfield, "Europe's Patchwork Approach to Image Rights", Managing Intellectual Property, July/August.

James H. Ottaway, Jr., Leonard Marks, 1996, "Insult Laws: An Insult to Freedom", World Press Freedom Committee.

James Q. Whitman, 2000, "Enforcing Civility and Respect: Three Societies", 109 Yale Law Journal 1279(April).

James R. Maxeiner, 1995, "Freedom of Information and the EU Data Protection Directive", *Federal Communications Law Journal*, December, p.97

Jay, F. Dougherty, 1998, "Foreword: the Right of Publicity—Towards a Comparative and International Perspective", 18 Loyola of Los Angeles Entertainment Law Journal 421.

Jeanne M. Hauch, 1994, "Protecting Private Facts in France: The Warren & Brandeis Torts", *Tulane* Law Review, May.

Jerome I. Braun, 2003, "California's Anti-SLAPP Remedy After 11 Years", *McGeorge Law Review*, 731.

Joel R. Reidenberg, 1995, "Setting Standards for Fair Information. Practice in the U.S. Private Sector", 80 Iowa Law Review 497.

Jurgen Habermas, 1981, *Theory of Communicative Action I: Reason and Rationalization of State*.

Kara D. Williams, "Public Schools vs. Myspace & Facebook: The Newest Challenge to Student Speech Rights", 76 University of Cincinnati Law Review 707 (Winter 2008).

Kenneth A. Bamberger, Deirdre K. Mulligan, 2011, "Privacy on the Books and on the Ground", 63 Stanford Law Review 247.

Kyu Ho Youm, 2004, "Impact on freedom of the press abroad", *Communications Lawyer*, Fall.

K. Sanders, Ethics & Journalism. Sage. 2003

Lawrence Lessig, 1999, "Code and Other Laws of Cyberspace", Basic Books.

Louis Henkin, "Human Rights and State Sovereignty", 25 Georgia Journal of International and Comparative Law 31 (1995-96)

M. David Bieber, 1984, "Textbook Adoption Laws, Precensorship, and the First Amendment: The Case Against Statewide Selection of Classroom Materials", 17 J. Marshall L.Rev. 167.

Marilyn J. Greene ed., "It's A Crime: How Insult Laws Stifle Press Freedom", World Press Freedom Committee, http://www.wpfc.org/Publications.html.

M. Janis, R. Kay, & A. Bradley, *European Human Rights Law - Text and Materials*, Oxford University Press, 2008.

Marcelo Mendoza, Barbara Poblete, Carlos Castillo, "Twitter Under Crisis: Can we trust what we RT?" Social Media Analytics, KDD '10 Workshops, Association of Computing Machinery, Washington, USA (2010)

Marjorie Heins, 1996, "Viewpoint Discrimination", 24 Hastings Constitutional Law Quarterly 99.

Marshall McLuhan, *Understanding the Media*, Routledge, 2001.

Maryann McMahon, 2002, "Defamation clams in Europe: A survey of the legal armory", *Communications Lawyer*, Winter.

Matthew Larsar, 2005, "Briefing: Who will pay for letting the FBI monitor your Internet phone calls?" 11월 20일 게시글, http://www. lasarletter.net/drupal/node/19.

―――, 2006, "CALEA for broadband? The critics are unanimous." 2006년 3월 26일 게시글, http://www.lasarletter.net/drupal/node/71.

M. Redish, "The Value of Free Speech", 130 U. Pa. L. Rev. 591 (1982)

McIntyre v. Ohio Campaign Commission, 514 U.S. 334, 115 S.Ct. 1511 (1995)

NAACP v. Alabama, 357 U.S. 449, 78 S.Ct. 1163(1958)

NAACP v. Alabama, 360 U.S. 240, 79 S.Ct.1001 (1959)

Neil M. Richards, Daniel J. Solove, 2010, "Prosser's Privacy Law: A Mixed Legacy", 98 California Law Review 1887.

Nicole B. Casarez, 2000, "Public Forums, Selective Subsidies, and Shifting Standards of Viewpoint Discrimination", 64 Albany Law Review 501.

Noah Levine, 1996, "Establishing Legal Accountability for Anonymous Communication in Cyberspace", 96 Colum. Law. Review 1526.

Organization for Co-Operation and Economic Development(OECD), OECD Guidelines on the Protection of Privacy and Transborder Flows of Personal Data, http://www.oecd.org/document/18/0,2340,en_2649_34255_1815186_1_1_1_1,00.html(2011년 9월 26일 최종 방문).

OSCE Vienna 2005, "Libel and Insult Laws: A matrix on where we stand and what we would like to achieve", http://www.osce.org/fom/documents.html?lsi=true&limit=10&grp=288, 2009년 5월 31일 방문.

p.J. van Koppen, Steven Penrod, *Adversarial versus Inquisitorial Justice.*

Paul M. Schwartz, 2000, "Beyond Lessig's Code for Internet Privacy: Cyberspace Filters, Privacy Control , and Fair Information Practices", 2000 Wisconsin Law Review 743.

Prosser, 1960, "Privacy", 48 California Law Review 383.

Raphael Winick, 1994, "Searches and seizures of Computer and Computer Data", 8 Harv. J. Law & Tec. 75.

Rebecca Tanglen, 2007, "Local Decisions, National Impact: Why the Public School Textbook Selection Process Should be Viewpoint Neutral", 78 University of Colorado Law Review 1017.

Report on the Situation of Human Rights in Panama, OEA/Ser.L/V/II.44, doc. 38, rev. 1, 1978, http://www.cidh.oas.org/countryrep/Panama78eng/chap.5.htm.

Richard L. Lillich, "The Growing Importance of Customary International Human Rights Law", 25 Georgia Journal of International and Comparative Law 1 (1996)

Robert A. Leflar, 1956, "The Social Utility of the Criminal Law of Defamation", 34 Texas Law Review 984.

Russell Hickey, 2002, "A Compendium of U.S. Criminal Libel Prosecutions: 1990-2002", Libel Defense Resource Center Bulletin, Mar. 27.

Samuel Warren, Louis Brandeis, 1890, "The Right to Privacy", 4 Harvard Law Review 193.

Sandra C. Henderson, Charles A. Snyder, 1999, "Personal information privacy: implications for MIS managers", Information & Management 36, p.213-220.

Scott, F., 1952, "Publishing False News", 30 Canadian Bar Review 37.

Sunstein, Cass R., 1995, *Democracy and the Problem of Free Speech*, Free Press.

S. Joseph, J. Schultz, and M. Castan, the International Covenant on Civil and Political Rights - Cases, Materials, and Commentary, Oxford University Press, 2005

Susan Lott, 2004, Corporate Retaliation Against Consumers: The Status of Strategic Lawsuits Against Public Participation(SLAPPs) in Canada.

Sweden, Committee on Automated Personal Systems, Data and Privacy(Stockholm, 1972)

Swedish Ministry of Justice, 2001, "Note in Preparation for the Internal Market Council Meeting on Directive 95/46/EC", November 26,

The Prosecution of Dr. Moncef Marzouki, Public Statement from Article 19, The Global Campaign for Free Expression, London, 12 December 2000.

Thomas I. Emerson, 1955, "The Doctrine of Prior Restraint", 20 Law & Contemp.Probs. 648.

T. Emerson, "The Doctrine of Prior Restraints", 20 Law & Contemp.Probs. 648, 657 (1955).

————, *The System of Freedom of Expression*, Random House, 1970

Travis Bover & Mark Parnell, A Protection of Public Participation Act for SouthAustralia, http://www.edo.org.au/edosa/research/public%20participation.htm.

Trotter Hardy, 1994, "The Proper Legal Regime for 'Cyberspace'", 55 U. PITT. L. REV.

993, 1051.

T. Scanlon, "A Theory of Freedom of Expression", 1 Phil. & Pub. Aff. 204 (1972).

U.S. Department of Justice, 2002, "Searching and Seizing Computers and Obtaining Electronic Evidence in Criminal Investigations", July, www.harristechnical. com/downloads/s&smanual2002.pdf(이 문서의 update된 버젼도 있음. http://www.cybercrime.gov/ssmanual/index.html)

U.S. Federal Laws Regarding Privacy and Personal Data, and Applications to Biometrics, NBSP Publication 0105, March 2006, http://www. nationalbiometric.org/publications/US_FederalPrivacyReport0306.pdf(201 1년 9월 26일 최종 방문).

U.S. Privacy Protection Study Commission, Personal Privacy in an Information Society Ch. 13(1977), http://epic.org/privacy/ppsc1977report/(2011년 9월 26일 방문).

UN Human Rights Committee. Mukong v. Cameroon, views adopted 21 July 1994, No. 458/1991, para. 9.7.

United States, Department of Health, Education and Welfare, 1973, Secretary's Advisory Committee on Automated Personal Data Systems, Records, Computers, and the Rights of Citizens, Washington, D.C.

United States, Department of Health, Education and Welfare, 1973, Secretary's Advisory Committee on Automated Personal Data Systems, Records, Computers, and the Rights of Citizens, Washington, D.C.

Warren and Brandeis, 1980 "The Right of Privacy", 4 Harvard Law Review 193

───, 1980, "The Right to Privacy" 4 Harvard Law Review 193.

William Charron, "Twitter: A "Caveat Emptor" Exception to Libel Law?", Berkely Journal of Entertainment and Sports Law, Volume 1 and Issue 1 (April 2012).

William Roos, "Case Comment, NETHERLANDS: COPYRIGHT: RIGHT TO PRIVACY AND PORTRAIT RIGHT", Ent. L.R. 1998, 9(8), N146-147.

Winfield, et al., 2007, "The Abolition Movement: Decriminalizing Defamation and Insult Laws", *Communications Lawyer*, Fall.

찾아보기